OS ROMÁNOV

SIMON SEBAG MONTEFIORE

Os Románov

1613-1918

Tradução
Claudio Carina
Denise Bottmann
Donaldson M. Garschagen
Renata Guerra
Rogério W. Galindo

7ª reimpressão

Copyright © 2016 by Simon Sebag Montefiore

Grafia atualizada segundo o Acordo Ortográfico da Língua Portuguesa de 1990, que entrou em vigor no Brasil em 2009.

Título original
The Romanovs

Capa
Kiko Farkas e Ana Lobo/ Máquina Estúdio

Fotos de capa
Linha 1: Alexandre Danílovitch Ménchikov (akg-images); Catarina 1 (Bridgeman); Ernst Johann von Biron (akg-images); Elizaveta (Alamy). Linha 2: Anna Leopoldóvna (Bridgeman); Nicolau I (Topfoto); Isabel Alexéievna (Getty Images); NIcolau II (Album/Fotoarena). Linha 3: Grigóri Raspútin (Album/Fotoarena); Maria Fiódorovna (Museu Russo); Pedro I, o Grande (Leemage/ Contributor/ Getty Images); Maria Naríchkina (Alamy). Linha 4: Anna Lopukhiná (Museu Hermitage); Ivan Kutaíssov (Museu Hermitage); Maria Nikoláievna (Library of Congress); Alexandre II (Museu Hermitage).

Preparação
Leny Cordeiro

Índice remissivo
Probo Poletti

Revisão
Ana Maria Barbosa
Isabel Cury

Dados Internacionais de Catalogação na Publicação (CIP)
(Câmara Brasileira do Livro, SP, Brasil)

Sebag Montefiore, Simon
　　Os Románov : 1613-1918 / Simon Sebag Montefiore — 1ª ed. —
São Paulo : Companhia das Letras, 2016.

　　Título original : The Romanovs.
　　Vários tradutores.
　　ISBN 978-85-359-2823-5

　　1. História europeia 2. Románov, Casa de 3. Rússia – Corte –
História 4. Rússia – Reis e governantes – História I. Título.

16-07392	CDD-947.0460922

Índice para catálogo sistemático:
1. Románov : História   947.0460922

Todos os direitos desta edição reservados à
EDITORA SCHWARCZ S.A.
Rua Bandeira Paulista, 702, cj. 32
04532-002 — São Paulo — SP
Telefone: (11) 3707-3500
www.companhiadasletras.com.br
www.blogdacompanhia.com.br
facebook.com/companhiadasletras
instagram.com/companhiadasletras
twitter.com/cialetras

A minha querida filha
Lily Bathsheba

IN MEMORIAM
Stephen Sebag-Montefiore
1926-2014

Isabel de Madariaga
1919-2014

Sumário

Lista de ilustrações	9
Mapa — A expansão da Rússia, 1613-1917	14
Árvore genealógica — A casa Románov	16
Introdução	19
Fontes e agradecimentos	31
Nota	36
Prólogo — Dois rapazes nos Tempos Turbulentos	38
ATO I: A ASCENSÃO	43
Cena 1: Os desfiles de noivas	47
Cena 2: O jovem monge	85
Cena 3: Os mosqueteiros	109
Cena 4: O Sínodo dos Bêbados	127
ATO II: O APOGEU	155
Cena 1: O imperador	159
Cena 2: As imperatrizes	193
Cena 3: Vênus Russa	233

Cena 4: A era de ouro 273

Cena 5: A conspiração 327

Cena 6: O duelo 363

ATO III: O DECLÍNIO 431

Cena 1: Júpiter 435

Cena 2: Libertador 489

Cena 3: Colosso 573

Cena 4: O senhor das terras russas 609

Cena 5: Catástrofe 697

Cena 6: Imperador Miguel II 747

Cena 7: Vida após a morte 775

Epílogo: Tsares vermelhos/ tsares brancos 809

Notas 814

Bibliografia. 876

Índice remissivo 892

Lista de ilustrações

SEÇÃO UM

Miguel I no manuscrito *Grande livro dos monarcas*, ou *Raiz dos soberanos russos*, 1672. (akg-images)

Alexei no manuscrito *Grande livro dos monarcas*, ou *Raiz dos soberanos russos*, 1672. (akg-images)

Sófia Alexéievna. (akg-images)

Palácio de Terem, 1813. (akg-images)

Palácio de Potéchnie. (Alamy)

Pedro, o Grande, por Sir Godfrey Kneller, 1698. (Bridgeman)

Pedro, o Grande, por Ivan Nikítitch Nikítin. (Bridgeman)

Catarina I por Jean-Marc Nattier, 1717. (Bridgeman)

Alexei Petróvitch por Johann Gottfried Tannauer, 1710. (akg-images)

Alexandre Danílovitch Ménchikov, *c.*1725-7. (akg-images)

Pedro II por Andrei Grigórievitch, *c.* 1727. (Bridgeman)

Anna Ivánovna, *c.*1730. (akg-images)

Ernst Johann von Biron, *c.*1730. (akg-images)

Anna Leopóldovna por Louis Caravaque, *c.*1733. (Bridgeman)

Ivan VI e Julie von Mengden. (Fine Art Images)

Elizaveta por Charles van Loo, 1760. (Alamy)

Pedro III e Catarina, a Grande, por Georg Christoph Grooth, *c.*1745. (Bridgeman)

Catarina, a Grande, por Alexander Roslin, *c.*1780. (Museu Estatal Hermitage, doravante Hermitage)

Grigóri Orlov, *c.* 1770. (Alamy)

Grigóri Potiômkin por Johann Baptist von Lampi. (Museu Suvórov, São Petersburgo)

Catarina, a Grande, por Mikhail Chibanov. (Alamy)

Platon Zúbov por Johann Baptist von Lampi. (Galeria Estatal Tretiakov)

SEÇÃO DOIS

Paulo I por Vladímir Lukítch Borovikóvski, 1800. (Museu Nacional Russo)

Maria Fiódorovna por Jean Louis Voilee, *c.*1790. (Museu Nacional Russo)

Ivan Kutaíssov, *c.*1790. (Hermitage)

Anna Lopukhiná por Jean Louis Voilee. (Hermitage)

Alexandre I por George Dawe, 1825. (Bridgeman)

Alexandre I com Napoleão em Tilsit, 1807. (Getty)

Moscou em chamas em 1812 por F. Smirnow, 1813. (akg-images)

Alexei Araktchéiev por George Dawe, *c.*1825. (Hermitage)

Mikhail Kutúzov, *c.*1813. (Alamy)

Isabel Alexéievna por Elisabeth Louise Vigee-LeBrun, *c.*1795. (Getty)

Maria Naríchkina por Jozef Grassi, 1807. (Alamy)

Kátia Bagration por Jean-Baptiste Isabey, *c.*1820 (RMN-Grand Palais, Museu do Louvre)

Declaração da vitória dos Aliados depois da Batalha de Leipzig, 19 out. 1813, por Johann Peter Krafft, 1839. (Bridgeman)

Nicolau I por Franz Krüger, 1847. (Topfoto)

Alexandra Fiódorovna com Alexandre e Maria por George Dawe, *c.*1820-2. (Bridgeman)

O Chalé em Peterhof. (Corbis)

O Grande Palácio do Krêmlin. (Alamy)

Varenka Nelídova, *c.*1830. (Getty)

Aleksandr Púchkin por Avdótia Petróvna Ieláguina, *c.*1827. (Getty)

Alexandre II, *c.*1888. (Hermitage)

A rendição de Chamil por Theodore Horschelt (Museu de Belas-Artes do Daguestão)

Nikolai Alexándrovtich e Dagmar da Dinamarca, 1864. (Arquivo Nacional da Federação Russa, doravante GARF)

Alexandre Alexándrovitch e Dagmar da Dinamarca, 1871. (Royal Collection Trust/HM Queen Elizabeth II 2016, doravante Royal Collection)

Alexandre II com Marie e os filhos, *c.*1868. (Bridgeman)

Iekaterina Dolgorúkaia, *c.*1870. (Empire Auction House)

Belvedere, Colina de Babigon. (Coleção do autor)

Esboço de Iekaterina Dolgorúkaia por Alexandre II. (Coleção particular)

Fanny Lear, *c.*1875. (Dominic Winter Auctioneers)

Constantino Nikoláievitch e família, *c.*1860. (GARF)

Alexis Alexándrovitch e o general George Custer, *c.*1872. (Getty)

SEÇÃO TRÊS

Congresso de Berlim por Anton von Werner, 1878. (akg-images)

Coroação de Alexandre III por Georges Becker, 1888. (Hermitage)

Alexandre III e família no Palácio de Gátchina, *c.* 1886. (Royal Collection)

Matild Kchessínskaia, *c.*1900. (Alamy)

Convidados no casamento de Ernst de Hesse com Melita de Edimburgo, 1894. (Topfoto)

Nicolau e Alexandra, 1903. (Topfoto)

Serguei Alexándrovitch e Ella, 1903. (Alamy)

Alexei Alexándrovitch, 1903. (Topfoto)

Zina de Beauharnais, *c.*1903. (GARF)

Palácio de Inverno. (Alexander Hafemann)

Galeria de Cameron, Palácio de Catarina por Fiódor Alexéiev, 1823. (akg--images)

Palácio de Alexandre. (Walter Bibikow)

O Pequeno Palácio de Livadia, *c.*1900. (Getty)

O Palácio Branco, Livadia. (Alamy)

A Datcha Inferior, Peterhof. (GARF)

Tratado de Portsmouth, 1905. (Topfoto)

Domingo Sangrento, 9 jan. 1905. (Bridgeman)

Inauguração da Duma, 27 abr. 1906. (Getty)

Grigóri Raspútin com a família real e Maria Vichniakova, 1908. (GARF)

Raspútin com admiradoras, 1914. (Getty)

Nicolau II, Alexandra e família, c. 1908. (Beinecke Rare Book and Manuscript Library, Universidade Yale, doravante Yale)

Alexandra e Alexei em cadeiras de rodas, c. 1908. (Yale)

Nicolau II no Palácio de Alexandre, c. 1908. (Yale)

Piquenique da família real com Anna Vírubova, c. 1908. (Yale)

Nicolau II caminhando com cortesãos, Crimeia, 1908. (Yale)

Nicolau II caminhando com as filhas, 1914. (Yale)

SEÇÃO QUATRO

Alexandra e Alexei no Palácio de Alexandre, c. 1908. (Yale)

Alexandra com uma das filhas e Anna Vírubova, c. 1908. (Yale)

Família real na Crimeia, c. 1908. (Yale)

Automóveis de Nicolau II em Livadia, 1913. (Yale)

Família real com o Kaiser Guilherme II a bordo do *Chtandart*, 1911. (GARF)

Olga e Tatiana com oficiais a bordo do *Chtandart*, 1911. (GARF)

A grão-duquesa dançando com oficiais no *Chtandart*, 1911. (Yale)

Nicolau II nadando no golfo da Finlândia, 1912. (GARF)

Nicolau II dividindo um cigarro com Anastássia, c. 1912. (GARF)

Anastássia em Tsárskoie Seló, c. 1913-4. (GARF)

Alexandra, c. 1913. (Yale)

Nicolau II e Pedro Stolípin em Kíev, 1911. (GARF)

Piquenique de família, c. 1911. (Yale)

Alexei e Nicolau de uniforme, c. 1912. (Yale)

Nicolau II caçando em Spała, 1912. (Yale)

Nicolau II, Alexandra e Alexei em Moscou, 1913. (Topfoto)

Alexei e Alexandra, 1912. (Yale)

Nicolau II, Tatiana, Anastássia e Maria em Peterhof, 1914. (GARF)

Nicolau II e Alexei em Moguiliov, 1916. (Biblioteca Presidencial Boris Iéltsin)

Nicolau II, Vladímir Frederiks e Nikolai Nikoláievitch, 1916. (GARF)

Soldados e a grão-duquesa em pavilhão de Tsárskoie Seló, c.1914. (Yale)

Alexandra e Nicolau II em sua escrivaninha, c. 1915. (Yale)

Félix Iussúpov e Irina Alexándrovna, 1915. (Mary Evans)

Cadáver de Raspútin, 1916. (Getty)

Alexandra e o grão-duque Dmítri nos arredores de Moguiliov, c. 1915-6. (GARF)

A família real no telhado da casa do governador de Tobolsk, 1917. (Getty)

Nicolau II nos bosques de Tsárskoie Seló, 1917. (Biblioteca do Congresso)

Nicolau II e Alexandra em Tobolsk, 1917. (Bridgeman)

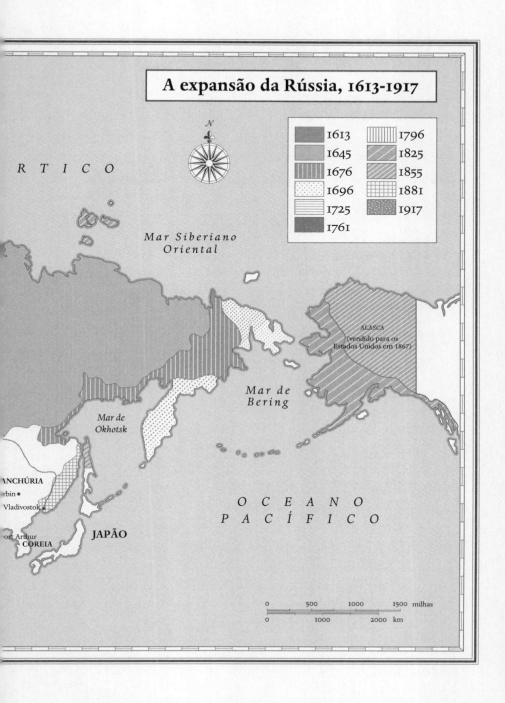

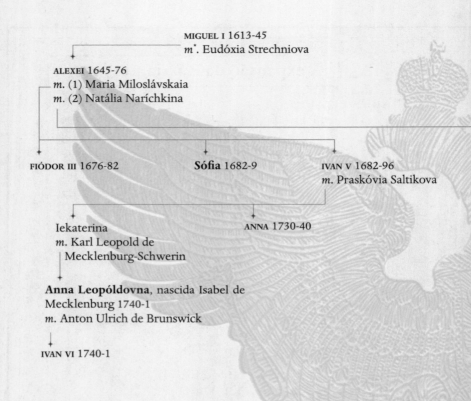

MIGUEL I 1613-45
 m*. Eudóxia Strechniova

ALEXEI 1645-76
 m. (1) Maria Miloslávskaia
 m. (2) Natália Naríchkina

FIÓDOR III 1676-82   **Sófia** 1682-9   IVAN V 1682-96
                                              m. Praskóvia Saltikova

Iekaterina   ANNA 1730-40
m. Karl Leopold de
 Mecklenburg-Schwerin

Anna Leopóldovna, nascida Isabel de
Mecklenburg 1740-1
m. Anton Ulrich de Brunswick

IVAN VI 1740-1

* m. indica "matrimônio".

A CASA ROMÁNOV

PEDRO I 1682-1725
— m. (1) Eudóxia Lopukhiná
— m. (2) CATARINA I 1725-7

Alexei
m. Charlotte de Brunswick-
-Wolfenbüttel

PEDRO II 1727-30

Anna
m. Karl-Friedrich de
Holstein-Gottorp

PEDRO III 1761-2
m. CATARINA II, nascida Sophie
de Anhalt-Zerbst 1762-96

PAULO I 1796-1801
m. Maria Fiódorovna, nascida Sophia
Dorothea de Württemberg

ELIZAVETA 1741-61

ALEXANDRE I 1801-25
m. Isabel Alexéievna,
nascida Louise de Baden

CONSTANTINO
1825

NICOLAU I 1825-55
m. Alexandra Fiódorovna
"Mouffy", nascida Carlota
da Prússia

ALEXANDRE II 1855-81
m. Marie de Hesse-Darmstadt

Nicolau "Nixa"

ALEXANDRE III 1881-94
m. Maria Fiódorovna
"Minny", nascida Dagmar da Dinamarca

NICOLAU II 1894-1917
m. Alexandra de Hesse-Darmstadt

Alexei

Guiórgui

MIGUEL II
1917

Introdução

Pesado é o chapéu de Monomakh.
Aleksandr Púchkin, *Boris Godunov*

O maior império deve ser o império de si próprio.
Sêneca, *Epístola 113*

Na Rússia, nada é mais perigoso
do que aparentar fraqueza.
Piotr Stolypin

Era difícil ser tsar. A Rússia não é um país fácil de governar. Vinte soberanos da dinastia dos Románov reinaram por 304 anos, de 1613 até a derrubada do regime tsarista pela Revolução de 1917. Sua ascensão começou no reinado de Ivan, o Terrível, e terminou na época de Raspútin. Cronistas românticos da tragédia do último tsar gostam de sugerir que a família era amaldiçoada, mas na verdade a dinastia dos Románov está entre os mais espetaculares e bem-sucedidos construtores de império desde os mongóis. Estima-se que o Império Russo aumentou cerca de 140 quilômetros quadrados por dia depois que os Románov chegaram ao trono, em 1613, ou mais de 52 mil quilômetros quadrados por ano. No final do século XIX, eles governavam um sexto da superfície da Terra — e continuavam em expansão. A construção de impérios estava no sangue dos Románov.

De certa forma, este livro é um estudo do caráter e do efeito do poder absoluto na distorção da personalidade. Em parte é uma história familiar de amor e casamentos, de filhos e adultérios, mas não é como outras histórias do gênero — famílias reais são sempre extraordinárias, pois o poder ao mesmo tempo adoça e contamina a química familiar tradicional: o fascínio e a corrupção do poder costumam superar a lealdade e a afeição dos laços sanguíneos. Esta é uma história de monarcas, de suas famílias e de seus seguidores, mas é também um retrato do absolutismo na Rússia — e de tudo que se acredita ser excepcional sobre a Rússia, a cultura, a alma, a essência sempre excepcional e a natureza singular que uma família buscou personificar. Os Románov se tornaram não só a própria definição de dinastia e imponência, mas também de despotismo, de uma parábola de loucura e arrogância do poder absoluto. Nenhuma outra dinastia, excluindo-se a dos césares, ocupa tal lugar no imaginário e na cultura populares, e ambas fornecem uma lição universal sobre como funciona o poder pessoal, naqueles tempos e agora. Não é coincidência que o título "tsar" deriva de césar, assim como a palavra russa para imperador é simplesmente a palavra latina *"imperator"*.

Os Románov habitam um mundo de rivalidades familiares, ambições imperiais, fascínio sinistro, excessos sexuais, sadismo e depravação; é um mundo em que desconhecidos obscuros de repente se afirmam monarcas mortos renascidos, noivas são envenenadas, pais torturam filhos até a morte, filhos matam pais, mulheres assassinam maridos, um homem santo, depois de baleado e envenenado, volta, segundo consta, dos mortos, barbeiros e camponeses chegam ao poder supremo, gigantes e aberrações são colecionados, anões são arremessados, cabeças decapitadas são beijadas, línguas são extraídas, a pele é arrancada a chibatadas do corpo, ânus são empalados, crianças são massacradas; há ainda imperatrizes ninfomaníacas obcecadas pela moda, lésbicas envolvidas em *ménages à trois* e um imperador que produziu a mais erótica correspondência jamais escrita por um chefe de Estado. Mas é também um império construído por conquistadores obstinados e estadistas brilhantes que subjugaram a Sibéria e a Ucrânia, tomaram Berlim e Paris e produziram Púchkin, Tolstói, Tchaikóvski e Dostoiévski; uma civilização de alta cultura e sofisticada beleza.

Fora de contexto, tais excessos parecem tão exagerados e fantásticos que historiadores mais ascéticos da academia preferem discretamente amenizar a verdade.

Afinal, as lendas dos Románov — temas suculentos para filmes de Hollywood e séries dramáticas de TV — são tão poderosas e populares quanto os fatos. É por isso que o narrador dessa história tem de estar atento ao melodrama, à mitologia e à teleologia — o perigo de escrever a história de frente para trás — e cauteloso com a metodologia. O ceticismo é essencial; a academia exige uma constante verificação e análise. Porém, um dos benefícios da narrativa histórica é que cada reino surge no contexto para oferecer um retrato da evolução da Rússia, de sua alma e autocracia. E nesses personagens míticos, deformados pela autocracia, surge um espelho distorcido que reflete os tropismos do caráter de todos os humanos.

Se o desafio de governar a Rússia sempre foi assustador, o papel do autocrata só poderia mesmo ser exercido por um gênio — e esses gênios são muito raros na maioria das famílias. O preço do fracasso era a morte. "O governo da Rússia é uma autocracia acompanhada por estrangulamentos", ironizou a escritora francesa Madame de Staël. Era um trabalho perigoso. Seis dos doze tsares foram assassinados — dois por asfixia, um com uma adaga, um com dinamite, dois à bala. Na catástrofe final de 1918, dezoito Románov foram mortos. Raramente um cálice foi tão pródigo e tão venenoso. Realizo um estudo específico de cada sucessão, sempre o melhor teste da estabilidade de um regime. É irônico que agora, dois séculos depois de os Románov finalmente concordarem com uma lei de sucessão, os presidentes russos continuem designando seus sucessores da mesma forma que fazia Pedro, o Grande. Seja com uma entrega suave ou uma transição desesperada, são esses momentos de extrema tensão, quando necessidades existenciais exigem o emprego de todas as reservas de engenhosidade e a avaliação de todas as intrigas, que revelam os fundamentos do poder.

A essência do tsarismo foi a projeção de majestade e de força. Mas isso teve de ser combinado com o que Otto von Bismarck, rival e aliado dos Románov, chamava de "a arte do possível, do alcançável, da segunda melhor coisa". Para os Románov, a arte da sobrevivência era baseada no equilíbrio dos clãs, de interesses e personalidades que refletiam ao mesmo tempo uma minúscula corte e um império gigantesco. Os imperadores precisavam manter o apoio do Exército, da nobreza e da administração. Se perdessem os três, o mais provável é que fossem depostos — e, numa autocracia, geralmente isso significava a morte. Além de jogarem o jogo letal da política, os soberanos tinham de transmitir uma autoridade visceral, quase brutal. Um tsar eficiente podia ser duro, desde que fosse duro de forma coerente. Governantes não costumam ser mortos pela brutalidade, mas pela incoerência. E os tsares tinham de inspirar confiança e respeito em seus cortesãos e uma reverência sagrada entre os camponeses, 90% de seus súditos, que os viam como os "paizinhos". Esperava-se que fossem severos com seus funcionários, porém bondosos com os "filhos" camponeses: "O tsar é bom", diziam os camponeses, "os nobres são malvados".

O poder é sempre pessoal: qualquer análise de um líder democrático ocidental de hoje revela que, mesmo em um sistema transparente com curtos períodos no cargo, as personalidades moldam as administrações. Os líderes democráticos costumam governar por meio de servidores de confiança, e não ministros oficiais. Em qualquer corte, o poder é tão fluido quanto a personalidade humana. Flui hidraulicamente até a fonte e a partir dela, mas suas correntes estão sempre mudando; todo o fluxo pode ser redirecionado, até revertido. Numa autocracia, o poder está sempre em fluxo, tão mutável quanto os humores, as relações e circunstâncias — pessoais e políticas — de um homem e seus domínios crescentes e fervilhantes. Todas as cortes funcionam de formas semelhantes. No século XXI, as novas autocracias da Rússia e da China têm muito em comum com a dos tsares, conduzidas por minúsculos grupos nebulosos que amealham enorme riqueza, vinculadas por relações hierárquicas entre cliente e patrono, todas à mercê dos caprichos do governante. Neste livro, meu objetivo é seguir a alquimia invisível e misteriosa do poder para responder à questão essencial da política, laconicamente expressa por um mestre do jogo de poder, Lênin: *Któ kogó?* — Quem controla quem?

Em uma autocracia, os traços de personalidade são ressaltados, tudo que for pessoal é político, e qualquer proximidade com o soberano se transforma em poder, tecido em um fio dourado que se estende desde a coroa até qualquer um que o toque. Havia maneiras seguras de ganhar a confiança íntima de um tsar. A primeira era servir na corte, no Exército ou no governo, sobretudo obtendo vitórias militares; a segunda era garantir a segurança — qualquer governante, não apenas na Rússia, precisa inevitavelmente de um capanga; a terceira era mística — garantir acesso divino para a alma do imperador; e a quarta e mais antiga era amorosa ou sexual, em especial no caso de imperatrizes. Em troca, os tsares podiam recompensar esses servidores com dinheiro, servos e títulos. Tsares que virassem as costas aos acordos estabelecidos na corte ou que decretassem inversões na política externa contra os desejos de seus potentados, especialmente os generais, corriam o risco de ser assassinados — sendo o assassinato uma das poucas formas de a elite protestar em uma autocracia sem oposição formal. (O povo protestava em manifestações urbanas e levantes no campo, mas para os tsares os cortesãos mais próximos eram muito mais mortais que os distantes camponeses — e apenas um deles, Nicolau II, chegou a ser deposto por uma revolta popular.)

Tsares inteligentes entenderam que não havia divisão entre sua vida pública e privada. A vida pessoal, exercida na corte, era inevitavelmente uma extensão da política: "Seu destino", escreveu o historiador romano Díon Cássio sobre Augusto, "é viver como em um teatro cuja plateia é o mundo inteiro." Mas mesmo sobre esse palco, as verdadeiras tomadas de decisão eram sempre dissimuladas, misteriosas e moldadas pelos caprichos íntimos do governante (como ainda são no Krêmlin de hoje). É impossível entender Pedro, o Grande, sem analisar seus anões nus e papas falsos ostentando brinquedos sexuais tanto quanto suas reformas de governo e sua política externa. Ainda que excêntrico, o sistema funcionava, e os mais talentosos ascendiam a altas posições. Pode ser surpreendente que dois dos ministros mais capazes, Chuválov e Potiômkin, tenham começado como amantes imperiais. Kutaíssov, o barbeiro turco do imperador Paulo, tornou-se tão influente quanto um príncipe nato. Por isso, um historiador dos Románov deve examinar não apenas os decretos oficiais e as estatísticas sobre a produção de ferro, mas também os arranjos amorosos de Catarina, a Grande, e a mística luxúria de Raspútin. Quanto mais poderosos se tornavam os ministros oficiais, mais os autocratas garantiam o próprio poder, passando por cima deles para nomear figuras de seu círculo pessoal. Quando os imperadores eram habilidosos, isso tornava suas ações misteriosas, admiráveis e assustadoras, mas, se incompetentes, comprometia o governo de forma irremediável.

O sucesso da autocracia depende principalmente da qualidade do indivíduo. "O segredo da nobreza", escreveu Karl Marx, "é a zoologia" — a procriação. No século XVII, os Románov usavam desfiles de noivas — concursos de beleza — para selecionar suas noivas russas, mas no início do século XIX preferiam escolher esposas nos "estábulos da Europa" — entre as princesas alemãs, para ter acesso às maiores famílias da realeza europeia. Mas procriar políticos não é uma ciência. Quantas famílias produzem um líder de destaque? O mesmo se aplica a vinte gerações de monarcas, selecionados basicamente pela loteria da biologia e por truques de intrigas palacianas, a fim de gerar alguém com discernimento para ser um autocrata. Muito poucos políticos, que tenham escolhido uma carreira política, podem corresponder às necessidades e sobreviver às tensões de um alto posto governamental que, em uma monarquia, era preenchido de modo tão aleatório. Ademais, cada tsar tinha ao mesmo tempo de ser ditador e generalíssimo, alto sacerdote e "paizinho", e para realizar essa façanha eles precisavam ter todas as qualidades relacionadas pelo sociólogo Max Weber: o "dom da graça", a "virtude da legalidade" e a "autoridade do eterno ontem". Em outras palavras, magnetismo, legitimidade e tradição. E, além de tudo isso, precisavam ser sábios e eficientes. Respeito e temor eram essenciais: na política, o ridículo é quase tão perigoso quanto a derrota.

Os Románov produziram dois gênios políticos — os "Grandes", Pedro e Catarina —, além de diversos talentos e personalidades magnéticas. Depois do brutal assassinato do imperador Paulo em 1801, todos os monarcas foram diligentes e trabalhadores, a maioria foi carismática, inteligente e competente, mas o cargo era tão assustador para um reles mortal que ninguém mais queria o trono: era um fardo que deixara de ser divertido. "Como pode um só homem governar [a Rússia] e corrigir seus abusos?", perguntou o futuro Alexandre I. "Seria impossível não apenas para um homem de aptidões normais como eu, mas até mesmo para um gênio…" Sua fantasia era fugir para viver numa fazenda perto do Reno. Todos os seus sucessores se apavoravam com a coroa e a evitavam se pudessem; mas, quando herdavam o trono, tinham de lutar para continuar vivos.

Pedro, o Grande, entendeu que a autocracia exigia intensa vigilância e a imposição de ameaças. Esses eram — e ainda são — os perigos de governar esse país colossal e ao mesmo tempo presidir um despotismo pessoal sem limites ou regras claras, e por isso é inútil acusar os governantes russos de paranoia: extrema vigilância, apoiada por violência repentina, era e é seu estado natural e essencial. No caso, eles sofrem da irônica queixa do imperador Domiciano (pouco antes de seu assassinato): "Todos os príncipes se sentem muito infelizes quando denunciam uma conspiração, pois ninguém acredita neles até serem assassinados". Mas só o medo não era suficiente: mesmo depois de matar milhões, Stálin resmungava que ninguém lhe obedecia. A autocracia "não é tão fácil quanto se pensa", disse a inteligentíssima Catarina: o "poder ilimitado" era uma quimera.

Decisões individuais causaram redirecionamentos na Rússia, mas raramente da forma desejada. Parafraseando o marechal de campo prussiano Helmuth von Moltke, "planos políticos quase não sobrevivem ao primeiro contato com o inimigo". Acidentes, atritos, sorte e personalidades, tudo ligado pela natureza prática das armas e das lisonjas, são a verdadeira paisagem dos políticos. Como refletiu Potiômkin, o maior ministro dos Románov, um político de qualquer Estado não deve apenas reagir às contingências, deve "melhorar a partir dos acontecimentos". Ou, como disse Bismarck, "a tarefa do estadista é ouvir os passos de Deus marchando pela história e tentar se agarrar à cauda de seu fraque enquanto Ele passa". Por isso os últimos Románov tentaram desesperada e obstinadamente reverter a marcha da história.

Os que acreditavam na autocracia russa estavam convencidos de que só um indivíduo todo-poderoso e abençoado por Deus poderia projetar a majestade fulgurante necessária para conduzir e intimidar esse império multinacional e administrar os intrincados interesses de tão grande Estado. Ao mesmo tempo, o soberano tinha de personificar a sagrada missão do cristianismo ortodoxo e conferir significado ao lugar especial da nação russa na história do mundo. Como nenhum homem ou mulher poderia realizar essas tarefas sozinho, a arte de delegar era uma habilidade essencial. O mais tirânico dos Románov, Pedro, o Grande, era magnífico em encontrar e nomear servidores talentosos de toda a Europa, a despeito de classe ou raça, e não foi por acaso que Catarina, a Grande, promoveu não apenas Potiômkin como também Suvórov, o principal comandante da era dos Románov. Stálin, ele próprio muito hábil na escolha de subordinados, acreditava que esse era o talento superlativo de Catarina. Os tsares buscavam ministros com aptidão para governar, mas do autocrata sempre se esperava que governasse por si mesmo: um Románov não poderia jamais nomear comandantes autoritários como Richelieu ou Bismarck. Imperadores tinham de estar acima da política — assim como os políticos astutos. Se o poder fosse delegado com sabedoria e os conselheiros fossem ouvidos, até mesmo um governante moderadamente talentoso poderia realizar muita coisa, embora a autocracia moderna exigisse a delicada manipulação de conceitos complexos, como a política democrática atual.

O contrato do tsar com o povo era próprio de uma Rússia primitiva, de nobres e camponeses, mas na verdade guarda certa semelhança com o do Krêmlin do século XXI — glória no exterior e segurança em casa, em troca do governo de um homem e sua corte, que praticamente não veem limite para o enriquecimento. O contrato tinha quatro componentes — religioso, imperial, nacional e militar. No século XX, o último tsar ainda via a si mesmo como o senhor patrimonial de um Estado pessoal — abençoado por uma sanção divina. Mas isso já era resultado de uma evolução: durante o século XVII, os patriarcas (prelados da Igreja ortodoxa) podiam contestar a supremacia dos tsares. Quando Pedro, o Grande, dissolveu o patriarcado, a dinastia passou a se apresentar quase como uma teocracia. A autocracia era consagrada no momento da unção, durante as coroações, que apresentavam os tsares como vínculos transcendentes entre Deus e o homem. Só na Rússia o Estado, formado por funcionários medíocres e insignificantes, tornou-se quase sagrado em si mesmo. Mas isso também se desenvolveu ao longo do tempo. Embora se dê muita importância ao legado dos imperadores bizantinos e dos canados de Gêngis Khan, não havia nada de especial no status dos tsares do século XVI, que baseavam seu carisma na cristologia da realeza medieval da mesma forma que outros monarcas europeus. Mas, à diferença do resto da Europa, a Rússia não desenvolveu assembleias independentes e instituições civis, por isso seu status medieval durou muito mais — até o século XX, numa época em que parecia estranhamente obsoleto, até mesmo em comparação à corte dos Kaisers alemães. Essa missão mística, que justificou o governo dos Románov até 1917, ilustra muito bem as intransigentes convicções do último tsar, Nicolau, e de sua esposa, Alexandra.

A autocracia era legitimada por um império sempre em expansão, multiétnico e multirreligioso, porém os imperadores mais recentes se consideravam não apenas líderes da nação russa, mas de toda a comunidade eslava. Quanto mais adotavam o nacionalismo russo, mais eles excluíam (e em geral perseguiam) suas imensas populações não russas, como poloneses, georgianos, finlandeses e em especial judeus. O leiteiro judeu Tevye ironiza, em *Um violinista no telhado*: "Deus abençoe o tsar e o mantenha… bem longe de nós". Essa contradição entre império e nação foi fonte de muitas dificuldades. A corte dos Románov era uma mistura de condomínio familiar, ordem de cruzados ortodoxos e quartéis militares — características que, de formas bem distintas, explicam parte do fervor e da agressividade dos regimes sucessores dos Románov, a União Soviética e a atual Federação Russa.

Mesmo na era pré-industrial, a agenda do tsar era congestionada por cerimônias sagradas e revistas militares, sem falar de disputas entre facções e brigas familiares, de modo que restava pouco tempo para uma reflexão mais profunda sobre como resolver problemas complexos. Seria um trabalho difícil de realizar para um político nato que estivesse no poder havia cinco anos, quanto mais para um que se mantivesse pela vida toda — e muitos tsares governaram por mais de 25 anos. Como a maioria dos líderes eleitos nas nossas democracias tende a ficar quase louca antes de dez anos no cargo, não surpreende que tsares que reinaram por muitas décadas acabassem exaustos e dementes. A capacidade do tsar de tomar decisões acertadas era também limitada pela informação que recebia de seu séquito: todos os monarcas se diziam rodeados por mentirosos, mas quanto mais governavam, mais acreditavam no que queriam ouvir. "Cuidado para não ser cesarificado, tingido de púrpura", alertava Marco Aurélio, mas falar era fácil. As exigências se intensificaram com o passar dos séculos. Era mais difícil ser diretor de um império de trens, telefones e couraçados que de cavalos, canhões e bacamartes. Embora este seja um estudo sobre o poder pessoal, uma ênfase excessiva no pessoal obscurece a maré das forças históricas, o poder das ideias e o impacto do aço, da dinamite e do vapor. Os avanços técnicos intensificaram os desafios de uma autocracia medieval.

Quando lê sobre os rumos caóticos e a caprichosa decadência dos tsares fracos do final do século XVII e das imperatrizes hedonistas do século XVIII, o historiador (e o leitor deste livro) há de perguntar: como a Rússia conseguiu tanto êxito quando parecia ser tão mal governada por esses tipos grotescos? Mas a autocracia se mantinha em funcionamento mesmo com uma criança ou um idiota no trono. "Deus está no céu e o tsar está longe", diziam os camponeses, que em suas longínquas aldeias pouco se importavam e sabiam menos ainda sobre o que acontecia em Petersburgo — desde que o centro se mantivesse sólido. E o centro se mantinha sólido porque a dinastia dos Románov sempre foi o vértice e a fachada de um sistema político de relações pessoais e familiares, às vezes funcionando com rivalidades, outras em cooperação, que governavam o reino como parceiros menores do trono. O sistema era flexível. Sempre que um tsar se casava, a família da noiva ingressava no cerne do poder. Os tsares promoviam seus protegidos mais habilidosos, os generais vitoriosos e os estrangeiros competentes, em especial dos principados tártaros, alemães do Báltico e jacobitas escoceses, que renovaram esse santuário de ligações e forneceram a base social que ajudou a tornar a Rússia um império pré-moderno tão bem-sucedido.

O coração do império era a aliança entre os Románov e a nobreza, que precisava do apoio real para controlar suas províncias. A base dessa sociedade era a servidão. O ideal da autocracia era na prática um acordo segundo o qual os Románov desfrutavam do poder absoluto e correspondiam com a glória imperial, enquanto a nobreza governava suas províncias sem ser contestada. A Coroa era a maior proprietária de terras, por isso a monarquia nunca se tornou um joguete da nobreza, como aconteceu na Inglaterra e na França. Mas a rede de nobres de clãs relacionados servia no governo, na corte e, acima de tudo, no típico Exército dinástico-aristocrático que pouco contestava os tsares, preferindo tornar-se uma máquina eficiente da expansão imperial e da coesão do Estado, unindo a pequena nobreza e os camponeses sob a poderosa ideologia tsar, Deus e nação. Como os

Románov chegaram ao poder em meio a uma brutal guerra civil, nos Tempos Turbulentos (1603-13), desde o início o regime contou com uma base militar. Guerras constantes contra poloneses, suecos, otomanos, britânicos, franceses e alemães fizeram com que a autocracia se desenvolvesse como um centro de comando, mobilizando sua nobreza e constantemente recrutando tecnologia ocidental. A Coroa e a nobreza ordenhavam os recursos dos servos, que pagavam impostos, forneciam cereais e serviam como soldados, muito mais baratos para ser levados a combate do que em outras partes da Europa. O sucesso dos Románov na unificação do país e o arraigado temor de novos tumultos significavam que, mesmo que tsares individuais fossem liquidados, a monarquia estava segura de forma geral, sempre apoiada por sua nobreza — com raras exceções em 1730, 1825 e 1916-7. Durante a maior parte do tempo, os Románov e seus súditos conseguiram colaborar no empreendimento sagrado, prestigioso e lucrativo de rechaçar agressões estrangeiras e construir um império. Por isso este livro é uma história não apenas dos Románov, mas também de outras famílias, como os Golítsin, os Tolstói e os Orlov.

A junção dessa aliança se dava na corte, entreposto de benesses, clube de glamour e suntuosidade onde imperatrizes de suposta brandura, como Ana e Isabel, se mostraram particularmente peritas em se aproveitar das relações com seus magnatas fanfarrões. Essa parceria prosperou até a Guerra da Crimeia, nos anos 1850, quando o velho regime de alguma forma teve de se converter em um Estado moderno viável. A luta internacional exigiu que o império dos Románov competisse em um implacável torneio geopolítico de poder com a Grã-Bretanha, a Alemanha, o Japão e a América, com uma riqueza e tecnologia que em muito superavam as da Rússia. O potencial da Rússia só poderia ser destravado com uma reforma do regime de propriedade de terra pelos camponeses, com uma industrialização a toda a velocidade baseada em créditos do Ocidente, o aumento da participação política e o desmantelamento da autocracia corrupta e repressiva, coisa que os dois últimos Románov, Alexandre III e Nicolau II, foram ideologicamente incapazes de fazer. Eles estavam diante de um desafio: como manter uma vasta fronteira e projetar um poder proporcional às suas pretensões imperiais a partir de uma sociedade retrógrada? Se fracassassem no exterior, perderiam sua legitimidade em casa. Quanto mais errassem em casa, menos condições teriam de participar do jogo fora de suas fronteiras. Se blefassem e ficassem expostos, teriam de se retirar humilhados ou lutar e se arriscar a uma catástrofe revolucionária.

Era improvável que mesmo Pedro ou Catarina resolvessem as dificuldades da revolução e da guerra mundial enfrentadas por Nicolau II no início do século XX, mas foi um infortúnio que justo aquele Románov que já havia enfrentado crises mais sombrias fosse o menos capaz e o mais tacanho, bem como o mais azarado. Nicolau era um mau juiz de caráter e não gostava de delegar. Embora ele mesmo não conseguisse assumir o papel de autocrata, usou seu poder para se assegurar de que ninguém mais o fizesse.

O próprio sucesso dos velhos procedimentos empregados até os anos 1850 dificultou ainda mais a mudança. Assim como a cultura radical e assassina da União Soviética só pode ser entendida pela ideologia marxista-leninista-stalinista, a trajetória quase sempre bizarra, amalucada e derrotista dos últimos Románov só pode ser compreendida por sua ideologia: autocracia sagrada. Isso acabou distorcendo a monarquia, tornando-se um fim em si mesma, um obstáculo para a administração de um Estado moderno: aqui, o desafio insolúvel era atrair políticos capazes e aumentar a participação no regime sem perder seus pilares obsoletos, a nobreza e a Igreja — que Trótski chamou de mundo de "ícones e baratas".

Afinal de contas, as épocas dos grandes ditadores dos anos 1920 e 1930, bem como as novas autocracias do início do século XXI, mostram que não há incompatibilidade entre modernidade e autoritarismo — nem mesmo no mundo atual da internet e de notícias 24 horas por dia. Foram as características da monarquia tsarista e da sociedade russa que tornaram aquilo impraticável. As soluções não eram simples como agora parecem numa visão retrospectiva, amplificada pela pretensiosa superioridade do Ocidente. Como aprendeu o reformador Alexandre II, "o quinhão de um rei", nas palavras de Marco Aurélio, era "fazer o bem e ser amaldiçoado". Os historiadores ocidentais repreendem os dois últimos tsares por não terem instituído uma democracia imediata. Talvez seja uma ilusão: essa cirurgia radical poderia simplesmente ter matado o paciente ainda mais cedo.

O destino da família Románov foi insuportavelmente cruel e costuma ser visto como inevitável, mas vale lembrar que tal era a força da monarquia em que Nicolau II reinou por 22 anos — com relativo êxito nos dez primeiros —, sobrevivendo a derrotas, tumultos revolucionários e três anos de guerra mundial. A Revolução de Fevereiro de 1917 destruiu a monarquia, mas a família real só foi condenada em outubro, quando caiu nas mãos dos bolcheviques, sete meses depois da abdicação. Mesmo então, Lênin contemplou diferentes cenários antes de presidir aquele crime atroz: a matança de pais e crianças inocentes. Nada na história é inevitável.

O massacre marca o fim da dinastia e da nossa narrativa, mas não o fim da história. A Rússia de hoje pulsa com as reverberações de sua história. Os ossos dos Románov ainda são tema de intensa controvérsia política e religiosa, enquanto seus interesses imperiais — da Ucrânia aos Bálcãs, do Cáucaso à Crimeia, da Síria a Jerusalém e ao Extremo Oriente — continuam a definir a Rússia e o mundo como o conhecemos. Com manchas de sangue, baixelas de ouro e diamantes cravejados, lances de capa e espada, corpetes rasgados e perseguições do destino, a ascensão e a queda dos Románov continuam sendo tão fascinantes quanto relevantes, tão humanas quanto estratégicas, uma crônica de pais e filhos, de megalomaníacos, de monstros e santos.[1]

Fontes e agradecimentos

Este livro não pretende ser uma história completa da Rússia, nem uma pesquisa diplomática ou militar ou uma biografia completa de Pedro, o Grande, ou de Nicolau II, nem uma anatomia da Revolução ou um estudo genealógico. Outros historiadores cobriram esses assuntos muito melhor que eu. Somente dois grandes historiadores, um americano e um britânico, escreveram sobre toda a dinastia, ambos com muito brilho. O professor Bruce Lincoln, perito nas Grandes Reformas e muito mais, escreveu o magistral *The Románovs: Autocrats of All the Russias*, no qual divide sua narrativa em capítulos de política doméstica e externa. O falecido professor Lindsey Hughes escreveu *The Románovs: Ruling Russia 1613--1917*, uma magnífica análise acadêmica. Recomendo ambos, mas esta é a primeira história dos Románov a misturar aspectos políticos e pessoais numa única narrativa, usando arquivos e trabalhos publicados.

Alguns dos mais destacados acadêmicos do mundo leram e fizeram comentários sobre este livro como um todo ou sobre seções de sua especialidade: o dr. Serguei Bogatiriov, estudioso da monarquia dos séculos XVI e XVII, autor de *The Sovereign and his Counsellers*, sobre Ivan, o Terrível, atualmente escrevendo uma história dos Riúrik, leu e fez correções nas seções do século XVII, de Miguel a Pedro, o Grande. Simon Dixon, professor de história da Rússia na Universidade de Londres, autor de *Catherine the Great*, revisou a seção do século XVIII, de Pedro, o

Grande, a Paulo. O professor Dominic Lieven, autor de *Russia against Napoleon* e do mais recente *Towards the Flame: Empire, War and the End of Tsarist Russia*, fez comentários sobre a seção dos séculos XIX e XX, de Alexandre I a Nicolau II. O professor Geoffrey Hosking, autor de *Russia and the Russians* e *Russia: People and Empire*, leu e fez correções no livro inteiro, assim como o professor Robert Service, autor de *History of Modern Russia*. O dr. John Casey, meu velho colega da Universidade de Cambridge, também lançou seu olhar meticuloso, estilístico e editorial em meu manuscrito. Espero que o assessoramento dessa galáxia de acadêmicos tenha me ajudado a evitar erros, mas qualquer um que tenha escapado é de minha total responsabilidade.

Utilizei muito material negligenciado sobre o reinado de todos os tsares, principalmente documentos, alguns não publicados, muitos divulgados em publicações especializadas em história no século XIX. Também usei muitos trabalhos secundários, por isso o livro é um trabalho de síntese.

O material oficial é vasto, sem falar do material pessoal. Todos os tsares escreviam aos seus ministros, amantes e parentes enquanto exerciam políticas externa, doméstica e cultural. Este é um estudo da dinastia, na inter-relação entre monarquia, família, corte e, quando se desenvolveu, com Estado — um apanhado do poder político na Rússia entre os séculos XVII e XX. No final do século XIX, além da colossal correspondência oficial de cada tsar, a maioria dos Románov e dos ministros também mantinha diários, escreveu memórias e, claro, muitas cartas, e a família era enorme.

Memórias devem ser tratadas com ceticismo, mas cartas e diários são muito valiosos. Cinco inestimáveis correspondências se destacam: entre Pedro, o Grande, e seu parceiro Potiômkin; entre Alexandre I e sua irmã Catiche; entre Alexandre II e sua amante-esposa Kátia Dolgorúkaia; e entre Nicolau II e Alexandra. Algumas dessas cartas são famosas, assim como inúmeras cartas de Catarina a Potiômkin e de Nicolau a Alexandra, mas os dois casais escreveram milhares de cartas, que variavam de textos amorosos perfumados a longas discussões políticas. Naturalmente, a maior parte delas é pouco conhecida. A correspondência entre Alexandre II e Kátia Dolgorúkaia chega a cerca de 3 mil cartas, na sua maioria não publicadas. Poucos historiadores trabalharam nesse extraordinário baú e ninguém as leu na totalidade, em parte porque as cartas estiveram por muito tempo em posse de pessoas físicas e só retornaram aos arquivos da Rússia em tempos relativamente recentes.

Acompanho vinte monarcas e diversos regentes ao longo de três séculos. Entre os vinte tsares, três — Pedro I, Catarina II e Nicolau II — são nomes de casas reais, enquanto Raspútin há muito foi alçado de história a mito. Mas os monarcas menos famosos são também fascinantes. Tentei tratar todos os tsares igualmente, embora o aumento de material de acordo com o tamanho da família signifique que há muito mais a cobrir nas últimas décadas.

O maior peso de pré-julgamento e de lenda, de martírio e romance paira sobre Nicolau e Alexandra. Milhares de livros foram escritos sobre cada aspecto do último casal imperial, que se tornou uma indústria de publicações pela internet. O atroz assassinato da família ao mesmo tempo obscurece e ilumina demais a vida deles. Afinal, Nicolau e sua família hoje são santos. Gerações de biógrafos e blogueiros retratam Nicolau como um adorável homem de família e, com a esposa, o casal romântico por definição. Mas este estudo lida com o casal e com Raspútin como figuras íntimas e políticas de uma forma nova e despojada, sem a carga do plangente romance, da ojeriza dos soviéticos ou do desprezo dos liberais.

Neste empreendimento titânico, fui ajudado por muitos acadêmicos generosos e especialistas cujo conhecimento e julgamento vão bem mais longe que o meu. Durante minhas pesquisas sobre Catarina, a Grande, Potiômkin e agora sobre toda a dinastia Románov, ao longo de quinze anos, visitei a maioria dos palácios dos Románov, muitos lugares-chave e arquivos nacionais, de Moscou a Petersburgo, de Peterhof e Tsárskoie a Odessa, Tbilisi, Borjomi, Baku, Sebastópol, Bakhtissarai, Ialta, Livádia, Dniepropetrovsk, Nikoláiev e Kherson, e também tive acesso a arquivos em cidades estrangeiras como Londres, Varsóvia e Paris — cidades demais para citar todos os curadores, diretores e guias. Mas devo agradecer acima de tudo ao diretor do Museu Nacional do Hermitage, dr. Mikhail Piotróvski, à diretora dos Museus Nacionais do Krêmlin, dra. Elena Gagaáina, e ao diretor do Arquivo Nacional da Federação Russa, Garf, dr. Serguei Mironenko.

Gostaria de agradecer à sua majestade príncipe de Gales, que tão calorosa e generosamente ajudou e encorajou meu trabalho na Rússia e compartilhou materiais sobre a restauração dos palácios dos Románov; sua majestade duque de Edimburgo, que gentilmente se encontrou comigo para discutir suas ligações familiares; sua majestade príncipe Michael de Kent, que partilhou seu conhecimento sobre o sepultamento de Nicolau II e família; princesa Olga Romanoff, neta do grão-duque Alexandre Mikháilovitch (Sandro), e Xenia Alexandrovna, que toleraram minhas perguntas sobre a família; princesa Elisabeth da Iugoslávia e seu filho

Nick Balfour, que mostraram fotografias e cartas da família; princesa Kátia Galitzine; condessa Stefania Calice por sua pesquisa na coleção de cartas de sua família e por ter partilhado cartas não publicadas dos Románov, inclusive o relato da grão-duquesa Alexandra Iosifovna sobre a morte de Nicolau I; professora Catherine Merridale pela assessoria e encorajamento; Lars Tharp pelo pepino-do-mar de Raspútin; Adam Zamoyski por compartilhar joias de suas pesquisas sobre Nicolau I; dr. Mark Donen por pesquisar o relato do conde de Langeron do assassinato de Paulo nos arquivos da Sorbonne; Ben Judah por divulgar sua pesquisa sobre as reflexões de Vladímir Pútin sobre Nicolau II; Helen Rappaport, autora de *As irmãs Románov*, que me alertou sobre os riscos da pesquisa sobre os Románov; minha querida amiga Musa Klebnikov, que partilhou o manuscrito não publicado sobre Stolípin de seu falecido e muito saudoso marido Paul; Galina Oleksiuk, que me ensinou russo quando comecei *Catherine the Great* e *Potemkin*, e sua filha Olesya Nova, que me ajudou com pesquisas, bem como a excelente jovem historiadora Lucy Morgan, que fez pesquisas para mim na Inglaterra. Acima de tudo, sou imensamente grato à dra. Galina Babkova, que me ajudou na pesquisa de todos os meus primeiros livros e me apresentou ao indispensável Daulet Zhanaidarov, um jovem e muito talentoso historiador, que me ajudou com a enorme pesquisa. Obrigado ao magnífico Peter James por sua impecável edição e preparação. Tenho a sorte de contar com o apoio de uma superagente, Georgina Capel, e de seus fantásticos colegas Rachel Conway, Romily Withington e Valeria Huerta; e de contar com tão excelentes editores como Bea Hemming e Holly Harley da Weidenfeld, e com Sonny Mehta da Knopf.

Agradeço à grande Isabel de Madariaga, que, apesar de ter morrido antes de ler este livro, me ensinou, com o encantador mas severo rigor de Catarina, a Grande, com quem se parecia, como escrever sobre história e como analisar a Rússia.

Meu pai, dr. Stephen Sebag-Montefiore, morreu durante a feitura deste livro. Sinto profundamente a falta de sua sabedoria e entusiasmo em todos os aspectos — e de sua habilidade como editor. Obrigado à minha mãe, April Sebag-Montefiore, por seus conselhos de ouro, seus talentos literários e maravilhosa companhia. Meus sogros, Charles e Patty Palmer Tomkinson, sempre foram generosos apoiadores. Sou profundamente grato pela serenidade, bondade, beleza, amor e tolerância de minha esposa, Santa, que, tendo sobrevivido a *Stálin* e *Jerusalém*, agora passou pelos Románov. Devo tudo a Santa: realmente ela é a minha tsarina. Minhas inspirações são certamente meus queridos filhos. Obrigado a vocês, Lily e Sasha, pelo delicioso encanto, malícia, irreverência e afeição que me mantêm seguindo em frente. Meus livros são dedicados ora a Santa ora às crianças. Este é para Lily.

Inesperadamente, este livro tocou a história da minha família: meu ancestral Sir Moses Montefiore conheceu Nicolau I e Alexandre II. Minha própria existência se deve, se esta é a palavra, a duas tragédias da história judaico-russa. A família de minha avó materna, os Woolf, lutou pela Polônia contra os Románov em 1863, antes de fugir para a Grã-Bretanha. A família de meu avô materno, os Jaffe, fugiu da Rússia depois do pogrom de Kichinev, em 1904. Eles compraram passagens da Lituânia para Nova York, mas ficaram surpresos quando desembarcaram na Irlanda. Tinham sido enganados! Quando protestaram, os contrabandistas de gente explicaram que haviam prometido levá-los a "Nova Cork", não Nova York. A família se estabeleceu em Limerick, onde depois foi expulsa de casa por um pogrom ocorrido nas Ilhas Britânicas em 1904. Enquanto eu escrevia sobre Galípoli, não conseguia esquecer que meu tataravô, o major Cecil Sebag-Montefiore, foi deixado como morto numa pilha de corpos e nunca se recuperou totalmente do ferimento na cabeça; nem, quando escrevi sobre a intervenção do Ocidente contra os bolcheviques, em 1918, que seu filho, meu avô, coronel Eric Sebag-Montefiore, foi membro da expedição britânica que ocupou Batumi. Tais associações são lugares-comuns, claro — mas de alguma forma ajudam a formar a pérola dentro da ostra.

Simon Sebag Montefiore

Nota

Para todas as datas na Rússia, uso o antigo calendário juliano, que no século XVII estava dez dias atrasado em relação ao calendário gregoriano em uso no Ocidente; no século XVIII a diferença era de onze dias, no século XIX doze dias e no século XX, treze dias. Para algumas poucas datas bem conhecidas, uso ambos.

Nos títulos, alterno a denominação do governante entre tsar, autocrata, soberano e grão-príncipe, até Pedro, o Grande, assumir o título de imperador. Depois disso uso-as todas alternadamente, embora houvesse uma intensificação do tom eslavófilo no uso do título russo "tsar" no lugar do termo romano europeu "imperador".

O filho de um tsar era um tsarévitch ("filho do tsar"); a filha era uma tsarevna. Depois, todos os filhos (e netos) de monarcas se tornaram grão-príncipes (*velíki kniaz*) e grão-princesas. Esses títulos foram tradicionalmente traduzidos como grão-duque e grão-duquesa.

O príncipe coroado era conhecido como o herdeiro (*naslédnik*), mas também mais simplesmente como grão-duque e tsarévitch ("filho do tsar"). Em 1721, ao adotar o título romano de imperador, Pedro, o Grande, intitulou seus filhos de cesarévitch ("filho de César") ou tsesarévitch. Uso a grafia cesarévitch para diferenciar mais facilmente de tsarévitch. Em 1762, Catarina, a Grande, intitulou seu filho Paulo de cesarévitch, que se tornou o título do herdeiro, embora o último tsar preferisse o mais russo "tsarévitch".

Para evitar longas discussões sobre a mudança de significado dos termos eslavófilos e pan-eslavistas, utilizo o termo eslavófilo genericamente para definir os que desejavam usar a identidade eslava da Rússia para conduzir a política doméstica e no exterior.

Uso Constantinopla, e não Istambul, para a capital otomana, pois era chamada assim pela maioria dos contemporâneos, inclusive diplomatas otomanos; também uso a palavra russa Tsargrad.

Em geral os russos dão um primeiro nome e o nome do pai como patronímico. Assim, o grão-duque Konstantin Konstantínovitch é Constantino, filho de Constantino. Os nomes dos Románov costumavam se repetir, por isso a família se torna cada vez mais complicada — até o próprio Nicolau II se queixava de "haver tantos Constantinos e Nicolaus", e também houve inúmeros Mikhails e Alexeis. Tentei tornar isso mais fácil para o leitor usando apelidos ou grafias distintas e incluindo listas de personagens com seus apelidos.

Nos nomes russos, uso a versão mais conhecida, ou seja, tsar Miguel em vez de Mikhail, Pedro em vez de Piotr, Paulo em vez de Pável. Mas também às vezes uso Nikolai e Mikhail. Minhas decisões sobre essas questões se dão apenas com o intuito de tornar esse quebra-cabeça compreensível e os personagens, reconhecíveis. Isso leva a todos os tipos de incoerências linguísticas das quais assumo toda a culpa.

Prólogo
Dois rapazes nos Tempos Turbulentos

Dois adolescentes, ambos frágeis, inocentes e convalescentes, abrem e fecham a história da dinastia. Na condição de herdeiros de uma família política, os dois estavam destinados a governar a Rússia como autocratas e cresceram em tempos de revolução, guerra e massacres. Os dois foram escolhidos por outros para um papel sagrado porém assustador, que não tinham perfil para desempenhar. Separados por 305 anos, eles levaram a cabo seu destino em cenários terríveis e extraordinários que tiveram lugar longe de Moscou, em edifícios chamados Ipátiev.

À uma e meia da manhã do dia 17 de julho de 1918, na mansão Ipátiev em Iekaterinburgo, nos Urais, 1,3 mil quilômetros a leste de Moscou, Alexei, aos treze anos, portador de hemofilia e filho do ex-tsar Nicolau II, foi acordado com os pais, quatro irmãs, três serviçais e três cachorros e informado de que a família deveria se preparar com urgência a fim de seguir para local mais seguro.

Na noite de 13 de março de 1613, no Mosteiro de Ipátiev, perto da semiarruinada cidade de Kostromá, à beira do rio Volga, trezentos quilômetros a noroeste de Moscou, Miguel Románov, aos dezesseis anos, portador de fraqueza nas pernas e de um tique no olho, o único dos cinco filhos de seus pais a sobreviver, foi acordado com a mãe para ser informado de que uma delegação havia chegado. Ele teve de se preparar às pressas para voltar com eles à capital.

Os dois rapazes se assustaram diante da ocasião excepcional que enfrentariam. Os pais haviam buscado o supremo galardão da Coroa em nome dos filhos — e esperavam protegê-los de seus perigos. Mas os dois não podiam ser protegidos porque suas famílias, para o bem e para o mal, estavam envolvidas no jogo cruel do poder hereditário na Rússia, e os frágeis ombros dos dois adolescentes foram escolhidos para sustentar o terrível peso de governar. Mas, a despeito de todos os paralelos entre esses momentos transcendentes da vida de Alexei e Miguel, os dois estavam, como veremos, viajando em direções bem diferentes. Um era o começo, o outro era o fim.

Alexei, prisioneiro dos bolcheviques numa Rússia dilacerada por uma selvagem guerra civil e por uma invasão estrangeira, vestiu-se com os pais e as irmãs. Suas roupas eram tecidas com as famosas joias da dinastia, escondidas para uma futura fuga em busca de uma nova liberdade. O garoto e o pai, o ex-tsar Nicolau II, usavam túnicas militares, botas e capacetes pontudos. A ex-tsarina Alexandra e as filhas adolescentes vestiam blusas brancas e saias pretas, sem casacos ou chapéus. Foi recomendado que levassem poucas coisas, mas naturalmente todos tentaram reunir travesseiros, bolsas e lembranças, sem saber se iriam retornar ou para onde estavam indo. Os pais sabiam que era pouco provável que eles próprios saíssem vivos daquele trauma, mas, mesmo naquela época desumana, fazer mal a crianças inocentes por certo seria impensável. Naquele momento, zonzos de sono, cansados de viver no desespero e na incerteza, eles não desconfiavam de nada.[2]

Miguel Románov e sua mãe, a monja Marfa, haviam sido prisioneiros até pouco tempo, mas agora eram quase fugitivos, sem querer chamar a atenção, buscando refúgio em um mosteiro em meio a um país também dilacerado por uma guerra civil e por uma invasão estrangeira, não diferente da Rússia de 1918. Também estavam acostumados a viver em perigo mortal. E tinham razão para sentir medo, pois o garoto estava sendo perseguido por esquadrões da morte.

Com mais ou menos 55 anos, a monja Marfa, mãe do menino, havia sofrido muito nas brutais reversões daqueles Tempos Turbulentos, tendo visto sua família cair do esplendor e do poder para a prisão e a morte e voltar: o pai do garoto, Filaret, naquele momento estava preso na Polônia; diversos tios tinham sido assassinados. Miguel mal sabia ler, era decididamente inepto e cronicamente doente. É possível que ele e a mãe só esperassem sobreviver até a volta do pai. Mas será que ele voltaria?

Divididos entre o temor e a ansiedade, mãe e filho disseram à delegação da aristocracia de Moscou para encontrar o garoto na porta da Ipátiev pela manhã, sem saber o que aconteceria ao amanhecer.[3]

Os guardas da mansão Ipátiev de Iekaterinburgo viram quando os Románov desceram a escada, persignando-se ao passar por uma ursa empalhada com dois filhotes no patamar. Nicolau carregava o filho convalescente.

O comandante, um comissário bolchevique chamado Iákov Iuróvski, levou a família para fora, atravessou um pátio e entrou em um porão iluminado por uma única lâmpada elétrica. Alexandra pediu uma cadeira, e Iuróvski mandou que viessem duas, para os mais frágeis da família: a ex-tsarina e Alexei. Ela sentou-se em uma cadeira, Nicolau acomodou o filho na outra. Depois se postou diante dele. As quatro grão-duquesas, Olga, Tatiana, Maria e Anastássia — cujo apelido coletivo era o acrônimo OTMA —, ficaram atrás de Alexandra. Iuróvski saiu depressa da sala. Havia muitos arranjos a fazer. Durante dias, telegramas codificados crepitaram entre Iekaterinburgo e Moscou sobre o futuro da família imperial, enquanto forças antibolcheviques, conhecidas como os Brancos, avançavam sobre Iekaterinburgo. O tempo estava se esgotando. Um pelotão de fuzilamento esperava na sala ao lado, com alguns dos seus componentes bêbados, todos com armas pesadas. A família, serena e tranquila, ainda estava despenteada e tonta de sono, quem sabe torcendo para que, durante aquela apressada perambulação, eles caíssem nas mãos dos Brancos salvadores, que estavam tão perto. Ficaram observando a porta com calma e expectativa, como se à espera de que tirassem uma fotografia do grupo.

No amanhecer do dia 14 de março, Miguel, usando sua bata formal forrada de pele e chapéu de zibelina e acompanhado pela mãe, saiu para ver uma procissão liderada por potentados moscovitas, conhecidos como boiardos, e bispos ortodoxos, conhecidos como metropolitas. Fazia um frio congelante. Os delegados se aproximaram. Os boiardos usavam cafetãs e peles; os metropolitas portavam o Miraculoso Ícone da Catedral da Anunciação, que Miguel teria reconhecido de imediato do Krêmlin, onde havia estado recentemente como prisioneiro. Como persuasão adicional, ostentavam, no alto, a Nossa Senhora de Fiódorov, o reverenciado ícone dos Románov, a protetora da família.

Quando chegaram até Miguel e sua mãe, fizeram uma reverência, e a surpreendente notícia foi comunicada nas primeiras palavras proferidas: "Senhor soberano, soberano de Vladímir e Moscou e tsar e grão-príncipe de toda a Rússia", disse o líder metropolita Fiódorit de Riazan. "A Moscóvia não conseguiu sobreviver sem um soberano [...] e a Moscóvia está em ruínas", por isso uma Assembleia da Pátria o havia escolhido para ser o soberano e "brilhar para o tsarismo russo como o sol", e pediram para Miguel "conceder esse favor e não se recusar a aceitar seus enviados" e "concordar em ir a Moscou o mais rápido possível". Miguel e a mãe não gostaram. "Eles nos disseram", relataram os delegados, "com grande fúria e gritando que *ele* não desejava ser soberano e que *ela* não daria suas bênçãos para ele ser soberano, e entraram na igreja." Quase se pode ouvir a solene ira da mãe e os soluços confusos do garoto. Em 1613, a Coroa da Rússia não era uma proposta tentadora.

Às duas e quinze da manhã, Alexei e família continuavam esperando em um silêncio sonolento quando o camarada Iuróvski e dez asseclas armados entraram na sala cada vez mais repleta. Um deles notou Alexei, "pálido e doentio", observando "com olhos arregalados e curiosos". Iuróvski ordenou que Alexei e a família ficassem de pé e, virando-se para Nicolau, declarou: "Considerando que seus parentes continuam sua ofensiva contra a Rússia soviética, o Presidium do Conselho Regional dos Urais decidiu sentenciá-los à morte".

"Senhor meu Deus!", disse o ex-tsar. "Oh, meu Deus, o que é isso?" Uma das meninas gritou: "Oh, meu Senhor, não!". Nicolau continuou: "Não consigo entender. Leia outra vez, por favor".

Os magnatas de Moscou não se abateram com a recusa de Miguel. A Assembleia tinha escrito as respostas específicas que os delegados deveriam dar para cada objeção de Miguel. Eles "beijaram a cruz e perguntaram humildemente" se o garoto que chamavam de "nosso soberano" seria o tsar. Depois de anos de perseguição e humilhações, os Románov estavam magoados. Tinham sorte de estarem vivos. Miguel mais uma vez "recusou com um melancólico grito de ira".

***

Iuróvski leu novamente a sentença de morte, e agora Alexei e os outros se persignaram enquanto Nicolau continuava dizendo: "O quê? O quê?".

"ISTO!", gritou Iuróvski, atirando no ex-tsar. O pelotão de fuzilamento ergueu as armas, apontou para a família e começou a disparar a esmo, com um ensurdecedor pandemônio de tiros, "gritos e gemidos de mulheres", ordens bradadas por Iuróvski, pânico e fumaça. "Ninguém conseguia ouvir nada", relembrou Iuróvski. Mas quando os disparos amainaram, eles perceberam que o tsarévitch Alexei e as mulheres estavam quase incólumes. De olhos arregalados, aterrorizado, perplexo e ainda sentado em sua cadeira, Alexei os observava através da fumaça dos disparos e da poeira da argamassa que quase extinguia a luz em meio à diabólica cena de cadeiras emborcadas, pernas se agitando, sangue e "gemidos, gritos, soluços abafados...".

Em Kostromá, depois de seis horas de argumentações, os nobres se ajoelharam, chorando e dizendo que, se Miguel não aceitasse a coroa, Deus evocaria a ruína final da Rússia. Finalmente Miguel concordou, beijando a cruz e aceitando o bastão de ponta de aço do tsarismo. Os nobres se persignaram e correram para se prostrar e beijar os pés do novo tsar. Uma capital arruinada, um reino dilacerado e um povo desesperado o esperavam ao final da perigosa estrada para Moscou.

ATO I
A ASCENSÃO

OS ROMÁNOV

Roman Zakhárin-Iúriev *m.* Uliana Ivánovna

Nikita Románovich *m.* Varvara Khóvrina

Fiódor Románov, o patriarca e grande soberano **Filaret** *m.* Ksênia Chestova (mais tarde monja Marfa)

Ivan Ivánovitch † 1581

FIÓDOR I 1584-98 *m.* Irina Godunova

MIGUEL I 1613-45
m. (1) Maria Dolgorúkaia
m. (2) Eudóxia Strechniova

Irina

outro descendente

ALEXEI 1645-76
m. (1) Maria Miloslávskaia
m. (2) Natália Naríchkina

Alexei Alexéievitch † 1570

outro descendente

Sófia dama soberana 1682-9

FIÓDOR III 1676-82
m. (1) Agáfia Gruchétskaia
m. (2) Marfa Apráxina

IVAN V 1682-96 *m.* Praskóvia Saltikova

Iekaterina

ANNA 1730-40

Praskóvia

* Ivan, o Terrível, foi o primeiro dos grandes príncipes da Moscóvia a ser coroado tsar. Ele casou sete vezes. Maria Nagaya foi sua última esposa.

OS RIÚRIK

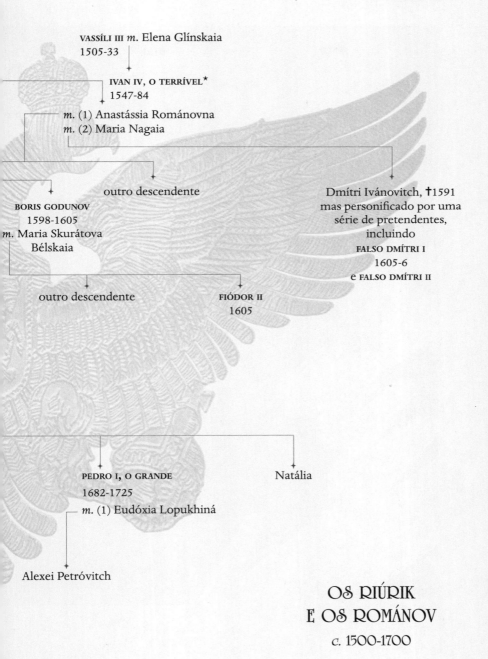

VASSÍLI III *m.* Elena Glínskaia
1505-33

IVAN IV, O TERRÍVEL*
1547-84
m. (1) Anastássia Románovna
m. (2) Maria Nagaia

outro descendente

BORIS GODUNOV
1598-1605
m. Maria Skurátova Bélskaia

Dmítri Ivánovitch, †1591
mas personificado por uma
série de pretendentes,
incluindo
FALSO DMÍTRI I
1605-6
e FALSO DMÍTRI II

outro descendente

FIÓDOR II
1605

PEDRO I, O GRANDE
1682-1725
m. (1) Eudóxia Lopukhiná

Natália

Alexei Petróvitch

OS RIÚRIK E OS ROMÁNOV
c. 1500-1700

Cena 1
Os desfiles de noivas

Elenco

OS ÚLTIMOS TSARES RIÚRIK

IVAN, O TERRÍVEL 1547-84
Anastássia Románovna Zakhárina-Iúrieva, sua primeira tsarina
Ivan Ivánovitch, filho mais velho e herdeiro, assassinado pelo pai
FIÓDOR I, segundo filho, tsar 1584-98
Dmítri Ivánovitch, último filho de Ivan, o Terrível, morto misteriosamente.
Identidade assumida por três impostores, os Falsos Dmítris

OS TEMPOS TURBULENTOS: tsares e impostores

BORIS GODUNOV, tsar 1598-1605
O FALSO DMÍTRI, tsar 1605-6
VASSÍLI CHÚISKI, tsar 1606-10
Segundo Falso Dmítri, conhecido como "Bandoleiro de Túchino"
Ivan Dmítrievitch, o " Bebê Bandoleiro"
Marina Mniszech, filha de um aristocrata polonês, esposa do Primeiro Falso

Dmítri, do Segundo Falso Dmítri e de Ivan Zarútski, mãe do Bebê Bandoleiro, conhecida como "Marinka, a Bruxa"

Chefes militares
Príncipe Dmítri Pojárski, herói da resistência
Kuzmá Mínin, mercador de Níjni Nóvgorod, líder da resistência
Príncipe Dmítri Trubetskoi, aristocrata e líder dos cossacos

Invasores estrangeiros
Rei Sigismundo III da Polônia
Príncipe Vladislau da Polônia, depois rei
Gustavo Adolfo, rei da Suécia

OS PRIMEIROS ROMÁNOV

Nikita Románovitch Zakharin-Iúriev, irmão de Anastássia, primeira esposa de Ivan, o Terrível
Seu filho Fiódor Nikítich Románov, depois padre Filaret
Ksênia Chestova, depois monja Marfa, esposa de Fiódor
O filho deles, MIGUEL, o primeiro tsar Románov, 1613-45
Ivan Románov, irmão de Fiódor, tio de Miguel, boiardo
Anna Khlópova, primeira noiva de Miguel
Maria Dolgorúkaia, sua primeira esposa
Eudóxia Strechniova, sua segunda esposa
Irina, tsarevna, filha de Miguel com Eudóxia
ALEXEI, filho e herdeiro de Miguel e Eudóxia, tsar 1645-76

CORTESÃOS: ministros etc.

Fiódor Cheremétiev, primo de Románov, boiardo e ministro-chefe
Mikhail Saltikov, primo de Románov, copeiro real e escudeiro
Príncipe Ivan Tcherkásski, primo de Románov de ascendência circassiana, boiardo

Príncipe Dmítri Tcherkásski, primo de Románov de ascendência circassiana, boiardo

Príncipe Dmítri Pojárski, chefe de guerra patriótico, depois boiardo e comandante-chefe

Príncipe Dmítri Trubetskoi, aristocrata e chefe militar cossaco, candidato a tsar

Miguel não tinha pressa em chegar a Moscou, mas Moscou estava ansiosa para que ele chegasse. Na guerra civil, os contestadores da supremacia — magnatas aristocratas, reis estrangeiros, chefes cossacos, impostores e aventureiros — tinham lutado para chegar a Moscou, ávidos para assumir a Coroa. Mas Miguel Románov e a monja Marfa não se entusiasmaram. Nunca houve um cortejo mais infeliz, choroso e melancólico em direção a um trono. De fato, a situação da Rússia no início de 1613 era tenebrosa, traumática e distópica. O território entre Kostromá e Moscou era perigoso; Miguel passou por aldeias onde cadáveres se espalhavam nas ruas. A Rússia era bem menor que a Federação Russa de hoje; ao norte, sua fronteira com a Suécia ficava perto de Nóvgorod, a com a Polônia-Lituânia era perto de Smolensk. A leste, a maior parte da Sibéria ainda estava inexplorada, e boa parte do Sul era território dominado pelos tártaros. Mas ainda assim era um território vasto, com cerca de 14 milhões de habitantes, comparado aos 4 milhões da Inglaterra na época. Mas a Rússia estava quase desintegrada: a fome e a guerra tinham dispersado a população; os poloneses ainda caçavam o tsar-garoto; os exércitos sueco e lituano-polonês se reuniam para avançar sobre a Rússia; os chefes de guerra cossacos dominavam territórios ao sul, abrigando pretendentes ao trono; não havia dinheiro, as joias da Coroa tinham sido saqueadas; os palácios do Krêmlin se encontravam em escombros.

A transformação da vida de Miguel deve ter sido convulsiva; a corte do tsar teria de ser construída cortesão por cortesão, colher de prata por colher de prata, diamante por diamante. Miguel e a mãe sem dúvida estavam aterrorizados com o que os esperava na capital, e tinham toda a razão de estar preocupados. Mas agora esse adolescente de família nobre sem títulos, cujo pai estava perdido em uma prisão estrangeira, encontrou em si um impulso de grandeza, uma grandeza que ele devia, acima de tudo, ao primeiro patrono da família, Ivan, o Terrível.[1]

Trinta anos depois de sua morte, Ivan ainda projetava sua temível sombra sobre a Rússia e o garoto Miguel. Ivan tinha expandido o Império Russo — e quase o destruíra internamente, incrementando seu esplendor e depois o envenenando num reinado de cinquenta anos de triunfo e loucura. Mas sua primeira e favorita esposa, mãe do primeiro filho de sua prole, era uma Románov — e a fundadora do destino da família.

Ivan era filho de uma família real descendente de Riúrik, um príncipe escandinavo quase mítico que, em 862, foi convidado pelos eslavos e outras tribos locais para governá-los, tornando-se o fundador da primeira dinastia russa. Em 988, Vladímir, descendente de Riúrik, grão-príncipe de Rus, converteu-se à ortodoxia na Crimeia, sob a égide do imperador e patriarca bizantino. Sua frágil confederação de principados unidos pela dinastia Riúrik, conhecida como Rus Kievana, acabou se estendendo praticamente do Báltico ao mar Negro. Mas, entre 1238 e 1240, foi destroçada pelos exércitos mongóis de Gêngis Khan e sua família, que durante os dois séculos de dominação russa permitiram que os príncipes Riúrik governassem pequenos principados como vassalos. A visão dos mongóis de um único imperador universal sob a égide de Deus, com suas brutais e arbitrárias decisões judiciais, pode ter favorecido o conceito de autocracia da Rússia. Houve muita miscigenação e casamentos com mongóis, muitas famílias russas famosas eram descendentes daqueles povos. Aos poucos, os príncipes russos começaram a contestar a autoridade mongol: Ivan III, o Grande, grão-príncipe de Moscou, reuniu muitas cidades russas sob a Coroa moscovita, em especial a república de Grande Nóvgorod no Norte e Rostov no Sul, e em 1480 enfrentou os canados mongóis com determinação. Depois da queda de Bizâncio para os otomanos islâmicos, Ivan III reivindicou o manto de líder da ortodoxia. Ele se casou com a sobrinha do último imperador bizantino, Sofia Paleóloga, o que permitiu que se apresentasse como herdeiro dos imperadores. Ivan, o Grande, começou a se intitular "césar", que ganhou a forma russa de "tsar", com o novo status imperial permitindo que seus propagandistas monásticos afirmassem que ele estava reorganizando os territórios de Rus.* Seu filho Vassíli III continuou seu trabalho, mas o filho de Vassíli morreu antes do pai, por isso foi seu neto Ivan IV, que se tornou Ivan, o Terrível, que o sucedeu no trono ainda criança. É possível que a mãe do menino tenha sido envenenada; ele ficou traumatizado quando as rivalidades entre os cortesãos irromperam em violência e acabou se tornando um garoto atraente, dinâmico e imaginativo, porém volátil e imprevisível.

Em sua coroação, em 1547, aos dezesseis anos, Ivan foi o primeiro grão--príncipe a ser coroado tsar. O jovem autocrata já tinha lançado sua busca ritual por uma esposa. Seguindo uma tradição que derivava de ambos os precursores do tsarismo — os cãs mongóis e os imperadores bizantinos —, ele convocou um desfile de noivas. Qualquer escolha de uma noiva real levava novos clãs ao poder e destruía outros. Os desfiles de noivas foram criados para reduzir essa turbulência em virtude da própria escolha do tsar de uma garota da nobreza média. Quinhentas virgens foram convocadas em todo o reino para esse concurso de beleza da Renascença, e a vencedora foi uma garota chamada Anastássia Románovna Zakhárina-Iúrieva, a tia-avó do garoto Miguel.

Filha de um ramo menor de um clã que já se encontrava na corte, Anastássia foi a escolha ideal, graças à combinação de distância segura de potentados influentes e tranquilizante familiaridade. Ivan já a conhecia, pois o tio dela fora um de seus guardiões. Anastássia era descendente de Andrei Kobila, que o grão--príncipe havia promovido à classe dos boiardos em 1346-7,** mas o ramo da família se originava de seu quarto filho, o boiardo Fiódor, que era chamado de Kochka

---

* A águia de duas cabeças provavelmente foi adotada quando o grão-príncipe aspirava ao status da dinastia dos Habsburgo. É possível que só mais tarde os monges tenham sustentado que a águia de duas cabeças representava Roma e Constantinopla, capital do Império Romano do Oriente, ou o Império Bizantino — sendo Moscou uma terceira Roma.

** Os boiardos eram o escalão máximo da nobreza e designados pelo tsar. Nada tinham a ver com o título hereditário de príncipe, que por tradição o tsar não poderia conceder. Os príncipes eram descendentes dos governantes das cidades conquistadas por Moscou, em geral descendentes obscuros das incontáveis linhagens dos Riúrik, do grão-príncipe de Kíev ou de Gediminas, grão-duque fundador da Lituânia ou de cãs tártaros. Alguns príncipes eram magnatas riquíssimos, proprietários de mais de 100 mil acres; mas muitos príncipes não eram ricos ou boiardos. Nem sempre títulos eram importantes; os Románov tinham sido boiardos, porém nunca príncipes.

— "o Gato". Cada geração era conhecida pelo nome do homem da geração anterior, por isso os filhos do Gato foram chamados de Kochkin, uma designação apropriada, em vista dos dotes felinos de sobrevivência da família Románov. O bisavô de Anastássia, Zakhar, e o avô dela, Iúri, eram boiardos, mas seu pai, Roman, morreu jovem. Mesmo assim, passou seu nome aos Románovitch, que se tornariam conhecidos como os Románov.[2]

Logo depois da coroação, no dia 2 de fevereiro de 1547, Ivan casou-se com Anastássia. O casamento foi um sucesso. Ela teve seis filhos, dos quais dois herdeiros homens sobreviveram, Ivan e Fiódor, e Anastássia tinha o dom de acalmar o temperamento maníaco do marido. Mesmo assim, ele a exauria com seus frenesis imprevisíveis e viagens constantes. De início seu reino prosperou: Ivan marchou para o sul numa cruzada cristã ortodoxa para derrotar os tártaros islâmicos, descendentes de Gêngis Khan que agora se dividiam em canados menores. Primeiro ele conquistou os canados de Kazan e Astrakhan — triunfo que comemorou construindo a Catedral de São Basílio, na praça Vermelha; em seguida despachou mercadores aventureiros e bucaneiros cossacos para começar a conquista da vasta e rica Sibéria; trouxe especialistas e mercadores europeus para modernizar a Moscóvia e investir contra o Mercado Comum da Polônia e Lituânia para controlar as ricas cidades do Báltico. Mas seria uma longa guerra, que solapou a sanidade do tsar e a lealdade de seus aristocratas mais poderosos, muitos dos quais tinham seus próprios vínculos com os poloneses. Ao mesmo tempo, Ivan travou guerras com outro poder regional, o canado dos tártaros da Crimeia,* ao sul.[3]

Em 1553, Ivan ficou doente. O irmão de sua mulher, Nikita Románovitch, tentou convencer os cortesãos a jurar lealdade ao filho bebê do tsar — mas eles se recusaram, pois preferiam seu primo adulto, o príncipe Vladímir de Staritsa. O tsar se recuperou, porém ficou obcecado com a traição de seus nobres e com a aliança independente do príncipe Vladímir com outros aristocratas. Em 1560, Anastássia morreu aos 29 anos. Ivan ficou perturbado, convencido de que ela havia sido envenenada por nobres hostis.** É possível que tenha sido envenenada,

---

* O canado da Crimeia, controlado pela família Giray, descendente de Gêngis Khan, foi durante três séculos um poder mediano na Europa, estendendo-se do sul da Ucrânia ao norte do Cáucaso, estabelecido em Baktiserai, na Crimeia. Seu exército de 50 mil arqueiros montados era tão formidável que durante muito tempo os tsares lhe pagaram tributos. Os canados eram aliados próximos dos sultões otomanos, que ajudaram a controlar o mar Negro.

** Quando o corpo de Anastássia foi analisado no século xx, descobriu-se que continha níveis

mas pode também ter simplesmente morrido de alguma doença ou de algum remédio ministrado com boas intenções. De qualquer forma, as intrigas e defecções de seus magnatas lançaram Ivan numa espiral de violência: de repente ele trocou Moscou por uma fortaleza provinciana, e desde então passou a dividir o reino entre seu feudo particular, a *Oprítchnina* — um território autônomo —, e o resto do país. Em seguida criou um temível regimento de seguidores ambiciosos, os *oprítchniki*, que montavam cavalos negros ornamentados com vassouras e cabeças de cães para simbolizar seu caráter incorruptível e lealdade feroz, que estabeleceu um reino de terror. Enquanto Ivan oscilava entre espasmos de massacres, rezas e fornicações, ninguém estava a salvo. Sua instabilidade foi exacerbada pela fragilidade de sua dinastia: somente seu filho Ivan parecia capaz de sobreviver até a idade adulta, pois Fiódor, o filho mais novo, não era forte. Era essencial que ele se casasse de novo — o que se tornou uma obsessão semelhante à de seu contemporâneo Henrique VIII. Enquanto procurava noivas estrangeiras, que incluíam uma princesa da dinastia que dominava a Suécia e a Polônia, na esperança de assumir o trono polonês, e uma inglesa — possivelmente a própria Elisabeth I —, Ivan passou por oito esposas, três das quais podem ter sido envenenadas, e outras assassinadas por ordem sua. Quando sua segunda mulher, uma princesa tártara, morreu, em 1569, também possível vítima de envenenamento, Ivan enlouqueceu, expurgando seus ministros, decepando narizes e genitais e avançando com um destacamento de *oprítchniki* com suas cabeças de cães sobre as cidades de Tver e Nóvgorod, matando praticamente populações inteiras, ameaçando as vítimas com água fervente e gelada, pendurando-as por ganchos cravados nas costelas, amarrando mulheres e crianças antes de jogá-las no gelo. Tirando vantagem dos desvarios dementes de Ivan, o cã tártaro capturou e incendiou Moscou.

Quando os *oprítchniki* cumpriram suas ordens, Ivan reunificou o tsarismo, mas logo depois abdicou e nomeou o filho de um cã tártaro convertido ao cristianismo como grão-príncipe da Rússia, antes de retomar o trono. Havia certo método em sua loucura: as crueldades de Ivan enfraqueceram o poder dos magnatas da terra — embora eles obtivessem vantagens com o sadismo pessoal de sua diabólica idiossincrasia. O irmão de Anastássia, Nikita Románovitch, continuou sendo o tio dos herdeiros ao trono, mas os Románov não estavam mais a salvo do

---

perigosos de mercúrio — mas semelhantes aos de outros corpos do século XVI examinados na mesma época. O mercúrio era usado como medicamento.

tsar do que qualquer um. Em 1575, pelo menos um Románov foi morto, e as terras de Nikita, devastadas.

Em um desfile de noivas em setembro de 1580, Ivan escolheu uma nova esposa, Maria Nagaia, que lhe deu o filho que ele tanto desejava, Dmítri. Em 1581, porém, num acesso de fúria, Ivan matou seu filho mais velho com Anastássia, Ivan, batendo na cabeça do garoto com seu bastão de ponta de ferro, o terrível clímax de seu reino. Ivan já tinha arrasado a Rússia, mas agora condenava o país ao caos, pois os herdeiros ao trono se resumiam ao seu outro filho com Anastássia, o frágil e simplório Fiódor — e o bebê Dmítri.

Com a morte de Ivan, o Terrível, em 1584, Nikita Románovitch ajudou a assegurar a sucessão de seu sobrinho Fiódor I. Mas Nikita morreu logo depois, e sua influência foi herdada pelo filho Fiódor Nikítich Románov, futuro pai de Miguel.

O tsar Fiódor deixou o governo para seu competente ministro Boris Godunov, que havia se destacado como um dos *oprítchniki* de Ivan e agora consolidava seu poder casando-se com a irmã do tsar. O último herdeiro Riúrik foi o filho mais novo de Ivan, Dmítri, com oito anos, que agora desaparecia de cena. Oficialmente, ele morreu de um ferimento de faca na garganta, autoinfligido durante um ataque epiléptico. Teria sido um acidente muito esquisito se de fato ocorreu, mas, inevitavelmente, muitos acreditam que ele foi assassinado por Godunov — ou que tenha sido escondido em segurança.

Quando o tsar Fiódor morreu sem filhos, em 1598, a linhagem moscovita da dinastia Riúrik foi extinta.[4]

Havia dois candidatos ao trono — Boris Godunov, ministro e cunhado de Fiódor, e Fiódor Románov, sobrinho mais velho da falecida tsarina Anastássia e filho de Nikita Románovitch, conhecido como o boiardo mais bem-vestido da corte. Fiódor Románov se casou com Ksênia Chestova, mas dos seis filhos que tiveram, inclusive quatro homens, só uma filha e um filho sobreviveram: o futuro tsar Miguel nasceu em 1596, e provavelmente foi criado em uma mansão perto da praça Vermelha, na rua Varvarka.* Foi recebido com vários presentes, mas sua infância não se manteve estável por muito tempo.

---

* Em 1856, seu descendente, o imperador Alexandre II, comprou do monastério adjacente o edifício situado nesse local para comemorar sua coroação. A maior parte da construção é muito

Godunov foi eleito tsar por uma Assembleia da Terra, por isso ele foi o mais próximo a que se chegou de um governante legítimo depois da extinção da dinastia de direito, e de início teve o apoio de Fiódor Románov. Godunov era inteligente, mas sorte é algo essencial na política, e ele não tinha sorte. Sua realização mais duradoura ocorreu nas fronteiras orientais, onde seus aventureiros cossacos conseguiram conquistar o canado de Sibr, abrindo caminho para a vastidão da Sibéria. Mas a Rússia continuava faminta e doente, ao passo que a doença do próprio Boris minava sua tênue autoridade.

Fiódor Románov, cujas intrigas e escapadas mostravam toda a agilidade de seus ancestrais felinos, ajudou a disseminar os boatos fatais de que o falecido filho de Ivan, o Terrível, tinha fugido e continuava vivo. Um confronto se avizinhava, e os Románov trouxeram nobres com forças militares a Moscou. Quando Miguel Románov tinha apenas cinco anos, seu mundo estava destruído.

Em 1600, Godunov voltou-se contra Fiódor e seus quatro irmãos, que foram acusados de traição e feitiçaria; sob tortura, seus servos testemunharam que eles praticavam bruxaria e armazenavam "ervas venenosas". O tsar Boris incendiou um dos palácios da família, confiscou suas propriedades e exilou-os no Ártico. Para garantir que jamais seria tsar, Fiódor Románov foi obrigado a receber a ordem sacerdotal, sob o novo nome de padre Filaret, enquanto sua mulher se tornou a monja Marfa. Miguel foi despachado para viver com a tia, esposa de seu tio Alexandre Románov, no remoto vilarejo de Belozersk. Lá ficou por quinze meses terríveis antes de obter permissão para se mudar com a tia para uma propriedade dos Románov a oitenta quilômetros de Moscou. Três dos cinco irmãos Románov foram liquidados ou morreram misteriosamente. "O tsar Boris livrou-se de todos nós", lembrou-se Filaret mais tarde. "Ele raspou a minha cabeça e matou três dos meus irmãos, ordenando que fossem estrangulados. Agora só me restou um irmão, Ivan." Godunov não podia matar todos os Románov, por causa de suas ligações especiais com os tsares Riúrik, não depois do obscuro falecimento do tsarévitch Dmítri. O desaparecimento de herdeiros reais nas mãos de parentes com sede de poder tem uma maneira apropriada de destruir o próprio poder que eles procuram.

A onda de rumores disseminou-se pelo país e convenceu a muitos de que o verdadeiro herdeiro, o tsarévitch Dmítri, fora criado na Polônia e agora estava

---

mais recente, mas suas fundações são do século xv. É provável que Miguel Románov tenha sido criado lá.

pronto para reivindicar seu trono; foi o que provocou o caos que se tornou conhecido como Tempos Turbulentos.

O primeiro pretendente ao trono quase seguramente não era o verdadeiro Dmítri, mas até hoje ninguém tem certeza de sua verdadeira identidade — e por isso ele ficou conhecido como o Falso Dmítri. Pode ter sido um monge renegado que vivia no Krêmlin, onde aprendeu sobre a vida na corte. É provável que Dmítri tenha sido criado acreditando ser o verdadeiro príncipe, o que lhe conferiu a inabalável convicção de seu destino. Em outubro de 1604, quando o poder de Godunov se evaporava, o Falso Dmítri marchou sobre Moscou, com seu exército engrossado por flibusteiros cossacos e apoiado pelos poloneses.* Dada a febril reverência popular pelos monarcas sagrados na Rússia, a ressurreição ou sobrevivência do tsar de direito pareceu um milagre de Cristo. Godunov morreu de uma hemorragia cerebral e foi sucedido pelo filho, Fiódor II. Mas o garoto teve a garganta cortada antes que o misterioso pretendente tomasse a cidade.[5]

No dia 20 de junho de 1605, o Falso Dmítri entrou triunfalmente em Moscou. A última esposa de Ivan, o Terrível, a mãe do verdadeiro Dmítri, aceitou-o como o filho havia muito perdido. O atrevido embusteiro foi coroado tsar, mas enquanto tentava desesperadamente apaziguar seus diferentes apoiadores — poloneses e russos, ortodoxos e católicos, boiardos e cossacos —, ele chamou de volta os irmãos Románov e nomeou Filaret prelado de Rostov, uma promoção que o manteria fora de Moscou. Miguel, agora com dez anos, mudou-se com a mãe e Filaret para Rostov.

* Os cossacos, termo derivado da palavra turca e arábe *kazak*, que significa aventureiro ou flibusteiro, foram originalmente guerreiros tártaros, mas no século XVI eram basicamente comunidades eslavas estabelecidas nos limites de Moscou, da Tartária e da Polônia, vivendo de caça, pesca e banditismo. As guerras entre tártaros, russos e poloneses lhes proporcionavam amplas oportunidades de lutar como mercenários e bandos independentes (de início como soldados de infantaria, depois a bordo de frotas de barcos *chaika* — gaivotas —, antes de formarem uma cavalaria). Nos Tempos Turbulentos, os cossacos — alguns lutando pelos poloneses, outros por diferentes lados da guerra civil — se tornaram árbitros do poder. Na verdade, foram providenciais na escolha de Miguel Románov. A opressão cada vez maior sobre os camponeses, obrigados pelos tsares e proprietários de terra a uma escravidão conhecida como servidão, fez com que milhares fugissem para as comunidades cossacas, irmandades de homens livres orgulhosos, "hostes", que elegiam seus líderes, conhecidos como hetmã (em ucraniano) ou atamã (em russo).

O tsar apaixonou-se pela filha de seu correligionário polonês, Marina Mniszech, com quem se casou, coroando-a na Catedral da Anunciação. O fato de ser uma católica polonesa abalou sua mística, e Marina logo ganhou o odioso apelido de "Marinka, a Bruxa". Nove dias depois, às quatro da manhã, os boiardos tocaram os sinos e interditaram o palácio. Dmítri pulou de uma janela, mas quebrou a perna e foi baleado e esfaqueado pelo menos 21 vezes. Ao decidirem quem seria o próximo tsar, os boiardos consideraram as requisições dos Românov, levando em conta sua ligação com a dinastia de direito. Um dos irmãos, Ivan, era impopular, o outro, Filaret, era monge, por isso só restava o filho de Filaret, Miguel. Mas ele era jovem demais. Finalmente, o líder do golpe, Vassíli Chúiski, membro de outro ramo da dinastia Riúrik e imprestável conspirador, foi escolhido como tsar Vassíli IV, enquanto Filaret se tornou o patriarca da Igreja ortodoxa.

O cadáver eviscerado do Falso Dmítri foi exibido nu: "Seu crânio tinha sido afundado e o cérebro jazia ao lado", a gaita de foles de um menestrel foi enfiada em sua boca para sugerir que ele tocava a melodia do diabo, e seus órgãos genitais foram dispostos ao lado do resto de suas vísceras. Filaret Românov conspirou contra Vassíli IV até ele ser deposto e mandado para Rostov.

O espírito do tsarévitch Dmítri redivivo agora assolava o país. As reservas de fé popular na extinta dinastia de Ivan, o Terrível, eram profundas: mais de dez diferentes aventureiros lideravam exércitos afirmando serem filhos ou netos de Ivan, o Terrível. Porém um dos pretendentes, um segundo Falso Dmítri, ainda mais misterioso que o primeiro, se tornou uma verdadeira ameaça.

O ex-professor, fluente em polonês e russo, possivelmente um judeu convertido, avançou para Túchino, perto de Moscou, onde se reuniu com Marinka, a Bruxa, viúva do Primeiro Falso Dmítri. Quando conheceu o rude Segundo Falso Dmítri, apelidado de "Bandoleiro", ela hesitou. Mas agora não havia escolha a não ser reconhecê-lo como marido. Os dois se casaram — em segredo, já que, se o Bandoleiro fosse realmente o Falso Dmítri, eles já seriam casados. Pouco depois ela estava grávida.

Enquanto isso, Filaret se reunia com a ex-esposa Marfa e o filho Miguel em Rostov — mas suas provações não haviam terminado. Em Moscou, o tsar Vassíli Chúiski estava perdendo a guerra contra o Bandoleiro, por isso pediu ajuda ao rei da Suécia, que invadiu a Rússia e ocupou Nóvgorod.

Os cossacos do Bandoleiro conquistaram o Sul e avançaram sobre Rostov, onde Filaret comandou a defesa até outubro de 1608, quando foi capturado. O

Bandoleiro o nomeou patriarca. A desintegração da Rússia era uma tentação irresistível para os suecos e poloneses vizinhos, que competiam pelo poder ao redor do Báltico e eram ligados intimamente aos boiardos e mercadores russos. Ivan, o Terrível, havia lutado uma guerra de 24 anos contra os dois reinos pelo controle do Báltico e da própria Polônia. O reino da Polônia e o grão-ducado da Lituânia haviam recentemente se fundido em um imenso e novo Estado, que incluía a maior parte da Polônia, da Ucrânia, da Bielorrússia e dos países bálticos de hoje. O demoníaco ataque de Ivan a Nóvgorod tinha convencido a cidade mercantil de que a população seria mais feliz sob um governo sueco. Por essa razão, era inevitável que esses poderes ascendentes se sentissem tentados a banquetear-se com a carcaça da Rússia.

Enquanto os suecos cercavam Nóvgorod e o Norte, o rei da Polônia, Sigismundo III, se mostrava relutante em entrar na guerra, por causa das intrigas de seus magnatas e da necessidade de conter a Suécia. O Bandoleiro fugiu para o sul, enquanto Vassíli IV foi deposto por um golpe arquitetado pelos sete principais boiardos, que incluíam Ivan Románov: o ex-tsar foi feito monge e mais tarde morreu numa prisão polonesa. Eles se reuniram para escolher um novo tsar. Filaret propôs Miguel. Mas quando chegaram notícias de que o Bandoleiro havia reunido um novo exército cossaco no Sul, os boiardos decidiram que precisavam de um adulto com um exército e elegeram Vladislau, filho do rei polonês, como tsar.

Moscou foi ocupada por mercenários poloneses, que saquearam os tesouros reais do Krêmlin. Filaret foi enviado para negociar com o rei polonês, deixando Miguel no Krêmlin, tomado pelos poloneses, com seu tio Ivan.

Filaret, que parece ter se comprometido genuinamente com um tsar polonês, encontrou-se com Sigismundo perto de Smolensk e exigiu que Vladislau se convertesse à ortodoxia, mas os poloneses não viram razão para seu príncipe renunciar ao catolicismo. Filaret foi capturado e mantido preso na Polônia, enquanto Nóvgorod, para se contrapor ao candidato polonês, propôs que o rei sueco, Gustavo Adolfo, se tornasse tsar da Rússia. A Rússia parecia liquidada até dezembro de 1610, quando, na ausência de um tsar, foi o líder da Igreja ortodoxa, o patriarca Hermógenes, quem ousou se manifestar e conclamar uma guerra santa nacional contra os invasores estrangeiros. Capturado pelos poloneses, Hermógenes pagou por sua coragem com a vida, mas desse levante surgiu a eleição do tsar Románov.

A conclamação foi atendida em Níjni Nóvgorod por uma coalizão de patriotas e aventureiros. O Bandoleiro havia sido assassinado pelo próprio guarda-costas, por vingança de uma de suas muitas atrocidades, mas a simulação ainda não acabara. Marinka, a Bruxa, tsarina polonesa dos dois Falsos Dmítris, agora dava à luz um filho. Em nome de seu pretendente, conhecido como "Bebê Bandoleiro", que mal começava a andar, ela e seus cossacos partiram para se juntar à milícia reunida em Níjni Nóvgorod. Em março de 1611, aquela improvável aliança marchou sobre Moscou. Numa batalha feroz, os poloneses incendiaram Moscou e se retiraram para o Krêmlin, onde mantiveram prisioneiros Miguel e os boiardos. Mas a milícia não conseguiu derrotar os poloneses e se dispersou.

Finalmente, no outono de 1611, mais uma vez em Níjni Nóvgorod, o príncipe Dmítri Pojárski, um competente soldado porém nobre de escalão médio, e um mercador local, Kuzmá Mínin, reuniram um exército de libertação nacional e avançaram sobre Moscou, apoiados por um chefe de guerra aristocrata e ex-correligionário do Bandoleiro, o príncipe Dmítri Trubetskoi — enquanto Marinka, a Bruxa, e o Bebê Bandoleiro fugiam para o sul.

Os patriotas derrotaram os poloneses, cortaram suas linhas de suprimentos e sitiaram o Krêmlin, onde poloneses e boiardos começaram a passar fome. Cadáveres jaziam ao redor da fortaleza; um mercador encontrou um saco de cabeças e membros humanos perto das muralhas. Miguel Románov estava com a mãe dentro daquele ossário. Finalmente, em 26 de outubro de 1612, os boiardos saíram do Krêmlin, junto com o jovem Miguel Románov — e os poloneses se renderam: a maioria foi massacrada. Com exceção do Bebê Bandoleiro, que se encontrava no Sul, a guerra civil estava terminada.

Os patriotas imediatamente convocaram uma Assembleia da Terra a fim de eleger o novo tsar para salvar a pátria-mãe. Mas os boiardos, que tinham escapado por pouco de serem trucidados pelos cossacos, foram avisados de que não deveriam comparecer à Assembleia, como punição por sua traição. Estando vivos por sorte, Miguel Románov e sua mãe desapareceram no interior, procurando refúgio no Mosteiro Ipátiev. Ninguém sabia para onde tinham ido — e de início ninguém se importou. Estigmatizados como colaboracionistas, sem dúvida os Románov estavam liquidados para sempre.[6]

Oitocentos delegados chegaram ao dilapidado Krêmlin no gelado mês de janeiro de 1613: acamparam entre as paredes sem teto, às vezes se reunindo no palácio às margens do rio, outras vezes na Catedral da Anunciação. Jejuaram na esperança de receber orientação divina, mas continuaram divididos: os magnatas apoiavam o príncipe sueco Karl-Filip, irmão do rei, enquanto a pequena nobreza e os cossacos insistiam em um tsar russo. O príncipe Pojársky era o herói do momento, mas não era um boiardo, e sua família não era rica nem eminente. Os cossacos propuseram o próprio líder, o príncipe Dmítri Trubetskoi, membro da realeza lituana e flibusteiro de sucesso, mas para todos os demais ele estava manchado pela proximidade com o Bandoleiro.

Quando todos esses foram rejeitados, o atamã dos cossacos do Don propôs Miguel Románov. Vozes bradaram que ele era jovem demais. A Assembleia votou contra. Depois foi apresentada uma petição propondo Miguel, que ganhou apoio como o candidato de todos — pois atraía aos conservadores boiardos por ser primo do último tsar, e aos cossacos pelo fato de o pai ter sido patriarca do Bandoleiro. Era jovem demais para ter qualquer inimigo pessoal ou ser culpado pela colaboração do tio com os poloneses — e a ausência do pai significava que ninguém o controlava. Era o joguete perfeito.

Em 7 de fevereiro, os cossacos ganharam a votação para "o nosso leal tsar Miguel Fiódorovitch", mas alguns dos boiardos que haviam chegado à Assembleia preferiam o sueco. Os cossacos cercaram seus palácios, acusando-os de vendidos aos estrangeiros. A multidão apoiava o garoto inocente. Os boiardos propuseram Ivan Románov para impedir o candidato Miguel, mas ele próprio indicou o maior e mais rico dos boiardos, proprietário de 134 mil acres, o príncipe Dmítri Mstislávski, que se recusou.* Os primos de Miguel, Fiódor Cheremétiev e o príncipe Dmítri Tcherkásski fizeram campanha para ele, mas nem eles se encantavam muito com seu candidato. Miguel mal sabia ler, tinha a saúde frágil e era pouco inteligente, mas ao menos Filaret, o pai dominador, estava preso, e o presunçoso Trubetskoi foi comprado por uma oferta de grandes propriedades e títulos semir-

---

* Dois dos candidatos mais óbvios estavam ausentes: o pai de Miguel, Filaret Románov, e o príncipe Vassíli Golítsin eram prisioneiros na Polônia. Filaret foi descartado por ser padre, mas as credenciais de Golítsin eram impecáveis — descendente real de Gediminas, o grão-duque fundador da Lituânia, da ala dos boiardos, imensamente rico e de grande prestígio pessoal. Se ele estivesse presente, essa seria a história da dinastia dos Golítsin — só que esse paradigma de ascendência poderia não ter agradado aos cossacos que dominavam a votação.

reais. "Vamos ficar com Micha Románov", escreveu Cheremétiev, "pois ele ainda é jovem e não é sábio; vai se adaptar aos nossos propósitos." Mas os cossacos tiraram a decisão das mãos deles quando um dos nobres poloneses disse ao prisioneiro Filaret: "Os cossacos do Don fizeram do seu filho o soberano".

A decisão teria de ser unânime. Depois de duas semanas, a Assembleia fez um jejum de dois dias e então, em 21 de fevereiro, todas as facções votaram por Miguel. Fora do Krêmlin, na praça Vermelha, a multidão esperou até o prelado de Riazan Fiódorit subir na plataforma e bradar: "Miguel Fiódorovitch Románov!". Assim, por aclamação popular, e por eleição, como um chefe cossaco, Miguel foi escolhido. Mas todos entenderam que aquela frágil politicagem tinha de ser esquecida e apagada: somente as bênçãos de Deus poderiam fazer um verdadeiro tsar. Porém ainda havia outro problema: onde estava o novo tsar? Ninguém sabia exatamente.

Assim que os rumores sobre Miguel chegaram aos poloneses, eles despacharam cossacos para matá-lo. Ele estava em algum lugar nas imediações de Kostromá. Os cossacos procuraram pela região e descobriram que um camponês chamado Ivan Susánin sabia onde ele estava. "Enquanto nós, o grande soberano, estávamos em Kostromá", escreveu Miguel mais tarde, "os poloneses e lituanos chegaram à região e Susánin os despistou, e eles o torturaram com grandes e imensos tormentos para que revelasse onde estava o grande soberano. Porém Ivan, apesar de saber tudo sobre nós, sofreu mas não contou, então eles o torturaram até a morte."*

Mas Miguel continuava alheio. Em 2 de março de 1613, a delegação partiu de Moscou para encontrar seu tsar. Porém, como vimos no Prólogo, quando o trono lhe foi oferecido, sua mãe vociferou que "eles nunca quiseram ser tsar. Miguel não tinha idade suficiente, todas as facções tinham traído pecaminosamente os sobe-

---

* A autenticidade da história de Ivan Susánin é atestada pelo relato reescrito pelo tsar Miguel seis anos mais tarde. Foi o começo de um mito oficial dos Románov. Nicolau I contribuiu bastante para enfeitá-lo. Quando o compositor Glinka criou sua ópera *Ivan Susánin*, Nicolau I mudou o título para *Uma vida pelo tsar*, que tornou muito claro seu significado e transformou-a em hino semioficial dos Románov. (A ópera foi uma das favoritas de Stálin.) Os descendentes do leal e heroico camponês foram convidados para todas as coroações dos Románov até a de Nicolau II, em 1896, tendo sido especialmente homenageados no tricentenário da dinastia, em 1913.

ranos anteriores, e por causa desses pecados Moscou havia perdido as bênçãos de Deus! E vendo todas essas falsidades, mentiras, vergonha, assassinatos e ultrajes com os soberanos anteriores, como seria tratado até mesmo um verdadeiro tsar depois de tanta traição e duplicidade?".

Com o andamento das negociações, os argumentos da monja Marfa ficaram mais práticos e concentrados: "Filaret, o pai do garoto, estava oprimido" numa prisão polonesa. Será que o rei polonês iria punir o pai do garoto? E como o garoto poderia aceitar o trono sem a permissão do pai?

Os delegados estavam instruídos, no caso de hesitação do garoto, a "convencê-lo de todas as formas a ter piedade e ser o nosso tsar por causa da eleição em que Deus o havia escolhido". Marfa queria saber como eles conseguiriam financiar um exército em um país arruinado. Como ele poderia ser coroado se as coroas haviam sido pilhadas? Como chegariam a Moscou passando por territórios infestados de bandidos?

Os nobres replicaram que ninguém iria trair Miguel Románov por ele ser herdeiro do último verdadeiro tsar, Fiódor, cuja mãe era uma Románov. Todas as facções o tinham elegido por unanimidade. E eles dariam um jeito de libertar o pai dele. Isso convenceu os Románov. Miguel aceitou.

Na longínqua Polônia, seu pai, Filaret, foi informado da eleição do filho como tsar. Ficou furioso por ele ter aceitado sem sua permissão. "Quando o deixei, ele era muito novo e sem família." Deu de ombros: "O que meu filho podia fazer?".[7]

Durante a viagem para Moscou, Miguel se queixava a cada passo do caminho. Em 19 de abril ele parou em Iaroslavl, onde mais uma vez entrou em pânico: "Nunca nos passou pela cabeça que pudéssemos governar um reino tão imenso — ainda não temos idade madura. O território moscovita está em ruínas, e o povo moscovita é tão fraco de espírito em relação aos seus pecados [...]. Como um governante de direito se sairia em Moscou, quanto mais eu?".

"Tenha piedade de nós, órfãos, grande soberano", replicaram os nobres, rogando para o tsar se apressar. Miguel continuou em Iaroslavl, onde "os cossacos nos importunam incessantemente e nós não temos nada — como vamos pagar os nossos soldados? E podemos esperar os lituanos e suecos bem em breve!". E Miguel precisava de regalias reais: sem isso, seria um imperador nu.

Em 17 de abril ele afinal começou a viajar. "Viemos devagar, com pouco transporte e nossos serviçais em más condições, com muitos dos nossos mosqueteiros e cossacos tendo de viajar a pé", resmungou Miguel à Assembleia — e "muitos cortesãos não chegaram." Quando chegou ao Mosteiro da Trindade, perto de Moscou, ele especificou quais apartamentos no Krêmlin desejava que fossem reformados para ele e a mãe. Em 28 de abril, ele e a mãe tiveram um acesso de raiva em público. O metropolita Fiódorit e o boiardo Fiódor Cheremétiev escreveram com urgência a Moscou dizendo que "o soberano e sua mãe falaram zangados e chorosos com todas as facções reunidas no mosteiro".

"Vocês nos prestaram obediência e disseram que caíram em si e desistiram do banditismo, mas falaram falsamente", choramingou a mãe.

"Nós, vossos escravos", replicaram os chefes de guerra Pojárski e Trubetskoi, "suportamos fome e dificuldades e cercos cruéis. Agora há tantos de nós esperando nas portas de Moscou que rogamos ao nosso soberano ser honrados com sua presença." Em outras palavras, estava na hora de parar de choramingar.

No dia 2 de maio, Miguel entrou na cidade sagrada ao som dos sinos de todas as igrejas. Moscou era considerada pelos russos a capital sagrada, uma nova Jerusalém. Mesmo naquela era de fervor religioso, estrangeiros se surpreendiam com a fé ritualística dos russos e seus rígidos códigos de comportamento. Os homens usavam barbas compridas, como um tributo sagrado a Deus, e longas batas, cafetãs com mangas plissadas que quase chegavam ao chão, e chapéus de zibelina ou de raposa negra na cabeça. Não era permitido o uso de instrumentos musicais nem fumar, e as nobres, fossem virgens ou casadas, ficavam restritas aos seus *terem* familiares, os aposentos separados para mulheres moscovitas, onde se escondiam, veladas. Mas nada disso impedia a prática do passatempo nacional, que era beber. Mulheres comuns eram vistas deitadas pelas ruas, totalmente embriagadas.

Miguel adentrou os 64 acres do Krêmlin, a fortaleza, o palácio e a sagrada esplanada dessa Nova Jerusalém — agora uma triste visão. Escombros se amontoavam nas praças; cadeiras e camas haviam sido usadas como lenha de fogueira; os palácios tinham se transformado em ossários, repletos de cadáveres empilhados durante os longos sítios. O tortuoso complexo de residências reais — os três andares de madeira do Palácio de Terem, com a sala do trono com afrescos e cortinas, a Câmara Dourada e o adjacente Palácio das Facetas — estava sendo reparado às pressas para a coroação. (As alterações do novo tsar, construindo dois andares de pedra onde a família real iria morar, levariam três anos para ser concluídas.) Nos primeiros meses, Miguel ficou hospedado nos palácios dos nobres, que tradicionalmente tinham suas residências dentro do Krêmlin.

O Krêmlin foi construído numa colina, entre os rios Moskvá e Neglínnaia, para servir de residência para o príncipe em meados do século XII, numa época em que Moscou era uma cidade pequena comparada aos principais principados russos, Vladímir e Rostov, e à república da Grande Nóvgorod. Em 1326, Ivan I, conhecido como o Avarento, construiu a Catedral da Anunciação, onde os grão-príncipes eram coroados, e a Catedral de São Miguel Arcanjo, onde eram enterrados. Ivan promoveu Moscou a centro de autoridade religiosa e real, mas Ivan, o Grande, foi o verdadeiro criador do Krêmlin, como Miguel deveria saber. Assessorado por sua esposa educada na Itália, uma princesa bizantina, Ivan contratou mestres da Renascença italiana para reconstruir as duas catedrais, ergueu sua Grande Torre de Ivan, arquitetou o Palácio das Facetas e fortificou essa acrópole com as guarnições e ameias que agora parecem tão russas, e na época pareciam tão exoticamente italianas.

Miguel desfilou pelo Monte do Templo daquele pátio sagrado para rezar sob os cinco domos da Catedral da Anunciação, onde lhe prestaram os juramentos de obediência. O garoto teve de assumir o santificado carisma da monarquia, e só havia uma maneira de fazer isso — por meio dos rituais da coroação. A monarquia tinha deixado de existir: a coroação devia transformar Miguel na personificação de sua restauração. Porém esse momento místico começou com um distúrbio profano.[8]

Na manhã de 11 de julho de 1613, um dia antes de seu aniversário de dezessete anos, o menino tsar reuniu-se com os boiardos na Câmara Dourada, mas o encontro logo degenerou numa disputa sobre precedência, combinação de linhagem familiar e tempo de serviço, que naquela corte restaurada assumia grande importância. Miguel ordenou que as regras de precedência se tornassem temporariamente inativas durante a coroação, mas quando seu secretário anunciou que seria seu tio Ivan Románov quem levaria a coroa, e não o príncipe Trubetskoi (que desejava o posto de tsar para si mesmo), este se recusou a aceitar, alegando que sua ascendência era superior. "É verdade que sua ascendência é superior à de Ivan Románov", replicou Miguel. "Mas agora ele deve ser considerado de patente mais alta, por ser meu tio." Relutante, Trubetskoi concordou em levar o cetro, e não a coroa.

Às duas horas daquela tarde, Miguel, usando uma bata dourada no estilo bizantino, que havia sido benzida antes pelo metropolita Efrem (o clérigo sênior — não havia um patriarca, pois Filaret, o pai do tsar, ainda estava na prisão), entrou no Palácio das Facetas. Os boiardos se prostraram diante do frágil garoto.

Quando os 33 sinos do Krêmlin tocaram, cortesãos e boiardos surgiram do Pórtico Vermelho, transportando em almofadas vermelhas a coroa, o orbe (trazido por Pojárski), o cetro e a bandeja de ouro recém-criada como regalia real, para fazer três mesuras antes de seguir para a Escadaria Vermelha e atravessar a praça da Catedral em direção à Catedral da Anunciação. A seguir veio o arcipreste borrifando água benta, para garantir que Miguel só pisasse em solo santificado. O tsar entrou na catedral ao som do hino *Muitos anos*, cantado sem instrumentos musicais, que não eram usados em cerimônias ortodoxas. Quando se postou na igreja diante dos ícones da iconóstase dourada, Efrem pediu as bênçãos de Deus. Depois foi a vez de Miguel, e o garoto, que jamais havia tomado parte em tal cerimônia e muito menos falado formalmente em público, declarou que a Rússia havia passado por terríveis provações nos quinze anos desde a morte do último tsar de direito, seu primo Fiódor, filho de Ivan, o Terrível. Agora os russos deviam restaurar a paz e a ordem.

Efrem pendurou o relicário com um fragmento da Verdadeira Cruz no pescoço do garoto, em seguida benzeu sua cabeça e pronunciou a bênção como se ordenasse um padre, um ato de consagração. Em seguida pousou em sua cabeça a coroa (ou chapéu) de Monomakh, forrada de pele e adornada de esmeraldas e rubis, entregando-lhe o orbe e o cetro. Miguel sentou-se no trono de Monomakh. O chapéu nunca fora usado pelo imperador bizantino Constantino Monomakh, que lhe cedera o nome, mas era um elmo real mongol, adaptado no século XIV, enquanto o trono de madeira, lavrado com leões e cenas bizantinas, tinha de fato sido criado para Ivan, o Terrível. Efrem declarou Miguel grão-príncipe, tsar e soberano autocrata da Rússia. Depois, Miguel tirou a coroa, colocou-a na bandeja de ouro e a passou ao seu tio Ivan Románov, entregando o cetro a Trubetskoi (que tinha resmungado sobre essa sequência) e o orbe a seu primo Cheremétiev. Sua cabeça foi então ungida com o óleo sagrado que conferiu seu carisma santificado. Em seguida, como no ritual seguido por todos os tsares até 1896, ele foi caminhando até a Catedral do Arcanjo, ao lado, para rezar diante dos túmulos de Ivan, o Terrível, e Fiódor, enquanto o príncipe Mstislávski jogava moedas três vezes sobre o tsar para celebrar a prosperidade do consorte da Rússia. Mas, na verdade, a situação de Miguel era muito precária.[9]

* * *

Miguel estava cercado por boiardos irascíveis, alguns dos quais tinham aspirado ser tsar. Os reis da Suécia e da Polônia mobilizavam exércitos para esmagá-lo; o cã tártaro assolava o Sul, e o Bebê Bandoleiro, o neto falso de Ivan, o Terrível, mantinha sua corte em Astrakhan. O país estava arruinado. As chances de sucesso não pareciam nada boas.

Miguel era politicamente inexperiente, até mesmo seus correligionários o definiam como tímido e calmo. Os estrangeiros notaram seu sorriso bondoso, e durante seu longo reinado houve poucas ocasiões em que ficou irritado a ponto de causar alguma impressão. Estava doente a maior parte do tempo. Tinha um tique no olho e suas pernas careciam de firmeza, mas é difícil dizer se ele era simplesmente uma pessoa frágil e insignificante ou se suas debilidades eram sintomas dos traumas vividos nos Tempos Turbulentos. Era escrupulosamente devoto — como se esperava de um verdadeiro tsar. Gostava de novas tecnologias, colecionava relógios e se divertia com atrações ocidentais, empregando uma trupe de acrobatas, palhaços e anões em seu Palácio de Potiéchnie (Diversões). Anões e aberrações eram considerados mascotes de sorte, mas também expressões da excepcionalidade da realeza: o companheiro favorito de Miguel era o anão Mosiaga. Havia danças, sons de tambores e artistas de corda bamba. O tsar era um ávido jardineiro e caçador. Tudo sugere um garoto alegre e de gênio bom, que vivia pela rotina e pela ordem. Não existem retratos seus: sua imagem de tsar de natureza meiga era mais importante que sua capacidade de tomar decisões.[10]

O garoto tsar de início dividiu o poder com os boiardos e a Assembleia. Concordou em não "executar ninguém sem um julgamento justo e de comum acordo com os boiardos". A Assembleia permanecia em sessão quase constante. O Krêmlin era dominado por Pojárski e pelos heróis da insurreição, que podiam ser despachados para qualquer lugar a fim de lutar contra os inimigos do regime. A eleição de Miguel foi um ato de desafio patriótico cuja missão era coordenar a ameaça dos invasores estrangeiros, e por essa razão os Románov tiveram de formar lideranças militares desde o início.

Primeiro, seus generais derrotaram o exército do Bebê Bandoleiro e de Marinka, a Bruxa, com a captura dos dois. O último marido de Marinka, o atamã cossaco Zarútski, foi empalado na praça Vermelha; Marinka morreu de fome; o Bebê Bandoleiro, com quatro anos, foi enforcado nas muralhas do Krêmlin. Não era o momento de correr riscos. Ao menos aquilo custara um pouco de sangue aos tártaros, poloneses e suecos. Em 15 de outubro de 1615, os suecos concordaram com o Tratado de Stolbovo. Devolveram Nóvgorod, mas Gustavo Adolfo lançou as fundações do Império Sueco na Livônia; a Rússia ficou isolada do Báltico.

Agora Miguel podia se concentrar no principal inimigo, os poloneses, tendo Pojárski como seu melhor comandante. Mas ninguém conseguia esquecer que o pai de Miguel, Filaret, continuava prisioneiro na Polônia. A primeira carta escrita por Miguel a Filaret deixou claro que o velho era a verdadeira força potencial do governo: "Ao mais venerável e importante metropolita, pai dos pais, grande soberano Filaret, merecedor de posto sagrado e divinamente adornado, diligente buscador de ovelhas perdidas: seu filho, originário de seu eminente e ilustre ramo, Miguel, tsar e grão-príncipe, autocrata de toda a Rússia, baixa a cabeça fervorosamente ao chão…".

Preso na Polônia, ao encontrar o primeiro enviado do filho sob os olhos de seus captores, Filaret teve de esclarecer sua antiga aliança com os poloneses em vista da eleição do filho como tsar: "Até agora eu agi de boa-fé, mas agora meu próprio filho foi eleito soberano. Dessa forma, vocês cometeram uma injustiça contra mim. Poderiam ter elegido outra pessoa, mas agora fizeram isso sem meu conhecimento…". E o ponto crucial: "Ele se tornou soberano não por desejo próprio, mas pela graça de Deus". Enquanto estivessem determinados a destruir Miguel, os poloneses não concordariam em libertar seu pai — porém em algum momento o tsar teria de convocar um desfile de noivas para escolher uma esposa.[11]

Miguel e os que o elegeram desejavam demais um verdadeiro tsar santificado, com o esplendor de uma corte real — para fazer de conta que as atrocidades dos dez anos anteriores jamais haviam acontecido. O ritual precisava ser realizado, e a antiguidade restaurada, mas a corte teria de ser criada de novo — e tudo que fosse novo deveria parecer tradicional. A desintegração que se seguiu à morte de Ivan, o Terrível, mostrara o que podia acontecer quando o autocrata destruía toda a oposição, mas deixava a autocracia sem uma base. Desde o começo, os Románov haviam governado com um núcleo de grandes famílias a quem retribuíam com porções de terra, *pomiéstia*, mantidas temporariamente em troca de serviços militares.

Para começar, os súditos de Miguel restauraram a cerimônia da monarquia sagrada. Sob o domo da câmara de audiências, ilustrado com cenas bíblicas, o jovem tsar, em bata cravejada de diamantes e um chapéu forrado de zibelina com diamantes, o cetro de ouro na mão, sentava-se em um trono mais alto, de quatro pilares dourados, encimado por uma águia dourada. Ao lado do trono havia uma maçã imperial dourada do tamanho de uma bola de boliche sobre uma pirâmide de prata, uma bacia de ouro, uma ânfora e uma toalha. Dos dois lados se postavam boiardos e funcionários vestidos em batas brancas adamascadas, chapéus de pele de lince, botas brancas, correntes de ouro no pescoço e fulgurantes machados dourados nos ombros.

A vida de Miguel foi dominada por cerimônias religiosas que podiam durar da alvorada ao crepúsculo, além de uma estrita observância de todos os festivais — que cobriam quase a metade dos dias do ano. Na Festa da Epifania, em 6 de janeiro, o tsar reunia seus cortesãos e mosqueteiros, o *streltsi*, um regimento de elite fundado por Ivan, o Terrível, em volta de um buraco aberto no gelo do rio Moskvá para "abençoar as águas do Jordão", um ritual que elevava Moscou a Jerusalém, e a Rússia à Terra Santa.

Foi recriada a hierarquia graduada da corte. Em qualquer autocracia, os favores são medidos pela proximidade ao governante. Em Moscou isso era expresso como "contemplar os olhos brilhantes do soberano". A corte era o entreposto do poder, onde os nobres ofereciam seu reconhecimento e serviços ao monarca, que em retorno distribuía empregos, terras, poder, títulos e casamentos, esperando que eles o ajudassem a comandar seus exércitos e a organizar a mobilização de recursos. A corte negociava poder, possibilitava que os participantes angariassem riqueza, unindo-os em sua lealdade conjunta à monarquia — mas também permitia que competissem sem apelar à guerra civil ou à revolução. Era lá que eles expunham seus conflitos — rivalidades políticas, intrigas sexuais —, que eram julgadas pelo monarca e por seus homens de confiança. Ninguém conseguia esquecer os Tempos Turbulentos, e a autocracia era considerada essencial não só para unir o país e reconquistar territórios perdidos, como também para evitar qualquer retorno ao caos. Uma vez estabelecidos, os Románov raramente foram contestados como dinastia legítima.

Todas as manhãs, os boiardos e cortesãos* se aproximavam da Escadaria

---

* Dez ou mais boiardos eram designados pelo tsar para participar do Conselho. Ele promovia alguns ao posto de boiardo pessoal. Por mais ricos e destacados que fossem, os boiardos escreviam

Vermelha, que ligava a praça da Catedral aos aposentos particulares do Palácio de Terem. Os funcionários menores, "a gente da praça", esperavam na base, mas os poucos sortudos, "a gente dos apartamentos", podiam subir. A suíte real era uma fileira de aposentos de inviolabilidade crescente e insondável. Só os mais graduados podiam chegar à Câmara Dourada, a terceira câmara depois dos aposentos reais. O tsar era tão sagrado que ninguém podia olhá-lo nos olhos, e era saudado por seus súditos com uma total prostração. Se os médicos precisassem realizar uma sangria, o sangue era abençoado e enterrado em um reservatório especial para evitar bruxarias.

Como sempre no Krêmlin, a segurança era suprema. Por precaução, se sua dócil e tão promovida santidade não fosse suficiente, Miguel ordenou que qualquer um que ouvisse comentários sobre "a palavra ou ações do tsar" — alguma temível frase que indicasse alguém suspeito de traição — deveria informar seu agente, o príncipe Iúri Sulechov, um tártaro do Canado da Ordem Dourada convertido que dirigia o Ministério de Investigações. Mesmo naquele momento, a corte tinha uma forte presença tártara, com muitos príncipes convertidos, nenhum mais poderoso que os meios-primos tártaros de Miguel, os príncipes Tcherkásski.[12] A corte foi restaurada, mas Miguel não podia mais esperar pela volta do pai. Era preciso encontrar uma esposa, um papel magnífico porém perigoso numa corte em que o veneno não passava de mais um instrumento político. No final de 1615, ele convocou um desfile de noivas.

---

ao tsar assinando com diminutivos infantis como "Vossos submissos escravos Mitka e Sachka". Abaixo deles situavam-se os membros da casa real, *okólnitchi*, depois o conselho de nobres, *dúmni dvoriánie*. Secretários de origem plebeia, *diáki*, administravam os departamentos de Estado e os mais importantes entre eles se tornavam *dúmni diáki*, secretários de conselho. Essas quatro camadas superiores participavam do Conselho, e a partir delas eram escolhidos ministros e cortesãos. Os presidentes dos cerca de cinquenta gabinetes, *prikázi*, os departamentos de governo, administravam a corte e o país — alguns políticos, como o Ministério do Exterior ou o Grande Tesouro, alguns regionais, como o Ministério de Kazan, e outros pessoais, como o Grande Ministério da Corte. Numa corte em que o envenenamento era uma ocorrência frequente, a Farmácia Real, encarregada dos medicamentos do tsar, era tão importante que quase sempre era controlada pelo ministro-chefe. Mas a vida do tsar era administrada por cortesãos como o guardião do selo real, o mestre da cavalaria e, mais intimamente, pelos *postiélnitchi*, os camareiros. Pojárski, o chefe militar que havia de fato estabelecido os Románov, foi promovido a boiardo e presenteado com terras, mas o absurdo desse precedente o tornou objeto constante de violentos protestos de boiardos de famílias mais importantes.

Cortesãos esquadrinharam o reino para selecionar virgens adolescentes, sobretudo entre famílias da nobreza média, que eram despachadas a Moscou e se hospedavam com parentes ou em uma mansão escolhida especialmente. Essas candidatas, que às vezes chegavam a quinhentas, eram reduzidas para cerca de sessenta garotas, enfeitadas e bem penteadas por suas famílias.

Primeiro as candidatas apareciam diante de um júri de cortesãos e médicos, que descartavam as mais fracas. Descrições eram enviadas ao tsar e seus assessores, mas, à parte beleza e saúde, os detalhes essenciais eram quaisquer laços de parentesco com clãs do Krêmlin. Enquanto elas esperavam ansiosas, as árvores genealógicas de suas famílias eram pesquisadas em detalhe.

Essa antiga tradição fascinava visitantes estrangeiros, que a consideravam o mais exótico costume moscovita. Projetava a misteriosa porém autêntica majestade da autocracia, mas na verdade era uma resposta prática à dificuldade do tsar em atrair noivas estrangeiras ao seu isolado e longínquo país. Os desfiles eram planejados para acalmar a brutal competição entre facções da corte ao utilizar um ritual aberto para escolher uma noiva respeitável da nobreza provinciana. Os tsares queriam se casar entre si para evitar quaisquer vínculos com facções de boiardos que não quisessem que a noiva tivesse ligações com os rivais. Mas cada um esperava secretamente promover a garota aparentada com eles próprios (ainda que de parentesco distante).

As melhores meninas eram selecionadas para o estágio seguinte, a observação (*smotríni*), na qual o próprio tsar dissecava as candidatas, que então eram examinadas pelo chefe do Grande Ministério da Corte e pelos médicos reais para avaliar sua fecundidade, o objetivo final de toda a operação. As rejeitadas recebiam presentes e eram mandadas para casa, mas as cerca de seis felizardas finalistas alojavam-se numa mansão especial do Krêmlin, onde eram apresentadas ao tsar, que sinalizava sua escolha entregando seu lenço e um anel de ouro à noiva.

Os desfiles de noivas não eram tão imparciais como pareciam: podiam não ser arranjados, mas podiam ser manipulados. As últimas garotas apresentadas ao tsar eram o resultado de uma politicagem muito intensa que o ritual deveria evitar. A arte de vencer um desfile de noivas era conseguir que mais de uma candidata viável fosse inspecionada. Mais que isso os cortesãos não podiam fazer. O tsar não controlava as finalistas, mas ninguém podia controlar quem ele escolheria no exame final.

A vencedora e seu pai trocavam de nome, para representar seu novo status como parentes reais; a garota assumia o título de tsarevna, e se mudava com a mãe para o Palácio de Terem a fim de ser treinada — mas também para ser protegida, pois a vencedora sempre corria perigo, como a noiva de Miguel iria descobrir.[13]

Pouco antes do Natal de 1615, as garotas chegaram para ser inspecionadas por Miguel, que escolheu Maria Khlópova, da média nobreza, dando-lhe o anel e o lenço. Mudando o nome para Anastássia e recebendo o mais alto título de "tsarina", foi instalada com a avó e a tia no andar superior do Palácio de Terem, enquanto seu tio Gavril Khlópov se juntou à comitiva real. Mas isso ameaçou o mais poderoso dos cortesãos de Miguel. Fiódor Cheremétiev, o primo que fora até Kostromá para lhe oferecer o trono, administrava boa parte do governo, porém Mikhail Saltikov, sobrinho de Marfa, mãe do tsar, que estivera com eles em Kostromá, era quem tinha mais a perder. Saltikov e Marfa se opuseram a Khlópova.

Mais ou menos seis semanas depois do noivado, o tsar, Saltikov e o tio da noiva, Khlópov, estavam inspecionando sabres turcos no Arsenal. "Esses sabres poderiam ser feitos em Moscou", gabou-se Saltikov, que como escudeiro real dirigia o Arsenal. O tsar entregou um sabre a seu futuro parente e perguntou se ele realmente achava que o Arsenal poderia realizar aquele trabalho artesanal.

"Não tão bem", respondeu Khlópov. Saltikov pegou novamente a espada e os dois começaram a discutir na frente do tsar.

Pouco depois, a noiva vomitou e desmaiou diante de toda a corte. Tinha comido doces demais, alegou o tio depois, mas esse caso de possível intoxicação alimentar levantou questões inevitáveis: será que ela era realmente saudável o bastante para ter filhos ou sua família teria escondido alguma doença secreta? O tsar, ou sua mãe, ordenou que Saltikov supervisionasse a saúde da garota — com uma impressionante ingenuidade ou maldade. Saltikov começou a ministrar poções da Farmácia à garota, que a partir daí passou a sofrer de convulsões e a vomitar. Todos ficaram horrorizados — como deveriam. Provavelmente apoiado pela mãe do tsar, Saltikov, o cérebro por trás dessa intriga maligna, subornou os médicos para dizerem que a garota escondia uma doença incurável e que era incapaz de ter filhos. A pobre garota foi exilada na Sibéria com toda a família, e o pai foi nomeado governador da remota Vólogda. Depois de seis semanas de realeza, a garota e a família estavam arruinadas. Miguel amava a menina, mas não foi além nas investigações: não se sentiu forte o suficiente para contrariar a mãe. Porém esse não foi o final da história.[14]

Em outubro de 1617, o príncipe Vladislau da Polônia avançou com seu exército até Víazma, 240 quilômetros ao leste, e se entrincheirou na cidade. No dia 9 de setembro do ano seguinte, Miguel convocou a Assembleia para mobilizar o país com um apelo que beirava o pânico. Em 1º de outubro, os poloneses atacaram Moscou e chegaram aos Portões de Arbat, mas a chegada do inverno provocou fome e motins que fizeram debandar o exército polonês nessa última batalha dos Tempos Turbulentos. No dia 2 de fevereiro de 1619, Miguel concordou com o período de catorze anos da Trégua de Deulino, que deu à Polônia a posse de Smolensk. Foi uma humilhação, mas ele manteve o reino unido, o que não era pouca coisa — e conseguiu recuperar algo que era quase tão importante.[15]

No dia 14 de junho de 1619, Miguel, agora com 23 anos, foi até o rio Présnia, a oito quilômetros da cidade, acompanhado por uma entusiasmada multidão, e ficou esperando. Uma carruagem se aproximou, com sua própria escolta. Quando parou, desceu seu pai, Filaret, de barba grisalha e com quase setenta anos. Depois de nove anos de separação, pai e filho estavam tão emocionados que se abraçaram e se prostraram no chão por um bom tempo, chorando de alegria. Quando partiram de volta para casa, Filaret embarcou em um trenó, enquanto Miguel andou ao seu lado até Moscou, que os recebeu ao som de sinos e aclamações. Uma semana mais tarde, na Câmara Dourada, Filaret foi nomeado patriarca por Teófanes, patriarca de Jerusalém que os visitava.

Filaret, o imperioso e intratável sobrevivente de Ivan, o Terrível, de Fiódor, do exílio e da tonsura, dos dois Falsos Dmítris e da prisão na Polônia, jamais seria um mero clérigo. Miguel nomeou-o grande soberano, na prática, o cotsar — e juntos eles governaram em uma diarquia. O patriarca, que tinha apenas um "razoável conhecimento das Escrituras", havia esperado muito tempo pelo poder. Filaret era "irascível, desconfiado e tão imperioso que até o tsar tinha medo dele" — e sua habilidade política fez com que alguns o comparassem ao cardeal Richelieu, seu contemporâneo.

As cartas do tsar e do patriarca mostram como pai e filho se dirigiam um ao outro de maneira formal. "Rogamos a Deus Todo-Poderoso para ver seu rosto santo e angelical e beijar sua cabeça sagrada e nos curvar em obediência", escreveu Miguel. Filaret ensaiava alguns conselhos — "E como irá tratar da questão da Crimeia, soberano?" —, para depois responder à própria pergunta: "Para mim, o soberano, creio que...". Os dois recebiam embaixadores sentados lado a lado em tronos idênticos, às vezes, diplomaticamente, desempenhando diferentes papéis. "Não declare que foi escrito por mim", instruiu Filaret a Miguel em um caso.

Havia respeito, mas não intimidade. "O afeto natural do filho", escreveu um enviado holandês, era "dirigido muito mais à mãe que ao pai por causa da longa separação." Mas eles faziam as coisas funcionarem. "Está escrito, ó soberano", escreveu o tsar ao pai, "que o senhor grande soberano e nosso pai e peregrino deseja estar em Moscou para a Festa da Trindade, mas que não lhe é conveniente porque as estradas estarão intransitáveis em sua carruagem. Talvez seja melhor se vier na segunda-feira [...]. Mas que seja como nosso grande soberano quiser."

Filaret era o homem forte do Krêmlin, e ninguém fez mais do que ele para consolidar os Románov. Ele foi o empresário por trás de uma série de cerimônias ostensivas e melhorias arquitetônicas para projetar o prestígio da Coroa.* Filaret governou por meio de um confiável círculo social — Ivan, seu irmão muito mais novo, e seus primos Cheremétiev e o príncipe meio-tártaro Ivan Tcherkásski. Se algum boiardo saísse da linha, estava sujeito a ser preso. Nove foram exilados. Filaret passou boa parte do tempo funcionando como juiz entre os boiardos, que lutavam constantemente por questões de precedência e frequentemente apelavam à violência física. Muitos boiardos o viam como um deles: certa vez, o rude porém leal príncipe Likov-Obolénski xingou Filaret na igreja. Mas ele se sentia isolado no cargo: Filaret resmungava que seus únicos amigos eram Tcherkásski, Likov e o irmão Ivan.

Mas o propósito de Filaret, a missão dos Románov, era mobilizar a Rússia. Ele "administrava tudo que dizia respeito ao tsarismo e ao Exército" e considera-

---

* Filaret contratou um arquiteto escocês, Christopher Galloway, para reformar a Torre do Salvador do Krêmlin, acrescentando um relógio que encantou pai e filho. Ele acreditava na teatralidade desse superpatriarcado: todos os Domingos de Ramos, Miguel reinterpretava a entrada de Cristo em Jerusalém — mas agora era o patriarca que cavalgava o jumento. Usando a coroa Monomakh e trajes reais completos, o tsar rezava com os boiardos no Krêmlin e depois saía andando com o patriarca, seguido por toda a corte. Na plataforma da praça Vermelha, que servia como gólgota, o tsar segurava o cavalo (pitorescamente disfarçado de jumento, com orelhas falsas) enquanto o patriarca montava e depois voltava ao Krêmlin, para a Catedral da Anunciação. Em seguida o patriarca agradecia ao tsar por esse serviço com um pagamento de duzentos rublos.

va sua missão mais urgente a preparação para a vingança contra a Polônia. O recolhimento de impostos foi reformulado; a Igreja foi disciplinada e suas terras foram cooptadas pela dinastia, que estabeleceu as bases de sua riqueza. Os proprietários de terra ganharam mais controle sobre seus servos em troca de prontidão para a guerra. Quando os conflitos de fronteiras com a Polônia se intensificaram, Filaret sabia que seus inimigos poloneses e suecos estavam tecnicamente muito à frente da Rússia, mas com a Europa sendo devastada pela Guerra dos Trinta Anos havia muita oferta de mercenários experientes, e Filaret contratou oficiais escoceses para modernizar o Exército. Mas a dinastia precisava de um herdeiro: o tsar precisava casar.[16]

Miguel se recusou a considerar qualquer outra candidata durante quatro anos, ainda sonhando com a envenenada Maria Khlópova. Mas, em 1621, Filaret ofereceu a mão do filho a duas princesas estrangeiras, só para os monarcas ocidentais rejeitarem aquele arrivista desconhecido — com certeza para alívio de Miguel, que então convenceu o pai a voltar ao caso com Maria. Filaret mandou os médicos Bills e Bathser examinarem a garota exilada, agora em Níjni Nóvgorod, e os dois voltaram com a notícia de que ela estava totalmente saudável. Filaret foi então falar com o escudeiro Saltikov: por que ele havia dito que Maria sofria de uma doença incurável?

Ao lado de Ivan Románov, Ivan Tcherkásski e Cheremétiev, Filaret e Miguel julgaram Saltikov e seu irmão. Cheremétiev fora enviado a Níjni Nóvgorod para entrevistar Maria, que explicou que só havia vomitado uma vez — até Saltikov ter lhe ministrado uma solução da Farmácia Real.

Miguel ficou furioso. Saltikov foi dispensado e banido por "impedir traiçoeiramente o prazer e o casamento do tsar. A benevolência do soberano [...] com você foi maior do que merecia, mas você agiu somente para favorecer o próprio enriquecimento e para garantir que ninguém mais gozasse da benevolência do soberano". Saltikov só não perdeu a cabeça por ser protegido da mãe do tsar, que providenciou para que ele e seus familiares não fossem arruinados — e que um dia pudessem retornar.

Agora Miguel imaginava que poderia se casar com Maria Khlópova, mas a monja Marfa se recusou a abençoar a união: a garota era uma mercadoria estragada. A mãe do tsar tinha uma candidata melhor, a princesa Maria Dolgorúkaia, sua parenta. O tsar continuou próximo à mãe, e foi ela quem presidiu o desfile de noivas em que ele fez sua escolha. Em 19 de setembro de 1624, Miguel se casou com Dolgorúkaia, um triunfo para as intrigas da mãe. No entanto, quatro meses depois a noiva morreu.*

Não havia tempo para lamentar: Miguel precisava se casar de novo, e depressa. No desfile de noivas seguinte, ele presenteou Eudóxia Strechniova, filha de nobres sem recursos, com o anel e o lenço. Filaret deixou-a muito bem protegida no Palácio de Terem até o noivado. Eles se casaram no dia 5 de fevereiro de 1626 e passaram a primeira noite com os tradicionais grãos de trigo entre os lençóis, feixes de centeio embaixo da cama e ícones por cima.

Eudóxia sofria a constante interferência da sogra, a monja Marfa, mas, mesmo sem isso, a vida de uma tsarina era rigidamente puritana e limitada. Os assuntos domésticos deveriam seguir de acordo com as tristes *Domostroi*, regras domésticas escritas por um monge no século XVI que especificavam que "esposas desobedientes devem ser intensamente chicoteadas", enquanto esposas virtuosas deveriam ser espancadas "de tempos em tempos, mas de forma branda e em segredo, evitando golpes com os punhos que causem hematomas".

As mulheres reais ficavam isoladas no *terem*, não muito diferente de um harém islâmico. Pesadamente veladas, elas assistiam às missas na igreja através de uma treliça; suas carruagens eram cobertas por cortinas de tafetá para que não pudessem olhar para fora nem ser vistas; e quando andavam em procissões da igreja, ficavam escondidas dos olhos do público por telas aparadas por servos. No Palácio de Terem, elas costuravam o dia todo, ajoelhando-se ante o Altar Vermelho dos ícones quando entravam ou saíam de uma sala. Usavam sarafanas, longas togas com mangas plissadas e adereços na cabeça chamados *kokóchniks*, porém maquiagem ou até mesmo espelhos eram banidos como demoníacos. As regras eram mais brandas nas camadas sociais mais baixas. Mulheres de mercadores es-

---

* Os Dolgorúki se diziam descendentes de Iúri do Braço Longo (*Dolgo-rúki*), grão-príncipe de Kíev, que fundou Moscou em 1156. Mas era um mito. Na verdade, eles descendiam de um governante muito posterior de Obolensk, do século XV, o príncipe Ivan Obolénski do Braço Longo. Este não foi o último casamento de um Románov com uma Dolgorúkaia, embora se dissesse que todos os casamentos de um Románov com uma Dolgorúkaia eram amaldiçoados. Os Dolgorúki foram uma das famílias que ajudaram a governar até 1917, assim como os Cheremétiev, Saltikov e Golítsin. O último primeiro-ministro de Nicolau II era um Golítsin, e foi exilado na Sibéria junto com um Dolgorúki.

cureciam os dentes, usavam maquiagem, pintavam-se com ruge e tingiam as sobrancelhas e cílios de preto, "de modo a parecer que alguém havia jogado um punhado de farinha no rosto delas e colorido as bochechas com um pincel". As classes mais baixas se divertiam mais, banhando-se despidas em casas de banho mistas e farreando nas ruas, mas era para evitar esses festejos libertinos que o código do *terem* era tão rigidamente aplicado.

Mas a tsarina Eudóxia saiu-se bem ali. O primeiro de seus dez filhos, Irina, nasceu exatamente nove meses depois do casamento: as tsarinas davam à luz na casa de banhos do Palácio de Terem. Cada filho era celebrado com um banquete na Câmara Dourada. Depois de outra filha, em 1629 nasceu um herdeiro, Alexei, seguido por mais dois filhos.[17]

Ex-prisioneiro dos poloneses, Filaret estava ansioso por um confronto contra a Polônia, embora poucos boiardos achassem que a Rússia estava preparada. Em abril de 1632 ele teve sua chance: o rei Sigismundo III morreu. A comunidade formada por Polônia e Lituânia era um país enorme, estendendo-se do Báltico às proximidades do mar Negro, mas resultado de uma desajeitada união de dois reinos separados, uma contradição constitucional com dois governos e um parlamento, que era eleito por toda a nobreza e no qual todos os delegados tinham poder de veto. Esse parlamento, o Sejm, escolhia seus reis, mas deixando as eleições reais abertas a maquinações estrangeiras. As idiossincráticas regras da Polônia, com seus poderosos magnatas e subornos indiscriminados, deixavam o país acomodado em um limbo anárquico. Desde a ocupação de Moscou durante os Tempos Turbulentos, a Polônia passou a ser um inimigo ancestral da Rússia.

A guerra de Filaret começou em farsa e terminou em tragédia. Ele conseguiu mobilizar um impressionante grupo de 60 mil homens, mas esse antiquado exército moscovita, liderado por boiardos às turras, era obsoleto. Somente os 8 mil mercenários sob o comando do coronel escocês Leslie e o coronel inglês Sanderson podiam ser comparados aos exércitos modernos da Guerra dos Trinta Anos.* Quando Filaret mandou dois boiardos para tomar Smolensk, eles ficaram discutindo sobre hierarquia e tiveram de ser dispensados.

---

* Os exércitos moscovitas tradicionais eram convocados por nobres servidores, os *pomiéstchiki*, que forneciam soldados em troca de *pomiéstia*, doações de terra do tsar. Dessa forma, Filaret reuniu

Os novos comandantes — o boiardo Mikhail Chéin, que estivera também na prisão polonesa com Filaret, e o camareiro Artêmi Izmáilov — deram início ao sítio de Smolensk em agosto de 1633, mas a fortaleza foi reforçada por Vladislau IV, o recém-eleito rei da Polônia que ainda reivindicava o trono russo. Em outubro, os russos tinham perdido 2 mil homens em uma escaramuça e enfrentavam a falta de alimentos. Chéin era um falastrão, e ao partir vangloriou-se ao tsar que "enquanto todos os boiardos estavam sentados ao lado da lareira", só ele lutava — "ninguém era igual a ele". Mas Chéin logo entrou em pânico. Miguel tentou acalmá-lo com a piedosa reflexão de que "muitas coisas acontecem na guerra e ainda assim existe a misericórdia de Deus", mas a situação no acampamento estava se deteriorando.

Leslie e Sanderson se odiavam tão amargamente que o escocês acusou o inglês de traição. Durante uma briga na frente do Exército, Leslie matou Sanderson com um tiro. Chéin começou a negociar com os poloneses e se rendeu em 19 de fevereiro de 1634, abrindo caminho para o rei Vladislau, que afinal viu sua chance de tomar Moscou. Enquanto os poloneses avançavam, Chéin e Izmáilov foram presos, julgados por traição e por beijar a cruz católica e decapitados. Mas o avanço polonês foi abruptamente interrompido por notícias de que Murad IV, o sultão otomano,* estava invadindo a Polônia. Em 17 de maio, a Polônia e a Rússia assinaram a Paz Perpétua. Vladislau manteve Smolensk — mas finalmente reconheceu Miguel como tsar.[18]

---

26 mil homens, muitos dos quais armados de arco e flecha. Recrutou 11 mil cavalarianos cossacos indisciplinados e 18 mil cavaleiros tártaros e chuvaches armados de balestras. Os 20 mil mosqueteiros eram mais impressionantes.

* Murad IV combinava os dotes militares de César com o sadismo demente de Calígula, mas foi o último grande sultão otomano, sucedido pelo irmão, Ibrahim, o Louco, um erotômano obcecado por peles, perfumes e mulheres imensamente gordas. Governando a partir de Constantinopla, os califas-sultões otomanos conquistaram um império colossal, que se estendia das fronteiras do Iraque e do Egeu, incluindo os Bálcãs (atuais Grécia, Bulgária, Romênia e ex-Iugoslávia), o norte da África, a atual Turquia e todo o Oriente Médio, inclusive Jerusalém e Meca. Seus súditos europeus eram principalmente cristãos ortodoxos eslavos que, comprados como escravos e convertidos ao islã ainda crianças, forneciam seus melhores generais, funcionários e concubinas. Os otomanos chegaram ao auge um século antes sob Suleiman, o Magnífico, mas até o fim do século XVIII continuaram sendo um formidável império de vastos recursos militares. Em 1637, cossacos independentes invadiram a fortaleza otomana de Azov e a ofereceram a Miguel, que, depois de consultar uma assembleia, admitiu que ainda não estava forte o bastante para enfrentar os otomanos.

Em outubro de 1633, no auge da crise, Filaret morreu aos oitenta anos, seguido por Marfa. Aos 35 anos, Miguel passou a governar com seus parentes Tcherkásski e Cheremétiev, enquanto seu herdeiro, Alexei, tão exuberante quanto seu pai era dócil, era criado no triste aconchego do Palácio de Terem.

Quando Alexei fez cinco anos, Miguel indicou como seu tutor Boris Morózov, um aristocrata bem-nascido, ainda que pobre. Tradicionalmente, os príncipes só recebiam uma educação elementar, mas Morózov ensinou a Alexei a tecnologia do Ocidente, introduziu-o ao latim, ao grego e ao polonês e o ajudou a montar uma biblioteca. Seu pai, que adorava jardins e engenhocas, o presenteou com uma horta e mostrou-lhe seu último brinquedo, um órgão dourado com cucos e rouxinóis mecânicos. Pai e filho também partilhavam certo gosto por espetáculos e empregavam dezesseis anões vestidos em trajes vermelhos e amarelos.

Morózov foi uma excelente escolha, e Alexei teve uma infância feliz, o que era incomum para príncipes criados no fissíparo Krêmlin. Morózov providenciou para que Alexei tivesse aulas com outros vinte garotos, e quando completou nove anos ganhou a companhia de um menino quatro anos mais velho chamado Artamon Matvéiev. Como o próprio Miguel refletiu mais tarde, Morózov — que passou treze anos "vivendo sempre conosco" — quase se tornou membro da família.[19]

Então, em 1639, dois filhos de Miguel morreram quase ao mesmo tempo, um aos cinco anos e o outro logo após o nascimento. Essas tragédias familiares marcaram o tsar. Em abril de 1645 ele adoeceu de escorbuto, hidropisia e provavelmente depressão. Três médicos analisaram a urina do tsar. Miguel vertia tanto líquido que o diagnóstico dado a sério pelos médicos era de um dilúvio de lágrimas no estômago, no fígado e no baço, que privava seus órgãos do calor natural e esfriava o sangue. Receitaram vinho do Reno misturado com ervas e um purgante, sem alimentação. Em 14 de maio eles receitaram outro purgante. Em 26 de maio os médicos consideraram que a urina real estava descolorida porque o estômago e o fígado não funcionavam "pelo excesso de tempo sentado, pelas bebidas geladas e pela melancolia causada pelo pesar", o diagnóstico de depressão do século XVII. Mas o tsar não melhorou. Cheremétiev, que lhe havia oferecido o trono trinta anos antes, cuidou pessoalmente de Miguel, porém em vão.

Em 12 de julho, Miguel desmaiou na igreja. "Minhas entranhas estão rasgando", gemeu. Sua barriga foi massageada com bálsamo, e a corte percebeu que o tsar, de 49 anos, estava morrendo. Em meio ao fedor de urina e suor, ao canto dos padres, ao tremeluzir de velas e ao balanço de incensos, o leito de morte real era teatro de dignidade e santidade — esperava-se que aquele que vivera como um rei morresse como tal. Monarcas não morrem como o resto de nós: morriam os tsares, mas o poder que passavam adiante estava muito vivo. Seu leito de morte era palco de transações públicas e pragmáticas. Cortesãos pranteavam um soberano adorado, mas também participavam do fim de um reino e do começo de outro. A transferência de poder é sempre o teste final da estabilidade de um regime — porém até 1796 não havia uma lei de sucessão na Rússia, por isso os leitos de morte representavam crises políticas perigosas que com frequência se deterioravam em competições letais. As últimas palavras murmuradas eram consideradas sagradas, mas um instante depois do último alento só o que importava eram os caprichos do novo tsar. Esses cenários tensos eram ao mesmo tempo ocasiões familiares e cerimoniais do Estado. Intrigas de último minuto no leito de morte podiam mudar tudo.

A tsarina e o herdeiro foram chamados, junto com Morózov e o patriarca. Miguel se despediu da esposa, abençoou o herdeiro com o reino e disse a Morózov: "Ao meu boiardo eu confio meu filho e lhe imploro, assim como tem nos servido com alegria, vivendo conosco por treze anos, que se mantenha a serviço dele agora!".

Às duas horas da manhã ele se confessou. Alexei notou que a barriga do pai "se agitava e roncava", os estertores da morte. Quando Miguel morreu, Nikita Románov, filho de Ivan e portanto primo em segundo grau de Alexei, saiu da antecâmara para ser o primeiro a prestar o juramento de lealdade ao novo tsar, repetindo que nenhum estrangeiro seria reconhecido como tsar e que todos os cidadãos eram obrigados a relatar quaisquer "desígnios malignos" — enquanto um solitário sino tocava e a viúva e as filhas uivavam de tristeza. Não haveria nenhuma assembleia para confirmar a sucessão. Os Románov não precisavam mais disso. Somente Alexei era o tsar pela vontade de Deus, ninguém mais.[20]

Cena 2
O jovem monge

Elenco

ALEXEI Mikháilovitch, tsar 1645-76, "Jovem Monge"
Maria Miloslávskaia, tsarina, primeira esposa
Sófia, filha deles, depois dama soberana
Alexei Alexéievitch, filho mais velho sobrevivente e herdeiro
FIÓDOR III, terceiro filho, tsar 1676-82
IVAN V, quinto filho, tsar 1682-96
Natália Naríchkina, tsarina, segunda esposa de Alexei
PEDRO I (O GRANDE), filho com a segunda mulher, tsar 1682-1725
Irina Mikháilovna, tsarevna, irmã do tsar Alexei
Nikita Ivánovitch Románov, primo do tsar, filho de Ivan Románov

CORTESÃOS: ministros etc.

Boris Morózov, tutor e ministro-chefe de Alexei
Iliá Miloslávski, sogro e ministro
Níkon, patriarca
Bogdan Khitrovó, cortesão, "Favorito Sussurrante"
Afanássi Ordin-Naschókin, ministro

Artamon Matvéiev, amigo de infância e ministro-chefe

Príncipe Ivan Khovánski, general, "Saco de Vento"

Os tsares eram enterrados de maneira simples e rápida. No dia seguinte, 14 de julho de 1645, Alexei, vestido de preto enquanto recebia as condolências em volta do caixão aberto, liderou, antes de comer o pudim com mel do banquete do funeral, um cortejo simples do Palácio de Terem à Catedral do Arcanjo Miguel, onde os tsares jaziam em paz. Moscou estava tensa: havia sessenta anos uma transferência de poder não era pacífica. A coroação precisava ser organizada com urgência. O cã tártaro estava atacando no Sul, e o rei polonês abrigava um dos três novos pretendentes à solta. Mesmo trinta anos depois dos Tempos Turbulentos, ninguém podia ignorar as chamadas "três pragas da Rússia — tifo, tártaros e poloneses".

No dia 18 de agosto, morreu Eudóxia, a mãe do tsar — o adolescente havia perdido os pais em cinco semanas. Alexei saiu em peregrinação até Zagorsk, depois jejuou e rezou para se purificar. Em 28 de setembro, usando a abençoada bata vermelha, dourada e branca, o tsar inspecionou fileiras de mosqueteiros para ser coroado na Catedral da Anunciação, e em seguida seu primo Nikita Románov jogou as moedas.

O novo tsar se encaixava bem no papel: um metro e oitenta de altura, corpulento, saudável e dinâmico, com uma lustrosa barba vermelha, e gostava de caçadas e falcoaria. De início, dizia-se que ficava a maior parte do tempo com mulheres no *terem*, onde tinha passado a infância, mas ele logo se impôs na corte de uma forma que o pai jamais conseguira.[1]

Alexei foi um dos herdeiros mais bem preparados. Seus documentos pessoais revelam um reformador inteligente, inquieto e de língua ferina que não tinha paciência com tolos. Escrevia poemas, esboçava desenhos e estava sempre anotando ideias sobre qualquer assunto; sempre se interessou pela tecnologia estrangeira para incrementar seu exército e seus palácios — prenunciando a tendência de seu filho, Pedro, o Grande.* Seus acessos de raiva eram perigosos, e ele era bem capaz de espancar um ministro no meio de uma reunião do Conselho. Certa vez, quando o administrador de seus mosteiros se embebedou, Alexei escreveu uma carta chamando-o de "inimigo de Deus, vendedor de Cristo, pequeno Satã bitolado, maldito adversário sarcástico, vilão esquivo e perverso"; mas, como era comum, a punição do homem foi apenas ler esse texto em público e se arrepender sinceramente.

Alexei podia ser tão meigo quanto cruel. Quando seu principal boiardo, o príncipe Nikita Odóievski, perdeu o filho, o tsar o consolou: "Não lamente demais. Claro que você deve lamentar e verter lágrimas, mas não demais…". Mas ele sempre foi o autocrata abençoado por Deus, que atormentava os cortesãos com suas brincadeiras. Quando se sentia melhor depois de uma sangria, obrigava todos os seus cortesãos a fazer uma sangria também, até mesmo o velho tio que protestava ser fraco demais. "Quem sabe você considera o seu sangue mais valioso que o meu?", disse Alexei, que depois bateu no tio e ficou vendo-o sangrar.

Alexei acordava às quatro da manhã todos os dias, rezava em sua capela particular durante vinte minutos, antes de receber os súditos que contavam com o privilégio de ver "os olhos brilhantes", e ouvia uma missa de duas horas até as nove da manhã. Na Páscoa, rezava de pé durante seis horas, prostrando-se mais de mil vezes.

Fazia a refeição do meio-dia sozinho, com os boiardos comendo em mesas próximas: às vezes, como recompensa por uma vitória, convidava um deles para sentar com ele ou lhes mandava um de seus pratos. Os banquetes formais eram

---

* Assim, o verdadeiro Alexei corresponde pouco à sua reputação de "o manso", a imagem do russo simplório e bonachão que se tornou moda com os eslavófilos do século XIX, em comparação com imperadores militares ocidentalizados, personificados por Pedro, o Grande. Alexei se tornou o herói do último tsar, Nicolau II, que se identificava com sua religiosidade eslava e deu o nome dele a seu filho.

maratonas de glutonaria — com setenta pratos de carne de urso, de vaca, de pombo e esturjão, acompanhados de vodca, cerveja ou *kvás*, tradicional bebida eslava de baixo teor alcoólico.

Depois da sesta, Alexei voltava à igreja para as vésperas, antes de participar de novas reuniões, jogar xadrez e gamão e fazer mais orações. Era conhecido como o "Jovem Monge", e sua religiosidade era tão intensa que até mesmo homens da Igreja se sentiam fisicamente exaustos quando visitavam o Krêmlin por alguns dias. Membros dos Zelotes da Piedade, protegidos do confessor do tsar, o encorajaram a lançar uma campanha de regeneração moral puritana para corrigir os vícios dos moscovitas. Adam Olearius, um visitante alemão, viu danças voluptuosas, exposição de umbigos, mulheres nuas e bêbadas estiradas na porta de tabernas e, claro, "luxúrias da carne", e observou que os moscovitas eram "viciados em sodomia, não só com garotos mas com cavalos". É improvável que sodomia equina fosse realmente popular nas ruelas de Moscou, mas mulheres embriagadas já eram na época, como agora, sinal de uma sociedade corrompida. Alexei impôs a proibição de instrumentos musicais, dos atos de fumar, beber e blasfemar, vetou imoralidades sexuais e aposentou seus anões, substituindo-os por um impecável e respeitável séquito de monges e aleijados. Bandolins diabólicos foram queimados numa fogueira de instrumentos na praça Vermelha. "Atentem para que em nenhum lugar haja jogos e espetáculos vergonhosos", ordenou, "e nada de menestréis ambulantes com flautas e tamborins." E anotou sua própria demonstração de caridade: "Dei seis rublos e dez copeques a cada uma de sessenta pessoas".[2]

Logo depois da coroação, Alexei aposentou o ministro do seu pai, Cheremétiev, então com 69 anos, e promoveu seu ex-tutor Boris Morózov, que ele chamava de "pai adotivo", a ministro-chefe de uma infinidade de ministérios — do Tesouro, dos Mosqueteiros e da Farmácia — funcionando num luxuoso palácio do Krêmlin. Em uma de suas primeiras medidas, Morózov organizou um desfile de noivas.[3]

Seis noivas chegaram à final para serem examinadas pelo tsar. Em 4 de fevereiro de 1647, Alexei escolheu Efêmia Vsévolojskaia. O casamento foi marcado para o dia 14, a fim de evitar envenenamento ou maledicência, mas a garota desmaiou numa cerimônia pública quando a coroa foi posta em sua cabeça, despertando temores de feitiçaria ou epilepsia. Mesmo sem saber se ela tinha sido envenenada ou simplesmente tivera má sorte, Morózov, que preferia outra candidata, explorou seu infortúnio. Efêmia ganhou de presente de despedida as poucas peças de enxoval preparadas para o casamento e foi expulsa do *terem* e exilada com a família. Alexei foi se consolar caçando ursos.

Quando a busca por uma noiva foi retomada, Morózov favoreceu as duas filhas de um protegido. Elas eram ideais, pois, se o tsar se casasse com uma, Morózov poderia se casar com a outra. Provavelmente Morózov já havia posto uma delas entre as seis beldades finalistas — mas no seu exame o tsar atrapalhou os planos ao escolher Vsévolojskaia, que depois convenientemente desmaiou. Morózov providenciou para que o tsar conhecesse a garota pretendida no apartamento de sua irmã.

Era Maria, filha de Iliá Miloslávski, sobrinho do secretário de Assuntos Estrangeiros, havia muito no cargo. Homem viajado pelos padrões moscovitas, Miloslávski tinha começado como fornecedor de vinho para um comerciante inglês e viajado à Holanda para contratar especialistas ocidentais.

Em 16 de janeiro de 1647, Alexei caminhou numa congelada Moscou ao lado do trenó que conduzia sua noiva Maria. O príncipe Iákov Tcherkásski, o terceiro boiardo mais rico, foi o padrinho. Depois, o casal recebeu a corte, dividindo um trono no Salão das Facetas. Alexei se banqueteou com cisne recheado com açafrão, e ela com ganso, leitãozinho e galinha. Os zelotes do tsar convenceram o noivo a proibir danças e bebidas. Eles só tomaram *kvás*, não vodca, e não seguiram nenhum dos rituais pagãos tradicionais de fertilidade. Mesmo assim, Maria logo engravidou, e o casamento durou 21 anos, gerando cinco filhos e oito filhas. Maria seria uma esposa moscovita emblemática, um paradigma de modéstia piedosa enclausurada no *terem*.

Dez dias depois, Morózov, 57 anos, casou-se com a adolescente Anna Miloslávski, tornando-se cunhado do tsar. Maria estava casada com um monarca jovem e forte, mas Anna deve ter considerado seu casamento infeliz. De acordo com o médico inglês do tsar, Anna era uma "jovem escura e carnuda", que preferia flertar com os mais jovens a ficar com o velho marido, "de forma que, em vez de filhos, surgiu o ciúme". O casamento logo mostrou seu valor para Morózov: salvou sua vida.

Morózov já tinha subido quatro vezes o imposto sobre o sal, sempre promovendo austeridade, mas com o nariz afundado na riqueza. Em poucos anos, embora só tivesse herdado cem servos domésticos, era o segundo boiardo mais rico, enquanto seu primo, o chefe de investigações Ivan Morózov, era o quinto mais rico. Logo se tornou o homem mais odiado de Moscou, onde o descontentamento se refletia numa confluência de guerras, fome e revolução por toda a Europa.[4]

No dia 1º de junho de 1648, ao voltar de uma de suas muitas peregrinações, de repente Alexei se viu cercado por uma turba furiosa, que segurou seu cavalo pela rédea, mas ofereceu ao tsar os presentes de boas-vindas de sangue e sal: a turba estava denunciando os sanguessugas do governo de Alexei, principalmente o aliado de Morózov, Leonid Pleschéiev, que administrava Moscou. Alexei prometeu investigar e seguiu viagem. Os manifestantes foram mais ameaçadores com os serviçais de Pleschéiev, que passaram a galope pela multidão, chicoteando e prendendo seus líderes. Na manhã seguinte, quando Alexei chegou à Escadaria Vermelha, a caminho da igreja, uma multidão exigia a libertação dos prisioneiros. Quando viram Morózov, começaram a cantar: "Sim e queremos você também!". A multidão espancou boiardos e exigiu a cabeça de Pleschéiev.

A turba seguiu furiosa em direção ao palácio de Morózov, onde espancaram seu mordomo até a morte, jogaram um dos criados pela janela, saquearam tesouros e invadiram a adega de vinhos, bebendo de forma tão alucinada que literalmente se banharam em álcool. Depois capturaram a apavorada jovem esposa, Anna, mas a libertaram com uma palavra de consolo: "Se você não fosse a irmã da grã-princesa, nós a cortaríamos em pedaços!". A turba também invadiu os palácios dos odiados ministros. O coletor de impostos, Tchíssi, estava de cama, mas conseguiu se esconder embaixo de um arbusto até ser traído por um criado que o apontou. A multidão o espancou, arrastou-o para fora "como um cão", deixou-o nu e acabou com ele num monte de estrume. "Isso é pelo [imposto do] sal, seu traidor!" Em seguida a turba cercou o Palácio de Terem.

Morózov e seu aliado Pedro Trakhaniótov fugiram do Krêmlin sem serem vistos. O popular Nikita Románov, primo do tsar, saiu para prometer à multidão que os abusos seriam punidos; a multidão respondeu abençoando o tsar, mas exigiu Morózov e seus capangas imediatamente. Nikita jurou que Morózov tinha fugido; só restava Pleschéiev. A multidão exigia sangue. Relutante, Alexei entregou o homem. Quando Pleschéiev apareceu, foi tão espancado que "virou uma massa de sangue com os miolos espalhados pelo rosto, as roupas arrancadas, e seu corpo nu foi arrastado na terra ao redor do mercado. Finalmente um monge chegou para decepar o que restava da cabeça". Naquele caos, Morózov, sem conseguir sair da cidade, voltou escondido ao Krêmlin. Alexei anunciou que iria demitir Morózov e nomear Nikita Románov e o príncipe Iákov Tcherkásski no lugar.

Bandos se embebedaram com barris de destilados saqueados, usando como copos sapatos, chapéus e botas, e acenderam fogueiras até que de repente a cidade, toda de madeira, pegou fogo. A multidão encontrou e chutou a cabeça de Pleschéiev, embebeu-a em vodca e acendeu antes de jogar seu tronco mutilado nas chamas junto com os corpos eviscerados de seus aliados. Trakhaniótov, que conseguira se refugiar no Mosteiro da Trindade, foi trazido de volta e decapitado na praça Vermelha.

Quando uma calma fumegante finalmente desceu sobre Moscou, Alexei, acompanhado de Nikita Románov, falou para a multidão na praça Vermelha, desculpou-se pelos crimes de seus ministros e prometeu baixar os preços, mas depois, expressando-se com dignidade, acrescentou: "Eu jurei lhes entregar Morózov e não tenho como justificar seus atos, mas não posso dá-lo a vocês. Essa pessoa me é muito querida, marido da irmã da tsarina. Seria difícil entregá-lo à morte". Lágrimas corriam pelo seu rosto. "Viva o tsar!", bradou a multidão. Em 12 de junho, protegido por mosqueteiros, Morózov seguiu para a prisão em um mosteiro no mar Branco, no Ártico — embora Alexei tenha escrito à mão para o abade: "Acredite nesta carta. Cuide de protegê-lo de qualquer mal [...] e eu o recompensarei".

Em 12 de julho, Alexei fez outra concessão, convocando uma Assembleia da Terra para elaborar um novo código de leis com o objetivo de proteger o povo e tranquilizar os nobres. "O período de confusão está terminando", escreveu Alexei para os guardiões de Morózov no mar Branco, dando ordens de enviar seu "pai adotivo" para o Sul em etapas, preparando seu discreto retorno a Moscou. Em 1º de setembro, quando a Assembleia se reuniu no Krêmlin, o príncipe Nikita Odóievski apresentou o novo Código, que prometia "justiça igual para todos, dos maiores aos menores". Porém, numa época em que o Parlamento inglês estava para julgar se aplicaria a pena de morte a um rei ungido, não havia nada de populista nas leis de Alexei. Durante um período de instabilidade e medo, o tsar consolidou sua legitimidade concordando com uma aliança com os nobres, que se tornariam a base do governo dos Románov até 1861. Confirmou posses de terra para nobres que se transformavam aos poucos em propriedades permanentes. A justiça poderia ser aplicada pelos proprietários de terra em seus camponeses, que agora eram servos de propriedade total dos senhores e proibidos de sair de suas províncias. Se fugissem, podiam ser perseguidos.*

A pena de morte, incluindo novas sutilezas como ser enterrado vivo e queimado, era imposta a 63 crimes. Os castigos eram selvagens — mas provavelmente não mais que os da Inglaterra. O instrumento essencial era o cnute, mencionado 141 vezes no Código de Alexei: um açoite de couro trançado com arame ou bolas de metal nas extremidades que arrancava a pele e cortava até o osso. Dez chibatadas podiam matar, e qualquer coisa além de quarenta era praticamente uma sentença de morte. Em troca da autocracia dos Románov e da mobilização militar nas camadas mais altas, Alexei garantia a tirania da nobreza sobre os camponeses, 90% da população. A nobreza podia ser definida pelo privilégio de possuir seres humanos, estabelecendo um padrão de comportamento russo: servidão para os de cima, tirania para os de baixo.

Alexei se sentiu bastante à vontade para demitir seus novos ministros e promover o sogro Miloslávski, um velhaco grosseiro com "membros e músculos como os de Hércules", que era "ambicioso, injusto e imoral", um maníaco por sexo e peculador que logo construiu para si uma mansão no Krêmlin com os espólios do cargo. Alexei ficou tão irritado com isso que chegou a esbofetear Miloslávski durante uma reunião do Conselho. Quando resmungou sobre um ministro "totalmente maldoso com traços furtivos moscovitas", com certeza pensava no sogro. Mas o tsar concedeu um poder real a outro personagem muito mais notável.[5]

---

* A servidão, que era comum tanto no leste como no centro da Europa, vinha apertando seus laços na Rússia desde Ivan, o Terrível. O tsar Boris Godunov, ansioso por ganhar a lealdade de servidores militares e nobres provinciais, consolidou o direito de propriedade dos donos de terra sobre os camponeses. As leis de Alexei completaram o processo. O termo às vezes confunde os ocidentais: os servos eram ligados à terra, e no início a posse era da terra, não dos próprios servos. Muitos eram servos da Coroa e propriedade do tsar: podiam ser dados de presente a favorecidos. Mas eram diferentes dos escravos negros que mais tarde trabalhariam nas plantações do Caribe e da América: eles pagavam impostos, eram donos de pequenas porções de terra e precisavam servir no Exército. Os servos forneciam o rendimento do tsar por meio de impostos e força de trabalho no serviço militar. A riqueza não era medida em acres, mas em "almas" — e se referiam apenas a almas masculinas ou famílias, já que as servas valiam menos. Nessa época, o tsar era dono da maioria dos servos, com 27 mil famílias, seguido por Nikita Románov, com 7 mil, e Tcherkásski, com 5 mil, enquanto os dois primos Morózov eram donos de 10 mil famílias. Com o passar dos séculos, em troca de apoio, os Románov permitiram que os nobres aumentassem seu controle sobre os servos. No século XVIII, os senhores eram fisicamente donos dos servos, e podiam vendê-los, castigá-los à vontade e resolver com quem se casariam. Em 1861, Alexandre II referiu-se a Alexei e seu Código quando declarou: "A autocracia instituiu a servidão, e cabe à autocracia aboli-la".

* * *

Níkon, que parecia um profeta bíblico, era filho de um camponês. Depois da morte de seus três filhos, convenceu a esposa a entrar para um convento de modo que ele pudesse se tornar monge no Norte longínquo e congelado. Com quase dois metros de altura, olhos intensos e dono de um estilo áspero e dogmático, Níkon fazia mil genuflexões por dia, e seus jejuns eram tão rigorosos que ele chegava a ter visões. Como membro dos zelotes, estimulava as austeridades de Alexei, que o nomeou prelado de Nóvgorod, onde ele mostrou quem era ao conter 1648 revoltas.

Alexei chamava Níkon de "meu amigo especial" e "Grande Sol Brilhante", e os dois compartilhavam a visão de mundo da monarquia sagrada. Quando Carlos I da Inglaterra foi decapitado, Alexei ficou revoltado e expulsou os ingleses da Rússia. Enquanto isso, as fronteiras entre a Polônia e a Ucrânia degeneraram numa feroz guerra civil quando a população ortodoxa se rebelou contra a aristocracia católica polonesa. Se o mundo estava se inclinando para uma direção perigosa, Níkon apregoava que a missão ortodoxa do tsar russo deveria ser purificada, estar pronta para uma cruzada contra os poloneses católicos e os tártaros islâmicos.

Ao visitar Moscou, o patriarca Paisos, de Jerusalém, estimulou essa missão imperial sagrada ao chamar Alexei de "rei Davi e Constantino, o Grande, o novo Moisés". Níkon assumiu a missão enquanto Alexei preparava seu exército para a cruzada. Em 25 de julho de 1652, Níkon foi entronizado como patriarca, desfilando ao redor das muralhas do Krêmlin com o próprio Alexei segurando sua rédea, um dos rituais de sua posse. "Em você", escreveu Alexei, "encontrei alguém para liderar a Igreja e me aconselhar no governo do reino." Níkon começou a assinar quase todos os decretos do tsar.

Obcecado com o papel de Moscou como a Nova Jerusalém,* Níkon acreditava que a corrupção no reino só se igualava aos desvios da Igreja: primeiro ele se voltou contra os estrangeiros, proibindo-os de usar trajes russos e confinando-os à chamada Zona Alemã ou dos Estrangeiros, onde podiam rezar às suas infiéis

---

* Níkon foi o sétimo patriarca, uma posição só estabelecida em 1589 — mas, como Filaret havia demonstrado, um patriarca podia contestar o poder secular do tsar. Níkon comemorou seu crescente poder construindo um novo palácio no Krêmlin e promovendo sua visão de Moscou como Jerusalém ao iniciar a construção do Mosteiro Nova Jerusalém, no qual a catedral se instalava exatamente no Santo Sepulcro da Cidade Sagrada.

igrejas protestantes, fumar tabaco e farrear com as prostitutas. Apesar disso, a Rússia continuou a contratar cada vez mais especialistas militares estrangeiros. Quanto à Igreja, seus serviços puramente bizantinos haviam sido manchados com inovações sancionadas sob o governo de Ivan, o Terrível, que deveriam ser purgadas: doravante o sinal da cruz só deveria ser feito com três dedos e não dois. Níkon afirmava que estava retornando às práticas bizantinas corretas, porém tradicionalistas conhecidos como Velhos Crentes preferiam morrer mortes indizíveis a fazer uma cruz com três dedos. Enquanto Níkon reprimia esses dissidentes, um inferno distópico desabava sobre a Ucrânia — e os rebeldes ortodoxos apelaram ao tsar, oferecendo uma oportunidade irrecusável de expandir seu império e resgatar as terras perdidas da Rus Kievana.[6]

O líder ortodoxo na Ucrânia era Bogdan Khmelnítski, um oficial cossaco que tinha servido os sultões otomanos e os reis poloneses e aprendido turco e francês antes de se retirar para ser agricultor — até seu filho de dez anos ser assassinado por um aristocrata católico. Khmelnítski fomentou uma Grande Revolta, insuflando o ódio dos cossacos aos lordes católicos poloneses. Mas ele e seus rebeldes também não gostavam dos judeus que costumavam servir como agentes dos magnatas poloneses. Passaram a exercer esse ódio em grandes comunidades judaicas que encontraram refúgio na tolerante Polônia depois da perseguição que os expulsara da Espanha e de boa parte da Europa. Eleito hetmã dos cossacos de Zaporójie, Khmelnítski lançou seus cavaleiros apocalípticos em um selvagem expurgo de católicos e judeus. Algo entre 20 mil e 100 mil judeus foram massacrados com tais requintes de crueldade — eviscerados, desmembrados, decapitados; crianças fatiadas, assadas e comidas na frente de mães estupradas — que nada semelhante seria visto nas sangrentas terras da Europa Oriental até o Holocausto do século xx.

Khmelnítski ganhou o apoio do cã da Crimeia, cujos magníficos cavaleiros tártaros fizeram com que vencesse uma série de exércitos poloneses. Em dezembro de 1648, ele entrou em Kíev montando um cavalo branco e se declarou não apenas o hetmã de um novo Estado cossaco como também grão-príncipe de Rus. Essa estonteante ascensão não durou muito: quando seus aliados da Crimeia o abandonaram e os poloneses o derrotaram, ele se voltou em desespero para um novo protetor. Em janeiro de 1654, Khmelnítski jurou fidelidade ao tsar Alexei, que em troca reconheceu a liderança de Khmelnítski. Para os russos, esse foi o momento em que a Ucrânia passou a ser deles; para os ucranianos, foi a ocasião em que a Rússia reconheceu sua independência.* Na verdade, foi apenas uma aliança militar conveniente em uma guerra patrocinada por Alexei para atacar a Polônia e conquistar a Ucrânia.[7]

Assim que Khmelnítski concordou em contribuir com 20 mil cossacos para lutar contra a Polônia, Alexei declarou guerra. Em 23 de abril de 1654, num estado de exaltação religiosa, milhares de soldados se reuniram no Krêmlin para ser abençoados por Níkon. "Quando a batalha começar, você e seus homens devem avançar cantando a missão de Deus. Entrem na batalha com alegria!", escreveu Alexei a seu general, o príncipe Nikita Trubetskoi, falando como seu contemporâneo Oliver Cromwell. Alexei também ia à guerra: por isso conferiu a Níkon o título de "grande soberano" que era de seu avô; talvez a relação entre os dois lembrasse a de Miguel com Filaret.

No dia 18 de maio, o tsar, com apenas 29 anos e acompanhado por Morózov e Miloslávski, saiu de Moscou com seu Grande Regimento em direção a Smolensk. Trajado com uma bata incrustada de pérolas e portando o orbe e o cetro, partiu numa carruagem dourada forrada de cetim carmesim e puxada por cavalos com cascos perolados, escoltado por 24 hussardos e 25 estandartes, com sua insígnia pessoal, a águia dourada, tremulando no alto. As tropas sitiaram Smolensk e começaram a bombardear as fortificações; Alexei dirigia os canhões com o talento balístico que seria transmitido a seu filho Pedro, o Grande. Em 16 de agosto ele tentou assaltar as muralhas, mas os poloneses detonaram uma mina sob uma torre repleta de soldados russos — "Não lamente a investida — nós impomos uma derrota a eles" — garantiu Alexei a suas irmãs em Moscou. Em 23 de setembro Smolensk caiu, seguida de trinta outras cidades, e essa experiência permitiu que o tsar avaliasse seu séquito com mais rigor: ele continuou gostando de Morózov, mas passou a desprezar Miloslávski. "Dois espíritos estão cavalgando co-

---

* Foi para celebrar o tricentésimo aniversário do juramento de Khmelnítski a Alexei que Stálin, pouco antes de sua morte, decidiu dar a Crimeia — então quartel-general da frota russa no mar Vermelho e um dos balneários favoritos da elite russa — à República Soviética da Ucrânia, uma decisão mantida por seu sucessor Nikita Kruschóv em 1954. Ninguém previa que a União Soviética se dissolveria e que a Ucrânia se tornaria um país independente, separando a Crimeia da Rússia.

nosco", reclamou. "Um transmite alegria, confiabilidade e esperança, o outro é sufocante, intempestivo e vil: como se pode confiar em homens de duas caras?"

Em fevereiro de 1657, os moscovitas, que acabavam de se recuperar de um surto de peste, receberam Alexei enquanto ele marchava com sessenta estandartes poloneses — o primeiro tsar desde Ivan, o Terrível, a celebrar tal vitória. Ele encontrou Níkon ainda mais dominador, mas o patriarca continuou como grande soberano quando Alexei voltou à guerra e capturou Minsk, porções da Ucrânia atual, Bielorrússia e Lituânia, orgulhosamente acrescentando a Rússia Branca à sua lista de domínios. Porém, alarmados com suas vitórias, os suecos invadiram, para estragar a festa.

Fazia sentido negociar com a Polônia e virar as armas contra a Suécia, mas, sob insistência de Níkon, Alexei partiu para a guerra contra a Suécia antes de ter assegurado a paz com os poloneses. Os suecos eram uma sofisticada potência ocidental, contida pela Guerra dos Trinta Anos — e Alexei se viu numa situação difícil. Então houve um problema com Níkon, que agora impunha a superioridade do patriarca acima da do tsar.

O carrancudo padre e o jovem autocrata se chocaram abertamente durante uma missa. "Você é um camponês encrenqueiro", disse o tsar.

"Por que você me maltrata?", replicou o patriarca.

Alexei teve de apoiar a repressão de Níkon a toda resistência às suas reformas religiosas, mas seu séquito deve ter reclamado com ele da intolerável presunção do patriarca. Alexei deixou de consultá-lo, meio reverenciando e meio detestando aquele "filho de uma cadela". A situação militar se deteriorava. Com a morte de Khmelnítski, os poloneses ofereceram aos cossacos um acordo melhor que o dos russos, e eles trocaram de lado, com consequências desastrosas. Mas Níkon, que tinha promovido a guerra, agora se deleitava na plenitude de grande soberano, repreendendo o tsar como se ele fosse um neófito. Vivia magnificamente em meio à sua corte quase real, e suas batas de 30 mil rublos eram tão incrustadas de joias que ele mal conseguia ficar em pé. Havia rumores de que freiras complacentes ficavam muito animadas em sua clausura.[8]

Um cortesão deve não apenas obedecer às ordens do monarca, deve também prever seus desejos não expressos, desejos que nem o próprio monarca consegue identificar. Percebendo o ressentimento de Alexei, de repente os boiardos se uniram na oposição a Níkon. A família da mãe de Alexei, os Strechnev, detestava o patriarca — Simon Strechnev deu o nome "Níkon" a um mastim preguiçoso e o ensinou a imitar a bênção do patriarca com a pata — um sinal de como Níkon era visto pelo círculo íntimo do tsar.

No dia 4 de julho de 1658, Alexei não convidou Níkon para um banquete oferecido ao rei Teimuraz da Geórgia.* Níkon mandou um de seus cortesãos, o príncipe Dmítri Meschérski, averiguar — com certeza fora uma distração. Meschérski encontrou o escudeiro-mor, Bogdan Khitrovó, apelidado de "Favorito Sussurrante", de guarda na Escadaria Vermelha, brandindo seu bastão de ofício incrustado de joias para afastar a multidão inoportuna. Khitrovó empurrou Meschérski.

"Você não devia me empurrar... eu estou aqui por dever."

"Quem é você?", perguntou Khitrovó, que sabia muito bem.

"O servidor do patriarca."

"Não se dê tanta importância. Por que deveríamos respeitar o patriarca?" E deu uma pancada na cabeça dele com o bastão, mandando-o de volta a Níkon, sangrando. Em seguida o patriarca foi confrontado pelo boiardo príncipe Iúri Romodánovski, que disse a ele: "Você insulta a majestade do tsar. Você se denomina grande soberano".

"O tsar me conferiu esse título..."

"Sim", retorquiu Romodánovski, "e agora a majestade tsarina o suspende."

O velho fanfarrão tentou pagar para ver o blefe do tsar publicamente, uma artimanha que poderia ter lhe custado a vida. No meio de uma missa que rezava na Catedral da Anunciação, ele declarou: "Não posso mais ser o seu pastor [...]. Vou deixar este templo e esta cidade". Diante de uma congregação escandalizada, Níkon tirou o capuz de monge e esperou que o tsar o convencesse do contrário. Mas Alexei não fez nada, e Níkon partiu para Nova Jerusalém. Não lhe restavam mais cartas para jogar.[9]

---

* Teimuraz era o guerreiro-poeta rei de Kakheti e Kartli, dois dos principados que formavam a Geórgia, outrora um poderoso reino sob a dinastia dos Bagrationi, que dominou todo o Cáucaso no século XII. A Geórgia era uma das mais antigas nações cristãs, com uma forte cultura poética e honrosa e com um alfabeto totalmente diferente, mas tanto suas terras como a dinastia estavam agora fragmentadas em feudos, divididos entre impérios islâmicos vorazes, os persas xiitas e os otomanos sunitas — mais tarde ameaçados pelos russos. Quando foi exilado pelo xá Abbas, o Grande, Teimuraz veio implorar a ajuda de Alexei, mas em vão. Moscou ainda não tinha poder suficiente para intervir, mas foi o começo da longa, amarga e carente relação da Geórgia com a Rússia, que continua até hoje.

* * *

Alexei era um homem diferente do que havia lançado a cruzada em 1654. Voltou como um déspota confiante, que tinha visto de que forma os poloneses viviam. Contratou um agente inglês para comprar tapeçarias, árvores, rendas, papagaios canoros e carruagens reais para decorar seus agora suntuosos palácios, bem como mineralogistas, alquimistas, vidreiros e um médico inglês, Samuel Collins, que logo notou que "ele começa a tornar sua corte e suas construções mais grandiosas, a mobiliar seus aposentos com tapeçarias e a planejar uma casa de prazeres". Arregimentando 2 mil novos oficiais estrangeiros, Alexei reformulou o Exército e estudou tecnologia de balística.

Livre de Níkon, percebeu que todo governante precisa de uma chancelaria para impor suas ordens, e criou um Ministério de Assuntos Secretos. Quando boiardos faltavam às missas da alvorada, Alexei registrava seus nomes, reunia-os de mãos atadas atrás das costas e os jogava no rio com seus mantos, onde poderiam facilmente se afogar ou morrer de frio. "Esta é a sua recompensa", ironizava, "por preferir dormir com suas mulheres a celebrar o lustre deste dia abençoado." Regozijava-se de sua truculência despótica, escrevendo aos amigos: "Tornou-se um hábito meu jogar cortesãos num lago todas as manhãs. O batismo no Jordão é muito bem-feito. Jogo uns quatro ou cinco, às vezes uma dúzia, seja quem for que não se apresente na hora de minha inspeção".

Mas esses jogos eram da maior gravidade. Alexei colocou os velhos boiardos em seu devido lugar. Quando teve de promover um militar trapalhão como o príncipe Ivan Khovánski, apelidado de "Saco de Vento", o tsar concordou, "embora todos o chamassem de tolo". Repreendeu de forma indulgente o Favorito Sussurrante Khitrovó por manter um harém de escravas sexuais polonesas e ficou furioso com as libertinagens de seu sogro Miloslávski: Alexei declarou que ele deveria desistir do sexo ou se casar logo.

Agora a guerra se avizinhava do desastre. Suecos e poloneses selaram a paz, de forma que poloneses, seus cossacos e aliados tártaros podiam se voltar contra a Rússia. Em junho de 1659, o exército de Alexei foi derrotado por uma coalizão de poloneses, cossacos e tártaros, perdendo mais de 40 mil homens e suas conquistas na Ucrânia e na Livônia. Mas nessa crise o tsar tinha encontrado um novo e brilhante ministro para orientá-lo: Afanássi Ordin-Naschókin, filho de um aristocrata empobrecido de Pskov, que garantiu a paz com os suecos em Kardis. Alexei consultou o Conselho. Lá, o apático Miloslávski sugeriu que traria o rei da Polônia acorrentado se fosse nomeado ao supremo comando.

"O quê?", bradou Alexei. "Você tem a petulância de se gabar de suas habilidades, seu plebeu? Alguma vez você já pegou em armas? Por favor, fale-nos sobre os belos combates que travou. Seu velho tolo [...]. Ou está pretendendo zombar de mim de forma impertinente?" Agarrando Miloslávski pela barba, Alexei o esbofeteou no rosto, arrastou-o para fora da Câmara Dourada e trancou as portas.

Naschókin* recomendou não apenas a paz com a Polônia como uma verdadeira aliança, se não uma união, tendo Alexei como rei da Polônia. Mas, enquanto isso, seu general, o príncipe Grigóri Romodánovski, lutava para manter o leste da Ucrânia. Quando ele se saiu bem, Alexei o elogiou, mas, quando falhou, recebeu uma epístola furiosa que deve tê-lo deixado de cabelo em pé: "Que o Senhor possa recompensá-lo por seu trabalho satânico [...] três vezes amaldiçoado e vergonhoso perseguidor de cristãos, verdadeiro filho de Satã e amigo dos demônios, você cairá num poço sem fundo por deixar de enviar essas tropas. Lembre-se, traidor, por quem você foi promovido e recompensado e de quem você depende! Onde poderá se esconder? Para onde pode fugir?".

O povo também estava sentindo a tensão.[10]

Em 25 de julho de 1662, Alexei e família estavam assistindo a uma missa em seu palácio favorito, o de Kolómenskoie, perto de Moscou, quando uma enorme multidão começou a pedir a cabeça de Miloslávski, seu sogro. Como chefe do Tesouro, Miloslávski era odiado por ter desvalorizado as moedas com cobre. Mandando sua família se esconder nos aposentos da tsarina, Alexei saiu para argumentar com a multidão enquanto pedia reforços a Moscou, sem saber que a capital estava nas mãos dos revoltosos e que outros manifestantes se aproximavam.

---

* Quando, naquele momento fatal, o filho de Naschókin desertou para o inimigo, o envergonhado pai mandou sua carta de demissão, mas Alexei não a aceitou. Sua resposta parece tolerante e bastante moderna. "Soubemos que seu filho se evadiu, causando-lhe uma terrível tristeza. Nós, o soberano tsar, fomos afrontados por essa amarga aflição, essa adaga maligna que penetrou sua alma [...]. Lamentamos também por causa de sua esposa [...] mas você deve se levantar outra vez, ser forte, ter confiança. Quanto à traição de seu filho, sabemos que ele agiu contra a sua vontade. Ele é jovem e, assim como um passarinho, voa daqui para ali, mas, também como um passarinho, ele vai se cansar de voar e voltar ao ninho."

Alexei estava a cavalo, pronto para voltar a Moscou, quando aquele furioso mar de gente o envolveu. Ele foi amarrado, a tsarina insultada, e seu séquito estava para desembainhar as espadas quando seus soldados atacaram a multidão por trás. "Salvem-me desses cães!", bradou Alexei enquanto esporeava o cavalo. A turba foi empurrada até o rio e muitos foram presos. Alexei foi até a câmara de torturas e especificou os castigos: "Dez ou vinte ladrões" enforcados imediatamente, dezoito deixados para apodrecer em forcas ao longo das estradas até Moscou, e cem em Kolómenskoie; línguas foram arrancadas; corpos, eviscerados.

Enquanto cavalgava por Moscou, Alexei portava o tradicional bastão de ponta de aço do tsar, o mesmo com que Ivan, o Terrível, havia matado o filho. Quando um homem passou por sua guarda, Alexei o matou com o bastão. Acontece que o homem vinha reclamar por não ter sido pago. "Matei um homem inocente", mas o comandante que não lhe pagou "é culpado pelo seu sangue", e foi demitido.

A Revolta do Cobre abalou o tsar, que sofreu palpitações, sangramento do nariz e indigestão, que foram tratados por seus médicos Collins e Engelhardt com laxantes, ópio e heléboro para acalmar o coração. No entanto, sua impetuosa atividade revela uma constituição surpreendentemente forte, como provou sua prole. Seu filho mais velho também recebeu o nome de Alexei, e agora Maria dava à luz outro filho, Fiódor. Quando completou treze anos, o mais velho, cuidadosamente educado, foi apresentado como herdeiro.[11]

Na noite de 18 de dezembro de 1664, um comboio de dez trenós entrou no Krêmlin coberto de neve e parou na porta da Catedral da Anunciação. Níkon desceu de um deles. Alexei mandou que partisse imediatamente, mas essa misteriosa visita expôs os efervescentes conflitos em torno do tsar.*

Alexei ordenou que todos teriam de obedecer às novas regras do ritual ortodoxo — ou morrer. Tentou convencer o líder dos Velhos Crentes, Avvákum, mas

---

* Antes de partir, Níkon entregou cartas de um boiardo que diziam que o próprio tsar havia convidado secretamente o patriarca. Talvez fosse uma meia verdade, pois Alexei estava mesmo cogitando as opções de como lidar com os problemas de Níkon e dos Velhos Crentes. Mas esse boiardo foi preso e, na presença de Alexei, torturado com ferro em brasa até mudar seu testemunho e proteger o tsar. Porém, se isso foi uma provocação da corte para expor a megalomania do patriarca, não funcionou. Se tiver sido planejado para desacreditar suas reformas, fracassou.

ele não cedeu. Duas cortesãs com boas ligações, Feodósia Morózova, cunhada de seu falecido ministro, e a princesa Eudóxia Urússova, se mostraram obstinadas. Foram banidas da corte, depois presas, e receberam a promessa de liberdade se apenas se persignassem da nova maneira. Mas quando Alexei foi visitá-las nas masmorras, Morózova desafiou-o mostrando dois dedos. Alexei estava decidido a não criar mártires, por isso mandou que fossem torturadas e morressem de fome. Avvákum viu sua mulher e filhos serem enterrados vivos à sua frente; ele próprio foi exilado. Mas, por toda a Rússia, os Velhos Crentes estavam sendo queimados vivos. Muitos fugiram para a Sibéria e para território cossaco; alguns fortificaram o mosteiro da ilha de Solovki, no Ártico.

Em dezembro de 1666, Níkon foi julgado, considerado culpado, deposto como patriarca e exilado. A destruição de Níkon eliminou todos os rivais do tsar, que se tornou assim o representante sagrado de Deus na terra, enquanto a Igreja passava a ser simplesmente o braço religioso do monarca. Quando esse problema foi resolvido, em janeiro de 1667, Naschókin negociou uma paz com a Polônia, anexando Smolensk e (por um período inicial de dois anos) Kíev. O canado cossaco foi dividido entre Rússia e Polônia, e, seis séculos depois da queda da Rus Kievana, a reconquista da Ucrânia tinha começado. Naschókin foi promovido a ministro-chefe. Assim que Alexei acrescentou a Pequena Rússia aos seus títulos, a tragédia se abateu sobre o recém-cunhado "tsar de todas as Rússias".[*12]

No dia 3 de março de 1669, a tsarina Maria, com 43 anos e depois de 21 anos de casamento, deu à luz seu 13º filho, mas mãe e filho morreram logo depois. Os filhos mais velhos do tsar, Alexei Alexéievtch, de treze anos, seu herdeiro, e o frágil Fiódor foram ao funeral. Havia também dois garotinhos adoentados, Simão e Ivan. Em junho, Simão morreu. Pouco tempo antes Alexei tinha arranjado uma amante, Ariana, que lhe deu um filho, Ivan Mússin-Púchkin. Mas ele precisava de outros herdeiros legítimos.

Em novembro, Khitrovó, chefe do Grande Ministério da Corte, organizou

---

* Os Románov definiam como "todas as Rússias" aquela outrora governada pela Rus Kievana: Moscou era a Grande Rússia; a Bielorrússia, a Rússia Branca; a Ucrânia, a Pequena Rússia. Os territórios do canado da Crimeia e do sultanato otomano hoje ao sul da Ucrânia foram depois chamados de Nova Rússia. A Galícia, então sob domínio da Polônia e depois da Áustria dos Habsburgo, era a Rússia Vermelha.

um desfile de noivas. Alexei inspecionou treze donzelas em pequenos grupos de duas a oito garotas. Então, em 17 de janeiro de 1670, o tsarévitch Alexei morreu de uma doença, deixando Fiódor como herdeiro (seguido pelo deficiente bebê Ivan). Um novo casamento se tornou imperativo. Um clima de pânico permeou os desfiles de noivas. Em abril, o tsar restringiu sua escolha a Ovdótia Beliáieva e Natália Naríchkina. Beliáieva era apoiada pela irmã mais velha do tsar, a solteirona Irina, agora com 42 anos, enquanto Naríchkina era protegida e sobrinha por casamento do cortesão amigo de juventude de Alexei, Artamon Matvéiev.

Beliáieva ainda era a favorita, embora Khitrovó ponderasse se seus "braços magrinhos" não atestavam falta de fertilidade. O tio dela tentou persuadir o médico oficial a atestar sua saúde, ao mesmo tempo que acusava Khitrovó de bruxaria. Quando o tsar estava pronto para aceitar Beliáieva, duas cartas anônimas foram encontradas no Salão das Facetas e no Salão da Torre do Krêmlin, acusando Naríchkina de maquinações desconhecidas e diabólicas, provavelmente envolvendo o feitiço do tsar — e alegando que a futura noiva havia flertado com um nobre polonês antes de vir para Moscou.

O tsar ordenou a prisão do tio, das criadas e parentes de Beliáieva. Todos foram torturados, mas não revelaram nada. Nunca se descobriu quem escreveu a carta, porém com certeza os responsáveis foram a irmã do tsar e seus dois primos Miloslávski. Em vez de eliminarem Naríchkina, eles acabaram eliminando sua própria candidata. Alexei viu Naríchkina mais uma vez, possivelmente na casa de Matvéiev, onde pode ter acontecido parte das inspeções.

Matvéiev, que tinha estudado com Alexei, depois comandado sua guarda pessoal e administrado seu serviço de inteligência, vivia de forma diferente da dos outros moscovitas — e sua protegida também parecia ser diferente. Matvéiev era casado com Mary Hamilton, filha de um católico escocês refugiado da Inglaterra puritana, que não vivia escondida em um *terem*, mas era culta, bem-vestida e falava livremente numa casa que parecia um tesouro de sofisticação ocidental, habitada por atores e músicos, decorada com pinturas e até espelhos, em geral proibidos no *terem*.

Natália Naríchkina, de dezoito anos, com "olhos grandes e pretos, um rosto redondo e meigo, testa alta, uma bonita silhueta e membros bem proporcionais", era filha de um coronel de Smolensk aparentado com a esposa de Matvéiev. "Encontrei um bom par em você, Pombinha", disse o tsar. Encorajadas pela tsarevna Irina e pelos Miloslávski, as famílias das outras garotas agora acusaram Matvéiev e Khitrovó de ter enfeitiçado o tsar e encantado os médicos com feitiçaria para rejeitar suas filhas. Feitiçaria costumava ser um sintoma de conspiração política. Alexei conduziu a investigação pessoalmente, escrevendo sobre uma das acusações: "Que o Senhor me livre dos furtivos e dos iníquos!". Uma referência à própria irmã? Se foi esse o caso, ela fracassou mais uma vez. Na primavera de 1670, quando Alexei se preparava para o casamento com Natália, um flibusteiro cossaco chamado Stenka Rázin liderou um exército de servos fugitivos e Velhos Crentes pelo Volga em direção a Moscou.[13]

No casamento de Alexei, em 22 de janeiro de 1671, Natália Naríchkina estava "exuberante de juventude e beleza", mas a noiva era mais nova que a filha mais velha do tsar. As seis filhas sobreviventes eram mantidas no esplendor monástico e no tédio aflitivo do Palácio de Terem, mas Alexei lhes proporcionara uma boa educação. A mais inteligente delas, Sófia, de treze anos, nutria um ódio especial pela noiva e pelos Naríchkin, que ameaçavam deslocar os Miloslávski do posto de família mais proeminente da corte.

Em 16 de junho, Alexei comemorou a derrota do levante dos cossacos de Stenka Rázin com uma cerimônia bem diferente. Rázin for torturado na plataforma da praça Vermelha de acordo com as horripilantes especificações de Alexei: açoitado com o cnute, os membros deslocados e recolocados à força no lugar, queimado com um ferro em brasa, e água fria foi jogada em sua cabeça, gota a gota, antes de ele ser desmembrado, esquartejado vivo e decapitado, com as vísceras devoradas por cães. Mas a lenda de Rázin assombraria os Románov por muito tempo.

O casamento mudou tudo. O protetor da nova tsarina, Matvéiev, assumiu o governo,* enquanto os dois Miloslávski foram despachados para governar províncias longínquas. Em 30 de maio de 1672, Natália deu à luz um filho robusto, Pedro. Alexei comemorou promovendo o pai dela e Matvéiev a camareiros. Ressur-

---

* Matvéiev chefiava o Ministério do Exterior e a Farmácia Real. Naschókin, que fora "Guardião do Grande Selo e Protetor dos Grandes Assuntos Diplomáticos do Soberano", além de presidente dos ministérios do Exterior e da Ucrânia, foi dispensado. "Você me promoveu", resmungou Naschókin a Alexei, "por isso é vergonhoso que não me apoie e assim dê alegria aos meus inimigos." Mas aquele convencido ministro de origem humilde tinha apostado a carreira na fracassada aliança com a Polônia.

gidos depois de décadas de intrigas de harém, os otomanos invadiram a Polônia, onde os cossacos aclamaram o novo impostor como o filho morto do tsar, Simão, uma repetição assustadora dos Tempos Turbulentos. Como seu sonho era ser "um imperador conquistador e expulsar os turcos dos territórios cristãos", Alexei mandou tropas para a Ucrânia. Os cossacos entregaram o Falso Simão, que em setembro de 1674 foi torturado pelos ministros de Alexei para revelar seus correligionários. Na praça Vermelha, seus membros foram decepados e o tronco em estertores foi empalado — um alerta a todos os Falsos Simãos.[14]

Enquanto negociava com o Ocidente, pressionado pela ameaça otomana, Alexei começou a remodelar seus palácios, provavelmente inspirado na imponência de Luís XIV, o Rei Sol. Foi ele quem contratou a primeira peça teatral apresentada a um tsar em Preobrajénskoie, um de seus inúmeros palácios periféricos ao redor de Moscou, além de construir o primeiro teatro tsarista e assistir a uma peça ardilosamente baseada em seu romance com Natália, *A comédia de Artaxerxes* (a que a tsarina e os filhos puderam assistir atrás da treliça de um biombo). O espetáculo fez tanto sucesso que ele construiu um teatro no Krêmlin, um novo Palácio das Diversões,* no local onde ficava a velha mansão dos Miloslávski e deu a Natália mais 22 anões.

A tsarina começou a abrir a cortina de sua carruagem e mostrar o rosto ao público, depois a passear sem véu numa carruagem aberta e sair de trás da tela na igreja, enquanto Alexei dava festas em que "bebia até todos ficarem bêbados". Em meio às diversões, havia um lampejo de glória futura: certa vez, Alexei se encontrava numa recepção diplomática quando se ouviram ruídos na sala ao lado e a porta foi aberta pelo incontrolável menino Pedro, que entrou correndo — perseguido pela mãe.

Quando o tsar e sua jovem esposa visitavam seus palácios de diversões, Pe-

---

* O Palácio de Potéchnie ocupa um lugar especial na história moderna: Stálin e vários bolcheviques de destaque tinham aposentos lá no final dos anos 1920. Em 1932, foi ali que Nadéjda, a esposa de Stálin, se suicidou. O exótico palácio cor-de-rosa continua de pé, ocupado por agências de segurança do Krêmlin. Fora de Moscou, Alexei também estava reconstruindo o Palácio de Kolómenskoie, que transformou em um domo eclético, com um espigão de madeira combinando elementos de Ivan, o Terrível, Bizâncio e Versalhes. Na sala do trono, dois leões mecânicos de cobre reviravam os olhos e rugiam, como os que deslumbravam visitantes de Constantinopla.

dro ia atrás em uma "pequena carruagem toda incrustada em ouro", enquanto "quatro anões corriam ao lado e outro atrás, todos montando cavalos em miniatura". Mas Pedro tinha quatro anos, e o herdeiro atual era o doentio adolescente Fiódor. E com os Miloslávski tramando contra os Naríchkin, parecia improvável que Fiódor vivesse mais do que o dinâmico tsar.

Enquanto desfrutava sua jovem família, o tsar administrou uma pequena guerra contra os quinhentos Velhos Crentes armados que fortificaram o mosteiro da ilha de Solovki, no Ártico. Em 22 de janeiro de 1676, Alexei teve notícias de que seus soldados haviam invadido a fortaleza. À noite, durante a apresentação de uma comédia em seu novo teatro, o tsar, com apenas 47 anos, adoeceu, e seu corpo inchou de forma alarmante. Matvéiev, chefe da Farmácia, supervisionou os medicamentos. As drogas eram preparadas pelos médicos, em seguida a poção era experimentada na frente de todos, primeiro pelos médicos, em seguida por Matvéiev, depois pelo camareiro. Se ninguém mostrasse sinais de envenenamento, o tsar a tomava — e Matvéiev terminava a produção. Mas nada conseguiu evitar que o tsar morresse de uma disfunção renal ou cardíaca.

"Quando eu governava meu império, milhões me serviam como escravos e me consideravam imortal", refletiu Alexei, "mas agora não sinto aromas doces e estou dominado pela tristeza, entrevado em minha cama por uma doença cruel [...]. Infelizmente, sou um grande imperador, mas me aterrorizo com os menores vermes." Fiódor também estava tão doente que foi levado de maca até o leito de morte, onde o pai colocou o cetro em suas mãos e o mandou seguir os conselhos de Khitrovó, o Favorito Sussurrante.

"Eu nunca teria me casado se soubesse que nosso tempo seria tão curto", disse Alexei à chorosa Natália, pois não poderia mais protegê-la. Fiódor, o novo tsar, seria um Miloslávski.

Na noite de 29 de janeiro, Alexei morreu. Savínov, seu capelão, estava preparando o discurso de despedida quando o patriarca se antecipou e colocou sua versão nas mãos do tsar ainda quente. Enquanto viúva e filhos choravam, começava a disputa de poder sobre o cadáver. Savínov gritou: "Eu vou matar o patriarca... já mobilizei quinhentos homens!". As adagas estavam desembainhadas.[15]

Cena 3
Os mosqueteiros

Elenco

FIÓDOR III, tsar 1676-82, filho do tsar Alexei e de Maria Miloslávskaia

Agáfia Gruchétskaia, tsarina, primeira esposa de Fiódor

Marfa Apráxina, tsarina, sua segunda esposa

Sófia, dama soberana, filha do tsar Alexei e de Maria Miloslávskaia, irmã de Fiódor III, de Ivan V, e meia-irmã de Pedro, o Grande

IVAN V, filho do tsar Alexei e de Maria Miloslávskaia, tsar 1682-96

Praskóvia Saltikova, tsarina, esposa de Ivan V

Iekaterina, filha deles, depois casada com Karl Leopold, duque de Mecklenburg-Schwerin

ANNA, filha deles, depois casada com Friedrich Wilhelm, duque da Curlândia, imperatriz da Rússia, 1730-40

Natália Naríchkina, tsarina, viúva do tsar Alexei, mãe de Pedro

PEDRO I (O GRANDE), filho do tsar Alexei e Natália Naríchkina, tsar 1682-1725

Eudóxia Lopukhiná, primeira esposa de Pedro

CORTESÃOS: ministros etc.

Ivan Iazíkov, cortesão-chefe de Fiódor

Mikhail Likhatchov, cortesão-chefe de Fiódor
Príncipe Iúri Dolgorúki, velho general e chefe do Ministério dos Mosqueteiros
Príncipe Ivan Khovánski, líder dos mosqueteiros amotinados, "Saco de Vento"
Ivan Miloslávski, líder da facção dos Miloslávski, "Escorpião"
Príncipe Vassíli Golítsin, amante de Sófia, ministro-chefe, marechal de campo
Fiódor Chaklovíti, aliado de Sófia, chefe do Ministério dos Mosqueteiros
Patrick Gordon, mercenário escocês, "Galo do Oriente"
Franz Lefort, mercenário suíço

Alexei foi enterrado na Catedral do Arcanjo, mas seu sucessor, o tsar Fiódor III, teve de seguir o caixão levado numa maca. Natália acompanhou em um trenó, soluçando, a cabeça apoiada no joelho de uma de suas damas de companhia.

O novo tsar, de catorze anos e ainda imberbe, estava com falta de ar e ofegante, era magro como um caniço, de uma palidez cadavérica e com um escorbuto crônico. Era tão fraco que tinha quebrado as pernas ao cair de um cavalo. Mas era inteligente e culto, fluente em polonês e latim, e acabou se mostrando esclarecido e determinado — quando sua saúde permitiu.

Quando estava acamado, sob os cuidados das tias e das seis irmãs, Fiódor observava impotente enquanto os cortesãos tramavam suas vinganças. Todos se voltaram contra Matvéiev. Os Miloslávski estavam de volta. O príncipe Iúri Dolgorúki, chefe dos mosqueteiros e parente da primeira mulher de Miguel, apoiado por Khitrovó e pelos Miloslávski, acusava Matvéiev de desfalque. Atrás deles, piscando contra a luz, surgiu a malévola Irina, a filha solteira do tsar Miguel, que cinco anos antes havia tramado contra o casamento de Alexei com uma Naríchkin. Agora todos teriam sua vingança.

No dia 3 de fevereiro de 1676 Matvéiev foi demitido. Mas era apenas o começo. Foi criado um novo Ministério de Investigações para abrir processo contra ele, enquanto os velhos hábitos moscovitas eram reinstituídos: "Peças de teatro e balés cessarão para sempre".

O primo do tsar, Ivan Miloslávski, apelidado de "Escorpião", assumiu o papel de inquisidor em conluio com Irina. Em 3 de julho, Matvéiev foi preso por tentar assassinar Fiódor utilizando seu controle da Farmácia. Um dos médicos afirmou que os criados domésticos de Matvéiev, o judeu Iváchka e o anão Zakharka estavam envenenando — ou enfeitiçando — o tsar Fiódor. O judeu Iváchka foi torturado até a morte. Miloslávski estava incriminando Matvéiev, mas o inválido tsar se recusou a executá-lo, optando por despachá-lo para um exílio distante.

O Escorpião e a solteirona se voltaram contra os Naríchkin. Seus criados foram torturados sob suas vistas pelo general de mentira Iúri Dolgorúki com lágrimas nos olhos, perguntando se já não podia parar. Quando Natália corajosamente acusou Miloslávski de "perseguidor de viúvas e órfãos", Irina interrompeu a tortura. Os Naríchkin foram exilados. Natália e Pedro foram mandados para a província de Preobrajénskoie.

O tsar Fiódor tentou se defender. Em 4 de abril de 1680, Domingo de Ramos, o tsar fazia sua habitual aparição pública na procissão quando notou uma garota chamada Agáfia Gruchétskaia, que era "linda como um anjo". Logo descobriu que a jovem falava quatro línguas e tocava espineta, e se apaixonou por ela. Fiódor disse à corte que ia se casar com a moça. Mas o tio Miloslávski obrigou o tsar a encontrar sua noiva da maneira tradicional: em um desfile de noivas. Dezoito semifinalistas foram reduzidas a seis para a inspeção real. Fiódor não escolheu nenhuma. Miloslávski culpou Agáfia e a mãe, acusando-as de prostituição. Fiódor ficou tão deprimido que se acamou e se recusou a comer, mas seus dois favoritos, Ivan Iazíkov e Mikhail Likhatchov, interrogaram mãe e filha e provaram sua inocência.

No dia 18 de julho, o tsar se casou com Agáfia em uma pequena cerimônia particular. Iazíkov, que apoiou e pode ter orquestrado todo o processo, foi promovido a escudeiro e membro da casa real. O Escorpião foi exilado. Em 18 de julho de 1681, Agáfia deu à luz um menino. Três dias depois, ela e o bebê morreram. A saúde de Fiódor degringolou.

Enquanto isso, os otomanos avançavam para Kíev. O primeiro ataque foi rechaçado por um boiardo em ascensão, o príncipe Vassíli Golítsin, que Fiódor havia nomeado comandante dos exércitos do Sul. Mas, quando contra-atacaram, uma disputa de prioridade entre generais quase os fez perder a guerra. Em 24 de novembro de 1681, Fiódor, aconselhado por Golítsin, anunciou em uma assembleia que "o Diabo tinha implantado a ideia de prioridade". Os registros foram queimados numa fogueira. Ignorando os Miloslávski, Fiódor reabilitou os Naríchkin.

Fiódor estava determinado a gerar um herdeiro. Em um novo desfile de noivas, ele escolheu Marfa Apráxina, afilhada de Matvéiev e prima de Iazíkov, que fizeram tudo para promover sua candidata. Em 15 de fevereiro de 1682, o soberano se casou com Marfa, que convenceu Fiódor a chamar Matvéiev de volta. Seguindo as implacáveis regras dos casamentos reais, a candidata perdedora, Praskóvia Saltikova, foi exilada na Sibéria com o pai.

Fiódor não se deleitou com a noiva por muito tempo, pois estava morrendo. A corte não mais cumpria seu papel como intermediária e adjudicadora entre monarca, facções e militares, pois agora uma sincronicidade de crises ameaçava dilacerar o país. Em 23 de abril de 1682, um regimento de mosqueteiros afirmou que seu salário estava sendo roubado pelo coronel. Quando foram se queixar para Dolgorúki, chefe do Ministério dos Mosqueteiros, ele ordenou que fossem açoitados com o cnute. O regimento se amotinou — sem saber que o tsar Fiódor tinha acabado de morrer no Palácio de Terem, aos 21 anos de idade.[1]

No dia seguinte os boiardos se reuniram na Câmara Dourada para decidir entre dois tsarévitches. "Qual dos dois príncipes será o tsar?", perguntou o patriarca. Ivan, com quinze anos, era filho dos Miloslávski, mental e fisicamente incapaz. Pedro, com dez anos, era a esperança saudável dos Naríchkin. Os boiardos e a Assembleia convocada às pressas escolheram Pedro, e seus cinco tios Naríchkin foram promovidos a altos postos. Mas Sófia, a irmã mais nova do tsar, alegou que os interesses de Ivan haviam sido negligenciados. No funeral de Fiódor, ela apareceu na procissão sem os biombos ambulantes habituais e sugeriu que o tsar fora envenenado.

Em 29 de abril, os mosqueteiros — uma visão aterradora, com suas lanças e mosquetes, chapéus forrados de pele e longos mantos escarlate — invadiram o Krêmlin para exigir o açoitamento de seus coronéis corruptos. Esse corpo de infantaria hereditário fora criado por Ivan, o Terrível, para proteger o tsar e o Krêmlin com modernos mosquetes, mas com o tempo as armas tinham se tornado obsoletas, enquanto os mosqueteiros se transformaram em pretorianos aferrados à disputa pelo poder e em ricos comerciantes. Diante de 25 mil mosqueteiros furiosos, as autoridades hesitaram. Os coronéis foram açoitados, mas os asseclas da tsarevna Sófia e os Miloslávski disseminaram a história de que o tsarévitch Ivan, o tsar mais velho e de direito, estava ameaçado pelos Naríchkin. O boato criou metástases pelas fileiras dos mosqueteiros.

No dia 7 de maio, o tio do tsar, Ivan Naríchkin, de 23 anos, foi superpromovido de modo imprudente a boiardo e armeiro. Correram rumores de que o falastrão havia sentado no trono do tsar e experimentado a coroa. Ivan estava em perigo. Logo os mosqueteiros começaram a achar que Ivan fora assassinado. Sófia e Miloslávski mandaram seu capanga Pedro Tolstói inflamar os mosqueteiros, estimulado pelo príncipe Ivan Khovánski, um general corajoso, embora fanfarrão, cujo apelido era Saco de Vento, que os convenceu a resgatar Ivan. Os mosqueteiros invadiram o palácio.

Ao meio-dia, milhares de mosqueteiros se reuniram sob a Escadaria Vermelha exigindo ver Ivan, vivo ou morto. A tsarina Natália, apoiada pelo patriarca, trouxe os dois garotos à varanda, Ivan e o pequeno Pedro. A multidão de mosqueteiros desgrenhados ficou em silêncio. Khovánski, o Saco de Vento, pediu calma quando alguns soldados subiram para examinar os garotos. Em seguida os mosqueteiros começaram a gritar que queriam Ivan como tsar — e a cabeça de todos os Naríchkin. Os mosqueteiros cercaram o pequeno grupo, e então Matvéiev surgiu com sua barba branca e sugeriu que pedissem perdão aos garotinhos e se dispersassem. Os mosqueteiros se acalmaram. Matvéiev se retirou. Nesse momento, Mikhail Dolgorúki, filho do general Iúri, ameaçou os mosqueteiros por sua impertinência. Os soldados começaram a gritar "morte aos traidores", subindo pela Escadaria Vermelha. Dolgorúki foi atirado da sacada e empalado pelas lanças em riste. "Cortem-no em pedaços!" Enquanto Dolgorúki era fatiado, os mosqueteiros invadiram o palácio e encontraram Matvéiev no salão de banquetes conversando com Natália, que segurava as mãos de Pedro e de Ivan. Ela tentou proteger Matvéiev, mas ele também foi empalado pelas lanças em riste dos desordeiros ao pé da escada, sob os olhares dos garotos. Pedro nunca esqueceu aquela visão atroz, que pode ter disparado sua epilepsia. "A simples lembrança dos mosqueteiros me fazia tremer", disse mais tarde, "e não me deixava dormir." Enquanto Pedro e Ivan eram levados para dentro, os mosqueteiros ficaram fora de controle.

Os saqueadores vasculharam o Krêmlin, prédio por prédio. Tinham uma lista de vinte nomes marcados para morrer — não só entre os Naríchkin, mas também entre os protegidos de Fiódor. Um dos irmãos Naríchkin se escondeu numa igreja, mas foi traído por um anão e atirado da Escadaria Vermelha sobre as lanças. As vítimas foram levadas para a praça Vermelha, agora convertida em um matadouro ao ar livre, onde pedaços de Matvéiev já estavam expostos. O principal alvo do dia era o altivo Iúri Dolgorúki. Uma delegação de mosqueteiros foi à sua casa para se desculpar por ter jogado o filho dele às lanças em riste. O pai serviu vodca, mas, quando já estavam saindo, a viúva apareceu em lágrimas. "Não chore, minha filha", consolou-a Dolgorúki. "Meu filho morreu, mas seus dentes continuam vivos!" Ao ouvirem essa ameaça de vingança, os mosqueteiros o fizeram em pedaços, que foram se juntar às entranhas empilhadas na praça Vermelha, onde a multidão gritava, brandindo braços, vísceras e cabeças: "Aqui está o boiardo Matvéiev! Abram caminho para ele!". Mais tarde, foi permitido que o criado pessoal de Matvéiev recolhesse seus pedaços em uma almofada, para serem enterrados.

Pela manhã, os mosqueteiros estavam convencidos de que o tsarévitch Ivan corria perigo de ser envenenado num conluio entre os médicos e os judeus convertidos, que teriam envenenado o tsar Fiódor. Os mosqueteiros mataram o judeu suspeito — mas até então só tinham conseguido pegar um Naríchkin, e na verdade eles queriam Ivan Naríchkin. Ocupando a Escadaria Vermelha, eles exigiram sua cabeça: "Sabemos que vocês estão com ele aí dentro". No palácio, a família se refugiava, dividida, enfrentando decisões insuportáveis. Os Naríchkin se esconderam no berçário da irmã mais nova de Pedro. Somente Sófia, que tinha uma linha direta com os mosqueteiros por sua ligação com Khovánski, manteve a cabeça. Ela começou a dar ordens. Saiu com a tsarina Natália e Marfa para implorar de joelhos pela vida de Ivan Naríchkin, mas os mosqueteiros ameaçaram: "Entreguem-no para nós, senão vamos revistar tudo — e aí as coisas vão ficar muito ruins!".

"Seu irmão não vai escapar dos mosqueteiros", disse Sófia a Natália. "Não deixe que todos sejamos assassinados por causa dele. Você precisa entregar seu irmão." Ivan Naríchkin concordou. Aos dez anos, Pedro deve ter visto a mãe chorando e a partida do tio: Natália e Ivan rezaram na Igreja do Salvador, e então, portando um ícone, seu tio saiu bravamente ao encontro dos mosqueteiros. O jovem foi torturado durante horas, sem jamais admitir ter tentado matar o tsar, nem quando suas articulações foram rompidas. Afinal, com braços e pernas desconjuntados, foi empalado e desmembrado, antes de os mosqueteiros o esmagarem até virar uma pasta.

Agora Sófia sairia das sombras. Garota audaciosa de apenas 25 anos, mesmo depois de toda uma vida em reclusão, ela teve autoconfiança para lidar com um elenco estritamente masculino de mosqueteiros sanguinários e boiardos ardilosos. Sófia costuma ser retratada como morena, de rosto redondo e pouco marcante, mas isso pode ser fruto de chauvinismo e malícia política.* A melhor descrição talvez seja a de quem a conheceu muito bem. Era "uma princesa dotada à perfeição de todos os requisitos de corpo e mente, não fosse sua ambição sem limites e insaciável desejo de governar", escreveu o meio-irmão Pedro, que teria todas as razões para odiá-la, mas admitia o talento de Sófia. Com certeza era uma oportunista, flexível e articulada politicamente, uma oponente mortal. Naquele momento, estava também tentando sobreviver em meio a uma imprevisível orgia de sangue.

De um dia para o outro, entre 16 e 17 de maio, os mosqueteiros elegeram seu líder Khovánski como comandante e exigiram a execução de Iazíkov e Likhatchov, mas Sófia, acompanhada por Natália, os convenceu a poupar os outros Naríchkin. Falando como "pai" dos mosqueteiros, Khovánski saudou Sófia como "dama soberana tsarevna" e pediu que ela pusesse os dois tsares no trono. Em 26 de maio, Ivan e Pedro foram declarados cotsares, com Sófia como "a grande dama soberana" — a primeira mulher a governar a Rússia.[2]

Khovánski achava que deveria governar a Rússia, desdenhando de sua jovem títere Sófia. Ele e muitos mosqueteiros eram Velhos Crentes, e agora Khovánski exigia que Sófia promovesse um encontro em público para reverter as reformas do pai. Sófia concordou. Mas antes era preciso promover uma novidade: uma dupla coroação. Novas joias e coroas tiveram de ser produzidas.

Em 25 de junho, os dois meninos foram coroados como "duplos tsares", com Ivan usando o chapéu de Monomakh original e Pedro, o mais novo, uma

---

* A única descrição por escrito de Sófia foi registrada sete anos depois, por um visitante francês que não a conhecia: "Ela era de um tamanho monstruoso, tinha a cabeça grande como um barril, pelos no rosto e verrugas nas pernas, mas apesar da constituição grande, bruta e atarracada, sua mente é sutil, ágil e arguta".

cópia.* Por ser mulher, a dama soberana não pôde participar da cerimônia, tendo assistido a ela por trás de uma treliça, com Vassíli Golítsin, agora chefe do Ministério do Exterior, segurando o cetro.

Aos 39 anos, Golítsin vinha de um grande clã descendente do grão-duque Gediminas, da Lituânia. Casado e com filhos com uma Strechniova, a família da segunda mulher do tsar Miguel, era um aristocrata urbano de olhos azuis, bigodes pontudos, barba aparada e "roupas polonesas" que o faziam parecer mais um marquês francês que um boiardo russo. Seu palácio era bem conhecido pela tapeçaria gobelim e porcelana veneziana, pelas gravuras alemãs, carruagens holandesas e tapetes persas. Agora Sófia passava a depender dele. Em suas cartas codificadas, ela o chama de "meu senhor, minha luz, meu caro, minha alegria, minha alma". Desejava ardentemente lhe contar "o que vem acontecendo" e mal podia esperar "até ver você no meu abraço". Sófia não tinha encontrado apenas um amante, mas um estadista — e iria precisar dele.

No dia 5 de julho de 1682, no Palácio das Facetas, acompanhada por suas velhas tias e pelas tsarinas Natália e Marfa, mas sem nenhum dos tsares, Sófia enfrentou Khovánski e os mosqueteiros adeptos dos Velhos Crentes. Khovánski tentou intimidá-la para que concordasse com as exigências dos Velhos Crentes, mas Sófia se levantou e afirmou ser impensável reverter as reformas do pai, pois nesse caso "tsares não seriam tsares". E ameaçou: "Nós sairemos do país".

"Está mais do que na hora de ir para um convento, madame", murmuraram os mosqueteiros. "Nós podemos ficar sem a senhora." Mas Sófia os encarou, denunciando "os rebelados estúpidos" que tinham provocado "caos e rebelião" em Moscou. Para se fazer bem clara, ela ordenou que Avvákum fosse executado e queimado numa estaca, bem como outros 20 mil Velhos Crentes.

Sófia tinha de fugir de Khovánski e do sufocante Krêmlin. Acompanhada dos dois tsares, ela partiu numa excursão de três meses pelos palácios e mosteiros do interior do país, deixando Khovánski encarregado do governo — ou ao menos foi o que ele pensou.

Sófia explorou a fragilidade de Khovánski, exigindo que a guarda real fosse para Kolómenskoie, mas ele tergiversou, evitando ceder-lhe tropas. Ela lançou

---

* As duas coroas (e o duplo trono) podem ser vistas hoje no Arsenal do Krêmlin. Pedro I e Ivan V foram os últimos tsares a serem coroados com esse adereço mongol, que já estava se tornando modesto demais.

seu contragolpe. Em 2 de setembro, foi afixada nos portões de Kolómenskoie uma denúncia da traição de Khovánski, que foi convocado e preso de surpresa. Sófia e os boiardos condenaram Saco de Vento por sua "tentativa de tomar o Estado moscovita". Khovánski foi decapitado na frente de Sófia. Os mosqueteiros imploraram seu perdão. Pelo menos naquele momento, Sófia restaurava a corte como um agente de poder equilibrado e prêmios por mérito. Os tsares e a tsarevna retornaram ao Krêmlin.[3]

Em julho de 1683, os otomanos deram um lance para conquistar o Ocidente: sitiaram Viena. A cidade estava prestes a cair quando foi salva pelo rei João Sobieski da Polônia. Enquanto os otomanos se retiravam, Sófia combinou com a Polônia que se juntaria à Santa Liga da Cristandade e atacaria o aliado do sultão, o cã da Crimeia — em troca da posse perpétua de Kíev e de boa parte da Ucrânia.

Havia muito os russos eram aterrorizados pelos cãs tártaros; agora, pela primeira vez, eles iriam levar a guerra ao islã. Enquanto planejava essa desafiadora expedição, Golítsin, promovido por Sófia a "guardião do Grande Selo Real e dos Grandes Assuntos Diplomáticos do Estado", consultou seu chefe mercenário, Patrick Gordon. Apelidado de "Galo do Oriente", esse impetuoso aristocrata escocês de 49 anos, católico refugiado do calvinismo, já havia lutado pela Polônia e pela Suécia e fora ferido quatro vezes, capturado seis e escapado duas. Quando foi contratado por Alexei, estava prestes a servir Carlos II da Inglaterra mais uma vez, mas não conseguiu resistir à lucrativa aventura russa. O Galo acreditava que os russos podiam tomar a Crimeia, aquela exuberante península suspensa como uma joia sobre o mar Negro, o que nenhum tsar havia tentado até então.

Em 26 de abril de 1684, Sófia recebeu seus novos aliados poloneses, recoberta de zibelina e acomodada em seu trono, e o tratado foi lido para os dois tsares. O trono duplo tinha uma janela cortinada nas costas, de modo que Golítsin podia cochichar instruções. O tsar Ivan estava agora com dezessete anos, já com idade para governar, mas ele "gaguejava ao falar". Era meio cego e seus olhos piscavam e se moviam de forma tão enervante que ele precisava usar uma venda de tafetá verde para não assustar os visitantes. Também tinha problemas mentais. No outro lado do trono estava seu meio-irmão Pedro, tão "ágil e ansioso para fazer perguntas e se pronunciar que teve de ser contido por seu criado até o tsar mais velho estar pronto". Quando Sófia e Golítsin se preparavam para sua guerra na

Crimeia, Pedro tinha quase doze anos, e logo seria difícil para Sófia lhe negar um papel no governo.[4]

Pedro já era extraordinário. Um tipo estranho mas fisicamente impressionante: embora a maioria de seus retratos dê a impressão de uma gigantesca solidez, ele era alto como uma aberração — logo chegando a mais de um metro e oitenta de altura — e tinha movimentos espasmódicos. Seu rosto se contorcia em tiques constantes, e ele já começava a sofrer ataques epilépticos. Tinha perdido o pai com quatro anos, e aos dez vira seus ministros de confiança serem atirados às lanças dos mosqueteiros e tios entregues para ser trucidados. Seu adorado primo, Tíkhon Strechniov, parente da esposa do tsar Miguel, representava sua figura paterna: Pedro sempre o chamava de "pai". Apesar de impressionar a todos com sua força e inteligência, mostrava pouco interesse por uma educação formal. O tsar Fiódor e Natália tinham designado como seu tutor um cortesão chamado Nikita Zótov, que se mostrou incapaz de convencer o jovem tsar a estudar nos livros. Por isso, o jovial Zótov contava histórias das guerras do pai dele, estimulava seu interesse por artilharia — e o ensinou a beber. Pedro caçoava dele, mas depois o adotou como seu secretário de confiança — pelo resto da vida. Embora aprendesse um pouco de alemão e gostasse de mitologia grega e história romana, ele nunca dominou idiomas, gramática ou filosofia. Zótov preferiu que aprendesse carpintaria, lidasse com canhões e vistoriasse paradas de soldados.

Assim que teve idade suficiente, Pedro afastou-se das cerimônias da corte. O garoto logo se assumiu como chefe dos jovens cavalariços e falcoeiros de Preobrajénskoie, o palácio para o qual sua mãe fora banida. Pediu ferramentas de carpintaria, marretas e cinzéis, depois um torno, e durante toda a vida encontrou tranquilidade em trabalhos com marfim ou madeira. Em janeiro de 1683, ele exigiu uniformes e um par de canhões de madeira puxados a cavalo para seus jogos, e no verão já estava pedindo canhões e pólvora de verdade. Começava assim sua dedicação de toda uma vida à questão dos explosivos, orgulhoso ao assumir a baixa função de "artilheiro". Tocando tambores, acendendo os pavios de seus canhões e passando em revista seus companheiros, formou sua primeira unidade de recreação com trezentos amigos, estrangeiros e criados, que se tornou o Regimento dos Guardas de Preobrajénskoie. Pedro transformou Preobrajénskoie em seu acampamento militar e, quando estava completo, assumiu o comando da aldeia seguinte, Semiónovskoie, onde instalou um segundo regimento, o Semiónovski.

Um dos primeiros a se alistar nos regimentos de recreação foi Alexandre "Alechka" Ménchikov, um jovem cavalariço de origem obscura — seu pai é definido ora como vendedor de tortas, ora como trabalhador de barcaças ou oficial não comissionado. Quase da mesma idade de Pedro, ele se alistou na artilharia, para garantir sua proximidade com o bombardeiro Pedro. Alexandre era magro e forte, e seu pragmatismo inteligente, grande ambição e temperamento violento lembravam o próprio Pedro. Também compartilhava com o tsar o amor por um trago. Anos mais tarde, ele zombava das próprias origens ao receber convidados em festas no seu palácio usando um avental e fingindo vender tortas. Mas fazia isso para agradar a Pedro: ai de quem zombasse de suas origens humildes que não fosse o tsar. Vingativo e cheio de ódio, Alexandre batia em qualquer um que o insultasse, e levava seus inimigos ao patíbulo com uma maldade incansável. Alexandre sobreviveria a Pedro — e governaria a Rússia.

Outro dos primeiros servidores de Pedro era o oposto de Ménchikov: o príncipe Fiódor Romodánovski era um soldado e cortesão melancólico de cinquenta anos, "com a aparência de um monstro e personalidade de um tirano maldoso, bêbado todos os dias, porém mais leal à sua majestade que qualquer outro". Muito dedicado a Pedro, foi designado primeiro comandante de seu regimento de recreação. Mais tarde se tornou o policial secreto de Pedro e um arquitorturador, considerado pelos estrangeiros como o segundo homem do regime. Esses dois seriam os principais lugares-tenentes de Pedro pelos vinte anos subsequentes. Mas foi a tecnologia, não os homens, que mudou a vida de Pedro.

Em 1688, um boiardo, o príncipe Iákov Dolgorúki, trouxe para Pedro um presente de Paris: um sextante, instrumento de navegação. Pedro ficou fascinado. Nenhum russo sabia como usá-lo até ele o mostrar a um comerciante holandês de meia-idade chamado Franz Timmerman, que morava no Bairro Alemão. Juntos, os dois exploraram algumas propriedades de seu pai em Izmáilovo, perto de Moscou, onde encontraram um velho barco que o holandês reconheceu como inglês. Tendo aprendido sobre barcos com Timmerman, Pedro recrutou outros estrangeiros, que o ajudaram a consertar e a relançar o barco à água.

Timmerman levou Pedro para conhecer as casas holandesas de tijolos vermelhos e as igrejas luteranas simples do Bairro Alemão perto de Preobrajénskoie, onde mercenários e especialistas estrangeiros eram confinados na Rússia desde

1652. Depois dos rígidos rituais do Krêmlin, Pedro se apaixonou por esse novo mundo da tecnologia holandesa, de uísque escocês e garotas alemãs — e foi importante, pois seus novos amigos eram também os melhores soldados da Rússia. Patrick Gordon tornou-se o "corajoso e leal" mentor de Pedro, enquanto um estrangeiro mais jovem, Franz Lefort, um mercenário suíço, tornou-se seu "amigo do peito". Lefort, casado com uma prima de Gordon, ensinou a seu jovem amigo as táticas e a artilharia do Ocidente. Apresentou-o a garotas ocidentais, e ambos gostavam e tinham saúde para longas noites de bebedeira na casa de Lefort. O círculo social de bebedeira dos dois se tornou conhecido como Companhia da Alegria. Idade nunca foi importante nas amizades de Pedro: Lefort tinha 34 anos, mas Pedro estava amadurecendo depressa.

As farras de Pedro com Lefort preocupavam sua mãe: chegara o momento de ele se casar. Enquanto ela procurava (assessorada por Strechniov) uma modesta garota russa para salvar o filho das meretrizes alemãs, ele aprendia a arte da guerra ocidental, treinando 10 mil soldados organizados em uniformes no estilo alemão, verde para os de Preobrajénski, azul-celeste para os de Semionóvski. Em 1685, ele ajudou pessoalmente a escavar Pressburg, uma pequena fortaleza para seus jogos de guerra no rio Íauza, em Moscou. Em suas manobras, ele atribuiu ao general Ivan Buturlin o título de "rei da Polônia", e a Romodánovski o de "rei de Pressburg".

Não passava de ilusão a aparência de brincadeira dos regimentos de Pedro. Agora ele tinha um exército para servir como seus pretorianos. Sófia se assustou. Não tanto com os números — ela mesma comandava 25 mil mosqueteiros —, mas com a vigorosa maturidade de Pedro. Logo ele estaria propenso a exigir poder para si.[5]

No dia 22 de fevereiro de 1687, os dois tsares se encontraram com o marechal de campo Golítsin depois de uma missa na Catedral da Anunciação. Em seu trono de tsarina, Sófia observava o amante e o acompanhou até os portões do Krêmlin. Golítsin era "melhor estadista que soldado" e estava relutante em deixar Moscou — mas, pressionado pelos aliados de Pedro, teve de aceitar o cálice de veneno daquela expedição tártara.

Acompanhado por Gordon e Lefort, Golítsin marchou para o sul, reunindo-se com 50 mil cossacos, mas o caminho para a Crimeia passava por uma região deserta. Quando se encontrava a duzentos quilômetros de Perekop, o estreito istmo que penetra a Crimeia, Golítsin se viu numa "situação terrível", como observou o general Gordon, com cavalos morrendo e soldados adoecendo. Golítsin "ficou transtornado", escreveu Lefort, "e chorava com muita amargura". Ele se retirou. Assim que partiu, a cavalaria tártara reapareceu para atacar a Polônia. Golítsin voltou a Moscou, mas sabia que teria de retornar à Tartária.

Pedro era um problema, e Sófia começou a buscar soluções. Uma delas era encontrar uma esposa para o outro tsar, Ivan — mas quem iria se casar com aquele inválido balbuciante de olhos agitados? Será que ele conseguiria ter um filho? Em janeiro de 1684, Sófia e Miloslávski, o Escorpião, organizaram um desfile de noivas que era apenas um disfarce para a seleção de sua candidata: Praskóvia Saltikova, a segunda colocada no último desfile de noivas para o tsar Fiódor. Mas, compreensivelmente, a sincera garota não foi nada sutil: disse que preferia morrer a se casar com o tsar Ivan, mas se casou com ele no mesmo mês. Ninguém se surpreendeu quando não houve sinal de filhos.

Uma ideia melhor era Sófia se tornar tsarina por seu próprio direito. Ela pediu ao seu capanga mais leal, Fiódor Chaklovíti, que angariasse apoio. Ascendendo de camponês a secretário do Ministério Secreto de Alexei, foi promovido por Sófia a chefe do Ministério dos Mosqueteiros. Mas os mosqueteiros não gostaram da ideia de coroar uma mulher.

Durante o ano de 1688, enquanto Golítsin preparava sua segunda expedição, Pedro estava fazendo dezesseis anos e começava a mostrar seu poder: tinha promovido seus tios Naríchkin, participava do Conselho e tomou emprestadas tropas estrangeiras para os seus regimentos. Começou a construir uma pequena frota de recreação em um lago próximo.

Enquanto isso, os dois tsares se empenhavam numa corrida de fertilidade, estimulados por seus correligionários. Depois de cinco anos, Ivan V e Praskóvia não haviam tido nenhum filho. A mãe de Pedro, Natália, organizou um tradicional desfile de noivas, agora já obsoleto, para o filho "selecionar" a sua noiva, Eudóxia Lopukhiná, filha de uma família próxima dos Naríchkin. Pedro e Eudóxia se casaram em 27 de janeiro de 1689. Em 21 de março, para surpresa geral, nasceu o primeiro filho do tsar Ivan, uma menina. Três filhas sobreviveram até a idade adulta — e a do meio, Anna, se tornaria imperatriz da Rússia. Às vezes a necessidade é a mãe da invenção: os céticos atribuíram essa safra tardia de filhos ao amante de Praskóvia, Vassíli Iuchkov.

Se Ivan tivesse um menino, talvez Sófia conseguisse manter Pedro afastado. Enquanto isso, uma vitória poderia justificar seu governo. Em maio, quando Golítsin voltou a Perekop, seu exército foi fustigado por arqueiros tártaros montados que ele não conseguiu atrair para uma batalha. Cerca de 20 mil homens morreram de doenças ou inanição. Obrigado a se retirar, ele rechaçou a cavalaria tártara em escaramuças que chamou de vitórias — para deleite da amante. "Meu garoto, minha luz", ela o elogiou.

O futuro de Sófia seria decidido nos desertos de Perekop ou na cama dos tsares: agora as duas esposas estavam grávidas. Quando chegaram os despachos de Golítsin, Sófia se encaminhava para os portões do Mosteiro de São Sérgio numa peregrinação. "Não consigo me lembrar como entrei", ela respondeu ofegante. "Eu li enquanto entrava [...]. Mal conseguia acreditar que voltaria a ver você. Será realmente um grande dia quando eu o encontrar de novo. Se possível, ficarei com você o dia inteiro [...]. Direi tudo o que aconteceu." Logo todos ficariam sabendo a verdadeira história — e Pedro se preparava para fazer sua jogada.

Em 8 de julho, enquanto Golítsin se preparava para fazer sua entrada triunfal em Moscou, Sófia e os dois tsares assistiam a uma missa na Catedral de São Basílio. Enquanto Sófia acompanhava os ícones, Pedro se afastou. "Não era apropriado que a vergonhosa pessoa dela estivesse presente à cerimônia", falou. Sófia se recusou a sair. Pedro foi embora, resoluto. Sófia e o tsar Ivan receberam Golítsin, mas Pedro não apareceu. Ele criticou a outorga de lauréis de vitória depois de tal derrota e se recusou a receber Golítsin. Os dois lados estavam desconfiados. Sófia temia que Pedro marchasse sobre Moscou com seus regimentos de recreação e a matasse; Pedro, atormentado pela visão de Matvéiev numa lança, temia que Sófia mandasse Chaklovíti atacar com seus mosqueteiros. Em 4 de agosto Pedro ordenou que ele fosse preso. No dia 7 Sófia convocou Chaklovíti, dizendo que tinha informação de que naquela mesma noite Pedro planejava "matar todos os soberanos", Ivan e ela própria. Chaklovíti reuniu os mosqueteiros.

Pouco antes da meia-noite, Pedro recebeu uma mensagem dizendo que Chaklovíti estava a caminho para matá-lo. Ele montou em seu cavalo de camisola de dormir e galopou para a floresta, para onde foram mandadas suas roupas e botas. Pedro cavalgou a noite toda para se esconder no fortificado Mosteiro da Trindade, "onde se jogou numa cama chorando amargamente". Os regimentos de recreação, sua mãe e a esposa foram se encontrar com ele. Por um momento, os dois lados ficaram esperando. Algum tempo depois, Pedro mandou que os mosqueteiros se apresentassem a ele no mosteiro. Era difícil desobedecer às ordens de um tsar coroado.

Quando Sófia soube disso, Chaklovíti subestimou: "Deixe-o falar. Ele está louco". Sófia preferiu enfrentar Pedro pessoalmente, mas, quando se aproximou, ele mandou que ela não avançasse mais nenhum passo. Sófia voltou para o Krêmlin.

No dia 1º de setembro, Pedro ordenou que Sófia prendesse Chaklovíti por "reunir soldados para nos assassinar" — e insistiu que Golítsin deveria ser exilado. Sófia ficou tão indignada que mandou decapitar o mensageiro de Pedro, mas não havia um executor de serviço, por si só já um sinal da desintegração de sua autoridade. Por isso, ela preferiu insuflar ferozmente os mosqueteiros e cortesãos, lembrando-lhes que ela "havia assumido o governo em um momento muito conturbado" e obtido vitórias, e agora seus "inimigos queriam não só eliminar Chaklovíti como também a vida dela e do irmão". De novo Sófia estava jogando a mesma cartada: o tsar Ivan está em perigo! Mas dessa vez não funcionou.

Três dias depois, Pedro chamou Gordon e seus mercenários estrangeiros. O perspicaz Galo marchou ao lado de Pedro: aquele era "o momento decisivo", escreveu em seu diário. Com medo de estarem do lado perdedor, os mosqueteiros exigiram a prisão de Chaklovíti. Sófia se recusou, mas teve de entregá-lo, assim como tinha obrigado Natália a entregar o irmão. Acorrentado, Chaklovíti foi levado a Pedro na Trindade, onde foi torturado até confessar um plano para coroar Sófia e assassinar Pedro. Chaklovíti foi decapitado, Golítsin se rendeu a Pedro e Sófia foi presa.

Pedro prosseguiu suas manobras com o regimento de recreação, dizendo ao irmão, o tsar Ivan, que "a vergonhosa pessoa, nossa irmã" estava acabada e que os dois iriam reinar juntos — como o fizeram, ao menos formalmente, até a morte de Ivan seis anos depois. Porém, em 18 de fevereiro de 1690, a tsarina Eudóxia deu à luz um filho, a quem Pedro deu o nome de seu pai — Alexei. Os Miloslávski tinham perdido a corrida, tanto biológica como politicamente.

Sófia foi confinada ao luxo do Mosteiro de Novodévichi. Golítsin foi sentenciado à morte, depois poupado porque o principal conselheiro de Pedro era seu primo em primeiro grau, o príncipe Boris Golítsin. Mas acabou passando 24 anos exilado no Ártico. Na corte de Pedro a batalha pelo poder seria ainda mais encarniçada. As recompensas eram resplandecentes, a ascensão era vertiginosa, a decadência era abrupta e o final costumava ser letal.[6]

Cena 4
O Sínodo dos Bêbados

Elenco

PEDRO I (O GRANDE), tsar e imperador 1682-1725
Natália Naríchkina, mãe dele, viúva do tsar Alexei
Eudóxia (nascida Lopukhiná), tsarina, sua primeira esposa
Alexei Petróvitch, seu filho e herdeiro
IVAN V, tsar 1682–96, meio-irmão de Pedro
Praskóvia (nascida Saltikova), tsarina, esposa de Ivan
Anna Mons, amante alemã de Pedro
Marfa Scavrónskaia (CATARINA I), sua amante livoniana, depois sua segunda mulher e imperatriz da Rússia 1725-7
Sófia, ex-dama soberana, meia-irmã de Pedro

CORTESÃOS: ministros etc.

Patrick Gordon, general escocês assessor de Pedro, o "Galo do Oriente"
Franz Lefort, assessor suíço de Pedro, marechal de campo e almirante-general
Príncipe Fiódor Romodánovski, príncipe-césar, dirigente do Ministério de Preobrajénski, chefe da polícia secreta
Nikita Zótov, tutor, príncipe-papa, secretário, conde

Tíkhon Strechniov, "pai" de Pedro, chefe de suprimentos militares

Alexandre Ménchikov, cortesão e amigo de Pedro, depois príncipe, marechal de campo, "Alechka", "Príncipe da Sujeira"

Príncipe Boris Golítsin, assessor de Pedro durante os anos 1690

Fiódor Golovin, primeiro chanceler da Rússia, almirante-general, marechal de campo

Gavril Golóvkin, embaixador, chanceler, conde

Boris Cheremétiev, primeiro conde russo, comandante de Pedro, marechal de campo

INIMIGOS

Charles XII, rei da Suécia, principal inimigo de Pedro, "Último dos Vikings", "Cabeça de Ferro"

Adam Löwenhaupt, general sueco

Carl Gustav Rehnskiöld, marechal sueco

Ivan Mazeppa, hetmã cossaco

Por uma questão de temperamento e talento, Pedro se via como um chefe militar — e já estava se preparando para uma guerra contra os otomanos. Assim, deixou seu irmão deficiente cambaleando pelos intermináveis rituais solenes da corte moscovita enquanto seu embriagado tio Ivan Naríchkin administrava formalmente o governo. O verdadeiro poder se encontrava onde Pedro estava, e o peripatético tsar geralmente estava em Preobrajénskoie, onde inspecionava seu exército e criava uma corte rude e irreverente. Pedro não nomeou mais boiardos. Agora só interessavam seus súditos, fossem mercenários suíços ou escoceses, filhos de vendedores de torta ou príncipes hereditários. O mais confiável era o temível Fiódor Romodánovski, chefe de uma nova agência de múltiplos propósitos, o Ministério de Preobrajénski, a quem Pedro conferiu um novo título, "príncipe-césar", uma espécie de suplente do tsar. Pedro o chamava de "sua majestade", subscrevendo-se como "seu eterno escravo". Isso liberava o tsar da tediosa formalidade de elaborar rituais "que eu detesto". Pedro governava basicamente por meio de um minúsculo círculo de parentes, predominantemente ligados às esposas de seu avô, pai e irmão — os Dolgorúki, Saltikov, Naríchkin e Apráxin —, mas que incluía Ivan Músin-Púchkin, que ele chamava de "irmão", por ser filho ilegítimo do tsar Alexei. Seu "pai" adotivo, o velho Strechniov, tornou-se seu indispensável organizador de suprimentos militares.

No outono de 1691, Pedro estava pronto para testar sua Guarda, comandada pelo príncipe-césar e Lefort, com Pedro servindo como humilde bombardeiro, em manobras contra os mosqueteiros. A Guarda se saiu bem, e depois o tsar reuniu seu novo Sínodo (ou Assembleia) de Tolos e Bobos da Corte Totalmente Fanfarrões e Totalmente Bêbados, uma alcoolizada sociedade de comensais que foi, em parte, o governo da Rússia num disfarce estridente e brutal. Tudo havia começado como a Companhia da Alegria, mas Pedro a tornou mais sofisticada. Um grupo de oitenta a trezentos participantes que incluía um circo de anões, gigantes, comediantes estrangeiros, calmucos siberianos, negros núbios, aberrações obesas e garotas de má fama,* que começava a farrear ao meio-dia e seguia até a manhã do dia seguinte. O príncipe-césar dirigia seu braço secular junto com Buturlin, o chamado "rei da Polônia", mas Pedro não conseguia deixar de zombar das farsas da Igreja ortodoxa. Ele nomeou seu velho tutor, Nikita Zótov, como um prelado bêbado — o patriarca Baco —, mas, para não ofender seus solenes súditos ortodoxos, ele preferia gozar dos católicos. Zótov tornou-se o príncipe-papa. Usando um chapéu de lata alto e um casaco feito de cartas de baralho e montado num barril de cerveja cerimonial, o príncipe-papa presidia um conclave de doze cardeais embriagados, tendo Pedro como "protodiácono".

A regulamentação desses "serviços sagrados" era escolhida pelo próprio déspota farrista: a primeira era que "Baco será venerado com bebida forte e honrosa". Todos os membros do Sínodo dos Bêbados ostentavam títulos obscenos (geralmente relacionados à palavra russa para genitália masculina — *khui*), de forma que o príncipe-papa era escoltado pelos arquidiáconos Enfia-a-Pica, Vai-pra-Pica e Vai-se-Foder e por uma hierarquia de cortesãos portando linguiças fálicas sobre almofadas.

O príncipe-papa Zótov, geralmente nu em pelo a não ser pela mitra, começava os jantares abençoando os convidados, togados e ajoelhados, com dois cachimbos holandeses formando uma cruz. Como nunca ficava parado, Pedro pulava e tocava tambores ou mandava soar as trombetas e liderava a companhia lá fora

---

* Entre um sempre variável elenco de aberrações, Pedro sempre gostou de gigantes: seu gigante francês (conhecido em russo como Nikolai Jigant, que depois foi exposto — primeiro vivo e depois morto e embalsamado — no Ministério de Curiosidades de Pedro) e suas gigantas finlandesas sempre se vestiam como bebês, enquanto os anões em geral se maquiavam como velhos — ou saíam totalmente nus de dentro de bolos. Pedro gostava muito de seus anões favoritos, que viajavam em seu séquito.

para disparar a artilharia ou fogos de artifício. Em seguida voltava à mesa para mais um prato antes de mais uma vez liderar a festa pulando num comboio de trenós.

No Natal, o príncipe-papa levou duzentos membros da Companhia da Alegria de Pedro em trenós pelas ruas de Moscou para cantar músicas natalinas na porta de algumas grandes mansões; durante a Quaresma, Zótov liderou a cavalgada numa carruagem puxada por bodes, porcos e ursos enquanto seus cardeais cavalgavam jumentos e bois. Pedro sempre se deliciava com a troca de identidades. Mas ai de quem pensasse que aquilo era uma diversão voluntária. "Todos os cálices devem ser esvaziados prontamente", ordenavam suas regras do clube, "e os membros devem se embebedar todo dia e nunca ir para a cama sóbrios." Quem desobedecesse às regras ou tentasse evitar um brinde era punido com o temido e volumoso Cálice da Águia transbordando conhaque.

Era essencial, para ascender na corte de Pedro, uma grande tolerância ao álcool (que ele costumava chamar de Iváchka, a versão russa de John Barleycorn). Pedro era dotado de um metabolismo de ferro para o álcool, conseguindo acordar ao alvorecer para trabalhar, mesmo depois dessa maratona de brindes. Ménchikov conseguia acompanhá-lo, ainda que às vezes desmaiando embaixo da mesa. O velho Galo, Patrick Gordon, passava a maior parte do dia seguinte na cama.

O amigo de Pedro Franz Lefort era um dissoluto incansável — "O álcool nunca o derruba". Como se aborrecia com etiquetas, Pedro construiu para Lefort um palácio de pedra com um enorme salão de banquetes, que se tornou a sede do clube da Companhia da Alegria e sala de recepção real. Pedro jantava com Lefort duas ou três vezes por semana, e foi o suíço quem o apresentou às freiras devassas da ala feminina do Sínodo, cuja entusiasmada impudência fazia um grande contraste com seu desanimado casamento.

Anna Mons, de dezessete anos, a filha "muito bonita" de um comerciante alemão, já era uma das amantes de Lefort quando conheceu Pedro. Mas como o tsar era tolerante com o histórico sexual de suas namoradas, ela se tornou sua principal amante num círculo essencialmente machista e militar. Sua inseparável companhia, no entanto, não era Anna, mas Alechka Ménchikov, agora seu favorito entre os *denschíki*, cortesãos que dormiam ao pé de sua cama ou na porta de seu quarto.

Quando sofria de insônia, o agitadíssimo Pedro chamava um *denschíki* para recostar a cabeça em sua barriga. Às vezes, em meio a essa vida irrequieta, o lado esquerdo do rosto de Pedro começava a crispar, o que podia provocar um acesso de olhos virados. Nesses momentos seus auxiliares chamavam alguém para acalmá-lo, em geral sua namorada, dizendo, com todo o tato: "Pedro Alexéievitch, aqui está a pessoa com quem você queria conversar".

Toda essa orgia não foi somente uma fase adolescente — as paródias profanas de Pedro continuaram intensas até sua morte. O tsar pode ser comparado a um aterrorizante mestre de cerimônias circense presidindo uma versão do século XVII de uma banda de rock decadente em excursão, mas não havia divisão entre os negócios e as orgias. Por mais excêntrico que pareça, príncipes-papas, príncipes-césares e arquidiácono Vá-se-Foder eram cargos importantes em sua corte, que funcionava como um quartel-general militar com festivais de bebedeiras. Embora os membros oficiais do Sínodo tendessem a ser servidores mais antigos como Zótov, os participantes da corte de paródia, da Companhia da Alegria e do Sínodo eram aleatoriamente seus principais generais, secretários, almirantes e bobos da corte. Nem era algo tão sacrílego como parecia: Pedro acreditava em Deus e em sua santa monarquia. Em parte, esses festins ultrajantes ajudavam a exaltar sua excepcional autoridade, abençoada com a graça sagrada, e a refazer seu reino como lhe parecia mais adequado, livre de quaisquer restrições.

A Companhia da Alegria refletia o senso de humor pessoal de Pedro, mas é fácil esquecer que o jovem tsar foi criado em meio à mais selvagem disputa política. Fosse organizando uma festa de anãs nuas ou planejando as provisões de um exército, Pedro era um autocrata de nascença, tão visionário quanto meticuloso e diligente, supervisionando compulsivamente cada detalhe de cada empreendimento, escrevendo ordens em listas numeradas. Essas farras compulsórias eram a tirania dos festejos — apenas o lado colorido de sua luta incansável, de trabalho diário, dinâmico e esmagador, alegre e violento para modernizar a Rússia, organizar suas forças armadas, compelir as elites a realizar suas ideias e encontrar servidores talentosos para conduzir seus projetos monumentais.

A farsa do príncipe-césar também não era uma piada: por mais informal e espontâneo que Pedro parecesse, a segurança vinha sempre em primeiro lugar. Romodánovski era o chefe de sua polícia secreta, e Pedro costumava participar de suas torturas e investigações. Mesmo as mais absurdas pantomimas serviam a propósitos políticos. Era ali que Pedro conseguia equilibrar seus comparsas, fossem arrivistas ou príncipes Riúrik; onde podia jogar uns contra os outros para assegurar que nunca conspirassem contra ele. Era ali que ele policiava a corrupção de seu jeito bruto, enquanto atribuía deveres e administrava recompensas e punições. Suas grosserias costumavam ser irônicas, humilhando servidores, mantendo-os juntos sob seu olhar paranoide, promovendo o próprio poder enquanto eles competiam por favores e pela proximidade com o tsar. Seus jogos de inversão simplesmente ressaltavam a supremacia absoluta do monarca. Mais do que isso, Pedro tinha visto jovens tsares como Fiódor III e Ivan V como prisioneiros patéticos de rituais religiosos rígidos: suas intempestivas atuações, designando um arremedo de tsar e bispos de faz de conta, eram algo libertador, conferindo-lhe uma flexibilidade pessoal e política nunca desfrutada por um monarca russo. Sua capacidade de ser ao mesmo tempo um autocrata sagrado e um mero bombardeiro de certa forma aumentava a perigosa mística dessa força vital, e seu tamanho e força física mostravam que, fosse qual fosse o posto que tivesse, Pedro sempre exalaria um enorme poder.

A qualquer momento Pedro podia passar da brincadeira para a ameaça. Era normal que esmurrasse seus aliados, fosse por excesso de entusiasmo, fosse por raiva. Certa vez, ao notar Ménchikov dançando com a espada na cinta, contra as regras da sociedade civilizada, Pedro desferiu um murro em seu nariz e esmurrou-o de novo com tanta força que ele desmaiou. Em fevereiro de 1692, Boris Golítsin convenceu um criado a provocar seu rival, Iákov Dolgorúki, desmanchando seu penteado. Dolgorúki matou o garoto com um garfo. Ambos tiveram de comparecer diante de Pedro no dia seguinte e ir a pé até a prisão, embora logo tenham sido perdoados. Mas aquele estilo de vida era mortal: muitos de seus ministros morreram de alcoolismo.

Não admira que os súditos mais tradicionais de Pedro acreditassem que o tsar poderia ser o Anticristo. Enquanto ele brincava e inspecionava sua Guarda, não dava atenção à esposa Eudóxia, e aos poucos os irmãos dela começaram a se tornar o foco da oposição ao tsar. Pedro fez o príncipe-césar torturar até a morte um dos tios de sua mulher (o que não chega a ser sinal de um casamento feliz). Só a mãe ousava censurá-lo. "Por que você se dá ao trabalho de se preocupar comigo?", retrucava Pedro em tom jocoso. Então, em janeiro de 1694, a mãe dele morreu. "Vocês não têm ideia do quanto estou triste e desolado", admitiu o tsar — no momento em que se preparava para sua primeira guerra.[1]

Na primavera de 1695, Pedro, agora com 23 anos, marchou para o Sul com o objetivo de atacar a fortaleza otomana de Azov, localizada onde o rio Don desembocava no mar de Azov. Gordon e Lefort, acompanhados pelo bombardeiro Pedro, desceram o Volga e o Don para começar seu sítio, mas ele dividiu o comando e não dispunha do equipamento adequado. Depois de quatro meses, Pedro ouviu o conselho de Gordon: ele precisava de artilharia de sítio, uma frota e um único comandante. Pedro suspendeu o sítio, perdendo milhares de homens no trajeto de volta a Moscou, mas na primavera se mudou para Vorónej, onde dormia numa cabana de troncos ao lado de seu estaleiro e acordava todos os dias de madrugada para construir uma frota, a primeira da Rússia. Enquanto trabalhava ali, seu irmão Ivan morreu: Pedro voltou a Moscou e organizou um funeral apropriado. A velha corte moscovita foi enterrada com ele — embora Ivan tivesse deixado sua formidável esposa Praskóvia (Saltikova), de quem Pedro gostava muito, apesar de seu estilo antiquado, e suas filhas, que gerariam alguns dos sucessores de Pedro.

Em maio de 1696, Pedro retornou a Azov com um exército de 46 mil homens. O capitão de mar e guerra Pedro dividia sua tenda com Ménchikov, que ele chamava de "meu coração" e a quem escrevia com afeto: "Eu realmente preciso ver você, eu só quero ver você". No entanto, parece que o ângulo gay da amizade é um grande exagero. O sítio foi arquitetado por Gordon, que produziu uma "trincheira móvel" para pressionar o cerco sob o fogo inimigo. Quando a fortaleza se rendeu, Pedro agradeceu ao Galo por lhe dar "toda a extensão de Azov" e o promoveu a general. Pedro refortificou Azov, mas também fundou o novo porto de Taganrog, a primeira base naval russa, no mar de Azov — e a primeira ameaça ao domínio otomano do mar Negro.

No dia 10 de outubro de 1696, Pedro fez de Moscou palco de um triunfo romano, desfilando estátuas de Marte e Hércules: sua tecnologia podia ser alemã ou holandesa, mas ele foi saudado como um comandante romano vitorioso — um *imperator*. De armadura, a bordo de uma carruagem com seis cavalos, o príncipe-papa liderou o cortejo, seguido por Gordon e Lefort, promovido a almirante-general. Bem na traseira, o próprio Pedro andava jovialmente com os capitães de mar e guerra, usando um casaco preto alemão e calções amarrados nos joelhos. Os moscovitas ficaram atônitos.[2]

Duas semanas depois, o Ministério do Exterior anunciou: "O soberano dirigiu seus grandes negócios de Estado para as nações vizinhas [...] seus principais embaixadores deverão ser enviados", chefiados pelo almirante-general Lefort e pelo ministro Fiódor Golovin, também almirante-general. O comunicado não anunciava que o próprio Pedro estaria com eles, viajando incógnito (o que significava sem formalidade diplomática, mas todos sabiam quem ele era) com o nome de "Pedro Mikháilov". Sempre que se ausentava de Moscou, Pedro conferia *todo* o poder a diversos homens, deixando-os num estado de rivalidade paralisante; nesse caso, ele deixou a disputa do poder com o príncipe-césar, com o Galo, com o tio Ivan Naríchkin e com Boris Golítsin. Pedro estava determinado a aprender a técnica de construção de navios e voltar com as tecnologias do Ocidente — "Sou um aluno e preciso aprender", declarou. Seu pai era fascinado por tecnologia, mas Pedro tinha decidido fazer algo extraordinário: deixar seu reino e sua corte para trás e, para preencher sua pobre formação, se obrigar a fazer um curso intensivo de tecnologia ocidental, um ato de vontade autodidata sem paralelo na história do mundo, e ainda por cima na Rússia. Foi uma mistura de excursão hedonista, ofensiva diplomática, reconhecimento militar e educação sabática. Nenhum tsar jamais havia saído da Rússia. Era arriscado demais, pois sua ausência podia terminar em carnificina.

A Companhia da Alegria estava fazendo um brinde à viagem no palácio de Lefort quando "uma noite feliz" foi arruinada pelo "acidente da descoberta de uma traição contra sua majestade", como escreveu o general Gordon. Um oficial dos mosqueteiros e dois boiardos haviam sido denunciados por fazer críticas ao estilo de vida e às políticas de Pedro, e o tsar tinha reagido com uma criatividade macabra: ele não podia deixar que 50 mil mosqueteiros tivessem alguma dúvida de que traição jamais seria tolerada — mas com certeza o caso reavivou o trauma de sua infância. Pedro ordenou que o caixão de Miloslávski, morto havia muito tempo e que ele chamava de Escorpião, fosse exumado e colocado numa carreta puxada por porcos até parar embaixo do cadafalso, com a tampa removida. As vítimas foram desmembradas e decapitadas, de forma que o sangue fresco respingasse na putrefata carcaça de Miloslávski.

Em 20 de março de 1697, Lefort e Golovin partiram com sua embaixada de 250 ministros, amigos, padres, trombeteiros, cozinheiros, soldados, anões, Ménchikov — e "Pedro Mikháilov". Para onde ia, Pedro sentia-se deslumbrado diante da sofisticada técnica do Ocidente, enquanto o Ocidente se horrorizava com sua deselegante excitação e acessos de raiva selvagens: poucas viagens reais tiveram tantos incidentes diplomáticos. A primeira parada foi em Riga, na província sueca de Livônia, onde Pedro começou a desenhar as fortificações. Quando os suecos mandaram que parasse, Pedro se enfureceu com aquela insolência e imediatamente passou a odiar aquele "lugar maldito". Viajando pelo Sacro Império Romano, a colcha de retalhos dos principados alemães, Pedro conheceu Sofia, rainha consorte de Hanover e mãe do futuro rei Jorge I da Inglaterra. Diante de uma multidão de mulheres alemãs elegantes, Pedro, que não sabia nada de conversas formais, se sentiu acanhado: "Não sei o que dizer!". Sofia admirou sua "grande vivacidade de espírito, ele era muito alegre, muito falante e nos contou que estava trabalhando na construção de navios e nos mostrou as mãos e nos fez tocar nos calos". Depois dançou com anãs e damas, espantando-se por sentir os ossos de baleia dos corpetes das últimas: "Essas mulheres alemãs têm uns ossos duros e infernais!", bradou. A rainha consorte reconheceu "um homem muito extraordinário [...] ao mesmo tempo muito bom e muito ruim".

No dia 18 de agosto de 1697, Pedro chegou ao estaleiro de Zaandam, na Holanda, onde se registrou como "trabalhador naval Mikháilov". "E para que o monarca não ficasse vergonhosamente atrás de seus súditos naquele ofício", explicou ele mais tarde na terceira pessoa, "ele mesmo empreendeu uma viagem à Holanda e se apresentou em Amsterdam com outros voluntários para aprender sobre arquitetura naval." Pedro contratou construtores navais holandeses e venezianos e ordenou a todos os nobres que financiassem um navio para sua nova marinha. Mas logo percebeu que a Rússia precisava de know-how próprio e despachou cinquenta aristocratas para estagiar em estaleiros holandeses. Ali, entre marinheiros, mercadores e montadores, Pedro procurou e recrutou homens talentosos, a despeito de classe, idade ou nacionalidade. A Holanda moldou seus gostos em alfaiataria, em arquitetura e em necrofilia. Em Amsterdam, Pedro adorava assistir às autópsias de um famoso anatomista. Quando um de seus cortesãos se sentiu enojado com os cadáveres, Pedro o obrigou a se debruçar e abocanhar um pedaço de tecido. Fascinado pela desconstrução do corpo humano, comprou um kit de instrumentos cirúrgicos que levava sempre em suas viagens. Se um de seus serviçais precisasse de uma operação ou extrair um dente, ele insistia em fazer isso pessoalmente. Temendo as sondas do tsar, seu séquito mantinha as dores de dente em segredo.

Em 11 de janeiro de 1698, Pedro chegou a Londres, onde visitou o rei Guilherme III no Palácio de Kensington, assistiu a sessões do Parlamento e cativou uma atriz inglesa, Laetitia Cross, que se tornou sua cortesã pelo resto da viagem. Alugou a Sayes Court, a impecável residência de John Evelyn em Deptford, e a tratou como se fosse a sede do clube da Companhia da Alegria. Pedro nunca tinha visto um carrinho de mão, e por isso organizava corridas de carrinhos de mão que logo destruíram a sofisticada topiaria do jardim. Enquanto isso, dentro da casa, os russos usavam os quadros para prática de tiro ao alvo, a mobília como lenha e as cortinas como papel higiênico. Camas de pluma e lençóis "foram rasgados como que por animais selvagens".

Os "animais selvagens" foram depois se encontrar com o imperador do Sacro Império Romano em Viena, onde Pedro soube por Romodánovski que os mosqueteiros tinham se amotinado e marchado sobre Moscou, até serem derrotados pelo general Gordon. "Recebi a carta em que sua graça escreve que a semente de Ivan Mikháilovitch [Miloslávski] está brotando", respondeu ao príncipe-césar. "Rogo que seja severo..." Os rebeldes foram açoitados e torturados. Um total de 130 foram executados, enquanto 2 mil prisioneiros ficaram aguardando o retorno de Pedro.

Em 19 de julho, o tsar encontrou-se com o recém-eleito rei da Polônia, Augusto, o Forte, que também era eleitor do Sacro Império Romano da Saxônia. De olhos azuis, forte e priápico, Augusto, então com 28 anos, seria pai de 354 bastardos e, à medida que foi ficando mais velho, tornou-se tão libertino em sua erotomania que teria seduzido a própria filha sem perceber. Sua especialidade era chocar visitantes reprimidos abrindo as cortinas ao redor da cama para apresentar uma beldade nua como presente, mas nada surpreendia Pedro. Os monarcas beberam, inspecionaram exércitos e planejaram projetos seminais do reino de Pedro: a demolição do Império Sueco, vulnerável com a morte do rei, que deixara o trono para um garoto de quinze anos, Carlos XII. Lá estava uma oportunidade de se vingar dos Tempos Turbulentos e abrir uma janela para o Báltico.

Pedro ordenou que os 2 mil mosqueteiros rebeldes ficassem presos em Preobrajénskoie, onde Romodánovski já tinha encomendado a construção de catorze câmaras de tortura.[3]

Na noite de 4 de setembro de 1698, Pedro voltou a Moscou com Lefort e Golovin, mas seguiu direto a cavalo para Preobrajénskoie, onde se reencontrou com Anna Mons. De manhã, os boiardos acorreram para se prostrar e saudar seu soberano que retornava. Mas Pedro, barbeado, só de bigode e usando roupas ocidentais, levantou-os, abraçou a todos e mandou chamar um barbeiro para raspar aquelas barbas moscovitas, símbolos da santidade e do respeito ortodoxos. Romodánovski e os outros se submeteram ao barbeiro do soberano. Em um banquete, Pedro mandou seu bobo da corte, Jacob Turguêniev, andar pelas mesas fazendo a barba de boiardos, e na casa de Lefort cortou-lhes as longas mangas de suas batas. Enquanto remodelava boiardos nos moldes da nobreza ocidental, Pedro criou a Ordem de Santo André, a fita azul, e concedeu-a ao ministro Golovin e ao general de confiança Boris Cheremétiev, descendente do ministro do tsar Miguel. Tudo foi feito rapidamente. "Você precisa trabalhar e preparar tudo antes para mim", ele escreveu certa vez, "porque tempo perdido, como a morte, não pode ser revertido."

Depois se voltou a questões tenebrosas. "Ao redor da minha cidade real eu quero ter forcas e patíbulos montados nas muralhas, e vou condenar cada um dos rebeldes a uma morte horrenda."

Primeiro, havia o problema da tsarina Eudóxia: durante um confronto de quatro horas, Pedro exigiu que ela se tornasse freira, mas Eudóxia se recusou. Disse que era seu dever criar Alexei, o filho deles de oito anos. Pedro simplesmente raptou Alexei, e a mãe foi posta em um mosteiro e tonsurada. Um dos tios de Eudóxia deve ter protestado, pois foi torturado até a morte por Romodánovski (assim como fora o irmão dele). As catorze câmaras de tortura funcionavam dia e noite, menos aos domingos, de modo a obrigar os mosqueteiros presos a revelar seu plano para depor Pedro e restaurar Sófia. Os mosqueteiros mostraram uma resistência espantosa. Quando os prisioneiros desmaiavam, o médico do tsar os despertava para serem torturados de novo. Pedro compareceu a muitas torturas e insistia que todo o seu séquito participasse. Quando um dos presos sobreviveu ao "estalo horrível" das juntas sendo deslocadas no cavalete, e depois a vinte chibatadas sem falar uma palavra, Pedro, "cansado afinal, ergueu o bastão e enfiou em suas mandíbulas com tanta violência que elas quebraram e se abriram", resmungando: "Confesse, animal, confesse".

Depois de um mês desses procedimentos, Pedro ordenou que começassem as execuções. Duzentos mosqueteiros foram enforcados nas muralhas de Moscou, seis em cada portão, 144 na praça Vermelha. Ao decapitar centenas de outros em Preobrajénskoie, Pedro ordenou que seus magnatas usassem o machado pessoalmente, para implicá-los — e comprovar sua lealdade, embora alguns fossem verdugos ineptos. Um dos boiardos acertou sua vítima tão mais embaixo que quase a dividiu ao meio, enquanto Romodánovski decapitou quatro e Ménchikov, que tinha muito a provar, declarou ter decapitado vinte. Nossa fonte a esse respeito, Johann-Georg Korb, um diplomata austríaco, não presenciou pessoalmente, mas afirmou que o próprio Pedro decapitou seis mosqueteiros.* Pedro era fascinado por decapitações como experimentos biológicos, e costumava contar como uma das vítimas continuou sentada por algum tempo depois de ter a cabeça removida.

As execuções eram seguidas por jantares regados a álcool no palácio de Lefort, que geralmente terminava com ministros do governo brigando entre si, para diversão dos estrangeiros. Quando um diplomata criticou a situação em Moscou, Pedro respondeu: "Se você fosse um súdito meu, eu o faria ser companheiro de um desses enforcados do cadafalso". Quando suspeitou que um boiardo estava vendendo promoções, o embriagado Pedro ficou maluco: desembainhou a espada e só não matou o homem porque Romodánovski e Zótov defenderam sua inocência, o que resultou num corte na cabeça de Zótov e outro no dedo de Romodánovski. Lefort conseguiu desarmá-lo, mas foi jogado de costas no chão; depois Ménchikov se interpôs no caminho do gigante endoidecido e conseguiu dominá-lo. Em outra ocasião, quando Naríchkin e Golítsin se envolveram numa briga, Pedro ameaçou decapitar quem estivesse errado.

Os mosqueteiros foram liquidados, mas suas confissões quase incriminaram Sófia. Pedro enforcou 196 rebeldes em frente à janela dela, deixando os corpos apodrecendo durante todo o inverno. Quando viajou para Vorónej para trabalhar em sua nova frota, Pedro recebeu uma péssima notícia. Lefort, seu melhor amigo, tinha morrido em decorrência de uma febre. "Agora estou sozinho e sem um homem de confiança", declarou. "Só ele era leal a mim." Voltou correndo e obrigou seus boiardos, sempre ciumentos de Lefort, a prantear o aventureiro suíço em um funeral de Estado. Chorou quando beijou o corpo do amigo. Logo depois, Gordon também morreu. Pedro estava lá para fechar seus olhos e aclamar o "leal e

---

* Diz-se que uma "espada da justiça" alemã, designada para ser exposta em reuniões judiciais e para remover cabeças, foi usada por Pedro para decapitar mosqueteiros. É impossível provar isso, mas a espada pode ser vista hoje no Arsenal do Krêmlin. Quando um mosqueteiro chamado Orlov chutou a cabeça da vítima anterior e deu um passo adiante para morrer, Pedro aclamou sua coragem e o libertou. Era o avô do amante de Catarina, a Grande, Grigóri Orlov.

bravo" Galo. "Posso dar a ele apenas um punhado de terra; ele me deu Azov." Só depois de muito tempo — e de muitos elogios — Pedro conseguiu dizer a Ménchikov, ao fim de uma festa: "Esta é a primeira vez que realmente me divirto desde a morte de Lefort".

Pedro começou o novo século com uma nova política externa e um novo governo:* depois de fortificar Azov, virou seus adorados canhões para o exterior.[4]

No dia 19 de agosto de 1700, Pedro atacou a Suécia, apoiado pelos aliados Polônia e Dinamarca. Mas o jovem rei Carlos XII rechaçou os poloneses e logo depois tirou os dinamarqueses da guerra. Em 1º de outubro, assim que os russos sitiaram Narva, Carlos XII surpreendeu a todos entrando na Estônia e conduzindo seu pequeno exército de 10 mil homens em direção aos 40 mil russos.

Em 17 de novembro, perto de Narva, Pedro nomeou um mercenário francês, o duque de Croy, como comandante antes de partir. Pedro não esperava que os suecos atacassem, mas no dia seguinte Carlos XII tomou de assalto seu acampamento fortificado. Três cavalos foram abatidos a tiros aos pés do rei da Suécia. "Vejo que o inimigo quer que eu pratique equitação", ele brincou. Os russos foram derrotados, Croy foi capturado com 145 canhões. Pedro não entrou em pânico e jamais perdeu seu animado otimismo, mas a genialidade de Carlos exigiu que ele próprio assumisse o comando supremo e criasse um exército resistente, com uma artilharia moderna. Os Románov tinham chegado ao poder para comandar a resistência aos invasores estrangeiros; agora Pedro intensificava a militarização do Estado, mobilizando sua nobreza para vinte anos de guerras e sacrifícios. Não se surpreendeu que "nossos inexperientes discípulos se dessem mal contra um exército disciplinado — foi brincadeira de criança" para os suecos. "Não devemos perder a cabeça no infortúnio", disse Pedro a Cheremétiev. Ele aprendeu a lição

* Enquanto viajava pela Rússia, Pedro governava com uma minúscula chancelaria formada por Fiódor Golovin, o calmo, o superatarefado e onipotente ministro que era também marechal de campo, almirante-general e secretário do Exterior; alguns chefes de gabinete de confiança que incluíam o príncipe-papa Zótov; e o indispensável e semianalfabeto Ménchikov, que ele agora nomeara ao seu primeiro cargo: regente do tsarévitch Alexei. O último decreto de Pedro no século que se encerrava foi para mudar o calendário bizantino, que datava o mundo desde a criação. No final do ano bizantino de 7208, Pedro adotou o estilo de datação ocidental, a partir do nascimento de Cristo: agora era 1º de janeiro de 1700.

de não dividir o comando e nomeou Cheremétiev como seu comandante em chefe. Vinte anos mais velho que ele, esse boiardo riquíssimo era aparentado dos Románov e tinha servido de pajem ao tsar Alexei, mas estava dividido entre o velho e o novo mundo, tendo viajado pelo Ocidente e raspado a barba como se fosse jovem. O cauteloso general nunca fora companheiro de bebedeiras e tinha uma relação delicada com Pedro.

O rei da Suécia precisava escolher se atacava primeiro a Rússia ou a Polônia. Dez anos mais novo que Pedro, Carlos tinha só dezoito anos, era alto, rosto redondo, olhos azuis e já estava ficando calvo. Fora disciplinado em incansáveis cavalgadas para ser um rei guerreiro espartano: podia pegar uma luva no chão a galope. Possivelmente homossexual, desdenhava qualquer interesse por mulheres ("Eu sou casado com o Exército") e preferia ler a Bíblia — e treinar sua infantaria até que fosse a melhor da Europa. Era venerado como o "Último dos Vikings". Impetuoso e adepto do ataque em todos os momentos, possuía uma autoconfiança severa e messiânica: mais tarde, quando encarou reveses, cunhou uma moeda com a inscrição: "O que me preocupa? Eu e Deus continuamos vivos!". Conhecido por alguns como "Cabeça de Ferro", Carlos levou sua guerra até o fim: "Resolvi nunca começar uma guerra injusta, mas jamais terminar uma guerra justa". Seu discernimento como chefe militar se comparava ao de Pedro — e o duelo mortal entre os dois persistiria por dezoito anos.[5]

Para sorte de Pedro, que precisava de tempo para se mobilizar e reconstruir depois da debacle de Narva, Carlos marchou primeiro sobre a Polônia, depondo Augusto, o Forte, em favor de seu rei fantoche, enquanto Pedro atacava as guarnições suecas ao redor do Báltico. Entusiasmado, Pedro mandou Ménchikov presentear Cheremétiev com o bastão de marechal de campo e o *cordon bleu* de sua nova Ordem de Santo André. Passando a maior parte do tempo com os exércitos ou organizando suprimentos, Pedro começou a tomar fortalezas suecas na Livônia, numa campanha facilitada pela eclosão de um novo conflito europeu, a Guerra da Sucessão Espanhola, que complicou a posição de Carlos. Em 14 de outubro de 1702, avançando em Ingria (na costa sudeste do golfo da Finlândia), os russos tomaram as fortalezas suecas de Nöteborg. Pedro rebatizou o local com o nome de Chlisselburg (Fortaleza-Chave) — por ser a "chave" para o rio Nievá — e nomeou Ménchikov governador.

Em 1º de maio de 1703, Pedro e Ménchikov capturaram Nyenskans. No dia 16, na ilha próxima de Hare, foram lançadas as fundações para uma fortaleza que Pedro chamaria de São Pedro e São Paulo — mas é possível que ele não estivesse presente naquele momento, que depois foi mitificado com a imagem do tsar escolhendo o local com a ajuda de uma águia. Mas um ano depois, quando essa fortaleza foi concluída, Pedro começou a vê-la como a fundação de uma nova cidade, que seria ao mesmo tempo símbolo e catalisador de suas ambições para a Rússia — um monumento a suas vitórias sobre os suecos, um porto para um tsar naval, e uma metrópole ocidental para uma Rússia modernizada: ele a chamou de São Petersburgo. Do lado oposto à fortaleza (perto do futuro Palácio de Inverno), Pedro construiu uma pequena *domik*, uma cabana de três cômodos em estilo holandês barroco, que foi seu lar pelos cinco anos seguintes, enquanto criava um estaleiro e um almirantado. São Petersburgo tornou-se "meu Éden [...] minha querida", partilhada principalmente com Ménchikov: "Não consigo deixar de escrever a você sobre este paraíso; realmente aqui nós vivemos no céu".[6]

Pedro voltou correndo para Moscou, onde comemorou um triunfo romano e conferiu o *cordon bleu* a Ménchikov e a si próprio. Em 23 de novembro de 1703, organizou uma festança no dia do santo onomástico de Ménchikov, a quem agora conferiu o título de conde da Hungria, obtido do imperador do Sacro Império Romano.* À corte itinerante de Pedro juntou-se a nova claque de admiradoras de Ménchikov.

Ménchikov estava cortejando uma adolescente de família nobre, Dária Arsénieva, que servia à irmã de Pedro como dama de honra. Dária e sua irmã se agregaram à casa de Ménchikov. Foi ali, em outubro de 1703, que Pedro, agora com 31 anos, conheceu uma garota que vinha de uma vida turbulenta. Era tão formidável à sua maneira quanto Pedro, e sua ascensão foi mais meteórica que a de qualquer outro indivíduo do século XVIII.

Marfa Scavrónskaia, dezoito anos, olhos negros, voluptuosa, cabelos loiros, era filha de um camponês, provavelmente de nacionalidade lituana ou escandinava, que ficou órfã e foi adotada por um pastor, que por sua vez a casou com um soldado sueco. Com a morte do marido, ela foi capturada e levada a um acampa-

---

* Ao contrário da maioria dos outros monarcas europeus, por tradição os tsares russos não tinham títulos. O imperador do Sacro Império Romano, título ostentado pelo arquiduque da Áustria, podia criar príncipes e condes do Sacro Império Romano e os produzia a pedido do tsar.

mento russo vestida apenas com um cobertor. Depois do caso com um cavalariano russo, foi repassada a Cheremétiev, que a empregou como lavadeira (e talvez amante), antes de presenteá-la a Ménchikov, que também a empregou como lavadeira (e talvez amante).

Pedro e Anna Mons tinham se separado quando ele descobriu que ela estava tendo caso com dois embaixadores estrangeiros ao mesmo tempo. Pedro simplesmente confiscou sua mansão e as joias — mas a família dela continuou na corte. Agora interessado em Marfa, a lavadeira lituana, Pedro converteu-a à ortodoxia e lhe deu o nome de "Catarina". "Alô, senhor capitão", escreveu Catarina em uma de suas primeiras cartas ao tsar. "Seu barco a remo está pronto: deve ser enviado a vossa excelência?" Ela sabia que o caminho para o coração de Pedro passava pelos barcos.

Nove meses depois, Catarina deu à luz o primeiro de seus nove filhos, uma menina. "Congratulações pela sua recém-nascida", ela escreveu. Catarina passou a maior parte dos vinte anos seguintes grávida. Mas a menina morreu logo, a primeira entre muitas. Dos doze filhos do casal, somente dois chegaram à idade adulta, e Pedro atribuía essa perda à vontade de Deus — embora ele gostasse mais de meninos (que chamava de seus "recrutas") que de meninas. "Graças a Deus a mãe está saudável", era como ele se consolava. Quando Pedro e Ménchikov, agora comandando a cavalaria, foram à Livônia para liquidar as forças suecas e consolidar a captura de Narva, eles viajaram em casais, com Catarina e Dária.

A relação de Pedro com Catarina não se baseava apenas nos atrativos físicos dela e na sofrida relação com os filhos, mas também em sua irreprimível alegria e inabalável serenidade, que lhe permitiam tratar Pedro com habilidade. Quando ele tinha um de seus acessos, ela repousava a cabeça dele nos joelhos e o acalmava. Era boa de copo e forte fisicamente, tendo uma vez levantado um cetro que o próprio Pedro se esforçava para erguer: gostava de se vestir como amazona nas reuniões do Sínodo dos Bêbados.

Anos depois, eles ainda flertavam. "Se você estivesse aqui", escreveu ela em uma carta, "nós logo teríamos outro pequeno Chichenka [filho]", e fazia ironias com as novas amantes dele. Por sua vez, Pedro a provocava quanto aos seus admiradores: "Está muito evidente que você encontrou alguém melhor do que eu", insinuando que era uma vingança por suas infidelidades. Como Catarina nunca aprendeu a escrever, suas cartas eram ditadas. Pedro costumava chamá-la de "Mãe" ou "Katerinuchka, minha amiga", e sentia saudades quando estavam separados: "Mãe, estou entediado sem você e acho que você sente o mesmo". Ele contava histórias sobre suas escapulidas — "Nós bebemos como cavalos". Diferente das noivas moscovitas tradicionais, Catarina não chegou à corte com uma linhagem e um bando de parentes ambiciosos que podiam mudar o equilíbrio de forças. Ela preferia fazer suas próprias alianças, em especial com os Ménchikov — e criou sua personalidade com tanta firmeza que afinal se tornou uma candidata plausível ao trono por méritos próprios. "O principal motivo de o tsar gostar tanto dela", lembrou Alexander Gordon, filho do general escocês, "era seu extraordinário bom temperamento." Catarina estava sempre alegre e dizia que Pedro poderia encontrar outra "lavadeira", mas não poderia se esquecer desta.

Em julho de 1706, o ministro-marechal-almirante Golovin morreu aos 56 anos, por causa de abusos etílicos. Depois de Lefort, Pedro percebeu que "tinha perdido dois almirantes" para "aquela doença". A perda aumentou o poder de Ménchikov,* que Pedro promoveu ao título russo de príncipe de Ingria — o primeiro título de príncipe conferido por um tsar. Seus inimigos apelidaram Ménchikov de "Príncipe da Sujeira".[7]

Em janeiro de 1708, Carlos mobilizou 44 mil dos melhores soldados da Europa e invadiu a Rússia. Pedro declarou que não abriria mão de nenhum território, nem mesmo se perdesse dez ou vinte batalhas — mas a guerra o fez pensar na própria mortalidade. Em novembro, ele se casou em segredo com Catarina. A tensão acirrou sua intolerância com possíveis erros. "Estou surpreso com você", escreveu ao meio-irmão Músin-Púchkin, que deixou de cumprir uma tarefa durante a guerra, "pois pensei que você tinha um cérebro, mas agora vejo que é mais burro que um estúpido animal." Quando chegaram notícias de que Carlos estava avançando, Pedro escreveu a Catarina: "O inimigo está chegando e não sabemos para onde vai em seguida", acrescentando que estava mandando presentes para

---

* Ninguém herdou todo o poder exercido por Golovin. O meticuloso e mesquinho Gavril Golóvkin, parente da mãe de Pedro, que o acompanhara aos estaleiros holandeses, assumiu o Ministério do Exterior, enquanto o jovial e competente Fiódor Apráxin, cunhado de Fiódor III que participara dos regimentos de recreação quando garoto, se tornou almirante-general da frota. Nesse meio-tempo, o marechal Cheremétiev foi recompensado com o título de conde, por ter esmagado uma revolta cossaca em Astrakhan, o primeiro concedido por um tsar. Golóvkin e Apráxin logo também seriam condes.

ela ("Mama") e para o novo bebê. Enquanto viajava entre Petersburgo, Moscou e Kíev, administrando conflitos entre seus comandantes e alocando recursos, Pedro observava antes de entrar em ação. Já havia ordenado uma política de terra arrasada na Polônia e na Lituânia, onde Carlos passava o inverno com seu exército, mas disse a Catarina que tinha "muito pouco tempo, não espere cartas regularmente".

Carlos avançava, mas os russos não davam margem para a batalha definitiva que desejava para desfechar um golpe final. Perseguindo, fustigando e atraindo os suecos, Cheremétiev comandava o exército principal e Ménchikov a cavalaria, enquanto o hetmã cossaco Ivan Mazeppa, aliado dos russos, cobria o sul. Pedro ficou muito contente com os sucessos dos russos: "Nunca vi uma conduta tão ordenada em nossas tropas!". Catarina recebia as boas e as más notícias. "Fizemos uma bela dança bem debaixo do nariz do fogoso Carlos", Pedro disse a ela em agosto. Em setembro, com suprimentos em baixa, Carlos ficou diante da grande decisão de seguir para Moscou ou virar para o sul em direção às terras fecundas da Ucrânia. Ficou esperando enquanto seu general Adam Löwenhaupt marchava para a Livônia com 12 mil homens, mas afinal, em 15 de setembro de 1708, Carlos virou para o sul em direção à Ucrânia, confiante de que Löwenhaupt, a apenas 150 quilômetros, o alcançaria. Mas Pedro e Ménchikov perceberam sua chance. Em 28 de setembro, atacaram Löwenhaupt no rio Lesnáia. "O dia inteiro foi impossível ver para onde iria a vitória", escreveu Pedro, mas pela manhã Löwenhaupt já tinha perdido seus suprimentos e metade dos homens. Carlos recebeu 6 mil homens e nada para alimentá-los. "Esta pode ser chamada de nossa primeira vitória", escreveu Pedro.

Então, em 27 de outubro, Pedro recebeu notícias desesperadoras de Ménchikov: Mazeppa, seu aliado cossaco, tinha mudado de lado e entregado a Ucrânia para Carlos. Agora com 63 anos, Mazeppa já governava seu canado havia mais de vinte, jogando habilmente com tártaros, otomanos, russos e poloneses, mas o avanço sueco impunha um dilema.* Carlos ofereceu a ele uma Ucrânia indepen-

---

* Aristocrata de grande cultura, Mazeppa estudou no Ocidente e serviu na corte polonesa até se envolver em um ardente caso de amor com a esposa de um nobre polonês. O marido traído mandou prendê-lo, amarrá-lo nu em um cavalo selvagem e ser solto nas estepes, onde — diz a narrativa — por acaso foi resgatado pelos cossacos de Zaparójia. Não foi a última vez que sua vida amorosa quase o destruiu. Meses antes, em meados de 1708, o velho sedutor se apaixonou por Matriona Kotchubei, de vinte anos, cujo pai, um juiz cossaco, denunciou a traição do hetmã a Pedro. Mas o

dente. Mazeppa tinha apoiado Pedro contra a irmã em 1682, mas o hetmã sentiu que o tsar reduziria sua independência e que Ménchikov queria assumir o posto de hetmã. Se ficasse com Pedro até o fim, poderia acabar sem nada. Enquanto esperava em sua capital, ele negociou secretamente com Carlos.

Agora, enquanto Carlos se aproximava, Mazeppa passou a ignorar os chamados de Pedro. O tsar despachou Ménchikov — e Mazeppa tomou sua decisão e galopou para o norte com sua horda de cossacos para se juntar a Carlos. Ménchikov constatou que Mazeppa tinha partido. "Recebemos com grande perplexidade sua carta sobre a traição totalmente inesperada e maldosa do hetmã", escreveu Pedro.

Carlos e Pedro perceberam simultaneamente que Batúrin, a capital do hetmã, era a chave para a Ucrânia. O rei sueco e o favorito russo correram para a capital cossaca. Ménchikov venceu e tomou Batúrin de assalto. Mas, incapaz de fortificá-la, queimou a cidade e massacrou seus 10 mil habitantes. Arqueólogos continuam desenterrando esqueletos em Batúrin até os dias de hoje.[8]

O inverno debilitou o Exército sueco, agora reduzido a 24 mil homens. Carlos poderia lutar ou se retirar. Construindo navios em Azov e reformulando seu governo para facilitar a mobilização de tropas e suprimentos,* Pedro preferiu esperar; Cheremétiev e Ménchikov observavam. Então, em abril de 1709, Carlos sitiou a pequena cidade de Poltava para ganhar uma base — ou provocar uma batalha.

"Em relação a Poltava, seria melhor atacar o inimigo", escreveu Pedro a Ménchikov. "Também precisamos do marechal de campo [Cheremétiev]. Está claro que isso é de importância fundamental, mas deixo tudo para o seu bom senso." Em 27 de maio, Ménchikov chamou o tsar. "Vou partir o mais rápido que puder." Pedro galopou para Azov. Em 4 de junho, encontrou-se com Cheremétiev e Ménchikov, junto com Catarina, Gannibal, seu negro favorito,** e o anão Iakim Vólkov.

---

tsar não acreditou e entregou Kotchubei a Mazeppa, que prontamente o decapitou. O ministro de Alexandre I e Nicolau I, príncipe Kotchubei, era bisneto do juiz.

* Entre 1707 e 1709, Pedro dividiu a Rússia em nove *guberni* — sedes de governo —, com Ménchikov como governador de São Petersburgo, Strechniov, seu "pai" adotivo, em Moscou, e todos os outros postos nas mãos de parentes do tsar. Os governadores respondiam diretamente a Pedro, ignorando o governo central e os velhos gabinetes administrativos (*prikazi*) ainda baseados em Moscou.

** Em 1703, Gavril Golóvkin havia ordenado a aquisição, em Constantinopla, de uma criança negra escrava, "Abram, o preto", provavelmente sequestrado por comerciantes de escravos do

"Com a ajuda de Deus", assegurou Pedro, "até o final deste mês nós fecharemos o grande negócio com eles." Assumindo o supremo comando, a insuperável encarnação do chefe militar autocrático, Pedro ordenou o avanço, parando a menos de um quilômetro de Poltava e estabelecendo um acampamento retangular para seus 40 mil homens, limitado por um lado pelas margens íngremes do rio e protegido por árvores, trincheiras e estacas pelos outros três. Cossacos protegiam um acampamento para bagagens na retaguarda, onde Catarina ficou alojada. Os russos fortificaram a posição, que só era acessível por um corredor pela floresta, o qual Pedro mandou ser bloqueado por seis redutos atravessados por outros quatro, guarnecidos por 4 mil homens: um obstáculo que impediria qualquer avanço sueco.

Enquanto observava as manobras russas, Carlos foi ferido no pé. No domingo, 26 de junho, com o pé sangrando numa cama em seu quartel-general, localizado em um mosteiro próximo, ele convocou um conselho de guerra. Diante da situação, Carlos se decidiu por um ataque antecipado para se contrapor à avassaladora superioridade de Pedro. Os suecos penetrariam os redutos de madrugada, para surpreender os russos e tomar o acampamento de assalto. Era uma tática arriscada, com muitas possibilidades de confusão no escuro. Por causa da pressa e da surpresa, a artilharia foi deixada para trás. O rei ferido não poderia comandar pessoalmente o ataque. Mas coordenação era essencial — e os generais suecos se detestavam.

No dia 27 de junho, no lusco-fusco antes do amanhecer, o Exército sueco tomou posição, com 8 mil homens da infantaria e 9 mil da cavalaria. Transportado até o campo de batalha numa padiola suspensa entre dois cavalos com uma escolta de guarda-costas selecionados, mais seu ministro, o conde Piper, Carlos juntou-se ao comandante Carl Gustav Rehnskiöld à esquerda, enquanto Löwenhaupt comandava à direita. Às quatro da manhã, quando o sol subia no horizonte, os suecos avançaram, mas o fator surpresa logo foi pelos ares quando os redutos

---

Chade e da Etiópia. Pedro foi padrinho de batismo do garoto muçulmano — a partir de então chamado Abram Petróvitch Gannibal. Ele serviu a Pedro como um de seus pajens negros, conhecidos como núbios, árabes e abissínios, que se tornaram uma característica exótica da corte dos Románov até 1917. Gannibal era excepcionalmente talentoso. Reconhecendo que o garoto tinha aptidão para línguas e matemática, Pedro o manteve estudando na França. Ele se tornou o primeiro general negro na Europa e avô do poeta Púchkin, que escreve a história de sua vida em "O negro de Pedro, o Grande".

russos abriram fogo. O plano dos suecos deu errado quase de imediato. Em vez de contornar os redutos, o núcleo sueco parou para empreender repetidos assaltos numa minibatalha irrelevante, porém sangrenta, e não chegou ao ponto de encontro para travar a verdadeira batalha do outro lado. Em vez disso, foram atacados pela cavalaria de Ménchikov até Pedro mandar que ele se retirasse e dividisse seus homens em duas unidades em cada flanco. Uma coluna sueca se perdeu no escuro e nunca chegou ao seu destino, enquanto a infantaria de Löwenhaupt à direita ficou isolada, saindo da floresta para enfrentar o acampamento russo sozinha. Quando Rehnskiöld e Carlos finalmente chegaram para somar forças, descobriram que metade de seu pequeno exército havia desaparecido.

Às nove horas da manhã, entrincheirado no acampamento, usando um chapéu de três bicos preto, botas de cano alto, a casaca vermelha com mangas verdes de um coronel de Preobrajénski e o *cordon bleu* de Santo André no peito, Pedro avistou o vão entre as formações suecas e mandou Ménchikov, num elegante traje branco, atacar os destacamentos isolados no centro com sua cavalaria. Perdidos e isolados, os soldados suecos se renderam. Rehnskiöld e Carlos ficaram esperando por duas horas, procurando os soldados desaparecidos.

Foi uma oportunidade importante: Pedro reuniu um conselho de guerra em sua barraca e logo saiu para ordenar que o Exército se posicionasse para a batalha — no momento em que Rehnskiöld resolvia se retirar. A formação sueca deu meia-volta, preparando-se para a retirada, mas era tarde demais. Para horror de Rehnskiöld, os portões do acampamento se abriram e o Exército russo saiu marchando em massa em formação de lua crescente, com Pedro comandando o flanco esquerdo e Cheremétiev o centro. Pedro lembrou aos homens que eles lutavam "pelo país… não por Pedro", que "não dá valor à própria vida se a Rússia e a devoção e glória russa puderem sobreviver!". Com essa declaração, o monarca transmitiu seu sonho majestático de grandeza russa que o tornou um líder tão inspirador para sua muito sofrida nobreza, apesar de toda brutalidade e violência.

Rehnskiöld hesitou, mas logo interrompeu a retirada e ordenou que os suecos fizessem meia-volta e se preparassem para a batalha: exaustos, porém muito bem treinados, os suecos giraram sob fogo com perfeição, aguardando a ordem de avançar. Marcharam à frente devagar, sem alterar o passo, mesmo sendo dilacerados pelos canhonaços russos. O flanco direito entrou em choque com os russos, obrigando-os a recuar, mas o flanco esquerdo havia sido dizimado pelas salvas russas. Em vista da superioridade dos russos, o próprio ímpeto do sucesso sueco na direita tornou ainda mais vulnerável o fustigado flanco esquerdo. Uma bala de mosquete arrancou o chapéu da cabeça de Pedro, que mandou sua infantaria avançar pela abertura entre os flancos suecos da esquerda e da direita. A sela de Pedro foi atingida, e uma bala ricocheteou em seu peito num ícone que usava pendurado no pescoço. Carlos e sua Guarda Real lutaram até o último homem, mas os suecos acabaram cedendo. O próprio Carlos quase foi capturado. Vinte e um de seus 22 padioleiros foram mortos e ele teve de ser posto num cavalo, sangrando. Agora precisava correr para salvar a própria vida.

Cerca de 6900 suecos jaziam mortos ou feridos, enquanto 2700 foram feitos prisioneiros. Pedro estava radiante, cavalgando entre seus soldados, abraçando generais. Uma capela campal foi erguida para um te-déum, e depois o tsar ficou esperando os prisioneiros. Ménchikov os conduziu para se ajoelharem e entregarem as espadas ao vitorioso. Após esse pequeno ritual de obediência, Pedro recolheu-se em uma resplandecente tenda persa para um banquete. Todos os brindes eram saudados com o trovejar de um canhoneio. Quando o marechal Rehnskiöld e o conde Piper foram trazidos, Pedro levantou um brinde antes de dizer: "Onde está meu irmão Carlos?". Mas o rei estava fugindo para o sul.* Pedro devolveu a espada de Rehnskiöld e brindou a seus "professores" na arte da guerra.

"Quem são seus professores?", perguntou Rehnskiöld.

"São vocês, cavalheiros", respondeu Pedro.

"Bem, então os alunos devolveram seus agradecimentos aos professores", disse o marechal derrotado.

Naquela noite, Pedro escreveu catorze bilhetes "do acampamento em Poltava", inclusive o seguinte para Catarina, que estava lá perto:

> Matuchka, bom dia. Deus todo-misericordioso nos garantiu neste dia uma vitória sem precedentes sobre o inimigo.
> Pedro
> PS: Venha aqui para nos congratular!

---

* Perseguido por Ménchikov, Carlos, acompanhado por Mazeppa e seus cossacos (os quais, como traidores, não podiam se render), e um pequeno séquito conseguiram chegar ao rio Bug, onde ele abandonou seu exército e fugiu para território otomano a fim de continuar comandando a guerra contra Pedro.

Pedro enviou um relatório jocoso para Romodánovski em Moscou: "O exército inimigo acabou como Faetonte.* Congratulações a vossa majestade", acrescentou brincando, como se estivesse concedendo ao príncipe-césar um novo e irônico título: imperador. Dois dias depois, Pedro promoveu Ménchikov a marechal, Golóvkin ao novo cargo de chanceler e presenteou Cheremétiev com uma infinidade de servos. O coronel Pedro agradeceu ao príncipe-césar por sua promoção a tenente-general e a vice-almirante, apesar de declarar: "Eu não mereço tanto, vossa majestade".

Pedro estava convencido de que a vitória havia lhe garantido o Báltico — "Agora, com a ajuda de Deus, foi lançada a pedra final da fundação de São Petersburgo" —, determinando o fim do Império Sueco e o ressurgimento da Rússia. Escrevendo para Catarina, ele falou em "nossa ressurreição russa".

Mas a guerra estava longe de terminar. Enquanto Cheremétiev marchava para o norte para se apoderar do Báltico e Ménchikov galopava para assegurar a Polônia, Pedro e Catarina se dirigiram para Kíev, onde, "para pagar meus pecados, fui acometido por acessos de tremor, náusea e fadiga". Quando se recuperou, Pedro renovou sua aliança com Augusto, o Forte, e o reconduziu ao trono na Polônia. "Estou entediado sem você", disse Pedro a Catarina. "Os poloneses estão sempre em conferência com Ivachka Khmelnítski [álcool]. Você brinca com meus flertes; não flertamos com ninguém; pois somos velhos e não somos esse tipo de gente. O noivo [Ménchikov tinha acabado de se casar com Dária] teve uma entrevista com Ivachka anteontem, tomou um tombo feio e ainda está imobilizado."

"Por favor, venha logo", respondeu Catarina. "Oh, meu querido, sinto sua falta [...]. Parece que faz um ano que não nos vemos." No dia 14 de novembro, Pedro se juntou a Cheremétiev no sítio a Riga: "Lancei as três primeiras bombas com as próprias mãos — vingança desse lugar amaldiçoado".

Em 18 de dezembro, Catarina deu à luz uma filha, Elizaveta.** Pedro visitou mãe e filha. Dois dias depois, ladeado por dois favoritos, Ménchikov e o príncipe Vassíli Dolgorúki, coronel da Guarda de Preobrajénski, Pedro desfilou sob os sete arcos de Moscou com milhares de prisioneiros suecos. Após um te-déum na

---

* Na mitologia grega, Faetonte conduziu sua carruagem tão depressa e a uma altura tão grande que ela explodiu em chamas — uma metáfora para os perigos do excesso de ambição.

** Elizaveta, que depois se tornaria imperatriz, é mais conhecida pelo nome de Isabel. Mantivemos aqui a opção do autor. (N. E.)

Catedral da Anunciação, subiu a Escadaria Vermelha, onde tinha visto tantas atrocidades quando garoto, e entrou no Palácio das Facetas, onde Rehnskiöld e Piper foram apresentados ao tsar em seu trono. Mas ao prestarem seus votos de obediência, ficaram surpresos quando não viram o gigante que tinham conhecido em Poltava, mas um carrancudo príncipe-césar entronado sobre um tablado, jantando com Ménchikov, Cheremétiev e o verdadeiro tsar.

Durante o verão e o inverno de 1710, os russos tomaram os portos do Báltico de Riga, Reval e Vyborg. "Boas notícias", exultou Pedro para Catarina. "Ganhamos uma forte proteção para São Petersburgo."

Porém, recuperando-se em território otomano, Carlos tentava convencer o sultão a entrar na guerra. Quando exigiu energicamente que Carlos lhe fosse entregue, Pedro ofendeu o orgulhoso otomano. Enquanto o sultão tramava uma guerra, Pedro planejava dois casamentos — um para a realeza, outro para seus anões.[9]

ATO II
O APOGEU

ALEXEI
1645-76
m. (1) Maria Mioslávskaia
m. (2) Natália Naríchkina

- Alexei Alexéievitch † 1670
- outro descendente
- **Sófia** dama soberana 1682-9
- FIÓDOR III 1676-82
- IVAN V 1682-96
  m. Praskóvia Saltikova

- Iekaterina
  m. Karl Leopold, duque de Mecklenburg-Schwerin
- ANNA 1730-40
  m. Friedrich Wilhelm, duque da Curlândia
- Praskóvia
- Alexei Petróvitch † 1718
  m. Charlotte de Brunswick-Wolfenbüttel

Anna Leopóldovna, nascida Isabel de Mecklenburg regente 1740-1
m. Anton Ulrich de Brunswick-Wolfenbüttel

PEDRO II
1727-30

IVAN VI
1740-1

- ALEXANDRE I 1801-25
  m. Isabel Alexéievna, nascida Louise de Baden
- CONSTANTINO I 1825
  m. Anna Fiódorovna, nascida Juliane de Saxe-Coburg-Saalfeld
- Alexandra "Alexandrine"
- Elena

* Pedro, o Grande, foi o primeiro imperador da Rússia. Todos os seus sucessores foram ou imperadores ou tsares.

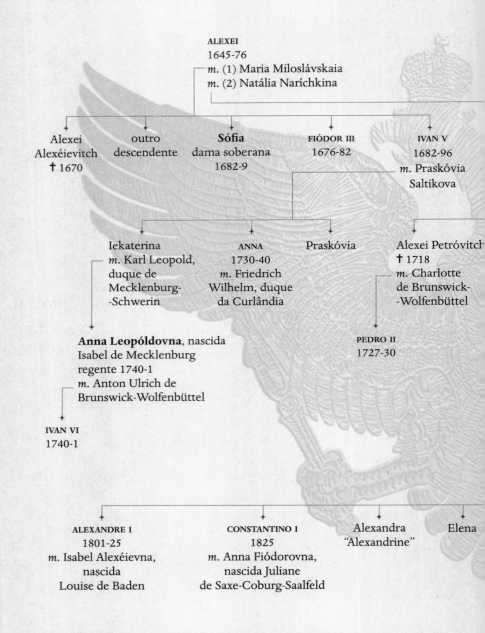

OS ROMÁNOV
c. 1700-1800

PEDRO I, O GRANDE★
1682-1725
— m. (1) Eudóxia Lopukhiná
— m. (2) Marfa Scavrónskaia, CATARINA I 1725-7

- Anna
  m. Karl Friedrich,
  duque
  de Holstein-Gottorp
- ELIZAVETA
  1741-62
- Natália
- Pedro
  "Petruchka"
- outro descendente

PEDRO III
1761-2
m. Sophie de Anhalt-Zerbst,
CATARINA II, A GRANDE
1762-96

PAULO I
1796-1801
m. (1) Natália Alexéievna, nascida Wilhelmina de Hesse-Darmstadt
m. (2) Maria Fiódorovna, nascida Sophia Dorothea de Württemberg

- ...ria
- Catarina "Catiche"
- Anna "Annette"
- **NICOLAU I** 1825-55
- Miguel

Cena 1
O imperador

Elenco

PEDRO, O GRANDE, tsar e imperador 1682-1725

Eudóxia (nascida Lopukhiná), tsarina, sua primeira esposa, agora freira

Alexei, tsarévitch, seu filho mais velho com Eudóxia

Charlotte, princesa de Brunswick, mulher de Alexei

PEDRO II, filho de Alexei e Charlotte, neto de Pedro, o Grande, tsar 1727-30

Catarina I (antes Marfa Scavrónskaia), tsarina, segunda esposa de Pedro, o Grande, imperatriz da Rússia 1725-7

Anna, filha do casal, depois esposa de Karl Friedrich, duque de Holstein-Gottorp, "Annuchka"

ELIZAVETA, filha do casal, imperatriz da Rússia, 1741-62

Pedro Petróvitch, o filho bebê, "Petruchka"

Praskóvia (nascida Saltikova), tsarina, viúva do tsar Ivan V

Iekaterina, filha de Ivan V com Praskóvia, casada com Karl Leopold, duque de Mecklenburg-Schwerin, "Duquesa Selvagem"

ANNA, filha de Ivan V com Praskóvia, casada com Friedrich Wilhelm, duque da Curlândia, imperatriz da Rússia 1730-40

Iefrosínia Fiódorova, amante finlandesa de Alexei

CORTESÃOS: ministros etc.

Príncipe Fiódor Romodánovski, príncipe-césar, chefe do Ministério de Preobrajénski

Príncipe Ivan Romodánovski, seu filho, príncipe-césar, chefe do Ministério de Preobrajénski

Alexandre Ménchikov, primeiro príncipe, marechal de campo e melhor amigo de Pedro, "Alechka", "Príncipe da Sujeira"

Boris Cheremétiev, marechal de campo, conde

Gavril Golóvkin, chanceler, conde

Fiódor Apráxin, almirante-general, conde, irmão da tsarina Marfa, esposa de Fiódor III

Príncipe Vassíli Dolgorúki, comandante da Guarda de Preobrajénski

Pedro Tolstói, vassalo dos Miloslávski, chefe da polícia secreta

Pedro Chafírov, vice-chanceler, primeiro barão

Anton Devier, chefe de polícia de Petersburgo

Pável Iagujínski, procurador-geral

INIMIGOS

Carlos XII, rei da Suécia, "Último dos Vikings", "Cabeça de Ferro"

Baltadji Mehmed Paxá, grão-vizir otomano

Poltava mudou o status da Rússia na Europa. O país passou a ser uma grande potência, e os Románov deixaram de ser bárbaros moscovitas na periferia da Europa. Os tsares Miguel e Alexei aspiravam se casar com a realeza europeia, mas sempre foram esnobados; agora era diferente, e Pedro logo se empenhou em casar as Románov com príncipes europeus. Negociou o casamento de sua sobrinha, Anna, com Friedrich Wilhelm, duque da Curlândia, um pequeno principado báltico onde hoje fica a Letônia. O primeiro casamento real com um estrangeiro em duzentos anos não foi realizado em Moscou, mas em Petersburgo, onde Pedro organizou um grande espetáculo real com anões para inaugurar a cidade como a nova capital.

A ornamentação da cidade já começara. Aristocratas tinham recebido ordens de construir palácios de pedra; departamentos do governo foram transferidos para lá; e Pedro contratou arquitetos italianos e alemães para projetar uma grande metrópole europeia.*

---

* Ménchikov apontou o caminho quando contratou o arquiteto italiano Giovanni Fontana para construir o primeiro palácio de pedra na ilha de Vassilévski, que se tornou o quartel-general do tsar. Enquanto isso, o ítalo-suíço Domenico Trezzini estava construindo a Catedral de Pedro e Paulo, ao lado da fortaleza, enquanto criava o Palácio de Verão de Pedro no Nievá, uma pequena vila de dois

Quando o noivo de Anna chegou, o tsar lhe mostrou a cidade pessoalmente, com muito orgulho. O duque só se destacou pelo apetite por bebidas. Pedro achou maçante o apático Friedrich e considerou a noiva Anna, filha do tsar Ivan V, sem charme nenhum. Anna tinha ombros largos e expressão azeda e era dominada pela mãe, a tsarina Praskóvia, que ela detestava. Praskóvia era um dragão e administrava sua corte no Palácio de Izmailovo, perto de Moscou, com uma ferocidade caprichosa. Quando um criado demitido tentou denunciá-la a Pedro por criticar suas reformas, Praskóvia mandou prendê-lo, espancou-o com uma bengala na cela, encharcou-o de vodca e ateou fogo em seu corpo. Com uma mãe dessas, não admira que Anna fosse uma noiva tristonha.

Em 31 de outubro de 1710, no palácio de Ménchikov, Pedro, usando um traje majestático afrancesado que não era costumeiro — com uma capa vermelha forrada de zibelina e peruca branca — e portando um bastão cheio de fitas, segurou a coroa acima do noivo, enquanto Ménchikov fazia o mesmo com a noiva. Mas o tsar ficou inquieto, pediu que alguém mais assumisse e mandou o padre encurtar a cerimônia, impaciente para começar seu espetáculo de fogos de artifício.

Depois de três dias de festejos, Anna e Friedrich foram convidados pelo tsar para o casamento de seu anão favorito, Iakim Vólkov. Pedro tinha especificado para o príncipe-césar que "anões e anãs residindo em casas de boiardos de Moscou devem ser reunidos e mandados para São Petersburgo". Quando chegaram, foram tangidos "como gado" antes de serem distribuídos aos nobres que deveriam vesti-los para os casamentos.

Primeiro, um mestre de cerimônias nanico, lutando para empunhar seu bastão de ofício de tamanho integral, liderou um cortejo de 72 anões, mais o tsar e a corte, que terminou na Catedral de Pedro e Paulo, onde Pedro segurou a coroa sobre a cabeça da noiva enquanto a congregação, e até o padre, tentava sem sucesso reprimir o riso. No banquete de casamento no palácio de Ménchikov, Pedro e Catarina, acompanhados pelo duque e pela duquesa da Curlândia, davam risada enquanto os anões se banqueteavam numa mesa supervisionada pelo anão-mestre e entornavam cálices de vodca transbordantes. Quando a música começou, os anões bêbados começaram a dançar e a cair no chão, para divertimento do tsar e dos embaixadores estrangeiros que agora rolavam de rir das "cô-

_____

andares em estilo barroco holandês. Pedro construiu o Palácio de Inverno perto de sua cabana, de madeira e com dois andares.

micas cambalhotas, das estranhas caretas e das posturas esquisitas daquela miscelânea de pigmeus", alguns "com enormes corcundas e pernas curtas, outros com barrigões e pernas curtas e tortas como as de um texugo". Depois, Pedro pôs o casal de anões na cama de seu quarto no palácio. A orgia só terminou quando Anna e o marido partiram para a Curlândia, mas o duque Friedrich tinha bebido tanto que morreu logo depois da partida.

Anna, a viúva adolescente, voltou para a casa do tio, que a proibiu de se casar novamente e a despachou de volta para governar a Curlândia. Em Mitau, a capital sempre ávida por dinheiro, Anna foi negligenciada e desprezada pelo tsar, que mesmo assim ditava todos os seus movimentos para garantir que o ducado permanecesse um satélite da Rússia.

Pedro ficou sóbrio com a declaração de guerra do sultão Ahmed III e correu para o Sul, para mobilizar tropas e rechaçar a invasão otomana. É possível que tenha imaginado que a vitória seria fácil. Na verdade, ele estava seguindo para uma armadilha.[1]

No dia 25 de fevereiro de 1711, Pedro organizou um desfile religioso e militar na praça da Catedral do Krêmlin com o intuito de abençoar sua cruzada para liberar os ortodoxos do domínio otomano e destruir os "inimigos de Cristo", tendo como aliado o hospodar da Moldávia, Dmítri Cantemir. Pedro mandou gravar em suas bandeiras o mote de Constantino, o Grande: POR ESTE SÍMBOLO CONQUISTARÁS!

Mas Pedro se surpreendeu com a velocidade do avanço otomano em direção à Ucrânia e à Polônia. Era preciso chegar ao Danúbio primeiro, e ele pressionou Cheremétiev para se movimentar mais depressa. "Eu não sou um anjo", resmungou o marechal, "mas me mandam fazer o trabalho de um anjo e não o de um ser humano." Com poucos homens e pouca munição, Pedro culpava seus oficiais, que agiram "sem consideração pelos problemas e pesares em que seu líder se encontra". Ameaçou processá-los como "traidores da pátria-mãe". O tsar se sentiu sozinho em sua missão. "É difícil viver", disse mais tarde a Catarina, "porque tenho que ter em mãos tanto a espada como a pena — e você mesma sabe que eu não tenho ajudantes."

Pedro queria ser o primeiro servidor de um Estado racional, que ele tentava instituir com uma série de reformas administrativas e hierárquicas. Agora ele criava uma nova instituição, o Senado, um gabinete com nove membros, preenchido com seus parentes de confiança e incluindo Ménchikov, claro, para administrar o país em sua ausência. Mas o tsar não confiava em seus nobres e funcionários, sabendo que muitos se opunham às suas reformas ambiciosas: às vezes ele os chamava de "cães". Sempre que se distraía reinava o caos, com seus representantes, descontrolados com o decoro do novo Senado, lutando (às vezes literalmente) por dinheiro e poder. Embora tentasse construir um Estado com suas novas instituições, Pedro solapava suas ideias racionais com o estilo tirânico e idiossincrático. Queria impor tudo, rápido em reclamar que os senadores eram incapazes de tomar decisões. Essa é sempre a queixa dos autocratas, de Pedro a Stálin e Pútin, que concentram um poder espantoso num só homem e depois reprimem seus assistentes por pensar como eles mesmos. "Eles imitam um caranguejo a caminho do trabalho", escreveu Pedro, "por isso não vou lidar com eles com palavras, mas com os punhos." Pedro alertou que, se eles não se pusessem a trabalhar, "vai acontecer o pior com vocês!". Só o medo funcionava. Era comum ele esmurrar ou espancar os nobres com a bengala. Muitos não gostavam dessa hiperatividade ameaçadora, e com razão.

Agora ele começava a perceber que Ménchikov era avaro e brutal, pois suas depredações enfureciam os aliados poloneses. "Mude o seu jeito", alertou Pedro, "senão você vai responder com sua cabeça." O tsar começou a transferir seus favores ao altivo e destemido Vassíli Dolgorúki, que sempre denunciava a corrupção e as violentas extorsões de Ménchikov. "Avise-me para onde vai o dinheiro [...] não sei nada da sua província, que é como se fosse outro país", Pedro repreendeu Ménchikov. Autocratas costumam contar com assistentes, assessores e gente com interesses comuns, mas não têm amigos — ou não deveriam ter. Pedro adorava Ménchikov, "o menino do meu coração", mas o promovia e o protegia por ele ser o mais eficiente e o mais comprometido na condução de seus projetos, aos quais a maioria dos aristocratas era indiferente.

Agora, sabendo que não poderia mais retornar "dessa arriscada jornada", Pedro deixou no comando Ménchikov e o rival Fiódor Apráxin, dizendo a ambos que "o país inteiro está confiando em vocês", e dessa forma assegurou mais uma vez uma paralisia plenipotenciária. Preocupado com suas filhas ilegítimas, decidiu que deveria formalizar o casamento com Catarina para que, como explicou a Ménchikov, se "ficarem órfãs, estarão mais protegidas". Pedro se casou com ela reservadamente, anunciando que Catarina era a "verdadeira e legítima dama soberana".

No dia 6 de março, Pedro e Catarina partiram para a guerra numa corrida para "chegar ao Danúbio antes dos turcos". Enquanto seguiam para o Sul, Pedro adoeceu de novo, sofrendo "duas semanas de espasmos tão graves que eu não pensei que fosse sobreviver, mas suores e urinação começaram a me aliviar". Catarina cuidava do marido epiléptico, ao mesmo tempo que tentava proteger o aliado Ménchikov. "Rogo a vossa majestade que não se dê ao trabalho de acreditar em nenhuma intriga estúpida daqui", ela escreveu ao Príncipe da Sujeira, "pois o vice-almirante [Pedro] continua a amá-lo."

Sob o comando do grão-vizir Baltadji Mehmed Paxá, os otomanos ganharam facilmente de Pedro a corrida até o Danúbio. "Estou espantado com a lentidão de seu progresso", ele repreendeu o marechal Cheremétiev, que avançava com o exército principal. "Dez dias foram perdidos. Se tivesse feito o que eu mandei, você teria chegado ao Danúbio antes dos turcos." E especulava: "Será que haverá algo para comer?". Pedro estava ficando sem suprimentos. Deveria ter cancelado a campanha. Em 24 de junho, encontrou-se com Cheremétiev. Seus 38 mil homens foram sistematicamente envolvidos pelos 150 mil do vizir, mais 50 mil cavaleiros comandados pelo cã da Crimeia, Devlet Giray. De repente, no "calor tórrido de dia e de noite", com falta de provisões, Pedro se viu em extremo perigo. "Nunca, desde que comecei a servir, estive em situação tão extrema", escreveu. Ele ordenou a construção de um acampamento fortificado — bem a tempo. Em 9 de julho, Baltadji cercou Pedro, que construiu um poço fundo protegido por um círculo de carretas para abrigar Catarina e suas damas do sol e dos mísseis: a tsarina ficou lá, esperando serenamente enquanto a batalha decorria e suas damas soluçavam em voz alta. Os janízaros otomanos de elite atacaram; os aliados moldávios de Pedro foram inúteis, mas sua artilharia provou seu valor. "O Senhor Deus incentivou nossos homens a ponto de eles, embora nos excedessem em 100 mil, serem constantemente rechaçados" até se encontrarem em um impasse. Pedro chamou isso de "um banquete de morte". Ele enfrentava a morte ou a captura: consta que escreveu ao Senado para dizer que, se fosse realmente capturado, eles deveriam "deixar de me considerar como tsar" e escolher "o sucessor de mais valor".

Pedro se ofereceu para negociar, mas Baltadji achou que o tinha "como um pássaro na mão", explicou depois o tsar; a aniquilação era iminente. Catarina ganhou a eterna admiração de Pedro ao manter a coragem, enfrentando o perigo "não como uma mulher, mas como um homem, e aconselhando-o a abordar mais uma vez Baltadji".

Os instintos de Catarina eram perfeitos. Os janízaros tinham sido castigados pela artilharia de Pedro e queriam a paz. Em meio a uma calmaria, Pedro mandou um de seus novos homens inteligentes para negociar: Pedro Chafirov, filho de um judeu polonês com talento para línguas, tinha começado como tradutor diplomático do tsar, mas se tornou tão indispensável que Pedro o promoveu a vice--chanceler e lhe conferiu o primeiro título de barão da Rússia.* Pedro ofereceu 150 mil rublos a Baltadji, e consta que Catarina teria acrescentado todas as suas joias ao suborno. "Estou deduzindo que os turcos estão dispostos a fazer a paz, mas estão demorando a chegar lá", escreveu Pedro a Chafirov em 11 de julho, mostrando seu desespero. "Se quiserem mesmo a paz, concorde com eles em tudo o que quiserem com exceção da escravidão, e nos informe no final do dia para darmos início à nossa terrível marcha."

Chafirov negociou magistralmente a partir de uma posição de fragilidade humilhante, abrindo mão de coisas preciosas a Pedro, Azov e sua flotilha — mas, fora isso, Pedro se saiu bem. Em seu santuário do outro lado da fronteira otomana, Carlos da Suécia, ao se inteirar da situação de Pedro, tentou convencer o sultão a interromper o tratado que salvaria o tsar. Chegou a ir a galope até o acampamento de Baltadji, mas Pedro e Baltadji assinaram a paz em 12 de julho. No dia seguinte, Carlos chegou para ver seu inimigo escapar.**

"Minha boa sorte", considerou Pedro, "consistiu em tomar só cinquenta chibatadas quando eu estava condenado a receber cem."[2]

Exausto e adoentado, Pedro viajou com Catarina pela Polônia para convocar seus aliados poloneses e dinamarqueses à guerra contra a Suécia — e para casar Alexei, seu filho mais velho. Deixou Catarina em Thorn e zarpou para Carlsbad, embora o ambiente saudável das termas o entediasse. "Katerinuchka, minha

---

* Pedro, o Grande, ainda não estava querendo atrair judeus para a Rússia — "Prefiro os melhores maometanos aos judeus, patifes e enganadores" —, mas ficava feliz ao promover judeus convertidos como o barão Chafirov e o general Devier, depois chefe de polícia em Petersburgo.

** Deixado para trás como refém, Chafirov negociou o Tratado de Adrianópolis em Constantinopla, que agora tornava impossível que Carlos XII continuasse no Império Otomano. Em uma desabalada corrida pela Europa, o Cabeça de Ferro só demorou treze dias para viajar de Valáquia a Stralsund, o último bastião sueco no Báltico, sem trocar as botas ou a roupa. Ao chegar, suas botas tiveram de ser cortadas para serem retiradas. Mas ele conseguiu: a guerra continuou.

amiga, como você está?", escreveu a Catarina. "Amanhã começamos o meu tratamento. O lugar é tão alegre que poderia ser chamado de uma masmorra honrosa [...]. E o pior de tudo é que não tem uma boa cerveja!" Quando Catarina recomendou que ele relaxasse, Pedro brincou dizendo que ela queria vingança por alguma de suas infidelidades. "Está bem evidente que você encontrou alguém melhor do que eu [...]. É um dos nossos ou algum homem de Thorn? Prefiro pensar [...] que você quer se vingar pelo que fiz há dois anos. É assim que vocês, filhas de Eva, agem quando estamos velhos!"

Em outubro, o purificado tsar chegou ao castelo de Torgau, na Saxônia, para casar Alexei com Charlotte, filha do duque de Brunswick-Lüneburg-Wolfenbüttel, um daqueles principados alemães que logo se tornariam uma agência de matrimônios da Rússia e uniriam a dinastia à grande família real europeia. Mas Pedro já estava preocupado e desgostoso com Alexei.

Quando tinha oito anos, Alexei fora obrigado a se separar da mãe quando ela foi confinada a um mosteiro, sem dúvida um trauma para qualquer criança. Pior ainda, Pedro o pôs sob a tutela do rude Ménchikov, que não só intimidava o garoto como o ensinou a beber muito. Meio ignorado, meio intimidado, Alexei cresceu temendo a implacável energia de Pedro, sua busca pela cultura e conhecimentos ocidentais, por navios holandeses e uniformes alemães, suas guerras brutais e reformas ameaçadoras: o garoto se manteve fiel à ortodoxia moscovita da mãe. Agora com 22 anos, moreno, rosto comprido e olhos tristonhos, só tinha em comum com o pai a altura e o gosto pelo álcool, mas não a saúde de ferro.

Pedro tentou treinar Alexei na guerra. Quando o jovem resmungou por não ter sido chamado a Petersburgo, em março de 1708 — "Estou muito triste por ter sido deixado aqui" —, Pedro replicou: "Você escreve para dizer que está triste e entediado [...] mas deveria entender por si mesmo que os tempos assim o exigem". O tradicionalista Alexei não aprovava casamentos de russos com estrangeiras. "Então agora eu sei que ele não quer me casar com uma russa, mas com uma dessas pessoas [ocidentais]", reclamou com seu confessor. "O que ele deseja vai acontecer." Pedro promoveu um encontro entre o filho e Charlotte, mas Alexei achou-a bexiguenta e não fez comentários. "Por que você não me escreveu dizendo o que achou dela?", perguntou Pedro.

Em 14 de dezembro de 1711, Pedro assistiu ao casamento de Alexei com Charlotte, que continuou luterana, ainda que qualquer filho que tivessem seria ortodoxo. "Congratulações pela nova nora", disse a Catarina. "Por favor, anuncie esse fato ao Sempre Brincalhão Príncipe-Papa!" Pedro sabia que Alexei era perigoso. Carlos XII havia planejado substituir Pedro por seu filho. Para proteger sua nova família e produzir um novo herdeiro, o tsar planejou outro casamento: o próprio.[3]

Às sete horas da manhã do dia 19 de fevereiro de 1712, vestido como um vice-almirante e tendo ao lado como padrinho seu marinheiro holandês, o almirante Cornelius Cruys, Pedro se casou formalmente com Catarina em Petersburgo, na Igreja de Santo Isaac da Dalmácia. Pedro tinha prometido a Ménchikov que, se sobrevivesse à guerra contra os turcos, "nós vamos completar isso em São Petersburgo", e manteve a palavra.

As duas filhas sobreviventes de Pedro e Catarina foram as damas de honra, junto com os tios e tias, inclusive a viúva duquesa da Curlândia — de forma que a capela abrigava três futuras imperatrizes da Rússia: Catarina, Elizaveta e Anna. Só o tsarévitch Alexei não estava presente, aparentemente amuado por causa da mãe. O assistente de Pedro no casamento foi um novo favorito recém-chegado, Pável Iagujínski, que surgia agora pela primeira vez como companheiro inseparável.*

Depois do casamento naval, o casal foi de trenó, rodeado por trombeteiros e tocadores de tambor, até o Palácio de Inverno, onde Pedro tinha pendurado o presente à sua esposa no salão de jantar, suspenso acima dos hóspedes para o banquete — um lustre de ébano e marfim que ele mesmo havia feito. Durante a festa, em que se bebeu muito, Pedro brincou com os embaixadores dizendo que era "um casamento fecundo, pois eles já tinham cinco filhos".

A guerra com a Suécia estava longe de terminar. Carlos continuava desafiador, confiante em que iria prevalecer, e por isso, mesmo depois de Poltava, Petersburgo ainda não estava segura. O tsar fustigava metodicamente o Império Sueco, lutando em diversas frentes ao mesmo tempo, por terra e por mar, motivado por sua impiedosa perspicácia, numa campanha que exigia todos os recursos da Rús-

---

* Extremamente atraente, rigoroso e eficiente na guerra, no governo e na diplomacia, incorruptível como poucos e beberrão invencível, Iagujínski, polonês filho de um organista de igreja, começou como *dénschik* do tsar, antes de ser promovido por sua coragem em Prut ao novo cargo de ajudante general no séquito tsarista. Agora acompanhava Pedro por toda parte, geralmente viajando em sua carruagem. Foi nomeado mestre de cerimônias da Companhia da Alegria. De certa forma, era um novo Ménchikov, só que mais honesto.

sia. Pedro conquistou territórios inimigos ao redor do Báltico e marchou para a Pomerânia sueca, na Alemanha. Catarina o acompanhou na campanha na Alemanha, antes de Pedro deixar Ménchikov no comando e voltar a Petersburgo. Naquele ano, Pedro e o almirante-general Apráxin conseguiram conquistar a Finlândia, e em 27 de julho de 1714 eles derrotaram a Marinha sueca* — mas o prazer do tsar foi arruinado por revelações, relatadas por Dolgorúki, sobre a ganância e a insubordinação de Ménchikov.

Em 23 de novembro, Pedro comemorou o dia do santo onomástico de Ménchikov, depois foi do palácio do príncipe à casa de um construtor de navios inglês. Lá, de repente Pedro se voltou contra o amigo: "Bem, Alexandre, hoje vi sinais de sua deslealdade. Eu tirei você do nada, mas você está ficando acima de mim. Eu sabia muito bem que você estava me roubando e deixei, mas agora estou bem informado que você me roubou milhões". Catarina tentou interceder, porém Pedro retorquiu: "Madame, isso não é da sua conta".

"Pai", choramingou o príncipe. "Tudo isso é seu!"

"Você está ficando rico", replicou Pedro. "Eu estou ficando pobre. Você é um ladrão."

Dois dias depois, Pedro prendeu associados de Ménchikov, senadores, governadores e o secretário do Almirantado, Alexandre Kíkin, e designou Dolgorúki, que havia se saído tão bem em Poltava e no Prut, para torturá-los e indiciar o príncipe. Apráxin e Ménchikov admitiram a culpa, mas foram perdoados. Em 6 de abril de 1715, três associados de Ménchikov foram executados. Ménchikov teve de pagar uma multa colossal. Agora Dolgorúki e os aristocratas dominavam o governo. No momento em que parecia que seu favorito poderia perder a cabeça, o tsar foi perturbado pela tragédia que se abateu sobre seu filho.[4]

Alexei não era um marido melhor para Charlotte do que Pedro havia sido para Eudóxia. Mas em parte a culpa era de Pedro: ele exigiu que Alexei o acompa-

---

* Em decorrência, Apráxin propôs que o tsar deveria ser promovido a general de Exército, o que deliciou Pedro. "Como amante de um general, você deveria me congratular!", disse a Catarina. "Como general e esposa de um general, vamos nos congratular mutuamente", ela provocou. "Mas não vou reconhecer esse posto enquanto não o vir pessoalmente aqui. Gostaria que você fosse ao menos almirante de esquadra!"

nhasse na guerra, deixando Charlotte sozinha e infeliz. Pedro mandou que ela voltasse a Petersburgo, mas a adolescente, apavorada com o tsar, entrou em pânico e correu de volta para a casa dos pais, onde o próprio Pedro veio encontrá-la. "Nós nunca deveríamos ter contrariado seu desejo de ver sua família", tranquilizou-a. "Você devia ter nos informado antes." Pedro instalou o casal em Petersburgo, onde Alexei começou a beber furiosamente e depois abandonou Charlotte para se recuperar em Carlsbad. Quando Charlotte deu à luz a filha dele, Alexei nem escreveu para ela. "Ninguém sabe onde ele está", choramingou Charlotte. Quando voltou, Alexei se apaixonou por uma criada finlandesa adolescente, Iefrosínia Fiódorova, capturada na guerra, e levou a voluptuosa ruiva para morar em seu palácio marital. Porém, apesar dos colapsos alcoólicos de Alexei, Charlotte engravidou outra vez. E não foi a única: a esposa de Pedro, Catarina, também estava esperando um bebê. Se desse à luz um filho, Pedro ficaria menos dependente do tsarévitch.

Enquanto aguardava os nascimentos,* Pedro caiu doente e começou a cismar com Alexei, desconfiado de que o filho se opunha a todas as suas ideias de realização para a Rússia. Em 11 de outubro, Pedro escreveu uma carta a Alexei, de Petersburgo, ordenando que ele corrigisse sua "obstinação e más intenções", caso contrário "vou eliminá-lo da sucessão como se amputa um membro inútil". Pedro estava preferindo deixar a Rússia para um "estrangeiro digno do que para meu filho indigno". Em 12 de outubro, Charlotte deu à luz o filho de Alexei em Petersburgo, que recebeu o nome de Pedro — mas ela ficou doente e com febre. Também doente, Pedro foi visitá-la numa cadeira de rodas — pouco antes de ela morrer. No dia 27, data do funeral de Charlotte, Pedro deu seu ultimato a Alexei, e logo no dia seguinte Catarina deu à luz um filho que também foi chamado de Pedro, conhecido como Petruchka — finalmente um herdeiro para substituir Alexei. "Que Deus permita que eu o veja crescer", escreveu Pedro a Catarina, "para nos recompensar por nossos pesares com os irmãos dele." Em questão de dias, Pedro, que só tinha um herdeiro insatisfatório, passou a ter três.

---

* Em janeiro de 1715, Pedro presidiu, em Moscou, o casamento do príncipe-papa Zótov, de setenta anos, com uma mulher dez anos mais nova, na última e espetacular patuscada do Sínodo dos Bêbados. A noiva chegou numa carruagem puxada por ursos; os arautos eram "os maiores gagos de toda a Rússia", os mordomos e garçons "eram velhos decrépitos", os lacaios mensageiros eram "tão gordos e volumosos que tinham de ser conduzidos", e o casal foi unido por um padre centenário que "havia perdido a visão e a memória".

Pedro mandou disparar salvas de artilharia e colocou barris de cerveja pelas ruas, onde o tsar e o povo ficaram "desumanamente bêbados" durante dias. Alexei consultou Dolgorúki sobre como deveria reagir ao ultimato do pai. Pedro estava se sentindo velho (com 44 anos) — Catarina lhe deu óculos de presente "para ajudar na minha velhice" — e sofria de febres e acessos tão graves que chegou a receber a unção dos enfermos. "Sou um homem e devo morrer", disse a Alexei. Os favoritos de Pedro não gostavam de sua tirania, mas temiam que o feroz Ménchikov governasse como regente quando ele morresse. Para se garantirem, eles incentivavam o herdeiro.

Dolgorúki intercedeu com Pedro para deixar o garoto se retirar para uma província, depois se gabou com Alexei: "Salvei você da interdição falando com seu pai". Mas o principal assessor de Alexei era Alexandre Kíkin, que já havia administrado a Marinha e era tão próximo do tsar que o chamava de "Deduchka" — vovô — até ser temporariamente suspenso por corrupção. Preparando-se para ser o futuro ministro de Alexei, Kíkin aconselhou que ele fugisse para a Alemanha: "Vou encontrar algum lugar para você se esconder". Alexei começou a se jactar com a amante Iefrosínia, dizendo que em breve eclodiria uma revolta contra Pedro, encorajada por boa parte do Senado e por outros que o apoiavam ou detestavam Ménchikov.

Pai e filho se estranhavam. Durante uma festa, Pedro se abriu para o embaixador da Dinamarca: quando um monarca arrisca a vida para criar um país respeitável, será que deveria deixar o trono para "um tolo que começaria a destruição" de todas as suas realizações? "Se a gangrena começa no dedo", disse Pedro, mostrando o polegar ao embaixador, "não serei obrigado a cortá-lo fora?"

Alexei, o polegar gangrenado, escreveu pedindo para ser deserdado. "Você prefere odiar as tarefas que cumpro pelo meu povo", respondeu Pedro com amargura em 19 de janeiro de 1716, "e vai ser o destruidor delas [...]. Mude seu comportamento ou vá ser monge. Comunique-me sua decisão imediatamente [...]. Se não o fizer, vou tratá-lo como um malfeitor."

Pedro partiu para sua segunda viagem pela Europa, visando formar uma coalizão para destruir a Suécia e planejar seu sonho final — casar sua filha com o maior monarca da Europa.*

---

* Em outro casamento estratégico, em 8 de abril de 1716, Pedro casou sua sobrinha, Iekaterina Ivánovna — filha mais velha do finado irmão e tsar Ivan com a tsarina Praskóvia —, com Karl

Pedro ficou fora mais de um ano, mas as exigências de suas guerras cada vez mais ambiciosas resultaram em mais pressões no Senado para arrecadar suprimentos em casa. Finalmente, Ménchikov, que ficara encarregado das filhas e do bebê de Pedro, eliminou uma parte do Senado e passou a abastecer o Exército pessoalmente, demonstrando assim a energia que o tornou um indispensável servidor de Pedro.

Em 26 de agosto, Pedro disse a Alexei que ele teria de escolher entre entrar na guerra e ir para um mosteiro, uma ordem que obrigou o garoto a tomar a decisão secreta de desafiar o pai, procurar ajuda no exterior e escapar do mosteiro. Alexei precisava fugir — mas para onde?

No dia 26 de setembro, Alexei disse a Ménchikov que iria se encontrar com o pai, pegou um dinheiro emprestado e partiu disfarçado, adotando o codinome "Kokhánski", um funcionário do governo, acompanhado apenas de quatro criados — sendo que um deles era sua amante Iefrosínia disfarçada de pajem. Na estrada, perto de Liepaja, ele procurou sua tia Maria, meia-irmã de Pedro, a quem admitiu choroso que ia fugir. "Seu pai vai encontrá-lo onde for", disse ela — mas não informou ao tsar.

Em Liepaja, o tsarévitch encontrou Kíkin, que sugeriu que ele fosse a Viena, onde o imperador Carlos VI, casado com a irmã de Charlotte, sua ex-mulher, o ajudaria. Mas, ao se entregar à mercê de estrangeiros, Alexei traiu Pedro. Quando os dois se separaram, Kíkin alertou: "Lembre-se, se seu pai mandar alguém para convencê-lo a voltar, não faça isso. Você será decapitado em praça pública".

Enquanto Alexei fugia, Pedro estava em Copenhague organizando sua mais ambiciosa campanha até então: assumira o comando de uma frota anglo-russa-dinamarquesa para invadir a Suécia, mas a coalizão se desfez e Pedro passou por Amsterdam a caminho de Paris.

Leopold, duque de Mecklenburg-Schwerin, que permitiu que seu ducado fosse guarnecido com um exército russo. Mais tarde, os ultrajes perpetrados por esse duque cabeça-dura, alcóolatra e sádico o privariam de seu ducado, mas o casamento foi importante porque a filha dos Mecklenburg, princesa Elizabeth, nascida em dezembro de 1718, depois se converteria à ortodoxia como Anna Leopóldovna e governaria a Rússia como regente em nome de seu filho ainda criança.

Em outubro, Pedro percebeu que seu herdeiro havia desaparecido. Tentou localizar Alexei, temendo que estivesse escondido no meio dos exércitos russos, onde poderia planejar um golpe. Mas ninguém o tinha visto.

No dia 10 de novembro, o vice-chanceler imperial em Viena foi despertado no meio da noite com a chegada de um visitante que afirmava ser o tsarévitch Alexei. Quando o choroso viajante provou ser o próprio, o imperador Carlos se viu de posse de um peão diplomático útil porém perigoso, que se jogado de forma desajeitada poderia levar a uma guerra com Pedro. Em conversas com ministros austríacos e em particular com o "pajem" Iefrosínia, Alexei expressou esperanças de que o Exército russo em Mecklenburg se revoltasse e marchasse contra a Rússia, e de que, quando ocupasse o trono, ele restabeleceria a capital em Moscou, abandonaria a frota e não faria mais guerras. Vangloriou-se de que o imperador o apoiaria. Enquanto isso, os austríacos secretamente levaram Alexei para o Castelo de Ehrenberg, no Tirol, a alguns dias de viagem de Viena.

Em dezembro de 1716, Pedro, que se encontrava em Amsterdam acamado com febre, soube que Alexei estava em Viena. Ele escreveu ao imperador para exigir seu retorno e ordenou que seu embaixador o localizasse. Catarina, grávida de novo, tinha feito uma parada perto da fronteira com a Holanda. Em 2 de janeiro de 1717, Pedro comemorou o nascimento do filho: "Deus nos abençoou nos dando outro recruta". Os filhos eram sempre "recrutas" para o tsar militarista. "Vou me encontrar com você assim que possível." Porém, no dia seguinte Pedro soube que o bebê tinha morrido. "Com que rapidez nossa alegria se transformou em tristeza [...]. Que respostas posso dar a não ser as do tão sofredor Jó? O Senhor deu, o Senhor mesmo tomou."

Em maio, acompanhado por Dolgorúki e seu negro Gannibal, Pedro chegou a Paris, então governada por um regente, Philippe, duque de Orléans, em nome de Luís XV, de sete anos de idade. Pedro ofereceu uma aliança, selada pelo casamento do rei com sua filha Elizaveta, de sete anos. Os franceses se mostraram respeitosos, mas em particular não se sentiram tentados por uma criança nascida do casamento com uma camponesa. Quando se encontrou com o pequeno rei ("que é só um ou dois dedos mais alto que o nosso Luke [um anão]", disse Pedro a Catarina), o tsar tirou-o do chão e o jogou no ar, chocando os cortesãos franceses. Pedro ficou em Versalhes — onde não se impressionou muito com o palácio, mas ficou fascinado pelas fontes, que ele logo imitaria. Seu séquito entreteve o tsar convidando uma trupe de meretrizes para uma grande orgia. Catarina brincou com ele a respeito das garotas. "Recebi sua carta cheia de piadas", respondeu Pedro com um humor pouco sutil. "Você disse que eu estou procurando uma dama, mas que isso não seria apropriado à minha idade provecta."

"Acho que vossa excelência está se distraindo com múltiplas fontes e outras diversões e nos esquece", brincou Catarina, lançando uma cascata de duplos sentidos. "Embora acredite que você encontrou novas lavadeiras, sua antiga lavadeira não o esqueceu!"

"Quanto às lavadeiras", respondeu Pedro, "eu não sou desse tipo, e além do mais já estou velho."

Em junho, Pedro partiu da França, deixando Gannibal estudando artilharia e matemática, e foi para a estação de águas de Spa, mas ficou "entediado de beber só água e um pouco de vinho", embora estivesse acompanhado por uma cortesã francesa que pode ter sido responsável pela doença venérea que acometeu o tsar. "Os médicos proíbem diversões domésticas", reclamou Pedro à esposa. "Mandei minha amante embora, pois não seria capaz de resistir à tentação se a mantivesse aqui." Catarina lembrou que ele havia mandado a amante embora por causa da doença venérea dela: "Espero que o admirador da amante [ou seja, Pedro] não chegue aqui no mesmo estado de saúde que ela! Que Deus nos livre disso!". Catarina sentia saudades: "Se o velho estivesse aqui, nós logo teríamos outro bebê", escreveu. "Como me sinto só sem você", respondeu Pedro — e pouco depois de se reencontrarem ela engravidou mais uma vez.*

Durante todo esse tempo, Pedro continuou se sentindo humilhado e inquieto com a traição do filho. Ele tinha despachado um rude oficial de estatura gigantesca, Alexandre Rumiántsev, para localizar Alexei e trazê-lo para casa. Quando os austríacos levaram Alexei em direção a Nápoles, Rumiántsev foi atrás. Logo Pedro

---

* Pedro havia se inteirado recentemente do desastre ocorrido com suas forças na Ásia Central, que era governada por vários canados e emirados independentes. Ao ouvir relatos sobre a riqueza do canado de Khiva (no atual Usbequistão), ele contratou um jovem príncipe circassiano, Alexandre Békovitch-Tcherkásski, para chefiar uma pequena expedição com o intuito de persuadir Khiva a aceitar a suserania da Rússia. Békovitch conseguiu vencer o cã, que depois o traiu e o prendeu. Békovitch foi decapitado, seu corpo, embalsamado e exposto no palácio do cã.

teve notícias de que Alexei estava agora escondido no Castelo de São Elmo, em Nápoles.

Em julho ele mandou Pedro Tolstói, seu confiável ajudante de ordens, para se encontrar com Rumiántsev e se apoderar de Alexei, custasse o que custasse. Agora com 72 anos, Tolstói, uma velha raposa das artes negras da política, tinha sido embaixador em Constantinopla, mas em 1682, ainda jovem, havia aderido aos Miloslávski no levante dos mosqueteiros contra a família de Pedro. Quando Tolstói se redimiu ao se matricular como o aluno mais velho na construção de navios, Pedro o perdoou, mas nunca esqueceu, como mostrou certa vez ao pegar a cabeça de Tolstói entre as mãos: "Oh, cabeça, cabeça!", zombou de forma ameaçadora. "Você não estaria sobre seus ombros se não fosse tão inteligente."

Em Viena, Tolstói convenceu o imperador Carlos a estimular uma reconciliação familiar.

Em 26 de setembro de 1717, no palácio do vice-rei em Nápoles, Alexei ficou horrorizado ao encontrar o cadavérico Tolstói e o lúgubre Rumiántsev, que lhe entregou uma carta: "Sua desobediência e desrespeito são conhecidos no mundo todo", escreveu Pedro. Se Alexei voltar, "asseguro a você e prometo a Deus que não vou castigá-lo [...]. Se recusar, como pai eu o amaldiçoo para sempre e, como soberano, o declaro um traidor".

Alexei hesitou. Tolstói entendeu que a frágil convicção de Alexei se apoiava em seu amor por Iefrosínia. O vice-rei colocou a cabeça da ruiva nas garras de Tolstói, que a subornou com promessas e presentes até ela concordar em aconselhar Alexei a voltar. Em 3 de outubro, Alexei concordou, desde que pudesse se recolher em uma cidade-Estado e se casasse com Iefrosínia.

De volta a Petersburgo, Pedro aceitou esses termos, mas ficou alarmado ao saber que Petruchka, seu filho mais novo, estava doente. Enquanto esperava a chegada de Alexei, Pedro investigava Ménchikov e Cheremétiev, seus magnatas corruptos. Para mostrar que ninguém estava acima da lei, ele mandou um oficial da Guarda e um príncipe serem executados em público. Enquanto isso, reciclando os velhos gabinetes moscovitas e copiando a administração sueca, Pedro reorganizou o governo em *"collegia"*.* Porém, sem um sistema local abaixo deles, o Se-

---

* Esses novos departamentos (inicialmente oito e depois nove) substituíram os antigos gabine-

nado e os *collegia* continuaram a abrigar as disputas pugilistas entre os magnatas. Enfurecido, Pedro os comparou a "megeras". Os cortesãos ficaram surpresos quando souberam que Alexei estava voltando. "Vocês ouviram dizer que o tolo do tsarévitch está voltando e que eles estão trazendo Iefrosínia?", murmurou Dolgorúki. "Ele vai ganhar um caixão, não um casamento!"

No dia 21 de janeiro de 1718, Alexei, guardado por Tolstói e Rumiántsev, atravessou a fronteira da Rússia. O pai furioso e o filho ansioso convergiram para Moscou para um embate sombrio.[5]

No dia 3 de fevereiro de 1718, Pedro e sua nobreza, protegidos por três batalhões da leal Guarda de Preobrajénski de mosquetes engatilhados, observaram o prisioneiro Alexei entrar escoltado por Tolstói no Grande Salão de Jantar do Krêmlin. O filho caiu de joelhos, confessou sua culpa e implorou piedade. Pedro concordou — desde que ele renunciasse ao trono e desse o nome dos traidores. Pai e filho se retiraram para uma sala adjacente, onde Alexei denunciou seus associados e renunciou à sucessão. Depois, Pedro declarou seu bebê Petruchka como herdeiro, enquanto Chafirov lia em voz alta o perdão de Alexei.

No dia seguinte, nomeando Tolstói chefe de uma nova Chancelaria Secreta de Investigações, Pedro abriu um processo contra o filho, em quem com certeza via uma ameaça existencial. Mas também devia odiar o filho pessoalmente. Interrogado por Tolstói, Alexei deu os nomes de Kíkin e Dolgorúki como correligionários. Só Iefrosínia não sabia de nada. Pedro iniciou um expurgo de seus servidores desleais. Ménchikov prendeu Kíkin e Dolgorúki em Petersburgo. Os criados de Kíkin e Alexei foram torturados por Tolstói e seu assistente, Andrei Uchakov, enquanto Pedro assistia.

O tsar se esforçava para entender como Kíkin o havia traído: "Como pode um homem inteligente como você se voltar contra mim?", perguntou durante a sessão de tortura.

"A mente precisa de espaço se for tolhida", respondeu Kíkin.

---

tes (*prikázi*). Os presidentes dos *collegia* de início eram senadores. Golóvkin era presidente do Collegium do Exterior; Ménchikov do Collegium da Guerra. A questão-chave dos *collegia* era que os ocupantes *não* eram ministros, estando (ao menos em teoria) sob juntas coletivas e não sob controle individual, como parte de uma tentativa de limitar a corrupção.

A traição de Dolgorúki deve ter incomodado Pedro: aquele herói de Poltava e Prut, padrinho de sua filha Elizaveta, não aprovava o despotismo do tsar. "Se não fosse a influência da tsarina [Catarina] sobre o caráter cruel do soberano", ele dizia a Alexei, "nossa vida seria impossível." Dolgorúki confessou sua simpatia pelo tsarévitch sem ser torturado. Aqui temos um indício de como os membros da Companhia da Alegria de Pedro secretamente se ressentiam de sua tirania. Porém, mesmo no santuário das famílias governantes, o preço da traição ao tsar era a morte.

Pedro suspeitava de que Eudóxia, sua ex-mulher, sabia dos planos do filho. Agora com 44 anos, ela já era freira havia dezenove — ou ao menos era o que Pedro pensava. Quando foi investigada, ele descobriu que Dosifei, bispo de Rostov, havia prometido que, quando Alexei fosse tsar, ela voltaria a ser tsarina. Havia muito Eudóxia tinha deixado de usar o véu e já arranjara um amante, um oficial chamado Sepan Glébov, que, sob tortura, se recusou a admitir traição. O bispo de Rostov foi preso e acusado de desejar a morte do tsar. Mais uma vez, a família de Eudóxia Lopukhiná estava no centro da oposição: Avraam, seu irmão, estava implicado.

Em 14 de março, ante uma vasta multidão na praça Vermelha, o bispo e três de seus serviçais foram triturados a marteladas e deixados para morrer na roda. Dois nobres, inclusive uma das damas de Catarina, a princesa Anastássia Golítsina, foram açoitados. Glébov, o amante de Eudóxia, foi chicoteado com o cnute, queimado com ferros em brasa e pregado a uma prancha de espetos por dois dias. Kíkin foi destroçado na roda, reanimado, triturado de novo e deixado em agonia até o segundo dia, quando Pedro chegou para inspecionar suas vítimas. Kíkin implorou piedade a Pedro. O tsar acabou com seu sofrimento decapitando-o, mas Glébov se recusou a confessar e Pedro permitiu que dessem continuidade ao estágio seguinte de seu castigo: empalação com estaca afiada. Pedro mandou que o vestissem em peles para garantir que viveria mais tempo e que sofreria ainda mais. Avraam Lopukhin também foi executado; Dolgorúki escapou do machado, mas foi exilado em Kazan, completamente liquidada. Na verdade ele retornaria, só para cair de novo, ilustrando uma das mais dramáticas carreiras dos altos e baixos desse século.

Em 19 de março, acompanhado pelo filho e por Tolstói, Pedro voltou a Petersburgo, onde Alexei estava confinado numa mansão próxima, vigiado 24 horas por soldados com pavios acesos ao lado de um canhão carregado.

Alexei implorou a Catarina que convencesse Pedro a deixá-lo se casar com Iefrosínia. Mas Iefrosínia foi presa. Alexei e a garota foram interrogados em separado por Pedro. Iefrosínia condenou o amante com revelações sobre as esperanças dele em uma rebelião do Exército, os planos para reverter todas as realizações de Pedro e as cartas que escreveu ao imperador denunciando o pai. Agora lutando para continuar vivo, Alexei admitiu ter escrito cartas quando estava bêbado, mas insistiu que, embora esperasse que Pedro morresse dentro de dois anos, ele não teria se rebelado durante seu tempo de vida. Mas em 16 de março Alexei cedeu, dando os nomes de Cheremétiev e até do príncipe-césar como simpatizantes. Pedro levou Iefrosínia e Alexei para Mon Plaisir, seu chalé na nova propriedade de Peterhof, perto de Petersburgo, e interrogou os dois mais uma vez. Pedro queria saber se Alexei planejava se rebelar com o pai vivo. Se o Exército tivesse se amotinado, admitiu Alexei, "e se eles me chamassem, mesmo durante o seu tempo de vida, eu teria me juntado aos rebeldes".

Alexei foi jogado no Bastião de Trubetskoi, na Fortaleza de Pedro e Paulo, onde foi julgado por traição. Diante das resmas das confissões de Alexei, os bispos se mostraram cautelosos, recomendando a severidade do Velho Testamento e a clemência do Novo Testamento, mas os senadores, com o pensamento voltado aos muitos que foram implicados por Alexei, concordaram com quaisquer "exames necessários": tortura.

Em 19 de junho, Alexei recebeu 25 chibatadas de cnute, o que não conseguiu gerar novas revelações. No dia 24, Alexei recebeu mais quinze, depois outras 25 chibatadas. Pedro mandou torturar todos os cortesãos de Alexei, e o testemunho de seu confessor foi tão prejudicial quanto o de Iefrosínia. Alexei admitiu: "Eu desejei a morte do meu pai". Agora convencido de que Alexei planejava seu assassinato, Pedro ficou satisfeito. Depois de tantas chibatadas, Alexei estava acabado. Só para ter certeza, Pedro mandou Tolstói com algumas últimas perguntas. Alexei confessou que teria pagado ao imperador para arregimentar um Exército contra o tsar.

Naquela noite, diante de um tribunal, Ménchikov, Golóvkin, Apráxin, Tolstói e outros condenaram Alexei à morte por "parricídio duplo hediondo, contra o pai de seu país e seu pai por natureza". No dia seguinte, Pedro mandou um oficial comunicar a sentença a Alexei — mas ele já estava morrendo.

Às oito horas da manhã do dia 26 de junho, Pedro e seu séquito visitaram Alexei "para uma sessão na câmara de tortura". O cronograma de Ménchikov indica que ele próprio só ficou meia hora, mas os anais da fortaleza registram que alguns ficaram mais três horas, deixando Alexei às onze da manhã completamente alquebrado. "Às seis horas da tarde", diz o registro, "o tsarévitch Alexei Petróvitch morreu." Será que Pedro matou o filho pessoalmente, terá mandado Rumiántsev estrangulá-lo ou ele teria morrido de apoplexia? O mais provável é que tenha morrido de choque, perda de sangue ou infecção dos açoites do cnute, que teria esfolado suas costas até chegar aos ossos. Quarenta chibatadas de um cnute podiam matar um homem forte, e Alexei sofreu muitas mais. (Um carrasco experiente podia matar um homem com poucas chibatadas, quebrando sua coluna, ou mantê-lo vivo durante semanas.) O corpo ficou quatro dias na Igreja da Santa Trindade, mas em 27 e 29 de junho Pedro organizou festas para comemorar Poltava e o dia do seu santo onomástico. No dia 30, Pedro chorou no funeral quando Alexei foi enterrado na nova tumba da família na Catedral de Pedro e Paulo. Em 9 de dezembro, o confessor e os criados de Alexei foram decapitados, enquanto outros tiveram línguas e narizes cortados. O ponto de vista de Pedro foi expresso na inscrição numa medalha que ele mandou cunhar no final do ano: "O horizonte está limpo".

Pedro tinha endurecido com a idade; agora estava áspero e implacável, mas também mais cansado e desconfiado. A inquisição da corrupção custou mais do que cabeças. Ménchikov sobreviveu. "Ménchikov sempre será Ménchikov", disse Pedro a Catarina, mas "se não se emendar, vai perder a cabeça."* Mas nada disso restringiu a motivação de Pedro de mudar a Rússia e construir Petersburgo.[6]

---

* Iefrosínia escapou da punição: algum tempo depois se casou e viveu por muitos anos em Petersburgo; Eudóxia voltou para o mosteiro. Enquanto isso, a geração mais velha de aristocratas de Pedro estava morrendo: o príncipe-césar Romodánovski faleceu em 1717. Pedro chorou pelo velho monstro, dizendo ao seu filho, Ivan: "Todo mundo se vai de um jeito ou de outro pela vontade de Deus. Tenha isso em mente e não se entregue à tristeza. E, por favor, não pense que o abandonei ou esqueci as boas realizações do seu pai". Pedro nomeou Ivan Romodánovski como novo príncipe-césar e chefe do Ministério de Preobrajénski, ainda que preferisse usar Tolstói, da Chancelaria Secreta, para assuntos mais delicados. O príncipe-papa Zótov morreu em dezembro de 1717: Pedro supervisionou a eleição de um novo príncipe-papa em um ritual envolvendo beijos nos seios nus da arquiabadessa do Sínodo das Mulheres, Dária Rjévskaia, e votos com ovos coloridos. Pedro Buturlin, um velho camarada ("Pedro-Pinto", no jargão do Sínodo), havia sido escolhido pouco antes do retorno de Alexei.

Durante o verão, Pedro viveu de forma simples em seu pequeno Palácio de Verão, acordando às quatro horas da manhã e começando a trabalhar ainda de camisola e penhoar chinês, anotando as ordens de pé numa mesa alta. O palácio, no continente, tinha somente catorze cômodos; ele morava no andar de cima, Catarina no andar de baixo. Para relaxar, Pedro trabalhava em seu torno na Sala de Torneamento ou no Laboratório, onde fazia experiências com fogos de artifício. Depois, com seu casaco verde da Guarda de Preobrajénski, botas pretas de cano alto (no Arsenal do Krêmlin, notáveis pela altura — e pelos pés pequenos) e brandindo sua bengala, Pedro saía cedo para encontros com o Almirantado e o Senado — a sede do governo tinha mudado para Petersburgo em 1713. À diferença de Ménchikov, que percorria a cidade numa carruagem em forma de leque com escolta e postilhões, Pedro costumava atravessar a cidade no meio da tarde numa charrete simples de dois lugares com Anton Devier, o comissário de polícia da cidade (um cargo semelhante ao de um prefeito moderno). Nascido António de Vieira, Devier era um judeu português que fora contratado pelo tsar como taifeiro na Holanda. À noite ele relaxava na taverna Quatro Fragatas, fumando cachimbos holandeses e tomando cerveja alemã ou vodca com pimenta junto com marinheiros holandeses.

Ajudado por Ménchikov e Devier,* Pedro conduziu a construção de Petersburgo com determinação absoluta. Nenhum detalhe era pequeno demais para ele, dos edifícios públicos às cercas de segurança das estradas. "Ninguém defeca a não ser nos locais adequados", especificou em seu decreto que criava o Almirantado. "Se alguém defecar em algum lugar que não os locais designados, será açoitado com um chicote de nove tiras e terá de limpar o que fez." A cidade estava se expandindo, de seus edifícios originais na ilha de Petrogrado até o entorno da fortaleza. Mesmo enquanto aniquilava o próprio filho, Pedro continuou administrando uma equipe multinacional de arquitetos em diversos projetos.**

---

* Não há nada que um arrivista odeie mais que outro arrivista. Por isso, o ódio de Ménchikov por Devier e Chafirov era visceral. Quando Devier se apaixonou por sua irmã solteira, Anna Ménchikova, o príncipe rejeitou a proposta. Mas Anna engravidou. Devier pediu que Ménchikov permitisse o casamento para legitimar a criança, porém o príncipe o chutou escada abaixo. Devier apelou a Pedro, que ordenou o casamento. Algum tempo depois, Ménchikov conseguiu se vingar.

** Pedro fez Trezzini criar novos prédios para o *collegia* na ilha de Vassilévski, perto do local onde seu arquiteto alemão, Georg Johann Mattarnovi, projetou o Kunstkammer para abrigar sua coleção de curiosidades e amostras vivas, inclusive um hermafrodita que depois escapou. Anões e gigantes

A vida social continuava girando em torno das frequentes reuniões do Sínodo dos Bêbados e das festanças escandalosas no palácio de Ménchikov e em tavernas de marinheiros, mas Pedro queria fomentar a civilização do tipo que admirava em Paris e Amsterdam. Mandou Devier organizar festas educadas, com chá e bebidas para ambos os sexos, elaborando seus *Regulamentos para organizar assembleias*, a fim de estabelecer as regras. As garotas deviam usar vestidos em estilo ocidental, com ruge vermelho, e não mais pretejar os dentes; os homens usariam casacos alemães ou holandeses. Danças, jogos de cartas e fumar cachimbo deviam ser conduzidos com decoro — sem vomitar nem brigar! Ninguém deveria ser obrigado a beber ou fazer qualquer coisa, "sob pena de ter que esvaziar a taça de conhaque da Grande Águia". Os que não comparecessem eram multados — e ninguém podia sair mais cedo, pois Pedro posicionava soldados na porta. Ele esboçou também *O honorável espelho da juventude* — seu guia para um comportamento civilizado —, e qualquer um que cuspisse, falasse com a boca cheia ou vomitasse podia levar uma bengalada do tsar.

A criatividade de Pedro vinha a um preço terrível: sua nova cidade foi na verdade construída com trabalhadores escravos, criminosos condenados a sofrer o novo castigo implantado, o trabalho forçado — conhecido como *kátorga*, que significa "galé", e realmente muitos desses condenados remavam na frota de Pedro no Báltico, enquanto outros extraíam ouro e prata das minas de Altai e Nértchinsk, no leste do país. Um número incalculável de homens labutou nas águas geladas do Nievá para construir Petersburgo, e legiões anônimas pereceram para criar o sonho de Pedro.[7]

"Nosso povo é como uma criança que só aprende o alfabeto se o professor a obriga", era como Pedro justificava sua busca do progresso pelo terror. "A compulsão é necessária em nosso país", declarou em outra ocasião, "onde o povo é noviço em tudo." Costumava dar bengaladas em seu cozinheiro saxão, e quando via uma ponte quebrada numa de suas inspeções da cidade com Devier, batia nele com a bengala e depois o convidava para voltar para a carruagem: "Entre, irmão".

---

apareciam ao vivo (e depois embalsamados) junto com a genitália de um hermafrodita, gêmeos siameses e bebês de duas cabeças e (pouco depois) as cabeças preservadas de seus infelizes cortesãos. Seu novo arquiteto-geral francês, Alexandre LeBlond, projetou a avenida Niévski — principal bulevar da cidade, que percorria um caminho de quatro quilômetros, desde o Palácio de Inverno e o Almirantado até o Mosteiro de Santo Alexandre Niévski, de Trezzini — que até hoje continua sendo a principal artéria da cidade.

Seu Código Militar de 1716 era draconiano, aplicando a pena de morte em 122 acusações (o dobro do código anterior, de 1649) e especificando novas delícias bárbaras, como triturar o condenado na roda ou o esquartejamento, práticas tomadas de empréstimo do Ocidente, como muitas de suas novas ideias. Pedro sabia que "eles me chamam de governante selvagem e tirano", mas não se desculpava por isso. "Quem diz isso? Pessoas que não sabem [...] que muitos dos meus súditos ergueram os mais perversos obstáculos para impedir meus melhores planos em benefício da pátria-mãe, e por isso era essencial tratá-los com grande severidade."

Sua agressiva hiperatividade era sempre para o "bem comum". Embora se sentisse mais feliz morando em sua pequena vila, usando roupas simples e desdenhando os rituais da corte, depois de visitar Versalhes Pedro percebeu que um potentado europeu precisava de muitas outras coisas, além da plenitude do poder.[8] Catarina, a tsarina camponesa que agora tingia o cabelo de preto para desvincular sua pele morena da estridente tonalidade natural alourada, ficava feliz em curtir o esplendor e fornecer à corte o que o império exigia. Pedro demoliu o primeiro Palácio de Inverno, de madeira, e fez Mattarnovi construir uma versão ligeiramente maior, com um salão de recepções, criando também uma infinidade de palácios rurais ao redor da cidade.*

Pouco depois da morte de Alexei, em agosto de 1718, Catarina deu à luz uma filha, Natália. Pedro adorava suas filhas, sempre perguntando por "Annuchka", "Lizetta" (Elizaveta, nome com que batizou um de seus navios) e "nossa garotona Natália". Elizaveta contou que o pai "com frequência pedia um relato do que eu aprendia ao longo do dia. Quando se sentia satisfeito, me fazia recomendações, acompanhadas de um beijo e às vezes de um presente". De qualquer forma, Pe-

---

* Seu favorito era Peterhof, trinta quilômetros a oeste de Petersburgo. Localizado no litoral, primeiro ele construiu uma vila de um andar, Mon Plaisir, onde podia desfrutar a vista de sua base naval de Kronstadt. Seu projeto era em estilo colonial holandês, com um estúdio para passatempos navais e uma sala de laca chinesa. Depois de sua estada em Paris, Pedro resolveu imitar Versalhes e o Château de Marly com suas fontes. LeBlond construiu um palácio, e o escultor Carlo Rastrelli ajudou a projetar as primeiras fontes. Quando o tsar e a tsarina estavam lá, Pedro ficava no Mon Plaisir e Catarina no grande palácio, de onde vinha cozinhar para ele na despensa de telhado holandês. Eles também elaboraram outro palácio suburbano. Tempos antes Pedro tinha dado a Catarina uma propriedade 124 quilômetros ao sul da cidade, que eles chamaram de Tsárskoie Seló (Vila do Tsar). Ela o surpreendeu ao contratar o arquiteto alemão Johann Friedrich Braunstein para construir um palácio lá para ela, depois transformado pela filha Elizaveta no bolo de casamento barroco que vemos hoje.

dro pretendia usá-las para casamentos convenientes na Europa. Enquanto isso, seu único filho sobrevivente, Petruchka, mal tinha dentes quando começou a mostrar sua perícia militar. "Ele está treinando seus soldados e disparando o canhão", relatou Catarina a Pedro sobre o "recruta" de três anos, que sentia falta do pai. "Ele é muito chegado a você: quando digo que papai está fora, ele não gosta. Gosta mais quando papai está aqui."

Depois da gravidez, Catarina voltou ao seu agitado círculo social, formado pelas mesmas damas de quinze anos antes, que ela controlava com caprichos despóticos iguais aos do marido. Após ser açoitada publicamente por simpatizar com Alexei, Anastássia Golítsina foi bem recebida de volta como organizadora de festas de Catarina. Depois da morte de Dária Rjévskaia, Pedro designou-a princesa-abadessa do Sínodo das Mulheres Bêbadas, tendo-a recompensado uma vez por seu "uivo" canino. Matriona Balk, assistente de vestuário de Catarina, era irmã de Anna Mons, a primeira amante de Pedro; o camareiro de Catarina era Wilhelm, o espalhafatoso irmão delas.

Catarina tinha a mesma resistência férrea de Pedro para festas, o que exauria seus cortesãos. "Senhor, a tsarina não quer ir dormir antes das três da manhã", queixou-se Golítsina a Pedro, "e eu tenho que estar o tempo todo com ela." Sempre que as outras damas de companhia adormeciam, "a senhora tsarina diz: 'Tia, você está cochilando?', enquanto Mary Hamilton anda pela sala com um colchão que estende no chão e Matriona Balk faz a ronda, repreendendo todo mundo. Com sua presença terei a liberdade de me livrar do serviço de quarto".

Casualmente, e de forma impulsiva, Pedro escolhia amantes entre as acompanhantes de Catarina.* "Ouvi dizer que você também tem uma amante?", per-

---

* Sua amante mais bonita era a princesa Maria Tcherkásskaia, mas consta que sua favorita era a culta Maria Matvéieva. Ela era neta do ministro Matvéiev, do tsar Alexei, que foi jogado às lanças dos mosqueteiros em 1682. Pedro a casou com Rumiántsev como recompensa por ele ter entregado o tsarévitch Alexei. Maria sobreviveu ao marido e a todos os outros e se tornou decana das cortes da imperatriz Elizaveta e de Catarina, a Grande; promovida a condessa, fazia sucesso contando suas memórias com Pedro (com muitas alusões). Seu filho Pedro, que diziam ser filho do tsar, tornou-se um dos melhores generais de Catarina. Pedro iniciou um caso de muitos anos com uma verdadeira filha dessa corte carnavalesca, a princesa Avdótia Rjévskaia, filha de quinze anos de Dária, a arquiabadessa da ala feminina do Sínodo dos Bêbados. Era notoriamente libertina e indomável — Pedro a chamava de Virago. Mesmo depois de se casar com o general Grigóri Tchernichov, ela teria transmitido uma doença venérea ao tsar, e por isso Pedro disse ao marido que a chicoteasse. Zakhar, o filho dela que depois comandou o exército de Catarina, a Grande, pode ter sido filho de Pedro.

guntou Frederico IV da Dinamarca certa vez a Pedro. "Meu irmão", respondeu Pedro, sem sorrir, "minhas meretrizes não me custam muito, mas as suas lhe custam milhares que poderiam ser mais bem empregados." As "meretrizes" de Pedro não tinham nenhum privilégio — e uns poucos colóquios com o tsar não salvavam a cabeça de uma garota, por mais bonita que fosse.[9]

No outono de 1718, Pedro iniciou investigação sobre uma das damas de honra de Catarina que tinha sido sua amante: Mary Hamilton, descendente da realeza escocesa. "Muito chegada a um galanteio", ela conseguiu engravidar três vezes do amante Ivan Orlov, um dos ajudantes de Pedro que, convocado com urgência pelo tsar, ficou tão aterrorizado que caiu de joelhos e deixou escapar uma confissão de seu caso com Mary — e como ela tinha abortado três filhos. Na dança libertina da promiscuidade da corte, o amante de Mary também estava dormindo com Avdótia Rjévskaia, amante de Pedro. Mary tentou recuperar Orlov roubando as joias de Catarina para dar a ele. Temendo que sua infidelidade ao tsar fosse exposta e que ela também fosse torturada, Avdótia acusou Mary de afirmar que Catarina clareava a pele usando cera de abelha. Nessa fogueira de amantes, Catarina revistou furiosamente o quarto de Mary e encontrou suas joias, enquanto Pedro lembrava que um bebê fora encontrado morto perto do palácio. Hamilton foi presa, torturada na frente de Pedro, e confessou ter matado três bebês. Pedro condenou-a à morte. Duas tsarinas, Catarina e Praskóvia, imploraram piedade. Pedro se recusou a "ser como Saul ou Acab ou a violar a lei divina por excesso de generosidade". Em 14 de março de 1719, Mary subiu deslumbrante ao cadafalso, com um vestido de seda branca e laçarotes pretos, mas esperava ser perdoada, especialmente quando Pedro montou o cepo. Pedro a beijou, mas disse em voz baixa: "Não posso violar a lei para salvar sua vida. Enfrente seu castigo corajosamente e faça suas orações a Deus com o coração cheio de fé". Mary desmaiou, e Pedro fez sinal para o carrasco, que desceu a espada. Pedro levantou aquela linda cabeça e começou a falar sobre anatomia para a multidão, mostrando a vértebra cortada, a traqueia aberta e as artérias gotejantes, antes de beijar os lábios ensanguentados de Mary e largar a cabeça. Em seguida, persignou-se e foi embora. Pedro, aquele conhecedor de decapitação que tanto se interessou pela degola de seus mosqueteiros, mandou embalsamar a cabeça de Mary e a colocou no Gabinete de Curiosidades, onde um visitante inglês, ao vê-la "em um vaso de cristal", afirmou que "era o rosto mais lindo que meus olhos já contemplaram".

Logo depois, Pedro soube de uma morte mais bem-vinda. Carlos XII estava inspecionando uma fortaleza dinamarquesa sitiada quando seus ajudantes ouviram um som como o de "uma pedra atirada na lama". Uma bala tinha atingido uma têmpora do Cabeça de Ferro e saído pela outra.

A terceira morte representou um golpe cruel. Em 25 de abril de 1719, Ménchikov foi visitar o pequeno Petruchka, que estava acamado. Pedro tinha organizado o casamento de seu gigante francês, Nikolai Jigant, com uma giganta.* Pedro e Catarina comemoravam o gigantesco casamento quando receberam a notícia de que Petruchka tinha morrido. Catarina ficou muito triste: os anais da corte mostram que ela guardou os brinquedos do filho até morrer. Pedro sofreu um ataque epiléptico e se trancou no quarto durante dias, até seus servidores implorarem para ele acabar com aquela "tristeza inútil e excessiva". A morte do menino arruinou seus planos para a sucessão. Mas, antes de resolver aquilo do seu jeito excêntrico, ele precisava encerrar a guerra com a Suécia.

Pedro lançou um ataque à costa da Suécia, chegando a Estocolmo, insistindo até que o novo rei da Suécia implorasse a paz e aceitasse um acordo em Nystad. Em 4 de setembro de 1721, cinco dias antes de a paz ser assinada,** um eufórico Pedro desembarcou na Fortaleza de Pedro e Paulo, rezou na igreja, apresentou-se ao príncipe-césar Ivan Romodánovski, subiu num tablado e brindou à multidão

---

* Um novo bufão havia chegado recentemente à corte e se tornara o favorito de Pedro: um judeu português chamado Jan la Costa. Tratava-se de um comerciante falido, inteligente e poliglota, que combinava uma vivacidade fulgurante com conhecimentos bíblicos. Pedro gostava de discutir religião com ele. Quando os samoiedos, de uma tribo de criadores de rena da Sibéria, vieram fazer espetáculos em Petersburgo, Pedro nomeou La Costa rei dos samoiedos e os fez jurar fidelidade a La Costa, dando-lhe de presente uma ilha para seu reino. Lestocq, médico de Pedro, tentou seduzir a filha de La Costa, então o bufão apelou ao tsar. Lestocq foi repreendido. Costa viveu bem mais que Pedro, mantendo uma posição fixa na corte até os anos 1730.

** O Tratado de Nystad foi negociado por dois dos mais talentosos assessores de Pedro: o conde James — Íakov — Bruce, um escocês, grande organizador e chefe de artilharia que era bibliófilo, alquimista, astrônomo e mago, conhecido como o Fausto russo por seus experimentos esotéricos. Andrei Osterman era o filho poliglota de um pastor da Vestfália que se tornara um dos secretários e diplomatas seniores de Pedro. "Osterman nunca comete um engano", disse Pedro, que agora promovia Bruce a conde e Osterman a primeiro barão e depois a vice-presidente do Collegium do Exterior. Pedro casou Osterman com uma parente sua, Marfa Strechniova.

que chorava e aclamava, a quem foram oferecidos baldes de álcool grátis enquanto os canhões disparavam salvas. "Regozijem-se e agradeçam a Deus!", bradou. Foi o início de dois meses de festejos. No extravagante casamento do novo príncipe-papa, "Pedro-Pinto" Buturlin, com a jovem viúva do seu predecessor, brindes eram tomados em gigantescos cálices na forma de genitais masculinos e femininos, o noivo foi mergulhado num tonel de cerveja, e a noite de núpcias foi passada numa cama ao ar livre na praça do Senado.

No dia 22 de outubro, ao som metálico de trombetas e do trovejar de canhoneios, Petersburgo comemorou um triunfo romano. Depois de um sermão do arcebispo Teófanes Prokopóvitch,* o chanceler Golóvkin saudou o tsar como "Pai da Pátria", um epíteto concedido aos césares romanos, e como "Pedro, o Grande, Imperador de toda a Rússia", fazendo na prática uma proposta aprovada pelo Senado alguns dias antes — e que foi aceita pelo tsar com um aceno de cabeça. De agora em diante, Moscou se tornava a Rússia e o tsar era também imperador (Pedro simplesmente adotou a palavra romana *imperator*), enquanto quaisquer filhos seriam "cesarévitch" — filhos de César. Em seguida começou a grande festa, com gigantes vestidos de bebês e as carruagens do príncipe-papa e do cardeal puxadas por porcos, ursos e cães.

Porém, "tempo é morte", como dizia Pedro, que não parou para descansar. Agora que a Rússia estava afinal em paz na Europa, a deposição do xá da Pérsia e a perseguição dos persas aos cristãos do leste do Cáucaso ofereciam uma oportunidade de lutar contra os muçulmanos e expandir o império ao longo da costa do mar Cáspio. Pedro não conseguiu resistir a uma nova e exótica guerra, que acelerou um frenesi de reformas e concentrou sua atenção na sucessão.

Em janeiro de 1722, inspirado por sua convicção de que o serviço universal do Estado deveria ser a única condição de eminência em sociedade, Pedro criou a Tabela de Graduações, uma hierarquia para estimular a competição por honras e atrair novos talentos. Articulando a militarização da alta nobreza, Pedro declarou que os militares eram superiores aos civis. Ordenou que os nobres servissem

---

* Pedro designou Prokopóvitch como procurador do Santo Sínodo encarregado da Igreja, um papel que evoluiu para o cargo de superprocurador, sempre exercido por um leigo, na prática o ministro da Igreja do tsar. Não haveria mais patriarcas sob os Románov. Um patriarca foi nomeado depois da revolução de fevereiro de 1917, mas os bolcheviques aboliram o cargo. Coube a um militante ateu e marxista, educado quando garoto para o sacerdócio, restaurar o patriarcado em 1943 para estimular o espírito nacionalista na Grande Guerra Patriótica: Stálin.

como oficiais ou administradores por toda a vida, mas ao mesmo tempo promoveu homens, até filhos de camponeses, que poderiam chegar à nobreza assim que atingissem certo nível.* Mas a guerra e o esplendor custavam caro: para financiar a corte russa e a máquina de guerra, Pedro criou um novo imposto individual a ser pago por cada camponês do sexo masculino, em vez de por cada residência, aumentando a tensão entre os servos, algo como 93% da população, que já precisavam servir no Exército quase a vida inteira — 25 anos. Sabendo que poderia morrer no Sul, Pedro declarou: "Sempre caberá ao monarca governante nomear quem ele desejar para a sucessão". Ao partir, nomeou seu vigoroso favorito, Pável Iagujínski, ao novo posto de procurador-geral do Senado. "Ele conhece minhas intenções", disse aos senadores. "O que ele considerar necessário, façam!" O procurador-geral deveria supervisionar o governo. "Aqui está o meu olho", disse Pedro aos senadores, "com o qual eu verei tudo."[10]

Em maio de 1722, Pedro marchou com 60 mil soldados, acompanhado por Catarina (bem como por sua amante da época, uma bonita grega, princesa Maria Cantemir), para a costa do mar Cáspio, então território da Pérsia. Derrotando as tropas persas, ele conseguiu tomar o antigo porto de Derbent,** mas a expedição foi paralisada por doenças, falta de provisões e destruição de navios durante uma

---

* Daí em diante a nobreza passou a ser uma recompensa por serviços prestados, e o Estado, na pessoa do tsar, decidiria a posição de um homem, para garantir que a nobreza russa fosse tão interligada com a autocracia que nunca se desenvolvesse de forma independente para desafiar o trono (exceto por espasmos de estrangulamentos regicidas). Mas era uma dependência circular, pois os Románov jamais desenvolveram um apoio alternativo. Pedro dividiu seus servidores em três serviços — militar, civil e corte —, cada um dividido em catorze classes. Todos os oficiais se tornavam nobres, enquanto quem chegasse ao grau 8 no serviço civil automaticamente se tornava um nobre hereditário. Mas Pedro ainda procurava seus nobres tradicionais, os Saltikov e os Golítsin, para preencher os cargos mais altos. Uma minúscula rede de famílias, cerca de 5 mil indivíduos, continuou a dominar o Exército, a corte e o campo: aproximadamente 8% da população dominava 58,9%. Esse era o privilégio de servir no Exército e no governo. Mas os nobres detestavam esse serviço obrigatório, e assim que Pedro se foi eles solaparam suas regras, com crianças aristocratas entrando para a Guarda com sete anos de idade. Logo depois os nobres já podiam evitar totalmente o serviço militar. Mas a Tabela das Graduações, símbolo da militarização da Rússia, resistiu até 1917.

** No Daguestão islâmico, Pedro ordenou que as mulheres fossem desveladas, e Catarina convidou os soldados a se enfileirarem diante de sua tenda para admirá-las: não surpreende que ela fosse tão popular entre as tropas. Em Derbent, Pedro construiu um *domik*, um chalé, para morar.

tempestade. O calor era tão causticante que Pedro e a sempre decidida Catarina rasparam a cabeça, ele passando a usar um chapéu de abas largas, e ela um quepe de bombardeiro. Sofrendo de uma infecção na bexiga, provavelmente causada por doença venérea, Pedro retirou-se para Astrakhan, mas depois seus soldados tomaram o importante porto de Baku.

Exausto, Pedro retornou a Moscou, onde encontrou Ménchikov em guerra com Chafirov, os dois brigando em reuniões do Senado. O protegido de Ménchikov, príncipe Matvei Gagárin, tinha desviado grandes quantias enquanto governava a Sibéria (dizia-se que era tão rico que as ferraduras de seus cavalos eram de ouro). Quando enforcou Gagárin na porta do Senado, Pedro obrigou seus nobres a assistir.

"Cabeças vão voar", alertou Pedro. "Não sei em quem posso confiar. Só tenho traidores ao meu redor." Mandou que todos fossem investigados, mas as acusações só atingiram Ménchikov e Chafirov, que ele condenou à morte. Quando Chafirov pôs a cabeça no cepo e o machado foi erguido, no último minuto o ajudante de Pedro anunciou que a sentença havia sido comutada para exílio na Sibéria. Ménchikov ficou seriamente abalado. "Reconheço minha culpa e percebo que não posso justificar minhas ações", disse a Pedro. "É com lágrimas nos olhos e com a mais total humildade que rogo o perdão de vossa majestade." Pedro bateu nele com a bengala. Quando Catarina intercedeu, Pedro a alertou: "Ménchikov foi concebido fora da lei e terminará a vida na desonestidade. Se não consertar suas maneiras, vai terminar uma cabeça mais baixo." Ménchikov foi multado e destituído do Collegium da Guerra. Pedro condenou mais oficiais à morte, insistindo: "Não enterrem o corpo — deixem ao rés do chão para todos verem". Disse também a Iagujínski que enforcasse qualquer um que roubasse até um pedaço de corda. Iagujínski foi contrário a tanta severidade, "a não ser que vossa majestade deseje ficar sozinho, sem servidores ou súditos. Todos nós roubamos, só que alguns roubam com mais visibilidade que outros".[11]

No dia 5 de março de 1723, já de volta a Petersburgo, Pedro inspecionou suas construções, lançou novos navios e organizou seu Sínodo dos Bêbados, agora se autodenominando "arquidiácono Pacômio Enfia-o-Pinto". Quando viajou para o litoral para supervisionar seu novo palácio de Reval, sentiu falta de Catarina. "Está tudo muito bem por aqui, mas quando chego à casa de campo e você não está lá eu me sinto tão triste!" Atormentado pela bexiga, ele precisava nomear seu sucessor. Neto, filhas, sobrinhos? Quem seria?

Um jovem príncipe, Karl Friedrich, duque de Holstein-Gottorp, chegou a

Petersburgo esperando obter ajuda da Rússia contra a Dinamarca — e se casar com uma das filhas do imperador. Pedro designou Annuchka, mas depois vacilou quanto à realização do casamento. Holstein acabou ficando mais de dois anos em Petersburgo, tornando-se membro da família quase que por osmose.

Enquanto isso, Pedro estava enfastiado com suas duas sobrinhas, a morosa Anna da Curlândia e a frívola Iekaterina de Mecklenburg, as duas com excelentes aspirações ao trono, já que eram filhas do tsar Ivan v. A mãe, tsarina Praskóvia, gostava da atraente Iekaterina, apelidada de "Duquesa Selvagem", e convenceu Pedro a deixar que ela abandonasse o violento Leopold de Mecklenburg e voltasse para casa com a filha recém-nascida. Quando diplomatas visitaram mãe e filha, tsarina e duquesa moravam em um quarto imundo com um "alaudista sujo e quase cego fedendo a alho e suor", que cantava canções imundas, e "uma mulher ignóbil e estúpida, suja e cega que andava pela casa vestindo só uma blusa". Eles faziam "uma dança de bruxa e ela logo levantava os velhos trapos fedorentos na frente e atrás para mostrar tudo o que tinha embaixo".

Mas a tsarina Praskóvia estava enojada com a conduta de sua mal-humorada filha Anna, a duquesa viúva que Pedro obrigara a ficar na capital da Curlândia. Sozinha, pobre e afoita para se casar de novo, ela escreveu mais de trinta cartas implorando a ajuda de Pedro. Como ele a ignorou, Anna escreveu a Catarina suplicando a "minha querida soberana pedir ao nosso querido tio que tenha piedade de mim e acerte a questão do meu casamento" e também pedindo dinheiro: "Não tenho nada mais que o damasco que você me deu e não tenho diamantes nem laçarotes apropriados, nem roupas de cama ou um bom vestido e mal consigo manter meu lar e pôr comida na mesa".

Pedro designou um cortesão, Pedro Bestújev-Riúmin, para governar a Curlândia com Anna — que logo ele seduziu. Como era dezenove anos mais velho que ela, a tsarina Praskóvia ficou preocupada, e apelou a Pedro. Mas "eu estou inteiramente satisfeita com Bestújev", disse Anna a Catarina, "e ele conduz meus negócios aqui muito bem". A reação da mãe foi roubar a polpuda mesada da filha. "Não vou viver na miséria e sofrer por causa dessa rixa com minha mãe", declarou Anna. Praskóvia amaldiçoou a filha.

Mãe e filha apelaram a Catarina, que conseguiu impor a paz. "Soube pela nossa soberana Catarina que você se considera amaldiçoada por mim", escreveu Praskóvia a Anna. "Eu a perdoo por tudo pelo bem de sua majestade e a absolvo de todos os pecados cometidos ante mim."

Quando Praskóvia morreu, o último vínculo com a velha Moscóvia, Pedro proporcionou-lhe um funeral grandioso, mas suas filhas não o sucederam. De repente ele anunciou que "uma vez que nossa bem-amada esposa consorte e imperatriz Catarina tem sido um grande apoio para nós, decidimos que ela será coroada".[12]

No dia 7 de maio de 1724, Pedro e Catarina saíram do Palácio de Terem, no Krêmlin, anuíram três vezes para a multidão e desceram a Escadaria Vermelha, prosseguindo para a Catedral da Anunciação. Pedro vestia túnica azul e meia-calça vermelha, e Catarina usava um vestido carmesim com brocados de ouro. Cinco damas transportavam a cauda do vestido, e o cortejo era flanqueado por pajens de perucas brancas vestidos de verde e soldados da Guarda em uniformes verdes brilhantes e galões dourados, de botas e esporas.* Nesse novo modelo de cerimônia, a fonte de todo poder era Pedro, não o clérigo. Ele colocou a coroa na cabeça de Catarina, entregando-lhe o orbe — mas manteve o cetro. Quando ela se ajoelhou, lágrimas correram por suas faces, porém quando ela tentou beijar a mão dele, Pedro a levantou.

Quando o tsar voltou a Petersburgo, em junho, sua infecção na bexiga, conhecida como cálculo e estranguria, voltou a se agravar. Ele não conseguia mais urinar. Cirurgia era a única solução. Pedro teve de se deitar numa mesa segurando as mãos de seu médico, enquanto o cirurgião holandês passava um cateter por sua bexiga para aliviar a pressão da urina. Sangue e pus escorreram, o que já indicava uma infecção severa. Finalmente ele conseguiu eliminar um cálculo. Mas a doença não o impediu de navegar pelo golfo da Finlândia e até entrar no mar para salvar alguns marinheiros. Catarina se mantinha atenta à saúde do marido: quando Pedro estava partindo em uma nova fragata, ela passou navegando em seu barco e falou pela portinhola: "Hora de ir para casa, meu velho".

Então, no dia 8 de novembro, Pedro atacou a corte de Catarina.[13]

---

* O cortejo era um instantâneo de quem era a favor. Pedro foi atendido por Ménchikov, Catarina pelo duque de Holstein e Apráxin, com o chanceler Golóvkin e seu representante Osterman segurando a cauda da tsarina. A pedido de Catarina, o príncipe Vassíli Dolgorúki, que estivera perto de ser executado seis anos antes, foi perdoado e convidado a levar o orbe. Bruce portou a nova coroa imperial, com um rubi "do tamanho de um ovo de pomba" — e 2562 diamantes. Tolstói, que levou a clava, depois foi promovido a conde. Ménchikov distribuiu as moedas. Logo depois, outros crimes seus foram expostos. Pedro perdeu a paciência e não quis nem mesmo ver Ménchikov.

Miguel (à esq.), o primeiro tsar Románov. Seu filho e sucessor Alexei (à dir.) era impetuoso, inovador e entusiasmado, mas seu temperamento podia ser perigoso.

filha de Alexei, Sófia, foi a primeira mulher a governar a Rússia.

(Acima, à dir.) Palácio de Terem, onde as princesas reais viviam uma vida suntuosa porém virtuosa e reclusa nos sombrios andares superiores.

(À dir.) Alexei mantinha seus anões e atores no sofisticado Palácio de Potéchnie (Diversões). Depois o local se tornou a casa de Stálin, onde sua mulher se suicidou.

(Página ao lado) Criador da Rússia moderna, Pedro foi excepcional em todos os sentidos. Autocrata nato que adorava orgias regadas a álcool, combinava uma hiperatividade ameaçadora com violência feroz e gênio visionário.

(À dir.) Pedro tornou-se ainda mais aterrorizante e impaciente na meia-idade. Ao construir Petersburgo, obrigou a Rússia a se modernizar para poder finalmente derrotar os suecos.

(Abaixo) Esposa e sucessora de Pedro, Catarina I teve uma extraordinária ascensão, de jovem camponesa lituana promíscua a imperatriz da Rússia por direito próprio.

Alexei, filho e herdeiro de Pedro, o Grande — até o tsar perceber que ele ameaçava destruir tudo o que havia criado. Quando o rapaz fugiu para Viena, Pedro mandou persegui-lo e enganou para trazê-lo de volta a Petersburgo.

Ménchikov — " Príncipe da Sujeira" —, amb cioso, malévolo e talentoso vassalo de Pedro, a quiriu grande riqueza e se tornou governante Rússia, mas acabou indo longe demais.

Pedro II, neto de Pedro, o Grande, desejava revogar todas as reformas do avô e trazer a capital de vo ta para Moscou. Meio apaixonado pela tia Elizaveta, era um caçador habilidoso; caiu doente no di do casamento.

Anna (acima, à esq.), com bochechas "grandes como um presunto da Vestfália", era cruel e desconfiada, amargurada pela mãe autoritária e por um longo exílio na Curlândia. Gostava de arremesso de anão, de colecionar aberrações mutiladas e de obrigar seus bufões a fingir que eram galinhas. Seu amante, Ernst Biron (acima, à dir.), que foi promovido de noivo a duque da Curlândia, "falava com homens como se fossem cavalos e com cavalos como se fossem homens".

Ivan VI tornou-se imperador com oito semanas de idade. Sua mãe, Anna Leopóldovna (acima), sensual e de boa índole, governou enquanto desfrutava um ménage à trois com Julie von Menglen (à dir., com Ivan) e o conde Lynar.

(Acima) Elizaveta, a Vênus Russa: loira amazona e libertina, mantinha diverso amantes ao mesmo tempo e impunha corte seus gostos em moda. Mas, quando se tratava de exercer o poder, era bem a fi lha de Pedro, o Grande.

(À esq.) Recém-casados, o futuro Pedro III Catarina. Essa obscura princesa alemã d grande inteligência foi trazida à Rússia po Elizaveta para se casar com seu herdeiro. casamento terminou em assassinato.

(Página ao lado) Curvilínea e de olho azuis, encantadora, majestosa e diligente Catarina, a Grande, conquistou a Ucrânia a Crimeia e a Polônia, criou uma sofistica da coleção de arte e projetou a Rússi como potência — mas precisava estar sem pre apaixonada.

Catarina se apaixonou pelo atraente Grigóri Orlov (à esq.), herói de guerra que a ajudou a tomar [o] poder. Encontrou seu verdadeiro parceiro no brilhante e despótico Grigóri Potiômkin, sua "alma gê[mea" (à dir.), com o uniforme de grande almirante da Frota do Mar Negro — tendo o retrato de Ca[tarina em diamante espetado no peito.

(À esq.) Catarina com quase sessent[a] anos, usando seu traje de viagem para [a] excursão com Potiômkin pela Crimei[a] em 1787. Seu último amor, Platon Zú[bov (acima) — quarenta anos mai[s] novo —, era arrogante, incompetente [e] supervalorizado. Não era nenhum Po[tiômkin.

Cena 2
As imperatrizes

Elenco

PEDRO, O GRANDE, tsar e imperador 1682-1725

CATARINA I (nascida Scavrónskaia), imperatriz 1725-7, viúva de Pedro, o Grande

Alexandre Ménchikov, príncipe, ex-amante de Catarina, generalíssimo

Pedro Tolstói, conde, chefe da Chancelaria Secreta

Andrei Uchakov, chefe da Chancelaria Secreta, barão

Andrei Osterman, conde, vice-chanceler, almirante-general, "Oráculo"

PEDRO II, imperador, 1727-30, filho do tsarévitch Alexei, neto de Pedro, o Grande

Príncipe Ivan Dolgorúki, camareiro-mor e melhor amigo de Pedro II

Princesa Iekaterina Dolgorúkaia, noiva de Pedro II

Príncipe Alexei Lukítch Dolgorúki, pai de Ivan e Iekaterina

Príncipe Vassíli Lukítch Dolgorúki, tio de Ivan e Iekaterina, irmão de Alexei

Príncipe Dmítri Golítsin, membro do Supremo Conselho Privado e artífice da oferta do trono a Anna

Príncipe Vassíli Vladímirovitch Dolgorúki, favorito de Pedro, o Grande, veterano das batalhas de Poltava e Prut, exilado pelo caso de Alexei, perdoado em 1724, promovido por Pedro II a marechal de campo, membro do Supremo Conselho Privado

ANNA, imperatriz 1730-40, filha do tsar Ivan v com a tsarina Praskóvia (nascida Saltikova), duquesa da Curlândia

Iekaterina, irmã mais velha de Anna, duquesa de Mecklenburg, casada com Karl Leopold, duque de Mecklenburg, "Duquesa Selvagem"

Ernst Biron, ex-noivo, amante de Anna e depois duque da Curlândia, regente por breve período

Príncipe Alexei Tcherkásski, membro do Conselho, depois chanceler

Semion Saltikov, primo em primeiro grau de Anna, governador de Moscou

Artêmi Volínski, membro do Conselho

Christoph von Münnich, conde, marechal de campo, chefe do Collegium da Guerra, depois primeiro-ministro

Ernst von Münnich, filho do marechal, camareiro, depois grande marechal da corte

Anna Leopóldovna (nascida Elisabeth de Mecklenburg), regente 1740-1, filha de Iekaterina e Leopold de Mecklenburg, sobrinha de Anna e herdeira, princesa de Brunswick

Príncipe Anton Ulrich de Brunswick, marido de Anna Leopóldovna, depois generalíssimo

IVAN VI, imperador, 1740-1, filho mais velho de Brunswick

Baronesa Julie von Mengden, amiga de Anna de Brunswick, "Julka"

Conde Maurice Lynar, amante de Anna de Brunswick, noivo de Julie, embaixador da Saxônia

ELIZAVETA, imperatriz, 1741-62, filha de Pedro, o Grande, e Catarina i, prima em primeiro grau da filha de Ivan v, Anna

Anna, sua irmã mais velha, casada com o duque de Holstein, "Annuchka"

O favorito de Catarina era seu camareiro Willem Mons, de trinta anos, irmão da antiga amante de Pedro. Mons, que tinha lutado em Poltava, era "um dos homens mais bonitos que já vi", de acordo com um enviado dinamarquês, mas também um dos mais ostentadores. Na nova e cintilante corte de Catarina,* ele gostava de usar quepes emplumados, trajes de veludo e faixas prateadas na cintura, e era motivo de zombaria por enobrecer o próprio nome para Moens de la Croix — mas esse esplendor era pago em subornos, que ele cobrava pelo acesso a Catarina. Mais grave ainda, corriam rumores de que Mons era seu amante. "As relações dela com M. Mons eram de conhecimento público", escreveu Jean-Jacques Campredon, o enviado francês. "Eu sou escravo de vossa graça", dizia uma carta encontrada entre os papéis de Mons, "e leal apenas a você, regente do meu coração." Será que a imperatriz era habilidosa demais para se arriscar em um caso extraconjugal? Teria se apaixonado?

* Pedro tinha planejado a primeira corte russa ocidentalizada para Catarina, com uma hierarquia germânica de cortesãos, de *Oberhofmarschall* (grande marechal da corte) até *Kammerherr* (camareiro) e *Kammerjunker* (cavalheiro do cômodo de dormir), todos trajados em túnicas adornadas de verde, dourado e escarlate e perucas brancas, além de uniformes igualmente ostentosos para seus negros — todos concebidos pelo supremo maníaco por controle, é claro.

Em 27 de outubro de 1724, ao regressar de São Petersburgo depois de sua viagem, Pedro foi informado dos subornos de Mons. Em 8 de novembro ele jantou com Catarina, cumprimentou friamente o onipresente Mons e se retirou. Quando Mons estava fumando um cachimbo antes de dormir, foi preso pelo general Uchakov, principal representante da Chancelaria Secreta. No dia seguinte, Pedro compareceu aos interrogatórios, mas antes de começar a tortura Mons desmaiou e confessou seus desvios.

Catarina pode ter feito apelos em favor de Mons. "Fui eu quem fiz você, e posso desfazer com a mesma facilidade", Pedro teria gritado com ela ao quebrar um espelho veneziano no palácio.

"Você acha que isso vai deixar o palácio mais bonito?", replicou Catarina com calma. Mas um tigre ferido é sempre mais perigoso, e Mons estava perdido. Enquanto aguardava sua execução, ele escrevia poemas de amor em alemão:

Eu sei que vou morrer
Ousei amar aquela
Que deveria ter só respeitado
Ardo de paixão por ela.

Em 16 de novembro, em um clima glacial, Mons foi decapitado na praça da Trindade; sua irmã Matriona foi açoitada e exilada. A cabeça de Mons foi preservada num jarro e dada de presente a Catarina.*[1]

No dia da execução, Pedro sancionou o noivado da filha Annuchka com o

---

* Essa cabeça foi depois guardada no Gabinete de Curiosidades (onde permanece até hoje). Depois da morte de Pedro, Catarina I poderia tê-la enterrado discretamente. Ela não o fez — seja qual for o significado disso. Catarina tinha um medo específico de que, depois do caso com Mons, Pedro pudesse descartá-la em favor de sua jovem amante, a princesa semirreal Maria Cantemir. Ela era filha de Dmítri, hospodar da Moldávia e um dos gregos de Constantinopla designados pelo sultão para governar a Moldávia e a Valáquia. Após um pequeno reinado como aliado russo durante a campanha de Prut, Pedro recebeu esse filósofo, compositor e historiador em Petersburgo, onde a posição da filha o tornou influente. Acompanhando Pedro ao Astrakhan, Maria engravidou, alarmando Catarina num momento em que a sucessão estava em aberto. O bebê morreu, mas em Petersburgo ela retomou seu lugar como favorita de Pedro. Difundiram-se rumores de que teria transmitido uma doença venérea ao tsar. Depois da morte de Pedro, Catarina a mandou embora da corte por um tempo. Sob a imperatriz Anna, Maria manteve um salão literário em Petersburgo.

duque de Holstein; numa demonstração de autocontrole sob pressão, Catarina praticou passos do minueto com as filhas. Ficou combinado que Annuchka renunciaria à sucessão, mas que seus filhos seriam os sucessores definitivos ao trono.

Um animado Pedro redigiu decretos, despachou o navegador dinamarquês Vitus Bering para explorar as fronteiras da América,* e em 3 de janeiro de 1725 escreveu uma nota a seu governador de Moscou que ilustrava uma ameaça temível: "Não sei se você está vivo ou morto, se esqueceu seus deveres ou se voltou para o crime, mas desde que saí de Moscou não tive mais notícias suas. Se não tiver chegado aqui até 10 de fevereiro, você será a causa de sua própria ruína!". Mas, bem antes disso, Pedro estaria contemplando sua própria ruína.

Em 6 de janeiro, o convalescente imperador presidiu a Bênção das Águas no congelado Nievá — um dos poucos rituais religiosos moscovitas transferidos para Petersburgo. Depois de dez dias, os médicos diagnosticaram inflamação da bexiga e provável gangrena, mas Pedro, aflito e sem conseguir urinar, acamou-se nos aposentos de Catarina no andar superior do Palácio de Inverno, num pequeno quarto do Grande Salão. Atendido com dedicação por Catarina, que mal saía de perto dele, Pedro continuou trabalhando na cama, mas em 23 de janeiro percebeu que estava morrendo. Disse a Prokopóvitch, seu clérigo-chefe, que estava "apreensivo com seu destino próximo", observando que "o homem mortal é uma criatura desgraçada". Dois dias depois, os médicos em pânico, todos alemães e holandeses, conseguiram extrair quase um litro de urina pútrida do febril imperador, que então se recuperou. No dia seguinte, sentiu-se bem o suficiente para comer mingau, o que provocou violentos espasmos. A gangrena o estava deteriorando por dentro. Queixando-se de uma "sensação de queimação", Pedro gritava em agonia.

Mais uma vez, o leito de morte de um tsar se tornou teatro do público e do privado. Em meio ao suor, aos gemidos, ao fedor de infecção e ao choro de seus servidores, todos se debruçaram para ouvir a quem Pedro havia decidido deixar o trono. A certa altura, Catarina afastou-se do leito de morte para se reunir com Tolstói — e com Ménchikov, que Pedro havia rejeitado. Ela e a filha estariam vul-

---

* "Navegue em fragatas para o norte e, com base nas expectativas atuais", escreveu Pedro ao capitão Bering em 23 de dezembro de 1724, "por ninguém saber onde termina, verifique se aparece essa parte da América [...]. Você deve procurar onde a Ásia e a América se dividem." A expedição resultou na descoberta do estreito de Bering — e depois na colonização do Alasca pela Rússia.

neráveis se Pedro morresse. Em 27 de janeiro, os últimos sacramentos foram ministrados duas vezes por Prokopóvitch. "Senhor, eu acredito", arquejou Pedro. "Espero […]. Espero que Deus perdoe meus muitos pecados pelo bem que tentei fazer." Catarina pediu que ele perdoasse Ménchikov, que, à espreita do lado de fora, foi trazido para dentro e perdoado — bem a tempo. Às duas horas da tarde, consta que Pedro pediu papel e caneta, escreveu "Deem tudo para…" e, como não conseguia mais escrever, chamou a filha Annuchka para ditar seus desejos. Mas logo depois entrou em coma.[2]

Enquanto Catarina e as filhas rezavam ajoelhadas ao lado do imperador, Ménchikov e Tolstói sondavam a Guarda. Pedro morreu às seis horas da manhã do dia 28 de janeiro, aos 53 anos, no 43º terceiro ano de seu reinado. Os cortesãos se reuniram no corredor do Grande Saguão para começar a brigar. Como ninguém considerava seriamente as sobrinhas de Pedro, havia três candidatos ao trono: o mais óbvio, por sua primogenitura masculina, era Pedro Alexeiévitch, com nove anos, neto de Pedro e apoiado pela aristocracia dos Dolgorúki e Golítsin. Mas isso com certeza representaria a destruição dos que haviam torturado seu pai, Alexei, até a morte. O segundo era Annuchka, a filha mais velha de Pedro, e Holstein, seu noivo — mas os dois ainda não estavam casados. As outras filhas, Elizaveta e Natália, eram jovens demais.

A terceira opção era a imperatriz Catarina, já coroada, e apoiada pelos seguidores de Pedro. Catarina não tinha fome de poder; Ménchikov era voraz. Ele convocou a Guarda, que tinha compartilhado com Catarina os rigores das guerras de Pedro, seus espíritos pretorianos adocicados pelo pagamento de um bônus em nome dela. Alguns oficiais da Guarda entraram na sala para ouvir ao fundo enquanto o príncipe Dmítri Golítsin, um oficial experiente, propunha que Pedro Alexeiévitch fosse o sucessor, tendo a viúva como regente. Tolstói alertou contra uma criança no governo e propôs a imperatriz Catarina, "que aprendeu a arte de governar com o marido". Desfilando no pátio abaixo, a Guarda aprovou por aclamação; tambores começaram a rufar. "Quem se atreveu a trazer tropas aqui sem minhas ordens?", bradou o príncipe Anikita Repnin, chefe do Collegium da Guerra. "Não sou eu o marechal de campo?"

"Fui eu, vossa excelência", respondeu o comandante da Guarda, Ivan Buturlin, "sob o comando expresso da dama soberana imperatriz Catarina, a quem eu e o senhor devemos obediência imediata." Enquanto os componentes da Guarda lamentavam — "Nosso pai está morto; nossa mãe vive" —, Apráxin e Ménchikov propuseram que "sua majestade seja proclamada autocrata".

Catarina, que continuava de joelhos ao lado da cama do marido, surgiu agora apoiada no braço de Holstein para enfrentar os cortesãos, choramingando que estava "viúva e órfã". Apráxin caiu de joelhos e a saudou com a aclamação da Guarda do lado de fora. Sua posse foi anunciada pelo Senado e pelo generalato, os cinquenta generais do alto comando. Catarina prometeu governar com o espírito de Pedro. Nenhuma mulher jamais havia governado a Rússia por seus próprios méritos. Agora a Rússia estava entrando numa era dominada por mulheres no governo.[3]

Pedro foi embalsamado e posto em exposição pública. Enquanto chorava por Pedro, a imperatriz perdeu outra filha, Natália, com seis anos, que morreu de sarampo, e seu pequeno caixão foi posicionado no Grande Saguão ao lado do gigantesco caixão do pai. Em 8 de março, Catarina caminhava atrás dos dois caixões, um enorme e um minúsculo, sob o ritmo de timbales, o trovejar de canhoneios e o canto sagrado dos corais. No funeral, na ainda inconclusa Catedral de Pedro e Paulo, ao lado do caixão,* Prokopóvitch comparou Pedro a Moisés e Salomão, a Davi e Constantino, o Grande. "Ele nos deixou em corpo, mas seu espírito permanece." Aquele espírito era personificado por Catarina, que teve de ser arrastada do caixão aos prantos. Pedro continuou desenterrado e em exposição na Catedral de Pedro e Paulo durante oito anos.[4]

Entre chorosas visitas ao seu corpo, Catarina adotou a libertinagem de Pedro antes mesmo do fim do luto oficial. "Essas diversões eram bebedeiras quase diárias, que duravam a noite toda e iam até o dia seguinte", observou o enviado francês Campredon. Nos jantares, em que quase todos os convidados acabavam inconscientes embaixo da mesa, a imperatriz festejava com Ménchikov e a prince-

---

* James Bruce criou um novo estilo de funeral — com a exposição pública formal, marchas marciais lentas, grandeza militar — que agora parecem essencialmente russas, empregadas não só para os tsares como também para os secretários-gerais do Partido Comunista Soviético.

sa Anastássia Golítsina, que ganhou cem rublos por virar dois cálices de vodca. Catarina ditava suas irônicas instruções: "Nenhuma dama deve ficar bêbada sob nenhum pretexto, assim como os cavalheiros, antes da nove da noite". Mas ela misturava isso com uma atitude caseira, cozinhando para seu círculo social.*

Ménchikov assumiu a organização do casamento de Annuchka com o duque de Holstein e, para garantir que o pavilhão especial ficasse pronto, dormia no local para supervisionar os trabalhadores. O casamento da Annuchka com o pequeno e insosso alemão, em 21 de maio, decidiria afinal a sucessão até 1917.

Catarina aspirava governar pessoalmente, não por meio de ministros, e deu ordens para que o Senado se reportasse a ela todas as sextas-feiras. Apesar de ter planos para aliviar os impostos dos camponeses, faltavam-lhe a disciplina para examinar a papelada e a força para impedir as brigas entre os belicosos cortesãos. Então, em 8 de fevereiro de 1726, ela criou um Supremo Conselho Privado, formado por seis vassalos de Pedro (o chanceler Golóvkin estava agora com 66 anos; Apráxin, com 67; Tolstói,** com oitenta), e os aristocratas tradicionais representados pelo príncipe Dmítri Golítsin. Embora Ménchikov fosse o quinto membro, boa parte do verdadeiro trabalho era feita pelo sexto membro, mais jovem, o engenhoso barão Andrei Osterman, de quarenta anos, apelidado de Oráculo. Esse filho de um clérigo alemão, recrutado por Pedro aos dezessete anos, administrava a política externa como vice-chanceler, mas Catarina também o nomeou para o papel vital de governante — ou *Oberhofmeister* na hierarquia da corte — do jovem grão-duque Pedro.

Catarina tinha esperança de que esses antigos cortesãos equilibrassem Ménchikov e ao mesmo tempo confinassem suas rixas cissíparas à câmara do Conselho. Mas Ménchikov, ainda com 53 anos, os dominava, ao mesmo tempo que assediava Catarina com exigências de mais dinheiro, almas, títulos. A "fome de poder, arrogância, ganância e menosprezo pelos amigos e relações" de Ménchikov era

---

* Catarina não se esqueceu da família, mandando chamar seus dois irmãos e duas irmãs, criadores de gado da Livônia, que não falavam russo, para se estabelecer no esplendor de Tsárskoie Seló. Todos foram promovidos com o título de conde e enriqueceram mais do que jamais sonharam: seus descendentes, entre os quais os condes Scavrónski e Héndrikov, continuaram no ápice da aristocracia russa até a Revolução.

** Catarina aboliu a Chancelaria Secreta, devolvendo os torturadores para o Ministério de Preobrajénski: a abolição da polícia secreta para depois ser recriada com novo nome se tornaria um ritual para os novos líderes monárquicos, soviéticos e presidenciais.

agora tão sem limites que ele se tornou de longe o magnata mais rico, dono de 3 mil aldeias e sete cidades, erigindo o domínio que sempre desejou na Ucrânia. Em pouco tempo, era dono de 300 mil servos. (Em 1700, o mais rico cortesão, príncipe Mikhail Tcherkásski, tinha apenas 33 mil.) Como havia outros marechais, ele convenceu Catarina a promovê-lo a generalíssimo — título mantido por uma seleta minoria, que culminou em Stálin. Como o tubarão, que só pode limpar as guelras ingerindo ainda mais comida, Ménchikov só conseguia sobreviver consumindo cada vez mais para salvaguardar o que já possuía. Se parasse, seria destruído — o dilema do poder na Rússia, então e agora, quando é impossível o afastamento de um líder sem a certeza de que não será processado nem que sua fortuna será confiscada. A cobiça de Ménchikov logo gerou um "ódio generalizado".

Catarina compareceu às primeiras sessões do Conselho, mas logo passou a farrear o dia todo. Em 1º de abril de 1726, durante uma maratona etílica, ela mandou soar os alarmes pela cidade toda, mas quando os habitantes de Petersburgo e moradores dos palácios saíram correndo da cama e foram às ruas com medo de algum incêndio ou inundação, ficaram sabendo que era uma brincadeira de primeiro de abril. Quando os cortesãos iam aos bailes com as roupas erradas, ela impunha o castigo de tomar os temíveis grandes cálices de vodca. Liberta do despotismo do marido, Catarina passou a apreciar abertamente os jovens agora disponíveis e assumiu um jovem amante, o conde Reinhold von Löwenwolde, um camareiro de cabelos loiros (que se parecia um pouco com o decapitado Mons). Mas Catarina era tão intensa que Löwenwolde chegava a desmaiar, por exaustão sexual ou intoxicação alcoólica.[5]

Não demorou nada e Catarina se viu diante de uma quase guerra com a Grã-Bretanha, início de uma longa rivalidade. Aquela potência naval, dependente do fornecimento de madeira e alcatrão do Báltico, ficou alarmada com os sucessos de Pedro na região, e Jorge I, cujas origens em Hanover também se ressentiam da influência russa na Alemanha, já tinha tentado organizar uma coalizão contra o tsar. Na primavera de 1726, Jorge tentou outra vez, agora com um bloqueio no Báltico. No pânico de que Petersburgo pudesse ser atacada, Catarina prometeu comandar a frota pessoalmente. A guerra não chegou a acontecer, mas a crise aumentou sua dependência de Ménchikov, que assumiu o encargo do Báltico e viajou para a Curlândia, onde tentou se tornar duque. Sua brutalidade indispôs tanto os curlandeses que Tolstói convenceu Catarina a exonerá-lo. Mas Ménchikov não quebrava. Só vergava.[6]

$\star\star\star$

Durante as noites brancas de Petersburgo, fenômeno dos climas do Norte quando não escurece e o sol fica visível a noite toda, os anais da corte registram que dia após dia Catarina oferecia banquetes às três da manhã, acordando às cinco da tarde para voltar a festejar até o amanhecer. Às vezes ela organizava paradas noturnas. Depois desses festejos, costumava ter febre, asma, tosses, sangramentos nasais e inchaço nos membros, que chamavam a atenção de seus ministros.

O grão-duque Pedro, filho do assassinado Alexei, era o único herdeiro do sexo masculino. Como conciliar arrivistas e aristocratas? Enquanto Ménchikov se encontrava afastado depois de suas atrocidades na Curlândia, o voluntarioso Osterman notou que o adolescente Pedro se sentia atraído pela curvilínea tia loira de dezesseis anos, Elizaveta, e propôs que os dois se casassem, unindo assim as facções.

Como a Igreja proibia tais consanguinidades, Ménchikov sugeriu que Pedro se casasse com Maria, sua filha. Maria já estava comprometida com um lituano, o príncipe Pedro Sapieha, mas aconteceu de Catarina se interessar por ele. Ménchikov aproveitou a oportunidade e ofereceu Sapieha para a imperatriz. "A imperatriz literalmente arrancou Sapieha da princesa [Maria] e o tornou seu favorito", observou o enviado holandês. E ficou tão feliz com sua conquista que concordou com a sugestão de Ménchikov. Assim, a neta de um vendedor de tortas iria se casar com o neto de um imperador. Ménchikov seria sogro e controlador do próximo tsar. Tolstói mobilizou seus aliados para deter o processo, apoiando para a sucessão as filhas de Pedro, o Grande, Annuchka (ou Elizaveta). As meninas caíram de joelhos, chorando, implorando à mãe que não apoiasse Ménchikov e o filho do tsarévitch Alexei. Catarina também chorou um pouco, mas ficou com Ménchikov. Em novembro de 1726, Catarina desmaiou com tremores, sangrando pelo nariz, os membros inchados. Mas se recuperou para a Bênção das Águas na Epifania, chegando numa carruagem dourada e num vestido prateado com brocados de fitas espanholas douradas, chapéu de plumas brancas e um bastão de marechal de campo. Naquela noite ela caiu doente.

Assumindo o comando do palácio, Ménchikov percebeu que só "o muito astuto" Tolstói poderia detê-lo. "Quando se lida com ele", matutou, "não faz mal manter uma boa pedra no bolso para quebrar seus dentes se resolver morder."

Catarina estava morrendo — e um dos aliados de Tolstói, Anton Devier, fez revelações intempestivas sobre o esquema de Tolstói. Em 26 de abril, Ménchikov atacou seus inimigos. Mandou prender Tolstói, o comissário de polícia Devier e o agente da polícia secreta Uchakov, denunciando uma "conspiração" contra a imperatriz. Agora ela iria assinar o seu testamento.* No dia 6 de maio, Ménchikov levou para a imperatriz moribunda provas contra Tolstói, que foi exilado para a ilha de Solovétski, no norte do mar Branco. E nunca mais voltou. Às nove horas daquela noite, Catarina morreu. Dessa vez não houve crise. Ménchikov tinha aterrorizado toda a oposição. Pedro II, com onze anos, foi declarado *imperator*.[7]

O embalsamamento teve falhas. Fazia tanto calor que o corpo de Catarina começou a se decompor. Depois do funeral, ela se juntou ao marido, ainda desenterrado na Fortaleza de Pedro e Paulo. Os conselheiros do Supremo Privado, que agora incluía as filhas de Pedro, o Grande, Elizaveta e Annuchka, e Holstein, marido de Annuchka, deveriam atuar como uma junta de regentes, mas Ménchikov assumiu o controle com um "despotismo perfeito".

O menino-imperador, "que tinha uma grande vivacidade e excelente memória", era "muito alto e corpulento, loiro porém muito bronzeado pelas caçadas, jovem e bonito". Confiava em seu governante Osterman, o Oráculo, e adorava a tia Elizaveta, mas seu melhor amigo era um companheiro de caçadas, o príncipe Ivan Dolgorúki, de dezenove anos. De início, deve ter se sentido assustado com o áspero Ménchikov, que ditava todos os seus movimentos. Determinado a fazer Pedro se casar com sua filha Maria, Ménchikov levou o imperador para morar em seu palácio, para melhor controlá-lo. O príncipe fazia o papel de gestor para equilibrar as facções abaixo dele, promovendo os Dolgorúki e os Golítsin, que secretamente o desprezavam.

Ménchikov não tinha desistido completamente de sua ambição ao ducado da Curlândia, que representava um domínio principesco e potencial refúgio. Lá que Anna foi mais uma vez abrigada com seu antigo amante Bestújev. Quando o acusaram de transformar o palácio de Anna "em um bordel desonroso", Bestújev

---

* Catarina fez Ménchikov prometer que garantiria o casamento de sua filha solteira Elizaveta com o primo de Holstein, o príncipe-bispo de Lübeck, Karl August de Holstein, que acabara de chegar a Petersburgo. Elizaveta esteve para casar com quase todo mundo, de Luís XV ao xá da Pérsia, mas o príncipe-bispo era o único que ela realmente amava. Ele morreu logo, mas sua influência sobreviveu: quando selecionou depois uma garota para se casar com seu herdeiro, a imperatriz Elizaveta escolheu a sobrinha do príncipe-bispo, Sofia de Anhalt-Zerbst — que se tornou Catarina, a Grande.

foi preso. Anna ficou arrasada e escreveu 25 cartas para Ménchikov em Petersburgo implorando para "não tirar Bestújev de mim", rogando a Osterman para "intervir por mim, uma pobre mulher, com sua serena alteza [Ménchikov]. Não me faça passar o resto da vida em prantos". Anna concluiu com um patético tributo ao seu amor por Bestújev: "Eu me acostumei com ele". Nenhuma viúva provinciana na penúria poderia ter se prostrado tanto quanto ela diante do poderoso vendedor de tortas — mas Anna era filha de um tsar. Ela acabou se consolando com alguns amantes, depois se envolveu numa "amizade peculiar", um arroubo lésbico com uma bela lituana, a princesa Oginski: "As duas estavam sempre juntas e com muita frequência se deitavam na mesma cama".

Ninguém poderia ter adivinhado seu destino iminente. Contudo, por mais que sua expectativa ao trono fosse irrealizável, por mais que não fosse tão bonita, Anna não ficava muito tempo sem uma companhia masculina.[8]

Quando o tsar adoeceu com uma pleurite, tia Elizaveta correu para a sua cabeceira no palácio de Ménchikov, para cuidar dele. Os médicos recomendaram o ar puro do campo. Em Peterhof, o imperador caçava com Ivan Dolgorúki, conversava com Osterman e flertava com Elizaveta, uma aliança forjada por nada além do ódio por Ménchikov.

Pedro resolveu mandar a Elizaveta 9 mil ducados para suas despesas, mas Ménchikov interceptou o mensageiro. "O imperador é jovem demais para saber como dispor do dinheiro. Leve-o aos meus aposentos." Quando descobriu o que tinha acontecido, Pedro convocou Ménchikov "com muita raiva". Ménchikov ficou "inteiramente chocado", mas o tsar disse, "batendo o pé": "Eu vou fazer você entender que sou o imperador e que serei obedecido". Em junho, Ménchikov convidou o imperador para comemorar o aniversário na propriedade do príncipe Oranienbum, mas em vez disso Elizaveta o convenceu a ir caçar. Mais tarde, ajudado por Elizaveta, Pedro saiu da casa de Ménchikov e foi morar no Palácio de Verão.

Em 26 de agosto, Ménchikov adoeceu, tossindo sangue — mas continuou ditando instruções ao tsar do leito: "Peço que atenda ao meu pedido até atingir a idade adulta, sendo obediente ao barão Osterman e aos honoráveis ministros e que não faça nada sem ouvir os conselhos deles" — isto é, Ménchikov se referia ao seu próprio conselho de "ser um soberano justo, cuidar bem da saúde e, sabendo o quanto cuidei honestamente da sua formação, dignar-se a proteger minha família e ser indulgente com sua noiva, com quem se casará no devido tempo". Mas esse ditame do ditador moribundo não funcionava mais: "Eu não vou me casar antes da idade de 25 anos", anunciou o tsar. O Supremo Conselho Privado, aterrorizado por Ménchikov, recomendou cautela.

"Vou mostrar a vocês quem é o imperador", gritou o garoto. "Eu ou Ménchikov!"

Àquela altura, Ménchikov "havia se indisposto com todos que lhe eram próximos — um homem com quem era intolerável viver. Todos conspiravam contra ele". No dia 7 de setembro Ménchikov levantou-se de seu leito de morte. Mas era tarde demais: enquanto esteve doente, o poder, essa misteriosa e invisível alquimia de personalidade, medo e autoridade, já lhe havia escapado. No dia seguinte, Pedro assinou sua ordem de prisão. Ménchikov foi despertado ao amanhecer pelo general Semion Saltikov e despachado para um confortável exílio. "A glória vã e vazia do arrogante Golias foi destruída", escreveu um oficial. "Todos estão eufóricos, e agora eu vivo sem medo." Mas, quando os Ménchikov chegaram a Tver, o príncipe foi preso e acusado de espionagem em favor da Suécia. Julgado e condenado, "esse colossal pigmeu, elevado quase a status real, esse homem arrogante que nos mostrou um exemplo de ingratidão de espírito", partiu para Berezóvski, na Sibéria, só com a família. O inverno foi tão cruel que a esposa, a filha Maria e ele próprio logo sucumbiram, marcando o fim de uma trajetória extraordinária.[9]

Pedro decidiu que queria governar sem um ministro como Ménchikov, mas como era inexperiente e jovem demais, logo seu governo afundou num "estado extremo de caos". Ele promoveu Ivan Dolgorúki ao cargo essencial de grão-camareiro, e depois de afirmar que decidiria tudo sozinho, o tsar passava o tempo todo na companhia de seu jovem mentor, cujo pai e tios ele promoveu ao Supremo Conselho Privado junto com o veterano marechal Dolgorúki. Eles se juntaram a Osterman e Dmítri Golítsin em um gabinete no qual o poder oscilava vertiginosamente entre essas três facções, provando que a autocracia precisava de um autocrata para funcionar. "O tsar não trata de negócios", escreveu um diplomata estrangeiro. "Ninguém recebe salário; todos roubam o quanto podem", enquanto uma epidemia de enfermidades diplomáticas paralisava o Estado. "Todos os membros do Conselho estão 'indispostos' e não comparecem às reuniões."

Ivan Dolgorúki ficou alarmado que Pedro estivesse se apaixonando pela tia Elizaveta. "Ela é de uma beleza como nunca vi igual", escreveu o enviado espanhol, duque de Líria. "Uma aparência incrível, olhos brilhantes, boca perfeita, um pescoço e um colo de rara brancura. É alta, excepcionalmente vivaz, dança bem, cavalga com muita coragem, é muito coquete e não desprovida de cérebro." O apelido dela era Vênus Russa. Pelo menos dessa vez, não era apenas uma hipérbole monárquica.

Osterman reavivou seu plano de casar os dois, mas os Golítsin apresentaram um oficial da Guarda jovem e bem-apessoado, Alexandre Buturlin, de uma família muito favorecida por Pedro, o Grande, para propiciar uma orientação melhor do que a que Pedro estava tendo com o arrogante e desqualificado Dolgorúki. Buturlin tornou-se o novo mentor de Pedro, e por algum tempo pareceu estar a cargo da política. Pouco depois Ivan Dolgorúki ficou doente (de verdade). Pedro acorreu depressa, mantendo vigília na sua cabeceira. Quando ele se recuperou, também se recuperaram as fortunas dos Dolgorúki, enquanto Elizaveta esperava na porta do quarto do doente ao lado de Buturlin, que se tornou seu primeiro amante.[10]

Quando foi coroado em Moscou, em fevereiro de 1728, Pedro II não voltou a Petersburgo, uma decisão ao mesmo tempo política e recreativa.* Havia mais caça ao redor de Moscou, e assim ele abandonava o trabalho de Pedro, o Grande, claramente em honra ao pai morto pelo avô, pois também perdoou os conspiradores exilados no caso do tsarévitch Alexei — e mandou chamar a avó, tsarina Eudóxia, havia muito rejeitada. Pedro II declarou que odiava a Marinha do avô — "Não pretendo navegar pelos mares como meu avô" — e aboliu o Gabinete de Preobrajénski. O garoto se tornou popular por sua moderação, sua "russidade" — e também por sua inatividade, depois da tirania hiperativa do avô.

Pedro sentiu ciúmes do caso de Buturlin com Elizaveta e despachou o oficial para a Ucrânia. Elizaveta ficou triste, mas essa pequena crise entre o garoto e a tia deu aos Dolgorúki a chance de concorrer ao grande prêmio. "Não existe uma corte na Europa que seja tão volátil quanto esta", queixou-se Líria.

---

* Pedro II vivia entre o Krêmlin e o palácio de Lefort, que sobrevive até hoje, mais como um dilapidado arquivo do Collegium e Ministério da Guerra. Parte da pesquisa usada neste livro foi conduzida pelo autor, que uma vez caiu de suas perigosas escadas. O local fica próximo da assustadora prisão de Lefórtovo, cena de muitas execuções durante o reinado de terror de Stálin.

★ ★ ★

Em setembro de 1729, Pedro saiu para caçar com Ivan Dolgorúki e 620 sabujos em Goriénki, perto de Moscou. Os canis dos Dolgorúki se tornaram a chancelaria da Rússia; todos os negócios pararam. "Não existe um tsar aqui, nem ministro nenhum", escreveu Líria em Moscou. "Não podemos fazer nada." O pai de Ivan Dolgorúki, Alexei, apresentou o tsar de catorze anos à filha Iekaterina, três anos mais velha. "Mesmo sem ser uma beldade, tinha um belo rosto" e "grandes olhos lânguidos e azuis". Seu primo mais esperto, o marechal Vassíli Dolgorúki, que sobrevivera por pouco ao terror de Pedro, o Grande, se opôs fortemente a todo o estratagema, mas a família não conseguiu resistir à tentação de desviar a plenitude da autocracia para si mesma. Como costuma acontecer nesses esquemas, o peão, Iekaterina, não queria nada daquilo — pois estava apaixonada por um diplomata austríaco, o conde Melissimo —, mas Pedro se apaixonou por ela e concordou em se casar. Os Dolgorúki tentaram estreitar os laços casando o devasso e simplório Ivan com a luminosa Elizaveta, mas ela recusou tal *mésalliance*.

Em Moscou, os Dolgorúki anunciaram triunfantes o noivado da filha com o tsar. O casal se postou num tablado no Palácio de Lefórtovo para receber as congratulações. Quando Elizaveta beijou sua mão, Pedro pareceu desamparado, enquanto Iekaterina, "a bela vítima, usando um vestido rígido e encorpado de tecido prateado com uma pequena coroa na cabeça", estava "muito pálida e melancólica", observou a esposa do embaixador inglês. De repente, "para surpresa de todos", Melissimo, o "pretendente abandonado", se aproximou. Iekaterina "largou a mão do imperador e a estendeu para o outro beijar, estampando 10 mil diferentes sentimentos no rosto".

O casamento foi marcado para o dia 18 de janeiro de 1730. Pedro presidiu a Bênção das Águas no dia 6, mas quando inspecionava as tropas num frio glacial, caminhando atrás do trenó velado de Dolgorúkaia, sua noiva, ele se queixou de uma dor de cabeça. No dia seguinte, manchas na pele mostraram que era varíola. Osterman ficou na cabeceira de seu pupilo no Palácio de Lefórtovo. Pedro morreu às três horas da manhã do dia 18 de janeiro, data marcada para seu casamento.* Tão perto, e tão longe, mas os Dolgorúki se saíram com um plano perigoso.[11]

---

* A outra tia do tsar, Annuchka, filha de Pedro, o Grande, e duquesa de Holstein, estava ausente, em Kíev, dando à luz um filho, Karl Peter Ulrich, que, em vista das alianças de casamento entrelaça-

***

"Mal Pedro II fechou os olhos, seu amigo príncipe Ivan Dolgorúki saiu do quarto floreando a espada desembainhada e bradou 'Viva a imperatriz Iekaterina'", referindo-se à sua irmã, Iekaterina Dolgorúkaia. Ninguém repetiu sua aclamação, mas os Dolgorúki tinham falsificado o testamento de Pedro para indicar sua noiva. Em face de uma dinastia quase extinta, na prática eles estavam dando um golpe para derrubar e substituir os Románov.

Osterman alegou estar se sentindo doente e se recolheu ao leito. Reunindo-se no Palácio de Lefórtovo perto do corpo do tsar, os sete membros remanescentes do Supremo Conselho Privado — quatro Dolgorúki e dois Golítsin, mais o velho Golóvkin — discutiram para determinar um novo monarca. Pedro era o último varão dos Románov, o que oferecia aos conselheiros a primeira oportunidade real desde 1613 de mudar a própria natureza da autocracia. Primeiro, Alexei Dolgorúki produziu o testamento forjado deixando o império para a própria filha. Até mesmo seu primo, o marechal Vassíly Dolgorúki, se recusou a apoiar aquela tramoia ridícula. O príncipe Dmítri Golítsin descartou os Dolgorúki: "Devemos escolher a partir da ilustre família Románov e ninguém mais". Havia cinco candidatas. Pelo testamento da imperatriz Catarina, a imperatriz de direito era Elizaveta, mas Golítsin lembrou a seus pares que ela era filha ilegítima. De todo modo, ela se recusou a pleitear o trono, refletindo mais tarde: "Ainda bem que não fui eu. Eu era jovem demais...". Surpreendentemente, a tsarina Eudóxia, a primeira esposa, rejeitada por Pedro, o Grande, agora restaurada ao seu posto, se ofereceu como sucessora do neto — mas não teve seguidores. Golítsin propôs "escolher uma das [três] filhas do tsar Ivan [v]", o irmão deficiente de Pedro, o Grande. A filha mais velha, Iekaterina, a Duquesa Selvagem, foi descartada por ser casada com o estúpido duque de Mecklenburg; por isso Golítsin escolheu a seguinte: Anna, a viúva oprimida da Curlândia. "Ela nasceu em nosso meio, de mãe russa e de boa família", alegou — em outras palavras, não era uma arrivista como a imperatriz Catarina e nunca pertenceu a nenhuma facção, não tinha opi-

---

das da Europa, era o potencial herdeiro do ducado de Holstein, do reino da Suécia e do Império Russo. O nascimento de um neto de Pedro, o Grande, um raro herdeiro homem, foi comemorado com um baile em Moscou, mas a mãe dele pegou um resfriado durante as comemorações em Kíev. Annuchka morreu com apenas 26 anos. O filho dela iria reinar — e se casar com Catarina, a Grande.

niões e era solteira. Golítsin* sugeriu que, "para tornar nossa vida mais fácil e nos propiciar mais liberdades", Anna deveria ser uma figura decorativa, obrigada a aceitar somente poderes limitados.

"Embora possamos conseguir isso", considerou um dos Dolgorúki, "talvez não consigamos permanecer no poder."

"Nós vamos permanecer, sim", replicou Golítsin, ditando os termos a serem oferecidos a Anna, que terminava com as palavras: "Se deixar de cumprir alguma parte desta promessa, eu serei privada do trono da Rússia". Esse plano já foi comparado ao da monarquia dominada por uma oligarquia estabelecida que se desenvolveu na Inglaterra depois da Revolução Gloriosa, quarenta anos antes, mas na verdade era uma descarada tomada de poder pelos Dolgorúki, mal camuflada por ideais pomposos. Para levarem o plano adiante, eles precisavam chegar até Anna antes que ela descobrisse que aquilo era apenas um esquema de seis velhos aristocratas. Assim, eles fecharam os portões de Moscou e despacharam um Golítsin e um Dolgorúki para apresentar suas condições: o tsar não poderia mais se casar, nomear herdeiro, declarar guerra, recolher impostos ou gastar reservas sem a permissão do Conselho. Isso teria constituído a maior mudança de governo na Rússia entre 1613 e 1905.

Assim que a notícia se espalhou pelo Palácio de Lefórtovo, teve início uma corrida para chegar até Anna antes dos conspiradores. Karl Gustav von Löwenwolde, um cortesão báltico que fora um dos amantes de Anna, despachou um mensageiro para alcançá-la primeiro.

Naquela noite de 18 de janeiro, Anna foi para a cama na lúgubre cidade de Mitau sem saber que já era imperatriz da Rússia.

Ela ficou sabendo da surpreendente notícia através de Löwenwolde. Assim, no dia 25, quando os príncipes Vassíli Lukítch Dolgorúki (tio de Ivan e Iekaterina) e Mikhail Golítsin (irmão de Dmítri) chegaram para oferecer o trono, ela já sabia o que esperar. Aos 37 anos, morena, carrancuda e de voz grave, ela tinha bochechas "grandes como um presunto da Vestfália e um rosto que o bufão da mãe

---

* Agora com 65 anos, Golítsin tinha sofrido sob a tirania de Pedro: chefe do Collegium do Comércio, foi arrastado pela queda de Chafírov e só se salvou pela mediação de Catarina. O maior aristocrata da Rússia teve de agradecer à camponesa-imperatriz prostrando-se aos seus pés e encostando a testa no chão.

comparou ao de um moscovita barbado: "Dim-dom, aí vem Ivan, o Terrível!". Depois de vinte anos de humilhações, aquela filha do tsar teria concordado com qualquer coisa para sair da Curlândia. "Prometo observar as condições sem exceção", ela escreveu — e se preparou para partir para Moscou, onde a Guarda agora fervilhava de indignação com o golpe dos aristocratas.

Assim que chegou aos arredores de Moscou, Anna foi recebida pelos primos Saltikov, pela irmã Iekaterina — e, secretamente, pelo amante, um ex-cavalariço chamado Ernst Biron. Em 15 de fevereiro de 1730, Anna adentrou Moscou em uma carruagem sob o estrondo de 156 canhões. Embora ela estivesse sob a estrita vigilância dos conspiradores, o astuto Osterman providenciou que suas damas de companhia fossem esposas dos inimigos. Essas mulheres transmitiam mensagens de Osterman — escondidas em capas, costuradas em blusas e enroladas em faixas de bebês — informando que os aristocratas tinham poucos seguidores. Os vassalos de Pedro, o Grande, tinham crescido na autocracia, assim como a Guarda; muitos oficiais acreditavam que a autocracia era o único sistema capaz de governar a Rússia; e todos se ressentiam daquela maquinação dos Dolgorúki e dos Golítsin. Os oficiais mais antigos — o generalato — foram convencidos por Osterman a assinar uma petição. Enquanto isso, Anna cultivava a Guarda de Preobrajénski, servindo--lhes vodca pessoalmente e se declarando ao coronel.

No dia 25 de fevereiro, no Krêmlin, quando Anna saudou de forma majestosa a elite na companhia dos Golítsin e dos Dolgorúki, o príncipe Alexei Tcherkásski, o homem mais rico da Rússia e figura de proa do generalato, apresentou a petição pedindo que ela governasse como autocrata.

"Que direito você tem, príncipe, de pretender fazer a lei?", perguntou Vassíli Lukítch Dolgorúki.

"Tanto quanto um Dolgorúki. Você enganou a imperatriz!", insistiu Tcherkásski, apoiado pela Guarda, que se ofereceu para matar os inimigos de Anna. Mas então a imperatriz convidou os Golítsin e os Dolgorúki para um jantar. Depois voltaram ao salão onde o generalato pediu que ela assumisse o poder absoluto — mas Anna fingiu estar confusa. "As condições que assinei em Mitau não eram o desejo do povo?"

"*Niet!*", rugiu a Guarda.

Virando-se para os conspiradores, Anna falou: "Isso deve significar que vocês me enganaram!". Ela pegou as condições assinadas. "Então isso não é necessário", declarou, enquanto rasgava lentamente o papel ao meio.[12]

* * *

No dia 28 de abril de 1730, Anna foi coroada pelo arcebispo Prokopóvitch com uma nova coroa, confeccionada com mais de 2500 pedras preciosas e 28 diamantes. Quando ela saiu da catedral, parou num camarote especialmente construído para saudar outra mulher resgatada de um passado distante: a ex-mulher de Pedro, o Grande, Eudóxia — que também tinha desejado ser imperatriz.[13]

Anna promoveu Biron, seu amante, a grão-camareiro e conde do Sacro Império Romano — uma bela promoção. Três anos mais velho que ela, Biron, o filho "extremamente bonito" de um caçador da pequena nobreza da Curlândia, era um cavalariço que ganhou com seu charme os favores de Bestújev, amante de Anna. Quando Bestújev foi exilado, Biron o substituiu como namorado de Anna. Biron era rude e inculto — já tinha matado alguém numa briga. O cavalariço tinha tão "grande afinidade com cavalos" que "falava com homens como se fossem cavalos e com cavalos como se fossem homens". "Arrogante e ambicioso, áspero e até mesmo brutal, era um inimigo implacável." Biron "exercia autoridade total" sobre Anna. "Ela não aguentava ficar separada dele nem um minuto", e "se ele estivesse com uma expressão sombria, a imperatriz parecia preocupada. Se ele estava animado, a alegria dela era óbvia." Os dois costumavam andar de mãos dadas e ficavam doentes ao mesmo tempo. "Nunca houve um casal tão íntimo, que compartilhasse tão completamente suas alegrias e tristezas."

Osterman encenou uma recuperação como a de Lázaro, reassumiu seu cargo de vice-chanceler e foi promovido a conde por gratidão da imperatriz, que agora abolia o Supremo Conselho Privado e administrava a maior parte de seus negócios domésticos e estrangeiros por intermédio de Osterman, o Oráculo. Osterman não seguia a moda: notório pela "imundície" de suas "roupas nojentas", cheirando a peruca suja, sempre cuspindo, com "criados vestidos como mendigos", era escarnecido pela feiura de suas amantes. No entanto, era um "mestre da sutileza e da dissimulação", com "um jeito tão estranho de falar que poucas pessoas podiam se gabar de compreendê-lo. Tudo que falava ou escrevia podia ser interpretado de duas maneiras".

Ironizando a hipocondria de Osterman, Biron achava engraçado "ele se queixar de dor de ouvido mantendo a cabeça e o rosto em ataduras [...] e não se barbear nem se lavar durante semanas". Porém Anna precisava de Osterman. "Pelo amor de Deus, anime-se e venha me ver amanhã", escreveu Anna a ele.

"Preciso muito falar com você e jamais irei desapontá-lo. Não tenha medo de nada e tudo vai dar certo!"

Anna não se sentia segura em Moscou — e gostaria de canalizar parte da glória de seu tio Pedro —, por isso voltou para Petersburgo. Ao chegar, ficou impressionada com os fogos de artifício e os arcos de triunfo preparados pelo general Burkhard Christoph von Münnich, um engenheiro militar alemão contratado por Pedro, o Grande, que foi promovido a chefe de artilharia de Pedro II e que era "um dos melhores generais de sua geração". Aquele general "de rosto bonito, muito loiro, alto e esguio" caiu nas graças de Anna. Ele se via como um tipo galante, mas as damas riam de "sua rigidez alemã": quando ele flertava "com todas as damas [...] pegando de repente a mão de uma delas e a beijando, arrebatado", seus esforços lembravam "uma vaca brincalhona". Aquele *showman* já havia angariado os favores de Anna quando denunciou dois oficiais que hesitaram em apoiá-la nos primeiros dias de seu reinado. Por trás das maneiras corteses fervilhava uma "ambição devoradora". Anna o promoveu a chefe do Collegium da Guerra e à patente de marechal de campo. Agora parecia que a Rússia era governada por três alemães — Biron, Osterman e Münnich.[14]

Anna não gostava do desconfortável Palácio de Inverno, por isso contratou o arquiteto italiano Carlo Rastrelli para demolir o velho edifício e construir um novo para atender a suas aspirações imperiais — enquanto isso, mudou-se para a casa ao lado, do falecido almirante Apráxin. Biron, a mulher e o filho se juntaram a ela. Morando alternadamente lá e em Peterhof, Anna acordava todos os dias entre seis e sete horas da manhã, fazia o desjejum com os Biron, reunia-se com seus ministros às nove e almoçava ao meio-dia com os Biron. Ela e Biron adoravam ostentação, com todo o entusiasmo de uma parente pobre do tsar e um cavalariço provinciano que chegaram ao poder. Mas, apesar das grandes somas gastas agora em roupas, carruagens, palácios, jogos de faraó e teatro italiano, "o casaco mais caro às vezes era usado com a mais desprezível peruca", observou um visitante alemão, "ou um homem esplendidamente vestido aparecia em uma carruagem deplorável. Podem-se ver placas de ouro e prata empilhadas de um lado, e a mais repulsiva sujeira de outro. Para cada mulher bem-vestida, veem-se dez terrivelmente desfiguradas. A união de refinamento com a mesquinharia é universal".

A imperatriz "é uma mulher muito grande, muito bem-feita de corpo para o tamanho", observou Jane Rondeau, esposa de um enviado britânico de que Anna gostava muito, e cujas cartas formam o único retrato positivo da imperatriz, com sua "cor amorenada, cabelos pretos, olhos azul-escuros. Ela tem uma postura ameaçadora à primeira vista, mas, quando fala, mostra um sorriso meigo discreto e sabe lidar bem com qualquer um". Anna era generosa com Ernst, filho de Münnich, que a considerava "delicada e humana, cuja falha era permitir más ações realizadas em seu nome" por um "vingativo" Biron.

Na verdade, não havia limite para os jogos cruéis de Anna. "Descubra o bebê que ela pariu", Anna instruiu um dos seus governadores, ordenando que investigasse uma mãe que acabara de dar à luz. Como era solteira e sem filhos, queria atormentar aquele casal, fingindo para o pai que o bebê tinha nascido com uma deficiência. "Uma pessoa ou um monstro, filho ou filha? Anote tudo. Se ela se recuperar, mande que venha com o bebê aqui. E quando fizer seu relatório, escreva uma carta dizendo a verdade e outra falsa, com alguma coisa engraçada, especialmente se você descrever o bebê como não sendo um humano normal!"

Anna compensava o fato de não beber presidindo um circo de aberrações, que incluía Beznoika, a Mamãe Perneta, o Grande Dariuchka, o Maneta, e Garbuchka, o Corcunda.

Como uma todo-poderosa colegial valentona, Anna organizava brigas de puxão de cabelos entre velhas deficientes até correr sangue, e arremessos de anão. "Ela passava dias inteiros conversando e dando atenção a tolos", relembrou Ernst Münnich. Seu anão favorito era Pedrillo, um violinista napolitano que, ao ser indagado por Biron se sua mulher grávida era tão feia quanto um bode, convidou a imperatriz e a corte para ir à sua casa, onde o encontraram na cama com uma cabra lactante de camisola.

O bobo da corte de Pedro, o Grande, o judeu La Costa, estava agora distraindo seu quarto tsar, mas Anna preferia reduzir os aristocratas ao status de bobos da corte, obrigando o príncipe Mikhail Golítsin e o conde Alexei Apráxin a fazer parte de seu circo. Golítsin, neto do ministro da regente Sófia, tinha se convertido secretamente ao catolicismo para se casar com uma garota italiana e, como castigo, Anna ordenou que abandonasse a esposa e trabalhasse como copeiro para lhe servir *kvás*, rebatizando-o como príncipe Kvásski. Anna deleitou-se quando Golítsin chegou na primeira remessa de inutilidades enviada pelo primo governador de Moscou, Semion Saltikov. "Ficamos agradecidas por ter mandado Golítsin, Miliútin* e a esposa de Bákhirev", escreveu, "mas Golítsin é o melhor e supera qualquer bufão daqui. Avise-me se encontrar alguém mais como ele." A especialidade de Golítsin era se fantasiar de galinha e sentar sobre um cesto de palha durante horas cacarejando diante da corte. Depois da missa dos domingos, Golítsin e os outros bobos da corte sentavam-se enfileirados, fantasiados de galinha e cacarejando. Mas Anna também cuidava bem dos que a entretinham. Primeiro mandou espancar Bákhirev, seu anão veterano, por ter pedido para não ser arremessado — mas depois pagou seu tratamento médico e o suprimento de vinho. Ficou irritada quando descobriu que as lavadeiras estavam misturando "as blusas e roupas de cama da imperatriz" com as dos cortesãos normais. "De agora em diante haverá uma câmara separada para nossas roupas de cama. Esta regra deve ser seguida estritamente. Só as roupas de Mamãe Perneta podem ser lavadas com as nossas."

Anna assediava Saltikov com pedidos de novidades e intrigas. Seu interesse pelos segredos de outras pessoas às vezes era positivo — ela adorava agir como casamenteira —, mas em geral era sinistro. "Assim que receber esta carta, vá até a casa da irmã de Vlasov, pegue as cartas de amor do baú e mande-as para mim." Passava um bom tempo investigando os bobos da corte: "Vá até a despensa dos Apráxin, procure um retrato do pai dele e mande para nós — se ele estiver escondendo alguma coisa, os Apráxin vão se arrepender". Costumava também pedir mais damas para conversar: "Encontre uma garota em Pereslavl que se pareça com Tatiana, que vai morrer logo, para substituí-la […]. Você conhece os nossos gostos — garotas com mais ou menos quarenta anos e conversadeiras". Se as conversadeiras não correspondessem, Anna as esbofeteava. Uma dessas garotas, Nastássia Chestakova, contou que quando chegou foi levada até o chefe de polícia Uchakov, que a encaminhou para a imperatriz. "Passe a noite comigo", disse a imperatriz. Chestakova foi levada para o quarto, onde a imperatriz estendeu a mão para ser beijada, e depois "ela me agarrou pelo ombro com tanta força que sacudiu meu corpo todo e doeu". Mas Anna não ficou satisfeita: "Você envelheceu, ficou pálida. Precisa dar um retoque nas sobrancelhas […]. Eu envelheci?".

"De jeito nenhum, querida Matuchka, não há o menor sinal de velhice em vossa majestade imperial", respondeu a garota.

---

* Miliútin era um bobo da corte especializado em fazer cócegas nos pés de Anna e antepassado do conde Dmítri Miliútin, ministro da Guerra de Alexandre II. Seu irmão, Nikolai, foi o artífice da libertação dos servos em 1861.

"Qual é o seu peso em comparação ao de Avdótia Ivánovna?"

"Ela é duas vezes mais pesada."

"Chegue mais perto de mim." A gentileza de Anna "se tornou ao mesmo tempo aterrorizante e agradável", lembrou a garota, que caiu de joelhos. "Levante-se", disse a imperatriz. "Agora fale. Conte-me histórias de ladrões."

"Mas eu nunca vivi com ladrões."

"Fale agora mesmo!" Era uma ditadura da loquacidade. Anna exigia conversas constantes, a versão imperial de um programa radiofônico no século XVIII, mas esses relatos, como o anterior envolvendo a princesa Ogínski, sugerem que ela era bissexual.

Anna era politicamente atenta e pessoalmente curiosa. Lembrou-se de Uchakov, que ajudara a matar o tsarévitch Alexei, e o promoveu a barão e chefe de sua nova Chancelaria Secreta. Gostava tanto dessas revelações que interrompia suas adoradas caçadas para ouvir intrigas e conspirações. Fundou seu próprio regimento da Guarda e o batizou com o nome da cidade da mãe, o Izmáilovski, repleto de oficiais alemães em quem ela confiava depois de tantos anos na Curlândia alemã. Qualquer sugestão de conspiração já chamava sua atenção. "Ouvimos dizer que o bispo de Vorónej demorou a ordenar orações pela minha ascensão e disse alguma coisa suspeita", comunicou a um governador. "Informe-me imediatamente e não diga a ninguém!"

Anna declarou que iria reinar no espírito de Pedro, o Grande, algo que ninguém mais poderia fazer. Ela costuma ser criticada por seus caprichos, suas crueldades e seus favoritos alemães — o reino de Anna é conhecido como o *Bironschina*, os tempos de Biron. Mas há certo sexismo nisso, pois suas travessuras não eram mais grotescas que as do Grande Pedro. E seus correligionários não eram tão alemães quanto pareciam. Ela mandou chamar os experientes e competentes tenentes de Pedro, criando um gabinete de três homens "vinculado à nossa corte", que consistia no chanceler Golóvkin, Tcherkásski (um dos organizadores do golpe a favor dela) e, claro, o indispensável Osterman. Preguiçosa, maldosa e fraca, absorta em suas caçadas, em espionagem e em atormentar anões, Anna permitia que essa troica decretasse ordens imperiais assinadas só pelos três. Como Golóvkin e Tcherkásski estavam quase sempre ausentes ou doentes, Osterman era o ministro-chefe. Ele tinha nascido na Alemanha, mas já servia a Rússia havia trinta anos e era casado com uma Strechniova.

Anna forjou um pacto entre autocrata e aristocracia proprietária de servos que tendia a eliminar o serviço universal de Pedro, o Grande. Em face da ameaça de agitação entre os camponeses, Anna permitiu que os nobres mantivessem pelo menos um dos filhos em casa para administrar a província — o primeiro passo atrás nas regras de Pedro — e deixava que os senhores perseguissem e recuperassem servos foragidos. Usava sua esplendorosa corte para impressionar estrangeiros — e recompensar seus oficiais. Nesse sentido, ela não era tola. E mesmo seus jogos de intimidação provavelmente tinham um uso político: a aristocracia havia tentado neutralizar a autocrata. Agora os jogos de Anna lhes lembravam o seu devido lugar.

Anna se dedicou a destruir os Dolgorúki e os Golítsin. Ivan Dolgorúki, amigo de Pedro II, foi preso e despachado para Berezóvski, na Sibéria, bem como sua infeliz irmã Iekaterina e toda a família, onde ficaram por oito anos — enquanto uma vingança mais terrível esperava por eles. "Confisquem todos os diamantes, ouro e prata do príncipe Alexei Dolgorúki e traga para nós", ordenou a Saltikov.

Anna sabia que era dever de um autocrata garantir uma sucessão tranquila, mas estava determinada que sua sucessora não fosse a popular Elizaveta.[15]

Agora com 21 anos, Elizaveta costumava ser definida como "a garota mais linda da Rússia", para irritação da imperatriz, que vigiava a pequena corte da prima em busca do menor indício de traição, mandando o marechal Münnich "descobrir o que acontece na casa de Elizaveta", pois "ela sai à noite e as pessoas a procuram, mostrando dedicação". Cocheiros eram contratados "para observar sua alteza imperial". Sem dúvida Anna sentia inveja da Vênus Russa.

Quando dois jovens soldados da Guarda foram denunciados por conversas sobre traição, Anna mandou decapitá-los — mas também exilou o novo amor da tsarevna, seu pajem Alexei Chúbin. A vigilância de Anna era compreensível, mas àquela altura a corte de Elizaveta estava mais interessada em sexo do que em poder: presidindo seu próprio coral ucraniano, Elizaveta tinha diversos amantes ao mesmo tempo. Um dos coristas, Alexei Razumóvski, permaneceria até o fim da vida, mas ela estava sempre procurando novos amores. "Mãezinha tsarevna, como é bonito esse príncipe Ordov", escreveu a dama de companhia Mavra Chépeleva a Elizaveta, sintonizada com o espírito de seu grupo. "Alto como Buturlin, também esbelto, com olhos da mesma cor dos seus, pernas esguias, com o cabelo até a cintura e braços tão adoráveis como os de Buturlin. Também devo dizer que comprei uma caixa de rapé com um desenho que me lembra você quando está nua." À parte alguns toques do século XVIII, a conversa delas era tão picante quanto os textos trocados hoje pelos adolescentes.

No lugar de Elizaveta, Anna designou sua sobrinha como herdeira: Anna Leopóldovna, de treze anos e filha de Iekaterina, a irmã falecida, com Karl Leopold, duque de Mecklenburg. A sra. Rondeau, esposa do embaixador inglês, observou que a herdeira não era "nem bonita nem bem-educada. É séria, fala pouco, nunca ri", uma gravidade derivada "mais da estupidez que do discernimento". Para ser pai de um herdeiro, a imperatriz convocou um alemão de catorze anos, Anton Ulrich, príncipe de Brunswick-Wolfenbüttel-Brevern, como futuro marido da garota. Mas a herdeira o odiou à primeira vista e logo se envolveu em seu próprio escândalo tenebroso.[16]

Assim que a sucessão foi decidida, Anna só queria desfrutar suas aberrações e caçadas. "Não queremos ser perturbadas por questões menores", disse ao gabinete. Porém, quanto menos interessado em política for um monarca, mais selvagem se torna a competição. A imperatriz deixou Osterman na administração de sua política externa, o que ele fez com uma surpreendente flexibilidade sob Catarina I, Pedro II e agora sob Anna: conseguiu desemaranhar a Rússia de uma guerra com a Pérsia (ao custo de abandonar as conquistas de Pedro, o Grande, no que é hoje o Daguestão e o Azerbaijão), mas manteve uma aliança com a Áustria para limitar a França, a potência dominante do continente.

Enquanto Osterman reinava no exterior, Biron procurava formas de remover Münnich da corte. Quando morreu Augusto, o Forte, rei da Polônia, em fevereiro de 1733, Anna apoiou seu filho como sucessor, mas a política de Luís XV era construir uma "Barreira Oriental" com a Polônia, a Suécia e os otomanos para impedir a expansão russa. O rei apoiou um candidato próprio e enviou soldados franceses. Então como agora, a Rússia tinha ojeriza por avanços do Ocidente em suas fronteiras — e temia uma Polônia forte desde os Tempos Turbulentos, quando os poloneses invadiram Moscou. Anna interveio nessa guerra de sucessão na Polônia, mas quando seus generais se atrapalharam, Biron propôs que Münnich assumisse o comando, tirando-o de Petersburgo na esperança de envolvê-lo numa situação difícil e inglória. Só que Münnich derrotou os franceses — e retornou com um plano grandioso para aumentar ainda mais sua glória.

Durante o conflito polonês, os tártaros da Crimeia atacaram a Ucrânia, deflagrando uma guerra conjunta da Rússia e da Áustria contra os otomanos, promovida por Münnich, que prometeu capturar Constantinopla em quatro anos.

No início de 1736, Münnich tomou de assalto a fortaleza de Azov, enquanto o general irlandês de Anna, Peter Lacey, incendiava Bajchisarai, a capital da Crimeia. Mas a guerra era custosa, o sistema de abastecimento da Rússia era inadequado e o impudente egocentrismo de Münnich ofendeu seus generais, que logo estavam à beira de um motim e apelaram a Anna e a Biron. Quando Münnich quis renunciar num acesso de raiva, Anna o repreendeu, queixando-se com Osterman: "O comportamento desses generais provoca grande tristeza. Nós não concedemos apenas altos postos, mas também grandes fortunas, e o comportamento deles não está de acordo com minha generosidade". Mas a análise dela revela seu bom senso: "Não podemos destruir a nação turca sozinhos [...]. O que vamos fazer com essa discórdia entre nossos generais? Se encontrarmos uma forma de destruir o Tratado de Prut [forçado por Pedro, o Grande], não seria melhor terminarmos a guerra? Nós dependemos de sua capacidade e lealdade, e você e sua família estarão sob meus favores". Mas nem mesmo o Oráculo Osterman conseguiria tirá-la da guerra naquele momento.[17]

O príncipe Anton de Brunswick, o noivo gago da herdeira, estava servindo com Münnich, que admirava a coragem do rapaz, mas o considerava sexualmente ambíguo. Assim como a noiva. A governanta de Anna Leopóldovna era uma nobre báltica alemã chamada madame D'Aderkass, que se tornou inseparável da pupila, provocando rumores sobre lesbianismo no momento em que princesa e governanta se apaixonaram pelo conde Maurice Lynar, o jovem embaixador saxão. Quando a imperatriz ouviu boatos que "acusavam a garota de compartilhar as tendências da famosa Safo", Anna expulsou a governanta e mandou chamar Lynar.

"O crime que ela cometeu continua um grande segredo", escreveu Jane Rondeau, a esposa do embaixador inglês, acrescentando que a herdeira tinha sido "examinada" para verificar sua virgindade e por *semblance de hommesse*. A dama inglesa concluiu: "A maioria das pessoas acha que deve ser alguma coisa muito notória, ou sua majestade jamais a teria mandado para longe tão depressa". Anna Leopóldovna gostava realmente de ter relações íntimas com garotas, pois se tornou cada vez mais próxima de sua dama de honra, a baronesa Julie von Mengden. Agora o casamento da herdeira era urgente.[18]

À medida que um autocrata envelhece, a luta por influência se intensifica, o que por sua vez torna o soberano mais desconfiado, e portanto mais perigoso. Biron promoveu um novo ministro para o Conselho, o dinâmico Artêmi Volínski. Volínski tinha sido o assessor de Pedro, o Grande, para a Pérsia, embora o primeiro imperador tenha dado bengaladas nele por desvio de dinheiro. Anna considerou o aguerrido e inovador Volínski agradável, mas o favoritismo da imperatriz o estimulou a se livrar de Biron.

Embora estivesse no auge de seus poderes, Biron sofria do eterno medo de todos os favoritos: o de ser destruído depois da morte da benfeitora. Por isso, assim como Ménchikov, Biron sonhava se tornar duque da Curlândia. A velha dinastia de lá acabara de se extinguir, e ele rogou a Anna que exercesse sua influência para conduzi-lo ao trono. Ela já o havia promovido a duque, mas, de volta a Petersburgo, Biron divisou uma oportunidade de voar ainda mais alto com a questão do casamento da herdeira.

Agora que o príncipe Anton de Brunswick havia voltado da guerra, a imperatriz organizava o noivado, mas Anna Leopóldovna não queria se casar com aquele "maricas". "Ninguém quer considerar que tenho nas mãos uma princesa que precisa se casar", disse a imperatriz a Biron. Quanto ao príncipe Anton, "nem eu nem a princesa gostamos do príncipe", e Biron também o considerava "adequado para produzir filhos na Rússia, mas sem inteligência nem mesmo para isso". Ainda que a escolha de Anton fosse um equívoco, a imperatriz dizia que "damas do seu status nem sempre se casam por amor", e ademais havia implicações diplomáticas, pois Anton era o candidato da Áustria, aliada da Rússia. Quando a herdeira disse que preferiria qualquer outro, Biron sugeriu o próprio filho, o que irritou a imperatriz. Mas foi seu próprio protegido, Volínski, quem liderou a campanha contra Biron. Afinal, a herdeira declarou que preferia se casar com Anton, sobrinho de um nobre do Sacro Império Romano, a se casar com um cavalariço. Biron ficou furioso.

No dia 3 de julho de 1739, Biron encaminhou-se para o casamento numa carruagem escoltada por 24 lacaios, quatro heiduques, quatro pajens e dois padrinhos. A imperatriz, com um vestido prateado armado e os cabelos cravejados de diamantes, acompanhou a herdeira em uma carruagem dourada; a menina usava "um vestido de espartilho rígido de prata, um corpete de diamantes e os cabelos pretos caídos em quatro tranças presas por diamantes e uma pequena coroa de diamantes". As carruagens foram acompanhadas por "negros correndo com trajes de veludo preto bem ajustados ao corpo, de forma que pareciam estar nus" a não ser pelas plumas brancas nos cabelos.

Depois, a imperatriz ajudou a vestir a noiva, e Biron levou o noivo de camisola para a cama. "Tudo isso para unir duas pessoas que se odiavam de coração", refletiu Jane Rondeau. A herdeira, agora Anna de Brunswick, "demonstrou isso durante o banquete, tratando o noivo com o maior desprezo". Mesmo assim, eles precisavam conceber um filho.[19]

Agora, no quarto ano da guerra contra os otomanos, a Rússia estava impaciente,* e Münnich invadiu os principados de Moldávia e da Valáquia no baixo Danúbio (atual Romênia). Em setembro, finalmente, Münnich derrotou os otomanos em Stavutcháni e negociou a paz, recuperando Azov e parte do Cáucaso, mas não ganhou o direito de construir uma frota no mar Negro. A guerra custou muito para a Rússia em sangue e tesouro — e os ganhos foram parcos.

Anna se mantinha atenta aos seus velhos inimigos: Vassíli Dolgorúki e Dmítri Golítsin foram denunciados e presos por afrontarem a imperatriz em privado. Em seu distante exílio na Sibéria, Iekaterina Dolgorúkaia, ex-noiva de Pedro II, foi cortejada por um secretário presunçoso que acabou sendo espancado pelo irmão dela. O secretário denunciou os dois por traição verbal, a imperatriz mandou prender a família e a mandou para Chlisselburg. Sob tortura, Ivan, o favorito de Pedro II, confessou ter falsificado o testamento do tsar e cometido sublevação. Nenhum desses incompetentes arruinados consistia uma ameaça, mas Anna decretou um massacre judicial: Golítsin foi condenado à morte, porém morreu na

---

* Anna expulsou todos os judeus para aplacar o descontentamento popular. Depois da morte de Pedro I, Catarina I havia expulsado todos os judeus em 1727. Agora Anna reeditava o mesmo decreto. Um judeu foi queimado vivo por ter construído uma sinagoga em frente a uma igreja em sua aldeia e por converter um cristão, que foi executado com ele. Mas Biron era patrono de um "judeu da corte", Isaac Libman, de Riga, designado como "Ober-Hof-Kommissar" na corte de Anna em 1734, onde ganhou altas quantias como fornecedor dos exércitos e como intermediário em encomendas artísticas e de joalheria, como a espada cravejada presenteada a Münnich. Libman continuou sendo um judeu praticante e servindo a Anna, o que era incomum. Um dos médicos da imperatriz era um judeu português convertido, António Sanches.

prisão. O marechal Dolgorúki foi condenado à morte, teve a pena reduzida para prisão perpétua na ilha de Solovétski, onde seus primos Ivan e outros três foram decapitados, e a inocente Iekaterina Dolgorúkaia foi confinada a um mosteiro. Enquanto isso, uma noiva mais afortunada tinha notícias melhores: a princesa de Brunswick estava grávida.[20]

A imperatriz, que se divertia inventando novos tormentos para Golítsin, seu bufão cacarejante, resolveu casá-lo com uma criada calmuca de meia-idade, gorda e feia, apelidada de Bujenina — Leitoa Acebolada —, em homenagem ao prato favorito da imperatriz. O ministro Volínski foi cúmplice de seu sadismo brincalhão e planejou uma insólita extravagância: a imperatriz em uma cavalgada de mulheres em trajes nacionais de cada uma das "raças bárbaras", dirigindo-se ao novo Palácio de Inverno em carruagens puxadas por cães, renas, porcos e camelos. Tudo isso seguido por um elefante com uma jaula no lombo levando Golítsin e Leitoa Acebolada. A imperatriz conduziu o casal até o congelado Nievá para mostrar um palácio de gelo de dez metros de altura no meio de uma exposição de maravilhas que incluía um canhão de gelo que disparava balas de verdade e um elefante que lançava jatos de água no ar. Dentro daquele palácio real, Anna mostrou aos "noivos bufões" um lavatório e (grande piada) uma cama de quatro colunas com o colchão e os travesseiros esculpidos em gelo — e, para alegria da imperatriz, sem nenhum lençol ou roupas de cama. A lareira também tinha um truque — era acesa com nafta. Deixando o enregelado casal ali vigiado por soldados, Anna se retirou para o Palácio de Inverno. Os dois sobreviveram à noite de núpcias, e Leitoa Acebolada ainda gerou dois filhos.[21]

O organizador do casamento no gelo, Volínski, começou a tramar contra Biron. Em sua sala de visita, ele discutia reformas e criticava a grotesca inépcia de Anna. "Nossa soberana é uma tola", dizia ao seu círculo social. "Quando apresentamos um relatório, não extraímos absolutamente nenhuma decisão dela." Ao ler uma descrição de Joanna II, rainha de Nápoles, como "fraca, tola e dissoluta", o ministro exclamou: "ELA! É ela!".

Anna comemorou a paz com os turcos — mas havia pouco a mostrar, pois, pelo Tratado de Belgrado, a ressurgente França obrigava a Rússia a abandonar todos os seus ganhos com exceção de Azov, que ainda assim não poderia ser fortificada. Anna presenteou Münnich com uma espada cravejada de diamantes, mas não foi suficiente: aspirando à realeza da mesma forma que Biron, ele pediu para ser príncipe da Ucrânia. "O marechal é realmente modesto demais", replicou Anna de forma mordaz. "Eu teria pensado que ele não se satisfaria com nada menos que o posto de grão-duque de Moscóvia." Volínski ganhou 20 mil rublos.

"Extremamente impetuoso e homem de ambição, vaidade e indiscrição ilimitadas", Volínski sentiu-se confiante o bastante para seguir adiante com suas ideias sobre reformas e a redução da influência da Alemanha sobre a imperatriz Anna, por ela não ter gostado da tentativa de Biron de casar o filho com a herdeira. Volínski sugeriu a exoneração do favorito. Biron contra-atacou: "Ou eu ou ele, alguém tem que sair", disse a Anna. Ela chorou, mas em 12 de abril Volínski e seus correligionários foram presos e torturados por Uchakov até seus comentários sobre Anna e os planos de golpe serem revelados.

Volínski foi considerado culpado de planejar o assassinato de Biron, de Münnich e de Osterman, e condenado à morte por empalação. Em 27 de junho, a ruína física do outrora vigoroso Volínski, com muitas juntas deslocadas pela tortura, foi arrastada toda enfaixada. Poupado da empalação, teve a língua cortada — a boca foi amordaçada para estancar o sangramento e a mão direita e a cabeça foram decepadas.

A perturbada imperatriz, agora extremamente ansiosa com os rumores de que a Suécia estava para atacar, mas grata por "nosso confiável" Münnich estar no comando, retirou-se daquele espetáculo de carnificina para ir caçar.[22]

No dia 12 de agosto, a imperatriz voltou de Peterhof a tempo de ver Anna de Brunswick dar à luz um herdeiro chamado Ivan, nome do pai da imperatriz. Anna na verdade raptou o bebê da mãe exausta. Mas o herdeiro tinha chegado bem a tempo, pois em 5 de outubro a imperatriz desmaiou depois de um jantar com os Biron e foi levada para a cama.

Temendo o que aconteceria se a princesa de Brunswick se tornasse regente, Biron insinuou que deveria haver alguém para "tranquilizar o povo indisciplinado" — ou seja, ele próprio. O embaixador britânico, Edward Finch, descreveu os sintomas da imperatriz como "vômitos fortes seguidos por grandes quantidades de sangue pútrido".

Acomodada no Palácio de Verão, a imperatriz não especificou se a princesa de Brunswick ou seu filho Ivan eram agora os herdeiros nem, se fosse o bebê, quem seria o regente. Osterman ficou acamado, até que Anna o chamou. Chegando numa liteira, ele apoiou a indicação do bebê para ser o tsar. Mas Anna tergiversou quanto à regência. Biron pediu de joelhos.

Osterman alertou Anna contra Biron como regente, e ela mesma temia que isso pusesse em perigo o já odiado Biron. "Estou avisando, duque, você será infeliz", alertou. Mas se Biron perdesse poder, seus inimigos o destruiriam; sua única chance era angariar mais poder. Biron convocou os aristocratas, fez agrados, ameaças e os subornou para que concordassem. Mas Anna não assinou o decreto. Em 10 de outubro ela já havia se recuperado o suficiente para apresentar o bebê aos cortesãos: "Aqui está nosso futuro governante!".

No dia 15, Anna adoeceu, impossibilitada de urinar, e ainda sem ter assinado o decreto de regência. Chamou uma velha criada, assinou o documento na frente dela, mandou que escondesse numa caixa de joias, guardasse a chave e não dissesse nada até que ela estivesse morta. No dia 17, com o alastramento da infecção, Anna teve uma paralisia no lado esquerdo e dores na virilha — mas continuou consciente. Por volta das sete horas da noite, ela se despediu da princesa de Brunswick e de Elizaveta. "Nunca tenham medo, nunca tenham medo", murmurou. Às dez da noite, Anna morreu aos 46 anos.

Quando as portas da câmara mortuária se abriram, a princesa de Brunswick chorou sobre o corpo. Biron ficou apreensivo. O procurador-geral, príncipe Nikita Trubetskoi, recém-nomeado para um cargo vago havia muito tempo, anunciou a ascensão do imperador bebê Ivan VI. O príncipe de Brunswick ficou imobilizado atrás da cadeira da esposa até Biron perguntar: "Vocês querem ouvir as últimas ordens da imperatriz?". Osterman leu o decreto de regência: Biron era o regente da Rússia. Depois disso, o triunfante regente foi para seus aposentos — e os Brunswick foram cuidar do novo tsar, nascido havia seis semanas.[23]

O corpo da imperatriz ficou em exposição* no Palácio de Verão, onde o re-

---

* Em 9 de outubro, tinha morrido em Viena o outro imperador da Europa, Carlos VI, arquiduque da Áustria e representante do Sacro Império Romano, deixando apenas uma herdeira, sua filha Maria Teresa. Ele havia feito uma campanha na Europa para um acordo quanto ao que ficou conhe-

gente quis ficar morando até ela ser enterrada. Na manhã seguinte, o imperador bebê e seus pais se mudaram para o Palácio de Inverno. Biron notou o descontentamento passivo-agressivo dos Brunswick e imediatamente começou a adular a tsarevna Elizaveta, conseguindo sua cooperação. O corpo de Anna mal tinha esfriado quando o ódio por Biron começou a borbulhar. Pressentindo o perigo, Osterman retirou-se para a cama, pintando o rosto com suco de limão e encenando falsos ataques, mas um grupo de aristocratas foi denunciado por insultar Biron, que mandou que fossem torturados. Eles comprometeram o próprio príncipe Anton. Em 23 de outubro, Biron encenou um humilhante interrogatório público de Anton de Brunswick, durante o qual ele admitiu que "queria se rebelar um pouco". Biron ameaçou mandar os parentes do tsar de volta para a Alemanha. Agonizando em sua impopularidade, ele manteve o marechal Münnich por perto. Os dois jantavam juntos todas as noites. Münnich esperava ser promovido a comandante supremo — mas nada aconteceu. Biron o usou para fustigar os Brunswick, mas isso significava que o marechal os visitava constantemente no Palácio de Inverno. No dia 8 de novembro, quando estava sozinho com Anna de Brunswick, Münnich disse que corria perigo com Biron e pediu permissão para prendê-lo, solicitando que ela o acompanhasse. Anna concordou, e Münnich recrutou um de seus coronéis, Hermann von Manstein, para a ingrata tarefa — e depois foi jantar com o regente, que, "taciturno e inquieto, mudava o discurso com frequência, como um homem ausente".

"Diga-me, marechal", começou Biron, "em suas aventuras militares, você já empreendeu algum ato de consequências importantes à noite?"

Será que o duque sabia o que estava sendo planejado naquela noite? Será que o próprio Münnich estava para ser preso? Ele teve de responder com seu vigor habitual, que "não se lembrava, mas que sua máxima era: 'Sempre aproveitar o momento favorável!'".

Aquele momento era agora. Às onze horas da noite, enquanto Münnich se despedia, Biron revelou que depois do funeral da tsarina ele iria colocar Elizaveta ou Holstein no trono e destruir seus inimigos. Münnich ficou ainda mais "determinado a desfechar seu golpe sem esperar mais".

---

cido como Pragmática Sanção — que uma mulher poderia sucedê-lo —, ainda que o título imperial tivesse de pertencer ao marido. Mas a ascensão da filha propiciou a oportunidade a um jovem monarca que acabara de tomar seu lugar no trono: o prussiano Frederico II, o Grande.

Às duas horas da manhã, o marechal se reuniu com Manstein e trinta membros confiáveis da Guarda, e juntos se dirigiram ao Palácio de Inverno. Deixando Manstein para explicar a missão às sentinelas do palácio, Münnich usou uma porta dos fundos para entrar no apartamento de Julie von Mengden, dama de honra, que o conduziu pelos corredores até o apartamento dos Brunswick. Julie os acordou: o marechal estava esperando. Anton perguntou do que se tratava, mas a esposa disse que não era nada e mandou que voltasse para a cama.

Münnich convidou Anna de Brunswick para liderar os soldados. Ela preferiu se dirigir aos oficiais. Quando eles entraram, a jovem princesa disse que "esperava que não se recusassem a cumprir a maior missão para o jovem tsar e seus pais — prender o regente cujas atrocidades eram conhecidas de todos, e que deviam fazer o que o marechal ordenasse". Em seguida abraçou Münnich, e os oficiais beijaram sua mão. Os soldados partiram na noite em direção ao Palácio de Verão — e Anna e sua amiga Julie foram ver o pequeno imperador.

Münnich mandou os homens carregarem os mosquetes. A quase duzentos metros do Palácio de Verão, Münnich os deteve e mandou que Manstein se aproximasse dos guardas do regente, que concordaram de imediato em aderir à revolução. Münnich, "que gostava que todas as suas iniciativas tivessem algo de chocante", virou-se para Manstein: "Reúna vinte homens, entre no palácio, prenda o duque e, se ele resistir, mate-o sem piedade!".

Manstein entrou silenciosamente no palácio, seguido por seus vinte homens — mas se perdeu pelos corredores. Como não podia perguntar aos criados, continuou andando até que, "depois de passar por dois aposentos", chegou a uma porta de correr trancada que ele arrombou. "Dentro do aposento", relatou depois, "encontrou uma grande cama na qual o duque e a duquesa [os Biron] estavam imersos em um sono tão profundo que nem o arrombamento da porta os tinha acordado." Aproximando-se da cama, ele abriu as cortinas, percebendo que estava do lado da duquesa, e "desejou falar com o regente". O casal se sentou e "começou a gritar com eles a todo o volume, julgando, acertadamente", segundo Manstein, "que ele não tinha vindo trazer nenhuma boa notícia". Nu em pelo, Biron se jogou no chão, tentando se esconder embaixo da cama. Nisso, Manstein deu a volta e, "saltando" sobre sua presa, "segurou-o com firmeza até os guardas chegarem". O duque levantou-se "distribuindo golpes com os punhos esquerdo e direito", ao que os soldados responderam com as coronhas dos mosquetes. Jogaram o duque no chão e enfiaram um lenço em sua boca, amarraram suas mãos e o levaram "nu como estava" até a sala da Guarda. Depois de arrastá-lo lutando e esperneando pelo Grande Saguão e de passar pelo caixão da imperatriz Anna, eles o puseram na carruagem de Münnich. Biron tinha governado por três semanas.

A duquesa foi atrás dos soldados aos gritos, de camisola, até um dos soldados empurrá-la num monte de neve. Já no Palácio de Inverno, Anna de Brunswick dirigiu-se aos guardas reunidos e se declarou "grã-duquesa da Rússia e regente do Império". Imaginando que "ninguém se atreveria a fazer nada contra ele", Münnich exigiu que a nova regente o promovesse a generalíssimo, mas Anna respondeu: "Essa [patente] não cairia melhor em ninguém a não ser no pai do imperador". Münnich não conseguiu conter sua "ultrajante ambição" e quis então ser duque da Ucrânia. Dias depois, a regente promoveu o marido a generalíssimo, Münnich a *premier ministre* e Osterman a almirante-general — todos alemães. Para satisfazer os russos, ela nomeou Tcherkásski como chanceler. Anna confiava muito em Ivan Brilkin, um de seus camareiros, que fora exilado pela princesa Anna por ter facilitado seu caso com Lynar. Ela o promoveu a procurador-geral. Em 23 de dezembro, a imperatriz Anna foi enterrada — e, até então, Ivan VI tinha reinado apenas por seis semanas.[24]

O trono do tsar bebê era uma cadeira de encosto alto sobre rodas, um carrinho de bebê imperial. Quando era transportado do Palácio de Verão para o de Inverno, ia a bordo de um berço sobre os joelhos de sua babá na carruagem real, escoltado por um destacamento da Guarda, com camareiros a pé e precedido pelo grande marechal da corte, enquanto sua jovem mãe, a regente Anna de Brunswick, seguia em sua carruagem.

Com apenas 22 anos, "atraente, com um corpo bem bonito, extremamente caprichosa, passional e indolente", Anna só amava duas pessoas em um *ménage à trois* incomum, uma garota e um homem. Seu minúsculo círculo social se encontrava todos os dias para jogar baralho, costurar e conversar. "Franca, sincera, inteligente [...] seu exterior frio escondia um coração afável, afetuoso e leal", escreveu o amigo Ernst Münnich, filho do marechal.

A regente agora fazia exatamente o que gostava, matando o tempo com seu cabelo *distrait*, despenteado, usando só uma impudente "anágua e uma capa curta — em um estado de quase nudez" e lendo novelas românticas. "Nada lhe agradava mais do que ler sobre uma infeliz princesa aprisionada se comportando com um orgulho aristocrático."

Sua querida amiga era Julie von Mengden, filha de um cortesão alemão báltico. Confidente de Anna durante o golpe, Julie — ou Julka —, de pele cor de oliva, bonita e morena, recebeu uma das propriedades de Biron que valia 140 mil rublos e todos os seus trajes e insígnias reais de ouro. O amante de Anna era o conde Lynar, que ela encontrava na suíte de Julie enquanto a amiga vigiava do lado de fora, impedindo que o marido entrasse. Mas Lynar, ainda embaixador da Saxônia, tinha voltado a Dresden para pedir sua renúncia, de modo que Anna pudesse nomeá-lo grão-camareiro.

O embaixador britânico Edward Finch, com quem a regente jogava cartas todas as noites, observou esse *ménage à trois* e relatou a Londres que Anna de Brunswick "amava Julie com uma paixão tão intensa como só um homem ama uma mulher". Na verdade, "eu poderia dar a vossa senhoria uma vaga ideia sobre isso acrescentando que a paixão de um amante por um novo amor é apenas uma brincadeira em comparação". Outro observador íntimo notou que as garotas dormiam juntas na mesma cama "sem nada a não ser anáguas". Mas as cartas de amor de Anna a Lynar provam que ela o amava — "minha alma, sua até a morte" — e que Julie também era apaixonada por ele — "o coração dela está muito distante". Suas cartas, que não foram publicadas, mostram que isso era aquela coisa incomum — um verdadeiro *ménage à trois* circular —, pois quando ela escrevia sobre o amor "dela", Julie, por Lynar, escrevia também "meu" logo acima de cada "dela". Lynar estava sempre em seus pensamentos: "Não serei feliz enquanto você não estiver a caminho daqui".

Foi esse *ménage* ou algo assim que tanto alarmara a imperatriz Anna cinco anos antes. Estava claro que a regente desejava tanto Julie quanto Lynar, mas era casada. Por isso eles planejaram que Julie deveria se casar com Lynar. Dessa forma, o amante saxão poderia visitar a regente com regularidade. Desnecessário dizer que isso incomodou o marido e levou a "mal-entendidos que duraram semanas inteiras", estimulados pela atrevida Julie, "que inflamava ainda mais a grão-duquesa contra o marido". Para complicar ainda mais as coisas, quando não estava dormindo com Julie ou Lynar, Anna dividia a cama com o príncipe Anton e logo ficou grávida de novo.

Anna foi uma governante clemente, mas totalmente inepta. "Ela adorava fazer o bem, porém não sabia fazê-lo de forma adequada", observou Manstein. Münnich não se deixou impressionar: "Ela era preguiçosa por natureza e nunca apareceu no Ministério". Quando ele apresentava alguma questão a ser resolvida, Anna costumava dizer: "Gostaria que meu filho já tivesse idade para governar por si mesmo". Mas também não confiava no escorregadio marechal. "Não sei em quem acreditar", escreveu com ingenuidade a Lynar, "mas nunca tive tantos amigos antes de assumir a regência." "É melhor não saber de tudo." Nenhum autocrata poderia se permitir pensar uma coisa dessas.[25]

Enquanto isso, sob interrogatório na Fortaleza de Chlisselburg, Biron revelou que jamais teria aceitado a regência sem o estímulo de Münnich, "o homem mais perigoso do império". Quando voltou depois de uma licença médica em 1741, Münnich descobriu que era *premier* apenas no nome. Ascendendo ao auge de seu poder, numa carreira que iniciara com Pedro, o Grande, em 1703, Osterman habilmente expôs a ignorância de Münnich em política externa. Quando o marechal ameaçou renunciar, a regente concordou e o pôs em prisão domiciliar. Osterman reinava supremo.

Em julho de 1741, sentindo que Petersburgo estava à deriva, a Suécia, ansiosa por recuperar seus territórios perdidos, aproveitou o momento. Encorajados pela França e denunciando uma agressão russa, um governo de alemães intrusos e a exclusão de Elizaveta, os suecos atacaram a Rússia. E aí tocaram no nervo mais sensível da regente: Elizaveta, 32 anos, popular por seu bom senso e sensualidade natural, era um contraste carismático à regente alemã, ao bebê e ao ministro. A Guarda a adorava: na véspera do Ano-Novo, o palácio dela em Tsarítsin Lug, ao lado do local do desfile do Prado da Tsarina, estava "lotado de membros da Guarda chamando a princesa de madrinha, sem cerimônia".

Os Brunswick tentaram casá-la com Ludwig, irmão de Anton. Elizaveta começou a cogitar a possibilidade de um golpe, encorajada pelo sempre conspirador embaixador francês, o marquês de La Chétardie, cuja missão era romper a aliança com a Áustria. O idealizador de suas intrigas era Jean Armand de Lestocq, um médico francês contratado por Pedro, o Grande, e de confiança de Catarina. Esse Lestocq, que Manstein chamava de "o homem mais leviano que existe e o menos capaz de guardar um segredo", considerava-se um homem internacional e misterioso. Elizaveta se tornou o centro de uma teia de mensagens codificadas, sinais trocados em bailes e encontros mascarados "em noites escuras durante tempestades, chuvas torrenciais e nevascas, em locais que as pessoas usavam para jogar lixo". Lestocq, o mestre da clandestinidade, tinha ligações com os franceses e com os suecos. Mas Elizaveta era amante do prazer, e um golpe era uma iniciativa perigosa. Ela preferiu protelar.

No dia 23 de agosto, o Exército derrotou os suecos, uma vitória que deveria ter fortalecido a regente, mas seu conselheiro Lynar ainda estava no exterior. Com sua autoridade sugada, Osterman aconselhou Anna a se tornar imperatriz. Ele marcou a coroação dela para 7 de dezembro.

No dia 20 de outubro, o xá da Pérsia, Nadir Xá,* mandou uma magnífica missão diplomática a Petersburgo, composta de catorze elefantes, que cobriu a regente de joias da Mongólia, as quais Anna gostava de mostrar a Julie. "O embaixador persa foi recebido em audiência com seus elefantes", escreveu a regente ao amante Lynar na Alemanha. "Mas pede a mão da princesa Elizaveta: o que deve ser feito? Não tome isso como uma lenda persa: eu não estou brincando..." O xá de fato estava falando muito sério. "Se não tiver a mão dela, ele ameaça ir à guerra." Osterman se recusou a permitir que os persas se encontrassem com Elizaveta. Elizaveta jamais iria para o harém daquele monstro. Porém, fascinada por suas joias, Anna disse a Osterman para não esquecer que ela era a filha de seu senhor, Pedro, o Grande.

A pobre regente se mostrava cada vez mais "rabugenta", e em um de seus dias na corte ela tropeçou no próprio vestido e caiu aos pés de Elizaveta. Somente Lynar poderia resgatá-la: "Não serei feliz enquanto você não estiver a caminho daqui", escreveu para ele em 13 de outubro. Lynar temia que Julie estivesse tomando seu lugar nas afeições da regente. "Como você pode duvidar por um momento do meu/dela amor depois de todos os sinais dados por ela/mim?", garantiu Anna. Enquanto isso, Anna tinha pavor das mascaradas da corte: "Não serei capaz de me divertir (sem você, minha alma), porque já pressinto que minha querida Julie, cujo coração e alma estão distantes, não vai se divertir. É verdade o que diz a canção: nada se parece com você, mas tudo me lembra você. Um beijo — sua até a morte".

Os espiões de Osterman avisaram Anna que o golpe de Elizaveta era iminente. "Existem muitas coisas sobre as quais quero ouvir sua opinião", disse Anna a

---

* Nadir Xá era um senhor da guerra persa extraordinário, filho de um pastor que subiu sozinho ao trono. Versão de Napoleão do Oriente Próximo do século XVIII com um toque de Tamerlão, ele conquistou o Iraque e em seguida o Cáucaso, de onde os russos foram obrigados a se retirar. Em 1739 ele derrotou os mongóis e capturou Déli, onde saqueou o Trono do Pavão. Esses elefantes e as joias eram um butim tomado dos mongóis. O conquistador foi assassinado em 1747. Os elefantes foram presenteados à regente, que os guardou num pátio especial.

Lynar sobre a visita do agente francês a Elizaveta. "Todo mundo me dá tantos conselhos, não sei em quem acreditar [...]. Com certeza metade é mentira."

No dia 23 de novembro, a regente, interrompendo seu dia na corte, afastou Elizaveta para um canto: "O que é isso, Matuchka... ouvi dizer que vossa alteza se corresponde com o Exército do inimigo e que seu médico visita o enviado francês?". Elizaveta "verteu uma abundância de lágrimas" e afirmou sua inocência com tanta sinceridade que a regente acreditou. Naquela noite, durante o jogo de cartas, o marquês de Botta, o enviado austríaco, alertou Anna: "Não deixe de se cuidar bem. Você está à beira de um precipício. Salve-se! Salve o imperador!".

Assim que chegou em casa, Elizaveta "voltou ao jogo" — como expressou o embaixador Chétardie —, consultando o dr. Lestocq e seu entorno. A Guarda ia ser enviada para a guerra, Lestocq estava prestes a ser preso e a regente se preparava para ser coroada imperatriz. Era agora ou nunca. "Isso requer ousadia", disse seu cortesão mais confiável, Mikhail Vorontsov, "mas onde essa ousadia pode ser encontrada a não ser na filha de Pedro, o Grande?" Na manhã seguinte, Lestocq supostamente entregou a Elizaveta uma carta com uma coroa de um lado e um véu de freira sobre um patíbulo no verso. "Faça sua escolha, Milady", teria dito.[26]

Cena 3
Vênus Russa

Elenco

Anna de Brunswick, regente e grã-duquesa 1740-1
Príncipe Anton de Brunswick, seu marido, generalíssimo
IVAN VI, imperador, 1740-1, filho deles
Baronesa Julie von Mengden, amiga do casal, "Julka"
ELIZAVETA, imperatriz, 1741-61, filha de Pedro, o Grande, com Catarina I
PEDRO III, imperador 1761-2, duque de Holstein, grão-duque, filho de Annuchka, neto de Pedro, o Grande, sobrinho de Elizaveta e herdeiro, "Diabinho Holstein"
CATARINA II (A GRANDE), imperatriz 1762-96 (nascida Sophie de Anhalt--Zerbst), grã-duquesa, esposa de Pedro III
PAULO I, imperador 1796-1801, filho de Pedro III com Catarina II

CORTESÃOS: ministros etc. de Elizaveta

Jean Armand de Lestocq, médico da corte e agente da Prússia, depois conde
Alexei Razumóvski, conde, amante de Elizaveta, "Imperador da Noite"
Kiril Razumóvski, irmão dele, conde, hetmã dos cossacos
Mikhail Vorontsov, conde, vice-chanceler, depois chanceler

Andrei Uchakov, chefe da polícia secreta, general, conde

Alexei Bestújev-Riúmin, conde, vice-chanceler, depois chanceler

Príncipe Vassíli Dolgorúki, marechal de campo, chefe do Collegium da Guerra

Príncipe Nikita Trubetskoi, procurador-geral, marechal de campo

Nikita Pánin, *oberhofmeister* de Paulo

Pedro Chuvalov, conde, mestre de artilharia, marechal de campo, "Mongol"

Alexandre Chuvalov, seu irmão, conde, chefe da polícia secreta, marechal de campo, "Terror"

Ivan Chuvalov, primo de Pedro e Alexandre, amante de Elizaveta

GUERRA DOS SETE ANOS

Stepan Apráxin, marechal de campo, conde, chefe do Collegium da Guerra

Alexandre Buturlin, conde, marechal de campo

Frederico, o Grande, rei da Prússia

Conde Wilhelm von der Goltz, emissário da Prússia

CORTESÃOS: ministros etc. de Pedro III

Isabel Vorontsova, amante de Pedro III, sobrinha de Mikhail Vorontsov

Andrei Gudóvitch, favorito de Pedro, ajudante general

Barão Karl von Ungern-Sternberg, outro favorito, ajudante general

Alexandre Glébov, procurador-geral

Dmítri Vólkov, secretário de Estado

Liev Naríchkin, mestre da cavalaria

CORRELIGIONÁRIOS DE CATARINA

Grigóri Orlov, oficial da Guarda, amante de Catarina

Alexei Orlov, irmão dele, "Cicatriz", oficial da Guarda

Grigóri Potiômkin, sargento da Guarda Cavalariana, "Alcibíades"

No dia 25 de novembro de 1741, depois da meia-noite, Elizaveta vestiu um peitoral e, acompanhada pelo dr. Lestocq, pelo professor de música Schwartz e por Vorontsov, saiu de seu palácio e seguiu de trenó por Petersburgo, em meio a uma nevasca, em direção ao quartel-general da Guarda de Preobrajénski, onde convocou seus apoiadores, num total de trezentos. "Meus amigos", começou a dizer, segurando uma lança, "assim como vocês serviram a meu pai, agora sua lealdade serve a mim!" Aquela Vênus de armadura deve ter sido uma visão empolgante para qualquer guarda. "Nós morreremos por vossa majestade e pela pátria-mãe!", responderam.

Às duas horas da manhã, eles partiram de trenó pela neve. Pararam na praça do Almirantado e seguiram a pé em silêncio em direção ao Palácio de Inverno. Um diplomata francês avistou "quatrocentos granadeiros liderados pela lindíssima" Elizaveta. Enquanto prosseguiam a passos rápidos sob a luz acinzentada, Elizaveta se esforçava para andar na neve de vestido e peitoral, por isso os guardas a puseram sobre os ombros, com suas madeixas loiras esvoaçando.

Ao entrar no palácio, Elizaveta dirigiu-se às sentinelas na guarita: "Acordem, crianças, vocês sabem quem eu sou. Vão me seguir?". Os guardas logo se juntaram a ela, permitindo que Vorontsov e Lestocq liderassem o destacamento em direção aos alojamentos da regente, enquanto outros se espalhavam pela cidade para prender Münnich e Osterman.

A regente Anna de Brunswick foi acordada por soldados e presa por Voront-sov e Lestocq. "Ah, estamos liquidadas", suspirou Anna. Vestiu-se e subiu no trenó que a transportaria ao palácio de Elizaveta; o marido foi atirado lá depois dela, seminu. "Podemos falar com a princesa [Elizaveta]?", perguntou, mas na verdade ela nunca mais a viu. Anna suplicou que Julie ficasse com ela, o que foi permitido.

Os guardas ficaram esperando o bebê Ivan VI deposto acordar em seu berço, para ser preso em seguida (na medida em que um guarda pode "prender" um bebê) e trazido até Elizaveta, que segurou o ex-tsar no colo. "Você não tem culpa de nada", falou. Quando amanheceu, os soldados comemoraram; cortesãos acor-reram para adorar o sol nascente.[1]

De volta ao palácio, Elizaveta abraçou seu amante cossaco, Alexei Razu-móvski, depois aceitou os votos de obediência dos nobres, enquanto em outra câmara, vigiados e prostrados, os Brunswick e Julie von Mengden aguardavam seu destino com os dois bebês, um deles um tsar deposto. Elizaveta imediatamen-te promoveu Razumóvski, os cortesãos Vorontsov e os irmãos Chuvalov, Pedro e Alexandre — todos a condes e camareiros.*

Elizaveta se absteve de designar um gabinete, como Anna, preferindo gover-nar diretamente, como o pai. Na verdade, ela governou por meio de dois homens. Como não tinha experiência em política, aceitou a proposta do embaixador fran-cês Chétardie de que o auxiliar destronado de Biron, Alexei Bestújev-Riúmin, fosse o vice-chanceler. De qualquer forma, Elizaveta devia conhecê-lo bem, pois era filho do servidor de Pedro que se tornou amante da imperatriz Anna. Agora com 48 anos, Bestújev era desajeitado, de lábios úmidos, "mais temido que ama-do, extremamente manipulador, desconfiado, voluntarioso e ousado, tirânico em

---

* Vorontsov era de uma antiga família boiarda; os irmãos Chuvalov vinham de uma família nova de Kostromá, mas ambos eram ligados aos Scavrónski, a família da mãe de Elizaveta. Pedro Chuvalov consolidou sua posição ao se casar com a confidente de Elizaveta, Mavra Chépeleva. A imperatriz se lembrou também dos favoritos do pai: Gannibal mal tinha sobrevivido às intrigas de Ménchikov, de Anna e da regência, mas em 12 de janeiro de 1742 Elizaveta o promoveu a major--general e o recompensou com uma herdade de 6 mil acres de Mikháilovskoie, que depois ficou fa-mosa como a casa de seu neto, o poeta Púchkin. E, no último ato de uma carreira de altos e baixos, ela reconvocou seu padrinho, o marechal Vassíli Dolgorúki, do inferno gelado da ilha de Solovétski, para ser o chefe do Collegium da Guerra. Em 1746, ele morreu no cargo.

seus princípios e um inimigo implacável, mas amigo dos seus amigos". Esse diplomata hipocondríaco era químico amador e inventou seu próprio tranquilizante. O outro poderoso de Elizaveta era o príncipe Nikita Trubetskoi, de 42 anos, que ajudara a organizar o contragolpe de Anna em 1730. Ele dispunha de habilidade e era bem relacionado, parente dos Naríchkin e casado com uma das muitas filhas do chanceler Golóvkin. Restaurado ao seu antigo cargo de procurador-geral, administrava a maior parte dos assuntos domésticos.

O agora rei da Prússia, que depois ficaria conhecido como Frederico, o Grande, tinha lançado recentemente um ataque sem motivo à Áustria para tomar a rica província da Silésia, encorajado pela morte da tsarina Anna, pois sabia que o governo do bebê Ivan VI dificultaria uma intervenção da Rússia. Frederico estava explorando a questionável sucessão de um herdeiro feminino ao trono da Áustria, a jovem Maria Teresa; seu ataque* provocou décadas de guerras na Europa — e uma competição entre a Áustria, a Prússia e a França para conquistar Elizaveta. A imperatriz combinou com Bestújev que a Rússia deveria continuar a tradicional política de aliança com a Áustria para conter a França, e agora a agressiva Prússia. Mas seus auxiliares mais próximos, Vorontsov e Lestocq, estimulados por uma chuva dourada de propinas, apoiavam a Prússia e a França. Lestocq, cujo "coração negro e maldoso" era viciado em intrigas, fazia lobby e espionava para seus pagadores — mesmo sabendo que não iria muito longe: "No fim eu serei banido!".

No dia 28 de novembro, Elizaveta generosamente permitiu que os Brunswick, Julie e o bebê tsar partissem para Riga — e provavelmente para a Alemanha.

---

* Filho do maníaco e repulsivo Frederico Guilherme, que decapitou o melhor amigo do filho na frente da janela dele, Frederico herdou o trono de um pequeno reino no Norte, com os cofres cheios e um belo exército. Um esteta que tocava flauta e compunha, intelectual que discutia com os *philosophes* e um tipo espirituoso cujas tiradas cáusticas são engraçadas até hoje, Frederico desprezava o cristianismo, que via como uma superstição "semeada pela imaginação febril dos hebreus". Sua guerra contra a Silésia foi a jogada de um jogador político irrequieto. "Tomar antes, negociar depois", dizia seu cético diplomata. Era também um visionário esclarecido que se considerava "um servo do Estado" e general brilhante. Desprezava o poder feminino e não se interessava por mulheres, ignorando por completo sua infeliz esposa e criando uma corte abertamente homoerótica, que favorecia uma série de subordinados do sexo masculino, inclusive o conde italiano Agarotti, a que Frederico escreveu um poema intitulado "O orgasmo". Paradigma de rei guerreiro, era venerado como herói por muita gente. Ao visitar seu túmulo depois de derrotar a Prússia, Napoleão declarou: "Tirem os chapéus, senhores. Se ele estivesse vivo, nós não estaríamos aqui".

Mas no dia seguinte ordenou que ficassem presos numa fortaleza no Báltico. Ela já havia tratado do passado. Agora seria o futuro.*

Elizaveta mandou chamar seu sobrinho de treze anos, Karl Peter Ulrich, duque de Holstein, que, como neto de Pedro, o Grande, e sobrinho-neto de Carlos XII, era um herdeiro potencial tanto da Rússia como da Suécia. Na verdade, pelo testamento de Catarina I ele estava acima de Elizaveta na linha de sucessão russa. "Estou esperando com uma impaciência amistosa, meu querido sobrinho", declarou ela, "sua generosa e incentivadora tia Elizaveta." Em 5 de fevereiro de 1742, Karl chegou e começou seu aprendizado ortodoxo: Pedro Fiódorovitch, como era agora conhecido, foi proclamado herdeiro e grão-duque.

Pedro chegou bem a tempo para a coroação: Elizaveta viajou a Moscou com Razumóvski no trenó gigante da imperatriz Anna (atualmente no Arsenal do Krêmlin), do tamanho de um *motorhome* hollywoodiano, puxado por 23 cavalos, com mesas, camas e até um fogão. Em 27 de fevereiro, Elizaveta e o sobrinho entraram em Moscou com um desfile de carruagens, envolvendo-se em dois meses de rezas e bailes que chegaram ao clímax em 25 de abril, quando a imperatriz, usando um vestido de brocados de ouro, surgiu na Catedral da Anunciação. Mas havia uma mudança: fora o pai dela quem coroara a mãe pessoalmente em 1724, mas agora Elizaveta colocou a coroa de Anna na própria cabeça, um ritual repetido por todos os Románov até 1896.[2]

Com o retorno de Elizaveta a Moscou, seus generais avançaram na Finlândia sueca, enquanto Frederico da Prússia vencia sua guerra contra a Áustria. Ávido para salvar a Suécia aliada da França e reduzir o poder da Rússia, Chétardie, auxiliado por seu agente Lestocq, tentou sabotar Bestújev. Mas a conquista da Finlândia pela Rússia o deixou exposto, por isso teve de se demitir e voltar a Paris. No momento em que Bestújev assinava a paz com a Suécia e se aproximava mais da Áustria, uma conspiração contra Elizaveta ameaçava mudar tudo.

---

* Osterman e Münnich foram condenados à morte, uma punição defendida especificamente pelo marechal Dolgorúki, que tinha sido exilado e quase executado quando Osterman estava no poder. Em 18 de janeiro de 1742, quando Osterman pôs a cabeça no cepo ante uma multidão entusiasmada, uma voz soou: "Deus e a imperatriz preservaram sua vida!". Os prisioneiros indultados partiram para a Sibéria, e em algum lugar ao longo do trajeto, Münnich passou por sua vítima Biron, que Elizaveta havia deixado se estabelecer em uma província. Osterman morreu na Sibéria em 1747.

Certa noite, em uma taverna de Petersburgo, o coronel Ivan Lopukhin, filho de uma proeminente família da corte, resmungou para um amigo sobre uma mulher no poder e suas origens sórdidas — críticas a Elizaveta. O amigo o denunciou. Sob tortura, Lopukhin envolveu a mãe, a condessa Natália Lopukhiná, filha de Matriona Balk, irmã de Willem Mons, executado nos últimos dias de Pedro, o Grande. Por ser a "flor mais brilhante" da corte de Anna e de Ivan VI, Natália tinha se permitido uma rivalidade desbocada com outra beldade, Elizaveta. Depois de sua ascensão, Elizaveta proibiu as damas de usar cor-de-rosa, sua cor favorita, mas Lopukhiná ignorou suas ordens, adicionando uma flor cor-de-rosa ao cabelo. Elizaveta mandou-a se ajoelhar à sua frente, cortou a ofensiva mecha de cabelo — e a esbofeteou. Agora Lopukhiná estava presa. Mas aquilo era muito mais do que uma política de moda: as suspeitas eram de uma conspiração fermentada sob Ivan VI. Enquanto os suspeitos eram torturados pelo chefe da polícia secreta Uchakov, agora promovido a conde, Elizaveta conduzia os interrogatórios quase com a mesma crueldade do pai.* E ficou sabendo que os Lopukhin estiveram em contato com um dos guardas de Ivan VI, que eles gostariam de reintegrar — ao mesmo tempo que Frederico da Prússia desejava restaurar o bebê tsar.

Todos foram condenados à morte por esquartejamento ou decapitação. Durante um baile, de modo teatral, Elizaveta perdoou as penas capitais, para alegria dos convidados. As mulheres teriam apenas as línguas arrancadas — esses órgãos de fala solta das mulheres; e os homens seriam destroncados na roda. Em 31 de maio, a condessa Lopukhiná e Anna Bestújeva foram desnudadas e açoitadas com varas de vidoeiro e cnutes. Bestújeva conseguiu subornar o executor, que só deu um talho em sua língua, mas Lopukhiná não logrou fazer o mesmo e, quando tentou morder a mão do carrasco, ele arrancou sua língua com tanta violência que ela desmaiou. "Quem vai ficar com a língua da linda madame Lopukhiná?", perguntou, segurando a língua. Depois, os ossos dos homens foram triturados a marretadas na roda.[3]

Ninguém mais desobedeceu às regras da moda de Elizaveta, mas as revela-

---

* Quando dois conspiradores menores foram presos, Sófia Liliefeld e o marido, a garota estava grávida, mas Elizaveta insistiu: "Não obstante a condição dela, como eles desconsideraram a saúde da soberana, não há razão para poupar os malfeitores, é melhor não ouvir falar deles por um século do que esperar quaisquer frutos da parte deles". Além de Lopukhiná, a principal vítima foi Anna Bestújeva, cujas ligações revelam o reduzido mundinho da corte: era filha do chanceler Golóvkin, ex-mulher do procurador-geral Iagujínski, agora casada com o irmão do vice-chanceler Bestújev.

ções dos planos da Prússia para resgatar o tsar infante Ivan VI repercutiram na família dele em Vorónej. Elizaveta transferiu todos imediatamente para Solovétski, no Ártico. O inverno os deteve em Kholmogóri, perto de Arkhángelsk, no extremo norte, onde Ivan foi mantido numa cela especial enquanto a família se acomodou na casa do bispo. Elizaveta ordenou que o ex-tsar de quatro anos fosse mantido em confinamento solitário e conhecido somente como "Grigóri", e que nunca mais fosse visto pela família.

Anna agora estava grávida pela segunda vez desde sua queda. Sem filhos, Elizaveta era motivada pela ganância e pelo ciúme: queria as joias de Biron, e ficou contente ao poder usar o amor de Anna por Julie para conseguir o que desejava. "Pergunte a Anna para quem ela deu os diamantes que não foram encontrados", ordenou Elizaveta a seu oficial em Kholmogóri. "Se Anna disser que não deu os diamantes a ninguém, diga que serei obrigada a torturar Julka e que, se ela tiver pena dela, não deveria expô-la a tal sofrimento." Quando o pequeno Ivan ficou doente, Elizaveta proibiu qualquer tratamento médico. Mas ele sobreviveu.[4]

Depois da conspiração dos Lopukhin, o vice-chanceler Bestújev ficou ofuscado, a aliança com a Áustria se tornou duvidosa, e franceses e prussianos vislumbraram sua chance. O rei Frederico ofereceu uma esposa para o herdeiro de Elizaveta: Sophie, princesa de Anhalt-Zerbst, era filha da irmã do príncipe-bispo de Lübeck, o único homem com quem Elizaveta queria se casar. "Ninguém mais adequado para as intenções da Rússia e os interesses da Prússia", observou Frederico. Elizaveta concordou, e Frederico encarregou a princesa Joanna de ajudar na deposição de Bestújev, partidário da Áustria. Sophie, a futura Catarina, a Grande, partiu para Petersburgo.

Em 9 de fevereiro de 1744, Catarina, como Sophie foi rebatizada depois de sua conversão à ortodoxia, chegou com sua intrometida mãe ao palácio de Golovin em Moscou para conhecer a imperatriz Elizaveta. Em seguida, Catarina foi apresentada a Pedro, que estava ansioso por conhecê-la. Esses primos em segundo grau tinham bastante em comum, na condição de alemães na corte russa. A mãe de Catarina havia orientado que ela encantasse a imperatriz e o grão-duque, e ela se saiu bem nos dois casos. Ouviu com a maior atenção as longas histórias de Pedro e fez tudo o que pôde para agradar à imperatriz. Com catorze anos de idade, começou imediatamente a aprender russo e ortodoxia, dominando rapidamente as duas matérias — mas afinal o casamento quase não aconteceu.

Primeiro, Pedro adoeceu com sarampo; depois, ele nunca mais voltou a estudar e seu russo era quase ininteligível. Em seguida Catarina teve uma infecção no pulmão. Quando a mãe tentou impedir que sofresse uma sangria, a imperatriz chamou seus médicos Lestocq e Sanches e assumiu o tratamento, sem se impressionar com as insensíveis intervenções da mãe. Catarina logo percebeu que a mãe dela já era carta fora do baralho naquela corte turbulenta.

Bestújev, o partidário da Áustria, era contrário ao casamento arranjado pelo prussiano, por isso a princesa Joanna, agente de Frederico, se dedicou a elaborar intrigas contra o vice-chanceler, ao mesmo tempo que os prussianos o bombardeavam com ofertas de propinas. Elizaveta mandou Bestújev e Vorontsov "abrir todas as cartas dela para ver o que estava tramando". Chétardie, recentemente de volta à corte, conspirava com Joanna e dizia a Versalhes que a imperatriz perdia tempo "nas coisas mais frívolas, usando sua toalete cinco vezes por dia, fazendo farras em seus aposentos com a gentalha mais vulgar". Bestújev abriu as cartas e decifrou o código francês. Em 6 de junho de 1744, ele confrontou Chétardie — e mostrou seus insultos à imperatriz.

Indignada com aquela traição, Elizaveta expulsou o francês e ameaçou expulsar a princesa Joanna, mas aquele intrometido incorrigível continuou a conspirar com Lestocq e Frederico, o Grande. Elizaveta promoveu Bestújev a chanceler e apoiou sua coerente e tradicional aliança com a Áustria — embora Vorontsov, partidário da França, tenha se tornado seu suplente. Pela primeira vez em décadas, ministros russos estavam administrando a política russa — mas o casamento do herdeiro apoiado pela Prússia seguiu em frente. Em agosto, Pedro contraiu varíola, e quando se recuperou estava estranhamente diferente e cheio de marcas. Conseguiu se recuperar a tempo para o casamento, mas a doença pode tê-lo deixado estéril.

Às sete horas da manhã do dia 21 de agosto, Catarina usava um vestido de casamento de brocados de prata, com uma cintura de 45 centímetros de provocar caretas de desconforto e uma cascata de joias encimada por uma tiara de diamantes. Às dez horas, com a pele corada, sedosa e brilhante, ela encontrou Pedro e Elizaveta na carruagem imperial de oito cavalos, tão imensa que parecia "um pequeno castelo", seguida por um cortejo de 120 carruagens que percorreram lentamente as ruas de Petersburgo até a Catedral de Nossa Senhora de Kazan. Depois de uma cerimônia de três horas, seguida de um baile no palácio, Catarina foi posta na cama por damas que davam risadinhas. Mas Pedro, o marido, bebendo com os amigos alemães, só apareceu depois de algumas horas e, quando o fez, nada aconteceu. O casamento terminaria em assassinato, mas já nas primeiras horas precipitou um duelo mortal. Bestújev acionou suas arapucas. Primeiro mostrou a Elizaveta as cartas traiçoeiras da mãe de Catarina, que foi mandada para casa. Mãe e filha nunca mais se viram. Depois Bestújev mostrou que Lestocq recebia propinas da Prússia.

Em 11 de novembro, a imperatriz compareceu ao casamento de Lestocq. No dia 13, ela ordenou sua prisão. O médico foi torturado e condenado à morte, pena que Elizaveta comutou para prisão perpétua. Frederico não conseguiu de modo algum enredar Elizaveta, que para ele personificava todas as falhas de uma mulher no poder: seu governo era simplesmente o "governo da boceta", e ele a via como uma sultana oriental, uma ninfomaníaca enlouquecida pelo poder, como a mulher do imperador Cláudio — a "Messalina do Norte" —, insultos que provocaram o ódio eterno da imperatriz.[5]

Depois das intrigas de Frederico, o Grande, Elizaveta sensibilizou-se bastante quanto às crianças. Em 27 de fevereiro de 1746, a regente deposta Anna de Brunswick deu à luz um terceiro filho, mas morreu uma semana depois.* O corpo foi conservado e trazido a Petersburgo, onde Elizaveta, acompanhada por Catarina, chorou durante todo o funeral por uma mulher que ela havia destruído — e cuja prodigalidade de herdeiros reais ilustrava a apatia do grande casamento ducal não consumado.

---

* Anton, marido de Anna, continuou morando em Kholmogóri com quatro filhos por mais de vinte anos, até sua morte, em 1776. Seus dois filhos e duas filhas continuaram presos na mesma casa, humilhados porém satisfeitos, por quase quarenta anos. Nos anos 1770, uma filha, então com 37 anos, pediu a Catarina, a Grande, permissão para "sair da casa para andar pelo bosque; ouvimos dizer que flores crescem ali", e também que "seja mandado alguém que possa ensinar a nos vestirmos apropriadamente", pois "nem nós nem nossos criados sabemos" como usar espartilhos ou chapéus. Esses bilhetes foram tão pungentes que, em 1780, Catarina, a Grande, deixou os quatro se mudarem para a Dinamarca, mas eles não estavam acostumados à vida normal. Em 1803, a princesa Catarina Antónovna de Brunswick perguntou a Alexandre I se poderia voltar a Kholmogóri, "pois para mim era o paraíso". O último membro da família morreu em 1807 na Dinamarca, aos 62 anos. Quanto a Julie von Mengden, depois de vinte anos de confinamento ela foi libertada aos 43 anos por Catarina, a Grande, em 1762, e morreu em 1786.

Pedro já começava a se fazer impopular. Só por sua reputação de criança malvada, a imperatriz Anna já o havia apelidado de Diabinho Holstein e, quando veio a conhecê-lo, Elizaveta concordou. O jovem de dezoito anos desfilava com seus cavalos, zombando dos militares russos, ria quando derramava vinho no jantar, fazia caretas na missa, "com o que provocava indignação em todos na igreja" — e ignorava Catarina. Enquanto isso, seus ajudantes, Zakhar Tchernichov e seus irmãos, flertavam com ela.

Algum tempo depois, enquanto se recuperava de uma doença, Pedro montou uma espécie de teatro de marionetes ao lado dos aposentos da imperatriz. Ao ouvir vozes através de uma divisória de madeira, resolveu abrir furos e convidar seus parceiros para espiar com ele. Chegou a trazer um banco para a plateia apreciar o espetáculo. Quando Catarina olhou através dos buracos, ficou amedrontada — mas era tarde demais. Elizaveta ouviu as risadinhas e os pegou em flagrante. "Ela despejou uma furiosa condenação e palavras grosseiras", contou Catarina, "mostrando tanto desprezo como raiva dele."

"Meu sobrinho é um monstro", escreveu Elizaveta a Razumóvski. "Que o diabo o carregue." Ela ameaçou tratá-lo como Pedro, o Grande, havia tratado Alexei — e saiu furiosa.[6]

O buraco na parede era uma janela para o mundo de frivolidade assustadora de Elizaveta. Os adolescentes tinham espiado o apartamento onde a imperatriz jantava informalmente com seu amante Razumóvski. A mesa, uma versão aumentada de um elevador de pratos, era içada do andar de baixo para que a imperatriz e seus favoritos pudessem conversar e se distrair livremente — sem a bisbilhotice dos criados.

Elizaveta e Razumóvski já estavam juntos havia treze anos. Até mesmo a jovem Catarina ficara deslumbrada, chamando-o de "o homem mais bonito" que já tinha visto. Nascido apenas Razum, um aldeão cossaco contratado por sua aparência e voz para cantar no coral, acabou sendo o amor eterno de Elizaveta. Houve boatos de que os dois teriam se casado secretamente em 1742 na aldeia de Perovo, perto de Moscou. Não há prova disso, embora esse modelo de virilidade jamais tenha se casado com ninguém mais. Como os dois eram muito religiosos, o mais provável é que essa cerimônia tenha sido alguma espécie de bênção.

Em 1744, a imperatriz partiu em peregrinação até Kíev, acompanhada por Catarina, Pedro e Razumóvski. Elizaveta aceitou visitar a aldeia dele — o retorno ao lar do garoto cossaco que havia se saído bem. Razumóvski proibiu os tios de "se vangloriar em meu nome e envaidecer-se como meus parentes". Mas Elizaveta se divertiu com sua família simples e gostou tanto do irmão dele de dezesseis anos, Kiril, um pastor de cabras em andrajos, que o convidou para ir a Petersburgo e bancou o Pigmalião para transformá-lo em um sofisticado aristocrata.

De volta à capital, Elizaveta deu a Alexei Razumóvski um aposento ligado ao seu no Palácio de Inverno. Mesmo sem mostrar interesse pelo poder, o "Imperador da Noite" — como os diplomatas o chamavam — tornou-se incrivelmente rico. Quando mais tarde o irmão se juntou a ele, ambos eram poderosos graças à proximidade com a autocrata, mas os dois pastores que viraram condes continuaram surpreendentemente modestos. Elizaveta estava sempre no comando, ainda que trabalhasse o mínimo possível e fosse uma festeira incansável. O tempo costuma ser a primeira vítima da autocracia. A imperatriz em geral ficava nas festas até as seis da manhã, dormia até o meio-dia e costumava convocar seus joalheiros e ministros no meio da noite. "Ninguém nunca sabia a hora em que sua majestade imperial resolveria jantar", relatou Catarina, "e acontecia com frequência de os cortesãos, tendo esperado jogando baralho até duas da manhã antes de ir dormir, serem acordados para comparecer ao jantar de sua majestade." Se estivessem com sono demais para falar, era provável que tomassem uma bofetada.

"Ninguém que a visse pela primeira vez deixaria de se impressionar com sua beleza e porte majestoso", escreveu Catarina. "Era uma mulher grande, mas, apesar de corpulenta", sua silhueta a sustentava: "ela não era desfigurada pelo tamanho, e a cabeça era muito bonita." Nos trajes, na moral e no gosto, Elizaveta personificava o excesso insolente e frívolo do rococó, a era da pinta falsa e da peruca de dois andares.* Elizaveta "dançava com perfeição e tudo o que fazia mos-

---

* Ela encomendou um novo Palácio de Inverno para Bartolomeu Rastrelli (filho de Carlo Rastrelli), mas sua obra-prima do rococó foi o Palácio de Catarina, batizado com o nome da mãe, em Tsárskoie Seló. Tudo foi feito às pressas, e Elizaveta interferiu em todos os detalhes. "Foi um trabalho de Penélope", zombou Catarina. "O que foi feito hoje será destruído amanhã. Aquela casa foi derrubada seis vezes e reconstruída de novo." Mas o resultado, concluído em 1756, foi estupendo — uma fachada de trezentos metros de comprimento com cerca de cem quilos de ouro; o Grande Salão tinha mais de 3 mil metros quadrados. A Sala Âmbar era forrada de painéis de âmbar (presen-

trava uma graça específica". Segundo Catarina, "era lamentável tirar os olhos dela, porque nenhum objeto podia substituí-la". Mas ninguém admirava a beleza de Elizaveta mais do que ela própria, que achava que ficava melhor em roupas masculinas. Por isso costumava organizar o que chamava de Metamorfoses, bailes de travestis nos quais, reproduzindo os jogos tresloucados do pai, ela se metamorfoseava em um homem muito bonito.

Elizaveta especificava pessoalmente cada detalhe: "Damas devem estar em roupas de homem, e os cavalheiros nas roupas de damas que tiverem, vestidos de saias compridas, túnicas ou négligés". Os homens "usavam saias armadas e penteados, de damas". Catarina detestava as Metamorfoses, pois "as mulheres, em sua maioria, pareciam garotinhos raquíticos", e os homens também não gostavam, pois "se achavam horrendos" em roupas de mulher. "Nenhuma mulher ficava bem a não ser a imperatriz, já que era muito alta e de compleição forte. Tinha pernas mais bonitas que as de qualquer homem que já vi."

A autocrata era uma déspota da moda, baixando decretos como o seguinte: "Damas devem usar cafetãs e tafetás brancos, punhos de bordados e saias verdes, lapelas enfeitadas com cadarços dourados: devem usar na cabeça um adereço em forma de borboleta com laçarotes verdes, o cabelo liso puxado para trás. Cavalheiros: usar cafetãs brancos, camisões de punhos de corte pequeno, colarinhos verdes e caseados de botões dourados".

Ela estava sempre querendo alguma coisa: "Ouvi dizer que um navio francês chegou com roupas para damas, chapéus para homens e pintas postiças e tafetá dourado para mulheres", escreveu. "Tragam tudo isso e o comerciante até mim imediatamente!" Quando ficava sabendo que não tinha sido a primeira a chegar, dava para sentir a ameaça em sua reação: "Convoquem o comerciante e perguntem por que ele estava mentindo quando disse que tinha mandado todas as lapelas e colares que escolhi [...]. Agora eu quero tudo para mim, mandem-no encontrar tudo e não deixar nada com outra pessoa. E se alguém não quiser devolver, diga que vai se arrepender (damas inclusive). Vou aplicar essa punição a quem eu vir usando esses itens!".

---

teado a Pedro, o Grande, pelo rei da Prússia, Frederico Guilherme) trabalhados em ouro. Elizaveta até viajava em rococó: sua carruagem favorita, encomendada em Paris por Kiril Razumóvski (agora no Arsenal do Krêmlin), era tão grande que as rodas eram mais altas que um homem; e as portas e as laterais eram pintadas com cenas mitológicas sensuais de François Boucher.

Quando Elizaveta morreu, havia 15 mil vestidos em seu guarda-roupa, mais "dois baús cheios de meias de seda, vários milhares de pares de sapatos e mais de cem cortes de tecido francês intocados".*

Mas a sofisticação de Petersburgo era uma fachada: havia tão poucos móveis que o mobiliário de cada palácio tinha de ser transportado sempre que a imperatriz se mudava de residência. Seus palácios eram tão mal construídos que desmoronavam. Certa ocasião em que Catarina e Pedro passavam uma temporada em um dos novos palácios de madeira de Razumóvski, o edifício começou a afundar. O casal de grão-duques mal conseguiu sair vivo; dezesseis criados morreram, e um choroso Razumóvski ameaçou se suicidar. Em Moscou, o Palácio de Golovin de Elizaveta, onde dezessete damas de honra tinham de dormir numa despensa, pegou fogo. A imperatriz perdeu 4 mil vestidos e mal conseguiu se salvar com Pedro e Catarina. "Não é raro ver uma dama coberta de joias e magnificamente vestida saindo do quintal de uma cabana de madeira apodrecida, cheio de lama e sujeira, numa suntuosa carruagem puxada por seis velhas éguas com criados mal penteados", admirou-se Catarina.

Não admira que Pedro e Catarina tenham ficado deslumbrados com o que viram pelo buraco na parede. Mas aquela alegria jovial acabou em tormento quando os dois foram obrigados a se ajoelhar para Elizaveta. "Suplicamos seu perdão, Matuchka", disseram. Mesmo a egocêntrica Elizaveta percebeu que teria de assumir o controle se Catarina ficasse grávida.[7]

A imperatriz estabeleceu novas regras: os amigos alemães de Pedro foram mandados para casa. Ela repreendeu os tresloucados por suas brincadeiras juvenis e disse a Catarina que seu único propósito era produzir um herdeiro. Os namora-

---

* Acompanhar Elizaveta era tão caro que até seus ministros estavam constantemente à beira do empobrecimento — e sempre pedindo mais dinheiro. "Fui obrigado a comprar e mobiliar casas, comprar criados, carruagens e, para cerimônias e festividades, tive de fazer uniformes, roupas finas, fogos de artifício e banquetes", disse Vorontsov a Elizaveta, pedindo dinheiro para um "homem pobre", porque "a manutenção de uma casa começou a exceder meu rendimento diário. Meus deveres me obrigam a viver como um ministro, não como um filósofo". Bestújev suplicou que Vorontsov intercedesse junto à imperatriz a respeito de suas dívidas, "ou serei obrigado a morar no meu velho canil de madeira e lá organizar encontros com embaixadores!". Mesmo Catarina, vivendo com uma generosa mesada, em pouco tempo estava totalmente endividada.

dores Tchernichov foram despachados para o exterior. Elizaveta trouxe uma parente, Maria Tchoglokova, e o marido para cuidar da casa. Catarina a detestava e caiu em prantos, numa explosão que fez a imperatriz acorrer ao aposento. Mais uma vez, Catarina se ajoelhou e disse: "Perdão, Matuchka!".

Agora supervisionada com mais atenção, Catarina sofria com o isolamento de sua posição. Seu primeiro consolo foi a leitura: ao contrário do marido, que lia romances de amor, ela era uma intelectual séria, que consumia as obras-primas do Iluminismo. Mas sofria de depressão e dores de cabeça. "Vivi dezoito anos de uma vida na qual dez pessoas enlouqueceriam e vinte teriam morrido de melancolia", declarou.

Aquela menina magricela e pálida estava se transformando numa mulher saudável que adorava cavalgar impetuosamente por até treze horas seguidas, como ela contou depois. Tanto a depressão quanto as cavalgadas podem muito bem ter sido sintomas de frustração sexual, e com certeza eram traços de uma garota carente de afeto. "Eu nunca achei que era bonita", escreveu Catarina, "mas eu era agradável, e essa devia ser minha força." Ela não era bonita, mas era atraente, com olhos azuis e dotada de uma inteligência política aguçada, magnetismo sexual e um charme irresistível.

"Eis uma mulher pela qual um homem honesto sofreria algumas chibatadas de cnute sem lamentar", disse um cortesão quando a viu dançando. Enquanto Catarina começava a atrair pretendentes, Elizaveta se apaixonou mais uma vez.[8]

Em 1748, Elizaveta, agora com 39 anos, ficou gravemente doente, o que gerou conspirações na corte enquanto os nervosos aristocratas planejavam o futuro. Catarina disse a Pedro que, em caso de perigo, eles poderiam contar com os Tchernichov e a Guarda, mas quando um caçador caiu de joelhos e disse ao grão-duque que o ajudaria a conquistar o trono, Pedro entrou em pânico e se afastou. "Desde aquele dia, ele mostrou interesse em alcançar o poder", observou Catarina — mas lhe faltava capacidade de articulação.

Quando se recuperou, a imperatriz embarcou em uma de suas muitas peregrinações, dessa vez ao Mosteiro de São Sabas, perto de Moscou, onde seu correligionário de longa data, Pedro Chuvalov, a apresentou ao seu primo em primeiro grau, o órfão Ivan Chuvalov. Elizaveta ficou tão encantada com ele que o convidou para acompanhá-la em orações no Mosteiro de Nova Jerusalém. A permissividade sexual se misturava naturalmente com a fé passional de Elizaveta.*

Nomeado camareiro real, Chuvalov se mudou para os alojamentos do Imperador da Noite, próximo a Elizaveta, e ela deu o Palácio de Aníchkov de presente a Razumóvski. Chuvalov era bem-apessoado e de natureza dócil, mas sua promoção trouxe seus parentes menos dóceis ao poder. Os Chuvalov ameaçavam Bestújev e Razumóvski, que arquitetou uma sedução alternativa — na pessoa de um jovem ator que participava do teatro do corpo de cadetes. "Elizaveta tinha prazer em vestir os atores", observou um diplomata, "mandando fazer trajes esplêndidos para eles e os recobrindo com suas joias. Acima de tudo, notamos que o ator principal, um jovem atraente de dezoito anos, era o mais enfeitado." Era Nikita Béketov. Em uma apresentação da última tragédia de Alexandre Sumarókov, Elizaveta se apaixonou por Béketov. "Fora do teatro ele foi visto usando sofisticadas fivelas de diamante, anéis, relógios e galões." Os Chuvalov contra-atacaram ministrando a Béketov uma poção que causou erupções em sua pele; depois disseram a Elizaveta que o rapaz era homossexual e portador de doença venérea. A imperatriz ficou horrorizada.

Ivan Chuvalov, seu último grande amor, dezoito anos mais novo que ela, havia triunfado. "Naquela época ele tinha só dezoito anos e um rosto agradável, respeitoso, educado, atencioso e muito meigo", escreveu Catarina. "Eu o encontrei no vestíbulo com um livro na mão. Eu também gostava de ler, por isso observei esse fato." Havia algo impressionante naquele delicado apreciador de livros, que era também "meigo e generoso com todos". Mesmo como favorito, era mais considerado por ser "nobre e bonito". Recusava títulos. "Posso dizer que nasci sem o desejo de adquirir riqueza, honras ou títulos", explicou depois a Vorontsov. "E, caro senhor, se não sucumbi a essas tentações durante os anos em que a paixão e a vaidade se apossam das pessoas, hoje, mais ainda, não vejo razão para isso." Seus primos e patronos, os irmãos Chuvalov, cortesãos que

---

* A imperatriz baixou sanções severas aos Velhos Crentes. Houve decretos ineficazes para expulsar os judeus em 1727 e em 1740. Elizaveta ordenou que esses decretos fossem aplicados. Quando um ministro apontou a utilidade de comerciar com os judeus, ela escreveu: "Não estou interessada em ter lucro com os inimigos de Cristo". Mesmo quando Bestújev perguntou se poderia empregar um judeu em Viena, ela "recusou, sem querer nenhum judeu a seu serviço". Antissemitas sempre tendem a se omitir em relação ao judaísmo de seus médicos: Elizaveta tinha herdado de Anna o dr. Sanches, judeu de nascença.

serviam havia muito tempo no séquito de Elizaveta, se tornaram seus principais ministros.*

Mas seu novo amor, mais que todos, cresceu rapidamente, tornando-se um mecenas russo. Foi o fundador da Universidade de Moscou, de um jornal e da Academia de Artes (que se reunia em seu palácio fino e elegante) e apoiou talentos russos como o pastor de cabras e depois escultor Fiódor Chúbin, Sumarókov e o poeta-cientista Mikhail Lomonóssov. Correspondia-se com Voltaire e criou uma extraordinária biblioteca e a coleção de arte, com trabalhos de Rembrandt e Rubens, que se tornou a semente do Museu Hermitage.

Com ou sem títulos, ele se tornou o verdadeiro poder na Rússia, criando políticas específicas com a imperatriz, desfrutando de "todos os privilégios de um ministro sem ser ministro". Assim como Razumóvski, mas ainda mais, ele honrou a imperatriz.

Elizaveta continua famosa por ser viciada em moda e por sua tirania social, e perde na comparação com sua brilhante sucessora, Catarina, a Grande. Mas ela restaurou o orgulho e a autoridade imperial da Rússia, e desembaraçou a sucessão. Deleitou-se com muitos amantes, porém nenhum se tornou todo-poderoso e todos foram surpreendentemente populares; e ela fez boas escolhas com seus ministros Trubetskoi e Bestújev.

Mas o custo de seus exércitos, palácios e vestidos pesou muito nos milhões de servos, fonte de toda a riqueza. Centenas de milhares fugiram, enquanto milhares de outros se levantaram em rebeliões armadas que tiveram de ser esmagadas. Enquanto amenizava o sistema criado pelo pai de serviço militar compulsório para os aristocratas, que cada vez mais evitavam servir a vida toda, ela ampliou seu domínio sobre os servos, que, como gado, não faziam mais o voto de obediência e agora podiam ser vendidos e comprados. Seus senhores podiam também exilá-los para a Sibéria por "insolência" sem permissão do Estado. De forma geral, a "era elisabetana" dessa imperatriz, mimada porém inteligente e bem-inten-

---

* Pedro Chuvalov, casado com Mavra, a confidente da imperatriz, era um ministro criativo e inovador, encarregado de assuntos domésticos e depois chefe da artilharia, tendo reformulado o sistema de impostos e o arsenal. Era famoso por sua pompa e ambição, concentrando monopólios de sebo e baleias para poder viver com "um luxo asiático, coberto de diamantes como os mongóis", disse o diplomata francês Jean-Louis Favier. Seu irmão Alexandre, cujo tique nervoso espasmódico lhe conferia um "esgar hediondo", sucedeu o falecido Uchakov como chefe da polícia secreta — "o terror da corte, da cidade, de todo o império".

cionada, foi uma sequela frívola do governo de seu pai — e um ensaio para o de Catarina, a Grande.[9]

Elizaveta foi ficando mais perigosa à medida que envelhecia. "Nunca uma mulher teve maior dificuldade em se conformar com a perda da juventude e da beleza", observou Favier. Quando ficava brava com o que via no espelho, ela "se trancava em seus aposentos". Tentava vencer o envelhecimento aparecendo em bordados de ouro, "o cabelo carregado de diamantes, penteado para trás e preso no alto", e ninguém mais podia usar aquele penteado. Certa vez a tintura de seu cabelo não ficou boa e, como o problema a fez raspar a cabeça, ela obrigou todas as garotas da corte a fazer o mesmo. "As damas choraram, mas obedeceram. A imperatriz mandou perucas pretas para elas usarem até o cabelo crescer de novo." Chegou a proibir qualquer menção a doenças, mulheres bonitas ou a seu inimigo Frederico, o Grande. "Apesar da bondade e do humanismo", escreveu Favier, "é possível com frequência observar seu orgulho e arrogância, às vezes até sua crueldade, mas acima de tudo sua paranoia." A imperatriz estava sempre em movimento, "raramente dormia duas noites seguidas no mesmo lugar", mudava de palácios no meio da noite, alterava a posição das portas nas suas casas — e seguia de perto quaisquer investigações de Alexandre Chuvalov, o Terror.[10] O envelhecimento concentrou seus pensamentos na vida sexual de Catarina e Pedro: "A imperatriz se sentia muito irritada por não termos filhos e queria saber de quem era a culpa".

A principal dama de companhia, Choglokova, aliciou a "bonita viúva de um pintor", madame Groot, para seduzir Pedro, mas, se ele era impotente, infértil ou simplesmente inepto, alguém mais teria de engravidar a grã-duquesa. Catarina sugeriu que havia momentos de proximidade entre ela e Pedro. Admitiu que o casamento só foi consumado cinco anos depois — nessa época — e gabou-se de que Pedro pedia seu conselho sobre questões políticas e a apelidara de "Madame Talento" por sua criatividade. Mas os bons tempos estavam passando. Declarou que poderia tê-lo amado, se ao menos ele a amasse. Tendo certamente perdido a virgindade com madame Groot, Pedro começou a ter casos com a filha de Biron e uma atriz, seguidos por um relacionamento com madame Teplova, mulher de um oficial. "Imagine, ela me escreve cartas de três páginas", vangloriava-se com a esposa aquele tipo sem charme e sem romantismo, mostrando as cartas de amor de Teplova, "e diz que eu devia ler as cartas e, mais ainda, responder, e eu precisando treinar [os cavalos Holsteiner]?". As memórias de Catarina são sempre preconceituosas, escritas muito mais tarde e em diferentes versões, e não lhe faltavam razões para difamar Pedro. Mas, a julgar pelas reações de todos na corte, ele era tão repugnante quanto ela alegava.

Catarina foi objeto de muitas investidas de Zakhar Tchernichov, agora de volta à corte, e do "realmente bonito" (e casado) Kiril Razumóvski, que era genial, "com um pensamento original". Catarina perguntou por que ele continuava a visitá-la.

"Amor", ele respondeu.

"Por quem?"

"Por você", ele respondeu. Deliciada, ela riu.*

Mas Catarina preferia seu camareiro, Serguei Saltikov, de 26 anos, "lindo como a alvorada" que, como ela observou, continuava presente. Choglokova, transformando a imperatriz em amante fantoche, facilitava o acesso de dois cortesãos a Catarina: Liev Naríchkin e Saltikov. Sem dúvida não por coincidência os Naríchkin e os Saltikov foram duas famílias que se casaram com os Románov.

Em uma desajeitada conversa sobre sexo que Catarina considerou suspeita (seria um truque?), Choglokova, declarando "o quanto eu amo meu país", ofereceu: "Você é livre para escolher 'LN' ou 'SS'". Catarina escolheu SS, que, como ela afirmou mais tarde, "disse que me amava com paixão" e explicou a ela o mistério da "felicidade que pode advir de tais coisas" — as alegrias do sexo.

Em dezembro de 1752, quando a corte se mudou para Moscou, Catarina estava grávida, mas seu casamento era infeliz. Pedro agarrou um rato, que condenou à morte num tribunal e enforcou no quarto dela. Quando Catarina deu risada, ele ficou ofendido. Embora ela tenha sofrido dois abortos, Choglokova permitia seus encontros com os amantes, enquanto, em uma jogada significativa, o

---

* Elizaveta tinha mandado Kiril em uma grande excursão pela Europa, para transformar um pastor cossaco em um grande lorde. Ele estudou na Universidade de Göttingen. Quando voltou, com dezoito anos, ela o nomeou presidente da Academia de Ciências; quando ele fez 22 anos, ela o nomeou hetmã da Ucrânia e conde, e ele continuou sendo um favorito durante os reinados de Elizaveta e de Catarina, a Grande. Em Batúrin, a capital cossaca, Kiril construiu um palácio neoclássico. Depois, quando seus filhos se comportavam como aristocratas, Kiril os fazia lembrar de suas origens chamando o criado: "'Traga-me meus trapos de pastor com que cheguei a Petersburgo. Quero me recordar dos tempos felizes de quando tangia o meu gado, gritando *Tsop! Tsop!*'".

chanceler Bestújev, outrora inimigo de Catarina, encorajava o caso e começava a cultivá-la: Catarina era o futuro. Catarina não precisava de muito encorajamento, nem política nem sexualmente, e logo ficou grávida de novo. Elizaveta designou Alexandre Chuvalov — o Terror — como *oberhofmeister* da jovem família.

No dia 20 de setembro de 1754, no Palácio de Verão de Petersburgo, Catarina deu à luz um filho, que ela chamou de Paulo. O bebê foi imediatamente sequestrado pela imperatriz, entusiasmada em ter um herdeiro. Catarina foi deixada exausta e sangrando sobre lençóis sujos. Enquanto o grão-duque se embebedava com os lacaios, ela se recuperou lendo Voltaire e Montesquieu. Quando recebeu 100 mil rublos de recompensa por ter gerado um herdeiro, Pedro reclamou de não ter recebido prêmio nenhum, por isso Elizaveta pegou o dinheiro emprestado para dar a ele. Com seu trabalho realizado, Saltikov foi mandado para o exterior.

Paulo era filho de Saltikov ou de Pedro? Irradiando uma implacável malícia em relação a Paulo, Catarina insistiu em suas anotações particulares que ele era filho do amante — o que mudaria toda a dinastia para Saltikov e não Románov até 1917. É impossível saber, mas mesmo no século XVIII algumas crianças eram filhas de seus pais oficiais. É um milagre da genética que características dos pais apareçam em crianças que nunca conheceram nem pai nem mãe. Paulo era tão medonho que a própria Catarina piorava ainda mais a situação ao enfatizar a feiura do irmão de Saltikov. Na verdade, Paulo não tinha nada do *le beau* Saltikov, mas também não se parecia com Pedro nem se comportava como ele.[11]

Agora, a contagem regressiva para uma nova guerra europeia começava a intensificar rivalidades mortais que Pedro e Catarina não poderiam evitar.

No dia 12 de junho de 1755, um novo embaixador britânico, Sir Charles Hanbury-Williams, chegou a Petersburgo com a missão de ganhar a adesão de Elizaveta em uma aliança contra a França e a Prússia, numa política apoiada por Bestújev. Catarina sentou-se ao lado do "alegre e simpático" Hanbury durante o jantar, os dois se deram bem e ele se tornou seu mentor mais velho — e foi para ele que ela escreveu suas primeiras memórias. Nessa ocasião, ficaram observando o secretário polonês de Hanbury dançar, Stanisław Poniatowski, de 22 anos. O polonês, um filho romântico e erudito do Iluminismo, flertou com Catarina. "Dotado de uma sensibilidade muito grande e uma aparência pelo menos interessante e agradável à primeira vista", Catarina sabia que era atraente, "e portanto se encontrava a meio caminho da estrada da tentação [...] pois tentar e ser tentada estão muito próximos". Catarina e Poniatowski se tornaram amantes — mas o caso entre os dois logo seria tragado pelo drama barroco que era a política de poder na Europa.*

Em 19 de setembro, Bestújev e Hanbury convenceram Elizaveta a concordar com uma aliança com a Grã-Bretanha — planejada para deter a agressão de Frederico e especificamente proteger Hanover, o reino alemão de Jorge II. Hanbury "ficou muito satisfeito com seu sucesso" e Frederico ficou abalado — mas Elizaveta protelou a assinatura do acordo por tanto tempo que, em 16 de janeiro de 1756, Frederico da Prússia estabeleceu uma aliança radical com a Grã-Bretanha. Esse eixo anglo-prussiano provocou uma tremenda confusão com o tratado anglo-russo de Elizaveta com vistas à Prússia — e jogou a França, velha aliada de Frederico, nos braços da Áustria, uma inimiga tradicional, que já era aliada da Rússia. Elizaveta se irritou e culpou Bestújev, mas aquelas contradições hostis eram insustentáveis e só podiam ser resolvidas por uma revolução diplomática: em maio, França e Áustria assinaram o Tratado de Versalhes.

Em 18 de agosto de 1756, Frederico invadiu a Saxônia, financiado por Londres, uma investida que a Rússia não podia tolerar. Elizaveta se aliou à França e à Áustria na Guerra dos Sete Anos para esmagar Frederico, que agora enfrentava as maiores potências da Europa.** Elizaveta criou um gabinete de guerra chamado

* Seus sinuosos meandros foram personificados por um diplomata francês travesti, o Chevalier d'Eon, que agora chegava a Petersburgo como agente de "Le Secret de Roi", a polícia pessoal secreta de Luís xv, com o objetivo de garantir o trono polonês para o irmão do rei e uma aliança entre a França e a Rússia. D'Eon, que teria nascido com órgãos genitais hermafroditas, mais masculinos que femininos, era inseguro a respeito da própria sexualidade transgênera — fenômeno mais característico do século xxi. Em Petersburgo, ele afirmava ter assumido a identidade de uma mulher, Mademoiselle Auguste, para se comunicar com Elizaveta, cujos bailes de travestis tornavam tal transformação sexual bem natural. Mas tudo indica que ele inventou esse *cross-dressing* em Petersburgo. Sua crise transgênera aconteceu mais tarde, quando foi enviado para Londres, em 1763, onde constrangeu seu rei ao revelar sem querer planos de invadir a Grã-Bretanha. Corriam rumores de que D'Eon era na verdade uma mulher. Em 1777, Luís xv o rejeitou, mas perdoou-o com a condição de que ele assumisse sua identidade feminina, o que ele fez pelo resto da vida, garantindo que tinha nascido mulher. Mas quando morreu, em 1810, os médicos constataram que ele era homem.

** Quando soube dos planos de Frederico, o Grande, de depô-la em favor de Ivan vi, Elizaveta intensificou a já draconiana segurança em torno do prisioneiro de quinze anos, que foi transladado para a Fortaleza de Chlisselburg. Uma vez, ele foi levado para a casa de Pedro Chuvalov em Petersburgo, onde Elizaveta examinou aquele garoto arruinado, de olhos baços, gaguejando e quase lou-

Conferência da Corte Imperial. Nos bastidores, era Ivan Chuvalov, agora com 29 anos, que lia os despachos e mandava as ordens aos generais, embora se recusasse a aderir à Conferência.

Mas o futuro era incerto: Pedro passava o tempo treinando um pequeno destacamento de soldados de Holstein em estilo prussiano, geralmente usando um uniforme de general da Prússia, e sempre venerara Frederico como um herói. Agora que a Rússia estava em guerra com seu herói, ele recebia as notícias dos sucessos russos com incredulidade: "Tudo isso é mentira; minhas fontes dizem coisas bem diferentes". Não escondia de Catarina que "sentia que não tinha nascido para a Rússia e que não se adaptava à Rússia, nem a Rússia se adaptava a ele".

Preocupado com o que aconteceria com a Rússia em caso de morte da imperatriz, Bestújev traçou planos de emergência perigosos — sempre uma atividade arriscada. Usando o joalheiro da sociedade Bernardi como mensageiro secreto para Catarina, o velho chanceler sugeriu que Pedro deveria governar em conjunto com a esposa, enquanto ele próprio administrava o governo. Catarina não quis se comprometer.

Elizaveta designou como comandante em chefe o dirigente do Collegium da Guerra, Stepan Apráxin, filho do almirante de Pedro, o Grande, aliado de Bestújev e amigo de Catarina. Viajando com um vagão de bagagem que precisava de quinhentos cavalos para transportar seus luxos, Apráxin avançou devagar, nervoso ante o brilho de seu inimigo Frederico e a instabilidade de sua própria corte. Em 19 de agosto de 1757, Apráxin derrotou os prussianos em Gross-Jägersdorf.

Elizaveta ficou em êxtase, mas as linhas de suprimentos e o comando russos eram uma calamidade. Apráxin não avançou, preferindo "retirar-se como se derrotado" quando soube que a imperatriz estava doente, como escreveu Frederico, perplexo. Bestújev sentiu-se inquieto e pediu a Catarina que escrevesse a Apráxin dizendo para "fazer meia-volta em sua marcha".

Pedro veio a odiar tanto Catarina que ela passou a temer sua ascensão. Ela era muito hábil com potentados masculinos e passava horas conversando com velhas condessas: "Eu me sentava com elas, perguntava sobre sua saúde, oferecia

---

co, embora ainda soubesse quem era. Logo foi devolvido ao seu lugar de confinamento secreto e solitário — a versão russa do homem da máscara de ferro. "Se ele falar obscenidades, acorrente-o", ordenou Alexandre Chuvalov. "Se ele não prestar atenção, bata nele com um bastão." Na eventualidade de alguém tentar libertá-lo, ele deveria ser morto.

conselhos sobre o que tomar em caso de doença [...]. Aprendi os nomes dos cães asiáticos, papagaios, dos bufões. Dessa maneira simples e inocente, acumulei uma grande reputação". Catarina se apresentava como "um honesto e leal cavaleiro" em quem "os encantos de uma mulher muito atraente se juntavam à mente de um homem [...]. E assim desarmei meus inimigos". Mas ela precisava ter cuidado, pois engravidou de Poniatowski.

"Deus sabe onde minha mulher arranja suas gestações", vociferou Pedro. "Eu não sei se o filho é meu." Catarina percebeu que se encontrava diante de três caminhos possíveis: "1. Compartilhar o destino do grão-duque; 2. Estar constantemente exposta a tudo que ele quiser tramar contra mim; 3. Tomar um caminho independente. Uma escolha entre morrer com ele, por ele e me salvar, salvar meus filhos e talvez o país".

Elizaveta compareceu quando do nascimento da filha da grã-duquesa. Logo Catarina estaria realmente correndo grande perigo.[12]

Em 8 de setembro de 1757, durante uma missa em Tsárskoie Seló, Elizaveta sofreu um desmaio e só acordou duas horas depois. Quando se recuperou, instada por Chuvalov e pelo vice-chanceler Vorontsov, a imperatriz ponderou sobre as esquisitas manobras de Apráxin e Bestújev. Recendia a traição. Em 14 de fevereiro de 1758, Bestújev foi preso e interrogado pelo Terror; Vorontsov foi promovido a chanceler; e o procurador-geral Trubetskoi, implicado de alguma forma, desapareceu numa nuvem.

Na manhã seguinte, Poniatowski enviou um bilhete de alerta a Catarina: o joalheiro Bernardi, mensageiro de Bestújev, estava sendo interrogado. Acometida por "uma enxurrada de ideias, cada uma mais desagradável que a anterior", Catarina sentiu "uma adaga no coração". Ela sabia que o holofote da Chancelaria Secreta tinha se voltado para ela e para Pedro, mas ficou muito mais aliviada quando Bestújev mandou a seguinte mensagem: "Nada a temer; deu tempo de queimar tudo".

Mesmo sem provas dos planos de Bestújev para a sucessão, Catarina continuava vulnerável, por causa das cartas para Apráxin e das denúncias de seu marido. Mas ela sabia que a imperatriz a preferia a Pedro. "Hoje meu maldito sobrinho me irritou mais do que nunca", escreveu Elizaveta a Ivan Chuvalov. À uma e meia da madrugada, em 13 de abril, a tsarina notívaga mandou acordar Catarina para falar com ela. Pedro e o Terror chegaram logo depois, enquanto Ivan Chuvalov ouvia atrás de um biombo. Catarina caiu de joelhos em frente a Elizaveta, implorando para ser mandada para sua casa em Zerbst, pois "incorri no seu desagrado e no ódio do grão-duque".

"Por que você quer ser mandada de volta? Pense nos seus filhos", replicou a imperatriz.

"Meus filhos estão em suas mãos", respondeu Catarina, espertamente.

"Você é muito orgulhosa", disse Elizaveta. "Imagina que ninguém é mais inteligente que você."

"Se eu acreditasse nisso, nada me desiludiria mais do que a situação atual."

Catarina "era perversa demais e muito teimosa", disse Pedro ao Terror. A imperatriz fez um gesto para silenciá-lo.

"Como você se atreveu a enviar ordens para o marechal Apráxin?", perguntou Elizaveta. "Como pode negar isso? Suas cartas estão bem aqui."

"Bestújev está mentindo", garantiu Catarina.

"Bem, se ele está mentindo, vou ter que mandar torturá-lo", disse a imperatriz.

Catarina tinha sobrevivido ao duelo. Quando Pedro saiu, Elizaveta pediu que ela ficasse. "Tenho muitas outras coisas para lhe dizer", falou em voz baixa — e depois o ódio mútuo que sentiam por Pedro aproximou as duas mulheres. No íntimo, Catarina não se sentia mais impressionada pela intimidante imperatriz. "Ah, aquele traste de mulher", disse, citando Poniatowski, "ela nos deixa loucos. Tomara que ela morra!"

A guerra mexeu com os nervos de Elizaveta. A coalizão entre a Rússia, a Áustria, a França e a Suécia deveria ter conseguido esmagar Frederico, mas ele sabia que "a unidade de comando é a coisa mais importante na guerra" e que era mais inteligente que os desastrados aliados. Elizaveta ordenou a prisão de Apráxin. Depois da primeira sessão de interrogatório com Alexandre Chuvalov, ele morreu de um derrame. Catarina agora perdia Poniatowski, banido para a Polônia. Ela se distraía lendo Diderot, mas em março de 1759 seu bebê morreu.[13]

No dia 12 de abril, um tenente da Guarda de Izmailóvski, Grigóri Orlov, de 22 anos, três vezes ferido na Batalha de Zorndorf em agosto do ano anterior, chegou a Petersburgo acompanhando um prisioneiro, o conde Kurt von Schwerin, assistente de Frederico. Em uma irônica simetria, Pedro ficou totalmente encantado pelo prussiano, enquanto Catarina se apaixonou por Orlov, seu vistoso acompanhante.

Gigantesco em estatura, de rosto angelical, Orlov esbanjava bravura no campo de batalha e oferecia um lendário equipamento sexual na cama. Era "dotado de todas as vantagens do porte, de feições e de atitudes". Logo foi designado como assistente de Pedro Chuvalov, mas não demorou a ofender o Mongol ao seduzir sua amante, a princesa Elena Kurákina.

Enquanto isso, Pedro adorava beber com Schwerin, seu vínculo com Frederico, o Grande. "Se eu fosse o soberano", disse ao conde, "você não seria um prisioneiro de guerra." Era o tipo de comentário tolo que enfurecia Orlov e seus companheiros da Guarda, que haviam derramado tanto sangue em Zorndorf.

Catarina sempre dava um jeito de se encontrar com Orlov enquanto o marido conversava com Schwerin. O caso entre eles não começou de imediato, mas no final de 1760 os dois estavam apaixonados e Catarina ficou grávida. Orlov era "muito bonito", escreveu o embaixador francês, barão de Breteuil, e "muito tolo". O tipo do soldado sincero que todo mundo adora, filho de um governador de província, "um homem simples, direto e sem pretensões, afável, popular, bem-humorado e honesto. Nunca cometia uma indelicadeza". Ele e seus quatro irmãos eram populares na Guarda, sobretudo Alexei Orlov, conhecido como "Cicatriz", que era todo "força bruta e sem coração", precisamente o tipo de assassino de que uma princesa em perigo poderia precisar.[14]

A guerra estava sangrando a Rússia — e Elizaveta. O novo Palácio de Inverno estava quase pronto, mas ela não tinha verba para concluir seus aposentos. "Vou continuar lutando", declarou, "mesmo que tenha de vender metade das minhas roupas e todos os meus diamantes." Frederico conseguia ludibriar seus desajeitados oponentes, mas, na primavera, os russos, agora sob o comando do general Pedro Saltikov, tomaram Frankfurt, e em agosto de 1759 imobilizaram o próprio Frederico em Kunersdorf. "Creio que está tudo perdido", escreveu Frederico, que usava um kit suicida no pescoço com oito pílulas de ópio. "Adeus para sempre."

Elizaveta comemorou, mas Pedro não acreditava: "Eu sei que os russos nunca poderão vencer os prussianos." A imperatriz designou seu primeiro amor, Alexandre Buturlin, para assumir o comando, já promovido a conde e a marechal de campo, mas sua morosidade e lentidão a deixaram indignada. "As notícias de sua retirada nos causaram mais tristeza que uma batalha perdida", escreveu. "Ordenamos que se desloque diretamente a Berlim e ocupe a cidade. Quem disser que nosso Exército não é capaz de tomar de assalto a fortaleza será preso e trazido para cá acorrentado!"

Em julho de 1761, Elizaveta, agora com cinquenta anos, desmaiou com "um ataque de depressão histérica e convulsões que a deixaram inconsciente por algumas horas". Ignorando o dia de sua ascensão e aniversário, ela se recuperou sozinha com Ivan Chuvalov e o neto Paulo, mas com as pernas tão inchadas que mal conseguia andar. Em agosto, sua cavalaria ocupou Berlim durante quatro dias — mas Frederico continuava lutando. Elizaveta estava morrendo, e Ivan Chuvalov sentiu a hemorragia do poder quando os cortesãos passaram a olhar para o futuro, para Pedro. "Vejo uma astúcia que não compreendo, e o perigo vem de pessoas a quem só prestei bons serviços", escreveu Chuvalov a Vorontsov. "Minha incapacidade para continuar a providenciar esses serviços resultou numa perda de respeito por mim [...]. Nunca fui ingênuo de pensar que eles gostavam de mim, e não dos benefícios obtidos por meu intermédio." Em agosto, Elizaveta tirou Trubetskoi da procuradoria-geral — depois de vinte anos, iniciando um expurgo de 153 protegidos em altos postos. Com o governo abalado, diversas conspirações estavam sendo tramadas. Os planos de Catarina tiveram o apoio de Kiril Razumóvski e também de Orlov. Enquanto Pedro estava agora apaixonado pela pouco atraente Isabel Vorontsova, sobrinha do chanceler, sua irmã, a princesa Iekaterina Dáchkova, entusiasmada esposa de um oficial da Guarda, representava outro grupo ansioso por depor Pedro assim que Elizaveta morresse. Todas as facções faziam visitas noturnas a Catarina.

"Confie em mim", dizia Dáchkova.

"Ninguém confiava nela", pensava Catarina.

"Você só precisa dar a ordem", dizia Dáchkova, "e nós a levaremos ao trono."

"Eu não fiz nenhum plano", replicava Catarina, que estava grávida de Orlov, em estado adiantado. "Só há uma coisa a fazer: enfrentar os acontecimentos corajosamente."[15]

Elizaveta mandou Ivan Chuvalov se aproximar de Nikita Pánin, o regente do filho bebê de Catarina, Paulo, para discutir como deixar Pedro de lado. Paulo seria o tsar com Catarina como regente. Pánin não aprovou. Em 23 de dezembro, Elizaveta sofreu um derrame. Em um quarto na antiga ala do Palácio de Inverno, os Razumóvski e um choroso Ivan Chuvalov se postavam ao lado do leito de morte. Com a gravidez ardilosamente disfarçada, Catarina ficava ao pé da cama enquanto Pedro bebia do lado de fora. No dia 24, chegaram notícias de vitórias contra a Prússia — Frederico estava à beira da destruição —, mas a imperatriz estava inconsciente. Elizaveta morreu às quatro horas da manhã do dia de Natal — e os chorosos cortesãos caíram de joelhos para beijar a mão de Pedro. As portas foram escancaradas: o marechal Trubetskoi, com lágrimas escorrendo no rosto, anunciou a ascensão de Pedro III.[16]

O crapuloso imperador ficou na porta da câmara mortuária, enquanto Vorontsov estabelecia seu governo nas salas adjacentes.* Pedro irradiava magnanimidade para Ivan Chuvalov. Na primeira noite do novo reinado, Chuvalov ficou atrás da cadeira do jubiloso imperador, brincando e o servindo, embora "suas bochechas mostrassem seu desespero", segundo Catarina, "pois a pele estava arranhada por todos os cinco dedos". Mas o poder real estava com os íntimos do tsar, seus ajudantes generais, o ucraniano Andrei Gudóvitch e o báltico barão Karl von Ungern-Sternberg. O amigo mais importante estava longe, em Breslau, numa situação desesperadora: era Frederico, o Grande.

Pedro estava determinado a promover imediatamente a paz com seu herói e em seguida ir à guerra contra a Dinamarca, em nome de seu ducado de Holstein, com o objetivo de recuperar o ducado de Schleswig. Nem seu chanceler, Vorontsov, conseguia acreditar que o imperador realmente executaria um programa tão contrário à Rússia. Mas Pedro estava falando seríssimo.

"Temos vossa alteza na mais alta conta", escreveu para Frederico, "e teremos prazer em provar de todas as formas."

"Graças a Deus", exclamou Frederico, "à beira da ruína [...] mas uma mu-

---

* Pedro chamou do exílio as vítimas dos anos 1740 — Julie von Mengden, a Lopukhiná sem língua, Biron e o marechal Münnich, de 72 anos. O chefe do Collegium da Guerra, Alexandre Glébov, foi promovido a procurador-geral, Dmítri Vólkov se tornou secretário de Estado. Na prática, o governo se mudou para a casa de Glébov. Os tios de Pedro, príncipe Georg de Holstein e o príncipe August Friedrich de Holstein-Beck, entraram para o Conselho, com o último em papel importante da segurança, como governador-geral de Petersburgo.

lher morre e a nação renasce […]. São os caprichos do destino!" Frederico escreveu efusivamente a Pedro: "Fico tão contente por vossa majestade imperial receber esse trono que havia muito lhe pertencia, não tanto por hereditariedade mas por virtude e ao qual acrescenta o seu esplendor".

"Por certo você está brincando quando elogia o meu reino", respondeu Pedro, "pois eu o vejo como um dos maiores heróis do mundo."

Uma trégua foi imediatamente acordada. As cartas trocadas entre os dois revelam um imperador encantado pelo rei da Prússia, e Frederico, de sua parte, incrédulo e agradecido pelo milagre da Providência.* O Exército russo recebeu ordens para se retirar, mas Frederico, temendo que fosse tudo muito bom para ser verdade, mandou seu antigo assistente de 26 anos, o conde Wilhelm von der Goltz, destrinchar o acordo em Petersburgo.

Com a gravidez disfarçada por volumosas roupas pretas de luto, a imperatriz Catarina chorou durante três dias quase sem parar ao lado do inchado cadáver imperial, que ficou exposto num casto vestido branco. Ela seguiu meticulosamente todos os ritos do luto. Quando a cabeça de Elizaveta ficou inchada demais para a coroa, Catarina ajudou o joalheiro a apertá-la em seu crânio.

O contraste entre imperatriz e imperador era gritante: Pedro logo completaria 34 anos, mas se comportava como um adolescente; e um adolescente caprichoso com poder supremo sempre foi algo assustador. Encontrava-se com Catarina quase todas as manhãs e, quando o novo Palácio de Inverno ficou pronto, os dois inspecionaram juntos os novos aposentos. Eram respeitosos um com o outro, mas só isso. Pedro detestava tanto Catarina que se recusava a dizer seu nome: Catarina era apenas "Ela".

Em 25 de janeiro de 1762, o corpo de Elizaveta, agora com seus característicos brocados dourados, foi transportado pelas ruas por uma carruagem de oito cavalos, seguida por Pedro e Catarina. Nitidamente embriagado, Pedro zombava do cortejo cerimonial fazendo paradas, deixando o cortejo seguir e depois correndo para alcançá-lo, provocando o caos quando seus cortesãos corriam atrás dele ou acabavam ficando parados.

---

* Foi o Milagre da Casa de Brandenburgo. Em abril de 1945, Hitler, encurralado em seu bunker em Berlim enquanto os Aliados se aproximavam, esperava que a morte do presidente dos Estados Unidos, F. D. Roosevelt, rompesse a aliança e o salvasse — exatamente o que a morte de Elizaveta havia feito por seu herói Frederico, o Grande. O retrato do rei pendia otimista numa parede do bunker.

Nas primeiras semanas de seu reinado, Pedro acordava às sete horas da manhã, dava ordens enquanto se vestia, recebia ministros às oito, inspecionava o Senado e às onze organizava a parada. Suas primeiras medidas foram liberais e populares. Em 17 de janeiro, Pedro e seu séquito atravessaram o Nievá coberto de gelo para ir ao *Collegium* assinar um decreto cancelando o serviço militar obrigatório para os nobres, instituído por Pedro, o Grande. A medida vinha sendo discutida havia algum tempo, e de qualquer forma refletia a realidade de que durante os últimos quarenta anos os nobres sempre haviam encontrado formas de se evadir do que consideravam uma servidão a Pedro inconveniente para os aristocratas europeus. Pedro reduziu o imposto sobre o sal, e por boas razões se recusou a presentear a nobreza com uma estátua de ouro por seus serviços. "O ouro pode ser mais bem usado", falou. Mas era o Exército que realmente importava: Pedro detestava a todo-poderosa Guarda, que ele definia como "janízara". Correram boatos plausíveis de que ele dissolveria a Guarda, e os guardas naturalmente também o odiavam. Em particular, os Orlov o apelidaram de "o monstrengo feio".

Pedro ordenou que as mulheres usassem a mesura francesa (normal na corte prussiana) no lugar da saudação russa — mas fez chacota de suas primeiras tentativas. Mostrava a língua para padres na igreja. Fumando um cachimbo de Holstein, bebia com "os filhos dos sapateiros alemães", estava sempre "jogando várias garrafas de cerveja" na casa de Gudóvitch, onde ele e seu grupo agiam "como crianças, pulando numa perna só enquanto os amigos o empurravam". Imaginem como seria ver todos os nossos líderes do governo cheios de condecorações, estrelas e comendas dando pulos e brincando de amarelinha.

O imperador se orgulhava desses correligionários simplórios, gabando-se para Dáchkova: "É melhor lidar com pessoas rudes que são honestas como sua irmã [Vorontsova] do que com os inteligentes que chupam o suco da laranja e jogam a casca fora". Ele não escondia suas intenções de se casar com Vorontsova. "Seja um pouco mais compreensiva conosco", disse em tom ameaçador para Dáchkova. "Chegará o tempo em que você vai lamentar ter tratado sua irmã com desprezo. Você deveria seguir os pensamentos dela e ficar ao seu lado." Aquilo significava que ele iria se divorciar de Catarina. Vorontsova seria a imperatriz.

"O rosto da imperatriz Catarina está lavrado com uma tristeza profunda", relatou Breteuil. "Ela perdeu a importância e é tratada com desprezo, mas goza da afeição geral e não negligencia nada para cultivar o amor de todos." Quanto a

Pedro, ele "redobrou sua atenção à condessa Vorontsova […]. Ele tem gostos estranhos. Em termos de aparência, é difícil encontrar uma pessoa mais feia. Ela parece uma ajudante de cozinha". Observando esses três jogadores, "é difícil imaginar que Catarina não vá tomar medidas extremas". Enquanto isso, Frederico da Prússia corria para chegar a Petersburgo.[17]

Em 21 de fevereiro, Goltz, seu enviado, acompanhado por um rufião chamado capitão Steuben, chegou a Petersburgo, encontrou-se com Pedro e assumiu o comando da política externa da Rússia. O secretário de Estado Vólkov esboçava o tratado com a Prússia e sinalizava com uma guerra com a Dinamarca, mas tentava retardar o processo. Conseguiu o aval de Pedro a seu esboço, até ser denunciado pelo capitão Steuben e temporariamente preso. O próprio Goltz escreveu o tratado. Em 29 de abril, Pedro o assinou. Alertou a Dinamarca que se Schleswig não fosse devolvida a alternativa seria uma "extrema calamidade", e planejava comandar a guerra pessoalmente.

Pedro concordou em reconhecer todas as conquistas de Frederico, e em troca a Prússia concordava com todos os ganhos obtidos com a Dinamarca. A troca de amabilidades estava maior que nunca. "Faça uso de Stettin e de tudo o mais que possuo como se fosse seu", disse Frederico a Pedro. "Diga-me de quantos soldados prussianos você precisa. Embora esteja velho e alquebrado, vou marchar pessoalmente contra os seus inimigos."

Goltz era o ministro de fato, enquanto o chanceler Vorontsov era ignorado.* Faltava ao imperador a característica essencial do autocrata russo: a vigilância implacável. Quando Goltz alertou contra cortesãos conspiradores, Pedro reagiu com ingenuidade, dizendo que "sabia de sua deslealdade. Acho que deu tanto trabalho a eles que não vão ter tempo ocioso para pensar em conspiração e que são inofensivos". Ofender a Igreja era insensato, zombar de velhos cortesãos e cortesãs era imprudente, insultar Catarina era tolice, e ultrajar a Guarda era simplesmente insano — mas fazer tudo isso era suicida. Frederico lhe aconselhou ser

---

* O tsar promoveu o exonerado (e moribundo) Pedro Chuvalov a marechal de campo (junto com o Terror) e ofereceu a vice-chancelaria a Ivan, mas o ex-favorito pediu para se aposentar. Alexei Razumóvski também se aposentou da corte. (Em seu leito de morte, Elizaveta fez Pedro prometer honrar os Razumóvski e os Chuvalov.)

coroado depressa, "pois eu não confio nos russos [...]. Qualquer outra nação agradeceria aos céus por ter um soberano com tais qualidades notáveis e admiráveis" — e dizia ser uma má ideia sair de Petersburgo. "Lembre-se do que aconteceu durante a ausência de Pedro, o Grande. E se houver um plano para entronizar Ivan VI?"

"Já que a guerra está para começar, não vejo tempo para uma coroação com o esplendor que os russos esperam", gabou-se o imperador em 15 de maio. "Se os russos desejassem me fazer mal, já teriam feito alguma coisa há muito tempo, quando eu andava pela rua sem proteção."

Em uma medida insensata, porém popular, Pedro aboliu a Chancelaria Secreta: "A odiada expressão 'palavra e ação do tsar' doravante não significa nada. Eu a proíbo". Foi só em junho que ele instituiu a Expedição Secreta sob a égide do Senado, mandando Alexandre Chuvalov passar o trabalho da polícia secreta para Vólkov, cuja lealdade era duvidosa, e para o grande mestre da cavalaria Liev Naríchkin, que era um contador de histórias espirituoso, incompatível com a polícia secreta. Mas ele mandou matar Ivan VI "se alguém inesperadamente tentar se apossar do prisioneiro". Ungern-Sternberg foi encarregado do ex-tsar, que foi trazido para a cidade para ser examinado pelo imperador.

"Quem é você?", perguntou Pedro.

"O imperador."

"Como você sabe?"

"A Virgem e os anjos me disseram."

Pedro lhe deu um roupão, e depois disso ele dançou "como um selvagem". "O príncipe Ivan está fortemente guardado", assegurou Pedro a Frederico. Quanto aos russos, "posso garantir que, quando se sabe como lidar com eles, você pode confiar neles".[18]

Demonstrando uma coragem notável, Catarina manteve sua avançada gravidez em segredo. No dia 11 de abril, ela deu à luz um filho, Alexei, com o sobrenome de Bóbrinski, que ficou escondido na casa de seu criado. Enquanto se recuperava, ela discutiu ações separadamente com Orlov e com os irmãos dele, com Kiril Razumóvski (que sabia que Pedro planejava substituí-lo por Gudóvitch como hetmã) e com Dáchkova. Pánin, o *oberhofmeister* do pequeno Paulo, suave, gorducho e mundano (que provavelmente teve um romance passageiro com Elizaveta), era também um reformista que apoiava uma oligarquia aristocrática mais ocidentalizada. Embora servisse a Catarina, nunca foi muito dedicado a ela: sabia que o verdadeiro herdeiro era Paulo — mas também apoiava o golpe.

Assim como Elizaveta antes dela, Catarina hesitava. O preço do fracasso era terrivelmente alto. Mas Pedro acabou indo longe demais.

No dia 9 de junho, em uma das "noites brancas", o tsar organizou um jantar para quatrocentos convidados a fim de comemorar a paz com a Prússia — e a futura guerra contra a Dinamarca. Foi a primeira festa de gala no novo Palácio de Inverno barroco de Rastrelli: a noite começou com um espetáculo de fogos de artifício.* Sentado com os alemães, Pedro III brindou à família imperial, a Frederico, o Grande, e à paz, mas Catarina, na mesma mesa, não se levantou. O tsar mandou Gudóvitch perguntar por quê. Catarina respondeu que era um dos três membros da família. Pedro mandou Gudóvitch dizer que seus dois tios também eram membros — e depois a insultou em voz alta. "Durak!", gritou. "Tola!" Catarina rompeu em lágrimas, mas logo se recompôs, virou-se para o solidário comensal ao lado, o príncipe Fiódor Bariátinski, e conseguiu entabular uma conversa normal.

Naquela noite, Pedro mandou seu assistente Bariátinski prender Catarina. Leal a Catarina e amigo de Orlov, Bariátinski avisou ao tio do tsar, príncipe Georg de Holstein, que convenceu Pedro a suspender a ordem. Logo depois, Bariátinski alertou Orlov e Catarina. Depois de umas férias em Oranienbaum, o imperador pretendia entrar em guerra com a Guarda. Os conspiradores decidiram prendê-lo quando ele saísse de viagem.[19]

Em 12 de junho, Pedro viajou para o palácio residencial de Oranienbaum, deixando Catarina na cidade. A conspiração tomou forma. No dia 17 ela partiu para Peterhof, hospedando-se em Mon Plaisir, a grande vila de Pedro, o Grande — mas na cidade a conspiração agora se alastrava quase depressa demais. Um sargento da Guarda Montada, Grigóri Potiômkin, de 22 anos, ouviu falar do plano e, apresentando-se como aliado de Orlov, pediu para participar. "Eu não tenho medo", disse Pedro a Frederico, mas sua nova Expedição Secreta ouviu rumores de que Orlov estava conspirando, por isso ele designou um de seus assistentes para vigiá-lo de perto. Mas foi o irmão dele, o Cicatriz, quem organizou o golpe.

---

* Os fogos de artifício foram organizados pelo general Avram Gannibal, o afilhado negro de Pedro, o Grande. Como favorito de Elizaveta, era odiado por Pedro III. No início do jantar, Gannibal recebeu uma ordem imperial do príncipe Georg de Holstein, dispensando-o. "Demitido depois de 57 anos de serviços leais", disse Gannibal, que "se retirou para suas propriedades."

Enquanto isso, um conspirador menor foi preso e comprometeu o capitão Passek, amigo dos Orlov. Em 27 de junho, Passek foi preso. Sob tortura, ele revelaria a conspiração. Alexei Orlov se preparou para começar a revolução enquanto outro irmão, Fiódor, procurou Dáchkova, talvez para saber sua opinião. Foi a primeira vez que ela ouviu falar sobre o golpe, mas quando Orlov hesitou quanto a incomodar Catarina acordando-a naquela noite, Dáchkova falou: "Você já perdeu muito tempo. Quanto aos seus temores de alarmar a imperatriz, melhor ela ser transportada para Petersburgo semidesmaiada do que dividir o patíbulo conosco!". Fiódor Orlov revelou os planos a Kiril Razumóvski, que prometeu a adesão da Guarda Izmailóvski e, como presidente da Academia de Ciências, imprimir manifestos. Naquela noite, Cicatriz entrou numa carruagem, acompanhado por Bariátinski — e pelo sargento Potiômkin no estribo — e saiu a galope para Peterhof.[20]

Às seis horas da manhã do dia 28 de junho, a carruagem parou na porta do Mon Plaisir, e Cicatriz entrou correndo no quarto de Catarina, acordando a amante de seu irmão.

"Está tudo pronto", disse Cicatriz. "Você precisa levantar. Passek foi preso." Catarina não precisou ouvir mais nada, vestiu-se rapidamente de preto e subiu na carruagem. Os cocheiros chicotearam os cavalos, Potiômkin manteve-se no estribo para proteger a imperatriz, que estava coberta por uma manta, e eles se dirigiram para Petersburgo. De repente Catarina levou a mão à cabeça — ela ainda estava de touca de dormir — e jogou a touca fora, dando risada. Cicatriz encontrou uma carruagem que vinha no sentido oposto e trazia um cabeleireiro francês chamado Michel, sempre importante num golpe, que cuidou dos cabelos de Catarina a caminho da revolução. Já perto da cidade, Catarina e Cicatriz passaram para uma carruagem que transportava Grigóri Orlov, e juntos chegaram ao quartel da Guarda de Izmailóvski, onde encontraram apenas "doze soldados e um tamboreiro". Impérios são tomados a partir de pequenos começos como esse. Razumóvski notificou os membros da Guarda e logo "soldados acorreram para beijar minhas mãos, pés e a barra do vestido", recordou Catarina. O hetmã Razumóvski beijou as mãos dela de joelhos. Os outros regimentos seguiram, com o jovem Potiômkin liderando sua Guarda Montada.

A imperatriz desceu ao Palácio de Inverno, onde senadores e generais se reuniam para lançar um manifesto conclamando "Catarina II". Pánin chegou com o filho dela, o grão-duque Paulo, de camisola e touca de dormir. As portas foram abertas; soldados, padres e mulheres lotavam os corredores para olhar ou jurar obediência. Quando apareceu numa sacada, Catarina foi ovacionada.

Pedro ainda controlava os exércitos, na Alemanha e na Livônia, aquartelados para a guerra contra a Dinamarca, bem como a Marinha, perto de Kronstadt. Foram enviados emissários para assegurar apoio à nova imperatriz, mas agora Catarina tinha de enfrentar o próprio Pedro. Talvez lembrando-se de como trajes masculinos caíam bem em Elizaveta, Catarina exigiu um uniforme. Lá fora, os soldados se despiam de seus odiados novos uniformes prussianos e vestiam suas antigas túnicas. Catarina envergou uma túnica verde e branca da Guarda de Preobrajénski. Mandou os guardas se reunirem na praça do Palácio para marchar em direção a Peterhof.

Sem saber de nada disso, acompanhado pelo chanceler Vorontsov, por Goltz, por sua amante e pelo marechal Münnich, aos 69 anos e de volta aos favoritos, Pedro III inspecionava um cortejo de cavalos Holsteiner. Depois disso saiu de Oranienbaum e chegou a Peterhof para celebrar a Festa de São Pedro e São Paulo com Catarina. Mas o Mon Plaisir estava deserto. Pedro ficou apavorado, entrou correndo e viu o vestido de gala de Catarina jogado na cama, um presságio fantasmagórico — pois ela havia trocado de roupa, em todos os aspectos. "Eu não disse que ela era capaz de qualquer coisa?", bradou. Começou a chorar, a beber e a tremer.

O único cortesão a não perder a cabeça foi Münnich, um velho veterano em golpes e que, invocando o avô de Pedro, deu o conselho certo: "Assuma o comando do Exército na Pomerânia e marche para a Rússia. Garanto a vossa majestade que Petersburgo estará aos seus pés em seis semanas!". Mas aquele Pedro não era Pedro, o Grande. O tsar mandou emissários para negociar com Catarina. Primeiro ele despachou Vorontsov, que estivera a bordo do trenó de Elizaveta no golpe *dela*, mas que, quando chegou a Petersburgo, simplesmente se jogou de joelhos diante de Catarina e renunciou. O séquito cada vez mais minguado de Pedro voltou a Oranienbaum, onde Münnich os convenceu a tomar Kronstadt.

Naquela noite prateada, Pedro embarcou numa escuna, mas estava tão bêbado que teve de ser ajudado pela amante e pelo velho marechal para conseguir subir a bordo. Três horas depois, perto de Kronstadt, Münnich anunciou a chegada do imperador, mas os marujos responderam: "Não existe mais um imperador. *Vivat* Catarina II!". Pedro desmaiou. Ele já havia previsto isso para Catarina, dizendo: "Eu vou morrer na Rússia". Só queria abdicar e voltar para Holstein. E resolveu negociar.

Vestida de modo arrojado em seu uniforme da Guarda e brandindo um sabre desembainhado, Catarina saiu da praça do Palácio montada em seu puro-sangue cinzento chamado Brilhante para inspecionar os 12 mil guardas à sua espera. Nem todos estavam sóbrios. As ruas estavam repletas de soldados meio bêbados que haviam passado pelas tavernas, e por toda parte havia uniformes descartados, como na manhã seguinte a uma festa à fantasia. Catarina, agora com 33 anos, cabelo avermelhado, olhos azuis, sobrancelhas pretas, pequena e roliça, percorreu as fileiras a cavalo, mas percebeu que seu sabre estava sem a *dragonne*, a borla da espada, e numa época em que essas coisas eram importantes, o jovem e elegante sargento da Guarda Montada chegou a galope oferecendo a própria espada. Potiômkin havia chamado a atenção de Catarina de uma forma ousada, e ela notou sua estatura gigantesca, a cabeça esplêndida, de cabelos ruivos e rosto afilado e sensível, com uma fenda no queixo, aparência que, ao que parecia, junto com seu intelecto, tinha lhe rendido o apelido de "Alcibíades".

Quando ele tentou voltar à formação, seu cavalo, treinado para marchar em esquadrão, se recusou a sair do lado dela. "Isso a fez dar risada [...] ela falou com ele", e "por esse feliz acaso", Potiômkin recordou mais tarde, ele acabaria se tornando depois seu parceiro no poder e o amor da sua vida — "tudo graças a um cavalo bem treinado".

Catarina e a Guarda marcharam sob a incandescência azulada da noite clara, dormindo algumas horas no trajeto, enquanto os dois irmãos Orlov, Grigóri e Alexei, galopavam à frente para Oranienbaum, onde prenderam Pedro III, obrigando-o a assinar a abdicação, que Grigóri levou de volta à sua imperatriz. Pedro foi conduzido até sua carruagem, acompanhado pela amante e por Gudóvitch, enquanto os guardas gritavam "*Vivat* Catarina II!". Em Peterhof, Pedro recebeu a visita de Pánin, o conselheiro de Catarina. Pedro suplicou para não ser separado de Vorontsova. Diante da recusa, pediu para levar seu violino, o criado negro Narciso e o cão Mopsy. Pánin concordou. Catarina tinha planos de encarcerar aquele traste de imperador em Chlisselburg, perto do ex-tsar Ivan VI, mas naquela noite Cicatriz escoltou Pedro até a província vizinha de Rópcha. Catarina voltou para Petersburgo.[21] E nunca mais viu Pedro.*

Quando entrou no gabinete de Catarina, a princesa Dáchkova ficou "atônita" ao encontrar Grigóri Orlov "estendido sobre um sofá" examinando documentos de Estado. "Perguntei o que estava fazendo. 'A imperatriz me mandou abri-los', ele respondeu."

Catarina recompensou os amigos, mas não puniu os inimigos. A guarnição de Petersburgo ganhou um bônus de meio ano de salário. Razumóvski e Pánin receberam 5 mil rublos por ano, Grigóri e Alexei Orlov ganharam oitocentas almas e 24 mil rublos cada um, sendo que o amante recebeu mais 50 mil. Potiômkin pôde escolher entre seiscentas almas e 18 mil rublos: Catarina insistiu que fosse promovido e acrescentou mais 10 mil rublos. Mas Catarina foi generosa, e até complacente, com a amante do marido, Isabel Vorontsova, mandando-a para o interior, para que não ficasse "flanando pelo palácio".

Nikita Pánin tornou-se o membro sênior do Collegium do Exterior de Catarina, mas nunca foi chefe — ela jamais esqueceu que ele queria que Paulo reinasse assim que tivesse idade para isso. Nomeou Zakhar Tchernichov, seu pretendente nos anos 1740, para chefiar o Collegium da Guerra, e encontrou um político habilidoso e honesto no príncipe Alexandre Viázemski, responsável por toda a administração interna como procurador-geral, das finanças à justiça, pelo notável período de 28 anos. Numa ilustração do que era o minúsculo mundo dos clãs políticos, Viázemski era casado com a filha de Trubetskoi, que tinha servido como procurador durante vinte anos antes dele. Catarina não ofereceu uma grande promoção a Grigóri Orlov, encarregando-o da artilharia e da função de atrair colonizadores para as novas terras no sul da Ucrânia. Depois do entusiasmo inicial na leitura dos documentos do governo, os preguiçosos e hedonistas Orlov não se empenharam no exercício do poder. Pánin detestava os arrivistas Orlov, enquanto os Tchernichov e Razumóvski oscilavam entre os dois. Mas os Orlov tinham um plano para

---

* Frederico não ficou surpreso com a queda do protegido, mas subestimou sua sucessora: "Ele se deixou remover como uma criança tirada da cama", falou. "Catarina era jovem, fraca, sozinha e estrangeira e à beira de ser presa. Os Orlov fizeram tudo. Catarina é incapaz de governar qualquer coisa. Ela pulou nos braços dos que a queriam salvar. A falta de coragem de Pedro III e a recusa em seguir o conselho de Münnich o arruinaram."

preservar aquela preciosa posição de proximidade íntima: Grigóri deveria se casar com Catarina. Infelizmente, ela já tinha um marido.[22]

Pedro, agora em Rópcha sob a guarda de Cicatriz, Bariátinski e outros doze, inclusive Potiômkin, bombardeava Catarina com solicitações: "Vossa majestade, se não quiser alguém já bem arruinado, tenha pena e me deixe Isabel [Vorontsova] como meu único consolo [...]. Se desejar me ver por um momento, seria o auge dos meus desejos". Como ela não respondeu, Pedro pediu pateticamente para morar num quarto maior e poder voltar à Alemanha: "Peço a vossa majestade para não me tratar como o maior criminoso; alguma vez a ofendi?".

Enclausurado com Cicatriz, Pedro tinha várias razões para estar com medo: os guardas e o prisioneiro bebiam copiosamente naquela *danse macabre*: "Nosso monstrengo feio está gravemente doente com cólica", escreveu Cicatriz a Catarina em 2 de julho. "Temo que ele possa morrer esta noite, mas temo ainda mais que ele consiga sobreviver. O primeiro receio é que ele fale asneiras o tempo todo, e isso nos diverte, e o segundo receio é que ele seja realmente um perigo para todos nós." A ameaça era de gelar o sangue, mas Catarina não substituiu os carcereiros.

No dia 6 de julho, Cicatriz informou que Pedro estava tão doente que jazia quase inconsciente: "Acho que ele não vai durar até a noite". O sinistro diagnóstico soava mais como uma sentença de morte, e a atmosfera em Rópcha lembrava um garrote sendo apertado — mas nem Catarina nem os Orlov estariam em segurança enquanto Pedro vivesse.

Naquela noite, Cicatriz relatou a ocorrência de um infeliz acidente: "Matuchka, como posso explicar!". O "moribundo" tinha se recuperado milagrosamente à noite e se juntou aos carcereiros numa grande bebedeira. Durante uma briga com Bariátinski na mesa, "não tivemos tempo de separar os dois. Ele não mais existe. Não lembro o que ele fez, mas todos nós somos culpados. Tenha piedade de mim pelo amor de meu irmão. Eu confessei tudo [...]. Perdoe-nos e decrete uma morte rápida. A vida não vale mais a pena ser vivida. Nós a enfurecemos e perdemos nossas almas para sempre". As cartas sugeriam que a morte fora premeditada, mas regada a álcool. O estrangulamento era uma necessidade, e conveniente para Catarina, mas ela achava que ficaria marcada para sempre por um mariticídio e um regicídio: "Minha glória foi arruinada, a posteridade nunca me perdoará". Mas a posteridade a perdoou.

O corpo do imperador ficou em exposição em um caixão simples no mosteiro de Niévski. Uma gravata escondia a lividez do seu pescoço, um chapéu caído ocultava o rosto arroxeado. Catarina lançou um comunicado dizendo que Pedro tinha morrido de "cólica hemorroidal", um diagnóstico absurdo que iria se tornar um eufemismo humorístico para assassinato político. Quando Catarina convidou o *philosophe* Jean d'Alembert para uma visita, ele respondeu brincando que não se atrevia a ir, pois "sofria de hemorroidas, uma condição muito perigosa na Rússia".

Pedro tinha adiado sua coroação; Catarina não iria cometer o mesmo erro.[23]

Cena 4
A era de ouro

Elenco

CATARINA II, A GRANDE, imperatriz, 1762-96 (nascida Sophie de Anhalt-Zerbst), viúva de Pedro III

PAULO I, imperador, 1796-1801, filho de Pedro e Catarina

Natália Alexéievna (nascida princesa Wilhelmina de Hesse-Darmstadt), primeira esposa de Paulo

Maria Fiódorovna (nascida princesa Sophia Dorothea de Württemberg), segunda esposa de Paulo

ALEXANDRE I, imperador, 1801-25, primeiro filho de Paulo e Maria

Isabel Alexéievna, mulher de Alexandre (nascida princesa Louise de Baden)

CONSTANTINO I, imperador, 1825, segundo filho de Paulo e Maria

Anna Fiódorovna (nascida princesa Juliane de Saxe-Coburg-Saalfeld), esposa de Constantino

FAVORITOS DE CATARINA: ajudantes generais

Grigóri Orlov, grande mestre de artilharia, conde, depois príncipe

Alexandre Vassíltchikov, "Sopa Gelada"

Grigóri Potiômkin-Tavrítcheski, príncipe, "Alcibíades", "Ciclope", "Sereníssimo"

Pedro Zavadóvski, secretário imperial, depois conde, membro do Conselho, "Petrusa"

Semion Zóritch, "Selvagem"

Ivan Rímski-Kórsakov, "Rei de Épiro"

Alexandre Lanskoi, "Sacha"

Alexandre Iermólov, "Negro Branco"

Alexandre Dmítriev-Mamónov, conde, "sr. Casaca Vermelha"

Platon Zúbov, conde, depois príncipe, "Neguinho", "Dente", "Zodíaco"

CORTESÃOS: ministros etc.

Nikita Pánin, *oberhofmeister* do grão-duque Paulo, membro do Collegium do Exterior, conde

Zakhar Tchernichov, presidente do Collegium da Guerra, conde

Kiril Razumóvski, conde, hetmã da Ucrânia, depois marechal de campo

Pedro Rumiántsev-Zadunáiski, conde, marechal de campo

Alexei Orlov-Tchésmenski, almirante, conde, irmão de Grigóri, "Cicatriz"

Alexandre Bezboródko, secretário para assuntos estrangeiros, depois conde, príncipe, chanceler

Nikolai Saltikov, *oberhofmeister* de Paulo e de Alexandre, depois conde e príncipe, presidente do Collegium da Guerra

Valerian Zúbov, conde, "Criança", irmão de Platon

Fiódor Rostopchin, seguidor de Paulo

Condessa Praskóvia Bruce, dama de companhia de Catarina

Alexandra Branitska (nascida Engelhardt), sobrinha de Potiômkin, condessa, "Sachenka"

Iekaterina Scavrónskaia (nascida Engelhardt), sobrinha de Potiômkin, condessa, "Katinka", "Gatinha", "Anjo", "Vênus"

Iekaterina Nelídova, amante de Paulo, "Monstrinha"

Condessa Varvara Golovina, cortesã e amiga da grão-duquesa Isabel

Em meados de setembro de 1762, Catarina entrou em Moscou em um cortejo com o filho Paulo, de oito anos, e seu governador Pánin. No dia 22, ela mesma se coroou imperatriz na Catedral da Anunciação. Depois, durante as honrarias da coroação, Grigóri Orlov foi nomeado ajudante general, um título que veio a significar o mesmo que grão-camareiro sob a imperatriz Anna — o *inamorato* imperial. Pánin e os cinco irmãos de Orlov foram promovidos a conde. Potiômkin recebeu mais quatrocentas almas e o título de cortesão de camareiro real.

Logo depois da cerimônia, o pequeno Paulo adoeceu com febre. Catarina, que odiava Moscou, onde ela quase havia morrido ainda adolescente, exaltou-se com a possibilidade da morte do filho: ele era o único pilar legítimo de seu regime, pois ela própria não teria o menor direito ao trono — a não ser que Paulo sobrevivesse. Felizmente ele se recuperou.

De volta a Petersburgo, Catarina entendeu muito bem a fragilidade de sua posição. Estudando a situação por meio de sua Expedição Secreta, afagando habilidosamente todas as facções e ofendendo poucas, ela apresentou uma imagem tranquilizadora de inteligência sorridente e autoconfiança imperturbável. Quase de imediato surgiu um plano entre alguns membros da Guarda de levar Ivan VI ao trono, mas logo foi superado. Trabalhadora incansável — "O tempo não me pertence, e sim ao império", declarou, como Pedro, o Grande —, Catarina acordava às seis horas da manhã, preparava seu próprio café antes que os criados se levantassem e começava a trabalhar. Sabendo o que lhe caía bem na silhueta e em sua constituição russa, usava bonitos vestidos em estilo russo, mas nunca muito afetados todos os dias. Agora perto dos 35 anos, "ela ainda pode ser definida como bonita", na visão do embaixador britânico, Sir George Macartney, enquanto o príncipe de Ligne, que a conheceu depois, a considerava "mais atraente que bonita": todos mencionavam sua bela cor, os bons dentes e os luminosos olhos azuis.

Ela escrevia muitas cartas todos os dias, admitindo que sofria de uma "grafomania" que combinava com outros passatempos compulsivos — "anglomania", seu gosto por pintura e jardins ingleses, e também "plantomania", construções neoclássicas e o que chamava de sua "avidez insaciável" por coleções de arte, que também era uma maneira de projetar sua majestade. Catarina acrescentou um pavilhão ao Palácio de Inverno, que ela chamou de Pequeno Hermitage, para abrigar suas obras de arte e receber amigos em reuniões noturnas particulares. Na tradição de Pedro, o Grande, escreveu dez regras para seus convidados:

1. Todos os títulos devem ser deixados na porta com os chapéus e as espadas.

2. Provincianismo e ambições também devem ser deixados na porta.

E, por último:

10. Ninguém deve lavar roupa suja em público e todos devem cuidar da própria vida até irem embora.

Assim como Elizaveta, ela usava *tables volants*, movimentadas por roldanas, para evitar a bisbilhotice dos criados. Depois acrescentou mais uma extensão, conhecida como Velho Hermitage, para expor suas obras de arte.* Catarina escrevia decretos, cartas, peças teatrais satíricas e instruções, além de estar constantemente revisando suas memórias secretas. Era incansável na autopromoção: suas cartas a Voltaire e aos *philosophes* eram escritas para ser copiadas.

Essa política nata era totalmente realista quanto aos limites de sua autocra-

---

* As cartas de Catarina mostram a alegria que sentia na procura, na compra e na posse de obras de arte. Ela começou imediatamente a coleção de seu Hermitage, comprando depois a grande coleção do ministro e conde saxão Von Brühl e a do primeiro-ministro britânico Sir Robert Walpole — e em particular ela colecionava camafeus de marfim e joias cravejadas que continuam em seus gabinetes de madeira especialmente construídos no Museu Hermitage, embora não estejam expostos.

cia: "Devem-se fazer as coisas de tal forma que as pessoas achem que elas mesmas desejavam que fossem feitas dessa maneira". Quando seu secretário citou seu poder sem limites, ela deu risada: "Não é tão fácil quanto você pensa. Primeiro, minhas ordens não seriam seguidas a não ser que fossem do tipo de ordens que podem ser seguidas [...]. Eu aceito conselhos, faço consultas e, quando estou convencida da aprovação geral, decreto minhas ordens e tenho o prazer de observar o que você chama de obediência cega. E essa é a fonte do poder ilimitado". Quando seu poder era contestado, ela sabia ser implacável, mas nunca cruel. "É preciso ter dentes de lobo e cauda de raposa." Quando era informada de um nobre que a criticava constantemente, ela o aconselhava a parar, "para não ser transferido para um lugar onde os corvos não conseguiriam encontrar seus ossos".

Catarina recebia os ministros de manhã e esboçava seus decretos. Às onze horas, fazia a toalete, ficava um pouco com Orlov e em geral saía para uma caminhada com ele, com seus adorados galgos e uma dupla de damas de companhia. Depois do almoço, à uma da tarde, trabalhava em seus aposentos até as seis, a "hora dos amantes", quando recebia Orlov antes de se vestir para uma festa, para um dia da corte (domingos), para o teatro (segundas e quintas) ou para o baile de máscaras (sábados). Nessas ocasiões, Catarina, que entendia o poder do esplendor, projetava sua grandeza para a Europa. Retirava-se com Orlov e gostava de ir deitar às onze da noite.

"Minha posição é tal que preciso ter o maior cuidado", escreveu Catarina a seu ex-amante, Poniatowski, "para que cada vez menos soldados da Guarda pensem quando me veem: 'Esse é o trabalho das minhas mãos'." Ainda apaixonado, Poniatowski sonhava se casar com ela. Catarina achava irritante aquela ingenuidade: "Já que tenho de falar tão claramente, e você resolveu ignorar o que tenho lhe dito, o fato é que, se vier aqui, o mais provável é que nós dois sejamos massacrados". Mas o desapontado polonês ainda seria consolado.[1]

"Estou mandando o conde Keyserling à Polônia imediatamente para fazê-lo rei depois da morte do rei atual", escreveu Catarina a Poniatowski um mês depois do golpe. Augusto III morrera em setembro, e os Orlov e os Tchernichov queriam que o filho o sucedesse, mas ela se decidiu por Poniatowski. Longe de ser um capricho imperial para recompensar serviços sexuais, foi um exemplo desapaixonado de *raison d'état*, pois Catarina seguiu a política de Pedro de controlar a Polônia como um satélite por meio de um rei cliente. Poniatowski, parente dos magnatas poloneses por parte da mãe Czartoryski, seria totalmente submisso, mas ainda assim continuou fantasiando: "Se eu desejei o trono, foi porque vi você nele". Quando Catarina o pôs em seu devido lugar, ele choramingou galantemente: "Não me faça rei, deixe-me ficar ao seu lado".

Frederico, o Grande, ficou satisfeito em apoiar essa política em troca do apoio da Rússia, e uma aliança foi assinada em 31 de março de 1764. Em 26 de agosto, a Sejm (Assembleia) de Eleição da Polônia, cercada por tropas russas, elegeu Poniatowski como o rei Estanislau Augusto. "Nikita Ivánovitch! Eu o congratulo pelo rei que fizemos", disse Catarina a Pánin, exultante. "Esse acontecimento aumenta muito minha confiança em você."* Pánin via a aliança com a Prússia como o primeiro passo para um novo "Sistema Nórdico" de potências protestantes-escandinavas para fortalecer o controle russo do Báltico e refrear o "Bloco Católico" de Áustria e França. Enquanto isso, tendo transformado seu ex-amante em rei, será que ela se casaria agora com seu amor atual e faria de Orlov imperador?[2]

Trazer Poniatowski para a Rússia teria sido uma forma de ser massacrada rapidamente, e o mesmo aconteceria se casasse com Orlov. Mas, durante toda a vida, Catarina ansiava pela intimidade de uma família, que ela teve de encontrar em amigos e amantes.

Os pais dela estavam mortos. O filho Paulo ainda era pequeno, e assim como em todas as famílias reais, a relação entre eles era envenenada pela inevitável sucessão hereditária que invertia a natureza benigna da maternidade. A maturidade do filho poderia gerar a destruição da mãe. Se Paulo se mostrasse habilidoso, seus interesses poderiam se tornar inegáveis. Felizmente, seu caráter errático arruinou a relação entre os dois, mas justificou o governo da mãe.

Em lugar de uma família, Catarina criou um círculo social íntimo. Sua melhor amiga era sua dama de companhia de longa data, a condessa Praskóvia Bruce,

---

* Ao mesmo tempo, em uma das muitas reviravoltas da sorte tipicamente russas, Catarina restaurou o ducado da Curlândia para Ernst Biron, favorito da princesa Anna que esteve exilado por 22 anos, até ser perdoado por Pedro III. Biron governou como um fantoche da Rússia até sua morte, quando foi sucedido pelo filho, Pedro Biron.

filha da condessa Rumiántseva, ex-amante de Pedro, o Grande. Bruce era aliada em todos os assuntos amorosos — "a pessoa para quem posso dizer qualquer coisa, sem medo das consequências". As duas tinham o mesmo gosto para homens e o mesmo entusiasmo sexual que criou para Praskóvia a reputação de *l'éprouveuse*, ao "experimentar" os amantes da imperatriz. Acabou sendo um pouco mais complicado que isso, mas todo monarca precisa de um confidente para esses assuntos, que combine a lealdade de um amigo, o tato de um diplomata e a vulgaridade de um gigolô.

Catarina perdoou Liev Naríchkin, seu "cômico nato", por ter apoiado Pedro III, e voltou a nomeá-lo mestre da cavalaria; como ele não era nada atlético, Catarina brincava que ele deveria ser "mestre da asnaria". Mas, para Catarina, seus amantes seriam sempre o centro de sua vida. Longe de ser a ninfomaníaca da lenda, era de uma monogamia obsessiva e adorava jogar baralho no aconchego dos aposentos e discutir interesses literários e artísticos com o amado: ela deu ao ajudante general Orlov um aposento em cima do seu. Sempre que ele quisesse, podia descer a escadaria verde diretamente para os aposentos dela. Todas as noites ela jogava baralho, faraó e besigue com Orlov, com quem era comprometida, apesar de ter outro admirador no palácio. Potiômkin, que ela conheceu na noite do golpe, era famoso por sua beleza ("o cabelo dele é mais bonito que o meu", dizia ela), pelo intelecto brilhante, pelo interesse em teologia e por suas imitações. Quando estava empenhado em entreter a imperatriz, Orlov convidava Potiômkin para diverti-la. Quando Catarina pedia para mostrar suas imitações, Potiômkin negava ter tais talentos, mas fazia isso com um leve sotaque alemão idêntico ao da imperatriz. Depois de um curto silêncio em que os presentes aguardavam para ver se aquilo a divertira, ela ria às gargalhadas. Em algum momento, quando Catarina encontrou Potiômkin nos corredores do palácio, ele caiu de joelhos e, tomando a mão dela, declarou seu amor.

Catarina não o encorajou — mas continuou promovendo a carreira de Potiômkin com dedicação. A vida amorosa de Potiômkin era lendária e há sinais de que ele pode ter tido um caso com a condessa Bruce, a confidente da imperatriz. Mas ele desapareceu de repente da corte. Diz-se que foi espancado com um taco de bilhar por Orlov por flertar com Catarina. O mais provável é que tenha sido alguma infecção. De todo modo, Potiômkin perdeu o olho esquerdo e a autoconfiança, caindo em depressão. Enviando uma mensagem à condessa Bruce, Catarina perguntou o que tinha acontecido com ele: "É uma grande perda quando uma pessoa de tão raros méritos se afasta da sociedade, da terra natal e dos que a valorizam". Quando voltou à corte, o homem outrora conhecido como Alcibíades por sua inteligência e beleza ganhou o novo apelido de "Ciclope".

Catarina amava e precisava de Orlov, que era uma parte central da sua vida: mostrava-se abertamente afetuosa com ele, um homem que adorava música e canto. "Depois do jantar", registrou certa noite o Diário da Corte, "sua majestade imperial retornou com graça e elegância para seus alojamentos internos, e o cavalheiro na sala de cartas cantou canções; a seguir os cantores e criados da corte e, por ordem do conde G. G. Orlov, os soldados da Guarda cantaram músicas alegres em outro salão." No momento, Catarina tinha de equilibrar os aspirantes Orlov com a velha aristocracia. Como qualquer favorito, Grigóri tentava perpetuar a posição dos irmãos através do casamento.

Os boatos perturbavam o delicado equilíbrio da corte. "A imperatriz pode fazer o que desejar", alertou Pánin, "mas Madame Orlov nunca será a imperatriz da Rússia." Em maio de 1763, enquanto Catarina se encontrava em peregrinação entre Moscou e Rostov, Khitrovó, um camareiro, foi preso por tentar matar os Orlov e casar Catarina com Ivan VI. O caso tornou impossível um casamento com Orlov.

Em 5 de julho de 1764, quando Catarina fazia uma viagem pelas províncias bálticas, sua segunda grande excursão, um oficial descontrolado, Vassíli Miróvitch, tentou libertar o Prisioneiro Número Um — outrora conhecido como Ivan VI — das entranhas de Chlisselburg para torná-lo imperador. Sem saber que Catarina havia confirmado as ordens de Elizaveta e de Pedro de que ele deveria ser morto se alguém tentasse uma aproximação, Miróvitch e seus amigos invadiram o portão de entrada e se dirigiram para a cela. Depois de um tiroteio, ele encontrou o ex-imperador sangrando de múltiplos tiros e facadas. Miróvitch beijou seu corpo e se rendeu. Catarina voltou correndo para a capital. Miróvitch foi decapitado, enquanto seus cúmplices sofreram o temível *Spitsruten*, em que as vítimas eram despidas da cintura para cima e passavam por um corredor de mil homens alinhados, que as espancavam com um bastão. Uma sentença de dez ou doze dessas corridas podia ser fatal.

Dois ex-tsares tinham morrido de forma obscura, mas o desaparecimentos deles e a juventude do filho Paulo deixaram um caminho nítido para Catarina fazer valer seus talentos. O surpreendente é que a usurpadora alemã, regicida e mariticida restaurou sua reputação não apenas como tsarina da Rússia e imperialista de sucesso, mas também como déspota esclarecida, a favorita dos *philosophes*.[3]

$\star\star\star$

No dia 30 de julho de 1767, numa carruagem puxada por oito cavalos e seguida por dezesseis carruagens de cortesãos, incluindo dois Orlov, dois Tchernichov, Potiômkin e o filho Paulo, Catarina trafegou entre o Palácio de Golovin em Moscou e o Krêmlin para inaugurar seu projeto iluminista, a Comissão Legislativa. Quinhentos delegados eleitos, entre nobres e gente da cidade, camponeses e não russos a encontraram primeiro na Catedral da Anunciação (os muçulmanos ficaram esperando do lado de fora), depois caminharam até o Palácio das Facetas para lançar as Instruções para o Sentido da Assembleia de Catarina. Foi uma marca de seu comprometimento o fato de todos os seus favoritos estarem envolvidos: recém-chegado depois de dezoito meses de misteriosa ausência, seu protegido Potiômkin, agora com um olho só, foi nomeado um dos "Guardiões dos Povos Exóticos", enquanto Grigóri Orlov lia as Instruções, que ela própria tinha escrito, numa cerimônia baseada na inauguração do Parlamento pela monarquia britânica.

As Instruções condensavam os trabalhos de Montesquieu, Beccaria e filosofias como a da *Encyclopédie*, de Diderot. Os *philosophes* não eram liberais democráticos modernos, mas eram inimigos da superstição e da tirania e defendiam a justiça, a ordem e a razão. Como qualquer intelectual vaidoso, suas cabeças eram facilmente viradas pelos favores de potentados, e eles tinham uma fraqueza por déspotas vistosos e esclarecidos. Catarina apreciava sinceramente suas ideias e abominava a escravidão. Atrás das fachadas de palácios barrocos, sobretudo em Moscou, ela lembrava como os servos eram aprisionados em calabouços fétidos — "Não há uma casa aqui sem grilhões de ferro, correntes e instrumentos de tortura para os que cometerem a mínima infração". No caso mais extremo, isso tinha levado a assassinatos em série quando Dária Saltikova, uma jovem viúva e membro da família da mãe da imperatriz Anna, torturou e matou centenas de servos.* Mas a decência de Catarina não a impediu de distribuir dezenas de milha-

---

* Magoada quando seu amante se casou com outra, Saltikova se vingou em suas criadas, organizando uma casa de horrores. Com exceção de dois ou três homens, suas vítimas foram todas mulheres, atormentadas por pequenos erros em suas tarefas, espancadas e torturadas com água fervente, marretas, pregos, "troncos, pranchas e rolos de macarrão". Apelidada de Saltitchikha, ela subornava repetidamente a polícia local, que com frequência castigava qualquer um que se queixasse, por ela ser parente do governador de Moscou, um Saltikov. Foi presa afinal em 1762. Catarina ordenou uma investigação completa, que revelou 138 prováveis assassinatos, inclusive

res de almas a seus favoritos. Ela era extremamente cuidadosa em contestar os privilégios da nobreza, particularmente dos proprietários de servos. Na verdade, como dona de milhões de almas nas terras da Coroa, ela própria era a maior proprietária de servos e sabia que essa parceria entre tsar e nobreza, baseada na convergência de interesses — serviço no governo e no Exército de um lado, e supressão e propriedade de milhões de bens humanos de outro — era o pilar do império. Catarina perdeu poucas oportunidades de reforçar esse vínculo.

Planejada em parte como propaganda de sua filosofia iluminista e filantropia, a Comissão iria se mostrar muito cansativa. Os delegados eram ávidos por discutir as petições, atendendo temas locais e sociais, e não imperiais — embora tenham também cunhado o epíteto "Catarina, a Grande", que seria repetido pela Europa e por Voltaire. Aquela falação logo começou a incomodar Catarina. Ela voltou a Petersburgo, onde foi resgatada de suas enfadonhas deliberações pelas turbulências da guerra e do amor.[4]

Em junho de 1768 os cossacos russos, numa tentativa de derrotar poloneses que se rebelaram contra o rei Estanislau, atravessaram a fronteira do território otomano em perseguição a alguns rebeldes, só para se envolver num frenesi de massacre de judeus e tártaros. Em 25 de setembro, o sultão Mustafá III prendeu o embaixador da Rússia na Fortaleza das Sete Torres, declarando assim uma guerra. Mobilizando 80 mil soldados, dois dos exércitos de Catarina, um sob seu comandante em chefe Alexandre Golítsin e outro sob o talentoso Pedro Rumiántsev, atravessaram o rio Dniester com ordens de assumir o controle do sul da Ucrânia. Se tudo desse certo, eles poderiam contornar o mar Negro e atacar a Crimeia para atravessar o Prut e o Danúbio, até o que é hoje a Bulgária, para ameaçar Constantinopla.

"Meus soldados saíram para lutar contra os turcos como se fossem a uma festa de casamento", entusiasmou-se a superconfiante Catarina em sua correspondência com Voltaire. Mas políticos amantes da guerra logo descobrem que guerra nunca é uma festa de casamento. O exército era formado por camponeses

---

de meninas de dez anos e mulheres grávidas, e considerou-a culpada por 38 casos. Mas como essa crueldade com servos era muito comum entre a nobreza, sendo na verdade um de seus privilégios, a imperatriz foi surpreendentemente leniente. Saltitchikha foi acorrentada publicamente com uma placa ao redor do pescoço dizendo: ESTA MULHER TORTUROU E MATOU, e depois ficou presa pelo resto da vida.

conscritos arrancados de aldeias e de suas famílias, geralmente maltratados por oficiais feitores e que serviam por 25 anos. Mas, por outro lado, o serviço militar permitia que escapassem da aviltante pobreza da vida rural. Eles podiam se tornar oficiais e, apesar da implacável disciplina, encontravam um espírito nacional e ortodoxo específico em comunas militares conhecidas como *artels*, uma das peculiaridades responsáveis pelo formidável moral do exército russo (e mais barato de administrar do que qualquer equivalente ocidental). "Os turcos estão tombando como pinos de boliche", diziam os russos, "mas nossos homens continuam firmes — embora sem cabeça."

Quando a primeira fortaleza otomana caiu, Catarina ficou exultante, mas os ganhos chegaram devagar. Alexei "Cicatriz" Orlov sugeriu "um cruzeiro" para o Mediterrâneo, e Catarina mandou a Frota do Báltico contornar Gibraltar para atacar os otomanos e conter rebeliões ortodoxas e árabes. Orlov, que nunca havia estado no mar, comandava — ainda que deixando a navegação para o almirante escocês, Samuel Greig. Em 24 de junho de 1770, Cicatriz enviou navios incendiários contra a frota otomana ancorada no porto de Chesme. A frota do sultão foi destruída, e 11 mil marinheiros otomanos se afogaram. Catarina comemorou e recompensou Cicatriz com um novo sobrenome: Tchésmenski. Por algum tempo os russos foram os senhores do leste do Mediterrâneo, e pela primeira vez embarcaram em uma aventura militar no mundo árabe, bombardeando portos sírios e ocupando Beirute durante seis meses.*

No mesmo dia do ataque a Chesme, Rumiántsev comandou 25 mil russos e derrotou 150 mil turcos no rio Larga, na atual Romênia, e em agosto ele conseguiu outra vitória no rio Kagul. Senhor feudal frio e empedernido que aprendera seu ofício com Frederico, o Grande, durante a Guerra dos Sete Anos, Rumiántsev, irmão da condessa Bruce, supostamente filho natural de Pedro, o Grande, ganhou seu bastão de marechal de campo.

---

* Orlov foi abordado pelo homem forte dos árabes no Egito, na área do norte de Israel e no sul da Síria/Líbano, que estavam se rebelando contra o sultão otomano e conseguiram tomar Damasco por pouco tempo. Como Catarina aprovou, Orlov mandou um esquadrão bombardear a costa da Síria, e em junho de 1772 tomou Beirute de assalto, retornando para ocupar a cidade no ano seguinte. Os líderes árabes prometeram à Rússia a posse de Jerusalém, mas logo os russos foram engolidos pela fogueira dos tumultos étnicos e faccionais da política do Oriente Médio. Eles tiveram uma chance de estabelecer um Estado árabe satélite, mas Catarina se retirou da política síria quando fez a paz com os otomanos em 1774.

Catarina imortalizou suas vitórias criando um parque temático triunfal russo em Tsárskoie Seló, com obeliscos para as batalhas terrestres e um lago e uma coluna para Chesme.* Mas nem tudo ia tão bem no império ou nos aposentos da imperatriz: naquele novembro, o heroico general que trouxe os despachos de Rumiántsev foi Potiômkin.[5]

Em particular, a relação de Catarina com Orlov estava se tornando tensa. Politicamente, havia um erro de projeto nos Orlov: o cérebro, o músculo, o gosto e o charme não estavam reunidos num só homem, mas sim distribuídos com admirável equilíbrio entre os cinco irmãos: Cicatriz tinha a crueldade, Fiódor, a cultura, enquanto Grigóri dispunha só de coragem, charme e beleza. "Todas as suas boas qualidades eram turvadas pela licenciosidade." Diderot, que o conhecera em Paris, definiu-o como "uma caldeira sempre em ebulição, mas nunca cozinhando nada". Seu mau gosto era notório. "Qualquer coisa é boa para ele", observou Durand de Distroff, um diplomata francês. "Ele ama como come — fica tão feliz com uma calmuca, uma camponesa finlandesa ou a garota mais linda da corte. É esse o tipo de parvo que ele é."

Catarina estava se cansando de seu limitado intelecto e modos canhestros — mas depois disse a Potiômkin que Orlov teria "continuado para sempre se não tivesse sido o primeiro a se cansar". Ela estava se correspondendo em segredo com Potiômkin, cuja carreira acompanhava com muita atenção. No começo da guerra, Potiômkin recebeu a chave cerimonial de camareiro da corte, sinal de alto prestígio. Mas ao mesmo tempo ele escrevia galantemente a Catarina: "A única forma como posso expressar minha gratidão a vossa majestade é derramar meu

---

* Catarina nunca gostou do esplendor rococó do Palácio de Catarina, de Elizaveta, que ela chamava de "creme batido". Embora tenha feito experiências em grandes projetos esbanjadores com outros estilos (inclusive o Tsarítsino, nos arredores de Moscou, que ela demoliu e reconstruiu em estilo neogótico), Catarina adorava a simplicidade do neoclassicismo. Seu arquiteto favorito era o neoclássico Charles Cameron, que chegou em 1779: "No momento estou muito impressionada com o sr. Cameron, um escocês de nacionalidade e jacobino, grande projetista, bem versado em monumentos antigos e muito conhecido por seu livro sobre os *Banhos de Roma*. No momento estamos fazendo um jardim com ele em um terraço…". Partindo da Aldeia Chinesa, em Tsárskoie Seló, Cameron remodelou os Salões de Ágata, criou a nova aldeia e a catedral de Sófia, inspirado em Constantinopla e Hagia Sofia, e erigiu uma série de colunas comemorativas e outras extravagâncias no parque de lá. Mas sua obra-prima foi a Galeria Cameron, que ainda parece suspensa no ar.

286

sangue por sua glória. A melhor forma de chegar ao sucesso é o ardente serviço à soberana e o desprezo por minha própria vida". Catarina mandou uma nota para Zakhar Tchernichov, presidente do Collegium da Guerra: "O camareiro Potiômkin deve ser nomeado para a guerra". Potiômkin desempenhou um papel brilhante como general de cavalaria. "Ele foi o herói da vitória", reportou seu comandante, Rumiántsev, depois de uma batalha. Seria pouco provável que tivesse voltado à corte sem algum estímulo da imperatriz, e o Diário da Corte revela que Potiômkin jantou com ela onze vezes durante sua curta estada. Depois voltou ao front, conseguindo novas vitórias. Enquanto Rumiántsev sitiava Silistra e outro general invadia a Crimeia, a febre devastava os exércitos; colheitas fracassaram; e depois chegaram as terríveis notícias.

A peste bubônica assolava Moscou. Em agosto de 1770, morriam cerca de quinhentas pessoas por dia. Quando o governador fugiu, a cidade saiu de controle e uma turba assassinou o bispo. Em 21 de setembro de 1771, Grigóri Orlov correu para Moscou, onde conseguiu restaurar a ordem, enfrentando as hordas com muita coragem. Catarina construiu um arco de triunfo para ele em Tsárskoie Seló. "O conde Orlov é o homem mais bonito de sua geração", disse Catarina a seus correspondentes do Ocidente.

Os Orlov pareciam seguros — mas Catarina consultava Potiômkin em sigilo, em Petersburgo. A imperatriz depois lamentou não ter iniciado uma relação com Potiômkin em 1772. Ao mesmo tempo, ela mandou Orlov abrir conversações com os turcos em Fokshany. Supervisionado por Rumiántsev e Potiômkin, Orlov fracassou, abandonando intempestivamente as negociações. Catarina exigia que os otomanos reconhecessem a independência da Crimeia, primeiro passo para um controle russo. Mas a Áustria e a Prússia estabeleceram um preço para sua anuência: uma divisão da Polônia. Catarina concordou com a chamada Primeira Partição, segundo a qual a Rússia, a Prússia e a Áustria anexariam fatias da Polônia. Mas quando parecia que a paz estava próxima, a Suécia encorajou os otomanos a continuarem lutando.

No dia 30 de agosto de 1772, Catarina nomeou Alexandre Vassíltchikov, um oficial da Guarda de boa aparência porém apático, como seu novo ajudante general e o levou para um aposento do Palácio de Inverno, perto do seu. Enquanto Orlov arruinava as negociações, Catarina havia arranjado um novo amor. Orlov voltou a galope, mas foi detido nos portões da cidade — por causa de uma "quarentena" — e recebeu ordens de esperar num local ali perto. Catarina tinha de medir os passos com os Orlov. Em negociações delicadas, ela prometeu a Grigóri consignar "tudo o que passou ao esquecimento". Nunca esqueceria "o quanto devo ao seu clã". E acertou o rompimento com uma generosidade que passaria a ser sua assinatura. Orlov recebeu uma pensão anual de 150 mil rublos, uma quantia de 100 mil rublos para estabelecer sua residência, 10 mil servos, o neoclássico Palácio de Mármore que ela já tinha construído para ele e o direito de usar o título de príncipe do Sacro Império Romano. O príncipe Orlov saiu para viajar por algum tempo, depois voltou com honras para a corte; Potiômkin foi promovido a tenente-general enquanto Catarina tentava entrar em acordo com Vassíltchikov. É presumível que tenha escolhido Vassíltchikov por saber que Potiômkin seria controlador, excêntrico e muito exigente. Mas descobriu que Vassíltchikov era enfadonho e irritante. Mais tarde admitiu a Potiômkin que "as carícias dele me fazem chorar". Catarina o apelidou de *"soupe à la glace"* — Sopa Gelada.[6]

Catarina estava ansiosa para sair da guerra. Devastado pela doença, o exército de Rumiántsev encontrava-se imobilizado no sítio a Silistra, onde Potiômkin se destacou em cargas da cavalaria ligeira. Em julho de 1773, Catarina mencionou seu nome pela primeira vez a Voltaire. Então, em 17 de setembro, os cossacos, os tártaros e servos foragidos de Yaiksk, nas fronteiras do sudeste, se levantaram em rebelião sob a liderança de um cossaco da região do Don que afirmava ser Pedro III redivivo. O embusteiro na verdade era Iemelian Pugatchov, um desertor que afirmava que suas cicatrizes de escrófula eram sinais de realeza. Sua revolta mexeu num barril de pólvora. Cidades destruídas, nobres esquartejados, mulheres estupradas e adicionadas ao "harém do imperador", enquanto o exército de Pugatchov aumentava — e marchava para o norte.

Como se não bastasse, Catarina agora enfrentava um desafio pessoal: no dia 20 de setembro Paulo fez dezoito anos. Ele poderia se casar, ter sua própria corte e um papel político. Paulo e seu conselheiro, Pánin, acreditavam que o tsar de direito deveria reinar afinal. Será que isso se configuraria num desastre para Catarina?[7]

Paulo precisava de uma esposa. Quando garoto, Catarina brincava com ele a respeito de amor, enquanto Orlov e Pánin o levavam para visitar damas de honra. Quando chegou à puberdade, Catarina o apresentou a uma jovem viúva polonesa que deu à luz um filho dele.* Como era de esperar, tendo sido criado naquele ambiente libertino, Paulo passou a ter medo de ser traído quando se casou. Culturalmente, ele foi formado pelo Iluminismo e aprendeu com Pánin que guerras inglórias, absolutismo irrestrito e governo feminino imoral — tudo como críticas implícitas à sua mãe — ameaçavam um bom governo e a ordem social. Mas essas ideias estavam em total contradição com sua crença na autocracia sem limites, no militarismo prussiano e no cavalheirismo medieval.

Catarina começou a procurar esposas entre princesas da pequena nobreza do Sacro Império Romano, de onde ela própria viera. Escolheu a princesa Wilhelmina de Hesse-Darmstadt e a convidou para ir a Petersburgo. Paulo gostou dela, mas assim que ela se converteu à ortodoxia, com o nome de Natália, ele foi envolvido numa intriga promovida por um ambicioso diplomata de Holstein, Caspar von Saldern, para torná-lo tsar ao lado de Catarina. Pánin descartou a ideia, mas Catarina ficou alarmada e evitou dar uma corte separada ao filho.

Em 29 de setembro de 1773, Paulo se casou com Natália com um esplendor de festividades e fogos de artifício. Nas ocasiões em que mãe e filho tinham estado próximos, em especial quando ela cuidou dele durante uma doença dois anos antes, mas mesmo antes do caso Saldern, Catarina percebeu que Paulo era um tipo limitado, azedo e sem encanto. Agora ele se tornava também perigoso. Essa rivalidade aos poucos destruiria seus frágeis laços familiares.[8]

Enquanto a Rússia se atolava naquela guerra interminável e a região sul do Volga explodia na revolta de Pugatchov, Petersburgo e a Europa assistiam fascinados ao alegre retorno do príncipe Orlov à corte, onde Catarina agora se aninhava com o Sopa Gelada. Sempre perito em suas análises da Rússia, Frederico, o Grande, notou que Orlov estava desempenhando todos os deveres "exceto trepar", mas o rabugento e homoerótico senhor da guerra se enojava da sexualidade vulgar de Catarina: "É uma coisa terrível quando o pinto e a boceta decidem os interesses da

---

* Semion Veliki, que depois entrou para a Marinha Real e morreu nas Antilhas em 1794.

Europa". Com o próprio trono em perigo, Catarina pegou a caneta e escreveu uma carta a um oficial envolvido no sítio de uma distante fortaleza otomana:

> Senhor! Tenente-general e cavaleiro, provavelmente está tão absorto olhando para Silistra que não tem tempo para ler cartas [...]. Mas como estou muito desejosa de preservar para sempre indivíduos inteligentes e talentosos, rogo que se mantenha fora de perigo. Ao ler esta carta você poderá muito bem se perguntar por que a escrevi. A isso eu respondo: para que tenha confirmação da maneira como penso em você, pois sempre fui
> Sua muito bondosa, Catarina

Assim que o Exército recuou, lutando para cruzar o Danúbio, com Potiômkin cobrindo a retaguarda e sendo o último a atravessar, o oficial voltou a galope para Petersburgo, onde correu para se apresentar à corte. Trombou com Orlov nos degraus do Palácio de Inverno.

"Alguma novidade?", perguntou.

"Não", respondeu o príncipe Orlov, "a não ser o fato de eu estar descendo e você estar subindo." Mas não aconteceu nada. Vassíltchikov continuou no cargo. Catarina vacilava. Sempre inconstante, oscilando entre sibaritas e cenobitas, Potiômkin interpelou-a e saiu intempestivamente para o Mosteiro de Niévski, onde declarou que iria se tornar monge. A condessa Bruce ficou indo e voltando entre a cela monástica e o palácio imperial, levando a letra da canção de amor de Potiômkin — ele sempre foi muito musical: "Desde que a vi, só penso em você. Mas, ó céus, por que me destinais a amá-la e só a ela?".

Finalmente Catarina se rendeu — como relembrou numa carta a Potiômkin:

> Então chegou certo herói [*bogatir*, um cavaleiro russo mítico] que, com seu valor e atitude, já estava muito próximo de nosso coração: ao ouvirem sobre sua chegada, as pessoas começaram a falar, sem saber que já havíamos escrito a ele em silêncio com o propósito secreto de tentar descobrir se ele realmente tinha a intenção de que a condessa Bruce suspeitava, a inclinação que eu desejava que tivesse.

Potiômkin foi encontrá-la em Tsárskoie Seló, depois no Palácio de Inverno. Quando se tornou seu amante, Catarina foi cativada por aquela chamejante força da natureza, com uma afinidade sexual só comparável aos entusiasmos intelectuais e políticos dos dois.

"Meu querido, o tempo que passei com você foi muito feliz", ela escreveu a Potiômkin. "Passamos quatro horas juntos, o tédio desaparece e eu não quero partir. Meu querido, meu amigo, eu o amo muito: você é tão bonito, tão inteligente, tão jovial, tão espirituoso. Quando estou com você, não dou importância ao mundo. Nunca fui tão feliz." Os dois combinavam os encontros na *bánia* do palácio, a casa de banho.

"Sim ou não?", perguntou o conde Alexei Orlov-Tchésmenski.

"A respeito do quê?", perguntou a imperatriz.

"É amor?", perguntou Cicatriz.

"Não consigo mentir."

"Sim ou não?"

"Sim!"

Cicatriz começou a rir. "Vocês se encontram na *bánia*?"

"Por que você acha isso?"

"Porque há dois dias estamos vendo a luz acesa na janela até mais tarde do que o normal. Ontem ficou claro que vocês combinaram depois e concordaram em não demonstrar afeição — para despistar os outros. Boa jogada!" Somente Cicatriz podia falar com ela daquela maneira — mas sua conversa, que depois ela repetiu para Potiômkin, era um sinal de como a corte estava exaltada. A casa de banho reverberava com a risada e os atos de amor daqueles dois sensualistas. "Meu querido amigo, temo que você possa estar zangado comigo", ela rabiscou num bilhete. "Se não estiver, tanto melhor. Venha logo para o meu quarto para demonstrar isso."

O pobre Sopa Gelada estava infeliz. "Eu era apenas uma espécie de concubina", relatou mais tarde. "Mal podia sair para encontrar qualquer pessoa. Quando fiquei ansioso por causa da Ordem de Santa Anna, mencionei o fato à imperatriz e no dia seguinte encontrei 30 mil rublos no meu bolso. Quanto a Potiômkin, ele consegue o que quer. Ele é o dono." Vassíltchikov se mudou do palácio; Potiômkin se mudou para o palácio.

Catarina continuava em crise, mas agora tinha um parceiro destemido e inteligente. "Eu me afastei de certo personagem de boa índole, mas extremamente tedioso", escreveu, "que foi logo substituído por um dos maiores, mais inteligentes e originais excêntricos deste século de ferro."[9]

★ ★ ★

"Uma mulher é sempre uma mulher", escreveu um consternado Frederico, o Grande, definindo seu princípio de filosofia misógina. "Em um governo feminino, a boceta tem mais influência que uma política firme guiada pela razão."

Esse seria o grande caso de amor e a suprema parceria política da vida de Catarina. Potiômkin e Catarina eram opostos em termos de estilo de vida: ela era organizada, germânica, fria e metódica; Potiômkin era rebelde, desorganizado, eslavo, emocional e exuberante, a personificação da elegância. Ela era dez anos mais velha, nascida na realeza; ele era filho de uma pequena nobreza de Smolensk, criado no meio de cinco irmãs. Em termos de religião, Catarina era racional, quase ateia, enquanto ele misturava misticismo ortodoxo com uma rara tolerância iluminista. Potiômkin era espirituoso; Catarina gostava de rir; ele cantava e compunha; ela não tinha bom ouvido, mas gostava de ouvir. Ele era notívago; ela ia para a cama toda noite às onze horas. Ela era pragmática em política externa; ele era visionário e imaginativo. Enquanto Catarina estava sempre apaixonada por uma pessoa, Potiômkin era voraz, entusiasta e animalesco, e não conseguia deixar de seduzir e fazer amor com as mais lindas aristocratas e aventureiras europeias de sua época — bem como com pelo menos três de suas lindas sobrinhas.

No entanto, tinham muitas paixões em comum — ambos eram criaturas bastante sensuais, realistas e inabaláveis. Adoravam literatura, arquitetura neoclássica e jardins ingleses. (Potiômkin viajava com um jardim transportado por criados, que era plantado onde parasse para passar a noite.) Os dois eram obsessivos colecionadores de arte e joias, e ambos se deleitavam com o esplendor — embora o gosto dele fosse sultanesco ou até faraônico. Mas acima de tudo eles viviam para o poder. Potiômkin foi o único homem que Catarina amou a ser tão inteligente quanto ela — Grigóri Orlov dizia que Potiômkin era "esperto como o diabo". Apesar de todos os seus voos de imaginação poética, ele tinha a energia e a perspicácia para transformar grandes projetos em realidade, um mestre da arte do possível: "Nosso dever é melhorar com base nos acontecimentos", era como ele definia o desafio de um político. "Ela é louca por ele", disse um amigo de Catarina, o senador Ivan Ieláguin. "Os dois podem muito bem estar apaixonados porque são exatamente iguais." Era por isso que Catarina o chamava de "minha alma gêmea".

Catarina já estava ensinando a Potiômkin o teatro da política, e depois se vangloriou de tê-lo promovido de "sargento a marechal": "Aja com inteligência em público, pois assim ninguém vai saber o que estamos pensando na verdade". Mesmo em suas primeiras cartas, o jogo sexual se alterna com o jogo de poder. "As portas estarão abertas", ela escreve em um bilhete. "Eu vou para a cama. Querido, vou fazer o que você mandar. Devo ir até você ou você virá até mim?"

Catarina o chamava de "meu cossaco" ou "Bijou", bem como "Galo Dourado", "Leão da Floresta" ou "Tigre"; ele sempre a chamava de "Matuchka". Quando Catarina organizava suas festas de carteado no Hermitage, frequentadas por embaixadores favoritos, Potiômkin costumava aparecer de repente, sem ser anunciado e usando batas turcas ou até pantalonas, mastigando um rabanete e andando indiferente pelo salão, a personificação oriental de um herói eslavo, às vezes esfuziante de vida e espírito, às vezes silencioso e meditativo. Catarina teve de reescrever sua lista de regras para o Hermitage: "Regra Três: Exige-se que você esteja animado, sem contudo destruir, quebrar ou morder qualquer coisa".

Apesar de todas as excentricidades dele, havia uma razão para isso: Potiômkin era um fenômeno único, que não dependia das regras dos homens comuns. Embora seus acessos e sua hipocondria a exaurissem, o desejo que sentia por ele a espantava:

> Acordei às cinco [...]. Dei uma ordem estrita ao meu corpo todo até o último fio de cabelo para deixar de demonstrar o menor sinal de amor por você [...]. Oh, Monsieur Potiômkin! Que truque você aplicou na minha desequilibrada mente, outrora considerada uma das melhores da Europa [...]. Que vergonha! Catarina II é vítima dessa louca paixão [...] mais uma prova de seu supremo poder sobre mim. Bem, carta louca, vá para onde está o meu amor...

A imperatriz estava tão apaixonada que saía do quarto para esperar do lado de fora, no frio, os ajudantes dele chegarem. Suas cartas parecem e-mails modernos, e podemos imaginar os mensageiros indo e voltando entre os aposentos que ocupavam.

Ele: "Querida Matuchka, acabei de chegar, mas estou congelando [...]. Primeiro quero saber como você está".

Ela: "Sinto-me exultante por ter voltado, querido. Estou bem. Para se aquecer: vá para a *bánia*".

Potiômkin responde que já tomou banho.

Ela: "Meu lindo, meu querido, que não se compara com nada, estou cheia de calor e carinho para você e você terá minha proteção enquanto viver. Você deve estar, imagino, mais bonito que nunca depois do banho".

Mas Catarina precisava dele nas crises do poder: "Tenho várias coisas que preciso lhe contar, em especial sobre o assunto de que falamos ontem". Em 5 de março de 1774, ela usou Potiômkin para dar ordens a Tchernichov sobre questões militares e o promoveu a tenente-coronel da Guarda de Preobrajénski, mas primeiro ele preferiu se concentrar na organização da derrota de Pugatchov. Quanto à guerra, ele já estava verificando as condições dos termos da paz com os otomanos, mas sugeriu que seria necessária mais uma ofensiva: ele convenceu Catarina a "dar mais poder a Rumiántsev e assim a paz será alcançada", como enunciou Catarina. Em 31 de março, Potiômkin foi nomeado governador-geral da Nova Rússia, as regiões do sul da Ucrânia recém-conquistadas. Catarina concedeu os presentes regulares de 100 mil rublos, mas era no poder que Potiômkin estava interessado. Ele exigiu estar junto com ela em seu conselho de administração da guerra. "Meu querido, como você me pediu que eu o mandasse ao Conselho hoje, eu escrevi um bilhete [...] se quiser ir, esteja pronto ao meio-dia." Em 30 de maio, Potiômkin foi promovido a general em chefe e vice-presidente do Collegium da Guerra. Isso perturbou o equilíbrio do séquito de Catarina: Tchernichov se demitiu, mas o casal se deliciava na parceria. "General me ama?", escreveu Catarina. "Mim ama general."[10]

No dia 9 de junho, Rumiántsev atravessou o Danúbio e avançou em território otomano — mas em 21 de julho chegaram notícias de que o rebelde cossaco, Pugatchov, havia mobilizado um novo exército e tomado Kazan de assalto. A região do Volga estava conflagrada, o que desencadeou uma selvagem batalha de classes, com levante de servos e massacres de proprietários de terra. Será que Pugatchov marcharia para Moscou? Agitada, Catarina convocou um Conselho de emergência em Peterhof. Os Orlov, os Tchernichov e os Razumóvski, todos irritados com a ascensão de Potiômkin e aterrorizados com Pugatchov, mal disseram uma palavra, até Pánin sugerir a Potiômkin enviar seu irmão agressivo, o general Pedro Pánin, com poderes ditatoriais para suprimir a revolta. Catarina detestava Pedro Pánin, "um mentiroso de primeira linha", mas acabou concordando, apoiada por Potiômkin.

A tensão foi aliviada dois dias depois por notícias de que Rumiántsev, armado com os artigos de Catarina corrigidos por Potiômkin, tinha assinado a Paz de Kuchuk-Kainardji. "Acho que hoje é o dia mais feliz da minha vida", exultou Catarina, pois tinha ganhado uma base no mar Negro, uma faixa no sul da Ucrânia e um canado independente na Crimeia, com direito a construir uma frota no mar Negro — e, vagamente, o papel de protetora dos cristãos otomanos, um direito que se tornaria importante no século seguinte.

Em 13 de julho, seus generais conseguiram afinal derrotar Pugatchov, que fugiu na direção de sua casa, no Don, onde acabou sendo traído. O general Pánin dizimou aldeias, pendurou milhares pelas costelas e mandou patíbulos flutuando pelo Volga. Pugatchov foi condenado a esquartejamento e decapitação, mas Catarina, complacente, ordenou que fosse decapitado primeiro.[11] E assim morreu o fantasma de Pedro III.*

Depois de Pugatchov, Catarina não estava propensa a correr nenhum risco com embusteiros, e agora enfrentava um caso bem diferente: a "princesa Isabel", uma jovem esbelta de vinte anos, de perfil italianado, pele clara e olhos cinzentos, que alegava ser a filha da imperatriz Elizaveta com o Imperador da Noite. Ninguém jamais descobriu sua verdadeira identidade — talvez fosse filha de um padeiro de Nuremberg —, mas ela conseguiu fascinar velhos aristocratas crédulos. Cicatriz monitorou o avanço dela pela Itália. Catarina exigiu, em termos truculentos, que os ragusianos entregassem Isabel. Senão, "alguém pode jogar algumas bombas na cidade". Melhor ainda, Cicatriz deveria apenas "capturá-la sem alarde".

Orlov-Tchésmenski cortejou a pretensa princesa. Ela achava que o estava enganando, mas quando subiu a bordo de seu navio, saudada como "imperatriz", a "vilã" foi aprisionada e mandada para Petersburgo, onde foi presa na Fortaleza de Pedro e Paulo. Ela apelou a Catarina, assinando suas cartas como "Isabel", só

---

* Quase. Pugatchov não era o único Pedro III à solta. O primeiro desses impostores foi Estevão, o Pequeno, um misterioso e insignificante vendedor no minúsculo principado balcânico de Montenegro, que em 1767 anunciou que era Pedro III e tomou o poder. Liquidando todos os oponentes, o tirano em miniatura reformou o governo de Montenegro e derrotou tanto os otomanos como os venezianos. Também lutando contra os otomanos, Catarina mandou um enviado para oferecer ajuda aos montenegrinos para remover Estevão. Mas, em 1773, assim que Catarina finalmente destruiu Pugatchov, Estevão foi assassinado por seu barbeiro.

para a imperatriz mostrar como se comportava uma verdadeira autocrata: "Mande alguém dizer à infame mulher que se ela quiser limpar seu belo rosto, deve parar de fazer comédia".*

Catarina e Paulo se dirigiram a Moscou para comemorar a vitória com paradas e fogos de artifício sob os arcos de triunfo — o primeiro espetáculo encenado por seu promotor de eventos de ostentação internacional, Potiômkin. Em 10 de julho, a imperatriz e o tsarévitch passaram por soldados alinhados no Krêmlin para um te-déum na Anunciação, ela usando uma pequena coroa e um manto lilás forrado de arminho, flanqueada pelo marechal Rumiántsev e pelo general Potiômkin, enquanto doze generais sustinham um dossel sobre sua cabeça. Depois, rodeada por seus quatro marechais, ela distribuiu os prêmios da vitória: Rumiántsev ganhou o sobrenome "Zadunáiski" — "Sobre o Danúbio" — mais 5 mil almas e 100 mil rublos, enquanto Potiômkin se tornou conde e ouviu algumas palavras da imperatriz: "Eu lhe darei meu retrato [uma miniatura trabalhada em diamante] no dia da paz, minha joia, meu coração, querido marido".

A relação entre os dois era tão ardente que ambos começaram a se consumir. Catarina tinha encontrado em Potiômkin seu parceiro político, mas ele a deixava louca com seus ciúmes exagerados e mudanças de humor. Mesmo que ela afirmasse que "Por você eu faço o impossível — serei sua humilde empregada ou criada inferior ou as duas coisas", era difícil para um homem russo do século XVIII manter uma relação igualitária com uma mulher poderosa e sexualmente independente. "Não, Grichenka, é impossível eu mudar em relação a você", ela reafirmava. "Será que alguém pode amar qualquer outro depois de ter amado você?" Ela o alertava que aquilo era ruim para a saúde dele, chamava-o de "tártaro cruel", ameaçava se trancar no quarto para sempre e depois tentava um afago — "Eu o amarei para sempre apesar de você" — e com mais doçura: "Batinka, venha me ver quando eu puder acalmá-lo com meus intermináveis carinhos". Mas ela também era muito rigorosa e carente: quando ele ameaçou matar qualquer rival, afirmando que ela tivera quinze amantes antes dele, Catarina lhe escreveu "uma sincera confissão", com certeza o documento mais extraordinário já escrito por

---

* A lenda sobre essa garota diz que ela pereceu em sua cela quando o Nievá transbordou — como no famoso quadro de Flavítski. Mas na verdade ela morreu aos 23 anos, de tuberculose, em 4 de dezembro de 1775. Era conhecida como Tarakánova — a princesa das baratas (talvez as únicas companhias que teve em seus últimos dias).

um monarca. Catarina admitia quatro amantes antes de Potiômkin, negava ser libertina, mas explicava a essência de sua natureza: "O problema é que meu coração não pode ficar sem amor nem por uma hora". Catarina entendia o dilema dele e resolveu tranquilizá-lo: "Minha alma querida, *cher époux*, querido marido, venha se aconchegar, se quiser. Seus carinhos são meigos e adoráveis para mim. Amado marido".

É provável que Catarina tenha realizado alguma forma de casamento ou ritual abençoado com Potiômkin, e que depois disso passou a chamá-lo de marido e a si mesma de "sua esposa". Como ela era "Matuchka", Potiômkin se tornou "Batinka" — "Papai".* Mas agora ela se queixava que ele lhe falava pouco. Potiômkin parecia estar se distanciando da relação. Seu comportamento era espantoso, chegando a ignorá-la nos jantares que ela organizava. Às vezes eles montavam as brigas em forma de cartas que iam e voltavam entre os dois:

Potiômkin	*Catarina*
Deixe que meu amor diga isso	Eu deixo.
Que, espero, encerrará a nossa discussão.	Quanto antes, melhor.
Não se surpreenda se sou	
Perturbado pelo seu amor.	Não se perturbe.
Não apenas você me cobriu	
Com boas ações,	Você fez o mesmo comigo.
Você me pôs em seu	
Coração. Eu quero estar	Você está lá firme
Lá sozinho, e acima de qualquer outra coisa	& forte e continuará lá.
Pois ninguém jamais te amou tanto	Eu percebo e acredito.
E como fui feito pelas suas mãos	Fico feliz por isso.
Você deveria ser feliz em ser boa	
Para mim;	Será o meu maior prazer

* A data mais provável é de 4 de junho de 1774, provavelmente na Catedral Sampsónovski, mas não há provas. Além das cartas de Catarina, a melhor evidência é a maneira como ela tratava Potiômkin e como ele se comportava. Ela ordenou que ele fosse saudado com a mesma cerimônia que à família imperial e lhe permitiu acesso ilimitado aos fundos governamentais. Praticamente adotou as sobrinhas dele e queria que elas e seus namorados a chamassem e a Potiômkin de mãe e pai.

Que você deveria encontrar descanso dos
Grandes trabalhos surgindo de seu alto
Posto em pensar no meu conforto.
Amém.

É claro.

Dê um descanso para seus pensamentos e deixe seus sentimentos agirem livremente. Eles são muito meigos e encontrarão o melhor caminho.

Fim da discussão. Amém.

Catarina começou a se cansar dessas alterações de humor, demorando a entender que as pressões sobre um favorito poderiam ser ainda maiores para alguém tão ambicioso. Ela e Potiômkin eram fornalhas humanas que exigiam um fluxo interminável de elogios, amor e atenção em particular, e glória e poder publicamente. Foi esse apetite enorme que tornou a relação deles ao mesmo tempo tão dolorosa e tão produtiva. Seria necessário um arranjo delicado para manter Potiômkin como parceiro e marido, ao mesmo tempo libertando os dois para amar outras pessoas. "A essência do nosso desentendimento", refletiu Catarina, "é sempre a questão do poder, nunca do amor."

Catarina trabalhava agora em reformas do governo local, com Potiômkin corrigindo os documentos, mas o esboço foi elaborado por dois secretários recrutados na equipe de Rumiántsev: Alexandre Bezboródko, um desajeitado porém sagaz e engenhoso ucraniano com uma memória prodigiosa, era o mais inteligente dos dois, enquanto Pedro Zavadóvski era mais metódico e mais bonito. Abrigando-se dos acessos vulcânicos de Potiômkin, Catarina e o confiável Zavadóvski se apaixonaram por aqueles planos — com a aquiescência de Potiômkin misturada a ciúmes. Em 2 de janeiro de 1776, Zavadóvski foi nomeado ajudante general.

"Cento e cinquenta beijos eu lhe dou alegremente a cada hora. Adoro o seu sorriso", escreveu Catarina a seu "Petrusa", deliciada com os poderes holísticos dos próprios seios e os atos de amor. "Petruchinka, fico feliz por ter sido curado por meus travesseirinhos, e se minhas carícias acalmam sua saúde, você nunca ficará doente."

Catarina reafirmava constantemente ao emocional Potiômkin sua posição única e inexpugnável em seu coração e no regime:

Meu senhor e *cher époux*,

Por que você quer chorar? Por que prefere acreditar em sua insalubre imaginação em vez de nos fatos reais, com todos confirmando sua esposa? Ela não se ligou a você há dois anos por laços sagrados? Amo você e sou ligada à sua pessoa por todos os laços possíveis.

Catarina deu a Potiômkin o palácio de Anítchkov (quando ele estabeleceu moradia na mansão de Chépelev ao lado do Palácio de Inverno, na rua Milliónnaia, para poder entrar nos alojamentos de Catarina por uma passagem coberta) e batalhava o título de príncipe do Sacro Império Romano. De agora em diante, sempre conhecido como "Seréníssimo", Potiômkin seria parceiro e marido de Catarina, ao mesmo tempo que os dois mantinham relações com parceiros mais jovens.

Agora, no momento em que Catarina e Potiômkin mudavam a direção da política externa, o casamento de Paulo era abalado por escândalo e tragédia.[12]

Em 10 de abril de 1776, a grão-duquesa Natália Alexéievna entrou em trabalho de parto, auxiliada por Catarina, que usava um avental. Natália já era uma decepção para a imperatriz, que sabia de sua extravagância e desconfiava que fosse infiel. Durante dois dias, Catarina acorreu várias vezes ao leito, mas ficou claro que Natália não conseguiria dar à luz, por causa de uma deformação de nascença na coluna. Depois de dois dias de agonia, o feto morto infectou a mãe. No dia 15 de abril ela morreu.

Semienlouquecido de tristeza, era compreensível que Paulo relutasse em pensar numa nova esposa — mas o império precisava de um herdeiro. Insensível, Catarina lhe mostrou as cartas de amor da esposa ao melhor amigo dele, Andrei Razumóvski, filho de Kiril.

Frederico, o Grande, sugeriu uma candidata, a princesa Sophia Dorothea de Württemberg, de dezesseis anos, descartada da primeira vez por ser nova demais. Tendo herdado as tendências prussianas do pai, Paulo viajou a Berlim para conhecê-la. Frederico, o Grande, não se impressionou com Paulo, prevendo que ele sofreria "um destino igual ao do seu pai infeliz". Mesmo assim, o grão-duque retornou com a noiva, logo rebatizada de Maria Fiódorovna, "alta, loira, quase roliça", prendada e puritana. Quando os dois se casaram, em 26 de setembro, o príncipe

Orlov conteve a multidão ao redor de Paulo. Obcecado com regras e inspeções, Paulo escreveu instruções sobre como esperava que a esposa se comportasse, mas o casamento foi magnificamente fecundo: Maria seria mãe de dois, ou mesmo três, imperadores.

Nessa altura Catarina estava bem afetuosa com Paulo. "Meu querido filho", escreveu de Tsárskoie Seló, sua residência favorita fora da cidade, "ontem cheguei aqui e é bem desolado sem você [...]. Tsárskoie Seló fica privada de seus adornos sem você aqui." Ficou encantada com Maria, "essa deliciosa criatura" — "minha princesa" —, e comemorou dando "aos Segundos", como ela os chamava grandiosamente, uma propriedade perto de Tsárskoie Seló. Foi lá que Cameron, o arquiteto de Catarina, construiu Pávlovsk, um palácio de perfeição digna de um templo a Palas Atenas, que Paulo considerou uma manifestação de controle da mãe. Ele demitiu Cameron assim que pôde. Seu conflito com a mãe seria travado tanto em termos arquitetônicos, numa batalha de palácios, como pessoal e politicamente.

Em 12 de dezembro de 1777, Catarina não cabia em si de entusiasmo quando Maria deu à luz um filho a quem a imperatriz deu o nome de Alexandre. Sequestrando-o do leito maternal, disse aos pais: "O filho de vocês pertence a vocês dois, a mim e ao Estado". Enquanto o garoto crescia, ela tecia altos elogios à "rara beleza" de Alexandre e à sua mente brilhante, encomendando brinquedos, desenhando o primeiro macacão infantil do mundo e escrevendo uma cartilha para sua educação. Logo o estava chamando de "o monarca em treinamento" — como se Paulo não existisse.[13]

No momento em que a sucessão foi decidida, Catarina descobriu que Zavadóvski não estava achando fácil ser seu amante. O seu Petrusa queria passar o tempo todo com ela, mas a imperatriz explicou com firmeza que pertencia "ao império". Temeroso de Potiômkin, Zavadóvski começou a ficar acabrunhado. Quando Potiômkin foi promovido a príncipe, ela provocou Zavadóvski: "Se você for congratular sua alteza, a alteza o receberá com afeto. Se você se trancar, nem eu nem ninguém mais nos acostumaremos a vê-lo". Zavadóvski chorou, sabendo que perdia Catarina, mas isso enfastiou a imperatriz: "Não consigo entender por que você não consegue olhar para mim sem lágrimas nos olhos". Mas até mesmo o rompimento dos dois foi administrado por Potiômkin. "Nós dois precisamos de paz espiritual", escreveu Catarina. "Vou falar com o príncipe Grigóri Alexándrovitch [Potiômkin]." Zavadóvski se confidenciava com o outro grande homem da corte: "Príncipe Orlov me disse que você quer ir embora", escreveu Catarina em maio de 1777. "Eu concordo. Posso me encontrar com você depois do jantar." Inaugurando uma nova tradição, o amante de partida indicava um intermediário, algo entre um agente literário e um advogado de divórcio, para negociar a despedida dourada. "Chorosamente ele escolheu o conde Kiril Razumóvski", disse Catarina a Potiômkin, mandando-lhe um presente. "Adeusinho, querido, espero que goste dos livros!" Zavadóvski foi coberto de gratificações — "3 ou 4 mil almas [...] 50 mil rublos e mais 30 mil em anos futuros" —, mas foi embora cabisbaixo. "Aconselho que traduza Tácito ou estude a história da Rússia", advertiu-o duramente. Como se estudar história pudesse de fato curar um coração partido — mas seu verdadeiro conselho foi: "Para que o príncipe Potiômkin seja amigável com você, faça um esforço".

Nem é preciso dizer que Catarina encontrou outra pessoa. Potiômkin organizou um opulento jantar em sua nova residência em Ozérki, para a imperatriz, para suas sobrinhas — e para Semion Zóritch, 31 anos, major sérvio dos hussardos e um dos ajudantes do príncipe, apelidado de *"le vrai sauvage"*. Catarina se apaixonou por aquela cacatua machista, que logo desfilava pela corte com suas roupas cravejadas de joias. O sérvio selvagem se ressentia de que o verdadeiro relacionamento de Catarina continuava sendo com Potiômkin. "Entregue as cartas anexadas a Seniucha", ela escreveu a Potiômkin. "É tão aborrecido sem você." Em vez de choramingar como Zavadóvski, Zóritch desafiou Potiômkin para um duelo. O Selvagem teria de ser dispensado.

Agora Potiômkin passava a maior parte do tempo na Nova Rússia, planejando novas cidades, reeducando os cossacos, construindo a nova frota do mar Negro e tramando para anexar a Crimeia, mas se mantinha atento à felicidade de Catarina, voltando com pressa para consolar a imperatriz sempre que ela estava em crise. Catarina terminou com Zóritch, que ganhou uma propriedade com 7 mil almas. "A criança foi embora", ela relatou a Potiômkin. "Quanto ao resto, discutiremos quando nos encontrarmos." Longe de serem trocas volúveis de um amante para outro, essas sublevações eram uma agonia para Catarina — mas ela já tinha conhecido o sucessor de Zóritch. Alguns dias depois, Catarina se recuperava na residência de Potiômkin com as sobrinhas dele — e outro ajudante de campo de Potiômkin, o major Ivan Rímski-Kórsakov, 24 anos, vaidoso, "de boa natureza, porém tolo". A confidente de Catarina, condessa Bruce, também estava lá, e também se sentiu atraída por Rímski-Kórsakov.

"Tenho medo de me prejudicar", confidenciou Catarina a Potiômkin, pedindo sua "sábia orientação". Dois dias depois da festa na casa de Potiômkin, em 1º de junho de 1778, Kórsakov, cuja beleza grega inspirou Catarina a apelidá-lo de "Rei de Épiro", foi nomeado ajudante general. *"Adieu, mon bijou"*, escreveu Catarina a Potiômkin. "Graças a você e ao Rei de Épiro, estou feliz como um tentilhão." Com 49 anos, ela sentia-se agradecidamente ávida por Kórsakov, e escrevia para ele: "Obrigada por me amar!". Mas ele começou a evitá-la. "Quando vou vê-lo?", ela perguntava. "Se ele não voltar logo, vou procurá-lo na cidade." Quando foi procurar por ele, surpreendeu Kórsakov em *flagrante delicto* com a condessa Bruce. No tumulto resultante, Kórsakov teve a impertinência de se gabar de suas proezas sexuais com as duas mulheres e ainda exigir presentes generosos. Furiosa e humilhada, mas ainda maternal e indulgente, Catarina disse para o rapaz "se acalmar [...]. Eu já mostrei que estou cuidando de você". O caso com Kórsakov arruinou a amizade de Catarina com a condessa Bruce.

Demorou seis meses para ela se recuperar, flertando com vários candidatos, mas provavelmente voltando para Potiômkin, até se acertar com um de seus ajudantes, Alexandre Lanskoi — 21 anos, para os 51 dela —, que era seu plácido pupilo ideal, encaixando-se perfeitamente na família Catarina-Potiômkin. As relações dela eram sempre tão pedagógicas quanto sexuais: ela e Lanskoi apreciavam ler os clássicos gregos e latinos, estudar arte, crítica teatral e literária. Catarina gostava de dizer que sua alcova era uma academia para educar servidores do Estado.

Era por uma família que ela ansiava: queria que Lanskoi e os outros a vissem e a Potiômkin como pais. Para Potiômkin, Catarina costumava se referir a Lanskoi como "a criança", enquanto esperava que seus favoritos a chamassem de "Matuchka" e Potiômkin de "Batuchka" — mamãe e papai. Quando Potiômkin não estava bem, Lanskoi tinha que escrever: "Soube por Matuchka que você, Batuchka príncipe Grigóri Alexándrovitch, está doente, o que muito me preocupa: melhoras!". E também dizia a Potiômkin: "Você não imagina como isso é aborrecido sem você, Batuchka, venha imediatamente".

Enquanto isso, Potiômkin se apaixonava sucessivamente pelas três sobrinhas, que se tornaram as belas reinantes da corte. Primeiro Alexandra, conhecida como "Sachenka", que se tornou filha adotiva e amiga dedicada de Catarina. Depois ele passou para Varvara (que ele chamava de "Lábios Doces" e que assinava como "Gatinha de Grichenkin" — a implicação sexual é inequívoca) e Iekaterina (que Potiômkin e Catarina chamavam de "Katinka, a Gatinha", "Anjo" ou simplesmente "Vênus"). Catarina tratava as "nossas sobrinhas" como filhas, e ele tratava os favoritos como filhos, supervisionando-os para proteger os sentimentos de Catarina — e seu próprio poder. Juntos, eram todos filhos daquele casamento estranho e anticonvencional que davam a Catarina e Potiômkin a serenidade para embarcar em seus maiores projetos. "Uma cabeça é bom", disse Catarina ao marechal Rumiántsev sobre sua parceria com Potiômkin, "mas duas é melhor."[14]

No dia 27 de abril de 1779, a grão-duquesa Maria Fiódorovna deu à luz um segundo filho, a que Catarina, instada por Potiômkin, deu o nome de Constantino e designou para ser o imperador de Constantinopla depois da queda dos otomanos. Potiômkin convenceu a imperatriz de que o futuro da Rússia jazia ao sul, em torno do mar Negro. O trabalho de Pedro, o Grande, ao redor do Báltico estava concluído; a Polônia era um Estado satélite e seguro da Rússia; mas as terras da Ucrânia, que agora eles chamavam de Nova Rússia, eram um agreste esperando para ser exploradas. No mar Negro, Potiômkin planejava erigir cidades com universidades e atrair colonizadores estrangeiros para se assentar. Em 1778, ele construiu sua primeira cidade naval, Kherson, batizada em homenagem à antiga Quersoneso, e começou a criar a frota que seria seu legado. Para completar seu plano, ele precisava da Crimeia. Em 1780, Bezboródko, secretário de Catarina e sempre um "faz-tudo", que reclamava que Potiômkin era bom para "elaborar ideias a que alguém mais tem de dar seguimento", esboçou a "Observação sobre questões políticas", que apresentava o chamado Projeto Grego.

Quando Potiômkin assumiu a política externa, a Grã-Bretanha e a França estavam distraídas pela Guerra de Independência dos Estados Unidos. A tomada da Crimeia e o desmembramento otomano exigiam uma nova aliança com a Áustria — o que levou Potiômkin a um confronto com Pánin, que conduzia uma política externa a esmo, como um bicho preguiça doente e sonolento. Seu Sistema do Norte, baseado numa aliança com a Prússia, tinha conseguido uma partilha da Polônia, mas já estava obsoleto.

Havia muito a imperatriz Maria Teresa considerava Catarina uma ninfomaníaca regicida, mas seu filho, que governava com ela, o imperador José II, era mais pragmático e ambicioso, e não menos esnobe. Ansioso para expandir seus próprios territórios, ele precisava da ajuda da Rússia. Com o aumento da tensão, Potiômkin ficava cada vez mais irritado com o jovem Lanskoi. "Por favor, informe-me se Alexandre [Lanskoi] o aborreceu por alguma razão", intercedeu Catarina, "se está zangado com ele e por que exatamente."

Potiômkin encontrou-se com José na fronteira. Em 9 de março de 1780, acompanhada pelas sobrinhas de Potiômkin e Bezboródko, mas deixando Pánin para trás, Catarina partiu para se encontrar com o imperador do Sacro Império Romano em Moguiliov. Eles se deram bem com José, um reformista obsessivo cujas atitudes em relação ao seu comando militar para racionalizar a complicada herança da Bélgica à Itália e aos Bálcãs, no espírito do Iluminismo, acabariam desagradando a todo mundo. Seu amigo Carlos José, príncipe de Ligne, definia seu reino como uma "ereção contínua que nunca será saciada". Faltaram charme e empatia com José, mas Catarina e Potiômkin ficaram encantados por seu efervescente enviado, o príncipe de Ligne, o *soi-disant* "diplomata brincalhão".* Em 18 de maio de 1781, Catarina assinou uma aliança secreta com José para partilhar o Império Otomano.[15]

"O esquema com a corte austríaca é uma realização sua", Catarina parabenizou Potiômkin. Pánin retirou-se furioso para sua herdade, enquanto Catarina e Potiômkin se preocupavam com a reação do prussófilo Paulo.

O desastrado herdeiro, agora com 29 anos, de nariz achatado e ficando calvo, dificilmente perdoaria Potiômkin por ter usurpado seu lugar como o segundo homem do Estado — e por fazer isso tão bem.** Agora eles elaboravam um plano

---

* "Eu gostaria de ser uma garota bonita até os trinta, general até os sessenta e cardeal até os oitenta", brincava Ligne, que personificava o cosmopolitismo decadente de sua época. Era tão encantador que conseguia ser amigo de Frederico, o Grande, de Maria Antonieta e de Catarina, a Grande, assim como de Rousseau, Voltaire e Casanova. Catarina o chamava de "a pessoa mais agradável e tranquila, que faz todos os tipos de truques como uma criança". "Eu gostaria de ser um estrangeiro em toda parte, um francês na Áustria, um austríaco na França, ou ao mesmo tempo um francês e austríaco na Rússia." Suas cartas eram copiadas, e suas palavras, repetidas por toda a Europa.

** Potiômkin tinha planos de se tornar duque da Curlândia, rei da Polônia e monarca de um

para convencer Paulo: uma Grande Excursão incluindo a Áustria. Como Paulo sempre desconfiava de qualquer coisa relacionada à mãe e a Potiômkin, eles convenceram um de seus correligionários a sugerir a ideia, e depois concordaram quando Paulo implorou para fazer a viagem. Mas o malicioso Pánin chegou do interior e alertou Paulo de que isso poderia ser um truque para destruí-lo, como Pedro, o Grande, tinha destruído o filho Alexei. Paulo poderia perder a sucessão e os filhos.

Paulo entrou em pânico. Embora fosse capaz de planos políticos racionais, bom gosto estético e uma generosidade galante, era também moroso e histérico, tendia a acessos de raiva espumantes e vivia atormentado pela lembrança do pai assassinado. Tinha pesadelos com Pedro, o Grande, em que seu tetravô alertava que o "pobre Paulo" iria morrer jovem.

Quando todos estavam para partir, no dia 13 de setembro, o grão-duque e a duquesa de repente se recusaram a ir. Finalmente, no dia 19, os Segundos, viajando num anonimato de faz de conta, como "Conde e Condessa do Norte", beijaram seus filhos em lágrimas. A grão-duquesa desmaiou e teve de ser transportada para a carruagem, enquanto Paulo foi atrás em estado de terror abjeto. Na manhã seguinte, Pánin foi exonerado.

Paulo foi recebido em Viena por José, a quem logo denunciou a nova aliança, ameaçando jogar Potiômkin na prisão. Catarina fez o séquito abrir as cartas e, ao ler as do príncipe Alexandre Kurákin, cortesão de Paulo, descobriu que o filho odiava "a situação horrível da pátria-mãe" e cogitava "quebrar o pescoço" de Potiômkin. Kurákin foi banido.

Catarina nunca perdoou os Segundos, que ela costumava chamar com frequência de "a Bagagem Pesada", mas tentou se dar bem com o filho, mesmo quando ele perdeu o controle da própria casa.[16]

---

novo reino improvisado da Dácia, para se garantir depois da morte de Catarina. Como parte de sua estratégia, ele casou as sobrinhas: Sachenka com o grande hetmã polonês Ksawery Branicki, mas os filhos dela cresceram no Palácio de Inverno. Katinka, a Gatinha, com o conde Paulo Scavrónski, descendente do irmão de Catarina I, um excêntrico simplório que adorava tanto ópera que se dirigia a todos, inclusive aos criados, em récitas operísticas. Varvara se casou com o príncipe Serguei Golítsin, enquanto a mais jovem, Tatiana, com o príncipe Nikolai Iussúpov. O assassino de Raspútin foi um de seus descendentes.

Pouco depois, Catarina presenteou Paulo com Gátchina, a herdade que fora de Orlov.* Enquanto Maria enfeitava Pavlóvsk com bustos romanos e um chalé que lhe lembrava Württemberg, Paulo fez de Gátchina uma mistura de palácio neoclássico com loucuras como sua "Ilha do Amor" — e um quartel alemão. Assim como o pai, Paulo venerava Frederico, o Grande. "Foi como visitar um país estrangeiro", escreveu Nikolai Sablukov, um oficial da Guarda. "Parece uma cidadezinha alemã." Aquele disciplinado militar atraiu para lá um núcleo de ríspidos oficiais alemães e russos dispensados do Exército.** Encarregado das forças armadas, Potiômkin elaborou um uniforme folgado para facilitar os movimentos. Paulo detestava "o exército de Potiômkin", insistindo que todos em Gátchina usassem uniformes prussianos, inclusive meias-calças, chapéu pontudo, cabelos untados e rabicho, que demoravam horas para preparar. Paulo castigava quaisquer infrações de acordo com regras prussianas.

O casamento de Paulo parecia ideal: Maria era "amada por suas grandes virtudes e só encontra felicidade nos filhos". Apesar de se irritar amargamente com o comportamento de Paulo, era uma esposa dedicada — e quase sempre grávida, tendo produzido quatro filhos e seis filhas.

Mas a casa de Paulo estava em desordem: logo depois de voltarem de viagem, Paulo se apaixonou por uma das damas de companhia de Maria, Iekaterina Nelídova, uma jovem devota e solteira de 27 anos que, segundo a observação de um cortesão, era "pequena, exageradamente simples, trigueira, de olhos miúdos, com uma boca que se abria de orelha a orelha e pernas curtas como as de um bassê". Mas aquela "moreninha com olhos negros e brilhantes" era "surpreendentemente ágil e inteligente, e uma dançarina muito elegante".

---

* O príncipe Grigóri Orlov morreu louco. Para tristeza de Catarina — a felicidade de um ex-amante em geral é ao mesmo tempo uma coisa boa e insuportável —, Orlov se casou inesperadamente com uma sobrinha de dezenove anos e partiu em viagem. É possível que a morte súbita da jovem na Suíça o tenha levado à loucura, porém o mais provável é que tenha sido um sintoma de sífilis terciária.

** A exceção era o discordante e dissidente jovem aristocrata Fiódor Rostopchin, descendente de principados da Tartária, que, por causa de um moralismo obsoleto, desprezava Potiômkin e os favoritos: quando ele presenteou o grão-duque com um jogo de soldadinhos de chumbo, Paulo o abraçou. "Agora eu virei o favorito do grão-duque", preocupou-se Rostopchin. "Você sabe que consequências desagradáveis resultam dos ostensivos sinais de seus favores." Rostopchin, famoso como o homem que queimou Moscou em 1812, registrou esses tempos em suas memórias amargas e em cartas ao amigo conde Semion Vorontsov.

Paulo nunca dormiu com Nelídova, que se dizia "irmã" dele e teria preferido viver num mosteiro. Sua castidade apelava ao cavalheirismo sentimental de Paulo, que era uma reação à lascívia da mãe. Apesar de gostar de rápidas escapadas sexuais com amantes plebeias, valorizava a fé que Nelídova tinha nele — e seu senso de humor de pastelão. "A pequena feiticeira" tramava a queda de convidados nos banhos ou os alojava para dormir em camas que desabavam, para deleite debochado de Paulo.

Maria sentia-se tão infeliz que apelava para Catarina, que se preocupava com a falta de gosto do filho, dizendo à esposa: "Veja o quanto você é bonita; sua rival é uma monstrinha; deixe de se torturar e confie em seus encantos". Moralista, Paulo explicava à mãe que sua relação com Nelídova era "uma amizade sólida e gentil, mas pura e inocente". Sabendo de seus outros casos, Catarina deve ter dado risada do embuste.

Tudo isso convencia ainda mais Catarina de que o futuro dependia do neto Alexandre. Designou um experiente soldado e cortesão, Nikolai Saltikov (um sobrinho-neto da imperatriz Anna) como seu tutor e contratou um jovem professor suíço adepto do Iluminismo, Frédéric-César Laharpe, para lhe ensinar francês. Segundo escreveu Alexandre mais tarde, Laharpe se tornou "um homem a quem devo tudo menos a própria vida". Quando o garoto tinha dez anos, Catarina o elogiava como "uma pessoa de rara beleza, bondade e compreensão", que demonstrava um conhecimento precoce, tão contente discutindo história como brincando de cabra-cega. Chegou a começar a construir para ele o maior palácio da Rússia, que chamou de Pella, em referência ao local de nascimento de Alexandre, o Grande. Sentia-se tentada a pular a vez da Bagagem Pesada e transformar Alexandre em herdeiro.[17]

Enquanto britânicos e franceses lutavam e os americanos ganhavam sua independência, Potiômkin persuadiu Catarina a anexar a Crimeia. "Imagine a Crimeia sendo nossa", escreveu a Catarina, "e acabaram-se as verrugas do seu nariz [...]. Esse feito representará sua gloria imortal, maior que a de qualquer soberano russo. A Crimeia garante o domínio do mar Negro [...]. A Rússia merece o paraíso!"

"Nós poderíamos decidir tudo isso em meia hora juntos, mas agora não sei onde encontrá-lo", escreveu Catarina. Potiômkin aportou na cidade num estado de efervescência febril: eles propuseram todo o Projeto Grego a José, que concordou com a anexação da Crimeia.

"Mantenha sua decisão, Matuchka", disse Sereníssimo quando partiu, em abril de 1783. Mas, quando chegou ao Sul, começou a trabalhar tanto que se esqueceu de escrever a Catarina, que resmungou: "Nem eu nem ninguém sabemos onde você está!". No dia 10 de julho, Potiômkin escreveu que "daqui a três dias eu vou congratulá-la com a Crimeia".

Alguns dias depois, Sereníssimo tirou outro coelho da cartola, quando o indomável rei guerreiro Hércules (ou Erakles), de Kartli-Kakhetia, pôs os maiores reinos da Crimeia sob a proteção de Catarina. "O negócio da Geórgia está concluído", escreveu Potiômkin. "Será que algum outro soberano iluminou tanto uma época? Você conquistou territórios que Pompeu e Alexandre apenas avistaram." A Crimeia era o local onde são Vladímir tinha se convertido à ortodoxia, "a fonte do nosso cristianismo e assim, de nossa humanidade", escreveu Sereníssimo à imperatriz. "Você destruiu as Hordas Tártaras — o tirano da Rússia dos velhos tempos. Mande seus historiadores prepararem bastante tinta e papel!" Catarina estava animada e menosprezou as queixas da Europa: "Deixe que eles brinquem enquanto fazemos negócios!".

Exausto na cama depois de uma rápida viagem a Petersburgo, Sereníssimo acordou e encontrou uma mensagem lacrada de Catarina na mesa de cabeceira: Potiômkin seria promovido a marechal de campo, nomeado presidente do Collegium da Guerra e receberia 100 mil rublos para construir o Palácio de Táurida; Kuban e a Crimeia foram acrescentadas ao seu vice-reinado e ele ganhava o sobrenome "Tavrítcheski": príncipe de Táurida. "Estou comprometida com você por um século!", dizia Catarina.

Passando agora a maior parte do tempo no Sul, numa constante e dinâmica movimentação e vivendo com uma extravagância nababesca,* a primeira atitude

---

* Potiômkin viajava com sua corte de aristocratas e aventureiros, ingleses, americanos, franceses e um harém de amantes, além de um compositor italiano, jardineiros ingleses, sua própria orquestra e um sínodo de bispos, mulás e rabinos judeus e um intendente, Joshua Zeitlin, que Potiômkin promoveu a "conselheiro da corte", conferindo-lhe um título de nobreza e o direito de ser dono de terras. Quando Zeitlin pediu que Catarina se opusesse a chamar os judeus de *jídi* — um termo pejorativo —, Potiômkin o apoiou e aconselhou que fossem chamados de *evrei* — hebreus —, que é como aparecem até hoje em documentos oficiais russos. Seus inimigos cochichavam que ele gostava de qualquer um que tivesse uma "tromba grande". Além de Kherson, Potiômkin fundou

de Potiômkin foi construir uma base naval na aldeia turca de Ikhtiar — "o melhor ancoradouro do mundo", disse a Catarina. Ele a chamou de "Cidade de Augusto" — Sebastópol.[18]

O trabalho de Potiômkin demandava tranquilidade na cama de Catarina, mas Lanskoi morreu de difteria em 25 de junho de 1784, aos 26 anos.

"Mergulhei na mais aguda tristeza, e minha felicidade acabou", disse a Potiômkin. Catarina passou três semanas de cama, gravemente doente. Seu médico escocês, John Rogerson, temia por sua vida, que ele punha ainda mais em perigo com sangrias e laxantes; Bezboródko, recém-promovido a conde, mandou chamar Potiômkin.

Em 10 de julho, Sereníssimo chegou de Sebastópol. Os cortesãos ouviram os dois "uivando" juntos. O calor em Tsárskoie Seló era sufocante, mas Catarina tinha adiado o enterro. Estava doente demais para comparecer ao funeral. Potiômkin ficou ao lado dela dia e noite, como velhos marido e mulher, até que, segundo palavras dela, "ele nos acordou do sono dos mortos". Catarina ficou sem amantes por um ano. Quando ia à igreja, membros da Guarda envergavam seus melhores uniformes e as calças mais apertadas para chamar sua atenção.

Agora com 57 anos, Catarina flertava com dois ajudantes de Potiômkin. Sereníssimo organizou um baile em seu palácio de Anítchkov, onde Alexandre Iermólov ficou atrás da cadeira da imperatriz enquanto ela jogava cartas. O novo amante tinha cabelos crespos, olhos amendoados e nariz achatado: Potiômkin o apelidou de "o Negro Branco". Catarina continuava decidindo tudo com Potiômkin. "Sem você me sinto como se não tivesse mãos", escreveu. Iermólov armava intrigas contra Potiômkin.

Em 15 de julho de 1786, o Negro Branco foi embora com 4 mil almas e 130 mil rublos. Naquela mesma noite, Sereníssimo chegou com seu ajudante de campo Alexandre Dmítriev-Mamónov, que ele teria mandado a Catarina com uma aquarela e uma pergunta impertinente: o que ela achava do quadro? "Os contornos estão bons, mas a escolha de cores é menos feliz", ela respondeu. Porém Ma-

---

as novas cidades de Nikiláiev e Mariúpol. Na ilha ele criou a capital às margens do Dnieper, Iekaterinoslav — Glória de Catarina (atual Dnipropetrovsk) —, onde planejava construir uma universidade e uma igreja inspirada na Catedral de São Paulo, fora das muralhas de Roma.

mónov, 26 anos, um culto francófilo que usava sempre um casaco vermelho, foi muito mais apreciado. "O sr. Casaco Vermelho", como ela o chamou, logo se tornou conde, dono de 27 mil servos e membro muito benquisto de sua família improvisada. Catarina estava pronta para comemorar o clímax de seu reinado e a ascensão da Rússia a potência do mar Negro com uma espetacular excursão para o Sul.[19]

Às onze horas da manhã do dia 7 de janeiro de 1787, Catarina saiu de Tsárskoie Seló em um comboio de catorze carruagens e 124 trenós, com um séquito de 22 pessoas que incluía seu amante, o sr. Casaco Vermelho, e Ivan Chuvalov (favorito da imperatriz Elizaveta, recentemente de volta à Rússia e designado grão-camareiro), junto com os embaixadores da França, da Áustria e da Inglaterra (que ela chamava de seus "ministros de bolso"). Em 22 de abril, quando o gelo derreteu no Dnieper, Catarina e Potiômkin embarcaram numa flotilha de sete luxuosas barcaças, cada uma com uma orquestra, uma biblioteca e um estúdio de desenho, pintadas de dourado e escarlate, decoradas com ouro e seda e manejadas por 3 mil remadores, guardas e tripulação e apoiadas por oitenta botes. A barcaça-restaurante acomodava setenta pessoas, e a *Dnieper* de Catarina tinha uma alcova com camas gêmeas para ela e o sr. Casaco Vermelho. "Era como a frota de Cleópatra", observou Ligne. "Nunca houve uma viagem mais agradável e cheia de brilho." O ministro francês, conde de Ségur, também achou que "parecia um conto de fadas".

No dia 7 de maio, ao desembarcar em Kremenchuk, Catarina se encontrou com o imperador José II. Os dois lançaram as fundações para a nova cidade do príncipe, Iekaterinoslav, em seguida viajaram para o porto de Kherson, através de um arco em que estava escrito: O CAMINHO PARA BIZÂNCIO. Os monarcas entraram na Crimeia escoltados por cavaleiros tártaros. Em 22 de maio, jantaram nas montanhas de Inkerman, numa península suspensa sobre o mar. Quando Sereníssimo fez um sinal, as cortinas foram abertas para mostrar 24 navios de guerra no anfiteatro natural da nova base naval de Sebastópol. "Madame", declarou Ségur, "ao criar Sebastópol, a senhora terminou no Sul o que Pedro, o Grande, começou no Norte." Segundo observou José, Catarina estava "totalmente em êxtase". Não parava de dizer: "É ao príncipe Potiômkin que devemos tudo isso". José contemplava a frota com inveja e perplexidade: "Na verdade é necessário estar aqui para acreditar no que vejo".

Em Petersburgo, o grão-duque Paulo mandou chamar os embaixadores para questionar as realizações de Potiômkin.* Quando eles insistiram que as cidades e navios de guerra eram verdadeiros, Paulo explodiu: "Esta nação maldita não quer ser governada só por mulheres!".[20]

Depois da festa veio a ressaca: em 5 de agosto, quando Catarina e Potiômkin se recuperavam da viagem, o sultão Abdul Hamid declarou guerra. Enquanto mobilizava seus exércitos, sob o comando de Potiômkin e Rumiántsev, Catarina teve de manter a coragem até a primavera. Potiômkin estava trêmulo e doente em Kremenchuk. Catarina o animava: "Tenho medo de que você não tenha mais unhas nos dedos", escreveu. Mas quando uma tempestade imprevista dispersou sua adorada nova frota, Potiômkin se ofereceu para renunciar: "Não aguento mais". Catarina repreendeu o Sereníssimo: "Nesses momentos, meu querido amigo, você não é apenas uma pessoa individual que faz o que quiser. Você pertence ao Estado, você pertence a mim". Só um navio tinha sido perdido. Potiômkin avançou para proteger suas novas cidades sitiando a fortaleza otomana de Otchákov. Depois de derrotar os otomanos no estuário com vista para Otchákov,**

---

* A Frota do Mar Negro, acrescida de 37 navios de guerra no Báltico, pôs instantaneamente a Rússia em igualdade com a Espanha e a França, embora ainda longe dos 174 da Grã-Bretanha. Potiômkin, grande almirante da Frota do Mar Negro e grande hetmã dos cossacos do mar Negro, estava no auge, mas a jornada seria para sempre ofuscada pela acusação de que ele tinha falsificado suas realizações pintando fachadas de aldeias — "Aldeias de Potiômkin". Na verdade, testemunhas confirmaram a realidade; as acusações foram inventadas por homens que nunca estiveram no Sul e começaram antes de Catarina sequer sair de Petersburgo, mas Paulo estava decidido a provar que Potiômkin era um sonhador incapaz, enquanto os inimigos europeus da Rússia tinham esperança de que o novo poder russo fosse ilusório. As realizações foram sólidas, porém o príncipe era um promotor do espetáculo político. Em Balaclava, com um toque muito potiomkinesco, os monarcas foram recebidos por um regimento de cavalaria amazona: duzentas garotas com saias de veludo carmesim e armaduras brilhantes e longos cabelos trançados, portando sabres e mosquetes. Não se pretendia que fossem para valer, mas hoje em dia estamos mais acostumados a presidentes assistindo a danças coreografadas em visitas de Estado. Quanto ao termo "Aldeias de Potiômkin", é injusto que tenha ganhado o significado de embuste, embora continue se aplicando a fraudes políticas em regimes despóticos, inclusive o da Rússia.

** Catarina contratou um almirante americano, John Paul Jones, e o mandou para Potiômkin. Jones comandou uma das primeiras vitórias, mas Potiômkin preferia seu outro almirante estrangeiro, o príncipe Karl de Nassau-Siegen, um paupérrimo mercenário alemão que já fora amante da

ele declarou: "Eu fiquei louco de alegria". Mas no momento em que as coisas estavam afinal melhorando, a Suécia atacou a Rússia.

Agora foi a vez de Catarina entrar em pânico: Petersburgo estava praticamente sem defesas. Em 9 de julho, Greig derrotou a frota sueca — para deleite de Catarina: "Petersburgo tem a aparência de um acampamento armado [...] então, meu amigo, eu também tenho cheiro de pólvora".

"Não há nada no mundo que eu mais deseje que, depois de tomar Otchákov, você venha até aqui por uma hora", escreveu Catarina a Potiômkin, "para que eu possa ser a primeira a ter a satisfação de ver você depois de tão longa separação, e em segundo lugar para que eu possa falar sobre tantas coisas com você em pessoa." Os poderes ocidentais ficaram ressabiados com a anexação da Crimeia e o poder naval da Rússia. Em agosto, Inglaterra, Prússia e Holanda assinaram uma aliança contra a Rússia, enquanto na Polônia "um grande ódio se ergueu contra nós", informou Catarina a Sereníssimo. "Ocupe Otchákov", implorou. Às quatro horas da manhã do dia 6 de dezembro, Potiômkin tomou Otchákov de assalto. O sr. Casaco Vermelho acordou Catarina com a notícia: "Eu estava mal, mas você me curou!".

Catarina comemorou com te-déuns. Em 4 de fevereiro de 1789, Potiômkin voltou a Petersburgo. A imperatriz saiu do baile em que estava e o surpreendeu quando ele trocava de roupa. A Grã-Bretanha e a Prússia estavam encorajando o novo sultão Selim III a continuar em guerra; José, o aliado da Rússia, estava morrendo em Viena. Potiômkin aconselhou uma conciliação até ele vencer a guerra com os otomanos; Catarina queria a paz com os otomanos para enfrentar a Prússia.

Mamónov, seu amante, a desprezava, sempre adoentado ou ausente. Potiômkin a alertava: "Você não tem ciúme da [dama de honra] princesa Scherbátova?", perguntou. "Não existe um *affaire d'amour*?" Catarina chorava bastante. "Matuchka, cuspa nele!", disse Potiômkin. Em maio ele partiu para o front. Os dois não se encontrariam nos dois anos seguintes, durante os quais Paris virou o mundo de cabeça para baixo.[21]

---

rainha do Taiti. Nassau e Jones logo começaram a se detestar. Potiômkin despachou Jones de volta para Catarina em Petersburgo, onde ele foi acusado por uma cafetina de ter estuprado sua filha de doze anos. Provavelmente incriminado por Nassau, Jones partiu para Paris, onde morreu. Seu corpo ficou perdido até 1906, quando foi reenterrado na base naval de Annapolis, nos Estados Unidos.

Enquanto Potiômkin avançava na Valáquia e na Moldávia, então mais conhecidos como os principados do Danúbio, a turba parisiense invadia a Bastilha. Luís XVI tinha perdido o controle de Paris. Pouco depois, a Assembleia Nacional votou a Declaração dos Direitos do Homem, que por sua vez estimulou os poloneses em sua própria revolução contra a Rússia. Catarina ficou horrorizada com as duas coisas. Em seguida, Casaco Vermelho confessou que tinha se apaixonado pela dama de honra Dária Scherbátova "há um ano e meio" e pediu para se casar com ela. Catarina desmoronou diante dessa traição.

"Eu nunca fui uma tirana com ninguém e odeio ser compulsiva", disse a Potiômkin. "Será possível que você tenha esquecido minha generosidade de caráter e me considerado uma desgraçada egoísta? Você poderia ter me curado dizendo a verdade." Potiômkin respondeu: "Eu insinuei, senti pena de você". Catarina deu a Casaco Vermelho 2250 servos e 100 mil rublos.

"Um lugar sagrado nunca fica vazio por muito tempo", zombou Zavadóvski, com tristeza.

Catarina já tinha encontrado um substituto para Casaco Vermelho — ou dois. Em sua carta a Potiômkin, ela mencionou que havia conhecido Platon Zúbov, um corneteiro da Guarda de 22 anos que ela chamava de *"le Noiraud"* ("Moreno") e seu irmão mais novo, Valerian, "a Criança", de dezoito anos: "ambos de almas inocentes e afeiçoados a mim com sinceridade".[22] Como a corte havia muito sabia sobre a infidelidade de Casaco Vermelho, Nikolai Saltikov, *oberhofmeister* da casa de Paulo e inimigo de Potiômkin, teve tempo de abrir caminho para os irmãos Zúbov — pois Potiômkin estava longe, na guerra.

Zúbov foi provavelmente o mais bonito dos favoritos de Catarina. Agora com 61 anos, mais gorda e com as pernas inchadas, com dispepsia e gases, atormentada por crises de guerra e revolução, Catarina não conseguiu resistir. Ela tomava para si porque podia. Um de quatro irmãos da pequena nobreza aparentada com Saltikov, Zúbov era bonito, moreno e musical — tocava violino. Catarina se apaixonou por Moreno. "Estou gorda e feliz", disse a Potiômkin, "voltei à vida como uma mosca no verão." Elogiava os "lindos olhos" de Zúbov, mas racionalizava sua febre sexual. "Ao educar homens jovens, faço um grande bem ao Estado", explicou a Potiômkin. Certamente era uma forma incomum de treinamento para o serviço público.

Em 3 de julho, dia da queda da Bastilha, Moreno foi promovido a ajudante general. Catarina estava nervosa pela aprovação de Potiômkin. "Sua paz de espírito é muito necessária", insistiu com Potiômkin. "Console-nos, afague-nos." Ela fez Zúbov escrever cartas elogiosas a Potiômkin: "Anexo a você uma carta de admiração de uma alma muito inocente [...]. Pense no que uma situação fatal poderia fazer com a minha saúde sem esse homem. *Adieu, mon ami*, seja bom para nós!".

"Minha querida Matuchka, como posso deixar da amar sinceramente o homem que a faz feliz?", respondeu Potiômkin afinal. Zúbov era uma alfinetada. Mas ele tinha notícias importantes: "múltiplas vitórias". Em 20 de julho, o magnífico general e excêntrico incorrigível Alexandre Suvórov* derrotou os turcos em Fokshany; poucas semanas depois, ele e os austríacos liquidaram o grão-vizir no rio Rimnik. Três dias depois, Potiômkin tomou a fortaleza de Hadji-Bey, onde resolveu construir uma nova cidade — Odessa — e depois aceitou a rendição da cidade de Bender. Catarina promoveu Suvórov a conde com o sobrenome "Rimnikski" e fez uma preleção a Potiômkin sobre os perigos do estrelato: "Mostre ao mundo a sua grandeza de caráter".

Catarina continuava a sentir atração por Valerian, o irmão mais novo de Zúbov: "Sinto-me terrivelmente atraída pela Criança e ele também está muito ligado a mim e chora como um bebê quando não o deixam me ver". O mais provável é que o irmão mais velho, Moreno, se interpunha entre os dois, pois dez dias depois a Criança foi mandada para o Exército.

Os inimigos de um país se multiplicam na proporção de seus sucessos. No momento em que os otomanos estavam prestes a tombar, a Prússia organizou uma coalizão de otomanos, poloneses e suecos contra a Rússia, ao mesmo tempo que ameaçava atacar a Áustria se o país não se retirasse da guerra. Em 31 de janeiro de 1790, a Prússia assinou uma aliança com Constantinopla. Nove dias mais tarde morreu José II, aliado de Catarina. A Prússia apertou o cerco assinando uma aliança com a revolucionária Polônia. Em 16 de julho, o monarca austríaco, Leopoldo, rei dos romanos, se retirou da guerra. "Agora estamos numa crise",

---

* Famoso por suas idiossincrasias, Suvórov, provavelmente o maior comandante russo de todos os tempos, parecia um espantalho esfarrapado, magro e eriçado que gostava de praticar exercícios calistênicos nu na frente do Exército. Era de uma agressividade implacável ("morte é melhor que defesa") e nunca foi derrotado: "Um minuto decide a batalha; um dia, o destino de impérios". Suas instruções coloquiais no livro *Arte da vitória* podiam ser ensinadas a soldados comuns: "Nenhuma batalha é vencida no estudo".

disse Catarina, diante do "perigo de uma guerra tríplice", enquanto a "loucura francesa" se disseminava pela Rússia.*

Em Tsárskoie Seló, Catarina podia ouvir o estrondo dos canhões das batalhas marítimas vencidas por Nassau-Siegen — até aquele intrépido aventureiro ser derrotado no dia 28 de junho. Mas a derrota permitiu que os suecos fizessem uma paz honrosa. "Tiramos uma pata da lama", comemorou Catarina com Potiômkin. "Assim que você tirar a outra, vamos cantar aleluia!" Naquele outono, Potiômkin conseguira uma série de vitórias no Cáucaso e no Danúbio, e afinal sitiou a fortaleza de Izmail com sua guarnição de 35 mil homens e 265 canhões. Em 11 de dezembro, Suvórov atacou: quase 40 mil morreram em um dos dias mais sangrentos do século e em que Constantinopla devia ter sido conquistada. Mas William Pitt, o primeiro-ministro britânico, exigiu que Catarina desistisse de todos os seus ganhos — ou enfrentasse uma guerra com a Grã-Bretanha e a Prússia.

Catarina e Potiômkin, que acabara de chegar a Petersburgo, discutiram sobre o que fazer. Potiômkin queria um acordo com a Prússia, enquanto Catarina vacilava. Ao mesmo tempo, a Polônia adotava uma nova Constituição sob o slogan "O rei com a nação". Catarina preferia considerar aquilo uma extensão do jacobinismo francês e tendia a apoiar os planos de Potiômkin para a Polônia, onde ele pensava anexar as províncias ortodoxas como seu reino particular. Ela gritou, ele bateu portas e roeu as unhas, ela foi para a cama com espasmos intestinais. Afinal Catarina concordou em deixar Potiômkin apaziguar a Prússia. Mas a coalizão já havia desmoronado, pois Charles James Fox torpedeou Pitt no Parlamento. Mais uma vez, as patas estavam quase fora da lama.[23]

Às sete horas da manhã do dia 28 de abril de 1791, Catarina desceu devagar de sua carruagem em frente à colunata neoclássica do Palácio de Táurida de Potiômkin, usando um vestido longo de manga comprida de estilo russo e um sofis-

---

* Em junho de 1790, Alexandre Radíschev, um jovem aristocrata, publicou *Uma jornada de São Petersburgo a Moscou*. Adotando os ideais do Iluminismo que Catarina já havia defendido, o livro atacava o absolutismo russo, a servidão e o favoritismo na forma da extravagância de Potiômkin — todos os sinais do que ela chamava "a infecção francesa [...] o veneno francês" de um "insuflador da plebe pior que Pugatchov". Em 26 de julho ele foi condenado à decapitação, mas Catarina comutou a pena em exílio na Sibéria. Depois ela prendeu Nikolai Nóvikov, cujo trabalho jornalístico ela já havia patrocinado. Mas ele estava ligado a Paulo e aos prussianos, e foi aprisionado em Chlisselburg.

ticado diadema. Vestindo uma casaca escarlate e capa cravejada de diamantes, Potiômkin se ajoelhou diante dela e a conduziu para o gigantesco Salão das Colunatas (o maior da Europa), onde 3 mil convidados (mas não Moreno, que não fora chamado) os esperavam. A festa foi uma extravagância absurda, tendo custado mais de 150 mil rublos. No seu clímax, 48 garotos e garotas, conduzidos por Alexandre e Constantino, dançaram a primeira quadrilha, depois um elefante coberto de joias foi desvelado, com seu montador tocando um sino que alardeou o surgimento de todo um teatro com camarotes. Potiômkin convidou Catarina para os aconchegantes alojamentos decorados em seu estilo e preparou uma cerimônia de abertura para o caso de ela ficar e outra para o caso de ela ir para casa. Quando a imperatriz foi embora, às duas da manhã, Sereníssimo caiu de joelhos e fez um sinal para a orquestra tocar uma canção de amor que tinha composto muito tempo antes: "A única coisa que importa no mundo é você". Catarina e Potiômkin se desmancharam em lágrimas.

Nos dois meses seguintes, eles elaboraram um plano de paz com Varsóvia, Berlim e Constantinopla. Porém, durante todo o mês de julho, chegaram novas notícias de vitórias no Cáucaso, no Danúbio e no mar Negro, todas celebradas com jantares para Potiômkin. Ele queria "arrancar o Dente" (*zub* significa dente), mas não conseguiu desbancar Zúbov. Mesmo assim Potiômkin continuava sendo o líder indispensável. Como o próprio Moreno admitiu depois: "Eu não podia tirá-lo do meu caminho" porque "a imperatriz sempre concordou com os desejos dele e simplesmente o temia como se fosse um marido pronto a acertar as contas". Num comentário revelador, Zúbov acrescentou: "É culpa dele eu não ser duas vezes mais rico que sou".

Em 24 de julho, Potiômkin saiu de Petersburgo levando um bilhete de Catarina: "Até logo, meu amigo, eu o beijo". Quando ele relatou sobre a paz preliminar com os otomanos, Catarina escreveu: "Todos aqui estão entusiasmados". Mas em seguida veio a terrível notícia de que Potiômkin estava doente. Catarina rompeu em lágrimas e rezou por ele. Mandou médicos para tratar dele junto com Sachenka. Enquanto viajava para Iasi, ele adoeceu de novo.

"Meu sincero amigo, príncipe Grigóri Alexándrovitch", escreveu Catarina em 30 de setembro, dia em que ele completou 52 anos. "Sua doença me preocupa demais; pelo amor de Cristo, faça tudo o que os médicos recomendarem!" Já gravemente enfermo, com dificuldade para respirar e sofrendo desmaios, ele escreveu a seguinte carta, com mãos trêmulas: "Matuchka, Grande Dama Clemente! Em minhas condições atuais, tão cansado pela doença, rezo para que o Altíssimo preserve sua preciosa saúde e atiro-me aos seus sagrados pés. O mais fiel e agradecido súdito de vossa majestade imperial. Príncipe Potiômkin de Táurida. Oh, Matuchka, como eu estou doente!".

Catarina estava justamente lendo suas cartas antigas. "Seus médicos me garantem que você está melhor", ela respondeu, dando ordens a Sachenka: "Fique com ele". Quando acordou na manhã seguinte, Potiômkin insistiu em ir para o mar Negro, ditando um bilhete a Catarina: "Faltam forças para suportar meu tormento. A única salvação é sair desta cidade. Não sei o que vai ser de mim". Depois conseguiu garatujar: "A única saída é sair daqui". Enquanto percorria uma trilha atravessando a estepe da Bessarábia, Potiômkin deu um grito: "Já chega". Sachenka fez com que o tirassem da trilha, e os cossacos o acomodaram, a cabeça nos joelhos dela, suspirando: "Perdoe-me, misericordiosa Matuchka-Soberana". Enquanto Potiômkin, talvez o maior ministro da dinastia, morria nas estepes, um cossaco que o observava murmurou: "Viveu no ouro, morreu na relva".

Sete dias depois, em 12 de outubro, quando a notícia chegou a Petersburgo, Catarina desmaiou, e seus cortesãos temeram que tivesse sofrido um derrame. "Lágrimas e desespero", registrou sua secretária. "Às oito foi uma sangria, às dez na cama."

"Um súbito golpe mortal me atingiu na cabeça", escreveu Catarina num elogio a Potiômkin. "Meu discípulo, meu amigo, quase meu ídolo, o príncipe Potiômkin de Táurida morreu. Você não imagina o quanto estou arrasada…"

Catarina designou Bezboródko para finalizar a paz com os otomanos, assegurando os territórios da Nova Rússia e a proteção aos cristãos ortodoxos. Quando o séquito de Potiômkin retornou, ela chorou junto com eles. Catarina costumava se hospedar no Palácio de Táurida, de Potiômkin. "Como vou conseguir substituir Potiômkin?", perguntou à sua secretária. "Agora todo mundo vai esticar o pescoço para fora, como lesmas", falou. "E eu também estou velha." Ela costumava dizer que "ninguém chegava perto de Potiômkin".

Era a vez de Zúbov. "Sem se sentir triunfante", ele afinal podia "respirar ao final de uma longa e difícil submissão."[24]

"O Dente está dando mostras de seu poder", relatou Fiódor Rostopchin, correligionário de Paulo, mas ele "não é inteligente, escondendo sua falta de talento com frases técnicas". Pior, "ele demonstra uma arrogância rude e excessiva, e visitá-lo é totalmente humilhante. Todas as manhãs, multidões de bajuladores sitiavam as portas de seus alojamentos, lotando a antessala e as salas de recepção". Quando o grande tolo Zúbov estava pronto para receber visitantes, as portas dobráveis da sala de recepção eram abertas. Em seguida, "Zúbov entrava lentamente usando um penhoar", enquanto "criados se aproximavam para pentear e empoar seu cabelo, encrespado e escovado em um tufo". Todos "permaneciam em pé e ninguém ousava falar". Uma vez vestido, "aquele jovem se esparramava numa poltrona limpando o nariz e olhando para o teto, com uma expressão petulante e sem vida no rosto", dando risadinhas enquanto seu macaco "pulava em cima da cabeça daqueles lambe-botas ou ele falava com seus bufões". Zúbov era culto e tinha boa memória, concluiu Rostopchin, "mas é negligente e incapaz".[25]

Porém aquele falastrão era agora "o chefe de tudo". A Revolução Francesa tinha abalado o mundo. Rússia, Áustria e Prússia estavam determinadas a suprimi-la. Em 10 de janeiro de 1793, Luís XVI foi guilhotinado e Catarina se retirou para a cama, deprimida. Em 8 de março ela caiu da escada, mas sofreu apenas hematomas leves. Voltou-se para Zúbov, agora promovido a conde, para organizar a Segunda Partilha da Polônia. "Agora estou tomando a Ucrânia como recompensa por minhas despesas e perda de pessoal", ela declarou — e a Prússia ficou com parte dos espólios.

Catarina encheu Moreno de recompensas: seus retratos em diamantes (só presenteados a Orlov e a Potiômkin) e alguns dos antigos cargos de Potiômkin — embora Saltikov tenha ficado com o Collegium da Guerra.

Catarina estava sentindo a idade. Percebeu como era difícil alguém se lembrar de sua ascensão, mais de trinta anos antes. Um desses poucos era Ivan Chuvalov. Ele se mostrava comoventemente tímido com ela, e os cortesãos achavam graça em seus modos antiquados. Catarina dizia a eles: "Senhores, eu e o grão-camareiro somos amigos há quarenta anos e eu tenho direito de brincar com ele". Mas a velha imperatriz não tinha perdido nada de seus encantos. "Ainda viçosa, mais baixa e atarracada, sua pessoa era marcada por graça e dignidade, grave e aristocrática", observou um jovem polonês, príncipe Adam Czartoryski, que estava na corte como refém pelo bom comportamento da Polônia e para buscar a restituição de suas propriedades confiscadas. Ele odiava Catarina por ela ter destruído a Polônia, mas não conseguia deixar de admirá-la. "Ela era como o riacho de uma montanha que levava tudo na correnteza. Seu rosto, já enrugado porém muito expressivo, mostrava altivez e espírito de dominação, com um perpétuo sorriso nos lábios." A condessa Varvara Golovina recordou um farto jantar com outras damas da casa real, em que um dos pratos foi servido por uma figura oculta. Elas já estavam se servindo quando notaram o diamante solitário do tamanho de um iceberg no dedo de uma das mãos: era a imperatriz.

Se quisesse deixar Paulo de lado na sucessão, Catarina teria de encontrar uma esposa para Alexandre. Ela estava com pressa. Quando ele tinha nove anos, Catarina já admitia: "Tenho medo de um perigo para ele: o das mulheres, pois ele vai ser perseguido [...] já que é uma figura que entusiasma qualquer um". Quando tinha doze anos e o tutor falou sobre os "sonhos noturnos" do garoto, Catarina designou uma dama da corte para iniciar Alexandre "nos mistérios de todos os arrebatamentos engendrados pelo deleite sexual". Agora, depois de avaliar as princesas alemãs disponíveis, ela convidou as filhas do príncipe de Baden a Petersburgo, onde foram recepcionadas por Catarina, Zúbov e Sachenka. Alexandre, com quinze anos, escolheu como sua futura esposa a princesa Louise, de catorze. "Todos disseram que eram como dois anjos ficando noivos", exultou Catarina. "Eles estão bem apaixonados."

No dia 9 de outubro de 1793, Catarina presidiu o casamento de Alexandre com a princesa de Baden, que, convertida à ortodoxia, foi rebatizada como Isabel Alexéievna. Chuvalov e Bezboródko seguraram as coroas sobre "aquelas lindas crianças" diante de uma imperatriz chorosa.

Isabel era bonita, tinha olhos azuis e madeixas loiras onduladas. "Ela unia uma graça indescritível e rosto e formas atraentes com rapidez e clareza de raciocínio", recordou Varvara Golovina. Alexandre parecia com a mãe, alto e loiro. "A alma dele é ainda mais bonita que o corpo", considerou Rostopchin. "Nunca uma pessoa teve tal perfeição moral e física combinada." Isabel o achava "muito alto e bem formado, principalmente as pernas, os cabelos castanhos, olhos azuis, dentes muito bonitos, uma cor de pele encantadora, bem atraente".

"Você me pergunta se o grão-duque *realmente* me agrada", escreveu Isabel à mãe. "Sim, mamãe [...] por algum tempo ele me agradou loucamente." Mas havia problemas: "Dá para notar umas ninharias que não são do meu agrado". Enquanto isso, Alexandre dava respostas comoventes às embaraçosas perguntas da mãe sobre sexo: "Você me pergunta, querida mamãe, se minha pequena Lisa está grávida. Ainda não, pois a coisa não está consumada. Deve-se concordar que somos crianças grandes e muito desastradas, pois passamos por todos os problemas imagináveis para fazer isso, mas não conseguimos."

Alexandre "tem ótimas qualidades", porém "é preguiçoso, nunca toca em um livro", queixou-se Rostopchin, que admirava Isabel. "O marido a adora e juntos eles parecem crianças quando não há ninguém por perto." Como explicou um de seus cortesãos, "ele é mimado em todos os sentidos". Mas os jovens foram corrompidos pelas intrigas políticas e sexuais da corte, instigadas pelas forças que opunham Catarina e Paulo.[26]

Alexandre transitava entre o pai e a avó com uma permanente máscara de inescrutabilidade, aconselhado por seu "habilidoso e intrigante" *oberhofmeister*, Nikolai Saltikov, descendente da família da tsarina Praskóvia, um tipo magro, manco e esquivo, com um topete engomado e o hábito de estar constantemente amarrando os culotes. "Sempre com a intenção de pacificar a imperatriz e o filho dela, ele costumava envolver o grão-duque numa perene dissimulação [...] para lhe inspirar uma aversão à imperatriz e um terror ao pai." Alexandre e seu irmão Constantino viviam duas vidas distintas ao mesmo tempo — uma em Tsárskoie Seló com a imperatriz, onde se vestiam em estilo da corte francesa, e outro em Gátchina com o grão-duque, onde usavam uniformes militares prussianos.

Morando agora no palácio de Alexandre, construído por Catarina para o casal, Alexandre e Isabel sofriam sob essa pressão. "Ele tinha pela esposa um sentimento de irmão, mas ela queria dele o amor que ela teria lhe dado." Ignorada pelo marido, "ela está morrendo de tédio", observou Rostopchin. Seu "rosto angelical, silhueta esbelta e elegante e movimentos graciosos atraíam a atenção de todos...", escreveu Varvara Golovina. Catarina tentava diverti-los e a si mesma com festas constantes: "Estamos sempre fazendo nada", disse Isabel. "Passamos a semana inteira dançando."

"Certa noite, em meio aos divertimentos", escreveu Golovina, esposa sensível do grande marechal do casal e sobrinha de Ivan Chuvalov, "o grão-duque Alexandre veio até mim e disse: 'Zúbov está apaixonado por minha esposa'." Golovina logo notou que Platon Zúbov mirava de forma "sonhadora" e "lançava olhares lânguidos à grão-duquesa". Zúbov estava de fato apaixonado por Isabel: "Logo, todos em Tsárskoie Seló estavam sabendo o segredo daquela loucura infeliz". Zúbov era então "tudo aqui. Não há poder que não o dele", por isso os cortesãos do casal tentavam corrompê-la para promover a "louca paixão" de Zúbov. "O conde Zúbov está apaixonado pela minha esposa — que situação constrangedora", dizia sempre Alexandre aos amigos. "Se o trato bem, é como se eu aprovasse, e se o desencorajo com frieza, a imperatriz vai se sentir ofendida." Em geral era depois do jantar que Zúbov "via-se envolvido por um acesso de amor", observou Czartoryski, "e ele não faz nada a não ser suspirar, deitar num sofá com ar tristonho e expressão de homem seriamente apaixonado".

Confidenciando sua angustiante situação com a mãe em Baden e à amiga Varvara Golovina, Isabel deu a Zúbov o codinome "o Zodíaco". As atenções do Zodíaco não a faziam perder a cabeça: "Tenho vontade de bater em mim mesma quando penso nas loucuras daquela época [...] não há mais nenhuma questão a respeito; não dou mais importância ao Zodíaco do que dou ao vento", ela disse a Golovina.

Enquanto a noiva rechaçava Zodíaco, Catarina se irritava por ela não engravidar, e seus lupinos cortesãos viviam espionando a garota: quando a menstruação atrasava, sua governanta contava a Catarina. "Ainda mais constrangedor", confessou Isabel a Golovina, "é que a imperatriz contou a Zodíaco, e se eu digo que não à imperatriz, ela também conta para ele." Mas quando o "pássaro vermelho" chegava, Zúbov ficava sabendo tudo a respeito.

Era normal que Isabel buscasse um conforto feminino, que ela encontrou na pessoa de Varvara Golovina, de 28 anos. Um dia, durante uma caçada, ao remexer nos trajes de montaria, elas surrupiaram gorros de pele de castor "sem dizer uma palavra". "Depois, ela me deu um papelzinho com seu retrato e uma mecha de cabelo", escreveu Golovina. Um dia no Mon Plaisir, em Peterhof, "de repente ela entrou comigo no pequeno palácio e extravasou sem reservas seus sentimentos mais íntimos". No dia 30 de maio de 1794, as duas garotas saíram para dar uma volta por Tsárskoie Seló e alguma coisa aconteceu entre elas: "uma de minhas mais caras lembranças". Em uma idílica noite de primavera, sozinhas no jardim, "a grão-duquesa se debruçou sobre mim enquanto eu sorvia todas as palavras de seus lábios", recordou Golovina. Em outra ocasião, ela "me pegou pela mão, me puxou para o quarto, trancou a porta e se jogou nos meus braços em lágrimas". Maravilhada com seu caso de amor, tenha ou não sido consumado, Isabel bombardeava a condessa com cartas apaixonadas. "Oh, como é cruel estar aqui no Palácio de Táurida", escreveu em 11 de agosto. "Eu não gosto da vida quando estou separada de você [...]. Você está constantemente em meus pensamentos e me agita até eu não fazer mais nada. Oh, perdi o doce pensamento que me ocorreu esta manhã..." Aparentemente, Alexandre aprovava esse arroubo lésbico. "Eles não podem me *proibir* de amar você, e de certa forma eu estou autorizada por *alguém mais* que tem o mesmo direito, se não até mais, de me *mandar* amar você", disse Isabel a Golovina. "Você ocupa os meus pensamentos o dia todo e até quando vou dormir; se acordo durante a noite, você me vem imediatamente à cabeça."

Na primavera de 1795, Isabel enviou sua carta mais enigmática relembrando a paixão das duas em 30 de maio: "Meu Deus, todas as sensações que as simples lembranças daqueles doces momentos me evocam". Mas Alexandre tinha lido a última carta de Golovina e, como explicou Isabel, "ele me pediu uma explicação. Eu expliquei em parte".

Agora Alexandre e os cortesãos exigiam que as duas garotas se separassem. "Estou separada de você e não posso vê-la [...]. Oh, céus, se ao menos você soubesse dos meus tormentos", escreveu Isabel. "Oh, Deus, como eu a amo. Você torna minha vida aqui suportável [...]. Você realmente é minha. Nem meu marido me conhece tão bem quanto você." Enquanto isso, Catarina finalmente percebeu o entusiasmo de Zúbov — houve uma briga, e as atenções dele cessaram. Essas intrigas aproximaram Isabel e Alexandre. Os dois compartilhavam o desgosto com aquela corte degenerada e sufocante. Alexandre tentou se livrar da coroa em definitivo.[27]

"É inacreditável", escreveu Alexandre pouco depois para seu professor Laharpe. "Todo mundo está roubando; dificilmente existe um único homem honesto", insistindo em que: "Estou querendo abrir mão de minha posição por uma fazenda perto da sua. Minha esposa concorda com meus sentimentos e estou encantado em observar esses sentimentos nela".

Catarina poderia se sentir igualmente horrorizada com os sentimentos do filho em relação ao pai Paulo, que agora comandava 130 oficiais e 2 mil homens de seu exército particular no feudo de Gátchina. Lá, Alexandre e Constantino se solidarizavam com os pesares do pai e se consolavam com a simplicidade da vida militar de Gátchina. "É como fazemos, no estilo de Gátchina", disse Alexandre, deliciado que eles "nos façam as honras de nos temer". Mas eles próprios costumavam ser vítimas dos desvairados treinamentos militares de Paulo.

"O grão-duque inventa maneiras de se tornar odiado por todos", escreveu Rostopchin. "Aplica castigos indiscriminadamente e sem distinção." Treinando seu miniexército, ele "se acha o falecido rei da Prússia. O menor atraso ou contradição o irritam e provocam sua fúria". Em uma das poucas coisas que o ligavam à mãe, Paulo era obcecado pela Revolução Francesa. "Ele vê jacobinos em toda parte, e outro dia prendeu quatro oficiais que estavam com as tranças curtas demais, um claro sinal de afinidade revolucionária", observou Rostopchin. Paulo tiranizava sua corte e até a esposa e filhos, furioso por "não ter nada para fazer" aos 41 anos de idade. Quando perdia a calma com os filhos, Maria e a amante Nelídova tentavam apaziguá-lo. Numa dessas ocasiões, uma explosão de artilharia deixou Alexandre surdo de um ouvido, e Rostopchin explicou: "Fica desagradável conversar com ele, pois é preciso gritar".

Catarina podia ouvir os estrondos da artilharia em Gátchina quando passeava com seus galgos em Tsárskoie Seló. Ela odiava o militarismo de Paulo, vendo nele uma reedição de Pedro III. Considerava o filho tão amargo que o comparava a "mostarda depois do jantar".* Depois do casamento de Alexandre, ela mencionou que com o tempo ele seria "coroado com todas as cerimônias" — sem nenhuma menção a Paulo. Catarina recordava-se de Pedro, o Grande, e do tsarévitch Alexei: "A sabedoria de Pedro foi inquestionável" ao "destronar seu filho ingrato, desobediente e incapaz", que era cheio de "ódio pelo pai, malicioso e especialmente ciumento".

Agora Catarina resolvia deixar o império para Alexandre. Primeiro ela convidou o professor dele, Laharpe, para ajudá-la a convencer o garoto. Laharpe "fez todos os esforços para dissuadi-la", e nisso, lembrando-se de suas simpatias revolucionárias, ela o mandou de volta à Suíça. Paulo parecia alardear a própria instabilidade. Num acesso de raiva, advertiu um cortesão de que, quando ascendesse ao trono, ele seria decapitado. Quando o cortesão comunicou o fato a Catarina, ela respondeu: "Ele é louco". Quando o herdeiro concordava com alguma coisa dita por Zúbov, o favorito escarnecia: "Então eu falei alguma coisa estúpida?". Zúbov achava que Paulo era insano. "Eu sei disso tanto quanto você, mas infelizmente ele não é louco o bastante", concordava Catarina. Porém ela não desistia.[28]

---

* Paulo se enfurecia tanto com os caprichos de governos femininos que ele e Maria assinaram em segredo uma lei pragmática de sucessão a ser emitida quando ele se tornasse tsar, baseada na primogenitura masculina.

★ ★ ★

Na primavera de 1794, eclodiu uma nova revolução, ainda mais radical, na Polônia, onde russos e aliados foram mortos e aprisionados. Catarina e Zúbov ordenaram uma invasão total, com os prussianos atacando pelo oeste, tentando separar o país, o que depois seria repetido por Stálin e Hitler em 1939.

Em 18 de outubro, Suvórov invadiu Praga, matando 7 mil pessoas. Quando Varsóvia se rendeu, ele escreveu a Catarina: "Urra! Varsóvia é nossa!".

"Urra, marechal de campo!", ela respondeu, promovendo-o na mesma hora. A Polônia deixou de existir até 1918.* Ao completar 67 anos, Catarina comemorou essa infame vitória cobrindo Platon Zúbov com cargos e presentes — 13 199 almas, príncipe do Sacro Império Romano, 100 mil rublos.

Enquanto isso, no sul, o xá da Pérsia, Aga Mohammed Khan, que era eunuco, coisa incomum para um guerreiro feroz e fundador de uma dinastia, invadiu e conquistou o Cáucaso, aniquilou o exército de Hércules e saqueou a capital da Geórgia, Tiflis (hoje Tbilisi), erguendo torres macabras de corpos de mulheres e crianças trucidadas. Isso deu aos Zúbov a oportunidade de propor seu próprio Projeto Oriental para libertar os cristãos do Cáucaso. Catarina designou Valerian Zúbov, que perdera uma perna na Polônia, para comandar o exército que tomou Derbent e Baku.

Em Tsárskoie Seló, no dia 29 de junho de 1796, sob o olhar ansioso da imperatriz, Maria Fiódorovna deu à luz outro futuro imperador, Nicolau. Catarina propôs a Maria que convencessem Paulo a renunciar ao trono. Com sonhos de prendê-lo numa fortaleza no Báltico, Catarina pediu que a grão-duquesa assinasse um documento concordando. Maria se recusou, indignada; Catarina ficou "muito irritada".

Ao mesmo tempo, Alexandre escrevia a um amigo de confiança: "Não estou de forma alguma satisfeito com minha posição, é muito brilho para minha personalidade. Como pode um só homem governar e corrigir todos os abusos? Isso seria impossível não só para um homem de capacidade normal como eu, mas até

---

* Catarina ficou tão horrorizada com os governantes poloneses quanto com seus administradores judeus — "venais, corruptos e mentirosos, arrogantes, opressores e sonhadores, eles deixam que suas propriedades sejam geridas por judeus que sugam o sangue dos súditos e dão pouco aos nobres. Em uma palavra, este é o retrato perfeito da Polônia".

para um gênio [...]. Meu plano assim que renunciar a esse lugar escabroso é me estabelecer com minha esposa nas margens do Reno".

A outra esperança de Catarina, Constantino, destinado ao trono de Bizâncio, era uma preocupação ainda maior. Ela o havia casado com uma princesa alemã,* mas o grotesco Constantino, "instável e obstinado, começa a se parecer com o pai, permitindo-se espasmos de raiva", escreveu Rostopchin. Suas loucuras incluíam disparar ratos vivos de canhões, tocar tambores no desjejum e espancar garotas. Conseguiu infectar a esposa Anna com uma doença venérea. "Ela foi atingida por um mal sem saber a causa", observou a condessa Golovina. Seu "temperamento violento e seus caprichos selvagens", como definiu Czartoryski, foram abafados até que afinal Charlotte Lieven, a governanta dos filhos pequenos de Paulo, relatou que Constantino havia espancado cruelmente um hussardo de seu regimento. Catarina mandou prendê-lo, mas ficou tão abalada que quase teve um derrame. Porém o pior ainda estava por vir, quando Zúbov desfechou sua trapalhada final.[29]

Naquele verão, Catarina deu as boas-vindas ao jovem rei sueco, Gustavo IV Adolfo, que viera para acertar o noivado de sua neta mais velha, Alexandrina. Zúbov supervisionou o trato segundo o qual a filha de Paulo poderia continuar sendo ortodoxa na luterana Suécia — mas não conseguiu fechar o acordo.

Às seis horas da manhã do dia 11 de setembro, a imperatriz, observada por toda a corte, subiu ao trono no Palácio de Inverno para anunciar o noivado, mas o rei não compareceu. Depois de três horas e meia de uma espera angustiante, Catarina soube que o acordo estava desfeito. Ela bateu no funcionário de Zúbov com seu bastão. Cinco dias depois, perguntou diretamente a Alexandre sobre a

---

* Dessa vez ela convidou o príncipe e a princesa de Saxe-Coburg-Saalfeld para levar suas três filhas a Petersburgo. Consta que quando Catarina e Constantino observavam a chegada ao Palácio de Inverno, as duas princesas mais velhas tropeçaram ao descer da carruagem, mas a terceira, Juliane, desceu sem problemas. "Tudo bem", disse Constantino, "se tem de ser, eu fico com a macaquinha. Ela dança lindamente." Em 15 de fevereiro de 1796, Constantino se casou com Juliane, agora grão-duquesa Anna. Depois, os Coburg se tornaram o que Bismarck definiu como "a fazenda de garanhões da Europa". Leopoldo, irmão de Anna, se casou com a princesa Charlotte, herdeira do trono britânico, e após sua morte precoce ele se tornou o primeiro rei da Bélgica e promoveu o casamento de seu sobrinho, príncipe Albert de Saxe-Coburg, com a rainha Vitória.

sucessão e lhe mostrou o decreto para deserdar Paulo. Em 24 de setembro, ele respondeu educadamente, mas sem se comprometer com nada. Catarina precisava de tempo, de um tempo que ela não tinha mais.[30]

Cena 5
A conspiração

Elenco

PAULO I, imperador, 1796-1801, filho de Pedro III com Catarina, a Grande

Maria Fiódorovna, imperatriz (nascida princesa Sophia Dorothea de Württemberg), segunda esposa de Paulo

ALEXANDRE I, imperador, 1801-25, primeiro filho de Paulo e Maria

Isabel Alexéievna, imperatriz (nascida princesa Louise de Baden), esposa de Alexandre

CONSTANTINO I, imperador, 1825, segundo filho de Paulo e Maria

Anna Fiódorovna (nascida princesa Juliane de Saxe-Coburg-Saalfeld), esposa de Constantino

CORTESÃOS: ministros etc.

Alexandre Bezboródko, chanceler, príncipe

Alexandre Suvórov, conde, príncipe, marechal de campo, generalíssimo

Fiódor Rostopchin, conde, ajudante general, presidente do Collegium do Exterior, administrador do correio

Alexei Araktchéiev, conde, um dos comandantes de Petersburgo, general-intendente, "Cabo de Gátchina", "Macaco de Uniforme"

Príncipe Alexandre Kurákin, vice-chanceler

Príncipe Alexei Kurákin, procurador-geral

Nikita Pánin, vice-chanceler, sobrinho do ministro de Catarina, a Grande

Pedro von der Pahlen, governador de Petersburgo, ministro-chefe, "Professor de Astúcia"

Pedro Oboliáninov, procurador-geral

Príncipe Platon Zúbov, ex-amante de Catarina, a Grande

Conde Nikolai Zúbov, mestre da cavalaria, "Colosso", irmão de Platon

Iekaterina Nelídova, amante de Paulo, "Monstrinha"

Anna Lopukhiná, depois princesa Gagárina, amante de Paulo

Ivan Kutaíssov, conde, barbeiro de Paulo, faz-tudo, camareiro, mestre das vestes, "Fígaro"

Conde Fiódor Golóvkin, mestre de cerimônias

Condessa Varvara Golovina, amiga da imperatriz Isabel

No dia 5 de novembro de 1796, Catarina acordou às seis da manhã, preparou o próprio café, como de hábito, e começou a escrever. Quando foi ao toalete, sofreu um derrame e caiu no chão, onde ficou até as nove, hora em que seu camareiro a encontrou, sem ar, o rosto arroxeado, sem conseguir falar. Chegou a abrir os olhos, mas logo entrou em coma. Foram necessários seis homens para tirá-la do banheiro, porém, sem conseguir levá-la até a cama, deixaram-na num colchão no chão. "O primeiro a ser avisado, o príncipe Zúbov foi o primeiro a se descontrolar." Chorando, Alexandre e Constantino chegaram com as esposas, os dois de uniforme de "Potiômkin". Às 3h45, o dr. Rogerson percebeu que ela havia sofrido um grave derrame. O conde Nikolai Zúbov, mestre da cavalaria, o gigante dos quatro irmãos, conhecido como "Colosso", foi a galope para Gátchina.

Um soldado relatou a Paulo que Zúbov havia chegado. Lembrando o destino do pai, Paulo agarrou a mão de Maria: "Minha querida, estamos perdidos". Quantos Zúbov estavam lá?, perguntou. "Bem, com um nós podemos lidar!" Zúbov caiu de joelhos, e Paulo entendeu.

Na estrada para Petersburgo, Paulo encontrou Rostopchin. "Que hora difícil para o senhor, *monseigneur*", disse Rostopchin.

"Espere, meu caro, espere", replicou Paulo. "Deus me apoiou por 42 anos" — e os dois seguiram viagem juntos. Às 8h30 eles chegaram ao Palácio de Inverno.

A figura ofegante de Catarina jazia num colchão, atendida por seguidores, do passado e de então, em prantos: o octogenário Cicatriz, Bezboródko e o príncipe Zúbov. Quando este pediu um copo de água, ninguém se mexeu para ir buscar. "A imperatriz estava inanimada, como uma máquina cujos movimentos cessaram", observou Czartoryski.

Paulo passou pelo quarto mal olhando para a mãe e foi montar um quartel--general na sala interna. Uma vez lá, convocou Zúbov e mandou que entregasse todos os papéis de Catarina. Logo encontrou a carta de Cicatriz confessando o assassinato de seu pai, Pedro III, e a recusa do filho Alexandre ao plano de Catarina de alterar a sucessão. Paulo mandou chamar Alexandre e Constantino.

Um oficial com o uniforme de Gátchina, magro e carrancudo, passou pela imperatriz moribunda para se apresentar a Paulo: Alexei Araktchéiev, 28 anos, nascido na baixa nobreza, conhecido como "o Cabo de Gátchina", era leal a Paulo e um adepto brutal da disciplina. Quando viu que sua camisa estava suja da viagem, Paulo lhe deu uma das suas. Virou-se para Alexandre e falou, juntando a mão dele com a de Araktchéiev: "Sejam amigos para sempre". Pouco depois, Paulo e Maria fizeram uma refeição improvisada no corredor adjacente ao quarto de Catarina.

Isabel passou a noite chorando, até Alexandre voltar para trocar o uniforme pelo uniforme prussiano. "A mãe dele ainda respira, e o imperador não tem nada melhor a fazer do que mandar os filhos vestirem uniformes. Que mesquinharia!", escreveu. "Quando o vi de uniforme, caí em prantos." Lá fora, os cortesãos de Paulo — os rudes oficiais de Gátchina em seus ultrapassados uniformes prussianos — começavam a chegar. "O grão-duque", escreveu Rostopchin, "está rodeado por pessoas tais que a mais honesta mereceria ser enforcada." Os cortesãos "perguntaram, atônitos, quem eram aqueles ostrogodos". Os "ostrogodos" eram o futuro.

À tarde, Alexandre trouxe a esposa para o leito de morte. "Às cinco da tarde a respiração da imperatriz começou a ficar cada vez mais fraca. Várias vezes os médicos acharam que os últimos momentos haviam chegado [...]. O barulho era tão intenso que podia ser ouvido do corredor [...]. O sangue subia às feições dela, às vezes em tom de vermelho, depois violeta." Zúbov sentava-se sozinho num canto: "Os cortesãos o evitavam como à peste", observou Rostopchin. Consta que Bezboródko mostrou a Paulo a carta não assinada de Maria, sua esposa — e o decreto de Catarina retirando-o da sucessão. Bezboródko picou esses papéis e foi recompensado por sua lealdade.

Às nove horas da noite, o dr. Rogerson anunciou os últimos momentos: Paulo e Maria, Alexandre, Constantino e esposas se posicionaram à direita, enquanto os médicos, Charlotte Lieven, governanta dos filhos imperiais, os cortesãos mais íntimos e Zúbov, Bezboródko e Rostopchin, o homem de Paulo, ficaram à esquerda. Catarina parou de respirar às 21h45, com 68 anos de idade e 35 de reinado. Todos choraram. O procurador-geral abriu a porta e proclamou o novo imperador. Alexandre, Isabel e os cortesãos se ajoelharam. Zúbov, "cabelos desgrenhados, revirando os olhos de uma forma medonha, chorava com caretas terríveis", segundo Isabel. "O pobre Zodíaco estava numa situação difícil." Zúbov retirou-se para a casa da irmã, esperando o pior, enquanto a imperatriz Maria voltou ao quarto de Catarina para examinar o corpo.[1]

A morte de Pedro III atormentava os pensamentos de Paulo. Depois do serviço na igreja, ele notou que o velho Cicatriz, exausto da longa vigília, tinha ido para casa. Mandou chamar Rostopchin e outro escudeiro de Gátchina, o general Nikita Akharov, e falou: "Sei que estão cansados, mas vão até a casa do conde Orlov e cuidem para que ele faça o juramento; não quero que ele se esqueça do dia 29 de junho". Paulo se referia à deposição de Pedro III, em 1762. Despertado às três da manhã, o assustado octogenário, de camisola, fez seu juramento de obediência.*

No dia seguinte, 7 de novembro, Paulo exibiu os novos uniformes prussianos da Guarda. Estava acompanhado por Alexandre e Constantino, que "apareceram nos novos uniformes como se fossem velhos retratos de oficiais alemães saídos das molduras".

Paulo mudou tudo o que tivesse alguma relação com a mãe.** Catarina ficou

---

* O príncipe Fiódor Bariátinski, companheiro regicida de Orlov-Tchésmenski, foi exonerado como marechal da corte, enquanto os favoritos de Pedro III, Gudóvitch e Pedro Izmailov, o guarda que denunciara a conspiração de Catarina em junho de 1762, foram trazidos do exílio e promovidos.

** Paulo confirmou Zúbov em seus cargos e até o visitou e fez um brinde com ele na casa da irmã. Mas depois mandou Constantino demiti-lo. Zúbov se retirou para seu palácio barroco em Rundale, na Curlândia, outrora propriedade de Biron. Mas ele voltaria à vida de Paulo para se vingar. Potiômkin era um anátema para Paulo: seu Palácio de Táurida foi transformado em quartel da cavalaria. Depois Paulo ordenou que o túmulo dele em Kherson fosse destruído e que os ossos fossem espalhados. Cerca de 12 mil prisioneiros poloneses foram libertados; o rei Estanislau Augusto

exposta no Grande Saguão, ladeada pela Guarda Montada com lágrimas corren-do nas faces. Quando a condessa Golovina chorou, Araktchéiev, "o instrumento das rigorosas severidades do imperador, me deu um violento empurrão e me disse para ficar quieta". Isabel "chegou por trás com delicadeza e apertou minha mão". Mas Catarina não ficou ali sozinha por muito tempo.

No dia 9 de novembro, Paulo anunciou que seu pai, Pedro III, seria enterrado com a mãe, Catarina II. "Minha mãe foi chamada ao trono pela voz do povo e es-tava ocupada demais para cuidar das honras fúnebres de meu pai", explicou com sarcasmo. "Estou apenas corrigindo esse descuido."

Onze dias depois, Paulo compareceu à exumação do pai no Mosteiro de Niévski. Beijou a mortalha. A seguir chamou os regicidas Orlov-Tchésmenski e Bariátinski para desempenhar seus papéis. Orlov alegou que estava velho demais, mas Paulo apontou a coroa e gritou: "Leve-a e marche!". Quando a filha de Bariá-tinski apelou para o perdão, Paulo respondeu: "Eu também tinha um pai".

Em 1º de dezembro, Paulo seguiu o cortejo a pé ao longo da avenida Niévski. Bariátinski ia à frente do caixão, enquanto Orlov-Tchésmenski levava a coroa atrás. Pedro III ficou em exposição ao lado de Catarina. Orlov-Tchésmenski e Bariátinski tiveram a sorte de ser apenas banidos. Catarina e Pedro foram enterrados juntos.[2]

Em 8 de novembro, os regimentos de Gátchina marcharam em direção ao Palácio de Inverno com seus antiquados uniformes prussianos, como uma invasão de ostrogodos. "Apesar de nossa tristeza pela imperatriz, demos muita risada dos novos uniformes", escreveu um oficial da Guarda, coronel Sablukov. Mas a Guarda ainda usava os uniformes de Potiômkin. O imperador "saudou, bufou e pigarreou quando os guardas passaram marchando, sacudindo os ombros para mostrar seu desprazer". Depois, de repente, "o exército de Gátchina se aproximava".

Paulo saiu "a galope para encontrá-los e voltou em êxtase com suas tropas", escreveu Sablukov. "Que oficiais! Que caras mais estranhas! Que modos!" Os guardas de Gátchina de Paulo se juntaram à antiga Guarda. Ele mandou seu aju-

---

foi reabilitado e convidado para a coroação; o radical Radíschev foi trazido do exílio; Bóbrinski, meio-irmão ilegítimo de Paulo, filho do príncipe Orlov, foi chamado e promovido a conde; o colos-sal Palácio de Bella de Catarina, construído para Alexandre, foi totalmente demolido. A expedição persa de Valerian Zúbov foi interrompida e chamada de volta.

dante general, Rostopchin, reformar e prussianizar o Exército — a começar pelos uniformes. Considerava as tranças prussianas enceradas a expressão do antigo regime, em contraposição aos cabelos tonsurados da liberdade francesa. "Nunca houve num teatro uma mudança de cenário tão súbita e tão completa quanto a alteração do estado de coisas com a ascensão de Paulo", recordou Czartoryski. "Em menos de um dia, costumes, modos, funções, tudo foi alterado." Qualquer coisa francesa, nova ou na moda era banida: culotes, meias-calças, sapatos afivelados, cabelos empoados, botas de duas cores e calçados de amarrar foram banidos, sob pena de prisão. Tesouras eram usadas para cortar a cauda das sobrecasacas "revolucionárias". "Nada foi mais odioso para as classes altas" que o banimento das sobrecasacas, relembrou o cortesão Fiódor Golóvkin, reconduzindo a nobreza a seu lugar.

A jubilosa rigidez de Paulo era aplicada pelo novo governador de Petersburgo, Akharov, conhecido como "o ministro do terror". Ao avistar o tsar ou sua família, ou simplesmente ao passar pelo palácio, "todos os que estivessem dentro de carruagens tinham de descer e fazer saudação", relatou Sablukov. Se Akharov visse alguém usando um chapéu redondo "liberal", a pessoa era perseguida pelas ruas por oficiais e, se apanhada, era surrada com bastão. Ao avistar uma babá empurrando um carrinho de bebê, o próprio Paulo absurdamente a repreendeu por *lèse-majesté* por não tirar a touca da criança, que ele próprio removeu: o bebê era o futuro poeta Aleksandr Púchkin. Petersburgo, que "sob Catarina era a metrópole mais elegante da Europa", nas palavras de Sablukov, "deixou de parecer uma cidade moderna, tornando-se mais uma cidade alemã de dois séculos atrás".

A "principal ocupação daqueles dias" agora era a parada militar diária, a *Wachtparade*. O imperador, imaculado com suas botas altas e uniforme prussiano, a cabeça descoberta exposta ao mau tempo e portando um chicote ou bengala, era rodeado pela ofuscante Chancelaria Móvel Militar de Sua Majestade Imperial e sua Comitiva, com 93 ajudantes de campo. Era ali que ele concentrava seu poder. Paulo promoveu seus antigos cortesãos: o príncipe Alexei Kurákin a procurador-geral, e o irmão dele, príncipe Alexandre, a vice-chanceler para administrar a política externa com Bezboródko. "Eu sou apenas um soldado, não me envolvo em administração", gabava-se. "É por isso que eu pago a Kurákin e Bezboródko." Na verdade, Paulo se deleitava com o poder, orgulhoso de que um Románov homem era novamente *imperator*. Despejava decretos — mais de 2 mil só em seu primeiro ano.

Suas decisões eram publicadas na gazeta oficial e inspiravam ao mesmo tempo medo e sensação de ridículo. "A petulância, a severidade e o extravagante rigor de Paulo tornavam o trabalho muito desagradável", escreveu o coronel Sablukov. Quando se interessou por uma das damas de honra de Isabel, o imperador introduziu o fato nas Ordens do Dia: "Agradeço ao grão-duque Alexandre por ter uma dama de honra tão bonita". Nas paradas, ele afirmava seu poder em observações dignas de Calígula: "Vocês sabem que o único *grand seigneur* na Rússia é o homem com quem estou falando neste instante — e só enquanto estou falando com ele?". Paulo estava revogando o pacto entre os *seigneurs* e o monarca, que tinha sido a base da grandeza russa desde o tsar Alexei e depois consolidado por sua mãe. Com esse menosprezo, ele advertia seu séquito de que todo o seu reino era um golpe imperial vivo contra as pretensões dos magnatas e famílias governantes. Durante uma caminhada com o príncipe Repnin, ele comentou: "Marechal, está vendo essa guarda de quatrocentos homens? Com uma palavra eu poderia promover todos eles a marechal". Era comum Paulo bater no peito e declarar: "A lei está aqui!". O tsar revogou a lei que proibia punições físicas de nobres, um desafio direto aos seus privilégios e orgulho enquanto classe dominante, com base no direito de serem donos e açoitar seus servos. Pouco depois, nobres começaram a ser castigados. Um subcapitão foi condenado a mil chibatadas; um padre foi açoitado com o cnute por posse de livros radicais; um funcionário teve a língua cortada. Sentenças instantâneas de exílio eram tão comuns que "quando montávamos guarda, costumávamos deixar algumas centenas de rublos em cédulas nos bolsos do casaco para não ficar sem vintém se de repente fôssemos mandados para longe". Durante um desfile, Paulo perdeu totalmente a compostura e "bateu com a bengala em três oficiais". Como veremos, eles não esqueceriam a humilhação. Paulo chegava até a citar uma máxima de Calígula: "Deixe que me odeiem, desde que me temam". Eles o temiam, mas também riam dele. E nada solapa uma autoridade mais que o riso.

Por trás da formalidade militar, esse inimigo do poder feminino era dominado por mulheres. Foram Maria e Nelídova, a amante de Paulo, que promoveram seus aliados, os Kurákin. "Quanto à imperatriz", escreveu Isabel, "ela é boa, incapaz de fazer mal, mas não aguento sua submissão em relação a Nelídova, a abominável e pequena paixão do imperador." Toda mulher sabe que a melhor forma de salvar um casamento é ser amiga da amante do marido. Segundo explicou Isabel à mãe, "Nelídova é a única pessoa capaz de influenciar o imperador, por isso a imperatriz lhe obedece e assim ganha os favores do imperador". O imperador convenceu Nelídova a voltar à corte, onde ela dominava* — ao lado de um potentado ainda mais improvável: o barbeiro de Paulo.

O "principal árbitro de tudo" era o "primeiro valete outrora turco e agora cristão", Kutaíssov. Durante a primeira guerra otomana, Catarina deu a Paulo um garoto escravo, capturado em Kutaíssi, na Geórgia. Paulo foi o padrinho quando ele se converteu à lei ortodoxa com o nome de Ivan Kutaíssov e o mandou estudar em Versalhes. Quando regressou, passou a servir Paulo como *valet de chambre*. Agora Kutaíssov se tornara confidente de Paulo, faz-tudo e cafetão — "ele parecia uma espécie de Fígaro".

Mas Paulo "era sinceramente devoto, realmente caridoso, generoso, amante da verdade e inimigo de falsidades, sempre ansioso para promover a justiça", escreveu Sablukov. "Tinha uma atitude romântica e se deleitava com tudo que fosse *chevalresque*"; e às vezes demonstrava senso de humor, inclusive sobre si mesmo. Quando soube que Sablukov desenhava caricaturas, perguntou: "Você fez a minha?", e "riu com gosto" diante da semelhança. "Mas essas características louváveis se tornavam inúteis por uma total falta de moderação, extrema irritabilidade e expectativa irracional e impaciente de obediência."

Somente um homem o enfrentava. "Senhor, existem pólvora e pólvora; melenas não são canhões, um rabicho não é uma baioneta e eu não sou prussiano, mas sim russo puro-sangue", disse Suvórov ao imperador, que o dispensou com uma de suas ordens idiossincráticas de desfile militar: "O marechal Suvórov, tendo declarado à sua majestade imperial que, como não há mais guerra, ele não tinha nada mais a fazer, deve permanecer afastado por ter feito tal observação". Araktchéiev, o Cabo de Gátchina, atormentou e exilou o invencível herói russo.

"Nunca houve um soberano mais terrível em sua severidade ou mais liberal quando se sentia generoso", observou Czartoryski. "Em meio a toda essa excentricidade e ridículo, havia um elemento de seriedade e justiça. O imperador queria ser justo."[3]

---

* Provavelmente Nelídova se sentia assustada com Paulo e por certo era devota, mas também sabia que quanto mais virtuosa parecesse, maior o poder que teria sobre ele. Ela implorou para que ele diminuísse o presente de 2 mil servos à mãe dela: "Pelo amor de Deus, senhor, faça o favor de reduzir esse presente... para quinhentas almas".

No dia 18 de março de 1797, Paulo e família chegaram ao neogótico Palácio de Petróvski de Catarina, perto de Moscou, onde ele insistiu no primeiro de muitos *baisemains à genoux* (beijar as mãos de joelhos) para toda a corte. Ao meio-dia do dia 28, véspera do Domingo de Ramos, Paulo acompanhou os filhos num passeio a cavalo até o Krêmlin, com a imperatriz, Anna e Isabel seguindo-os de carruagem. Paulo gostava tanto daquilo que cavalgou o mais devagar possível: o cortejo demorou duas horas. "Tudo era repetido", reclamou seu enfastiado mestre de cerimônias, conde Fiódor Golóvkin. "O imperador estava entusiasmado como uma criança."

Às cinco horas da manhã do dia 5 de abril, os cortesãos se reuniram para a coroação do imperador e da imperatriz. As damas estavam prontas às sete horas, e o cortejo começou às oito. Excepcionalmente, Paulo usava um *dalmatique*, espécie de veste sacerdotal de bispo, para simbolizar o tsar como alto sacerdote da ortodoxia, além de botas, espada e uniforme, que o metropolita Gabriel, arcebispo de Nóvgorod, que presidia a cerimônia, pediu que ele removesse. Paulo obedeceu antes de entrar na Catedral da Anunciação, onde o ex-rei da Polônia, em outro golpe desfechado contra Catarina, assistia do balcão. Maria foi a primeira esposa de um tsar a ser coroada com o marido, que colocou a coroa em sua cabeça.

Depois, Paulo leu o decreto, assinado por Maria e por ele próprio em 1788, que regulamentava a sucessão pela progenitura masculina, a começar por seu filho Alexandre — um plano razoável para evitar a instabilidade que atormentara a Rússia durante todo o século XVIII. Em seguida promulgou sua Lei da Família, transformando a dinastia em instituição política, estabelecendo títulos (os herdeiros seriam conhecidos como cesarévitches), precedência, propriedade, rendimentos (administrados por um Ministério dos Apanágios Imperiais) e regras de vida — nenhum grão-duque poderia se casar com uma plebeia.

Mais tarde, no Palácio do Krêmlin, Paulo e Maria receberam mais *baisemains à genoux* antes de concederem presentes e promoções — um total de 82 mil almas.* "A cerimônia foi longa, mas seguida por centenas de outras inventadas pelo

---

* Bezbórodko foi nomeado príncipe (o primeiro nomeado por um tsar desde Ménchikov), recebeu 16 mil almas e foi promovido a chanceler. Araktchéiev se tornou barão. O criado turco em ascensão, Kutaíssov, foi promovido apenas a camareiro de quarta classe e resmungou com Paulo, que ficou tão furioso que bateu nele e o expulsou da sala ameaçando com um exílio. Nelídova o salvou, num gesto de bondade do qual logo se arrependeria. Depois ele foi promovido a um novo papel, de mestre das vestes. Afinal Paulo anunciou novas proteções para os servos, um gesto que

imperador e pelo mestre de cerimônias para agradá-lo [...]. A paixão de Paulo por cerimônias se igualava à sua paixão pelo Exército", recordou Golóvkin. Paulo e Maria, ambos defensores germânicos da meticulosidade, insistiam que "era essencial que o imperador ouça o joelho tocando no piso e sinta o beijo na mão". Todas as cerimônias tinham de se dar em silêncio, para garantir que os joelhos emitissem o som de uma coronha de fuzil; e se alguém tagarelasse, como costumavam fazer com Catarina, Paulo gritava: "Silêncio!". Quando Isabel entrelaçou flores em sua tiara, a imperatriz Maria a arrancou, gritando: "Isso é impróprio!". E quando viu suas duas noras usando capas, o tsar bradou: "Tirem essas capas e nunca mais as usem!". Contudo, "quando o povo não estava tremendo, estava tomado por um júbilo louco e delirante — nunca se riu tanto", observou a condessa Golovina, "uma risada sarcástica que geralmente mudava para um esgar de terror". As mulheres "estavam morrendo de fadiga".

Paulo "ficava tão zangado quando as cerimônias chegavam ao fim" que acrescentou mais quatro dias de cerimônias — e mesmo nas paradas ele não conseguia resistir e usava seu *dalmatique*, "uma das visões mais curiosas imagináveis", ponderou Golóvkin, pois parecia um abafador de bule de chá cravejado de joias, combinado com as botas prussianas de cano alto, uma túnica e um chapéu de três bicos. Em meio a esses disparates compulsivos, uma intriga sexual era tramada pelo barbeiro turco. Sabendo que não havia sexo com Nelídova, Kutaíssov planejou "dar ao monarca o que se pode chamar de uma amante de fato". Escolhendo uma adolescente núbil, Fígaro "situou-a incessantemente sob o nariz de sua majestade, e foi óbvio o suficiente para preocupar a imperatriz". Não demorou muito para Paulo notar "os olhos negros e vivos" de Anna Lopukhiná.[4]

Em qualquer casamento, não se pode nunca subestimar o poder das reclamações, mas numa monarquia absoluta esse poder pode ser absoluto, e Paulo era atormentado por uma coalizão de reclamações, da esposa e da amante.

"Eu me sentiria feliz e relaxada se pudesse interferir pelos desafortunados sem provocar sua raiva contra mim ou contra eles", escreveu Nelídova a Paulo.

---

provocou uma lufada de revoltas camponesas no interior que precisou ser reprimida. Era típico de Paulo, a incoerência de posar como protetor dos servos enquanto distribuía milhares como mercadoria para seus vassalos.

Em outra carta, acrescentou: "Mas você sabe como amar a resmungona?". Certa vez Paulo "entrou na sala da Guarda muito apressado, no momento em que um sapato feminino voou por cima da cabeça de sua majestade e quase o acertou", relatou o coronel Sablukov, que estava de serviço no momento. Logo depois, "Mademoiselle Nelídova entrou pelo corredor, pegou o sapato e o calçou" e saiu. No dia seguinte, Paulo confidenciou a Sablukov: "Meu caro, nós tivemos uma pequena briga ontem", e ordenou que pedisse a Nelídova que dançasse com a orquestra. "Encantadora, soberba, deliciosa!", bradava o imperador enquanto observava sua monstrinha dançando um minueto. Esposa e amante insistiam com Paulo para dispensar Akharov, o terror de Petersburgo, mas aquela impertinência o enfurecia, e ele culpava Maria. Ela apelou para Nelídova para trazer Paulo de volta para ela. "A imperatriz diz que sem você Pavlóvsk não é bonita", disse Nelídova a Paulo. "O coração dela está triste por estar separada de você." Era comum Paulo e Maria precisarem de Nelídova, como revela esta carta escrita em conjunto em Gátchina em agosto de 1797: "Você é boa, nossa verdadeira amiga e sempre será" (Maria); "Só está faltando você para a minha felicidade" (Paulo).

Depois de um acesso de raiva, Paulo pedia desculpas a Nelídova: "Perdoe um homem que a ama mais do que a si próprio". Nelídova estava tentando salvar Paulo de si mesmo: "Os soberanos, mais do que quaisquer outros, precisam exercer paciência e moderação", ela escreveu a ele. Mas as duas mulheres exageravam.

Quando uma coalizão de potências europeias não conseguiu conter a França revolucionária, Paulo se viu com pouco dinheiro para fazer uma guerra. Manipuladas por um suspeito banqueiro holandês, Maria e Nelídova apoiaram os Kurákin na criação de um Banco de Assistência à Nobreza, que se transformou num escândalo no qual os irmãos fizeram fortuna. Paulo culpou as mulheres. Quando Maria (cujo local de origem, Württemberg, foi anexado pela França) e Nelídova tentaram convencê-lo a se aliar à Áustria e à Grã-Bretanha contra a França, Paulo chegou ao limite — e Fígaro Kutaíssov preparou sua armadilha.[5]

Em uma ocasião, Paulo viu Maria cochichando com Alexandre Kurákin. "Madame", começou Paulo, "estou vendo que deseja fazer amigos e se preparar para governar sozinha como Catarina, mas vai perceber que não sou Pedro III."

Em janeiro de 1798, Maria deu à luz o quarto filho, Miguel. Mas o parto foi tão perigoso que os médicos mandaram que ela se abstivesse de sexo. "O instigador e principal ator dessa trama" foi Rostopchin, que odiava Kurákin e Nelídova, enquanto Bezboródko queria muito evitar a guerra e manter Maria longe da política.

Durante uma visita a Moscou, Paulo perguntou a Fígaro por que ele era tão amado ali e não em Petersburgo.

"Senhor, acontece que aqui [em Moscou] o senhor é visto como realmente é, bom, magnânimo e sensível", explicou o barbeiro, "enquanto em Petersburgo dizem que qualquer graça é concedida pela imperatriz ou por Fräulein Nelídova, ou que os Kurákin é que a extraíram do senhor — mas quando castiga, o senhor está sozinho."

"Então o que dizem é que sou governado por aquelas mulheres?", perguntou Paulo.

"Isso mesmo, senhor."

Em um baile, Kutaíssov apontou Anna Lopukhiná.

"Vossa majestade virou a cabeça de alguém."

"Mas ela não é uma criança?", murmurou Paulo.

Não tanto, respondeu Kutaíssov. Lopukhiná tinha dezesseis anos.

Paulo ficou entusiasmado, mas Lopukhiná, uma virgem aparentada com a primeira mulher de Pedro, o Grande, não podia ser agenciada como uma corista de teatro. Fígaro negociou com os pais dela.

Ao regressar a Pavlóvsk no final de junho, o tsar rejeitou Maria e Nelídova. "Em 25 de julho, a tempestade desabou quando o imperador deu ordens ao monsenhor [Alexandre] para que dissesse à imperatriz que nunca mais interferisse na política", mas o filho ficou do lado da mãe: "Estou vendo que não perdi só minha mulher como também meu filho".

Paulo berrou com Nelídova, mandando que fosse embora para sempre — depois provocou Alexandre oferecendo a coroa para ele segurar. "É incrivelmente pesada. Tome, segure. Julgue por si mesmo." Alexandre empalideceu.

"O imperador apresentava todos os sintomas de um jovem de vinte anos", escreveu a condessa Golovina, e chegou a confidenciar ao filho Alexandre: "Imagine o quanto devo estar apaixonado!". A nova amante, observou Golovina, "tinha uma bela cabeça, bonitos olhos, sobrancelhas bem marcadas e cabelo preto, lindos dentes e uma boca atraente, um nariz um pouco arrebitado — mas o corpo feio, malfeito e sem seios! Porém era bondosa e incapaz de fazer mal a qualquer pessoa".

Lopukhiná resistiu aos avanços do "homem mais feio do império" por muito tempo, até que, sufocada com as atenções do imperador, ela "rompeu em lágrimas e implorou para não ser molestada, confessando seu amor pelo príncipe Pável Gagárin", um jovem oficial do Exército. Paulo fez os dois se casarem de imediato, congratulando a si mesmo por sua virtude. Mas Gagárin maltratou a esposa maculada e, em conluio com Kutaíssov, "manipulou as paixões malignas" de Paulo de maneira que Lopukhiná, agora conhecida como princesa Gagárina, se submetesse obedientemente à sedução do imperador.

Paulo dispensou os Kurákin e nomeou o pai de Gagárina, Pedro Lopukhin, ex-chefe de polícia de Moscou, como procurador-geral. Mas o verdadeiro vencedor foi Fígaro, agora promovido a conde. O mestre doméstico do imperador, "apesar de sua ignorância crassa", escreveu Golóvkin, "aspirava ser ministro. Enquanto isso, os ministros o consultavam diariamente". Mas Fígaro nunca se mostrou arrogante, escreveu Sablukov — "Estava sempre pronto para ajudar pessoas e nunca se soube ter prejudicado ninguém". Mas só na Rússia, considerou Czartoryski, "a varinha mágica autocrática do tsarismo poderia realizar essa metamorfose" de um escravo em aristocrata.

Paulo e Fígaro agora eram cúmplices em escapulidas juvenis. "De estatura média, um pouco corpulento, mas alerta e rápido nos movimentos, bem moreno, sempre sorrindo com olhos orientais e uma postura que mostrava uma jovialidade sensual", Fígaro foi amante da atriz francesa Madame Chevalier, para quem comprou uma casa perto da de Gagárina. "Eles costumavam sair juntos e incógnitos nessas expedições."

Paulo ficou "tão entusiasmado" com sua conquista de Gagárina "que o pobre homem não cabia em si" e "achava que não conseguia nunca ser generoso o bastante". Gagárina ganhou um palácio de presente, enquanto seu complacente marido em algum momento foi promovido ao comando do Collegium da Guerra. A cor favorita de Gagárina era escarlate. Paulo mudou as cores dos uniformes dos regimentos da Guarda por causa dela,* e quando ia visitar Gagárina com Kutaíssov, sua carruagem e os lacaios eram todos equipados em carmesim. Paulo ti-

---

* Essas mudanças de uniforme causaram tumulto no Collegium de Manufaturas, cujo pai de Sablukov comandava. Quando Paulo percebeu que a última mudança estava atrasada, imediatamente escreveu uma nota ordenando: "Exonere o conselheiro Sablukov do trabalho e o exile". O pobre e velho Sablukov foi banido, só para ser chamado pelo imperador, que "com lágrimas nos olhos se desculpou pela petulância".

nha proibido valsas alegando que eram "licenciosas", mas Gagárina adorava valsar; por isso, numa clássica revogação de Paulo, valsar passou de proibido a obrigatório. Assim que Paulo trocou de amante e de ministério, em junho de 1799, um general francês que ganhara fama conquistando a Itália partiu para atacar o Egito.[6]

No caminho, o general Napoleão Bonaparte ocupou Malta, sede dos Cavaleiros de Malta, o que indignou seu novo grão-mestre — Paulo em pessoa. Essa ordem religiosa-militar era conhecida originalmente como os Cavaleiros de São João de Jerusalém, cuja história nas Cruzadas empolgava Paulo. Um simpático conde italiano e cavaleiro de Malta* chegou a Petersburgo para convidar o tsar a se tornar protetor da Ordem e depois grão-mestre. Paulo adotou os rituais da Ordem com todo o entusiasmo de um colegial e designou Kutaíssov como seu mestre da cavalaria. Paulo não se via apenas como líder da ortodoxia, mas de toda a cristandade, numa cruzada com a Áustria e a Grã-Bretanha contra o ateísmo da França, cujas conquistas ele repugnava e cujos ideais temia.

Essa nova coalizão concordou em atacar a França na Holanda, ao longo do Reno, na Suíça e na Itália antes de invadir a própria França. Paulo assinou um tratado com Londres, mas ingenuamente deixou os exércitos russos à disposição da Áustria. No entanto, o momento era perfeito: o governo francês, o Diretório, era corrupto e estava dividido. Seu melhor general estava no Egito, enquanto o melhor general de Paulo estava ocioso em sua herdade. Quando Paulo renegociou com os austríacos, eles lembraram entusiasticamente as vitórias obtidas em conjunto contra os otomanos sob o comando de Suvórov e o sugeriram como um comandante aceitável. Paulo mandou chamá-lo a Petersburgo.

Em fevereiro de 1799, durante um baile, o marechal Suvórov, de 69 anos, reapareceu na corte, recoberto dos favores de Paulo. "Não poderia haver contraste mais chocante", observou a condessa Golovina, "do que o austero soldado, no tumulto de um baile, os cabelos brancos e o rosto magro, com o imperador dividindo

---

* Era o conde Giulio Litta. Os cavaleiros deveriam ser guerreiros celibatários, mas Litta se apaixonara pela rica "gatinha" Katinka Scavrónskaia, a sobrinha-amante de Potiômkin. Paulo, um ávido casamenteiro, patrocinou a feliz união, e Litta atuou como marechal da corte russa pelos trinta anos seguintes.

sua atenção entre Suvórov e uma garota simplória [princesa Gagárina], cujo rosto bonito mal seria notado se não tivesse por acaso ganhado os favores do imperador."

Paulo ordenou que duas unidades do Exército marchassem para a Itália e para a Suíça para se juntar aos austríacos, enquanto outra se reuniria com os britânicos para atacar a Holanda. Em 17 de fevereiro, Suvórov partiu para assumir o comando das forças austro-russas na Itália, onde bateu os franceses. Porém os ministros austríacos sabotaram os aliados russos. Suvórov pôs o cargo à disposição, mas Paulo, que mandara o filho a Constantinopla para servir com ele, o encorajou a continuar lutando. Paulo chegou a desafiar o general Bonaparte para um duelo, com seu Fígaro gorducho e sibarita como padrinho. Quando a Prússia hesitou em entrar para a coalizão, Paulo publicou "um desafio a qualquer soberano que discordasse dele para acertar a diferença em combate individual", mas, como ironizou Czartoryski, "Paulo teria grande dificuldade se o desafio tivesse sido aceito, pois era muito medroso a cavalo". Em agosto, Suvórov venceu a Batalha de Novi e tomou o norte da Itália.

Mas os exércitos russo e austríaco na Suíça estavam em apuros. Suvórov atravessou os Alpes, porém os austríacos abandonaram os aliados. Somente Suvórov conseguiria se retirar lutando. Exasperado pelas traições da Áustria, Paulo chamou o marechal de volta.* Enquanto isso, na Holanda, a expedição anglo-russa também foi um fracasso, pois os britânicos se mostraram tão ineptos quanto os austríacos. Em face de insultos pessoais e desastres militares, Paulo alterou toda a sua política, passando a considerar a hipótese de uma guerra contra a Grã-Bretanha e se convencendo de que Bonaparte era o seu herói.[7]

"O imperador literalmente perdeu o juízo", comunicou a Londres o embaixador britânico Charles Whitworth. A amante de Whitworth era irmã do príncipe Zúbov, Olga Jerebtsova, de 33 anos, que fomentou uma conspiração para assassinar Paulo. Primeiro ela pôs Whitworth em contato com o principal defensor da política

---

* Suvórov foi recebido com uma promoção à patente de generalíssimo (recebida antes por Ménchikov e Anton de Brunswick, e depois só por Stálin) e o romântico título de príncipe da Itália. Mas Paulo ficou com ciúmes. Citando sua transgressão de "todas as minhas instruções [e] estando surpreso por isso, ordeno que me diga o que o levou a fazer isso". Suvórov-Italíiski morreu logo depois. Paulo promoveu Constantino, que lutou corajosamente, a cesarévitch, o título do herdeiro — que nesse caso seria Alexandre. Por algum tempo a Rússia teve dois cesarévitches.

pró-Inglaterra no governo russo, o conde Nikita Pánin, sobrinho do ministro de Catarina. Agora que o velho Bezboródko tinha morrido, Paulo indicou Rostopchin como presidente do Collegium do Exterior e mestre do correio* — mas também fez de Pánin seu vice-chanceler. Rostopchin defendia uma nova política pró-França e o desmembramento do Império Otomano, Pánin queria uma aliança com os britânicos. Paulo tinha então rejeitado rudemente a proposta de Pánin, que concluiu que o tsar estava insano e deveria ser assassinado. Dois outros aliados de Zúbov foram convocados: o almirante José Ribas, um rufião latino que ajudara a descobrir Odessa, e o conde Pedro von der Pahlen, o novo governador-geral de Petersburgo, que promoveu um encontro farsesco com o herdeiro do trono.

Pánin encontrou-se secretamente com Alexandre e propôs que Paulo deveria deixar o filho governar como regente. Os dois estavam apavorados, Pánin segurando nervosamente uma adaga. Quando Pánin pensou em voz alta se eles estavam sendo seguidos, Alexandre gritou. Ele não se comprometeu com o plano, tampouco revelou a conspiração. Whitworth foi reconvocado quando Paulo se voltou contra os britânicos, Ribas morreu cedo e Paulo exilou Pánin em Moscou. Dos conspiradores, só restou Pahlen — que foi enviado para defender as fronteiras.

Promovido a conde, Rostopchin ajudou Paulo a se preparar para a guerra contra a Áustria e a fazer amizade com a França. Bonaparte deixou seu exército no Egito e voltou à França, onde tomou o poder como o primeiro cônsul semimonárquico, em novembro de 1799. Restaurou de forma dinâmica as fortunas francesas, retomando a Itália em junho de 1800 e derrotando os austríacos em Marengo. Agora Paulo estava fascinado por Bonaparte. "Tenho todo o respeito pelo primeiro cônsul e seu talento militar", escreveu. "Ele age. É um homem com quem se pode fazer negócio." Seu entusiasmo por Napoleão lembrava a queda do pai por Frederico, o Grande, uma paixão que só se intensificou quando a França concedeu Malta ao grão-mestre Paulo, apesar de a ilha logo ter caído sob domínio dos britânicos. Paulo reconheceu as novas fronteiras da França e organizou um Sistema Norte da Dinamarca, Suécia e Prússia para agir com uma neutralidade armada contra a Grã-Bretanha.

Em questão de meses, Napoleão e Paulo estavam planejando um esquema

---

* O mestre do correio era também um mestre espião, pois dirigia *cabinets noirs* que devassavam as correspondências, abrindo em segredo cartas particulares e diplomáticas, copiando-as, decifrando códigos e voltando a fechá-las.

fantástico para mandar o general francês Masséna, com 35 mil homens, para se reunir em Astrakhan com um exército russo de 35 mil infantes e 50 mil cossacos. Juntos eles atravessariam o Cáspio, para capturar Kandahar e em seguida invadir a Índia britânica.[8]

"Mais desconfiado que nunca", Paulo agora iniciava o que Czartoryski chamou de um "reino de terror: todos os que pertenciam à corte ou se aproximavam do imperador viviam em estado de constante temor. Na hora de dormir, não se sabia se durante a noite algum policial não ia aparecer com um *kibítka* [vagão] para transportá-lo imediatamente para a Sibéria". A paranoia de Paulo era justificada — mas também autogratificante.

O plano de Paulo para lidar com Alexandre (e com seu irmão Constantino) era sobrecarregar os dois com tantos deveres que os rapazes mal pudessem ter tempo para visitar suas mulheres, ainda mais planejar um golpe. "Os grão-duques não eram mais do que cabos", explicou Golovina. "Seus deveres não resultavam em nenhum poder." "Ligado como estou às trivialidades do serviço militar", queixou-se Alexandre, "me vejo cumprindo os deveres de um suboficial." Sablukov notou que "os dois grão-duques sentiam-se aterrorizados pelo pai. Se o pai parecesse um pouco zangado, eles tremiam como folhas de álamo".

Alexandre era vigiado pelo barão Araktchéiev, um terrível e implacável mirmídone com um "pescoço que se retorcia convulsivamente, orelhas grandes, cabeça grande e malformada e rosto fino com faces encovadas, testa proeminente e olhos cinzentos e fundos". Apelidado de "Macaco de Uniforme", Araktchéiev era o comandante de Petersburgo, ao lado do próprio Alexandre. O imperador o presenteou com a herdade de Grúzino — e com os aposentos de Zúbov no Palácio de Inverno. "O terror de todos", um organizador incorruptível de "inteligência superior, severidade e vigilância infatigável", era o oposto do liberal Alexandre.

No entanto, o Macaco e o anjo formavam uma surpreendente parceria: quando Alexandre tinha de entregar um relatório às cinco da manhã, Araktchéiev entrava no quarto com o documento completo e colhia sua assinatura (enquanto Isabel se escondia embaixo dos lençóis) para apresentar ao pai dele. "Faça-me um favor", dizia um bilhete típico para Araktchéiev, "e esteja aqui quando minha guarda estiver montada para não dar nada errado." Alexandre precisava de Araktchéiev: "Desculpe o incômodo, meu amigo, mas eu sou jovem e preciso muito do seu conselho".

Isabel detestava Paulo. "Esse homem é repugnante para mim; qualquer um que desagrade a sua majestade pode esperar uma reprimenda enérgica", ela disse à mãe. "Oh, mamãe, é doloroso e assustador presenciar injustiças e brutalidades diárias. Para ele dá no mesmo ser amado ou odiado desde que seja temido [...]. Ele é odiado e temido no mínimo por todo mundo [...]. O humor dele muda mais que um cata-vento."

A relação do casal com o imperador não melhorou quando Paulo aconselhou Alexandre a ter um caso com a irmã de sua amante Gagárina e trancou os dois juntos num quarto. Quando teve alguns momentos de discrição, Alexandre escolheu sua própria amante, dividindo Madame Chevalier com Fígaro.

"De repente tudo virou de cabeça para baixo", escreveu Alexandre para um de seus melhores amigos. "Poder absoluto desorganiza tudo. É impossível enumerar toda a loucura" num país que se tornou "um joguete do insano." Ele acreditava que o "Exército perde todo o seu tempo em paradas militares [...]. O poder é ilimitado e exercido de maneira perversa. Você pode julgar como estou sofrendo".

Alexandre confiava em seus quatro melhores amigos, um círculo de aristocratas liberais* liderados pelo príncipe Adam Czartoryski, um patriota polonês a serviço da Rússia que parecia um modelo de ambiguidade. Alexandre pediu a Czartoryski para redigir uma constituição e um manifesto que denunciasse "os males do regime", as dádivas da liberdade e da justiça e sua "resolução de abdicar" depois de reformar a Rússia. Para complicar as coisas, Isabel se apaixonou por Czartoryski, e Alexandre se mostrou complacente. Quando ela deu à luz uma filha, o cabelo da menina era preto. Paulo suspeitou com razão que Czartoryski fosse o pai. Por pouco o polonês não foi parar na Sibéria. Paulo preferiu nomeá-lo ministro na Sardenha.

Paulo sentia o perigo em toda parte ao redor e começou a construir um novo local mais seguro em Petersburgo, o Castelo de Mikháilovski, em estilo gótico. Quando soou um alarme de incêndio em Pavlóvsk, o imperador entrou em pânico, convencido de que era uma revolução, e fugiu para salvar a própria vida, enquanto os corações da grão-duquesa Isabel e de sua cunhada Anna "bateram de *esperança* de que fosse alguma coisa". Paulo avançou para um grupo de hussardos de espada em

---

* Além de Czartoryski, havia o conde Paulo Stróganov, descendente dos príncipes mercadores da Sibéria que haviam passado um tempo na França revolucionária, Víktor Kotchubei (nobre cossaco, sobrinho de Bezboródko e vice-chanceler de Paulo por curto período) e Nikolai Novossíltsev.

riste, gritando: "Saia da frente, sua escória!". Deu ordens para que dois soldados fossem açoitados na frente dele — por terem dado início ao pânico. Tratava Alexandre como uma ameaça. "Eles estão muito mal agora", relatou Isabel, enquanto Alexandre dizia ao ex-professor Laharpe: "Eu me tornei o ser mais infeliz".[9]

No entanto, no início dos anos 1800 não existia nenhuma conspiração, e o trono era protegido por vassalos dedicados: Rostopchin como ministro e mestre espião, o agora conde e general intendente Araktchéiev como o homem forte do Exército, e um novo procurador-geral, Pedro Oboliáninov, ex-administrador de Gátchina. Porém, o próprio Paulo foi destruindo-os um a um, os homens dedicados à sua proteção e promovendo os que preparavam sua destruição.

Quando Araktchéiev encobriu um roubo perpetrado no turno do seu irmão, Paulo o exonerou. "Essas nomeações são uma verdadeira loteria", refletiu Alexandre, que escrevia secretamente para o Macaco de Uniforme: "Meu amigo, eu não preciso enviar garantias renovadas de minha inabalável amizade [...]. Acredite em mim, eu nunca vou mudar". Mas foi necessário apenas um homem de ação para mudar tudo: Pahlen, que fora dispensado duas vezes do posto-chave de governador-geral de Petersburgo e duas vezes readmitido. Paulo o tinha dispensado como governador da Livônia por ter acolhido Zúbov.* Mas, de alguma forma, Pahlen havia feito amizade com Kutaíssov, que continuou insistindo que Paulo o readmitisse. Depois de tanto sofrer com os caprichos de Paulo, Pahlen concluiu que o imperador precisava sair. "O homem fraco fala", declarou. "O homem corajoso age." Pahlen cultivava uma imagem de plácida bonomia, oferecendo taças de champanhe aos seus visitantes, o que escondia um talento ladino para conspirações — seu apelido era "Professor de Astúcia".

Como governador-geral, Pahlen tinha acesso a Alexandre, que era comandante, e começou a sondar "levemente, vagamente". Alexandre "ouvia, mas não respondia". Quando Pahlen lhe disse que Paulo deveria ser deposto, Alexandre respondeu que estava "resignado a continuar sofrendo". Mas no final de dezembro ou em janeiro de 1801, Pahlen convenceu o herdeiro a concordar com um plano vago de ser o regente ou de governar se o pai abdicasse — mas só depois de extrair

---

* Em 26 de fevereiro de 1797, Pahlen recebeu o seguinte bilhete do imperador: "Para minha surpresa descobri os desonrosos serviços fornecidos por você ao príncipe Zúbov em Riga, dos quais extraí minhas próprias conclusões sobre o seu caráter e pelo qual meu comportamento em relação a você será proporcional".

"a sagrada promessa de que a vida de Paulo seria preservada". Alexandre planejava "instalar seu pai no Palácio de Mikháilovski", onde "ele teria todo o jardim de inverno para passear e cavalgar". E decidiu acrescentar um teatro e uma escola de equitação "para reunir tudo o que pudesse tornar feliz a vida do imperador".

"Eu prometi", recordou Pahlen, "mas sabia que era impossível — se Paulo não deixasse de viver, o sangue de inocentes logo estaria inundando a capital [...]. Minhas ligações com Alexandre logo levantaram as suspeitas do imperador." Os dois interromperam as reuniões e passaram a se comunicar através de mensagens não assinadas imediatamente destruídas.

Pahlen procurou homens que sabiam afogar gatinhos. "Eu precisava dos Zúbov e de Bennigsen", um oficial alemão agressivo exilado por Paulo. Sabendo das inclinações cavalheirescas de Paulo, Pahlen apelou para sua generosidade: será que ele não deveria chamar os Zúbov de volta? Pahlen precisava do apoio de Fígaro, o que logo foi conseguido. Olga Jerebtsova, irmã de Zúbov, insinuou ao barbeiro que o príncipe Zúbov queria casar a filha. Em 1º de novembro, Paulo perdoou os Zúbov, nomeando-os para trabalhos menores, mas não ofereceu nada ao general Leo Bennigsen, que passou a odiá-lo ainda mais.

Na primeira semana de 1801, Paulo exilou 26 oficiais. "Aproximava-se um crescendo que seria sangrento", afirmou Pahlen mais tarde. "Não havia um entre nós que tivesse certeza de mais um dia de existência! Elevado a uma posição importante e delicada, eu era o que mais corria perigo!" Czartoryski definiu melhor: Paulo "era muito fantasioso e caprichoso. Ninguém podia jamais confiar nele".

Pahlen trabalhava para sabotar Rostopchin. Ao mesmo tempo, o Professor de Astúcia fazia um jogo ainda mais abrangente: depois de atrair aos poucos o herdeiro para sua conspiração, ele o traiu, insinuando a Paulo que Alexandre, Constantino e a mãe tramavam contra ele. Paulo pensou em formas de castigar a família. Pahlen informou então a Alexandre dos planos de Paulo para destruí-lo.* Duzentos oficiais acorreram para aderir ao plano.

---

* Esse relato da conspiração baseia-se em diversas fontes, publicadas ou não, que nos permitem contar a história de vários pontos de vista: as notas não publicadas (agora na Sorbonne) de um exilado francês, conde de Langeron, que entrevistou Pahlen, Bennigsen e o grão-duque Constantino; as cartas da grão-duquesa Isabel para a mãe e suas memórias narradas à condessa Golovina; as memórias anônimas de Bennigsen; memórias de Czartoryski que provavelmente contêm a versão de Alexandre do evento; as memórias de Sablukov são valiosas, pois ele estava presente na noite, mas não na conspiração.

No dia 1º de fevereiro, Paulo se mudou para seu novo e inexpugnável Palácio de Mikháilovski, provido de um fosso, pontes levadiças e muitos quadros do Hermitage. Fígaro e Gagárina moravam no andar de baixo, enquanto os filhos mais novos do imperador viviam em cima do quarto de Paulo. No entanto, a segurança de uma fortaleza depende dos homens que a protegem. Responsável pela segurança, Pahlen conhecia os códigos diários, e os ajudantes do imperador eram, em sua maioria, conspiradores. O Professor de Astúcia descobriu que o melhor lugar para uma reunião era o salão do chefe da polícia secreta, Oboliáninov, que era "insuspeito de qualquer intento maligno", enquanto Paulo "nunca suspeitou dos íntimos de Oboliáninov".*

Enquanto isso, Paulo lançava com entusiasmo sua guerra quixotesca contra a Grã-Bretanha em aliança com Napoleão. Em janeiro de 1801, deu ordens para o atamã dos cossacos do Don, Vassíli Orlov (sem relação com o príncipe Orlov) comandar seus 20 mil homens num ataque à Índia.**

Em meados de fevereiro, Pahlen conseguiu que Rostopchin fosse exilado para sua herdade, e ele próprio o substituiu como presidente do Collegium do Exterior e mestre do correio com poder de abrir cartas. Mas, enquanto a conspiração se disseminava, Sablukov percebeu que "o aspecto geral da sociedade mostrava que algo extraordinário estava acontecendo". O próprio Pahlen corria o risco de ser exposto. Numa ocasião, ele estava levando uma mensagem secreta quando Paulo, ao ver seus bolsos estufados de cartas, pediu para vê-las, ironizando: "São cartas de amor?". Paulo pegou as cartas e o sangue de Pahlen gelou. Bem a tempo, ele disse: "Senhor, não toque nisso... você odeia tabaco e meu lenço está cheio de fumo".

---

* Mas sem dúvida Paulo estava vigiando o conspirador original, Pánin, informando ao seu governador de Moscou: "Abri a carta em que ele escreve sobre uma tia imaginária (que não existe) que é a única no mundo com alma e coração e outros absurdos. Vejo a partir disso que ele continua sendo o mesmo, por isso por favor mande-o embora, mas diga para parar de mentir, seja pela língua ou pela pena".

** Essa não foi a única política expansionista de Paulo: os reinos da Geórgia, Kartli-Kakhetia e Imeretia, ainda governados por reis da dinastia dos Bagration, Guiórgui xii e Solomon ii, nunca se recuperaram das recentes predações do xá eunuco da Pérsia. Em dezembro de 1800, os russos afirmaram que o moribundo Guiórgui xii, de Kartli-Kakhetia, havia deixado seu reino para a Rússia: as tropas de Paulo tomaram o controle. Por volta da mesma época, Paulo patrocinou oficialmente a Companhia Russo-Americana para colonizar o Alasca, início do império da Rússia na América que durou até 1867.

"Ah, que porcaria!", bradou Paulo, desistindo. Em outra ocasião, quando Pahlen estava com uma lista de conspiradores e a ordem do dia de Paulo, o imperador exigiu que ele entregasse esta última. Diante de uma chance de 50% de destruição, Pahlen enfiou a mão no bolso e por sorte pegou o papel certo.

Enquanto cavalgava no jardim, de repente Paulo levou a mão à garganta: "Senti que sufocava. Senti que ia morrer. Será que eles vão me estrangular?". Seus cortesãos o tranquilizaram. Ele já tinha falado de morrer de "dor de garganta" — seu eufemismo para estrangulamento.

Às sete da manhã do dia 7 de março, ao fazer seu relatório, Pahlen encontrou o tsar "sério e preocupado. Ficou olhando para mim por dois minutos sem dizer uma palavra". Alguém tinha entregado a Paulo uma lista de conspiradores.

"Você estava aqui em 1762?", ele perguntou a Pahlen.

"Sim, senhor."

"Fez parte da revolução que privou meu pai do trono e da própria vida?"

"Eu era um jovem corneteiro da Guarda, mas por que vossa majestade está perguntando?"

"Estão tentando reeditar 1762."

Pahlen estremeceu, mas se recompôs e replicou. "Sim, senhor, eles querem fazer isso. Eu sei e estou no plano."

"O que está dizendo?"

"O senhor não tem o que temer. Estou de posse de toda a teia da conspiração e logo vai saber de tudo." Pahlen garantiu a Paulo que ele havia sido coroado, ao contrário do pai, que "era um estrangeiro e você é russo", enquanto a imperatriz Maria "não tinha nem o gênio nem a energia da sua mãe", Catarina, a Grande.

O imperador ameaçou com prisões e enforcamentos — diante disso Pahlen replicou solenemente que ele ficaria chocado quando soubesse quem eram os conspiradores. E apresentou uma lista confirmando os pesadelos de Paulo: Maria, Alexandre e Constantino eram os líderes. Paulo e Pahlen planejaram um contragolpe para prender todos. Paulo confidenciou a Kutaíssov que, depois daquele contragolpe, "vamos viver sem restrições como irmãos". E Kutaíssov disse à princesa Gagárina: "Vejo que chegou a hora de desfechar meu golpe". Inocentemente, a princesa repetiu aquelas palavras a Pahlen: "Não sei a que ele se refere quanto ao grande golpe que planeja".

Pahlen assustou Alexandre ao revelar os planos de Paulo. Estabeleceu a data como os Idos de Março, dia 15, mas o César estava ficando desconfiado demais.

Alexandre propôs o dia 11, quando seus fiéis guardas de Semiónovski estariam de serviço.

No entanto, com certeza alguém denunciou a conspiração a Paulo. Em 9 de março, sem dizer nada a Pahlen, o tsar em segredo convocou Araktchéiev e Rostopchin a voltar imediatamente a Petersburgo — sem dúvida para assumir o comando do contragolpe. Porém Pahlen, encarregado da correspondência, abriu as cartas e mostrou-as a Paulo, perguntando se eram forjadas. Paulo assegurou que eram autênticas. Quando recebeu a mensagem de Paulo — "Preciso de você. Venha imediatamente" —, Araktchéiev voltou correndo a Petersburgo.

Em 10 de março, Paulo estava de mau humor. Depois do concerto da tarde, retirou-se acabrunhado para seus aposentos, e antes do jantar enfrentou Maria e os filhos mais velhos, acusando-os de traição. Consta que ele encontrou *Brutus*, de Voltaire, na mesa de Alexandre e mandou que Kutaíssov fosse falar com ele com um exemplar de *Pedro, o Grande*, de Voltaire, com o trecho da tortura do tsarévitch Alexei grifado. No jantar, o imperador de nariz achatado manteve-se de braços cruzados, olhando para a esposa e para os filhos. Instalou os rapazes em prisão domiciliar e mandou Oboliáninov reaplicar o juramento de obediência. Quando se levantou da mesa, Maria caiu em prantos.[10]

No dia seguinte, 11 de março, Paulo estava mais relaxado. A família recebeu para o jantar o general Mikhail Kutúzov, de um olho só, que se imortalizaria como o herói de 1812. "Éramos vinte no jantar", relatou Kutúzov, e Paulo "estava muito alegre, divertido e afetuoso com a mulher e os filhos." Mas o general pode ter entendido mal quando Paulo perguntou a Alexandre por que ele parecia tão ansioso, aconselhando que cuidasse bem da saúde.

Depois Paulo foi brincar com as crianças no andar de cima. "Quando o pai nos visitava, era extremamente divertido", contou Nicolau, que na época tinha quatro anos, e "todos brincávamos com trenós naqueles corredores imensos. Até minha mãe brincava conosco." Mas naquela noite, quando Paulo se retirou, perguntaram ao pequeno Miguel do que ele estava brincando. "De enterrar o pai!", ele respondeu. Será que o menino tinha ouvido alguma coisa? As babás o silenciaram.

Mais tarde naquela noite, quando apresentou um segundo relatório do dia ao imperador, Pahlen notou que, enquanto os guardas de Semiónovski de Alexandre estavam de serviço ao redor do palácio, eram os guardas montados de Sablukov que patrulhavam os aposentos reais. Pahlen disse a Paulo que os guardas montados eram jacobinos e recomendou que fossem dispensados; e, como uma medida de precaução sensata em vista da deslealdade da esposa, aconselhou que o imperador trancasse a porta dos aposentos da mulher.

Em algum momento durante o dia, Fígaro recebeu uma carta alertando quanto à trama. "Negócio Amanhã" era a "expressão favorita" de Kutaíssov. A carta foi encontrada em seu bolso no dia seguinte, ainda fechada.

Às oito da noite, ao se apresentar ao seu coronel em chefe Constantino, o coronel Sablukov encontrou os dois rapazes "muito excitados". "Vocês todos parecem loucos aqui", murmurou Sablukov. Alexandre "se retirou como uma lebre assustada" e, quando Paulo apareceu, ele se esgueirou "como um acendedor de lampiões". Só quando o imperador se retirou foi que Alexandre abriu a porta e espiou dentro da sala. "Ele se aproximou de nós outra vez como um cão de caça sorrateiro." Depois de ser alertado sobre o destino do tsarévitch Alexei, Alexandre estava sobressaltado.

"Você não sabe de nada", explicou Alexandre. "Nós dois estamos em prisão domiciliar. Os dois fomos levados por Oboliáninov à capela para fazer o juramento de obediência." Mas, assim que voltou para casa, Sablukov foi chamado mais uma vez pelo imperador. Acompanhado de seu cãozinho Spitz e de seu ajudante de ordens Uvárov, um dos conspiradores, Paulo declarou: "Vocês são jacobinos". Enquanto Uvárov "fazia caretas e sorria nas costas do imperador", o tsar dispensou os guardas montados, deixando dois criados desarmados de guarda. Depois de visitar a amante no andar de baixo, usando suas "ceroulas e colete de linho branco" habituais e um gorro de dormir, Paulo foi para a cama com a espada, a bengala e o cinto sobre o casaco militar.

Do outro lado da cidade, os conspiradores compareciam a diversos jantares oferecidos por diferentes oficiais — mas todos eles, mais de sessenta, inclusive três irmãos Zúbov, convergiram para o apartamento do coronel Talízin no Palácio de Inverno. Usando uniformes e medalhas dos tempos de Catarina e muito animados, todos beberam em grandes goles o champanhe de Pahlen. Bennigsen recordou a "alegria imensa" e a "bebedeira excessiva" entre príncipes e senadores, georgianos, alemães e um criado francês. A maioria era formada de jovens; alguns eram constitucionalistas românticos, outros, valentões embriagados, loucos por uma briga — e três eram os oficiais que haviam sido espancados pessoalmente por Paulo. Todos discutiram o novo reino e uma constituição, e Nikolai Bíbikov, coronel da Guarda de Izmailóvski, sugeriu massacrar toda a dinastia.

Pouco antes da meia-noite, Pahlen chegou da corte — enquanto o conde Araktchéiev chegava a galope aos portões de Petersburgo para salvar o imperador. Pahlen deu ordens para que não o deixassem entrar e que o mandassem de volta para casa.

Pahlen e Bennigsen, ambos alemães, ambos calmos e implacáveis, ambos com 56 anos, eram os únicos que não estavam bebendo. Pahlen brindou ao novo tsar antes de dividir os conspiradores em dois grupos. O primeiro, sob o comando do príncipe Zúbov, ainda com 34 anos, e de Bennigsen, deveria entrar no palácio por um portão dos fundos predeterminado e ir diretamente ao quarto do imperador, enquanto o próprio Pahlen com o outro grupo cercaria o palácio, cortando todas as rotas de fuga. E se Paulo resistisse? "Como todo mundo sabe", replicou Pahlen, "não se pode fazer um omelete sem quebrar os ovos."

Pouco depois da meia-noite, Pahlen levou seu grupo para a parte frontal do Mikháilovski, enquanto Bennigsen e Zúbov corriam para os fundos do palácio, guiados por Argamakov, ajudante de Pahlen, passando por uma ponte sobre o fosso para entrar nos alojamentos reais. Durante o trajeto, metade se perdeu no escuro, por isso somente doze, incluindo Platon e Nikolai Zúbov, conseguiram entrar com Bennigsen na fortaleza.

Todos desembainharam as espadas quando o ajudante os levou direto até a antecâmara, mas o criado se recusou a abrir a porta.

"Eu vim apresentar um relatório", disse Argamakov.

"Você está louco? Já passa da meia-noite."

"Na verdade, são seis da manhã, e você vai ter um problema sério com o imperador se não abrir a porta." A porta foi aberta, e eles entraram. Um dos criados gritou, dando o alarme, mas "eu fiz um corte perigoso na cabeça dele com meu sabre", segundo palavras de Bennigsen. Platon Zúbov perdeu a coragem e queria fugir. Bennigsen o agarrou pelo braço: "O quê? Agora você quer se retirar? Estamos envolvidos demais para aceitar seu conselho, que nos arruinaria a todos. O vinho foi servido e deve ser tomado". Os doze homens se amontoaram diante da porta destrancada e subiram a escada, enquanto outros vinte ou mais bravos conspiradores, bêbados e sedentos de sangue, foram atrás. Porém o frio e tranquilo Bennigsen e o vacilante Zúbov seguiram em direção à câmara imperial. O grito do criado* tinha acordado Paulo, que se apressou em fugir. Mas sua outra saída, que levava ao quarto de Maria, fora trancada por ordem sua. Havia um alçapão sob a escrivaninha, que levava a um túnel saindo do palácio, mas, antes que Paulo conseguisse abri-lo, Bennigsen e Zúbov irromperam no quarto empunhando espadas e velas. Correram para a cama. Vazia. "Ele fugiu!", bradou Zúbov, mas Bennigsen apalpou os lençóis. "O ninho ainda está quente." Ergueram as velas e olharam ao redor do quarto. Nada. A luz da lua irrompeu pelas nuvens. Bennigsen viu dois pés descalços atrás de um biombo. *Voilà*, exclamou.

Paulo foi arrastado descalço e com o gorro de dormir até Bennigsen, cuja "figura magra, pálida e angulosa, de chapéu na cabeça e espada na mão, deve ter parecido um terrível espectro".

"Senhor, o seu reinado acabou. Alexandre é o imperador. Nós o prendemos sob as ordens dele. O senhor deve abdicar", disse Bennigsen em francês. "Sua vida não está em perigo, mas, se resistir, não poderei protegê-lo!" O príncipe Zúbov o acusou de um despotismo intolerável. Enquanto Bennigsen verificava as outras portas, Nikolai "Colosso" Zúbov e outros conspiradores se encaminharam para o quarto de dormir.

"Estou preso?", perguntou Paulo ainda de camisola. "O que significa isso? Preso?" Zúbov repetiu o discurso de Bennigsen em russo, ao que Paulo, retomando certo orgulho imperial, começou a discutir com o bêbado Colosso, que rosnou para ele: "Por que você está gritando tanto?", e esbofeteou o imperador. Paulo o afastou com um empurrão. "O que eu fiz para você?", gritou.

---

* A princesa Gagárina não ouviu nada, mas o grito acordou Kutaíssov, "o hábil Fígaro", que sem meias nem sapatos, de camisola e gorro de dormir, fugiu pela escada e correu até a cidade para se esconder na casa de um amigo, não na mansão da amante, Madame Chevalier, aonde foram mandados soldados para prendê-lo. Fígaro não foi preso, mas demitido, formando depois uma família nobre: um de seus netos foi morto em Borodinó e um conde Kutaíssov estava na comitiva de Nicolau II. Quanto à princesa Gagárina, ainda com apenas 23 anos, ela e seu mesquinho marido foram mandados para a Itália. "Não se pode criticar sua conduta na vida desperdiçada que teve", escreveu a imperatriz Isabel quando Gagárina morreu em 1805, ainda jovem. "Uma boa mulher." Ela afinal encontrou o amor num jovem polonês, o príncipe Boris Czetvertinsky (irmão da futura amante de Alexandre) —, mas morreu no parto aos 27 anos. No fim, Gagárina não era a única amante de Paulo: três meses depois de sua morte, outra amante deu à luz uma filha que recebeu o sobrenome de Músin-Iúriev (Iúriev foi dos primeiros sobrenomes dos Románov) e ganhou a herdade de Rópcha (onde Pedro III foi assassinado). Maria, a viúva de Paulo, assumiu a criação da garota, que morreu com dezoito meses.

"Você nos torturou a todos durante quatro anos", bradou um valentão agressivo. Os conspiradores e o imperador ficaram se olhando, sem fôlego, então de repente houve um tumulto, quando outro grupo de oficiais aos gritos, comandados pelo príncipe Iachvíli, um corajoso georgiano que apanhara de bengala do imperador, abriu passagem para entrar no quarto. Temendo que Paulo estivesse sendo resgatado por tropas leais, Zúbov entrou em pânico e saiu correndo escada abaixo. Nisso, Iachvíli e sua turma correram para o tsar, derrubando biombo, lampião e imperador.

"Pelo amor de Deus, senhor, não tente fugir ou será assassinado", bradou Bennigsen, que alegou ter corrido para encontrar um lampião. Não foi coincidência o fato de o príncipe Zúbov e Bennigsen terem saído do quarto no momento em que chegava o esquadrão de ataque (se é que eles saíram). O mais provável é que estivessem se afastando para deixar os matadores designados se lançarem contra o tsar. Paulo lutou corpo a corpo até Nikolai "Colosso" Zúbov, o homem que havia levado a Paulo a notícia de sua ascensão, pegar uma grande caixa de rapé de ouro maciço e bater no seu rosto, acertando a face e um olho. Paulo tombou, provavelmente batendo na quina da escrivaninha. O tenente Ivan Tatárinov e o capitão Iákov Skariátin, auxiliados por Iachvíli, se lançaram sobre ele, que se debatia. Foram necessários vários homens fortes para dominá-lo. Sablukov diz que estavam lá os três oficiais espancados por Paulo — "Ele pagou caro por isso na hora da morte". Em frenesi, eles espancaram e estrangularam o imperador. O coronel Bíbikov o segurou pelos rarefeitos cabelos e bateu a cabeça dele no chão; Skariátin pegou a faixa de Paulo debaixo da cama e, provavelmente ajudado por Iachvíli e Tatárinov, enrolou-a em seu pescoço. O criado francês de Zúbov se agachou. Paulo enfiou os dedos entre a faixa e o pescoço, implorando para ser poupado, para que o deixassem rezar. Em seguida, fitando o rosto de seus assassinos de olhos esbugalhados, ele pensou ter reconhecido o filho Constantino e, em um momento trágico que remete ao *Et tu, Brute?*", de Júlio César, vociferou: "O quê? Sua alteza está aqui?". Depois recomeçou seus rogos. "Misericórdia, vossa alteza, misericórdia! Um pouco de ar, pelo amor de Deus."

Os estranguladores apertaram a faixa até Paulo se imobilizar — ao que outros conspiradores "se vingaram de insultos pessoais chutando e pisoteando o cadáver, mutilando o infeliz". Eles "apertaram o nó e arrastaram o corpo, agredindo-o". Bennigsen reapareceu com um lampião, interrompeu a pancadaria e assumiu o comando. Depois de verificar se o "corpo mutilado" ainda vivia, colocou trinta guardas nas portas e jogou o cadáver na cama.[11]

Obviamente, Alexandre I estava esperando no andar de baixo. "Sem trocar de roupa, ele se jogou na cama cheio de dúvidas e ansiedades", até ouvir "uma batida na porta" e ver o assassino do pai, "o conde Nikolai Zúbov, as roupas em desalinho, o rosto corado pelo vinho e pela excitação do assassinato, que gritou com a voz rouca: 'Está acabado!'."

"O que está acabado?", perguntou Alexandre, mas Colosso não respondeu com clareza, até o grão-duque perceber que ele o chamava de "vossa majestade, enquanto Alexandre era apenas regente". Ele ficou "prostrado de tristeza e desespero". Nesse momento, Pahlen chegou, convenientemente atrasado: se o plano tivesse dado errado, ele poderia ter prendido os conspiradores.

"O povo vai dizer que sou o assassino do meu pai", soluçou Alexandre. "Prometeram-me que a vida dele seria poupada. Sou a mais infeliz das criaturas."

"Basta de criancices." Pahlen o sacudiu bruscamente pelos braços. "Saia e comece o seu governo. Apresente-se à Guarda."

"E a minha mãe?"

"Vou falar com ela."

Pahlen acordou Charlotte Lieven, administradora do vestuário, "uma dama de muita força e poder mental", e mandou que ela acordasse Maria. De início a imperatriz achou que a filha mais velha, Alexandrina, tivesse morrido, mas depois compreendeu. "Ah, foi o imperador!", gritou, pulando da cama ainda de camisola.

"Ele teve um derrame", disse Lieven.

"Não, ele foi assassinado!", insistiu Maria, mas a Guarda se recusou a deixar que a imperatriz entrasse na antessala do quarto de Paulo. "Como vocês se atrevem? Deixem-me passar!", gritou. Os granadeiros cruzaram os mosquetes. Amparada por Madame Lieven e as duas filhas, Maria e Catarina, a imperatriz "perdeu a cabeça" e, tomada de "ambição e tristeza", de repente "declarou que em consequência de sua coroação, era ela a imperatriz governante e que todos deveriam lhe jurar obediência. Agora ela deve reinar". Catarina I e Catarina II tinham sucedido aos maridos como soberanas. Estaria ela iludida ou tentando assumir o poder? Virou-se para os granadeiros de guarda: "Como seu imperador morreu vítima de uma traição, eu agora sou sua imperatriz. Somente eu sou sua soberana legítima. Sigam-me e protejam-me!".

Alexandre acordou Isabel, sua esposa, que ficou chocada com "o crime horrível". Ele estava "aniquilado — sua alma sensível está maculada para sempre", ela disse à mãe. Podia ouvir lá fora os urras aclamando o novo imperador. Ela e Alexandre choraram juntos. "Eu não sei o que sou!", dizia Alexandre.

Constantino, que não sabia de nada, estava "dormindo com uma garota de vinte anos" quando foi violentamente despertado por um príncipe Zúbov bêbado, "que arrancou meus cobertores com brutalidade e me acordou com violência, dizendo: 'Levante-se, vá ver o imperador Alexandre, que o está esperando!'".

Constantino se sentiu "atônito — olhei para Zúbov ainda meio dormindo. Achei que estava sonhando". Por isso, Zúbov o tirou da cama. Constantino correu para o salão do irmão, onde "o encontrei estirado num sofá banhado em lágrimas com a imperatriz Isabel. Foi quando soube do assassinato do meu pai. Achei que era um plano para matar todos nós!". Mas nesse exato momento um oficial alertou Alexandre que a mãe dele estava demandando o trono para si própria.

"Meu Deus! Mais constrangimentos ainda!", choramingou Alexandre, mandando Pahlen conversar com ela. Lá fora, as tropas se reuniam, mas alguns temiam que Paulo ainda estivesse vivo — apesar das estridentes aclamações de Zúbov. "Mas isso é impossível", replicou Bennigsen. "Ele foi ferido, esmagado. Terá de ser maquiado e preparado." Os soldados se recusavam a jurar obediência a Alexandre sem ver o cadáver, por isso Bennigsen os levou até lá. Eles confirmaram que o imperador estava "bem morto" e prestaram o juramento.

Pahlen "obrigou o tsar a ir logo" para o Palácio de Inverno. Quando saiu com Constantino, Pahlen e Zúbov cavalgando triunfante pelas passarelas de madeira, Alexandre pediu a Isabel para procurar a mãe dele e convencê-la a ir até eles no Palácio de Inverno.

No Palácio de Mikháilovski, aquela noite foi "como um sonho vago" para Nicolau, o filho mais novo de Paulo: "Fui acordado e diante de mim vi a condessa Lieven. Notei que a Guarda de Semiónovski estava de serviço e fui levado até minha mãe". Pouco depois, um ajudante chegou do Palácio de Inverno pedindo que Maria se apresentasse "em nome do imperador e da imperatriz".

"Digam a meu filho", respondeu Maria, "que enquanto não vir meu marido morto, eu não o reconhecerei como meu soberano."

Isabel percebeu que a sogra "tinha ficado totalmente louca. Os oficiais não queriam deixá-la ver o corpo, mas ela não iria embora até que o visse".

"Mas o imperador Alexandre está no Palácio de Inverno", explicou Isabel.

"Eu não conheço nenhum imperador Alexandre", replicou Maria com "gritos surpreendentes". "Eu quero ver o meu imperador." Isabel desmaiou, e depois disse à condessa Golovina que aquela era "a noite mais terrível da sua vida". Ela passou as terríveis primeiras horas com a imperatriz se comportando como uma viúva histérica. Quando o médico escocês James Wylie tratou o corpo com verniz e tintura, Bennigsen deixou-a entrar. Isso a acalmou.

Isabel foi se encontrar com Alexandre no Palácio de Inverno. O tsar disse a ela: "Não sei se vou poder cumprir meus deveres. Posso renunciar em favor de qualquer um que assuma meu poder. Deixar que os que cometeram esse crime sejam responsáveis". Em seguida chegou Maria com todos os filhos. Nicolau só lembrou que "Alexandre se jogou diante da mãe e ainda o ouço soluçando até hoje. Fiquei contente quando pude voltar a brincar com meus cavalinhos de madeira". O novo imperador suportou um "interrogatório de cortar o coração" da mãe, que gritava com ele: "Alexandre, você é culpado?". Ele negou, e os dois se abraçaram. Lá fora, a cidade comemorava. "Depois dos excessos de despotismo de Paulo, prevalece uma louca alegria", observou Isabel, e admitiu para a mãe: "Afinal consigo respirar".

Na manhã seguinte, na parada das dez horas, o imperador Alexandre inspecionou a Guarda, que já havia cortado as tranças dos cabelos, queimado os chapéus prussianos e retomado os uniformes russos. "Os conspiradores estavam muito arrogantes", principalmente o príncipe Zúbov, que "em nada parecia um soldado com todos os seus sorrisos e presunção." Alexandre era um homem alquebrado, observou Sablukov. "Andava devagar, como se os joelhos estivessem cedendo, o cabelo despenteado, olhos lacrimejantes, o olhar fixo à frente como que dizendo: 'Eles abusaram de minha juventude, eles me enganaram!'." Alexandre lançou um manifesto prometendo governar "segundo o coração de Nossa Muito Augusta Avó, a Imperatriz Catarina, a Segunda".

Alexandre e a mãe voltaram para Mikháilovski. Quando viu o rosto desfigurado de Paulo, "ele ficou horrorizado e pasmo". Constantino também ficou chocado. "Bem, meu amigo", falou quando Sablukov se apresentou, "meu irmão pode reinar se quiser, mas se o trono chegar até mim, com certeza eu não vou aceitar."

Os assassinos rodearam Alexandre. "Eu vi o jovem príncipe", relatou um diplomata francês, "caminhando [...] precedido pelos assassinos de seu antepassado, cercado, rodeado pelos assassinos do pai e, ao que tudo indica, seguido pelos seus assassinos." Pahlen dominava tudo, passando a maior parte do tempo com Alexandre, que "encontrou os negócios absolutamente negligenciados e em desordem", como disse depois ao irmão Nicolau. "Nosso pai mudou tudo, mas não substituiu por nada."

O tsar anulou as realizações do pai.* Anistiou os exilados por Paulo, dissolveu a polícia secreta, proibiu a tortura, restaurou os direitos da nobreza (principalmente com o banimento dos castigos corporais) e, relembrando os cossacos galopando em direção às Índias Britânicas, aos poucos restabeleceu relações amigáveis com a Grã-Bretanha.

Mas Pahlen "o tratava como criança". Alexandre tinha desprezo por "esse homem traiçoeiro e imoral e seus crimes". Convocou seus amigos liberais liderados por Czartoryski (amante da princesa Isabel), a quem confessou o pesadelo moral do parricídio: "Se você estivesse lá, as coisas não teriam acontecido daquela maneira". Alexandre reclamava dos "modos ditatoriais" de Pahlen, até um cortesão responder: "Quando moscas me aborrecem, eu as afasto".

Depois da morte de Paulo, os camponeses, comovidos pelo martírio de um tsar sagrado, mandaram ícones para a imperatriz-viúva com uma inscrição do 2º Reis — "Tudo vai bem, Zambri, assassino de seu senhor?". Pahlen exigiu a remoção dos objetos; Alexandre recusou. Às dez horas da manhã do dia 17 de junho, durante a parada, Pahlen chegou em sua carruagem, como sempre, mas um dos ajudantes de Alexandre pediu que ele voltasse a embarcar e partisse para o exílio em sua herdade no Báltico. Pouco depois, o príncipe Zúbov, Bennigsen e os estranguladores Iachvíli, Skariátin e Tatárinov foram expulsos de Petersburgo.**

---

* Depois de fechar o Palácio de Mikháilovski, que se tornou a escola de engenharia militar, Alexandre passou a morar oficialmente no Palácio de Inverno, mas gostava de ficar em Kámenni Ostrov, um palácio ocre construído por Catarina, a Grande, numa pequena ilha no Nievá. Paulo havia emprestado o local para Poniatowski, o último rei da Polônia. Lá, Alexandre criou uma "corte de simplicidade exagerada, totalmente destituída de etiquetas, onde se reunia com seus cortesãos em termos íntimos e familiares". Agora um aceno de cabeça era a única saudação requerida, não mais as prostrações de Paulo. O próprio imperador gostava de caminhar por Petersburgo sozinho ou acompanhado de uma só pessoa — e sua rota costumeira ficou conhecida como *le tour impérial*.

** O sofrimento da imperatriz-viúva não havia acabado: alguns dias depois, morreu sua filha

Nenhum dos assassinos foi processado. Mas, como entendeu Czartoryski, "Alexandre se castigava com mais severidade do que aos outros". O assassinato do pai pairava sobre ele "como um abutre", e ele costumava "ver na imaginação o corpo de Paulo mutilado e ensanguentado nos degraus do trono". Ficava "horas sozinho, sentado em silêncio".[12]

---

mais velha, Alexandrina, que não conseguira se casar com o rei da Suécia e acabou se casando com o arquiduque José, dos Habsburgo. Maria levou a túnica manchada de sangue e a cama do marido para Pavlóvsk, onde as manteve numa câmara em uma capela. Dos principais conspiradores, Pánin sucedeu a Pahlen como presidente do Collegium do Exterior por curto período, antes de ser exilado. Zúbov voltou à sua herdade na Curlândia, onde se casou com uma jovem polonesa. Mas Alexandre perdoou alguns conspiradores: Lothario Valerian Zúbov, que tinha só uma perna, continuou em Petersburgo e ocupou o Conselho, porque Alexandre gostava dele e por não ter tomado parte diretamente no crime, enquanto o príncipe Pedro Volkónski, que fora um dos conspiradores, se tornou sua companhia constante. Bennigsen voltou a comandar o Exército contra Napoleão, mas Alexandre o tratava com desprezo. "O ingrato!", murmurava Bennigsen. Mas Maria fez questão de que ele nunca recebesse um bastão de marechal. Iachvíli escreveu uma carta insolente e insensível a Alexandre, que quase mandou prendê-lo. Ele e os outros estranguladores só voltaram a Petersburgo depois de 25 anos. Em 1834, o poeta Púchkin ficou fascinado ao ver Skariátin em bailes em Petersburgo, apontado como o homem que tinha estrangulado o imperador. O dia 11 de março continuou sendo "aquele dia de horror" (como Alexandre II o chamava), e até 1917 os tsares sempre compareceram à missa por Paulo.

Cena 6
O duelo

Elenco

Maria Fiódorovna, imperatriz-viúva, viúva de Paulo I

ALEXANDRE I, imperador, 1801-25, filho de Paulo e Maria

Isabel, imperatriz, sua esposa

CONSTANTINO I, imperador, 1825, irmão de Alexandre, cesarévitch, depois comandante do Exército polonês

Anna Fiódorovna (nascida princesa Juliane de Saxe-Coburg-Saalfeld), sua primeira esposa

Joanna Grudzińska, princesa Łowicza, sua segunda esposa

Catarina, sua irmã, casada com o príncipe Georg de Oldenburg, depois rei Guilherme de Württemberg, "Catiche"

Anna, sua irmã, depois rainha da Holanda, "Annette"

NICOLAU I, imperador, 1825-55, seu irmão

Alexandra Fiódorovna (nascida princesa Carlota da Prússia), esposa de Nicolau, "Mouffy"

Miguel, irmão mais novo de Alexandre

Elena Pávlovna (nascida princesa Carlota de Württemberg), sua esposa

CORTESÃOS: ministros etc.

Príncipe Adam Czartoryski, patriota polonês, amante da imperatriz Isabel, ministro do Exterior

Viktor Kotchubei, conde, depois príncipe, vice-chanceler, ministro do Interior, presidente do Conselho de Estado

Conde Pável Stróganov, suplente do ministro do Interior

Nikolai Novossíltsev, suplente do ministro da Justiça; após 1815, representante de Alexandre na Polônia, depois conde

Alexei Araktchéiev, inspetor-geral de artilharia, ministro da Guerra, conde, "Macaco de Uniforme", "Vampiro"

Conde Nikolai Rumiántsev, ministro do Exterior, chanceler, depois príncipe

Príncipe Alexandre Golítsin, místico, superprocurador do Santo Sínodo, mestre do correio, ministro da Educação

Karl von Nesselrode, conde, enviado a Paris, ministro do Exterior, depois chanceler

Ioannis Capo d'Istria, nascido em Corfu, conde, ministro do Exterior, primeiro dirigente do Estado da Grécia

Mikhail Speránski, secretário de Estado, depois conde, governador-geral da Sibéria

Fiódor Rostopchin, conde, governador-geral de Moscou

Maria Naríchkina, amante de Alexandre e mãe de seus filhos, "Aspásia do Norte"

Princesa Zinaida Volkónskaia, amante de Alexandre

Wilhelmina, duquesa de Sagan, avó de Biron, amante de Metternich e provavelmente de Alexandre

Princesa Iekaterina "Kátia" Bagration, filha da condessa Katinka Scavrónskaia, esposa do general Pedro Bagration, amante de Metternich e provavelmente de Alexandre, "Anjo Nu", "Gatinha Branca"

GUERRAS NAPOLEÔNICAS

Conde Levin Bennigsen, assassino de Paulo I, comandante 1806-7, chefe de gabinete 1812

Mikhail Barclay de Tolly, príncipe, marechal, ministro da Guerra, comandante em 1812 e 1813-5

Mikhail Kutúzov, príncipe, marechal, comandante contra os turcos e em Austerlitz 1805, comandante em chefe 1812

Príncipe Pedro Bagration, comandante do Exército em 1812 e herói de Borodinó

Príncipe Pedro Volkónski, chefe de gabinete, ministro da corte de Nicolau I

Alexandre Tchernichov, enviado a Paris, comandante de cavalaria em 1812, ministro da Guerra e príncipe de Nicolau I, "Mulherengo do Norte"

A Rússia vivenciou um festival de esperanças quando Alexandre pôs em marcha suas tendências liberais — porém o novo tsar continuou sendo um bom exemplo de inescrutabilidade. Seu porte elegante foi herdado da mãe alemã, alta e loira, e o charme veio de Catarina, a Grande, mas sua invencível jovialidade era uma tela que escamoteava seus verdadeiros pensamentos. Se era um bom ator, um mestre da dissimulação, um homem que viveu o declínio de Catarina e o terror e assassinato de Paulo, poderia se perdoar nele certo gosto pela clandestinidade e um talento para manobras sinuosas. Mas suas ações acabaram se mostrando mais sólidas do que até mesmo seus amigos poderiam esperar.

Em 5 de abril de 1801, Alexandre criou um novo Conselho e trocou os *collegia* de Pedro, o Grande, por oito ministérios em estilo ocidental, reformas que completaram a visão de Pedro de um governo central simplificado. Mas seus ministros continuavam sendo os mesmos vassalos que governavam a Rússia desde o tsar Miguel. Alexandre queria encontrar seu próprio caminho, por isso indicou Adam Czartoryski e seus amigos como representantes.* E depois criou em segre-

---

* Três dos novos ministérios — Interior, Justiça e Finanças — foram resultado da segmentação do velho gabinete do procurador-geral. Kotchubei, amigo de Alexandre (promovido a conde, depois exilado por Paulo), tornou-se seu ministro do Interior por muito tempo, com Stróganov como

do um Comitê Particular formado pelos amigos. "Nós tínhamos o privilégio de jantar com o imperador sem agendamento prévio", relembrou Czartoryski. "Nossas conversas aconteciam duas ou três vezes por semana", e depois do jantar oficial e do café, Alexandre desaparecia, e os quatro liberais eram conduzidos por corredores para ressurgirem no salão do imperador e discutir uma constituição, um senado parcialmente eleito e a abolição da servidão.

O destino do pai sempre trazia à memória de Alexandre o perigo de desafiar os clãs da nobreza, e a autocracia da avó e o militarismo do pai eram mais fortes nele que o liberalismo de sua educação e de seu círculo social. Ademais, a única maneira de impor suas reformas era por seu próprio despotismo. Alexandre protelou a maioria dessas medidas (embora tenha refutado a lei que permitia aos proprietários exilarem servos por "insolência"), descuidou do Comitê Particular* — e foi absorvido por assuntos externos.

De início Alexandre buscou uma política de neutralidade, mas depois, tentado pelo cenário internacional (e pela admiração da famosa beleza da rainha da Prússia), ele organizou seu primeiro encontro real. No dia 29 de maio de 1802, Alexandre se reuniu em Memel com o rei Frederico Guilherme III e sua encantadora rainha Luísa, por quem ficou um pouco apaixonado. O imperador flertou com a rainha Luísa e rejeitou sua irmã sedutora. Como seu aposento era anexo aos alojamentos da família, Alexandre disse a Czartoryski que "tinha trancado bem a porta do quarto para evitar ser surpreendido e levado por perigosas tentações que desejava evitar". Essa amizade com os Hohenzollern pôs Alexandre em contato com a emergente resistência europeia contra a hegemonia francesa.

Napoleão Bonaparte, o primeiro cônsul vitalício, combinava o racionalismo

---

suplente. O veterano anglófilo conde Alexandre Vorontsov, que servira a Catarina, a Grande, tornou-se ministro do Exterior, com Czartoryski como suplente. Novossíltsev era ministro da Justiça interino. Em agosto, Laharpe também chegou, com a esperança de promover sua agenda liberal.

* A posse pelos russos das ilhas Jônicas, tomadas da França em 1789, permitiu que Alexandre, assessorado por um aristocrata de Corfu chamado Ioannis Capo d'Istria, experimentasse uma constituição liberal na chamada República Septinsular que ele patrocinou em toda parte — menos na Rússia. Algumas realizações duradouras de seu experimento liberal na Rússia ocorreram em educação, para as quais ele criou o novo Ministério de Instrução Pública, administrado pelo veterano Zavadóvski (amante de Catarina, a Grande, entre 1774-6). Ele reorganizou a Universidade de Moscou, abriu novas universidades em Vilna, Tartu, Kharkov, Kazan e depois em Petersburgo, e liceus para o serviço civil, sendo que o mais famoso foi a escola de Tsárskoie Seló, onde Púchkin foi um dos primeiros alunos.

do Iluminismo e as liberdades da Revolução Francesa com o conservadorismo de um autocrata nato e a insaciável ambição de um condottiere. O cônsul tinha mobilizado os recursos da França em face das repetidas coalizões destinadas a destruí-lo, organizadas pela Grã-Bretanha e pelas potências do antigo regime. Agora ele anexava boa parte da Itália, assumia o controle da Suíça e começava a reorganizar a Alemanha. Chegou a sondar Alexandre, solicitando sua mediação com os britânicos. Mas o domínio de Napoleão na Alemanha ameaçava os interesses da Rússia no país, enquanto seu tratado com os otomanos acabou convencendo Alexandre de que Bonaparte era "um dos mais infames tiranos da história". Aproximando-se da Grã-Bretanha, da Áustria e de seus novos amigos prussianos, Alexandre tinha em vista uma guerra contra a arrogante França. Em abril de 1803, ele convocou o Macaco de Uniforme, Araktchéiev, o lúgubre escudeiro de Paulo, a quem nomeou inspetor-geral de artilharia. Muito mais que isso, o general era um dedicado agente de Alexandre, consideravelmente mais importante que seus amigos liberais, e seria ele o criador da soberba artilharia que se oporia a Napoleão.* Enquanto se envolvia cada vez mais na política europeia, o tsar finalmente começou a formar uma família. Mas não com a própria esposa.[1]

A imperatriz Isabel sofria com a negligência de Alexandre e com a falta de filhos. Não só por culpa dele, pois havia algo de autocentrado na sensibilidade dela — como observou sua dama de companhia: "Uma imaginação ardente e apaixonada se fundia a um coração frio incapaz de afeição verdadeira". Quando Czartoryski retornou a Petersburgo, ele e Isabel voltaram a se encontrar por um tempo, enquanto o imperador tinha casos com atrizes francesas, aventureiras internacionais e com mulheres de seus cortesãos. Mas Alexandre era tão avidamente perseguido pelas mulheres que resistia às mais agressivas. Daí seu apelido *"le Don Juan Platonique"*. Czartoryski maldosamente insinuava que ele preferia "coquetismo platônico — raras vezes acontecia de a virtude das damas às quais Ale-

---

* Depois de ter falhado no resgate de Paulo, Araktchéiev retirou-se para sua herdade em Grúzino, onde erigiu um retrato memorial do falecido tsar com uma inscrição em ouro: "Meu coração é puro e meu espírito imaculado diante de você". A lealdade canina de Araktchéiev a Paulo e seu militarismo rude e dedicação pessoal a Alexandre (seu mote era "Dedicação sem Lisonja") explicam sua escalada ao poder, bem como sua disciplina e eficiência.

xandre dava atenção estar realmente em risco". Mas nesse período os dois já não eram mais amigos.

Em 1801, a rainha da beleza na corte era a polonesa Maria Naríchkina, nascida princesa Chetvertinska, cujo pai fora enforcado como traidor pelos revolucionários poloneses em 1794. Famosa por uma aparência "encontrada apenas nas pinturas de Rafael", "sua beleza", como descrita pelo memorialista Filipp Vigel, "era tão perfeita que parecia não natural, impossível". Casou-se aos dezesseis anos com Dmítri Naríchkin, mestre da cavalaria mais velho que ela, que não conseguiu controlar "a Aspásia do Norte", sempre vestida com elegância simples num vestido grego de crepe branco. Era amante de Valerian Zúbov quando Alexandre se apaixonou por ela. Depois de dois anos, Maria sucumbiu ao imperador.

Alexandre nunca mencionou Naríchkina para sua puritana mãe, mas não se sentia culpado em relação à pobre Isabel porque, como admitiu mais tarde, "imaginei erroneamente, sem dúvida, que as aparências que me ligavam à minha esposa não tinham a nossa participação [...]. Meu cargo me obrigava a respeitar essas aparências, mas achei que poderia dispor do meu coração e durante quinze anos fui fiel à Madame Naríchkina".

Naríchkina se mantinha afastada da política, caso contrário, explicou Alexandre, "estaria tudo terminado". Mas ela atormentava a imperatriz descartada. Isabel queria muito um filho. Quando avistou "a dama" em um baile e perguntou sobre sua saúde, Naríchkina "teve a petulância de me falar sobre sua gravidez, que estava tão pouco avançada que eu não teria percebido [...]. Você não considera isso uma grande afronta, mamãe? Ela sabia muito bem que eu não ignorava a forma como ficou grávida". Esse bebê morreu, como Isabel contou à mãe: "A morte desse bebê, que me causou tanta dor, mostra que a Providência não quer impor uma criança ilegítima nesta família", mas "no fundo do coração senti pena do imperador". Ela percebeu que Alexandre estava muito triste, enquanto "a mãe se consolava rapidamente. Ela perdeu o bebê no último inverno e três semanas depois já estava dançando!".

Naríchkina teve vários filhos com Alexandre. Dois sobreviveram até a idade adulta. Alexandre os visitava diariamente, passando com eles noites acolhedoras. Costumava dizer que só se sentia feliz com "minha pequena família".

Mas a mulher mais próxima do imperador era sua irmã Catarina — "Catiche", de nariz empinado e cabelos abundantes, lábios grossos e cheia de energia. Chamando-a de sua "Coisinha Louca e Absurda" ou de "Bisiam", por sua aparência turca, ele costumava dizer: "Se você é uma coisa louca, é a mais deliciosa que já existiu. Eu adoro você!". Ela era onze anos mais nova e foi criada depois de Alexandre ter saído de casa havia muito tempo. Era ao mesmo tempo familiar e uma estranha. "Você me conquistou e sou louco por você!", escreveu o tsar em setembro de 1805. "Há poucas coisas no mundo que eu ame mais do que minha Bisiam. Até logo, luz dos meus olhos, adorada do meu coração, estrela polar da minha idade, maravilha da Natureza ou, melhor que tudo isso, Bisiam Bisiamovna com o nariz esnobe [...] no qual aplico o mais terno dos beijos."

Alexandre se sentia feliz entre mulheres — mas sua vida seria dominada por um homem que lhe inspirava admiração, ódio e temor: Napoleão Bonaparte, que ele via como "o talento transcendente" e "o gênio infernal" da época.[2]

Em março de 1804, Bonaparte executou o duque D'Enghien, um ato de terrorismo que finalmente provocou o rompimento das relações com Alexandre, em especial porque o príncipe de Bourbon fora raptado de Baden, lar da imperatriz Isabel, que ficou "totalmente chocada com a notícia".

Em 5 de abril, Czartoryski declarou no Conselho que "esse assassinato atroz" mostrava que a França era um "covil de bandidos". Pouco depois, Bonaparte coroou a si mesmo como imperador da França. Alexandre não reconheceu aquele título — e exigiu a retirada de Bonaparte dos territórios conquistados da Itália e da Alemanha. Em 30 de março de 1805, a Rússia e a Grã-Bretanha, com esta afiançando 1,25 milhão de libras por 100 mil soldados russos, concordaram em lutar contra a França, no momento em que Napoleão se declarou rei da Itália. Em 28 de julho, a Áustria entrou para a coalizão.

No dia 9 de setembro, enquanto dois exércitos russos tomavam posição, cobrindo a Prússia neutra ao norte e juntando forças com os austríacos ao sul, Alexandre partiu de Petersburgo com um séquito de ouro que incluía Czartoryski.* No trajeto, parou na herdade dos Czartoryski em Puławy, onde, maravilhado com a expectativa de vitória, o "afável monarca", como ele se autodenominava,

---

* Agora formalmente promovido a ministro do Exterior, Czartoryski era visto com muita desconfiança na corte, mas ele próprio gostava de seu papel cada vez mais contraditório de patriota polonês servindo ao tsar russo, e de liberal servindo a um autocrata. "Eu não tinha inclinação para servir à Rússia", mas "estava lá por mero acaso, como uma planta exótica numa terra estrangeira."

flertou ou teve um caso com a sobrinha de Potiômkin. Era Katinka Scavrónskaia, de 44 anos e agora condessa de Litta, cuja "atraente obesidade excitou minha imaginação". Angariou a admiração dos poloneses, que acreditavam que esse idílio sinalizava a recriação de um reino polonês sob Czartoryski. Mas, enquanto Napoleão avançava pela Alemanha, Alexandre estava fazendo um jogo duplo.

Em segredo, o imperador russo despachou seu favorito, o príncipe Pedro Dolgorúki, de 27 anos, para negociar com Frederico Guilherme III da Prússia, que nunca havia pensado na existência de um reino polonês, a fim de atraí-lo para a guerra contra Napoleão. No final de setembro, Alexandre viajou para selar o acordo em Berlim, jurado à luz de tochas sobre o túmulo de Frederico, o Grande. Foi uma traição a Czartoryski, que nunca perdoou o tsar — embora tenha continuado como ministro do Exterior. Napoleão já tinha sido mais hábil que os aliados, obrigando o Exército austríaco a se render em Ulm. Os russos se retiraram para se reunir com o que restava do Exército austríaco.

Quando Alexandre chegou, os soldados o receberam "com um silêncio frio e pesaroso" —, pois tinham sido suplantados e estavam com poucos suprimentos. Seu general era Mikhail Kutúzov, gordo, de um olho só e muito experiente. "Ninguém conseguia ser mais esperto que Kutúzov", observou o exilado francês conde Langeron, a serviço da Rússia, "nem menos impetuoso", nem "mais esperto ou astuto". O general era abençoado com uma "memória prodigiosa, uma afabilidade bem-educada, boa índole", mas isso era associado com "a grande violência e crueldade de um camponês, uma insuperável preguiça e egoísmo" — e uma "libertinagem desprezível e nojenta".

Kutúzov bateu em retirada, evitando habilmente a batalha que Napoleão desejava, mas o inexperiente imperador agora assumia o comando contra o maior general do mundo, ignorando Kutúzov em favor de "cinco ou seis jovens favoritos" que ironizavam aquela relíquia do século XVIII. "O general não foi tratado com respeito", observou Langeron.

Napoleão mandou um representante, o general René Savary, para oferecer os termos. Diante de "trinta falastrões com vários títulos que rodeavam o imperador da Rússia", ele informou a Napoleão que na comitiva de Alexandre reinavam "presunção, imprudência e descuido". O tsar se preparou para a batalha, mas antes mandou Dolgorúki para exigir que Napoleão renunciasse à Itália. A visão favorável de Napoleão foi reforçada pela "pretensão daquele tipo excessivamente arrogante que falava comigo como falaria com um boiardo sendo mandado para a Sibéria". Napoleão achou graça de o príncipe ter confundido "minha extrema moderação com uma marca de grande terror".

"Amanhã provavelmente haverá uma batalha muito séria com os russos [...] sangue derramado inutilmente...", disse Napoleão em 18 de novembro ao seu ministro do Exterior, Charles Maurice de Talleyrand, príncipe de Benevento. Alexandre era um "homem digno e corajoso, desencaminhado pelos que estão à sua volta e que se venderam para os ingleses". Mobilizando-se perto da aldeia de Austerlitz, os 85 mil homens da coalizão eram numericamente superiores aos 65 mil de Napoleão, mas o imperador da França preparava uma batalha que estava certo de poder vencer.

O "pretensioso" Dolgorúki relatou fielmente que "nosso sucesso está além de qualquer dúvida". O imperador do Sacro Império Romano, Francisco, juntou--se aos exércitos. Napoleão não se deixou impressionar por seu oponente: Francisco, com 37 anos, era "um cabeça-dura que só se ocupava de botânica e jardinagem", tão "moralista que jamais havia feito amor com ninguém a não ser a esposa", enquanto Alexandre era "muito volúvel e muito fraco". O tsar, que tendia a menosprezar seus russos e respeitar a civilização mais avançada dos alemães, aceitou um plano austríaco que demandava uma manobra complicada e temerária para abandonar o terreno mais alto das colinas de Pratzen, numa tentativa de atrair o flanco direito francês. Quando Kutúzov questionou esse plano com seus velhos modos da corte, Alexandre disparou: "Não é da sua conta".

Às 7h30 da manhã seguinte, 20 de novembro, Napoleão calmamente recuou seu flanco direito para atrair as forças austro-russas, que abandonaram as colinas de Pratzen e expuseram o próprio centro. Feito isso, o imperador francês os surpreendeu aparecendo por trás, para tomar o terreno mais alto que eles tinham acabado de deixar. Alexandre cavalgava animado pelo campo de batalha ao lado de Dolgorúki. "Em vez de ir a postos avançados e se expor, onde a presença de vossa majestade só preocupava e atrasava os generais", escreveu depois Czartoryski numa carta arrasadora para Alexandre, "seria melhor ter ficado mais distante." Às nove horas da manhã, Kutúzov tentou atrasar a retirada, até Alexandre e seu séquito de "trinta falastrões" chegarem a galope, quase acusando o velho general de covardia. "Mikhail Ilariónovitch, por que você não está avançando?", perguntou Alexandre. "Nós não estamos desfilando no Prado da Tsarina..."

"Senhor", respondeu Kutúzov, "se não avanço, é precisamente por não estarmos no Prado da Tsarina. Mas, já que são as suas ordens..." Alexandre passou por cima de Kutúzov. Os franceses ocuparam o terreno mais alto de onde os russos tinham acabado de sair, e às 10h15 Napoleão falou: "Vamos terminar esta guerra com um estrondo". Um chefe militar no auge de sua genialidade, Bonaparte lançou seu ataque contra o centro exposto, concentrando toda uma força avassaladora no ponto mais fraco e no momento mais oportuno.

Confuso pelo "espetáculo horrivelmente grandioso" se descortinando à sua frente, Alexandre estava próximo ao núcleo daquele massacre — 28 mil russos foram mortos ou feridos. Instantes depois o imperador foi quase pisoteado por seus próprios homens que corriam para se salvar. "Você estava exatamente no local onde a debandada foi imediata e completa", acrescentou Czartoryski. Em companhia apenas de Czartoryski, do amigo príncipe Pedro Volkónski e do dr. Wylie, Alexandre foi levado para a segurança da floresta, correndo perigo por causa da própria exaltação, pelo risco da batalha e da captura pelos franceses. "Procurando abrigo em uma choupana camponesa", escreveu a imperatriz Isabel, "fosse por cansaço ou humilhação, sem ter comido nada em 24 horas, ele sofreu tanto de cólicas estomacais que Wylie teve medo que não sobrevivesse àquela noite." O dr. Wylie sedou o trêmulo imperador com vinho e ópio.[3]

"O exército russo não foi apenas vencido", escreveu Napoleão à esposa Josefina, "foi destruído." Alexandre foi efetivamente abandonado pelo imperador austríaco, que pediu paz, perdendo territórios e o título de imperador do Sacro Império Romano. Ao chegar a Petersburgo em 26 de novembro, Alexandre foi apontado como "a verdadeira causa da nossa derrota. Agora todo o infortúnio é atribuído somente a ele", admitiu Novossíltsev, que estava em Austerlitz com ele. Até a mãe do tsar o alertou de que "atraída e enganada pela Prússia e traída pela Áustria, a glória do Exército sofreu o mais lamentável fracasso — a aura de invencibilidade está destruída".

Alexandre não caiu, mas tentou convencer a Prússia a voltar à guerra. Exonerou Czartoryski em julho de 1806, e desde então conduziu pessoalmente a política externa, cada vez com mais habilidade. Declarou uma santa cruzada contra Napoleão, aquela "Besta do Apocalipse", inimigo diabólico da ortodoxia e defensor dos judeus (o primeiro apelo oficial dos Románov ao antissemitismo). Naquele mês de julho, Frederico Guilherme concordou em voltar à guerra contra a França. Mas Napoleão também não estava parado: já tinha aberto uma segunda frente atrás de Alexandre, estimulando os otomanos a retomar o controle da Valáquia e da Moldávia. Em outubro, bem antes de russos e prussianos conseguirem coordenar suas forças, Napoleão arrasou os prussianos em Jena. Alexandre deveria agora buscar a paz, mas continuou em busca da glória, em nome da Rússia e de seus batidos (porém ambíguos) amigos prussianos — e, para comandar, voltou-se para o conde Bennigsen, um dos assassinos do seu pai.

Em 26 de janeiro de 1807, Bennigsen enfrentou Napoleão, mas teve de empreender uma sangrenta e massacrante retirada em Eylau, perdendo 26 mil homens; os franceses perderam 20 mil. Mas o Exército russo ficou intacto até o dia 2 de junho, quando Napoleão derrotou Bennigsen em Friedland, onde os russos tiveram 20 mil mortos, mais de 40% de seus homens. Alexandre precisava de uma paz imediata.[4]

"Meu desejo é que uma união íntima entre nossas duas nações possa reparar males passados", Alexandre orientou o príncipe Dmítri Lobánov-Rostóvski, seu enviado a Napoleão. "Um sistema inteiramente novo [...] e me ponho à disposição do imperador Napoleão para nos entendermos mais facilmente desde que negociemos sem intermediários." Os dois combinaram um encontro em Tilsit, onde engenheiros ergueram um pavilhão branco numa balsa especialmente construída no meio do rio Niemen, na fronteira entre os dois impérios. "Poucas visões serão mais interessantes", escreveu Napoleão. E ele estava certo. A divisão da Europa entre dois imperadores, baseada em uma amizade conveniente, tornou aquele encontro um dos mais famosos da história.

Enquanto se preparava para encontrar seu conquistador, acompanhado de Constantino, Alexandre não tinha ilusões. "Bonaparte diz que sou apenas um idiota", escreveu pouco depois à irmã Catiche. "Ri melhor quem ri por último! E deposito todas as minhas esperanças em Deus." Depois de sua desastrosa corrida pela glória, Alexandre estava entrando em um longo jogo. Mal conseguia acreditar no que estava para acontecer, como disse a Catiche: "Eu, passando meus dias com Bonaparte! Horas de tête-à-tête com ele!". A prática de Alexandre na duplicidade o qualificava bem para a sedução de Napoleão. "Ele dispunha em alto grau", escreveu seu mensageiro, barão Korff, "da facilidade de subordinar homens e penetrar suas almas enquanto escondia seus próprios sentimentos e pensamentos."

No dia 13 de junho, Napoleão foi levado de barco até a balsa para já estar lá quando Alexandre desembarcasse vindo do outro lado. Os dois homens se abraçaram, antes de Alexandre dizer: "Eu vou ser o seu ajudante contra os ingleses".

Napoleão ficou encantado. "Aquelas palavras mudaram tudo." Os dois se viraram e desapareceram pela porta do pavilhão, sobreposta com águias russas e francesas e "As" e "Ns" elaborados, onde conversaram por duas horas em francês, sem intérpretes. Alexandre pediu a Prússia, que ele desejava salvar não somente por honra à sua rainha, mas também como um aliado essencial.

Alexandre, mais novo, ainda com 29 anos, "não se deslumbrou com a falsa segurança", mas ficou feliz em aprender com "esse homem extraordinário", que "gostava de me mostrar sua superioridade em observações criativas". De sua parte, Napoleão, com 38 anos, não conseguia deixar de ser um pouco condescendente, mas ficou muito encantado. "Minha querida, acabei de conhecer o imperador Alexandre e ele me agradou muito, um imperador jovem, bom e muito bonito", disse à imperatriz Josefina. "Mais inteligente do que normalmente se considera", concluiu pouco depois, "seria difícil ter mais vivacidade que Alexandre, mas falta um pedaço que ainda não descobri o que é." Alexandre ficou de alguma forma seduzido pelo gênio de sua época. Os "olhos cinza-claro" de Napoleão, relembrou mais tarde, "encaram você de modo tão penetrante que não se pode resistir".

No segundo dia, Frederico Guilherme foi admitido para presenciar as discussões em silêncio, quando sem dúvida percebeu que a Prússia seria bem reduzida. Depois do encontro, cem armas dispararam uma saudação, e Alexandre foi com Napoleão para Tilsit. Os três monarcas jantaram juntos todas as noites, com Napoleão e Alexandre entediadíssimos com o desajeitado prussiano. Depois de se despedirem, Alexandre voltava sorrateiramente para continuar conversando com Napoleão até tarde da noite, numa espécie de missão secreta.

Alexandre buscava a paz sem perder a honra ou territórios. Napoleão desejava o domínio da Europa com um parceiro mais jovem. Esses filhos do Iluminismo eram tão sonhadores quanto pragmáticos. A guerra, explicou Napoleão, não era "uma arte difícil", mas sim "uma questão de esconder o medo tanto tempo quanto possível. Só assim o inimigo é intimidado e o sucesso é incontestável". Alexandre enalteceu repúblicas eletivas e criticou monarquias hereditárias, que ele considerava irracionais — menos na Rússia, onde as condições locais as tornavam essenciais. Napoleão, o imperador arrivista que fora eleito por plebiscito ao trono de um rei guilhotinado, defendia a hereditariedade do autocrata dinástico que concordara com o regicídio do pai. "Quem está apto a se eleger?", perguntou Napoleão. "Um César ou um Alexandre só surgem a cada século, por isso essa eleição deve ser uma questão de acaso."

"Eu falei demais em Tilsit", admitiu Napoleão. Enquanto os dois negociavam sobre novos reinos e esferas de influência, Alexandre pediu Constantinopla. "Constantinopla é o império do mundo", respondeu Napoleão de forma enigmática. "Já chamei os turcos de bárbaros e disse que deveriam ser expulsos da Europa", recordou. Jogou com as fantasias de Alexandre, sugerindo uma marcha em conjunto para o leste para tomar Constantinopla e depois atacar as Índias britânicas. "Mas eu não pretendia fazer isso", admitiu depois Napoleão. Alexandre, que entendeu o jogo, depois chamou aquilo de "a linguagem de Tilsit".

Em 25 de junho, Lobánov, Kurákin, o ministro de Paulo, e Talleyrand assinaram o Tratado de Tilsit. Alexandre não perdeu territórios, mas abriu mão das ilhas Jônicas, da Valáquia e da Moldávia, reconheceu os irmãos de Napoleão como reis de Vestfália e de Nápoles e prometeu um bloqueio à Inglaterra. A Prússia saiu gravemente prejudicada, mas Alexandre se recusou a anexar a Polônia prussiana. Em seu lugar, Napoleão criou um grande ducado em Varsóvia, uma possível base polonesa contra a Rússia.

"Deus nos salvou", vangloriou-se Alexandre a Catiche.

"Enquanto eu viver, não vou me acostumar com a ideia de você ter passado dias com Bonaparte", respondeu Catiche. "Parece uma piada de mau gosto." Uma piada pior ainda foi discutida. O casamento de Napoleão com Josefina não gerou filhos. Por isso, ansioso por fundar sua própria dinastia, ele pensava em divórcio. Talleyrand sondou Alexandre a respeito de um casamento com Catiche, que já estava imaginando um casamento com outro pretendente, o imperador Francisco da Áustria, mas o tsar o achava aborrecido — e sujo. "Então eu posso lavá-lo", replicou Catiche, acrescentando que com certeza ele não seria aborrecido quando estivesse casado com ela. Quando Napoleão foi mencionado: "Eu não choro lágrimas quentes como uma bezerra", ela admitiu. "Existem dois tipos de príncipes — gente que vale a pena com pouco cérebro e os inteligentes de péssimo caráter." Os primeiros eram preferíveis, mas "se acontecer mesmo o divórcio" e Napoleão pedisse sua mão, ela "devia esse sacrifício ao Estado". Napoleão ainda não estava solteiro — mas, para escapar dele, Catiche precisava se casar logo.

Quando os dois se despediram, Alexandre convidou Napoleão para ir a Petersburgo: "Vou pedir que seus alojamentos sejam aquecidos com o calor do Egito". O encontro pareceu um desses curtos casos de amor em que os dois amantes prometem amor eterno, mesmo sabendo que ambos vão voltar à vida real. Olhando para trás no fim da vida, Napoleão refletiu: "Talvez eu fosse mais feliz em Tilsit". Quanto a Alexandre, os dias passados com Napoleão pareceram "um sonho", como disse a Catiche. "Já passa da meia-noite e ele acabou de sair. Ah, gostaria que você tivesse visto tudo o que aconteceu." Mas, em face do resultado surpreendente, "em vez de sacrifícios, nós saímos da luta com certo brilho".

A mãe e o irmão Constantino lideravam a oposição à nova aliança com a França, para indignação de Isabel: a família tinha "traído e vendido o imperador". Depois do caso com Czartoryski e aos 28 anos de idade, Isabel havia se apaixonado por um capitão da Guarda, Alexis Okhótnikov, de 23 anos, e engravidado, o que deixou furioso o instável Constantino. Leal a Alexandre, é quase certo que tenha mandado matar o capitão (sem o conhecimento do tsar): Okhótnikov foi esfaqueado ao sair do teatro. A imperatriz foi visitá-lo antes de ele morrer, e pouco depois deu à luz uma menina, Lisinka, sua alegria. Mas Lisinka morreu com dois anos, deixando Isabel arrasada.[5]

Enquanto Petersburgo fervilhava contra os franceses, Alexandre promoveu Araktchéiev a ministro da Guerra para reformular o Exército.* Araktchéiev funcionava como seu "cão de guarda com sua obtusa ferocidade e lealdade incondicional". Extremamente confiável e odiado em toda parte como "o Vampiro", ele administrava a chancelaria de Alexandre, podendo assinar em nome do imperador. Ao mesmo tempo, Alexandre promoveu o oposto do Macaco, Mikhail Speránski, filho de um pároco de aldeia que também havia estudado para ser padre. Esse humanista liberal foi nomeado suplente do ministro da Justiça, mas logo se tornou secretário de Estado de Alexandre. Propôs um sistema quase americano, com um tsar presidencial, um legislativo semieleito e um judiciário independente, ligados por um conselho de Estado. Criticava abertamente a servidão, e suas medidas indicavam que os aristocratas precisavam de certas qualificações para fazer parte do governo. As origens humildes de Speránski, as reformas dinâmicas e sua cultura francófila criaram inimigos. Houvera muitos favoritos antes — e

---

* Alexandre indicou o francófilo conde Nikolai Rumiántsev como ministro do Exterior e depois chanceler. Rumiántsev, de 54 anos, já havia se oposto a uma aliança com a Grã-Bretanha e defendido uma aliança com a França em 1804. Filho do marechal de Catarina, a Grande (e possivelmente neto de Pedro, o Grande), foi um polímata, colecionador de livros e naturalista (existem orquídeas e borboletas com o nome dele) que patrocinou a primeira circum-navegação russa do globo. Por essa razão, Bodega Bay, na Califórnia, originalmente se chamava Rumiántsev Bay.

todos tinham sido cooptados por casamento ou interesse pelos clãs da nobreza, mas as ideias de Speránski eram uma ameaça ao privilégio de terem nascido para governar, comandar e ter servos. "Se tivesse apenas um terço do cérebro de Speránski", rosnava seu rival Araktchéiev, "eu seria um grande homem."

Enquanto a sociedade tramava contra sua política com a França, Alexandre dava as boas-vindas aos embaixadores de Napoleão, primeiro Savary, duque de Rovigo, e depois Armand de Caulaincourt, duque de Vicenza, como se aqueles bonapartistas fossem seus amigos. Mais tarde, quando começaram a surgir fissuras na invencibilidade francesa, Napoleão convidou Alexandre como estrela especial para um novo encontro.

"Meu Alexandre", escreveu a mãe, implorando para ele não ir, "você é culpado de autoengano criminoso."

"Faremos qualquer coisa para provar a sinceridade da estreita aliança [da Rússia] com a França, esse temível colosso", respondeu Alexandre à mãe — até "o momento em que calmamente veremos sua queda. A política mais sábia é esperar a hora certa para tomar medidas". Ele só podia seguir "as indicações da minha consciência, minha convicção essencial, o desejo que nunca me abandonou de ser útil ao meu país".

No dia 17 de setembro de 1808, Alexandre (acompanhado por Speránski) foi saudado por Napoleão a oito quilômetros de Erfurt. Além dos dois imperadores, havia quatro reis e uma constelação de príncipes alemães para presenciar aquelas três semanas de ostentação do poder napoleônico — mas tudo dizia respeito à Rússia e à França. Durante os dezoito dias em que estiveram juntos, os dois imperadores banquetearam, caçaram, dançaram e assistiram a espetáculos teatrais: quando um dos atores no palco da peça *Édipo* declamou "A amizade de um grande homem é um presente dos deuses", Alexandre virou-se e estendeu a mão a Napoleão, sendo aplaudido por toda a plateia. Napoleão, também um ator nato, tinha alguma admiração pelos talentos dramáticos de Alexandre, chamando-o de "Talma do Norte", em referência ao maior ator francês [François Joseph Talma].

Mas Napoleão reclamou por Alexandre ter se tornado "teimoso como uma mula". Alexandre presenciou o primeiro acesso de raiva napoleônico, com pés imperiais pisoteando o chapéu imperial. "Você é violento e eu sou teimoso", disse Alexandre. "Vamos conversar e ser razoáveis — senão eu vou embora." Napoleão notou que "ele se faz de surdo quando dizemos coisas que ele reluta em ouvir". Alexandre era mesmo um pouco surdo, mas também havia um bocado de coisas que ele não queria ouvir. Os russos não gostavam do grão-ducado de Varsóvia e do Sistema Continental de Napoleão, um bloqueio do comércio com a Inglaterra que estava prejudicando a economia da Rússia. Alexandre aproveitou a oportunidade para exigir compensações. Napoleão ofereceu à Rússia os mesmos petiscos dedicados por Hitler a Stálin em circunstâncias semelhantes em 1939: a Moldávia e a Valáquia "como parte do Império Russo" e a Finlândia, e depois um ducado sueco. "Não é justo que as belezas de Petersburgo sejam interrompidas pelos canhões suecos", refletiu Napoleão generosamente. Em troca, Alexandre prometeu manter o Sistema Continental contra a Grã-Bretanha e apoiar Napoleão em caso de um ataque da Áustria.

Mas a visão de Alexandre de si mesmo como um cruzado europeu foi estimulada por um traidor no coração da corte de Napoleão. Bonaparte tinha recentemente exonerado seu ministro do Exterior, o fraco e desprezível Talleyrand. Continuava admirando "o homem com mais ideias, com mais discernimento", embora recentemente o tivesse chamado de "merda numa meia de seda" na cara. Agora nomeado na sinecura de um gabinete de vice-grão-eleitor, Talleyrand secretamente o traiu com o tsar — por dinheiro. "Senhor, salvar a Europa está por sua conta", disse a Alexandre, "e o senhor não vai conseguir isso se não resistir a Napoleão. O povo francês é civilizado, mas o soberano não é; o soberano da Rússia é civilizado, mas o povo não é. Assim, está nas mãos do soberano da Rússia ser um aliado do povo francês."

Napoleão tinha mais uma exigência. "Vou contar uma das situações mais difíceis em que já me encontrei", disse Alexandre a Catiche.* "Napoleão está se divorciando e lançando olhares para Anne." A irmã mais nova dos dois, Annette,

---

* Catiche não estava mais disponível, tendo se casado com um daqueles príncipes tolos porém meigos que ela preferia: o príncipe Georg de Oldenburg. Antes, estivera apaixonada pelo príncipe Pedro Bagration, casado, um georgiano russificado e general impetuoso que fora protegido de Suvórov. Bagration era casado com Kátia, filha de Katinka Scavrónskaia, agora condessa Litta. Durante o reinado de Paulo, Bagration se apaixonou por Kátia, mas ela estava apaixonada por Pedro von der Pahlen. Quando Paulo soube do entusiasmo de Bagration, insistiu em patrocinar o casamento. "Bagration se casou com a jovem sobrinha [-neta] do grande príncipe Potiômkin", relatou Langeron. "Bagration não fazia jus a essa ilustre e rica parceira. Bagration era um mero soldado, com o tom e os modos de um soldado, e era extremamente feio. Sua esposa era branca e ele era negro, e ela não devia se sentir muito feliz com um marido desses por muito tempo…" Logo Bagration estava apaixonado pela grão-duquesa Catiche — e a princesa Bagration seria uma das mulheres mais notáveis da Europa.

tinha só catorze anos. "Nossa mãe se mostrou mais calma a respeito do que eu poderia acreditar", escreveu Alexandre. Maria concluiu: "Como seria desgraçada a existência de uma criança ligada a um homem de caráter tão vil e para o qual nada é sagrado e sem restrições, já que não acredita em Deus. E esse sacrifício seria lucrativo para a Rússia? Tudo isso me faz estremecer". Alexandre achava que "é difícil escolher o caminho certo". Napoleão não percebia que os russos o consideravam um inimigo. "Eu me sinto feliz com Alexandre, acho que ele também se sente comigo", disse a Josefina. "Se ele fosse uma mulher, acho que eu o faria meu amante."[6]

Aquele amor logo seria testado. Quando voltou, Alexandre estava mais interessado em promover reformas em casa e em se apropriar das vantagens no exterior para resgatar seu prestígio abalado. Lançou sua guerra contra a Suécia para engolir a província sueca da Finlândia, o que salvaguardaria as aproximações de Petersburgo. Em fevereiro de 1808, as tropas russas estavam em apuros, por isso Alexandre as entregou a Araktchéiev. O Vampiro reorganizou os exércitos, permitindo que os melhores generais de Alexandre, o confiável Mikhail Barclay de Tolly e o feroz príncipe Bagration, atravessassem o gelo para atacar Estocolmo. Os suecos concordaram em ceder a Finlândia, que foi um grão-ducado russo até 1917. "A paz está perfeita e é exatamente a que se desejava", gabou-se Alexandre a Catiche. "Nem sei como agradecer ao Ser Supremo."[7]

Em novembro, Napoleão propôs a Alexandre um acerto para a questão da Polônia — em troca de seu casamento com Annette. "Minha irmã não faria melhor", mentiu o tsar para Caulaincourt. Alexandre começou negociando um "acordo recíproco de jamais permitir a restauração da Polônia". Os franceses concordaram, mas quando Alexandre insistiu que Annette só poderia se casar dali a dois anos, Napoleão renegou o acordo polonês, preferindo se casar com a filha do imperador Francisco, a arquiduquesa Maria Luísa. Annette foi salva do ogro corso, mas os Románov saíram insultados.

Depois disso, Napoleão começou a menosprezar Alexandre, com aquele ódio especial reservado à amante querida que termina um caso de amor. Napoleão o chamou insultuosamente de "bizantino desonesto" e "grego do império de baixo, falso como uma moeda", comentários que desde então passaram a definir Alexandre. Porém, todos os governantes da Europa precisavam dissimular o que realmente achavam de Napoleão para chegar a um acordo: era a vaidade de Ícaro de Napoleão que o fazia acreditar que todos eram sinceros em suas expressões diplomáticas de lealdade. Alexandre era um pragmático vivendo (e tentando continuar vivo e em seu trono) em tempos perigosos, que sobreviveu gracas à mesma versatilidade que outros poderiam chamar fingimento. "A personalidade dele é bem-intencionada naturalmente, sincera e leal, e seus sentimentos e princípios são elevados", observou Caulaincourt, "mas por baixo de tudo isso existe uma dissimulação real adquirida e uma persistência canina que nada irá superar."[8]

Alexandre e Napoleão estavam agora se preparando para a guerra: não havia tempo a perder.

Enquanto Araktchéiev lutava para incrementar o Exército, Speránski propunha reformas da autocracia, tão radicais que nada semelhante seria concedido até 1905. Alexandre aceitou-as parcialmente, criando um novo Conselho de Estado e um comitê nominal de ministros. Porém, atacado por todos os lados, continuou a governar autocraticamente, como sempre havia feito. Mas mesmo essa reforma limitada foi um triunfo para Speránski.

O vampiro Araktchéiev, pessoa estranhamente sensível e melodramática, renunciou por ciúme ao cargo de ministro da Guerra com uma carta maliciosa: "Senhor, não fique zangado com um homem que viveu metade da vida sem usar da lisonja […]. O senhor conhece os limites da minha formação, e é por isso que creio não ser nada mais que um bom oficial…".

"Não posso esconder minha grande surpresa […]. Permita-me deixar de lado o título que ostento e falar a você como um homem a quem sou ligado pessoalmente", respondeu um irritado Alexandre, que precisava de Araktchéiev. "No momento em que eu esperava um auxílio ardente e zeloso de todas as pessoas honestas, você me abandona, preferindo sua vaidade pessoal."

Os dois se reconciliaram quando Alexandre visitou Grúzino, a herdade de Araktchéiev. "Realmente é um lugar encantador", disse Alexandre a Catiche. "A ordem aqui reinante é singular […]. Tenho certeza de que não existe nada igual no império […]. As ruas da aldeia têm aquele tipo de arrumação que muito me agrada." Mas aquela árida perfeição militarista tinha um preço.

Araktchéiev administrava seus servos de forma cruel, aumentando os castigos gradualmente: uma chicotada para uma primeira ofensa; mas, na segunda,

(À esq.) "Deixe que me odeiem, desde que me temam", declarou Paulo, mas era ao mesmo tempo um tirano e motivo de chacota: inspecionava suas tropas usando uniforme prussiano, chapéu de três bicos e um *dalmatique* sagrado que o fazia parecer um bule de chá com botas.

(Abaixo) Maria Fiódorovna, a bonita imperatriz nascida em Württemberg, lutou para conduzir Paulo, fazendo uma aliança com sua poderosa amante Nelídova.

Kutaíssov (abaixo, à esq.) ascendeu de garoto escravo turco a barbeiro e alcoviteiro de Paulo e depois conde, ganhando o apelido de Fígaro. Foi quem arranjou o caso do tsar com Anna Lopukhiná (abaixo).

Atormentado em seu gover[no] pelo assassinato do pai, ironiza[do] por Napoleão, Alexandre I era i[n]sondável e místico, mas desenvo[l]veu uma vontade de ferro q[ue] mudou a Europa. Subestima[do] pela história, ele abriu caminh[o] lutando até Paris.

Alexandre tinha fascínio e repu[g]nância por Napoleão: no enco[n]tro dos dois numa balsa em Tils[it] em 1807, eles fizeram a partil[ha] da Europa. "Se ele fosse uma m[u]lher, acho que eu o faria m[inha] amante", exagerou Napoleão.

Incêndio de Moscou, 1812: o clímax da invasão de Napoleão e a maior humilhação da vida de Alexandre.

Alexei Araktchéiev, "o Vampiro", organizou a guerra para Alexandre e acabou governando a Rússia. Era odiado por sua tirania grotesca.

Com um olho só, preguiçoso e prudente, Mikhail Kutúzov era odiado por Alexandre, que foi obrigado a nomeá-lo comandante em chefe. Sua batalha com Napoleão em Borodinó terminou em empate.

Alexandre ignorava a esposa, Isabel (acima, à esq.), que buscou consolo em casos de amor com uma cortesã e com o melhor amigo do tsar; o imperador constituiu família com Maria Naríchkina (acima, à dir.), a beldade da corte; e, entre muitas amantes no Congresso de Viena, ele desfrutou dos favores da princesa Kátia Bagration (à dir.), conhecida como "Anjo Nu" e "Gatinha Branca".

Ao lado de Francisco, o imperador da Áustria, e do rei Frederico Guilherme da Prússia, Alexandre é informado sobre a vitória na Batalha de Leipzig, em outubro de 1813 — o que acelerou a queda de Napoleão.

Um raro casamento feliz: Nicolau I (no alto, à esq.) amava Mouffy, sua esposa prussiana (acima, com o futuro Alexandre II e Maria). Sua residência favorita era o Chalé de Peterhof (acima, à esq.), mas o Grande Palácio do Krêmlin (à esq.) refletia melhor a visão que Nicolau tinha da Rússia.

(À esq.) Varenka Nelídova, a beldade da corte de Nicolau, foi sua amante favorita, que ele visitava duas vezes por dia.

(Ao lado) Nicolau considerava o poeta Púchkin um encrenqueiro de talento indiscutível: censurou sua poesia, cobiçou sua mulher e o proibiu de travar um duelo fatal — mas em vão.

Alexandre II foi o mais amável e atraente dos Románov. Sua libertação dos servos foi extremamente popular, mas alimentou expectativas às quais não pôde corresponder.

Depois do desastre da Guerra da Criméia, o melhor amigo de Alexandre, o paladino e aventureiro príncipe Bariátinski, afinal derrotou a insurgência jihadista no Cáucaso: aqui, Bariátinski (sentado) aceita a rendição do lendário líder Chamil.

Nixa (acima, à esq.), filho mais velho de Alexandre II, era o herdeiro perfeito, que se apaixonou pela consorte perfeita, Minny da Dinamarca. Sua morte precoce arruinou o casamento dos pais. Depois Minny ficou noiva de seu irmão Sacha, o gigante pesadão, mais tarde Alexandre III (acima, à dir.).

Alexandre II com sua inexpressiva e convalescente imperatriz, Marie (canto direito), que o recompensou com inúmeros herdeiros: (da esq. para a dir.) Paulo, Serguei, Maria, Alexis, Sacha (debruçado orgulhosamente sobre Minny, segurando o futuro Nicolau II) e Vladímir.

Alexandre II se apaixonou por Kátia Dolgorúkaia (acima, à esq., com o setter do tsar, Milord, a seus pés) quando ela ainda era uma colegial. Os dois afinal se tornaram amantes em Belvedere (no alto, dir.); Alexandre elogiava sua capacidade de propiciar prazeres sexuais, seus luxuriantes cabelos loiros e seu corpo, que ele mesmo desenhou (acima, à dir.).

O irmão de Alexandre II, Kóstia (acima, sentado à dir.), ajudo[u] a implantar suas reformas, mas Nikola, seu filho mais velho ([de] pé), era um erotômano decadente que roubou os diamant[es] dos pais para sua cortesã americana Fanny Lear (acima, à esq[.]), enquanto o filho seguinte, KR (acima, sentado à esq.), se torno[u] poeta e dramaturgo com uma vida sexual secreta.

Quando engravidou a amante, o filho marinheiro e hedo[-]nista de Alexandre II foi enviado em viagem pela Améric[a (à] esq., com o general Custer), onde caçou búfalos e coristas[.]

eles eram espancados por soldados com porretes conhecidos como "bastões de Araktchéiev". Todos os servos levavam um registro de castigos no qual Araktchéiev escrevia comentários do tipo: "Se ela não souber suas orações até a Quaresma, será duramente açoitada". A herdade era administrada de fato pela extraordinária figura de Anastássia Mínkina, uma jovem serva de cabelos negros que fora comprada por Araktchéiev e alforriada. "Gorducha, com um corpo de granadeiro e olhos negros em brasa", ela se tornou governanta, amante e mãe de dois filhos ilegítimos. Araktchéiev se casou com uma jovem aristocrata de Petersburgo, que ficou tão horrorizada com sua tirania que logo o deixou. Depois disso passou a colecionar pornografia, enquanto em Grúzino deixava Mínkina aterrorizar os servos com todo o zelo sádico de alguém que tinha escapado das próprias origens.

Araktchéiev se recusou a retomar o cargo de ministro da Guerra, mas concordou em supervisionar seu sucessor, Barclay de Tolly, do Conselho de Estado, nas preparações do Exército para a guerra. Em julho de 1810, a rainha Luísa da Prússia morreu, supostamente fragilizada pela derrota do país ante Napoleão. Alexandre declarou: "Juro vingar a morte dela", e considerou uma ofensiva contra Napoleão. Em dezembro de 1810, a relação entre os dois deteriorou mais ainda, quando Napoleão anexou Oldenburg, o ducado do sogro de Catiche. Embora nenhum dos dois desejasse uma guerra, Alexandre afirmou que, se houvesse guerra, "eu vou saber como lutar". Napoleão o intimidou alegando infrações no bloqueio aos britânicos — e começou a planejar uma invasão da Rússia.

Alexandre foi atrás do apoio da Prússia, obtendo dos austríacos a promessa de que qualquer unidade destacada contra a Rússia não lutaria para valer. Ao norte, o tsar aliou-se aos suecos,* mas no sul suas tropas lutavam para derrotar os otomanos. Nesse mesmo mês de dezembro, Alexandre discutiu com Czartoryski a criação de um reino polonês (com ele como rei) para lutar contra os franceses, mas o príncipe abateu no ar os planos do tsar: "Os franceses e os poloneses são irmãos, enquanto os russos são os piores inimigos da Polônia".

Napoleão e Alexandre agora sabiam dos planos de ataque um do outro. "Está tudo assumindo uma tonalidade escura por aqui", disse Alexandre a Catiche

---

* Como a dinastia Vasa não tinha herdeiros, os suecos escolheram um general revolucionário francês, marechal Jean-Baptiste Bernadotte, príncipe de Pontecorvo, como príncipe coroado: ele se tornou o rei Carlos XIV. Governou a Suécia até 1844, e sua dinastia ainda governa o país até hoje.

em janeiro de 1811. "Parece que vai correr sangue, mas eu fiz tudo que era humanamente possível para evitar."[9]

"O que pode racionalmente ser esperado de Napoleão?", perguntou Alexandre a Catiche em 5 de julho de 1811. "Será um homem capaz de abandonar uma vantagem a não ser pela força das armas?" A pressão era esmagadora. "Nunca tive uma vida tão de cão", disse à irmã em 10 de novembro. "É normal passar uma semana indo da cama para a minha mesa e só levantar para comer alguma coisa sozinho e voltar à mesa até ir para a cama de novo." Araktchéiev e Barclay aumentaram o tamanho do Exército, adotando o sistema de unidades e divisões, organizaram as munições, construíram fortificações, modernizaram a artilharia, enquanto Alexandre, auxiliado por Speránski, avaliava os relatórios de inteligência enviados por seus espiões em Paris.* "Estamos em alerta contínuo", disse Alexandre a Catiche. "As hostilidades podem começar a qualquer momento."

"Não vou ser o primeiro a puxar a espada, mas serei o último a guardá-la de volta na bainha", disse o tsar a Caulaincourt. "Se a sorte da guerra se voltar contra mim, prefiro me retirar para Kamchátka [no leste da Sibéria] a ceder províncias." Caulaincourt ficou impressionado: "As pessoas acham que ele é fraco, mas estão enganadas", informou a Paris. "A personalidade amena do tsar tem limites e ele não vai ultrapassá-los: esses limites são fortes como ferro." Quando voltou a Paris, Caulaincourt passou cinco horas tentando convencer Napoleão a não atacar a Rússia. "Uma boa batalha será o fim de todas as grandes resoluções do seu amigo Alexandre", retorquiu Napoleão.

Agora morando em Tver, onde o marido era governador, Catiche era uma das poucas pessoas com quem o tsar podia discutir como enfrentar a invasão

---

* Na embaixada de Paris, o faz-tudo de Alexandre, Karl von Nesselrode, processava as intrigas de Talleyrand, mas eram relatórios custosos em que o tsar tinha o codinome de "Luísa" e Talleyrand era chamado de "Belo Leandro". Nesselrode recebeu apoio do ajudante de campo de Alexandre, Alexandre Tchernichov, de 27 anos, sobrinho de Lanskoi, amante de Catarina, a Grande; Tchernichov controlava um informante no Ministério da Guerra de Napoleão. Também colhia informações em elegantes salões parisienses e se insinuava nos boudoirs de damas parisienses bem informadas que "se olhavam como gatas selvagens quando o Mulherengo do Norte aparecia", excitadas por "suas vestes, aquele jeito de vespa apertada no casaco, o chapéu com pluma, cabelo jogado em grandes tufos, aquele rosto tártaro, os olhos quase perpendiculares...", de acordo com Laure Junot, duquesa D'Abrantès, provavelmente uma de suas conquistas.

eminente. "Eu estou aqui de sentinela", disse Alexandre em 21 de novembro de 1811. "Pena não poder usar meu antigo direito (é o seu pé que está em questão, está ouvindo?) para aplicar os beijos mais ternos no seu quarto em Tver." Deixando de lado os beijos incestuosos no pé, eles discutiam como enfrentar aquele inimigo, levando em conta todos os resultados — até as perdas de Petersburgo e Moscou. "Você deve lembrar que eu costumava prever" tais sacrifícios, escreveu mais tarde. "A perda das duas capitais era tida como possível."

Alexandre criou um ministério de polícia (outra ideia copiada de Napoleão) sob as ordens de Alexandre Balachov, cujos espiões relatavam descontentamento de todos os lados. Catiche presidia um salão patriótico em seu palácio em Tver. Estendeu seu patronato ao historiador Nikolai Karamzin, cuja *Memória sobre a Rússia moderna e antiga* forneceu o lastro intelectual em sua campanha contra todas as coisas francesas, liberais — ou ligadas a Speránski. Aliado de Catiche, Rostopchin, ex-ministro de Paulo, disse a Alexandre: "Mesmo que circunstâncias infelizes forcem nossa retirada, o imperador da Rússia ainda será ameaçador em Moscou, aterrorizante em Kazan e invencível em Tobolsk".[10]

Em termos amorosos, a relação de Alexandre com Naríchkina estava abalada: a filha deles, Zinaida, morreu. "Perdi minha filha, e com ela uma parte da felicidade que desfrutava neste mundo", disse o tsar a Catiche. Alexandre cometia infidelidades com uma das damas de companhia da irmã, e Naríchkina também começou a ter casos. Por isso, quando ela deu à luz o filho Emmanuel, a única certeza quanto à paternidade era que não poderia ser atribuída ao pai.* Mas a "pequena família" continuou sendo a parte mais querida da vida de Alexandre. Uma carta da filha Sófia, com cinco anos, ilustra a intimidade: "Meu querido papai, sinto muito que tenha se machucado. Espero que fique bom logo para ver você. Penso em você todo dia. Mando meu amor e um beijo. Sua pequena e afeiçoada Sófia".

"O horizonte fica cada vez mais sombrio", disse Alexandre a Catiche em 24 de dezembro. Napoleão, "a maldição da raça humana, se torna a cada dia mais

---

* Emmanuel Naríchkin se destacou apenas por sua longevidade: surpreendentemente, ele serviu como camareiro da corte do último tsar, só morrendo em 1901. A mãe, Maria Naríchkina, também teve uma vida longa, voltando a se casar depois da morte do marido, em 1854.

abominável." Em fevereiro de 1812, Napoleão disse a Alexandre: "Não posso disfarçar para mim mesmo que vossa majestade não tem mais amizade por mim".

"Nem meus sentimentos nem minha política mudaram", respondeu Alexandre. "Será que não devo supor que foi vossa majestade quem mudou comigo?" E concluiu, de forma agourenta: "Se a guerra deve começar, saberei como vender caro minha vida".

No início de 1812, o ministro da Guerra, Barclay, alertou que Alexandre deveria encerrar logo a guerra contra os otomanos: Napoleão estava chegando. Kutúzov forçou a rendição do Exército otomano em março, em seguida negociando o Tratado de Bucareste, pela qual a Rússia ganhou a Bessarábia e devolvia a Valáquia.* Alexandre detestou Kutúzov por estar certo em Austerlitz — mas o recompensou com o título de príncipe.

Auxiliada por boa parte da sociedade aristocrática, Catiche intensificou sua campanha contra Speránski. Alexandre nomeou Rostopchin como governador-geral de Moscou; enquanto isso, influenciado por Catiche e Araktchéiev, seu investigador Balachov forjava um caso contra o leal Speránski, que, numa síntese verdadeira o bastante para magoar, definira Alexandre como "fraco demais para governar e forte demais para ser governado". Foi descoberto que Speránski deixou de compartilhar relatórios de inteligência vindos de Paris.

Às oito da manhã do dia 17 de março, Alexandre convocou Speránski para um doloroso confronto de duas horas em que o funcionário, injustamente acusado de traição, foi exonerado. Speránski encontrou a esposa em prantos e Balachov o esperando em sua casa, onde ele foi preso e exilado na mesma noite. Alexandre

---

* A Bessarábia, parte da Moldávia entre os rios Dnieper e Prut, não foi a única conquista ao sul: depois da morte de Paulo, Alexandre anexou formalmente o principal reino da Geórgia, Kartli-Kakhetia. Quando o governador de Alexandre, general Lázarev, tentou prender Mariam, a rainha viúva, ela o matou a facadas. Mariam foi levada a Petersburgo, e temia-se que pudesse assassinar Alexandre. Mas, bem tratada, a rainha assassina da Geórgia se tornou um ornamento exótico na corte russa, onde compareceu a todas as coroações e viveu até 1850. Em 1803, os príncipes Dadiani da Mingrélia, na costa do mar Negro, foram levados sob proteção dos russos. Em 1809, o rei Salomão II da Imerécia, agora aliado dos otomanos, lutou contra tropas russas até que, em 1810, com a rendição de Salomão, Alexandre o depôs e anexou o reino. Os russos precisavam de um porto para ligar o Cáucaso a Odessa: o melhor porto era o de Sukhumi, governado pelos príncipes de Abkházia. Esses príncipes costumavam mudar de nome e de religião de acordo com as alterações de poder entre os otomanos e os russos, dependendo de quem estava vencendo. Agora o príncipe de Abkházia, Sefer Bey, se convertia à ortodoxia e, como aliado da Rússia, mudou o nome para príncipe Guiórgui Chervachidze. Ele deu acesso a Sukhumi para a Rússia.

sofreu: admitiu que "se alguém cortar o seu braço, você deve chorar e gritar de dor", e que estava muito ressentido por seus súditos o terem obrigado a sacrificar seu favorito. *Eles* levaram embora Speránski, que era minha mão direita", queixou-se de forma patética — embora matutasse que Speránski "só era realmente culpado perante mim por ter retribuído minha confiança com a mais negra e abominável ingratidão". Alexandre sabia que Speránski "não era um traidor", mas "a situação não permitia um exame estrito e rigoroso das denúncias...", como disse a Novossíltsev. "O inimigo está batendo na porta do império", por isso "era importante para mim não parecer culpado aos olhos dos meus súditos."

O sacrifício foi por uma causa maior. "Estou jogando o grande jogo", disse Alexandre, acrescentando: "A guerra que está para eclodir diz respeito à independência de nações", pois Napoleão agora governava um império multinacional de 45 milhões. A Grande Armée de Napoleão era um exército de nações, incluindo um amplo contingente polonês, além de espanhóis, alemães, holandeses, italianos, austríacos e até um esquadrão de mamelucos egípcios.

No dia 14 de abril, enquanto Napoleão se preparava em Paris para se afastar de sua jovem esposa e do filho ainda bebê, o rei de Roma, para comandar a maior força invasora até aquele momento na história, Alexandre chegou a Vilna.[11]

Na noite de 11 de junho, Alexandre, agora com 35 anos, gorducho e ficando calvo, ainda elegante em seu uniforme de Semiónovski, estava em um baile na herdade de Bennigsen, perto de Vilna, quando Balachov sussurrou em seu ouvido que Napoleão tinha atravessado o Niemen. A invasão da Rússia havia começado. O tsar saiu da festa para conferenciar com seu gabinete. Como tinha reunido um total de 615 mil homens, com 415 mil em sua força inicial, Napoleão dispunha de grande vantagem numérica em relação aos russos, que mobilizaram apenas quase 250 mil homens em três exércitos. O Primeiro Exército do Oeste, com 136 mil soldados, estava sob o comando do pouco inspirado ministro da Guerra Barclay de Tolly. O Segundo Exército do Oeste, mobilizado mais ao sul, com 57 mil homens, era comandado pelo príncipe Bagration, enquanto o Terceiro Exército, com 48 mil soldados, cobria o sul. Alexandre agonizava entre o apático Barclay, líder de uma facção "germânica" — que defendia uma falsa retirada para atrair o inimigo para o interior —, e o temerário Bagration, apoiado pela facção russa que defendia uma batalha imediata. Se Alexandre tivesse indicado Bagration, provavelmente os russos teriam sido derrotados em algum lugar perto de Vilna. Mas Alexandre não havia promovido Bagration, por isso "não tinha ninguém melhor" do que Barclay. Araktchéiev tornou-se seu imediato indispensável, administrando a retaguarda como secretário de assuntos militares para o império. "Toda a guerra com a França passou pelas minhas mãos", gabava-se Araktchéiev.

Alexandre — que não era um estrategista e sempre teve medo do destino do pai — não tinha as características de Napoleão, que reunia em sua pessoa o comando absoluto da política e da guerra. Agora a invasão parece um jogo extremo, mas Napoleão já havia derrotado os exércitos russos três vezes e, tendo estudado as invasões de Carlos XII, não tinha intenção de conquistar a Rússia ou penetrar pelo interior. Numa curta campanha de três semanas, ele destruiria rapidamente o exército russo em "um bom combate" e obrigaria o debilitado tsar a aceitar os seus termos. Todas as vantagens de Alexandre dependiam de táticas pouco atraentes de retirada, paciência e resistência.

Alexandre enviou Balachov para propor a Napoleão uma escolha entre retirada e uma guerra "até o solo russo ser totalmente expurgado do inimigo". Napoleão avançou, mas escreveu respondendo: "Os sentimentos pessoais que tenho por você não são em nada afetados por esses eventos". Quando Balachov saiu com sua carta, Napoleão perguntou de brincadeira qual era a melhor estrada para Moscou. "Senhor, pode-se escolher a que se desejar", respondeu Balachov. "Carlos XII foi por Poltava." Napoleão ainda não tinha calculado que aquela guerra seria de um tipo diferente, com um inimigo de outra espécie.

No dia 15 de junho, horas antes de Napoleão se deslocar, Alexandre se retirou de Vilna, enquanto Barclay seguia com o exército principal em direção ao acampamento militar fortificado de Drissa, a grande criação de um general prussiano. Em 5 de julho, Barclay retirou-se rapidamente do acampamento mal escolhido, com o objetivo de se reunir com o exército de Bagration. Alguns dos assessores de Alexandre perceberam que sua presença no exército não era vantajosa. A deferência ao imperador inibia a expressão de opiniões mais francas. Araktchéiev, Balachov e seu novo secretário de Estado, almirante Chichkov, apelaram a Catiche, assinaram uma petição e a deixaram entre os papéis do tsar, pedindo que ele se afastasse das tropas. "Você deve estar sofrendo um martírio, mas quanto mais puder conquistar e ser imperador, mais estará cumprindo o seu puro dever", escreveu Catiche. "Acredito que seja tão competente quanto seus generais, mas você não pode fazer o papel de capitão, e sim de governante. Se cometer alguns erros, tudo vai cair em sua cabeça." No dia seguinte, Alexandre disse a Arakt-chéiev: "Eu li o seu documento".

Alexandre concordou em sacrificar "meu orgulho no altar da utilidade porque [...] não inspiro confiança nas tropas" e se afastou do Exército, dizendo aos soldados: "Eu nunca os abandonarei". Mas a estratégia não tinha mudado. "Todo o nosso objetivo deve ser destinado a ganhar tempo e prolongar a guerra o máximo possível", escreveu a Bagration, que estava louco para entrar em batalha. Quando partiu, para alívio de todos, ele disse a Barclay: "Até logo, general, mais uma vez até logo. Confio meu exército a você; não esqueça que eu não tenho outro".

Em 11 de julho Alexandre chegou para mobilizar a defesa de Moscou, onde ficou comovido por uma multidão cujo tamanho e fervor "trouxeram lágrimas aos meus olhos". Mas a imperatriz Isabel expressou melhor: "No momento em que Napoleão cruzou nossas fronteiras, uma faísca elétrica se espalhou pela Rússia".[12]

Enquanto Napoleão perseguia Barclay em busca de uma vitória decisiva, o ministro da Guerra se retirou para o leste e reuniu-se com Bagration perto de Smolensk. Os russos defenderam bravamente a cidade, e Napoleão pensou que afinal teria sua batalha: "Finalmente os peguei". Mais uma vez, Napoleão se decepcionou. Ele tinha planejado passar o inverno em Smolensk, mas acabou ocupando uma cidade em ruínas. Deveria ter se retirado; a Grande Armée já estava sendo devastada por doenças — mas o orgulho o fez prosseguir.

A luta permitiu que Barclay se retirasse mais uma vez. Seus vacilos e retiradas provocavam a fúria de Bagration, o protegido de Suvórov. "Os russos não foram feitos para fugir", protestou para Araktchéiev, sua maneira de informar o imperador. "Nós nos tornamos piores que os prussianos!"

Quando Napoleão tomou Smolensk, Bagration sentiu "vergonha de usar o uniforme. Que imbecil. O ministro Barclay está fugindo [...]. Isso me enoja tanto que vou ficar louco!". Mais tarde, Catiche admitiu: "A coisa que mais lamento na vida é não ter sido um homem em 1812", e culpou Alexandre pelas discórdias entre seus generais: "Vocês os deixou numa perfeita indecisão".

Em Petersburgo, onde passou o verão, Alexandre reconheceu a "grande ira contra o ministro da Guerra devido à irresolução de sua conduta e à desordem em que deixa seus deveres", que ainda tinham sido prejudicados pela "rixa entre ele e Bagration". Os servos estavam inquietos, os nobres, em pânico, a pátria-mãe em perigo. A Rússia teria de entrar na batalha — senão o tsar perderia o trono.

Alexandre se sentiu tentado a assumir pessoalmente o comando do Exército, mas Catiche o alertou que, embora "o inimigo vá estar em Moscou em dez dias, em nome de Deus não assuma o comando pessoalmente, pois precisamos sem atraso de um líder em quem os soldados confiem, e nesse caso você não inspiraria confiança nenhuma!". Alexandre não queria ninguém a não ser o popular Kutúzov, que estava em Petersburgo encarregado da milícia, enquanto o marido de Catiche incitava: "Bagration é adorado, o Exército anseia por ele. Você não gosta dele, mas sua glória está em questão. Confie o comando ao príncipe!".

Alexandre convocou um Comitê Extraordinário de antigos súditos e novos favoritos para escolher um comandante. "Todos queriam Kutúzov", que "escolhemos por ser o mais velho", contou Alexandre a Catiche, "e com alto prestígio entre o público". Bennigsen passou a ser seu chefe de gabinete. "Achei necessário indicar um general em chefe para todos os exércitos ativos", escreveu Alexandre a Kutúzov em 8 de agosto, "e sua destacada patente militar, seu patriotismo e longa ficha de grandes façanhas ganham minha confiança."

Kutúzov, de 66 anos de idade, tinha o carisma eslavo que faltava a Barclay, e a cautela e a experiência que faltavam a Bagration. Nos anos 1860, o romance *Guerra e paz*, de Liev Tolstói, o apresentou como a personificação oracular da nação russa; em 1941, Stálin o promoveu à categoria de gênio; Kutúzov não era nem uma coisa nem outra. Mas aquele protegido de Potiômkin e de Suvórov tinha vasta experiência, tendo servido como governador-geral e embaixador para o sultão. Era inteligente, imperturbável e ardiloso, natureza simbolizada por seu olho ferido: balas o atingiram duas vezes no olho (em 1773 e em 1787) e saíram pela têmpora, sem afetar seu julgamento ou abalar seu sangue-frio. Embora não conseguisse mais ficar acordado durante um conselho de guerra ou montar num cavalo, aquela antiguidade priápica escondia duas garotas camponesas disfarçadas de garotos cossacos entre seus auxiliares. Kutúzov garantiu ao tsar que preferia morrer a entregar Moscou. Ele iria travar a batalha e ainda assim preservar o Exército, duas promessas contraditórias e impossíveis de serem cumpridas.

Longe da luta, praticamente sozinho em Kámenni Óstrov, Alexandre tinha de ficar observando impotente enquanto Kutúzov tomava as decisões. Por isso, ele se concentrou em diplomacia e logística, governando por meio de Araktchéiev. A intimidade entre os dois fica clara na mensagem do tsar insistindo que o general mudasse seus planos para um jantar: "A coisa mais simples é dizer que está doente ou que eu o convidei para jantar. Com certeza meu jantar será melhor!".

Alexandre inaugurou relações com a Grã-Bretanha e assinou uma aliança com Bernadotte da Suécia, que liberou suas unidades finlandesas para lutar contra os franceses. E encontrou consolo no misticismo, inspirado em um amigo de infância, o príncipe Alexandre Golítsin. Até 1803, Golítsin se portou como um libertino, mas passou por uma conversão total ao misticismo depois que Alexandre inesperadamente o nomeou superprocurador do Santo Sínodo.

"Em momentos como este em que nos encontramos", escreveu Alexandre a Golítsin, "até a pessoa mais empedernida sente um retorno em direção ao Criador [...]. Eu me entrego a esse sentimento [...]. Encontro ali meu único consolo, meu único apoio. Só esse sentimento me mantém de pé." Golítsin não era somente seu irmão espiritual e ministro para a religião — mas também um de seus policiais secretos: como mestre do correio, ele escrutinava cartas pessoais e apresentava seu conteúdo ao tsar.

Alexandre começou a ver a guerra contra Napoleão como uma maneira de criar uma nova fraternidade cristã de reis, que promoveriam um reino de paz na terra. Golítsin o aconselhou a ler a Bíblia. "Meu caro, parece-me que um novo mundo está se revelando aos meus olhos", escreveu Alexandre, agradecendo a sugestão. No entanto, sua nova crença numa cristandade universal, com elementos da maçonaria e panteísmo e baseada numa mistura de leituras bíblicas e fervor evangélico, tinha mais em comum com o protestantismo do que com a ortodoxia.

No Sul distante, ao assumir o comando do Exército, Kutúzov enfrentava um dilema cruel, dizendo a Rostopchin, governador-geral de Moscou: "Ainda não resolvi o que é mais importante: perder o Exército ou perder Moscou. Em minha opinião, a perda de Moscou significaria a perda da Rússia".[13]

Em 26 de agosto, Kutúzov resolveu montar sua defesa perto da aldeia de Borodinó, a 130 quilômetros de Moscou, para uma batalha entre 125 mil russos com 624 canhões, agrupados em uma saliência fortificada por redutos recém-construídos, contra 130 mil homens da Grande Armée e seus 587 canhões. Kutúzov planejava uma batalha defensiva, em que os redutos deveriam enfraquecer os franceses. Em suas batalhas anteriores, Napoleão sempre se orgulhara de divisar alguma manobra engenhosa para atacar pelos flancos, mas em Borodinó ele ordenou repetidos ataques frontais contra os russos entrincheirados, em especial contra o Grande Reduto. A batalha, quase sempre corpo a corpo, baioneta contra baioneta, foi primal em sua selvageria, e o poder de fogo dos disparos de mil canhões num campo de batalha minúsculo, cheio de homens e animais, nos ostentosos uniformes da época, transformou o local no matadouro mais bem-vestido da história. Os redutos mudaram muitas vezes de mãos, cobrando um preço atroz de ambos os lados. A matança foi espantosamente intensa, "o dia mais sangrento na história da guerra" até a Primeira Guerra Mundial: os franceses perderam 35 mil homens, mortos ou feridos, e os russos, 45 mil, com Bagration sendo mortalmente ferido. No momento em que a batalha poderia ter sido vencida, pediram para Napoleão usar suas reservas. Ele se recusou a comprometer sua Guarda Imperial de elite. No cair da noite, os dois atônitos comandantes acreditavam, inquietos, que haviam vencido; Kutúzov tinha certeza de que a batalha se estenderia pelo segundo dia — mas foi Napoleão quem deixou de obter uma vitória clara por falta de imaginação e ousadia, duas características que nunca haviam lhe faltado.

"Foi a batalha mais sangrenta dos últimos tempos", relatou Kutúzov a Alexandre, declarando que os russos haviam mantido a posse do campo de batalha, uma definição de vitória. "Eu derrotei Napoleão", gabou-se para a esposa. O tsar promoveu Kutúzov a marechal e o recompensou com 100 mil rublos. Quando chegou a conta da carnificina, Kutúzov percebeu que seu plano de lutar no dia seguinte era impossível: "Nossas perdas extraordinárias, principalmente de importantes generais feridos, obrigaram a me retirar pela estrada de Moscou". Durante a noite — e ao contrário do que dizia seu relatório a Alexandre —, Kutúzov recuou vários quilômetros. Napoleão declarou ter vencido: a estrada para Moscou estava aberta, e ele chamou Borodinó de "a batalha de Moscou". Na verdade, tanto Napoleão quanto Kutúzov perceberam que Borodinó fora um sinistro empate. "Eu deveria ter morrido na batalha de Moscou", admitiu depois Napoleão em seu exílio, mas aquilo decidiu o destino da cidade.

Em 1º de setembro, Kutúzov organizou um conselho de guerra em um casebre de camponeses em Fili, onde o velho general entendeu que, diante da escolha de perder o Exército ou Moscou, agora ele deveria salvar o Exército: "Napoleão é uma torrente, porém Moscou é a esponja que vai absorvê-lo". Kutúzov tomou a decisão, mas era exatamente a escolha que Alexandre havia evitado ao se afastar do Exército, e teria sido uma escolha impossível para um monarca. Kutúzov conduziu o Exército pelas ruas de Moscou e saiu pelo outro lado, abandonando a antiga capital sem informar com detalhes o governador-geral, conde Rostopchin, que deu ordens para evacuar toda a população. Capitais capturadas, de Viena a Berlim, em geral saudavam Napoleão com a delicadeza intimidada da aristocracia. Isso era um sinal de que aquela era uma nova guerra nacional, *à l'outrance*. Em cenas de um êxodo distópico, as estradas congestionadas fervilhavam de massas cambaleantes e sofridas, carretas amontoadas de pertences de toda uma vida, enquanto uma multidão, meio milhão de pessoas, toda a população de Moscou, fugia da cidade em direção ao leste. Rostopchin abriu as cadeias. Enquanto a cidade esvaziava, ele decidiu: "Se me pedirem, não hesitarei em dizer 'Queimem a capital para não deixá-la para o inimigo'". Kutúzov e seus generais já tinham explodido os depósitos de munição ao partir. Em uma reunião secreta na casa do governador, Rostopchin e o ministro da Polícia Balachov deram ordens para queimar outros edifícios, que deram início a um incêndio incontrolável que se espalhou pelas estruturas de madeira. Foi constrangedor que as duas mansões de Rostopchin na cidade estivessem entre as poucas construções que não pegaram fogo. Mais tarde, quando os franceses se aproximaram de sua herdade em Vóronovo, um palácio abarrotado de objetos de luxo franceses e antiguidades romanas, Rostopchin mandou que o queimassem, deixando um cartaz dizendo: "Franceses, eu abandono para vocês minhas duas casas em Moscou [...] com conteúdos valendo meio milhão de rublos. Aqui vocês só vão encontrar cinzas".

Em 3 de setembro, enquanto Kutúzov rumava para o sudoeste e estabelecia um acampamento bem localizado na Velha Estrada de Kaluga, ninguém saudou Napoleão nos portões de Moscou. Somente uns poucos professores franceses, atrizes e perigosos bandos de saqueadores atormentavam as ruas de Moscou, que queimou durante seis dias. Napoleão ficou assustado com o que viu. Deveria ter se retirado imediatamente; sua presença em Moscou desrespeitava sua regra principal de que deveria conquistar exércitos, não cidades — mas ele não conseguiu resistir à histórica cidade dos domos dourados. Estabeleceu-se no Krêmlin e esperou para negociar dentro de uma cidade de cinzas.[14]

"Moscou foi ocupada", informou Catiche a Alexandre em 6 de setembro em uma mensagem rabiscada. "Algumas coisas estão além da compreensão. Não esqueça sua resolução: se não houver paz você terá esperança de recuperar sua honra!" Alexandre ficou arrasado com as notícias, exasperado com Kutúzov e com a própria fragilidade. "Kutúzov não me avisou que tinha decidido recuar seis quilômetros para se recompor", disse a Catiche, "e esses seis quilômetros fatais envenenaram todo o deleite que tive na vitória." Alexandre protestou: "Desde 29 de agosto não recebo um relatório seu", disse a Kutúzov. "Então, em 1º de setembro, soube da triste notícia que você resolveu sair de Moscou com o Exército. Você pode imaginar que o efeito dessas notícias e do seu silêncio atormenta e me deixa perplexo!"

Uma semana depois, um refugiado francês, coronel Alexandre Michaud, um dos ajudantes favoritos do tsar, chegou como enviado de Kutúzov. "Meu Deus… que tristes notícias você me traz, coronel", suspirou Alexandre enquanto lia o relatório do marechal: "A ocupação de Moscou não é a conquista da Rússia. Estou levando o Exército na direção de Tula para preservar os imensos recursos preparados nas nossas províncias centrais".

Petersburgo estava perplexa. A revolução parecia possível. Quando Alexandre entrou na Catedral de Kazan, foi recebido com um silêncio sepulcral. Dois dias depois, sem ter notícias de Kutúzov, ele escreveu: "Sem receber qualquer notícia sua sobre os acidentes que se abateram sobre o exército confiado a você, não consigo esconder minha ansiedade e a depressão causadas em São Petersburgo. Quero que estabeleça uma regra: mande relatórios para mim a cada dois dias!".

O irmão Constantino, que Catiche chamava de um "infeliz" mestre do histerismo retrospectivo, agora se aliava à mãe e ao chanceler Rumiántsev exigindo conversações de paz, mas Alexandre recusou, fortalecido pela irmã, que ansiava por lutar pessoalmente: "Meu querido, nada de paz, mesmo que você estivesse em Kazan, nada de paz!".

"Pode se convencer de que minha resolução de lutar está mais inabalável que nunca", respondeu Alexandre. "Prefiro deixar de existir a fazer um acordo com um monstro que é o flagelo da humanidade." Aí, até mesmo Catiche vacilou: "Você é acusado explicitamente pelo infortúnio do seu império".

Alexandre manteve a calma, mas admitiu dolorosamente: "Quanto a talento, talvez me falte, mas não pode ser adquirido […]. Napoleão, que mistura a mais terrível vilania com o mais transcendente talento, é apoiado por toda a Europa", por isso "não deve surpreender que eu fique com os reveses". Alertou Catiche de que Napoleão tramava voltá-la contra ele: a lealdade familiar era essencial. "Estou mais determinado que nunca a lutar até o fim."*

Despachando Michaud de volta a Kutúzov, Alexandre deixou claro que conseguiria a vitória e, mesmo se perdesse o trono, viveria feliz como um camponês comendo batatas, mas não assinaria a paz: "Napoleão ou eu. Eu ou ele! Não podemos reinar ao mesmo tempo. Aprendi a entender esse fato, ele não vai me enganar!".

Para todo mundo, a destruição de Moscou pareceu um momento apocalíptico e estimulou Alexandre a um misticismo maior. "A queima de Moscou iluminou minha alma, e o julgamento de Deus sobre o campo de batalha congelado encheu meu coração com o calor da fé." Era um Alexandre mais forte que surgia agora, despachando seu ajudante Alexandre Tchernichov para planejar uma contraofensiva. Tchernichov comandou ataques de cavalaria contra os franceses, dando início a uma guerra de guerrilha contra os invasores.

Enquanto Kutúzov descansava sua infantaria, deixava a cavalaria fustigar as linhas francesas e o inverno se aproximava, Napoleão perdeu mais de um mês no Krêmlin: "Considerei o negócio concluído". Ele esperava que Alexandre, a quem continuava julgando fraco, negociasse os termos da paz. Mas agora percebia que os russos estavam lutando uma guerra patriótica que ele só tinha enfrentado na Espanha. "Isso é uma guerra de extermínio", explicou. "Queimarem as próprias cidades! Um demônio os possuiu. Que povo!" O demônio era o combustível da nação russa, e a guerra, o seu cadinho. Kutúzov zombou de Napoleão por não ter "visto uma armadilha visível para o mundo todo" e de "sua absurda audácia de propor a paz quando não podia mais fazer guerra". Mas Alexandre repreendeu Kutúzov: "Nada foi feito para agir contra o inimigo", e o alertou: "Lembre-se de que você ainda terá de responder à nação ofendida pela perda de Moscou".

No dia 6 de outubro, Kutúzov conseguiu imprimir um duro golpe aos franceses em Tarútino — no momento em que Napoleão finalmente percebia o erro de julgamento fatal que cometera em relação à Rússia e a Alexandre. O inverno se aproximava, e ele precisava se retirar rapidamente. Partiu do Krêmlin com a Grande Armée. Irritado, ordenou que o Krêmlin fosse destruído. Quando ouviu

---

* Nesse momento extremo, Catiche precisava da ajuda do irmão, por causa de seu ex-amante. "Bagration morreu ontem: eu já disse que ele está de posse de documentos que podem me comprometer cruelmente se caírem em mãos estranhas." Eram cartas de amor dela, claro. Alexandre mandou dizer que estava com as cartas.

ao longe o estrondo dos explosivos, ele anunciou que a "antiga cidadela de tsares não existe mais". Mas as cargas, bem como a campanha, nunca chegaram a ser detonadas.[15]

Kutúzov chorou quando soube que Napoleão estava se retirando, mas ainda corria o perigo de ser flanqueado quando a Grande Armée rumava para Maloiaroslávets. Nos dias 11 e 12 de outubro, na Batalha de Maloiaroslávets, muito disputada, Kutúzov arruinou a esperança de Napoleão de uma retirada ordenada. O velho marechal seguiu em uma marcha paralela, fustigando os franceses, porém mantendo distância.

Napoleão enviou uma proposta de paz a Alexandre. "Paz?", replicou Alexandre. "Mas nós ainda não fizemos a guerra. Minha campanha só está começando." O tsar sentia-se frustrado com a lentidão da perseguição de Kutúzov. Entre os dias 3 e 6 de novembro, Kutúzov feriu os franceses que passavam por Krásni numa escaramuça em que fez mais de 20 mil prisioneiros e matou 10 mil soldados. "Mais uma vitória", disse Kutúzov à esposa, mas já querendo evitar novas batalhas. "Não estou nada convencido de que a destruição total de Napoleão seja tão benéfica", afirmou.

Suas tropas estavam reduzidas a menos de 60 mil homens, e ele deixou os outros exércitos continuarem a perseguição: o do norte, comandado pelo general nascido na Alemanha, príncipe Pedro Sayn-Wittgenstein, e do sul pelo almirante Tchitchagov. Kutúzov deixou Napoleão escapar. "É com extrema tristeza que percebo que a esperança de limpar a desonra pela perda de Moscou cortando a retirada do inimigo foi perdida", escreveu Alexandre, devido à "inexplicável inatividade" de Kutúzov. O marechal ofereceu sua renúncia. Mas quando ele voltou a ocupar Smolensk, Alexandre conteve a raiva e o recompensou com um retumbante novo título: príncipe de Smolensk.

Com dois exércitos russos convergindo sobre ele, Napoleão e o restante de seu exército, fustigados pelos cossacos e correndo o risco de uma total destruição, correram para atravessar o rio Berézina. Numa façanha da manobra francesa e aliando sorte, coragem e incompetência dos russos, Napoleão conseguiu cruzar o Berézina e fugiu para Paris, abandonando seus homens ao inverno e à vingança dos russos. "Parece que o Todo-Poderoso abateu na cabeça desse monstro todas as infelicidades que ele pretendia para nós", escreveu Alexandre a Araktchéiev e

Catiche com uma satisfação cruel quando a retirada de Napoleão se transformou em debandada, na primeira semana de novembro.

"O deleite é geral", respondeu Catiche, embora refletindo a visão do irmão de que o príncipe Kutúzov-Smolensk "brilha com um esplendor que não merece". Em 11 de dezembro,* Alexandre voltou a Vilna para retomar o supremo comando do convalescente Kutúzov, nomeando como chefe de gabinete seu amigo íntimo, príncipe Pedro Volkónski, que se tornou seu substituto onipresente, ao lado de Araktchéiev. Os dois homens se odiavam. Com seus 30 mil cadáveres, Vilna parecia um enorme mortuário refrigerado. Ao entrar em um macabro depósito onde "corpos foram empilhados até o alto das paredes", ele viu alguma coisa se mexendo. "De repente localizei, entre aqueles corpos inanimados, seres vivos." O imperador finalmente teve oportunidade de refletir sobre a queda de Napoleão, comentando com sua bela cortesã, Sophie de Tisenhaus, sobre o olhar irresistível daqueles "olhos cinza-claro [...]. Que carreira foi arruinada! O encanto estava desfeito".

Kutúzov não tinha a mínima intenção de perseguir Napoleão pela Europa, no que foi apoiado pela imperatriz-viúva e por Catiche. A Rússia havia perdido 150 mil homens; o Exército estava reduzido a 100 mil soldados. Mas Alexandre tinha uma visão diferente de sua missão, pessoal e nacional, que seria agora decisiva na história da Europa. Deixou Nikolai Saltikov, aquela relíquia dos reinos de Elizaveta e Catarina, encarregado de Petersburgo e avançou pela Europa para destruir Napoleão. "Vocês não salvaram apenas a Rússia", declarou aos seus soldados, "mas toda a Europa."[16]

Em 1º de janeiro de 1813, Alexandre e seu exército atravessaram o Niemen e avançaram pelo império de Napoleão, logo entrando em contato com o rei da Prússia, que no final de fevereiro tinha aderido àquela nova aliança contra a França, o que resultou em 150 mil russos e 80 mil prussianos no campo de batalha, todos a serem financiados pela Grã-Bretanha.

Esse novo e mais confiante Alexandre convocou as sete atraentes esposas de seus generais — mas não sua imperatriz — para juntar-se a ele numa "pequena corte feminina". A primeira a chegar foi a princesa Zinaida Volkónskaia, de 23

---

* No dia 15 de dezembro de 1812, Catiche perdeu seu amado marido, Georg de Oldenburg, com apenas 24 anos.

anos, sensível, culta e sublime cantora, vivendo um casamento infeliz com um ajudante incompetente que sempre acompanhava o imperador. Enquanto viajavam, Alexandre costumava chamar as damas, mas visitava Zinaida sozinho. "Só você tem o raro talento de tornar todos ao seu redor mais adoráveis, pois é cheia de uma bondade clemente."

A Alemanha era o novo campo de batalha. Napoleão surpreendeu a Europa com a rapidez com que refez seu exército. Agora que recrutara a Prússia para sua coalizão, Alexandre precisava da Áustria, cujo ministro do Exterior, o conde Clemens von Metternich, de 39 anos, esperava restaurar o status da Áustria livrando-se da aliança com a França e tentando um acordo com a Rússia. Filho de um pequeno aristocrata da bacia do Reno, tinha ascendido rapidamente e se tornado o principal assessor do imperador Francisco, rico magnata e amante prolífico. Os "benevolentes olhos azuis" de Metternich, escreveu o romancista Stendhal, "enganariam até o próprio Deus". As cartas de Metternich para suas muitas amantes eram repletas de bazófias vaidosas e carência emocional, mas a serviço da Áustria ele desempenhava seu papel com muita habilidade. Se era presunçoso, tinha muitas razões para sê-lo. Esse era o homem que Alexandre precisava convencer a se afastar de Napoleão.

No início de março, o exército de Alexandre avançou pela Saxônia, cooperando com os prussianos. Em 16 de abril, Kutúzov morreu, libertando Alexandre de sua *bête noire*. Em Dresden durante a Páscoa, Alexandre agora estava convencido de cumprir "um dever sagrado". Ele escreveu a Golítsin: "Desde Petersburgo, não se passa um dia sem que eu leia a Sagrada Escritura". O tsar comemorou com suas tropas: "À meia-noite nós cantamos o hino pascal nas margens do Elba. Seria difícil comunicar a emoção que senti me penetrar quando olhei para o ano que passou e pensei até onde a Divina Providência nos trouxe". Mas sua devoção não interferiu em seu romance com a casada Zinaida. Enquanto isso, Napoleão, mobilizando um novo exército, vinha avançando.

Entre o final de abril e o começo de maio, comandados pelo medíocre Wittgenstein e por Alexandre, os aliados enfrentaram Napoleão em Lützen e em Bautzen e foram derrotados por pouco, mas os exércitos continuaram intactos. Os prussianos se desesperaram, mas o otimismo tranquilo de Alexandre os tranquilizou. Ele dispensou Wittgenstein e renomeou Barclay, que ganhou tempo derrotando os franceses em conflitos menores enquanto Alexandre trabalhava com os austríacos.

"Estamos todos com o melhor moral possível", escreveu o tsar a Zinaida em 14 de maio. "Nossas tropas se distinguiram, mesmo que o resultado final não tenha sido o sucesso que esperávamos", mas "apesar de todas as esperanças de um sucesso militar, devo acrescentar o desejo sincero pela alegria de vê-la assim que possível!" Depois ele declarou seu amor por ela. Seu amor foi aceito.

"Eu disse com frequência que tinha medo de perturbá-la quando expressava meus sentimentos por você", escreveu, porque "eu queria estar certo de que você também tinha certeza e não havia me entendido mal. É meu coração que agora dita estas palavras a você!" O tsar acrescentou que a carta de amor seria entregue a ela pelo marido, o príncipe Nikita Volkónski, que Alexandre escarnecia como "o correio normal". Em 4 de junho, exausto e com uma cavalaria pequena, Napoleão concordou com um armistício. Alexandre teve de concordar, "por mais que eu lamentasse". Isso acabou sendo um erro de Napoleão.

Estabelecendo o quartel-general em Reichenbach, o imperador Francisco e Metternich chegaram para negociar com Alexandre e Napoleão. Temendo que a queda de Napoleão fosse prenúncio de um domínio russo, Metternich lhe ofereceu uma chance de manter a maior parte de suas conquistas, inclusive boa parte da Alemanha, em troca de fazer concessões à Rússia, à Áustria e à Prússia, um acordo de equilíbrio de forças. Metternich estava perto de Ratiborschitz, o palácio de sua nova amante, Wilhelmina de Biron, duquesa de Sagan, que, como neta da favorita da imperatriz Anna, era uma russa meio isenta. Em exaustivas reuniões no castelo de Sagan, Alexandre tentou convencer Metternich a declarar guerra à França.

O caso de Alexandre com Zinaida estava no auge, e ele antevia a "recompensa" — sexual, presume-se — que esperava receber: "Espero o momento do nosso encontro com a mais viva impaciência [...]. Seu para sempre, de alma e coração. A.". Dias depois ele a encontrou em Teplitz, onde se reunia a coalizão de líderes. "Estou impaciente para estar aos seus pés", disse a Zinaida. "Posso ir até você entre sete e oito?" Depois escreveu: "Sou muito grato pela indulgência com que me recebeu. Esses momentos nunca serão apagados dos meus pensamentos". O erótico e o místico se combinavam em Alexandre. Depois de uma missão agradável, ele declarou: "Minha única ambição é dar paz ao universo".

A Suécia, sob Bernadotte, o príncipe herdeiro e ex-marechal de Napoleão, já tinha se juntado à aliança, agora impulsionada por 2 milhões de libras de dinheiro britânico. Napoleão concordou em estender o armistício e negociar um acordo em Praga. Metternich ficou encantado, Alexandre ficou furioso, mas o espaço para respirar tinha suas vantagens. "Isso me dá esperança de ver você", escreveu Alexandre a Catiche, que estava em Praga para conseguir o apoio dos austríacos. "Não sei como agradecer tudo o que você já fez", disse o tsar. "Lamento que ainda não tenha dito nada sobre Metternich e o que é preciso para tê-lo totalmente do nosso lado: tenho os fundos necessários, por isso não seja tímida!" As táticas de suborno "eram as mais seguras de todas", segundo acreditava Alexandre.

Em julho, quando começaram as conversações, Napoleão voltou atrás, oferecendo apenas um retorno ao status quo de antes de 1812. Em 1º de agosto, a Áustria declarou guerra, lançando mais 130 mil homens em campo contra a França, com a última condição de que o príncipe Karl von Schwarzenberg fosse nomeado comandante em chefe. Alexandre "me beijou e deu tapinhas como se eu fosse um irmão que ele havia muito não via", escreveu o modesto Schwarzenberg, que se queixou amargamente com a esposa do séquito de Alexandre: "Eu tenho que lidar com fracotes, janotas, mascates de planos excêntricos, fuxiqueiros, estúpidos, faladores, implicantes, resumindo, um sem-número de vermes".

Em 5 de agosto, os exércitos partiram para Dresden, que eles podiam ter tomado. Mas a falta de jeito e as protelações do comando multinacional, exacerbadas pela "infeliz compulsão de Alexandre de interferir na tomada de decisões", permitiram que Napoleão ocupasse Dresden. Os aliados se retiraram, mas os russos se redimiram dois dias depois. Comandados por Barclay e com a Guarda de Alexandre na vanguarda, eles derrotaram os franceses em uma pequena e selvagem batalha em Kulm, observada pelo tsar. Aqueles dias forneceriam suas lembranças favoritas, pois ao menos Alexandre, que se tornara uma piada em Austerlitz e um grande risco em 1812, tinha obtido triunfos militares. A maré havia mudado.[17]

Enquanto conduzia seus aliados em direção à França, Alexandre e os monarcas eram acompanhados por uma deplorável caravana de cortesãos, *grandes dames* e *grandes horizontales* — entre eles prussianos, corsos, franceses e até Laharpe, o professor da juventude do tsar. Os ministros se refestelavam em trajes formais sujos de lama, com espadas e condecorações. Passaram tediosos dias molhados de chuva, atolados em estradas pantanosas, às vezes aterrorizados pelo rugido de canhões e pela visão de corpos dilacerados. À noite, dividiam choupanas e, se não fossem difíceis de contentar, compartilhavam esquálidas meretrizes de tabernas. O soldado Alexandre se mantinha com as tropas, de forma que Metternich e seus ministros estavam sempre tentando alcançá-lo. "Durante todas as operações militares", contou Metternich à sua amante Wilhelmina, "passei noites com sua majestade imperial das oito, nove da noite até a meia-noite."

"Estou levando uma vida de cão", disse Alexandre a Catiche em 5 de outubro, "e mal consigo lidar com a terrível pressão do trabalho que tenho nas mãos." Alexandre agradecia ao Ser Supremo. "Minha convicção de que Deus se reserva o poder de conduzir tudo e minha confiança nele ficaram mais fortes", escreveu ao seu amigo místico, Golítsin. "Conosco, tudo corre de forma maravilhosa."

Depois de abandonar Dresden, Napoleão concentrou 203 mil homens em Leipzig, onde os aliados, com 326 mil, atacaram suas fortificações na Alemanha. Em 4 de outubro de 1813, Alexandre, acompanhado por Francisco, Frederico Guilherme e Bernadotte da Suécia, presidiu a Batalha das Nações, na qual 500 mil homens com 2 mil canhões explodiram e dilaceraram uns aos outros durante três dias. Dessa vez, os acalorados protestos de Alexandre ao plano de Schwarzenberg salvaram os aliados de um desastre. Quando a cavalaria do inimigo ameaçou as posições do tsar, ele comandou uma carga da Guarda Cossaca que fez debandar os atacantes.

Só Araktchéiev se envergonhou quando fugiu de um projétil que caiu perto. Alexandre estava radiante. "Deus Todo-Poderoso nos garantiu uma contundente vitória sobre o famoso Napoleão", disse a Golítsin. "E estamos a dois dias de marcha de Frankfurt!"*

Alexandre estava com pressa para invadir a França, mas Metternich via a Áustria se equilibrando entre a Rússia e a França. "Discuti por pelo menos três horas com seu belo imperador. Falei com ele como se fosse meu filho", gabou-se para Wilhelmina. "Enfrentei Meiningen para acertar alguns pontos no destino do

---

* Os acasos da guerra atrasaram alguns amores e facilitaram outros. "Foi no meio de grandes movimentos estratégicos, princesa, que recebi sua adorável carta", escreveu Alexandre em Leipzig para Zinaida, desculpando-se porque a carta de amor anterior tinha se perdido durante dois dias no calor da batalha e nos bolsos de Pedro Volkónski "em seu grande guarda-roupa antes de chegar até mim, dando a desculpa de tê-la deixado em um terceiro casaco, apesar de já estar usando dois". Durante um raro momento romântico no campo juncado de corpos de Leipzig, o príncipe Pedro Volkónski encontrou uma jovem francesa de dezenove anos chorando pelo marido francês tombado na batalha. Apesar de sua esposa estar perto, na comitiva de Alexandre, Volkónski a tornou sua amante. Não surpreende que tenha esquecido que estava com as cartas de amor do imperador no bolso! Depois levou a amante ao Congresso de Viena, onde ela o visitava todas as noites no Palácio de Hofburg vestida como um garoto.

mundo com o imperador Alexandre." No final de outubro eles estavam em Frankfurt, onde Alexandre encontrou uma nova amante, Madame Bethmann, de seios grandes, esposa de um banqueiro. Metternich a definia ironicamente como "uma vaca holandesa".

No primeiro dia do Ano-Novo russo, em Basileia, Alexandre, Francisco, Frederico Guilherme e 200 mil homens atravessaram o Reno e entraram na França. O tsar insistia num rápido avanço para Paris, o que horrorizou Metternich. Os austríacos queriam apenas uma invasão parcial, para forçar Napoleão a fazer um acordo e talvez deixar seu filho no trono.

Agora um novo civil se juntava à caravana. O visconde de Castlereagh, o alto e lacônico secretário do Exterior britânico e tesoureiro da coalizão, que desconfiava da postura arrogante e dos arroubos místicos de Alexandre, duas atitudes estranhas à fleuma britânica. "A coisa mais perigosa para nós", disse Castlereagh ao seu primeiro-ministro, o conde de Liverpool, em 6 de janeiro de 1814, "é o tom *chevaleresque* do imperador Alexandre. Ele nutre sentimentos *pessoais* em relação a Paris, distintos de considerações político-militares", uma ansiedade por desfilar sua Guarda por Paris para vingar Moscou. No entanto, Castlereagh concordava com o tsar em que Napoleão deveria ser neutralizado.

Alexandre deu ordens para Schwarzenberg avançar em direção a Paris. Schwarzenberg se recusou. Quando Metternich e Castlereagh os alcançaram em Langres, em 13 de janeiro, eles encontraram o tsar frenético. "O tsar Alexandre teve outro daqueles ataques de bufonaria que costumam acometê-lo", escreveu Schwarzenberg. "Que os céus nos protejam!" Castlereagh gostaria que o tsar fosse "mais equilibrado em seus projetos [...] mais inteligível em seus pontos de vista". Mas era fácil entender mal Alexandre. Ele via a queda de Napoleão como sua apoteose pessoal e triunfo milenar, porém esse analista perspicaz entendia o monstro corso melhor do que os outros: uma paz duradoura só poderia ser feita em Paris. Castlereagh queria os Bourbon reconduzidos ao trono. Alexandre vislumbrava uma miscelânea de esquemas que oscilavam entre uma regência para o filho de Napoleão sob as ordens da imperatriz Maria Luísa, uma monarquia constitucional e uma república progressista com Bernadotte como cônsul ou rei. Recuperando seu velho talento, Napoleão venceu uma série de batalhas, mas o sucesso o tornou mais intransigente. Em 26 de fevereiro, em Chaumont, os aliados concordaram em não fazer uma paz em separado e combater Napoleão até o fim.

"Eu tinha no coração um desejo invencível de pôr tudo a critério de Deus", disse Alexandre a Golítsin. "Durante uma reunião do conselho, saí por um momento, caí de joelhos no meu quarto e lá, diante do Senhor, desabafei o meu coração." O Senhor respondeu com "uma dura resolução de vontade e uma espécie de ofuscante clarão de propósito: tome Paris!". Em seguida, o general prussiano Blücher, um experiente cavalariano que compartilhava a belicosidade de Alexandre, derrotou Napoleão e estava pronto para avançar — até sofrer um colapso nervoso e ficar cego, convencido de que estava grávido de um elefante (cujo pai era um francês). O avanço esmoreceu. Será que um cavalariano septuagenário grávido de um elefante salvou Napoleão?[18]

Em busca da própria morte em batalha e se recusando a considerar um último bastião em Paris, Napoleão desviou para o leste, tentando distrair os aliados. Mas os cossacos interceptaram uma mensagem para a esposa Maria Luísa revelando seus planos. Traiçoeiramente, Talleyrand recomendava um ataque, mas Alexandre descobriu, a partir das cartas interceptadas do comandante de Paris a Napoleão, que a capital estava mal defendida. Nesse momento, o tsar foi mais uma vez decisivo: em 11 de março os aliados se recusaram a morder a isca e se dirigiram para Paris.

No dia 12 de março, os russos derrotaram o marechal Marmont nos arredores de Paris. Napoleão dera ordens para que a imperatriz Maria Luísa, seu filho de três anos e rei de Roma e seus conselheiros saíssem da cidade, mas Talleyrand, vendo-se como regente do rei bebê, implorou que ela ficasse. Porém Maria Luísa preferiu sair de Paris e arruinar as perspectivas do filho de manter o trono. Em 18 de março, a cidade se rendeu. Às duas horas da manhã, na cama no Château de Bondy na periferia da cidade, Alexandre recebeu o ato de capitulação; despreocupado, guardou o documento embaixo do travesseiro e foi dormir. Ao amanhecer, despachou seu ajudante Mikhail Orlov* e depois Nesselrode para Paris para encontrar Talleyrand, que Napoleão definia acertadamente como "ouro misturado com merda". Desobedecendo às ordens de Napoleão, ele tinha ficado em Paris. Alertou Alexandre sobre assassinos no Palácio Élysée e o convidou a ficar com ele. Quando alguns cortesãos alemães sugeriram destruir Paris, Alexandre repli-

---

* Os irmãos Mikhail e Alexei Orlov, ambos oficiais da Guarda e ajudantes do tsar, eram filhos ilegítimos do conde Fiódor Orlov, irmão de Grigóri, amante de Catarina, a Grande.

cou que Deus o havia feito poderoso "para garantir a paz no mundo". E acrescentou: "Seja em palácios ou nas ruínas, 'a Europa vai dormir esta noite em Paris'".[19]

"A imaginação dificilmente pode assimilar a ideia de russos em Paris!", exclamou Catiche. Às onze horas da manhã, ostentando o uniforme de campo de seus Chevalier-Gardes e escoltado pela Guarda de Cossacos em túnicas escarlate e culotes azuis, Alexandre entrou em Paris. Montado em seu cavalo Eclipse, presente de Napoleão, tendo Frederico Guilherme à sua esquerda, Schwarzenberg à direita, foi seguido por Constantino e o (recém-promovido) marechal Barclay e sua Guarda. O tsar trocou gracejos com as damas de Paris na multidão: "Eu não venho como inimigo", falou.

"Nós o estávamos esperando", elas gritavam.

"Só não vim antes graças à bravura dos franceses", respondeu Alexandre. Em seguida passou em revista a Guarda nos Champs-Élysées.

Às seis da tarde, Alexandre chegou ao Hôtel Talleyrand, na Rue Saint-Florentin, onde ocupou o primeiro andar, com Nesselrode no segundo e Talleyrand no mezanino, enquanto os cossacos e a Guarda de Preobrajénski protegiam a mansão, que agora era o quartel-general do Império Russo. Quando Napoleão se ofereceu para abdicar em favor do filho, Talleyrand e Alexandre consideraram a ideia, mas a ausência de Maria Luísa e do rei de Roma a inviabilizou. Em uma reunião em 19 de março, Alexandre "lançou um olhar ao príncipe Schwarzenberg, que concordou com um aceno, assim como o rei da Prússia": chega de Bonapartes! "A França deve ser forte e grandiosa", disse o tsar, concordando afinal com a restauração de Luís XVIII, desde que limitado por uma Constituição. Alexandre "fala muito menos absurdos do que imaginei", relatou Metternich a Francisco. No dia seguinte, Talleyrand convocou o Senado, que o elegeu como premiê e depôs os Bonaparte.

Às três horas da manhã do dia 24 de março, os marechais Marmont, Ney e Macdonald, acompanhados por Caulaincourt, chegaram para convencer o tsar a apoiar uma regência para o rei de Roma. Alexandre não confiava nos Bourbon. Como o Exército ainda era bonapartista, ele se sentiu tentado a apoiar o rei de Roma como Napoleão II. Porém, do dia para a noite, as tropas de Marmont se renderam aos austríacos. Quando os marechais voltaram na manhã seguinte, Alexandre ficou sabendo que suas tropas não eram bonapartistas como se alegava

— e, relutante, voltou-se para os Bourbon. "O imperador deve abdicar incondicionalmente", afirmou. Quando os quatro desapontados bonapartistas saíram, Alexandre chamou Caulaincourt de volta para discutir qual território Napoleão receberia — Córsega, Sardenha, Corfu? Caulaincourt sugeriu Elba. Napoleão abdicou.

Alexandre percebeu que os Bourbon não sobreviveriam se não respeitassem "os últimos 25 anos de glórias", mas em 18 de maio de 1814 ele assinou com o recém-chegado Luís XVIII um tratado tolamente generoso com Napoleão, que insistia em ser o imperador de Elba. O tsar mandou seu general ajudante de campo, o conde Pável Chuvalov, acompanhar o imperador deposto ao seu minúsculo império. "Finalmente o grande objetivo foi alcançado", escreveu Alexandre a Catiche em 20 de abril. "Napoleão não mais tiraniza a França e a Europa." Esse gigantesco e triunfante esforço de guerra, de diplomacia e logística — o abastecimento dos exércitos russos de Moscou a Paris — foi a grande realização de Alexandre, não igualado por nenhum governante da Rússia.

"Paris era uma imensa e linda casa de loucos", como disse Metternich a Wilhelmina, na qual Alexandre preferia o elegante glamour dos Bonaparte à hipocrisia pudica dos Bourbon. O tsar visitou as duas ex-imperatrizes, Maria Luísa e Josefina, de quem comprou estátuas de Canova e quadros de Caravaggio para o Hermitage.

O homem mais poderoso da Europa foi magnânimo, mas não havia nada de modesto em suas convicções de ter sido um escolhido de Deus. "O sentimento que me move é o mais puro desejo de me tornar moralmente perfeito", explicou a Catiche. Alexandre comemorou a Páscoa com clérigos ortodoxos e católicos na Place de la Concorde: "Nosso triunfo espiritual alcançou seu objetivo", mas "fiquei surpreso ao ver os marechais franceses se acotovelando para beijar a cruz russa!"[20]

Catiche, que se deliciava com o renome do irmão — "ser sua irmã é o melhor passaporte" —, planejava se encontrar com Alexandre em Londres. A viagem acabou sendo uma comédia de insolência russa misturada à grosseria britânica. Enquanto esperava pelo barco em Rotterdam, ela foi abordada pelo duque de Clarence (o futuro Guilherme IV), um rude marinheiro que vivia com uma atriz. "O atraente marinheiro ainda tem seus truques", ela brincou. "Eu me submeto ao Criador, mas de uma coisa estou certa: jamais me tornarei a sra. Clarence."

Catiche causou problemas desde o momento em que chegou: seus atormentados cicerones foram o embaixador russo Christopher Lieven e sua inteligente porém intrometida esposa, Dorothea. Segundo relatou a condessa Lieven,* "Catiche era uma mulher notável", com "uma sede excessiva de autoridade e alta opinião sobre si mesma [...] que assustou e deixou perplexos os ingleses". Nas ruas de Londres, "ouço as pessoas dizerem: 'Deixe-me ver a irmã do imperador Alexandre, o salvador do mundo'", contou Catiche a Alexandre.

Quando o príncipe regente veio vê-la no Pulteney Hotel, em Piccadilly, o encontro foi glacial. A condessa Lieven foi repreendida pelo regente — "Sua grão-duquesa não é bonita" — e pela grão-duquesa — "O seu príncipe é malnascido". "A afabilidade afetada do regente é a mais licenciosa, a mais obscena que já ouvi, e estou longe de ser puritana ou melindrosa, mas juro que com ele e seus irmãos eu não só me senti rígida e constrangida, como não sabia o que fazer com os olhos e os ouvidos. Um jeito atrevido de olhar o que os olhos jamais deveriam mirar!"

Catiche ganhou o regente ao ficar amiga de sua distante esposa, Caroline. "Aquela Coisinha Louca e Absurda" foi tão indelicada que até mesmo os Lieven a consideraram "insuportável". Se Catiche estava demonstrando a arrogância da majestade dos Románov, os britânicos pareciam ansiosos em desfilar a lascívia voraz da casa de Hanover, pois Catiche atraiu um terço daqueles irmãos horríveis, como o duque de Sussex, que chegou a enviar uma proposta de casamento. "Enquanto rejeitava maridos, nossa duquesa se deliciava em tirá-los das outras", observou a condessa Lieven. Ela era "muito sedutora no olhar e nos modos, com um andar seguro, um porte orgulhoso, os olhos brilhantes e o cabelo mais lindo do mundo". Catiche fez a maior confusão com os planos do regente de casar sua herdeira, a princesa Carlota, com o príncipe de Orange. Catiche flertou de forma atrevida com ele e depois apresentou Carlota a um de seus oficiais russos, o príncipe Leopoldo de Saxe-Coburg, com quem ela acabaria se casando.

---

* Os Lieven eram o coração das famílias de primos alemãs do Báltico. A mãe de Christopher era a temível condessa Charlotte Lieven, administradora do vestuário e governanta dos filhos mais novos do imperador Paulo. A esposa Dorothea era uma Benckendorff, filha da melhor amiga da imperatriz Maria, já falecida. Quando jovem, ela teve um romance com o grão-duque Constantino, e a imperatriz Maria chegou a pensar em casar Dorothea com Arakchéiev, por isso ela teve sorte de se casar com Lieven. De rosto fino, incisiva e autocentrada, a condessa Lieven tornou-se um redemoinho diplomático-amoroso cujos amantes incluíram Metternich, da Áustria, o conde Grey, da Grã-Bretanha, e François Guizot, da França, uma prova viva da frase de Henry Kissinger: "O poder é o maior afrodisíaco".

No final de maio, Alexandre* chegou a Piccadilly para ser recebido por uma multidão de admiradores. Não se deixou impressionar pelo regente. "Um pobre príncipe", comentou, e o deixou indignado ao ficar de camaradagem com a oposição liberal. Em sociedade, "ele era um jovem total, ótimo valsista, galante com as mulheres, embora se atendo às mais jovens. Rodeado de gente e bajulado, suas conquistas eram tão múltiplas quanto seus galanteios".[21]

No caminho de volta para a Rússia, Alexandre se encontrou com representantes de Petersburgo, que lhe ofereceram o título de "Alexandre, o Abençoado", que ele recusou. Ao chegar a Petersburgo, em 13 de julho, rezou na Catedral de Kazan — "Tomado de humildade", observou Golítsin, "ele atribuiu tudo, a vitória ao Senhor". Depois de um ano e meio fora da Rússia, ele nomeou um alemão e um grego, Nesselrode e Capo d'Istria, como ministros do Exterior,** mas agora se sentia exausto. Delegou poderes em casa e esfriou com Araktchéiev.

Alexandre foi afastado pela esposa Isabel, enquanto seu "adorado casamento" com Maria Naríchkina terminava amargamente por razões morais porque,

---

* Em Paris, Alexandre concedeu o bastão de marechal a Araktchéiev. Araktchéiev havia sido crucial na administração da guerra, embora não tivesse participado da estratégia — mas ele recusou. No entanto, quando Alexandre o mandou para casa para administrar Petersburgo, o Vampiro emburrou. Alexandre o apaziguou com um tributo revelador: "É com grande pesar que me separo de você. Aceite mais uma vez a expressão do meu reconhecimento por seus inúmeros serviços que estarão sempre gravados em meu coração. Sou suscetível ao tédio e à aflição. Depois de catorze anos de difícil governo, uma ruinosa guerra e dois anos perigosos, vejo-me privado do homem em quem sempre tive uma confiança ilimitada. Não há ninguém em quem eu confie tanto [...]. Seu dedicado amigo para toda a vida, Alexandre".

** Alexandre exonerou o chanceler Rumiántsev, o secretário de Estado Chichkov e o governador de Moscou, general Rostopchin. Araktchéiev se tornou porta-voz do Comitê de Ministros e diretor da chancelaria de Alexandre, que ele administrava de casa — e sua gestão ficou conhecida como *Araktchéievchina* — o tempo de Araktchéiev. Quanto aos ministros do Exterior, Karl von Nesselrode tinha pai alemão e mãe judia, mas foi criado como anglicano na embaixada britânica em Lisboa. Sombrio, pálido e submisso, parecia um escriturário de cidade pequena. "Eu sou chamado quando sou necessário", gabava-se para a mulher. "Sou completamente passivo." Seu rival, Ioannis Capo d'Istria, agora com 31 anos, era um meteoro fascinante, um reformador liberal, nascido em Corfu, formado em medicina, promovido por Alexandre a ministro-chefe da República Septinsular das Ilhas Jônicas. Como ministro do Exterior do tsar, foi o grande defensor de causas progressistas — ou, como via Metternich, "um tolo total e completo, um perfeito milagre do desatino".

como Alexandre explicou a Catiche, "as pessoas acham que ela é o obstáculo para uma reaproximação com minha esposa" e "ela não quer que meu país veja algo errado a me reprovar. Eu a amo muito para fazê-la agir contra suas convicções". Alexandre lamentou que "os catorze anos felizes de união sejam sacrificados pelas nossas obrigações". Quando descobriu que na verdade ela estava apaixonada por outro, Alexandre ficou magoado com "essa pessoa depois de tudo que ela fez". Ao se despedir de Catiche ao final da "relação em que depositei a felicidade da minha vida", ele declarou: "Estou prestes a partir para Viena".

No dia 13 de setembro de 1814, Alexandre foi saudado pelo imperador Francisco nos arredores de Viena, onde talvez tenha acontecido o banquete internacional mais consumista de toda a história, um congresso com dois imperadores, cinco reis, 209 príncipes reinantes, aproximadamente 20 mil funcionários, entre marechais e ministros a escriturários e espiões, e quase todos os caçadores de tesouros, charlatães e prostitutas da Europa, talvez uns 100 mil ao todo, negociando, chantageando e fornicando para ter acesso a bailes e banquetes e reformular um continente depois de vinte anos de guerra.

Alexandre ficou no Palácio de Hofburg, onde duas mulheres ambiciosas se colocaram no centro da ação alugando apartamentos vizinhos, no Palácio de Palma.

Wilhelmina de Sagan, já amante de Metternich, tinha "feições nobres e regulares, um corpo soberbo, a postura de uma deusa" — e uma cabeça educada em história e filosofia. Corrompida pela "assustadora imoralidade" de sua infância, seduzida pelo amante da mãe, sua promiscuidade agora levava Metternich a distrações. "Ela peca sete vezes por dia", ele anunciava, "e ama com a mesma frequência com que faz refeições."*

Do outro lado do corredor do Palácio de Palma morava a princesa Kátia Ba-

---

* Sua irmã mais nova, Dorothea, de vinte anos, estava do outro lado — como parceira de Talleyrand. A mãe das duas, duquesa da Curlândia, fora uma de suas amantes. Dorothea chegou a ficar noiva de Czartoryski, até Talleyrand pedir a Alexandre, em Erfurt, que ela se casasse com seu sobrinho fracassado, com quem ela negligentemente teve dois filhos. Talleyrand providenciou para que seu ducado de Dino fosse cedido ao sobrinho, para que Dorothea pudesse ser duquesa de Dino. Trinta e nove anos mais nova que o cadavérico príncipe, ela foi sua última amante — embora ele tivesse de dividi-la com um jovem austríaco, o conde Karl Clam-Martinitz. Em 1820, Dorothea deu à luz uma filha que Talleyrand tratava como se fosse sua.

gration, filha da sobrinha de Potiômkin, Katinka, e viúva do herói de Borodinó. Estabelecendo-se em Viena, ela havia seduzido Metternich, que foi pai de sua filha Clementine. "Ela era bonita como um anjo, brilhante, a beleza mais vivaz de Petersburgo", relatou Langeron. Kátia expunha sua figura em vestidos diáfanos — daí seu apelido "Anjo Nu". Em Viena, sua pele alva e especialidades eróticas lhe renderam a alcunha de "a Gatinha Branca". Claro que as duas sedutoras se odiavam. O chefe de polícia de Metternich, barão Hager, chamava o lado de Bagration no Palácio de Palma de "Campo Russo", e o de Wilhelmina, de "Campo Austríaco".

Assim que chegou, Alexandre convocou Castlereagh e Metternich. O último exultou por "ele não saber nada do que eu quero e eu saber exatamente o que ele quer". Enquanto Talleyrand explorava a disputa para restaurar o prestígio da França, Metternich se retirava todas as noites para o apartamento de Wilhelmina. Do outro lado do patamar, havia comoção quando a campainha da princesa Bagration tocava no meio da noite. Abrindo a porta em estado de nudez, a Gatinha Branca recebia o tsar, que ficava por três horas, segundo registro da polícia secreta.

O objetivo de Alexandre era criar um reino maior na Polônia* com ele próprio como rei, e que as outras potências vissem o país como um satélite russo, um temor alegremente explorado por Talleyrand. "Eu conquistei o ducado [de Varsóvia]", vangloriava-se Alexandre, argumentando que a Rússia tinha sofrido mais que qualquer um. Ele esperava compensar a Prússia por ter arrasado a Saxônia, aliada de Napoleão. Quando Talleyrand contestou, Alexandre alertou: "Se o rei da Saxônia não abdicar, ele será despachado para a Rússia... e vai morrer lá!". Suas ameaças sinistras — que mais pareciam de Stálin que de Alexandre, o Abençoado — preocupavam seus aliados.

O tsar estava determinado a dar as cartas no cortejo de Viena. Batendo nas costas de marechais dizendo "nós, soldados" e caçoando de Metternich por ser civil, estava sempre de colarinho alto e uniforme brocado. Mas a moda de calças

---

* Alexandre passou pela herdade de Czartoryski em seu trajeto, para mostrar aos poloneses que "vingança não faz parte da minha natureza" — e Czartoryski se juntou à sua delegação, que incluía o alemão Nesselrode, o grego Capo d'Istria e o corso Pozzo di Borgo, com apenas um russo, o embaixador em Viena, conde Andrei Razumóvski (que no reinado de Catarina, a Grande, teve um caso com a primeira mulher de Paulo). Sua esposa, Isabel, o irmão Constantino e a irmã Catiche formavam o contingente dos Románov. Sua ex-amante, Maria Naríchkina, e Zinaida Volkónskaia também estavam lá, para irritação do tsar. Ele mandou Naríchkina para casa e descartou Volkónskaia.

411

grudadas na pele agora era um problema para as gordas nádegas imperiais, o que levava a acessos de raiva. "Eu o encontrei hoje experimentando oito ou nove pares de calças justas de hussardos", escreveu um de seus ministros, "e ele ficou inconsolável ao ver que eram apertadas ou curtas demais." Ficou tão irritado que mandou vir de Petersburgo umas calças que lhe servissem. Para esticar a cútis, esse metrossexual de 35 anos esfregava um bloco de gelo na pele diariamente. Flertava compulsivamente com as beldades de Viena: sua conversa de rotina começava com tristes reflexões sobre o término da relação com Maria Naríchkina, que "partiu meu coração e ainda o faz sangrar todos os dias". Mas Alexandre costumava ser cruamente direto: em um baile, disse à condessa Szechenyi, cujo marido tinha saído para dançar: "Seu marido parece tê-la abandonado. Seria um prazer ocupar o lugar dele por um momento".

"Será que vossa majestade me vê como uma província?", replicou a condessa nos melhores bons modos do Congresso. Em um baile de máscaras aberto ao público, uma garota indignada disse ao imperador, sem máscara porém irritante, que ele era um parvo. "Alexandre ficou chocado."

"O que é a política senão as mulheres?", refletia Talleyrand. Em relação à princesa Bagration, informantes relatavam como Alexandre a interrogava, com ciúme, sobre seus sentimentos por Metternich, atormentado, por sua vez, pela possibilidade de que sua amada do outro lado do patamar, Wilhelmina, voltasse ao seu amante favorito, o príncipe Alfred Windischgrätz — ou, muito pior, sucumbisse a Alexandre. Primeiro, Windischgrätz voltou. "Com amigos, eu conto os dias", disse Wilhelmina ao reencontrar o príncipe. "Com você, eu conto as noites e não quero perder nenhuma." Ela dispensou Metternich.

As festas eram tão constantes que o príncipe de Ligne, o incansável socialite agora com 72 anos de idade, fez uma tirada: *Le Congrès ne marche pas, il danse*". Alexandre "dança quase continuamente", escreveu Friedrich Gentz, secretário de Metternich, "um ímã para as mulheres". Suas prostitutas eram recrutadas pelo Mulherengo do Norte, Tchernichov, que também administrava seu caso com Madame Bethmann, de Frankfurt. Os agentes de polícia relatavam que ele fazia visitas regulares à esposa de um banqueiro, Madame Schwartz, que disse a um informante que, sexualmente, Alexandre preferia damas burguesas a aristocratas. Talvez ele simplesmente as considerasse mais discretas que as *grandes dames*. Enquanto isso, a imperatriz Isabel, de 35 anos, reavivava seu caso com o ex-amante Czartoryski, que implorava para ela se divorciar e se casar com ele. Isabel já ansiava por voltar para sua casa em Baden, mas Alexandre negou. Enquanto isso, Catiche rechaçava pretendentes e se embeiçava pelo príncipe herdeiro Guilherme de Württemberg, já casado.

Depois de anos de guerra, Viena se tornou uma *Ronde* erótica. Assim como seu irmão, Constantino, que tinha importado uma amante francesa, visitava a princesa Bagration. A polícia relatou que a Gatinha Branca não só recebia Constantino como também o Württemberg de Catiche. Os agentes de Metternich mal conseguiam acompanhar os compromissos da princesa — diziam que seu apartamento estava se transformando em um bordel real. Raramente os registros policiais foram tão divertidos.

Dizia-se que os russos eram os mais malcomportados dos visitantes. No dia 9 de novembro, o agente de polícia D disse que os cortesãos de Alexandre, "não contentes em tratar o Hofburg como uma pocilga, estão se comportando muito mal e constantemente trazendo meretrizes". Viena transbordava tanto de uma constrangedora liberalidade sexual de fácil acesso que as ruas foram inundadas por ansiosas jovens camponesas, uma oferta tão inesgotável quanto irresistível. Um dos oficiais de Alexandre culpou as garotas: "É impossível não mencionar a inacreditável depravação do sexo feminino das classes mais baixas". Os agentes de polícia registraram que as *maladies galantes* — doenças venéreas — eram devastadoras.

O Congresso estava ficando mal-humorado. A petulância de Alexandre atormentava seus cortesãos. Enquanto se mostrava "incessantemente encantador com todos os estrangeiros", contou um dos membros de seu séquito, o tsar "não era o mesmo conosco, dando a impressão de que nossos modos eram retrógrados se comparados aos dos europeus. Ele era indelicado conosco".* Em um baile, Alexandre dançou tanto que desmaiou e ficou acamado por alguns dias.

Frustrado por não se encontrar a caminho da Polônia, Alexandre estava dissolvendo a coalizão. Em 11 de outubro, depois de uma discussão com Metternich, ele foi visitar a princesa Bagration no Palácio de Palma. Mas ao chegar ao topo da escada, em vez de virar à esquerda ele virou à direita e visitou Wilhelmina, com quem ficou várias horas. Viena estava impaciente, a princesa Bagration, indignada, Metternich, de coração partido. Wilhelmina queria tirar a filha, Vava, da Rús-

---

* Constantino correspondeu à sua reputação de Hiena Zangada: quando Windischgrätz, o amante de Wilhelmina de Sagan, o desafiou para um duelo, ele o golpeou com um chicote de montar. Viena ficou aliviada quando Alexandre o despachou para comandar seu exército polonês.

sia. Alexandre usou esse fato para humilhar Metternich. Depois, com uma mensagem anônima, o tsar ofereceu 100 mil libras e a restauração dos favores de Wilhelmina — em troca da Polônia. "Não me surpreendo com mais nada que venha desse homem", escreveu Metternich para Wilhelmina. "Estou muito doente. Meu corpo foi afetado."

Não havia nada que Castlereagh temesse mais do que a troca da hegemonia napoleônica pelo império dos Románov, e alertou Liverpool que apenas a força funcionaria com Alexandre, não a conciliação, mais uma vez parecendo um estadista do século XXI lidando com a Rússia moderna. "Aquiescência não vai detê-lo, nem a oposição vai acelerar sua marcha." Era necessário "observá-lo e resistir, se necessário como outro Bonaparte".

A intimidação de Alexandre influenciou a jogada de Talleyrand, que convenceu a Grã-Bretanha e a Áustria a se aliarem à França numa entente anti-Rússia secreta, assinada em 9 de dezembro. Dois dias depois, um despreocupado imperador organizou um baile em homenagem ao próprio aniversário no palácio de Razumóvski, onde Beethoven tocou pela última vez. Finalmente a questão da Polônia foi ajustada: Alexandre se tornou o rei constitucional da Polônia sob a Coroa da Rússia. Mas a questão saxônica ganhou tal gravidade que houve menção de guerra com a Rússia, até Alexandre afinal concordar em abrir mão de uma parte da Saxônia. O perigo de uma nova conflagração se manifestou simbolicamente na véspera do Ano-Novo, quando o palácio de Razumóvski pegou fogo. Enquanto seus preciosos quadros eram consumidos pelas chamas, Razumóvski chorava embaixo de uma árvore usando um roupão de zibelina, consolado por Alexandre.

O Congresso teve uma má reputação por seu comportamento dissoluto e diplomacia conservadora, mas sua paz, ainda que aristocrática e monárquica, foi um acordo razoável e pragmático, muito mais duradouro que seu equivalente do século XX, o irrealista e idealista Tratado de Versalhes de 1919. Mesmo assim, o tsar ficou tão enojado com a negociata cética (em outras palavras, a resistência aos seus sagrados desejos) que concebeu uma Santa Aliança, uma irmandade cristã de monarcas — e estava prestes a fazer a proposta quando chegaram notícias incríveis.

"Um evento inesperado, mamãe, que a surpreenderá tanto quanto nos surpreendeu, acabou de dar uma nova direção a todas as ideias", contou o tsar à sua mãe. "Napoleão saiu de sua ilha de Elba em 26 de fevereiro." Para voltar a ser o imperador da França.

Foi Metternich quem correu para dar a notícia a Alexandre. O tsar, pronto para enfrentar Napoleão em batalha, se ofereceu como ditador de uma aliança com o rei da Prússia, Schwarzenberg e o duque de Wellington e seus representantes. Mas Wellington, que agora substituía Castlereagh em Viena, disse que "preferia portar um mosquete" pessoalmente a servir sob o tsar.

Enquanto tropas russas, prussianas, austríacas e britânicas se reuniam na fronteira da França e o Congresso assinava o tratado final,* as probabilidades estavam contra o monstro corso. "Um exército de 850 mil homens está pronto para esmagar o gênio do mal", disse o tsar à mãe.[22]

Enquanto Alexandre vistoriava seus exércitos em Heilbronn, na Alemanha, Catiche promovia um encontro do irmão com a sacerdotisa de seu novo círculo social místico. Em 6 de junho de 1815, o tsar recebeu a baronesa Juliana Krüdener, uma aristocrata alemã do Báltico de cinquenta anos (bisneta do marechal Münnich) e mulher de um diplomata russo que afirmava ter poderes místicos para entrar em contato diretamente com Deus e prever o iminente Apocalipse. Esses cultos milenaristas estavam na moda, e Alexandre, já envolvido em misticismo, ouvira falar da profecia de Krüdener de que a queda do anticristo Napoleão, conduzida por certo monarca angelical, anunciaria a Segunda Vinda de Cristo. As ardilosas lisonjas milenares de Krüdener, expressas em jargão bíblico ininteligível, encontraram correspondência na egolatria moralista de Alexandre. "Minhas homenagens a Virginia [o apelido que dera a Krüdener]", escreveu Alexandre a Catiche. "Diga-lhe que minha dedicação a ela é eterna."

Em 6 de junho (18 de junho no calendário gregoriano), Wellington derrotou Napoleão em Waterloo. Dessa vez, Alexandre não queria correr nenhum risco com Napoleão. "Nós insistiremos que ele seja entregue a nós", disse a Barclay.

---

* O septuagenário príncipe de Ligne, amigo de Frederico, o Grande, de Catarina, a Grande, e de Maria Antonieta, morreu nos últimos dias do Congresso. Quanto à princesa Bagration, desprestigiada e com dívidas de 300 mil francos, foi posta sob prisão domiciliar até fugir de Viena, seguindo Alexandre para implorar que ele pagasse a seus credores. Ela abriu um salão em Paris frequentado por Stendhal e Balzac, e afinal se casou com um diplomata britânico, Lord Howden. Wilhelmina de Sagan tornou-se amante de Lord Stewart, irmão de Castlereagh, antes de se unir a um terceiro marido, o conde Karl Schulenberg. Nunca conseguiu tirar a filha da Rússia, mas continuou amiga de Metternich e morreu em 1839.

Mas ele já soubera da aliança secreta contra a Rússia e acabou sendo rechaçado em Paris — "aquele lugar maldito".

Hospedado no Palácio Élysée, Alexandre convidou a baronesa Krüdener para ir a Paris como sua guia espiritual. Ela chegou com uma escolta cossaca e se hospedou no Hôtel Montchenu, ao lado, para facilitar suas sessões de orações noturnas. "Eu só via um desejo de derrotar a pobre França e uma vontade de dar rédeas àquela paixão de vingança que desprezo", disse a Catiche. "Meu único consolo flui do Ser Supremo." Alexandre insistia em que a França não deveria ser penalizada pelos aliados* e propôs a Santa Aliança, garantida por monarcas vivendo juntos como irmãos cristãos — "para reforçar os princípios da paz, da concórdia e do amor, frutos da religião cristã e a moralidade das relações políticas com os Estados", segundo Alexandre explicou a um de seus diplomatas.

No dia 29 de agosto, Alexandre presidiu sua Revisão de Virtudes, uma parada de 150 mil russos, com a presença dos monarcas da Áustria e da Prússia, além de Wellington, do conde D'Artois (irmão de Luís XVIII) e Krüdener, de cabelos grisalhos e trajes simples. No dia seguinte, o Exército inteiro cantou hinos eslavos, depois eles se prostraram diante de sete altares. "Este foi o dia mais difícil da minha vida", disse Alexandre à baronesa.

"A cabeça do imperador não está muito boa", disse Castlereagh a Liverpool. Quando Alexandre mostrou o tratado a ele e a Wellington, "não foi sem dificuldade que passamos pela entrevista com a devida gravidade". Era um "exemplo de absurdos e misticismos sublimes". A Grã-Bretanha resistiu, mas a maior parte da Europa assinou.[23]

Em outubro de 1815, Alexandre, o novo rei da Polônia, entrou em Varsóvia de uniforme polonês e concedeu uma nova Constituição ao seu novo reino, dando aos poloneses liberdades que jamais havia oferecido aos russos. O pupilo de Laharpe via a Constituição polonesa como um teste, confidenciando ao general

---

* Luís XVIII voltou ao poder e demitiu Talleyrand, deixando Alexandre sugerir o novo primeiro-ministro: Armand du Plessis, duque de Richelieu, governador-geral da Nova Rússia e da Crimeia por mais de dez anos — e o verdadeiro criador de Odessa. Talleyrand ironizou a nomeação do "francês que mais conhece a Crimeia". Na Nova Rússia, Alexandre substituiu Richelieu por outro francês internacional, Langeron, que continuou a fomentar a ascensão cosmopolita de Odessa.

prussiano Von Borstell: "A Polônia me é necessária para a civilização do meu império". O cansado Alexandre, oscilando entre um incipiente liberalismo e uma autocracia irascível, voltou a Petersburgo a tempo para o Natal.

O tsar sempre reconhecera a maldade da servidão. Agora seu prestígio estava tão alto que ele se sentiu tentado a aboli-la. No ano seguinte, numa atitude ousada, ele de fato libertou os servos da Livônia e encarregou Novossíltsev, Kotchubei e até Araktchéiev de apresentar planos para a própria Rússia, que era uma questão muito mais sensível e delicada.

Quando alguns nobres liberais apresentaram propostas para libertar os próprios servos depois da reforma na Livônia, Alexandre perguntou: "A quem pertence o poder legislativo?".

"A vossa majestade imperial, sem dúvida."

"Nesse caso", disparou Alexandre, "reconheçam o meu direito de legislar, que considero o mais útil para o bem de meus súditos." A reforma só poderia vir do autocrata, e mesmo assim tinha seus limites.

Metternich queixou-se de que o tsar "era incapaz de perseverar no mesmo sistema de ideias", tendo deixado "o jacobinismo abraçar o misticismo", enquanto "os Direitos do Homem são substituídos pela leitura da Bíblia". Mas na verdade Alexandre já estava cansado da baronesa Krüdener, que tolamente tinha se vangloriado de seus poderes sobre o tsar. Alexandre nunca mais a viu.

Agora era o autocrata militarista que promovia um grande e novo projeto doméstico — assentar soldados e suas famílias em colônias militares, inspirado parcialmente na herdade de Araktchéiev, onde eles poderiam se sustentar com a própria lavoura, reduzindo as colossais despesas com o maior Exército da Europa e as crueldades do sistema de serviço militar existente. Em princípio era uma excelente ideia — mas não na execução. "O imperador teve a ideia", relatou a esposa de Nicolau, seu irmão, "mas a execução foi confiada a Araktchéiev." Em pouco tempo, um terço dos soldados do Exército russo morava nessas colônias com suas famílias. Araktchéiev e seus oficiais tiranos "não fizeram isso com delicadeza", escreveu a esposa de Nicolau, "mas, ao contrário, com medidas duras e cruéis que deixaram os camponeses descontentes". O Vampiro se tornou o administrador fanático do projeto, relatando cada detalhe ao agradecido imperador.

O inquieto Alexandre partiu para uma excursão pelo império, a primeira de muitas. Ao todo, ele viajou a incrível distância de 257 mil quilômetros, inspecionando províncias ou comparecendo a congressos no exterior.* Esses congressos eram reuniões organizadas com frequência pelo Concerto da Europa, os vitorio-sos da guerra, liderados pelo próprio Alexandre, para manter a paz. Detestando as cerimônias, entediado com o palavrório de Petersburgo, mimado pelo sucesso, Alexandre também não conseguia mais se consolar com sexo, glória ou misticis-mo. Atormentado pela lembrança do pai e sofrendo de um desconforto insignifi-cante e paranoico que às vezes se aproximava de um frenesi, o tsar viajava com um pequeno séquito formado apenas pelo dr. Wylie e Volkónski.** Sua primeira excursão pelas ruínas de Moscou talvez tenha sido a mais profícua de seu reinado, pois ele deu ordens a seu arquiteto, Óssip Bové, para reconstruir o centro da cida-de: o Bolshoi, a praça do Teatro, a universidade e a praça Vermelha que conhece-mos hoje são o legado mais duradouro de Alexandre.

Então, em 1819, cerca de 28 mil moradores de colônias militares se rebela-ram, só para serem brutalmente reprimidos por Araktchéiev. "Percebi que era necessária uma ação decisiva e imediata", relatou ao tsar, o que para ele significa-vam punições draconianas no estilo militar prussiano. Dois mil foram presos; 275 condenados à morte, com a pena comutada para passar pelo atroz *Spitsruten*. Es-ses infelizes passaram doze vezes pela chamada "rua verde" com mil espancado-res; 160 morreram. "Só dá para ver pela cabeça que eram homens, e não carne massacrada", escreveu uma testemunha.

"Entendo o que isso deve ter sido para a sua alma sensível, mas aprecio o seu bom julgamento", concordou Alexandre com Araktchéiev. Alexandre aprovou a

---

* Em 27 de agosto de 1818, Alexandre partiu para Aix-la-Chappelle, o primeiro dos congres-sos pós-Waterloo, para se encontrar com o imperador Francisco e o rei Frederico Guilherme III, bem como Metternich, Richelieu, Castlereagh e Wellington. Lá, a condessa Lieven reatou com Constantino e em seguida começou um grande caso com Metternich, complicando a diplomacia do tsar. Alexandre estava ansioso para promover sua Santa Aliança para garantir a estabilidade conservadora por toda a Europa e ajudar a Espanha a recuperar suas colônias rebeladas na América do Sul, chegando a sugerir aos espanhóis que, em troca de velhos navios de guerra russos para es-magar os sul-americanos, a Rússia teria Minorca como base naval, reflexo de uma ideia semelhante de Catarina e Potiômkin. Em Aix, Metternich e Castlereagh vetaram essa ideia, mas as potências concordaram em encerrar a ocupação da França. As outras temiam o tamanho do Exército russo, mas Alexandre insistiu: "Eu considero meu Exército como o Exército da Europa".

** Ao menos ele corrigiu uma injustiça cometida sete anos antes. Em 30 de agosto de 1817, Ale-xandre reabilitou Speránski, nomeando-o governador de Penza, baixando um decreto que admitia um caso questionável contra seu antigo "braço direito". Pouco depois, numa carta absolvendo Speránski, ele o promoveu a governador-geral da Sibéria.

brutalidade de Araktchéiev e teria afirmado: "Essas colônias serão criadas, custe o que custar, mesmo que for necessário cobrir de cadáveres a estrada entre Petersburgo e Choudova". Mas insistiu: "Já controlei problemas mais difíceis e quero ser obedecido neste de agora".

Por toda a Europa, na Espanha, em Portugal, na Alemanha e na França, ideias revolucionárias, disseminadas por sociedades secretas, ameaçavam a Santa Aliança. Até a Grã-Bretanha vivenciou uma agitação radical no Massacre de Peterloo. O assassinato do herdeiro francês, o duque de Berry, alarmou tanto Alexandre que agora ele exigia um concerto de monarcas europeus para aplicar um "sistema geral". Os britânicos e austríacos ainda resistiam à doutrina de intervenção, ambos por temor à Rússia, até a eclosão da revolução em Nápoles.

Em outubro de 1820, Alexandre teve um encontro com Francisco e Frederico Guilherme em Troppau, acompanhado do irmão Nicolau, no qual agora era Metternich quem propunha uma doutrina de intervenção conservadora para esmagar revoluções em toda a Europa. Num último lampejo de seu liberalismo, agora era Alexandre quem se opunha, até que, em 28 de outubro, teve notícias preocupantes que mudaram totalmente sua atitude. Sua adorada Guarda de Semiónovski tinha se amotinado. A revolução ameaçava a Rússia.[24]

O motim foi uma reação à brutalidade de um tolo coronel alemão, um protegido de Araktchéiev, mas Alexandre viu aquilo como um tentáculo de conspiração revolucionária — "o Império do Mal que se espalha rapidamente usando todos os meios ocultos e os gênios satânicos que o dirigem". Ainda em Troppau, trabalhando em conjunto com Araktchéiev, Alexandre ordenou um duro castigo: "O imperador concedeu poupar esses homens do cnute [mas] ordena a aplicação de 6 mil golpes de vidoeiro em cada um, e depois eles serão enviados para trabalhos forçados nas minas". Muitos morreram na "rua verde".

Enquanto Alexandre e Metternich transferiam seu congresso para Laibach, mais ao sul, para que o rei de Nápoles se juntasse a eles, o tsar acolheu o plano austríaco de esmagar "o império do mal" em Nápoles — e em qualquer outro lugar. "Não é nosso dever como cristãos lutar contra esse inimigo e seu trabalho infernal com todo o nosso poder e todos os meios que a Providência Divina pôs em nossas mãos?", escreveu a Golítsin num delirante discurso de muitas páginas. "Eu diria que o verdadeiro mal é ainda mais extravagante que o devastador despotismo de Napoleão." Alexandre estava convencido de que havia uma covarde conspiração internacional comandada, de Paris, por uma organização revolucionária chamada Comité Central. Alexandre ainda não sabia que na verdade já havia sociedades secretas até mesmo em sua Guarda, formada por nobres liberais que tinham voltado de Paris determinados a depor a autocracia.

Em 1816, trinta oficiais bem relacionados formaram a União de Salvação. Esta depois se dividiu numa Sociedade do Norte, que planejava uma monarquia constitucional baseada no sistema presidencial dos Estados Unidos, e a Sociedade do Sul, mais radical, estabelecida no Exército ucraniano, determinada a assassinar o imperador. Os membros dessas células se sobrepunham aos da Sociedade Arzamas, um festivo clube literário de diletantes, alguns liberais, outros conservadores. Um de seus fundadores, o poeta romântico Vassíli Jukóvski, mostrou um verdadeiro talento poético: ele propôs a eleição de um garoto que acabara de sair do liceu de Alexandre em Tsárskoie Seló. A mãe de Aleksandr Púchkin era neta de Gannibal, "o Negro de Pedro, o Grande", enquanto o pai descendia de uma antiga família de boiardos. Dotado de uma aparência exótica, cabelos negros e crespos e uma silhueta esguia, Púchkin fez fama com o poema romântico "Ruslan e Liudmila". Sonhando com liberdade, o garoto se misturou com os heróis de suíças das Guerras Napoleônicas, alguns dos quais planejavam uma revolução. O irreverente Púchkin frequentava os salões, seduzindo inúmeras mulheres e vertendo sátiras ultrajantes. Ele difamava o vampírico Araktchéiev* e se atrevia a zombar de Alexandre, "o déspota errante" com um "traseiro gorducho".

Em 1819, ao ouvir falar pela primeira vez em seu prodígio, Alexandre pediu para o comandante da Guarda, o príncipe Ilarion Vassíltchikov, um poema de Púchkin. Ele gostou do que leu, agradecendo a Púchkin por seus "nobres sentimentos" — mas no ano seguinte um informante denunciou o poeta para Kotchubei, que informou o tsar de bunda grande. O general Milorádovitch, governador-

---

* Os versos de Púchkin sobre Araktchéiev eram arrasadores: "Opressor de toda a Rússia/ Perseguidor de governadores/ E tutor do Conselho/ Para o tsar ele é amigo e irmão/ Cheio de malícia e vingança/ Sem inteligência, sem sentimento, sem honra/ Quem é ele? Leal sem lisonjas/ O insignificante soldado de uma puta". E a seguir, versos mais de boa índole sobre o herói de guerra Alexei Orlov, sua amante e seu pênis pequeno: "Orlov na cama com Istomina/ Deitado em esquálida nudez/ No ardente caso de amor do inconstante general/ Não tinha se distinguido./ Sem pretender insultar seu querido/ Laís pega um microscópio/ E diz: 'Deixe-me ver, minha doçura, com o que você me fodeu".

-geral de Petersburgo e encarregado de um dos braços da polícia secreta, recebeu ordens de confiscar os versos, mas Púchkin os queimou antes disso. Porém, com uma honestidade destemida, o poeta concordou em escrevê-los de novo. "Púchkin deve ser exilado na Sibéria", disse o imperador; "ele inundou a Rússia com versos sediciosos." O poeta Jukóvski e o historiador Karamzin — os dois condes intelectuais — e até a imperatriz-viúva apelaram em favor de Púchkin. Alexandre preferiu então exilá-lo na Nova Rússia.

Mas Púchkin era o menor dos seus problemas: agora um oficial da Guarda próximo da família chamado Alexandre Benckendorff denunciou uma teia de conspirações contra o tsar. Quando afinal voltou de Tsárskoie Seló, em maio de 1821, Alexandre foi recebido pelo comandante da Guarda, Vassíltchikov, chefe de outra agência de segurança, que confirmou as conspirações. Surpreendentemente, Alexandre não ordenou nenhum enforcamento. "Meu caro Vassíltchikov, você sabe que eu compartilho e encorajo esses equívocos e ilusões. Por isso não me cabe esmagá-los."

Aquilo ficaria para seu sucessor. Mas quem seria?[25]

Na própria noite do assassinato do pai, o herdeiro oficial, Constantino, tinha dito que não queria o trono — e desde então não havia mudado de ideia. Continuou sendo um oficial sádico e um malvado frívolo, inapto para ser tsar. Durante uma exibição de suas tropas aos estrangeiros, ele espetou o pé de um general em posição de sentido com a espada para demonstrar sua disciplina. Na verdade, ele até parecia ter melhorado um pouco. Citava Molière em cartas para a irmã, ria da própria feiura e de seu nariz achatado e gostava da vida de comandante em chefe do Exército da Polônia. Foi na Polônia, em 1815, que ele se apaixonou por uma condessa polonesa de temperamento meigo, Joanna Grudzińska. Ao que parece, ela o tornou mais delicado. Se ele se divorciasse de sua distante esposa e se casasse com a amante católica, isso talvez estimulasse Alexandre a mudar a sucessão.[26]

O próximo da linha era o muito mais jovem Nicolau, que parecia mais um imperador. Quando ele nasceu, Catarina, a Grande, o saudou como um "colosso", com "uma voz grave e mãos quase tão grandes quanto as minhas", e ele se tornou um homem gigantesco, de olhos azuis e cabelos loiros, normalmente definido como "bonito". Os irmãos e irmãs mais novos foram criados pela distante mãe Maria, que deixou Nicolau carente de amor. Mas ele encontrou afeição em suas robustas governantas, ambas casadas com oficiais alemães, *"la Générale"* Lieven (que ele chamava de "Mutterkins") e a mais nova, *"la Colonelle"* Julia Adlerberg. Mas, acima de tudo, ele amava sua adorada babá escocesa, Jane Lyon. Foi Lyon quem ensinou Nicolau a odiar judeus e poloneses, que ela aprendera a odiar durante o tumulto revolucionário de Varsóvia de 1794. Quando ficou mais velho, Nicolau foi intimidado por seu tutor, o general Gustav Lamsdorf, cujos "medo e coerção", ele escreveu, "solaparam minha confiança filial em minha mãe, com quem raramente éramos deixados sozinhos". Nicolau se consolou com uma sociedade secreta que formou com a irmã preferida, Annette, e com o irmão mais novo, Miguel, chamada Triolathy, em que eles usavam códigos e anéis especiais. "Nós pouco víamos o imperador Alexandre", relembrou Nicolau, mas "nosso anjo da guarda gostava especialmente de nós". Nas visitas aos irmãos mais novos, o tsar fazia treinamentos com fuzis — sem dúvida, os filhos de Paulo.

Quando Nicolau chegou à puberdade, Lamsdorf lhe mostrou a ala de sífilis de um hospital para alertá-lo contra a promiscuidade, uma visão que "me horrorizou tanto que não conheci nenhuma mulher até o casamento". Depois de 1812, Nicolau ficou ansioso para servir no Exército, mas ele e Miguel só tiveram permissão de se juntar ao tsar depois da queda de Paris, seguindo instruções da mãe, que esperava que "o regime militar não os faça se tornar rudes, ásperos e severos".

Os irmãos desfilaram por Paris "loucos de alegria", mas no caminho de volta Nicolau passou por Berlim, onde conheceu a princesa Carlota da Prússia, filha de Frederico Guilherme com a falecida Luísa. "Foi lá que eu vi", recordou Nicolau, "aquela que, por minha própria escolha, ao primeiro olhar, me excitou o desejo de me entregar para o resto da vida." O gigante se apaixonou por aquela flor graciosa e delicada, que ele sempre chamava de "Mouffy". Filho de uma família de maníacos por paradas militares, suas cartas de amor eram repletas de detalhes regimentais, e Nicolau confidenciou a Mouffy que o exército era o seu ideal de sociedade: "O exército é ordem [...]. Considero todas as vidas humanas nada além de um serviço militar". Nicolau obtève a permissão do tsar para tentar se casar. Em Paris depois de Waterloo, Alexandre já andava pensando em Nicolau para o trono. A baronesa Krüdener saudou o jovem grão-duque: "Monsenhor, o senhor será o imperador".

"Imperador?", replicou Nicolau. "Uma coroa comprada com a perda do irmão Constantino será uma coroa de espinhos."

Em outubro de 1816, Nicolau e Mouffy ficaram noivos: enquanto ela se convertia à ortodoxia e aprendia russo com o poeta Jukóvski, Nicolau treinava para o trono. Primeiro, foi mandado para uma viagem pela Europa. Em Londres, hospedado por Wellington e pelo príncipe regente, atraiu a atenção de damas britânicas, que exclamavam: "Que diabinho atraente! O homem mais bonito da Europa". Mas ele não se impressionou com o Parlamento: "Nunca imaginei nenhum sistema melhor do que aquele em que os reis são delegados pela Providência para governar as massas". Depois, seguiu-se uma viagem pela Rússia em que ele registrou seus sentimentos antissemitas e antipoloneses em seu diário.

No dia 1º de julho de 1817, Nicolau e Mouffy se casaram. "Um número enorme de joias foi pendurado em mim; eram tão pesadas que achei que ia morrer", relatou a frágil Mouffy, que se tornou formalmente Alexandra Fiódorovna. "Senti-me muito feliz quando nossas mãos se tocaram", escreveu. "Dediquei minha vida a apoiar o meu Nicolau e ele nunca traiu essa confiança."

Mas Nicolau, agora comandante da Guarda de Izmailóvski, era um pomposo adepto das regras, detestado por sua severidade e falta de senso de humor. Venerava Alexandre como "o Anjo", mas era menos cosmopolita e cordial que o irmão, mais próximo de um disciplinador russo. "A ordem desabou depois que voltaram da França", declarou. "Oficiais usavam casacas e até treinavam em trajes de noite! O serviço virou só uma palavra, sem regras", acrescentou. "Eu era provido de um empenho ardente que punha superiores e subordinados contra mim." Mouffy encantava a todos. "Eu era muito fraca, muito pálida e (diziam que) tinha uma aparência muito interessante", ela refletiu mais tarde. "Alguns rostos me recebiam com expressões simpáticas, entre eles [Alexei] Orlov e Benckendorff", dois dos maiores sedutores de mulheres. "É verdade que a aparência do meu Nicolau era séria demais para seus 21 anos", ela admitiu, mas na intimidade "ele era muito meigo e apaixonado." No entanto, "absolutamente ninguém gostava dele", observou o memorialista Vigel — a não ser as damas. Em um baile de máscaras, uma dama mascarada fez uma proposta a Nicolau: "Sabe que você é o homem mais bonito da Rússia?".

"Minha cara senhora", ele respondeu, todo moralista, "isso é uma questão que diz respeito apenas à minha esposa."

Em 1818, Mouffy, grávida pela primeira vez, viajou a Moscou. "Ouvi o primeiro grito do meu primeiro filho", escreveu. "Nikki me beijou e caiu em lágrimas agradecendo a Deus."

"É um menino", anunciou Maria, que supervisionou o parto.

"Nossa felicidade redobrou", declarou Mouffy, "mas me lembro de ter sentido alguma coisa grave e melancólica ao pensar que essa criatura poderia um dia ser imperador." A "linda criança, clara, gorducha e com olhos azuis profundos" seria Alexandre II. Então, em janeiro de 1819, a irmã Catiche, rainha de Württemberg, morreu de erisipela aos trinta anos. A morte abalou Alexandre. Durante um jantar com Nicolau e Mouffy naquele verão, o tsar, que eles idolatravam com "uma adoração que chegava à exaltação", de repente declarou que se sentia encantado pela paz matrimonial do casal, que tanto faltava a ele, acrescentando que o nascimento de um filho era "um sinal da graça de Deus". Para surpresa e choque de Mouffy, ele seguiu dizendo que "tinha um prazer redobrado ao ver Nicolau realizar seus deveres tão bem, pois algum dia um grande peso poderia se apoiar sobre ele, que o considerava seu substituto — e muito mais cedo do que se presumia, pois aconteceria enquanto ele ainda estivesse vivo".

"Ficamos sentados como duas estátuas", ela relembrou. "De olhos arregalados!"

"Foi como se tivéssemos sido atingidos por um raio", declarou Nicolau, que sentiu "um abismo se abrindo sob seus pés para o qual uma força irresistível o atirava."

"Vocês parecem surpresos", disse o tsar, explicando que Constantino estava decidido a renunciar ao trono. "Quanto a mim, resolvi deixar minhas funções e me retirar do mundo." Nicolau e Mouffy choraram.

Constantino deu continuidade à conversa pedindo permissão a Alexandre para se divorciar e se casar com sua amante polonesa. Naquele setembro, Alexandre visitou Constantino, acompanhado por Nicolau, e concordou. No verão de 1820, Constantino se casou com a nova esposa. Agora Alexandre disse aos irmãos: "Eu quero abdicar".

"Nunca sequer uma sombra dessa ideia passou por nossa cabeça!", afirmou Mouffy. Os dois protestaram muito, pois já sabiam que aquilo era provável. A imperatriz Isabel notou a ambição de Nicolau: "Nicolau só tem uma ideia na cabeça — reinar".

No início de 1821, Constantino escreveu a Alexandre renunciando ao trono. Em 16 de agosto de 1823, Alexandre assinou um manifesto indicando "nosso segundo irmão Nicolau" como sucessor.* "O imperador insinuou isso para nós",

---

* O irmão mais novo, Miguel, um soldado jovial e piadista, mas péssimo marido, casou-se com Elena Pávlovna (ex-princesa Carlota de Württemberg) em fevereiro de 1824.

escreveu Nicolau, "mas não se estendeu mais e fizemos todos os esforços para evitar [o assunto]." Por alguma razão, incauta e fatal, isso nunca veio a público.[27]

Em fevereiro de 1821, o príncipe Alexandre Ypsilantis, um ex-ajudante grego do tsar, liderou um desordenado destacamento de aventureiros à Moldávia otomana na esperança de provocar uma rebelião ortodoxa contra o sultão e forçar uma intervenção russa. A invasão foi facilmente rechaçada, e logo Ypsilantis estava correndo para salvar a própria vida, mas criou uma situação constrangedora para Alexandre, que não havia sancionado o ataque. O tsar tinha certeza de que fora organizado pelo diabólico e revolucionário Comité Central de Paris para distrair os aliados, "nos impedindo de destruir outras sinagogas de Satã". Mas os gregos que habitavam territórios otomanos se rebelaram, Mahmud II enforcou o patriarca de Constantinopla e a causa mobilizou os russos em favor de seus confrades.

O ministro do Exterior adjunto de Alexandre, Capo d'Istria, achava que a Rússia deveria apoiar os gregos, mas Metternich, temendo a influência da Rússia no Oriente e o liberalismo revolucionário no Ocidente, instou Alexandre a tratar o caso como "um empreendimento criminoso". Era uma "armadilha", resmungou o tsar, que afinal exonerou Capo d'Istria e apoiou Metternich. "O gabinete russo arruinou em um golpe as grandes realizações de Pedro, o Grande, e todos os seus sucessores", alardeou Metternich.*

O "enorme fardo" de reinar** estava desgastando Alexandre. "Ele imaginava

---

* Em outubro de 1822, Alexandre viajou para um congresso em Verona, onde propôs enviar 150 mil soldados russos ao Ocidente para eliminar quaisquer revoluções, a começar pela da Espanha. A Grã-Bretanha, representada por Wellington (pois Castlereagh tinha acabado de se suicidar), desaprovou, e a França invadiu a Espanha. Alexandre passou o tempo todo no congresso perseguindo Lady Londonderry, enquanto Wellington (de acordo com o ministro do Exterior francês) saía em busca de sexo pelas ruas de Verona. Quanto a Capo d'Istria, ele se tornou o primeiro chefe de Estado da Grécia independente, mas foi assassinado em 1831.

** O tsar revelou seus pensamentos para a ex-amante Zinaida Volkónskaia, agradecendo-lhe "por me tratar com tanta bondade quando poderia me considerar ingrato e insensível, e não sou nenhuma das duas coisas". Era o "enorme fardo que pesa sobre mim que me faz parecer assim". Estava ansioso para vê-la e "expressar em pessoa o quanto estou comovido pela maneira amistosa como você me trata apesar dos meus pecados". Zinaida depois abriu um salão em sua mansão em Moscou, que agora é uma Mercearia Ieliséiev, que foi frequentado por Púchkin, mas suas simpatias liberais acabaram desagradando ao tsar Nicolau e ela se mudou para a Itália, onde morou na Villa Volkónski, em que hoje fica a embaixada britânica.

ver coisas que ninguém teria pensado em fazer: que as pessoas estavam caçoando dele, imitando-o comicamente, fazendo sinais", escreveu Mouffy. Uma surdez que se agravava o isolava ainda mais e ele se voltou para Mouffy, com suas "observações e repreensões", fazendo-a chorar — apesar de logo ter recuperado seu comportamento afetivo.

O todo-poderoso Vampiro, Araktchéiev, explorava as longas ausências de Alexandre e sua cansada paranoia para destruir os dois servidores mais próximos do imperador. Quando partiu para Verona, o tsar ordenou a dissolução das "sociedades secretas de todas as denominações", mas, enquanto esteve fora, Araktchéiev usou isso para atacar Golítsin, lançando um agitador político, o arquimandrita Fócio, para acusá-lo de apostasia revolucionária e revelar "o plano da revolução". O imperador exonerou o amigo do cargo de ministro da Educação. Também demitiu Volkónski da chefia de gabinete e o substituiu pelo barão Hans-Karl Dibich, um alemão que havia muito servia na Rússia. "Só Deus sabe", disse Volkónski, mas "a única coisa que lamento é que um dia o imperador certamente vai saber das infâmias do vilão [Araktchéiev] que causaram a queda de tantos homens honestos."

No dia 6 de junho de 1824, a adorada filha de Alexandre, Sófia Naríchkina, morreu pouco antes de se casar. Ele ficou sabendo da notícia durante a parada matinal. Empalideceu e disse: "Estou recebendo o castigo por todos os erros dos meus atos", e continuou com a parada.

"Deus milagrosamente o afastou do pecado", concordou Golítsin, implacável. "Ele toma para Si o fruto dessa relação que não deveria ter visto a luz do dia."

"Não se preocupe comigo", escreveu Alexandre a Araktchéiev. "É o desejo de Deus e eu sei como me submeter. Suporto minha dor com resignação e rezo a Deus para que fortaleça minha alma." E foi chorar pelo luto em Grúzino, a herdade de Araktchéiev.

Em 7 de novembro, o Nievá transbordou, submergindo todo o seu entorno e matando muita gente, enquanto o imperador organizava os esforços de socorro no Palácio de Inverno. Pouco depois Isabel ficou gravemente doente. Esses golpes aproximaram Alexandre da esposa negligenciada, a quem ele propôs uma longa estada no Sul, para que ele pudesse descansar e por causa da saúde dela. As relações com os otomanos andavam tensas, e Alexandre ainda precisava inspecionar os exércitos — e fazer o expurgo dos revolucionários. "Eu sei que estou cercado de assassinos", pensava. Pouco antes de partir, recebeu um jovem capitão do Segundo Exército da Ucrânia de nome John Sheerwood, nascido em Kent, que o alertou, por meio do dr. Wylie, que conspiradores planejavam um golpe.

Nesse momento sombrio, em 1º de setembro de 1825, Alexandre e Isabel embarcaram para uma lua de mel que jamais haviam tido.

Em 23 de setembro, o imperador chegou antes a Taganrog, no mar de Azov, acompanhado apenas do dr. Wylie, de Volkónski (que havia se reunido ao seu séquito) e do chefe de gabinete Dibich. Alexandre examinou a decoração de uma pequena casa de campo térrea. Dez dias depois chegou Isabel. Quando ela perguntou quando o tsar planejava voltar a Petersburgo, "de forma a poder me preparar para sua partida, ele respondeu: 'O mais tarde possível [...] não antes do Ano-Novo'. Aquilo me deixou de bom humor o dia inteiro".

Um mês depois, o conde Miguel Vorontsov, recém-nomeado governador-geral da Nova Rússia, convidou o tsar para inspecionar a Crimeia. Alexandre concordou, mas antes recebeu confirmação de que havia realmente uma conspiração contra ele. Em seguida soube da tragédia que se abatera sobre Araktchéiev.[28]

Anastássia Mínkina, a companheira do Vampiro de olhos negros e corpo de granadeiro, havia muito aterrorizava os camponeses de Grúzino para aplicar a disciplina que tanto tinha impressionado o tsar. Em 6 de setembro, Mínkina espancou a criada e trancafiou duas outras garotas na cadeia. No dia seguinte, a criada espancada e o irmão entraram no quarto de Mínkina e cortaram sua garganta de forma tão violenta que ela quase foi decapitada.

Araktchéiev abandonou o governo e foi a galope até Grúzino, onde se atirou no chão gritando para quem quisesse ouvir: "Vocês a mataram. Me matem também. Matem-me logo!". Muitos servos foram presos e torturados.

"As palpitações do meu coração, uma febre diária, três semanas sem uma noite de sono, tristeza e depressão me deixaram muito fraco, eu perdi a memória", relatou ao imperador. "Você não reconheceria o seu fiel servidor."

"Você diz que não sabe para onde ir", respondeu Alexandre, tentando consolar Araktchéiev. "Venha até mim. Você não tem nenhum amigo mais afetuoso e sincero." Mas também recomendou que Araktchéiev retomasse seus deveres. Vinte e cinco servos de Araktchéiev foram açoitados pelo cnute; muitos morreram.[29]

Enquanto os servos de Araktchéiev eram torturados, Sherwood, que recebera ordens de Alexandre para investigar, expôs as sociedades secretas. A Sociedade do Sul, mais radical, fortalecida por alianças com outros grupos, a Sociedade Patriótica Secreta Polonesa e a Eslavos Unidos planejavam assassinar Alexandre durante sua hospedagem no palácio de Sachenka Branitska, sobrinha de Potiômkin. Grandes nomes estavam implicados. Sherwood pretendia entregar suas provas em uma reunião com Araktchéiev. Porém, descuidando da segurança do imperador "por causa de uma mulher libertina, gorda, bêbada e bexiguenta", segundo Sherwood, ele não tinha comparecido. Mas o relatório chegou a Alexandre em Taganrog.

Alexandre não tinha escolha a não ser agir. Deu ordens para prender os conspiradores do Sul e deixou Taganrog para sair a galope pela costa da Crimeia, dizendo a Volkónski: "Eu vou me mudar para a Crimeia [...] para viver como um simples mortal. Já governei 25 anos, e os soldados são licenciados depois desse tempo [...]. E você também vai se aposentar e ser meu bibliotecário".

No dia 27 de outubro, o tsar contraiu um resfriado, depois teve febre. Em 4 de novembro, ficou gravemente doente, apesar de ter conseguido voltar a Taganrog, onde Isabel e seus médicos trataram dele. Wylie ofereceu medicamentos, mas Alexandre recusou, ao que parece alegando: "Por que eu devo me tratar? Tenho dois santos rezando por mim, a rainha Luísa da França e minha querida irmã", Catiche. Se essa história for verdadeira, essas duas rainhas foram os amores da vida dele. Por alguns dias ele melhorou, mas depois a febre se intensificou. O dr. Wylie começou a se preocupar.

Em 14 de novembro Alexandre se sentiu melhor, mas desmaiou ao levantar para se barbear. Seguindo a recomendação de Volkónski, Isabel implorou para que o imperador recebesse a extrema-unção.

"Em que condições eu estou?", ele perguntou a Wylie. "Estou perto do fim?"

"Sim, senhor", respondeu o escocês. "Vossa majestade imperial rejeitou minhas receitas. Não falo como médico, mas como um homem honesto. É meu dever como cristão dizer que... não há tempo a perder." Alexandre comungou, oscilando entre a vigília e a inconsciência. Dibich escreveu para a imperatriz-viúva em Petersburgo e para Constantino, o aparente herdeiro, em Varsóvia; a família rezou. Na manhã do dia 17, Alexandre se agitou. "Hoje houve uma notável melhora no estado do imperador", escreveu Isabel a Maria. "Até mesmo Sir James Wylie considera a situação mais satisfatória." Mas o tsar entrou em coma naquela noite, e Wylie percebeu que ele estava morrendo, provavelmente de febre tifoide. Às 10h50 da manhã do dia 19 de novembro, morria Alexandre, com 47 anos. "Nosso

Anjo está no céu", escreveu Isabel, "e infelizmente eu estou na terra." A imperatriz refletiu sobre a vida deles como "amigos desde a infância. Juntos passamos por todos os estágios da vida. Com frequência distantes, mas sempre voltamos a nos encontrar. Afinal no verdadeiro caminho, só experimentamos por pouco a doçura da nossa união. Foi nesse momento que ele foi tirado de mim". Rodeado por seu pequeno séquito, aquela morte numa pequena casa de campo numa cidadezinha à beira-mar não propiciou o drama tradicional dos leitos de morte imperiais — mas a própria ausência de testemunhas oficiais transformou este em um dos grandes mistérios dos Románov: será que Alexandre realmente morreu, ou o místico tsar terá encenado a própria morte?*

O corpo foi embalsamado pelos médicos, mas não havia as instalações apropriadas de Petersburgo e o trabalho saiu malfeito. Em pouco tempo o mau cheiro provocava lágrimas nos olhos, com o rosto do imperador se tornando escuro e irreconhecível.[30]

Na perigosa confusão dos dias seguintes, o império teria teoricamente dois imperadores — e ainda assim, na prática, nenhum.

---

* A distância até Petersburgo, a putrefação que tornou o corpo irreconhecível e as incoerências dos relatórios de Isabel e dos médicos, tudo isso ajudou a disseminar a lenda de que Alexandre continuava vivo. Teria se tornado um eremita errante? Em 1836, a polícia de Perm, nos Urais, prendeu um santo ancião — um *stárets* — chamado Fiódor Kuzmitch, com mais ou menos sessenta anos, de olhos azuis, surdo de um ouvido e fluente em francês e conhecimentos da corte russa. Depois de ser chicoteado e exilado por se recusar a revelar seu passado, ele perambulou como um eremita, ensinando a Escritura e história até se retirar para Tomsk. Quando morreu, em 1864, muitos acreditaram que fosse Alexandre. Consta que Alexandre III mandou abrir o túmulo de Alexandre e o encontrou vazio. Trata-se de um mito que atende a três tradições: o tsar sagrado que foge dos maldosos aristocratas para fazer bons trabalhos e perambular como um santo homem, em si relacionada a lendas milenaristas bizantinas do Imperador Final que aparece em Jerusalém no Fim dos Dias (Alexandre, o ermitão, teria realizado peregrinações a Jerusalém); a tradição de tsares mortos que reaparecem como pretendentes; e o ideal do *stárets*, um personagem que ganhou fama com Raspútin.

ATO III
O DECLÍNIO

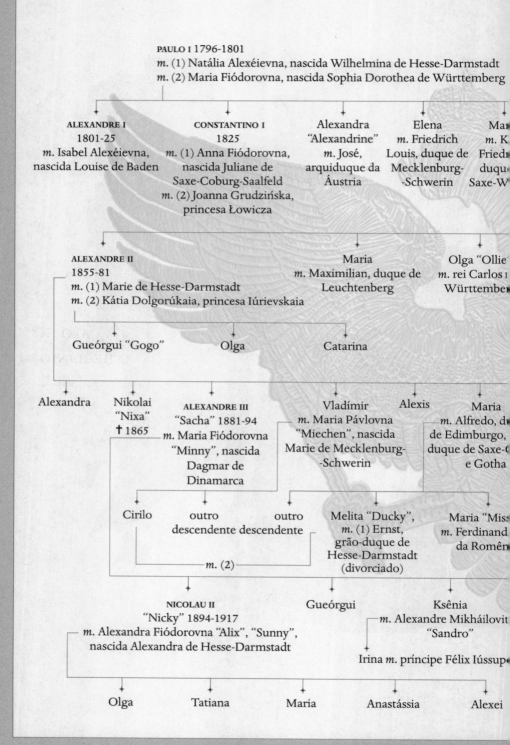

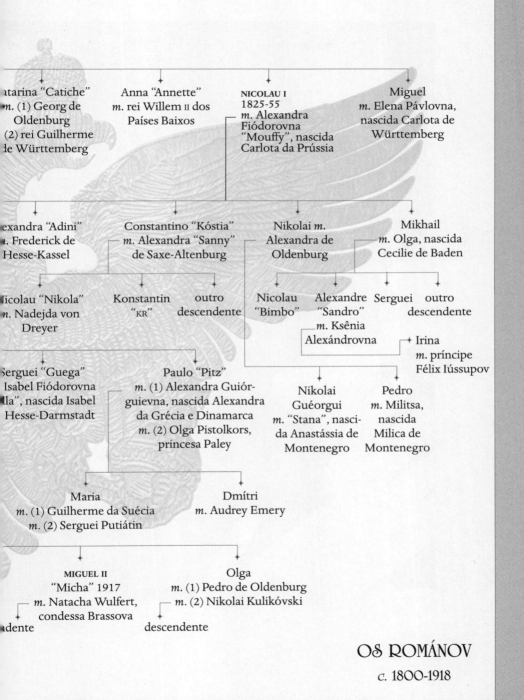

Cena 1
Júpiter

Elenco

Maria Fiódorovna, imperatriz-viúva, viúva de Paulo I

NICOLAU I, imperador, 1825-55, filho de Paulo I e Maria

Alexandra Fiódorovna (nascida princesa Carlota da Prússia), imperatriz, esposa de Nicolau, "Mouffy"

ALEXANDRE II, imperador, 1855-81, filho mais velho do casal, tsarévitch, casado com a princesa Marie de Hesse-Darmstadt

Maria, filha mais velha do casal, casada com Max de Beauharnais, duque de Leuchtenberg

Olga, segunda filha, "Ollie", casada com Carlos I, rei de Württemberg

Alexandra, terceira filha, "Adini", casada com o príncipe Frederick de Hesse--Kassel

Konstantin, segundo filho, "Kóstia", "Esopo", casado com a princesa Alexandra de Saxe-Altenburg, "Sanny"

Nikolai Nikoláievitch, terceiro filho, casado com a princesa Alexandra de Oldenburg

Mikhail, quarto filho, casado com Olga, nascida princesa Cecilie de Baden

CONSTANTINO I, imperador, 1825, segundo filho de Paulo I e Maria, irmão mais velho de Nicolau I, tsarévitch, imperador por breve período, casado com a princesa Łowicza

Anna, "Annette", sexta filha de Paulo e Maria, casada com o rei Guilherme II dos Países Baixos

Miguel, filho caçula de Paulo e Maria, casado com Elena Pávlovna (nascida princesa Carlota de Württemberg), a "intelectual da família"

CORTESÃOS, ministros etc.

Mikhail Milorádovitch, conde, general, governador-geral de Petersburgo, "Bayard"

Alexander Benckendorff, conde, chefe da Terceira Seção

Príncipe Pedro Volkónski, ministro da corte

Vladímir Adlerberg, ministro da corte, conde

Ivan Paskévitch, general, conde de Ierevan, príncipe de Varsóva, marechal de campo

Karl von Nesselrode, ministro das Relações Exteriores, chanceler, conde

Alexandre Tchernichov, ministro da Guerra, conde, príncipe, "Mulherengo do Norte"

Hans-Karl Dibich, general alemão, conde, ministro-chefe, "Samovar"

Alexei Orlov, soldado-diplomata, chefe da Terceira Seção, conde, príncipe

Príncipe Vassíli Dolgorúki, ministro da Guerra, chefe da Terceira Seção

Conde Miguel Vorontsov, governador-geral da Nova Rússia e do Cáucaso, príncipe, "Milord"

Príncipe Alexandre Ménchikov, chefe do almirantado, governador da Finlândia, comandante na Crimeia

Varvara Nelídova, amante de Nicolau, "Varenka"

Vassíli Jukóvski, poeta, tutor de Mouffy, depois de Alexandre II

Aleksandr Púchkin, poeta

Enquanto Dibich enviava notícias sobre a morte do tsar tanto para Petersburgo quanto para Varsóvia e fazia os preparativos para que o corpo voltasse à capital, a viúva de Alexandre e todos os cortesãos prometeram lealdade ao imperador Constantino I — mas o ministro-chefe também acelerou a investigação sobre conspirações.

Os mensageiros levaram seis dias para chegar a Varsóvia e oito para percorrer a galope os 2,3 mil quilômetros até Petersburgo. Em Varsóvia, em 25 de novembro de 1825, a comitiva de Constantino não sabia que ele tinha renunciado ao trono. Naturalmente, todos queriam prestar juramento, mas Constantino fez esforços frenéticos para impedir que eles o fizessem. Quando Novossíltsev, representante de Alexandre na Polônia, se ajoelhou diante dele e chamou-o de "sua majestade imperial", Constantino revelou que havia renunciado ao trono. O confuso Novossíltsev tentou de novo, levando o tsarévitch a gritar: "Desista e lembre-se de que nosso único imperador é Nicolau!". Momentos depois, seu ajudante se ajoelhou, o que fez Constantino ficar furioso, sacudindo-o pela lapela: "Silêncio! Como você ousa falar essas palavras? Você percebe que pode ser acorrentado e mandado para a Sibéria?".

Em 27 de novembro, Nicolau e sua mãe, Maria, estavam celebrando a recuperação de Alexandre no Palácio de Inverno quando o criado da imperatriz-viúva trouxe a carta de Dibich. "Vi que tudo estava perdido. Nosso Anjo não estava mais na Terra." A mãe dele desabou. Nicolau rezou diante do altar e, deixando a mãe aos cuidados da esposa, declarou: "Vou cumprir meu dever". Mas qual era o dever dele?

Nicolau imediatamente prestou juramento de lealdade ao imperador Constantino e se certificou de que todos fizessem o mesmo. Quando voltou para cuidar da mãe, ela estava horrorizada: "Nicolau, o que você fez? Não sabe que há outra declaração que nomeia você como herdeiro legítimo?".

"Se existe essa declaração", respondeu Nicolau, "eu desconheço... mas todos nós sabemos que nosso mestre, nosso legítimo soberano, é meu irmão Constantino, haja o que houver!" Ele escreveu para informar a Constantino que "prestei juramento a você. Pudesse eu esquecer minha honra e minha consciência e poria nossa amada pátria em uma posição tão difícil... Tudo está em ordem [mas] venha rápido pelo amor de Deus".

"Minha decisão é irrevogável", Constantino respondeu. "Não posso aceitar seu convite de ir mais rapidamente em sua direção e vou me afastar ainda mais se tudo não for providenciado de acordo com o desejo de nosso falecido imperador."

Como as cartas dos irmãos se cruzavam com mais de uma semana de intervalo, Constantino insistia em Varsóvia que não era o tsar, e Nicolau se recusava em Petersburgo a aceitar que *ele* era. O senso de honra de Nicolau e seu apreço pela fraternidade dos Románov significavam que ele não podia tomar a coroa, que devia ser espontaneamente dada a ele pelo irmão, mas isso o transtornado Constantino não tinha como fazer.

O único homem em Petersburgo que conhecia a declaração secreta de Alexandre, o místico Alexandre Golítsin, foi rapidamente até o príncipe Lopukhin, o idoso presidente do Conselho de Estado (pai da amante de Paulo), instigando-o a convocar os conselheiros.* Muitos insistiam que Constantino era o herdeiro, particularmente o homem que deu as cartas naquele estranho período: o general Mikhail Milorádovitch, governador-geral de Petersburgo, era o melhor amigo de Constantino, que ele dizia ser o tsar por direito, a despeito do que Alexandre tivesse decretado. Milorádovitch, um dos heróis de Borodinó, era um playboy excên-

---

* Cópias do decreto de Alexandre referentes à sua sucessão foram conservadas na Catedral da Dormição, no Conselho do Império, no Sínodo e no Senado, e seu conteúdo só foi confiado às duas imperatrizes (uma das quais estava longe, em Taganrog), a Golítsin e a Araktchéiev, que estava em Grúzino tendo um colapso nervoso.

trico, apelidado de "Bayard" em homenagem ao cavaleiro romântico francês, por agir como um mulherengo nos teatros da cidade, que ele tratava como um harém pessoal. Agora ele continuava seduzindo bailarinas e garantia a Nicolau: "Tudo está tranquilo".

Para Nicolau, só existia uma solução: Constantino devia vir para a capital — ou pelo menos renunciar publicamente ao trono. Assim, em 3 de dezembro, Nicolau implorou que ele fizesse uma dessas duas coisas, ou ambas. "Então se passaram oito ou nove dias", lembrou Nicolau. "Como poderíamos explicar à sociedade o nosso silêncio? A impaciência e o descontentamento estavam em toda parte."

"Conte com meus sentimentos se você se tornar soberano", escreveu Annette, agora em Haia, casada com Guilherme, príncipe de Orange, a seu irmão Constantino, refletindo: "Talvez seja um exemplo único ver dois irmãos lutando para ver quem *não* ficará com o trono". Mas a imperatriz Maria estava dividida entre seus filhos. "Ah, meus filhos, que terrível a minha situação", ela escreveu para Annette, admitindo que Miguel, o filho mais novo, "parte hoje ao encontro de nosso querido imperador Constantino [...] que ele possa logo estar aqui conosco." Miguel se apressou na ida e na volta com as cartas, mas mesmo quando a imperatriz-viúva implorou, Constantino se recusou a sair de Varsóvia, apavorado com a ideia de que ir na direção de Petersburgo pudesse se tornar um cortejo irreversível rumo ao poder. A Hiena Raivosa explicou isso a Nicolau — no entanto sem a exigida renúncia pública.

De repente, em 12 de dezembro, cartas de Dibich e de Tchernichov chegaram do sul, endereçadas com "a máxima urgência exclusivamente às mãos do imperador!", alertando sobre "a nova trama com ramificações em todo o império".

"Só então senti o peso do meu destino", escreveu Nicolau, "e reconheci com horror a situação em que me encontrava." Ele convocou Milorádovitch e Golítsin, e juntos abriram o bilhete de Tchernichov que dava nome aos conspiradores da Sociedade do Norte. Nicolau percebeu que "eu precisava agir sem perder um momento sequer". Ele ordenou a Milorádovitch que os prendesse — mas o governador-geral pouco fez além de se demorar na cama com sua mais recente bailarina. Nicolau encomendou ao ministro de seu irmão, Speránski, com a ajuda do historiador Karamzin, que tinha visitado a imperatriz-viúva todos os dias desde a morte de Alexandre, um esboço da declaração de posse. Então ele foi a seus apartamentos privados, onde, como sua esposa escreveu, "meu Nikolai voltou e se ajoelhou diante de mim para ser o primeiro a me saudar como imperatriz", embora "Constantino não queira fazer uma declaração e se mantenha firme em sua decisão anterior".

Naquela noite, um jovem tenente da Guarda, Iákov Rostóvtsev, chamou Nicolau e o alertou de que um golpe estava marcado para 14 de dezembro — o "dia fatal".

Na manhã seguinte, no dia 13, Nicolau assinou sua posse como imperador e ordenou a Lopukhin e ao ministro das Relações Exteriores Nesselrode que reunissem o Conselho de Estado naquela noite. O grão-duque Miguel, em seu caminho de volta de Varsóvia, daria testemunho de que Constantino havia recusado o trono. Às oito horas da noite, os 23 membros do Conselho se reuniram no Palácio de Inverno, mas Miguel nunca chegou. Por fim, depois da meia-noite, Nicolau apareceu sozinho; todos ficaram de pé enquanto ele lia a declaração. "Hoje eu solicito que prestem o juramento", ele declarou no estilo solene e grandiloquente que era sua marca. "Amanhã eu os governarei." Eles se inclinaram e prestaram o juramento.

Nicolau foi se unir à mãe e à esposa, aceitando as reverências de seus cortesãos. Os conspiradores passaram a noite organizando a revolta, elegendo seu maior nome, o príncipe Serguei Trubetskoi, como "ditador". Mas apenas algumas unidades concordaram em se rebelar. O "ditador" hesitou, temendo que aquele fosse "um projeto irrealizável". Quanto a Nicolau, ele disse a Alexandre Benckendorff que "esta noite, talvez nós dois não estejamos mais entre os vivos, mas pelo menos morreremos cumprindo o nosso dever". Ele "dormiu sossegado, com a consciência completamente limpa".

No "dia fatal", 14 de dezembro, o imperador se levantou às quatro da manhã e se dirigiu aos coronéis da Guarda às cinco: "Vocês responderão a mim com a cabeça pela tranquilidade da capital. Mesmo que eu venha a ser imperador por apenas uma hora, devo me mostrar digno dessa honra". Os oficiais então correram para suas unidades. Às sete horas, Milorádovitch, o Senado e o Sínodo se reuniram no Palácio de Inverno, enquanto os soldados prestavam juramento ao segundo imperador em duas semanas. Às onze horas, Milorádovitch mais uma vez relatou que a cidade estava "perfeitamente tranquila" e teria voltado para sua amante. Mas pouco depois, no momento em que Miguel afinal chegava de Varsóvia, oficiais irromperam no palácio para relatar: "Senhor, o regimento de

Moscou está inteiro rebelado", e seu comandante, muito ferido. "Os rebeldes se dirigem ao Senado. Ordene que o regimento de Preobrajénski e a Cavalaria Real os enfrentem."

Nicolau ficou "estupefato".

O novo imperador rezou reservadamente e depois, dizendo à mãe e à esposa "há um pequeno problema no regimento de Moscou, vou para lá", ele "decidiu ir aonde o perigo ameaçava". Alexei Orlov, comandante da Cavalaria da Guarda, foi o primeiro a se apresentar para a ação.* Nicolau ordenou que ele cercasse as posições dos rebeldes. Orlov partiu a galope. Quando Nicolau surgiu na praça do Palácio, lotada de espectadores, viu os guardas de Preobrajénski em posição de sentido em toda a sua glória. "Formar colunas de ataque!", ele ordenou. Enquanto eles saíam, Milorádovitch montou em seu cavalo: "Isto é mau. Eles estão indo para o Senado. Mas vou falar com eles". Nicolau marchou com o regimento de Preobrajénski rumo ao Senado — "um momento sem paralelo na minha vida!". Ele ordenou que os rifles fossem carregados — e mandou que um ajudante voltasse para levar seus filhos de Anítchkov para o bem protegido Palácio de Inverno. O tsar viu o príncipe Serguei Trubetskoi observando da sede do Estado-Maior — sem saber que ele era o "ditador" rebelde. Milorádovitch galopou até os rebeldes para discutir, mas um deles atirou em seu coração, e outro o furou com a baioneta. Ele morreu naquela noite. Agora Nicolau, acompanhado por seus seguidores mais próximos, Alexander Benckendorff e Vladímir Adlerberg (filho de sua governanta), se encontrou com Orlov e posicionou suas forças leais em torno dos insurgentes na praça do Senado. Ele mandou que Adlerberg voltasse ao Palácio de Inverno para escoltar sua família de forma que eles chegassem ao seguro Tsárskoie Seló — bem a tempo. A imperatriz se recusou a deixar Petersburgo, mas enquanto as tropas legalistas assumiam suas posições, uma unidade de granadeiros rebeldes chegou ao palácio. Desapontados, os rebeldes quase esbarraram no próprio Nicolau, que gritou a ordem: "Alto!".

* A carreira de muitos dos principais cortesãos de Nicolau, incluindo Benckendorff e Alexei Orlov, foram construídas nesse dia. Quando a rebelião começou, Nicolau perguntou a um ajudante, Vassíli Dolgorúki, se ele era leal. "Vossa majestade, eu sou Dolgorúki", ele respondeu, saudando-o. Dolgorúki mais tarde chegou a ministro da Guerra.

"Somos a favor de Constantino!", eles disseram, sem reconhecer Nicolau. Eles poderiam tê-lo assassinado e mudado tudo.

"Muito bem", respondeu o imperador, apontando para o Senado. "Seu lugar é lá."

Quando Nicolau e Benckendorff inspecionaram suas posições, os 3 mil rebeldes, cercados por 9 mil soldados legalistas, atiraram contra eles. O grão-duque Miguel marchou para exigir que se rendessem, mas quase atiraram nele. Nicolau percebeu que os rebeldes já não gritavam "Viva Constantino", e sim "Viva a Constituição", um slogan repetido por soldados camponeses que, escreveu Nicolau, "pensavam que *Constitútsia* era a esposa de Constantino".

Eram três da tarde; logo escureceria; os trabalhadores que iniciavam as obras da Catedral de Santo Isaac atacavam os soldados com detritos. Quanto aos rebeldes, "eles dispararam uma rajada contra mim", mas Nicolau desejava encerrar o impasse sem derramamento de sangue. Ele ordenou à Cavalaria Real de Orlov, com suas túnicas brancas de gola vermelha e capacetes de metal, e depois aos Chevalier-Gardes com suas proteções metálicas no peito, que atacassem, mas enquanto os rebeldes disparavam contra eles, ambos os esquadrões belamente paramentados de cavaleiros deslizavam no gelo. "Senhor, não há um momento sequer a perder; não há nada mais a ser feito; precisamos de balas de canhão!", disse o príncipe Vassíltchikov.

"Você pretende que eu derrame sangue no primeiro dia de meu reinado?"

"Sim, senhor", respondeu Vassíltchikov, "para salvar o seu império."

"Que as armas disparem em ordem começando do flanco direito!", rugiu Nicolau. Os rebeldes se dispersaram; seus líderes tentaram reagrupá-los para um ataque passando pelo gelo para proteger a Fortaleza de Pedro e Paulo. Bombardeado por tiros de canhão, o gelo partiu, e os rebeldes se espalharam. Ordenando que Benckendorff e Vassíltchikov cercassem os revolucionários em fuga, o tsar voltou para o Palácio de Inverno.

Nicolau passou em revista as tropas do regimento de sapadores, que tinham salvado a família, na praça do Palácio. A partir do momento em que o tiroteio parou, ele conscientemente transformou o esmagamento da rebelião em um juramento de sangue de lealdade à dinastia, uma consagração do espírito russo e uma recusa ao liberalismo ocidental. "Ordenei que trouxessem meu filho."

Alexandre, de olhos azuis, com oito anos, vestia uniforme. "Eis meu filho", Nicolau disse. "Sirvam a ele fielmente." Pôs o menino nos braços dos soldados, que beijaram suas mãos e seus pés.

No palácio, "meus aposentos pareciam muito um quartel-general durante uma campanha [...] com despachos chegando de Vassíltchikov e de Benckendorff". Prisioneiros foram entregues, incluindo o "ditador" Trubetskoi, que alegou inocência até que, confrontado com provas escritas, "caiu a meus pés envergonhado".

"Levem-no, já encerramos com você", disse Nicolau. "Esses interrogatórios levaram a noite toda [...]. Não só não tive tempo de me deitar, não tive nem tempo de trocar de roupa."

"Caro caro Constantino, seu desejo foi feito", ele escreveu ao irmão. "Sou imperador mas, meu Deus, a que preço!"

"É insultante", exclamou o desconcertado grão-duque Miguel. "Somos vis e eles cavalheiros honrados, ou é o contrário?"

Mal Nicolau tinha nomeado uma Comissão de Investigação* para apurar as conspirações e a revolução eclodiu na Ucrânia. Em 3 de janeiro de 1826, o grupo de oitocentos soldados rebeldes foi vencido, e os líderes foram enviados a Petersburgo. Antes de Nicolau poder de fato começar seu reinado, ele teve de punir os rebeldes, enterrar o irmão e coroar a si mesmo.[1]

Enquanto Benckendorff e a Comissão de Investigação interrogavam seus 579 suspeitos, o cortejo do falecido imperador Alexandre seguia seu caminho para Petersburgo, conduzido pelo amado cocheiro do tsar, Iliá, que nunca saiu de seu lado, guiando-o inclusive em Paris. Mas quando o cortejo chegou, o corpo

---

* "Tenho uma firme suspeita", ele confidenciou a Constantino, "de que tudo isso chega ao próprio Conselho de Estado." Ele suspeitava de Speránski, que se tornaria um conselheiro de confiança — e do general Alexei Iérmolov, herói de 1812 e comandante do Cáucaso. Mas a caça às bruxas foi complicada pelo envolvimento de muitas famílias importantes. Serguei Volkónski era um ex-ajudante de campo do tsar Alexandre e filho de uma das damas de companhia da imperatriz Maria. "Há algumas mulheres muito decentes nas famílias dos conspiradores", escreveu Maria. O golpe mais duro foi Mikhail Orlov, ajudante do tsar Alexandre em Paris e irmão do mais leal escudeiro de Nicolau. Em seu interrogatório, ele foi recebido pelo tsar "como um antigo amigo", mas alegou não saber de nada. "Até aqui você falou a seu velho amigo", rosnou Nicolau. "Agora seu soberano está ordenando!" Orlov negou. "Está tudo acabado entre nós", disse Nicolau.

estava tão grotescamente desfigurado que não houve caixão aberto, o que estimulou os boatos de que não havia um corpo lá dentro.

À medida que a realeza internacional chegava para os funerais, Nicolau assumiu o comando da política internacional, usando Nesselrode como seu faz-tudo. O primeiro desafio do tsar era o destino do combalido Império Otomano, a chamada Questão Oriental — "a mais importante de todas" —, que iria culminar em uma guerra: os gregos ortodoxos e os eslavos já estavam rebelados contra o sultão. "Vou lhe dar minha palavra de honra", Nicolau disse ao embaixador francês, "de que não quero, não desejo e não planejo acrescentar um único centímetro de território às possessões russas", mas "também não vou permitir que outros tomem um centímetro sequer delas." Quanto aos rebeldes, "eu abomino os gregos", no entanto ele estava determinado a fazer cumprir os tratados de Catarina, a Grande, e de Alexandre, que apregoavam que a Rússia era a protetora dos ortodoxos. Ele sonhava com uma Constantinopla russa. "Sei muito bem que, em vista do fato de que tenho apenas 29 anos", estadistas de outros países "imputam a mim inclinações militares e desejo de vitórias militares, mas eles me compreendem mal. Eu amo a paz."

"O duque de Wellington chegou esta noite", relatou a imperatriz-viúva a Annette. "Acho que ele perdeu peso, mas ainda tem suas belas feições e me deixou muito feliz com o que disse sobre Nicolau, cuja conduta em 14 de dezembro ele admirou muito." Quando Wellington jantou com os Románov, "sua conversa é tão interessante, seus modos tão naturais que ele deixa todos à vontade. Quanto mais você o vê, mais se quer vê-lo". Mas Wellington também tinha vindo para servir de mediador entre Nicolau e o sultão Mahmud II, que, furioso com a interferência russa, havia revogado acordos anteriores e se recusava a retirar suas tropas da Valáquia e da Moldávia. Wellington incentivou Nicolau, que ele pensava ser mais razoável que Alexandre, a evitar a guerra. Eles aceitaram um acordo pelo qual a Grã-Bretanha forçaria os otomanos a conceder independência limitada aos gregos e a reconhecer os interesses russos na Valáquia e na Moldávia. No entanto, Nicolau era menos razoável do que parecia: ele já tinha enviado um ultimato ao sultão.

Em 13 de março, Nicolau presidiu o enterro de Alexandre* na Catedral de Pedro e Paulo. "Um funeral grego certamente é calculado para inflamar os senti-

---

* A imperatriz-viúva de Alexandre, Isabel, não viveu muito mais que ele, morrendo em maio de 1826, apenas seis meses depois do tsar.

mentos", escreveu Wellington, mas com um corpo fedendo e um canto interminável, foi uma "cerimônia terrível". Ele mal podia esperar para ir para casa.[2]

Enquanto Nicolau esperava o resultado de seu ultimato otomano, ele inspecionou a ruína dos dezembristas. "Devemos nos vingar pela Rússia e por nossa honra nacional", disse ele a Constantino. "Não pode haver piedade!"

Depois de a Comissão de Investigação entregar seu relatório, uma Suprema Corte Especial se reuniu em 3 de junho e condenou cinco dos rebeldes ao esquartejamento, 31 à decapitação e 85 à prisão. Não houve julgamento, e as sentenças foram especificadas pelo tsar. Mas em 12 de julho, quando eles foram levados ao tribunal, Nicolau comutou as penas para cinco enforcamentos e o resto para prisões, trabalhos forçados nas minas ou exílio na Sibéria.*

O tsar concebeu todos os detalhes das execuções como uma "lição para a Europa". Em 13 de julho, o casal imperial compareceu a uma vibrante cerimônia na praça do Senado para lembrar "um sacrifício purificador pelo derramamento de sangue russo em nome da fé, do tsar e da pátria neste local". Às três da tarde daquele dia na fortaleza, cinco rebeldes tiveram sua espada quebrada sobre a cabeça, sua insígnia arrancada do uniforme; depois, vestidos com túnicas, eles foram levados ao cadafalso. Os enforcamentos não deram certo. As cordas romperam, quebrando as pernas das vítimas, que gritavam: "Pobre Rússia, não sabemos nem enforcar alguém de maneira adequada". Eles simplesmente foram enforcados de novo.

"Acabou; as viúvas ficam!", Nicolau disse a Golítsin. Embora mostrasse misericórdia com as esposas dos rebeldes, ele também suspeitava delas: "Quais são as novas sobre a pobre Riléieva, espero que ela me informe sobre o que precisa;

---

* Trubetskoi foi condenado a trabalhos forçados pelo resto da vida; Serguei Volkónski a trabalhos forçados e depois exílio, acompanhado por sua jovem esposa, que ficou conhecida como "princesa da Sibéria". Dois escritores escaparam por sorte. Púchkin era amigo de onze dos conspiradores e apoiava seus planos. Mas em 14 de dezembro ele estava exilado em sua propriedade. Embora seu nome aparecesse com frequência nos interrogatórios, os conspiradores tinham se recusado a compartilhar seus segredos com ele em virtude de sua indiscrição juvenil e de seu gênio literário: ele tinha recentemente ficado ainda mais famoso pelo poema "A fonte de Bakhtchirassai" e pelos cantos iniciais de sua obra-prima *Ievguêni Oniéguin*. Aleksandr Griboiédov, autor de *A desgraça de ter espírito*, era próximo aos conspiradores, mas em 14 de dezembro estava servindo como secretário do general Iérmolov em uma expedição contra os tchetchenos. Preso e interrogado, ele foi liberado.

descubra o que a esposa de Trubetskoi e a de Muraviov estão fazendo". Ele escreveu sobre uma das viúvas: "Madame Konovnítsina quase irrompeu em meu quarto. De todas essas mulheres, ela é a quem eu mais temo". Por estranho que pareça, ele recrutou a beata amante de seu pai, Nelídova, para fazer visitas às famílias dos dezembristas. "Embora doa ser forçado a tomar medidas que afundaram famílias no desespero", ele escreveu a Nelídova, "não tenho menos razão para reclamar do que elas." Vendo os dezembristas como sintoma de uma trama europeia contra a monarquia e a religião, ele entendeu o trabalho de sua vida como sendo essencialmente defensivo. Nicolau manteria o relatório da Comissão de Investigação sobre sua mesa pelo resto da vida — seu "testemunho tão variado, volumoso e complexo que preciso ter firmeza mental para evitar me perder em seu caos". Era a sua bússola moral, o guia de seu governo.

"Sei que como comandante de brigada fui desagradável, porém agora vou mudar", ele afirmou. Mas nos primeiros dias ele conversou bastante com o historiador Karamzin, que o aconselhou dizendo que "um dos piores males políticos de nosso tempo é a ausência de medo", acrescentando que os tsares deviam "prestar mais atenção nos homens do que nos papéis". Nicolau pôs as duas máximas em ação.

Nicolau costuma ser retratado como o exemplo de tirano arrogante e excessivamente orgulhoso, mas ele era uma mistura rara: tinha a perspicácia e a força de vontade para governar e para controlar cada detalhe da política — e um forte senso de dever. Era um autocrata natural, talvez o modelo perfeito, mas sabia que a autocracia era um modelo falho. Em janeiro de 1826, criou a Chancelaria de Sua Majestade* para ser sua máquina de autocracia. Ele entendia que "a vida toda é trabalho", via seu governo como um quartel-general e seus ministros como oficiais de quem simplesmente se exigia que obedecessem a ordens, e não que as analisassem. Ele não procurava auxiliares brilhantes, valiosos, e sim pessoas que "não fossem sábias, mas que se dedicassem ao trabalho". Quanto ao Conselho, ele existia "apenas para me oferecer seus pontos de vista nas questões em que eu pedir essas opiniões, nem mais nem menos". Ele utilizava os generais como solu-

---

* A Chancelaria era dividida em cinco seções que se transformaram em seis na década de 1840. A primeira preparava os decretos. A segunda, sob o comando de Speránski, sistematizava as leis. A terceira seria a polícia secreta. A quarta cuidava das atividades de caridade da família, a quinta gerenciava os servos estatais, e a sexta, o Cáucaso.

cionadores de problemas de todo tipo. Esse círculo social tinha servido principalmente a seu irmão, e se distinguira nas guerras napoleônicas, sem falar nos episódios de dezembro de 1825, e eram portanto políticos extremamente experientes. Alguns eram perfeitos enganadores, mas outros eram imaginativos e talentosos.* Usando sua autoridade pessoal para controlar seus ministros e sua Chancelaria como uma espécie de fiscalizador do governo para evitar autoritarismo arbitrário, seu chamado "sistema" era de fato um arranjo pessoal casual de interferência autocrática aleatória.

Em 25 de junho de 1826, Nicolau nomeou Alexander Benckendorff para chefiar a Terceira Seção de sua Chancelaria, uma polícia política cujo papel era "coletar informações referentes a todos os eventos" e a "pessoas perigosas e suspeitas". Benckendorff, inspirado na polícia da Áustria, tinha instigado Nicolau a criar essa polícia secreta e também assumiu o controle da pequena Gendarmeria, que já existia dentro do Ministério da Guerra. Ele se tornou seu comandante, expandindo-a até se tornar uma unidade de polícia política e "um médico moral da população". Ele esperava que seus oficiais tranquilizadores, em brilhantes uniformes azuis, "chegassem a todo o império, fossem temidos e respeitados e que fossem inspirados pela autoridade moral de seu chefe" — ele próprio.

Benckendorff estabeleceu seu escritório no número 16 da rua Fontanka, empregando apenas dezesseis funcionários além de trezentos gendarmes, mas a revolta tinha transformado a denúncia e a vigilância em atos de patriotismo. Ele colecionava informantes e examinava cartas com tal dedicação que seu subchefe, Maxim von Fock, podia se gabar sem exageros de que "é impossível que alguém espirre em casa sem que isso seja relatado ao soberano dentro de uma hora".

Benckendorff era um improvável agente secreto. Anteriormente um devasso aristocrata da parte báltica da Alemanha, filho da melhor amiga da imperatriz Maria e irmão de Dorothea Lieven, ele tinha uma memória tão ruim que às vezes esquecia o próprio nome e precisava consultar seu cartão de visitas. Quando a imperatriz, Mouffy, chegou a Petersburgo pela primeira vez, Benckendorff dançou e flertou com ela. "Me contaram muitas coisas sobre ele", ela lembrava, "e

---

* Ele designou o primeiro ministro da corte para geri-la com seus milhares de cortesãos e laicos, a família Românov, as propriedades e palácios, além das ordens de cavalheiros. Pelo resto da dinastia, esse foi um dos cargos mais próximos do trono: ele escolheu o companheiro inseparável de Alexandre I, príncipe Pedro Volkónski, para o trabalho.

ouvi sua coragem na guerra ser exaltada e seus modos selvagens de vida serem deplorados, embora todos rissem disso", mas sua "compostura me pareceu não ser compatível com sua reputação de libertino."*

Embora quinze anos mais velho que Nicolau, Benckendorff frequentemente jantava *en famille* com o imperador e acreditava que "o passado da Rússia era admirável, seu presente é mais do que magnífico e quanto a seu futuro — está além do que mesmo a mais atrevida imaginação pode conceber". Ele se gabava de ser o único que contava a verdade ao imperador e de ter permissão para dizer o indizível, propondo por várias vezes tolerância religiosa, a urgente construção de ferrovias e a abolição da servidão.

O tsar deve sempre causar espanto e se mover de maneiras misteriosas: em suas viagens-relâmpago, ele e o chefe de sua polícia secreta compartilham uma *drókki* [charrete], viajando em alta velocidade e sem avisar ninguém, como ele disse a Benckendorff, "para manter minha rota em completo sigilo, sobretudo para confundir Moscou". Mas, apesar de toda a esquisitice de Benckendorff, seu assédio ameaçadoramente imponente a artistas, orquestrado pelo tsar, fez dele o primeiro de uma longa sucessão de agentes secretos opressores da Rússia.[3]

Em 25 de julho de 1826, o imperador entrou a cavalo em Moscou ao lado de seu irmão Miguel, mas a verdadeira estrela foi seu filho pequeno Alexandre. Em 30 de julho, "houve uma grande revista de tropas", a mãe de Nicolau disse à irmã dele. "Sacha [Alexandre] estava com o regimento e ultrapassou o pai, cavalgando seu cavalo gordo [...] um pequeno anjo, perfeitamente à vontade, atento a tudo sem nenhum falso constrangimento. O pai dele está empolgadíssimo e todos estão encantados com essa criança." Quando Constantino chegou, os três irmãos e o pequeno Alexandre rezaram na Catedral da Dormição. "Você não pode imaginar o entusiasmo que a chegada de Constantino causa aqui", escreveu Maria. "As pessoas fazem o sinal da cruz e agora dizem que todas as mentiras que nos atormentaram foram esquecidas."

---

* Em 1811, ele fora enviado para a embaixada em Paris, onde seduziu uma atriz francesa que compartilhou por algum tempo com o próprio Napoleão. Ao sair da embaixada sob suspeita, trouxe clandestinamente a atriz para a Rússia antes que o escândalo o forçasse a mandá-la para casa. Somente seu histórico heroico na guerra o redimiria.

Em 22 de agosto, Nicolau coroou a si mesmo, com Constantino no papel de seu "assistente exatamente como fez na coroação de Alexandre", escreveu sua encantada mãe. Depois, os heróis de 14 de dezembro, Orlov e Tchernichov, foram nomeados condes, enquanto a temperamental babá imperial, Charlotte Lieven, se tornou princesa. A declaração de Nicolau prometia reformas graduais "sem sonhos ousados e apressados, que sempre são destrutivos, mas gradualmente e vindas de cima" — e fez um sinal de conciliação.

Em 8 de setembro, uma quarta-feira, Nicolau recebeu o poeta Púchkin, desgastado por seis anos de exílio.* A relação entre os dois era tão desigual que é quase possível esquecer que eles tinham mais ou menos a mesma idade — o tsar contava trinta anos, Púchkin agora tinha 27 —, mas o contraste entre o robusto imperador de olhos cor de chumbo e o pequeno poeta de aspecto simiesco e costeletas grosseiras não podia ser maior. Nicolau percebeu que Púchkin tinha feridas. Tendo ouvido falar da promiscuidade do poeta, ele suspeitou que fossem causadas "por uma notória doença". Benckendorff tinha sugerido a Nicolau que o poeta "sem dúvida é um inútil, mas que se alguém conseguisse direcionar sua pena, então ele poderia ser proveitoso". De todo modo, perdoar esse jovem talento era algo que combinava com os códigos de honra de Nicolau. "O imperador me recebeu", escreveu Púchkin, "com a maior gentileza possível."

"O que você teria feito se estivesse em Petersburgo em 14 de dezembro?", perguntou Nicolau.

"Estaria entre os rebeldes", respondeu Púchkin.

Nicolau perguntou "se ele me daria sua palavra de que pensaria e agiria de modo diferente se eu o libertasse".

Púchkin "estendeu a mão prometendo mudar", e o tsar se ofereceu para ser o patrono pessoal de Púchkin. "O tsar me liberou da censura", escreveu o poeta. "Ele próprio é o meu censor."

---

* Alexandre I tinha exilado Púchkin, que trabalhava para o Ministério das Relações Exteriores, para a Nova Rússia, onde ele causava escândalos obscenos aonde quer que fosse. Enviado para a corte do conde Miguel Vorontsov, governador-geral, Púchkin teve um caso com a esposa de Vorontsov, Elise, filha de Sachenka, sobrinha de Potiômkin. É provável que ele tenha escrito *O talismã* em homenagem a ela — e ele se gabava de ser o pai da filha de Vorontsov, Sófia, rompendo com o código de discrição. Vorontsov enviou-o para inspecionar uma praga de gafanhotos. Púchkin se vingou com essa estrofe sobre Vorontsov: "Metade lorde inglês, metade mercador / Metade sábio, metade ignorante / Metade canalha, mas há esperança / De que ele venha a ficar inteiro no final".

Depois Nicolau apresentou Púchkin a seus cortesãos: "Eis meu Púchkin!". Naquela noite, em um baile, o tsar declarou: "Hoje tive uma longa conversa com o homem mais inteligente da Rússia".

Incentivado por Benckendorff, Nicolau secretamente pensou em reformas fundamentais, até mesmo a abolição da servidão, que ele via como "um mal evidente", designando um comitê secreto para pensar nisso. Mas o comitê, coalhado de reacionários empedernidos, propôs apenas mudanças menores, e Nicolau nunca encontrou a vontade ou o momento para ser mais radical.[4] Ademais, isso exigiria um empenho do tsar — e ele estava sempre distraído pelas urgências mais gloriosas da diplomacia e da guerra.

Em meio às cerimônias da coroação, Nicolau soube que o príncipe herdeiro do xá da Pérsia, Abbas Mirza, tinha invadido o Cáucaso. "Acabei de ser coroado", exclamou, "e eis os persas ocupando algumas de nossas províncias." Culpando a negligência de seu comandante no Cáucaso,* Nicolau promoveu seu paladino favorito. Ivan Paskévitch, filho da pequena nobreza ucraniana, era um valoroso veterano que em 1816 se tornou comandante do jovem Nicolau. Nicolau admirava o general, quinze anos mais velho que ele, como "meu pai, meu comandante". Outros ficaram menos impressionados: "um asno insuportável dotado apenas da esperteza dos ucranianos", escreveu seu secretário, o poeta Griboiédov, e "um idiota". Ele era irritadiço, arrogante, tolo e pouco letrado, mas agressivo e eficiente. Paskévitch invadiu fortalezas persas. "Ierevan está aos pés de sua majestade

---

* O general Alexei Iérmolov, que tinha orgulho de ser descendente de Gêngis Khan, era um herói de 1812. Púchkin o descreveu como tendo "a cabeça de um tigre no torso de Hércules". Designado por Alexandre I em 1816, a repressão brutal de Iérmolov aos desafios das tribos da Tchetchênia e do Daguestão fez com que surgisse uma grande insurgência jihadista. Quando Alexandre questionou seus métodos, ele se vangloriou: "Desejo que o terror do meu nome guarde nossas fronteiras com poder maior do que correntes ou fortalezas". Mas Benckendorff o odiava, informando a Nicolau que ele havia governado o Cáucaso "por dez anos como um paxá turco" — ele mantinha um harém de três concubinas muçulmanas. Mais grave ainda, eles suspeitavam da presença dele no dezembrismo. Mencionado como simpatizante em alguns interrogatórios, ele demorou a prestar juramento a Nicolau. Ao mandar o general Dibich para dispensar o popular Iérmolov sem provocar "nenhum burburinho ou problema", Nicolau ordenou que ele investigasse "as más intenções de Iérmolov, no passado e no presente; quem está por trás do mal nesse ninho de intrigas?". Iérmolov foi demitido em silêncio e injustamente.

imperial", ele relatou em uma fórmula cavalheiresca que tinha apelo para Nicolau. Quando tomou Tabriz, os persas tentaram um acordo de paz, cedendo à Rússia grande parte do que hoje é Armênia e Azerbaijão. Paskévitch, que recebeu 1 milhão de rublos, bem como o título de conde com o sobrenome Ierevánski, foi promovido a comandante em chefe do Cáucaso. Suas vitórias vieram na hora certa — outra guerra estava começando.[5]

O sultão Mahmud II tinha se curvado diante do ultimato de Nicolau, mas depois chamou o dinâmico e semi-independente governante do Egito, Mehmet Ali, para esmagar o povo grego. Nicolau concordou que uma esquadra anglo-francesa e russa devia garantir que a solução europeia fosse cumprida. Quando a frota egípcio-otomana manteve seu desafio, o almirante Codrington a destruiu em Navarino, o que forçou o sultão a concordar com a independência da Grécia. Mas, assim que Londres e Paris ficaram satisfeitas, o sultão repudiou suas promessas a Nicolau e decretou a jihad.

Em maio de 1828, enquanto suas tropas avançavam para a atual Romênia, Nicolau desfrutou do passeio emocionante em que uma guerra contra subalternos orientais se transformou. "A alegria e a boa saúde são a ordem do dia", vangloriou-se com entusiasmo para Constantino. "Se Petersburgo não sabe onde se encontrar à noite", escreveu Nesselrode, "aqui não temos esse dilema. Temos várias casas abertas [...]. De manhã até a noite temos uma sequência infinita de ditos inteligentes, frases espirituosas e brincadeiras."

Em 27 de maio, Nicolau e seu exército cruzaram o Danúbio — mas os otomanos, embora fossem erráticos em batalhas campais, eram formidáveis na defesa de fortalezas. Nicolau ordenou que três fortalezas fossem cercadas ao mesmo tempo por cortesãos promovidos a cargos muito além de suas habilidades.* O irmão de Nicolau, Miguel, várias vezes tentou e não conseguiu tomar Brailov. "Anime-se, caro Miguel, você se saiu bem, o Exército mostrou coragem, nós temos poder sobre o desejo dos Céus?", ele dizia. "Se Brailov não se rende, incito-o a repetir o ataque." Então ele acrescentou: "Se minha opinião for de seu interesse, então me deixe dizer como seu irmão: 'Estou satisfeito com você!'".

---

* Nicolau exigiu a tomada de Varna, mas lá o comandante, seu amigo príncipe Alexandre Ménchikov, quase pagou por seu fracasso com a vida: enquanto desmontava do cavalo, uma bala de canhão passou voando por entre suas pernas, castrando-o. Nicolau chegou ele próprio a Varna e convocou o mais competente Miguel Vorontsov, governador-geral da Nova Rússia, que conseguiu sua rendição.

O tsar caiu doente, com disenteria. Benckendorff disse que não era general e relatou seu descontentamento no império. Enquanto o Exército se retirava cruzando o Danúbio, Nicolau voltou a Petersburgo* e designou Dibich, que, em maio de 1829, cruzou novamente o Danúbio e derrotou os otomanos. No Cáucaso, Paskévitch capturou Erzurum. O sultão pediu paz — a segunda vitória de Nicolau.[6]

"A Rússia domina o mundo hoje", lorde Aberdeen, secretário britânico de Relações Exteriores, disse à princesa Lieven, "é onipotente em toda parte." Mas em 29 de julho de 1830, Carlos x foi derrubado em Paris, substituído por seu primo Luís Filipe, que Nicolau chamou de "usurpador". Porém o tsar estava confiante: "A Rússia não tem nada a temer". O perigo estava mais perto do que ele imaginava, no entanto: em 1815, a Polônia passou a ter uma Constituição, mas na caça às bruxas por sociedades revolucionárias, Alexandre e Nicolau haviam esmagado as liberdades dos poloneses. Constantino, comandante em chefe do Exército polonês, agora era odiado como um tirano russo.

Em 17 de novembro, rebeldes poloneses atacaram o Palácio Belvedere em Varsóvia para capturar Constantino. Os poloneses não conseguiram pegá-lo e ele fugiu para sua casa fora da cidade. Constantino podia ter abafado o "motim", mas não querendo estragar seu exército imaculado, ele hesitou e perdeu Varsóvia. Nicolau deixou de lado as negociações com os moderados. "Bem, agora é guerra", ele disse a Dibich (então orgulhosamente dono do sobrenome Transbalcânico — Zabalkánski). Mas os poloneses revidaram. Dibich bateu em retirada.

"Tudo isso é realmente inexplicável", Nicolau repreendeu Dibich. "Pelo amor de Deus seja firme em suas decisões, pare de procrastinar o tempo todo e tente, por meio de algum ataque ousado e brilhante, provar para a Europa que o Exército russo ainda é o mesmo que marchou duas vezes para Paris." Nicolau enviou Paskévitch. O cólera estava se espalhando pelo império e também devastava o Exército, matando primeiro Dibich, depois Constantino. Mesmo assim, Paskévitch esmagou a Polônia.

"Varsóvia está aos pés de sua majestade imperial", ele relatou em 26 de agosto de 1831 para Nicolau, que o recompensou com o título de príncipe de Varsóvia

---

* Logo após seu retorno, em outubro de 1828, sua mãe, Maria Fiódorovna, morreu. "Nicolau a amava, idolatrava", Mouffy escreveu para Annette. "Ele está totalmente perdido." Nicolau narrou a morte de Maria para seu irmão: "Está tudo acabado, meu Miguel, e nós estamos órfãos... Ela sorriu mais uma vez, abraçou Lilly, Adine, Kitty [as filhas de Nicolau]. Mal consigo escrever, não tenho mais forças!".

e com o governo da Polônia, onde ele aboliu a Constituição e o reino. Nicolau conquistou o ódio eterno dos poloneses: "Sei que eles querem me matar, mas se Deus não o quiser, nada acontecerá e por isso estou bastante calmo".

No Oriente, o agressivo homem forte egípcio Mehmet Ali conquistou a Palestina e a Síria e avançou em direção a Constantinopla. Nicolau preferia um sultão fraco a um forte Mehmet Ali. Enviando navios e soldados para salvar Constantinopla, ele convenceu o sultão a aceitar sua proteção. Persas,* poloneses e otomanos estavam a seus pés, a Áustria e a Prússia se curvavam diante dele, e dentro da Rússia sua impressionante majestade parecia olímpica.[7]

Enquanto a rebelião em Varsóvia era derrotada, um surto de cólera causou revoltas no mercado de Petersburgo. Indo apressadamente até lá com apenas dois ajudantes, Nicolau enfrentou a multidão e ordenou que todos se pusessem de joelhos. "Tenho de pedir a misericórdia divina para seus pecados", vociferou o próprio imperador de Deus. "Vocês o ofendem profundamente. Esquecem seu dever de obediência a mim e devo responder a Deus por seu comportamento! Lembrem que vocês não são poloneses, não são franceses, são russos. Ordeno que se dispersem imediatamente." Os revoltosos obedeceram. Não espanta que Nicolau acreditasse ser a sagrada personificação da Rússia. "Só estou aqui", ele disse a seus filhos afetadamente, "para fazer cumprir suas ordens e intenções." Nicolau estava convencido de que "nossa Rússia foi confiada a nós por Deus", e certa vez orando em voz alta em um desfile: "Oh, Deus, eu Vos agradeço por ter me feito tão poderoso".

"Ninguém era mais talhado para o papel", escreveu Anna Tiútcheva, uma jovem dama de honra que mais tarde escreveu um diário magnificamente indiscreto. "Sua beleza impressionante, os emblemas que carrega e o perfil olímpico

---

* O poeta e dramaturgo Griboiédov foi nomeado ministro da Rússia em Teerã, onde foi odiado por exigir que o tratado de paz fosse cumprido. Ele foi linchado e feito em pedaços: somente uma cicatriz na mão permitiu que a carcaça desmembrada e decapitada fosse reconhecida. Púchkin, em viagem pelo Cáucaso, disse numa declaração famosa ter visto o seu caixão em um carro voltando para Tbilisi. As datas não coincidem, sendo mais provável que Púchkin tenha inventado a história. Griboiédov foi enterrado em Tbilisi, onde seu túmulo ainda pode ser visto. Sua jovem viúva fez com que se escrevesse na lápide: "Seu espírito e sua obra permanecem eternamente na memória dos russos. Por que meu amor por você sobreviveu a você?".

severo — tudo, até o sorriso de um Júpiter condescendente, dava a ele o ar de uma deidade terrena." Ele desempenhava o papel com perfeição: "Não há nada mais terrível na terra do que a expressão de seus incolores olhos de chumbo".

Nicolau trabalhava até tarde em seu gabinete. Gerindo minuciosamente quase tudo, era cansativo ser um autocrata. O tsar, escreveu sua mãe logo depois de sua posse, "é assoberbado com trabalho. Nunca vai para a cama antes das duas ou três e nem tem tempo para jantar em paz". Ele dormia em uma cama de campanha do Exército por baixo de um manto do Exército e levantava ao alvorecer, vestido no uniforme da Cavalaria Real com seus calções justos; então recebia ministros, normalmente Benckendorff, Tchernichov e Volkónski, até as dez, quando encontrava a imperatriz para um café da manhã que durava uma hora.

Mouffy era o centro da vida dele. "A natureza suave dela e sua mente rasa substituíam princípios pela sensatez. Nicolau tinha uma adoração apaixonada por essa criatura rara e frágil", colocando-a "em uma gaiola dourada de palácios, bailes cintilantes e belos cortesãos. Ela o adorava e o via apenas na sua beleza e felicidade." Até Púchkin ficou tocado pela calorosa efervescência dela. "Amo demais a imperatriz", ele escreveu, "apesar do fato de ela já ter 35 anos." Sua dança graciosa era "como um lírio com asas" que "mansamente girava e deslizava". Nicolau apreciava a natureza dela: "Deus te deu um caráter tão feliz que não há mérito em te amar". Só ela conseguia derreter o iceberg despótico. Quando o Palácio de Inverno pegou fogo, ele ordenou que os bombeiros resgatassem as cartas de amor deles antes de qualquer outra coisa.* Mesmo depois de décadas de casamento, Nicolau chorou quando seus médicos enviaram a frágil Mouffy para tomar sol em Palermo: "Felicidade, alegria e repouso são o que eu busco e encontro na minha velha Mouffy".[8]

---

* Nicolau adorava descansar com a esposa no "nosso paraíso" em Peterhof. "No chalé, sou realmente feliz", escreveu Mouffy, por escapar do "dourado maciço" dos grandes palácios. A propriedade de Mouffy em Peterhof, Alexandria, lhe foi presenteada por Alexandre. Nicolau celebrou sua vitória contra os otomanos construindo o "Chalé" gótico deles, na verdade uma grande mansão, que tinha EM NOME DA FÉ, DO TSAR E DA PÁTRIA gravado acima da porta. Chamando a si mesmo de maneira brincalhona de "Senhor do Chalé", ele via aquele como "seu lugar favorito no planeta". Eles ali viviam de maneira burguesa "informal" e saudável, mais tarde acrescentando outras casas feias e em falso estilo gótico para seus filhos. (Sob os últimos tsares, essas datchas ampliadas se tornaram as residências favoritas de verão.) Até mesmo lá, a família de Nicolau devia exibir sua moralidade de Románov. A corte e os corpos diplomáticos eram enviados para observar a família tomando chá.

★ ★ ★

Nicolau chamava o café da manhã com a família de *la revue de la famille*, como se fosse um desfile militar; no entanto a vida familiar, ele disse a Annette, "me é mais cara do que qualquer conquista". Cada um de seus filhos, quatro meninos e três meninas, tinha de manter um diário que o "pai-comandante", como ele se chamava, inspecionava junto com as tarefas escolares. Mas Nicolau estava mais preocupado em treinar seu filho mais velho.

Alexandre tinha a bela aparência de olhos azuis dos Württemberg somada à sensualidade ardente de Catarina, a Grande. Mas ele era tranquilo e emotivo. Nicolau tentou evitar o tédio brutal de sua própria educação providenciando que Alexandre tivesse professores como o reformista Speránski, que o aconselhou que na "monarquia pura" da Rússia um tsar necessitava mais de moralidade que de leis — e que ele sempre precisava equilibrar as facções políticas e nunca pôr toda a sua fé em apenas uma. Seu professor era Vassíli Jukóvski, o poeta romântico que havia ensinado russo à sua mãe. "Aprenda a ler o livro que lhe pertence desde o nascimento", ele disse ao menino. "Este livro é a Rússia." Jukóvski fez aflorar a sensibilidade de Alexandre, que ele adorava, e que ousava criticar o imperador por excesso de militarismo. O tsar cuidadosamente equilibrava a doçura de Mouffy e o sentimentalismo de Jukóvski com um mestre, o general Karl Merder, herói de 1812, que incentivava o militarismo universal da família. Alexandre cresceu usando seu uniforme de Guarda. Quando Merder registrou os instintos decentes do menino mas sua ausência de vontade de poder e de ardor militar, Nicolau trovejou: "Quero que ele saiba que não ficarei feliz com falta de entusiasmo. Ele deve ser um soldado em sua alma!". O equilíbrio funcionou.

Nicolau constantemente analisava o herdeiro. "Meus filhos são um deleite", ele disse a Annette, "o pequeno é sem dúvida um soldado [...] meu menino atira com um grande rifle e cavalga comigo", mas ele cismava que o menino era "angelical porém muito distraído" — como sua sensível mãe. Alexandre chorava bastante. "30 de março. Escrevi mal e chorei sem motivo", ele escreveu no diário que era inspecionado pelo pai.

Nicolau acreditava que podia moldar o garoto: "O que você teria feito com os rebeldes dezembristas?".

"Eu os teria perdoado", respondeu o pequeno Alexandre com espírito cristão.

"É assim que você governa", respondeu Nicolau. "Lembre-se disso: morra nos degraus do trono, mas não abra mão do poder!" O dever e a obediência estavam acima de todo o resto. Se Alexandre precisava ser punido, Nicolau explicava que "é pela pátria que você cumpre o seu dever. Não sou eu, e sim a pátria que te pune e te recompensa". Mas também havia diversão: em Peterhof, Nicolau treinava os meninos nos "regimentos de recreação" com uniformes e rifles de verdade, na tradição de Pedro, e conduzia jogos voltados para a formação do caráter, em que as crianças e seus amigos tinham de correr pela extraordinariamente bela cascata de chafarizes abaixo do Grande Palácio.

É surpreendente que tudo isso tenha funcionado: Alexandre foi o herdeiro mais bem preparado da história dos Románov. Em abril de 1834, quando ele completou dezesseis anos, Nicolau concebeu uma cerimônia solene, realizada na Grande Igreja do Palácio de Inverno, em que Alexandre prestou um juramento, escrito por Speránski, de que obedeceria ao autocrata e defenderia a autocracia. Não apenas Alexandre e sua mãe, mas até Nicolau acabou chorando. Daí por diante todos os grão-duques Románov celebraram seu aniversário de dezesseis anos do mesmo modo.

O segundo filho de Nicolau não era um chorão. Konstantin, conhecido sempre como "Kóstia", era "um sujeito grande e gordo tão rápido que não consigo segurá-lo", Nicolau disse a Annette. "Ele parece pertencer à família, já que a única coisa que ouve com prazer são os tambores." Outro recruta!

Kóstia, apelidado de "Esopo" em razão de seu sarcasmo inteligente, era tão inábil quanto ambicioso, tão cáustico quanto Alexandre era afável. Era maldoso: só ele ousava puxar a cadeira em que se sentaria um ministro, o conde Ivan Tolstói, que caiu no chão — diante de seu pai. "Madame, levante-se", Nicolau disse a Mouffy. "Devemos nos desculpar com Ivan Matvéievitch por termos criado tão mal o nosso filho." E Kóstia terá uma sede de poder tão grande quanto a do pai. "Sacha", ele reclamava em seu modo não diplomático, "nasceu antes de nosso pai se tornar imperador e eu nasci depois. Eu sou filho de um imperador e ele é filho de um grão-duque. É injusto que Sacha seja o herdeiro." Quando menino, Alexandre tinha concordado com ele. "Gostaria de nunca ter nascido como tsarévitch", ele disse a seu professor. Isso tudo foi relatado a Nicolau, que falou a Alexandre sobre dever e destino e a Kóstia sobre a unidade da família.

De algum modo os dois meninos cresceram não apenas reverenciando, mas também amando o pai — embora fosse mais fácil ser uma das filhas de Júpiter. "Maria está na fase da girafa [...], Ollie está emagrecendo", ele disse a Annette,

458

enquanto a mais nova, Adini, que ele descrevia como "muito pequena e muito levada", era sua favorita: "uma pirralhinha — tão doce".

O imperador então voltava ao trabalho, ressurgindo muito mais tarde para os frequentes bailes — públicos no Palácio de Inverno, privados em sua antiga casa de grão-duque, o Aníchkov — em que seus olhos de águia instantaneamente percebiam qualquer infração contra os códigos de vestimenta. "Gosto que as pessoas se divirtam", ele disse. "Isso evita que fiquem dizendo tolices."

A corte dele foi planejada para ser uma expressão impressionante de sua visão do mundo como uma hierarquia militar. Assistido por um séquito de 540 ajudantes (duas vezes mais do que tinha Alexandre), ele regulava cada detalhe de suas patentes germânicas, das grandes procissões em festas religiosas importantes, dos *baise-mains* nos dias onomásticos imperiais, e das especificações de vestuário, desenhando uniformes para homens, vestidos para mulheres e criadas, incluindo as calças vermelhas largas e as casacas com tranças e dragonas douradas, os sapatos amarelos e os turbantes brancos dos vinte integrantes de sua Guarda Negra, muitos dos quais agora eram americanos.* No Palácio Aníchkov, Mouffy adorava dançar — e o tsar adorava flertar.[9]

Todos na família, até mesmo a mãe dele, sabiam que Nicolau era extremamente libidinoso. Quando Mouffy ficou sem condições de fazer sexo em razão de uma de suas inúmeras gestações, a imperatriz-viúva Maria tinha dito a Annette que "ela precisa fortalecer sua saúde", pois "Nicolau já está se afastando da abstinência que devia observar". Os cortesãos propagavam o mito de que o imperador só passou a ser infiel depois de 1842, quando Mouffy adoeceu, mas apesar do casamento feliz, os cortesãos tinham um sistema bem funcional, porém discreto, de atração, assim como um círculo mundano de belas mulheres casadas da aristocracia que eram amantes do tsar.

---

* Desde Pedro, o Grande, até Catarina, a Grande, os integrantes da Guarda Negra tinham sido escravos dos mercados de Constantinopla. Em 1810, o criado negro do embaixador dos Estados Unidos foi recrutado pela corte. Quando a notícia se espalhou, escravos americanos começaram a "desertar" de navios americanos para se alistar como "núbios". Buscavam-se peles mais escuras para ressaltar a vestimenta. Eles tinham permissão para levar as famílias e para visitar os Estados Unidos nas férias. Sob Nicolau, o mais conhecido foi Alexander Gabriel, um cozinheiro da Marinha americana que desertou em um porto russo. Mas em 1851 Nicolau economizou, cortando o número de núbios de vinte para oito.

Por um tempo, a favorita do soberano foi a baronesa Amalia Krüdener, de cabelos dourados em cachos, "bela, divertida e inteligente". Uma noite ela havia jantado com Nicolau, que depois começou a flertar com outra de suas belas favoritas, a condessa Elizaveta Buturlina. "A senhora jantou com ele", um cortesão indiscreto perguntou a Amalia, "mas as honras finais ficam para ela?"

"Ele é um homem estranho", Amalia respondeu. "Essas coisas têm de ter um resultado, mas com ele nunca é realmente um fim, ele não tem coragem para isso, tem uma ideia peculiar de fidelidade."

Quando ele via na rua ou no teatro uma garota de que gostava, seus ajudantes a abordavam para tentar marcar um encontro. "O tsar nunca encontrou nenhuma resistência a sua luxúria", escreveu um escritor e viajante francês, marquês de Custine. "Cresci sentindo não apenas amor, mas também reverência", escreveu uma garota de dezenove anos na corte. "Via o tsar como um deus na terra." Quando ele me foi apresentado, "meu coração palpitou. Senti meus joelhos tremendo". O tsar, observou Púchkin, mantinha "um harém de atrizes em botão".*

Em 1832, ele conheceu uma garota em um baile de máscaras. Enquanto dançavam, a bela mascarada lhe contou detalhes da infância dele que o surpreenderam. Ao fim da noite, ela revelou ser Varvara Nelídova, uma órfã pobre que sabia tanto por ser sobrinha da amante do imperador Paulo. O imperador a convidou para a corte, onde ela encantou não só a imperatriz como a filha deles, Olga, conhecida como Ollie. Nomeada dama de companhia de sua esposa, "Varenka", como era conhecida, "parecia italiana e tinha belos olhos e sobrancelhas

---

* O romancista Liev Tolstói mais tarde descreveu as seduções do imperador, provavelmente baseado nas histórias de sua prima, a condessa Alexandra Tolstoia, uma dama de companhia. Nicolau encontra uma jovem em uma mascarada no teatro, percebendo "a alvura da pele, a linda constituição, e a voz carinhosa", e a leva para um camarote privado: "A criatura mascarada se revelou moça de vinte anos, inocente e bonita, filha de uma preceptora sueca" que diz a Nicolau "que se apaixonara por ele ainda na infância, vendo o seu retrato, que o bendizia e decidira alcançar a qualquer custo a sua atenção. E, agora que o conseguira, dizia não precisar de nada mais. A moça foi conduzida para o lugar costumeiro das entrevistas de Nicolau com as mulheres, onde passou com ela mais de uma hora". A cena aparece na novela *Khadji-Murát*, uma das últimas obras de Tolstói. Embora tenha sido escrita muito mais tarde, durante o reinado de Nicolau II, não havia como publicar isso sob o governo dos Románov. Quanto a Mouffy, durante os bailes ela se divertia com as atenções inocentes de seu próprio *cavaliere servente*, o favorito Chevalier-Garde, o príncipe Alexandre Trubetskoi. Mas ninguém duvidava da virtude dela. [A tradução do trecho de *Khadji-Murát* é de Boris Schnaiderman. São Paulo: Cosac Naify, 2010.]

escuros", com ombros de mármore, seios fartos, cintura minúscula. Era "tão divertida", escreveu Olga, "que via o lado cômico de tudo. Papai muitas vezes tomava chá com ela. Ela contava histórias indiscretas que o faziam dar gargalhadas. Uma vez ele riu tanto que a cadeira caiu para trás". Mas a filha insistia, como as filhas fazem, que era apenas um "flerte inocente — papai era fiel à esposa".

Os cortesãos estavam mais bem informados. "Embora a mulher com quem ele tinha um caso morasse no palácio, ninguém dava atenção a isso", lembraria a dama de companhia Maria Frederiks. "Tudo era realizado de modo muito sutil, muito decente, muito bem-feito. Eu os via todos os dias e nunca suspeitei de nada, ele se comportava tão bem diante da esposa e dos filhos. Quanto à mulher, ela nunca tentou ter privilégios especiais."

A vida erótica de Nicolau era organizada com pontualidade militar: ele visitava Varenka duas vezes por dia, primeiro às nove da manhã, depois se encontrava com a imperatriz, antes de visitá-la de novo às 13h30. Varenka dedicava a vida ao imperador. Quando ela dava à luz crianças, diz-se que elas eram adotadas pelo seu fiel escudeiro, o general Peter Kleinmikhel, que as criava como se fossem dele — o maior dos serviços possíveis prestados a seu imperador.

Sempre de olho em possíveis novas favoritas, o imperador percebeu a nova esposa de Púchkin e encontrou um modo elegante de supervisioná-lo e de flertar com ela.[10]

Em fevereiro de 1831, o poeta, de 31 anos de idade, casou-se com Natália Gontcharova, de dezoito anos, uma moça de boa família que passava por dificuldades. Até mesmo a proposta de casamento feita por ele a Natália tinha de ser aprovada pelo imperador. "Sua majestade imperial dignou-se a observar que ele estava feliz por crer [...] que o senhor descobriu dentro de si as qualidades de coração e de caráter necessárias para a felicidade de uma mulher, especialmente de uma mulher tão agradável e interessante quanto Mademoiselle Gontcharova", escreveu Benckendorff com empolada afetação. Antes do casamento, a noiva quis checar se o tsar ainda via seu noivo com bons olhos: "Quanto à sua posição individual", Benckendorff disse a Púchkin, "sua majestade imperial, em solicitude absolutamente paternal com o senhor, dignou-se a encarregar a mim, general Benckendorff, não como chefe da Gendarmeria, mas como a pessoa em quem ele gosta de depositar sua confiança, para observá-lo e para guiá-lo com meus conselhos".

Em 30 de dezembro de 1833, "foi-me conferido o título de 'cavalheiro da Câmara Real' (o que é um tanto incompatível com a minha idade", Púchkin reclamou. "Mas a corte [quer dizer, o tsar] queria que Natália dançasse no Aníchkov."

Púchkin logo sentiu o braço forte da autocracia. Em 23 de janeiro ele e Natália foram a seu primeiro baile imperial no Aníchkov. "Cheguei em uniforme [da corte]. Disseram-me que os convidados estavam de casaca. Saí. O soberano não gostou." Nicolau percebeu imediatamente, dizendo a Natália: "Ele podia ter se dado ao trabalho de ir vestir uma casaca e voltar. Repreenda-o por isso!".

Nicolau flertava com Natália sempre que podia, "andando atrás dela como um jovem oficial", escreveu Púchkin. Ele dançou a quadrilha com ela e sentou perto dela durante todo o jantar. "De manhã, ele passa de propósito pelas janelas dela várias vezes e à noite, em um baile, pergunta por que as persianas dela estão sempre fechadas." De início Púchkin gostava dos entretenimentos da corte e ficou encantado com a imperatriz, que, rindo, o saudava — "Ah, é você!". Sempre que se encontravam na corte, Nicolau falava com Púchkin e, quando a conta da costureira que fazia os vestidos de Natália ameaçou levá-lo à falência, emprestou dinheiro a ele, mas a supervisão era sufocante e, pior ainda, ele descobriu que não apenas tinha Nicolau e Benckendorff em seu encalço, mas que o ministro da Educação, Serguei Uvárov, também começou a censurar o poeta.

Uvárov, filho de um oficial da Guarda que tocava bandurra e havia flertado com Catarina, a Grande, era um erudito à moda clássica, especialista em Oriente Médio, pioneiro da geologia e um ministro visionário. Com ciúmes de Púchkin, Uvárov orquestrou uma campanha para destruir sua reputação (e sua renda) ao atacar a história dele sobre a revolta de Pugatchov e sua obra-prima, *Oniéguin*, o romance em versos sobre sofrimentos românticos e duelo que, em vários sentidos, originou a literatura russa moderna. Nicolau tentou proteger Púchkin,* mas

---

* O próprio tsar interveio nesses jogos de malícia literária em nome de Púchkin. "Meu caro amigo", Nicolau escreveu a Benckendorff, "esqueci-me de dizer a você que na *Abelha* [revista literária] de hoje há um artigo muito injusto e vulgar dirigido contra Púchkin", e ele sugeria que Benckendorff convocasse o crítico "e o proibisse de publicar qualquer outra crítica". Todo escritor que recebe resenhas ruins pode querer ter um protetor como esse, mas o crítico em questão não era apenas cria de Uvárov, também era informante de Benckendorff, e Nicolau não insistiu. Os intelectuais reagiam de diferentes modos. Em 1836, Piotr Tchaadáiev publicou suas *Cartas filosóficas* atacando a Rússia por viver "inteiramente nos limites mais estreitos do presente sem um passado ou um futuro, em uma calma absoluta", que ele considerava culpa do atraso da ortodoxia. Nicolau fez com que Tchaadáiev fosse declarado insano.

Uvárov era seu principal ideólogo, muito mais importante para ele do que um poeta sem dinheiro.

Púchkin detestava Uvárov, de quem debochou em versos que falavam de suas calúnias, de seu alpinismo social e de sua homossexualidade secreta, mas logo descobriu que os espiões de Benckendorff eram piores. Em carta para a esposa sobre a maioridade do tsarévitch Alexandre, ele refletiu: "Não pretendo me apresentar ao herdeiro com congratulações [...]. Vi três tsares. O primeiro [Paulo] mandou que eu tirasse meu chapéu e repreendeu minha babá; o segundo [Alexandre] não era cortês comigo e o terceiro me nomeou pajem da Câmara Real". Quando os agentes de Benckendorff abriram a carta, Nicolau ficou furioso. O poeta se aborreceu: "Que profunda imoralidade há nos costumes de nosso governo! A polícia abre as cartas de um marido para a esposa e as leva ao tsar (um homem bem-criado e honrado), e o tsar não se envergonha de admitir isso e de dar impulso a uma intriga digna de Vidocq [o criminoso francês que se tornou chefe da polícia secreta]".

Púchkin renunciou ao cargo, o que Nicolau viu como ingratidão. "Nunca prendo ninguém", o tsar disse a Jukóvski. "Mas, nesse caso, tudo estará acabado entre nós", uma ameaça que fez Púchkin desistir de sua renúncia. "Eu o perdoo", Nicolau disse a Benckendorff, "mas convoque-o para explicar a insensatez de seu comportamento."

Púchkin teve de suportar as atenções que sua esposa recebia sendo uma beldade da corte, atenções que agora levariam à tragédia. Em um baile, um convidado viu Natália rodeada por oficiais da Guarda que flertavam com ela — enquanto "um pouco adiante, ficava o pensativo Aleksandr Serguéievitch [Púchkin] sem tomar a mínima parte na conversa".[11]

Um jovem membro da Guarda se apaixonou de maneira obcecada por Natália. O barão Georges d'Anthes era um exilado francês que chegara a Petersburgo com seu protetor mais velho, o barão Jacob van Heeckeren, embaixador dos Países Baixos. Heeckeren era homossexual e estava claramente apaixonado por D'Anthes, que ele havia adotado como filho. O embaixador fez com que ele fosse alistado nos Chevalier-Gardes que patrulhavam o palácio com suas belas vestes. Fosse D'Anthes que "vivia com Heeckeren ou Heeckeren com ele", escreveu seu colega de Chevalier-Garde, príncipe Alexandre Trubetskoi, que dividia o quarto com ele, "a sodomia era muito comum na alta sociedade na época. A julgar pelo fato de que D'Anthes continuamente perseguia mulheres, deve-se presumir que suas relações com Heeckeren fossem passivas".

"Estou loucamente apaixonado", D'Anthes disse a Heeckeren em janeiro de 1836, pela "mais deliciosa criatura de Petersburgo [...] e ela me ama", mas "o marido está revoltado de ciúmes". Encantada momentaneamente com o francês, Natália também flertava, mas a obsessão de D'Anthes se tornou típica de um perseguidor que se iludia acreditando que haviam tido um caso e que depois não conseguia aceitar o fato de ter sido rejeitado. No outono, ele voltou à carga, perseguindo de forma inconveniente a irmã solteira de Natália, Iekaterina, que era menos bonita, para ficar mais perto dela. Enquanto isso o próprio tsar, ao encontrar Natália na casa dos Razumóvski, alertou-a para que protegesse sua imaculada reputação.

Em 4 de novembro, Púchkin recebeu uma carta anônima que o chamava de "coadjutor do grão-mestre da Ordem dos Cornos". O poeta ficou perturbado mesmo não tendo sido o único a receber essa carta. Natália confessou que tinha flertado com D'Anthes a Púchkin, que nunca duvidou da inocência dela mas acreditou (erradamente) ser Heeckeren o remetente das cartas.* Púchkin desafiou D'Anthes para um duelo. Heeckeren tentou evitar o desafio forçando D'Anthes a se casar com a irmã de Natália, Iekaterina, que ele tinha seduzido para forçar Púchkin a cancelar o duelo. Por fim Púchkin concordou. O imperador convocou Púchkin e o fez prometer que não duelaria. Quando D'Anthes levou adiante o casamento com a irmã de Natália, até a imperatriz ficou fascinada: "Será devoção ou diversão?". Mas agora que D'Anthes era cunhado de Natália, ele podia flertar em público com ela.

Em 21 de janeiro de 1837, o imperador, junto com os Púchkin e os recém-casado D'Anthes, se encontrou em um baile onde Nicolau deu garantias ao poeta sobre a castidade de sua esposa. Púchkin, ardendo de indignação, teve de agradecer a ele.

"Mas você podia esperar qualquer coisa diferente de mim?", respondeu Nicolau presunçosamente.

---

* O remetente nunca foi identificado, mas o embaixador era um improvável culpado já que não ganharia nada com um escândalo público. É possível que o remetente tenha sido um brincalhão malicioso, um funcionário público inválido e implicante, o príncipe Pedro Dolgorúki, de vinte anos, que tinha um gosto comprovado por mandar cartas anônimas.

"Não apenas podia, senhor, como, para falar com franqueza, suspeitava que também o senhor fazia a corte à minha esposa." No outro lado do salão, Púchkin via furioso D'Anthes elogiar sua mulher com ultrajantes duplos sentidos que Natália mais tarde relatou ao marido.

Na manhã seguinte, Púchkin desafiou D'Anthes para um duelo. Na tarde de 27 de janeiro, Púchkin e D'Anthes se encontraram, cada um acompanhado por padrinhos, nos arredores de Petersburgo. Foram posicionados a vinte passos de distância um do outro e receberam suas pistolas. Púchkin estava fazendo mira quando D'Anthes atirou. Púchkin foi atingido de lado e caiu, mas se levantou e deu seu tiro, que passou pela pele do braço de D'Anthes, ricocheteando em um botão, o que causou apenas um arranhão. Mas a bala de D'Anthes tinha atravessado o estômago de Púchkin e esmagado o osso sacro. Chamado com urgência ao apartamento de Púchkin, o médico imperial Nikolai Arendt relatou ao tsar que ele estava morrendo. "Se Deus ordenar que nós não nos vejamos mais neste mundo", o tsar, que acabava de voltar do teatro, escreveu para Púchkin, "então aceite meu perdão e meu conselho de morrer como um cristão, e não se preocupe com sua mulher e com seus filhos. Eles serão meus filhos, e os tomarei sob meus cuidados." Ordenando que o médico entregasse a carta, Nicolau acrescentou: "Não vou me deitar, vou esperar".

Púchkin beijou a carta. Recebeu a comunhão. Sua dor ficava mais forte à medida que a gangrena inflamava os intestinos. O dr. Arendt aliviava o sofrimento dele com ópio, enquanto Natália tinha acessos histéricos. O tsar convocou Jukóvski. "Diga a ele de minha parte que eu o felicito por cumprir com seu dever de cristão", disse Nicolau hipocritamente. Na tarde de 29 de janeiro, Púchkin morreu, Nicolau ordenou a Jukóvski que inspecionasse seus papéis para averiguar traição. Em vez disso, Jukóvski ficou enojado de ver como Púchkin fora assediado, repreendendo Benckendorff: "Essas reprimendas que para você significavam tão pouco deram o tom de toda a vida dele. Você transformou essa proteção em um controle policial".

Dez mil pessoas prestaram homenagens e viram o corpo em seu apartamento. As demonstrações de luto foram vigiadas por Uvárov e Benckendorff, que baniram artigos na imprensa relatando os funerais. Mesmo assim, uma imensa multidão compareceu à Catedral de Santo Isaac, de onde o caixão foi enviado para ser enterrado perto da propriedade de Púchkin, Mikhailskoie. Nicolau teria se surpreendido em saber que seus triunfos seriam eclipsados na memória histórica por esse simples poeta que seria reverenciado como a verdadeira realeza da Rússia.*[12]

No entanto, Nicolau não estava conseguindo o que pretendia em todas as áreas. Ele perdia a guerra contra os jihadistas liderados pelo imã Chamil na Tchetchênia e no Daguestão, no leste do Cáucaso. Mas quando a sorte da Rússia melhorou e ele ouviu que a vitória enfim estava próxima, Nicolau decidiu receber a rendição pessoalmente.

Em 8 de outubro, enquanto o imperador, acompanhado de Adlerberg, ia em sua carruagem pela íngreme estrada rumo a Tbilisi, capital da Geórgia, "os cavalos dispararam", ele relatou a Paskévitch, "e nós certamente seríamos jogados no abismo quando os cavalos passaram por cima da mureta, caso a mão de Deus não tivesse intervindo. Os cavalos ficaram pendurados pelo pescoço no desfiladeiro até que as correias se romperam e eles caíram, liberando-nos com um pequeno ferimento. Achei que fosse morrer". Depois, escoltado por 24 príncipes georgianos, o abalado Nicolau entrou em Tbilisi e recebeu alegres boas-vindas. A nordeste, seus generais tinham emboscado Chamil, que Nicolau esperava que fosse a Tbilisi e se rendesse.

As tribos da montanha vinham resistindo ao avanço cristão no Cáucaso desde a década de 1780, mas a desajeitada força bruta russa fora o estopim de uma grande insurgência jihadista. Em 1834, Chamil tinha assassinado seu antecessor e se declarado imã dos múridas de bandeira negra, um movimento do sufismo islâmico. Quando sua fortaleza foi invadida, Chamil, embora ferido, pulou por sobre as muralhas, caindo em um abismo, e fugiu, sendo o único guerreiro a sobreviver.

---

* Nicolau fez com que D'Anthes respondesse a uma corte marcial e fosse escoltado até a fronteira. "Heeckeren", o tsar escreveu a seu irmão Miguel, "se comportou como um canalha desprezível. Ele servia de cafetão para D'Anthes na ausência de Púchkin." Heeckeren foi mandado de volta, porém mais tarde se tornou embaixador dos Países Baixos em Viena. D'Anthes, que teve três filhas com Iekaterina, prosperou bem na França e viveu até 1895. Nicolau manteve a palavra dada a Púchkin, concedendo uma generosa indenização a Natália e às crianças. Quando ela voltou para Petersburgo, a imperatriz a nomeou dama de honra, embora o barão Korf, cortesão de Nicolau, tenha escrito que ela "pertence ao grupo de jovens privilegiadas a quem o imperador ocasionalmente favorece com suas visitas". Ao lhe conceder 25 mil rublos, ele patrocinou o segundo casamento de Natália, com um general. Isso parece o resultado de um caso, mas não há provas de que tenha acontecido. Natália morreu em 1893.

466

Agora em 1837, ele fora obrigado a concordar com um armistício que tinha sido rompido pelos próprios russos. Ele se recusou a submeter-se e, erguendo uma nova fortaleza, Akhulgo, Chamil voltou à guerra. A vitória russa foi estragada tanto pela intromissão de Nicolau e pelas rivalidades diplomáticas entre diferentes comitês e ministros quanto pelo gênio de Chamil para uma guerra assimétrica.

Em Tbilisi, ajudantes de Nicolau tentaram entretê-lo com todo tipo de distração, desde celebrações de missas até mulheres, mas o imperador respondeu: "Não tenho olhos a não ser para meu exército". Antes de partir, ele designou novos generais para vencer Chamil. "Agora", ele declarou com ridícula grandiloquência, enquanto subia em sua carruagem, "entendo o sentido das palavras do Gênesis — "'Haja luz', e houve luz."*[13]

Em 21 de outubro, em Novotcherkaask, Nicolau se encontrou com o filho Alexandre e juntos cavalgaram em uniformes de cossacos pelas fileiras dos cossacos do Don, que depois se reuniram em um círculo ao redor da catedral. Lá, o atamã entregou o cetro a Nicolau, que o repassou a um empolgado Alexandre. "Que isso sirva de prova de como você está perto do meu coração", trovejou Nicolau, antes de se virar para os cossacos e chorar. "Quando ele me substituir, sirvam-no com a lealdade com que me servem!"

Na verdade, Nicolau estava preocupado com a indisciplina e as aventuras

* De volta a Petersburgo, houve luz de um tipo diferente e destrutivo. Em 17 de dezembro de 1837, Nicolau estava no teatro quando Volkónski, ministro da corte, lhe informou que o Palácio de Inverno estava pegando fogo, queimando "como um vulcão no meio de Petersburgo". Trinta guardas morreram. Nicolau coordenou o combate ao incêndio, enviando Alexandre para que extinguisse outro incêndio nas docas. A maior parte dos tesouros do Hermitage foi salva, empilhada na neve. Foi então que Nicolau, de modo tocante, ordenou que salvassem as cartas de amor de Mouffy antes de todo o resto. A imperatriz, ajudada por suas damas de companhia, embrulhou seus pertences até que o calor se tornou insuportável e ele ordenou que ela saísse. A família se mudou para o Aníchkov. O palácio incendiou durante três dias enquanto multidões observavam em um silêncio mortal. Nicolau determinou que ele fosse reconstruído em um ano, cronograma aparentemente impossível, mas a tarefa foi realizada por seu mais rigoroso homem de confiança, Kleinmikhel, e por 6 mil trabalhadores a um custo terrível de vidas. O verdadeiramente suntuoso Palácio de Inverno de Nicolau, hoje Museu Hermitage, foi construído para impressionar. Com seus 1050 cômodos e 177 escadarias, é tão amplo que se dizia que um camponês levou para lá não apenas sua família inteira como também uma vaca para fornecer leite a seus filhos, e ninguém percebeu até que o mau cheiro do estrume da vaca se tornou insuportável.

eróticas do filho. Alexandre, agora com dezenove anos, tinha feito uma viagem pelo império, acompanhado por seu poeta-professor Jukóvski. Alexandre foi assediado por multidões, que o descreveram como "belo", mas foi perseguido pelas cartas com reprimendas do pai. "Tento encontrar em você", escreveu Nicolau, "a promessa de felicidade futura para nossa amada Mãe Rússia, aquela pela qual vivo, para a qual você foi consagrado antes mesmo de ter nascido!"

Alexandre tentava estar à altura de seu pai Júpiter, a quem ele via como "a personificação de nossa pátria, mais do que como um pai". Lidava com isso desenvolvendo uma "rigorosa discrição", aquela armadura essencial de herdeiros do trono. Ele também herdou a libido do pai — sem o frio controle dele. Aos catorze anos, apaixonou-se por uma das damas de honra da mãe, Natália Borzdina: depois de um dos bailes de máscaras com fantasias medievais promovidos por Nicolau em Tsárskoie Seló, Alexandre se encontrou com ela no parque, encontro em que ele perdeu a virgindade. Nicolau lidou com isso como um verdadeiro patriarca vitoriano, levando o filho para visitar um hospital de sífilis. Mas isso não desestimulou Alexandre, que agora se apaixonou por outra das damas de honra de Mouffy, uma garota polonesa, Olga Kalinovskaya. Alexandre contou a todo mundo, inclusive à mãe, sobre seu amor por Olga. Nicolau leu o diário do filho, achando alguma graça. Mas, alarmado pelas pistas de um possível casamento, demitiu a garota e deu conselhos a Alexandre: "Expliquei que se sentir atraído por uma garota é natural, mas não é preciso se render a sonhos se eles não são adequados para seu cargo e seu status. Acho que o gosto dele é digno" — mesmo se ele tivesse atração por garotas polonesas.

Alexandre "precisa de uma personalidade mais forte", Mouffy disse a sua dama de companhia, baronesa Frederiks. "Caso contrário ele irá se arruinar. Ele se apaixona fácil demais. Deve ser afastado de Petersburgo." Daí sua viagem pela Rússia — mas, na volta, ele sentiu a falta de Kalinovskaya e ficou abatido. Observando essa "tendência ao sonho", o imperador ordenou que ele encontrasse uma esposa e o enviou para uma excursão europeia.

Depois de Berlim, Viena, Milão, ele passou por Hesse-Darmstadt, onde ficou atraído pela princesa Marie, modesta, bonita e esbelta. "Gostei demais dela assim que a vi", ele escreveu a Nicolau, que tinha ouvido falar, como o resto da Europa, que havia um problema com Marie, que possivelmente não era filha do duque, e sim de um francês encarregado do estábulo. Seguindo viagem para Londres, ele ficou enamorado da rainha Vitória, solteira e com vinte anos de idade. "Estou realmente enamorada do grão-duque, um jovem encantador", ela anotou empolgada em seu diário em 27 de maio de 1839. "O grão-duque é tão forte, somos transportados como numa valsa, o que é muito agradável [...]. Nunca me diverti tanto. Fui me deitar às 2h45 e não consegui dormir antes das cinco!" Nicolau alertou Alexandre de que esse casamento era impossível, mas ele podia voltar a Darmstadt.

Na última noite com Vitória, Alexandre "pegou minha mão e a apertou calorosamente; ele parecia pálido e sua voz hesitou enquanto dizia: 'Faltam-me palavras para expressar o que eu sinto'". Ele beijou a mão e o rosto dela. "Senti muita tristeza por me despedir de um jovem tão amável. Ele é tão franco, tão jovem e feliz" com "um semblante tão agradável e espontâneo, um sorriso doce", escreveu Vitória, "e um corpo tão viril."

De volta a Darmstadt, Alexandre e a pesarosa Marie trocaram cartas de amor. Alexandre mandou seu ajudante predileto, o príncipe Alexandre Bariátinski, pedir permissão ao pai dela. "Nossa alegria, a alegria da família como um todo, é indescritível, essa doce Marie é a realização de nossas esperanças", entusiasmou-se o tsar. "Como invejo os que a conheceram antes de mim."

Novamente em casa, Alexandre voltou a Kalinovskaya. Nicolau ficou furioso, ameaçando deserdá-lo como Pedro, o Grande, e tornar Kóstia seu herdeiro. Mas Alexandre se emendou. Sua princesa hessiana foi levada a Petersburgo aos dezesseis anos e se converteu à Igreja Ortodoxa como Maria Alexándrovna — embora fosse sempre conhecida como Marie. O início de sua vida de casada foi dominado pelos sogros. Depois do casamento, em abril de 1841, eles moraram no Palácio de Inverno bem ao lado dos pais de Alexandre, e nos fins de semana podiam ficar na fazenda de Peterhof, outra casa em falso estilo gótico ao lado do Chalé. Em dois anos, Marie deu à luz uma menina, a primeira de muitos filhos, mas ela sofria na corte. A ansiedade fez com que ficasse coberta de brotoejas, que escondia com um véu. "Eu vivia como um bombeiro voluntário, sempre pronta a pular caso soasse o alarme", mas sem ter certeza de "para onde correr ou do que fazer". O papel dela era simples: agradar ao imperador, parir bebês — e fechar os olhos para as aventuras de Alexandre. Ela foi bem-sucedida em todas as três tarefas, tornando-se amada por todos os cortesãos. Alexandre era gentil e solícito, mas ela dificilmente seria a parceira certa para esse lascivo Lotário: é provável que ele continuasse apaixonado por Kalinovskaya, agora princesa Oginski: muitos acreditavam que o filho dela, Bogdan, nascido em 1848, era dele.

Enquanto isso Alexandre se preparava para o poder. Ele participava do Conselho de Estado, comandava a Guarda, servia nos Comitês do Cáucaso, mas como todo oficial da época, desejava servir na guerra contra Chamil. Por fim, Nicolau deixou que ele fosse. Nas florestas, o herdeiro comandou um ataque aos tchetchenos. Os russos estavam cercando Chamil.[14]

Em junho de 1839, os generais de Nicolau sitiaram Chamil em sua fortaleza de Akhulgo por oito dias e o forçaram a entregar o filho mais velho, Djemal-Edin, como refém para garantir seu bom comportamento. Em 29 de agosto Akhulgo foi tomada — mas Chamil tinha desaparecido. "Excelente", Nicolau escreveu nos despachos. "Até aqui tudo bem. Mas uma pena que Chamil tenha fugido." Ele fez com que Djemal-Edin fosse levado a Petersburgo, onde deu boas-vindas ao rapaz que ele esperava treinar para que se tornasse seu governante-marionete no norte do Cáucaso. O tsar o alojou em uma casa com sua própria babá russa. O príncipe Djemal-Edin Chamil foi alistado no Corpo de Pajens. A imperatriz o levava para passeios. Ele se russificou, mas era torturado pelas memórias do pai indestrutível.

Chamil, contrariado por ter perdido o filho, reconstruiu seus exércitos até que, em 1844, Nicolau percebeu que sua campanha tinha fracassado. Então ele se voltou para o seu mais sofisticado nobre, o conde Miguel Vorontsov, governador--geral da Nova Rússia e da Crimeia. Embora Vorontsov tivesse 62 anos e sofresse de problemas oculares, Nicolau o nomeou vice-rei do Cáucaso com poderes inéditos desde Potiômkin.*

* Vorontsov, apelidado de "Milorde", foi criado em Londres, onde seu pai, Simon, era embaixador, e em Wilton, residência de sua irmã que se casara com o conde de Pembroke. Herói das guerras napoleônicas, tinha comandado as forças de ocupação russas na França e depois ajudado a transformar Odessa em uma próspera cidade cosmopolita ao atrair colonos judeus e italianos. Com sua esposa polonesa, seu criado italiano, seu cozinheiro francês, sua amante húngara e seu camareiro inglês, Vorontsov era um europeu que gostava do liberalismo anglófilo e da moderna tecnologia. Sua frieza não era um mito. Quando flagrou a amante, Irma Csesenyi, a jovem esposa húngara de seu comerciante de vinhos, com um ajudante, Vorontsov ficou impassível. "Soldado", ele disse, "você está sem seu uniforme" — e foi para a varanda fumar um charuto. A esposa dele, Elise, era filha de Sachenka Branitska, sobrinha de Potiômkin. Ela foi criada no Palácio de Inverno, recebendo o carinho de Catarina, a Grande. "Uma das mulheres mais atraentes de sua época", observou um visitante. "Nunca vi nada comparável ao sorriso nos lábios dela, que pareciam exigir um beijo." Na Crimeia, os Vorontsov construíram o Palácio Alupka, em um estilo que misturava o dos barões da

Ao se mudar para Tbilisi, Vorontsov planejou meticulosamente sua guerra, mas o imperador lhe deu ordens para começar antes que ele estivesse pronto. Em junho de 1845, Vorontsov marchou no Daguestão; Chamil bateu em retirada. "Deus o coroou com o sucesso", Nicolau disse a Vorontsov, "e mostrou que nada pode jamais deter os russos ortodoxos quando eles vão aonde seu tsar ordenou." Mas quando as forças russas chegaram à capital de Chamil, Dargo, elas a encontraram abandonada e se viram cercadas. Vorontsov mal conseguiu escapar, perdendo 4 mil homens. O humilhado tsar elogiou Milorde e o promoveu a príncipe, deixando que ele seguisse sua estratégia menos drástica de cortar os suprimentos de Chamil.

Chamil agora tinha suporte vindo da Grã-Bretanha. Ele escreveu para a rainha Vitória. Os britânicos exaltaram os valentes guerreiros islâmicos, levantaram fundos e enviaram rifles, ao mesmo tempo que Nicolau era cada vez mais visto como um ditador* que pretendia engolir o Império Otomano — e que ameaçava a Índia britânica. Nicolau concluiu que somente seu próprio charme poderia conquistar os britânicos.[15]

Em 21 de junho de 1844 um viajante chamado "conde Orlov" desembarcou de um vapor holandês em Woolwich. Quando chegou à embaixada russa em Londres (rejeitando um convite para ficar no Palácio de Buckingham), já passava da meia-noite, mas o misterioso conde escreveu para Albert, o príncipe Coburgo que recentemente havia se casado com a rainha Vitória, pedindo para se encontrar com ele imediatamente. Albert não ficou impressionado com esse capricho autocrático: Nicolau, ele disse a Vitória, "é um homem dado a muitos impulsos e sentimentos, o que o leva sempre a cometer erros".

A própria Vitória, em gravidez avançada, recebeu Nicolau na manhã seguinte e o convidou para ir a Windsor. Ao chegar de trem em 23 de junho, ele rejeitou

---

Escócia com o da fantasia mourisca, que tornou a Riviera da Crimeia pela primeira vez um lugar da moda. Durante a Conferência de Ialta de 1945, Churchill e a delegação britânica ficaram no Alupka.

* A imagem de Nicolau foi prejudicada por um best-seller de fofocas, *Russia in 1839*, do exagerado viajante escritor francês marquês de Custine. Benckendorff, porta-voz do governo além de agente secreto, sugeriu que Nicolau desse uma entrevista a Custine, mas o marquês retratou Nicolau como um brutal, megalomaníaco e adúltero tirano de um império barbaramente agressivo que "é em si mesmo uma prisão, cujo vasto tamanho apenas o torna mais temível".

os confortos decadentes de uma macia cama democrática e insistiu em dormir na cama de campanha de aço com um colchão de palha que tinha levado.

"Tenho imensa estima pela Inglaterra", ele disse a Vitória e Albert, "mas para o que os franceses dizem de mim, eu não dou a mínima! Eu cuspo em cima!" Os britânicos ficaram perturbados com esse Júpiter gigante dogmático que disse a Sir Robert Peel, o primeiro-ministro: "Veem-me como um ator, mas eu não sou. Sou completamente franco". Talvez franco demais. Peel pediu que ele falasse em voz mais baixa, já que todos conseguiam ouvir suas ressoantes declarações. "A Turquia é um homem agonizante", ele trovejou. "Ele vai morrer, deve morrer! Um momento crítico. Precisarei pôr meus exércitos em ação; a Áustria deve fazer o mesmo... e os ingleses com suas forças marítimas. Assim um exército russo, um exército austríaco, uma grande frota inglesa estarão reunidos." Agora ele chegaria ao ponto central de sua viagem — um entendimento com a Grã-Bretanha para planejar a desintegração do Império Otomano sem que houvesse guerra e no entanto com flexibilidade para expressar a missão messiânica da Rússia de influenciar Constantinopla e ter acesso por meio dos estreitos turcos, uma necessidade estratégica: "Tantos barris de pólvora perto do fogo, como impedir que as fagulhas os atinjam? Eu não reivindico um centímetro de solo turco, mas também não permitirei que nenhum outro fique com um centímetro dele". Assim ele propôs manter a situação atual — e um "entendimento franco" caso o Império Otomano entrasse em colapso.

Quanto mais alto ele falava, menos os britânicos acreditavam nele e mais aflitos ficavam com seus projetos agressivos. Depois de nove dias, o príncipe consorte viajou para Woolwich para se despedir do imperador. Vitória não ficou impressionada com ele. "Ele raramente sorri e, quando o faz, a expressão não é feliz", escreveu em uma opinião perspicaz. Seu hóspede era "ríspido e severo [...] sua mente não é civilizada [...]. A política e os assuntos militares são as únicas coisas pelas quais se interessa." A autocracia dele é ainda pior, ela pensava, porque "ele é sincero, mesmo nos atos mais dogmáticos", convicto "de que este é o único modo de governar. Não acho que ele seja muito inteligente".[16]

Vitória tinha razão. Por trás do estilo bombástico, havia nervosismo — e os riscos de uma revolução europeia aumentavam em seu império. A Rússia precisava desesperadamente de reformas, mas quanto maior a necessidade de modernização em uma Europa em transformação, maiores os riscos em uma era revolucionária. Nicolau buscou conforto em seu exército como sendo a expressão perfeita do amor que ele sentia pela ordem em que "ninguém dá ordem antes de aprender a obedecer [...] tudo é subordinado a uma meta, tudo tem seu propósito". Ele sempre foi o oficial de 1815: aquela glória foi o apogeu da experiência russa, expressa para ele nos uniformes militares que ele meticulosamente desenhava, cuidando até dos botões e da cor dos bigodes (tingidos de preto, ele insistia, fosse qual fosse a cor dos cabelos do oficial), e na perfeição de balé de seus infinitos desfiles que lhe asseguravam que a Rússia ainda estava no auge de sua glória. Ao preservar seu Exército como um museu de imponência napoleônica, ele condenou a instituição que mais amava. Mas como os déspotas esclarecidos do século XVIII, grandes sistematizadores que evitavam qualquer reforma que colidisse com seu poder, ele respeitava as leis da Rússia e ordenava que Speránski as sistematizasse: 45 volumes foram publicados na década de 1830. Ele promovia a educação dos seus funcionários públicos, fundando uma escola de jurisprudência. Desprezava a servidão — "A servidão é um mal evidente para todos" — e repetidamente voltava aos planos de reformá-la ou de aboli-la. Ele nomeou seu talentoso reformista, conde Pável Kisseliov, para a Chancelaria Imperial com o intuito de esclarecer a situação de milhões de camponeses da Coroa, declarando-os "habitantes livres" — embora não tivessem sido libertados. Nicolau por fim decidiu que dar fim à servidão era perigoso: "mexer nisso agora seria ainda mais destrutivo".

Enquanto isso ele buscava uma ideologia que servisse de contraponto aos crescentes ardores de liberalismo e de nacionalismo que ameaçavam seu mundo. A ideia de uma nação como expressão político-cultural tinha sido propagada pela Revolução Francesa e, no entanto, ironicamente, foi a guerra de libertação contra Napoleão que legitimou de fato o nacionalismo como o espírito autêntico de um povo. Na Rússia, onde a política estava banida, a literatura ofereceu uma nova linguagem muitas vezes codificada para expressar aspirações proibidas. Os salões literários de Moscou se tornaram o campo de batalha de um debate sobre a natureza da própria Rússia entre os chamados "ocidentalistas" e "eslavófilos". Os ocidentalistas se dividiam em liberais e socialistas. Os liberais, dos quais nunca houve muitos, queriam que a Rússia se tornasse uma monarquia constitucional como, digamos, a Grã-Bretanha. Os socialistas, abraçando ideias que estavam apenas começando a ganhar ressonância na Rússia, acreditavam que uma revolução de classe devia libertar os camponeses para que se atingisse uma igualdade universal.

Os eslavófilos adotavam um culto nacionalista da identidade excepcional da Rússia como guia tanto para seu papel no mundo como para a natureza de seu governo doméstico, uma visão que eles acreditavam ter sido minada pelos reformistas ocidentais de Pedro, o Grande. Eles idealizavam o "Mundo Russo" de camponeses, aldeias, rituais e ortodoxia, e ao mesmo tempo desprezavam o débil e decadente Ocidente. Mas Nicolau não reconhecia que esses escribas insolentes tivessem algum direito de discutir assuntos que era melhor deixar para o tsar.

Embora ficasse horrorizado com populismos emotivos em qualquer lugar da Europa e acreditasse que a Rússia era um império, muito mais do que uma nação, até mesmo ele foi cautelosamente influenciado pelo espírito de seu tempo. O nacionalismo, sob a égide imperial e no contexto certo, podia reforçar os fundamentos da autocracia. Seu brilhante ministro da Educação, Uvárov, que servia no cargo havia muitos anos e que era um conservador romântico, forneceu o arcabouço intelectual para defender a sagrada autocracia e a excepcionalidade da Rússia. "Nosso dever", declarou Uvárov em 1833, "é garantir que, de acordo com a suprema intenção de nosso Augusto Monarca, a educação do povo seja realizada no espírito unido da ortodoxia, da autocracia e da nacionalidade." Na cabeça de Nicolau, só ele podia decidir o que significava a nacionalidade russa, em paralelo com sua concepção de um império multiétnico, mas havia falhas nisso. Afinal de contas, ele era um tsar de origem quase integralmente germânica e que tinha promovido mais alemães do Báltico a altos cargos do que qualquer outro desde a imperatriz Anna. Quando um de seus oficiais, Iúri Samárin, propôs a russificação do Báltico, Nicolau o prendeu por um breve período e o repreendeu: "O que você de fato quis dizer é que desde o imperador Paulo nós estamos cercados de alemães e que nos germanizamos". No entanto, sua própria política promoveu os russos ortodoxos como o povo que liderava o império, o que implicitamente excluía os poloneses católicos, os protestantes do Báltico, os tártaros muçulmanos e, é claro, os judeus, que foram os primeiros a sofrer.[17]

Nicolau tinha aprendido a odiar os judeus com Jane Lyon, sua babá escocesa, e quando era jovem, em viagem pela Rússia, os descreveu como "completos parasitas, fixando-se em toda parte e exaurindo totalmente essas infelizes províncias". Ele admitiu para o embaixador britânico que "não tenho muita estima pelos judeus". Agora promovendo sua nova ideologia, via seus muitos milhões de judeus como um insulto à ortodoxia e imaginou restrições e impostos para detê-los. Em 1827, ele ordenou que o Exército convocasse garotos judeus entre doze e 25 anos "para levá-los de maneira mais eficiente a mudar de religião". Desde 1804, os judeus teoricamente tinham de viver no Pale, em partes da Polônia e da Ucrânia, mas a cobrança dessas regras era feita de maneira desigual. Em 1835, Nicolau endureceu as regras e fez com que fossem cumpridas, banindo judeus de todas as principais cidades e limitando suas liberdades de muitas maneiras, incluindo o direito de possuir terras. Ele planejava abolir as comunidades judaicas, proibir o vestuário tradicional judaico e usar uma combinação de educação e assédio para convencê-los a se converter.

O antissemitismo de Nicolau era "a política mais ridícula desde os faraós", na opinião de Vorontsov. "Estamos perseguindo, dificultando a vida, de milhões de cidadãos [...] um povo pacífico, submisso, esforçado, o único povo ativo em nossas províncias polonesas", embora ele acrescentasse que pessoalmente "eu considero seus costumes repulsivos".

Os britânicos, que já estavam preocupados com a Rússia, ficaram enojados com esse crescente antissemitismo, que agora se tornava um problema europeu pela primeira vez. Em abril de 1846, Sir Moses Montefiore, então aos 71 anos, um baronete rico e cunhado do banqueiro N. M. Rothschild, chegou a Petersburgo. A missão dele era apoiada pelo primeiro-ministro Peel.* À uma hora da tarde, em 28 de maio, o próprio tsar recebeu Montefiore, dizendo a ele que a Guarda no lado de fora do palácio naquele dia era composta de soldados judeus: "Eles sempre são corajosos — os macabeus!". Mas quando Montefiore insistiu que todos os judeus russos eram leais e diligentes, Nicolau respondeu de maneira condescendente:

---

* Montefiore tinha ficado famoso por sua intervenção durante o caso do "libelo de sangue" de Damasco de 1840, quando judeus inocentes, incluindo muitas crianças, foram torturados. Montefiore correu para Alexandria, onde conseguiu que Mehmet Ali os libertasse, e para Constantinopla, onde persuadiu o sultão Abdul Mecid a banir o libelo de todo o território otomano. O "libelo de sangue", a partir de 1144 em Norwich, na Inglaterra, e depois se espalhando pela Europa e pelo Oriente Médio, produzia falsas provas contra judeus inocentes que eram acusados de matar cristãos, muitas vezes crianças, para assar bolos de Páscoa com seu sangue. Muitos antissemitas, incluindo Nicolau, acreditavam fortemente nisso. Quando se deparou com um caso, ele sabia que podia se tratar de "uma mentira ultrajante", mas achou que "o crime foi cometido por judeus. Numerosos exemplos provam que há fanáticos ou sectários entre os judeus que consideram que o sangue cristão é necessário para seus ritos". Como veremos, ele não foi o último Románov a acreditar nisso.

"Se eles fossem como você". Montefiore posteriormente admitiu que as observações do tsar "contra os judeus fizeram todos os meus cabelos ficar em pé". Quanto a Nicolau, ele achava que o inglês era "gentil e honesto e, no entanto, judeu e advogado — e por isso deve-se perdoar que ele deseje muitas coisas". A caminho de casa, Montefiore foi assediado por judeus de Vilna, a Jerusalém do Norte. Agentes secretos da Terceira Seção relataram a empolgação desses "judeus gananciosos" que afluíam em bandos para "o Messias inglês". Ele não conseguiu muita coisa, mas guardou as luvas brancas que usou naquele dia pelo resto da vida.[18] Porém a verdadeira ameaça para a Rússia não vinha de dentro, e sim do estrangeiro.

"Devemos estar prontos", Nicolau disse a seu "pai-comandante" Paskévitch logo depois de voltar da Inglaterra. "Sem misericórdia com essas pessoas." Enquanto o tsar observava a Rússia ansiosamente em busca de sinais de revolução iminente, ele sofreu uma série de golpes na vida pessoal. Seus filhos estavam crescendo, e à medida que as filhas casavam ele celebrava, mas sentia a falta delas.* Ele permitiu que a mais nova e sua predileta, Adini — "a pirralhinha" —, se cassasse com um príncipe hessiano, mas ela já estava com sintomas de tuberculose. Em 30 de julho de 1844, Adini morreu aos dezenove anos e grávida. "Nosso luto é eterno", ele disse a Annette. "Uma ferida aberta que levaremos para o túmulo." Nicolau se consolou de que "esse anjo era tão bom, tão puro, e o fim dela foi tão sublime e edificante que ela pertencia mais [aos céus] do que à terra".

Então Benckendorff, cujos últimos anos foram marcados por um caso obsessivo com uma das amantes rejeitadas pelo imperador,** morreu. "Fui privado de

---

* Primeiro, em 1839, ele permitiu que Maria se casasse com um integrante da família estendida de Bonaparte quando ela se apaixonou por Max de Beauharnais, duque de Leuchtenberg, que descendia da imperatriz Josefina — desde que o marido dela se mudasse para Petersburgo. O casal concordou; os Leuchtenberg eram frequentemente visitados por Nicolau.

** Era a baronesa Amalia Krüdener: Nicolau deu a Krüdener uma propriedade, mas ela era muito desavergonhada, escreveu Olga, filha do tsar: a imperatriz "via o que estava por trás do disfarce". Amalia voltou suas atenções para Benckendorff, que se apaixonou tão profundamente por ela que ela "o usava friamente, administrando a vida dele, seu dinheiro, suas relações". Quando parecia que Amalia tinha convertido Benckendorff ao catolicismo, Nicolau decidiu demiti-la e nomear seu marido como embaixador na Suécia — mas ela estava grávida. O filho foi adotado pelo conde Nikolai Adlerberg, filho do melhor amigo do tsar, agora governador-geral da Finlândia, que também esmeu leal Benckendorff", ele disse a Paskévitch, "de cujos serviços e de cuja amizade, que desfrutei por dezenove anos, jamais vou me esquecer, nem vou substituir. Este ano tem sido difícil." Assim, havia uma nova vulnerabilidade em suas cartas para a filha Olga enquanto ela se perguntava se devia se casar com o príncipe herdeiro Carlos de Württemberg: "Como você decidirá seu destino com a ajuda de Deus? Depende unicamente de você... Seu coração, seus sentimentos são a garantia de que a sua decisão será a melhor. Deus esteja com você, meu anjo. Ame seu papai como ele ama você. Seu velho amigo, papai". Quando Olga aceitou a proposta de casamento do príncipe,* ele confessou que "o vazio que isso nos causa é bastante doloroso". Contemplando a mortalidade depois da morte de Adini, o imperador planejou uma peregrinação a Jerusalém.

Mas havia boas-novas para Alexandre e Marie, que deu à luz um herdeiro, Nikolai, sempre conhecido na família como "Nixa": "uma maravilhosa felicidade para nós", escreveu o tsar. Marie ainda conceberia duas filhas e seis filhos — uma abundância de herdeiros.[19]

Em 20 de fevereiro de 1848, em um baile na corte, Nicolau ouviu a chocante notícia de que Paris tinha se sublevado e de que o rei Luís Filipe havia abdicado e fugido. "Estamos todos espantados!", escreveu Kóstia, de 22 anos, em seu diário. "Somente sangue é visível no horizonte. Mamãe também está apavorada". A agitação tinha começado em Palermo, mas se espalhou rapidamente pela Europa.

Um dia depois, Kóstia ouviu que a França era "uma república governada por um comitê de jornalistas e um trabalhador. É a isso que chegamos!", ele exclamou, acrescentando uns dias depois: "Os jovens oficiais exultam porque há possibilidade de guerra!".

"Quando Paris espirra", disse Metternich, "a Europa fica gripada." Na Áustria, o próprio chanceler Metternich foi derrubado, fugindo em nome de sua segurança, e o imperador Ferdinando abdicou em favor de seu jovem sobrinho

---

tava apaixonado por ela. Ele deu ao bebê o seu nome — com a condição de que ela se casasse com ele após a morte do marido, o que ela fez, sendo cortejada em Helsingfors por muitos anos.

* Kóstia acompanhou-a a Württemburg: enquanto estava na Alemanha, ele se apaixonou pela princesa Alexandra de Saxe-Altenburg, conhecida como "Sanny", e escreveu para ela: "Só um pensamento me move, só uma imagem preenche meus olhos: para sempre e apenas ela, meu anjo, meu universo".

Francisco José. A revolução contaminou Berlim, Frankfurt, Budapeste — e a Valáquia e a Moldávia, teoricamente governadas pelos otomanos, mas de religião ortodoxa.

"Essa insolência ameaça com sua loucura até mesmo a nossa Rússia, confiada a nós por Deus", declarou Nicolau. "Mas ela não será bem-sucedida." Em pânico que misturava medo e ultraje, ele sufocou a rebelião na Valáquia e na Moldávia, forçando o sultão a conceder maior controle para a Rússia. Em Paris e em Viena, as revoluções foram vencidas, mas bem ao lado da Polônia, na Hungria, os revolucionários declararam independência. Em 29 de maio, Francisco José pediu intervenção russa. Oito dias depois, com forças que somavam 350 mil homens, Paskévitch invadiu a Hungria. Embora outro exército russo tenha derrotado imediatamente os húngaros, Paskévitch estragou sua ofensiva, levando Nicolau à loucura: "Lamento demais que o [general rebelde] Görgei com todo o seu exército tenha escapado de você! Só vou entender isso quando você me explicar pessoalmente". Em 18 de julho, os rebeldes se renderam. "A Hungria está aos pés de sua majestade imperial", escreveu Paskévitch, que foi elogiado pelo tsar: "Você é a glória de meu reinado de 25 anos".

O poder de Nicolau tinha atingido seu ápice,* mas sua hegemonia era frágil. Ele causava indignação quase igual entre seus aliados austríacos e prussianos e seus inimigos britânicos e franceses. Pior, a própria Rússia estava esclerosada. A fadiga e a rigidez do imperador tinham se tornado problemas potencialmente catastróficos. Nicolau não percebeu que o mundo havia mudado. Seu isolamento olímpico o cegou para aquilo de que o país precisava para competir com o Ocidente.**

Sua inchada burocracia, com milhares de cargos preenchidos por funcionários públicos que esperavam promoções automáticas — satirizada de maneira vi-

---

* A versão dele da supremacia russa era expressa no Krêmlin, onde ele encomendou ao arquiteto Konstantin Ton que criasse seu Grande Palácio do Krêmlin, que incorporaria as nove antigas capelas moscovitas e o Palácio de Terem, acrescentando novos aposentos e cinco imensos saguões de recepção, tudo no seu estilo favorito de Renascimento russo-bizantino. A visão de gigantismo monolítico de Nicolau combina perfeitamente com o nacionalismo mais amplo de líderes russos modernos. Stálin realizou seu banquete para celebrar a vitória em 1945 no salão branco Gueorguiévski. Pútin reformou a sala do trono, a Andréievski, com imponência dourada bizantina.

** O ceticismo dele quanto às ferrovias (particularmente no que se referia a seu potencial militar) deixou que a Rússia ficasse para trás do Ocidente, com sua primeira linha levando de Petersburgo a Tsárskoie Seló em 1837. Apenas em 1851 uma segunda linha de passageiros foi aberta, entre Moscou e Petersburgo.

gorosa pela peça *O inspetor-geral*, de Gógol —, vomitava milhões de documentos que o monarca e os ministros mal conseguiam absorver, e isolavam ainda mais o tsar e Petersburgo do país. O Exército era antiquado, seu arsenal de rifles obsoleto, e no entanto Tchernichov, ministro da Guerra desde 1827, agora príncipe e presidente do Conselho de Estado, relatava que o Exército "não precisava de nenhum tipo de mudança". Os ministros eram decrépitos — Nesselrode era ministro das Relações Exteriores desde 1814. Seu irmão Miguel havia morrido; Mouffy estava doente; o próprio Nicolau sofria de gota. "O teatro é nosso único passatempo", ele disse a Annette. "Estamos levando uma vida muito tranquila."[20]

Nicolau endureceu a censura que, logo sob doze comitês diferentes, se tornou sufocante: a palavra "república" foi retirada dos livros de história sobre a Grécia e sobre Roma e a peça *Ricardo III*, de Shakespeare, foi banida. Alexei Orlov, que tinha sucedido Benckendorff como chefe da polícia secreta, começou a monitorar um excêntrico funcionário público, Mikhail Butachévitch-Petrachévski, cujo círculo discutia socialismo e ateísmo. Nicolau ordenou sua imediata dissolução. Às quatro da manhã de 23 de abril de 1849, Fiódor Dostoiévski, de 27 anos, filho de um médico e engenheiro formado, que fora elogiado por seu primeiro romance, *Gente pobre*, acordou com dois gendarmes em seu quarto. Levado para o número 16 da Fontanka, Dostoiévski e cinquenta outras pessoas foram inspecionados por Orlov, depois mandados para a Fortaleza de Pedro e Paulo, onde foram interrogados por meses até que Nicolau condenou Dostoiévski, Petrachévski e catorze outros à morte por fuzilamento.

Em 22 de dezembro de 1849, Alexandre, como comandante da Guarda, supervisionou o espetáculo enquanto Dostoiévski e seus camaradas eram levados para o cadafalso na praça Semiónovski, onde "a sentença de morte nos foi lida, fizeram com que todos beijássemos a cruz, uma espada foi quebrada sobre nossa cabeça e nos disseram para vestir a camisa branca de execução". Os primeiros três foram amarrados a postes enquanto o pelotão de fuzilamento levantava os rifles. "Mirar!", gritou o chefe da companhia.

"Para mim", escreveu Dostoiévski, "restava apenas um minuto de vida... Então os tambores tocaram 'recuar'... e uma ordem de sua majestade imperial nos concedeu a vida." O próprio Nicolau tinha concebido esse truque sádico, que levou pelo menos um dos jovens à loucura. "Não houve alegria em voltar à vida", escreveu Dostoiévski. "As pessoas à minha volta estavam gritando, mas eu não me importava. Eu já tinha passado pelo pior." Dostoiévski partiu para quatro anos de trabalhos forçados na Sibéria. Nicolau tinha exagerado na reação, e a crise que levaria a sua humilhação começou não em Petersburgo, e sim em Jerusalém.[21]

Na Sexta-Feira Santa, 26 de março de 1846, quarenta monges foram assassinados em uma batalha entre ortodoxos e católicos na Igreja do Santo Sepulcro em Jerusalém, que era governada pelos otomanos desde 1517. O Sepulcro era conduzido havia muito tempo pelos ortodoxos, e na verdade Jerusalém era dominada pelos russos, que viam a peregrinação à cidade como uma preparação essencial para a morte. O próprio Nicolau planejava ir naquele ano, embora sua peregrinação tenha sido cancelada devido às revoluções. Agora os católicos ameaçavam os direitos dos ortodoxos garantidos pelos tratados de Catarina, a Grande.

Um ano depois, a estrela de prata, doada por reis franceses, colocada no piso de mármore da Igreja da Natividade em Belém, foi roubada. Os católicos culpavam os ortodoxos. Mais uma vez os monges entraram em combate. Em Constantinopla, os franceses insistiam em seu direito de substituir a estrela; Nicolau discordava.

Em dezembro de 1851, o presidente francês, Luís Napoleão Bonaparte, sobrinho politicamente hábil do grande Napoleão, derrubou a Segunda República antes de coroar a si mesmo como imperador Napoleão III.* Seu deslumbrante mas frágil império precisava do prestígio do catolicismo e de glória militar no estrangeiro — e uma vingança por 1815: a Terra Santa era um pretexto útil. Mas, para Nicolau, a predominância em Constantinopla era o que realmente contava. Os dois imperadores estavam determinados a impor sua vontade ao sultão Abdul Mecid. Em fevereiro de 1852, Nicolau conseguiu o que queria, até que Napoleão ameaçou o sultão, que concedeu a soberania sobre o Santo Sepulcro aos católicos. Nicolau não podia deixar isso assim.

"Não posso recuar de um dever sagrado", Nicolau disse ao embaixador britânico. Ele dizia que podia abrir mão das pretensões de Catarina, a Grande, sobre Constantinopla, mas depois propôs esquemas "imprudentes" para reduzir os otomanos a um protetorado insignificante ou para ocupar Constantinopla temporariamente.

---

* Estranhamente, o enviado que Napoleão despachou para informar a Nicolau, que estava em visita a Berlim, sobre o golpe era ninguém menos que D'Anthes, o oficial da Guarda que tinha matado Púchkin. Napoleão III o promoveu a senador.

O imperador sempre tinha tomado decisões sozinho, mas agora havia se tornado exatamente aquilo contra o que Marco Aurélio alertava: irremediavelmente "supercesarificado, tingido na púrpura". "Esse soberano", escreveu o embaixador francês marquês de Castelbajac, "foi arruinado pela adulação, pelo sucesso e pelos preconceitos religiosos da nação moscovita." Sua grandiloquência de césar agora não era apenas absurdamente solene* como também alarmantemente messiânica: ele se via como um cruzado ortodoxo — afinal de contas seu pai tinha sido grão-mestre da Ordem dos Hospitalários de Jerusalém. Se ele tinha "algo de Pedro, o Grande, de Paulo I e de um cavaleiro medieval", escreveu Castelbajac, "agora as características de Paulo tomaram a dianteira". Observando-o pela primeira vez, depois de chegar à corte, uma dama de honra, Anna Tiútcheva, notou sua "expressão arrogante e cruel".

Nicolau decidiu intimidar o sultão para que ele restabelecesse a soberania ortodoxa e para que fizesse uma "aliança" que transformaria o império em um protetorado russo — ou então teria de enfrentar uma guerra. Seu cálculo não era apenas sagrado: ele estava se arriscando em uma aposta para ficar um pouco mais perto de resolver a Questão Oriental em termos vantajosos para a Rússia — sem que a Grã-Bretanha fosse à guerra para defender os otomanos. A confiança dele era um delírio. Para garantir que seus planos funcionassem, ele nomeou Alexandre Ménchikov como comandante em chefe de seus exércitos do Sul e como seu negociador em Constantinopla.

Castrado pela bala de canhão turca em 1828, Ménchikov, agora com 65 anos, bisneto do favorito de Pedro, o Grande, era para Nicolau o modelo de homem autoritário que podia ser empregado para resolver qualquer problema, tendo governado a Finlândia, servido como embaixador na Pérsia, gerido o Almirantado por décadas e mais recentemente dirigido a censura. Altivo, inepto e sarcástico, ele estava exausto e esperava que "essa seja a última ação de minha vida, que exige repouso". Mas agora ele era o "enviado-plenipotenciário para a paz e a guerra".

Em 16 de fevereiro de 1853, o príncipe Ménchikov chegou a Constantinopla,

---

* Seu manifesto de 1849 tinha declarado: "Todos nós devemos gritar em uníssono: Deus está conosco! Fiquem atentas, ó nações, e submetam-se, pois Deus está conosco!". Mas ele era igualmente ridículo na vida privada: quando um comitê ofereceu um jantar para agradecer a Vorontsov por seus serviços, Nicolau comentou: "Absolutamente inadequado. Só eu posso agradecer a alguém; mais ninguém".

forçou a demissão do grão-vizir e depois exigiu um protetorado russo. Mas o paladino castrado tinha deixado seus mapas para trás, o que deu ao enérgico embaixador britânico tempo para arruinar as negociações dele. O próprio Ménchikov aconselhou moderação, mas Nicolau respondeu que "sem uma crise de coação será difícil" dominar Constantinopla.

Em maio, Ménchikov apresentou seu ultimato, mas o sultão, sabendo que os britânicos e os franceses estavam navegando para socorrê-lo, rejeitou-o. No dia 14, Ménchikov rompeu relações e voltou para Sebastópol para assumir o comando dos exércitos. "A guerra é iminente", Nicolau disse a Annette. "Ainda não sei o que os ingleses estão preparando para nós." Um mês mais tarde, Nicolau invadiu os principados do Danúbio — Moldávia e Valáquia. "Devo seguir meu próprio caminho", ele disse a Paskévitch. "Você não imagina como isso me entristece. Envelheci…" Nicolau estava tentado a tomar Constantinopla em um *coup de main*, mas Paskévitch aconselhou uma abordagem mais cautelosa.

Naquele verão, a Áustria ofereceu um plano para a paz, a "Nota de Viena", que era generosa demais com Nicolau, que a aceitou, mas humilhante demais para o sultão, que propôs alterações — rejeitadas pelo tsar. Quando Napoleão ofereceu a retirada do Ocidente em troca da retirada russa, Nicolau recusou. A intransigência dele desperdiçou sua última chance de paz, e no entanto ele felicitou a si mesmo por "não fazer guerra nem por vantagens mundanas nem por conquistas, e sim somente por um objetivo cristão", como explicou a Frederico Guilherme da Prússia, "sob o estandarte da Santa Cruz". A Rússia lideraria os eslavos ortodoxos dos Bálcãs em uma cruzada contra o sultão.

"Não me resta nada além de lutar, vencer ou perecer com honra." Ele estava sendo assombrado pela morte. "Estou sendo acometido por preocupações", disse a Annette, "e já paguei por meu primeiro ataque de gota — o triste privilégio de meus 58 anos que realmente é demasiado — e me pus nas mãos da vontade divina."[22]

Em 4 de outubro de 1853, o sultão declarou guerra à Rússia, no que foi seguido em 28 de março de 1854 por Grã-Bretanha e França. Nicolau ficou boquiaberto quando o imperador austríaco (cujo trono ele tinha acabado de salvar) não só se recusou a apoiá-lo como, ao invés disso, o ameaçou com guerra. Nicolau virou o quadro de Francisco José para a parede e escreveu "Ingrato" no verso. "É tempo de nos prepararmos para lutar não contra os turcos, e sim contra a traiçoeira Áustria", ele disse a Paskévitch, "para punir severamente sua vergonhosa ingratidão."

A Rússia tinha 1 milhão de soldados, mas a chamada Guerra da Crimeia foi combatida em muitas frentes. No Extremo Oriente, navios anglo-franceses bombardearam Kamchatka. No mar Negro,* a frota russa arrasou os otomanos. No Báltico, a Marinha Real disparou contra Kronstadt. "Nossa pacífica Peterhof estava tão calma", Alexandre relatou confiante a sua tia Annette, "agora o inimigo está às portas. Por vários dias toda a frota do inimigo era visível do Chalé." No entanto, o principal exército russo tinha de estar na fronteira ocidental para combater os austríacos — e Paskévitch ficou atolado na Silistra e se demitiu. Como os aliados ameaçavam ajudar os otomanos, Nicolau se retirou dos principados, a causa da guerra — mas agora era tarde demais. "O principal e real objeto da guerra", afirmou o visconde Palmerston, o russofóbico secretário de Estado britânico, "era frear a agressiva ambição da Rússia" e anular o poder russo no mar Negro. Esticada até seus limites, mal comandada, com poucos suprimentos, a Rússia enfrentava as duas potências mais ricas e modernas da Europa — sozinha.

Nicolau e Mouffy se retiraram para Gátchina, "escura e silenciosa", onde a dama de honra Anna Tiútcheva observou o imperador. Em julho, o rosto dele estava "sulcado pelo sofrimento, e sua extrema palidez dava a aparência de uma antiga estátua de mármore".

Em 1º de setembro de 1854, uma esquadra de quatrocentos navios desembarcou 60 mil soldados franceses e britânicos em Eupatória, na Crimeia. O momento mais vulnerável em uma invasão por mar é o desembarque, mas Ménchikov, que nunca tinha comandado mais que um regimento, foi tomado de surpresa, sem esperar um ataque antes da primavera. Apesar disso, ele não fez nada, esperando com seus 35 mil homens e cem canhões nas colinas do rio Almá para bloquear a estrada para Sebastópol. Em 7 de setembro, os aliados avançaram em di-

---

* O vice-rei do Cáucaso, o anglófilo Vorontsov (cujo sobrinho Sidney Herbert era secretário da Guerra britânico), desaprovava a guerra mas estava semiaposentado. Em julho de 1854, Chamil, que havia muito tempo ruminava sobre a rendição de seu filho Djemal-Edin, agora oficial russo em Varsóvia, atacou a Geórgia. Um filho mais novo, Gazi Muhammed, invadiu uma casa de campo e capturou duas jovens irmãs georgianas, as princesas Anna Chavchavadze e Varvara Orbeliani, netas do último rei, Gueórgui XII, damas de companhia da imperatriz. Elas foram levadas para a montanha. Em negociações desesperadas por mais de um ano, Chamil exigiu a devolução de Djemal-Edin.

reção a sua presa. Ménchikov estava tão confiante que convidou as damas de Sebastópol para assistir, mas os russos se dispersaram e fugiram, atrapalhados por seus antigos mosquetes de pederneira, destroçados pelos rifles Minié anglo-franceses, pelo baixo moral e pelo comando confuso do príncipe. Cinco mil morreram, e os franceses tomaram a carruagem de Ménchikov, que eles descobriram conter uma cozinha, cartas de Nicolau, suas botas, roupas íntimas femininas — e pornografia francesa. Ménchikov, destituído de talentos militares, tentou esconder de Nicolau as derrotas.

Já no início o combate revelou as mudanças fundamentais na Europa desde 1815: a despeito das limitações de seus próprios generais ineptos, franceses e britânicos lutavam, se comunicavam e manobravam com a tecnologia e a prosperidade da Revolução Industrial, superando em muito a capacidade da Rússia, que tinha ficado para trás nos tempos do primeiro imperador Napoleão. Isso decidiria o resultado da guerra, mas o tsar estava aturdido pela derrota de Ménchikov, incentivando o hesitante príncipe: "Não desista, eu repito, devemos provar a todos, somos os mesmos russos que defenderam a Rússia em 1812!". Mas logo ele se enfureceu com seu comandante: "Os jornais estão cheios de relatos sobre a batalha, e eu não sei de nada. Exijo relatos detalhados e verdadeiros... Já basta!".

Felizmente para os russos, os exércitos aliados, em que os franceses forneceram o maior contingente, estavam quase igualmente mal organizados. Se eles tivessem invadido Sebastópol nesse momento, a cidade podia ter caído, mas em outubro os russos a tinham transformado em uma fortaleza.

"Espero que você encontre a chance de acertar um golpe no inimigo para manter a honra de nossas armas", Nicolau incitou Ménchikov. Em 13 de outubro, o exército reforçado de Ménchikov, com 60 mil soldados de infantaria e 34 pelotões de cavalaria, quase aniquilou os britânicos na exaustiva batalha de Balaclava, depois da qual Raglan deu sua absurda ordem para que os 661 homens da Brigada Ligeira atacassem os canhões russos no "vale da morte".

Nicolau, em Gátchina, se apressou a contar as novas de Balaclava para Mouffy, "tomado pela emoção a tal ponto que na frente de todos nós", escreveu Tiútcheva, "ele atirou-se de joelhos diante dos ícones e irrompeu em lágrimas". A imperatriz doente, pensando que Sebastópol tinha caído, se uniu a ele — até Nicolau dizer que Balaclava tinha sido uma vitória. Mas alguns traços do velho Júpiter permaneciam: ele agora deu ordens a Ménchikov para atacar novamente, enviando seus filhos mais novos Nikolai e Mikhail para encorajá-lo. Os russos tinham superioridade numérica, mas a ofensiva de Ménchikov contra os britânicos em Inkerman acabou tendo complicações: Ménchikov e os grão-duques assistiram ao massacre de 12 mil soldados russos. "Os homens estavam em desordem porque foram mal orientados", Nikolai relatou a Alexandre. "A desordem veio de Ménchikov." O príncipe desabou. "Anime-se, caro Ménchikov!", escreveu o imperador, embora concluindo que "essa derrota deprimiu tanto o príncipe Ménchikov que temo pelo pior. Ele não vê mais esperanças em atacar os aliados e prevê a queda de Sebastópol. Esse pensamento me deixa horrorizado!".

As derrotas abalaram Júpiter. Em 24 de novembro, os cortesãos "estavam deprimidos, ninguém ousou falar", enquanto Nicolau "não dorme nem come, passa a noite no quarto da imperatriz, usando apenas meias", para que seus passos não a acordem: Júpiter de meias! "O soberano fica mais deprimido a cada dia […] sua bela figura majestática" como "o carvalho que nunca soube como se curvar e que na tempestade só pode perecer."

Os aliados sitiaram Sebastópol. Nicolau enviou Alexandre para elevar o moral, mas na volta ele disse ao pai que Sebastópol iria cair. "Aquele gigante, tão inflexível com as lágrimas dos homens, agora chorava com frequência", observou Anna Tiútcheva. Toda noite ele dava sopa à neta: "Venho alimentar este anjo — o único bom momento do dia, a única hora em que esqueço minhas ansiedades". O tsar via que sua autocracia em alguns sentidos tinha sido vã: "Ascendendo ao trono, eu quis apaixonadamente conhecer a verdade, mas depois de ouvir mentiras e lisonjas todo dia durante trinta anos, perdi a capacidade de distinguir a verdade das mentiras".

À medida que o inverno infligia sofrimentos a todos os três exércitos,* Ménchikov propôs que se abandonasse Sebastópol. "De que serviu o heroísmo dos soldados, tantas pesadas perdas, se aceitarmos a derrota?", respondeu Nicolau. "Não posso concordar com sua opinião. Não se renda, eu digo, e não incentive os demais a fazê-lo […]. Temos Deus ao nosso lado."**

---

* O dr. Nikolai Pirogov foi o primeiro a usar anestésicos em um campo de batalha e concebeu o moderno sistema de triagem de cirurgia de campo de cinco estágios, mais tarde adotado por todos os combatentes da Primeira Guerra Mundial. Sua protetora era a grão-duquesa Elena Pávlovna, cunhada do imperador, viúva do grão-duque Miguel, a quem o tsar apelidou de "intelectual da família". Ela comprou quinina na Inglaterra e importou-a, e convenceu o tsar a apoiar Pirogov, a triagem e o uso de enfermeiras do sexo feminino, criando sua própria companhia de enfermeiras.

** As princesas georgianas tinham sido prisioneiras de Chamil por mais de um ano. Agora Nico-

"A visão do soberano é o suficiente para partir o coração", relatou Tiútcheva, "ele está cada vez mais melancólico." Nicolau ordenou a Ménchikov que retomasse Eupatória caso os aliados desembarcassem mais soldados, mas também dessa vez os russos foram esmagados.[23]

Em 31 de janeiro de 1855, Nicolau contraiu uma gripe no casamento da filha do conde Kleinmikhel, Alexandra. "A gripe que você contraiu é a mesma que está dominando por aqui", ele disse a Annette. "Estive próximo de contraí-la por uns dias e minha mulher ficou gravemente doente com ela. O inverno dela está sendo muito triste." O mesmo valia para ele. "Nada acontece para nos alegrar." Embora "meus filhos mais novos estejam em Sebastópol", ele agora revelava que, se a Áustria continuasse a ameaçá-lo, "em breve me unirei ao Exército. Deus fará o resto". Deus tinha outros planos.

Em 13 de fevereiro, ele passou as tropas em revista a uma temperatura de 23 graus negativos. Deitado em seu gabinete numa cama de campanha, a gripe que complicava sua respiração piorou. No dia 15, delegando algumas tarefas para Alexandre, ele dispensou Ménchikov, substituindo-o por um general mais capacitado, o príncipe Mikhail Gortchakov.

"Não há nada perigoso na condição de sua majestade", insistiu o dr. Martin Mandt no dia seguinte, mas subitamente a pneumonia tomou conta dos pulmões do imperador. No final do dia 17, Mandt chamou um padre.

"Fomos chamados no dia 17", escreveu a esposa do grão-duque Kóstia, conhecida como "Sanny", "e passamos a noite inteira do lado de fora do quarto enquanto ele comungava."

"Estou morrendo?", Nicolau perguntou ao dr. Mandt.

"Vossa majestade, o senhor tem apenas algumas horas de vida."

"Obrigado pela coragem de me dizer isso."

Nicolau coordenou seu próprio leito de morte, mandando que os guardas que tinham vindo ao palácio prestassem juramento a Alexandre. Quando sua família se sentou em torno da cama, "ele nos abençoou", lembrou Sanny, "e nos beijou dizendo: 'Mantenham-se unidos como no meu tempo'".

---

lau concordava em trocá-las pelo príncipe Djemal-Edin, que foi chamado de Varsóvia. "Senhor", disse o príncipe, "voltarei imediatamente." Djemal foi devidamente trocado pelas princesas.

Ele viu cada um em separado e fez com que Elena, a "intelectual da família", prometesse ajudar Alexandre a abolir a servidão.

Depois a família e os funcionários saíram: somente Mouffy, Alexandre e Marie permaneceram. Nicolau abençoou Mouffy e depois Marie: "Lembrem-se: continuem amigas!". Ele disse a Mouffy para dar adeus a sua querida e bela Peterhof". Quando um ajudante de ordens chegou de Sebastópol com cartas de seus filhos Nikolai e Mikhail, ele não quis recebê-lo: "Não, essas coisas não me dizem mais respeito. Isso podia me prender à vida. Entregue as mensagens para meu filho".

Enquanto os cortesãos, incluindo a autora de nosso diário, Anna Tiútcheva, se reuniam soluçando silenciosamente ao ouvir o chiado dos pulmões do tsar, "nos corredores, nas escadarias, em todo canto havia rostos amedrontados, ansiosos, transtornados, pessoas corriam para algum lugar, sem saber para onde ou por quê". Enquanto eles "assistiam ao drama da noite da agonia", Tiútcheva subitamente viu "que a infeliz Nelídova apareceu no saguão, com uma expressão de horror e profundo desespero refletido nos olhos confusos e nos belos traços, fria e branca como mármore. Ao passar, ela me machucou, agarrou meu braço. 'Que noite adorável, Mademoiselle Tiútcheva, que bela noite', ela disse em voz rouca. Só aí compreendi os vagos boatos sobre o relacionamento entre o imperador e essa bela mulher".

Bem naquela hora, Mouffy, a imperatriz de "gentileza angelical", se lembrou da amante vagando pelos corredores. Ela disse ao marido: "Elas querem se despedir de você", dizendo os nomes de suas damas de companhia, uma lista que terminava em: "e Varenka Nelídova".

"Não, minha querida, não devo mais vê-la", ele disse. "Diga a ela que peço perdão e que ela reze por mim." Nelídova continuou vagando pelo palácio, com os cabelos desmazelados, sussurrando: "Que noite adorável, que bela noite".*

O imperador foi tomado de vergonha por desapontar seu Exército. "Sempre tentei fazer o que pude por eles", disse a Alexandre, "e quando fracassei, não foi por falta de vontade, e sim por falta de conhecimento e de inteligência. Peço que me perdoem." Ele teria acrescentado: "Amei demais a guerra". À medida que a

---

* Nicolau deixou a Nelídova 200 mil rublos, que ela entregou para caridade. Nelídova deixou o palácio até que Mouffy insistiu que voltasse — e ficasse. Era comum que ela rezasse devotamente na igreja do palácio e às vezes ela lia para a imperatriz-viúva. Viveu até 1897.

noite passava, Nicolau "agradeceu a seus servos e chamou seus ministros, deu ordens meticulosas sobre seu enterro e alertou os governadores-gerais de Moscou e de Varsóvia sobre sua morte iminente". O dr. Mandt achou que havia algo de "sobre-humano" nessa morte. Mas o paciente começou a sufocar. "Se isso é o começo do fim, é doloroso", ele disse, falando ao herdeiro: "Quero tomar tudo que é difícil, sério, sobre meus ombros e deixar a você um reino pacífico, bem ordenado e feliz". Olhando para a família, acrescentou: "Amei vocês mais do que tudo". A Alexandre disse: "Sirva à Rússia!". Então, em uma aula final de autocracia, levantou a mão para Alexandre e fechou o punho — "Segure tudo assim!". Seus três sucessores tentaram viver de acordo com essa máxima.

A respiração estridente era tão alta que Nicolau perguntou a Mandt: "Essa música asquerosa ainda vai demorar?". E disse a Mouffy: "Você foi o meu anjo da guarda". Depois: "Estou com frio".

"Devemos acender a lareira?"

"Não é necessário." O padre rezou; Mouffy tossiu; a respiração ficou mais lenta, com o barulho da morte cada vez mais profundo; a família se ajoelhou — e o tsarévitch se levantou como Alexandre II. A guerra não podia ser vencida — mas seria possível encerrá-la de maneira honrosa?[24]

Cena 2
Libertador

Elenco

ALEXANDRE II, imperador, 1855-81, filho de Nicolau I e Alexandra Fiódorovna

Maria Alexándrovna (nascida princesa Marie de Hesse-Darmstadt), imperatriz, "Marie"

Alexandra, filha mais velha do casal, "Lina"

Nikolai, tsarévitch, filho mais velho, "Nixa"

ALEXANDRE III, imperador, 1881-94, cesarévitch, segundo filho, "Sacha"

Maria Fiódorovna (nascida princesa Dagmar da Dinamarca), esposa de Sacha, "Minny"

NICOLAU II, imperador, 1894-1917, filho deles, "Nicky"

Vladímir, terceiro filho de Alexandre II e Marie

Alexis, quarto filho

Maria, segunda filha, casada com o príncipe Alfredo, duque de Edimburgo

Serguei, quinto filho

Paulo, sexto filho

Princesa Iekaterina Dolgorúkaia, amante e segunda esposa de Alexandre II, depois princesa Iúrievskaia, "Kátia", "Odalisca"

Príncipe Gueórgui Iúrievski, filho deles, "Gogo"

Princesa Olga Iúrievskaia, filha mais velha

Princesa Catarina Iúrievskaia, filha caçula

Konstantin, irmão de Alexandre II, almirante-general, "Kóstia", casado com Alexandra (nascida princesa Alexandra de Saxe-Altenburg), "Sanny"

Nikolai, filho do casal, "Nikola"

Nikolai Nikoláievitch, irmão de Alexandre II, comandante em chefe do Exército, "Nizi", casado com Alexandra (nascida princesa Alexandra de Oldenburg)

Mikhail, irmão de Alexandre II, vice-rei do Cáucaso, casado com Olga (nascida princesa Cecilie de Baden)

Alexandre, filho deles, "Sandro"

Elena Pávlovna (nascida princesa Carlota de Württemberg), tia de Alexandre II, a "intelectual da família"

CORTESÃOS: ministros etc.

Conde Vladímir Adlerberg, ministro da corte

Conde Sacha Adlerberg, seu filho, amigo do imperador, ministro da corte

Príncipe Alexandre Gortchakov, ministro das Relações Exteriores, depois chanceler, "Velho Dândi"

Príncipe Mikhail Gortchakov, seu primo, comandante na Crimeia

Príncipe Alexandre Bariátinski, vice-rei do Cáucaso

Conde Alexei Orlov, chefe da polícia secreta e enviado a Paris, príncipe

Príncipe Vassíli Dolgorúki, ministro da Guerra, chefe da polícia secreta

Conde Pedro Chuválov, chefe da polícia secreta, ministro, depois embaixador em Londres

Iákov Rostóvtsev, general, presidente do Comitê de Edição da reforma da servidão

Nikolai Miliútin, vice-ministro do Interior e artífice da reforma da servidão

Dmítri Miliútin, seu irmão, ministro da Guerra, conde, depois marechal de campo

Mikhail Loris-Mélikov, general, ministro-chefe de emergência, conde

Konstantin Pobedonóstsev, professor de Nixa e de Sacha, procurador-geral do Sínodo, "Torquemada"

Princesa Alexandra Dolgorúkaia, amante de Alexandre II, "Tigresa"

Fanny Lear, cortesã americana, amante do grão-duque Nikolai

"O mundo desmoronou", escreveu Anna Tiútcheva. O pai dela não ficou menos abalado: "Era como se Deus tivesse morrido". Nenhum Románov desde o primeiro, Miguel, tinha herdado uma situação tão desesperadora quanto Alexandre II — mas nenhum autocrata estava mais bem preparado. No dia seguinte à morte do pai, Alexandre elogiou seu "inesquecível pai" e chorou diante do Conselho de Estado. Quando viu os diplomatas, ele declarou: "Eu quero paz", mas acrescentou, "vou combater e morrer antes de ceder".

O pai foi velado por duas semanas, e depois dos funerais Alexandre se sentou com a mulher e o irmão Kóstia, almirante-general, para avaliar a situação. Os dois irmãos compreendiam que o desastre da Crimeia era uma prova de que a servidão precisava ser reformada porque o Exército dominado por camponeses jamais teria como competir com exércitos do Ocidente industrializado; mas apenas Kóstia exigiu reformas imediatas. Alexandre, apoiado por Marie, propôs "silêncio momentâneo".

A situação terrível estava prestes a ficar pior. Napoleão III planejava chegar à Crimeia para assumir o comando, o reino de Piemonte-Sardenha se uniu aos aliados, a Áustria ameaçava atacar. Em junho os aliados tentaram invadir Sebastópol, mas fracassaram e tiveram grandes perdas. "Estou convencido de que precisamos fazer uma ofensiva", Alexandre disse ao general Mikhail Gortchakov em

30 de julho de 1855, admitindo: "Quero uma batalha". Era a última chance dele de salvar Sebastópol — antes de os austríacos entrarem na guerra. Em meados de agosto, 57 mil soldados russos atacaram os exércitos da França e da Sardenha no rio Tchornaia, mas foram derrotados. Em 27 de agosto, os franceses tomaram os redutos russos. Enquanto os russos batiam em retirada, um inferno tomou conta de Sebastópol. Em 7 de setembro, o tsar visitou seus exércitos. "Não esmoreçam! Lembrem-se de 1812", ele escreveu ao general Gortchakov. "Sebastópol não é Moscou. A Crimeia não é a Rússia. Dois anos depois do incêndio de Moscou, nossas forças vitoriosas estavam em Paris. Ainda somos os mesmos russos!" Mas eles não eram. Era um mundo diferente.

Em meados de novembro, Alexandre sondou as intenções dos austríacos e dos franceses, mas deixou os britânicos de fora, já que seu novo primeiro-ministro, Palmerson, era a favor do desmantelamento do Império Russo. Alexandre declarou: "Atingimos o limite máximo do que é compatível com a honra russa. Jamais aceitarei concessões humilhantes". Mas então ele recebeu um ultimato austríaco e a notícia de que a Suécia estava prestes a se unir aos aliados.

Em 3 de janeiro de 1856, os ministros de Alexandre e seus conselheiros, Nesselrode e Vorontsov, o aconselharam a aceitar as condições. Kóstia era o único que queria seguir lutando.[1]

Alexandre enviou o conde Alexei Orlov, de setenta anos, que tinha combatido e chegado a Paris em 1814, de volta para as negociações de paz na capital francesa. O intrépido e velho soldado — com os cabelos bufantes, os olhos piscando debaixo de sobrancelhas eriçadas, os exuberantes bigodes grisalhos, e vestindo uma túnica verde decorada com os retratos em diamantes dos três tsares — sabia como conquistar os franceses. "Então você nos traz a paz?", perguntou Napoleão.

"Senhor", respondeu Orlov, "venho buscá-la em Paris, pois é em Paris que tudo pode ser encontrado." No entanto a paz, assinada em 18 de março de 1856, foi o pior revés dos Románov desde os Tempos Turbulentos: a Rússia perdeu a Bessarábia e, pior, suas fortificações no mar Negro, o direito a manter uma marinha ali, deixando sua costa e seus vastos interesses comerciais vulneráveis aos britânicos. "Foi um longo pesadelo", refletiu Alexandre. "Assinei", ele gritou mais tarde, batendo com a mão na mesa. "Um ato de covardia."

Ele não teve muita escolha, mas começou a revogar a decisão de Paris com a ajuda de seu novo ministro de Relações Exteriores, o príncipe Alexandre Gortchakov,* que testou a determinação dos aliados. "O imperador deseja viver em boa harmonia com todos os governos", declarou Gortchakov. "A Rússia não se abate. A Rússia está se recuperando." A política deles se baseava em uma aliança familiar com a Prússia, tentando atrair a França para longe da Grã-Bretanha.

Alexandre enviou seu irmão Kóstia para se encontrar com Napoleão, uma viagem na qual o grão-duque negociou uma base russa em Villefranche e começou o relacionamento russo com Nice, enquanto Napoleão mandava seu cortês meio-irmão Auguste, conde de Morny, que tinha iniciado negociações secretas com os russos durante a guerra.** "Fico feliz em vê-lo aqui", Alexandre disse ao cumprimentá-lo.

"É impossível", Morny disse a Napoleão, "não ser amigo dele." Alexandre lançou uma ofensiva cativante tanto no estrangeiro quanto em casa. O imperador não era apenas o mais bonito e mais sensível dos Románov, também era o mais agradável. Agora ele viajava pela Europa para visitar seus primos Coburgo, Württemberg e Hesse na grande família real europeia. Em Stuttgart ele se encontrou com Napoleão. Os dois se deram bem, mas "vamos esperar os fatos", disse o tsar, "para ver se podemos contar com ele no futuro".

Em casa, ele viajou pelo país, quebrando protocolos e diminuindo restrições nas universidades, atenuando a censura, sinalizando com uma nova abertura, o sorridente tsar tão diferente do pai ameaçador. Mas por trás dos sorrisos ele sabia que a mudança era essencial, e secretamente planejava seus movimentos. Para

---

* Ele era primo do comandante na Crimeia. Amigo de Púchkin, depois ajudante de Nesselrode nos congressos dos anos 1820, Gortchakov, uma coruja intelectual com óculos redondos, colete de veludo à moda antiga e casaca longa, descrito por Púchkin como um "discípulo da moda, amigo da alta sociedade, observador dos figurinos deslumbrantes", era capaz de citar estrofes inteiras de Schiller e de Byron. Ao promover Gortchakov, o tsar aposentou o chanceler Nesselrode, transferiu o ministro da Guerra, Dolgorúki, para a chefia da polícia secreta e nomeou Orlov presidente do Conselho de Estado.

** Ricaço do açúcar, dono de cavalos de corrida, especulador na Bolsa, colecionador de arte, manipulador político e conhecedor de cortesãs, Morny era ele próprio parte da saga napoleônica — neto tanto de Tayllerand quanto da imperatriz Josefina. Ele tinha organizado o golpe que tornou seu meio-irmão imperador. Morny era fruto do caso entre o conde de Flahaut, filho de Tayllerand, e Hortense de Beauharnais, rainha da Holanda, filha de Josefina, esposa do irmão mais novo de Napoleão, Louis — e mãe de Napoleão III.

começar, ele se voltou para seu melhor amigo para devolver algum prestígio às Forças Armadas russas na guerra contra Chamil.[2]

Alexandre propôs a Alexandre Bariátinski escolher um ministério — mas ele preferiu ser vice-rei do Cáucaso com a tarefa de destruir Chamil. Bariátinski, um *grand seigneur* parente dos Románov, era um soldado habilidoso, um político imaginativo e um sedutor irresistível. Quando flertou com a filha de Nicolau, Ollie, que estava apaixonada por ele, Júpiter ficou furioso. Mas Bariátinski se redimiu combatendo Chamil. Era famoso pela coragem e pelo estilo. Quando capturou alguns tchetchenos, ele os deixou com suas armas e pediu que montassem guarda enquanto ele dormia. Ele seduzia as mulheres de seus oficiais de modo tão eficiente quanto planejava batalhas. "A simples lembrança de Bariátinski", um de seus generais disse a Liev Tolstói, "destrói todos os meus sonhos de felicidade conjugal. Esse homem é tão brilhante que não consigo imaginar que minha mulher não vá preferi-lo a mim um dia."

Alexandre, que era muito reservado, confiava em Bariátinski, assinando suas cartas: "Esteja certo, caro amigo, de que te abraço do fundo do meu coração". O vice-rei* dava conselhos sobre todos os assuntos. Quando Alexandre estava em crise, "a única coisa que me dá prazer é o pensamento de que logo nos veremos e de que poderei discutir com você todos os problemas que enfrentamos".

Enquanto Bariátinski apertava o cerco contra Chamil, encurtando as linhas de bloqueio para forçá-lo a abandonar o planalto tchetcheno, o imperador se preparava para sua coroação.[3]

Em 17 de agosto de 1856, o tsar entrou a cavalo na velha capital com uma túnica verde e uma capa à frente de um "rio dourado" de cavaleiros, seus irmãos, filhos e fidalgos. A coroação sempre era um teste de paciência. Enquanto ele entrava na abafada catedral, os funcionários de seu pai traziam as insígnias — Mén-

---

* Entre suas conquistas, Bariátinski gradualmente engoliu os últimos principados georgianos. Primeiro foi a Abkházia, governada durante quarenta anos pelo ex-muçulmano Hamud Bey, que se tornou príncipe Mikhail Shervashidze; depois a Mingrélia foi anexada, saindo das mãos da dinastia Dadiani.

chikov segurava o globo, e o general Gortchakov a espada —, até que Gortchakov desmaiou e derrubou a espada. "Não faz mal cair aqui", Alexandre o consolou, "o que conta é que você ficou firme no campo de batalha."

Depois de Alexandre coroar a si mesmo, ele colocou uma pequena coroa na cabeça de sua imperatriz, que estava ajoelhada, mas que caiu quando ela se ergueu. O tsar calmamente a recolocou no lugar, porém os erros espelhavam uma corte relapsa: Anna Tiútcheva percebeu que "ninguém rezava, eles riam, conversavam", e "alguns até levaram alimentos para comer durante a longa cerimônia". Depois houve banquetes — as pessoas eram tradicionalmente convidadas para vastos piqueniques no campo Khodínski, onde serviam assados no espeto com chafarizes que jorravam vinho, mas a multidão debandou. Era um incidente previsível. Morny ofereceu o último e mais suntuoso baile, a que Alexandre compareceu vestindo o uniforme branco dos Chevalier-Gardes com uma medalha da Légion d'Honneur enviada por Napoleão III. "As palavras 'solidário à França' são repetidas com muita frequência, estão me dando nos nervos", vangloriou-se o delicado Morny. O trabalho dele estava feito.* Agora Alexandre passou às reformas, que pelo menos em parte seriam um assunto de família.[4]

Kóstia era o mais ardoroso defensor das reformas e castigava os conservadores mais ortodoxos, a quem chamava de "retrógrados". Ao mesmo tempo que era um patrimônio para a causa, ele a fazia mais vulnerável: esse sujeito que gritava enfurecido era intelectual, violoncelista e conhecedor de música — uma lufada de ar fresco. Mesmo durante o reinado do pai, Kóstia usou seus cargos de presidente da Sociedade Geográfica Russa e de almirante-general para promover jovens reformistas, nova tecnologia e um espírito de *glasnost*. Ele convenceu Alexandre: "Nenhuma fraqueza, nenhuma reação". Mas Alexandre conhecia bem os defeitos de Kóstia, alertando-o, em sua viagem a Paris, "a ouvir, a não se comprometer, a não impor suas próprias ideias". Ele também reconhecia o dinamismo do irmão: "Se outros não sabem admirar você, eu admiro a sua inteligência e a sua lealdade".

---

* Morny voltou para casa — com uma esposa. Perto dos cinquenta anos, o libertino se apaixonou por uma estudante de Smólni, a princesa Sófia Trubetskoi, possivelmente filha ilegítima de Nicolau I. Depois do casamento deles, Alexandre e Marie visitaram os Morny antes de ele voltar a Paris para ser presidente do Corps Législatif. Morny foi recompensado com um ducado, mas morreu precocemente, em 1865, tirando de cena o único homem que poderia ter salvado Napoleão III.

Os reformistas eram apoiados pela encantadora tia do imperador, Elena. A "intelectual da família" era a mulher mais excepcional entre os Románov desde Catarina, a Grande, uma inovadora em todos os aspectos, da enfermagem à música. Ela fundou a Sociedade Musical Russa e depois o Conservatório (em que Piotr Tchaikóvski era um dos alunos).* Naturalmente ela era liberal na questão da servidão. Alexandre não sabia como atingir seu objetivo, mas começou a agir em 30 de março de 1856, quando surpreendeu a nobreza de Moscou declarando que a servidão era um mal, que sua abolição era inevitável — e que seria melhor se a libertação "viesse de cima e não de baixo". Ele criou o Comitê Secreto de Reforma Camponesa, mas sempre observando a regra de dar dois passos adiante e um para trás, para levar os cortesãos com ele, e nomeou o reacionário príncipe Orlov para chefiá-lo. Orlov bloqueou as reformas.

No verão de 1857, Alexandre foi a passeio à Alemanha, onde se encontrou com a tia Elena, que revelou os últimos desejos de Nicolau de que ela pudesse ajudá-lo a libertar os camponeses. Ela encomendou a um jovem funcionário do Ministério do Interior, Nikolai Miliútin,** um plano para libertar os servos das imensas fazendas que ela mesma possuía. Por sugestão dela, Alexandre substituiu Orlov por Kóstia. "Aqui", Alexandre disse a Bariátinski, "todos estão preocupados com a emancipação dos camponeses, mas infelizmente nosso modo de tagarelar e de inventar coisas criou uma ansiedade febril."

Alexandre incitou seu governador-geral de Vilna, Nazimov, a convencer a nobreza local a solicitar reformas — depois permitiu que eles formassem comitês provinciais para deliberar sobre os termos. Mas os nobres ofereceram aos camponeses liberdade — sem nenhuma terra. O tsar se envolveu na questão: os camponeses precisavam de terras.

---

* Elena foi a mecenas de Anton Rubinstein e de seu irmão Nikolai, ambos pianistas e compositores de origem judaica. Anton Rubinstein tocava nos saraus dela em Petersburgo e tocou para a família Románov em Nice. Juntos eles fundaram a Sociedade Musical Russa em 1859 e o Conservatório, em 1862. Apadrinharam o jovem Tchaikóvski, que, aos dezenove anos, frequentava aulas de teoria musical no Palácio Mikháilovski, de Elena.

** Miliútin e seu irmão, Dmítri, um soldado, eram sobrinhos do conde Paulo Kisseliov, chefe de governo de Nicolau I para assuntos relacionados aos camponeses e que tinha conquistado reformas limitadas quanto à situação da servidão. Enquanto Miliútin planejava a emancipação dos servos, seu irmão Dmítri era chefe do governo de Bariátinski no Cáucaso — e logo se tornaria ministro da Guerra.

"A grande questão deu finalmente seu primeiro passo", Alexandre disse a Bariátinski. No verão de 1858, o imperador viajou pelo país, incentivando e repreendendo os "nobres obstinados". Alexandre e Marie eram saudados alegremente. "Somos recebidos em toda parte", o soberano disse a Kóstia, "com indizível cordialidade que às vezes chega às raias da loucura."

"Graças a Deus", respondeu Kóstia, "nosso povo não mudou o modo como se vincula a seu tsar branco, e em você, caro Sacha, ainda veem aquele que concebeu o grande ato de reformar a servidão."

Passando por cima dos retrógrados, Alexandre forçou o comitê a produzir as propostas ao mesmo tempo que promoveu Miliútin, protegido de Elena, a vice-ministro do Interior. Mas uma luta terrível começou entre Kóstia e os retrógrados. O cérebro por trás da reforma, Miliútin, temia que "tenha tido início uma reação". Quando Alexandre estava andando no parque em Tsárskoie Seló, um funcionário do comitê levou às mãos do próprio imperador uma petição reclamando da lentidão das reformas. Dias depois, o funcionário foi convocado a se encontrar com o príncipe Orlov, que o alertou, com alegria ameaçadora, que Nicolau "teria banido você para um lugar tão remoto que ninguém jamais sequer encontraria seus ossos". No entanto, Orlov acrescentou: "Nosso atual soberano é tão gentil que me mandou beijá-lo. Venha! Me abrace!". Alexandre estava determinado a forçar a reforma. "Começamos a trabalhar juntos na questão dos camponeses", ele disse a um ajudante, "e vamos levá-la juntos até o final, de mãos dadas..."[5]

As novidades vindas da Tchetchênia eram "excelentes!", exclamou Alexandre em 19 de maio de 1858. "A rendição do povo da pequena Tchetchênia me alegra." As forças de Bariátinski cercaram Chamil, que em agosto conseguiu fazer um último contra-ataque. Alexandre admirava seu inimigo. "Chamil é um homem famoso por ter tentado essa manobra mesmo quando estava quase cercado."* Então subitamente um cavaleiro múrida enviado por Chamil chegou ao

---

* E essas não eram as únicas boas notícias no império. "Na Ásia, conseguimos dois imensos sucessos", Alexandre contou a Bariátinski. O irrepreensível governador-geral da Sibéria Oriental, Nikolai Muraviov, tinha chegado a um acordo para uma nova fronteira com a China no rio Amur, e a China abria suas cidades ao comércio russo. "Nossa posição na Ásia se torna muito mais poderosa!" Alexandre promoveu Muraviov a conde com o sobrenome de "Amúrski" O decadente Império Chinês deu à Rússia, que sofria um xeque-mate na Europa, a chance de se expandir.

quartel-general russo para pedir um médico: Djemal-Edin, o filho mais velho que ele tinha perdido e reconquistado, estava doente. Bariátinski permitiu que fosse enviado um médico. O jovem estava morrendo de tristeza. Pai e filho tinham descoberto que a reconciliação era impossível, o pai permanecia sendo um jihadista; o filho agora era um ex-oficial russo deprimido e solitário. Em julho, o rapaz morreu. Alexandre esperava o fim do jogo "com impaciência".[6]

Alexandre não confiava nos jovens reformistas, por isso procurou um improvável defensor da causa. Iákov Rostóvtsev era o jovem guarda que em 12 de dezembro de 1825 tinha avisado Nicolau sobre a revolta. Agora, trinta anos depois, o general Rostóvtsev, amado pelo tsar, era um dos membros do comitê que se opunha às reformas. Miliútin, vendo-o como o principal retrógrado, recrutou o socialista e jornalista exilado Alexandre Herzen para difamar Rostóvtsev por seu papel em 1825. Alexandre ficou furioso, chamando Miliútin de "Vermelho", e Elena precisou intervir. Na verdade Rostóvtsev tinha acabado de se converter à causa da libertação dos servos com o concomitante direito deles de recuperar suas terras. Mais uma vez Elena foi decisiva. Ela percebeu que Alexandre, "enciumado de seu poder", podia aceitar seus conselhos femininos de que ele precisava de Rostóvtsev. Em seu salão de terça-feira, ela reconciliou o velho Rostóvtsev com o "Vermelho" Miliútin.

Em 17 de fevereiro de 1859, Alexandre nomeou Rostóvtsev presidente do Comitê de Preparação para a reforma e ordenou a Miliútin que fizesse uma minuta do decreto. Elena tinha feito bem o seu trabalho. À medida que a meta se aproximava, a "ignorância e os interesses egoístas" da nobreza, Alexandre disse a Bariátinski, tentavam sabotar a reforma, mas "com perseverança e firmeza, espero ser bem-sucedido. Em minha situação, é preciso ter uma boa dose de calma e de filosofia para aguentar as tensões e disputas do dia a dia".

Enquanto isso, no exterior, seu relacionamento com Napoleão III foi testado quando o francês e os piemonteses desafiaram os austríacos a unificar a Itália. Alexandre ficou empolgado em ameaçar Francisco José: "Estamos repetindo para eles o papel que tiveram para nós na guerra [da Crimeia]". Esse foi o principal resultado da Guerra da Crimeia — o afastamento da Rússia e da Áustria, o que facilitou a ascensão da Prússia. Na Batalha de Solferino, os franceses derrotaram os austríacos. A maior parte da Itália foi unificada sob o rei do Piemonte.

Todos os dias Alexandre esperava notícias de Bariátinski — o vice-rei e o imã estavam negociando a rendição. "Prometa a ele um perdão para todos os seus maus atos passados e um lar independente — mas longe do Cáucaso."

Em 16 de agosto de 1859, Bariátinski sentou-se em uma pedra, com todo o seu comando ao redor, no alto das montanhas enevoadas do Daguestão, perto da última fortaleza múrida de Gunib, que fora cercada pelos russos. Ao amanhecer, saindo de seus portões, o próprio Chamil apareceu cavalgando, com cinquenta múridas maltrapilhos. Enquanto os soldados russos comemoravam, Chamil desmontou e andou até o príncipe. Recusando entregar sua espada a qualquer outro, ele a ofereceu a Bariátinski.

"Glória a Vós, Senhor!", escreveu Alexandre a Bariátinski em 11 de setembro. "Esses são os sentimentos que inundam meu coração. Não podia esperar ou desejar um sucesso mais completo." Ele acrescentou que a vitória "pertence a você, caro amigo". Alexandre estava indo para o sul a fim de inspecionar os exércitos, mas "espero encontrar Chamil".

Em um desfile na Carcóvia, o Grande Imã cavalgou para se encontrar com o Grande Sultão Branco. "Estou feliz de você estar aqui na Rússia", disse Alexandre. "Queria que isso tivesse acontecido antes. Você não vai se arrepender" — e ele o abraçou.* Bem quando a primeira minuta do decreto sobre a servidão ficou pronta, Rostóvtsev teve uma gangrena.[7]

O tsar chorou quando foi visitar o general moribundo e se perguntou como continuar. Sempre pronta a tornar mais fácil o caminho da reforma, tia Elena

---

* Chamil foi exilado em Kalunga, onde viveu com suas esposas, filhos e seu séquito até que teve permissão para ir em *haj* a Meca, morrendo em 1871. Alexandre enviou a Bariátinski a Cruz de São Jorge e o bastão de marechal de campo. Depois da derrota de Chamil no nordeste do Cáucaso, as tribos circassianas — ou *tcherkes* — no nordeste continuaram sua resistência menos organizada até Bariátinski derrotá-los, arrasando suas aldeias e levando-os para o exílio otomano, uma tragédia em que 400 mil pessoas foram deportadas e milhares morreram. Os circassianos havia muito tempo eram uma nação guerreira, produzindo os escravos-sultões mamelucos do Egito do século XIII. Em épocas modernas, eles ainda forneciam os guarda-costas dos ditadores Assad da Síria e dos reis hachemitas na Jordânia. Depois de vinte anos de guerras no Cáucaso, a saúde de Bariátinski se deteriorou e ele foi substituído como vice-rei do Cáucaso pelo irmão do tsar, o grão-duque Mikhail, que continuou a expulsar os circassianos. Bariátinski seguiu sendo confidente de Alexandre e sugeriu seu chefe de governo, Miliútin, para ministro da Guerra.

apresentou o tsar ao "Vermelho" Miliútin e os dois se deram bem. Então, para horror dos liberais e delícia dos retrógrados, Alexandre nomeou um conservador, o conde Vladímir Pánin, para chefiar a comissão. Mas Pánin era um serviçal à moda antiga que disse a Kóstia: "Se o imperador tem um ponto de vista diferente do meu, considero meu dever abandonar minhas convicções imediatamente". E ele assim o fez.

"A grande questão da emancipação está quase resolvida", Alexandre disse a Bariátinski, "e para que se complete precisa apenas passar pelo Conselho de Estado." Em 27 de janeiro de 1861, Alexandre falou ao Conselho: "Os senhores podem mudar detalhes, mas o principal deve permanecer inalterado [...]. A autocracia estabeleceu a servidão e cabe à autocracia aboli-la". O decreto foi aprovado.

Na noite de 18 de fevereiro, 24 canhões foram preparados no lado de fora do Palácio de Inverno, e a cavalaria patrulhou as ruas; Alexandre passou a noite no palácio de sua irmã com cavalo e carruagem prontos para galopar caso começasse uma revolução. Na manhã seguinte, o tsar, acompanhado dos filhos mais velhos Nikolai ("Nixa") e Alexandre ("Sacha"), e junto com Kóstia e Sanny e seu maldoso filho mais velho, Nikolai ("Nikola"), liderou uma procissão até a Grande Igreja do Palácio de Inverno. Depois do que Kóstia chamou "maravilhosas orações", o tsar comandou um jovial café da manhã da família. A seguir Alexandre convidou seu herdeiro Nixa, além de Kóstia, para entrar em seu gabinete. "Primeiro ele o leu em voz alta", escreveu Kóstia em seu diário, "e depois, se persignando, assinou. Eu pus areia sobre a tinta. Ele entregou a pena a Nixa. Uma nova era tinha começado. Eles previram a revolução." Vinte e dois milhões de servos foram libertados. "Apesar de todo o medo dos alarmistas", sua "grande obra" ocorreu "em perfeita calma", o tsar escreveu a Bariátinski. Foi uma grande concessão,* mas também provavelmente a maior conquista da autocracia russa. "Sabe Deus onde poderíamos ter acabado nessa questão de proprietários e servos se a autoridade do tsar não tivesse sido bastante forte", Alexandre disse ao embaixador prussiano Otto von Bismarck logo depois.

---

* Os camponeses não podiam mais ser comprados e vendidos como se fossem mercadorias, não podiam mais ser açoitados, mas ainda enfrentavam uma justiça arbitrária. Podiam comprar propriedades, casar e comerciar, porém a libertação não foi completa: eles continuavam devendo obrigações de trabalho a seus antigos donos. Depois de sete anos para preparar os detalhes do acordo, o governo pagaria cerca de 80% do valor da terra dos camponeses para os proprietários. Os camponeses tinham de pagar o resto. Comunas de camponeses podiam possuir outras terras.

Essa foi a primeira das reformas de Alexandre. Em 1864, ele deu à Rússia um Judiciário independente com julgamento por júri e um novo corpo administrativo local — uma assembleia nos níveis provincial distrital, chamada *zémstvo*, que seria parcialmente eleita e que contaria com camponeses, além de nobres e comerciantes. A repressão aos judeus foi atenuada: o Pale foi abrandado de modo que comerciantes e artesãos passaram a poder morar em Petersburgo e em Moscou, onde financistas judeus como o barão Joseph Ginzburg (cujo baronato foi concedido pelo duque de Hesse-Darmstadt mas reconhecido pelo tsar) começou a trabalhar para que fosse revogada a dura conscrição militar de Nicolau I.

No entanto havia limites: quando a Assembleia de Moscou propôs uma constituição, Alexandre a dissolveu. O objetivo dele, como o da perestroika desencadeada por Mikhail Gorbatchov para revigorar o comunismo, não era destruir a autocracia, e sim fortalecê-la. Logo depois da libertação, Bismarck perguntou se ele promulgaria uma constituição. "As pessoas comuns veem o monarca como um senhor paternal todo-poderoso, um emissário de Deus", respondeu Alexandre. "Isso tem a força de um sentimento religioso... inseparável da dependência pessoal em relação a mim. Se as pessoas perderem esse sentimento, pelo poder que minha coroa concede a mim, a aura que a nação tem seria rompida... Eu reduziria a autoridade do governo sem nenhuma compensação se incluísse nele representantes da nobreza ou da nação." Alexandre era um autocrata reformista, mas mesmo assim um autocrata.

"O tsar mostrou uma firmeza tão inabalável no grande empreendimento que ele podia ignorar os murmúrios dos oponentes da inovação", escreveu o general Dmítri Miliútin, irmão do libertador dos servos. "Nesse sentido, o gentil, humano Alexandre II mostrou uma maior resolução e uma ideia mais real de seu poder do que seu pai [que era] famoso por sua vontade de ferro."* No entanto, a abolição da servidão rompeu o pacto entre o governante e a nobreza que havia

---

* Em 10 de setembro de 1863, o presidente dos Estados Unidos, Abraham Lincoln, assinou sua própria Proclamação de Emancipação, libertando 6 milhões de escravos negros. A Rússia e os Estados Unidos, o tsar disse ao ministro americano em Petersburgo, Cassius Clay, "estavam ligados por uma afinidade pela causa comum da emancipação". Durante a Guerra da Crimeia, os Estados Unidos apoiaram a Rússia, tendo o mesmo inimigo, a Grã-Bretanha. Durante a Guerra Civil Americana, a Grã-Bretanha e a França se inclinaram para a Confederação, mas Alexandre apoiou os unionistas, enviando sua frota do Báltico para Nova York e sua frota do Pacífico para San Francisco por sete meses. A autocracia e a democracia continuaram sendo aliadas.

constituído a Rússia, levando o tsar a basear seu poder nos rifles do Exército e na carapaça de sua amada burocracia. Sem estarem mais ancorados nesse pacto, os Románov e a sociedade começaram a se afastar um do outro.

Cansado desses esforços, o tsar provavelmente esperava agora desfrutar de seus prazeres — caçar, passear na Alemanha com a família e suas amantes.[8] Em 22 de novembro de 1861, Kóstia estava cavalgando rumo a Tsárskoie Seló quando encontrou o imperador "a cavalo e atrás dele Alexandra Dolgorúkaia, também a cavalo e sem mais ninguém. A conclusão", Kóstia confidenciou a seu diário, "não é difícil".

A princesa Alexandra Dolgorúkaia, uma das damas de honra da imperatriz Marie, conhecida como "a Tigresa", era a primeira-amante do reino. Era "doloroso", pensava Kóstia, não por razões morais (ele mesmo tinha amantes), mas pelo fato de Alexandra ter fama de interesseira.

"À primeira vista, essa garota alta, de pernas longas, seios achatados, ombros ossudos, rosto branco de zinco", não parecia nem um pouco atraente, observou Tiútcheva, que compartilhava com ela um quarto no palácio. Mas assim que percebia "um olhar interessante de homem, ela adquiria a graça imponente e puramente felina de uma jovem tigresa, com o rosto enrubescido, os olhos e o sorriso astutos e ternos, impregnada de um charme misterioso que subjugava não só homens como mulheres... Havia algo predatório, não como um gato com seus pequenos truques, mas como uma tigresa, orgulhosa e magnificente em sua depravação".

A Tigresa se certificava de que todos soubessem: em 20 de novembro de 1855, enquanto a imperatriz estava empenhada lendo *O dicionário histórico-geográfico*, uma escolha que demonstra o tédio de Marie, cercada por suas meninas, incluindo Alexandra Dolgorúkaia, o imperador entrou. Subitamente a Tigresa desmaiou. Rápido demais, o imperador correu para checar seu pulso. "A imperatriz continuou a folhear a publicação em tão completa paz de espírito que percebia a exagerada avidez do interesse demonstrado pelo soberano." Tais são os delicados jogos amorosos na corte dos autocratas. A Tigresa não era a única amante de Alexandre. Mais tarde, quando supervisionava um baile no Palácio de Inverno, ele observou que "várias de minhas antigas *pupiles* estão aqui". Bismarck, que era próximo a ponto de quase ser adotado pela família, gostava da deslumbrante corte de Alexandre — "jantares com sua majestade, teatro à noite, bom balé, camarotes cheios de belas mulheres", mas ele também percebeu que Alexandre estava "constantemente apaixonado". "Cada nova paixão fica escrita em seu rosto", observou a dama de companhia Alexandra Tolstoia.

No entanto, o imperador e a imperatriz continuavam sendo bons amigos. Marie havia engravidado sete vezes e, uns anos antes, uniram-se pela perda de uma filha, Alexandra, conhecida como Lina, que tinha seis anos quando morreu de meningite. Eles chegaram a tentar entrar em contato com Lina com a ajuda de um espiritualista internacionalmente famoso que trabalhava com mesas giratórias.* Pouco antes da libertação dos servos, Marie tinha dado à luz o sexto filho, Paulo. Aos 37 anos, a imperatriz Marie tinha envelhecido precocemente, uma santa vitoriana pálida, preocupada, febril, com um lenço na cabeça e uma tosse seca. "Ela estava tão magra e frágil", escreveu Tiútcheva, "mas era incomumente elegante" com "uma alma profundamente religiosa que assim como sua casca física parecia sair direto da moldura de uma pintura medieval." Era tão inibida que quando o médico do tsar, Serguei Bótkin, chegou para examiná-la, ela se recusou a tirar a roupa, explicando: "Sou uma pessoa muito reservada". Bótkin respondeu: "Mas, vossa majestade, eu não posso examiná-la com seus roupões". Bótkin diagnosticou tuberculose e prescreveu um clima quente, o que incentivou Ale-

---

* Daniel Douglas Home era um médium escocês, filho ilegítimo do conde de Home, que, no início da década de 1850, tinha se transformado em uma celebridade americana com sua habilidade de levitar e de contatar os mortos que então podiam se comunicar por meio de gritos (de Home em transe), beliscões, golpes e batidas. Ele conquistou muitos seguidores, mas também fez surgir um grande ceticismo, já que suas sessões espíritas sempre ocorriam em salas escuras. Quando observado, foi visto empregando falsos membros e tirando os sapatos para usar os pés nus. De volta para a Europa, fez sessões espíritas para aristocratas, escritores e para a realeza, incluindo Napoleão III e Eugênia, que, tocada pelo pé nu dele, pensou ser a mão de uma criança morta. Ao chegar a Petersburgo em 1858, ainda com vinte e poucos anos, Home encontrou a mística esposa de Kóstia, Sanny, que naquele julho programou a primeira de três sessões espíritas de que Alexandre e Marie participaram, além da imperatriz-viúva Mouffy e de Kóstia (Elena, a intelectual da família, se recusou a participar) e da amante do tsar, Alexandra "Tigresa" Dolgorúkaia, e da cortesã Anna Tiútcheva, que registrou tudo em seu diário. Sentado em torno de uma mesa no escuro, "um fogo interior parecia irradiar" de Home. A mesa levitou, o anel de Mouffy foi puxado de seu dedo, todos foram beliscados: "Isso provocou gritos de medo, terror e surpresa... O soberano recebeu uma revelação... o espírito do imperador Nicolau e da jovem grão-duquesa (Lina). Ambos responderam a perguntas do soberano batendo as letras do alfabeto, mas o grupo ficou chocado com as respostas 'inadequadas e vazias'". Home prosperou na Rússia, casando com uma garota nobre russa, tendo o romancista Alexandre Dumas como padrinho. Ele voltou duas vezes. Depois da morte de sua esposa, casou-se com outra russa. Morreu em 1886.

xandre a comprar a propriedade de Livadia, na Crimeia.* No entanto, Marie tinha senso de humor. Alexandre sempre lhe dissera que ela era linda, até que um dia ela respondeu: "Eu só sou linda para o anfiteatro de anatomia — um esqueleto de sala de aula, coberto com uma grossa camada de ruge e de pó de arroz".

Depois do café da manhã, todos os dias, Alexandre voltava a seu gabinete no segundo andar do Palácio de Inverno e recebia seus ministros.** Ele adorava a família, especialmente seu herdeiro, Nixa. Nenhum imperador poderia desejar um tsarévitch mais perfeito do que Nixa. O futuro, pelo menos, estava assegurado.[9]

Alexandre tinha alertado os poloneses contra qualquer resistência a sua coroação — "senhores, não vamos sonhar" —, mas incentivados pela era de reformas e de nacionalismo, e enfurecidos com o domínio russo, os poloneses e os lituanos decidiram que sonhos não eram suficientes. A Polônia se agitava com descontentamentos. "Devemos contar com tentativas de revolução" na Polônia, Alexandre informou a Bariátinski, "embora, graças a medidas enérgicas, espero que sejam cortadas pela raiz." Mas, ao invés de serem cortadas, as raízes cresceram. Seu governador-geral em Varsóvia, o semissenil general Gortchakov, respondeu com "lamentável fraqueza".

Alexandre tentou concessões e ofereceu o vice-reinado a Kóstia. No dia seguinte a sua chegada a Varsóvia, Kóstia apareceu no camarote real no teatro, onde foi baleado e ferido por um aprendiz de alfaiate que foi enforcado mais tarde. Kóstia não perdeu a calma e deu sequência a sua política de conciliação. Mas em

---

* Em 1860, quando o tsar perguntou a seu arquiteto se ele podia ter o mesmo mármore dos Vorontsov em Alupka, disseram-lhe que ele não tinha como pagar por aquilo. Em vez disso, ele construiu um Grande Palácio de pedra em Livadia, com dois andares, apertado e sombrio, com um Pequeno Palácio menor de madeira para seu herdeiro. A Crimeia se tornou um local de férias favorito dos Románov — e da aristocracia.

** "Minha regra", como ele mais tarde explicou para sua amante, "é falar com meu séquito apenas sobre coisas pelas quais eles são responsáveis. Mas nunca impeço ninguém, nem meus irmãos nem os outros, de falar francamente comigo se precisam me contar algo. Quanto a todos os assuntos sérios pelos quais não posso responder sozinho, deixo que sejam discutidos na minha presença no Conselho, para que quando eu aprovar minhas decisões, todo mundo compartilhe delas, e se eles não concordarem, podem ou ceder ou se demitir." Alexandre alertou Bariátinski: "O ministro responde a mim pela sua área e você pela sua, e é meu dever garantir que nenhum de vocês ultrapasse esse limite".

janeiro de 1863, quando ele tentou se livrar da juventude radical convocando-a para o Exército, os poloneses entraram em rebelião total, lutando com 30 mil soldados de milícias, nobres, camponeses e até judeus (incluindo um general judeu), que combateram 300 mil soldados russos em mais de mil conflitos.

A revolta azedou a perestroika de Alexandre. Os retrógrados achavam que havia sido dada liberdade demais, os liberais, que havia liberdade de menos. Alexandre compreendia que "o momento mais perigoso para um governo ruim é quando ele começa a fazer reformas", como Alexis de Tocqueville dissera recentemente. O controle menor que Alexandre tinha sobre as universidades e sobre a censura da imprensa havia criado uma violenta expectativa que levou a motins estudantis que precisaram ser debelados. "Aqui tudo está tranquilo, graças a Deus", o tsar informou a Bariátinski, "mas uma vigilância severa é mais necessária do que nunca, dadas as tendências imprudentes do chamado progresso."

A década de 1860 foi um período empolgante mas cheio de atribulações. Os jornais surgiam como cogumelos. "Nunca gostei muito de escritores em geral", Alexandre confidenciou a Bariátinski, "e concluí com tristeza que eles são uma classe de indivíduos com motivações ocultas e tendências perigosas." Mas, se a geração de Kóstia estava satisfeita com as reformas, os filhos dela, os filhos dos anos 1860, rapidamente ficaram frustrados e desiludidos, como o personagem Bazárov no romance *Pais e filhos*, de Ivan Turguêniev, publicado em 1862. Esses niilistas — Turguêniev cunhou o neologismo — ansiosamente deixavam de lado as reformas do tsar para adotar o ateísmo, a modernidade e a revolução.

Em rápido retrocesso, o tsar demitiu liberais como Nikolai Miliútin, que tinha virado o bicho-papão da nobreza, e promoveu generais para punir os estudantes. Muitos foram presos. Em 16 de maio de 1862, começaram a surgir incêndios em Petersburgo. "O fogo tomou tais proporções", escreveu o novo ministro da Guerra, general Dmítri Miliútin, "que era impossível duvidar de um incêndio criminoso." No dia 28, Alexandre voltou às pressas de Tsárskoie Seló para combater os incêndios. Os incendiários nunca foram pegos, mas Alexandre determinou que a polícia secreta fechasse jornais e prendesse radicais.* Mesmo agora ele cogi-

---

* No entanto, a repressão foi tão branda que um socialista preso, Nikolai Tchernitchévski, pôde não apenas escrever em sua cela como também publicar a primeira obra da Revolução, *Que fazer?*, um romance ideológico em que o herói Rakhmétov era um novo tipo — o "homem especial", tão implacavelmente dedicado à revolução que qualquer sofrimento humano valia a pena: "quanto

tava a ideia de dar passos adiante aumentando a representação por meio da conversão do Conselho de Estado em uma instituição consultiva parcialmente eleita, mas os motins e a Revolução Polonesa adiaram suas reformas.

Alexandre ordenou que o governador-geral de Vilna, o general Mikhail Muraviov, que tinha o rosto de um buldogue e o corpo atarracado como um canhão, esmagasse os poloneses. Muraviov exigiu que Kóstia fosse chamado de volta. Ele gostava de se gabar de que "o único polonês bom é o polonês enforcado". Ele enforcou centenas de poloneses, mas milhares foram fuzilados e 18 mil foram deportados para a Sibéria.

"O Carrasco" enojou o tsar, que o elevou a conde mas aposentou-o. A Prússia apoiou Alexandre, porém o resto da Europa, especialmente a França, ficou chocada (embora a conduta de Muraviov fosse muito menos selvagem que a repressão britânica ao motim indiano, como a Rússia ressaltou quando os britânicos protestaram contra o tratamento dado aos poloneses). Enquanto isso, dentro da família, Alexandre e Marie celebraram o noivado de seu filho Nixa.[10]

Nixa, agora aos dezenove anos, era a alegria dos pais. Ele era mais refinado que seus irmãos corpulentos. Magro, com cabelos castanhos ondulados, era vaidoso e inteligente e gostava de desenhar, mas também era corajoso: quando menino, tinha dito ao espantado avô Nicolau que não queria estudar francês.

"E como você vai conversar com os embaixadores, vossa alteza?", perguntou o pai.

"Vou ter um intérprete", respondeu o menino.

"Bravo", disse o pai. "A Europa inteira vai rir de você!"

"Então eu vou declarar guerra à Europa!", gritou o menino, para diversão do avô. Quando seu pai ascendeu ao trono, Nixa disse com sinceridade a Tiútcheva: "Papai está muito ocupado agora, ele está doente de cansaço — e ainda sou novo demais para ajudar".

"Não é que você seja novo demais", respondeu o irmão Sacha. "Você é burro demais."

---

pior, melhor". Se os primeiros radicais foram nobres endinheirados, essa nova geração era de membros educados de origens mais humildes, a intelligentsia, muitos dos quais começaram a formar as primeiras células revolucionárias, sonhando com assassinatos e levantes. (Lênin, que ainda não tinha nascido, leria o livro cinco vezes — "uma imensa influência".)

"Não é verdade que eu sou burro", respondeu o tsarévitch. "Só pequeno demais."

"Burro demais", cantaram Sacha e seus irmãos — o que fez Nixa jogar um travesseiro nele.

Quando era pequeno, Alexandre desejava imensamente garantir que Nixa fosse viril o suficiente para usar a coroa, incentivando-o a participar de atividades militares. Nixa foi o mais bem instruído dos herdeiros — "a coroa da perfeição", como Kóstia o chamava. "Se eu conseguisse formar um aluno igual a Nikolai Alexándrovitch uma vez a cada dez anos, acho que teria cumprido minhas obrigações", disse seu professor de história. Alexandre escolheu como seu tutor legal um dos criadores das suas leis reformistas, Konstantin Pobedonóstsev, que acompanhou seu aluno em uma viagem pela Rússia. "Querida *maman*", escreveu o menino de suas viagens, "mil agradecimentos por sua encantadora carta. Ao ler eu me senti próximo de você. Dava para ouvi-la falando. Aqui em Libau o coração se alegra em descobrir como eles são ligados à nossa família e o princípio que ela representa. Estou indo bem em meus estudos. Nem um minuto desperdiçado... Tchau, tchau, *maman*."

Anos antes, ele tinha visto a fotografia de uma graciosa princesinha dinamarquesa. "Sabe, querida mamãe", ele escreveu para Marie em 3 de agosto de 1863, "não me apaixono por ninguém há muito tempo... Você pode rir, mas a principal razão para isso é Dagmar, por quem me apaixonei há muito tempo sem nunca vê-la. Só penso nela." Dagmar, conhecida como "Minny", era a filha do rei Cristiano IX da Dinamarca. Sua irmã Alexandra tinha casado recentemente com Bertie, o príncipe de Gales. Em meados de 1864, Alexandre mandou Nixa em uma excursão europeia pela Itália, Alemanha e, mais importante, Dinamarca. Mas a Dinamarca estava em guerra.[11]

O tio do tsar, o rei Guilherme da Prússia, tinha nomeado o ex-embaixador em Petersburgo, Bismarck, como ministro presidente, para derrotar os liberais e defender a monarquia. Bismarck, de estatura colossal e um bigode de morsa, parecia um obstinado *Junker* — um fidalgo conservador de Brandemburgo e beberrão veterano de duelos. Mas ele acabou sendo um surpreendentemente implacável e moderno praticante da nova *Realpolitik* na luta cada vez mais intensa entre as grandes potências, que ele explicava assim: "A única base sólida para um grande

Estado é o egocentrismo, não o romantismo". Tenso, malicioso e hipocondríaco de uma maneira ridícula, sensível a críticas e no entanto duro como um rinoceronte, esse homem que corria riscos por instinto, improvisava de maneira engenhosa e conspirava com inteligência enxergou uma solução para os problemas domésticos da Prússia em uma política internacional agressiva que usaria o soberbo exército do reino para unir a Alemanha, desafiar a França de Napoleão III e pôr o nacionalismo a serviço da monarquia. Como emissário a Alexandre II, ele percebeu que tudo isso era possível em função do ódio que a Rússia tinha da Áustria depois da derrota na Guerra da Crimeia.* Como primeiro passo, Bismarck instigou a guerra contra a Dinamarca em função de Schleswig-Holstein, uma questão tão complexa que "apenas três pessoas", brincava Palmerson, "realmente compreenderam o assunto de Schleswig-Holstein — o príncipe consorte, que está morto — um professor alemão, que enlouqueceu — e eu, que me esqueci completamente do assunto". Mas Bismarck não esqueceu. No verão de 1864, a Prússia, em aliança com a Áustria, derrotou a Dinamarca — dias antes de Nixa chegar a Copenhague.[12]

"Se você soubesse o quanto eu estava feliz: me apaixonei por Dagmar", o tsarévitch disse à mãe. "Como posso não estar feliz quando meu coração me diz que eu a amo, a amo apaixonadamente? [...]. Como posso descrevê-la? Bela, direta, inteligente, ativa, porém tímida."

Mais tarde Nixa conheceu os pais dela em Darmstadt, depois voltou às pressas para Copenhague. Em passeios da família, "nós dois ficávamos para trás", ele relatou à mãe. "Eu queria que a terra me engolisse. Eu estava criando uma situação para dizer 'Eu te amo' mas ela entendeu claramente: um sincero SIM foi por fim dito e nós nos beijamos." Nixa continuou sua turnê até a Itália, mas algo parecia errado.

---

* "Somente depois de chegar aqui [a Petersburgo], eu acreditei na guerra", Bismarck explicou. Após as traições austríacas, a Rússia sempre ajudaria a Prússia "a encontrar um modo de se vingar da Áustria". Na verdade, "o calmo e gentil imperador cospe fogo e fúria quando fala sobre o tema". Ele era tão próximo dos Románov que gozava do "status de um enviado para a família". Mas sua mais cara amiga era a imperatriz-viúva, Mouffy (a irmã favorita de Guilherme), por quem ele quase se apaixonou platonicamente: "Para mim ela tem algo naquela gentileza que é maternal e eu posso falar com ela como se a conhecesse desde a infância [...]. Eu seria capaz de ouvir sua voz profunda e sua risada honesta e mesmo suas reprimendas por horas...". Quando ele a levou numa viagem a passeio, "foi tão encantador [...]. Eu sentia a necessidade [...] de saltar no navio para viajar com ela".

510

A cavalgada foi penosa. Quando chegou a Florença, ele estava com dores terríveis. Os médicos descobriram um inchaço na espinha, mas prescreveram descanso, banho de sol e vários tratamentos que o mantiveram de cama por seis semanas. Ele não melhorou. Ele e Minny trocaram cartas de amor diariamente. No fim de dezembro, Nixa navegou em um navio de guerra russo para encontrar a mãe em Nice. As cartas de amor foram ficando mais raras até que Minny perguntou se ele tinha se apaixonado por uma italiana de olhos negros. Nixa admitiu que a amava tanto que não conseguia controlar as emoções. Deitado desamparado à beira-mar em Villa Diesbach, ele piorou até que, em abril de 1865, um médico austríaco diagnosticou meningite cerebrospinal. Supersensível ao som das ondas, ele foi transferido para a Villa Bermond,* mais longe da praia, onde teve um derrame que o paralisou de um lado.

O tsar foi informado. Minny recebeu um telegrama: "Nicolau recebeu a extrema-unção. Reze por nós e venha se puder".

Nixa perguntou a Marie: "Pobre mamãe, o que você vai fazer sem o seu Nicky?". Quando seu irmão Sasha, que o adorava, chegou, ele estendeu os braços: "Sacha, Sacha, o que você está fazendo aqui? Vem rápido me dar um beijo!".

O imperador, acompanhado dos filhos Vladímir e Alexis, cruzou às pressas a Europa — "com um pensamento, Deus nos permitiria encontrá-lo vivo?". Em Berlim, Guilherme abraçou-o na estação, e um vagão dinamarquês, trazendo a princesa Minny e a mãe dela, estava atrelado ao trem; em Paris, Napoleão III abraçou Alexandre no caminho para Nice, onde em 10 de abril ele encontrou cortesãos chorando na estação de trem.

Ao lado da cama, Alexandre se ajoelhou, beijando a mão do menino. Então Nixa olhou para Minny. Sua mãe lembrou: "O olhar dele — enquanto o tsar a levava pela mão até a cama dele — era da mais pura felicidade". Nixa sorriu para ela: "Ela não é maravilhosamente doce, pai?".

Minny agradeceu a Deus porque "cheguei até ele a tempo, meu tesouro querido. Eu nunca vou me esquecer do olhar que ele me deu quando cheguei

---

* Enquanto o rapaz piorava, em 2 de abril, logo depois da rendição dos confederados, Abraham Lincoln foi assassinado em um teatro em Washington D.C., como parte de uma conspiração planejada para liquidar a liderança dos unionistas. Quando a notícia chegou, o extremamente emotivo imperador chorou, ordenou que fossem feitas orações na Catedral de Kazan e escreveu a Mary Lincoln dizendo que o presidente "foi o mais nobre e maior cristão de nossa geração — um farol para o mundo inteiro —, nada além de coragem, constância e desejo de fazer o bem".

perto dele. Não, nunca!", ela escreveu ao pai. Logo depois ele começou a delirar, falando sobre eslavos oprimidos. Até em seu delírio ele era inteligente. Minny e os outros muitas vezes saíam às pressas do quarto, sem conseguir se controlar. "Pobres do imperador e da imperatriz!", escreveu Minny. "Eles foram tão atenciosos comigo quando eu e eles estávamos tão tristes." Ela permaneceu ao lado da cama, "ajoelhada ao lado dele dia e noite". Nixa agora desejava a morte. No amanhecer do dia 12, seu tutor correu pelas ruas até a Villa Verdie para acordar a família. O rapaz estava vomitando a medicação. Enquanto pais e irmãos se punham ao seu redor, Minny se ajoelhou ao seu lado e limpou o vômito do queixo dele. "Ele me reconheceu no minuto final", ela lembrou. Nixa segurou a mão de Minny, mas então olhou para Sacha: "Papai, cuide de Sacha, ele é um homem tão honesto, tão bom". Ele ergueu a mão direita e segurou a cabeça de Sacha, lembrou o tutor, "e parecia estar levando a mão esquerda para a princesa Dagmar" — um momento que rapidamente se tornaria significativo. "A língua dele ficou mais fraca, ele disse suas últimas palavras. Pegando a imperatriz pela mão, acenou para o médico e disse: 'Cuide bem dela!'. Então Minny o beijou e ele morreu."

Já quando o corpo começou sua viagem de volta para Petersburgo, Minny percebeu o sofrimento do irmão mais velho sobrevivente — "Sacha que o amava de um modo tão nobre — não só como irmão mas como seu único e melhor amigo. É muito difícil para ele, coitado, porque agora ele precisa assumir o lugar de seu amado irmão".

História contrafactual é uma coisa inútil, mas a morte desse herdeiro afastou a sucessão de um rapaz adorado por todos por sua inteligência sensível e a transferiu a dois tsares conhecidos por suas limitações intelectuais.

Quando o imperador viu Minny logo depois, um parente sugeriu que ela ainda podia se unir à família. "Ela seria muito bem-vinda", respondeu Alexandre.[13]

"Ninguém teve tanto impacto em minha vida quanto meu querido irmão e amigo Nixa", escreveu Sacha como tsar vinte anos depois. A vida dele tinha se passado à sombra do irmão perfeito. "Que mudança aconteceu naquelas horas e que terrível responsabilidade recaiu sobre meus ombros."

Sacha, de vinte anos de idade, um gigante barbado, oficial da Guarda, grande bebedor, ruim no aprendizado de línguas e ruim de ortografia, sem nenhum interesse cultural, era tão forte que podia curvar uma ferradura com as mãos. Nixa o

exandre II quase conquistou Constantinopla, mas foi derrotado pelo Congresso de Berlim: no cen-
o, o príncipe Bismarck comemora entre o conde austríaco Andrássy (à esq.) e o conde Pedro Chu-
lov (ex-ministro-chefe do tsar), enquanto o marquês de Salisbury (de barba, no canto direito) con-
rsa com representantes otomanos; à esq., o senil príncipe Alexandre Gortchakov está eclipsado
lo primeiro-ministro britânico Benjamin Disraeli.

s coroações dos Románov eram rituais políticos e sagrados destinados a abençoar e promover a sa-
ossanta autocracia: Alexandre III, coroado depois do assassinato do pai, disse que aquele era "o dia
ais feliz" de sua vida".

Alexandre III, "o Colosso", em sua principal residência em Gátchina, com Nicky, Ksênia, Gueórgui, Olga e (na frente) Miguel e o cão Kamchatka.

A bailarina de Nicky, "Pequena K".

A família real europeia no casamento de Ernie de Hesse com Ducky de Edimburgo em Coburg, e[m] 1894, onde Nicky e Alix ficaram noivos: o Kaiser Guilherme e a rainha Vitória estão sentados. Na s[e]gunda fila: os recém-noivos Nicolau e Alexandra estão em pé atrás deles; as duas irmãs da noiva, V[i]tória e Irene; Miechen, esposa do grão-duque Vladímir; a filha de Alexandre II, Maria, duquesa d[e] Edimburgo-Saxe-Coburg; Bertie, príncipe de Gales, paira atrás de Nicky. Na fila de trás: o grão-duqu[e] Paulo (segundo a partir da esq.), grão-duque Serguei (no centro, de chapéu-coco); Missy da Romên[ia] está atrás dele; Ferdinando da Romênia, Ella, grão-duque Vladímir e, no canto direito, Alfredo, d[u]que de Edimburgo-Saxe-Coburg.

O último espetáculo da corte: o baile à fantasia de 1903. (Acima, à esq.) Nicky e Alix vestidos como tsar Alexei e Maria Mioslávskaia. (Acima, à dir.) O governador-geral de Moscou, o estranho tio Serguei, com Ella, irmã de Alix. (À esq.) O decadente tio Alexis, o almirante-general notório por suas "mulheres velozes e navios lentos"; sua amante Zina (abaixo), duquesa de Leuchtenberg, que "faria fortuna nas telas como mulher fatal".

AS RESIDÊNCIAS IMPERIAIS

1. Palácio de Inverno, São Petersburgo.

2. Galeria de Cameron, Palácio de Catarina, Tsárskoie Seló.

3. Palácio Alexandre, Tsárskoie Seló.

4. Pequeno Palácio de Livadi[a], Crimeia (à esq.).

5. Palácio Branco, Livadia, C[ri]meia (abaixo, à esq.).

6. Datcha Inferior, Peterhof.

O massacre do Domingo Sangrento (acima) provocou a Revolução de 1905; Nicolau chamou Serguei Witte (o último à esq.) para negociar a paz com o Japão em New Hampshire, com o presidente Teddy Roosevelt (centro) e representantes japoneses. Nicolau concedeu uma constituição: inauguração da Duma em cerimônia no Palácio Branco (abaixo) — com os nobres (à esq.) e os socialistas (à dir.)

A única fotografia de Rasputin com Alexandra e os filhos — Olga, Tatiana, Maria, Anastássia e Alexei — ao lado da governanta Maria Vichniakova. As meninas ainda usavam seus amuletos quando foram mortas.

A sexualidade de Rasputin era selvagem — aqui ele está com admiradores, inclusive Anna Vírubov (de pé, terceira a partir da esq.), a melhor amiga da imperatriz e seu vínculo com Rasputin.

(Acima) Nicky e as garotas acompanhando Alexandra, com Alexei no triciclo. Sua hemofilia não lhe permitia brincar com as outras crianças, [e] Alexandra estava constantemente doente. Ela [leva] Alexei ao ar livre em cadeiras de rodas (abaixo); Nicolau, o diligente autocrata, lê sua "papelada maçante" no Palácio Alexandre.

(Acima) Em um piquenique de família na Crimeia, um estranho triângulo — Alexandra observa Nicolau ao lado de Anna Vírubova, que esfregava o pé no dele por baixo da mesa.

(Acima à esq. e ao lado) Nicolau caminhando na Crimeia em 1908, com cortesãos importantes, inclusive seu melhor amigo, general Orlov Magro (centro), o único homem a flertar com Alexandra, e o príncipe Vladímir Orlov Gordo (segundo a partir da dir.), que depois tramou contra Raspútin. Em 1914 com as filhas (a partir da esq.) Tatiana, Anastássia e Olga.

tinha apelidado de "Pug", mas na família ele era visto como um idiota: "Moldado no padrão de um Hércules ou mais propriamente de um camponês, ele estava sempre lutando com algo, sempre batendo em algo, sempre virando cadeiras". A pouca inteligência dele era tão notória que sua tia-avó Elena teria sugerido que Alexandre deixasse o trono para o outro irmão, Vladímir, que era apenas um pouco mais memorável. Ao visitar seu irritadiço tio Kóstia em Varsóvia, Sasha derramou vinho no jantar. "Veja o porquinho que mandaram de Petersburgo", gritou Kóstia. Quando uma princesa alemã lhe agradeceu depois de uma desajeitada dança em um baile, Sacha respondeu: "Por que você não pode ser sincera? Eu quase arruinei os seus sapatos e você quase me deixou enjoado com o seu perfume".

Agora ele era o herdeiro. "Todos os cortesãos mudaram horrivelmente de atitude em relação a mim", escreveu Sacha, "e começaram a me lisonjear." Ele estava aturdido. "Sei que há pessoas boas e honestas, mas não são poucos os maus", ele escreveu a um amigo. "Como vou distinguir entre eles e como vou governar?"

Quase imediatamente, Alexandre e Marie, que tinham adorado Minny, começaram a pensar nela como esposa para Sacha, bem como a rainha da Dinamarca sugeriu de leve ao tsar. Minny, que vinha estudando russo e a ortodoxia, ainda estava de luto. Sacha a considerava atraente e achava que a união fazia sentido. Mas havia um problema.

Sacha estava apaixonado pela princesa Maria Efímovna ("M.E.") Meschérskaia, uma das damas de honra de sua mãe, "uma grande beldade", com "algo oriental em sua pessoa, especialmente os olhos negros de veludo que fascinavam a todos". Minny já estava escrevendo para Sacha como "sua irmã e amiga", mas um mês após a morte de Nixa ela ouviu sobre o plano armado por Copenhague e Petersburgo. Escreveu para o imperador — "Papai" — que Sacha devia ter certeza de seus sentimentos.

Sacha estava atormentado. Ele parou de se encontrar com Meschérskaia: "Ainda sinto falta de M.E.", ele escreveu em seu diário em 25 de junho, mas "tenho pensado mais em Dagmar e rezado todos os dias a Deus para que resolva essa questão que pode significar a minha felicidade pelo resto da vida". Durante os meses seguintes, ele decidiu: "Vou dizer adeus a M.E., a quem amei como a ninguém antes". Foram feitos planos para que ele visitasse Minny na Dinamarca.

Porém ele e M.E. não conseguiam se afastar. M.E. ficou noiva de um príncipe alemão, mas então Sacha voltou para ela: "Quero me recusar a casar com Dagmar, a quem eu não amo e a quem não quero. Não quero nenhuma outra esposa além de M.E.". O imperador ficou furioso. Sacha precisava obedecer. Sacha respondeu que ele nunca fora tão digno quanto Nixa. Ele renunciou ao trono. Embora o herdeiro estivesse recusando a sucessão, seus inimigos socialistas planejavam acelerar seu legado — por meio de assassinato. Era fácil planejar isso porque todos sabiam que Alexandre andava diariamente no Jardim de Verão — embora não soubessem o belo motivo para que ele o fizesse com tal frequência.[14]

Em 4 de abril de 1866, o dia planejado para o assassinato, o imperador encontrou uma garota de dezoito anos no Jardim de Verão. "O imperador conversava comigo como sempre", ela lembrou. "Ele me perguntou se eu iria visitar minha irmã mais nova em Smólni. Quando falei que iria naquela noite, ele disse que me encontraria lá, com aquele ar juvenil que às vezes me deixava furiosa." Então eles se separaram, e o imperador andou em direção à sua carruagem.

Eles tinham se conhecido sete anos antes. Em 1859, o tsar, na época com quarenta anos, estando na propriedade do pai dela para manobras militares que marcariam o 150º aniversário de Poltava, tinha encontrado uma menina de dez anos com aparência de boneca, que vestia uma capa rosa e trazia os cabelos dourados meio ruivos trançados, quando a mãe dela mandou que ela descesse para cumprimentá-lo.

"E quem é você, minha filha?", ele perguntou.

"Sou Iekaterina Mikháilovna", respondeu a princesa Iekaterina "Kátia" Dolgorúkaia.

"O que você está fazendo aqui?"

"Procurando o imperador." Anos depois ele lembrou que a "conheci quando você ainda não tinha nem onze anos, mas você só ficou mais bonita a cada ano desde então". Quanto à garota, "eu nunca me esqueceria do meu êxtase ao ver o rosto soberbo dele, cheio de bondade".

O imperador ficou sem ouvir falar de Kátia até que o pai dela, irresponsável, gastou toda a sua fortuna e morreu deixando a família sem nada. A mãe apelou para Adlerberg, ministro da corte, que providenciou para que o tsar pagasse a educação das crianças: Kátia foi para o Instituto Smólni, o internato de Petersburgo. Quando em 1864 o imperador e a imperatriz visitaram Smólni, todas as meninas fizeram reverências e cumprimentaram os visitantes em francês.

Kátia ainda era uma criança e o interesse dele era "como o de um pai". Mas "quanto mais eu crescia", ela lembrou em suas memórias, "mais meu amor por ele crescia". Quando ela saiu da escola, era improvável que voltasse a vê-lo.

Então, por um "feliz acaso, esbarrei no imperador em 24 de dezembro de 1865 andando no Jardim de Verão". Alexandre andava ali diariamente apenas com um ajudante, ou com alguns sobrinhos — e seu setter inglês, Milord, observados por uma multidão contida por um gendarme. O imperador alto e em boa forma, com mais de quarenta anos, ainda era "muito bonito", observou um visitante estrangeiro da época, "seu sorriso é encantador; os olhos azuis ainda mais brilhantes por causa do bronzeado do rosto, a boca me lembrando uma estátua grega". Quando ele viu uma moça bonita, ela percebeu como seus "belos e grandes olhos azul-claros me olharam profundamente".

Kátia agora tinha dezesseis anos e meio, uma jovem com cabelos densos de um louro acinzentado, pele de alabastro e corpo curvilíneo. "De início ele não me reconheceu e depois voltou e me perguntou se era eu!"

Alexandre sentiu um verdadeiro *coup de foudre*. Um cortesão de confiança mencionou isso para a ex-diretora dela, que designou sua experiente prima Vera Chebeko para abordar a mãe de Kátia. Chebeko, filha de uma família de funcionários públicos, tinha sido amante do tsar, e apesar de continuar atraída por ele, se tornou companheira de Kátia — e, alguns diriam, a alcoviteira do tsar.

Durante quatro meses o tsar e Kátia se encontraram todos os dias no Jardim de Verão. O tsar ficava cada vez mais enamorado da menina séria que achava os jovens tediosos, tinha pânico de casamento, se aborrecia em bailes e gostava de ler sozinha. Como filha das reformas, ela gostava genuinamente de discutir o florescimento da literatura com seu platônico companheiro de caminhadas.

Às três da tarde de 4 de abril de 1866, ao deixar Kátia, Alexandre estava prestes a subir na carruagem perto dos portões onde um melancólico nobre da província chamado Dmítri Karakózov se encontrava entre a pequena multidão de sempre. Expulso da Universidade de Moscou, Karakózov tinha entrado para a Inferno, uma facção revolucionária, inspirada no romance de Tchernitchévski, que desejava derrubar o tsarismo e criar uma comuna de trabalhadores. A Inferno escolhera Karakózov para matar Alexandre.

Quando o tsar passou por ele, o jovem terrorista sacou um revólver e ergueu-o; mas bem quando estava puxando o gatilho, o homem ao lado dele, Óssip Komissárov, de Kostromá, empurrou-o. O revólver disparou muito para o alto.

Na lacônica anotação do diário do tsar: "Tiro de pistola falhou. Assassino pego". "Compaixão geral", acrescentou o imperador. "Fui para casa e depois para a Catedral de Kazan. Viva! Toda a Guarda no Salão Branco." Sacha registrou "grupos de pessoas cantando 'Deus Salve o Tsar'. Felicidade geral e trovejantes vivas!".

No Palácio de Inverno, Alexandre recebeu o maltrapilho Komissárov, cujo empurrão salvou sua vida. Naturalmente ele foi saudado como um novo Ivan Susánin, o camponês que havia protegido Miguel, o primeiro tsar Románov. Os dois não eram de Kostromá? Uma récita da ópera *Uma vida pelo tsar* foi providenciada. Depois de o estupefato Komissárov ter sido conduzido em meio às fileiras de guardas no Salão Branco, Alexandre o encheu de prêmios — dinheiro e nobreza como Komissárov-Kostromski — um herói acidental.* No entanto, em particular, o imperador atribuiu sua sobrevivência ao amor de uma salvadora totalmente diferente, muito mais bela.

Quando Kátia ouviu os tiros depois de se separar de Alexandre, "fiquei chocada e doente, chorei... e queria expressar a ele minha felicidade. Tinha certeza de que ele sentia a mesma necessidade em relação a mim". Ela tinha razão. Naquela noite, o imperador, apesar de ter escapado de um assassinato, apareceu no Instituto Smólni como tinha prometido. "Esse encontro foi a melhor prova de que nós nos amávamos", ela escreveu mais tarde. "Decidi que meu coração pertencia a ele."

No dia seguinte, 5 de abril, "anunciei a meus pais que preferia morrer a me

---

* Logo depois, o presidente dos Estados Unidos, Andrew Johnson, enviou uma delegação para felicitar Alexandre por sua sobrevivência: "Agradecemos a Deus por ter poupado o povo russo de uma dor, com o perigo evitado pela Providência nos lembrando obrigatoriamente de nosso próprio profundo pesar pelo assassinato de nosso Guia, nosso Líder e nosso Pai". Essas relações amistosas trouxeram à tona a questão da América Russa. O Forte Ross (originalmente Forte Rússia), o porto russo na Califórnia, tinha sido fundado pela Companhia Russo-Americana em 1812, mas fora vendido secretamente em 1841. O imperador Paulo havia garantido à empresa um monopólio comercial no Alasca, governado a partir de Novo Arcanjo (atual Sitka), mas o comércio americano e britânico reduziu os lucros russos, enquanto Vladivostok se tornou um porto muito mais importante. Kóstia acreditava que o Alasca era um peso financeiro e que era militarmente indefensável — assim como uma fonte potencial de atrito com os Estados Unidos. Em 16 de dezembro de 1866, Alexandre, Kóstia e Gortchakov concordaram em designar o barão Von Stoeckl, ministro russo em Washington, a negociar com o secretário de Estado americano, William Seward, a venda do Alasca por um mínimo de 5 milhões de dólares. Em 18 de março de 1867, o Alasca foi vendido por 7,2 milhões de dólares. Os jornais americanos ironizaram a transação chamando-a de "loucura de Seward".

casar". Então ela partiu para o Jardim de Verão, onde encontrou cortesãos erigindo uma capela ao ar livre para um te-déum de agradecimento a Deus pela sobrevivência de Alexandre. O imperador logo chegou com todo o seu séquito. "Nunca vou me esquecer", ela escreveu, "o amor com que ele me olhou." Quando ele a viu ali, "não tive dúvidas de que você era meu anjo da guarda". O amor deles ficaria mais forte depois de cada ataque terrorista.[15]

Se era consolado por seu "anjo da guarda", Alexandre culpava os liberais por colocar assassinos à sua caça e demitiu qualquer funcionário que pudesse ser culpado, até os íntimos.* Ao demitir o liberal ministro da Educação "por deixar que os jovens saiam do controle", ele nomeou um talentoso arquiconservador, conde Dmítri Tolstói, para reprimir as universidades. Mas ele realmente precisava de um cão de ataque e o encontrou no conde Pedro Chuválov, que se tornou chefe da Terceira Seção e ministro-chefe informal.

Filho da viúva polonesa do príncipe Zubov e portanto herdeiro daquela colossal fortuna, Chuválov, que tinha apenas 34 anos, havia flertado com a irmã viúva do tsar, Maria, duquesa de Leuchtenberg, até que o tsar o repreendeu. Mas agora Alexandre precisava da esperteza inescrupulosa de Chuválov. Kóstia o chamava de "cachorro acorrentado", e ele era tão poderoso que foi apelidado de "Pedro IV".

Chuválov criou a primeira guarda pessoal de quarenta homens para o tsar e reformou a Gendarmeria. No fundo ele sabia que as reformas eram essenciais e preparava um plano radical para expandir a participação no governo, mas esse defensor da nobreza tinha combatido ferozmente a emancipação dos servos e agora minava as reformas liberais, aniquilando a perestroika da década de 1860.

---

* Ele demitiu dois amigos pessoais responsáveis pela segurança, o arquiliberal governador-geral de Petersburgo, príncipe Alexandre Suvórov-Italíski, que tinha estudado na Sorbonne (neto do generalíssimo), e o chefe da polícia secreta, Vassíli Dolgorúki (último ministro da Guerra de seu pai). O Carrasco da Polônia, Muraviov, recebeu a atribuição de investigar a conspiração. Enquanto isso, a aniquilação da Polônia se intensificou. Até os russos mais liberais, diante da rebelião russa, se tornavam nacionalistas opressores. Alexandre tentou banir o uso dos idiomas polonês, ucraniano e lituano — embora simultaneamente tenha promovido não apenas o idioma finlandês como instalado um parlamento em Helsinque, onde uma estátua do "Bom Alexandre" ainda existe. Tais são as contradições de um império multinacional.

"Tudo é feito sob a influência exclusiva do conde Chuválov, que atormenta o soberano com relatórios diários sobre os terríveis perigos", escreveu o único liberal remanescente no poder, Dmítri Miliútin, ministro da Guerra. "Agora todos estão recuando. Agora o imperador perdeu a confiança em tudo o que criou, inclusive nele mesmo."[16]

Sacha cedeu às ordens do pai de se casar com Minny. Duplamente triste, por M.E. e por Nixa, Sacha escreveu, desesperado: "Oh, Deus, que vida, será que vale a pena no fim das contas? Por que nasci e por que ainda não morri?".*

Ao chegar a Copenhague em 2 de junho de 1866, acompanhado por Alexis, seu jovial irmão mais novo, Sacha passou duas semanas se aproximando lentamente de Minny. A mais recente guerra de Bismarck tinha acabado de eclodir: quando a Áustria desafiou a Prússia em função de sua administração conjunta de Schleswig-Holstein, Bismarck garantiu a neutralidade de Alexandre, que havia se afastado da Áustria depois da Guerra da Crimeia. A Prússia então derrotou a Áustria, anexou faixas do território nordeste e se tornou hegemônica na Alemanha.

Enquanto as potências germânicas lutavam, os dois jovens falavam sem parar em Nixa, até que em 11 de junho, vendo fotografias do rapaz morto, Sacha tomou coragem para perguntar a Minny se ela poderia amar outro homem, o que a levou a praticamente saltar sobre o espantado herdeiro e beijá-lo. Quando contaram para a família, os dois irromperam em mórbidas lágrimas por Nixa, até serem cumprimentados por Alexis.

Em 28 de outubro de 1866, Minny, agora Maria Fiódorovna, casou-se com Sacha, mudando-se para o Palácio Anítchkov. A imperatriz Marie mal conseguia perdoar Minny por superar a lembrança de Nixa. Quando o casal assumiu o comando do Pequeno Palácio da Crimeia, a imperatriz escreveu: "É tão triste pensar o que poderia ter sido, e o coração sangra pela pobre Minny, que deve sentir o mesmo, entrando em uma casa que ela tinha idealizado tão feliz com outro". Sacha demorou a se acostumar com a nova vida: às vezes ele ficava bêbado e violento. No entanto, apesar dessa grosseria, Sacha se apaixonou por Minny e, quando

---

* M.E. se casou com o rico Paulo Demídov, cuja família obteve o título napoleônico de príncipe de San Donato, mas depois de dois anos ela morreu no parto.

estava em manobras militares, escreveu sobre suas fantasias de estar nu com ela "como Adão e Eva". Logo ela engravidou.

Na noite de 6 de maio de 1868, no Palácio Alexandre em Tsárskoie Seló, o parto de Minny foi uma daquelas constrangedoras situações público-privadas que uma princesa precisa suportar. O imperador e a imperatriz se uniram a Sacha para o parto, "o que me incomodou profundamente!". Minny contou à mãe. "O imperador segurou minha mão, meu Sacha segurou a outra enquanto a imperatriz me beijava o tempo todo." Sacha estava chorando: "Minny sofreu muito. Papai [...] me ajudou a segurar minha amada [...]. Às duas e meia Deus nos mandou um filho [...]. Pulei para abraçar minha amada esposa". O filho se tornou Nicolau II.[17]

A repressão de Chuválov enfureceu os radicais e empurrou-os cada vez mais para seu culto à violência. Um estudante niilista chamado Serguei Netcháeiv, um psicopata carismático, tinha sido inspirado pelo "homem especial" de Tchernitchévski a acreditar que apenas o assassinato de toda a dinastia Románov poderia libertar a Rússia. Em agosto de 1869, depois de viajar pela Europa e encontrar muitos exilados russos que agora lotavam os cafés de Genebra e de Londres, tramando a revolução, Netcháeiv voltou à Rússia, onde ajudou a orquestrar motins de estudantes.

Ao fugir para Genebra, ele escreveu seu *Catecismo revolucionário*, que afirmava que "o revolucionário é um homem condenado [...] subordinado a um único interesse, a um único pensamento, a uma única paixão. Todos os sentimentos ternos pela família, as amizades, o amor, a gratidão e até a honra devem ser esmagados [...]. Dia e noite ele deve ter um único pensamento, uma meta — a destruição implacável". Em última instância, "devemos entrar para o atrevido mundo dos ladrões, os únicos verdadeiros revolucionários da Rússia". Isso era leninismo antes de Lênin.

No entanto, ao mesmo tempo a autocracia também estava sob ataque da direita eslavófila. O talentoso editor-proprietário do *Moskóvskie Viédomosti*, Mikhail Katkov, um conservador radical, estava começando uma carreira que o veria se tornar tão influente quanto os antigos fidalgos. Agora ele afirmava que o tsar deveria ignorar a nobreza para forjar um Estado-nação, a monarquia apoiada pelo nacionalismo russo. Enquanto isso, Katkov estava publicando capítulos de dois romances que definiriam a década: *Guerra e paz*, de Liev Tolstói, e *Crime e castigo*, de Fiódor Dostoiévski — certamente os maiores furos literários da história da mídia. Tolstói se concentrava em retratos realistas de personagens e famílias russos de 1812, aquele momento seminal da história da Rússia — e por enquanto ficava de fora da política. Dostoiévski tinha voltado do exílio convencido do excepcional destino ortodoxo da nação russa e se tornara um improvável defensor dos Románov. Como ex-prisioneiro que uma vez fora condenado à morte, ele ficava horrorizado mas fascinado com os niilistas, que só ele compreendia: Raskólnikov, o herói de *Crime e castigo*, sonhava "tornar a humanidade feliz e salvar os pobres por meio do assassinato". Agora as previsões de Dostoiévski começavam a se tornar realidade.

Em novembro de 1869, Netcháeiv tinha preparado um complô com discípulos suscetíveis em uma organização semimítica, a Vingança do Povo. Como teste da lealdade niilista, ordenou que seus comparsas matassem um estudante inocente. Quando foi preso e julgado, a Rússia ficou chocada e Dostoiévski se inspirou para escrever *Os demônios*. Netcháeiv morreu na prisão.

O espasmo de violência juvenil parecia ter passado. Alexandre governava por meio de Chuválov, que se orgulhava de saber tudo sobre a corte e sobre os radicais. Ele sabia mais a respeito das intrigas palacianas do que a polícia secreta — mas não sabia que Alexandre estava loucamente apaixonado.[18]

"Sempre achei", Alexandre escreveu a Kátia Dolgorúkaia, "que havia algo que nos unia, uma atração irresistível." Mas a virgem adolescente era reservada. Ela não sucumbiu ao imperador. Observadores fofoqueiros olhavam os dois andando pelo Jardim de Verão todos os dias, e por isso eles transferiram as caminhadas para a praia de Peterhof e para o parque de Tsárskoie Seló, onde a mãe dela alugou uma casa para o verão.

Em 1º de julho de 1866, "eu te encontrei", ele se lembraria mais tarde com ela, "cavalgando perto de Mon Plaisir, e você sugeriu que nos encontrássemos mais tarde sob o pretexto de me dar teu retrato. Eles se encontraram no Belvedere, uma requintada casa de campo usada por Alexandre I e por Nicolau I para se encontrar com as amantes, na colina Babigon. "Nós nos sentamos em um banco esperando que ela fosse aberta", o tsar escreveu dez anos mais tarde, sempre saboreando suas memórias.

"Foi nosso primeiro tête-à-tête", ela escreveu simplesmente em suas memórias.

"Nunca vou me esquecer do que aconteceu no sofá, na sala do espelho, quando nos beijamos na boca pela primeira vez", ele disse mais tarde a ela, "e você me fez sair enquanto tirava sua crinolina que estava no nosso caminho e eu fiquei surpreso de ver que você estava sem suas pantalonas. *Oh oh quelle horreur!* Fiquei quase maluco com esse sonho, mas ele era real e senti que ELE estava explodindo. Senti um frenesi. Foi quando encontrei meu tesouro [...]. Daria tudo para mergulhar dentro novamente [...]. Fiquei excitado porque sua impudica crinolina me deixava ver suas pernas que só eu já tinha visto" — e também pela inesperada capacidade para o prazer que a tornou sua igual em termos sexuais: "Caímos um sobre o outro como gatos selvagens".

Ela ficou grata pela gentileza dele: "Sem saber nada da vida, inocente em minha alma, eu não soube perceber que outro homem podia ter tirado partido de minha inocência enquanto ele se conduziu comigo com a honestidade e a nobreza de um homem que ama e estima uma mulher como um objeto sagrado". Eles eram ambos religiosos e acreditavam que essa era, como ela disse, "uma paixão inspirada por Deus".

Depois ela lhe contou que tinha "dedicado a vida a amá-lo [...]. Não podia mais lutar contra esse sentimento que me devorava". O imperador alertou, solene: "Agora você é minha esposa secreta. Juro que, se algum dia eu for livre, me casarei com você". Foi, como ela escreveu mais tarde, "o dia mais feliz da minha vida" e "o começo de uma lua de mel que nunca acabou!".

O imperador insistiu em nomeá-la dama de honra da imperatriz. Mas Kátia não tinha interesse em ficar se pavoneando na corte. Apesar disso os cortesãos falavam. Kátia odiava os boatos, mas odiava ainda mais se separar dele. Ela o encontrava para fazer amor no gabinete dele no Palácio de Inverno. Eles se viam a cada dois dias, "loucos de felicidade de se amarem", como ela disse. Mas quando os deveres os separavam, ela descobria que "o pesadelo de deixá-lo era uma tortura".

Kátia e uma companheira partiram em viagem à Europa para acalmar os nervos dela. Os cortesãos presumiram que esse era o fim de mais um caso de menor importância — e se esqueceram da garota do Smólni. Talvez esse devesse ser o fim. Madame Chebeko apresentou a bela irmã de Kátia, Maria, que também amava o tsar.[19]

Os prussianos haviam derrotado os austríacos e os expulsado para sempre da Alemanha. Desde Napoleão I, os Románov tinham tratado os Hohenzollern como aliados de confiança, mas também como "primos pobres" — "os mais fracos dos fracos", achava Gortchakov com uma impressionante incapacidade de prever o futuro. Mas eles não eram mais fracos. Agora a Prússia desafiava a França, o último obstáculo para o domínio prussiano da Alemanha. Alexandre reverenciava seu tio, o rei Guilherme, e desprezava Napoleão III, mas concordou em participar da Feira Mundial em Paris, que Napoleão promoveu.

Ele acreditava que Napoleão III tinha "causado a morte prematura do meu pai", escreveu em seu diário. "Confesso que eu certamente não iria a Paris por ele!" Na verdade ele foi por outra pessoa completamente diferente.

Em 20 de maio de 1867 na Gare du Nord, Napoleão se encontrou com Alexandre, com seus filhos Sacha e Vladímir, e os acompanhou até o Élysée. Uma multidão hostil gritava: "Vida longa à Polônia!". Perto da meia-noite, o imperador acordou Adlerberg, o velho ministro da corte. "Vou sair para um passeio", disse Alexandre.

Adlerberg ficou boquiaberto: o tsar precisava ser acompanhado.

"Não há necessidade de me acompanhar. Vou me virar sozinho, mas por favor, meu caro, me dê algum dinheiro."

"Quanto vossa majestade solicita?"

"Não tenho ideia: que tal cem mil francos?"

Enquanto o tsar desaparecia na noite parisiense, Adlerberg acordou Chuválov, que explicou que Alexandre seria seguido tanto por detetives russos quanto por franceses. Mas os dois condes aguardaram ansiosos a volta do tsar.

Na rua, Alexandre chamou um táxi e foi para a Rue de la Paix, onde desceu. Consultando uma anotação sob um lampião de gás, ele entrou em uma casa, mas os portões se fecharam e ele não conseguia sair do pátio. Tentou abrir os portões até que um agente russo apareceu e apontou para a corda do sino. O imperador entrou na casa ao lado, onde Kátia Dolgorúkaia estava esperando.

"Nunca vou me esquecer de nosso primeiro encontro na Rue de la Paix, Paris!", ele escreveu mais tarde. "Estávamos loucos um pelo outro" — e quando ele estava com ela, "nada mais existia para nós!". O reservado tsar não disse nada a sua comitiva sobre Kátia.

No Élysée, "terríveis possibilidades passavam por nossas cabeças", lembrou Chuválov. "A ideia do tsar sozinho nas ruas de Paris no meio da noite, com 100 mil no bolso, nos dava pesadelos. A ideia de que ele pudesse estar na casa de alguém nunca nos ocorreu!"

Por fim, às três da manhã, ele voltou. Chuválov chorou de alívio, ávido por ouvir os relatos de seus agentes sobre as aventuras do tsar. Apenas em retrospecto Chuválov percebeu que a viagem inteira tinha sido na verdade organizada em torno de Kátia. Paris, a própria Kátia lembraria, "só era encantadora porque tínhamos um ao outro, e a obrigação dele de ver a exibição e os outros deveres o entediavam porque seu único objetivo era eu e ele veio apenas para isso!".

Depois de uma exibição militar no Longchamp, na volta para casa, Alexandre compartilhou sua carruagem aberta com Napoleão, enquanto Sacha e Vladímir se sentaram atrás dele.

Enquanto trotavam pelo Bois de Boulogne, um jovem atirou duas vezes em Alexandre. Os tiros não acertaram, e o assassino foi capturado. O tsar e seus filhos cogitaram encurtar a viagem, mas a imperatriz Eugênia implorou a Alexandre que ficasse, enquanto Napoleão lhe informava que o assassino era um exilado polonês. Os jornais franceses pró-Polônia aplaudiram a ação; o tsar e o herdeiro mal podiam esperar para ir para casa.

O tsar atribuiu essa segunda sobrevivência a Kátia: "Sempre meu anjo da guarda".[20]

O próprio Alexandre via o império novo-rico de Napoleão III como condenado. Napoleão não podia permitir a unificação da Alemanha, e isso agora o levou a um conflito com a Prússia. Nos frequentes encontros de Alexandre com seu tio Guilherme e Bismarck, este último sugeriu que a Prússia iria apoiar a Rússia para que ela se libertasse do tratado que encerrou a Guerra da Crimeia — se a Rússia protegesse o flanco oriental da Prússia contra a Áustria. Alexandre ficou feliz em ajudar.

Em julho de 1870, Bismarck aproveitou a oportunidade. O trono da Espanha foi oferecido ao primo de Guilherme. A França objetou e a oferta foi recusada, mas o ministro das Relações Exteriores da França exigiu que Guilherme prometesse que a oferta da Espanha jamais seria aceita. Jogando com o sentimento de honra ofendido do rei, Bismarck convenceu Guilherme a provocar a França para que Napoleão declarasse guerra. A Guerra Franco-Prussiana mudou a configuração da Europa. Inesperadamente, os prussianos derrotaram de maneira incontestável o arrogante Exército francês em uma campanha moderna, rápida e eficiente. Na Batalha de Sedan, o próprio Napoleão foi capturado. O povo de Paris se rebelou, e Napoleão abdicou, indo para o exílio na Inglaterra. Os prussianos sitiaram Paris e forçaram a França a uma paz humilhante, anexando as províncias da Alsácia e da Lorena.

No Salão dos Espelhos de Versalhes, Bismarck decretou o Império Alemão, uma federação de reinos com Guilherme como Kaiser, criando uma engenhosa constituição híbrida que combinava a monarquia absoluta com uma democracia parlamentar. Concedeu o sufrágio universal e a assistência social dos trabalhadores para desarmar liberais e socialistas, e empregou um triunfante nacionalismo para conquistar apoio popular para o Kaiser. Isso foi equilibrado de maneira tão delicada que só podia ser controlado pelo chanceler imperial, o próprio Bismarck.

Alexandre estava naturalmente do lado do tio Guilherme. De início ele ficou tão empolgado com a vitória de seu "melhor amigo" que enviou medalhas aos generais alemães. E escreveu: "Acabei de provar meu novo uniforme prussiano, que me cai bem".

"A Prússia jamais esquecerá sua dívida com você pelo fato de a guerra não ter tido um final infeliz", escreveu o Kaiser ao tsar. "Seu amigo até a morte. Guilherme." Bismarck cumpriu sua promessa, autorizando Gortchakov, em novembro de 1870, a revogar a proibição de fortificações no mar Negro. "A pedra que oprimia meu coração por quinze anos acaba de ser removida", escreveu Alexandre, mas "o futuro está na união com nosso poderoso vizinho." Os russos não esperavam que a Alemanha conseguisse uma vitória tão impressionante sobre a França, e Gortchakov sensatamente aconselhou que não se provocassem os franceses. O Império Alemão se tornou uma usina que agora tinha fronteiras claras com a Rússia; sua riqueza industrial, sua sofisticação técnica e o Exército moderno expuseram as fraquezas russas e, embora os Románov e os Hohenzollern tivessem relações amigáveis, havia motivo para atritos entre as novas ambições da Alemanha e as tradicionais aspirações russas.

Sacha, influenciado pela esposa dinamarquesa, Minny, criticou o "governo míope" (querendo dizer seu pai) por ajudar esses "porcos prussianos". Alexandre talvez tenha perdido a chance de se unir à Prússia e destruir o poder austríaco. Esse não era o plano de Bismarck, pois agora ele precisava da Áustria para impor limites à Rússia. Reuniu Alexandre e Francisco José em sua liga dos Três Imperadores que, pelo menos por enquanto, dava à Rússia segurança e neutralizava as rivalidades com a Áustria nos Bálcãs. O tsar celebrou com o Kaiser e o "Chanceler de Ferro" em Berlim e Petersburgo, onde, no teatro, o velho Hohenzollern ficou em êxtase com as pernas das bailarinas. "Guilherme certamente gosta de saias", Alexandre anotou em seu diário. "Ele seguiu a cena sem tirar os binóculos dos olhos. Ah, que tio!"[21]

Todos os dias, Alexandre encontrava Kátia, "minha garotinha atrevida", na casa que ele tinha alugado para ela no Cais Inglês, que ele chamava de "nosso ninho". Eles se escreviam várias vezes por dia mesmo depois de terem acabado de se ver, talvez a mais explícita correspondência escrita por um chefe de Estado, usando seus apelidos românticos para descrever como faziam amor:* *Les bingerles* era o próprio ato sexual. Os dois tinham libido desinibida e exuberante, mas sua situação peculiar significava que eles jamais perdiam o frenesi da paixão de novos amantes. "Confesso que essas memórias reacenderam meu desejo de mergulhar de novo em tua louca *coquillage*", ele escrevia. "Oh, oh, oh, estou rindo disso, não estou com vergonha, é natural!"

Ele ficava encantado quando ela tomava a iniciativa. "Quase cheguei ao delírio", escreveu o imperador, "ficar deitado no sofá enquanto você passeava por mim... nós fomos feitos um para o outro e te vejo diante dos meus olhos, agora na cama, agora sem as cuecas." Ele elogiava a intensa capacidade dela para o prazer: "Fiquei feliz de sentir tua fonte [*ta fontaine*] me irrigando várias vezes, o que redobrou meu prazer", ele escreveu. Em outro dia, ele elogiou a *coquille* dela, que "ficou louca se prendendo a mim como uma sanguessuga", e com frequência mandava "elogios de *mon bingerle* que está totalmente armado".

Kátia saboreava o sexo tanto quanto ele, escrevendo: "Você sabe que eu te

---

* As cartas e diários dos dois foram pouco usados por historiadores e a maior parte é inédita porque apenas recentemente foi instalada nos arquivos russos. Depois da morte de Alexandre, Kátia levou muitas das cartas às escondidas para Paris. De um modo ou de outro, algumas cartas foram vendidas para compradores particulares, mas a grande maioria ficou esquecida até ser reunida pelos Rothschild franceses, que, em troca de arquivos bancários capturados pelos soviéticos na Segunda Guerra Mundial, as devolveram aos arquivos russos, onde permanecem sem ser catalogadas. Durante o reinado de Nicolau II, alguns dos diários e algumas das cartas de Alexandre para Kátia foram reunidos nos arquivos, mas considerados chocantes demais para serem publicados. As memórias de Kátia, também usadas aqui, foram escritas depois da morte de Alexandre e também continuam inéditas.

quero. Admito um imenso prazer e me sinto dominada por isso, um prazer que não pode ser comparado a mais nada". Confessava: "Sinto uma loucura de prazer debaixo do nosso cobertor. Esse prazer não tem nome, já que somos os únicos a senti-lo". Ela contava as horas para os encontros com ele: "Meu sono foi intranquilo e curto, estou agitada e não posso esperar duas horas e quinze para te encontrar, não se atrase, beijo você, meu anjo, meu louco, meu tudo!".

O tsar achava "o corpo dela tão tentador" que a desenhou nua: o desenho mostra o corpo voluptuoso dela e as grossas tranças amarradas em um coque, até a cintura.

Eles se devoravam em recepções da corte: "Nossos olhos não conseguiam evitar buscar um ao outro... Achei sua roupa deslumbrante e aos meus olhos você era a mais bela das mulheres bonitas. Mas você estava um pouco pálida". Ele queria dançar a valsa com ela, "mas acho que você entendeu que decidi dançar com outras para poder dançar com você. Dava para sentir que queríamos *bingerle*".

Eles planejavam todos os dias "então amanhã nós vamos conseguir nos ver no passeio matinal", ele escreveu. "Nosso encontro na rua Sadóvaia foi um raio de sol", ela se entusiasmou. "Você estava com uma aparência tão maravilhosa com seu capacete de hussardo que fiquei orgulhosa do marido de meus sonhos." Eles se viam como já casados em "um culto nosso": "Admito", ela escreveu, "nada se compara à alegria de ter prazer em um frenesi de sentimentos, já que pertencemos um ao outro apenas diante de Deus e que nosso vínculo é eterno".

Os médicos dele tentaram limitar as sessões de sexo. Depois de Alexandre ter mencionado "quatro vezes", "em cada peça de mobília" e "em todos os cômodos", ela sugeriu que "se você achar que estamos cansados, vamos descansar por uns dias". Isso foi às onze da manhã; à meia-noite, ela estava acrescentando: "Esta noite eu te quero", e às onze da manhã seguinte: "Dormi inquieta, tudo treme dentro de mim, não posso esperar até as 16h45".

"Ele não tinha ninguém que realmente pensasse nele", ela escreveu. "Eu me preocupava com ele o tempo todo." Ao descobrir que ele estava dormindo em "uma cama dura como pedra", a cama de campanha do pai dele, "eu a substituí por camas de molas". Ao perceber que ele estava fazendo revista de tropas durante o inverno usando uma túnica de verão, "introduzi uniformes de materiais impermeáveis". A verdade é uma mercadoria sempre rara em uma autocracia, mas quando ministros mentiam para ele, "eu era uma leoa para evitar que ele continuasse sendo enganado — a glória dele era a minha vida".

No entanto, essa vida era difícil para ela; o destino da amante é sempre ficar esperando. "Eu não via ninguém. Eu o seguia em todo lugar, ficando em cabanas e áticos, passando por provações terríveis, mas com felicidade (o essencial era vê--lo)." Os cortesãos cochichavam com malícia. "Ah, que triste", o tsar escreveu demonstrando compaixão, "que você enfrenta coisas desagradáveis." Ele achava que sexo era a resposta: "Que pena que não posso ir correndo para te alegrar e fazer *bingerle* para esquecer o mundo".

No entanto ela sabia ser enérgica, obstinada e ter a língua afiada, chamando a si mesma "essa querida déspota especial que quer ser amada por seu adorado marido". Ela era insegura. "Cheguei cheio de amor", ele reclamou em 5 de fevereiro de 1871, "você me recebeu como um cão e só ficou carinhosa quando viu que tinha ido longe demais!" Ela acreditava nas intrigas, mas ele a tranquilizava: "Imploro que você não acredite em tudo o que ouve, que na maior parte das vezes existe apenas na imaginação".*

O estresse a deixou doente. Alexandre mandou-a a "médicos famosos" que "anunciaram a ele que a única coisa que podia me salvar eram filhos". Logo ela engravidou e pediu que ele fosse fiel: "Sei do que você é capaz em um momento quando você quer fazer aquilo, de esquecer que você me deseja e ir fazer isso com outra mulher". Mas a gravidez a salvou.

"Nós fomos criados para trazer ao mundo Sua sagrada concepção diante da qual tudo o mais empalidece [...]. Espero que Deus não me abandone durante o parto", ela escreveu em 12 de novembro de 1871, "que me deixa apavorada demais." Em 30 de abril de 1872, Kátia deu à luz um filho, Gueórgui, no sofá do gabinete de Alexandre no Palácio de Inverno. Depois ela e o filho voltaram para casa. Mais tarde eles também tiveram duas filhas.

A pobre imperatriz percebia que Alexandre estava apaixonado pela amante. Quando suas amas discutiam até que ponto Mouffy soubera da amante de Nico-

---

* Em seu pequeno círculo, ela estava sujeita à tagarelice da irmã Maria e da fiel acompanhante Vera "Vava" Chebeko, ambas "ex" do imperador, mais ou menos apaixonadas por ele, o que complicava as coisas. Chebeko costumava fazer o papel de leva e traz e flertava pesadamente com ele. Pelo menos uma vez ela entrou quando ele estava nu — o que muito o divertiu. "Ela viu tudo!" Nas cartas dele, Alexandre às vezes chamava a vagina de Kátia de "Vava". Como Chebeko tinha sido amante dele antes de Kátia, não fica claro onde terminava uma Vava e começava a outra: "Meus cumprimentos à Vava do meu *bingerle*, que está totalmente armado!". Um ménage à trois era improvável dado o ciúme de Kátia, por isso é possível que eles só gostassem de provocar Chebeko.

lau, ela alertou que se mencionassem algo do gênero de novo para ela, nunca queria vê-las. A morte de Nixa tinha reduzido o casamento deles a um mórbido culto de reminiscências, com celebração conjunta do aniversário e do dia da morte. "Peço que você respeite a mulher que há em mim", ela disse a Alexandre, "mesmo se você não for capaz de respeitar a imperatriz." Mas, destruída pela tuberculose, frequentemente ela estava longe, enviada pelos médicos a Livadia ou a Nice. Os amantes desejavam a morte da imperatriz. Em um casamento, os olhos de Alexandre encontraram os de Kátia. "Nossos olhares refletiam nossos sentimentos íntimos", Alexandre escreveu. "Porque queríamos estar na situação dos recém-casados."[22]

Alexandre não estava sozinho em seu pecado. Carruagens grão-ducais faziam fila toda noite na rua Rossi do lado de fora do Balé Imperial, que os Románov tratavam como uma agência de acompanhantes. Os irmãos do tsar, Kóstia e Nizi (Nikolai), tinham filhos com bailarinas. Só o irmão mais novo, Mikhail, era feliz no casamento.* Mas foi a geração mais nova que provocou a próxima crise de Alexandre.

"Voltando de minha caminhada, tive uma surpresa desagradável com Alexis", escreveu o tsar em 18 de agosto de 1871, "que anunciou seu caso com uma garota que agora está grávida e pediu minha permissão para se casar com ela e perdi uma hora do tempo que tinha para trabalhar."

Alexis, um rebelde adorável mas descarado, de vinte anos de idade, tinha entrado para a Marinha (ele se tornou aspirante aos sete) e já havia servido durante longos períodos no mar. Sua namorada era uma dama de honra, Alexandra

---

* Kóstia estava cansado de "minha mulher assunto de governo" Sanny. "Meu pai só tem duas paixões", disse seu filho Nikola, "a ambição e sua dançarina." Kóstia morava no Palácio de Mármore, mas passava a maior parte do tempo com sua bailarina, Anna Kuznetsova, e com os filhos deles na casa deles na avenida Inglesa. Mikhail era o protótipo da virilidade: quando encontrou a imperatriz francesa Eugênia, ela exclamou: "Isso não é um homem, é um cavalo!". O vice-rei do Cáucaso era casado com Olga (Cecilie de Baden), que se acreditava ser filha biológica do caso que sua mãe teve com um banqueiro judeu chamado Haber. Os sete filhos deles foram criados na exótica Tbilisi e em uma propriedade de quase cinquenta hectares em Borjómi, onde Mikhail construiu o Palácio Likani em estilo falso gótico (Stálin mais tarde passou sua "lua de mel" lá com a esposa, Nádia, e às vezes descansava lá; o lugar ainda sobrevive como casa presidencial na Geórgia).

Jukóvskaia, filha do poeta, com quem Alexis tinha um filho. "As intrigas dessa srta. Jukóvskaia são inacreditáveis!", resmungou Alexandre, que despachou o marinheiro pródigo para uma viagem que incluía uma visita aos Estados Unidos para consolidar a aliança entre os países.

Dez anos antes, Bertie, o príncipe de Gales, tinha sido festejado pelos americanos que gostavam da realeza desde que se tratasse de pessoas joviais, inteligentes e exuberantes — e Alexis era tudo isso. Ele se reuniu com o presidente Ulysses S. Grant na Casa Branca, teve encontros com uma dançarina burlesca em St. Louis e com uma atriz em Nova Orleans e depois embarcou no que os jornais chamaram de "A Grande Caçada Real de Búfalos" no Nebraska. Os companheiros do grão-duque eram a nata do Velho Oeste: o general George Custer, Buffalo Bill Cody e o chefe indígena Cauda Pintada. "Quanto a meu êxito com as mulheres americanas de que tanto se fala nos jornais", Alexis disse à sua pudica mãe, "posso dizer honestamente que se trata de um completo absurdo." Como muitos príncipes com mau comportamento desde então, ele culpou o assédio da mídia por suas próprias escapadelas. "Eles me observavam como a um animal selvagem, como a um crocodilo!"[23] Mas o tsar logo teve problemas familiares mais próximos à sua casa: uma cortesã conhecida como "a americana" tinha acabado de chegar a Petersburgo.

"Qualquer coisa que brilhe me cativa", escreveu Harriet Blackford, uma garota loura atrevida e de olhos vivos vinda da Filadélfia que, depois de aventuras sob seu novo nome de "Fanny Lear" com milionários franceses e com a realeza britânica, chegou em busca de mais brilho em Petersburgo. "Logo me vi sendo apresentada a condes, barões e príncipes." Fanny expandiu sua clientela de príncipes mais velhos ("a velhice prateada") para a "juventude dourada". Em um baile de máscaras no Teatro Mariínski, ela percebeu "um jovem de 22 anos, com um metro e oitenta de altura, com um corpo magnífico, alto e esbelto" com uma covinha no queixo, sensual e passional e uma expressão de "sarcasmo e ceticismo [...]. Tinha certeza de que havia um grão-duque à minha frente".

"Você sabe quem eu sou, pequena?", ele perguntou a ela. Ela o levou para seu quarto no Hôtel de France.

Nikola, filho de Kóstia e sobrinho do tsar, se apaixonou obsessivamente por ela, obrigando-a a assinar um acordo de posse completa: "Juro não falar com mais ninguém nem me encontrar com mais ninguém, nunca e em nenhum lugar sem a permissão de meu augusto mestre e como uma americana bem-educada me declaro uma escrava de corpo e alma de um grão-duque da Rússia". Em troca, ele prometeu a ela 100 mil rublos.

Nikola encomendou uma estátua nua de Fanny que revela seu fascínio. (Ela ainda está no palácio Tachkent.) Ele era ciumento, os ossos do ofício de uma cortesã, e tinha acessos de fúria. Ela era insegura e exigia joias. De início o pai dele ficou intrigado com a amante do filho. "Nikola, acho que é a americana", Kóstia riu quando Nikola escondeu a sorridente *grande horizontale* no Palácio de Mármore, "e quero vê-la porque me dizem que ela é muito bonita." Logo Kóstia e Alexandre ficaram preocupados com o domínio da americana sobre Nikola. Em fevereiro de 1873, Kóstia repreendeu o filho; então o imperador recorreu ao que para os Románov equivalia ao que os britânicos faziam quando mandavam um réprobo para as colônias: ele o mandou lutar na Ásia Central.[24]

"Estamos na Ásia!", Nikola escreveu a Fanny quando estava a caminho para lutar contra o cã de Khivá. "Adeus, Europa! Adeus, Fanny Lear, meu amor!"

Nikola chegou às estepes para entrar no Grande Jogo, a luta pela Ásia Central e pelas fronteiras da Índia travada por Rússia e Grã-Bretanha. "Aqui sou oficial do Estado-Maior do Exército russo na Ásia Central, o mesmo exército que um belo dia atravessará o Afeganistão para ocupar a Índia britânica!", Nikola disse a Fanny em 8 de março de 1871.

Depois do desastre da Guerra da Crimeia, a Rússia mal tinha força suficiente para enfrentar as modernas potências industrializadas, mas Alexandre e Bariátinski viam os três principais reinos da Ásia Central como um modo de revigorar as Forças Armadas russas, promover o comércio e ameaçar a Índia britânica. Aqui, Bariátinski disse a Alexandre, um exército britânico podia ser atraído "para o abismo do mundo" e ser aniquilado. Gortchakov justificou esse imperialismo afirmando que "todas as nações civilizadas" eram forçadas a expandir seus impérios para defender suas fronteiras de "nômades semisselvagens". Os oficiais que antes tinham ido para o Cáucaso se tornaram conquistadores da Ásia Central.

Em 1864, o general Mikhail Tcherniáiev excedeu suas ordens e capturou Tachkent no canato de Kokand, que se tornou um Estado-satélite da Rússia. "O general Tcherniáiev tomou Tachkent e ninguém sabe por quê", observou o ministro do Interior Pedro Valuiev. "Há algo erótico em tudo que acontece nas fronteiras distantes."

Em 1868, o novo governador-geral do Turquestão, Konstantin von Kaufman, derrotou o emir de Bukhara e anexou Samarkand, a velha capital de Tamerlão. O cã da vizinha Khivá, Mohammed Rahmin II, tentou salvar sua independência recorrendo aos britânicos, que estavam tentando proteger o Afeganistão.

"Temos que acabar com o antagonismo britânico na Ásia Central", decidiu Alexandre em 11 de fevereiro de 1873. "Vou jogar um osso para eles." Londres recebeu a oferta de governar livremente o Afeganistão em troca de deixar que a Rússia tivesse os mesmos poderes em Khivá. "Se Deus permitir", divagou Alexandre, "vamos pôr as mãos em Khivá. Apesar da ajuda secreta dos britânicos, temos que ensinar uma lição a esses asiáticos."

Agora o sobrinho réprobo do tsar comandava a guarda avançada do exército de Kaufman. "Por dez dias", Nikola escreveu em 18 de março, "só vimos estepes, só areia." Então os habitantes de Khivá "se atiraram sobre nossos atiradores e seus rifles com gritos ferozes. Eu os vi cair mortos" — e "Dei a ordem: atirar! Meu coração bateu mais rápido com as balas zunindo a nossa volta".

Em 29 de maio, Khivá caiu,* e não há afrodisíaco como a vitória. "Beijo você como um tolo, como um espanhol. Te quero. Preciso te ver. Ardo de impaciência", Nikola disse a Fanny.

Nikola foi condecorado pelo imperador, e então ele e Fanny partiram para uma farra de gastos que logo exauriu até mesmo o orçamento de um grão-duque. Em Petersburgo, eles faziam sexo selvagem na cama dos pais dele e ele entregava a Fanny diamantes, dizendo: "Mamãe deu para você" ou "É uma coisa antiga que encontrei no palácio". Ele sentia que seu comportamento iria lhe causar sérios problemas e aconselhou Fanny a guardar objetos valiosos na embaixada americana.

Alexandre estava prestes a celebrar o casamento britânico de sua única e adorada filha, Maria — e Nikola deu a Fanny Lear um ingresso para a cerimônia no Palácio de Inverno. O escândalo estava prestes a acontecer.[25]

---

* Os britânicos, que tinham concordado que Khivá estava na esfera russa, se sentiram traídos quando os russos tomaram a cidade e o cã se tornou um satélite russo: seu reinado sobreviveu aos Románov, chegando até 1920. Em 1875, Kokand, destruída pela guerra civil, foi anexada. O fato alarmou os britânicos: o primeiro-ministro Benjamin Disraeli e seu secretário indiano, o marquês de Salisbury, decidiram transformar o Afeganistão em seu próprio Estado-satélite para deter os russos — com consequências desastrosas.

★ ★ ★

Olhando os imperadores e as princesas no casamento real de seu assento na galeria da grande igreja do Palácio de Inverno, Fanny observou que Alexandre "tinha um olhar sério e triste — bastante emotivo, com traços de lágrimas no rosto".

Alexandre não estava feliz com o casamento da filha. Nenhuma princesa russa jamais tinha casado com um inglês, Alexandre não havia perdoado Vitória pela Guerra da Crimeia, e os impérios eram duros rivais. Maria, de cabelos curtos, negros e roliça, não era nenhuma beldade, mas era inteligente e culta, trabalhando como assistente do pai, ajudando-o a decifrar cartas, e ela compreendia a inquietude que ele sentia em relação à mãe dela. Mas Maria tinha ido a passeio para a Dinamarca com Sacha, Minny e a irmã de Minny, Alexandra, casada com Bertie, príncipe de Gales. Lá ela havia conhecido o irmão de Bertie, o príncipe Alfredo, duque de Edimburgo, tão irritadiço que "não era uma companhia agradável na casa", como se queixava sua mãe, a rainha. Maria discordou e eles se apaixonaram.

A rainha e o tsar tentaram impedir o casamento, mas "o destino de minha filha foi decidido", Alexandre escreveu na Alemanha em 19 de junho de 1873. "Deus lhe dê felicidade. Depois de uma conversa com o príncipe Alfredo, ela veio me pedir que os abençoe. Eu o fiz, mas com o coração pesado, confesso." A rainha Vitória estava furiosa. "A verdade sempre aparece!", ela exclamou. Os dois se casaram em cerimônias ortodoxa e anglicana. "Durante a cerimônia de nossa querida Marie, todos os meus pensamentos", o tsar escreveu para Kátia, "eram orações por eles — e por nós."

Fanny estava naturalmente mais interessada nos diamantes. "A noiva usava um vestido prateado com uma faixa carmesim, decorada em arminho com a mais bela coroa de diamantes que já vi."* Fanny observou Bertie, príncipe de Gales, e

---

* Depois, Alexandre visitou a filha e a sogra dela em Windsor. Trinta e cinco anos após eles quase se apaixonarem, a rainha Vitória o achou "muito gentil mas extremamente mudado, tão magro, tão velho, tão triste, tão aflito", enquanto ele achou que ela era "uma velha tola". Com lágrimas nos olhos, Alexandre agradeceu a Vitória por receber bem sua filha, e até a rainha ficou emocionada quando "coloquei minha mão sobre o imperador e peguei a mão de Marie, que também estava preocupada". Morando na Clarence House em Londres, a Románov desagradou à corte britânica exibindo seus gostos intelectuais e reivindicando precedência imperial sobre qualquer pessoa exceto a rainha, que também não gostava das joias de Maria, que tinham antes sido de Catarina, a Grande,

provavelmente se certificou de que ele a visse: eles eram velhos conhecidos. Depois Nikola ficou tão ciumento que bateu nela — e então prometeu que lhe daria mais diamantes.

Em 10 de abril a mãe dele, Sanny, percebeu que algo inestimável tinha sido roubado. "Sanny me chamou", escreveu Kóstia, "para me mostrar que um dos ícones do nosso casamento tinha sido quebrado e que os diamantes foram roubados [...]. Simplesmente horrível!". Eles chamaram a polícia. No dia 12, o general Fiódor Trépov, governador da cidade, "me disse que os diamantes do ícone de Sanny tinham sido encontrados no penhor. Ótimas notícias!".

Seu ansioso pai estava na ópera quando o general Trépov entrou no camarote e contou que fora o ajudante de Nikola quem havia penhorado os diamantes. "Meu coração batia muito forte, mal me controlei durante o resto da ópera."

Às nove da manhã, Trépov interrogou o ajudante na presença de Kóstia e de Nikola — e a verdade veio à tona. "O dia mais terrível da minha vida", escreveu Kóstia, "quando eu soube que meu filho era um ladrão e um canalha." Às onze e meia, Kóstia contou para o tsar, que falou com Chuválov, chefe da polícia secreta, e com Sacha Adlerberg, que acabava de suceder seu pai como ministro da corte. No balé, Kóstia recebeu uma mensagem de Chuválov: "Farejei o mal!". O chefe da polícia secreta tinha descoberto que Nikola havia roubado os diamantes "para dar dinheiro à americana".

Depois da meia-noite, Chuválov e Kóstia interrogaram o filho pródigo por três horas. "Foi um completo inferno para mim ver o declínio espiritual e a corrupção de Nikola", escreveu Kóstia. "Nenhum remorso. Uma criatura desgraçada. Peguei a espada dele e o pus sob custódia para que ele não se matasse. Fui para a cama às quatro da manhã, moral e fisicamente destruído."

Na manhã seguinte, Alexandre recebeu seu irmão Kóstia com "lágrimas e amor terno". Mas "essa inclinação me horroriza". Kóstia queria que Nikola fosse declarado louco.

Fanny, sem nada saber de seu amante, foi ao Palácio de Mármore, usando

---

que eram "boas demais" para uma garota de vinte anos. Depois de Petersburgo, Maria "acha Londres odiosa, a comida inglesa abominável, as visitas a Windsor e Osborne [ou seja, à rainha] incrivelmente tediosas", escreveu a mãe dela. Mais tarde, Alfredo se tornou duque de Saxe-Coburg e Gotha. Depois da morte de Alfredo, ela continuou na Alemanha, a única Románov lá durante a Primeira Guerra Mundial.

sua chave secreta, mas um lacaio lhe disse que Nikola fora preso. De volta à sua casa, ela recebeu um bilhete: "Não tenha medo, eles vão fazer uma busca na sua casa, fique calma. Seu infeliz N.".

Momentos depois, quinze gendarmes irromperam e prenderam Fanny, levando-a para uma cela na casa de Trépov. Os criados dela correram para Marshall Jewell, o embaixador americano, que exigiu saber onde ela estava sendo mantida. Chuválov mandou um funcionário negociar com ela. Era o conde Levachov, "um membro muito distinto da velhice prateada" que, não é de surpreender nessa farsa, já conhecia Fanny. "Foi a primeira vez que o vi sóbrio" — e possivelmente com roupas. Fanny esperava 100 mil rublos. Levachov ofereceu 50 mil em troca das joias, documentos, discrição — e de uma partida imediata. Ela aceitou o acordo. "O erro", relatou o diplomata americano Eugene Schuyler ao secretário de Estado Hamilton Fish, "se deveu ao desejo do conde Chuválov de se vingar" do liberal Kóstia. Aquele "cão na corrente" tinha feito política usando a reputação dos Románov.

Alexandre ficou mortificado. "Era possível ver sinais de como ele ficou aborrecido", percebeu Miliútin em 18 de abril. "Ele não conseguia falar sem chorar pela vergonha que o comportamento abominável [de Nikola] trouxe à família." Ele demitiu Nikola do Exército e o declarou mentalmente insano — embora ele tenha continuado a receber seus vencimentos.

"Graças a Deus", escreveu Kóstia. "Embora seja difícil ser pai de um filho louco, seria insuportável ser o pai de um criminoso, o que deixaria minha situação [de almirante-general e de presidente do Conselho do Estado] insustentável." Os médicos relataram que Nikola era mentalmente anormal, mas não insano, o que seu pai "precisava aceitar com gratidão! Eu choro sempre". Mas a jornada de Nikola estava só começando. Em muitos sentidos, esse erotomaníaco culto e radical* acabaria sendo o mais talentoso dos últimos Románov.[26]

---

* Fanny escreveu suas memórias, *O romance de uma americana na Rússia*. Chuválov impediu a publicação. Expulsa da França, viajando com lucrativa promiscuidade peripatética por Mônaco, Áustria e Itália, ela se ligou ao conde Mirafiori, filho natural do rei Vítor Emanuel II. Em abril de 1886, ela morreu no ostracismo em Nice. Quanto a Nikola, durante seu primeiro exílio na Crimeia, teve dois filhos com uma jovem nobre, Alexandra Abaza (mais tarde ela se casou com um aristocrata que criou os filhos como se fossem dele). Transferido para Orenburg, Nikola se casou com a filha do chefe de polícia, Nadéjda von Dreyer. O imperador anulou o casamento e o mandou para Samara, onde ele começou a organizar expedições científicas para investigar a rota para uma ferrovia no Turquestão e a irrigação das estepes.

∗ ∗ ∗

Alexandre foi tomar águas minerais em Ems e visitou seus primos alemães. Mas agora Kátia e os filhos foram com ele na viagem: "Nossos *bingerles* foram deliciosos", ele escreveu, "ficamos doidos experimentando o frenesi de mergulhar um no outro em todas as posições imagináveis. Como posso me esquecer de como deitei de costas e você me cavalgou". Quando Alexandre foi a passeio para a Crimeia, o tsar e a tsarina ficaram no grande Palácio de Livadia, Sacha e Minny com Nicolau e os outros filhos no palácio pequeno — e a amante ficou ali perto em sua própria casa de campo, a Byuk-Sarai. "Às quatro, corro até você a cavalo", ele escreveu, para brincar com o "querido Gogo [o apelido do filho deles, Gueórgui]… um verdadeiro anjo!".

Chuválov foi minado por seus próprios erros. Depois da vitória prussiana, Alexandre percebeu que o Exército precisava ser modernizado. O ministro da Guerra, Miliútin, propôs reformas significativas: vitórias alemãs provaram que apenas um exército com tempo de serviço curto com um grande corpo de reservistas treinados podia pretender competir em uma guerra europeia. No Conselho de Estado, Chuválov e os retrógrados resistiram a fazer quaisquer concessões aos judeus, que cada vez mais eram tidos como culpados por todos os problemas do império, mas a medida foi aprovada.* Então, em março de 1874, milhares de estudantes, inspirados por um misto de utopia igualitária e de fé sentimental na alma dos camponeses, partiram para o campo para liderar o povo russo, o *narod* — à revolução. No entanto Chuválov não tinha sequer percebido esses *naródniki* — populistas. Foi a gota d'água para Alexandre. "Você prefere Londres, não é?", ele disse devagar, nomeando Chuválov embaixador. Miliútin tinha triunfado. "O partido hostil foi domado", ele escreveu. "Posso entrar calmamente no Palácio de Inverno."

---

* Miliútin instituiu o alistamento universal sem privilégios para os nobres, uma redução no tempo de serviço militar, e revogou o recrutamento antissemita de Nicolau I, concedendo igualdade aos judeus, pelo menos em teoria. O antigo protetor de Miliútin, o príncipe Bariátinski, tivera esperanças de se tornar um poderoso chefe de governo nos moldes de Von Moltke na Prússia — e ministro-chefe também. Desapontado, ele resistiu às reformas até que finalmente foi rebaixado pelo próprio Alexandre. Mas quando se encontraram para jantar, eles gargalharam falando sobre os velhos tempos. Mais tarde Alexandre podia ter usado a inventividade de Bariátinski. Quando seu paladino morreu, em 26 de fevereiro de 1879, Alexandre refletiu: "Perdi um verdadeiro amigo".

Os próprios camponeses ficaram espantados com esses sinceros populistas. Alexandre ordenou ao sucessor de Chuválov na Terceira Seção, Alexandre Potápov, que detivesse 4 mil populistas, que foram tratados brutalmente, muitas vezes confinados em solitárias: 38 enlouqueceram e 48 morreram na cadeia, incluindo doze suicidas. A combinação do fracasso de sua tática de "ir ao povo" e da repressão policial transformou alguns revolucionários sentimentais em terroristas.[27]

No mesmo instante em que os radicais se voltavam para atos de violência, os eslavos ortodoxos da Bósnia-Herzegóvina se rebelaram contra o sultão otomano, estimulando levantes nos Bálcãs — e um clamor eslavófilo pela guerra. Os príncipes da Sérvia e de Montenegro, principados ortodoxos autônomos dentro do Império Otomano, apoiaram seus irmãos bósnios e declararam guerra ao sultão. Cerca de 3,5 mil oficiais russos correram para combater os sérvios, e o general Tcherniáiev, conquistador de Tachlent e herói eslavófilo, assumiu o comando do Exército sérvio — embora tivesse de renunciar a seu cargo junto ao tsar.

O tsar exigiu apoio ocidental para forçar os otomanos a proteger os ortodoxos, prometendo à rainha Vitória: "Nós não podemos e não desejamos brigar com a Inglaterra. De nossa parte seria loucura pensar em Constantinopla e na Índia". Mas os britânicos temiam o poderio russo mais do que as atrocidades otomanas. O primeiro-ministro Benjamin Disraeli estava convencido de que se tratava de uma tentativa dos russos de tomar o poder, e a rainha Vitória suspeitava que Petersburgo havia "instigado a insurreição nos Bálcãs". O tsar pediu a seu genro inglês, Alfredo, que contivesse sua mãe — uma tarefa impossível, é claro.

Em casa, Alexandre foi dominado por uma onda de entusiasmo que uniu todos os grupos, dos eslavófilos aos populistas, em uma febre pela guerra e por Constantinopla.* "É nauseante", Sacha disse exaltado a Minny. "Todos esses funcionários indignos que pensam no próprio umbigo e não como ministros do Império Russo. Papai não tem um único ministro decente!"

---

* Nos anos que se seguiram à Guerra da Crimeia, Alexandre tinha redirecionado o apetite russo por Jerusalém transformando-o em uma conquista cultural: ele patrocinou a Sociedade Palestina, garantiu a peregrinação anual de dezenas de milhares de russos e construiu todo um complexo russo em Jerusalém para abrigá-los em imensos dormitórios. Quando nomeou seu devoto filho Serguei como encarregado, ele o enviou em peregrinação a Jerusalém.

Incentivado por seu antigo professor Pobedonóstsev, que acreditava que "este governo deve controlar esse movimento popular e liderá-lo ou ele irá inundar as autoridades", Sacha culpou a "ausência de inteligência, de força e de vontade" do pai. Até a imperatriz Marie criticou "nossa política tímida e cautelosa". Miliútin informou que a Rússia podia derrotar os otomanos, mas não os britânicos. Alexandre estava equilibrando duas políticas externas: Gortchakov, meio caduco, hesitava, enquanto o fanático eslavófilo embaixador em Constantinopla, Nikolai Ignátiev, era a favor da guerra, de ameaças e de provocações aos otomanos.

"As coisas vão mal para os sérvios", registrou Miliútin. "A opinião pública russa não gosta de nossa diplomacia inativa", e as conversas sobre guerra concentravam os pensamentos do tsar no futuro.* Ele estava em Livadia com a família, com certo temor da guerra, mas também tentado pela vitória. Toda tarde ele cavalgava para ver Kátia. "Apesar de meus esforços para evitar que a guerra aconteça, ela pode ocorrer." Ele esperava que "a Turquia não tenha aliados, ao contrário de 1856, e não é impossível que a Áustria e a Prússia se juntem a nós". Alexandre concordou com a Áustria, que limitaria os ganhos da Rússia à pequena Bulgária e que compensaria Viena com a Bósnia. Mas Ignátiev não acreditava que o tsar pan-eslavo devia estar restrito a qualquer limite.

Os búlgaros se rebelaram, porém foram massacrados por milícias otomanas. "Infelizmente", o tsar confidenciou a Kátia, "a guerra mexe demais com os meus nervos! Mas que Deus possa ajudar a Boa Causa a triunfar!" Ele era consolado "pela alegria de estar com minha bela esposa e com meus filhos que todos os dias fazem a nossa alegria", enquanto "eu sinto o sexo delicioso em minhas profundezas".

"A Sérvia está em apuros", escreveu Miliútin em 16 de novembro. "Sem ajuda considerável da Rússia, a Sérvia não tem como resistir." O apoio de Disraeli aos cruéis otomanos saiu pela culatra quando seu rival William Gladstone publicou seu livreto *Os horrores búlgaros* e os britânicos se voltaram contra a guerra, en-

---

* Em 30 de julho de 1876, Alexandre lembrou a Miliútin sobre como ele tinha cavalgado cinquenta anos antes, aos oito, na coroação do pai. "É por isso que ele promoveu o próprio neto, quando este tinha oito anos", o futuro Nicolau II. "É hora de tirar essa criança das mãos femininas", disse Alexandre, nomeando um tutor militar para o menino. O tsar sempre chamou Nicky de "Raio de Sol". Durante os verões em Peterhof, Nicky e seu irmão Gueórgui gostavam de visitar Alexandre em seu Palácio Fazenda todos os dias, brincando em seu gabinete enquanto ele trabalhava. Durante crises ou até uma tempestade violenta, Nicky lembrava que o rosto do avô "ficava calmo e imperturbável".

537

quanto Bismarck dizia ao Reichstag que todo o Império Otomano "não valia os ossos de um granadeiro da Pomerânia".

Tendo conseguido essa brecha, Alexandre emitiu um ultimato para o sultão e pediu uma conferência entre as potências. Os diplomatas se encontraram em Constantinopla, onde uma revolução agora forçou um novo sultão, Abdul Hamid II, a promulgar uma constituição. A resistência dele às exigências russas foi incentivada por Disraeli, que acabava de ser elevado a duque de Beaconsfield.

"O que o ano novo trará para nós?", Alexandre perguntava em 1º de janeiro de 1877. "Não vejo outra saída que não seja a guerra." Mas, "se impedirmos uma coalizão contra a Alemanha, Bismarck nos garante liberdade no Oriente" e a Áustria prometeu neutralidade. Miliútin observava "a impaciência do tsar para pegar em armas". Pouco depois da meia-noite de 11-12 de abril", escreveu Alexandre, "assinei a declaração de guerra".[28]

Enquanto os exércitos se reuniam na Bessarábia, Alexandre era assediado pelas multidões: "Confesso que fiquei profundamente emocionado". Ele desejava comandar pessoalmente, rumando com uma comitiva gabaritada para o front, mas em vez disso nomeou o irmão mais novo, Nikolai, como comandante em chefe, uma atribuição acima de seus méritos. Nikolai era um general trapalhão com 1,95 metro de altura, conhecido como "Nizi", que também vinha a ser maníaco por sexo.*

"O panorama é magnífico", o tsar escreveu em 14 de junho enquanto passava em revista parte dos 200 mil soldados, "e tenho a sensação de estar em mano-

---

* O "soldado da família" Nizi "gostava de todas as mulheres exceto sua esposa". Ele se apaixonou por uma bailarina adolescente, Iekaterina Tchislova, que era mercenária e promíscua mas que lhe deu quatro filhos ilegítimos. Por conveniência, estabeleceu Tchislova em uma mansão que ficava do outro lado da praça de seu palácio. Quando oferecia sexo, Tchislova colocava uma vela na janela, uma oportunidade que fazia Nizi interromper qualquer evento. Se ele estava em um jantar com a família, um ajudante de campo anunciava: "Vossa alteza imperial, há fogo na cidade", até que por fim sua esposa, uma princesa antiquada e mística de Oldenburg, falou: "Não se desesperem, é só uma vela pegando fogo!". Quando a grão-duquesa reclamou da amante dele, o imperador respondeu: "Seu marido está no apogeu e precisa de uma mulher. Olhe para si! Veja como você se veste!". Ela abandonou Nizi para morar em Kíev com um padre suspeito. Enquanto isso, ultrajado pela ganância de Tchislova, que estava levando seu tolo irmão à falência, Alexandre fez com que o general Trépov a prendesse por corrupção, uma missão constrangedora, já que o governador também tinha dormido com ela. Nizi depois fez com que a libertassem.

bras militares mais do que em um assunto sério. Meu irmão até fez com que eles armassem uma pequena tenda e servissem um excelente café da manhã." Miliútin sabia que Alexandre "não estava calmo como parecia", ele escreveu em 15 de junho. "O imperador admitiu que sonhava com seu pai na véspera de eventos importantes — ele sonhou com o pai na noite passada. Ele chorou e saímos do quarto dando tempo para que ele se recuperasse."

"Teria sido insuportável", Alexandre disse a Kátia em 22 de junho, "se eu ficasse longe do teatro de guerra, uma tortura que teria me lembrado do lamentável estado de meu pai que lhe custou a vida." Não era só a Rússia que estava mobilizada: "Meu *bingerle* manda cumprimentos!", ele escreveu para Kátia em 17 de junho às onze da noite. "Ele está repentinamente armado!"

O plano era ousado: primeiro cruzar o Danúbio apesar da presença da frota fluvial otomana, passando pela aliada Romênia* e chegando a território otomano; então uma força menor fecharia todas as principais fortalezas otomanas enquanto o exército principal de 112 mil homens invadiria o desfiladeiro de Shipka cruzando a Bulgária rumo a Constantinopla. Em 27 de junho, os russos habilmente cruzaram o Danúbio, colocando minas de ambos os lados do rio para impedir o avanço da flotilha otomana. Nizi, que não compreendia as consequências de seu próprio plano, dividiu suas forças em três, enviando uma delas para sitiar Rustchuk a leste, outra para tomar Plevna no oeste, subestimando ambas as fortalezas. Com consequências mais fatais, ele reduziu o essencial exército de Chipka para 12 mil homens. No entanto, em uma façanha extraordinária, o general Ióssif Gurkó invadiu o desfiladeiro e manteve sua posse — mesmo quando os otomanos contra-atacaram e cercaram as forças russas. Enquanto isso, monitorando o progresso russo, Beaconsfield ordenou que a frota mediterrânea da Marinha Real esperasse na entrada do Dardanelos.

De início tudo correu bem, mas o melhor general do sultão, Osman Pasha, guarneceu a fortaleza de Pléven com 36 mil homens. Em 9 de julho, o nome "Pléven" aparece no diário de Alexandre pela primeira vez. "Ouvi as desagradáveis notícias de nosso primeiro fracasso" em Pléven. "Percebo que tudo depende não da força, e sim da arte", ele escreveu em 18 de julho, mas tentar invadir as

---

* Criado após a Guerra da Crimeia com a união da Valáquia e da Moldávia, o novo Estado da Romênia tinha nomeado Karl von Hohenzollern-Sigmaringen, um primo católico do rei prussiano, como príncipe governante e mais tarde rei Carlos I.

fortalezas e as trincheiras ocupadas por infantaria com armas modernas era algo fadado a ter alto custo.

Ele deveria ter retirado Nizi da função. "Olá, anjo da minha alma", ele escreveu para Kátia, que estava esperando notícias de Pléven, "para você, eu conto a verdade! Infelizmente, meu irmão se recusa a acreditar na superioridade das forças inimigas lá." O dia inteiro ele visitou hospitais onde as baixas o assombravam: "Para mim é difícil não chorar na frente deles".

À noite ele relaxou lembrando a Kátia o sexo que tinham feito ao ar livre um ano antes. "Confesso que essas lembranças me dão frenesi de estar dentro de sua louca *coquille*!" O velho harém de sua pequena casa turca fez com que ele desejasse "mergulhar de novo dentro de você em vez de ir para a cama completamente só".[29]

O ataque seguinte foi "mais uma vez derrotado pela grande superioridade das forças inimigas", ele escreveu em 19 de julho, acrescentando outra vez: "em que infelizmente meu irmão se recusa a acreditar". Os russos precisavam de seus melhores soldados e Alexandre convocou a Guarda. Os jornalistas acorreram para Pléven para relatar o drama. A pressão estava desgastando o imperador, que "desmaiou durante uma missa na igreja do acampamento militar".

Nizi ordenou outro ataque, auxiliado pelos aliados romenos. Mikhail Skóbeliev, um feroz conquistador da Ásia Central, conhecido como "General Branco" em função da cor de seu uniforme, liderou ataques constantes, mas os otomanos contra-atacaram, causando 7 mil baixas.

Em 26 de agosto,* o tsar cavalgou para "assumir nossos postos em uma montanha onde era possível ver as baterias e também as dos turcos sem o menor perigo". Alexandre observou debaixo de um toldo as armas amolecendo os turcos. "Meu Deus, meu Deus", ele escreveu em 29 de agosto, "que fuzilaria terrível,

---

* O imperador se mudou para uma casa mais perto de Nizi, em Gorny Stoudene. O governo agora tinha sede em um chalé ao lado do Danúbio, onde o tsar estava acompanhado do ministro da Guerra, Miliútin, do ministro da corte, Sacha Adlerberg, e do ex-governador-geral de Petersburgo, o príncipe Suvórov-Italíski. Ali ele escrevia todas as noites cartas para Kátia, recebia seus filhos e primos para tomar chá, conversava com seu amigo mais jovem e oficial da artilharia Emmanuel Meschérski, marido da irmã de Kátia, e fazia caminhadas e cavalgadas com Suvórov. Ali ele encontrava seu superpoderoso aliado, Carlos da Romênia, "que acha que tem um grande poder", e regularmente denunciava as intrigas "daquele porco do Beaconsfield, que decide tudo de acordo com sua própria cabeça!".

540

que sangue, que vítimas inocentes!" Três mil russos foram mortos. Então o 31º chegou para o grande ataque com 84 mil soldados. Skóbeliev capturou vários bastiões. Quando os turcos os retomaram, Skóbeliev os invadiu de novo.

"O tempo todo o imperador ficou lá sentado ao lado do comandante em chefe, uma pena vê-lo assim", escreveu Miliútin. O próprio ministro da Guerra passou tão mal "que precisei me deitar na grama" enquanto o ataque fracassava novamente. "O imperador estava contrariado. Nunca o tinha visto assim." Em um conselho de guerra improvisado sob o toldo, os russos entraram em pânico. "Precisamos abandonar Pléven", sussurrou Alexandre. Nizi sugeriu uma retirada. Miliútin discordou, ao que Nizi gritou: "Se você acha que isso é possível, assuma o comando e me demita!". O imperador decidiu ficar e "reforçar nossas posições". Nizi estava sem ideias. Sacha observou que Nizi "sempre foi estúpido — precisamos encontrar algum tipo de gênio para transformar um homem estúpido em um sábio", e exigiu que ele fosse destituído. Alexandre, perdendo a paciência com "a tolice e a incompetência" do "estúpido Nikolai" e "furioso com seu imperdoável derrotismo", quase o destituiu. "Meu irmão já não inspira confiança." A dinastia foi construída com base em sua competência militar, mas as expectativas de que os Románov devessem ser excelentes generais era um erro em uma família que tinha produzido gerações de maníacos por desfile mas nenhum grande capitão desde Poltava.*

Os britânicos vibravam com as derrotas dos russos, incentivados por "aquela velha doida, a rainha, aquela vadia!", falou Alexandre em 15 de setembro. Por fim, em 23 de setembro, Alexandre nomeou o general Eduard Totleben "para impor um bloqueio total". Para Kátia ele escreveu:

> Ouço os canhões de Pléven [...]. A conselho de Totleben, desistimos de tentar invadir e esperamos forçar a guarnição a se render pela fome [...]. Mas todos os meus pensa-

---

* Os russos novamente tentaram invadir o desfiladeiro de Chapka. Nesse ataque, o cunhado de Kátia, Emmanuel Meschérski, foi morto. "Meu coração está profundamente triste — que caráter nobre — e com ele perco um verdadeiro amigo", escreveu o imperador. Logo depois (12 de outubro) seu sobrinho Serge Leuchtenberg foi morto por uma bala de canhão na cabeça, "uma bela morte que prova que a família está a serviço do Exército como os outros". Alexandre chorou quando viu a lista de membros da Guarda mortos que ele conhecia pessoalmente. "Minha noite foi inquieta", ele escreveu em 5 de setembro, "inconsolável com Emmanuel." E seu filho Gogo estava doente. Alexandre sofria de asma e ficou doente, com febre.

mentos estão com você mais do que nunca, meu anjo adorado […]. Que Deus possa estar com você, te dar felicidade e não recusar a única coisa que nos falta […]. Espero que você não esteja menstruada quando eu voltar, já que desejo te possuir, o que é perdoável depois de cinco meses de abstinência.

Eles iriam "cair um sobre o outro como gatos".

Em 6 de novembro, chegaram boas notícias do Cáucaso: a fortaleza de Kars e depois a cidade de Batumi caíram.* No dia 28, um ajudante irrompeu com outra mensagem para Alexandre. "Osman Pasha se rendeu. Mal pude acreditar em meus ouvidos", o exultante tsar disse a Kátia. "Ouço vivas sem fim." Alexandre cavalgou imediatamente para Pléven. "O tsar parecia mais jovem", escreveu Miliútin. "O imperador me estendeu a mão perguntando: 'A quem devemos a tomada de Pléven e o fato de não termos recuado? Devemos esse sucesso a você!'." Concedendo a Cruz de São Jorge a Miliútin, ele brincou: "Será que o ministro da Guerra acha que eu também mereço uma?".

No entanto, agora já era inverno. O desfiladeiro de Chipka, onde Gurkó ainda resistia, estava recoberto de neve. Parecia improvável que os russos pudessem avançar nessas condições. Em vez de esperar, o exército remodelado de Miliútin marchou para socorrer Gurkó. Em uma façanha notável, Gurkó retomou o desfiladeiro, vindo agora em sentido contrário, ajudando a fazer 30 mil prisioneiros, e em 8 de dezembro os russos invadiram a Bulgária. O tsar voltou a Petersburgo para um te-déum e para *bingerles* com Kátia. Será que Alexandre finalmente tomaria Constantinopla — conhecida como "Tsargrado", a cidade de César —, o prêmio havia tanto tempo desejado pelos Románov?[30]

Na véspera de Natal, Sófia caiu. Alexandre passou boa parte do Ano-Novo com Kátia — logo novamente grávida. Quanto a Gogo, de seis anos, e Olga, de

---

* A guerra tinha outro front no Cáucaso, onde Alexandre havia nomeado o mais novo de seus irmãos, Mikhail, como comandante em chefe. Um homem gentil e um magnífico espécime de virilidade, ele não servia para general, admitindo para seus comandados: "Em tempos de guerra é melhor ser cocheiro que comandante em chefe". Seu principal general, o armênio Mikhail Loris-Mélikov, não ficou impressionado: o grão-duque estava "assustado como um coelho no campo de batalha", escreveu Loris-Mélikov. "Por trás da máscara de sua beleza e de seus bons modos, ele é um ignorante." Mas Loris tinha todas as habilidades que faltavam a Mikhail e obteve uma série de vitórias.

cinco, o tsar escreveu que "eles sentiram a falta de seu Papacha e estão mais afetuosos do que nunca comigo".

Nizi ia rápido em direção a Constantinopla. "As notícias de nossos exércitos me deixam muito feliz", Alexandre escreveu para Kátia em 9 de janeiro de 1878. "Deus nos concedeu uma paz digna da Rússia." Beaconsfield estava alarmado pelo fato de os russos poderem tomar Constantinopla e enviou a Marinha Real, apoiado por uma beligerante Vitória e por uma população nacionalista.* O tsar escreveu: "[Nizi] acaba de me contar que ele pode ocupar essa cidade sem nenhuma dificuldade", embora "a frota inglesa esteja navegando rumo ao Bósforo". Alexandre compartilhava com Kátia todos os detalhes, misturando sexo e guerra: "Ah, como gostei de nossos *bingerles*", ele escreveu em 14 de janeiro. "Se os turcos aceitarem nossas condições, o armistício pode ser anunciado mais cedo e espero que nossa cavalaria se dirija a Constantinopla."

A Europa se equilibrava no limiar da guerra. Os sonhos dos Románov estavam bem perto de se realizar, mas como "frequentemente ouvi do inteligente e visionário Bismarck", a vitória podia ser autodestrutiva. Os irmãos brigavam. Nizi agia "de modo fortuito", reclamou Alexandre em 11 de janeiro. "É fácil tomar Constantinopla; o desafio é mantê-la." Ele disse ao irmão que se os otomanos não aceitassem seus termos em 48 horas, "só vamos conversar novamente sob as muralhas de Tsargrado". Nizi relatou que "a ocupação de Constantinopla é inevitável". Se os russos entrassem na cidade, os ingleses combateriam.

Em 12 de janeiro, Alexandre ordenou a Ignátiev, que ele tinha acabado de elevar a conde, que fizesse um acordo. Depois de suas hesitações iniciais, Nizi agora estava ansioso para tomar a cidade. "O sucesso subiu à cabeça de Nikolai", escreveu Alexandre no dia seguinte. "Constantinopla, Tsargrado — mas agora

---

* A canção popular da época cunhou o neologismo "jingoísmo" [patriotismo exaltado]: "Não queremos lutar mas por Jingo se o fizermos/ Temos os navios, temos os homens, temos também o dinheiro/ Já lutamos com o Urso antes, e enquanto formos verdadeiros britânicos/ Os russos não terão Constantinopla". Mas um marinheiro a bordo do HMS *Sultan* no Bósforo estava inquieto: o genro do tsar e filho da rainha Vitória, príncipe Alfredo. Num momento anterior da crise, o rei belga Leopoldo II havia sugerido que ele seria o candidato ideal anglo-russo para ser imperador de Bizâncio. "Prefiro passar o resto dos meus dias na China a essa terrível perspectiva", ele respondeu. Agora ele temia ordens de atirar contra os soldados de seu sogro. A rainha Vitória o bombardeou com cartas antirrussas, que ele mostrou à esposa e aos pais dela. "As coisas insultantes que a rainha diz nas cartas a Alfredo", a imperatriz Marie escreveu, "sobre o tsar e o povo russo são dignas de uma vendedora de peixes."

isso envolve riscos e perigos que são minha responsabilidade." O imperador hesitava: "Que Deus me ilumine e me guie!", ele escreveu em 15 de janeiro. No dia seguinte, "estamos a quatro verstas de Tsargrado", mas o "sultão aceita tudo!". Alexandre parou seus exércitos. "Imagino como Bismarck vai rir... A história irá me condenar por minha hesitação."

"Meu maior inimigo, Beaconsfield, arranja todo tipo de intrigas", mas "se eles não ouvem a razão... vou forçá-lo a respeitar a mim e à Rússia." O tsar não conseguia dormir, porém conseguia fazer quantidades épicas de sexo: "Que deliciosos *bingerles* antes do jantar", ele escreveu em 27 de janeiro. Mas, ele prosseguia, "a conduta inglesa é infame e nossa honra não pode tolerá-la. Fico feliz que você compreenda tudo o que está ocorrendo", ele disse a Kátia. A Marinha Real navegou para o Bósforo.

Em 28 de janeiro, Alexandre, "extremamente empolgado", ordenou a Nizi que tomasse Constantinopla, mas dessa vez o grão-duque, que podia ver os navios britânicos, hesitou. Alexandre alertou Abdul Hamid de que se "um único inglês desembarcar, Nikolai ocuparia Tsargrado". Agora o tsar bombardeava seu irmão com ordens de conquista: "Eu ficaria mais calmo se tivéssemos Constantinopla". O sultão apelou para Londres. Nizi avançou para San Stefano, bem próxima a Constantinopla. "A capital está em nossas mãos", escreveu Alexandre, empolgado, em 12 de fevereiro.

Não era bem assim. Alexandre permitiu a Ignátiev que negociasse uma paz eslavófila. Em 19 de fevereiro, Abdul Hamid assinou o Tratado de San Stefano, que criou um grande Estado-satélite russo, a Bulgária, dominando os Bálcãs, quase do tamanho do Império Búlgaro medieval, reconhecia a completa independência da Sérvia, Montenegro e Romênia, e garantia à Rússia a Bessarábia e conquistas de Kars a Batumi, além de território na Anatólia e uma passagem pelos estreitos turcos. Em 21 de fevereiro, o imperador comemorou com Kátia: "Você viu como meu *bingerle* ficou feliz com seu convite, como ele queria isso e como estava pronto para gritar 'Sim! Sim' — *quelle horreur!*".

"Os britânicos estão furiosos", escreveu Alexandre. "Júbilo!", escreveu Miliútin.[31]

O triunfo durou pouco. Ignátiev tinha passado por cima do acordo informal com a Áustria. A Grã-Bretanha e a Áustria exigiram uma conferência europeia — ou a guerra. Bismarck se ofereceu para mediar a situação em um congresso em

Berlim. Alexandre e Miliútin planejavam um ataque (delirante) à Índia britânica.*
Mas o tsar não podia arriscar uma guerra contra a Grã-Bretanha e a Áustria. Confiando em sua ligação dinástica com o tio Guilherme, ele esperava que Bismarck o ajudasse. "Se eu tivesse tido um Bismarck", ele escreveu em 5 de março, "certamente teria dito a Nikolai no momento vital: 'Tome a cidade; converse depois!'."

"Berlim não promete nada de bom", ele disse a Kátia em 11 de março. "Estou angustiadíssimo. Temo outra noite ruim."

Nizi foi afastado do comando mas promovido a marechal — e substituído por Totleben. Em junho, "toda a Europa se reuniu em Berlim sob a presidência do grande gênio Bismarck", Alexandre disse amargurado a Kátia. Beaconsfield, triunfante, narrava todos os erros russos em suas cartas cômicas para a rainha Vitória. Quando o congresso teve início, "o príncipe Gortchakov, um homem velho e murcho, estava apoiado no braço de seu gigantesco rival" Bismarck, quando este foi "tomado de uma súbita crise de reumatismo, ambos foram ao chão e infelizmente o cão do príncipe Bismarck, vendo que o dono parecia lutar com um oponente, saltou para resgatá-lo".

O tombo de Gortchakov deu o tom. O senil Gortchakov cometeu um erro, mostrando por engano a Beaconsfied um mapa com as concessões máximas que a Rússia faria e que ele imediatamente aceitou. Quando os britânicos insistiram que os direitos dos judeus fossem protegidos na Romênia, Gortchakov falou sobre o atraso dos judeus russos. Beaconsfield, apesar de ofegante, fez uma bela jogada. "Aquele velho judeu", disse Bismarck, "é o homem certo", enquanto Gortchakov era apenas "o velho almofadinha". Mas foi o perspicaz Chuválov que assumiu as verdadeiras negociações e que salvou a Rússia de uma desastrosa guerra europeia. Alexandre foi forçado a aceitar uma Bulgária reduzida, dividida entre uma província otomana no sul e um principado autônomo no norte, o qual, ele decidiu, seria governado por seu sobrinho, o príncipe Alexandre de Batten-

---

* O ministro da Guerra vislumbrava um ataque em três frentes e considerava uma ação na fronteira afegã. Mas a ideia também não vingou. Beaconsfield reagiu estabelecendo um protetorado afegão sob um rei cliente até que os russos enviaram um farsante para reclamar o trono afegão. Os britânicos, que nada tinham aprendido com a catastrófica expedição afegã de 1842, haviam invadido o Afeganistão e imposto controle britânico. Mas seu ministro e sua equipe foram massacrados. "É o que eles merecem", Alexandre disse à imperatriz Marie em 26 de agosto de 1878. Depois que Londres tinha se livrado do atoleiro afegão, a Grã-Bretanha ficou feliz em recuar desde que Cabul não se tornasse um protetorado russo.

berg. A Sérvia e Montenegro conquistaram independência completa. A Rússia reconquistou a Bessarábia, na foz do Danúbio, e Batumi, no mar Negro. Esses ganhos eram substanciais — mas, para os belicosos eslavófilos, pareciam insignificantes comparados às recompensas de San Stefano, uma decepção tornada ainda mais amarga pelo fato de a Áustria obter a administração da Bósnia e de a Grã-Bretanha açambarcar o Chipre — tudo conquistado com sangue russo.

Bismarck tinha esperanças de acomodar os Bálcãs, temendo, como ele disse profeticamente, que "um dia a grande Guerra Europeia virá de alguma tolice nos Bálcãs". Alexandre percebeu que Bismarck "está tramando contra nós com a Áustria", o começo da aliança secreta deles contra a Rússia. "A aliança dos Três Imperadores", ele escreveu, "já não existe" — embora tenha durado por falta de alternativa.

"O imperador está de mau humor", observou Miliútin, "e se sente humilhado." Alexandre estava cansado, sua asma e a visão pioravam: Kátia lia os despachos para ele. O tratado "faz meu coração sangrar", mas "nossos *bingerles* antes do jantar foram deliciosos — você é tão deliciosa, Mouchka!".

A vitória desperdiçada minou a autoridade invisível essencial a todo regime. Enfureceu os eslavófilos e deu poder aos terroristas. Logo o tsar seria caçado nas ruas.[32]

Um novo grupo terrorista chamado Terra e Liberdade planejava assassinar o tsar, num ataque mortífero contra o regime ferido — bem quando 193 populistas estavam sendo julgados pelo júri em Petersburgo. Mas a maioria foi absolvida. Alexandre ordenou que eles fossem presos novamente. Em 24 de janeiro de 1878, o general Trépov, governador de Petersburgo, foi baleado em seu gabinete por Vera Zassúlitch, de 28 anos, depois de ter ordenado que radicais fossem açoitados na prisão. Trépov ficou apenas ferido e a moça foi presa. No entanto, essa pretensa assassina despertou enorme compaixão. Em 31 de março, Zassúlitch enfrentou um julgamento mas foi absolvida depois de uma defesa brilhante atacar Trépov pelos açoites. "É inexplicável!", protestou Alexandre. "Isso significa que Trépov deveria ser condenado à morte? Ordenei a prisão de Zassúlitch", mas ela foi levada para fora da Rússia. Subitamente, os terroristas atacavam em toda parte: um funcionário foi assassinado em Kíev. Um radical em Odessa, que havia atirado em um policial, foi executado.

O chefe da Terceira Seção, general Nikolai Mezentsov, foi morto a facadas na rua. "Esse terrível assassinato me deixou completamente consternado", Alexandre disse a Kátia em 4 de agosto. "Sinto a falta dele e não sei ainda por quem substituí-lo…" Ele ficava preocupado com a possibilidade de Kátia ter um aborto espontâneo. "Que encantador este século em que vivemos!" Seu novo chefe da polícia secreta, o general Alexandre Drenteln, quase foi baleado em sua carruagem. Em 3 de setembro de 1878, "nove meses após o dia de seu retorno", Kátia escreveu, "Deus nos deu uma filha" — Catarina, nascida na Crimeia. De volta a Petersburgo, eles caminhavam e faziam amor — "É bom gritar", ele disse, "mas receio ter surgido sangue. Espero que não tenham sido nossos *bingerles* de ontem!". Ele estava decidido a não engravidá-la de novo: "Eu não me perdoaria". O imperador, aos sessenta anos e cansado,* comemorou o Ano-Novo com Kátia. "Ainda estou molhado de nossos deliciosos *bingerles* na noite passada", ele escreveu em 1º de janeiro de 1879. Mesmo sob pressão, Alexandre conseguia manter aquilo que Miliútin, de maneira admirada, chamava de sua "personalidade feliz". O imperador reconhecia sua própria "serenidade de personalidade que espero manter, apesar de tudo, enquanto me esforço para fazer meu trabalho de acordo com a minha consciência sem ter nem genialidade nem perfeição".

"Hoje foi assassinado o governador-geral de Kharkov, o príncipe Dmítri Kropótkin", escreveu Alexandre em 22 de fevereiro de 1879. "O assassino mascarado desapareceu sem deixar rastros." Na verdade ele tinha ido a Petersburgo para matar o tsar.[33]

Em 2 de abril de 1879, pouco depois das oito da manhã, o tsar, seguido à distância pelo capitão Kokh, seu guarda-costas, estava passeando pela praça do Palácio quando um jovem o saudou. Quando o homem passou por ele, Alexandre olhou para trás e viu o tambor de uma pistola erguida. O tsar correu pela praça, escapando de um tiro à esquerda e de outro à direita. Uma bala roçou seu sobre-

---

* As cartas deles dão uma boa ideia do que era ser um tsar. Quando ela reclamou do trabalho dele, ele explicou, em 13 de maio de 1872, que precisava "cumprir as obrigações de minha posição, que me impõe deveres que não posso negligenciar". O Conselho "me prendeu por duas horas e meia esta tarde"; um baile durou até a meia-noite: "Eu estava colossalmente entediado"; o xá da Pérsia que o estava visitando era "um imbecil" e "chegando em casa às onze e meia, encontro uma pilha de papéis para ler". Em uma era de telegramas, trens e morteiros, as demandas da autocracia estavam se tornando excessivas para um homem. "Ah, eu amo a minha tranquilidade."

tudo, outra ricocheteou em torno de suas pernas, enquanto Kokh combatia o assassino com seu sabre. Ao ouvir os tiros, Chuválov, que tinha mantido seu apartamento no Palácio de Inverno, correu e ajudou Alexandre a entrar na carruagem.

"Foi a terceira vez que Deus milagrosamente me salvou da morte", escreveu Alexandre, correndo para Kátia. "Deus me salvou para você!" Mas "ele chorou por um bom tempo nos meus braços", ela lembrou. Quando ele contou à imperatriz Marie, ela pressentiu o fim de uma era. "Não há razão para viver", ela disse a sua dama de companhia Alexandra Tolstoia. "Isso está me matando. Hoje o assassino o caçou como a uma lebre!" Marie, "debilitada, desesperada, com os olhos febris e brilhantes", entrou em declínio.* Quando suas damas tentavam alegrá-la, ela dizia apenas: "Por que fazer um piquenique em volta de um caixão?".

Alexandre nomeou governadores-gerais com poderes emergenciais.** "Três foram executados hoje", ele disse a Marie. "É triste, mas o que podemos fazer?" "O descontentamento afeta a todos", escreveu Valuiev, agora presidente do Comitê de Ministros. Alexandre "parece cansado e fala sobre a irritação nervosa que ele tentou esconder", acrescentou Valuiev depois de uma visita a Tsárskoie Seló, chocado por ver "um soberano semiarruinado" cercado por policiais e por cossacos. "A terra treme, o edifício ameaça ruir, o proprietário tem um sombrio pressentimento do perigo, mas esconde sua ansiedade."

Depois dos tiros, o tsar "recebeu uma carta anônima" que o transtornou a ponto de, mesmo à meia-noite, "não tenho vontade de dormir...". Pode ter sido uma ameaça terrorista contra Kátia Dolgorúkaia e os filhos, que moravam em sua casa no Cais Inglês. Pouco depois da guerra, em 24 de abril de 1878, o imperador tinha secretamente tornado seus filhos legítimos com o título principesco de Iúrievski — um dos nomes originais dos Románov — e, como Kátia enfatizou, o nome do fundador de Moscou, Iúri Dolgorúki.

Alexandre não tinha como proteger Kátia. Depois de se preocupar por sema-

---

* Alexandre ainda escrevia cartas curtas, mas gentis, para a tsarina devastada pela tuberculose, "minha cara amiga", dizendo, "lamento ouvir que você não se sente bem". Eles passavam juntos os aniversários de morte de Nixa, desejavam reencontrá-lo ("Eu te beijo com ternura, fico feliz porque logo estaremos juntos novamente"). Ele relatou "manobras com os meninos" e escreveu: "Que você possa desfrutar de completa calma e de novas fontes de saúde", embora no íntimo desejasse se casar com Kátia.

** Os governadores-gerais eram quase sempre generais bem-sucedidos na guerra: Gurkó governou Petersburgo, Totleben, Odessa, e Loris-Mélikov, Kharkov.

548

nas, ele silenciosamente a transferiu junto com os filhos para o terceiro andar do Palácio de Inverno, perto do alojamento dos cortesãos, longe de onde sua mulher estava morrendo no segundo andar. O tsar exultava por estarem "todos juntos": "Adoro o fato de poder me levantar com você", ele disse a Kátia, "e de você estar na cama perto de mim, de olhos fechados, mais bonita do que nunca em nosso quarto iluminado pelo sol."

Mas Adlerberg, ministro da corte, não aprovava. "Por algum senso de decência, de discernimento sutil", escreveu Adlerberg, "o tsar não me disse nada sobre o incômodo assunto e eu fingi não saber de nada."

Em 10 de maio de 1879, na Crimeia, pensando em sua má situação à beira-mar, Alexandre se sentia como um amante em um romance:

> Se eu fosse um escritor de verdade, começaria meu diário: que belo dia de maio neste paraíso natural, mas que inferno em minha alma. Meu Deus, meu Deus, que triste morar fora de nosso coração e em um casamento que é apenas político. Minhas ideias, meus sentimentos, minhas paixões, estão todos longe de minha jaula imperial. Todos fecham os olhos, mas eles despertarão bruscamente no dia em que...

Dias depois, os onze líderes do Terra e Liberdade se encontraram secretamente em uma floresta perto de Lípetsk para fundar uma facção terrorista, a Vontade do Povo, elegendo um Comitê Executivo com 25 membros que incluía uma moça com cabelos pardos, Sófia Peróvskaia, que descendia dos Razumóvski, sobrinha do ministro do Interior de Nicolau I e filha de um governador de Petersburgo. Ela era a amante de Andrei Jeliábov, o cérebro terrorista. "O imperador destruiu na segunda metade de seu reinado quase todo o bem que fez na primeira metade", eles concordaram. "O Comitê Executivo aprovou uma sentença de morte contra Alexandre II."

Alexandre logo ficou sabendo disso. "Eu me vejo", ele escreveu em 30 de agosto, "como um lobo perseguido por caçadores."[34]

Em 17 de novembro de 1879, Alexandre saiu da Crimeia de trem. Havia dois trens e duas rotas possíveis. O primeiro trem sempre levava a comitiva e a bagagem, com o tsar no quarto vagão do segundo trem imperial meia hora depois. Enquanto o segundo trem passava por Rogashska Zastava, uma explosão colossal o levou aos ares. Os terroristas, liderados por Sófia Peróvskaia, conheciam seus movimentos. Mas, de modo atípico, ele havia viajado no primeiro trem porque o trem da comitiva havia quebrado. A amadora Terceira Seção teve dificuldades para lidar com uma organização habilidosa de assassinos suicidas — mas prendeu dois terroristas que estavam levando dinamite; um deles revelou as identidades de seus líderes enquanto o outro, como Alexandre escreveu em 4 de dezembro de 1879, "tinha uma planta do Palácio de Inverno; a sala de jantar marcada com uma cruz que por certo tem um sentido. Abaixo da sala de jantar ficam meus guardas. Meu Deus, será que eles estão entre eles?".

No entanto, a segurança no Palácio de Inverno, observou um dos criados, um carpinteiro de nome Stepan Khaltúrin, era de uma negligência impressionante: "Embora as pessoas nos mais altos cargos não pudessem passar pelas entradas principais do Palácio, as portas dos fundos ficavam abertas dia e noite para qualquer conhecido de taverna do mais reles criado".

Khaltúrin ficou surpreso porque ele era um assassino da Vontade do Povo que estava todos os dias trazendo clandestinamente nitroglicerina para o palácio, que ele armazenava debaixo do travesseiro. "Havia buscas frequentes, mas tão superficiais que nunca ninguém ergueu meu travesseiro (minha sorte!), o que teria me destruído." Em certo momento, o carpinteiro foi chamado para consertar algo no gabinete do próprio Alexandre; o tsar estava lá, mas ele não conseguiu se convencer a matar um homem pelas costas. Khaltúrin acumulou tanta dinamite que isso o estava envenenando. Ele precisou armazená-la em um baú na adega, debaixo da sala de jantar marcada com uma cruz. Planejavam matar não só o tsar, mas a família inteira.

Em 1º de janeiro de 1880, "o tsar me contou", explicou Kóstia, "que ele gostaria de dar à Rússia um voto de confiança pelo aniversário de 25 anos de seu reinado"* — ele gostaria de proporcionar à sociedade mais participação na discussão de assuntos importantes". Ele ordenou a Valuiev que formulasse o plano.

---

* O jubileu que se avizinhava teria um legado duradouro. Nikolai Rubinstein encomendou a seu amigo Tchaikóvski uma sinfonia que seria executada na inauguração da nova Catedral do Cristo

Naquela noite, Alexandre ouviu "as notícias de Cannes. *Ela* não vai viver por muito tempo". "Ela" era a imperatriz. Em 9 de janeiro, ele mandou que Adlerberg buscasse a moribunda tsarina. "Ninguém perguntou a minha opinião", Marie disse. "Uma criada seria mais bem tratada."

Em 23 de janeiro, Kóstia presidiu um encontro no Palácio de Mármore em que Sacha "foi tão agressivamente crítico que fui muitas vezes obrigado a contê--lo…". Sacha conseguiu destruir o plano — "É o início de uma Constituição que não traz benefícios para nós! Eleições só iriam fortalecer 'advogados falastrões!". O tsar não desistiu, mas "eu vejo cada vez mais [que Sacha] e eu somos homens totalmente diferentes".

No palácio, "coisas estranhas aconteciam o tempo todo", lembrou Alexandra Tolstoia. "A falta de cuidado era incompreensível." O comandante, general Delsal, recebeu o alerta sobre o mapa do palácio, mas "o via como uma lenda". Uma pessoa percebeu o perigo, porém. "A ideia de um novo ataque me perseguia incessantemente", lembrou Kátia. "Na nossa chegada, ordenei a nossos criados que pedissem ao comandante que examinasse os quartos dos trabalhadores." Ele assegurou que "todas as providências foram tomadas, mas meu coração não ficou tranquilo […]. Conforme os dias passavam com rapidez terrível, eu estava muito preocupada e passava horas refletindo sobre medidas de segurança. Infelizmente dava para ver que as autoridades se encontravam semiadormecidas e que não tinham energia". Certa vez ela sentiu o cheiro acre da nitroglicerina, mas todos insistiram que era só um vazamento de gás.

Nas profundezas da adega, o carpinteiro Khaltúrin tinha cem quilos de nitroglicerina. Todos os dias, ele passava por Jeliábov na praça do Palácio e dizia: "Não".

Pouco depois das seis horas da tarde em 5 de fevereiro, ele cumprimentou calmamente Jeliábov em uma tempestade e disse: "Está pronto". Ele tinha 130 quilos de nitroglicerina. Os fios estavam conectados. Quinze minutos para sair. Os dois terroristas olharam para o palácio iluminado. O jantar da família estava pronto.

Salvador em Moscou: o resultado foi a *Abertura 1812*, tão brilhante, espetacular e quase cinematográfica com seus tiros de canhão que tornou Tchaikóvski internacionalmente famoso — e que também o constrangeu pelo resto da vida.

∗ ∗ ∗

A neve atrasou o convidado do imperador, o príncipe Alexander de Hesse, irmão da imperatriz e pai do novo príncipe da Bulgária. O tsar enviou seus filhos Sacha e Vladímir para ir esperar seu trem. Às 18h15 um criado anunciou que o príncipe tinha chegado e, como sempre, Kátia acompanhou o tsar ao longo dos corredores antes de voltar para o aposento deles. Alexandre encontrou seu cunhado na Sala dos Marechais e o abraçou. Eles estavam prestes a ir para a Sala de Jantar Amarela quando, às 18h20, repentinamente, o chão se ergueu como se fosse um terremoto. "Os lampiões da galeria se apagaram, houve total escuridão", escreveu o príncipe hessiano, "e o ar ficou cheio do odor característico da pólvora." Os grão-duques correram "em direção à Sala de Jantar Amarela", lembrou Sacha, "de onde o barulho tinha vindo e encontramos todas as janelas escancaradas pela explosão, as paredes com rachaduras, quase todos os candelabros apagados e tudo coberto de pó e gesso."

Dois guardas "núbios" negros, com os rostos e os trajes vermelhos brancos de gesso como múmias, estavam em posição de sentido. Sinos de alarme de incêndio tocaram. Os dois terroristas na praça, satisfeitos porque o tsar estava morto, foram para um abrigo. "Houve total escuridão no grande pátio e gritos terríveis", escreveu Sacha. "Vladímir e eu imediatamente corremos para a sala da Guarda, o que não era fácil, já que todas as luzes estavam apagadas e a fumaça era tão densa que era difícil respirar."

O imperador correu para o aposento da amante, chamando "Kátia!", e encontrou um criado com um candelabro de que ele tomou posse. "Eu não conseguia sentir minhas pernas, meu coração parou de bater e fiquei quase louca", disse Kátia. Ela começou a tocar o sino do gabinete de Alexandre — sem resposta. Então ela ouviu "aquela amada voz gritando: 'Estou indo, meu anjo adorado'". Eles se abraçaram e então se ajoelharam diante dos ícones no quarto dela. Ele disse sorrindo: "Então é isso que eles chamam de uma explosão de 'gás'. Ah, Deus, as vítimas partem meu coração, vou para o lugar da explosão".

Sacha chegou lá primeiro. "Encontramos uma cena terrível: toda a sala da Guarda estava destruída pela explosão e tudo tinha caído a dois metros de profundidade, e naquela pilha de tijolos, gesso, lajes e entulhos estavam mais de cinquenta soldados cobertos de pó e sangue." Doze estavam mortos; 69, feridos. "Uma cena de partir o coração!", lembrou o herdeiro. "Nunca vou me esquecer do horror enquanto eu estiver vivo." O tsar chegou: "Chorei [...] as sentinelas estão todas enterradas em seus postos!".

"Nas escadarias, nos corredores, havia um alvoroço, caos, poeira, o cheiro de gás", escreveu Miliútin, "e na entrada encontrei a família imperial. O imperador me chamou a seu gabinete. Como antes, mostrou total compostura, vendo uma nova manifestação da mão de Deus ao salvá-lo pela quinta vez." Mas ele estava menos impressionado com sua polícia: "Comecei a duvidar da segurança. Apesar da planta do palácio descoberta por nós, ninguém tinha entendido nada. Como sempre, eles fizeram buscas com a mesma negligência e disseram que tudo estava bem!".

Miliútin estava impressionado. "Todos estão pensando — onde podemos encontrar paz e segurança se os vilões podem colocar explosivos no próprio palácio?"

Sacha estava histérico, dizendo: "O soberano precisa deixar o maldito Palácio de Inverno". "Os nervos estão tão tensos, você acredita que pode ir pelos ares a qualquer momento", escreveu Kóstia, que sentia os terroristas em todo lugar à sua volta, mas "não os vemos nem sabemos deles; não temos nem mesmo a menor ideia de quantos são". Os Románov "viviam em uma fortaleza sitiada", meditou o jovem sobrinho do tsar, Sandro, filho de Mikhail. "O lacaio que serve o café pode estar trabalhando para os niilistas; cada limpador de chaminé pode ser o portador de uma máquina infernal."

Só a imperatriz moribunda não prestava atenção nisso. Ela dormia enquanto tudo acontecia. O insone imperador compreendia a necessidade de uma nova ordem. "A noite é boa conselheira."[35]

"O pânico continua", escreveu Kóstia, "boatos terríveis se espalham." No entanto, havia solidariedade aos terroristas. "Ninguém apoia nosso governo agora", percebeu Miliútin. Todos os dias Alexandre consultava os generais Drenteln e Gurkó, mas "ambos se comportam como se fossem observadores do que está acontecendo. No entanto, um é o comandante da Gendarmeria, o outro é governador-geral. Imbecis!", concluiu Valuiev. Em 8 de fevereiro, Sacha propôs um ditador de tempos de guerra, acrescentando de modo ameaçador: "Se sua vida lhe é cara, você deve aceitar meu projeto".

"Recusei terminantemente", disse Alexandre, mas no dia seguinte ele reuniu os ministros e os governadores-gerais Gurkó, de Petersburgo, e Loris-Mélikov, de

Kharkov. "Todos concordaram com meu filho. Assim, a Suprema Comissão será nomeada. Todos concordaram com entusiasmo." Mas quem seria o ditador? Então o imperador "surpreendeu a todos".

"Dei poderes totais a Loris-Mélikov — poderes tão amplos que Loris talvez vá ser considerado um ditador." Sua escolha foi inspirada.

Mikhail Loris-Mélikov, de 44 anos, não era russo e não tinha sequer casa em Petersburgo, mas era dotado de flexibilidade política e inteligência emocional. Descendente da antiga nobreza armênia, um sujeito sedutor com suíças pretas exuberantes, olhos castanhos cintilantes e esguio, ganhara reputação em 180 batalhas contra otomanos e múridas. Em Kharkov, ele tinha domado os terroristas por meio de repressão combinada à conciliação, sua marca registrada: seus soldados o apelidaram de "Presas-de-Lobo-com-Rabo-de-Raposa". Como ele era armênio, os cortesãos o viam como "oriental, flexível, astuto", uma imagem com a qual ele jogava, provocando-os: "Eles dizem que o armênio Loris não tem perfil para ser um ditador". O conselheiro do herdeiro, Pobedonóstsev, achava que ele era "um malabarista, um manipulador — capaz, inteligente e astuto". Agora ele era tão poderoso que seu rival Valuiev o apelidou de "Miguel II".

Sacha "está encantado com sua vitória", escreveu Alexandre, mas ele sabia que o Palácio Anítchkov, de Sacha, era o quartel-general da oposição. Loris lisonjeava Sacha: "Desde o primeiro dia em que fui nomeado, prometi agir apenas na mesma direção que vossa alteza, acreditando que o sucesso do trabalho a mim confiado depende disso". De início, Loris e Sacha eram próximos. "Com grande velocidade, ele criou dois patrões para si — o Palácio de Inverno [o tsar] e Anítchkov [Sacha]", comentou Pobedonóstsev, amargurado. "Para sua majestade ele se tornou uma necessidade, uma proteção contra o perigo. Ele facilitou as atitudes do tsarévitch diante de sua majestade e oferecia respostas rápidas — um fio de Ariadne para sair do labirinto."

"Deus conceda sucesso a Loris ao descobrir o ninho revolucionário para que eu possa ter um pouco de segurança", escreveu Alexandre. "Senão, é melhor que eu me aposente [...] para evitar uma catástrofe. Deixe que eles provem do meu filho indomável!"

Loris começou a trabalhar com disposição, não apenas "para esmagar a sedição, como as causas da sedição e de seu apoio": ele tornou mais claro o processo judicial, aboliu o imposto do sal, liberalizou a imprensa e as universidades, satisfazendo alegremente os estudantes: "Afinal consegui a demissão do [ministro da Educação] Dmítri Tolstói, o gênio do mal da terra russa", exultou Loris.

Ele aboliu a Terceira Seção e reformou a polícia secreta, chocado com sua inépcia. Seu talento inventivo era notável para um soldado. No entanto, essa atividade continuava sendo pouco útil para o objetivo: para caçar os terroristas e apaziguar o herdeiro, Loris promoveu o homem de confiança de Sacha, o policial Pedro Tcherevin, para a Comissão. Mas de maneira espantosa, em vez de se infiltrar nos terroristas, o general Tcherevin perseguia uma mítica conspiração judaica, relatando em 6 de abril de 1880: "Todos os judeus capitalistas entraram na cabala judaica com metas hostis a toda a população cristã". Então, às duas da manhã de 20 de abril, enquanto Loris descia de sua carruagem, um homem atirou nele; o conde se abaixou, mas depois se jogou sobre o assassino e o subjugou — uma façanha admirável —, entregando-o aos cossacos. "Pobre, pobre liberdade, que crimes são cometidos em teu nome!", escreveu o tsar, impressionado com a frieza de Loris sob fogo. Cinquenta mil espectadores, incluindo Dostoiévski, assistiram ao enforcamento do terrorista na praça Semiónovski. Mas a sociedade estava ambivalente: depois o romancista se encontrou com o editor Alexei Suvórin. Ambos concordaram, embora detestassem os terroristas, que eles jamais informariam à polícia sobre uma conspiração.

No palácio, o pequeno Gogo estava fascinado com os detalhes da execução enquanto Alexandre e Kátia a discutiam.[36]

Kátia falava cada vez mais sobre política. "Ela me impele a tomar medidas cada vez mais extremas contra os niilistas", Alexandre escreveu em 16 de março, "e diz ser necessário enforcar, enforcar incessantemente para extinguir essa revolta infame." Mas "eu detesto quando ela se mete em política". Ela também atormentava Alexandre para tomar novas providências em nome dos filhos deles. A imperatriz estava prestes a morrer. Alexandre sofria com a culpa. Em 21 de maio ele a visitou. O dr. Bótkin disse que ela sobreviveria mais uma noite, por isso o tsar viajou para Tsárskoie Seló, onde Kátia estava com os filhos.

De manhã, a imperatriz Marie foi encontrada morta: "Meu Deus, recebei bem a alma dela e perdoai-me pelos meus pecados", Alexandre escreveu em 22 de maio. "Minha vida dupla termina hoje. Lamento mas Ela [Kátia] não esconde sua alegria. Ela fala imediatamente em legalizar nossa situação; essa falta de confiança me mata. Farei tudo por ela, mas não contra o interesse nacional."

No dia 23 o imperador decidiu se casar com Kátia após um curto período de apenas quarenta dias de luto. "Se não esperássemos novos ataques, nunca nos ocorreria nos casarmos" tão rapidamente, ela, explicou. No dia 24, ele contou um segredo ainda maior a ela: "Vou dar ao povo uma constituição completa". Mas Kátia, "superexcitada como uma criança", já estava sonhando com o casamento deles. "Kátia nunca me irritou tanto." Ele prometeu coroá-la em 1º de agosto de 1881. Depois, tendo decidido coroar uma nova imperatriz e dar à Rússia o princípio de uma constituição, ele resolveu em 4 de julho: "Devo me afastar" — para o sul da França. Nos funerais de Marie, em 28 de maio, "uma ofuscante bifurcação de luz cruzou o céu escuro". O tsar estremeceu.

Os cortesãos ouviram que ele iria se casar com a mulher promíscua que eles agora chamavam de "Odalisca", uma concubina otomana. Em 30 de maio, Sacha foi vê-lo para falar disso, mas o tsar, escolhendo cuidadosamente suas palavras, disse que "os rumores eram infundados", o que levou o herdeiro a presumir que não haveria casamento. Alexandre tentou esclarecer: "Vou viver como eu quiser e minha união com a princesa Dolgorúkaia está decidida", mas "os seus direitos estarão protegidos". Eles se separaram em lágrimas — e presos a um incômodo mal-entendido.

O arcipreste Bajénov, que havia realizado o casamento do tsar com Marie, se recusou a casá-los. Em 5 de julho, seu amigo de infância Adlerberg fez uma tentativa de última hora de "dissuadi-lo, citando a desagradável impressão que isso causaria, a não ser que ele esperasse um ano após a morte da imperatriz". Mas Alexandre podia estar morto até lá. Ele podia ser assassinado a qualquer momento, em qualquer dia. "Ele não estava de todo errado", admitiu o tsar, "mas eu dei minha palavra." Adlerberg percebeu que ele estava "calado, pálido, confuso, com as mãos trêmulas. Subitamente ele se levantou e deixou a sala. A porta se abriu e entrou uma mulher". O conde e a Odalisca discutiram. Ela o acusou de deslealdade. Quando Alexandre espiou pela porta, ela disse, furiosa: "Não, deixe-nos continuar". Depois, Kátia saiu.

"Eu estava errado quanto àquele homem", o tsar refletiu. "Ele é uma nulidade completa e um chantagista intolerável." Mas Alexandre era apoiado por seu irmão mais novo, Mikhail: "Não temos o direito de criticar as decisões dele".

Às três da tarde de 6 de julho, na igreja campal de Alexandre i em Tsárskoie Seló, o tsar, em um uniforme azul-claro dos hussardos, e Kátia, com um vestido de noiva, foram casados pelo padre Ksenofont Nikólski.* Adlerberg assinou o certificado, embora "sua presença tenha me espantado". Depois de um pequeno jantar, o casal deu uma volta de carruagem em torno do parque. Então Alexandre assinou um decreto: "Tendo se casado [...] legitimamente com a princesa Iekaterina Dolgorúkaia, determinamos que ela seja chamada de sereníssima princesa Iúrievskaia" com "o mesmo nome sendo destinado a seus filhos". Ele temia que "a Rússia e a história jamais irão me perdoar", mas "a pedra que oprime seu coração tinha sido retirada", escreveu Kátia, "e [ele estava] feliz como ninguém jamais esteve".

Na manhã seguinte, ele disse ao conde Loris: "Sei da lealdade que você demonstra comigo. Agora você deve ser leal a minha esposa e aos meus filhos". Loris começou a consultar Kátia, que mais tarde refletiu: "O excepcional ministro compreendeu que valiosa aliada a princesa era como esposa do tsar".

Quando a família soube do casamento secreto, ele se justificou com a irmã, Ollie, rainha de Württemberg: "Kátia preferiu renunciar a todas as diversões e prazeres sociais desejados por jovens mulheres e dedicou toda sua vida a mim", mas "sem interferir em nenhum assunto, ela vive apenas para mim, dedicada a criar os filhos". Sacha pensou que o casamento "arruinou para sempre todas as boas memórias da vida em família". Como ele escreveu para Minny mais tarde, foi "o começo desses tempos turbulentos, desse pesadelo". Sacha estava fervendo de raiva.[37]

O tsar era "um homem patético e infeliz" e "os fados dos deuses o enviaram para a infelicidade da Rússia; os únicos instintos que restaram são o amor tolo pelo poder e a sensualidade". Essa descrição de Alexandre foi escrita não por um niilista, e sim pelo conselheiro mais próximo de seu filho Sacha, Konstantin Pobedonóstsev, o ex-professor que agora visitava o herdeiro diariamente no Palácio Anítchkov.

Alto, desengonçado e antiquado com lábios finos, nariz aquilino e óculos grossos, Pobedonóstsev parecia nunca ter sido jovem, nunca ter sorrido e nunca

---

* O casamento foi morganático, o que significa que os títulos do monarca não podiam ser herdados pelos filhos dessa união.

ter visto a luz do sol — na verdade ele adorava ir a funerais. No passado tinha feito o esboço das reformas jurídicas de Alexandre e fora professor de Nixa, mas agora estava profundamente convencido de que as reformas haviam sido um desastre. Cuspindo ódio para sua confidente, Iekaterina Tiútcheva, ex-dama de companhia, ele declarou que o tsar era "a abominação da ruína" que "quer viver apenas de acordo com os desejos estúpidos do estômago". Mas havia princípios por trás de seu veneno. Apelidado de Torquemada, ele ficava enojado com o mundo moderno de jornais, mercados de ações, democracias e judeus e queria a Rússia congelada na época de Nicolau I. "Aqui", ele disse, "pago meu cocheiro para dirigir devagar." Um crente fanático da autocracia e da missão eslavófila da Rússia com a civilização, para ele não havia lugar para judeus ("nossa grande úlcera") ou poloneses.* Até mesmo seu patrono, o conde Serguei Stróganov, disse: "Ele sabia exatamente o que não devia ser feito, mas nunca o que deveria ser feito ao invés disso". O tsar chamava Pobedonóstsev de "desesperado fanático" e de "fariseu", mas para agradar a Sasha, ele e Loris nomearam Torquemada para a Comissão Suprema.

Na corte, as damas de companhia resmungavam contra a Odalisca. Dária Tiútcheva, outra integrante dessa família de cortesãos, ousou escrever para o imperador: "Será que o senhor podia prometer e prometerá que nunca ficarei na situação de ter de ofender meus sentimentos em nome de nossa amada imperatriz?". Alexandre ficou furioso, mas respondeu via Adlerberg: "Se essa situação não lhe agrada, você pode fazer o que bem entender". Ela então renunciou ao

---

* Pobedonóstsev cultivava uma rede de aliados reacionários por meio dos barões nacionalistas da imprensa, Mikhail Katkov e o príncipe Vladímir Meschérski, que havia contratado Dostoiévski para editar seu jornal *Cidadão*, do qual o herdeiro era fundador secreto. O príncipe apresentou Dostoiévski a Pobedonóstsev, e eles se tornaram grandes amigos, encontrando-se nas noites de sábado para horas de discussão. "Devo ir até você outra vez como fui em outros dias para ter instruções", escreveu o romancista enquanto desenvolvia *Os irmãos Karamázov*. Dostoiévski expressava melhor os instintos eslavófilos deles: "a nação russa é um fenômeno extraordinário na história do gênio humano". Ele era um ávido monarquista, vendo os tsares como "um mistério, um sacramento, uma unção [...] o fato primário de nossa história". Encantado pelo fato de um dos titãs da literatura russa ter pontos de vista decentes, Pobedonóstsev apresentou Dostoiévski a Sacha, que tinha lido e admirado *Crime e castigo*. O encontro foi estranho — Dostoiévski não conseguia fazer o papel de cortesão, mas isso não importava. Alexandre II o convidou para fazer palestras para os grão-duques mais novos, Serguei e Paulo, e para o primo deles, KR. Dostoiévski, que antes fora condenado à morte pelo tsar, tinha se tornado confidente dos Románov. Ele morreu no início de 1881.

558

cargo porque, como confidenciou a Alexandra Tolstoia, "não posso prometer não fazer uma cena em público nem que não vou cuspir no rosto da princesa Iúrievskaia na primeira oportunidade". Mas ela saiu com uma previsão terrível: "Tenho um bom pressentimento de que tudo irá mudar. Em três ou quatro meses, toda a sujeira será varrida do Palácio de Inverno!".[38]

Em 6 de agosto, Loris informou que a ordem havia sido restabelecida. Alexandre nomeou-o ministro do Interior responsável pela polícia, e como concessão a Sacha eles deram cargos a dois de seus homens de confiança, Tcherevin como vice-ministro e Pobedonóstsev como procurador-geral do Sínodo.

Loris aconselhou o tsar a não pegar o trem para a Crimeia por "medo de uma máquina infernal". Como o tsar insistiu, ele pediu que Kátia e os filhos viajassem em outro trem. "Uma mulher não perderia a chance de mostrar sua dedicação", escreveu Miliútin. Na verdade, "parti com ele para que pudéssemos morrer juntos", lembrou Kátia. O tsar apresentou-a aos ministros e ela se aproximou de Loris, compartilhando do liberalismo dele.

Em Livadia, Alexandre e Loris concordaram com uma reforma radical — a eleição de deputados das assembleias locais para ter assento no Conselho de Estado onde poderiam ser consultados, embora não legislar.

O imperador queria apresentar Sacha e Minny a sua esposa. Loris tramou para levá-los à Crimeia, só informando-lhes quando já se aproximavam de Ialta no barco, com o pequeno Nicky e as outras crianças, que a princesa Iúrievskaia estaria lá. "Imagine", Minny reclamou. "Ele esperou até que estivéssemos no barco. Aqui estamos — em uma armadilha!" O imperador esperava no cais — e eles souberam que Kátia estava morando nos aposentos da antiga imperatriz. Sacha foi educado, Minny foi fria.

A hostilidade de Sacha acelerou a assinatura do decreto por parte do imperador. "Esses 3 302 910 rublos são propriedade absoluta de minha esposa, a sereníssima princesa Iúrievskaia nascida princesa Dolgorúkaia, e de nossos filhos", ele escreveu em 11 de setembro, transferindo o dinheiro do Ministério da Corte para o Banco Estatal. Ele enviou mensageiros para pesquisar a coroação que Pedro, o Grande, fez de uma camponesa (Catarina I) com quem ele já havia tido vários filhos, e assinou este acréscimo a seu testamento:

Caro Sacha, na eventualidade da minha morte, confio minha esposa e filhos a seus cuidados. Sua disposição amigável com eles, que você demonstrou desde o princípio, foi uma verdadeira alegria para nós e me faz crer que você não irá abandoná-los. Não se esqueça de mim e reze pelo seu papai, que te ama com ternura.

No dia da volta deles, o tsar fez "um jantar em família [...] implorei para não participar", lembrou Kátia, mas Alexandre insistiu. "Você é a esposa de que me orgulho e a minha família deveria reverenciar você como objeto da felicidade de seu pai." Kátia não buscou a aprovação deles: "Nunca me dei ares de importância, mas sabia como me comportar com as noras do imperador [...]. Eu lhes concedia as honras, mas elas não deviam esquecer que eu era a esposa de seu soberano".

Alexandre estava "horrorizado com a quantidade de rancor" e elogiou Kátia pelo "encanto e pela beleza que enfurece as outras mulheres, irritadas com os olhares [masculinos] dirigidos a você". Além disso, "sua família é mais antiga que os Románov" e é russa — "o que enraivece a família dele, principalmente os alemães". Ela estava no seu auge. "Essa beldade", observou um cortesão, "ainda estava bem preservada e na verdade tinha se tornado mais esplendorosa."

Minny incentivou a fúria de Sacha em nome da mãe dele. Ele enfrentou o pai e disse a ele que estava partindo para a Dinamarca. A resposta de Alexandre foi dizer que se Sacha lhe desobedecesse, "você não será mais o herdeiro". Sacha recuou. Mas quando Iúrievskaia se apresentou a Minny em uma recepção no Palácio de Inverno, "para seguir a etiqueta da corte, a grão-duquesa estendeu sua mão, mas não a beijou como o tsar evidentemente esperava", escreveu um cortesão. "O imperador irrompeu em uma torrente de linguagem apaixonada", exclamando, "Sacha é um bom filho, mas você — você não tem coração". Kátia ficou irritada porque o "coração de ouro" dele tolerava "os monstros em sua família" que eram "tão sem coração quanto mal-educados".*

---

* Os filhos mais novos do tsar, Serguei e Paulo, estavam em Florença, em um giro pela Europa. "O inverno que se aproximava me parecia um terrível pesadelo", Serguei escreveu a Sacha, que agora lhe dizia que "há tantas coisas novas e chocantes. Graças a Deus você não está passando o inverno em Petersburgo [...]. Não posso dar detalhes até nos encontrarmos [...]. Acrescento mais uma coisa: não podemos ir contra um fato consumado. Uma coisa permanece: obedecer e satisfazer os desejos de nosso papai...". Mas Serguei e Paulo ainda não sabiam sobre o casamento. "Acabamos de receber uma carta de papai sobre o casamento dele", Serguei escreveu a Minny. "Isso me atingiu como um raio." Paulo "chorou bastante. O futuro é uma nuvem negra", mas "diga a Sacha que

O tsar estava em uma corrida contra o tempo, contra os terroristas e contra seu filho. "Se eu tivesse um substituto à altura em quem pudesse confiar", disse a Kátia, ele já teria abdicado. O imperador lutava contra as lágrimas quando dava beijos de boa-noite nos filhos: "Quando eu já não estiver por perto, pense e ore pelo seu papaizinho e não se esqueça do amor que ele tem por você".[39]

Em 4 de janeiro de 1881 em seu gabinete no Palácio de Inverno, Alexandre e Loris aprovaram o plano de reforma que "seria especial e forte, mas que não teria nada em comum com [...] a Europa". Essa medida tímida não estabeleceria uma democracia liberal instantânea, mas certamente marcava o começo de um caminho transformador para a Rússia. Os Románov já não podiam "se apoiar em mil baionetas", disse Alexandre Abazá, o liberal ministro das Finanças, "e em um exército de funcionários". A autocracia precisava evoluir e aumentar a participação. Alexandre registrou o conselho de Miliútin: "Essas reformas são o único modo de me tirar de minha difícil situação política e de consolidar a dinastia Románov". Mas elas podiam facilmente ter acelerado o colapso da dinastia, assim como as reformas de Mikhail Gorbatchov destruíram a União Soviética. Somadas à má ideia de coroar Kátia, elas podiam ter levado a um golpe reacionário, como aquele de agosto de 1991 contra Gorbatchov.* Com maior probabilidade, poderia ter aumentado o apoio à autocracia — mas sua real natureza dependia da atitude do tsar, e seus diários provam que ele via isso como um passo rumo à Constituição.

Loris estava cercando os terroristas. Em 25 de janeiro de 1881, uma denúncia expôs uma célula terrorista em uma loja de queijos na rua Málaia Sadóvaia pela qual Alexandre passava todo domingo para revistar as tropas no Mikháilovski Manège. Mas havia dois modos de ir até lá, e ninguém sabia qual ele escolheria. A polícia invadiu a casa, porém não encontrou nada.

---

sabemos de nosso dever e que todas as ordens de papai serão obedecidas com tristeza". Quando a irmã deles, Maria de Edimburgo, fez uma visita, também ficou chocada pela presença de uma nova madrasta. Apenas o maldoso Alexis entendeu.

* "A realização do projeto pode ter sido um passo rumo à Constituição, ou não; tudo depende do que seria mais forte: o partido revolucionário e a sociedade liberal ou a resistência do muito poderoso, coerente e inescrupuloso grupo dos partidários da autocracia." Essa foi a opinião posterior de um dos mais perspicazes analistas do poder, Vladímir Uliánov, então um colegial de onze anos. Mais tarde ele se tornou conhecido como Lênin.

O imperador estava rejuvenescido* pelas reformas e por Kátia — seu comportamento era jovial; agia, "aos 64, como se tivesse dezoito anos". Ele até a apresentou a Pobedonóstsev, mas o assexuado Torquemada sentiu repulsa pelo apelo lascivo dela — "Não passa de uma meretriz!", ele disse.

Em um jantar de família, o grão-mestre de cerimônias bateu três vezes no chão com seu bastão com cabo de marfim e anunciou: "Sua majestade, o imperador, e a princesa Iúrievskaia". O grão-duque Sandro, sobrinho de quinze anos do imperador, ficou encantado quando "o imperador entrou vivamente com uma mulher muito atraente segurando seu braço" e "piscou alegremente para meu pai [Mikhail]" antes de olhar para "a imponente imagem do herdeiro". Sandro lembrou que "[eu] não conseguia tirar meus olhos dela — gostei da expressão triste em seu belo rosto e do brilho de seu abundante cabelo louro". Mas "ela sabia que era odiada" e "a toda hora se voltava para o imperador", que "sussurrava palavras de incentivo em sua pequena orelha". Então ao fim do jantar, uma governanta trouxe as crianças. "Ah, eis meu Gogo", gritou Alexandre enquanto o menino de sete anos de idade começou a "ajeitar suas suíças. 'Conte, Gogo, como é seu nome inteiro.'"

"Príncipe Gueórgui Alexándrovitch Iúrievski."

"Encantado em conhecê-lo, príncipe Iúrievski", disse o imperador. "A propósito, príncipe, o que você acha de se tornar um grão-duque?"

O filho adolescente de Sacha, o futuro Nicolau II, "parecia gostar imensamente da ideia de, aos treze anos, ter ganhado um tio de sete". Minny estava horrorizada de seus filhos estarem dando pinotes com a prole da Odalisca. Sandro achou que Kátia "teria conseguido conquistar os homens se eles não estivessem sendo vigiados pelas mulheres". Depois sua mãe, Olga, declarou: "Nunca vou reconhecer essa aventureira espertalhona. Eu a odeio!".

"Boa, má ou passável", respondeu Mikhail, "ela é casada com o tsar."

Em encontros no Palácio de Inverno e depois no Anítchkov, o Comitê do imperador, presidido por Valuiev, aprovou o plano de reforma — e Sacha aquies-

---

* O bom humor de Alexandre foi intensificado com a conquista, pelo general Skóbeliev, das terras ao longo do Cáspio, o atual Turcomenistão, embora ele tenha massacrado 25 mil civis na tomada de Geok Tep. Massacrar nativos indefesos estava se tornando cada vez menos de bom-tom, e Skóbeliev recebeu ordens de voltar.

ceu. Em 17 de fevereiro, "assinei com grande alegria", escreveu Alexandre, "e decidi reler o decreto perante o Conselho em 4 de março". Loris planejava publicar o decreto sobre as reformas no mesmo dia da coroação de Kátia. Alexandre se divertiu com esse "estratagema armênio, embora eu confesse ser diplomático e inteligente".

Sacha se voltou contra o liberal Loris, "raivoso por ele estar cortejando a princesa Iúrievskaia". Pobedonóstsev observou como "esse mestre-manipulador-encantador se tornou ainda mais forte por ter desatado um nó ainda mais confuso na família combalida", descobrindo para si mesmo uma nova protetora "em certa mulher". Então esse ministro desabafou, em carta a sua confidente, contra seu imperador: "Perdoai este homem, oh, Senhor, porque ele não sabe o que faz [...] fico doente de olhar para ele!". Quanto ao imperador, ele percebia a deslealdade de Sacha: "Desejo viver tranquilamente sem sentir que alguém próximo a mim está calculando o número de dias que me restam para viver".[40]

"Os guardas do palácio são completamente confiáveis?", Loris perguntou a Alexandre em 22 de fevereiro.

"Há traidores em minha própria casa? Se houver", respondeu o imperador, "um pobre camponês pode ser mais feliz do que eu, o tsar da Rússia." Loris o tranquilizou. A polícia ainda não tinha pegado Peróvskaia, que o tsar escreveu em 20 de fevereiro ser "uma verdadeira terrorista capaz de matar qualquer um que esteja em seu caminho". Eles não tinham descoberto nada na loja em Sadóvaia, mas em 23 de fevereiro uma pessoa desconhecida entregou um alerta para Kátia por meio de seu irmão de que "estou em grande perigo e devo ser muito prudente". Mas, quatro dias depois, Loris prendeu o "famoso Jeliábov". Será que isso reduziria o "grande perigo"?

No dia 28, a polícia, dessa vez liderada por um general, novamente fez buscas na casa na Málaia Sadóvaia, depois de ser alertada de que terroristas tinham dinamitado um túnel sob a estrada. Novamente eles não encontraram nada. Na melhor das hipóteses, os policiais eram negligentes e estavam perdidos. Na pior, eram traidores. O chefe deles era o amigo de Sacha, Tcherevin, vice-ministro do Interior, que mais tarde admitiu: "Devo minha carreira a Alexandre II, mas é bom que eles tenham se livrado dele ou ele teria levado a Rússia ao desastre".

Loris alertou Kátia de que os assassinos ainda estavam à solta. "Todo domingo", ela escreveu, "eu suplicava [a Alexandre] que não fosse ao desfile porque isso me atormentava, mas ele ficava frustrado de não ver seus adorados soldados."

Adlerberg suplicou ao tsar que não fosse no dia seguinte.

"Ouça, Adlerberg", gritou Alexandre, "eu já disse antes e agora ordeno a você: não ouse me dizer algo sobre as tentativas de me matar. Tome todas as medidas que você e [o governador da cidade Adrian] Dvorjitski acharem necessárias, mas me deixe em paz!" Naquela noite, "eu me senti nervoso". O dr. Bótkin lhe deu gotas de valeriana.

A manhã seguinte era domingo, 1º de março. Aos domingos, o tsar amava passar em revista a Guarda no Mikháilovski Manège. "Embora seja um pessimista, Loris está de bom humor nesta manhã." Alexandre aprovou o anúncio das reformas, que seriam assinadas no Conselho no dia 4. Kátia implorou que ele não fosse ao desfile, mas Alexandre não queria desapontar Dmítri, filho de Kóstia — era a primeira vez dele como ajudante de campo.

O tsar fez duas coisas que sempre o consolavam: escreveu seu diário e depois, levantando as saias de Kátia, ele "a derrubou sobre uma mesa e a possuiu" antes, às 12h45, saindo em sua carruagem à prova de balas, um presente de Napoleão III, escoltado por seis cossacos a cavalo com outro ao lado do cocheiro, seguido por dois trenós, um deles transportando o coronel Dvorjitski, e o outro com os guarda-costas imperiais sob o comando do capitão Kokh. "Para o Manège", ele ordenou ao cocheiro, passando pelo canal Catarina.

"O desfile foi muito bom", lembrou Miliútin, que estava com ele, "o tsar gostou de tudo e estava de bom humor, fazendo piadas." Depois Sasha retornou ao Palácio Anítchkov para almoçar, enquanto o tsar ordenava ao cocheiro: "Para o Palácio de Inverno pela mesma rota". Ele estava retornando pelo canal Catarina.

Os alertas da inteligência sobre a loja de queijos na Sadóvaia eram de uma precisão absoluta. Por meses, os terroristas de Jeliábov vinham escavando sob a rua para explodir o tsar em pedaços depois do desfile de domingo. Se ele tomasse a outra rota, eles treinaram para abandonar o túnel e correr para matá-lo no canal Catarina. A prisão de Jeliábov teria abortado o plano não fosse o ímpeto implacável de Sófia Peróvskaia.

Do lado de fora da loja de queijos, Peróvskaia viu os gendarmes desaparecerem — o que significava que o tsar estava tomando o outro caminho. Ela acenou com o lenço, o que era uma ordem para que seus quatro terroristas fossem para o canal.

O tsar parou no Palácio Mikháilovski, onde ele e o irmão Mikhail tomaram chá por trinta minutos com sua prima Maria, filha de Elena.

Às 14h15, o tsar subiu em sua carruagem napoleônica blindada e se dirigiu para o canal Catarina. Enquanto o comboio se aproximava da ponte Koniúchenni, um jovem, Nikolai Risakov, jogou uma bomba sob a carruagem. Quando a fumaça se dissipou, a carruagem estava inteira, apenas com sua parte de trás danificada, mas um dos cossacos montados e um jovem que passava por ali jaziam agonizantes na rua, enquanto um policial e outro passante estavam feridos. Enquanto os guardas pegavam o homem que arremessou a bomba, descobrindo uma pistola e uma faca em seu casaco, o imperador desceu e se persignou. Tinha milagrosamente sobrevivido pela sexta vez, mas "ele estava, com razão, inseguro e transtornado", lembrou Dvorjitski, que perguntou se ele estava bem.

"Graças a Deus, não estou ferido", respondeu Alexandre. Dvorjitski ofereceu-lhe transporte para casa em seu trenó assim que ouviu o terrorista preso falando com alguém na multidão e na mesma hora entendeu que havia outra pessoa com uma bomba. Ele pediu ao tsar que partisse imediatamente; o cocheiro implorou que ele voltasse para a carruagem. "Mas sua majestade, sem dar uma palavra como resposta ao cocheiro, se virou e se dirigiu à calçada ao lado do canal", andando sozinho, seguido pelo coronel e por quatro cossacos a pé ao lado de seus cavalos. "Eles cercaram o tsar", que quase escorregou e foi amparado por Dvorjitski. Alexandre queria falar com o terrorista, Risakov, contido por quatro soldados. "Como está o tsar?", perguntou um oficial, sem reconhecê-lo.

"Graças a Deus, estou bem", respondeu Alexandre. Ele apontou para os mortos e feridos. "Mas veja…"

"Não agradeça a Deus ainda!", gritou o terrorista.

Alexandre perguntou-lhe qual era sua classe e ficou aliviado de saber que ele não era nobre. "Que belo sujeito você é!", ele o repreendeu, e depois voltou em direção à carruagem. Dvorjitski novamente implorou que o tsar entrasse no trenó. Ele hesitou.

"Tudo bem, mas primeiro me mostre o local da explosão." Alguns soldados do desfile tinham chegado e se puseram ao lado do tsar com os cossacos e guarda-costas, e ele estava inspecionando o buraco na rua, decidindo o que fazer em seguida, quando um jovem, Ignáti Grinevítski, debruçando-se sobre as muretas do canal, repentinamente se virou e atirou uma bomba nos pés de Alexandre. A explosão derrubou todo mundo — o tsar, Dvorjitski, cossacos. Vinte pessoas jaziam na rua, umas rastejando, outras mortas, algumas se mexendo. Em meio à neve e aos detritos, "dava para ver dragonas, sabres e pedaços ensanguentados de carne humana". O próprio terrorista suicida estava morto.

As explosões ecoaram pela cidade. No Palácio Anítchkov, Sacha e Minny, que estavam preparando o filho Nicolau para patinar no gelo com o primo Sandro, as ouviram. Eles se olharam de modo sombrio.

No canal Catarina, o tsar estava estendido ao lado do "aturdido, queimado, ferido" Dvorjitski. Mas, à medida que a fumaça se dissipava, "ouvi a voz fraca de sua majestade: 'Socorro!'. Reunindo a pouca força que eu tinha", escreveu Dvorjitski, "corri para o tsar, meio deitado, meio sentado, inclinando-se sobre o braço direito. Achando que ele estava apenas com ferimentos graves, tentei levantá-lo, mas as pernas do tsar estavam destroçadas e sangue escorria delas".

O chapéu de Alexandre havia caído, seu casaco estava rasgado, seu rosto, ensanguentado, um olho meio fechado, o outro olhando para o espaço. "Frio, estou frio", ele murmurou, bem quando Mikhail, vestindo uniforme de desfile, chegou com sua carruagem e se ajoelhou ao seu lado. "Me leve para o palácio… lá… para morrer!", arfou o imperador. Ali perto, um terceiro terrorista, Ivan Iemeliánov, viu que sua bomba não seria necessária. O sangue jorrava do corpo do imperador.*

Alexandre perdeu a consciência. Em vez de colocar bandagens em suas pernas com um torniquete ou de levá-lo para o hospital, a multidão, que incluía o terrorista Iemeliánov, o ergueu e colocou-o no trenó, onde ele continuou a sangrar enquanto ia às pressas para o Palácio de Inverno. Ele foi levado para cima pela escadaria de mármore até seu gabinete, deixando um rastro de sangue. Eles puxaram sua cama de campanha para fora da alcova e o deitaram ali, "completamente inconsciente", meio sentado, com o rosto voltado para a janela, com a camisa aberta, uma medalha prussiana em volta do pescoço, ainda usando uma luva ensanguentada. Mikhail enviou um ajudante para o Palácio Anítchkov. Lá, Minny segurava os patins de gelo de Nicolau e conversava ansiosamente sobre o estampido das duas explosões quando eles viram um trenó correndo pela avenida Niévski com um oficial de pé sobre ele. Eles perceberam o que isso significava. Sacha correu escada abaixo. Segundos depois, ele e Minny, acompanhados pelo

---

* Sacha mais tarde encomendou a construção da Igreja do Salvador do Sangue Derramado, que fica naquele local.

pequeno Nicolau e seus patins, estavam correndo no trenó em direção ao Palácio de Inverno, onde o primeiro médico acabava de chegar.

"A primeira coisa que percebi", lembrou o dr. Markus, "foi a terrível mutilação dos membros inferiores. Especialmente a perna esquerda, que, abaixo do joelho, era uma massa de sangue destroçada; a perna direita também estava ferida. As duas pernas dilaceradas estavam frias." O médico tentou pressionar as artérias para estancar o sangramento. O dr. Bótkin e os outros médicos chegaram. Ao pé da cama, Mikhail soluçava, enquanto no palácio dele um lacaio anunciava à sua esposa Olga e ao filho Sandro que tanto o tsar quanto Mikhail tinham sido assassinados. Eles também correram para o Palácio de Inverno junto com alguns guardas do Preobrajénski que se apressavam para defender a família.

Quando chegou, Sandro seguiu "as grandes manchas de sangue negro nos degraus de mármore e depois pelo corredor até o gabinete do tsar", onde encontrou o pai sem ferimentos, o que foi um alívio tão grande que sua mãe, correndo atrás dele, desmaiou. O imperador "tinha uma aparência horrível, um olho fechado, o outro arregalado". Sacha gritou: "Chegamos a este ponto", enquanto sua esposa, Minny, ainda segurava os patins de Nicolau. Sandro "se agarrou ao braço de Nicky, mortalmente pálido com sua roupa azul de marinheiro", e começou a chorar.

"Firme, meu garoto, firme", disse o alto Sacha, apertando seus ombros.

A cortesã Alexandra Tolstoia estava em seu quarto quando Varenka Nelídova — ex-amante de Nicolau I, agora com sessenta e poucos anos — entrou às pressas: "O imperador acaba de ser trazido ferido em um trenó…". Tolstoia correu pelo palácio inteiro para chegar ao gabinete, onde ouviu o grão-duque Vladímir ordenar aos soldados que fizessem a segurança da praça do Palácio. A família inteira e os principais ministros, Loris e Miliútin, tinham chegado. O quarto estava lotado. Tolstoia estava chocada em ver o imperador "deitado com uma camisa em sua cama de campanha, que tinha sido trazida para o meio do quarto, coberto com uma cortina que deixava suas pernas abertas — uma visão horrível. Olhei para o outro lado".

De repente houve um tumulto. Talvez um grão-duque intrometido tenha tentado barrar sua entrada, mas então Kátia, "semivestida, entrou correndo, caiu sobre o corpo do tsar beijando suas mãos" e gritando o nome dele. Ela ordenou aos médicos "que trouxessem travesseiros, que trouxessem oxigênio, para tentar reanimar o imperador".

As grão-duquesas começaram a soluçar. Alexandre recebeu oxigênio, mas sua respiração crepitava. Ele não se movia, percebeu Tolstoia — exceto pelo dedo mínimo. "Não tirei meus olhos dele." O padre Bajénov deu a comunhão e a extrema-unção — e o tsar engoliu o vinho.

Kátia e Sacha seguraram a cabeça dele. Sacha perguntou a Bótkin por quanto tempo seu pai viveria. "Quinze minutos", respondeu o médico. "Uma voz rouca gritou: 'Silêncio, por favor; o fim está próximo!'." Um silêncio profundo reinou no quarto lotado. "Todos seguraram a respiração", lembrou Tolstoia.

"O imperador está morto", disse o dr. Bótkin às 15h30, soltando o pulso ensanguentado do tsar e provocando gritos da viúva. Um "terrível soluço irrompeu de todos os peitos", enquanto "a princesa Iúrievskaia gritou e caiu no chão como uma árvore cortada", escreveu Sandro, "com o penhoar branco e rosa encharcado de sangue". Sacha, "agora nosso jovem soberano, ficou diante do corpo do pai, derramando lágrimas". Então, "ficando de pé, ele percebeu a princesa Iúrievskaia, andou até ela e a abraçou". A seguir ele abraçou Tolstoia.

A família se ajoelhou unida em torno do corpo; "olhando para a direita", escreveu Sandro, "vi o novo governante da Rússia", Alexandre III. "Uma estranha mudança aconteceu com ele em um instante", não mais um brincalhão sem graça.

"Vi os filhos ilegítimos do imperador entrarem, trazidos pela Madame Chebeko", escreveu Tolstoia. "As pobres criancinhas pareciam apavoradas e não entendiam." Então "dois guardas levaram a princesa Iúrievskaia para sua suíte, os médicos vestiram o corpo do falecido imperador e Gogo chorou desnorteado e perplexo". Tudo isso, a morte, os gritos, foi testemunhado por Nicolau.

O novo tsar, Alexandre III, estava convencido de que essa tragédia tinha começado com a morte de sua mãe e o segundo casamento do pai. "Toda a escória explodiu e engoliu tudo o que era sagrado", ele escreveu mais tarde para Minny. "O anjo da guarda voou para longe e tudo virou cinzas, culminando em um terrível e incompreensível 1º de março." Agora ele iria restaurar a pureza espiritual da Rússia.

"Um fogo queimava em seus olhos tranquilos", percebeu Sandro. "Um olhar de determinação sagrada tinha subitamente aparecido em seus olhos frios e cortantes. Ele se levantou. Seus parentes ficaram em posição de sentido.

"Vossa majestade tem alguma ordem?", perguntou o chefe de polícia da cidade.

"É claro", respondeu Alexandre III. "A polícia perdeu seus líderes. O Exército assumirá o controle. Vou conferenciar com meus ministros imediatamente no Palácio Anítchkov". Sacha saiu com Minny — "Seu corpo em miniatura ressaltava a poderosa compleição do novo imperador". Uma multidão tinha se reunido do lado de fora e agora eles consolavam "esse gigante barbado com os ombros de um Hércules". Cercado por uma falange de cem cossacos do Don em formação de ataque, "lanças vermelhas brilhando aos últimos raios de um pôr do sol carmesim de março", eles rumaram para o Anítchkov.

Vladímir surgiu para falar com a multidão com as tradicionais palavras ditas na morte de um tsar, cuidadosamente escolhidas para não mencionar a palavra "morte": "O imperador vos desejou vida longa!".[41]

Mais assassinatos eram esperados a qualquer momento. "Quando você resolver dormir, tranque as portas, não só as do seu quarto como as de todos os quartos adjacentes", Pobedonóstsev escreveu para o jovem tsar. "Verifique os sinos de alarme, já que um cabo pode ter sido cortado. Verifique os aposentos do tsar para ver se ninguém entrou durante o dia."

Loris propôs levar adiante as reformas constitucionais, mas Pobedonóstsev alertou o tsar: "Se as velhas sereias cantarem para vossa majestade, não acredite nelas! Isso seria desastroso para o senhor e para a Rússia! Os estúpidos malfeitores que mataram seu pai não ficarão satisfeitos com mais concessões, eles se tornarão mais cruéis". Quanto a Loris, "perdoe minha franqueza. Não mantenha Loris. Não confio nele. Ele é um embusteiro. Não um patriota russo". Sacha estava "perdido em indecisão".

Pobedonóstsev procurava um homem rigoroso para esmagar os terroristas. "Posso lhe sugerir Baránov", ele escreveu para o imperador. "Um homem dedicado ao Senhor e que sabe como agir quando isso é necessário." Alexandre III nomeou o capitão naval Nikolai Baránov como governador da cidade, um homem truculento cheio de fantasias, que fora rebaixado por Kóstia por inventar atos de heroísmo durante a guerra. Baránov só fez reforçar o pânico, cambaleando bêbado, fazendo com que se cavassem trincheiras em torno do Palácio de Inverno (e de algum modo encontrando tempo para seduzir a jovem esposa de Pobedonóstsev). Sua nova Comissão de Ordem Pública incluía uma guarda pessoal aristocrática chamada Comitiva Sagrada. "O drama", escreveu Valuiev, "está se transformando em comédia."

Em 8 de março, Alexandre convocou um Conselho de Ministros em que Pobedonóstsev fez um longo lamento, alertando sobre "o fim da Rússia. Eu me vejo não apenas em meio à confusão, como em meio ao desespero [...]. Quando eles vão propor um novo parlamento baseado em modelos estrangeiros? Agora, poucos dias apenas depois do ato nefasto, enquanto os despojos do nosso generoso tsar nem sequer foram enterrados". Denunciando todas as reformas liberais de Alexandre III, ele alertou que "constituições são as armas de toda mentira e a fonte de toda intriga!".

Poucos dias mais tarde, o conde Nikolai Ignátiev, o inescrupuloso embaixador em Constantinopla que fora acalmado em um governo provinciano, escreveu ao tsar para denunciar "os uivos dos poloneses judeus" do "grande grupo polonês judeu que controla o mercado de ações, boa parte da imprensa" e que tinha sufocado as verdadeiras vozes russas. O tsar declarou que Ignátiev era "um verdadeiro nativo russo" e o nomeou ministro.

Baránov descobriu mais uma conspiração e aconselhou o imperador a abandonar a capital. Em 29 de março, Alexandre e família foram às pressas para Gátchina, que se tornou sua residência principal. "Pensar que, depois de enfrentar os canhões turcos, preciso agora recuar diante dessas pessoas desprezíveis", o tsar resmungou para sua família. Mas Pobedonóstsev agora se arrependia de ter promovido o maníaco charlatão Baránov. "Baránov está escondido na neblina. Não sei o que ele está fazendo, mas em minha alma não confio nele. Receio que algo esteja acontecendo aqui." Ele suspeitava que o plano de Baránov era "assustar o jovem tsar e mantê-lo em seu poder". Pelo menos Loris tinha capturado os assassinos. Em 3 de abril, Jeliábov, Peróvskaia e três outros foram enforcados.

Enquanto isso, o tsar ordenou a Loris que lidasse com a viúva de seu pai, ainda vivendo com seus filhos no Palácio de Inverno. Em 10 de abril, Loris a convenceu a desistir de seus aposentos. Sacha deu a ela uma nova casa em Petersburgo, o Palácio Rosa.* Ela o odiava.

---

* Mas ele havia se esquecido da Crimeia. Em sua primeira visita a Livadia, ele e Minny ficaram aflitos de ver Iúrievskaia e seus filhos nos aposentos da mãe dele. Eles passaram juntos um período de descanso bastante estranho. Para homenagear seu pai, os grão-duques Serguei e Paulo a visitaram: "Você não tem como imaginar como foi difícil para nós. Em Peterhof, ela foi ainda menos diplomática e mais repulsiva do que antes". Depois, ela partiu para a França, levando grande parte de sua correspondência real. Vivendo com luxo, com residências em Paris e na Riviera e com um vagão de trem particular, ela criou os filhos no exterior, apenas ocasionalmente voltando ao Palácio Rosa,

Os liberais estavam em guerra com Torquemada. "Estou convivendo com loucos", disse Pobedonóstsev, "e eles acham que sou um idiota do século xvi!" Ele gritava com Loris: "Eu sou um crente [...]. Seus idólatras adoram ídolos de liberdade, todos ídolos, ídolos!".

Em 21 de abril, o tsar voltou a se encontrar com eles em Gátchina. Dessa vez, Pobedonóstsev estava conciliador, Alexandre, assertivo, e Loris e Miliútin saíram em triunfo. Mas as coisas não eram como pareciam. "Eles querem nos conduzir para um governo representativo", o tsar escreveu para Pobedonóstsev. "Não vou permitir isso." O procurador-geral viu sua chance, enviando ao tsar o esboço de um manifesto: "É necessário que o senhor se pronuncie".

"Aprovo de todo o coração", escreveu o tsar em 26 de abril. "Me encontre amanhã às duas para conversar." Pobedonóstsev foi às pressas para Gátchina. Na noite seguinte, em um encontro na casa de Loris, a iminente publicação de um manifesto imperial foi repentinamente revelada. "Essa novidade inesperada nos atingiu como um raio", lembrou Miliútin. "Que manifesto? Quem o preparou?" Pobedonóstsev admitiu que tinha sido ele. Os ministros gritaram com ele. Pobedonóstsev, certo de que "a VERDADE está comigo", fugiu antes que "os frenéticos lordes asiáticos" tentassem algum estratagema armênio.

Os liberais se demitiram.* "Eles queriam pôr suas garras em mim e me es-

---

em Petersburgo. Ela vivia apenas para a memória de Alexandre, preservando seu uniforme ensanguentado e criando uma réplica de seu gabinete enquanto escrevia memórias que denunciavam "a incapacidade" de Alexandre iii. Quando estavam em Paris, Alexis e Vladímir cumpriram a obrigação de visitá-la. Ela foi amistosa com Alexis, que ajudou o seu mimado filho Gogo a entrar para a Marinha russa, mas sua péssima conduta fez com que fosse dispensado. Nicolau ii deixou que ele entrasse, em vez disso, para a Guarda. Os três filhos se casaram bem. Quando Kátia voltou no reinado seguinte, Nicolau ii se recusou a encontrá-la ou a comparecer ao casamento de sua filha Olga com o conde Merenberg, neto de Púchkin. Kátia morreu em 1922. Gogo morreu em 1913. A filha caçula, Catarina, se tornou cantora de boate na Inglaterra, morando na ilha Hayling com uma pensão da rainha Maria, viúva de Jorge v, até sua morte, em 1959.

* Kóstia foi destituído dos postos de almirante-general e de presidente do Conselho de Estado (substituído pelo tio mais novo do tsar, Mikhail, que reclamou: "Eles só querem que eu fique sentado aqui sem nenhum poder, como um peru"). "Eles me jogam fora como uma luva velha", Kóstia escreveu. Enquanto sua esposa, Sanny, permanecia em Petersburgo, Kóstia se retirou com sua bailarina e com a família para a Crimeia. Quando o terceiro tio, Nizi, foi destituído de todos os cargos, ele pediu em lágrimas ao tsar que elevasse à nobreza seu filho ilegítimo, o que ele concordou em fazer. A morte de sua amante Tchislova o enlouqueceu, com sua sexualidade priápica agora metamorfoseada em uma insanidade hipersexual: "sofrendo com delírios", ele "molestava toda mulher

cravizar", Alexandre disse ao irmão mais novo, Serguei, "mas eles fracassaram e estou especialmente feliz de fugir do conde Loris, que, com mais um pouco de seus truques liberais, teria trazido a véspera da revolução." Alexandre nomeou Ignátiev como novo ministro do Interior (dispensando o fantasista Baránov).

A era das reformas tinha acabado. "Em meio a nosso grande pesar", anunciou Alexandre III, "a voz de Deus nos pede que fiquemos firmes para governar confiando nos Seus desígnios, com a fé na verdade do poder autocrático."[42] O tsar governaria como o mais mal-humorado dos senhores de terra.

---

que encontrava", e, depois de um balé, "ficou tão agitado que se dirigiu aos bastidores e tentou seduzir qualquer pessoa que visse", até mesmo dançarinos do sexo masculino. Provavelmente se tratava de sífilis terciária. Ele foi confinado ao palácio da Crimeia. Seu irmão Mikhail expressou de maneira espirituosa seu "espanto com o fato de que um homem com tal estupidez excessiva ainda fosse capaz de perder a razão".

Cena 3
Colosso

Elenco

ALEXANDRE III, imperador, 1881-94, filho de Alexandre II e Marie, "Sacha", "Colosso"

Maria Fiódorovna (nascida princesa Dagmar de Dinamarca), imperatriz, "Minny"

NICOLAU II, imperador, 1894-1917, filho deles, o herdeiro, "Nicky"

Alexandra Fiódorovna (nascida princesa Alexandra de Hesse-Darmstadt), noiva de Nicky, "Alix", "Sunny"

Gueórgui, segundo filho de Alexandre III e Minny, "Georgy"

Ksênia, a filha mais velha, casada com o grão-duque Alexandre Mikháilovitch, "Sandro"

Miguel, terceiro filho, "Micha"

Olga, a filha mais nova

OS IRMÃOS DO IMPERADOR

Vladímir, comandante da Guarda, casado com Maria Pávlovna, "Miechen" (nascida princesa Marie de Mecklenburg-Schwerin)

Alexis, almirante-general, "Beau"

Serguei, "Guega", governador-geral de Moscou, casado com Ella (nascida princesa Isabel de Hesse-Darmstadt)

Paulo, "Pitz", casado com a princesa Alexandra da Grécia,

Maria, casada com o príncipe Alfredo, duque de Edimburgo e Saxe-Coburg e Gotha

Marie, sua filha, mais tarde rainha da Romênia, "Missy"

Melita, "Ducky", sua filha, mais tarde grão-duquesa de Hesse-Darmstadt, casada com Ernst

CORTESÃOS: ministros etc.

General Pedro Tcherevin, ajudante general e chefe de segurança

Conde Ilarion Vorontsov-Dáchkov, ministro da Corte

Príncipe Vladímir Meschérski, editor de jornal e conselheiro, "Príncipe de Sodoma"

Konstantin Pobedonóstsev, superprocurador do Santo Sínodo, "Torquemada"

Conde Nikolai Ignátiev, ministro do Interior, "Senhor Mentiroso"

Conde Dmítri Tolstói, ministro do Interior

Serguei Witte, ministro das Finanças

Matilda Kchessínskaia, bailarina, amante de Nicky, "Pequena K"

Agora com 36 anos, Alexandre III tinha 1,90 metro de altura e ainda era tão forte que seus truques de salão preferidos eram envergar atiçadores e rasgar maços de cartas de baralho. Apelidado de "Colosso", era aquele tipo de tsar que sempre sabia quem era e o que queria — qualidades nada desprezíveis para um líder.

O Colosso não lamentou nem um pouco ter de se recolher ao imenso palácio de Gátchina, que mais parecia um quartel, porque era terrivelmente tímido e odiava frivolidades sociais e bailes da corte. Grandalhão e corpulento como um urso, parecia, como disse um de seus ministros, "um perfeito brutamontes, um verdadeiro camponês russo" que adorava caçadas, piadas, brigas e bebida. Transformava a própria vulgaridade em virtude nacionalista e se orgulhava de seu russianismo grosseiro e simplório. Usava botas e camisa, e ostentava uma barba cheia e espessa, tendo sido o primeiro tsar a usá-la assim depois de Alexei.

A imperatriz, Minny, era o contrário dele — "gostava de presidir cerimônias solenes" com "um sorriso radiante para todos"; adorava vestidos, diamantes* e

---

* O tsar descobriu o presente ideal para uma esposa que já tinha tudo: em 1885, encomendou a Peter-Carl Fabergé, joalheiro germano-báltico de Petersburgo, o Ovo de Galinha, um ovo enfeitado com pedrarias que se abria e mostrava uma gema que se abria e mostrava uma galinha que se abria

bailes. Quando iam ao baile do irmão dele, Alexis, "o imperador como sempre mal aparecia e já se escondia", observou o almirante Chestakov, enquanto "a imperatriz estava sempre dançando, incansável".

Se ela se ausentava, ele sentia muita falta: "Minha doce e querida Minny, durante cinco anos nunca nos separamos, e Gátchina fica vazio e triste sem você". Ela respondia: "Fico feliz por você sentir minha falta. Achei que não se importaria e que nem notaria [...]. Tenho imensas saudades, e a lembrança de que você está só e triste em Gátchina me parte o coração!".

Sacha não era mulherengo, mas certa vez, num encontro com os Kaisers da Áustria e da Alemanha, ficou tão fascinado pela atriz austríaca Katharina Schratt (que se tornaria amante de Francisco José) que deixou todos constrangidos por lhe fazer a corte e enviar-lhe flores. Minny flertava com pelo menos um cortesão, que assinava seus bilhetes com um "Beijo seus dentes deliciosos". Mas o casamento deles era aquela coisa rara: um consórcio real feliz e fiel. O imperador gostava muito de comandar uma cavalgada com seus três filhos e duas filhas, a mais nova dos quais, Olga, tinha nascido pouco depois de sua ascensão ao trono. Sacha derrubava árvores, assava maçãs, remava no lago e fazia guerra de bolinhas de pão. Não se interessava por livros. "Ele queria que lêssemos o livro da natureza com a mesma facilidade dele", lembrava Olga, que tinha licença para se sentar debaixo de sua escrivaninha enquanto ele trabalhava. "Papai abriu a mangueira de água, nós saímos correndo sob o jato e ficamos ensopados", escreveu Nicky, de dezesseis anos, em 7 de junho de 1884. "As crianças são, é claro, nosso grande consolo", disse o tsar a Minny; "só com elas consigo relaxar mentalmente, aproveitar a sua presença e ficar alegre olhando para elas." Mas o Colosso era tão dominador que seus filhos se sentiam sufocados. O segundo, Georgy, era "o mais esperto" e, de acordo com o general Tcherevin, "o favorito dos pais", porém o mais novo, Miguel — "Micha"—, tinha privilégios especiais: só ele ousava vingar o banho de mangueira derramando um balde d'água na cabeça do tsar.

A família passava o verão no palácio de Peterhof e muitas vezes viajava a Copenhague para estar com a família de Minny, e lá, "livre da prisão", como dizia o tsar, ele podia viver com um esquema de segurança muito menor. Minny adora-

---

e mostrava um ninho de diamantes. No total, entre Alexandre e seu filho Nicolau II, os Románov encomendaram a Fabergé cinquenta ovos, normalmente com a única recomendação de que contivessem uma surpresa.

va passar temporadas com a irmã, a princesa de Gales. Alexandre comprou uma casa onde se comportava "como um colegial", esguichando água com mangueira — seu meio de expressão social predileto — no rei Cristiano da Dinamarca ou no rei Oscar da Suécia. Adorava caminhar pelo parque com o cunhado, o príncipe de Gales, e outros parentes. O príncipe Philip, duque de Edimburgo, conta até hoje um caso de família sucedido num desses passeios: certa vez eles encontraram um turista perdido que queria saber o caminho para o centro da cidade. Agradecido, o turista depois perguntou o nome deles. "O imperador da Rússia, o rei da Dinamarca, o rei da Grécia e o príncipe de Gales", foi a resposta. "E eu sou a rainha de Sabá", devolveu o turista.*

Minny tinha pouca influência política e tentava em vão se ver livre do brutal Tcherevin, ajudante general do imperador. Uma mistura de "selvagem primitivo, ordenança ignaro e cortesão refinado", Tcherevin "idolatrava Alexandre III" e dizia que o mundo se dividia em duas partes: em cima, Alexandre III e ele, Tcherevin; montando guarda e abaixo deles, a escória integrada pelos ministros e pelos outros Románov. "Nada além da vontade do tsar importa", disse ele a um amigo. "Não sou mau e gosto de você, mas se o imperador ordenasse 'enforque-o', eu não discutiria a ordem!" "O terror do palácio" ficava sentado a uma mesa diante do gabinete do tsar e não deixava ninguém, principalmente Románov importunos, interrompê-lo. "Como ousa me perturbar? Estou servindo ao Estado, protegendo o soberano", gritava ele como um louco. Tcherevin gostava de insultar o presunçoso Vladímir, irmão do tsar, que se queixava de sua grosseria. "Se está zangado", respondia Alexandre, "desafie-o para um duelo."

O tsar e Tcherevin adoravam beber, "mas o imperador bebia na hora certa", lembrava o general. "Nem de manhã, nem à tarde, para manter as ideias claras, nem nas recepções das quartas-feiras à noite — até que só restassem seus camaradas. Então ele começava a se divertir e brincar" — e ficava tão bêbado que "deitava de costas, balançando os braços e as pernas, comportando-se como uma criança, tentando ficar de pé e caindo de novo, agarrando-se às pernas de qualquer um que passasse."

---

* Por trás da placidez familiar, o recatado Sacha se escandalizava com a decadência de seu cunhado, o príncipe de Gales. Quando Bertie se envolveu num vergonhoso escândalo de jogo, o tsar ficou enojado: "Que estúpido é Bertie, envolver-se nessa sujeira! Como deve ser bom para a pobre Alix [Alexandra, princesa de Gales] e as crianças verem o pai metido nessa abominação! Graças a Deus esses escândalos com o herdeiro do trono só acontecem na Inglaterra! As coisas pelas quais Alix precisa passar por causa do marido irresponsável e depravado!".

Mas "no fim da década de 1880, os médicos o proibiram de beber, e a tsarina, preocupada, começou a nos seguir para ter certeza de que não haveria bebidas nas recepções. Porém no fim da noite, quando sua majestade se deitava de costas balançando as pernas e gritando, a tsarina não sabia como tinha acontecido!". Era assim que eles burlavam a proibição de Minny: "O imperador e eu damos um jeito! Mandamos fazer botas de cano alto com compartimentos especiais nos quais podemos levar um frasco com o equivalente a uma garrafa de conhaque. Enquanto a tsarina estava a nosso lado, nos comportávamos como meninos bonzinhos", mas depois que ela ia embora, "trocávamos um olhar e: um, dois, três! Tirávamos nossos frascos, tomávamos um trago e tudo ficava como se nada tivesse acontecido". O tsar "gostava muito desse divertimento, que chamávamos de A Necessidade é a Mãe da Invenção".

"Um, dois, três. Necessidade, Tcherevin?", dizia o tsar.

"Invenção, vossa majestade", respondia Tcherevin.

"'Um, dois, três!'— e tomávamos um trago!"[1]

Alexandre se irritava com sua família consumista, extravagante e enorme.* Quando membros da família estendida começavam a se dar importância exagerada, o imperador passava-lhes uma descompostura. "Pare de bancar o tsar", telegrafou ele uma vez ao irmão Serguei.** Ele "dizia que os grão-duques não deviam

---

* As Leis Fundamentais dos Románov estavam se tornando insustentáveis para uma família tão grande, que era também dispendiosa demais. Cada grão-duque tinha um salário anual de 250 mil rublos, e cada grão-duquesa recebia 1 milhão como dote. Sacha mudou as regras de modo a limitar o número de "altezas imperiais" grão-ducais a filhos e netos de imperadores; os demais seriam "altezas sereníssimas" principescas e, mediante autorização, poderiam casar-se com plebeus. Ao mesmo tempo, ele proibiu casamentos morganáticos e não ortodoxos.

** Em junho de 1881, ele ordenou que o grão-duque Nikola, amante de Fanny Lear, ficasse em exílio permanente em Tachkent, para onde tinha ido por vontade própria. Lá o grão-duque construiu um palácio para abrigar sua coleção de arte (que incluía uma estátua de Fanny nua em tamanho natural), publicou livros científicos, irrigou desertos, construiu um canal de cem quilômetros, além de cidades para os trabalhadores, tecelagens de algodão, padarias e um zoológico. Chegou a pavimentar as ruas de Tachkent. O imperador não foi menos duro com o resto da família. Quando o mais velho dos filhos de seu tio Mikhail, Nikolai, apelidado de "Bimbo", se pôs a passear por Petersburgo com o casaco desabotoado e um cigarro entre os dentes, o tsar mandou prendê-lo. Miguel (conhecido como Miche-Miche), irmão de Bimbo, casou-se com uma plebeia, Sophie von Merenburg, neta de Púchkin, e foi mandado para o exílio em Londres, onde passou o resto da

ser chefes de departamentos [...]", mas "num impulso repentino" confiou a Marinha ao irmão, o marinheiro caçador de búfalos Alexis, que tinha passado 1722 dias no mar e agora se dedicava aos prazeres.

"Nosso Beau Brummel", como Sandro chamava Alexis, "era o mais bonitão da família." Sua sobrinha Missy (filha da irmã deles, a duquesa de Edimburgo) achava que ele tinha "tipo de viking, teria feito um perfeito Lohengrin [...] barbudo, olhos azuis, enorme, um soberbo espécime do gênero humano" com um amor "de marinheiro por todas as coisas boas e em especial por belas mulheres". Depois de viajar a Nova Orleans, tomou gosto por trajes extravagantes. "Sua bela silhueta era envolta numa estranha indumentária de sua escolha e a invenção que lhe dava uma aparência de apresentador de espetáculos", lembrava seu sobrinho Cirilo. O terno de que ele mais gostava era de flanela de riscas, com aspecto mefistofélico, do qual só ele entre todos os homens da terra era o orgulhoso possuidor. "Visto-me melhor que qualquer um de vocês", dizia. Era também extremamente bom e alegre.

Quanto à grave questão da Marinha na época da corrida armamentista dos encouraçados, "meu grão-duque parece indiferente não apenas à Marinha, mas quanto a tudo o mais", escreveu em seu diário o almirante Chestakov. "Ele me enlouquece com tanta indolência e indiferença." Vivia para "fazer amor, comer e beber", escreveu seu primo Sandro, "mulheres rápidas e navios lentos".

Alexis e seus irmãos passavam agora grande parte do tempo em Paris — os lugares frequentados por eles eram conhecidos como *la tournée des grands ducs*, seu modo de vestir, como *le style grand duc*. Nessa cidade, certa vez, Alexis fez chegar para o jantar uma atriz francesa numa bandeja de prata sobre rodas, coberta apenas de pétalas de rosas. Devaneando no Conselho de Estado, esse libertino "só pensa em como escapar para a cama de Zina", observou o secretário de Estado Alexandre Pólovtsov. Zina, irmã do general Skóbelev e mulher de seu primo Eugênio de Leuchtenberg, exultava com seu título napoleônico-Románov de duquesa de Beauharnais. "Quando digo que Zina era 'bela'", explicava Sandro, quero dizer que "nunca vi ninguém como ela em todas as minhas viagens, o que é uma sorte, porque mulheres com esse atrativo enlouquecedor para o prazer não deveriam ter licença para andar soltas por aí." Ela era "travessa", lembrava Missy, "e teria feito fortuna no cinema como mulher fatal".

---

vida. Assim, as atuais duquesas de Abercorn e Westminster descendem da singular combinação de Nicolau I com Púchkin.

Certo dia, ao encontrar o próprio quarto trancado à chave e ouvir os gritos de prazer de Zina, o duque bateu à porta e foi lançado escada abaixo por Alexis. Leuchtenberg recorreu a Alexandre III, que lhe disse que, se ele não era capaz de tomar conta da própria vida, como podia esperar que outros ajudassem? Mas o posto dado a Beau na Marinha mostrou ser a pior decisão de Alexandre.[2]

Em abril, enquanto o tsar formava seu governo, eclodiram distúrbios criminosos antissemitas conhecidos como pogroms (de *gromit*, "destruir"), primeiro em Kherson e logo depois em Odessa e Varsóvia. Quarenta judeus foram mortos, e as mulheres judias, vítimas de estupros coletivos. Mesmo que dificilmente algum judeu estivesse entre os assassinos de Alexandre II, corria o boato de que o tsar de Deus tinha sido morto por judeus. Os boatos foram alimentados por uma depressão econômica pela qual se culpavam comerciantes judeus. Alexandre mandou que o ministro do Interior Ignátiev restabelecesse a ordem, mas atribuiu aos judeus a culpa pela própria sorte.

"No fundo do meu coração", disse ele ao governador de Varsóvia, general Ióssif Gurkó, "fico bem contente quando eles atacam judeus, mas mesmo assim isso não pode ser permitido." O tsar acreditava que "na alma dos judeus um pecado está abrasando". Ele tinha "um ódio feroz aos judeus", segundo o secretário de Estado Pólovtsov, e sempre se opunha a qualquer melhora na vida deles. "A situação deles é lamentável", escreveu, "mas isso está previsto no Evangelho." Eles mereciam o sofrimento, explicava, porque quiseram que o sangue de Cristo pesasse "sobre nós e nossos filhos".

Quando lhe perguntaram por que se recusava a promover certo funcionário, respondeu: "Ele é um judeu podre e piolhento". Os judeus podiam ser responsabilizados por quase tudo: quando o trem em que viajava lhe pareceu lento, o tsar culpou "os Yids". Em família, ele chamava Olga, mulher de Mikhail, de "tia Haber", por causa do pai dela, supostamente um judeu americano, e incentivava um antissemitismo quase fetichista entre seu séquito. "O que você escreveu sobre os Yids está absolutamente certo", Pobedonóstsev escreveu a Dostoiévski. "Eles amaldiçoaram tudo, mas o espírito do século os apoia. Eles estão na raiz do movimento socialista revolucionário e do regicídio, têm sua própria imprensa, têm os mercados financeiros." Ele acreditava que "uma fé é a verdadeira fé" e todas as outras deviam ser objeto "de não reconhecimento ou perseguição sem reservas".

Tcherevin vangloriou-se, num jantar, de ter detido e arruinado um advogado judeu inocente, explicando que "o judeu imundo" podia não ser culpado hoje "mas deve ter sido ontem e será amanhã". Os pogroms não eram determinados por Petersburgo, mas prosperaram nesse clima.

Foram enviadas tropas para restabelecer a ordem, e em setembro Alexandre assinou as Leis de Emergência "para manter a segurança do Estado", que foram seguidas, em maio de 1882, pelos Regulamentos Temporários para os judeus, que vetavam os pogroms mas estavam mais interessados em proteger "os interesses da população local", proibindo que os judeus morassem no campo ou fora da zona de assentamento.

Nem todo o seu séquito concordava com essa repressão: o conde Vorontsov-Dáchkov,* ministro da corte, preveniu Alexandre contra "a política de mentiras do conde Ignátiev, que prejudica vossa majestade! Estou surpreso com a negligência do conde Ignátiev [...] no que se refere a suscitar hostilidade contra os alemães, massacrar judeus, perseguir poloneses — esses são os fundamentos de sua política étnica interna — que vai acabar em banhos de sangue". Ele tinha razão. Tudo isso deteriorou a imagem da Rússia na Europa. A maioria dos judeus era leal, mas a repressão tsarista fez com que se tornassem revolucionários — ou emigrassem. A partir de 1881, mais de 60 mil judeus emigravam para os Estados Unidos a cada ano.[3]

O imperador e Pobedonóstsev já estavam insatisfeitos com Ignátiev, o intrigante inteligente tão conhecido por suas mentiras que era apelidado "Lorde Mentiroso" e provavelmente sofria da síndrome de Munchausen. Uma vez restaurada a ordem, Alexandre começou a planejar sua coroação. Ignátiev propôs a convocação de uma Assembleia da Terra, como a que no passado elegera o primeiro tsar Románov. "Fui tomado de horror", escreveu Pobedonóstsev a Alexandre, "[temendo] as consequências da execução do projeto do conde Ignátiev. Haverá uma revolução, a destruição da Rússia!".

---

* Ilarion Vorontsov-Dáchkov, que tinha sido líder da Comitiva Sagrada, ordem de cavalaria secreta formada por contraterroristas tsaristas depois do assassinato de Alexandre II, agora cuidava dos assuntos de família da corte. Era casado com Elizaveta Chuválova, filha de Andrei Chuválov e Sófia Vorontsova, esta filha natural de Púchkin com Elisa Vorontsova. Os Vorontsov-Dáchkov, unindo três dos maiores clãs da Rússia tsarista e o de Potiômkin, eram portanto imensamente ricos, tendo herdado o Palácio Alupka, entre outros tesouros.

Ignátiev renunciou e foi substituído pela repressão reacionária em pessoa, o conde Dmítri Tolstói, o culto e rico ex-liberal que, como ministro da Educação, tinha sido rechaçado pela sociedade liberal. Tolstói era o ministro ideal para Alexandre, que logo se cansou do repulsivo Pobedonóstsev. Para o tsar, Tolstói era "o último dos moicanos". Ele promoveu a nobreza combalida, enfraqueceu os *zémstva* e os tribunais do júri, criou o cargo de capitão da terra — funcionário apoiado pelo governo para substituir os juízes de paz — e apertou a censura.* Depois, criou uma polícia secreta que, finalmente, tinha capacidade de prender terroristas.[4]

Após o assassinato de Alexandre II, um grupo de aristocratas, liderados por Tcherevin e Vorontsov, amigos de Sacha, fundou um esquadrão contrarrevolucionário clandestino para agredir e espionar, a Comitiva Sagrada, com o propósito de proteger o tsar e "reagir ao terror com terror". Depois de uma série de tentativas amadorísticas de assassinar revolucionários, a Comitiva foi encerrada por Dmítri Tolstói, que no entanto contratou seus melhores elementos. Transformou a espionagem em ciência, organizando "escritórios clandestinos" tão eficientes que em pouco tempo só o tsar e o ministro do Interior podiam ter certeza de que sua correspondência não estava sendo lida. Fundou, em Moscou e Petersburgo, uma nova organização, a Okhránnie Otdeliénia — Birôs de Segurança —, apelidada "Okhrana" (Birozinho de Segurança), dedicada não somente a impedir ataques terroristas mas também a se infiltrar nos movimentos. Grigóri Sudéikin, chefe da Okhrana de Petersburgo com o título de inspetor da polícia secreta, perseguia terroristas "não

---

* O romancista Liev Tolstói era primo do ministro do Interior. O imperador via o romance *Guerra e paz*, de Tolstói, como uma obra-prima, mas achava que o autor era um "niilista sem Deus" e proibiu suas obras socialistas posteriores, como *Em que eu acredito*. Depois da morte de Dostoiévski, em 1881, Tolstói passou a ser o homem mais famoso da Rússia com grande autoridade moral, mas tornou-se cada vez mais hostil ao regime, adotando um socialismo cristão puritano, dogmático e carola. O apelo de Tolstói (em nome da misericórdia de Cristo) em favor dos assassinos de Alexandre II convenceu o tsar e Pobedonóstsev de que ele era um maluco perigoso. "Teu Cristo não é nosso Cristo", contestou Pobedonóstsev. Alexandre proibiu a publicação de *Sonata a Kreutzer*, de Tolstói, "porque fora escrita sobre um tema completamente falso e com grande ceticismo". A mulher de Tolstói, a condessa Sófia, apelou ao tsar, que lhe concedeu uma audiência na qual declarou que "ele mesmo censuraria as obras de seu marido". O tsar gostava de música e nomeou o melhor Diretor dos Teatros Imperiais de todos os tempos, o príncipe Ivan Vsevolojski, refinado diplomata que, com o respaldo do tsar que tanto amava balés, tornou-se amigo e patrono de Tchaikóvski (deprimido após o fracasso inicial de *O lago dos cisnes*) e o encorajou a criar peças como *A Bela Adormecida* e *O quebra-nozes*. Vsevolojski foi o empresário teatral do florescimento do próprio balé russo. O tsar recebeu e condecorou Tchaikóvski.

por obrigação, mas por convicção, com entusiasmo, algo não diferente de uma caçada, uma arte, astuciosa e arriscada, com o prazer decorrente do sucesso".

Depois de cooptar um líder da Vontade do Povo, Serguei Degáiev, Sudéikin conseguiu prender muitos terroristas, mas Degáiev começou a despertar suspeitas entre os revolucionários e foi sentenciado à morte, a menos que provasse sua lealdade. Em 16 de dezembro de 1883, Degáiev combinou um encontro com Sudéikin e fuzilou-o.* Apesar desse revés, a Okhrana tornou-se cada vez mais eficiente. Alexandre via seus agentes secretos como pessoas desprezíveis mas necessárias, não muito diferentes de encanadores que desentopem esgoto. E não achava seus próprios ministros muito melhores.[5]

O imperador "desprezava a burocracia e torcia por seu desaparecimento". Chefiava o governo por mandato divino, e seus ministros tinham de conhecer seu lugar. Quando um ministro impertinente ameaçou renunciar, ele o agarrou pelo pescoço e gritou: "Cale a boca! Quando eu resolver expulsá-lo, você vai saber disso em termos inequívocos!". Os políticos eram "canalhas", e em seus relatórios ele escrevia comentários como "Que animal!". Com frequência gritava "que o diabo carregue esses ministros!". O ministro do Exterior, Nikolai Giers, era um "idiota" que, dizia ele, agia como seu "escrevente". Tentava passar por cima dos ministros, e quando tinha dificuldade para absorver questões complexas, chamava seus três escudeiros, Tcherevin, Vorontsov e o chefe da chancelaria da corte, general Otto Richter, para formar um todo-poderoso triunvirato e reduzir os relatórios ministeriais a breves resenhas. Mas eles se furtavam a essa responsabilidade.

Em última análise, os ministros respeitavam Alexandre porque era um administrador justo. "Suas palavras nunca são diferentes de seus atos." Seus acessos de fúria eram imprevisíveis mas breves, e ele era encantador quando queria. Certa vez, num dos primeiros casos de intromissão da imprensa, um jornalista publicou um relato sobre Alexandre falando duramente com sua família, numas férias em Spała, sua propriedade de caça na Polônia. O tsar explodiu e desancou Vorontsov, que, como ministro da corte, tinha aprovado aquilo. "Nunca li nada mais bobo, ferino e errado nos jornais, tantos detalhes idiotas!"

---

* Surpreendentemente, Degáiev fugiu da Rússia e desapareceu. Adotou o nome de Alexander Pell e tornou-se professor de matemática da Universidade de Dakota do Sul. Morreu na Pensilvânia em 1921.

"Sou o responsável por tudo isso", respondeu Vorontsov, e renunciou ao ministério. "Daria qualquer coisa para que isso não tivesse acontecido." Mas o rude imperador o acalmou com este bilhete: "Caro Ilarion Ivánovitch, vamos realmente nos separar por causa dessa bobagem? Se essa ocasião infeliz lhe dá a ideia de renunciar, ao saber como será difícil, se não impossível substituí-lo, tenho certeza de que desistirá e permanecerá em sua alta posição de meu assistente e amigo".

Ríspido e iletrado como era, Alexandre tinha, porém, como lembrou um ministro, a objetividade de um "grande administrador", além de "muito caráter, bons sentimentos, firmeza" e "uma notável intuição, um tipo de inteligência mais importante que a razão". Isso se combinava a "uma ingenuidade e uma simplicidade diretas, infantis".

Sabia ser brutal. Quando uma presa política insultou um gendarme, Alexandre ordenou que a açoitassem. Seu ministro pediu uma sentença mais branda que a máxima, de cem chibatadas, pois ela era frágil, mas ele insistiu. "Que lhe apliquem as cem chibatadas." Ela morreu. "Ele não é perverso", escreveu o diplomata Vladímir Lamsdorf, "mas está embriagado de poder." Seu ministro da Guerra, o general Vannóvski, dizia de brincadeira que ele era como "Pedro, o Grande, com seu porrete"— com a diferença de que "era só o porrete, sem o grande Pedro".

O desprezo de Alexandre por seus próprios ministros era uma atitude vã no mundo moderno. Em sua reverência pela autocracia, ele não via que suas arbitrariedades eram uma fraqueza. "Senhor", explicou Richter, "temos um mal terrível. A falta de lei."

"Mas sempre defendi o cumprimento das leis."

"Não estou falando de vossa majestade, mas de sua administração, que abusa do poder. A Rússia hoje é como uma caldeira colossal em que a pressão está aumentando; quando ela encontrar uma abertura, gente com martelos e rebites conseguirá fechá-la, mas um dia os gases escaparão por uma abertura que não poderá ser tapada e todos nós sufocaremos."[6]

Era hora de coroar o tsar — se os terroristas não o matassem antes.

Às dez horas da manhã de 12 de maio de 1883, escoltado pela Guarda Montada, o imperador entrou a cavalo em Moscou, à frente de um cortejo de grão-duques seguido de uma longa fila de carruagens douradas, com a imperatriz e sua filhinha Olga na primeira delas. Três dias depois, o tsar coroou a si próprio e a

Minny na Catedral da Dormição. Após a cerimônia, eles compareceram a um banquete público no campo de Khodinka, para o qual Sacha "supervisionou pessoalmente cada detalhe". Esse foi "o dia mais feliz" de sua vida, e ele tratou o ritual como uma doutrina da autocracia. Esse "grande acontecimento", explicou depois a Minny, "surpreendeu e mostrou à Europa moralmente contaminada que a Rússia é a santíssima Rússia ortodoxa, tal como era com o tsar moscovita, e assim será para sempre".[7] Alexandre acreditava na missão eslavófila da Rússia, mas a partir de 1877 ele estava determinado a evitar a guerra.

"Só temos dois aliados neste mundo", Alexandre costumava dizer. "Nosso Exército e nossa Marinha." Mas nenhum deles era forte o bastante para projetar as pretensões imperiais da Rússia contra as potências ocidentais industrializadas. O tsar enfrentava um dilema insolúvel: manter as aparências de potência imperial, pré-requisito da autocracia Románov, enquanto convivia com a realidade de uma economia retrógrada, predominantemente rural, um Exército mal organizado e uma Marinha que não podia se comparar com a britânica no Báltico, e menor que a frota otomana no mar Negro. As exigências emocionais do setor eslavófilo da opinião pública, integrado por uma fração das classes instruídas, eram tão perigosas para a dinastia quanto uma derrota externa. "Se perdermos a confiança da opinião pública em nossa política externa", dizia Alexandre, com sua capacidade de ir ao cerne da questão, "tudo estará perdido."

Alexandre pode ter sido um saudosista, mas agora tinha de funcionar no mundo da opinião pública, dos mercados de ações e dos jornais, no qual encontrou alguns dos mais improváveis conselheiros* — ninguém menos que o príncipe Vladímir Meschérski, conhecido entre os inimigos da corte como "Príncipe de Sodoma" e entre os intelectuais como "Príncipe Ponto Final", porque dizia que toda reforma deve levar àquele sinal de pontuação. Meschérski tinha sido o mediador entre Sacha e seu primeiro amor, M. E., sua prima. Quando Sacha e Minny se casaram, a imperatriz tentou proibir o marido de ver o amigo, mas Sacha manteve uma correspondência secreta com ele. Na década de 1870, Meschérski fundou um jornal conservador chamado *Cidadão*, bancado por Sacha, que como tsar

---

* Proprietário do *Jornal de Moscou*, Mikhail Katkov, de uma família pobre, não só ajudou Dmítri Tolstói a ser indicado para o Ministério do Interior, como se tornou o cérebro de muitas de suas medidas. Praticamente uma eminência parda, era recebido pelo tsar, a quem ele disse abertamente: "Meu jornal não é apenas um jornal: muitas decisões foram tomadas dentro dele".

fazia contribuições de 100 mil rublos. "Queremos ter uma imprensa conservadora", explicava. "Vejam só quanto Bismarck gasta."

Embora ultrarreacionário, Meschérski era original e talentoso. Desaprovava a educação feminina e achava que "o povo só respeita o açoite", mas era contrário ao regime míope de perseguição de minorias, mesmo os judeus. Seu jornal era o único que Alexandre lia, e Meschérski, que às vezes se encontrava com o tsar em segredo, começou a enviar-lhe seu cáustico "diário". Mesmo assim, ele levava uma vida abertamente homossexual* apesar da amizade com o imperador, que se orgulhava de sua rigorosa moral ortodoxa. Em certa ocasião, Meschérski tentou conseguir um emprego no palácio para seu jovem amante, um corneteiro, mas os dois foram apanhados em flagrante pelos inimigos. Pobedonóstsev resmungava que esse era "o homem que foi apanhado com um corneteiro da Guarda". Qualquer outra pessoa estaria perdida. Porém o tsar fazia suas próprias regras.

Todos os conselheiros nacionalistas do tsar desconfiavam profundamente da Alemanha, mas no momento a única solução era manter a Liga dos Três Imperadores e uma falsa política de grande potência que parecesse sólida e esperar que esta não fosse posta à prova. Alexandre estava convencido de que a Rússia um dia teria de entrar numa guerra contra a Alemanha. Quanto aos austríacos, ele certa vez dobrou um garfo de prata como parábola da ameaça que dirigiu ao embaixador: "Eis o que vou fazer com suas duas ou três divisões do Exército".**

Seis meses depois, a Liga foi posta à prova quando o primo de Alexandre, Alexandre Battenberg, príncipe da Bulgária, uniu seu país independente à província otomana. Mesmo tendo sido exatamente isso o que a Rússia quis em 1878, o tsar ficou furioso. Battenberg tinha deixado exposta a incapacidade da Rússia de controlar seu próprio Estado cliente e foi obrigado a abdicar. O tsar queria que

---

* Meschérski era amigo de Tchaikóvski, que, depois de um desastroso casamento e anos de tormento por causa de sua sexualidade, levou uma discreta vida homossexual até morrer de cólera, em 1893. No caso de Meschérski, não havia discrição alguma.

** A Grã-Bretanha continuava sendo o verdadeiro inimigo. Nas longínquas montanhas da Ásia Central, aventureiros britânicos e russos disputavam influência no Grande Jogo que causou a primeira crise do reinado de Alexandre. Em 1884, um militar decidido cercou Merv, levando os Románov à fronteira afegã, mas assustando os britânicos. Em março de 1885, forças afegãs, agindo em nome dos britânicos, enfrentaram uma unidade russa em Panjdeh. "Levem-nos de volta e apliquem-lhes uma boa surra", ordenou Alexandre. Quarenta afegãos foram mortos. Os britânicos ameaçaram com guerra, mas o primeiro-ministro Gladstone e o tsar controlaram a crise, instituindo uma comissão para resolver a questão da fronteira.

fosse substituído por seu cortesão georgiano, o príncipe Mingrelski. Mas num encontro melodramático num camarote da Ópera de Viena, os búlgaros ofereceram o trono ao príncipe Ferdinando de Saxe-Coburg e Gotha, meio francês, meio alemão, oficial da Marinha austríaca. O janota de cintura fina, perfumado e coberto de joias, de voz esganiçada e um nariz saliente típico dos Bourbon, apreciava igualmente cortesãos e garotos de programa. "Essa candidatura é tão ridícula quanto a pessoa", trovejou Alexandre. Mas, ao longo dos 25 anos seguintes, Ferdinando "Raposa" afirmou a Bulgária e desafiou a Rússia à vontade.

O tsar pensava numa guerra contra a Áustria para destituir aqueles prepotentes, mas em 1879 Bismarck assinou um tratado de defesa com a Áustria, formando um bloco germânico na Europa Central que em pouco tempo ganhou a adesão da Itália para formar a Tríplice Aliança. Alexandre se recusou a retomar a Liga dos Três Imperadores. Enquanto a imprensa alemã e a russa fomentavam a tensão entre os países, acenando com um iminente conflito teuto-eslavo, Bismarck propôs um Tratado de Resseguro que garantisse neutralidade em caso de guerra contra uma terceira parte, com uma cláusula secreta que concedia à Rússia vagos direitos sobre Constantinopla. Alexandre aceitou o engenhoso plano de Bismarck, que contradizia a aliança alemã com a Áustria. Secretamente, Alexandre estava convencido de que "precisamos dobrar a Alemanha assim que tivermos uma oportunidade".

A opinião pública exigia que a Rússia fosse a líder do eslavismo. Mas como a Bulgária era uma ingrata e a Sérvia continuava leal à Áustria, Alexandre procurou eslavos mais confiáveis. O minúsculo principado de Montenegro era governado pela dinastia de bispos príncipes Petrović. O príncipe Nikola, que gostava de passar o dia com seu uniforme bordado a ouro fumando num banco defronte a seu minúsculo "palácio" e daria qualquer coisa para controlar uma Sérvia maior, tinha quatro de suas nove filhas estudando no Instituto Smólni. Em 1889, numa visita a Petersburgo, o tsar propôs o casamento da princesa Militsa com o grão-duque Pedro Nikoláievitch (filho mais novo de Nizi, o comandante da guerra de 1877) e de outra filha dele, Stana, com Gueórgui, duque de Leuchtenberg.* Mais tarde, as irmãs apresentariam Raspútin aos Románov. No banquete de noivado, Sacha brindou ao príncipe Nikola, "o único amigo sincero e confiável da Rússia". Os Estados balcânicos, não sendo confiáveis, eram incontornáveis. Alexandre deci-

---

* Não deu certo: quando o tsar soube que Leuchtenberg tinha trocado Stana por uma amante francesa em Biarritz, trovejou: "O príncipe está lavando seu corpo imundo nas ondas do mar!".

diu que seu único interesse era um dia conquistar os estreitos turcos. Sabia que precisava de uma nova aliança — e de uma nova economia. Naquele momento de perigo, ele se voltou para direções inesperadas a fim de conseguir as duas coisas.[8]

Em 17 de outubro de 1888, o tsar e a família estavam num trem, voltando da Crimeia, quando ele recebeu o diretor da Ferrovia do Sudoeste, Serguei Witte, e reclamou que o trem estava andando muito devagar. "Esta linha férrea é administrada por Yids?", perguntou o tsar. Witte, um engenheiro impertinente, contradisse o tsar, explicando que os trens estavam sendo conduzidos depressa demais. Mas Alexandre mandou que acelerassem.

Ao meio-dia, "estávamos terminando o desjejum", perto de Bórki, contou o jovem Nicolau ao tio Serguei,

> quando de repente sentimos um tranco, depois outro muito mais forte, e tudo começou a quebrar e fomos lançados para fora de nossas cadeiras, a mesa passou voando pela minha cabeça e desapareceu. Nunca vou esquecer o choque [...]. Fechei os olhos e fiquei esperando a morte [...]. Vi uma luz, saí e puxei [sua irmã] Ksênia [...]. Pensei, horrorizado, em mamãe e papai, e que alegria divina quando os vi sentados no teto do que tinha sido o vagão-restaurante.

Morreram 23 pessoas, e o hercúleo tsar ajudou a resgatar feridos levantando o teto do vagão de passageiros. Uma criança gritava: "Agora eles vão matar todos nós"* — era sua filha mais nova, Olga, que fora ejetada para fora do trem. Mais tarde, o imperador fez piada: "Imaginem a decepção de Vladímir [o mais velho de seus irmãos] quando soube que tínhamos sobrevivido".**

---

* A reação dela exemplificava os compreensíveis receios de toda a família. Os terroristas ainda estavam à caça do tsar. Em 1º de março de 1887, pela primeira vez desde que se retiraram para Gátchina, Alexandre e sua família saíram às ruas de Petersburgo para celebrar o quinto aniversário do assassinato do pai dele. Mas, na sua chegada, a polícia prendeu três jovens terroristas da Vontade do Povo, que levavam bombas, dispostos a protagonizar um segundo 1º de março. Cinco terroristas foram enforcados, inclusive o fabricante da bomba, Alexandre Uliánov, de dezenove anos, cuja execução exerceu uma influência decisiva sobre seu irmão mais novo, Vladímir, o futuro Lênin.

** Vladímir, culto mas pomposo, estava convencido de que seria um tsar melhor, porém suas

O que ocorreu em Bórki não foi uma bomba, mas o tsar lembrou-se da franqueza de Witte, que foi promovido a diretor da ferrovia. Depois foi chamado a Petersburgo, onde Alexandre, desconfiado dos magnatas judeus das ferrovias, perguntou-lhe: "Você é amigo de judeus?". Witte respondeu que, se não era possível afogá-los todos no mar Negro, eles deveriam pelo menos ser tratados como seres humanos. Satisfeito, o tsar nomeou-o ministro das Comunicações, e isso foi o início de uma ascensão prodigiosa.

Falastrão, troncudo, Witte, aos 39 anos, era uma nova espécie de ministro — o tecnocrata provinciano. Filho de um servidor público de origens escandinavas luteranas e de uma princesa da família Dolgorúki, criado em Tbilisi e formado em engenharia em Odessa, esse intrigante manhoso era desagradavelmente cheio de si, ainda que melindroso, mentiroso, manipulador e narcisista sem limites. Achava que "a falta de contenção e o despudor no falar que fazem parte de meu caráter" eram virtudes — e apreciadas como tais pelo tsar. Quando se tratava de proteger um patrimônio singular como Witte, Sacha mudava suas próprias regras. Pouco depois de chegar à capital, Witte prontificou-se a renunciar porque tinha se apaixonado por uma judia divorciada. O tsar admirou o cavalheirismo de Witte, que se casou com a mulher. Mais tarde, Minny diria a Witte: "Você foi o ministro predileto de meu marido".

A Rússia ainda estava mergulhada na depressão. Em 1891, milhares de pessoas morreram de fome, situação que se agravou com a política de financiamento da industrialização com empréstimos pagos com a exportação de grãos. Sacha negava a existência dessa política, dizendo que era propaganda niilista. Só a intervenção de Vorontsov convenceu o tsar.

Quando a Rússia começava a sair da crise, em 1892, Alexandre promoveu Witte a ministro das Finanças. Como monarquista e patriota, Witte acreditava

---

únicas realizações verdadeiras foram uma coleção de receitas parisienses que preparava para dar festas espetaculares com sua mulher, a arrogante Miechen (nascida Marie de Mecklenburg), e o patrocínio que ofereceu ao cantor Chaliápin, ao pianista Rachmáninov, ao pintor Riépin e aos Balés Russos de Diáguilev. Mas Miechen, estupidamente, se correspondia com Bismarck, pelo que foi denunciada ao imperador e levou uma grave reprimenda. Ele ficou ainda mais irritado quando o casal fez uma farra no restaurante Cubat com um ator francês e sua amante. Em dado momento, Vladímir beijou a amante do ator, este beijou a grão-duquesa, com o que o grão-duque o ameaçou de morte. O tsar ordenou que os franceses deixassem a Rússia imediatamente, assim como Vladímir e sua mulher, estes por um tempo.

que só um programa de industrialização a todo vapor, financiado por empréstimos estrangeiros, poderia vencer "duzentos anos de letargia econômica" e dar à Rússia a capacidade de competir com as potências europeias no torneio geopolítico — ou, como ele diria mais tarde, "cumprir as grandes tarefas políticas da monarquia". A Ucrânia era agora o celeiro da Europa, tendo grande parte de seus grãos comercializada nas bolsas de Odessa e embarcadas em navios que cruzavam os estreitos. Com a Rússia transformada em principal produtor agrícola da Europa, Witte injetou investimentos estrangeiros e estatais na economia, a fim de provocar uma explosão de crescimento. Entre 1890 e 1900, a produção de ferro-gusa, aço e carvão triplicou, a extensão da malha ferroviária duplicou e a indústria têxtil fez da Rússia uma das cinco maiores potências mundiais. Descobriu-se petróleo em Baku, que em pouco tempo passou a produzir a metade do total mundial.

Nada simbolizou tão bem o dinamismo de Witte como a Ferrovia Transiberiana. Embora já encomendada por Alexandre, ela se tornou uma vitrine para Witte. Enquanto os trilhos abriam caminho através da Sibéria, Witte se inebriava com as novas possibilidades. "Da costa do Pacífico e das alturas do Himalaia", disse ele a Alexandre III, "a Rússia vai dominar os negócios não só na Ásia, mas também na Europa."

Enquanto a Rússia se projetava na modernidade industrial, o imperador tentava manter a união do Estado mobilizando o nacionalismo russo e perseguindo as minorias. No império multinacional de 104 nacionalidades e 146 línguas, segundo o censo de 1897, os russos puros (sem contar ucranianos) eram uma minoria de 44%. O imperador determinou, além das medidas antissemitas, que só a língua russa deveria ser ensinada nas escolas polonesas, armênias e georgianas: um gol contra do regime, que desnecessariamente transformou milhões de pessoas em inimigos.[9]

Em 1889 morreu Dmítri Tolstói, o que foi lamentado por Alexandre. Ninguém poderia substituir "o último dos moicanos", mas o novo ministro do Interior, Ivan Durnovó, antissemita ferrenho e portador de uma inusitada barba de duas pontas, encontrou um aliado no estranho irmão mais novo de Alexandre, Serguei. Em março de 1891, Alexandre nomeou Serguei para o cargo de governador-geral de Moscou. Mas "meu irmão não quer ir para Moscou", explicou Alexandre, "a menos que a cidade fique livre de judeus", que tinham saído da Zona de Assentamento quando as restrições a eles foram afrouxadas. O tsar ordenou que a polícia "expulsasse os judeus de Moscou". Em 28 de abril, Alexandre assinou a primeira de uma série de leis que permitiam a Serguei deportar categorias profissionais inteiras — "artesãos, destiladores, cervejeiros, artífices e trabalhadores judeus" e até mesmo "dar baixa a soldados judeus". Em Moscou, Serguei fechou a Grande Sinagoga, mandou cossacos invadirem casas de judeus e autorizou as judias a ficar na cidade com a condição de se registrarem como prostitutas. Vinte mil judeus foram expulsos. Essa repressão estimulou a emigração de judeus para os Estados Unidos, que chegou a 137 mil pessoas por ano. Serguei tinha sentimentos desencontrados em relação a seu cargo e disse ao sobrinho, Nicky: "Aqui estou eu como governador-geral de Moscou, o que é divertido mas também triste, sinto falta de meu regimento [...] meu círculo de velhos amigos [...]. Confesso que ao deixar Petersburgo chorei como um bebê". Mas Serguei era ambicioso: "O trabalho não me assusta, interessa-me muitíssimo".

Serguei era "obstinado, arrogante, desagradável [e] ostentava suas muitas peculiaridades", na opinião de Sandro. "Não consigo achar-lhe um único traço que o desculpe." Serguei era "o mais assustador dos tios", escreveu Missy. "Brusco e severo [...] seus lábios finos formam uma linha dura, quase cruel [...] seus olhos, cinza como o aço, as pupilas estreitas como as de um gato [...]. Havia nele alguma coisa ameaçadora, algo em seu rosto revelava o fanático de coração que ele era."

"Introspectivo, com o espírito aprisionado dentro dele, ocultava impulsos privados de uma sensibilidade extrema, quase feminina", achava a sobrinha Maria Pávlovna. Mais feliz como comandante da Guarda Preobrajénski, estava, lembra Witte, "sempre cercado de homens relativamente jovens, bastante ligados a ele", revelando seu próprio "gosto acentuado por homens jovens".

Aos oito anos, ele sentiu muito a morte do irmão mais velho, Nixa, e os sofrimentos da mãe, que a levaram a passar meses na casa de seus antepassados em Hesse-Darmstadt. Nesse lugar, Serguei conheceu sua prima, a princesa Isabel de Hesse, que estava sendo criada por sua dramática mãe, Alice, filha da rainha Vitória, e queria ser freira. "Belíssima", de "rara inteligência, um divertido senso de humor, infinita paciência e um coração generoso", loura de olhos cinzentos e pele de alabastro, ela foi o "primeiro amor" de Willy, herdeiro do trono alemão. Mas Serguei estava decidido a se casar com ela, e, embora ela se recusasse a se converter à religião ortodoxa, em 1884 ele venceu. (Willy, mais tarde Kaiser, jamais o perdoou, e espalhou que Serguei "estava dormindo com o jovem capelão de sua casa".) O casamento deles, sem filhos, provavelmente nunca se consumou, embora "Serguei a cultuasse apesar de suas repreensões", observou Missy, e "Ella", como era conhecida, o compreendesse: "Ele amava a ordem". Ele deve ter combinado com Ella, que era tão frívola e gélida quanto virtuosa — "sua pureza era absoluta", achava Missy, que cultuava "essa visão, uma alegria para os olhos".

O casamento de Serguei propiciou o primeiro encontro de Nicky com a irmã de Ella, Alexandra de Hesse ("Alix"), e seu relacionamento foi adiante — justamente quando a relação da Rússia com a nova Alemanha se deteriorava.[10]

A chegada ao poder do Kaiser Guilherme II [Willy], de 29 anos, homem incoerente, impulsivo e volúvel, e suas diretrizes determinaram a ideia que Alexandre fazia dele. Logo depois de subir ao trono, em 1888, Willy se dispôs a visitar Alexandre, que detestou "o jovem embonecado que abusa de seu poder, se acha o máximo e pretende que os demais o reverenciem". Tcherevin lembra que o tsar "ficou nauseado com Guilherme, que lhe desagradava fisicamente". Olhava-o como uma espécie de macaquinho infantil. Quando o tsar retribuiu a visita, Willy de repente sugeriu uma divisão da Europa entre a Alemanha e a Rússia, ao que Alexandre rosnou: "Pare de dar voltas em torno de si mesmo como um dervixe, Willy, olhe-se no espelho!".

Alexandre sentia que a Rússia estava isolada. Muito antes da maior parte de seus ministros, ele percebeu que Bismarck estava "ignorando o parentesco entre os Románov e os Hohenzollern". Era um novo tempo. "Desejo implantar o princípio da proteção aos direitos dos povos assim como o das dinastias", disse ele a Giers. "Sugiro que mantenha uma atitude amigável em relação à França [...] e no momento certo [...] negocie uma aliança formal." Mas os franceses eram revolucionários imorais! "Isso é impossível", retrucou Giers, chocado. Nem tanto, respondeu Alexandre, era sua ordem. Mas ele se conduziu com uma lentidão glacial. Em 1890, o Kaiser de repente dispensou o velho Bismarck, e o novo chanceler, o general Von Caprivi, instou-o a renovar o tratado com a Rússia e assim evitar contradições com a Tríplice Aliança, para a qual ele esperava atrair a Grã-Bretanha. Uma aliança com a França tornou-se inevitável. Em julho de 1891, Alexandre convidou a frota francesa para vir a Kronstadt e tirou o chapéu para a republicana (e anteriormente ilegal) "Marseillaise". Quando visitou a Exposição Francesa em Moscou, um cortesão estava cobrindo uma estátua nua com uma manta quando o imperador berrou: "Deixem como está! Sei que essas roupas são as que os franceses mais admiram!". Ambas as nações se sentiam ameaçadas pela Alemanha e pela Grã-Bretanha. Em 1894, o tsar assinou a aliança com a França.

O Kaiser tentou desesperadamente reconquistar o tsar. Alexandre, acompanhado de Nicky, afinal se encontrou com ele na revista da frota em Kiel. Alexandre estava "com ótimo ânimo", observou o Kaiser, enquanto Nicky "tinha se desenvolvido muito e era um rapaz atraente e bem-educado, com modos agradáveis".[11]

Como o impetuoso tsar tinha apenas 46 anos, era improvável que Nicky lhe sucedesse em breve. Um metro e setenta de altura, tímido, infantil e impenetravelmente passivo, Nicky era atlético, adorava exercícios e caçadas, ostentava uma barba ruiva aparada e tinha olhos azuis brilhantes e aveludados, seu traço mais bonito, herdado da mãe.

"O herdeiro, agora com 24 anos", escreveu o vice-primeiro-ministro, Lamsdorf, "dá uma impressão estranha, meio menino e meio homem, baixo, magro e medíocre", ainda que também "obstinado" e "descuidado". Sua mãe era propensa a infantilizar os meninos. "Ele usou roupinhas de marinheiro durante muito mais tempo que a maioria dos meninos", observou a condessa "Zizi" Naríchkina. "Era um homem de horizontes estreitos e visão tacanha, e durante anos mal cruzou as paredes" dos jardins do palácio de Anítchkov e, depois, do Gátchina. Mesmo quando Nicky já era coronel da Guarda, sua mãe se dirigia a ele como "meu querido coraçãozinho, meu menino". Já bem entrado nos vinte anos, seu diário fala de brincadeiras de esconde-esconde, disputas de quem bebia mais e torneios de ioiô.

Nicky foi educado em casa, tanto por razões de segurança quanto por disposição dos pais. Isso lhe deu o mais precioso dos bens nas famílias reais: uma infância feliz e amorosa — mas também fez dele uma pessoa isolada e ingênua. Recebeu uma educação deliberadamente pacata, pois seu preceptor, o general Danílovitch, acreditava que "forças misteriosas que emanavam durante o sacramento da coroação propiciavam todos os dados práticos necessários a um governante". Seus outros preceptores foram mais instigantes, mas Nicky era imaturo demais para tirar proveito disso. Seu professor de direito e história, o velho Pobedonóstsev, reclamava: "Só pude observar que ele estava completamente absorto cutucando o nariz". Mas o preferido era o professor de inglês, Charles Heath. Embora odiasse a arrogância e o liberalismo dos ingleses, Nicky tornou-se a personificação do autocontrole anglo-saxônico, uma característica nada russa. Talvez sua fleuma fosse uma reação ao sentimentalismo desbragado de seu malfadado avô. Havia passado muito tempo com Alexandre II, cuja serenidade diante do perigo ele imitava: "Eu assumi o compromisso de seguir sempre o exemplo de calma de meu avô". No caso, levou o compromisso a tal extremo que seus cortesãos se perguntavam se ele sentia alguma coisa quando deparava com catástrofes. "Ele nunca ria e raramente chorava", observou o primo Sandro. Isso era até certo ponto um meio de controlar o mundo incontrolável que ele tinha a sua volta e desempenhar um papel para o qual não se sentia talhado, mas estava ligado também a sua profunda fé mística no destino. "Ele muitas vezes me envolve em seu braço", lembrava a irmã Olga, "e diz: 'Nasci no dia de Jó — estou pronto para aceitar meu destino'." Por trás de seus modos e de sua timidez espreitava uma variante intensa de astúcia e determinação — ambas qualidades úteis na política. Inescrutabilidade e imperturbabilidade são vantagens para quem as empregue com cuidado, mas é muito tênue a linha que separa a serenidade da paralisia. Sua prima Missy adorava seu charme, "seus olhos bondosos, havia alguma coisa delicada em sua voz, baixa e suave", mas faltava algo: "Nunca nos sentimos como estranhos, mas nunca chegamos muito perto".

Nicky era medianamente inteligente: aprendia com rapidez, tinha boa memória, lia com avidez textos de história, gostava de Tolstói e, mais tarde, a espirituosa autora Teffi foi uma de suas favoritas, embora ele também tivesse uma queda por romances sentimentais ingleses, obras comerciais que lia para relaxar; adorava os balés de Tchaikóvski, e era excelente em línguas, fluente em alemão e francês. Seu inglês era tão perfeito que o tsar lhe pedia que escrevesse suas cartas à rainha Vitória. Contudo, sua competência era limitada pelo extremo provincianismo de sua educação e de suas perspectivas.

A mãe estimulava seus modos impecáveis com os tradicionais conselhos maternos para jovens herdeiros — como "Não dê ouvidos a aduladores" —, mas foi o pai quem moldou suas opiniões políticas. Orientado por Pobedonóstsev e Meschérski, Nicky adotou a visão moscovita do pai, na qual o trono se fundamenta na união mística entre o tsar e os camponeses, cuja lealdade devota era pura e sagrada, comparada à decadência obscena de Petersburgo, da Europa liberal e da modernidade judaica. Como o pai, na verdade como a maior parte das famílias reais e aristocráticas da Europa do *fin de siècle*, ele se abstinha de pretensões intelectuais, que via como próprias da classe média e pouco russas, e adotou a desconfiança que Alexandre sentia pelos políticos e pela sociedade. Embora tenha sido criado para se considerar figura política, como o avô, ele se julgava alheio à política e acima dela.

Nicky se sentia oprimido por seu pai colossal, que "não tolerava fraquezas". Certa vez, quando Nicky permitiu que um colega assumisse a culpa por uma falha sua, Alexandre rosnou: "Você é uma menininha!". Como o tsar preferia Georgy, Tcherevin achava que ele não estimava Nicky. Mesmo assim, Nicky dizia: "Papai é sempre tão querido e bom para mim!".

Contudo, ele não podia esquivar-se a seu futuro. Aos treze anos, a cena do avô despedaçado morrendo na frente dele deve tê-lo traumatizado, da mesma forma como ele se emocionou com os vivas das multidões em Moscou por ocasião da primeira visita de Alexandre à cidade como tsar: "Que quadro majestoso e tocante! Quando papai e mamãe passaram pelas portas e papai se curvou para o povo, o 'viva!' foi tão ensurdecedor que estremeci".

O pai queria protegê-lo, mas se preocupava com sua personalidade. Quando Witte sugeriu que Nicky se envolvesse mais no Comitê Transiberiano, o pai rugiu: "Já tentou alguma vez discutir qualquer coisa séria com sua alteza imperial o grão-duque? Não me diga que nunca notou que o grão-duque é [...] uma perfeita criança. Suas opiniões são totalmente infantis. De que forma ele poderia presidir um comitê como esse?". Contudo, ele pôs Nicky naquele comitê e no Conselho de Estado, entre outros. Nicky tentava evitar responsabilidades, mas o pai insistia.

Depois de adulto, Nicky entrou para a oficialidade dos cossacos e serviu no regimento de Preobrajénski e no dos hussardos. Foi logo promovido a coronel, a melhor época de sua vida, quando ele se refestelava em sua rotina, na camaradagem e na diversão.

Mesmo como membro da Guarda, seus amigos mais chegados eram os oficiais comandantes Románov. A família era seu mundo, no qual o tio Serguei — conhecido como "Guega"— tinha influência especial: eles se correspondiam frequentemente, e a relação dos dois se tornou ainda mais próxima quando, no casamento de Serguei com Ella de Hesse, ele conheceu a irmã mais nova dela.

"Sentei-me perto de Alix, de doze anos, de quem gostei muito", escreveu Nicky em 27 de maio de 1884, embora seu entusiasmo pela noiva de Serguei, Ella, fosse ainda maior. Em 31 de maio em Peterhof, "Alix e eu escrevemos nossos nomes na janela dos fundos da casa italiana [que quando ele se tornou tsar transformou em sua casa, a Datcha Inferior] (nós nos amamos)". Mas em novembro a paixão tinha arrefecido. "O desejo de casar durou até o desjejum", escreveu ele no dia 19, "e passou [...]."[12]

A vida de Alix fora constituída por mortes trágicas, fleuma britânica, devoção obsessiva, pudor de beata e uma mistura de debilidade masculina e firmeza feminina. Era uma das muitas filhas do duque Ludwig de Hesse e da princesa Alice da Inglaterra, e foi criada em Darmstadt.

O mundo nefasto de Alix foi atingido por uma série de tragédias. Sua mãe, Alice, era depressiva e doentia. Seu irmãozinho "Frittie" sofria do "mal inglês" — hemofilia — e morreu de hemorragia após cair de uma janela. Aos seis anos, ela perdeu a mãe e a irmã predileta para a difteria. Quando cresceu, serviu de anfitriã na casa do pai até a morte dele, depois ajudou seu frágil irmão Ernst ("Ernie") no mesmo papel. "Alta, esguia, graciosa, com uma farta cabeleira dourada", olhos azuis e maçãs do rosto altas, era de uma beleza cristalina, uma vulnerabilidade tocante e uma intensidade neurótica que lhe granjeou o favor especial da avó, a rainha Vitória, que "com ansiedade e cuidado" velava por "minha doce Alicky", embora notando sua natureza histérica e a péssima saúde. "Como não tem pais, sou a única pessoa com que ela pode realmente contar", diria Vitória mais tarde. As tensões "submeteram os nervos dela a duras provas". Como órfã, "minha pobre querida Alicky só tem a mim, afinal". Vitória ensinou-lhe cuidar de um paciente, fazer a cama sem perturbá-lo e outras "coisas úteis". A enlutada e reclusa rainha Vitória (o príncipe Albert morrera em 1861), personificação do poder feminino, foi a maior influência da menina.

Criada por uma governanta inglesa debaixo da asa de Vitória, Alix, fascinada pela fé luterana e pela política internacional, tornou-se uma inglesa séria, inibida e muito tensa que se ruborizava em presença de pessoas, sofria com lesões na pele e ficava frequentemente inválida devido a uma torturante ciática e a cólicas estomacais. Por trás da timidez paralisante e da frieza real, ela escondia uma surpreendente combinação de dogmatismo, obstinação e uma tendência a interpretar de maneira errada pessoas e situações. Nem inteligente nem muito instruída, tinha uma vontade de ferro". Como disse seu irmão Ernie, "ela é esplêndida", mas "precisa de uma vontade superior que a domine e lhe ponha rédeas".

Alix era um emaranhado de sensibilidades, uma fiel fervorosa que falava de "seu grande coração". Como diria mais tarde o tutor de seu irmão, "ela era acima de tudo sincera". Seus lábios finos e apertados raramente sorriam.

Cinco anos depois de seu primeiro encontro, Nicky reviu Alix numa visita a Serguei e Ella. Nicky e Alix conversaram e dançaram. Em suas cartas, eles se chamavam de "Pelly I" e "Pelly II". Ella e Serguei acompanharam e incentivaram o namoro.

Em 29 de janeiro de 1890, Alix compareceu a seu primeiro baile no Palácio de Inverno, com um "vestido branco de pedrarias, flores e faixa brancas"; seu par na contradança foi Nicky. Ela se hospedou na propriedade de Serguei, Illínskoie.

"Oh, Deus, quero ir a Illínskoie", escreveu Nicky em 20 de agosto. "Se eu não a vir agora, terei de esperar um ano inteiro."

Quando ela foi embora, Nicky falou ao tsar de "meu sonho — um dia casar com Alix de Hesse". Mas havia um problema. A avó dela, a rainha Vitória, queria que ela se casasse com o herdeiro do Império Britânico, o príncipe Eddy, duque de Clarence. Já Minny gostaria que Nicolau se casasse com Hélène, filha do Bourbon francês, o conde de Paris. O tsar e sua mulher não aprovavam Alix, perguntando-se se aquela mocinha taciturna serviria para imperatriz. A rainha Vitória, que a amava, concordava com a imperatriz: "Não seria bom por causa da religião, e além disso sei que Minny não quer". Como Nicky gostava das festas com os oficiais da Guarda, Tcherevin já tinha se oferecido ao tsar para encontrar-lhe uma bailarina.

Em 23 de março de 1890, o tsar e a tsarina levaram Nicky, então com 21 anos, à cerimônia de graduação da Escola Imperial de Dança Teatral. Nicky logo notou a bailarina polonesa Matilda Kchessínskaia, uma adolescente que já tinha sido escolhida pelo tsar. Na ceia informal depois da cerimônia, Alexandre III mandou que Matilda se sentasse entre ele e Nicky. "Cuidado!", ele rugiu. "Nada de muito namoro." Matilda escreveu em seu diário: "Ele vai ser meu".

Naquele verão, o tsar e Nicky compareceram às manobras de Krasnoie Seló, onde os grãos-duques ficavam em chalés de madeira, desfilando de dia e indo ao teatro de noite. "Sem dúvida, gostei muito de Kchessínskaia", escreveu Nicky em 17 de julho. Uma vez, na coxia, ela topou com o tsar, que berrou: "Ah, você devia estar namorando!". Mas Nicky não era um grande conquistador, e os dois não conseguiram se encontrar antes que Nicky fosse enviado para sua viagem. Em vez da tradicional visita ao Ocidente, o herdeiro dirigiu-se para o Oriente.[13]

Nicky viajou com seu irmão Georgy, seu primo Jorge da Grécia e um minúsculo especialista em budismo, o príncipe Esper Úkhtomski, que acreditava que o destino da Rússia estava no Extremo Oriente. As cortes da Europa observavam ansiosamente suas aventuras, sobretudo as que incluíam bailarinas de dança do ventre e gueixas. Como observou o Kaiser Guilherme, esses encontros "seriam uma bênção, porque até agora ele se recusava a chegar perto de qualquer mulher".

"É intolerável estar mais uma vez cercado de ingleses com seus uniformes escarlate", escreveu Nicky na Índia, e se deleitava com qualquer indício da senilidade britânica, notando os navios enferrujados da Marinha Real em Cingapura: "Isso me deixa contente, querido papai, já que devemos ser mais fortes que os britânicos no oceano Pacífico". Sua petulância ganhou uma suave reprimenda da mãe: "Gostaria de pensar que você está sendo muito gentil com todos os ingleses [...]. Deve deixar o conforto pessoal de lado, ser duplamente cortês e nunca se mostrar entediado".

No entanto, dois acontecimentos sombrearam sua vida. Seu adorado irmão Gueórgui precisou voltar para casa com uma misteriosa doença pulmonar que, como se soube depois, era tuberculose. "Você não imagina quanta angústia passei nos últimos dias", escreveu Minny.

Depois em Otsu, Japão, um policial amalucado o atacou com uma espada, que foi desviada a tempo por Jorge da Grécia com uma bengala. Quando a novidade chegou a Minny e Sacha, eles "sofreram uma agonia — no limite de nossas forças", mas era a "segunda vez que Deus o salvou", contando com o acidente de trem em Bórki. O tsar chamou-o de volta. A caminho de casa, ele fez meia-volta no extremo leste da Ferrovia Transiberiana em Vladivostok, a seguir passou pela pequena cidade de Tomsk, onde, em meio aos vivas da multidão, foi visto por um garoto, Iákov Iuróvski, que depois de adulto, num mundo muito diferente, cruzaria seu caminho 28 anos mais tarde, no fim da vida.[14]

Ao regressar, o tsarévitch encontrou-se com Matilda Kchessínskaia. "Desde nosso encontro, estou nas nuvens! Devo voltar o mais rápido possível." Contudo, ele não tinha esquecido Alix. "Amei-a durante muito tempo", escreveu em 21 de dezembro de 1891. Passava as noites no palácio ostentoso do tio Alexis, onde, em 4 de janeiro de 1892, a amante "Zina nos divertiu cantando para nós".

"Nunca achei que dois amores pudessem coexistir", escreveu ele, analisando a si mesmo em 1º de abril de 1892. "Amo Alix há três anos e espero casar com ela [...]. Desde o acampamento de 1890 estou loucamente (platonicamente) apaixonado pela pequena K", embora "nunca deixe de pensar em Alix. Seria certo concluir a partir disso que sou muito amoroso?"

Nicky e seu primo Sandro visitavam as bailarinas com tanta frequência que o tsar reclamou com Minny que o rapaz tinha desaparecido: "Nicky ainda está em Petersburgo. Não sei o que está fazendo, não telegrafa, não escreve".

Em 25 de janeiro de 1893, ele perdeu a virgindade: "Esta noite fugi para minha MK e passei com ela a melhor noite até agora. Ainda estou enfeitiçado por ela — a caneta treme em minha mão". Depois de instalá-la numa mansão no número 18 da avenida Inglesa, que tinha sido o ninho de amor de seu tio-avô Kóstia, ele "passou a noite idealmente" com a "Pequena K".

Nicky não tinha esquecido Alix e, quando cruzava a Europa para ir aos muitos casamentos de seus primos da realeza, esperava que ela estivesse presente. Ele tentou verificar se Alix se converteria à fé ortodoxa, mas ela insistia em sua religião luterana. No entanto, o tsar mudou de opinião depois que Nicky declarou que não se casaria com outra pessoa. Além disso, a própria mãe do tsar era uma princesa da casa de Hesse. Ele deu autorização a Nicky para sondar os sentimentos de Alix. Ella e Serguei foram os intermediários. Em angustiantes negociações feitas em código, no qual "ele" significava "ela" e vice-versa, a inconstância de Nicky e a obstinação de Alix exasperaram os mediadores. Quando Nicky pediu a Ella que convidasse Alix para ir à Rússia e depois esfriou, Serguei perdeu a paciência. "Minha mulher [Ella] ficou tão desapontada e indignada com sua carta que me pediu que dissesse que ela considera esse caso definitivamente encerrado. [...] Você precisa procurá-la [...]. Se não tem firmeza de caráter, ou vontade, ou se seus sentimentos mudaram", escreveu o tio ao futuro tsar em 14 de outubro de 1893, "é lamentável que não o tenha dito a mim ou a minha mulher [...]. Você lhe deu autorização para fazer essa pergunta, e quando tudo está feito, aparece sua estranha resposta. Repito: está tudo encerrado, e minha mulher pede que não volte a falar nisso. Meu coração se enche de tristeza por ter de lhe escrever isto!"

É claro que nem tudo estava encerrado. Contudo, Alix recusava firmemente a conversão. "Não posso fazer isso contra a minha consciência", escreveu ela em 8 de novembro de 1893. "Você, Nicky, que também tem tanta fé, vai entender."* Agora Nicky se queixava de que "tudo acabou entre nós" — "você mal sabe a

---

* Alix tinha o exemplo da irmã. Em 1888, o imperador ordenou que Serguei, presidente da Sociedade Palestina, fosse a Jerusalém para consagrar a Igreja de Santa Maria, com sua cúpula dourada, à mãe deles. Serguei foi acompanhado por Ella, que, tendo anteriormente se recusado à conversão, teve uma epifania em Jerusalém e abraçou o credo ortodoxo com fervor.

profundidade da nossa religião". Mas não desistia: "Acha que pode haver no mundo alguma felicidade sem ti?".

A decepção de Nicky tornou-se ainda mais intensa quando, em 12 de janeiro de 1894, seu primo Sandro (o grão-duque Alexandre Mikháilovitch) ficou noivo de sua irmã Ksênia. "Estou fascinado", escreveu Nicky. "Tio Vladímir arrastou-me para cear numa nova casa noturna, onde fiquei um pouco embriagado." Ele ainda estava se encontrando com a Pequena K, divertindo-se em "bebedeiras de quatro dias", concursos de dança de nove horas de duração, jogos de cartas com o tio Alexis e "jantares de gala da cavalaria", com ciganos e seu comandante, o primo Konstantin — "KR".*

Numa festa dos Obolénski, em 24 de janeiro, Nicky e seus primos "brincaram de esconde-esconde como crianças". Esconde-esconde, refletiu o secretário de Estado Pólovtsov, é "um passatempo estranho para um herdeiro de 24 anos". Ainda em janeiro, a Pequena K esperava por Nicky quando recebeu um bilhete dizendo que ele "estava impedido pela doença de seu pai". Era impensável que o tsar pudesse estar gravemente doente. "Meu pai", dizia Olga, irmã de Nicky, "sempre teve a saúde de um atleta."

Minny suplicava ao tsar que bebesse menos, mas, como Tcherevin lembrou, "ele fazia pouco dos médicos". Os dois camaradas continuavam bebendo, usando suas botas guarnecidas com conhaque: "um, dois, três, entorna!". Mas o imperador se recuperou.

Em 2 de abril, Nicky viajou de trem a Coburg para se encontrar com quase todos os primos reais da Europa — "a multidão real", como dizia a rainha Vitória, e alguns membros do "Clube", o grupo de amigos reais de Nicky — para o casamento de Ernie, irmão de Alix e Ella, com "Ducky" Melita de Edimburgo, neta da rainha Vitória e também de Alexandre II. Alix o esperava lá.

"Meu Deus, que dia", escreveu Nicky em Coburg em 5 de abril. "Alix veio aos aposentos da tia Ella. De uma beleza notável, mas extremamente triste. Eles nos

---

* KR são as iniciais de "Konstantin Románov", *nom de plume* do grão-duque Konstantin Konstantínovitch, segundo filho de Kóstia e, portanto, o irmão que vinha logo depois do selvagem Nikola, amante de Fanny Lear. Seu magnífico diário é uma de nossas melhores fontes — embora contenha também os detalhes da vida secreta de KR.

deixaram a sós, mas ela ainda é contra mudar de religião." Ele lhe disse que ela precisava concordar. "Não, não posso", ela murmurou.

"A rainha Vitória chegou com grande pompa, com um esquadrão da guarda real adiante e todo um batalhão atrás da carruagem." No dia seguinte, depois de outra sofrida discussão com Alix, "tendo vestido nossos uniformes prussianos, fomos à estação para esperar Guilherme". A rainha britânica e o Kaiser alemão, além de todos os primos, tentaram convencer Alix. Vitória informava-se de cada detalhe, enquanto em Gátchina o tsar e a tsarina "esperavam com febril impaciência", nas palavras de Minny. "Não pode imaginar como é doloroso estar separada de você num momento como este." Talvez o casamento de Ernie tenha sido decisivo: a chegada de uma duquesa a Hesse punha fim ao papel de Alix em Darmstadt.

Em 7 de abril, depois do casamento, o Kaiser "chegou a ter uma conversa com Alix" e, na manhã seguinte, "trouxe-a até nossa casa", lembra Nicky. "Ela então foi ter com tia Miechen e, pouco depois, entrou na sala onde eu estava com os tios, Ella e Guilherme. Eles nos deixaram a sós." O Kaiser Willy "sentou-se na sala ao lado com os tios e as tias, à espera do desfecho de nossa conversa", e "a primeira coisa que ela disse foi que [...] aceitava!", exultou Nicky. "Comecei a chorar como uma criança, e ela fez o mesmo!" Alix imediatamente ficou "alegre, falante, afetuosa". Depois dos abraços de Willy, Nicky e Alix correram até a rainha, que "agora devo chamar de vovó", e logo o herdeiro escreveu a sua mãe. Minny respondeu em 10 de abril: "Meu querido Nicky! Fiquei tão feliz que corri para contar as novidades a papai". Ela mandou um ovo Fabergé e joias: "Ela gosta de safiras ou esmeraldas?". O tsar ficou emocionado, mas surpreso: "Eu tinha certeza de que sua tentativa seria um completo fracasso", mas "tudo o que aconteceu certamente será bom para mostrar que nem tudo é tão fácil". Ele ainda via Nicky como uma criança: "Não consigo pensar em você como noivo — que coisa estranha e extraordinária!".

Enquanto Nicky voltava para casa, a Pequena K ficou de coração partido ao ouvir as notícias do noivado. Antes de partir, ele tinha negociado o fim de seu caso com ela, tomando um empréstimo de 400 mil rublos de Sandro e seus irmãos para comprar-lhe a casa da avenida Inglesa. "Aconteça o que acontecer em minha vida", escreveu ele, "os dias que passei contigo ficarão para sempre como as minhas melhores lembranças de juventude." Mas a Pequena K faria uma última tentativa de acabar com o noivado.

Alix ficou com Vitória em Windsor, onde começou a estudar russo, mas quase desmaiava de tensão neurótica: "Sim, vovó querida, minha nova posição estará cheia de provas e dificuldades", dizia. A rainha por sua vez explicava a Nicky: "Ela precisa de muito descanso e tranquilidade — precisa ficar deitada muito tempo. A morte de seu querido pai, o sofrimento pelo irmão e a luta pelo futuro puseram seus nervos à prova com rigor". Acometida de dor ciática, Alix viajou a Harrogate para tomar banhos sulfúricos, onde "pessoas vulgares ficavam pelos cantos olhando: vou mostrar-lhes a língua em outra ocasião", disse ela a Nicky,* que chegou à Inglaterra no iate imperial *Estrela Polar*.

Passaram um mês na Inglaterra, em Windsor com a rainha e em Sandringham com Bertie, cujos "hóspedes eram bem estranhos", contou Nicky à mãe. "Muitos eram comerciantes de cavalos, entre eles um certo barão Hirsch" — em outras palavras, um judeu. Maurice Hirsch, tido como o homem mais rico da Europa, combatia o antissemitismo russo, de modo que talvez Bertie estivesse agindo propositadamente. "Os primos [George, duque de York, e suas irmãs] divertiram-se com a situação e viviam me amolando por causa disso." Mas Nicky, preocupado em evitar contaminação pelo bacilo judeu, vangloriou-se com reverência diante da mãe: "Tentei ficar o mais longe possível e não conversar".

Em Windsor, "passei a fazer parte da família inglesa", disse ele a Georgy, e tornou-se "tão indispensável para minha futura avó quanto seus dois indianos e seu escocês" — embora às vezes a chamasse de "rainha velha (mulher barriguda)". Enquanto estavam em Osborne, na ilha de Wight, Alix recebeu cartas anônimas (obviamente enviadas pela Pequena K) que revelavam a história do romance dela com Nicky, que confirmou os detalhes. Alix ficou tocada. "Tenha confiança em sua queridinha", escreveu ela no diário dele, "que ama você mais profunda e devotamente do que ela poderia entender. O passado é passado, podemos olhá-lo com calma — todos neste mundo somos tentados, mas se nos arrependemos, Deus nos perdoa."**

---

* Contudo, a alegria familiar foi toldada por uma tristeza: os médicos aconselharam Georgy, o irmão tuberculoso de Nicky, a viver no clima ameno do Cáucaso, longe da família. Ele se instalou em Abbas Tuman, onde era protegido por exóticos guarda-costas caucasianos e vivia uma existência solitária. "É duríssimo ver um filho sofrendo", escreveu a mãe, desolada. Os dois irmãos eram tão chegados que Nicky lhe relatava regularmente o andamento do romance.

** A Pequena K não desapareceu. A animada dançarina tornou-se amante de dois grão-duques ao mesmo tempo, Serguei Mikháilovitch (irmão de Bimbo e Sandro) e Andrei Vladímirovitch (filho de Vladímir e Miechen). Explorando a influência deles e sua própria habilidade para apelar a

Quando Nicky voltou para casa, a rainha refletiu: "Quanto mais penso no casamento da doce Alicky, mais infeliz fico. Não pela pessoa, porque gosto muito dele, mas por causa do país e da terrível insegurança à qual essa pobre criança ficará exposta".[15]

Em 25 de julho, Nicky estava de volta a Petersburgo para as núpcias de Ksênia e Sandro,* presididas pelo imperador, mas notou que o Colosso estava exausto ao fim do banquete. Em 10 de agosto, Alexandre III, que "só havia ficado doente duas vezes na vida", estava mal, perdendo peso, com dores de cabeça. Seus pés estavam inchados, e a pele amarelada. Durante as manobras, ele desmaiou. O dr. Zakharin examinou-o, mas "não encontrou nada muito errado", escreveu Nicky em 11 de agosto. "Ele precisa descansar." Para isso, a família instalou-se em suas propriedades de caça na Polônia, primeiro em Białowieża, com seu rebanho de bisões europeus, e depois em Spała, acompanhada de Nicky e Georgy. Mas houve pouca caça ao bisão, e Georgy passou tão mal nas florestas pantanosas da Polônia que o imperador teve de ficar noites inteiras ao lado de sua cama, até que ele foi enviado para uma região mais quente no sul.

Nicky escreveu para "minha querida Sunny", o novo apelido que dera a Alix, ansiando "por cobrir sua doce face de beijos ávidos, ardentes, apaixonados". Alix escreveu que sua paixão estava "ardendo e me consumindo".

Nicolau II, ela chegou a controlar o Balé Mariínski e fazer fortuna. Teve um filho, mas não sabia qual dos grão-duques era o pai. Indagada sobre como se sentia ao ter dois grão-duques a seus pés, ela respondeu: "Por que não? Tenho dois pés".

* O tsar e a tsarina tinham sido contrários a esse casamento, achando que Ksênia era jovem demais. Sandro, um dos prepotentes Mikháilovitch com seu exotismo caucasiano e duvidoso sangue judeu, era visto como arrogante e exigente. Por fim, seu pai, o grão-duque Mikhail, interveio. O tsar concordou. "Eles passaram o dia todo se beijando, abraçados e recostados nos móveis da maneira mais imprópria", contou Nicky a Georgy. "Fiquei deveras atônito com a ginástica", respondeu Georgy. "Eles quase quebraram a otomana e se comportaram da maneira mais imprópria, deitando-se um em cima do outro, no que você poderia chamar de uma tentativa de brincar de papai e mamãe." Sandro registrou que as regras dos Románov para o casamento impunham até as roupas que o casal usaria na noite de núpcias — no caso dele, um pesado roupão de prata e chinelos de prata. Inteligente, ambicioso e inovador, Sandro tornou-se o amigo mais íntimo de Nicky até 1905, mas depois da Revolução, suas memórias muito bem escritas (ainda que egocêntricas) expuseram sem piedade as fraquezas de Nicolau II.

"Tudo é seu, seu, eu gostaria de gritar bem alto!", respondeu Nicky.

"Que felicidade quando eu puder prendê-lo em meus braços, fitar sua amada face e seus lindos olhos meigos", escreveu ela, e provocou: "Acho tão divertido vestir aquelas elegantes roupas íntimas e camisolas, não fique chocado. Suponho que devesse ser mais tímida e pudica contigo, mas não consigo".

O imperador piorava. Finalmente, um especialista alemão, o professor Ernst Leyden, diagnosticou uma nefrite, inflamação dos rins. Seria fatal.

Em 21 de setembro, Alexandre, acompanhado da imperatriz e de Nicky, chegou ao Pequeno Palácio de Livadia, onde Georgy estava à espera. Naquela noite, "jantamos sozinhos com papai e mamãe, nos aposentos deles no andar de cima", escreveu Nicky. "Estou tristíssimo." Minny cuidava do imperador com tanto carinho que ele disse: "Antes mesmo de minha morte conheci um anjo", e beijou-lhe a mão. "Minny, pobrezinha querida." Em 5 de outubro, a família foi convocada. "Eu estava devastado pela emoção quando entramos nos aposentos de nossos queridos pais", lembra Nicky. "Papai estava mais fraco." O príncipe e a princesa de Gales, esta irmã de Minny, foram chamados em Viena. Lembrando como Minny havia cuidado do irmão Nixa, o tsar uma vez tinha dito a Bertie que "não há melhores enfermeiras na Europa que as filhas do rei da Dinamarca".

"Diga a verdade", pediu Alexandre a seu médico. "Quanto tempo tenho de vida?"

"Está nas mãos de Deus, mas já vi curas milagrosas", respondeu Leyden.

"Ainda vivo duas semanas?"

O médico aquiesceu, e Sacha disse a Nicolau que chamasse Alix de imediato. O tsar insistiu que Nicky deveria se casar da maneira devida em Petersburgo, não em Livadia, mas "papai e mamãe me permitiram chamar Alix", escreveu Nicky. "Ella e tio Serguei vão trazê-la para cá."

Quando Alix chegou, o tsar empregou muita energia para se vestir com seu uniforme completo e suas medalhas, para recebê-la adequadamente, mas mal conseguiu se levantar e beijá-la quando ela se ajoelhou a seus pés, e o esforço "agitou muito o paciente, apesar da alegria que lhe causou". "Cada momento era uma agonia", lembrou a filha Olga, de doze anos. "Ele nem consegue ficar deitado."

Quando o Colosso fez sua confissão, o padre Iánichev perguntou-lhe se ele tinha passado instruções a Nicky, mas Alexandre respondeu: "Não, ele já sabe tudo". Contudo, mesmo naqueles momentos, Nicky mal era consultado pelos cortesãos. Alix se ofendeu com Minny. "Seja firme", disse Alix a Nicky, "e mande que os médicos venham até você todos os dias para dizer como ele está, e assim será o primeiro a saber." Ela finalmente sentia o fardo sagrado da coroa pairando sobre sua autodepreciativa cabeça. "Mostre suas próprias ideias", Alix o exortou em 15 de outubro, "e não permita que esqueçam quem você é."

Em 19 de outubro, o imperador cuspiu sangue, resmungou que não conseguia respirar e deixou a cama. Vestido com uma túnica cinza, foi levado para sua poltrona, onde esperou o amanhecer. Quando Minny entrou, ele suspirou. "Sinto que o fim está próximo", disse. "Fique calma; eu estou calmo." Deram-lhe oxigênio. O padre segurou a mão dele, e Minny sentou-se a seu lado, tendo em volta "uma multidão de parentes, médicos, cortesãos e criados". Nicky e Sandro andavam de cá para lá na varanda, "observando a morte do Colosso". Às três e meia da tarde, o padre Ioann de Kronstadt ministrou-lhe e a unção dos enfermos e ouviu-o em confissão — "e então ele começou a ter leves convulsões". A família se ajoelhou enquanto o padre Ioann rezava. Assim que o médico lhe deu um copo d'água, Alexandre III "murmurou uma breve oração e beijou sua mulher", depois deu um suspiro e sua cabeça tombou sobre o colo de Minny. "O fim foi rápido", escreveu Nicolau. "Foi a morte de um santo." O Colosso "morreu como viveu", escreveu Sandro, "inimigo acerbo de frases altissonantes, adversário ferrenho do melodrama".*

"Ninguém soluçou", lembrou sua filha Olga. "Minha mãe ainda o tinha em seus braços."

A família beijou a testa do tsar morto, depois beijou a mão do novo tsar. "Minha cabeça está girando, não quero acreditar!", escreveu Nicolau II.

"Pela primeira e única vez em minha vida, vi lágrimas nos olhos azuis de Nicky", lembrou Sandro. "Ele me tomou pelo braço e me levou para seu quarto. Nos abraçamos e choramos juntos", e depois ele disse: "Sandro, o que vou fazer? O que vai acontecer comigo, contigo, com Ksênia, com Alix, com mamãe, com toda a Rússia? Não estou pronto para ser tsar. Nunca quis ser tsar. Não tenho ideia sequer de como falar com os ministros. Você vai me ajudar, Sandro?". Isso não era por si só uma indicação de sua falta de competência. Todos os herdeiros, desde Paulo, tiveram esses compreensíveis momentos de dúvida.[16]

---

* Como disse o revolucionário Liev Trótski, numa adaptação da teoria do nariz de Cleópatra, se Alexandre III não bebesse tanto, a história teria sido diferente. Se tivesse sobrevivido, estaria com 69 anos em 1914. Mas teria feito algo diferente do que fez o filho?

Às quatro da tarde, num altar ao ar livre, no jardim, o confessor do imperador morto, padre Iánichev, presidiu o juramento de Nicolau II, enquanto os navios de guerra de Sebastópol disparavam em saudação. Na manhã seguinte, às dez da manhã, Alix foi recebida na Igreja ortodoxa com o nome de Alexandra Fiódorovna — "uma alegria radiante e silenciosa", observou Nicky — antes de novas orações junto ao corpo de Alexandre: "a expressão do rosto de papai era magnífica, sorridente". Mas o corpo estava se decompondo. Primeiro ele foi tirado da cadeira e deitado numa cama de campanha. Depois das orações das nove da noite, "tivemos de levar o corpo para baixo", escreveu Nicky, "porque tinha começado a se decompor rapidamente".

Em 22 de outubro, o príncipe de Gales chegou. Ao encontrar Nicky incapaz de tomar decisões, assumiu o controle dos procedimentos para o funeral. "Imagino o que diria a enjoada da velha mãe do tio Bertie [a rainha Vitória]", sussurrou Olga, "se tivesse visto todos aceitando as ordens dele! Na Rússia, quem teria pensado!"

Os médicos embalsamaram o corpo — mas o trabalho foi pífio. O cadáver imperial começou a exalar mau cheiro. A família discutia onde o novo tsar deveria se casar. Minny e Nicky queriam que o casamento fosse feito ali mesmo e naquele momento, "enquanto papai ainda está sob o mesmo teto", mas os tios e Bertie insistiam em celebrar a cerimônia em Petersburgo. Em 27 de outubro, o jovem tsar, Georgy e os tios deles carregaram o ataúde para fora do Pequeno Palácio, passando-o a uma guarda de honra dos cossacos, que o levou até o cais de Ialta, onde milhares de camponeses caíram de joelhos à sua passagem, e de lá para um navio de guerra, onde foi posto sob um dossel. Às dez da manhã de 1º de novembro, Nicolau II chegou de trem a Petersburgo levando o corpo.[17]

Cena 4
O senhor das terras russas

Elenco

NICOLAU II, imperador, 1894-1917, filho de Alexandre III e Minny, "Nicky"
Alexandra Fiódorovna (nascida princesa Alexandra de Hesse-Darmstadt), imperatriz, "Alix", "Sunny"
Olga, filha mais velha do casal
Tatiana, segunda filha
Maria, terceira filha
Anastássia, filha mais nova
Alexei, tsarévitch, filho, "Tiny", "Baby"

OS ROMÁNOV

Maria Fiódorovna, imperatriz-viúva, viúva de Alexandre III, "Minny"
Tio Vladímir, comandante da Guarda, governador militar de Petersburgo, casado com Miechen
Tio Alexis, almirante-general da Frota Imperial russa, "Beau"
Tio Serguei, governador-geral de Moscou, "Guega", casado com Ella (nascida princesa Isabel de Hesse, irmã da imperatriz Alexandra)

611

Tio Paulo, "Pitz", viúvo da princesa Alexandra da Grécia, casado com Olga Pistolkors

Georgy, tsarévitch, segundo irmão do tsar

MIGUEL II, imperador, terceiro irmão do tsar, "Micha", "Soneca"

Ksênia, irmã do tsar, casada com Alexandre Mikháilovitch, "Sandro"

Olga, sua outra irmã, casada com Pedro, duque de Oldenburg

Nikolai Nikoláievitch, comandante em chefe, "Nikolacha, o Terrível", casado com Stana, filha do rei Nikola de Montenegro, uma das "Mulheres Negras", "as Corvas"

Pedro Nikoláievitch, seu irmão, casado com Militsa, filha do rei Nikola de Montenegro, uma das "Mulheres Negras", "as Corvas"

Konstantin Konstantínovich, filho de Kóstia, amigo do tsar, dramaturgo, poeta com o pseudônimo "KR", casado com "Mavra" (nascida princesa Isabel de Saxe-Altenburg)

Nikolai Mikháilovitch, filho mais velho de Mikhail, irmão de Sandro, "Bimbo", "Corvo Branco"

Alexandre Mikháilovitch, filho de Mikhail, irmão de Bimbo, ministro da Marinha Mercante, casado com Ksênia Alexándrovna, "Sandro"

Maria, "Missy", princesa herdeira da Romênia, casada com o príncipe Ferdinando, filha do duque e da duquesa de Edimburgo, prima de Nicky

Melita, sua irmã, "Ducky", grão-duquesa de Hesse-Darmstadt, casada com Ernst, irmão de Alix, e depois com o grão-duque Cirilo

CORTESÃOS: ministros etc.

Conde Ilarion Vorontsov-Dáchkov, ministro da corte, depois vice-rei do Cáucaso

Barão Vladímir Frederiks, ministro da corte

Conde Paul Benckendorff, grande marechal da corte

Serguei Witte, ministro das Finanças, depois primeiro-ministro e conde

General Alexei Kuropátkin, ministro da Guerra, comandante no Extremo Oriente

Conde Vladímir Lamsdorf, ministro do Exterior, "Madame"

Alexandre Bezobrázov, secretário de Estado, ajudante general e conselheiro secreto

Almirante Ievguêni Alexéiev, vice-rei do Extremo Oriente

Dmítri Spiáguin, ministro do Interior

Viatcheslav Plehve, ministro do Interior

Pedro Durnovó, ministro do Interior

General Dmítri Trépov, governador-geral de Petersburgo, vice-ministro do Interior e depois comandante do palácio

Príncipe Vladímir Orlov, chefe da chancelaria militar do tsar, "Orlov Gordo"

Alexandre Orlov, general e amigo do tsar, "Orlov Magro"

Almirante Zinóvi Rojdéstvenski, comandante do Segundo Esquadrão do Pacífico

Ivan Goremíkin, primeiro-ministro, "Casaco de Peles Velho"

Pedro Stolípin, ministro do Interior, primeiro-ministro

Alexandre Izvólski, ministro do Exterior

Vladímir Kokóvtsov, primeiro-ministro, conde, "Gramofone"

General Vladímir Sukhomlínov, ministro da Guerra

Serguei Sazónov, ministro do Exterior, "Claudicante"

Alexei Khvostov, ministro do Interior, "Cauda"

Nikolai Maklakov, ministro do Interior

General Alexandre Spirodóvitch, comandante da guarda pessoal do tsar

Alexandre Gutchkov, presidente da Duma

Mikhail Rodzianko, presidente da Duma, "Gorducho"

Anna Vírubova (nascida Tanéieva), amiga de Alexandra, "Ania", "Vaca", "Criatura Apaixonada"

Condessa Isabel Kurákina-Naríchkina, dama da câmara privada, "Zizi"

OS HIEROFANTES

Monsieur Nizier Anthelme Philippe, hierofante francês, "Nosso Amigo"

Grigóri Raspútin, místico siberiano, "Nosso Amigo"

Com o rosto agora negro e em decomposição, os restos de Alexandre III jaziam em câmara-ardente na Catedral de Pedro e Paulo. No Palácio Anítchkov, o novo tsar — "Minha cabeça rodava" — recebia outros monarcas. "O rei da Sérvia me fez uma visita, e logo depois veio Ferdinando da Romênia — eles me privaram daqueles poucos momentos livres em que posso ver Alix." No sepultamento, em 7 de novembro de 1894, Minny sofreu um ataque de nervos, gritando "Chega! Chega!" e caindo nos braços da irmã, a princesa de Gales. Atordoado, Nicky presidiu várias audiências, uma atrás da outra. Sentia a falta de seu irmão e melhor amigo Georgy, que era agora o seu herdeiro, o tsarévitch, mas se achava confinado no Cáucaso. E havia ainda sua noiva: "É-me penoso ver Alix tão pouco", escreveu Nicky. "Anseio me casar logo."[1]

Às 11h30 de 14 de novembro, Nicky, acompanhado pelo segundo irmão, Micha, de dezesseis anos, deixou o Anítchkov numa carruagem aberta e dirigiu-se ao Palácio de Inverno, enquanto sua mãe deixava o mesmo palácio a fim de ir buscar Alexandra no Palácio Serguéievski, de Serguei e Ella, onde a noiva passara sua última noite de solteira. Ainda sem o vestido de noiva, mas envolta em peles, Alexandra acompanhou a imperatriz-viúva ao Palácio de Inverno. Ali, o tsar caminhava de um lado para outro no Salão Árabe, fumando, enquanto a noiva, ajudada pela irmã Ella e pela mãe do noivo, Minny, era vestida no Salão de Malaquita, penteada por um cabeleireiro francês que também ajustou em sua cabeça a coroa nupcial Románov e uma tiara de brilhantes com engaste de platina. Usava o colar Rivière de Catarina, a Grande, de 475 quilates, com os brincos correspondentes, tão pesados que eram presos com fios metálicos enrolados nas orelhas. Nada menos que oito pajens e um camareiro foram necessários para manobrar seu vestido — de brocado prateado, com uma anágua do mesmo tecido, debruada de arminho e fios de ouro, com um corpete adornado de brilhantes e uma cauda de quatro metros e meio. Quando KR a viu, "ela parecia ainda mais pálida e débil que de costume, lembrando uma vítima sendo levada ao sacrifício". Vendo a noiva e Minny no palácio, o duque de York (o futuro rei Jorge V) informou à rainha Vitória: "A querida Alicky estava linda. Nicky é um felizardo".

Envergando o dólmã escarlate dos hussardos e segurando um chapéu de pele de castor com uma pena de avestruz, o imperador foi, acompanhado pelos reis da Dinamarca e da Grécia e pelos nobres de Gales, para a cerimônia, até a catedral do palácio, onde seu irmão Micha e seu primo Cirilo, filho mais velho do tio Vladímir, esperavam com as coroas. "Eu não conseguia me livrar do pensamento de que o amado e inesquecível papa não estava conosco", escreveu o imperador a Georgy, "e que você estava longe e sozinho. Tive de reunir todas as minhas forças para não ter um colapso na igreja — diante de todo mundo."* Como a corte ainda estava de luto, não houve recepção. Enquanto os príncipes se aglomeravam junto ao imperador para dar-lhe os parabéns, Ernie de Hesse notou que sua irmã desaparecera. Encontrou Alix sozinha, debulhada em lágrimas, dizendo que o vestido era tão pesado que ela não conseguia andar.

Mais tarde, o imperador e a imperatriz voltaram de carruagem para o Palácio Anítchkov. "Jantamos às oito", escreveu Nicky, "e fomos nos deitar cedo porque Alix tinha uma forte dor de cabeça." Para Alix, aquilo "parecia uma mera continuação das missas fúnebres, com uma diferença: agora eu estava com um vestido branco, e não com um vestido preto". Mas a paixão era imensa. "Estou inacreditavelmente feliz com Alix", escreveu Nicky, "e só lamento que meu trabalho consuma muito do tempo que eu gostaria de passar com ela."[2]

"Começou para mim uma vida completamente nova", confidenciou o tsar a

---

* "Estou tristíssimo por não estar presente a seu casamento", escreveu Georgy. "É sempre duro estar longe e, mais ainda, estar inteiramente sozinho [...]. Toda a visita a Livadia parece um sonho que começou de forma agradável e terminou num horrendo pesadelo."

Georgy. "Não tenho como agradecer a Deus o suficiente pelo tesouro que Ele me enviou na forma de minha mulher [...]. No entanto, o Senhor me deu também uma cruz pesada para carregar." A máquina complicada da burocracia russa passara instantaneamente para os ombros frágeis de Nicky.

O tsar e a tsarina logo adotaram a rotina que seguiriam até 1905. Começaram o ano no Palácio de Inverno, com a Grande Procissão, a Bênção das Águas e a temporada social, até a Páscoa, quando se transferiram para Tsárskoie Seló; depois passaram o verão em Peterhof; seguiu-se um cruzeiro no novo iate imperial *Chtandart* (construído na Dinamarca e lançado em 1905), antes de descerem para Livadia no começo do outono, vindo depois o período de caça em suas reservas na Polônia.

Todo dia, Nicky se levantava às oito e punha-se a trabalhar diligentemente. Seu "gabinete era um modelo perfeito de ordem", e sua mesa, tão arrumada que ele se gabava que poderia "ir para o gabinete no escuro e imediatamente pegar qualquer objeto que ele sabia estar ali". Usava um lápis azul para escrever comentários em seus "documentos insuportáveis", nos quais muitas vezes deixava apenas um ponto azul. Não tinha um secretário particular. Era "tão cioso de suas prerrogativas que ele próprio lacrava o envelope que continha suas decisões", observou um cortesão de confiança. A poderosa Chancelaria de Nicolau I tornara-se tão enorme que fora subdividida e distribuída entre os ministérios no fim do reinado de Alexandre II, o que deixou os últimos tsares com pouco apoio da Secretaria de Petições, que havia sobrado da Primeira Seção. Recusando-se a delegar tarefas, Nicky apunha sua assinatura em banalidades como todas as mudanças de nome e divórcios do império, bem como em listas de funcionários que receberiam ovos de Páscoa, assim como em sentenças de exílio e de morte.

Disse a seus primos que "ele agora pretende investigar tudo, instigar mudanças devagar porém com persistência", mas que seus problemas imediatos eram os tios — e sua mãe. "É melhor sacrificar um só homem, mesmo que seja um tio", declarou, "a pôr em risco o bem do reino." Entretanto, ninguém foi sacrificado, de modo que "Nicky passou os dez primeiros anos de seu reinado sentado atrás de uma mesa enorme", escreveu Sandro, "escutando quase com temor os urros de seus tios imponentes", principalmente "os 120 quilos do tio Alexis, acondicionados em sua farda resplandecente [...]. Ele tinha medo de ficar a sós com eles". Sandro, oficial da Marinha, tentava periodicamente fazer com que Alexis fosse demitido da função de almirante-general, mas Nicky apenas respondia: "Demitir o irmão predileto de meu pai? Creio que têm razão os que dizem que você virou socialista nos Estados Unidos!". Minny se recusava a dar suas joias para Alix, e isso foi o começo banal de uma discórdia séria entre a mãe de Nicolau e sua mulher. Tampouco ele estava feliz com seus ministros. "É como se os cavalheiros meus ministros houvessem decidido me vencer pelo cansaço, de tão persistentes e irritantes que são", disse ele à mãe em 27 de abril de 1896. "Fico espantado com o fato de minha cabeça não estourar com todas as bobagens que metem nela."[3]

O Kaiser Willy começou imediatamente a bombardear Nicky com cartas melosas, mas intrometidas, na esperança de convencê-lo a romper a aliança com a França. Com relação às expectativas de um retorno às reformas de seu avô, Willy lhe disse que "o Céu só impôs um único dever a nós, reis e imperadores cristãos: guardar o seguinte princípio: pela graça de Deus".

Foi então que a assembleia local de Tver solicitou o direito de discutir reformas. Os *zémstva* — sistema de administração municipal introduzido em 1864 por Alexandre II — eram dirigidos por aristocratas liberais leais, mas Nicky, assessorado pelo tio Serguei (governador-geral de Moscou) e pelo fantasma de seu pai, fechou a assembleia de Tver. Em 17 de janeiro de 1895, "eu estava me sentindo muito mal devido à obrigação de ir ao Salão Nikoláievski para falar aos representantes da nobreza, dos *zémstva* e dos comitês municipais". Levando consigo uma cópia de seu discurso, para se orientar, ele declarou: "Manterei os princípios de autocracia tão inflexivelmente como meu inesquecível pai, já falecido", sem "os sonhos insensatos de participação nos negócios de governo". A expressão "sonhos insensatos" era uma citação de Nicolau I. Mais tarde, ele "saiu em passeio pelo jardim com o tio Serguei". Nicolau confidenciou a seu amigo KR* que "seu pai jamais mencionara as responsabilidades que o aguardavam. Mas, se ele não era o

---

* O irmão mais velho de KR, Nikola, o excêntrico que amara a cortesã americana Fanny Lear, estava agora vivendo como o tsar de Tachkent em seu novo palácio, cheio de obras de arte, e montara um novo negócio: seu próprio cinema, o primeiro na Ásia Central. Entretanto, não perdera sua incontinência sexual. Em 1895, enquanto sua mulher, Nádia von Dreyer, estava fora, ele comprou por cem rublos uma moça cossaca de dezesseis anos, que se tornou sua amante e lhe deu três filhos. Nádia sempre o perdoava. Em 1900, ele escreveu que "minha atenção foi atraída para uma bela colegial, Valéria Khlemnítskaia", com quem se casou, mas Nicolau II fez com que o casamento fosse anulado. Dos membros da família, só KR tinha permissão de visitá-lo.

mais bem preparado dos herdeiros, também estava longe de ser o pior. Nada poderia preparar um homem para a autocracia — a não ser vivê-la.[4]

Seu consolo era a felicidade com Alix, que tinha começado a decorar suas principais residências: os aposentos que ocupavam no Palácio de Inverno, onde ninguém morava desde Alexandre II (cujo sangue ainda manchava a cama e cujo último cigarro continuava no cinzeiro), e o Palácio Alexandre em Tsárskoie, onde Nicky tinha nascido. Alix decorava os dois palácios no estilo art nouveau, com um forte toque inglês — muito bricabraque, folhas de palmeira, objetos diversos e móveis simples encomendados pelo catálogo da Maples na Tottenham Court Road — e, sempre que possível, a forte presença de sua cor predileta, o malva, principalmente em seu boudoir. O gosto de ambos nada tinha de russo: as salas de visita e os gabinetes de Nicky, com muito couro e paredes com painéis de madeira, eram características de uma despretensiosa casa de campo inglesa ou de um clube de cavalheiros — com exceção dos halteres e barras de Nicky, nas quais ele gostava de pendurar-se de cabeça para baixo, de sua piscina especial, que usava para fazer hidroterapia, então na moda, e, claro, os resplandecentes núbios em silenciosa guarda fora de seu gabinete. O tsar cultivava algum interesse pela decoração de interiores: "Por favor, avise a Gonov que não deve encomendar o tecido que eu escolhi ontem, esse tecido é só para as cortinas", disse ele ao conde Paul von Benckendorff, marechal da corte. Quando deixaram o Palácio Anítchkov e ocuparam as residências recém-decoradas, ele estava tão feliz com Alix que escreveu, em 26 de novembro: "Minha felicidade não tem limites. Pela primeira vez, desde o casamento, pudemos estar a sós e viver realmente de alma para alma".

"Nunca acreditei que pudesse existir uma felicidade tão completa neste mundo. Eu te amo!", acrescentou Alix no diário dele. "Não haverá mais separações." E a seguir ela escreveu: "Querido, é difícil ser mais feliz do que temos sido". Mas havia também um pressentimento de perigo: "Estamos todos nas mãos de Deus. A vida é um enigma, e o futuro se esconde atrás de uma cortina [...]. Por fim, unidos para toda a vida", ela escreveu, "e quando esta vida chegar ao fim, nós nos encontraremos de novo no outro mundo para permanecer juntos por toda a eternidade". Eles combinavam um recato vitoriano com a paixão privada: "Ardo de impaciência para vê-lo assim que possível", escreveu Alix, "para me sentir em seus braços. Sinto uma saudade terrível de você". Quando ele estava longe: "Ninguém para beijá-lo e abraçá-lo", disse-lhe ela. "Em pensamento, estou sempre fazendo isso, meu anjo." Como todo casal apaixonado, criaram um vocabulário sexual secreto, com apelidos para suas partes íntimas: o dele era "o meninão", e o dela, "a dama". Não dispomos de cartas dessa época, mas as do período da Grande Guerra nos dão uma ideia da intimidade deles: "Diga ao meninão que a dama lhe manda seu mais carinhoso amor e beijos, e que muitas vezes pensa nele em noites insones e solitárias", ela escreveu. A menstruação dela era, por motivos desconhecidos, "Madame Beker" ou o "engenheiro militar".

Mesmo anos depois. Nicky emitia um "claro assovio musical, como o chamado de um pássaro", quando queria convocar Alix, que se punha de pé com um salto, como uma jovem noiva, enrubescendo e dizendo: "É ele, me chamando". O tsar com frequência refletia que "eu não teria suportado a carga se Deus não houvesse me dado você como esposa e amiga", mas em sua rígida maneira inglesa, ele lhe dizia: "É difícil dizer essas verdades, para mim é mais fácil escrevê-las no papel, por causa de um acanhamento tolo". Ela ria, dizendo: "Menino grande e bobo, você é tímido… Menos no escuro".

No entanto, Alexandra não era tão feliz assim como imperatriz. "Sinto-me completamente sozinha", ela escreveu a uma amiga alemã. Há uma grande solidão inerente à monarquia, e mais ainda na autocracia. Essa solidão podia ser minorada com a presença de amigos de confiança. Alexandra não tinha amigos, fazia poucos e, em vez de ter tido oportunidade de se preparar antes do casamento, foi simplesmente atirada no mundo carnívoro de Petersburgo e da corte, o que exacerbou sua natureza já frágil. Foi tão esmagada pela rigidez da corte que, mesmo depois de anos como imperatriz, ainda não se atrevia a trocar os biscoitos servidos no chá, muito menos afastar a rabugenta líder das damas de companhia. "Desespero-me ao saber que aqueles que cercam meu marido são visivelmente falsos […]. Choro e me preocupo o dia inteiro porque sinto que meu marido é tão moço e inexperiente. Fico sozinha a maior parte do tempo. Meu marido está ocupado o dia todo e passa grande parte da noite com a mãe." Alexandra tinha plena consciência de seus deveres dinásticos.

"A jovem imperatriz desmaiou na igreja", observou KR. "Se isso aconteceu pelo motivo pelo qual toda a Rússia anseia, louvado seja Deus."[5]

Em 2 de novembro de 1895, Alexandra entrou em trabalho de parto no Palácio Alexandre. A imperatriz-viúva e Ella massagearam suas costas e suas pernas durante um período de 24 horas, que culminou num parto a fórceps: "Ouviu-se um choro de bebê, e todos nós soltamos um suspiro de alívio". Uma menina! Foi "uma grande alegria", escreveu a irmã do tsar, Ksênia, "embora seja uma pena que não tenha sido um filho". Deram à criança o nome de Olga. Nicky consolou-se dizendo que "estou satisfeito com o fato de a criança ser uma menina. Se tivesse sido um menino, ele pertenceria ao povo. Sendo uma menina, ela é nossa".

Os preparativos para a coroação estavam quase completos. "A cidade aqui está de pernas para o ar com os preparativos", escreveu Ella a Nicky, de Moscou, em 20 de abril de 1896. "Poeira, barulho e Serguei trabalha demais, o dia inteiro, com tudo o que estão fazendo." Serguei se gabou com o irmão Paulo de que "toda espécie de atividades, e, é claro, principalmente a coroação, me deixam exausto, e são tantas as bobagens [...]. Todo mundo me incomoda o dia inteiro, e não tenho mais tempo para mim".[6]

Em 9 de maio, o imperador viajou a Moscou, num cavalo branco e com uma farda simples. "Tudo era alegria e júbilo, como só pode haver em Moscou", escreveu Nicolau. No dia 14, Nicolau e Alexandra acordaram ao alvorecer para se vestir para a coroação, ele usando a farda de coronel do regimento Preobrajénski, com calças brancas, e ela com um vestido de brocado de prata. À medida que se preparavam, Nicky caminhava de um lado para outro, fumando, enquanto Alexandra e suas damas ensaiavam a forma como ele colocaria a coroa na cabeça dela.

Às 10h30, estrugiram canhões, sinos repicaram, a orquestra fez soar a *Fanfarra*, de Tchaikóvski, e a multidão aplaudiu quando o tsar e a tsarina surgiram no alto da Escadaria Vermelha e, em seguida, desceram para a praça e entraram na Catedral da Dormição, escoltados pelos tios fanfarrões e por Miliútin, o idoso ministro do avô do imperador, que levava a coroa, todos abrigados sob um baldaquim de tecido de ouro. No momento em que Alexandre estava sendo vestido com o manto imperial, debruado de arminho, pelo tio Vladímir e por Micha, sua corrente de Santo André, de brilhantes, quebrou-se — o único acidente durante a cerimônia. Um camareiro juntou os pedaços e Vorontsov meteu-os num bolso. Quando Alexandra foi coroada, "nenhuma emoção parecia perturbá-la", notou Missy, "nem mesmo orgulho; ela estava distante, enigmática, muito digna, mas sem nenhum fervor". Depois os mantos e as coroas foram retiradas para a unção com óleo bento, antes que Nicolau celebrasse a eucaristia como um sacerdote — a expressão do vínculo sagrado do tsar entre Deus e homem. "À vista de meu Criador", ele disse mais tarde à mãe, "tenho de arcar com o peso de uma terrível responsabilidade, pronto a prestar contas a Ele de minhas ações." Agora ele não tinha dúvida alguma de que fora escolhido por Deus para governar.

Em 17 de maio, enquanto o tsar via seu ex-amor, a Pequena K, dançar para sua nova tsarina, centenas de milhares de camponeses se concentravam no campo de Khodinka. "Toda pessoa que visitar as bancas armadas no campo receberá uma sacola com doces, pão de mel, salsicha, uma caneca esmaltada e um pão", prometiam cartazes afixados por toda parte em Moscou. "Bancas especiais armadas em torno da margem do campo servirão cerveja e hidromel." Cerca de 400 mil sacolas tinham sido preparadas, porém quase 700 mil pessoas foram ao campo, já que as novas estradas de ferro facilitavam o transporte.

"Tem certeza de que o tio Serguei faz ideia da dificuldade da tarefa?", perguntou Sandro a Nicky. "Lembro de como seu pai ficou preocupado nessa ocasião."

Serguei, que havia criado uma séria rivalidade com o ministro da corte, Vorontsov, quanto à organização da festa de coroação, designou um pequeno destacamento de policiais para controlar os 700 mil camponeses numa área cheia de trincheiras e buracos deixados por manobras militares.

À medida que ia se formando uma multidão, durante a noite quente de verão, as pessoas começaram a formar filas para receber suas sacolas, mas quando a aglomeração se tornou grande demais, as que estavam mais atrás passaram a empurrar as que estavam na frente, jogando-as nos buracos ou no chão e amontoando-as em cima das que já tinham caído. Ao amanhecer, cerca de 3 mil corpos cobriam a grama, com o rosto "arroxeado e escurecido ou escarlate, com as narinas cheia de sangue seco". A polícia empilhou alguns corpos em carroças, que "se arrastaram com dificuldade pelo campo, atravessando a cidade com sua carga de mortos, infelizes camponeses esmagados, ainda com suas vistosas roupas domingueiras". Os corpos restantes foram empurrados para baixo do pavilhão.

Mais tarde, às dez horas, Serguei chegou para dar conta do ocorrido a Nicolau, que registrou: "Um grande pecado ocorreu hoje". Devia ter cancelado a programação, substituindo a magnífica cerimônia por uma demonstração pública de luto pelos mortos, porém Serguei tentou abafar o que havia sucedido. Vorontsov, entretanto, aconselhou o tsar a emitir uma nota. Por outro lado, Serguei convenceu Nicolau de que não deviam permitir que a tragédia "lançasse uma sombra sobre a ocasião festiva". Enquanto a família se dirigia ao campo de Khodinka, Olga, irmã de Nicky, viu carroças cheias de camponeses que gesticulavam com vigor: "Primeiro pensei que as pessoas estivessem acenando para nós. Depois meu sangue gelou. Senti-me nauseada. Aquelas carroças carregavam mortos, mutilados a ponto de se tornarem irreconhecíveis".

Às duas horas, o tsar e a tsarina, "calados e muito pálidos", chegaram ao pavilhão de Khodinka, onde, recebidos por Serguei, saudaram os camponeses. A outra irmã do tsar, Ksênia, casada com Sandro, sentia-se chocada: "A orquestra e a banda não paravam de tocar o hino! Era doloroso e triste. Enquanto estávamos ali, ainda retiravam corpos". Naquela noite, o tsar era esperado no baile oferecido pelo embaixador da França, o marquês de Montebello. Nicolau percebeu que o correto seria cancelar o baile, mas Serguei insistiu, dizendo que qualquer recuo significaria render-se a um "coração ensanguentado". Alix chorava, e Nicky propôs uma solução conciliatória: eles iriam ao baile, mas sairiam depois de meia hora.

Às 10h30 da noite, no Palácio Cheremétev, Nicolau e Alix abriram o baile com os Montebello. Quando se preparavam para sair, tal como planejado, os tios Serguei e Vladímir os interpelaram, criticando aquele "sentimentalismo inútil", que causaria "péssima impressão". Um primo deles, Bimbo,* apoiado por Sandro e seus irmãos, interveio com energia: Serguei devia ser desconsiderado, e as festividades, canceladas. O tio Alexis juntou-se ao grupo, acusando os Mikháilovitch de tentar impressionar "a arquibancada radical, apoiando a revolução, tentando conquistar a governadoria de Moscou". Diante dessa "observação pueril", Bimbo evocou Luís xvi e Maria Antonieta. "Lembre-se, Nicky", disse ele, "o sangue desses 5 mil será para sempre uma mancha em seu reinado." Nicky e Alix voltaram a contragosto para a pista de dança, enquanto Bimbo e seus irmãos, aborrecidos, se retiravam do palácio.

"Lá vão os quatro seguidores imperiais de Robespierre", comentou Alexis com Serguei, cujo "sorriso largo levou os estrangeiros a crer que os Románov tinham perdido o juízo". Nicky e Alix permaneceram no baile até as duas da manhã. No dia seguinte, visitaram os feridos no hospital. Serguei também não cancelou seu próprio baile. "Ele lavou as mãos de tudo, dizendo que não tinha nada a ver com aquilo e que o culpado era Vorontsov", escreveu Ksênia. Ella, casada com Serguei, assumiu uma postura mais radical ainda, insistindo que, "graças a Deus,

---

* Bimbo — Nikolai Mikháilovitch — foi um historiador sarcástico e sem rodeios. Depois de se apaixonar por primas com as quais não poderia casar, decidiu permanecer solteiro. Ele e seus irmãos detestavam Vladímir e seus filhos. Fascinado pela história desde tenra idade, começou a pesquisar nos arquivos, escrevendo biografias de Alexandre i e de sua mulher, Isabel. Graças a ele, foi publicada grande parte da correspondência dos Románov, e o autor deste livro se valeu bastante de suas pesquisas.

Serguei não tem nada a ver com isso". Sandro e Bimbo continuaram a exigir a cabeça de Serguei e recomendaram uma investigação formal. "Em três dias", observou KR, "o imperador mudou de opinião três vezes." Serguei venceu. Vorontsov pediu demissão, sendo substituído pelo barão Vladímir Frederiks.*

"Nossos queridos tios procederam de uma forma inteiramente imprópria", disse Georgy ao tsar. "Estou abismado com a insolência deles, mas, principalmente, com a sua paciência."

"Não quero falar sobre o que houve em Moscou", respondeu Nicky. "Fico doente só de lembrar. Não é nada agradável falar sobre esse lado da coroação. Parece ser um ano de trabalhos forçados, no qual eu e Alix somos os mártires." Os milhares de homens, mulheres e crianças mutilados talvez discordassem.[7]

Depois, "os mártires", como Nicky se queixou a Georgy, "viajarão à Áustria, à Alemanha, à Inglaterra, à França e, por fim, a Darmstadt", e "além disso, teremos de arrastar conosco nossa pobre filhinha". Como a maioria dos demais monarcas da época, Nicolau considerava a política exterior uma responsabilidade pessoal sua, mas admitiu a Nikolai Giers, o primeiro ministro do Exterior por ele nomeado: "Não sei nada".

Confrontado com oportunidades limitadas numa Europa agora dominada pela Alemanha, Nicolau via o Oriente como área perfeita para a expansão russa na corrida em busca de um império. A China estava em desintegração — ainda que, na

---

* Frederiks era um benévolo oficial da Guarda, de suíças e ascendência finlandesa, que chamava Nicky e Alix de "as crianças" e o tsar de "meu menino", e era tão distraído que certa vez confundiu o tsar com alguém que esperava uma audiência. Chefiava a gigantesca máquina da corte de quinhentos cortesãos; os aposentos imperiais e seus funcionários; outros 15 mil criados; e 1300 burocratas do ministério que administrava os teatros, os palácios, as reservas de caça e as propriedades imperiais. Liderava a equipe que administrava a vida do imperador; seu substituto foi, primeiro, o chefe da chancelaria e secretário de Petições, Otto Richter, amigo de Alexandre III; a seguir (depois de 1900), o genro de Frederiks, o general Alexandre Mossolov; Alexandre Tanéiev gerenciava o gabinete dele; o príncipe Alexandre Dolgorúki e, depois, o conde Paul Benckendorff organizava o dia a dia dessas pessoas, na qualidade de grandes marechais da corte. O príncipe Vladímir Orlov, conhecido como "Orlov Gordo", tinha a seu cargo a chancelaria militar do tsar. Como o nome indica, era tão obeso que não conseguia montar num cavalo, enquanto sua mulher era tão elegante e esguia que o casal era chamado de "Carne e Osso". Alexandra tinha sua própria chancelaria; a mais poderosa de suas damas era a da câmara privada, a autoritária princesa Maria Golítsina, até sua morte em 1909, quando a tsarina finalmente nomeou uma amiga, Zizi Naríchkina.

região, o Japão, ressurgente, estivesse disposto a conquistar seu próprio império. Logo depois da ascensão de Nicolau, o Japão derrotara a China na primeira Guerra Sino-Japonesa. Numa de suas primeiras decisões, Nicky, aconselhado pelo príncipe Alexei Lobánov-Rostóvski, o idoso nobre que se tornou ministro do Exterior após a morte de Giers, ajudou a forçar o Japão a abrir mão de alguns de seus ganhos.

O Kaiser Guilherme encorajou Nicky a "cultivar o continente asiático e defender a Europa das investidas da Grande Raça Amarela", enquanto as duas potências se apossariam de portos chineses. Pouco tempo depois, Willy enviou a Nicky o esboço de um desenho seu em que guerreiros cristãos combatiam "o Perigo Amarelo".

O ministro das Finanças, Witte, já então o maestro da Estrada de Ferro Transiberiana, planejava expandir a influência russa na Manchúria, no norte da China, através da política de *pénétration pacifique*: persuadiu e subornou os chineses a permitir que a Rússia construísse a Estrada de Ferro Oriental Chinesa, na Manchúria. Quase ao mesmo tempo, Lobánov firmou com o Japão um acordo pelo qual os dois países dividiriam a influência na Coreia. Esses êxitos deram a Nicolau alguma confiança enquanto ele, Alix e a pequena Olga davam início à sua viagem.

Em Breslau, o Kaiser mostrou-se ansioso por envolver o tsar numa teia maníaca de ideias mal concebidas, mas, acima de tudo, estava ansioso por seduzir a Rússia e fazer com que ela se afastasse da França. "Eu arranjei o casamento dele, tenho prioridade em relação a ele", declarou, embora o descrevesse como "pequeno, fraco, tímido e sem ter o que dizer". Willy não parou de falar ao tsar "sobre tudo e deixando transparecer a vontade de ser simpático e me cativar". Mas sua familiaridade exagerada palpável irritou Nicky, que se queixou que o Kaiser "lhe cutucava as costelas e lhe dava palmadas nas costas como em um colegial".* Em setembro de 1896, Nicky e Alix chegaram a Leith a bordo do *Chtandart*, a fim de visitar a vovó em Balmoral: "O bebê é lindo", declarou a rainha Vitória. Mas, apesar dos elogios ao bebê, Nicky e vovó eram o imperador e a rainha-imperatriz de impérios distanciados por uma guerra fria eurasiana. A Grã-Bretanha ainda era a maior rival da Rússia, embora partilhassem uma crescente desconfiança em relação à Alemanha. Nicky

---

* Mas, pelo menos, o tsar só era cutucado. Quando espancou as nádegas do grão-duque Vladímir e do rei Ferdinando, da Bulgária, ele provocou incidentes diplomáticos.

confidenciou a Lord Salisbury, agora o primeiro-ministro britânico, que Willy "era um homem muito nervoso", enquanto ele próprio "era um homem muito sossegado e que não tolerava homens nervosos. Não suportava uma conversa longa com o Kaiser Guilherme, pois nunca sabia o que dizer ou fazer".

Posteriormente, o imperador ficou deliciado com a acolhida em Paris dos novos aliados da Rússia: "Nossa filha causou forte impressão em toda parte", contou Nicky à mãe. "A primeira coisa que [o presidente Félix] Faure fez de manhã foi perguntar a Alix pela saúde da 'pequena grão-duquesa'." Entretanto, na volta para casa, Lobánov-Rostóvski morreu de repente no trem imperial — justamente quando Nicolau mais precisava de seus pareceres.

Um massacre de um grande número de armênios pelos otomanos (entre 13 mil e 30 mil) quase levou à guerra: o embaixador russo em Constantinopla recomendou um ataque imediato para se apoderar dos estreitos e salvaguardar os 50% das exportações russas que passavam por eles. Nicky aprovou o envio de cinco navios de guerra e 30 mil homens, até que Witte, secundado pelo tio Vladímir, advertiu que aquilo "levaria a uma guerra europeia". Esse talvez tenha sido um daqueles momentos fugidios em que a Rússia poderia ter feito um acordo com a Áustria — os estreitos em troca de influência nos países balcânicos ocidentais — que talvez houvesse evitado a Primeira Guerra Mundial, mas faltou vontade e, além disso, as vantagens eram por demais tentadoras.

Em 29 de maio de 1897, Alix deu à luz sua segunda filha, Tatiana, na Fazenda, em Peterhof. "Eu já estava me preparando para a aposentadoria", brincou o tsarévitch Georgy com Nicky, "mas não foi dessa vez."

"Meu Deus, o que dirá a nação?", exclamou Alexandra, que se retirou para seu boudoir, cheio de ícones. Seu isolamento era um círculo vicioso. Ela já percebera sua impopularidade na sociedade de Petersburgo, mas essa inglesa fria e altiva deixava bem claro que não se importava. Missy, prima de Nicky, achava que "nada parecia lhe dar prazer; ela raramente sorria, e quando o fazia era de má vontade [...]. Naturalmente, isso desanimava qualquer impulso de aproximação".

Do mesmo modo que a polidez de Nicky mascarava sua astúcia, a timidez dela ocultava uma surpreendente arrogância. "Não há arte mais difícil que a nossa arte de governar", escreveu a rainha Vitória a Alicky. "Já faz mais de cinquenta anos que eu reino [...] e ainda assim a cada dia penso sobre o que preciso fazer para reter e fortalecer o amor de meus súditos [...]. Seu primeiro dever é conquistar o amor e o respeito deles." A resposta de Alexandra explica grande parte do que aconteceu depois: "A senhora está equivocada, querida avó; a Rússia não é a Inglaterra. Aqui não precisamos ganhar o amor do povo. O povo russo reverencia seus tsares como seres divinos [...]. No que diz respeito à sociedade de Petersburgo, isso é uma coisa que se pode esquecer totalmente".

Com efeito, a "sociedade de Petersburgo" não era tão importante quanto gostava de pensar. Aquele foi o começo da Era de Prata da poesia e da arte (que se seguiu à Era de Ouro anterior), na qual, insatisfeita com a religião ortodoxa, a moralidade vitoriana e o racionalismo científico, e eufórica com a investida da modernidade, a vanguarda pôs à prova o significado da arte, da fé e do prazer, fazendo experiências com imagens, com a linguagem e com a dança, e ainda com a permissividade sexual, a necromancia e as drogas. Enquanto nas cidades surgia uma poderosa classe mercantil de magnatas de têxteis e ferrovias, a nobreza hipotecava suas propriedades, um recuo diante da energia dos comerciantes bem retratado na peça *O jardim das cerejeiras*, de Anton Tchékhov. O tsar poderia ter feito desses burgueses progressistas um pilar da monarquia, como aconteceu na Alemanha e na Grã-Bretanha. Em vez disso, os novos magnatas foram excluídos de todos os cargos públicos e se consolaram colecionando arte impressionista e cubista. Nesse meio-tempo, a sociedade era o único vínculo do tsar com o mundo moderno, mas Alexandra era irremediavelmente puritana. Quando o primo KR encenou sua tradução de *Hamlet* para os soberanos, Alix ficou escandalizada com a obscenidade de Shakespeare. Para Petersburgo, isso significava que ela se recusava a receber qualquer pessoa sobre quem pesasse o mais tênue vestígio de escândalo, riscando tantos nomes das listas da corte que não sobrou ninguém. Por isso, o casal só convivia com os Románov, sobretudo Sandro e Ksênia, enquanto politicamente desejavam a tradicional união mística com seus 100 milhões de camponeses, com os quais não tinham contato algum, salvo em cerimônias públicas. Enquanto Alix ansiava por um filho varão, Nicolau especulava na esperança de obter um império no Oriente.[8]

Em agosto de 1898, o Kaiser Willy chegou a Petersburgo. "Lamento lhe dizer", informou Nicky à mãe, "que vamos ter de conferir a Guilherme a patente de almirante em nossa Marinha. O tio Alexis me lembrou, e por mais desagradável que seja, somos obrigados a isso. Tenho vontade de vomitar!" Numa carruagem em Peterhof, Willy de repente perguntou a Nicky se a Alemanha poderia anexar o porto chinês de Kiaochow, que antes fora oferecido à Rússia. O tsar evitou responder. Pouco tempo depois, o assassinato de dois missionários alemães na China deu a Willy seu pretexto, e ele escreveu a Nicky para lhe pedir permissão. "Não posso nem dar nem negar esse consentimento", respondeu Nicky. Isso persuadiu seu novo ministro do Exterior, o conde Mikhail Muraviov (neto do carrasco de Alexandre III), que seria vantajoso tomar outro porto na primeira oportunidade" — Port Arthur. Quanto aos chineses: "A história nos ensina que os orientais respeitam acima de tudo o poder e a força".

"Absolutamente certo", concordou o tsar.

Em 14 de novembro, ele convocou seus ministros a Tsárskoie Seló, onde a Marinha fez objeção ao plano relativo a Port Arthur, porque desejava um porto melhor na Coreia, enquanto Witte advertiu que essas anexações ameaçavam tanto a sua aliança com a China quanto a ferrovia — além de perturbar as relações com o Japão. "O imperador recusou-se a sancionar a ocupação", escreveu Witte, porém Muraviov procurou convencer Nicky, dizendo-lhe (erroneamente) que os britânicos estavam prestes a se apoderar de Port Arthur. "Decidi ocupar Port Arthur", ele comunicou a Witte. "Nossos navios e soldados estão a caminho." O tsar revelou sua ansiedade a poucas pessoas. "Querida mamãe, a senhora já está a par da ocupação de Port Arthur, que será o terminal da Estrada de Ferro Siberiana", escreveu a Minny. "Por fim temos um porto de verdade, que não congela. Estou feliz com o fato de a ocupação ter sido pacífica. Isso me enche de alegria! Agora poderemos nos sentir seguros lá por muito tempo." "Esse passo fatal", disse Witte, "terá resultados desastrosos."[9]

Se Witte via o Oriente em termos de ferrovias e mercados, Nicolau o via como uma mística Shangri-la budista, e também como um novo império na Manchúria, no Tibete e na Coreia. Seu companheiro na viagem pelo mundo, o príncipe Esper Úkhtomski, disse-lhe que os tibetanos o acolheriam como o mítico Grande Tsar Branco, que resgataria o território, então nas mãos dos britânicos. No entender de Witte, a "suave névoa de misticismo" de Nicolau, "refrata tudo o que ele vê e engrandece sua própria pessoa".

Agora essas duas linhas se uniam na imaginação de Nicolau. "O imperador está ficando inquieto", notou seu novo ministro da Guerra, o general Alexei Kuropátkin. "Um de seus traços mais perigosos é seu amor por terras misteriosas e por pessoas como Badmáiev, natural da Buriátia, e o príncipe Úkhtomski", que "lhe inspiram fantasias sobre a grandeza do tsar russo como governante de toda a

Ásia".* Kuropátkin estava convencido de que a Rússia deveria concentrar-se na Europa e de que havia uma colossal falha prática em todas as aventuras no Extremo Oriente: mesmo com a estrada de ferro, o envio de tropas ao Oriente levava um tempo longo demais e, pior, era quase impossível utilizar ali a grande frota do Báltico. No entanto, o tsar não estava sozinho em suas ambições: a Grã-Bretanha, a França e a Alemanha disputavam uma corrida para se apoderar de novas colônias na África e no Oriente, e Nicolau sabia que a Rússia jamais poderia superar os sofisticados arsenais dos países europeus. Induzido por Kuropátkin, ele propôs uma conferência em Haia para fomentar o desarmamento — suscitando críticas por parte do Kaiser. Foi então que os acontecimentos na China proporcionaram uma oportunidade a Nicky.[10]

Em 14 de junho de 1899, em Peterhof, onde tinham se mudado para a nova Datcha Inferior, em estilo "Renascença italiana", uma de suas residências prediletas, Alix entrou em trabalho de parto. "Um dia feliz", registrou Nicky. "O Senhor nos enviou uma terceira filha, Maria." Minny e a família comemoraram com um te-déum. "E assim não há um herdeiro. Toda a Rússia ficará desapontada!", escreveu KR. Contudo, Nicky confortou Alix: "Não me atrevo a fazer a menor queixa, uma vez que tenho tanta felicidade na Terra, possuindo um tesouro como você, minha querida Alix, e já três querubins". Georgy mandou congratulações tristonhas: "Infelizmente, não estou mais em condições de prestar nenhum tipo de serviço. Não consigo mais andar".

Dias depois, Georgy saiu de bicicleta sozinho e sofreu uma hemorragia pulmonar, sendo achado caído na terra. Tinha 28 anos. Em 14 de julho, Georgy foi

---

* "O pequeno Úkhtomski é um sujeito muito engraçado", escreveu Nicky durante a viagem pelo mundo. Invulgarmente tolerante para um nobre russo, defensor dos budistas e também dos muçulmanos, poloneses e judeus, Úkhtomski era um excêntrico simpático que, embora continuasse a ser cristão, reverenciava o budismo. Apresentou Nicolau primeiro a um boticário e ervanário da Buriátia, Pedro Badmáeiv, cujas poções logo anestesiaram, com suas brumas púrpura, metade da alta-roda de Petersburgo. Badmáeiv havia conhecido Witte e foi apresentado a Alexandre III, que, como o buriata gostava de dizer, fora seu padrinho quando ele se converteu à Igreja ortodoxa. Agindo como intermediador de influências e empreendedor de espionagem, apoiara os avanços russos no Extremo Oriente. Agora estava conhecendo Nicolau. Depois Úkhtomski apresentou Agvan Dorjíev, monge budista que era o emissário secreto do dalai-lama, que em várias visitas pediu a Nicolau que protegesse o Tibete da agressão britânica.

sepultado com um serviço fúnebre "de pesadelo", durante o qual "mamãe de repente cambaleou, caiu em cima de mim (de olhos arregalados, mas sem nada enxergar) e disse em voz alta: 'Para casa, vamos para casa, eu não aguento mais!'". Ela tirou o chapéu de Georgy de cima do ataúde e saiu, trôpega.[11]

Em 1900, a Revolta dos Boxers, uma insurreição da sociedade secreta Punhos Justiceiros e Harmoniosos contra o imperialismo ocidental, logo apoiada por tropas chinesas, sitiou as embaixadas em Beijing e em seguida se espalhou ao longo da Estrada de Ferro da Manchúria, construída pela Rússia. Nicky juntou-se à Alemanha, Grã-Bretanha, Estados Unidos e Japão no envio de uma força expedicionária para liberar as embaixadas, mas não demorou a retirar suas tropas. "O dia mais feliz de minha vida será aquele em que deixarmos Beijing e sairmos daquela confusão." Contudo, o problema estava apenas começando: ele tinha de proteger "o reino de Witte" e a estrada de ferro na Manchúria. Em seguida os Boxers atacaram a sede russa em Harbin. Em junho, Nicolau mandou 170 mil soldados para a Manchúria — o fim da *pénétration pacifique* de Witte. "Estou feliz", escreveu Kuropátkin, "pois isso nos dará uma desculpa para anexar a Manchúria."

Essa série de êxitos oportunistas — a intervenção no Japão em 1895, a anexação de Port Arthur e, agora, a expansão na Manchúria — incentivou as ambições imperiais de Nicolau, que obrigou os chineses a ceder a Manchúria por muitos anos e planejou também anexar a Coreia. "Não quero a Coreia para mim", explicou, "mas também não posso admitir que os japoneses ponham os pés lá. Se tentarem fazê-lo, isso será um *casus belli*."

Essas aventuras, disse Witte com rudeza ao tsar, eram "brincadeiras infantis que acabariam em desastre". Nicolau se aborreceu e passou a tecer seus próprios planos privados. Como declarou a seu conselheiro secreto, o príncipe Meschérski, amigo de seu pai: "Estou começando a acreditar em mim mesmo".[12]

Em 26 de outubro de 1900, durante férias na Crimeia, o imperador sentiu-se mal, com febre, uma dor de cabeça lancinante e dor nas pernas. Grávida, a imperatriz cuidou dele como "uma irmã de caridade" e protegeu-o "como um Cérbero". O diagnóstico dos médicos foi febre tifoide. Como boatos se espalhassem, Alexandra suspendeu todos os boletins, embora houvesse a possibilidade de Nicky morrer. O irmão dele,

Micha, era o herdeiro, mas a imperatriz estava grávida de novo e achava que daria à luz um tsarévitch, e, se o tsar morresse, ela insistia que deveria atuar como regente até o parto e, se fosse realmente um filho homem, até sua maioridade.

Os grão-duques (todos tinham palácios na Crimeia) consultaram os ministros, que sempre se hospedavam em hotéis em Ialta. Witte debateu "o que fazer no caso de um desastre que custe a vida do imperador. O que fazer em relação ao herdeiro do trono?". Micha deveria suceder-lhe automaticamente, mas a imperatriz não aceitou isso. "Não", respondeu Alexandra. "Micha vai criar uma enorme desordem, porque ele é facilmente coagido." Essa foi a primeira atitude política de Alexandra. "A imperatriz passou a dar ordens em assuntos de Estado", observou Mossolov, "e já notávamos sua inadequação para a tarefa." O tsar recuperou-se, mas Alexandra ficou convencida de que somente sua vontade poderia salvar Nicky e seu herdeiro ainda por nascer.*

"Alix está linda, apesar da gravidez", escreveu KR. "Todos estão esperando com ansiedade um filho homem." Em 5 de junho, em Peterhof, Alexandra deu à luz sua quarta filha, Anastássia. "Perdoe-nos, Senhor", confessou KR, "por todos termos sentido desapontamento, em vez de alegria."

Pouco mais de um mês depois do parto, em 10 de julho, as duas princesas montenegrinas que tinham se casado com membros da família Románov convidaram Nicolau e Alexandra para consultar um curandeiro francês que se tornou "Nosso Amigo".

O arrebatamento deles já tinha começado: na Páscoa de 1900, quando ficaram no Krêmlin com Serguei e Ella, "os cultos naquelas igrejas antigas proporcionam uma sensação de encantamento", escreveu Nicky numa carta à mãe. "Nunca imaginei que eu pudesse chegar a tais níveis de êxtase religioso [...]. Alix sente o mesmo que eu, o que é motivo de muita satisfação para mim." A viagem deles refletiu o conceito que Nicolau fazia da monarquia sagrada. O casal "achava pos-

---

* Semanas depois, Alix deu à luz. Em 9 de janeiro de 1901 (22 de janeiro no calendário gregoriano), morreu a rainha Vitória. Embora escrevesse de maneira simpática ao tio Bertie, agora Eduardo VII, Nicky se sentira feliz com a humilhação imposta à Grã-Bretanha na Guerra dos Bôeres. "Desejo todos os êxitos a essa pobre gente numa guerra desigual e injusta", disse à mãe. Numa carta em que se despediu como "seu amoroso sobrinho", ele censurou Bertie pela "guerra de extermínio" movida pela Grã-Bretanha, um sinal de sua crescente segurança.

sível manter uma comunhão com Deus fora da Igreja e sem bispos ou sacerdotes ordenados regularmente", escreveu um amigo íntimo. "Eles acreditavam que ainda existia profecia no sentido bíblico da palavra, através de certas pessoas extremamente dotadas e espiritualizadas."

As irmãs montenegrinas Militsa e Stana — que depois passaram a ser chamadas de "as Mulheres Negras" ou apenas "as Corvas"* — exploravam com entusiasmo uma linha mais esotérica. Quando Stana era maltratada pelo marido, Alexandra a consolava; quando a imperatriz adoecia, as irmãs cuidavam dela — mas "o vínculo mais forte entre essas mulheres era o êxtase religioso".

Primeiro, as Corvas apresentaram Nicky e Alix a um idiota santo epiléptico, Mitka Koliaba. Mas quando o filho de Militsa caiu doente, ela consultou um francês, Nizier Anthelme Philippe, um jovem camponês que, trabalhando no açougue do tio em Lyon, passara por uma epifania e se estabelecera como hierofante, especializando-se no poder de "fluidos psíquicos e forças astrais" no tratamento de enfermidades e na cura de esterilidade feminina. Philippe "tinha cerca de cinquenta anos, era baixo, de cabelo e bigode negros", escreveu KR. "De aspecto muito ruim, com um feio sotaque do sul da França." Como Nicky e Alix se esforçassem para ter um filho homem, Philippe viajou a Petersburgo. No palácio de Militsa e seu marido, o grão-duque Pedro, registrou Nicky, "esta noite conhecemos o espantoso francês". Depois do nascimento de Anastássia, Nicky e Alix passaram a visitar Militsa todas as noites em sua propriedade próxima, Známenka, para se encontrar com o hierofante.

"Passamos muito tempo em Renella", escreveu Nicky. "M. Philippe falou e nos deu instruções. Que horas maravilhosas!" No dia seguinte, Philippe foi ver Alix em Peterhof: "Mostramos-lhe nossas filhas e rezamos junto com ele no quarto de dormir". O casal já chamava Philippe de "Nosso Amigo". Em 13 de junho de 1901, estavam de tal forma entusiasmados com ele que foram a Známenka duas vezes, e quando assistiram a um desfile militar em Petersburgo, "Nosso Amigo estava presente. Depois do jantar, passamos longas horas em Známenka".

"Nosso Amigo tem sido para mim o único apoio", escreveu Alix a Nicky. "Como a vida enriqueceu desde que o conhecemos e tudo parece mais fácil de suportar." Quando Philippe lhes disse que estava rezando por eles em Lyon, ela

---

* Militsa, a mais velha, era casada com o doentio Pedro, filho de Nizi, comandante em chefe em 1877; a mais nova, Stana, se casara com Gueórgui, duque de Leuchtenberg, que fugira com sua amante francesa, deixando-a entregue a suas aventuras espirituais.

escreveu: "Não se esqueça da noite de sábado, por volta das dez e meia". O imperador não só concedeu a Philippe (que praticamente não fizera o curso secundário, muito menos uma faculdade de medicina) uma licença para praticar a medicina, como também o nomeou médico da corte. Não tardou para que Philippe começasse a prestar assessoria política: quando Nicky esteve com o Kaiser Guilherme, Alix disse ao marido: "Nosso Caro Amigo estará perto de você e o ajudará a responder às perguntas de Guilherme", dando-lhe a firmeza necessária para "ser amistoso e severo, de modo que ele perceba que não deve brincar com você... Para que ele aprenda a ter medo de você". Com relação a reformas, Philippe advertiu Nicky de que uma constituição "seria a ruína da Rússia".

Na primavera de 1902, Alix engravidou — e Nosso Amigo profetizava: "A Rússia foi escolhida para dominar o Extremo Oriente".[13]

Sandro e Vorontsov apresentaram Nicky a um bem relacionado oficial do regimento de Chevalier-Gardes, que se tornara comerciante, o capitão Alexandre Bezobrázov, que o deslumbrava em conversas privadas, "duas vezes por semana e durante horas a fio". Bezobrázov afirmou a Nicolau que era seu "destino histórico" conquistar a Manchúria e a Coreia. Ele próprio desejava ser a versão russa de Cecil Rhodes. "Esse fanfarrão incoerente e pretensioso" disse a Nicky que "mais cedo ou mais tarde teremos de enfrentar os japoneses. É melhor pormos nossas cartas na mesa agora". Se a Rússia tivesse de lutar, "só a baioneta poderá garantir o sucesso de nossas atividades na Manchúria". Promessas não importavam: "Quanto a tratados e acordos, não devemos, nunca, permitir que sejam obstáculos".

"Fui inspirado por ele", admitiu mais tarde o imperador, "e foi-me grato escutar Bezobrázov quando ele explicou que tínhamos escolhido a política errada no Extremo Oriente. Percebi que ele tinha razão." Divertindo-se com a trama de capa e espada pelas costas de Witte e seus ministros,* ele e seu assessor secreto

---

* Nicolau não tinha sorte com seus ministros do Exterior. Giers e Lobánov já tinham morrido. Agora, Muraviov, o artífice da política em relação à China, caiu morto aos 55 anos depois de uma discussão com Witte. O novo ministro do Exterior, conde Vladímir Lamsdorf, era um recluso de "aspecto estranho", "muito pálido", "requintadamente perfumado" e homossexual em segredo. O imperador pôs-lhe o apelido de "Madame". Lamsdorf desaprovava a política com o Oriente, mas era um cortesão submisso de uma era passada. "Eu nada peço", escreveu ele em seu diário. "Decidam tudo e eu cumprirei minha tarefa."

comunicavam-se através de seus auxiliares. No começo de 1903, o imperador concedeu a Bezobrázov 2 milhões de rublos "para finalidades só conhecidas por sua majestade" e promoveu-o a secretário de Estado e seu ajudante general. Bezobrázov viajou pela Manchúria em segredo, reunindo uma força paramilitar secreta. Witte e os demais ministros se deram conta de que "surgiram duas políticas no Extremo Oriente — a imperial e a bezobrazoviana". Um "aventureiro ridículo e meio louco" estava conduzindo a política russa na região.[14]

A aventura no Extremo Oriente se harmonizava com os sonhos de Nicolau na própria Rússia — uma volta à monarquia moscovita. Esses sonhos eram estimulados por um obscurantista excêntrico que era um ministro do Interior bastante invulgar. Dmítri Spiáguin em nada se assemelhava a um ministro. Ostentando uma longa barba moscovita, tinha decorado a sala de jantar em sua mansão como o Palácio das Facetas e dava jantares nos quais se trajava como um boiardo. Spiáguin dirigia-se a Nicolau como "sereníssimo tsar", jogando com a visão ancestral que Nicolau tinha de si mesmo como um tsar moscovita (e não como um imperador europeu). "Concebo a Rússia como uma propriedade agrícola cujo senhor é o tsar", explicou Nicky, "a administração cabe à nobreza e os trabalhadores são o campesinato." Ao preencher o formulário do censo de 1897, ele descreveu sua profissão como "Senhor das Terras Russas"; a de Alexandra era "Senhora das Terras Russas".

O tsar chamava Spiáguin de "meu caro amigo". Enquanto se divertiam com essas fantasias feudais de boiardos, a Okhrana de Spiáguin maquinava a criação de uma nova e assombrosa ameaça terrorista.

O surto de prosperidade, seguido de recessão, havia criado uma instabilidade preocupante. Durante a fase de prosperidade, 1 milhão de camponeses tinham deixado as aldeias para trabalhar nas fábricas de tecidos e nas refinarias de petróleo de Petersburgo, Moscou e Baku. Suas condições de vida eram aterradoras, mas o regime tinha de achar um meio de controlar o novo proletariado. Em Moscou, Serguei apoiava um brilhante membro da polícia secreta, Serguei Zubátov, chefe da agência local da Okhrana, que patrocinava e guiava seus próprios sindicatos no novo movimento trabalhista — o chamado "socialismo policial".

Contudo, a Rússia enfrentava não só a luta de classes como o despertar das nações. Naquela era de um nacionalismo que parecia apontar para o fim dos impérios multinacionais, o tsar decidiu ligar seu trono à nação russa, que constituía menos da metade da população, ao mesmo tempo que alienava seus cidadãos de outras etnias, seguindo agressivamente as políticas de russificação de seu pai, do Cáucaso à Finlândia. Jovens finlandeses, georgianos, judeus, poloneses e armênios aderiam em bandos a partidos nacionalistas. No entanto, duas facções transpunham agourentamente os limites étnicos.

O Partido Socialista Revolucionário, mais conhecido como SR, herdeiro dos antigos populistas e da facção Vontade do Povo, promovia a revolução camponesa, apoiando-a com atos terroristas. Os textos de Karl Marx tinham se tornado populares na Rússia. Marx havia argumentado que a história levava inevitavelmente, por meio da luta de classes, passando pelos estágios rígidos de feudalismo, capitalismo e socialismo, ao paraíso do comunismo, à propriedade comum da riqueza. Agora, graças ao sucesso da revolução industrial de Witte, a Rússia tinha seu próprio prolateriado.

Em março de 1898, nove delegados se reuniram numa casa de madeira perto de Minsk para fundar o Partido Social-Democrata dos Trabalhadores Russos, que mais tarde governaria a União Soviética. A Okhrana prendeu quase todos, porém Vladímir Lênin, que estivera exilado na Sibéria antes de viajar para a Europa, e Julius Mártov (nascido Tsederbaum) rapidamente se tornaram seus líderes. Em toda a Rússia os jovens estavam convencidos da certeza de Marx de que a velha ordem de tsares, sacerdotes, senhores de terras e capatazes de fábricas tinha de ser destruída. Isso "não era apenas uma teoria", escreveu Ióssif Djugachvili, o futuro Stálin, na época um jovem seminarista, "é toda uma cosmovisão, um sistema filosófico".

O Grupo de Batalha do SR era, no momento, a maior ameaça. Quando Spiáguin reprimiu protestos de estudantes, seus cossacos mataram treze manifestantes, e os SRs tiraram seu primeiro escalpo, assassinando o ministro da Educação. Spiáguin temia não ser a pessoa apropriada para chefiar a repressão e advertiu: "Estamos na beira de um vulcão".

Em 2 de abril de 1902, um homem com um pacote aproximou-se dele no saguão do Palácio Mariínski, onde funcionavam várias repartições do governo. No momento em que ele pegou o pacote, o terrorista do SR deu-lhe um tiro, e Spiáguin sangrou até a morte nos braços de seu amigo Witte. O imperador disse a Meschérski: "Sinto-me bem e forte de espírito, mas com uma ferida funda no coração pela perda de meu amigo Spiáguin". Meschérski aconselhou repressão. "Precisamos não só de dureza, mas também de violência", acreditava Nicolau, e o Príncipe de Sodoma propôs o homem certo para isso.[15]

★ ★ ★

"Chegou a hora de usar a força", disse o tsar a seu novo ministro do Interior, Viatcheslav Plehve, o impiedoso advogado transformado em policial, que tinha redigido as leis antijudaicas de Alexandre III e que concordava com ele na maioria das questões. "Agora, só mais uma coisa", escreveu Nicolau num tom amistoso, "que eu esqueci de dizer em nossa audiência." Informou que pretendia demitir uma pessoa, "por ser um trapaceiro ardiloso [...]. Não gosto muito dele" e denunciar outra "que é um patife presunçoso e arrogante". Essa era a voz autêntica do tsar falando a um ministro de confiança. Plehve transformou a Okhrana na mais competente polícia secreta do mundo, traçando um plano articulado para fazer com que os principais revolucionários se transformassem em superinformantes.* A estrela entre os agentes duplos era Ievno Azef, o principal terrorista do Grupo de Batalha do SR. Isso era tão arriscado quanto seria a CIA recrutar Osama bin Laden. Em troca do salário vultoso, Azef passava à Okhrana informações úteis — mas continuava a ser um terrorista dedicado.

Por ser um judeu de Rostov, Azev parecia a Plehve um típico revolucionário. "Os judeus são muito mais perigosos que qualquer constitucionalista", dizia. Para ele, o antissemitismo controlado era um para-raios para o descontentamento e uma bandeira para reunir as massas.

Em Kichinev, capital da Bessarábia, na Páscoa de 1903, o assassinato de um russo e a morte de uma moça russa no hospital judeu desencadearam reações populares que mataram 46 judeus e feriram outros seiscentos, além de levar ao incêndio de setecentas casas, enquanto o governador local quase nada fazia. O

---

* Plehve promoveu Zubátov a chefe da Okhrana em Petersburgo. Fez o órgão crescer de três agências para dezoito. Como muitos da nova geração de integrantes da polícia secreta, ele tinha sido um jovem terrorista populista, mas se convertera ao monarquismo. Mestre da *konspirátsia*, acreditava que os agentes duplos deveriam ser pagos, treinados, intelectualmente engajados e quase seduzidos como "uma mulher amada com quem se tem relações ilícitas. Cuide dela como da menina de seus olhos. Basta um descuido para você desonrá-la". Zubátov era o tipo perfeito de policial que o tsar julgava detestável. Plehve enviava a Nicolau, a cada semana, um detalhado "relatório do tsar", que listava tudo, desde acidentes de mineração a informações sobre a oposição, mas o imperador raramente se encontrava com os líderes da Okhrana, pois concordava com a esnobe atitude de seu pai: a Okhrana era uma organização necessária, mas repulsiva, e interferia em sua comunhão autêntica com os súditos. Entretanto, qualquer líder russo precisa controlar seus próprios órgãos de segurança.

pogrom chocou o mundo. Plehve demitiu o governador, mas seu antissemitismo era tão notório que ele passou a ser odiado pela sociedade liberal. Plehve apoiou a política de Nicolau no Oriente. "Foram baionetas, e não diplomatas, que fizeram a Rússia", disse ele, "e os problemas do Oriente Médio devem ser resolvidos com baionetas, e não com canetas."[16]

Alix estava grávida de novo. De onde se encontrava, acompanhando manobras militares, o tsar lhe escreveu para falar das "senhoras, algumas belas e de olhos fatais [que] não tiram os olhos de Micha e de mim". Mas ele só queria "minha doce esposinha. Um beijo para você. Você é o meu amor e só quero você. Ah! Tão malicioso!".

"Doce amor meu", ela respondeu, louvando "a adorável expressão de timidez que toma conta de você e torna seus olhos doces ainda mais perigosos [...]. Velho pecador!"

Quando Philippe Nosso Amigo voltou, "nós o ouvimos durante o jantar e no resto da noite até a uma da manhã", escreveu Nicolau. "Poderíamos ter continuado a ouvi-lo eternamente." Entretanto, a família já começava a se sentir nervosa com essa admiração exagerada e decidiu intervir. Enquanto o imperador esteve fora, nas manobras, Alexandra foi questionada por sua irmã Ella, que "me criticou por causa de nosso Amigo [...]. Expliquei que tudo aquilo era causado por ciúme e curiosidade". Quanto ao que eles realmente queriam, Alix orgulhava-se de ter mentido à irmã. "Insisti na história do remédio", escondendo o "espiritismo [...] que poderia ser difícil de explicar a ela." A imperatriz-viúva pediu ao agente secreto Ratchkóvski, o *rezident* da Okhrana em Paris, que havia atuado como guarda-costas de Alexandre III em suas viagens ao exterior, que investigasse Philippe. Ratchkóvski desmascarou Nosso Amigo como um charlatão que tinha sido processado por exercer a medicina sem licença. Ao ver seu relatório insolente, o tsar demitiu Ratchkóvski.

Philippe determinou que Alexandra não fosse examinada por médicos, mas embora ela tivesse ganhado peso, no fim do verão a gravidez parecia não avançar. O que estava havendo? No começo de agosto ela se transferiu para Peterhof a fim de aguardar o nascimento.

Quando o médico chegou para o parto, Alexandra finalmente permitiu que ele a examinasse: ela não estava, nem estivera, grávida. Seus sintomas de gravidez eram ou o resultado dos poderes de sugestão de Philippe ou uma "gravidez molar", o desenvolvimento de um óvulo não viável que faz o útero crescer como numa gravidez. "Coitados", escreveu KR. Alexandra, compreensivelmente, estava histérica e escreveu à condessa "Zizi" Naríchkina: "Querida amiga, não venha! Não haverá batismo... Não existe criança... Não existe nada! É uma catástrofe".

Minny e as irmãs de Nicky o convenceram de que Philippe tinha de ser afastado.* Antes que ele partisse, carregado de presentes, como um carro Serpollet, deu à imperatriz um sininho que soaria se forças do mal a ameaçassem. Philippe morreu pouco depois, mas não antes de avisar que ele apenas desapareceria e depois reapareceria: "Um dia vocês terão um outro amigo como eu, que lhes falará de Deus".[17]

Em 7 de fevereiro de 1903, Nicky realizou a primeira grande festa social de seu reinado. Quis o destino que fosse também a única. Os convidados vestiam trajes da época do tsar Alexei, e a "faustosa função" foi, nas palavras de Sandro, uma expressão do desejo de Nicky "de retornar ao passado glorioso de nossa família", inspirada pela ideia do falecido Spiáguin de restaurar o vestuário moscovita na corte, em lugar da moda germânica de Pedro, o Grande. Nicky, que se apresentou com os mantos de brocado de ouro e a coroa adornada de pele do tsar Alexei, e Alexandra, que encarnava a tsarina Maria Miloslávskaia, com um *sarafan* de brocado de prata e uma mitra com esmeraldas e brilhantes, presidiram um salão no Teatro Hermitage "em que se apinhavam russos antigos". Todavia, "enquanto dançávamos", escreveu Sandro, "os trabalhadores faziam greve e as nuvens no Extremo Oriente pairavam perigosamente baixas".[18]

Em janeiro de 1902, o Japão isolara a Rússia ao assinar com a Grã-Bretanha um tratado de defesa que forçou Nicolau a concordar com uma retirada gradual da Manchúria — mas o imperador estava mais confiante do que nunca. "Nosso sobe-

---

* A intromissão e a licenciosidade da família já vinham enfurecendo Nicky. Agora ele baniu o tio Paulo para Paris por violar a lei da família. Paulo fora casado com Alexandra da Grécia, com quem tivera uma filha. Mas ela morrera em outro parto, quando nasceu um filho, Dmítri. Muito depois, Paulo se interessou por uma mulher casada, Olga Pistolkors, com quem se casou, sem permissão, em Paris. "Quanto mais próximo for um parente que se recusa a se submeter às regras de nossa família, mais pesado deve ser o seu castigo", disse Nicky à sua mãe. "Temo que toda uma colônia da família imperial russa se instale em Paris, com suas mulheres semilegítimas e ilegítimas. Deus é testemunha dos tempos em que estamos vivendo, quando o egoísmo sem disfarces sufoca toda consciência, senso de dever e decência habitual." Dmítri e Maria, filhos de Paulo, foram criados por Serguei e Ella.

638

rano tem planos grandiosos na cabeça", escreveu Kuropátkin em 16 de fevereiro de 1903, "para fazer a Rússia absorver a Manchúria e para começar a anexar a Coreia. Ele também sonha pôr o Tibete em seus domínios. Deseja governar a Pérsia, apoderar-se do Bósforo e do Dardanelos." Se isso afrontasse a Grã-Bretanha, ele achava que podia contar com o Kaiser, que em Reval, em agosto, lhe oferecera apoio. "Em 1904, vou declarar guerra ao Japão", disse Nicky, segundo Willy, que exclamou: "De hoje em diante o imperador Nicolau será chamado de almirante do Pacífico, enquanto eu serei o almirante do Atlântico". "Ele enlouqueceu", sussurrou o tsar.

"Witte, Lamsdorf e eu vigiamos Bezobrázov ansiosamente", escreveu o general Kuropátkin, "e nos preocupamos sobretudo com a correspondência privada do imperador com esse sonhador e aventureiro."*

O tsar confiava mais em Bezobrázov do que em seus ministros, e todo o episódio se enquadra na longa tradição dos autocratas e explica muita coisa em relação a Nicolau. "A falta de confiança nos ministros é um traço comum a muitos soberanos, a começar por Alexandre I", explicou Plehve, que entendia a autocracia melhor que ninguém. "Os autocratas escutam seus ministros, aparentemente concordam com eles, mas sempre recorrem a estranhos com quem têm afinidades e insinuam falta de confiança em seus ministros, acusando-os de invadir o direito autocrático." Kuropátkin compreendia que Nicolau julgava que "nós, ministros, impedíamos o soberano de realizar seus sonhos — ele ainda julga que está correto e compreende melhor a glória da Rússia". Kuropátkin caçoava um pouco do imperador, dando a entender que o tsar confiaria mais nele se ele *não* fosse um ministro. "É estranho", refletia Nicolau, "mas psicologicamente talvez isso seja mesmo assim." E continuou a consultar o príncipe Meschérski, que ele dizia ser "meu amigo secreto e confiável".

Bezobrázov chamava os ministros de "o triunvirato nojento", e usava códigos em seus telegramas: Witte era "Narina"; Kuropátkin, "Tetraz"; e Lamsdorf, "Girino". Mas o aventureiro tinha ido longe demais. "É essencial evitar uma briga

---

* Para sermos justos com Nicolau, vale lembrar que não só a Rússia como também a Grã-Bretanha liberal vinham tentando aventuras temerárias no Oriente. Em abril de 1903, o vice-rei da Índia, George Curzon, despachou o coronel Francis Younghusband e um pequeno exército britânico para invadir o Tibete — em parte para evitar que os russos chegassem lá primeiro. Younghusband massacrou centenas, se não milhares, de tibetanos e ocupou Lhasa durante algum tempo, impondo um tratado que fez do Tibete um protetorado britânico. Mas a China protegeu o Tibete. A Grã-Bretanha ficou constrangida, e os tibetanos rejeitaram o tratado.

com o Japão", dissera Nicolau várias vezes. "Uma guerra é a última coisa que se quer." Em 7 de maio, ele se reuniu com seu comitê oriental, ainda dominado por Bezobrázov, cujo projeto agora ele reconhecia como parte do esforço imperial para conquistar a Coreia. Os ministros tentaram renunciar, e o tsar sacrificou Bezobrázov, que, como ele admitiu, tinha sido uma espécie de "cataplasma de mostarda". Agora "eu tenho de tirá-lo". Contudo, mais do que nunca, estava resolvido a obter "influência exclusiva sobre a Manchúria". Coube aos japoneses propor a única solução viável: a Manchúria para a Rússia, e a Coreia para o Japão. Mas Nicolau a rejeitou. Ele conseguiria os dois territórios.

Em 1º de agosto, Nicolau mostrou aos ministros que era ele quem mandava, nomeando o almirante Ievguêni Alexéiev, mais cortesão que guerreiro (e tido como filho natural de Alexandre II e muito admirado pelo tio Alexis por suas façanhas nada navais), como "comandante de todas as forças militares e chefe político". Alexéiev era um defensor contundente do novo império no Oriente, mas a indecisão de Nicolau já corroía a confiança do Japão em suas negociações. A nomeação de Alexéiev retardou ainda mais a diplomacia. Foi então que o imperador convocou Witte: "Ele apertou minha mão, me abraçou [...] e voltei para casa, transbordando de felicidade, encontrando em minha mesa uma ordem escrita de demissão". Witte, chutado para cima, pois recebera a presidência do Conselho de Ministros, uma sinecura, começou a odiar Nicolau, que era "cem por cento bizantino".

Os japoneses ficaram indignados quando a Rússia rompeu seu acordo de deixar a Manchúria. Bezobrázov ensinara ao imperador que os tratados podiam ser rompidos, e Nicolau estava convencido de que a Rússia era capaz de derrotar aqueles "macacos", porque o Japão era "um país bárbaro" e Kuropátkin lhe dissera que "o Exército japonês era uma piada colossal", mas ele não queria uma guerra. Despreocupado, o imperador ordenou ao vice-rei: "Não quero uma guerra entre a Rússia e o Japão, nem a permitirei. Tome todas as medidas para que não haja guerra". O Japão fez outras propostas à Rússia, em busca de uma conciliação, ao mesmo tempo que se perguntava se o tsar, imprevisível como era, seria capaz de negociar um tratado e, mais ainda, cumpri-lo.

Embora sua arrogância negligente fosse espantosa, Nicolau sabia que a Rússia estava abalada. Em julho de 1903, Plehve reprimiu em Odessa uma greve que levou à queda de seu mais talentoso policial secreto, Zubátov. "Se me tivessem dito há vinte anos que seria possível uma revolução na Rússia", disse Plehve, "eu teria achado graça, mas agora estamos às vésperas de uma revolução." A guerra seria uma aposta no escuro, porém Plehve explicou a Witte e a Kuropátkin que, "para evitar uma revolução, precisamos de uma guerrinha vitoriosa" que "distraia a atenção das massas".[19]

Enquanto Nicolau conduzia erradamente as negociações com o Japão, Alexandra buscava cumprir o último conselho de Philippe: se o tsar obtivesse a canonização de um monge obscuro, Serafim de Sarov, que morrera em 1833, e se a tsarina se banhasse na fonte do monge, ela conceberia um filho. Nicolau determinou a Pobedonóstsev, na época o superprocurador senil do Santo Sínodo, que canonizasse Serafim de imediato, porém ele objetou: o tsar não podia canonizar ninguém. "O imperador pode fazer qualquer coisa", Alexandra contestou. Nicolau passou por cima das regras da Igreja e, em 17 de julho de 1903, o tsar e a tsarina, acompanhados de toda a família, se juntaram a 150 mil peregrinos em Sarov, onde Plehve havia montado um evento espetacular, para alegria dos camponeses.

No dia seguinte, no calor tórrido do verão, Nicolau ajudou a carregar as relíquias do santo até a catedral de Sarov. "Foi um espetáculo inacreditável", escreveu Nicky, "ver a reação da multidão e, principalmente, de inválidos, aleijados e infelizes, à procissão sagrada." Terminado o serviço religioso, "a elevação dos espíritos era imensa". Depois do jantar, "Alix, Ella e eu descemos à fonte, onde nos banhamos com especial emoção na corrente de água gelada. Na escuridão, ninguém nos reconheceu", escreveu Nicky.

"Deus opera milagres através de seus santos." Pouco tempo depois, Alexandra engravidou. Teria concebido o herdeiro?

Nesse momento tenso com o Japão, em setembro de 1903, Nicolau e Alexandra viajaram à Alemanha para o casamento do príncipe André da Grécia e da princesa Alice de Battenberg (os futuros pais do príncipe Philip, duque de Edimburgo), e depois foram caçar. Enquanto esperava oito semanas por uma resposta a suas propostas finais, o Japão traçou outros planos.

"As pessoas estão dizendo, Nicky, que a guerra vem aí", comentou Sandro quando voltaram a Petersburgo.

"Essa possibilidade não existe", disse Nicky. "Os japoneses não vão declarar guerra à Rússia."

"Quem vai impedi-los?"

"Eles não ousarão."[20]

$\star\star\star$

Depois da Grande Procissão anual pelo Palácio de Inverno no dia de Ano-Novo, em 1904, o imperador enviou uma nota a Plehve: "Chegou a hora do ataque súbito e firme. Desejo-lhe força e saúde neste ano". Na recepção no Palácio de Inverno, ele disse ao embaixador japonês que "a Rússia não é somente um país, mas uma parte do mundo — para evitar uma guerra, seria melhor não pôr à prova sua paciência, ou isso poderia acabar mal". Provavelmente já era tarde demais para negociar, mas ele rejeitou a proposta final de uma Manchúria russa e uma Coreia japonesa, dizendo ao vice-rei Alexéiev, por telegrama, que se os japoneses desembarcassem no sul da Coreia, "isso não seria motivo de guerra". Com o aumento da tensão, o Kaiser Guilherme telegrafou a Nicky dizendo que a guerra era "inevitável [...] espero que o almirante do Pacífico não se indisponha com o almirante do Atlântico. Adeus!". Nicky respondeu com um alegre telegrama de aniversário, assinando "Nicky, almirante do Pacífico".

Em 24 de janeiro, o Japão rompeu as relações diplomáticas. "Se for a guerra, que seja, e se for a paz, que seja, mas a atual incerteza é realmente irritante", refletiu Nicolau. "Passei o dia inteiro agitado", comentou, após reunir-se com seus ministros. Petersburgo prendeu a respiração — enquanto uma frota japonesa, comandada pelo almirante Togo, seguia para Port Arthur.

No dia seguinte, o imperador assistiu à ópera *Ruszalka*, no Teatro Mariínski. Nicolau já reinava havia quase dez anos, mais do que a maioria dos líderes democráticos. Sua reputação de ser um homem fraco, mas nobre, junto com as tragédias de sua família, estavam ainda no futuro. Era verdade que ele nunca procurara o poder, e que teria preferido a vida de oficial da Guarda. Mas agora acreditava em sua missão sagrada com um moralismo que justificava qualquer trama.

"Poucas vezes encontrei um jovem tão cortês", escreveu seu inimigo Witte. "Sua boa formação esconde todas as suas deficiências." Ele era incompreensível e inescrutável: "Parecia viver numa névoa imperial", observou sua prima Missy. Todavia, a discrição e a malícia eram qualidades essenciais a qualquer governante, e a capacidade do tsar para escolher seus assessores estava, como entendia Plehve, "ligada ao princípio básico da autocracia", e ele se orgulhava disso. "Você não faz ideia do quanto eu posso ser astuto", gabou-se com Alix. Mas Nicolau levava sua duplicidade a tal ponto que ninguém podia confiar nele. Era "incapaz de jogar limpo" ou, como outro ministro observou, "é incapaz de apoiar alguém em qualquer coisa". Diante de um debate entre conselheiros, sua atitude — "Por que vocês estão sempre brigando? Eu sempre concordo com todo mundo a respeito de tudo e depois faço as coisas de meu jeito" — tornava-se corrosiva. Em suas anotações pessoais, Witte listou as "pequenas pirraças, a esperteza infantil e tola, a desonestidade tímida" do tsar. Essas eram opiniões de ministros que ele demitira, porém mesmo um ministro leal como Ivan Durnovó advertiu: "Ouçam o que eu digo, Nicolau II se revelará uma versão modernizada de Paulo". No entanto, se aquela fosse sua última noite no trono, os historiadores poderiam hoje considerar que o reinado de Nicolau II, que mantivera a linha da autocracia e lançara os fundamentos para novas conquistas, fora bem-sucedido, até afortunado.[21]

O tsar e a plateia da ópera não sabiam que o tiroteio já tinha começado: dez navios de guerra japoneses haviam emboscado a frota em Port Arthur, num Pearl Harbor russo. Três navios de primeira linha tinham sofrido avarias. Port Arthur virara um caos. O inepto vice-rei Alexéiev não acreditava que o ataque realmente acontecera, e depois se convenceu de que tinha acabado numa vitória russa. Levou muitas horas para avisar a Nicolau.

Depois da *Ruszalka*, que o tsar considerou "uma ópera muito boa", ele recebeu um telegrama: "Por volta da meia-noite [...] torpedeiros japoneses lançaram um súbito ataque contra nosso esquadrão em Port Arthur. General Alexéiev".

"Será isso uma guerra não declarada?", ele se perguntou, encaminhando o telegrama para a mãe. "Este comunicado acabou de chegar. Então, a guerra começou. Que Deus esteja conosco. Nicky." No dia seguinte, o tsar rezou pela vitória na capela do Palácio de Inverno. Multidões gritavam "Deus salve o tsar". Nicky e Alix agradeceram, com uma mesura, de uma janela.

O vice-rei Alexéiev tinha apenas 60 mil homens para defender um enorme território, de modo que tudo dependia da rapidez com que a Rússia pudesse levar tropas ao Extremo Oriente, mas a Estrada de Ferro Transiberiana era a única via e era preciso no mínimo cinquenta dias — em geral, um mês — para levar um regimento até lá. No dia que se seguiu ao ataque de surpresa, os japoneses desembarcaram na Coreia, praticamente sem nenhuma resistência russa, e começaram a avançar. Nicolau, que chegara a pensar em assumir ele próprio o comando, nomeou Kuropátkin para comandar o Exército na Manchúria, sob as ordens do vice-rei. No mar, em 1º de abril, o navio capitânia do Extremo Oriente, o *Petropávlovsk*, bateu numa mina e afundou, com a perda de 635 homens, entre eles o almirante. No Palácio de Inverno, "a pobre Alix está de cama!", escreveu Ksênia. "Encontrei mamãe lá... Ela e Nicky estão muito desnorteados e deprimidos."

Em 17 de abril, Kuropátkin tentou deter os japoneses, na batalha do rio Yalu, e, pela primeira vez na história moderna, os orientais derrotaram os ocidentais. Pouco depois disso, quando os japoneses desembarcaram em Nanchang, no norte da península de Guangdong, Alexéiev não se atreveu a opor-se a essa cabeça de ponte. Enquanto os japoneses seguiam para o sul, a fim de sitiar Port Arthur, os comandantes começaram a se desentender e apelaram para o tsar: o litígio entre generais viria a se tornar comum no comando russo. Em certo momento, dois deles chegaram às vias de fato em público. Por ora, Port Arthur era importante demais para ser abandonada, mas demasiado exposta para ser defendida. Uma tentativa de socorrê-la fracassou, e a cidade se viu condenada.[22]

Enquanto os russos travavam guerra no Oriente, o mais respeitado dos Românov estava "em guerra com a minha consciência". "Eu sempre tive predileção por homens simples", admitiu KR em seu diário, em 19 de abril de 1904. "Sonho ir à casa de banhos à margem do rio Moika [...]. Visualizo os atendentes conhecidos, Alexei, Frolov e, particularmente, Serguei." O amado primo do tsar, KR, de 45 anos,* bem casado, com nove filhos e conhecido como "o melhor homem na Rússia", via-se numa luta entre sua virtude pública e seu homossexualismo privado.

"Fui dominado por pensamentos pecaminosos durante a reunião do comitê", ele escreveu em 21 de maio. "Liberei meu cocheiro na Morskaia. Caminhei para cima e para baixo, passando duas vezes diante das portas da casa de banhos; da terceira vez, entrei. E assim, mais uma vez, pequei. Meu estado de espírito é um lixo."

---

* KR era contraditório. Por um lado, era um alto e garboso oficial da Guarda, de impecável saúde e vasta riqueza, pois herdara o Palácio de Mármore e o Pávlovsk, entre outras propriedades, e era amigo íntimo de Nicky. Casado com Mavra (antes princesa Isabel de Saxe-Altenburg), era um pai dedicado de sua vasta prole. Por outro lado, era poeta, dramaturgo e ator amador; tinha sido amigo de Dostoiévski e Tchaikóvski, sendo que este último chegou a musicar vários poemas seus. Com frequência encenava suas peças para a família imperial. Mas sua obra-prima são seus diários: KR especificou que não deveriam ser lidos antes que se passassem 99 anos de sua morte, e sua mulher, Mavra, brincava de vez em quando a respeito do que poderiam conter. Na realidade, foram preservados nos arquivos depois da Revolução, esquecidos durante décadas — e suas espantosas revelações só vieram à luz depois da queda do comunismo.

644

KR tivera sua primeira experiência homossexual na Guarda, mas quando se casou conseguiu dominar suas tendências até o novo século, quando, de uma hora para outra, passou a frequentar as casas de banhos de Petersburgo. "Como toda essa gente que me ama e respeita ficaria espantada se soubesse de minha depravação", escreveu. "Sou amado, louvado e festejado além do que mereço, minha vida é feliz, tenho uma bela esposa, filhos adoráveis e tenho recebido do trono especiais demonstrações de apreço. Nesse caso, por que não consigo superar essa questão?"

"Pensamentos ruins não param de vir à minha cabeça [...] sobretudo quando estou na igreja", ele escreveu em 15 de dezembro de 1903. Em 23 de junho do ano seguinte, quando os russos já lutavam contra os japoneses, o atendente de KR trouxe seu irmão Kondráti, de 21 anos, "e eu desencaminhei o rapaz. Talvez tenha feito com que ele pecasse pela primeira vez". E KR se deixou levar: "De manhã, na casa de banhos. Mais uma vez eu me vi como um esquilo numa roda".[23]

Os japoneses estavam agora sitiando Port Arthur, ao mesmo tempo que voltavam suas armas contra o grosso do Exército russo na Manchúria. Enquanto os generais russos se desentendiam, os japoneses levavam a melhor em todos os combates. Na própria Rússia, o moral estava mais baixo ainda.

No dia 3 de junho, Bóbrikov, o odiado governador-geral da Finlândia, foi assassinado. Protegido por oito guardas e levado numa carruagem com janelas com grades de ferro, Plehve mudou-se para a sede da polícia secreta, no número 16 da rua Fontanka, embora seu superagente Azev lhe garantisse que os assassinatos tinham sido suspensos até segunda ordem. Na realidade, Azev culpava Plehve pelo pogrom em Kichinev. Em 15 de julho, Plehve seguia para a chefatura da polícia, a caminho de um encontro com o tsar em Tsárskoie Seló, quando um terrorista do SR arremessou contra sua carruagem uma "romã" (era assim que os terroristas chamavam suas bombas), que matou o ministro instantaneamente.

Enquanto Nicolau pranteava "meu amigo", Alexandra deu à luz um menino em 30 de julho: "Um dia festivo e inesquecível para todos nós [...] não há palavras com que agradecer a Deus o suficiente por nos enviar esse consolo numa época de amargos dissabores" — foi assim que KR deu a notícia a Micha, que ficou "radiante de felicidade por não ser mais o herdeiro".

Uma salva de 301 tiros assinalou o nascimento do menino. Nicolau e Alix deram o crédito a Philippe. "Por favor, faça chegar a Ele, de uma forma ou de outra, nossa gratidão e nossa alegria", disse o tsar a Militsa. Nicky achou que a Rússia já tivera "Alexandres e Nicolaus suficientes" e deu ao menino o nome de Alexei, em homenagem a seu tsar predileto. Entretanto, depois de cortarem o cordão umbilical, os médicos notaram a presença de sangue no enfaixamento de Alexei. Seu umbigo sangrou durante dois dias.

No dia do nascimento, quando Militsa e o marido foram a Peterhof, ela percebeu de imediato que o menino devia sofrer de hemofilia. Mais tarde ligou para o tsar, a fim de sugerir que ele perguntasse aos médicos "se havia algum sinal de hemofilia". O tsar "se manteve em silêncio ao telefone por muito tempo", antes de começar a questioná-la, e "terminou repetindo à meia voz a palavra que o estarrecia: hemofilia". A família tinha plena consciência daquilo que Ksênia chamava de "a terrível doença da família inglesa", transmitida por mulheres, sofrida por homens e causada por uma mutação genética. O mal aparecera pela primeira vez na família real inglesa com a rainha Vitória, que, por meio de seus nove filhos bem casados, a tinha transmitido a um grande número de primos na Europa. Seu filho Leopoldo, duque de Albany, morrera da doença, assim como o irmão de Alexandra. Sua irmã Irene, casada com Heinrich, irmão do Kaiser, tinha acabado de perder um filho hemofílico. A expectativa de vida era de aproximadamente treze anos, porém muitos hemofílicos viviam mais. Em lágrimas, Alexandra disse à sua enfermeira: "Se você soubesse com que fervor rezei, pedindo a Deus que protegesse meu filho de herdar essa maldição!". Os médicos explicaram, escreveu Nicky a Militsa em 1º de agosto, "que a perda aproximada de sangue em 48 horas tinha sido entre $1/8$ e $1/9$ da quantidade total".

Nicolau e Alexandra decidiram manter a doença em segredo, o que, à medida que o menino crescia, deixou sob enorme pressão o tsar fatalista e a tsarina histérica, que só tinha ainda 32 anos. Pouquíssimas pessoas — Serguei, Ella e as Corvas — viriam a saber. Depois do inválido Georgy, esse segundo tsarévitch doente teria passado uma imagem dos Románov como fracos e desafortunados. Contudo, as alternativas não eram atraentes — o ineficaz Micha e, depois, os filhos de Vladímir —, a menos que Nicolau mudasse as leis de Paulo para tornar sua filha mais velha, Olga, a herdeira do trono, uma opção que ele avaliou. Em vez disso, o casal estava determinado que "Tiny" (ou "Baby", os apelidos que deram a Alexei) deveria suceder o pai na plenitude da autocracia, o que só podia intensificar o estresse. O sofrimento deles levou à imagem simpática de que gozam hoje em dia, mas convém lembrar que também a rainha Vitória vivia aterrorizada com os sangramentos de Leopoldo e que ela também manteve a doença dele em segredo, embora Leopoldo não fosse o herdeiro do trono e um monarca britânico arcasse com muito menos responsabilidades.

Com seis semanas, "o pequeno Alexei começou a sangrar pelo umbigo", registrou Nicky. Os médicos logo estancaram a hemorragia, mas "como é duro viver esses momentos de ansiedade". Alix escreveu a Nicky, para dizer que Philippe, "nosso caro Amigo, está velando por você, tal como velou por Tiny na semana passada — ah, que angústia foi aquela. Graças a Deus ele está bem agora".

O tsar angustiava-se diante da necessidade de decidir a quem deveria nomear ministro do Interior. A mãe o convenceu, ao que se diz de joelhos e em lágrimas, a aplacar a oposição, nomeando um abastado liberal, o príncipe Pedro Sviatopolk-Mírski, que logo abrandou a repressão de Plehve e fez gestos de boa vontade em relação à sociedade. Nicky sabia que era "sempre perigoso parar na metade do caminho", mas essa guinada aumentou as expectativas. Quando Alexei foi batizado, seus padrinhos incluíam o Kaiser, o tio Alexis e todo o Exército na Manchúria.[24]

O moral entre os padrinhos de Alexei se agravava. Os japoneses bombardearam Port Arthur e destroçaram a frota do Pacífico. A partir de 10 de agosto, 158 mil russos enfrentaram 125 mil japoneses na Manchúria, numa batalha de duas semanas que terminou com outra retirada e mais uma derrota. Por fim, o imperador destituiu o vice-rei incompetente e remanejou os generais, embora desejasse assumir ele próprio o comando. "Perguntei ao tio Alexis — ele acha que minha presença junto ao Exército nessa guerra não é necessária."

Em agosto, Nicolau cogitava mandar a frota do Báltico para o outro lado do mundo a fim de enfrentar os japoneses. O comandante da Marinha, seu tio Alexis, "nada tinha a dizer, nem coragem de admitir", lembrava-se Sandro, mas esperava que "nossas águias deem uma boa surra nos macacos amarelos". Sandro, agora ministro da Marinha Mercante, recomendou a Nicolau que não mandasse a frota; e seu almirante designado, Zinóvi Rojdéstvenski, um grosseiro disciplinador, de 55 anos, que começara a carreira na tropa, suplicava por belonaves mais modernas. Mas não havia oferta de navios novos. Depois da reunião que decidiu o destino de 42 navios e de 12 mil marinheiros do chamado Segundo Esquadrão do Pacífico, o tio Alexis, o maníaco sexual, pôs-se a avaliar mulheres numa conversa com Sandro, perguntando "se eu tinha visto a sra. X e o que achava da sra. Y".

No dia 27 de setembro, a frota foi lançada ao mar. "Abençoai sua rota, Senhor, fazei com que ela chegue incólume a seu destino", escreveu Nicky em seu diário, "a fim de cumprir sua árdua missão para a Rússia." Ao lado da entrada em seu diário, ele desenhou uma cruz.

Ao entrar no mar do Norte, Rojdéstvenski temeu que os japoneses — ou seus aliados britânicos — o atacassem. Pouco depois da meia-noite, de 8 para 9 de outubro, ele avistou a silhueta de embarcações indistintas, certamente japonesas, ao redor da frota no banco de areia Dogger. "Abram fogo!", gritou. No pânico, a nau capitânia, o *Suvórov*, disparou contra uma traineira britânica, decapitando dois pescadores. "Tudo isso é muito embaraçoso", disse Nicky à mãe. "Os ingleses estão muito zangados e perto de perder o controle [...] aprontando seus esquadrões para entrar em ação." Declarou-se pesaroso a Eduardo VII, "mas não pedi desculpas". Mais tarde os russos pagaram 65 mil libras aos enlutados de Hull. O desafio agora, diante da hostilidade inglesa, consistia em abastecer de carvão a enorme frota, que daria meia-volta ao mundo. Percebendo uma oportunidade de afastar a Rússia da França, o Kaiser confortou o tsar — "lamentamos o infortúnio acontecido no mar do Norte" — e ajudou a abastecer a frota. Se aquela aventura quixotesca desse certo, Nicolau seria festejado eternamente por transformar uma derrota em vitória.[25]

"A autoridade está abalada e todos os nossos contratempos decorrem da falta de vontade do imperador", escreveu KR em 18 de novembro. À medida que o sítio de Port Arthur se aproximava do fim, na Rússia estudantes e trabalhadores faziam passeatas; os liberais lançaram uma campanha que exigia reformas constitucionais. O novo ministro, Mírski, aconselhou o tsar a conceder um legislativo eleito: "Se o senhor não fizer isso, a mudança virá na forma de revolução".

"Você sabe que eu não mantenho a autocracia para minha própria satisfação", disse o imperador a Mírski. "Só ajo nesse sentido porque é necessário para a Rússia." Com o apoio do tio Serguei, Nicky declarou: "Jamais concordarei com uma forma de governo representativo porque a considero prejudicial para o povo que Deus confiou a mim". Em seguida voltou-se contra seu ministro, que se desesperou: "Tudo foi em vão. Vamos construir prisões". A mulher de Mírski se referia a Nicolau como "o homem mais falso do mundo".

Em 22 de dezembro, Port Arthur rendeu-se. "Russos rendendo-se?", perguntou KR em seu diário. "A revolução", sentia, "está batendo à porta. É aterrorizante." Mas "fui atormentado o dia inteiro com maus pensamentos". Ele ansiava ver seu jovem amante na casa de banhos, porém a revolução restaurou o autocontrole de KR. "O que trará o ano novo?"

A linha de frente mal se movia, porém Kuropátkin finalmente tinha superioridade numérica: 275 mil soldados de infantaria e 16 mil de cavalaria contra um total de 207 mil japoneses. Em 6 de janeiro de 1905, Kuropátkin ordenou uma grande ofensiva. Mas o tempo estava se esgotando.[26]

Naquele dia, quando o tsar compareceu à Bênção das Águas no Nievá congelado, uma salva dos canhões da Fortaleza de Pedro e Paulo despedaçou as janelas do Palácio de Inverno: eram tiros de verdade. Nicolau não se feriu, mas o acidente fez aumentar a intranquilidade gerada pela greve de 160 mil trabalhadores nas fábricas de Petersburgo. Em 8 de janeiro, Nicolau ouviu dizer que "há um padre na chefia do sindicato dos operários — o socialista Gapon". Esse Gapon era um agente da polícia, mas, iludindo seus controladores da Okhrana, ele organizou uma manifestação para entregar ao tsar uma petição que listava a maior parte das exigências da agenda socialista revolucionária, a começar pela melhoria das condições de trabalho, eleições para uma assembleia constituinte e paz. Mírski e a polícia entraram em pânico. Em vez de usarem cossacos, cujas intervenções eram aterrorizantes, e chicotes, cujos efeitos eram dolorosos, mas raramente fatais, a guarda do Palácio de Inverno e das pontes era feita pela infantaria da guarnição, que, comandada pelo tio Vladímir, não estava preparada para controle de multidões. Naquela noite, o tsar mudou-se em segredo para Tsárskoie Seló.[27]

Na manhã seguinte, domingo, 9 de janeiro, ao mesmo tempo que o Exército lançava sua ofensiva na Manchúria, Gapon liderou milhares de trabalhadores num ataque ao palácio. Em postos de controle, receberam ordens de voltar. Como não o fizessem, as tropas abriram fogo, e a cavalaria investiu contra a multidão. Mais de mil foram mortos, e 2 mil ficaram gravemente feridos. "Um dia terrível! Senhor, quanta dor e tristeza!", escreveu Nicolau. "Mamãe chegou da cidade. Almoçou com todos. Saiu para um passeio com Micha. Mamãe ficou para dormir." Enfrentando uma revolução e a derrota, "a cruz que meu pobre Nicky carrega é das mais pesadas", escreveu Alix a sua irmã, Vitória de Battenberg, "tanto mais porque não há ninguém em quem ele possa confiar totalmente. Ele tem passado por muitas decepções amargas, mas durante todo o tempo não perde a coragem e se mantém cheio de fé na misericórdia divina". O Domingo Sangrento fez aumentar o descontentamento em todos os setores. "Como eu gostaria de ser hábil e poder ajudar de verdade", prosseguiu a imperatriz. "Mas é grande a falta do que eu chamo de homens 'reais' [...]. Se o pai dele tivesse se aproximado de um maior número de homens e os tivesse atraído para si, teríamos muitos com que preencher os cargos necessários; agora só há homens idosos e outros muito jovens, mas ninguém a quem possamos recorrer. Os tios de nada servem; Micha ainda é uma criança querida."[28]

O tsar convocou o chefe de polícia do tio Serguei, o general Dmítri Trépov,* para governar Petersburgo. Serguei resmungou, mas já havia desaprovado as reformas. Renunciando ao cargo de governador-geral, permaneceu em Moscou — enquanto um grupo de terroristas, disfarçados de cocheiros de carros de aluguel, espreitava suas presas.

Em 2 de fevereiro de 1905, o terrorista já se encontrava a postos quando a carruagem do grão-duque chegou ao Teatro Bolshoi. Prestes a dar o sinal para os assassinos, notou que Ella e as crianças estavam com o grão-duque. No dia 4, os terroristas viram o cocheiro de Serguei à espera diante de seu palácio. Quando a carruagem saiu pelo Krêmlin, um assassino, a pouco mais de um metro de distância, lançou sua bomba. Nada restou, além das rodas traseiras do veículo. A cabeça, os ombros, uma perna e um braço de Serguei evaporaram e nunca foram encontrados. Alguns dedos, uma perna e um pé se espalharam pela praça e nos telhados dos prédios em volta. A metade do tronco, nu, com um braço, ficou presa nos destroços fumegantes. O cocheiro estava vivo, mas moribundo. Ella saiu correndo do palácio. Atirando-se de joelhos na neve manchada de sangue, começou a juntar os "fragmentos de carne mutilada e a colocá-los numa maca militar comum", vasculhando a neve em busca de pedaços de Ser-

---

* Lotado anteriormente na Guarda Cavalariana, ultrarreacionário e dedicado, Trépov era um dos quatro filhos de Fiódor Trépov, governador de Petersburgo ao tempo de Alexandre II, quando havia investigado Fanny Lear, fizera açoitar dissidentes e fora ferido por uma niilista. Todos os seus quatro filhos tinham altos cargos no governo de Nicolau II, e um deles veio a ser primeiro-ministro. Nesse momento, Trépov tornou-se o mais importante homem de confiança do imperador.

guei porque, como explicou, "ele era muito ordeiro". Dois dias depois, Ella foi visitar o assassino na prisão, para lhe dar um ícone: "O grão-duque o perdoa e eu vou rezar por você".

Em Tsárskoie Seló, a família reuniu-se em torno do imperador sitiado, que proibiu que alguém fosse sequer a uma igreja e preveniu o tio Alexis de que ele "estava sendo caçado como uma fera para ser morto". Alexis "soluçava como uma criança, queixando-se: 'Que degradação!'". Ella tornou-se freira, fundando sua própria ordem, enquanto a sobrinha e o sobrinho do casal, Dmítri e Maria, que até então tinham vivido com eles, foram morar com o imperador em Tsárskoie Seló.

Com a perda de autoridade por parte do governo e a quebra da colheita, os camponeses se revoltaram. Os partidos revolucionários, dos social-democratas aos federalistas georgianos e os *dachnaks* armênios, assassinaram mais de mil oficiais em um ano. Em Baku, turbas de muçulmanos azeris trucidaram 2 mil armênios. Em Petersburgo, o tsar oscilava entre a repressão e a concessão. Quando seu novo ministro do Interior propôs reformas radicais, ele o censurou: "É de se imaginar que o senhor receia que haja uma revolução".

"Majestade", respondeu o ministro, "a revolução já começou."[29]

O autocrata precisava desesperadamente de boas notícias vindas do Oriente, mas em 24 de fevereiro Kuropátkin perdeu a Batalha de Mukden. "Isso é doloroso e horrível", escreveu Nicolau, que destituiu Kuropátkin. Enquanto isso, a frota do Báltico adentrou o oceano Índico, pronta para entrar em ação. A frota japonesa do almirante Togo zarpou para encontrá-la. No dia 14 de maio, as frotas se encontraram no estreito de Tsushima, na maior batalha naval desde Trafalgar, o único choque em grande escala na era dos encouraçados. Os russos foram aniquilados, com um saldo de 4380 baixas fatais, 5971 prisioneiros (entre eles Rojdéstvenski, ferido) e 21 navios postos a pique, entre eles seis encouraçados, enquanto os japoneses perdiam apenas 117 homens e três tropedeiros. "Nosso piquenique em Gátchina foi interrompido por um mensageiro: nossa frota tinha sido aniquilada", recordou Sandro. O imperador "não disse nada. Como sempre. Ficou mortalmente pálido e acendeu um cigarro". Nicolau manteve "uma admirável frieza", mas em seu diário escreveu: "Notícias terríveis", e disse à mãe: "Temo que tenhamos de beber dessa taça até o amargo fim".

O desastre deveu-se principalmente às dificuldades fundamentais do emprego das forças navais russas no Pacífico, mas se havia alguém que merecia ser culpado era o tio Alexis. As janelas de seu palácio foram depredadas pelas pedras dos manifestantes. E numa noite em que sua amante, a bailarina Eliza Baletta — que o diretor dos teatros imperiais descreveu como "uma mocinha inútil que prejudica o repertório" —, foi assistir ao balé, pessoas na plateia apontaram para suas joias, gritando: "Você está usando nossos encouraçados!".

Alexis renunciou ao cargo, admitindo ao sobrinho que "não acreditava nos seres humanos". Nicky apiedou-se dele: "Pobre alma!". Alexis foi morar em Paris, onde morreu três anos depois. "Meu tio predileto", escreveu Nicky, "homem nobre, honrado, corajoso."

Foi então que surgiu uma saída para a guerra. O presidente dos Estados Unidos, Teddy Roosevelt, ofereceu-se como mediador junto ao Japão, convidando enviados a Portsmouth, no estado de New Hampshire. Em Odessa, a tripulação do encouraçado *Potiômkin* amotinou-se.

Em 29 de junho, Nicky convocou Witte e lhe pediu que representasse a Rússia nas conversações, acrescentando que "não pagaria um copeque nem cederia um dedo de território". Witte decidiu "atuar como convinha ao representante de um grande império". Fez mais do que isso, conduzindo-se "com simplicidade democrática" durante sua estada nos Estados Unidos, dando entrevistas à imprensa e encontrando-se com líderes judeus. Witte deu sorte: o Japão estava quase falido e ele conseguiu um tratado espantosamente leniente, assinado em 23 de agosto, em que renunciava à metade da ilha Sacalina, mas não pagava indenização alguma. "Comecei a me habituar à ideia de que provavelmente isso é bom", refletiu o imperador, que recebeu Witte a bordo do iate *Chtandart*, no golfo da Finlândia, o único lugar seguro onde a família podia passar as férias. Promoveu-o a conde.

"Majestade, agora deixará de duvidar de minha lealdade e acreditará que não sou um revolucionário?", perguntou Witte.

"Confio inteiramente em você", mentiu o tsar, que ainda estava ressentido com ele. "E não dê ouvidos a essas calúnias."

Ferido com a derrota, amargurado com a hostilidade britânica e a frieza dos franceses, Nicky recebeu um convite de seu amigo leal, o Kaiser Willy.[30]

Quando seus iates, o *Hohenzollern* e o *Chtandart*, se encontraram ao largo da ilha de Björkö, o Kaiser, que declarou "venho sem cerimônia, como um simples turista", nunca fora tão bem-vindo. Os dois imperadores estavam felizes com o fato de pôr em prática as antigas prerrogativas da autocracia. "O tsar me abraçou e me apertou contra si como se eu fosse seu irmão", disse Willy a seu chanceler, "sempre me olhando com gratidão e alegria." No café da manhã do dia seguinte, 11 de julho de 1905, a bordo do *Chtandart*, Nicky denunciou as maquinações anglo-francesas, particularmente as de seu maldoso tio Bertie, "o arqui-intrigante", e diante disso Willy exibiu a cópia de um tratado russo-germânico "que por acaso trago no bolso". "Seus olhos sonhadores brilharam", escreveu Willy. "Puxei o envelope e desdobrei o papel sobre a mesa de Alexandre III."

"Excelente! Concordo inteiramente", disse o tsar.

O Kaiser — "meu coração batia tão forte que eu podia ouvi-lo; o suor escorria em minha testa e minhas costas" — então perguntou: "Você o assinará?".

"Sim, assinarei."

Depois se abraçaram, emocionados. O Kaiser comemorou essa "virada na história da Europa", que punha fim ao cerco da Alemanha e à aliança franco-russa. O fato em geral é citado como exemplo da inépcia de Nicky, mas de certa forma ele estava promovendo uma política que teria evitado a Primeira Guerra Mundial, ao desfazer os dois blocos que dividiam a Europa. Lamentavelmente, essas inversões radicais de políticas precisam ser bem preparadas.

O tsar deleitou-se com seu golpe durante mais de um mês, antes de se dignar ou se atrever a informar seu ministro do Exterior, "Madame" Lamsdorf, que insistia em que Björkö era uma traição à França, país do qual a Rússia dependia para suas finanças. Com dor no coração, Nicolau teve de explicar ao Kaiser que o tratado "não será aplicável" — era nulo e sem efeito. O imperador tinha posto fim à guerra, porém a revolução prosseguia.[31]

Em 3 de agosto, os ministros de Nicolau anunciaram uma solução de conciliação — uma assembleia consultiva limitada. Nicolau tinha se angustiado e feito consultas a respeito disso, mas agora essa assembleia era muito pouco e vinha tarde demais. Os trabalhadores faziam greves, os camponeses atacavam os proprietários de terras, os estudantes promoviam distúrbios, e áreas do Báltico e do Cáucaso se tornavam feudos revolucionários independentes.

Recém-promovido a vice-ministro do Interior, o general Trépov instou com Nicolau para que impusesse uma ditadura. No dia 8 de outubro, o conde Witte foi a Peterhof para aconselhar o oposto. No dia seguinte Witte foi novamente convidado para conversar com Nicky e a imperatriz. "A divisa básica do movimento da sociedade é liberdade!", ele lhes disse. Oferecendo sua ajuda, ele afirmou que "um governo que segue os acontecimentos e não os controla leva o Estado ao desastre — isso é um axioma da história [...]. Ou se mantenha na chefia do movimento que tomou o poder ou avance com firmeza na direção oposta" — a ditadura. Nicky e Alix ouviam quase em silêncio.

Witte de nada soube durante três dias. "Eu lhe garanto", disse Nicky à mãe, "que vivemos *anos* durante esses dias, tantos foram os tormentos, as dúvidas e as indecisões." Contudo, a imperatriz-viúva,* que competia com Alexandra na influência sobre Nicky, apoiou Witte, "o único homem que pode ajudar você agora — um homem de muito talento, enérgico e lúcido".

"Todas as ligações de Petersburgo e Moscou com o interior estão interrompidas", disse Nicky à mãe. "Só se pode chegar à cidade por mar. Muito conveniente para esta época do ano… Fico doente ao ler os despachos telegráficos. Só falam de novas greves em escolas e fábricas, assassinatos de policiais, cossacos e soldados, distúrbios, desordem, motins. Mas os ministros, em vez de agir com rapidez e decisão, se reúnem como galinhas assustadas para cacarejar."

Em Petersburgo e Moscou, os revolucionários planejavam levantes armados. "Entreguei imediatamente o comando de todas as tropas em Petersburgo a Trépov", escreveu Nicolau, e "deixei claro que qualquer desordem deve ser reprimida com toda a severidade." Trépov ordenou a seus soldados "que não usassem balas de festim nem poupassem munição". Em Peterhof, o imperador esperava:

---

* Os Románov exasperaram Nicolau mesmo durante essa crise extrema. Em 1894, Nicky e Alix tinham ficado noivos por ocasião do casamento de Ducky (Melita, filha do duque de Edimburgo e irmã de Missy) com o irmão de Alix, Ernst de Hesse. O casamento não dera certo, e Ducky se apaixonou por Cirilo, filho do tio Vladímir, que quase morrera no afundamento do *Petropávlovski* pelos japoneses. Em 25 de dezembro de 1905, Cirilo e Ducky, sua prima em primeiro grau, se casaram, sem a permissão do tsar. Nicky e Alix ficaram furiosos; Nicky despojou Cirilo de seu título e de sua renda, o que fez seu pai, o tio Vladímir, renunciar a todos os cargos e atirar suas medalhas na mesa de Nicky. "Estou enfrentando dúvidas em relação a punir um homem publicamente numa época em que as pessoas já estão, de modo geral, de má vontade com a família", disse Nicky à mãe, e por isso restaurou o título e os direitos de Cirilo. "Ufa! Que dias cansativos e desagradáveis." Vladímir morreu em 1908, mas sua viúva, Miechen, se tornou a maior inimiga de Alexandra. "Como ela deve ter nos odiado", refletiu Nicky.

654

"Todo mundo sabia que alguma coisa iria acontecer [...] como antes de uma trovoada no verão". A escolha era ditadura "e rios de sangue" ou parlamento.

Nicolau estava assustado. Em 14 de outubro, Witte correu a Peterhof, onde conversaram o dia inteiro. Também presentes, os cortesãos Fredericks e Orlov Gordo aconselhavam a ditadura. O imperador telegrafou laconicamente ao ditador em perspectiva, seu primo Nikolacha: "Venha. Nicolau".

Nikolacha — Nikolai Nikoláievitch, filho de Nizi, conhecido na família como "o Terrível", devido a seu mau gênio assustador — correu a Peterhof. Rigoroso inspetor da cavalaria, Nikolacha se imaginava um cavaleiro medieval, mantendo uma corte de anões, e certa vez demonstrara o gume perfeito de sua espada cortando um de seus cães borzói ao meio diante de convidados atônitos. Venerando "a origem divina do poder do tsar", acreditava que o autocrata possuía "uma força secreta especial, obtida por meio de sua unção". Se o tsar lhe ordenasse que pulasse de uma janela, "eu faria isso sem hesitar". Minny o considerava "no fundo, um bom soldado", mas constava que ela teria dito que "ele sofre de uma doença incurável. É burro". Se não era inteligente, Nikolacha decerto tinha bom senso, e era o único Románov com capacidade de se tornar ditador. Contudo, não era, de forma alguma, o líder que parecia ser. Colecionador de porcelanas, esse gigante de pavio curto — media 1,95 metro — estava agora apaixonado por Stana, uma mulher casada, com quem partilhava uma fé inconsistente no espiritismo, nas mesas girantes e em Philippe. Pouco antes, Nikolacha descobrira um novo curandeiro, um camponês da Sibéria chamado Raspútin.

Em Peterhof, Witte propôs sua constituição ao tsar e a Nikolacha, mas saiu de lá sem resposta. Nicolau continuou a discutir, noite adentro, o que fazer. O tsar tentou convencer Nikolacha a se tornar ditador. Nikolacha saiu da sala e "correu para Fredericks, correu em torno da sala como um louco, com lágrimas nos olhos", bradando: "Temos de salvar ao soberano". A seguir, "sacou seu revólver" e, encostando o cano na cabeça, gritou: "Se o soberano não aceita o programa de Witte e quer me nomear ditador, vou atirar em mim mesmo, diante de seus olhos, com este revólver. Temos de agradar ao soberano [...]. Temos de fazer isso por nós e pela Rússia!". Alexandra nunca perdoou Nikolacha por essa chantagem histérica e dizia que a constituição era "culpa de Nikolacha". Surpreendentemente, porém, o ultrarreacionário Trépov aconselhou ao tsar que aceitasse a constituição, e o tsar só acreditava em Trépov. "Você é o único de meus servidores em quem posso ter confiança total." Mas agora lhe restava pouca escolha: "Sim, a Rússia está ganhando uma constituição".

Ainda tentando evitar Witte, o tsar mandou Fredericks e Orlov Gordo à casa de Witte para negociar as condições, enquanto sondava outros candidatos, e quando eles se despediram, às duas da manhã, Witte, agora com 59 anos, estava à beira de um colapso depois de toda essa evasão, esses jogos indignos, essas reuniões secretas. Amaldiçoava "esse conjunto entrelaçado de covardia, maquinação cega e estupidez" — uma descrição do próprio tsar. No dia seguinte, seus médicos lhe prescreveram cocaína para animá-lo e ele partiu para Peterhof.

Às cinco horas da tarde de 17 de outubro, na presença de Witte e de Nikolacha, Nicolau assinou um documento que concedia — ou, no jargão imperial, "impunha" — direitos civis a todos, um parlamento bicameral, cuja câmara baixa, a Duma, seria eleita por sufrágio (quase) universal, e a câmara alta teria metade dos membros nomeados e metade eleitos (o Conselho de Estado, bastante semelhante ao plano de Alexandre II em 1881), além de um governo coordenado por um primeiro-ministro: Witte.

O imperador e Nikolacha notaram que aquele dia era o aniversário do acidente ferroviário de Bórki. "Por duas vezes, nesse dia", admitiu Nikolacha, "a família imperial foi salva."[32]

Enquanto o primeiro chefe de governo nomeado pelo tsar na história da Rússia voltava para a capital a fim de publicar o *Manifesto sobre o aperfeiçoamento da ordem do Estado*, o tsar pensava na mãe, que viajara para a Dinamarca: "Querida mamãe, a senhora não pode imaginar o que eu sofri", mas "estamos em meio a uma revolução. Sei que a senhora está rezando por seu pobre Nicky". O tsar nunca se esqueceu daqueles "dias perversos" em que, como confidenciou a Zizi Naríchkina, "essa pessoa" [Witte] cujo nome ele não suportava pronunciar "tentava me conduzir para um caminho errado, mas eu não tinha força para me opor a ele".

Witte impôs seu novo gabinete ao imperador. "Não esquecerei de sua insolência", reagia Nicolau, fervendo de raiva. Em 23 de outubro, nomearam como ministro do Interior Pedro Durnovó, que mostrou ser o homem indispensável em 1905. "Baixo, musculoso e todo nervos, ex-oficial da Marinha e mulherengo incorrigível, Durnovó tinha servido a Alexandre III como chefe de polícia. Ordenou a

656

seus agentes que abrissem as cartas que sua própria amante, uma cortesã de Petersburgo, enviava a um embaixador espanhol. Ao descobrir que ela o estava traindo, mandou que a polícia invadisse seu ninho de amor e roubasse as outras cartas. A moça queixou-se ao embaixador, que informou ao imperador. "Livrem-se desse porco [Durnovó] em 24 horas", berrou Alexandre III — mas ele morreu um ano depois, o que permitiu que Durnovó refizesse sua carreira.

Esse policial de comportamento duvidoso tomava decisões rápidas, impiedosas e astutas. Três dias depois de sua nomeação, os marinheiros do Báltico, aquartelados perto de Petersburgo, se rebelaram. Dentro de cinco dias, Durnovó reprimiu a insurreição.

"Quando nos afastarmos da praia, começaremos a ser jogados de um lado para outro", Witte avisou a Nicolau. Realmente, em vez de trazer ordem, o *Manifesto* agravou a Revolução. O impulso parecia irreversível. Em Petersburgo, um soviete — conselho de trabalhadores e camponeses —, presidido pelo presunçoso representante da revolução, Liev Trótski, conduzia os tumultos. Lênin, agora líder da facção bolchevique dos sociais-democratas, chegou de Genebra em segredo.* A Sibéria, o Cáucaso e os territórios bálticos saíram do controle do governo. Em Baku, os armênios se vingaram com um massacre de azaris, enquanto os campos de petróleo queimavam.

Nicolau culpava Witte. "É estranho que um homem tão hábil se engane em sua previsão de uma conciliação fácil", disse ele à mãe. Nomeou seu vigoroso Trépov como comandante dos Palácios Imperiais, função na qual ele se tornou "um secretário indispensável, experiente, sagaz e cauteloso. Entrego a ele, para que leia, os memorandos longos de Witte, e ele presta um relatório conciso".

Em 1º de novembro, no pior momento da vida do imperador até então, as

---

* Os sociais-democratas estavam divididos em duas facções, que em parte se sobrepunham, mas tinham estilos completamente diferentes. Em 1902, em seu ensaio *Que fazer?*, Lênin exigiu uma revolução organizada por "alguns profissionais tão treinados e experientes quanto a polícia de segurança imperial". No segundo congresso do Partido, realizado em agosto de 1903, em Londres e Bruxelas, Mártov e a maioria dos sociais-democratas tiveram mais votos que Lênin, que então formou sua própria facção, a Maioria (Bolchevique), chamando seus adversários de Minoria (Menchevique) porque haviam vencido algumas votações de menor importância. Os mencheviques eram numerosos em todo o país e mais influentes no soviete de Petersburgo. As facções, interligadas, lutaram lado a lado em Moscou e na Geórgia, mas a rivalidade ficou cada vez mais agressiva e o rompimento se tornou permanente.

Corvas convidaram Nicky e Alix para visitá-las na propriedade Serguéievka, que não ficava longe. "Tomamos chá com Militsa e Stana", escreveu o tsar. "E conhecemos um homem de Deus — Grigóri, da região de Tobolsk." Não voltaram a se encontrar durante meses, mas fora criado um laço, e a devoção desse autêntico campônio confirmou a fé do casal nas massas, bem no momento em que temiam tê-las perdido.

O tsar pressionava por uma dura contrarrevolução. Witte e os ministros "falam muito, mas fazem pouco", Nicky disse à mãe. "Estou desapontado com Witte." Em 3 de dezembro, Durnovó determinou a prisão de Trótski e do soviete de Petersburgo. "Todos estão satisfeitos com o fato de 260 líderes importantes de comitês de trabalhadores terem sido presos", disse Nicky à mãe, "o que dá coragem a Witte para manter a linha de ação correta." Mas no dia 7 as prisões provocaram em Moscou a revolta planejada por Lênin. Durnovó foi a Tsárskoie Seló e insistiu com Nicolau para que lançasse uma campanha de repressão em grande escala.

Planejada por Durnovó com Nikolacha, agora promovido a comandante da Guarda e comandante de Petersburgo, a repressão foi conduzida pelos principais cortesãos do imperador. O novo governador-geral de Moscou era o almirante Fiódor Dubássov, que acompanhara Nicky em seu giro pelo mundo. Empregando o regimento de Semiónovski, Dubássov investiu contra barricadas no bairro operário com artilharia e metralhadoras. Deu a si próprio o epíteto de "queimador de celeiros" e não fez prisioneiros. Três mil trabalhadores morreram. "A insurreição armada em Moscou foi esmagada", escreveu, exultante, o imperador. "O abscesso estava crescendo [...] e agora rompeu." A seguir, o tsar nomeou outro "queimador de celeiros", o general Alexandre Orlov, seu amigo e comandante do regimento de Uhlan, para reconquistar as nações bálticas. Como Orlov não se mostrasse duro o suficiente, Nikolacha fez com que seu intendente lhe explicasse que "ninguém no alto [ou seja, o tsar] há de condená-lo por severidade excessiva, mas sim pela falta dela". Orlov fuzilou mais de mil e, quando relatou ter executado um grupo de setenta pessoas, Nicolau o elogiou por "agir esplendidamente".

"O terror tem de ser enfrentado com terror", declarou o tsar a Minny. Witte lhe informou que vinham chegando agitadores provenientes do Extremo Oriente. "Estão realmente deixando esses 162 anarquistas corromper o Exército?", retrucou Nicky. "Todos deviam ser enforcados." Ao saber que um destacamento da repressão aceitara a rendição de livônios rebeldes, ele insistiu: "A cidade devia ter sido destruída". As prisões eram comemoradas com a palavra "Poder!", enquanto a execução de 26 ferroviários rebelados foi saudada com um "Bravo!" imperial. Vladímir Bezobrázov, irmão do assessor de Nicky para o Extremo Oriente e um de seus oficiais da Guarda prediletos, encenava tétricos espetáculos de corpos pendurados em forcas. Quando o comandante Richter, filho do amigo de Alexandre III, chefiando um destacamento de repressão nos países bálticos, não só fuzilou os prisioneiros, mas depois pendurou os corpos, Nicolau escreveu outro "Bravo!". Trépov lhe informou que cossacos haviam exagerado no uso de seus chicotes. "Muito bem!", aplaudiu Nicolau. Quando soube de outras execuções, ele comentou: "Isso realmente me encanta!".

Durnovó agia como se estivesse conquistando um país estrangeiro. "Recomendo vivamente", disse ele a um subordinado em Kíev, "que você faça com que os revoltosos sejam aniquilados, e suas casas incendiadas." Nicolau ficou impressionado: "As ações de Durnovó são soberbas". Embora os dados oficiais mencionassem 1200 execuções e cerca de 70 mil presos, o número real de vítimas é desconhecido, mas com certeza houve mais de 15 mil mortos e 45 mil foram deportados.*

Em seguida, como os generais retomassem a zona do Cáucaso, combatendo de casa em casa em Tbilisi e Baku, Nikolacha propôs que dois comandantes partissem de cada ponta da Estrada de Ferro Transiberiana e se encontrassem no meio, aniquilando os rebeldes "com severidade exemplar" ao longo do caminho. "Ótima ideia", registrou o tsar, principalmente se eles acabassem com os judeus e os poloneses, que haviam organizado "as greves e, mais tarde, a revolução".[33]

Um pogrom contra os judeus, iniciado em Odessa, onde oitocentos foram mortos, desencadeou uma onda de ataques a judeus em todo o império. Nicolau

---

* Cioso de sua reputação histórica, Nicolau ordenou a Witte e seus ministros que devolvessem todos os documentos que registrassem sua severidade, e por isso poucos chegaram até nós. Com frequência ele se recusava a comutar a pena de morte de terroristas, mas se ocorria um erro judicial, considerava que seu papel como tsar era fazer justiça. Em 1908, na noite anterior a uma execução, a noiva de um condenado convenceu um jovem ajudante de ordens de que o rapaz era inocente. O ajudante de ordens corajosamente acordou o imperador em Peterhof e lhe expôs o caso. "Eu o elogio por agir dessa forma", disse Nicolau. "Graças a Deus, nenhum de nós terá a consciência pesada." Dirigiu-se a seu gabinete e voltou com um telegrama que dizia: "Adie a execução. Espere novas ordens. Nicolau". Entregando-o ao ajudante de ordens, disse apenas: "Corra!".

assim justificou o antissemitismo junto à mãe: "Nove décimos dos agitadores são judeus [e por isso] a fúria do povo contra eles. É espantoso como os ataques ocorreram ao mesmo tempo em todas as cidades da Rússia e da Sibéria".

Enquanto os *pogromtchiki* matavam 3 mil judeus de Vilna a Kichinev, dois jovens burocratas — Alexandre Dubróvin e um agitador de Kichinev, Vladímir Purichkévitch (o futuro assassino de Raspútin) — criavam a União do Povo Russo, um movimento de nobres, intelectuais, lojistas e arruaceiros sob a divisa "Tsar, fé e pátria" guiados pelo nacionalismo extremado e por violência antissemita. A União era a ala política de uma milícia direitista, as Centúrias Negras, que combatia os revolucionários e matava judeus. As Centúrias Negras fascistas, catorze anos antes que essa palavra fosse inventada na Itália, marchavam em nome do tsar, mas desprezavam suas transigências com parlamentaristas. Em dezembro de 1905, Nicolau recebeu Dubróvin em Tsárskoie Seló, dizendo-lhe que, "com a ajuda de vocês, eu e o povo russo havemos de derrotar os inimigos da Rússia", e aceitou a filiação honorária à União, usando seu distintivo e financiando seus jornais. Em 1906, o movimento contava com 300 mil membros. As Centúrias defendiam muitas das ideias do tsar sobre os judeus.

Nicolau era dado a caçoar de judeus em conversas informais, como muitos aristocratas europeus da época, e certa vez contou à mãe que um cortesão "nos divertira bastante com boas piadas sobre judeus, imitando-os muito bem, tanto assim que de repente ele fica até parecido com um judeu!". A própria Alexandra falava sobre "judeus odiosos e podres", e ao escutar um nome semítico, costumava comentar: "Judeu, com toda a certeza". Mas a implicância não parava aí. Para Nicolau, os judeus representavam tudo de ruim que havia no mundo moderno. "O inglês é um Yid", ele dizia com frequência. Para ele, um jornal era algo de que "um judeu ou outro se ocupa [...] tratando de provocar raiva de umas pessoas contra outras". Ao comandante de sua guarda pessoal, Alexandre Spirodóvitch, ele disse que "como russo e como homem, conhecendo a história, ele não podia gostar dos judeus, mas também não os odiava". No entanto, sua aversão era visceral. Depois de ler a peça de seu primo KR, *O rei da Judeia*, ele escreveu numa carta franca como de hábito: "Fui tomado por ódio aos judeus que crucificaram Cristo".

Em dezembro de 1905, o Distrito Militar de Petersburgo, provavelmente a mando de Nikolacha, publicou uma falsificação antissemita, os *Protocolos dos sábios do Sião*, que acusava os judeus da diabólica orquestração secreta de guerras mundiais.* Com a disseminação dos pogroms, Witte descobriu que o Ministério do Interior estava editando panfletos antissemitas. Quando contou isso a Nicolau, "sua majestade ficou em silêncio e parecia conhecer bem todos os detalhes".[34]

Nicolau estava louco para se livrar de Witte, que era "absolutamente desacreditado por todo mundo, a não ser pelos judeus no exterior". Contudo, antes o primeiro-ministro tinha de combinar as regras da nova constituição, as Leis Fundamentais, com o tsar, que insistia em preservar sua autocracia** — e depois negociar um empréstimo de 2,25 bilhões de rublos para financiar o governo falido. Assim que se fez isso, Witte renunciou, declarando: "A Rússia é um enorme hospício". Nicolau exultou. "Ele me odeia tanto quanto eu a ele", disse o tsar, que via Witte como um traidor pró-judaico. Quando Witte, aposentado, começou a ressurgir, Nicky disse a Minny: "A camarilha judaica mais uma vez semeia a sedição". Para substituir Witte, ele nomeou sua primeira escolha, Ivan Goremíkin, burocrata preguiçoso e medíocre, de 67 anos, que era "indiferente a tudo", o que agradava a Nicolau.

"O importante para mim", disse Nicolau, "é que Goremíkin nunca agirá pelas minhas costas. Não vou ter surpresas." Mas o Ministério do Interior era importante. Quando o gabinete de Witte renunciou, o tsar deu a Durnovó 200 mil rublos, e Goremíkin sugeriu que Pedro Stolípin, governador de uma província, o substituísse no Ministério do Interior. Num encontro com o tsar, Stolípin rejeitou o cargo — a menos que lhe fosse ordenado que o aceitasse.

"Eu ordeno", respondeu Nicolau, em pé diante de um ícone. "Compreendo o seu sacrifício. Eu o abençoo. É para o bem da Rússia."

---

* Na realidade, o panfleto resultou da adaptação de dois livros publicados na década de 1860 e dirigidos contra Napoleão III, mas não se sabe quem o criou. Na virada do século, agentes secretos russos, talvez Ratchkóvski, em Paris, podem ter encomendado essa falsificação absurda, embora poderosa, porém não há prova disso. Se o fizeram, o tsar acreditou que a obra fosse genuína, pois continuou a lê-la depois da abdicação.

** O direito de voto era amplo e voltado para o campesinato, tido como leal. O monarca controlava totalmente a política exterior e as Forças Armadas, nomeava os ministros e podia convocar ou dissolver a Duma, vetar suas leis e governar por decreto, se necessário. O resultado foi um sistema híbrido, autocrático-parlamentarista. Tal como o outro sistema híbrido na Europa, o alemão, ainda era dominado pelo imperador, que podia retomar o poder quase absoluto se assim desejasse, mas seu problema estava no fato de que as linhas de autoridade entre o monarca, os ministros e os parlamentares não estavam claras e se mostraram ainda mais caóticas do que tinham sido antes.

"Obedeço", disse Stolípin, beijando a mão do tsar. Nicolau "me segurou com ambos os braços e me sacudiu, cordialmente", escreveu Stolípin. "A sorte estava lançada."

Filho de um general, esse nobre rico, culto e feliz no casamento, alto, imponente e vistoso, com o braço direito ligeiramente atrofiado, era um líder visionário. No período em que governou Sarátov, havia desarmado terroristas pessoalmente. "O nervosismo é perdoável em senhoras; na política, não pode haver nervos", declarou. Era invulgarmente pró-semítico, julgando os 6 milhões de judeus da Rússia "não só necessários como muito convenientes e agradáveis". O notável Stolípin, um monarquista pragmático que estava determinado a refazer o sistema político, era da opinião de que, "na Rússia, não há nada mais perigoso do que a aparência de fraqueza". Logo viria a dominar o império – e eclipsar seu imperador.[35]

Na véspera da instalação da Duma, o tsar "não conseguiu dormir", escreveu sua irmã. "Ficou deitado, com uma sensação de tristeza e melancolia." Quando o trem chegou a Peterhof, vindo de Tsárskoie, o "único amigo" do tsar, o general Orlov, reduziu a tensão oferecendo a Alexandra um buquê de rosas. Na manhã seguinte, embarcaram no iate *Alexandria*.

Às 13h45 de 27 de abril de 1906, no Palácio de Inverno, Nicolau entrou lentamente no Salão Gueórguievski, precedido por cortesãos que portavam a coroa e demais insígnias e seguido pela imperatriz, a mãe e as irmãs, todas de vestidos longos e tiaras, além de cortesãos em trajes de gala. À direita estavam os integrantes do Conselho de Estado, aristocratas de fardas e condecorações; do outro lado do salão, de terno, estavam os membros eleitos da Duma. Ksênia lembrava-se de ter visto "vários homens de rosto repulsivo e expressão insolente e desdenhosa! Não se persignavam nem se curvavam". Como se expressou o novo chefe de segurança do tsar, Spirodóvitch, "um grupo parecia dizer: 'Enfim conseguimos o que queríamos', e o outro dizia: 'Não comemorem cedo demais'".

Nicolau subiu os degraus que levavam ao trono, pegou um discurso que lhe foi estendido por Fredericks e saudou, lacônico, "o grandioso momento histórico". Ao terminar, "ouviram-se aclamações, e o coro cantou o hino nacional", lembrou-se Ksênia. "Mamãe e Alix choravam, e o pobre Nicky estava de pé, em lágrimas, tendo perdido enfim o autocontrole." De volta a Peterhof, Nicolau "ficou feliz por finalmente conseguir dormir direito".

Porém a Duma, reunida no Palácio Tauride, de Potiômkin, se achava dominada por um grupo liberal esquerdista de democratas constitucionais, conhecidos como os *"kadets"*, que logo contestou os poderes do imperador, atacou o novo ministério e pôs-se a debater o confisco de terras. Sensata e secretamente, Trépov explorou um ministério *kadet*, talvez com a permissão de Nicky, mas quando isso veio à tona, o tsar retirou seu apoio, como era de seu feitio. Trépov morreu pouco depois. Nicolau e Stolípin estavam de acordo quanto à necessidade de pôr fim à Duma. Em 5 de julho, o tsar permitiu que o servil Goremíkin renunciasse e nomeou Stolípin, de 44 anos, para acumular os cargos de primeiro-ministro e ministro do Interior. No dia 8, enchendo Petersburgo de soldados, Stolípin supervisionou a dissolução da Duma.

Enquanto Stolípin reprimia os rebeldes, todos os partidos revolucionários, os bolcheviques e os socialistas revolucionários, bem como os federalistas georgianos e os *dachnaks* armênios buscavam no gangsterismo meios de se financiar; e recorriam a assassinatos para se expressar: 3600 autoridades foram mortas entre outubro de 1905 e setembro de 1906.

Em Peterhof, o tsar, acompanhado pelo Orlov Magro (Alexandre), bem como pelo Orlov Gordo (Vladímir), sentia-se sitiado por "esses crimes horrendos". Em 12 de agosto, Stolípin estava recebendo visitas em sua datcha na ilha Aptékarski quando três terroristas suicidas da facção Maximalista do SR entraram na sala e fizeram explodir os artefatos que traziam no corpo, matando 27 pessoas e mutilando setenta. Com o rosto ensanguentado, Stolípin retirou dos destroços a filha ferida, seguida pelo filho de três anos; ambos se recuperaram aos poucos, mas, a convite de Nicolau, ele transferiu a família para o Palácio de Inverno, mais seguro.

Os terroristas caçavam os inimigos da revolução. No dia seguinte foi assassinado Min, um dos repressores da revolução de Moscou. "Tivemos de ficar sentados aqui, praticamente como prisioneiros", disse Nicky à mãe. "Depois de matarem Min, esses canalhas anarquistas vieram a Peterhof para caçar a mim, Nikolacha, Trépov, Orlov e Orlov Gordo."*

---

* O almirante Dubásov foi ferido em outro atentado. Em fevereiro de 1906, na capital da Geórgia, o general Fiódor Griaznov, que retomara Tibilisi em brutais combates de rua, foi morto por bolcheviques, num episódio em parte organizado pelo jovem Stálin, enquanto o general Alikhanov-Avarski, muçulmano do Daguestão, apelidado "A Fera" pela forma como reconquistara a área

Naquele dia Stolípin presidiu uma reunião do gabinete "como se nada houvesse acontecido". O tsar enviou uma mensagem pessoal, saudando um "milagre divino — meus pensamentos estão com vocês".

"Minha vida pertence a VOSSA MAJESTADE", respondeu Stolípin. O tsar exigia execuções sumárias, uma caricatura do processo de lei devido. "O imperador dignou-se a determinar", escreveu o ministro da Guerra, Alexandre Rediger, a Stolípin, "que uma pessoa que cometa um crime passível de pena de morte não tenha mais de enfrentar uma longa espera, mas que a sentença seja aplicada e executada não mais que 48 horas após o crime." A ordem indireta do tsar foi atribuída a Stolípin. Daí em diante o laço da forca passou a ser chamado de "gravata de Stolípin", e os trens que levavam à prisão se tornaram os "vagões de Stolípin", nomes que perduraram no reinado de Stálin. A severidade do primeiro-ministro coincidia com a brilhante infiltração e fragmentação do movimento revolucionário por parte da Okhrana.

No entanto, a repressão tsarista foi surpreendentemente branda em comparação à dos soviéticos. Se incluirmos os auxiliares da polícia entre as vítimas, 16 mil funcionários foram assassinados entre 1905 e 1910, mas somente 3 mil terroristas foram enforcados, enquanto a punição mais frequente, o exílio administrativo na Sibéria, era fastidioso, frio e isolado, porém mais semelhante a férias espartanas para leitura do que a um campo de prisioneiros. Stálin fugiu nada menos do que oito vezes, às vezes a pé, às vezes, romanticamente, em trenós puxados por renas, ou ainda, prosaicamente, pegando um trem. Por outro lado, os trabalhos forçados, com frequência em minas, eram brutais.

"Podem dizer que eu estou lutando *contra* a revolução", gabou-se Stolípin, "mas *em prol* da reforma." Tomando Bismarck como modelo, ele acreditava numa monarquia nacionalista forte e apoiada por um parlamento, mas não no governo

---

ocidental da Geórgia e Baku, era assassinado por *dachnaks*. Caçados por esses mesmos terroristas, o tsar e sua família raramente apareceram em público durante os seis anos seguintes. Nunca mais viveram no Palácio de Inverno, ficando confinados nos parques de Tsárskoie Seló e Peterhof, protegidos por círculos concêntricos de segurança formados pelos Guarda-Vidas, pela Escolta Cossaca (chefiada pelo comandante do palácio), pelos 250 agentes à paisana que o tsar chamava, gracejando, de "os naturalistas", porque simulavam estar contemplando a natureza, pelos 250 membros da "Polícia Imperial" e, finalmente, pela guarda pessoal de trezentos homens, comandados pelo general Alexandre Spirodóvitch, que, como chefe da Okhrana em Kíev, tinha sido ferido por um terrorista. Ele se tornou amigo da família. Orlov Gordo coordenava toda essa gente.

parlamentar. "O que queremos", dizia, "é uma Grande Rússia."[36] Enquanto Stolípin buscava com energia seu objetivo, Nicky e Alix conheciam cada vez melhor o homem que, mais que qualquer outro, viria a caracterizar o reinado.

Naquele mês de outubro, Nicky e Alix receberam um telegrama de Grigóri Raspútin, "o homem de Deus". "Paizinho tsar", dizia a mensagem, "tendo chegado à cidade, proveniente da Sibéria, eu gostaria de entregar-lhe um ícone do Abençoado são Simão Verkhotúrski, o Milagreiro."

O casal já estivera com Raspútin em duas ocasiões, a primeira com as Corvas, um ano antes e, depois, durante um breve chá, em 18 de julho, mas agora esse telegrama simples, a primeira comunicação direta de Raspútin com eles, sem a intermediação das montenegrinas, despertou-lhes a imaginação. As Corvas haviam dito a Raspútin que ele nunca deveria contatar os tsares sem ser através delas. Era natural que Raspútin, com seu conhecimento da natureza humana e do jogo do poder, ignorasse essa ordem.

Em 12 de ourtubro, ele se apresentou no Palácio Alexandre para entregar o ícone. "Ele causou uma impressão bastante forte tanto na imperatriz quanto em mim", disse o tsar a Stolípin. Alexei, agora com dois anos, apresentava um ligeiro sangramento. Os pais estavam ansiosos. "Em vez de cinco minutos, nossa conversa estendeu-se por mais de uma hora", explicou o tsar, e terminou com Raspútin sendo levado ao quarto das crianças, para conhecer as meninas, mas, sobretudo, para orar por Alexei. Raspútin deve ter acalmado a criança e a mãe. Em seguida se ofereceu para ajudar Stolípin e sua filha, que haviam saído feridos do atentado. Assim que ele deixou o palácio, o tsar perguntou a um cortesão o que tinha achado do camponês. O homem deu a entender que ele era falso e instável, e o tsar não disse nada. Entretanto, a despeito do que houvesse acontecido com Alexei, Raspútin causara uma impressão mais forte do que qualquer pessoa poderia ter notado. O casal acreditou que ele era o novo "homem de Deus" vaticinado por Philippe. Nicky e Alix, que suspeitavam morbidamente de pessoas sofisticadas, o acolheram com credulidade e de braços abertos.

Grigóri Raspútin, de 37 anos, nascido na aldeia de Pokróvskoie, quatrocentos quilômetros a leste dos Urais, se achava no auge de seu carisma: chamava a atenção pela cabeleira comprida e partida ao meio, a barba revolta, a cor morena, a pele com marcas de bexiga e maltratada pelo vento, o nariz quebrado e os olhos fundos e cravados, que fascinavam algumas pessoas pela intensidade e repeliam outras pela ousada teatralidade. Homem de traços toscos, malcheiroso e rude, gostava de mulheres e as entendia, e elas formavam a maioria de seus adeptos. Evidentemente, ele exercia uma atração muito incisiva.

Quando cresceu, fez-se ladrão de cavalos, femeeiro e beberrão que descobriu Deus numa peregrinação a um mosteiro do interior. Casou-se com Praskovia, uma camponesa local que sempre foi devotada a ele, e tiveram vários filhos, entre eles duas meninas. Não sabia ler e escrever, mas tinha cultura e conhecia grande parte das Escrituras de cor. Tornou-se um homem santo, um *stárets*, e um peregrino errante, um *stránnik*, que afirmava possuir poderes místicos para se comunicar diretamente com Deus e realizar curas. Sua fé — em sua religião, seus poderes místicos e seu destino — era "absolutamente sincera", observou a grão-duquesa Olga, e essa fé bastava a si mesma.

Quer se acredite que seus poderes fossem milagrosos, hipnóticos ou teatrais, seu encanto era primitivo e simples. Os camponeses siberianos nunca tinham sido servos, e Raspútin quase recendia à liberdade dos grandes espaços abertos do Leste. Raspútin era dono de um extremo sangue-frio e lidava com sua clientela aristocrática e imperial com uma franqueza magistral e uma ousada segurança, sem o menor sinal de servilismo, fazendo com que até tsares julgassem um privilégio estar em sua companhia. Insistia que a grão-duquesa Militsa lhe desse três beijos, no estilo camponês, e é bem provável que Alexandra lhe beijasse as mãos; chamava Nicky e Alix de "Batuchka" e "Matuchka", dirigindo-se a eles com o pronome *ti* [você]; tratava Alexei como uma criança normal e, como observou a grão-duquesa Olga, "ele irradiava brandura e calor", longe da frieza dos cortesãos. Ele se deleitava com seu magnetismo selvagem e jamais ocultava sua mundanidade sexual. Pelo contrário, a libertinagem era um componente essencial de sua santidade, pois acreditava que somente pondo à prova sua contenção por meio de tentações sexuais e por episódios exuberantes de luxúria é que poderia experimentar o júbilo do perdão e da intimidade com Deus. É possível que tenha sido influenciado pela seita ilegal Khlisti [Flagelantes], que pretendia estabelecer a união com Deus por meio de um frenesi de danças, cantos e fornicação, mas, mesmo que isso tenha ocorrido, ele não era membro da seita e negava qualquer ligação com ela. Ele pregava a força da oração e da misericórdia, alertando constantemente contra "o inimigo" — o demônio —, mas seu principal ensinamento era: "o amor é tudo; o amor o protegerá de uma bala", como disse a Alexandra, que reunia tais ensinamentos num diário. Admitia sem rodeios: "Também sou tentado pelo inimigo".

Sendo, ao mesmo tempo, singular e comum, Raspútin se integrava à tradição de andarilhos santos. Na Era de Prata, sua ascensão refletiu não só o modismo de místicos e de sessões espíritas, como também uma decadência febril da sociedade e uma profunda desilusão com a própria Igreja ortodoxa, que, tendo se tornado um mero departamento do governo, estava cheia de oportunistas corruptos, como o restante da burocracia. Raspútin foi somente o último de uma legião de curandeiros favorecidos pela alta sociedade, patrocinados por arrivistas como as Corvas. Após muitos anos como andarilho, casando-se e gerando filhos em sua aldeia, e depois fazendo a peregrinação ao monte Atos, na Grécia, ele havia chegado a Petersburgo, pela primeira vez, em 1903, e fora saudado pelos hierarcas da Igreja, ansiosos, como todos os demais, para encontrar santidade verdadeira, no meio de tanta dissolução incrédula, num filho do solo siberiano.

Para muitas senhoras da sociedade, casadas com oficiais apagados, de dragonas douradas, que gastavam o tempo entre exercícios de ordem-unida para os soldados e jogos de cartas, aquele camponês siberiano, de barba sebenta e dedos ágeis, era emocionantemente real. Mais relevante era o fato de sua insolência tirar partido da culpa que sentiam por viver em palácios enquanto os camponeses passavam fome. Ele era despretensioso, engraçado e brincalhão, punha apelidos em todas elas, contava histórias picantes de fornicação com cavalos, ao mesmo tempo que lhes fazia perguntas sobre a vida sexual. Sua própria sexualidade selvagem, combinada com um encanto camponês e o prestígio do misticismo, era irresistível para algumas: uma mulher se gabava de ter desmaiado durante o orgasmo que ele lhe provocara. Dizia-se que seu pênis era de escala equina, enquanto Félix Iussúpov (seu futuro assassino) afirmava que uma verruga fortuitamente posicionada explicava suas proezas. Pegava amantes entre suas seguidoras devotas, muitas das quais eram mulheres destroçadas que iam procurá-lo para tratar várias formas de "histeria" e que ele às vezes seduzia, e então espancava e atormentava tanto por lascívia quanto por irritação; muitas se atiravam a seus braços; ele também se aproveitava de criadas, provavelmente violentando algumas delas. Mas depois, já próspero e poderoso, tinha legiões de prostitutas e de mulheres que se ofereciam em troca de favores políticos. Sua esposa Praskóvia, que o conhecia bem e o amava, uma vez flagrou o marido com uma jovem e disse: "Todos têm sua cruz para carregar, e a dele é essa".

Ela entendia a libido de Raspútin e foi quem melhor formulou a questão: "Ele pode fazer o quiser", disse certa vez, "tem em si o suficiente para todos".

Às vezes bastava a atmosfera inebriante do pecado: mais tarde, quando passou a visitar prostitutas diariamente, elas atestaram que muitas vezes ele só queria olhá-las e conversar. Afinal, a tentação e a negação constituíam a essência de sua fé, assim como a luxúria era um elemento vital de sua personalidade. Nessa época, bebia muito e pode ser que o álcool ocasionalmente o deixasse impotente. Talvez o mais notório erotômano e insaciável copulador — celebrado inclusive em canções populares — nem sempre fosse o amante imaginado pelas lendas.

Quando ele chegou a Petersburgo, seu primeiro patrono, o arquimandrita Teófanes, apresentou-o a seu primeiro Románov, Nikolacha, e o severo cavalariano se convenceu de sua santidade e apresentou-o às montenegrinas. A simplicidade rústica de Raspútin foi sua qualidade essencial para Nicky e Alix, que, alheados da sociedade de Petersburgo e sem contato com o campo, ansiavam por autenticidade. "Um verdadeiro camponês russo", assim o descreveu Nicky. Ele era a prova, a realização e a personificação da visão que o tsar e a tsarina tinham de si mesmos e de sua união sagrada com o campesinato. Sua depravação e libertinagem eram provas de que ele era um excluído na linha de Cristo; a repulsa que provocava entre os "fariseus" da sociedade sofisticada comprovava sua excepcional santidade. Para Nicky e Alix, ele se beneficiava de um círculo sagrado: quanto mais eles o admiravam, mais os fariseus o odiavam, o que evidenciava mais ainda suas virtudes. "Ele é odiado porque o amamos", dizia com frequência a imperatriz.

Raspútin jamais teria se tornado tão importante sem o infortúnio da hemofilia de Alexei. Só ele conseguia estancar o sangramento do menino, fosse por um poder curativo divino, fosse por sua capacidade de acalmar o paciente e, quem sabe, tranquilizar a mãe histérica. Não há explicação científica. Aos poucos ele se tornou mais essencial para os pais aflitos, cuja confiança no curandeiro não podia ser entendida por uma corte e um público que ignoravam o segredo de Alexei. Todavia, nosso desejo moderno de empatia familiar nos leva a esquecer uma parte igualmente importante da atração que ele exercia. Os dois monarcas deixavam claro que Raspútin lhes era agora indispensável devido às suas próprias necessidades: no caso de Alexandra, o agravamento de seu estado mental; no de Nicolau, seu esforço de representar o papel de tsar. Mesmo quando Alexei estava bem, os soberanos precisavam dele. Os dois tinham aquela atitude arrogante tão usual entre pessoas dolorosamente inseguras, e Raspútin não tinha pudor em afagar a vaidade do casal, em especial a de Alexandra, que acreditava cumprir um papel sagrado: "Ninguém conhece a glória como nossa Mãe Imperatriz", escreveu-lhe ele.

Mesmo que Nicolau o tivesse mantido como um discreto curandeiro da família, e que Raspútin se contentasse com isso, ainda assim ele teria causado escândalo. Até numa monarquia constitucional como o Reino Unido, os criados confidentes da rainha Vitória — o escocês John Brown e o indiano Munshi — provocaram indignação. Numa autocracia, qualquer pessoa muito próxima ao governante adquire força política, mas Nicolau não procurou afastar Raspútin da política. Foi a promoção de Raspútin, sobretudo por parte de Alix, e em especial depois de 1914, ao papel de conselheiro sobre todos os assuntos, que ajudou a destruí-lo, levando consigo seus protetores.

Quando ele tratava com céticos, como Stolípin, seu hábito de encarar as pessoas ou seu virar de olhos, sua algaravia incompreensível e à meia voz, bem como seus gestos esotéricos, se viam expostos em toda a sua embromação ama-dorística, ao mesmo tempo que sua ira petulante e vingativa, quando esses engo-dos falhavam, revelava o espírito mesquinho que coexistia com sua sinceridade.

Raspútin era um *showman* nato, como qualquer pregador evangélico. Podia não ter traquejo social, mas era impelido por uma ambição sem limites, um argu-to senso do fluxo do poder e uma percepção instintiva da psicologia das cortes — dons mundanos que de modo algum afetam nossa avaliação sobre ele ter sido um curandeiro de verdade ou um charlatão. O fato é que, com o passar dos anos, ele assumiu o papel de *consigliere* pessoal, religioso e político, ao mesmo tempo que não parava de fomentar seu poder, com ameaças e dissimulação, gabando-se de suas ligações nas altas-rodas, exibindo as cartas que recebia da tsarina, acumulan-do subornos para exercer sua força e sua influência, e seduzindo algumas mulhe-res e até estuprando outras. Grande parte disso decorria da fraqueza do tsar e da tsarina, bem como da necessidade, até da ânsia, que tinham do apoio e da valida-ção de Raspútin. Da parte de Raspútin, decorria de sua vaidade presunçosa, mas também de sua necessidade de garantir a própria segurança mediante o controle da polícia. Raspútin era uma mistura de poder místico e ambição mundana, bom senso, intenções decentes e egocentrismo sem limites. Seus conselhos eram sem-pre práticos e humanos — sempre foi contrário a guerras e defendia minorias, como os judeus —, mas suas escolhas pessoais eram interesseiras e ineptas, e no fim desastrosas para o regime.

Depois de Raspútin ter orado por Alexei, o imperador escreveu uma carta a fim de informar a seu primeiro-ministro que "ele sente um intenso desejo de ver o senhor e abençoar sua filha ferida com um ícone. Espero ansiosamente que o senhor possa achar um minuto para recebê-lo esta semana". Raspútin visitou Stolípin e rezou por sua filha. Ele não fugia dos poderosos.[37]

As Corvas regozijavam-se no reflexo da glória de Raspútin. "Stana e Militsa jantaram conosco e passaram a noite toda nos falando de Grigóri", escreveu Nicolau. Como todos, as Corvas desejavam alguma coisa do tsar. Stana Leuchtenberg desejava divorciar-se do marido e casar-se com Nikolacha. Este, que generosamente dera todo o seu palácio de presente à amante dispensada, vangloriou-se com KR que o casamento "não poderia ter sido conseguido sem a influência de Philippe à distância". Nicky deu sua permissão. "A autorização só pode ser vista como conivência", observou KR, "devido à proximidade de Nikolacha com o imperador e à de Stana com a jovem imperatriz." Isso era contrário às regras da família, impostas com tanto rigor em outros casos, porém Nicky se desculpou com a mãe: "Eu preciso demais dele". Nikolacha e Stana casaram-se sem alarde na Crimeia. O Terrível ficou felicíssimo, estava transformado, chamando Stana de "Minha Salvação Divina, Dádiva de Deus".

Da mesma forma como o tsar recomendara Raspútin a seu primeiro-ministro, a mais nova amiga de Alexandra também precisava da ajuda do camponês. Anna Tanéieva, de 21 anos, doze mais nova que Alexandra, era filha e neta de diretores da chancelaria privada do tsar. Nomeada dama de honra, Anna cuidava da amiga e dama de companhia de Alexandra, a princesa Sônia Orbeliani, que estava morrendo de paralisia no palácio, mas acabou cuidando da própria imperatriz. "Sentimental e mística", com a "cabeça de uma criança", essa jovem sem graça e de rosto redondo, "alta e gorda, com um rosto balofo e brilhante, desprovida de qualquer encanto", era pouco inteligente, mas "extremamente esperta". Ela se ligou a Alexandra com a devoção de uma colegial, o que era irresistível para a imperatriz, que "só alimentava amizades se pudesse ter certeza de ser o elemento dominante".

Alexandra convidou Anna para o cruzeiro pelo Báltico em 1905: "Querida Anna, Deus me mandou uma amiga em você". Desejando dar uma ajuda a sua desajeitada protegida, Alexandra se fez de casamenteira e a aproximou de um marinheiro que fora ferido em Tsushima, Alexandre Vírubov. Anna era uma combinação instável de mística crédula, romântica sem encantos, narcisista desajeitada e exibicionista do corpo: quando o médico da corte, Ievguéni Bótkin, a tratou por causa de uma inflamação de garganta, ela fez questão de ser examinada nua, enquanto os guardas se queixavam de ela se despir junto à janela.

Como Anna se sentisse insegura em relação a casamento, Alexandra pediu a Militsa que a apresentasse a Raspútin. Anna ficou deslumbrada. "Vi um camponês idoso [...] de olhos extraordinários, capazes de ver até a mente e a alma." O casamento poderia ser infeliz, ele declarou, mas deveria realizar-se.

Anna casou-se com Vírubov, porém o acusou de ser um degenerado sexual, e continuou virgem. Divorciou-se dele e se tornou seguidora devotada de Raspútin, louvando-o como "um santo que pronunciava palavras inspiradas pelo Céu". Anna tornou-se o elo entre os Románov e Raspútin. "Ela desempenha um papel cada vez mais importante em tudo", observou Ksênia.

O outro convidado constante em Peterhof e nos cruzeiros era o "único amigo do imperador", o general Alexandre Orlov* (não era parente de Orlov Gordo nem de seu clã que serviu a Catarina), "oficial bem-apessoado e famoso homem de sociedade com maneiras elegantes e encantadoras", que, como observou a dama da câmara privada, Zizi Naríchkina, agradava a suas majestades". Orlov se comportava em relação a Alexandra como um *cavaliere servente*, trazendo-lhe buquês e prestando-lhe homenagens. Era seu único amigo homem. "Não vou negar que a imperatriz flertava com ele um pouco", escreveu Naríchkina, "e que essa indiscrição por parte de uma mulher tão distante e altiva como ela fatalmente atraía considerável atenção."[38]

Nicolau e Alexandra começaram a convidar Raspútin com frequência ao palácio:** "Às 14h30, Grigóri veio nos ver e nós o recebemos com todas as crian-

---

* Nicolau rompera a amizade com Sandro, que o criticara durante a guerra e renunciara ao cargo de ministro quando o tsar concedeu uma constituição — e depois entrou em pânico durante a revolução, preparando-se para fugir em seu iate. Após 1905, o casal imperial aproximou-se mais do capitão do iate imperial *Chtandart*, N. P. Sáblin. O iate de 128 metros, batizado com o nome do navio capitânia de Pedro, o Grande, dotado de salões de mogno e canhões de 47 milímetros, tornou-se um segundo lar absolutamente seguro, sendo os homens de sua tripulação considerados membros da família estendida. (Depois de 1917, foi convertido em caça-minas e participou da defesa de Leningrado [São Petersburgo] durante a Segunda Guerra Mundial, sendo enfim sucateado em 1963.)

** Ao mesmo tempo, como o nome "Raspútin" parecia vulgar, por lembrar a palavra russa que

ças". Até os Románov precisavam marcar com antecedência para ver o tsar, mas Raspútin simplesmente aparecia. "Depois do chá, lá em cima, no quarto das crianças", escreveu o imperador em 29 de março de 1909, "conversei um pouco com Grigóri, que tinha chegado sem avisar."

"É uma alegria indizível que Você, nosso amado", escreveu a imperatriz a Raspútin, em 7 de fevereiro de 1907,

> estivesse aqui conosco. Como podemos agradecer-Lhe o bastante por tudo? [...] Só desejo uma coisa: adormecer em Seu ombro [...]. Você é tudo para nós. Perdoe-me, meu professor — sei que pequei [...]. Procuro fazer o melhor, mas não tenho sucesso [...]. Eu amo Você e creio em Você [...]. Que Deus nos conceda a alegria de nos encontrarmos em breve. Beijo-O com carinho. Abençoe-me e perdoe-me: sou sua Filha.

Mais tarde, no mesmo ano, Nicolau perguntou a sua irmã Olga, que vivia um casamento infeliz com o homossexual Pedro de Oldenburg, se ela "gostaria de ver um verdadeiro camponês russo". No quarto das crianças, "Raspútin levou Alexei para o quarto, e nós três [Olga, o tsar e a tsarina] os seguimos e tivemos a impressão de que estávamos na igreja. Ele estava rezando, e o menino juntou-se a ele na oração [...] consciente de sua total sinceridade [...]. Todas as crianças pareciam gostar dele, completamente à vontade em sua companhia".

Em outra visita, ele passou "um braço em torno de meus ombros" e "começou a afagar minha mão". Um dia, no boudoir malva de Nicky e Alix, Raspútin interrogou Olga abertamente a respeito de sua vida sexual: "Eu amava meu marido? Por que não tinha filhos?".

Alexandra concentrava-se em seu "querido bebê" Alexei, que era acompanhado continuamente por dois guarda-costas cossacos, enquanto ela tratava as meninas, que chamava pelo acrônimo coletivo "OTMA" — Olga, Tatiana, Maria e Anastássia — como uma entidade única, vestindo-as com roupas idênticas, ou, quando as duas mais velhas já não podiam usar vestidos de criança, aos pares: as Duas Grandes e as Duas Pequenas. As meninas dividiam quartos em duplas, dormiam em camas duras e suportavam banhos frios toda manhã, para que cresces-

---

significa "depravado" [raspútini], Nicolau ordenou ao marechal da corte, Paul Benckendorff, que providenciasse a mudança do nome dele para "Nóvi", indicando uma nova vida e seu papel como o Novo, depois da partida de Philippe.

e ao menos ela conseguisse ficar bem", disse Nicky: a histeria e a doença de Alexandra eram tão es-
santes quanto a hemofilia de Alexei. (Acima, à esq.) Alix abraça o filho no boudoir cor de malva,
 Palácio Alexandre; Alexandra precisava dos cuidados constantes de Anna Vírubova e das filhas
cima, à dir.).

 agem corriqueira da família acompanhando a imperatriz em sua cadeira de rodas, na Crimeia.

Aconselhado por Orlov Gordo, Nicolau começou a colecionar automóveis; na Crimeia, em 1913 imperatriz chega em um Delaunay-Belleville; o Rolls-Royce Silver Ghost de Nicolau (à dir.) era u dos dois Rolls que ele tinha em Livadia.

O iate *Chtandart* era o passatempo favorito da família: em junho de 1909 tiveram a companhia do K ser Guilherme II (no alto, à esq.), que sempre tentava convencer Nicolau a abandonar a aliança com França para se unir à Alemanha.

(Acima e abaixo, à dir.) Livadia e o *Chtandart* eram locais de divertimento e liberdade: em setembro de 1911, as filhas mais velhas, Olga (à esq.) e Tatiana flertam com seus oficiais favoritos do *Chtandart*, entre es Pável Vóronov (por quem Olga estava apaixonada); e dançando com os oficiais no convés.

erão de 1912, em um isolado fiorde na Finlân-a, Nicolau, um adepto da hidroterapia, se ba-ha nu (abaixo); em Livadia, deixa Anastássia agar um cigarro (abaixo, à dir.).

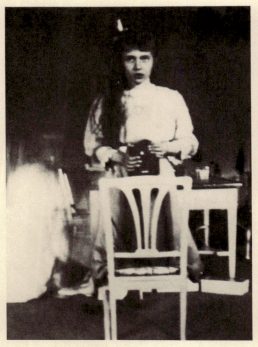 

A mais alegre da família, a inteligente e travessa Anastássia, tirando o que pode ter sido a primeira selfie.

Alexandra, fotografada de camisola por uma d filhas.

Alexandra e as meninas chegando à estação ferroviária de Kíev, em 1911, onde Nicolau é recebido p seu principal ministro, o grande estadista do país, Pedro Stolípin, enquanto o barão Frederiks, de b godes, verifica suas medalhas. Alexandra achava que Deus tinha retirado a proteção de Stolípin - mas logo perceberia estar enganada.

Alexei (no alto, à esq., vigilante em piquenique num cruzeiro do *Chtandart*) queria muito ser soldado. Pai e filho (acima) de uniforme no Palácio Alexandre. Em 1912, a família caçava em sua herdade Spała, na Polônia (à esq.), quando Alexei sofreu sua pior crise. Enquanto a mãe se mantinha na vigília (abaixo, à esq.), Rasputin mandou uma mensagem: "O pequeno não vai morrer". Mas o garoto ainda não conseguia andar e teve de ser carregado nas comemorações do tricentenário de Moscou, em 1913 (abaixo).

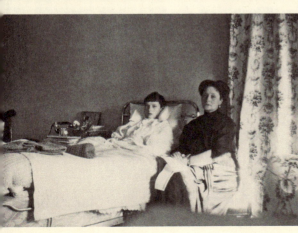

Verão de 1914: em Peterhof, alguém não indentificado, Tatiana, Anastássia, Maria e o tsar se inclina[m] para trás (à esq.), observados por Anna Vírubova.

Quartel-general da Primeira Guer[ra] Mundial: em Moguiliov (à esq.), o c[o-]mandante supremo Nicolau inspeci[o-]na a cavalaria ao lado de Alexei; e e[m] Baránovitch (abaixo, à esq.), Nicola[u] com o comandante supremo Nikol[a-]cha e o conde Frederiks.

(Abaixo, à dir.) Em Tsárskoie Seló, d[u-]rante a guerra, Alix e as meninas ma[is] velhas atuaram como enfermeiras: aq[ui] elas se divertem numa luta de espada[s] com soldados feridos na enfermaria.

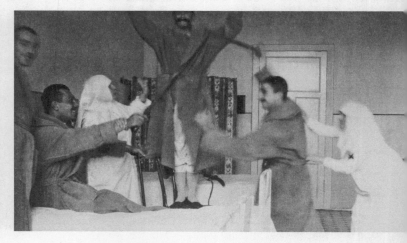

Nicolau assumiu o supremo comando, mas deixou Alexandra administrar o governo em Petrogrado, aconselhada por Raspútin. Em maio de 1916 ela o visitou no quartel-general de Moguiliov, para insistir na destituição de mais ministros.

A influência de Alexandra e Raspútin indignou a sociedade: príncipe Félix Iussúpov (à esq.), um playboy bissexual casado com Irina, sobrinha do tsar, e o grão-duque Dmítri (abaixo, com Alexandra) resolveram matar Raspútin. As memórias de Iussúpov são melodramáticas, mas de fato Raspútin foi executado. Quando o corpo foi encontrado (abaixo, à esq.), o tiro fatal era bem visível — à queima-roupa, no meio da testa.

Depois da Revolução: Nicolau nos bosques de Tsárskoie Seló (abaixo, à esq.); a família no telhado da casa do governador em Tobolsk (acima); e uma das últimas fotos de Nicky e Alix juntos em Tobolsk (abaixo, à dir.) antes de serem levados para Iekaterinburgo. "Uma revolução sem pelotão de fuzilamento não significa nada", declarou Lênin.

sem "sem nenhum vestígio de presunção". O único luxo delas era uma pérola e um brilhante no aniversário, e cada uma tinha seu perfume Coty preferido. A família, principalmente as meninas, se dedicava à fotografia, fazendo milhares de fotos com câmeras Box Brownie. Anastássia foi até pioneira da selfie, sentando-se numa cadeira diante de um espelho e mantendo a câmera na altura da cintura.

Enquanto Alexandra e as meninas faziam seus trabalhos de agulha, "atrás da cadeira dela, destacando bastante seu rútilo cabelo dourado", lembrava-se Anna, "ficava um criado negro enorme, com lindas calças escarlate, uma jaqueta bordada a ouro e um turbante branco". Só restavam agora quatro núbios, dos quais dois eram americanos. O favorito delas era Jim Hercules, ex-boxeador da Virginia, filho de escravo, que ia à sua terra todo ano, nas férias, e trazia geleia de goiaba, apreciada pelas grão-duquesas, e certa vez trouxe uma tenda de índios americanos, que ficava no quarto de brinquedos de Alexei.

Alexandra se mostrava desafiadoramente autocentrada, fazendo a crônica de seus males neuróticos e físicos, sempre diferentes — ciática, dores de cabeça, dores nas costas, dores nas pernas, angina, classificando a gravidade de seu coração dilatado desde número um (leve) a número três (severa).* Nicolau sofria também, dizendo a Anna que "faria qualquer coisa, até ir para a cadeia, para ela ficar boa". Alexandra passava a maior parte do tempo deitada no sofá e sendo levada de um lado para outro em cadeira de rodas. "Fechava-se em seu quarto, recusando-se a ver quem quer que fosse, até as crianças", lembrava-se Anna. As meninas sentiam sua falta. "Minha querida mamãe", escreveu Tatiana num inglês estropiado. "Espero que você hoje não esteja incomodada e que possa levantar-se para o jantar. Fico sempre muito triste quando você está incomodada e não pode se levantar. Pode ser que eu tenha muitos erros, mas, por favor, me perdoe."

Suas "menininhas" gostavam de Raspútin como confessor e confidente. "Minhas queridas menininhas de ouro… Meu pequeno e doce Alexeiushka e menininhas, vivo com vocês e sempre lembro do quarto onde ficávamos… Logo estarei com vocês." Ensinava-lhes que "o importante não é o poder e sim a crença e o amor", mas, como todos os outros, reservava suas adulações especiais para o herdeiro, a quem chamava de "Olya": "Olya triunfará… porque não é um ser ter-

---

* O dr. Ievguêni Bótkin, filho do médico de Alexandre, prescrevia Veronal, um barbitúrico, para suas doenças — para as quais ela tomava também ópio, cocaína e morfina. Bótkin era criticado por ceder às exigências de Alix e receitar esses opiáceos em dose cada vez maior.

reno comum; nunca existiu um tsar assim... Tem um olhar semelhante ao de Pedro, o Grande". Olga falou a Raspútin sobre seu primeiro amor, um jovem oficial: "É difícil sem o senhor. Não tenho ninguém com quem falar sobre as minhas preocupações [...]. Aqui está o meu tormento. Nikolai está me levando à loucura [...]. Eu o amo [...]. Quero me atirar nos braços dele". Mas Raspútin aconselhava: "Tenha cuidado". Tatiana ansiava por vê-lo de novo: "Quando o senhor vem? Sem o senhor tudo é tão enfadonho!".

"Minha pequena Pérola [...]. Sinto falta de sua alma simples", escreveu Raspútin a Maria. "Nós nos veremos em breve. Beijo grande." Alexandra fez uma preleção à mais velha, Olga: "Lembre-se, acima de tudo, de dar sempre um bom exemplo às mais novas, e só assim nosso Amigo ficará contente com você".

Nicolau gostava de Raspútin porque ele tranquilizava Alexandra. "É melhor um Raspútin", dizia, "do que dez ataques histéricos a cada dia." Entretanto, era mais do que isso. Se Nicky fazia uma viagem, "Grigóri vela por essa jornada", escreveu-lhe Alix, "e tudo há de sair bem". À sua maneira mais serena, menos extrovertida, Nicolau também achava Raspútin indispensável como uma espécie de padre psiquiatra. "Eu só sobrevivi por causa das orações dele", disse Nicolau certa vez, mais tarde.

Como as visitas de Raspútin fossem registradas pela segurança, Anna fez com que o imperador e a imperatriz se encontrassem com ele no bangalô dela, escrevendo ao comandante dos palácios: "O ancião chegou às duas e suas majestades querem vê-lo hoje. Acham que seria melhor em minha casa". O bangalô de Anna, que ainda se conserva fora dos portões de Tsárskoie Seló, tornou-se o que um ministro mais tarde chamou de "o pórtico do poder". Nicolau registrou em seu diário: "Passamos na casa de Ania, vimos Grigóri e falamos com ele durante muito tempo".

Nesse período, antes de sua notoriedade, Raspútin foi uma presença habitual no registro feito por Nicky de sua existência tranquila. Havia passeios, partidas de tênis e jogos de dominó e bilhar com seus filhos; chás com Raspútin e reuniões com o primeiro-ministro: "Recebi Stolípin. Jantamos juntos na varanda".[39]

"Não tenho como lhe dizer", disse Nicky à mãe, em 11 de outubro de 1906, "o quanto aprendi a gostar de Stolípin e a respeitá-lo." Em 20 de fevereiro de 1907, reuniu-se a segunda Duma, muito mais radical que a primeira, com 118 socialistas, depois da decisão de Lênin e Mártov de permitir a participação de seus partidos. Stolípin e Nicolau começaram imediatamente a cogitar a dissolução dessa Duma, "mas é cedo demais para isso", disse o tsar à mãe. "É preciso deixar que façam alguma coisa claramente estúpida [...]. E aí, sim! E eles somem." Os radicais exigiam o confisco de terras, uma medida que nem o tsar nem o primeiro-ministro estavam dispostos a levar em conta. Em 6 de março, Stolípin os desafiou com um desempenho de mestre. "Esses ataques que visam a paralisar o governo equivalem a três palavras dirigidas às autoridades — 'Mãos ao alto!'", ele declarou. "A essas três palavras, cavalheiros, o governo deve responder com outras três: 'Não temos medo!'." Até Nicolau ficou impressionado.

Assim que decidiram dissolver a Duma, Stolípin planejou um *coup d'État* político para modificar a lei eleitoral. "Esperei o dia inteiro, impaciente, uma notificação de sua parte", escreveu Nicolau a Stolípin. "As coisas estão se arrastando. A Duma tem de ser dissolvida amanhã. Sem demora. Sem nenhum momento de hesitação."

Em 1º de junho Stolípin determinou à Duma que expulsasse seus extremistas. Como a Duma se recusasse a isso, ele entrou em ação. No dia 3, a polícia cercou o Palácio Tauride, prendendo muitos bolcheviques e mencheviques. Realizando novas eleições, Stolípin reduziu a lista de eleitores (excluindo os não russos), de modo a eleger uma nova Duma dominada por nobres e empresários, na qual o Partido de Dezessete de Outubro, chamado de "Outubristas", que apoiava a autocracia semiconstitucional, tivesse maioria. Entretanto, a antiga convergência entre os Románov e a nobreza se rompera havia muito: a terceira Duma durou cinco anos, porém grande parte de sua oposição vinha agora da pequena nobreza. Mesmo esse "parlamento do rei" desafiava Stolípin.[40]

"Às vezes Stolípin é tão arbitrário que me incomoda", admitiu Nicky, "mas meu incômodo não dura muito, e ele é o melhor primeiro-ministro que já tive."

Os partidos revolucionários estavam mal. Se o número de sociais-democratas tinha sido 150 mil em 1907, em breve haveria menos de 10 mil. Muitos bolcheviques recolheram-se sem alarde a uma vida pacata e arranjaram empregos ou se exilaram para lançar invectivas e brigar, como fez Lênin na Suíça e na Áustria.* O

---

* O banditismo extremo dos sociais-democratas passara a ser muito malvisto. Reunidos em Londres, no começo de maio, os mencheviques proscreveram as "expropriações" (roubos de ban-

número de unionistas, de direita, também encolheu. O tsar admirava seu primeiro-ministro, mas havia diferenças reais entre o autocrata moscovita e o modernizador conservador. Enquanto cultivava nacionalistas de direita, financiando em segredo jornais unionistas, ao mesmo tempo Stolípin preparava reformas muito mais liberais que desafiavam as mais profundas convicções de Nicolau, e o primeiro passo dizia respeito à obsessão do imperador — os judeus.

"Não é anormal irritar e enfurecer uma raça de 5 milhões de pessoas?", perguntava Stolípin. "É evidente que isso está errado." Ele chegou até a refletir que "os judeus atiram bombas", mas, "se eu vivesse nessas condições, talvez também atirasse bombas". Seu desejo era suspender todas as restrições que pesavam sobre os judeus, mas em outubro de 1906 ele propôs uma melhoria "modesta" dos direitos dos judeus. Chocado, o tsar não respondeu durante dois meses, porém meditou sobre a questão judaica "noite e dia". Por fim, em 10 de dezembro, disse a Stolípin que "uma voz interna não para de insistir, cada vez mais, que eu não tome essa decisão. Até hoje, minha consciência não me enganou. Eu pretendo obedecer ao que ela prescreve". Em seguida, ele expôs explicitamente sua visão do vínculo místico entre o tsar e Deus: "O coração do tsar está nas mãos de Deus. Assim seja".

Por instinto, Nicolau desejava que a Rússia voltasse a ser uma potência internacional, um papel tão ligado à legitimidade dos Románov. Ele e Stolípin estavam de acordo que a Alemanha e a Áustria eram as principais ameaças, que a Rússia deveria mostrar solidariedade aos eslavos e pressionar no sentido de obter o controle dos estreitos. Contudo, Stolípin insistia: "Precisamos de paz. Uma guerra, nos próximos anos, será fatal para a Rússia e para a dinastia". Qualquer coisa além de uma "política estritamente defensiva" seria "loucura". No entanto, o imperador tinha os olhos postos na ambição tradicional dos Románov, correndo um risco que quase levou a uma guerra europeia.

Depois de feita a paz com os japoneses, o novo ministro do Exterior de

---

cos). No entanto, no mesmo encontro, Lênin, que desprezava os escrúpulos dos mencheviques, ordenou a Stálin que continuasse a roubar bancos para financiar o Partido. As "expros" revelaram diferenças intransponíveis entre as duas facções, que se tornaram partidos diferentes. Esse banditismo chegou ao clímax em Tbilisi, em 26 de junho de 1907, quando bolcheviques, organizados por Stálin, assaltaram a diligência do Banco do Estado e roubaram 250 mil rublos (muitos milhões hoje), matando cinquenta transeuntes na confusão criada pelas bombas. Depois disso, desprezado em sua Geórgia natal, Stálin se mudou para Baku, mas logo foi traído por agentes duplos, preso e exilado na Sibéria, onde ficaria durante a maior parte do tempo até 1917.

Nicky, o liberal Alexandre Izvólski, recomendou uma orientação ocidental contra a Alemanha. Izvólski, proposto por Minny, era "obviamente um homem vaidoso, que se pavoneava sobre pezinhos laqueados", escreveu Harold Nicholson, filho do embaixador britânico na Rússia. "Seus ternos, de Saville Row, caíam de maneira muito justa em sua compleição roliça. Usava um alfinete de pérola, monóculo, polainas brancas, um lencinho branco no paletó, tinha o rosto mole e reconchudo, com lábios pálidos e grossos [...] e deixava um ligeiro rastro de *violette de parme*." Cada vez mais, os britânicos temiam a Alemanha. O secretário do Interior, Sir Edward Grey, sondava continuamente a Rússia. Mas o tsar se mantinha frio. Eduardo VII escrevia carinhosamente ao sobrinho e recebia o embaixador russo com alegria. Izvólski defendia essa proximidade. Nicky venceu o rancor de cinquenta anos de hostilidade: a aproximação fazia sentido estratégico. Em agosto de 1907, Izvólski acertou o tratado que solucionava os conflitos — a Pérsia, o Afeganistão e o Tibete — entre os impérios.* Como a Rússia estava aliada à França, que desfrutava sua Entente Cordiale com a Grã-Bretanha, Izvólski juntou-se a um bloco que rivalizava com o da Alemanha, Áustria e Itália.[41]

Em 16 de setembro de 1908, Izvólski reuniu-se num castelo da Morávia com o ministro do Exterior da Áustria, o barão Alois von Aehrenthal, a fim de discutir um acordo em relação aos Bálcãs que satisfizesse os apetites dispépticos dos dois impérios aflitos e revisasse o acordo de Berlim em 1878. A Rússia desejava os estreitos abertos aos navios de guerra russos e a possibilidade de influência especial sobre Constantinopla. Desde 1878, a Áustria vinha "administrando" a província otomana da Bósnia, cuja população se compunha basicamente de sérvios. Aehrenthal desejava revitalizar a Áustria, mediante a anexação da Bósnia, assustando com isso a Sérvia, que aspirava a governar não só a Bósnia, como todos os eslavos do Sul.

---

* Em maio de 1908, Eduardo VII e a rainha Alexandra encontraram-se em Reval, a bordo do *Chtandart*, com Nicolau, sua família e Stolípin. Bertie considerava Nicolau "deploravelmente simplório, imaturo e reacionário", enquanto Nicky tinha Bertie na conta de "um perigosíssimo intrigante". Nesse encontro, porém, Bertie procurou seduzir Nicky e encantou os marinheiros russos ao saudá-los com um "bom dia, meninos", em russo. Não obstante, induzido por seus amigos judeus, os Rothschild, Bertie pediu a Stolípin que ampliasse os direitos dos judeus e brincou com Alix, dizendo que seus filhos falavam inglês com sotaque escocês. No jantar do tsar, um cortesão britânico encontrou Alix chorando histericamente no convés. Um ano depois, Nicky, a família e Stolípin viajaram à ilha de Wight por ocasião da regata, quando Olga e Tatiana tiveram o prazer de poder ir às compras em Cowes, muito bem protegidas por guarda-costas, na primeira saída delas às ruas desde a Revolução.

Nicolau tinha autorizado esse acordo, e como Aehrenthal concordasse, o tsar ficou "satisfeitíssimo". Esse pacto, que criava esferas de influência nos Bálcãs, talvez pudesse ter evitado 1914, mas fracassou, e nenhum outro evento, até o assassinato de Francisco Ferdinando, contribuiu mais para acelerar a eclosão da guerra mundial. Enquanto Izvólski ainda obtinha apoio em capitais estrangeiras, Aehrenthal enganava a Rússia e simplesmente anunciou a anexação da Bósnia. A Sérvia objetou; o chefe do Estado-Maior austríaco pressionou em favor da guerra; e a Alemanha se dispunha a apoiar Viena.

Quando a notícia correu, a Duma, a imprensa e a opinião eslavófila atacaram a cínica traição dos irmãos eslavos da Rússia por Izvólski e ameaçaram com a guerra contra a Áustria. Furioso, Stolípin criticou Izvólski por criar o risco de uma guerra na Europa. O tsar, que aprovara esse processo, tudo ouviu com "insensível reserva" e, como era típico dele, fingiu saber muito menos do que sabia, mas concordou que o acordo estava morto. Izvólski se referiu a Aehrenthal (de quem se dizia ter origem judaica) como "aquele judeu sujo". Aehrenthal chamou-o de "macaco de coração negro". A Sérvia estava disposta a lutar,* mas o tsar avisou que "não vale a pena o mundo brigar pelos Bálcãs".

No entanto, a Áustria e a Rússia se preparavam para a guerra. Em 1º de março de 1909, a Alemanha apresentou um ultimato à Rússia: aceitar a anexação ou a Alemanha interviria para apoiar a Áustria. A Europa estava à beira do conflito. Às seis da manhã do dia 6 de março, em Tsárskoie Seló, o imperador consultou seus ministros, porém o ministro da Guerra, Rediger, advertiu francamente que "a Rússia carece de soldados, de artilharia e de fortalezas! Por isso, é totalmente impossível enfrentar" a Áustria, quanto mais a Alemanha. Além disso, a França, aliada da Rússia, ainda não estava preparada para ser arrastada a uma briga pelos Bálcãs. O tsar recuou, contrariado. "O papel que a Alemanha desempenhou nessa crise é odioso e nojento", disse à mãe.** "A forma e o método de ação da Alemanha — quero dizer, em relação a nós — foi simplesmente brutal, e não vamos nos esquecer disso." Da próxima vez, a Rússia estaria pronta para a luta. Depois desse fiasco, teria de estar.[42]

---

* Ferdinando "Raposa" aproveitou a crise para se declarar "tsar da Bulgária". Minny considerou isso uma impertinência sem nome, e Nicolau disse ser "o ato de um megalomaníaco", mas teve de reconhecer o título de Raposa. O príncipe Nikola de Montenegro exigiu a aprovação do tsar para um ataque à Áustria, apoiado por sua filha Stana e por Nikolacha.

** Naquele outubro, o tsar perdeu "seu único amigo", Alexandre Orlov, que morreu de tuberculose no Cairo. Nicolau construiu para ele um mausoléu, em que Alix com frequência depositava flores.

678

***

Pelo menos em uma coisa o tsar e seus críticos na Duma estavam de acordo — na determinação de rearmar a Rússia. O Exército sofrera perdas sérias depois de 1905, e a Marinha estava esvaziada. Nicolau nomeou um Conselho Estatal de Defesa, dirigido por Nikolacha, com a missão de definir uma estratégia militar, mas o primo corpulento não conseguiu um acordo quanto a essa política, e o tsar de início encomendou uma nova esquadra. O líder da comissão de Defesa da Duma, o inescrupuloso Alexandre Gutchkov, industrial e duelista contumaz, que lutara na Guerra dos Bôeres contra os britânicos, propôs que as Forças Armadas deveriam ser administradas com supervisão parlamentar (ou seja, dele), em vez de continuarem a ser responsabilidade do tsar. Stolípin apoiava essa iniciativa, que afetava o controle das Forças Armadas pelo imperador. Nicolau vetou o projeto. Stolípin pediu demissão. O tsar não a aceitou.

"Esta é a minha vontade", escreveu Nicolau a Stolípin, com o tom autêntico de um autocrata revigorado:

> Lembre-se de que vivemos na Rússia, e não no estrangeiro, de forma que não admitirei nenhuma ideia de afastamento. É claro que Petersburgo e Moscou vão discutir, mas os gritos histéricos logo se calarão. Ordeno que o senhor defina com os Ministérios da Guerra e da Marinha as mudanças necessárias nas leis que dizem respeito às Forças Armadas [...]. Advirto-o de que rejeito categoricamente um pedido de demissão por parte do senhor ou de qualquer outra pessoa.

Nicolau fez prevalecer sua vontade. Promoveu Stolípin a camareiro real e secretário de Estado, mas nomeou um homem de sua confiança, Vladímir Sukhomlínov, ex-chefe do Estado-Maior, como ministro da Guerra, a fim de atuar como seu coordenador militar. Baixinho, evasivo e frívolo, Sukhomlínov era um hábil cortesão, porém seu calcanhar de aquiles era sua mulher, sensual e pretensiosa, Iekaterina Butovitch, uma conhecida cantora do teatro de variedades, 34 anos mais nova do que ele, e apaixonada por dinheiro e joias. Logo se indispondo com a Duma, por um lado, e com Nikolacha, por outro, ele era presunçoso e corrupto, porém mais competente do que parecia. Com o apoio do tsar, Sukhomlínov lançou uma colossal campanha de rearmamento, começando com o Pequeno Programa, logo após a Crise Bósnia, seguido por uma "reorganização" em 1910 e depois se expandindo no Grande Programa de 1913, tudo isso financiado por uma economia que florescia, ajudada por boas colheitas, por anos de investimento estrangeiro e pela implantação de estradas de ferro: a receita do governo quase dobrou entre 1900 e 1913-4.*

Nesse ponto, Nikolacha e as Corvas se voltaram contra Raspútin, que julgavam impertinente, ingrato e, o pior de tudo, incontrolável por eles. Quando as Corvas confrontaram o *stárets*, ele se pôs a arengar com tanta arrogância sobre a "importância de sua missão" que Militsa o acusou de heresia. Alexandra desprezava Nikolacha porque ele tinha "se voltado contra um homem de Deus". De sua parte, Nikolacha lamentava ter um dia conhecido o camponês: "Imaginem meu horror: Raspútin chegou ao tsar através de minha casa".

Se a vontade do tsar prevaleceu em relação às Forças Armadas, Stolípin agora dominava a política externa, e nomeou seu cunhado, Serguei Sazónov, como o novo ministro do Exterior. "Para o sucesso da Revolução Russa", disse Stolípin, a guerra é essencial. "Sem a guerra os revolucionários nada podem fazer."

No fim de 1910,** Stolípin propôs estender as assembleias *zémstva* eleitas às províncias polonesas, mas a ala de conservadores no Conselho de Estado derro-

---

* Sukhomlínov tentou demolir muitas fortalezas obsoletas, modernizar a artilharia, criar reservas a que recorrer em situação de guerra e modernizar os planos de mobilização. Sua promoção a ministro da Guerra assinalou a redução da importância do posto de chefe do Estado-Maior, e agora era de seu interesse que essa função fosse entregue a homens medíocres, incapazes de lhe fazer sombra. Entretanto, ninguém tinha confiança nele. "Há alguma coisa no general Sukhomlínov que me deixa inquieto", refletiu mais tarde o embaixador da França, Maurice Paléologue. "Conheço poucos homens que inspirem mais suspeita à primeira vista." Com certeza não era homem de vistas largas. Quando Sandro sugeriu uma força aérea, ele respondeu em meio a gargalhadas: "Brinquedos de Blériot em nosso Exército?".

** Em 31 de outubro daquele ano, Tolstói, visto amplamente como o outro tsar da Rússia, deixou de repente sua propriedade para fugir da mulher, Sófia, mas adoeceu no trem e teve de desembarcar numa estação remota. O mundo assistiu ao desenrolar do drama do sábio moribundo. Tolstói fora, durante muito tempo, um inimigo feroz do tsarismo. Em 1901, Pobedonóstsev tomara medidas para sua excomunhão da Igreja, enquanto o tsar recebia cartas rudes do romancista (entregues por seu primo Bimbo, que era amigo de Tolstói), que lhe dizia: "não creia" que qualquer entusiasmo popular "seja expressão de devoção ao senhor [...] é só um bando de pessoas que se interessam por qualquer espetáculo incomum". A morte de Tolstói, quando enfim aconteceu, em 7 de novembro, foi uma "ocorrência discutida demais, em minha opinião", disse Nicky a Minny, "mas felizmente ele foi sepultado sem barulho" em Iásnaia Poliana, sua propriedade, que Stolípin argutamente propôs comprar para a nação. Nicolau vetou a ideia.

tou o projeto. Stolípin denunciou-os a Nicolau como "reacionários suspeitos, falastrões e mentirosos".

Em 5 de março de 1911, cansado depois de seis anos de lutas e percebendo a duplicidade do tsar, Stolípin novamente renunciou ao cargo. "Pense em outra saída e me diga", ordenou Nicolau, mas havia divergências fundamentais e também pessoais. O tsar achava que as tentativas de Stolípin de transigir com o parlamento estavam debilitando os baluartes que protegiam a Rússia da revolução. Stolípin desejava criar uma nova base para a monarquia entre as ordens inferiores, e para isso utilizaria as reformas fundiárias (para fortalecer o campesinato), promoveria o bem-estar dos trabalhadores (a fim de conquistar o proletariado) e usaria concessões (para conquistar os poloneses e outras nacionalidades), mas o tsar e seu grupo sabotavam todos os seus planos. Nicolau não perdoava seu brilho e sua insolência: "Você acha que eu gostava de estar sempre lendo nos jornais que 'o presidente do conselho de ministros fez isto, o presidente fez aquilo?'", explodiu ele um dia, numa rara revelação do ódio por trás da refinada fleuma inglesa. "Eu não conto? Sou um ninguém?"

Stolípin ditou seu preço para permanecer no cargo. O tsar deveria afastar os adversários dele de Petersburgo, prorrogar a Duma e forçar a aprovação do projeto por decreto. A imperatriz-viúva interveio. Chamou Nicky, que chorou de frustração quando Stolípin passou por ele no corredor e entrou na sala de visitas dela. "Informei a meu filho que só o senhor possui a força e a capacidade para salvar a Rússia", disse ela ao primeiro-ministro. Stolípin recebeu do tsar uma carta de dezesseis páginas: "Não tenho desejo de permitir sua saída". Ressentido com o ultimato, mas decidido a "conservar o senhor a todo custo", o tsar cedeu a Stolípin. Mas governar por decreto, como queria Stolípin, foi um erro.

Raspútin não era mais segredo. Stolípin soube por cortesãos de seus encontros frequentes com os monarcas, enquanto Alexandra permitiu que o camponês indicasse o novo superprocurador do Santo Sínodo. Gutchkov, agora presidente da Duma, atacou as "influências irresponsáveis" na corte, ganhando com isso o ódio perpétuo de Alix.[43]

O primeiro-ministro e o imperador tinham divergências políticas mais sérias, e Raspútin era um problema apenas da casa imperial. No entanto, Stolípin, como ferrenho monarquista, julgou ser seu dever advertir o tsar a respeito da devassidão e dos vínculos sectários do siberiano. Fez com que a Okhrana o seguisse. Quando apresentou relatórios das orgias de Raspútin com prostitutas em casas de banhos, Nicolau respondeu: "Eu sei disso, e ele prega as Sagradas Escrituras nesses lugares", dizendo enfim ao primeiro-ministro: "Tudo o que você diz sobre Raspútin pode ser verdade. Seja como for, nada posso fazer a respeito". Stolípin disse à filha que, "sempre que tive a oportunidade, alertei o tsar. E veja o que ele me falou pouco tempo atrás: 'Concordo com você, Pedro Stolípin, mas melhor dez Raspútins do que um dos acessos histéricos da imperatriz'". O tsar sugeriu um encontro entre os dois homens.

"Raspútin correu os olhos pálidos sobre mim", recordou Stolípin. "Resmungou palavras misteriosas e inarticuladas das Escrituras e fez movimentos estranhos com as mãos." O primeiro-ministro sentiu "o intenso poder de hipnose, o que produziu uma forte impressão", mas, compondo-se, ameaçou "esse verme" com um processo como sectário, a menos que Raspútin deixasse a capital. Raspútin saiu com um repelão. Stolípin baniu-o de Petersburgo durante cinco anos, desafiando o tsar, que prometeu que não voltaria a se avistar com o camponês, promessa que logo quebrou. Raspútin refugiou-se em sua casa nova em Pokróvskoie.

Alexandra defendeu "Nosso Amigo". "Aos poucos", observou Zizi Naríchkina, "eles passaram a julgar todas as pessoas com base em sua atitude em relação a Raspútin. Quem falava bem dele 'prestava', quem lhe fazia objeções 'não prestava'" — mesmo que fosse o primeiro-ministro, que Alexandra agora considerava um inimigo. "Ele já cumpriu seu papel", disse ela um dia, soturnamente, e deveria "retirar-se para o segundo plano, já que nada mais tinha a realizar."

A batalha por Raspútin foi travada nos boudoirs e nos quartos das crianças do Palácio Alexandre. Primeiro, Raspútin tinha estuprado uma de suas primeiras seguidoras. Alix mandou sua amiga Anna Vírubova e duas senhoras à Sibéria, para investigar. É claro que nada encontraram de impróprio, mas, no trem, Raspútin não conseguiu resistir a uma plateia cativa: subiu no beliche com a camareira e apalpou-a até ela gritar.

Quando as Corvas relataram tudo isso, Alexandra lhes disse que nunca mais tocassem no nome de Raspútin, e elas compreenderam que tinham sido substituídas por Anna nas afeições da imperatriz. Tornaram-se suas inimigas mortais, uma ruptura que só fazia aumentar. "A família havia sido um bloco inteiriço, tendo o imperador como eixo", comentou Missy, mas foi "um erro crasso permitir que o sentimento de família se despedaçasse [...]. Excessivamente autocentrados, interessados apenas em seus filhos, Nicky e Alix negligenciaram seus parentes imperiais, corroendo a lealdade deles."

"Você um dia falou de seu desejo de fazer uma peregrinação à Terra Santa", disse

Nicolau a Raspútin. "Este seria um ótimo momento para isso." Ele pagaria a viagem, o que "você merece devido aos muitos serviços prestados à Coroa". Raspútin passou a Páscoa em Jerusalém, mas, ao regressar, voltou a conquistar o favor imperial.

"Depois do jantar", escreveu Nicky, "tivemos o prazer de rever Grigóri, que havia voltado de Jerusalém e Atenas." Alexandra já tinha encomendado um livro, *Santos russos que foram loucos sagrados em Cristo*, a fim de explicar o papel tradicional dele. Entretanto, a ausência de Raspútin não tinha tranquilizado seus inimigos: seus ex-defensores na Igreja, o bispo Hermógenes e o idiota epiléptico Mitka Koliaba o atraíram para um encontro e, aos gritos, agarraram seu pênis e o apertaram até ele confirmar seus pecados. No dia seguinte, Raspútin correu em busca de Nicolau e fez com que Hermógenes fosse destituído e exilado.[44]

Stolípin voltou de suas férias com planos radicais — mas quase fantasiosos — de criar novos ministérios de nacionalidades a fim de reconquistar a lealdade das minorias, remover "todas as restrições aos judeus" e instituir um sistema de seguridade social que proporcionasse assistência médica aos trabalhadores. Faria uma viagem a Washington para forjar uma aliança com os americanos.

Não é preciso dizer que tais medidas seriam vistas com horror pelo imperador, pela Justiça e pela polícia. Para depreciar Stolípin, Nicolau planejou retirar da alçada do primeiro-ministro o Ministério do Interior (mais poderoso, naquele estranho sistema, do que a chefia do gabinete, devido ao fato de controlar a segurança). Numa atitude surpreendente, o tsar pediu a Raspútin que viajasse a Níjni Nóvgorod a fim de "encarar a alma" de seu jovem governador, Alexei Khvostov, "repulsivamente gordo", que poderia vir a ser um bom ministro do Interior. Sem compreender que esse camponês era o enviado secreto de Nicolau II, Khvostov ignorou Raspútin, que ainda assim voltou com a impressão de que aquela era uma pessoa que ele poderia usar.

No fim de agosto de 1911, o tsar e a família viajaram a Kíev a fim de inaugurar uma estátua de Alexandre II. Stolípin já se encontrava lá — e o tsar convidara também Raspútin. Durante a cerimônia, Raspútin, observando o tsar e o primeiro-ministro à distância, apontou para a carruagem de Stolípin: "A morte viaja com ele!".

Stolípin parecia doente e desalentado. Temia um assassinato (e não sem motivo, já que se dizia ter havido dezessete tentativas) ou um ataque cardíaco.

Ele tinha razões para se preocupar. Quando o chefe local da Okhrana, o coronel N. N. Kuliabko, checava as possíveis ameaças de atentados, um jovem revolucionário chamado Dmítri Bogrov, um agente duplo a seu serviço, avisou-o que havia um plano terrorista para assassinar Stolípin por ocasião da apresentação de uma ópera no Teatro Municipal de Kíev. Interrogado por Kuliabko e por Spiridóvitch, chefe da guarda pessoal do tsar, Bogrov se ofereceu para identificar "o assassino", que estava hospedado em seu apartamento, em troca de um ingresso para o evento. O general Pável Kurlov, vice-ministro do Interior, aprovou esse acordo absurdo.

No dia 1º de setembro, o tsar e as duas grão-duquesas mais velhas, Olga e Tatiana, acompanhadas pelo filho de Ferdinando "Raposa", o príncipe herdeiro Boris da Bulgária, possível pretendente das moças, chegaram ao camarote imperial para ver o *Conto do tsar Saltan*, de Rímski-Kórsakov. Os camarotes recebiam nessa noite a aristocracia polonesa, enquanto Stolípin, usando um uniforme branco de verão, com dragonas douradas, foi ter com outros ministros a poucos metros dali, nas primeiras filas da plateia. Os policiais Kurlov, Kuliabko e Spiridóvitch procuravam o agente duplo Bogrov, de fraque, a quem tinham dado ingressos. Kuliabko o localizou no primeiro intervalo. Bogrov declarou que "o assassino" ainda não tinha deixado seu apartamento. No segundo intervalo, Kuliabko, nervoso, ordenou a Bogrov que fosse à sua casa para vigiar esse hóspede perigoso. Em vez disso, Bogrov caminhou na direção do fosso da orquestra, onde Stolípin conversava com Fredericks.

Nicolau, Olga e Tatiana saíram de seu camarote, para tomar um chá no foyer, no momento em que, na plateia, um jovem se aproximou do primeiro-ministro. Stolípin "olhou para ele com curiosidade, como se fosse perguntar o que ele desejava", mas só viu Bogrov sacar uma pistola e disparar dois tiros. O primeiro atingiu a mão erguida do alvo; o segundo atravessou a Cruz de Vladímir em seu peito e foi se alojar no fígado. "A orquestra estava tocando um intermezzo", recordou Zizi Naríchkina, que se achava no camarote imperial, ao lado do tsar, "quando de repente se ouviu um som metálico." Nicolau escutou os dois estalos e, julgando que "um par de binóculos havia caído do balcão em cima da cabeça de alguém", não tomou conhecimento da tentativa das filhas de detê-lo e correu de volta a seu camarote. "De onde eu estava pude ver Stolípin em pé", escreveu. Mulheres gritavam, e "eu vi que um grupo de oficiais tirava alguém dali". Stolípin "virou-se vagarosamente em minha direção e fez o sinal da cruz com a mão esquerda. Só então notei que ele estava muito pálido e que havia sangue na manga direita de seu paletó". O sangue era brilhante em sua túnica branca. Stolípin levou a mão ao peito, percebendo que tinha sido alvejado. Em seguida, olhando para o tsar e falando para Fredericks, disse: "Majestade, estou feliz em morrer pelo tsar". Fredericks correu até a beirada do camarote para transmitir a Nicolau o que fora dito, e ele respondeu: "Espero que não haja motivo para se falar de morte".

"Receio que haja", disse Fredericks. "O imperador estava mortalmente pálido", recordava-se Naríchkina. Pessoas da plateia esmurravam o assassino, enquanto Stolípin, atendido pelo dr. Bótkin, afundava numa poltrona, desabotoando a túnica. Conseguiu sair do teatro, caminhando até a ambulância que o levou às pressas ao hospital, seguido pelo assassino, que a polícia salvou por um triz de linchamento. Ainda acompanhado pelas duas moças, "que tudo viram", o tsar permaneceu em seu camarote, "obviamente perturbado, mas sem mostrar medo". O elenco veio ao palco e, caindo de joelhos, entoou o hino nacional. "Saí dali às onze", contou o tsar à mãe. "A senhora pode imaginar com que emoções." De volta ao palácio, Nicky narrou a Alix o acontecido. Acompanhada por sua governanta, Sófia Tiútcheva, que não dormiu durante toda a noite, Olga "manteve uma expressão de coragem", enquanto Tatiana se mostrava "muito lacrimosa". Raspútin veio orar com eles.

"O pobre Stolípin sofreu um bocado naquela noite", escreveu Nicolau, "e teve de receber morfina." Em 3 de setembro, no Hospital Maiakóvski, a mulher de Stolípin o encontrou muito falante, mas a bala estava alojada ao lado do fígado. O tsar o visitou, porém ela não permitiu que ele conversasse com o marido, temendo que Stolípin ficasse muito agitado. Instalou-se um quadro de sépsis. No dia 5, Stolípin pediu "Apaguem a luz", e morreu. Na manhã seguinte, Nicolau rezou junto a seu leito de morte, repetindo: "Perdoe-me!".

Para substituir Stolípin, o tsar logo nomeou o cauteloso e elegante ministro das Finanças, Vladímir Kokóvtsov, cuja loquacidade lhe valera o apelido de "Gramofone". Quando se soube que Bogrov era judeu, as Centúrias Negras de Kíev pediram um pogrom. Nicolau declarou que "não admitiria um pogrom contra os judeus sob pretexto algum". O novo primeiro-ministro despachou tropas para Kíev. O imperador sabia que a cidade já borbulhava de ódio aos judeus por outra razão.[45]

Enquanto Nicolau estava em Kíev, o promotor da cidade expôs a ele um novo caso do "libelo de sangue". Em 20 de março de 1911, o corpo de um menino chamado Andrei Iuschinski havia sido descoberto numa caverna nos arredores da cidade. As Centúrias Negras alegavam que o sangue do menino tinha sido drenado por ritualistas judeus. Muito provavelmente o menino fora assassinado por ordem de uma criminosa cruel, mas, visando promover o nacionalismo contrarrevolucioná-rio e impedir distúrbios antissemitas, a polícia prendeu e acusou um inocente fabri-cante de tijolos judeu, Mendel Beilis. Embora não houvesse provas contra ele e o próprio ritual fosse um mito, o ministro da Justiça, Ivan Scheglovítov, expôs o caso ao tsar e determinou ao chefe da promotoria pública de Kíev que indiciasse Beilis.

Em seguida, o promotor Grigóri Tchaplínski anunciou ao imperador: "Te-nho a satisfação de informar a vossa majestade que o verdadeiro culpado do assas-sinato de Iuschinski foi encontrado. Trata-se do judeu Beilis". Nicolau deveria ter interrompido o processo. No entanto, persignou-se e nada fez.

O tsar tinha perdido o mais competente estadista da Rússia devido à incúria e à displicência da polícia, se não de sua cumplicidade deliberada. Daí a dois dias, os jornais souberam que Bogrov era agente da polícia. Teria a Okhrana, inspirada pela camarilha da corte, encomendado o assassinato de Stolípin? Uma comissão nomeada pelo tsar para investigar a desastrosa incúria da polícia logo constatou que Kurlov e Kuliabko tinham demonstrado "crassa incompetência". Bogrov foi enforcado, mas Nicky recusou-se a levar os policiais a julgamento. Durante algum tempo ignorou Spirodóvitch, mas logo o perdoou.

Stolípin havia posto em prática toda sorte de planos para solucionar o proble-ma que era criar uma coalizão conservadora de apoio de massa à autocracia e ao mesmo tempo modernizar a Rússia, porém nada dera certo. Na burlesca incoerên-cia da política russa, na qual tivera de lidar, por um lado, com ultrarreacionários de suíças e, por outro, com marxistas inflexíveis, Stolípin tinha feito inimigos em to-dos os campos, enquanto perdia amigos a cada inovação ousada. Homem de sua época e de sua classe, Stolípin estava à mercê do monarca que o nomeara. Mais uma vez, o obstáculo para salvar a autocracia era a própria autocracia.

O fatalismo de Nicolau lhe permitia agir sob uma pressão insuportável, mas nesse caso sua insensibilidade descontraída chama a atenção. Quatro dias depois, ele narrou à "doce e querida mamãe as mais variadas impressões, tanto jubilosas quanto tristes". Após contar a história do "pobre Stolípin", ele falou sobre o "es-plêndido" desfile militar, "o belíssimo dia de verão", o "prazer infindo" que sentira ao subir de novo a bordo do iate e o "espetáculo realmente brilhante" da Marinha, acrescentando que "tenho repousado bem aqui e dormido bastante", enquanto "Alix também está cansada — ela teve muito que fazer em Kíev".

Stolípin havia abdicado do direito de viver: "As pessoas que ofenderam a Deus na pessoa de Nosso Amigo", disse Alexandra ao grão-duque Dmítri, "não podem mais contar com a proteção divina". Quando uma dama de companhia questionou o fato de terem sido recebidos por uma banda militar em Sebastópol tão pouco tempo depois do assassinato de Stolípin, ela replicou: "Ele era apenas um ministro, mas este é o imperador russo".

Logo depois que a família se instalou no novo Palácio Branco, em Livadia,* o tsar e a tsarina receberam ali o novo primeiro-ministro. Depois do almoço, Alexandra convocou Kokóvtsov para um estranho sermão que ela lhe fez sentada na cadeira de rodas. Como ele elogiasse Stolípin, ela respondeu: "O senhor parece reverenciar demais a memória dele [...]. Acredite em mim, não devemos lamentar aqueles que não estão mais entre nós [...]. Quando uma pessoa morre isso significa que seu papel terminou e que ela seguiu para onde deveria ir, uma vez que seu destino estava cumprido". Aconselhando-o a não "buscar apoio junto a partidos políticos, já que eles são pouco importantes na Rússia", ela concluiu que "Stolípin morreu para abrir espaço ao senhor, e isso é bom para a Rússia".[46]

Em 3 de novembro, o imperador deu um baile pelo aniversário de Olga, que fazia dezesseis anos. Usando o cabelo preso num coque e com um vestido longo de tule branco, com um corpete de renda e uma faixa, a debutante dançou, feliz, cercada por oficiais do *Chtandart* e observada pela imperatriz, que não sabia ainda que suas cartas secretas a Raspútin circulavam por toda a Petersburgo.[47]

Raspútin tinha sido salvo pela providencial ascensão de Stolípin, mas sabia que esse escândalo poderia destruí-lo. Os jornais, semilivres, estavam cheios de revelações a seu respeito. "Nunca permitirei uma imprensa livre", vangloriara-se o tsar certa vez. "A imprensa só há de publicar o que eu quiser." Mas 1905 tinha mudado tudo isso, ainda que, como os censores não deixavam a imprensa referir-se ao camponês siberiano pelo nome, os jornais usassem um eufemismo — "For-

---

* O Palácio Branco havia substituído os palácios de madeira de Alexandre II e continuou a ser o cenário das visitas anuais dos exóticos emires de Bukhará e Khivá, que levavam presentes generosos para as crianças. No começo de 1945, foi nele que se realizou a Conferência da Crimeia, entre Stálin, Churchill e Roosevelt. FDR hospedou-se no próprio palácio, dormindo no boudoir da imperatriz; Churchill ficou no Palácio Vorontsov, e Stálin no Palácio Iussúpov.

ças Sombrias". Enquanto o imperador incentivava seus ministros a censurar os jornais, a imperatriz-viúva apelava aos políticos para que a ajudassem contra o próprio filho. No dia 12 de fevereiro de 1912, Minny chamou Kokóvtsov e, em lágrimas e usando da mais chocante deslealdade, denunciou Alexandra: "Minha pobre nora não percebe que está arruinando tanto a dinastia quanto ela própria. Ela acredita piamente na santidade de um aventureiro. Nada podemos fazer". Naquele mesmo dia, Alexandra ordenou a Nosso Amigo que pusesse à prova a lealdade de Kokóvtsov.

"Estou planejando ir embora para sempre", escreveu-lhe Raspútin, "e gostaria de me avistar com o senhor para trocarmos ideias. Diga quando." Ao entrar em seu gabinete, Raspútin sentou-se e, em silêncio, cravou em Kokóvtsov seus olhos cinzentos e fundos "e não os desviou durante muito tempo, como se pensasse estar lançando algum sortilégio hipnótico".

"Então, devo ir embora? Estão contando histórias a meu respeito."

"Isso mesmo, seu lugar não é aqui, e o senhor compromete o soberano."

"É tudo mentira. Não insisto em ir ao Palácio. Eles me chamam… Muito bem, vou embora!" Kokóvtsov não havia passado no teste. Disse ao tsar que Raspútin era "um típico representante do vagabundo siberiano", ao que Nicolau mentiu dizendo que mal conhecia "aquele homem" e "só o vira duas ou três vezes". Nunca mais falaram sobre Raspútin.

Quando a quarta Duma, recém-eleita, se reuniu, seu rotundo presidente, Mikhail Rodzianko, monarquista ferrenho, estava resolvido a confrontar o tsar em relação a Raspútin. Minny o chamou. "Não faça isso", disse. "O imperador não vai lhe dar crédito. Tem o coração tão puro que não acredita no mal."

"Majestade", respondeu Rodzianko, "é uma questão que afeta a dinastia."

"Deus o abençoe." A mãe de Nicky correu para alcançá-lo. "Mas não o magoe demais."

Em sua audiência com o tsar, que fumava um cigarro após outro, Rodzianko abordou a questão do "*stárets* Raspútin e do fato inadmissível de sua presença na corte de vossa majestade".

"Fale", disse o tsar, "de cabeça baixa e desviando o olhar."

"Todo o governo, desde os ministros até os escalões inferiores da polícia secreta, está mobilizado para o objetivo de dar cobertura a esse aventureiro." O tsar deu-lhe permissão para investigar as alegações contra Raspútin e até o apresentou ao tsarévitch Alexei. "Apresentei-me como o homem mais gordo e corpulento da

Rússia", lembrava-se Rodzianko. Alexei riu. Quando Rodzianko voltou com um relatório incriminador, Nicolau recusou-se a expulsar Raspútin de Petersburgo. Deu a Rodzianko o apelido de "Gorducho".

A princesa Zinaida Iussúpova, amiga de Alexandra e única herdeira da maior fortuna da Rússia, tentou convencê-la de que o parlamentarista Rodzianko era um patriota, mas a imperatriz o desancou: "A forca é boa demais para homens como Rodzianko". Por isso, enfim Minny decidiu falar abertamente. "Tivemos uma conversa sobre Grigóri", escreveu Nicky em 15 de fevereiro de 1912. Alix defendeu Raspútin — "um homem excepcional" — e criticou a sociedade como "futriqueiros de mente suja" e os ministros como "todos covardes".

A questão de Raspútin — e as intrigas contra ele — agora tinha passado além da corte e chegado aos filhos do casal imperial. A governanta Sófia Tiútcheva achava que as visitas de Raspútin às moças não eram mais aceitáveis, já que Olga e Tatiana eram adolescentes. Suas opiniões chegaram aos jornais. "O que está acontecendo na ala das crianças?", indagou-lhe o imperador. "Então a senhora não acredita na santidade de Grigóri? E se eu lhe dissesse que durante todos esses anos difíceis eu só sobrevivi por causa das orações dele?"

Ali, num raro exemplo de franqueza, Nicolau revelou a verdade de seu relacionamento com Raspútin, acrescentando que "não acreditava naquelas histórias, o puro sempre atrai tudo o que é sujo". Quando Tiútcheva comentou: "Vossa Majestade também é puro de coração", ele respondeu: "Sou então o inimigo dos meus próprios filhos?". Tiútcheva foi ordenada a nunca mais falar sobre Raspútin, mas a governanta continuou a espalhar boatos e fazer intrigas contra Alexandra. Apesar disso, permaneceu no emprego por mais dois anos. Raspútin "é odiado porque nós o amamos", Alexandra disse a Anna, acrescentando ao dr. Bótkin que "os santos são sempre caluniados".

Em 1909, Raspútin mostrara as cartas da imperatriz — nas quais ela declarava sua devoção ao siberiano — ao enlouquecido padre Iliodor, que as roubou e logo as entregou a um membro da Duma, que as tornou públicas. O novo ministro do Interior, Alexandre Makárov, confiscou as cartas e as devolveu ao tsar, que, nervoso, "ficou pálido, tirou as cartas do envelope e as guardou na gaveta de sua mesa. O imperador queria que Raspútin atenuasse o estresse que era governar; agora ele estava fazendo esse estresse aumentar. A família deveria ser o santuário de Nicolau; em vez disso, tinha se tornado seu tormento.[48] Dessa vez, até Alexandra se voltou contra Raspútin. Ele precisava sumir.

* * *

Em setembro de 1912, Nicolau e a família viajaram para Spała, sua propriedade de caça na Polônia. Ao entrar num bote, Alexei, agora com oito anos, machucou a virilha, que inchou. Dias depois, em 2 de outubro, após um passeio sacolejante de carruagem pelas matas de Spała, Alexei, com febre alta e com a coxa e o abdome sangrando, desmaiou. Durante onze dias seus gritos ecoaram pelo alojamento de caça, enquanto ele rezava, "Ah, Deus, tem piedade de mim!", ou pedindo a Alexandra: "Mamãe, me ajude!". De vez em quando ele julgava estar morrendo: "Depois que eu morrer, construam na mata uma pequena lápide de pedras para mim". Um dia, ao ver a dor do filho, o pobre Nicky "correu, chorando muito, para seu gabinete". O tsar "se revezava com Alix para cuidar de Alexei", e a agonia secreta deles era de cortar o coração. "O coitadinho sofreu terrivelmente", Nicky contou a Minny, "e ele sentia dores espasmódicas, além de delirar." Em 6 de outubro, sua febre subiu e ele teve uma hemorragia estomacal. Os médicos persuadiram o imperador a emitir boletins, sem que houvesse menção à hemofilia. "Depois que eu morrer", Alexei perguntou a Alexandra, "não vai doer mais, não é?" No dia 8, Alexei recebeu a extrema-unção, na presença de Nicky e Alix. O menino estava morrendo.

Alexandra apelou para Raspútin, na Sibéria. Na manhã seguinte, 9 de outubro, ela sorria. "Não estou mais nem um pouco ansiosa", disse. "Durante a noite, recebi um telegrama do irmão Grigóri."

"Deus viu suas lágrimas e suas orações", ele tinha escrito. "O menino não vai morrer." A febre de Alexei caiu. Daí a dois dias, o sangramento havia cessado e o inchaço começou a diminuir. Fosse aquilo um milagre, o resultado da tranquilização da mãe ou o fato de a crise ter chegado ao clímax, Raspútin era indispensável.[49]

Enquanto isso, a Europa se encontrava no limiar da guerra. Desejosos de se precaver de um possível conflito, o imperador e a Duma estavam despejando dinheiro nas Forças Armadas — o chamado Grande Programa. Sukhomlínov modernizava o país a toque de caixa, construindo novas estradas de ferro, o que possibilitou que em 1917 a Rússia fosse capaz de mobilizar cem divisões em dezoito dias, apenas três dias a menos que a Alemanha. Em 1914, a Rússia gastava mais dinheiro em seu Exército do que a Alemanha, e quase o mesmo volume de recursos na Marinha. Assistindo à criação desse novo superexército russo, os generais alemães se convenceram de que era melhor começar a lutar logo, em vez de esperar que os russos estivessem prontos. Entretanto, dispor de orçamentos generosos era uma coisa, superar as deficiências de treinamento, doutrina e tecnologia era outra, bastante diferente. Na realidade, havia tanto dinheiro que Sukhomlínov não tinha como gastá-lo todo. Em Livadia, o primeiro-ministro avisou ao soberano: "Seu Exército está num estado lamentável", culpando Sukhomlínov.

"O senhor está coberto de razão", respondeu o tsar. "O dinheiro não será usado e nossos armamentos não vão melhorar."

Alexandra ignorou Kokóvtsov, e o ministro da corte o procurou. "O tsar pediu-me que expressasse seu desagrado em relação aos comentários que o senhor fez sobre o ministro da Guerra." Ao se tornarem mais frequentes na Europa os espasmos de exibição de força, intensificados pelas rivalidades nos Bálcãs e pelo declínio do Império Otomano, o imperador dificilmente poderia resistir ao rearmamento. "O senhor está sempre certo", disse ele ao primeiro-ministro, "mas não posso recusar os empenhos de verbas militares. Queira Deus que apaguemos o incêndio balcânico."[50]

Era fatal que os novos Estados balcânicos apelassem tanto para a Rússia quanto para a Áustria, porém o cisma depois de 1908 tornou ainda mais fácil para eles jogar um contra o outro os dois impérios ansiosos e enfraquecidos. Ambos os impérios, com toda a razão, temiam a guerra e desejavam preservar sua posição, embora acreditassem que a guerra fosse, ao fim e ao cabo, essencial na luta pela sobrevivência do mais apto. A Rússia continuava a suspeitar bastante das ambições austríacas e cultivava os Estados eslavos a fim de evitar novos avanços. Dessa vez, a faísca veio da Itália, um reino novo que tinha ficado para trás na corrida pela criação de impérios e queria recuperar o tempo perdido. Em outubro de 1909, Nicolau e Izvólski visitaram a Itália e pactuaram que, em troca de apoio, no futuro, para a abertura dos estreitos, os italianos poderiam se apoderar das províncias otomanas que hoje formam a Líbia, no norte da África. Em 1911, os italianos atacaram a Líbia, ameaçando a estabilidade europeia e levando os Bálcãs quase à ebulição. O sultão fechou os estreitos temporariamente, as exportações da Rússia foram interrompidas e os ministros de Nicolau entraram em pânico, recomendando a tomada dos estreitos antes que fosse tarde demais.

A conquista italiana da Líbia foi o tiro de largada para a guerra, provocando uma escalada no retalhamento da Europa otomana. Munidos de armas novas e levados por um delirante nacionalismo, os beligerantes eslavos balcânicos planejavam recuperar, num ataque aos otomanos, vulneráveis, terras perdidas havia muito tempo. O tsar e o ministro do Exterior, Serguei Sazónov, encorajaram esse apetite e coordenaram a criação da Liga Balcânica, reunindo Sérvia, Bulgária, Grécia e Montenegro, na esperança de controlar esse bloco e utilizá-lo como uma barreira contra a expansão austro-germânica em direção ao sul.★

Baixo, impecável e de olhos puxados, Sazónov era um correto nobre moscovita, que um subordinado comparou ao "tipo de mulher eslava, fácil e generosa, mas suave e vaga, em constante transformação, resistindo a todos os esforços contínuos de se chegar ao fim lógico". Eslavófilo moderado, devotado à aliança anglo-francesa e, em última instância, ao projeto de conquista dos estreitos, ele combinava idealismo ingênuo com uma instabilidade emocional que o tornava inadequado para tratar com os agitadores irredentistas dos Bálcãs. Esperava guiar a Liga Balcânica, usando o poder de veto russo e, se houvesse guerra, atuar como mediador. Um homem mais sensato poderia ter procurado conter os eslavos e fazer um acordo com a instável Áustria, mas Sazónov era nervoso e incoerente. Os estrangeiros logo passaram a chamá-lo de "Claudicante". Mais tarde Alexandra o apelidou de "Frango Molhado" ou "Panqueca".

Em 8 de outubro de 1912, o rei Nikola de Montenegro declarou guerra. Com 1,2 milhão de soldados dos dois lados se enfrentando na Primeira Guerra Balcânica, os exércitos eslavos derrotaram os otomanos em todas as frentes. Sazónov tinha perdido o controle sobre seu próprio monstro. Os búlgaros avançaram pela Trácia em direção a Constantinopla. O que faria a Rússia se a Bulgária se apoderasse de Tsargrado? "Muito bem, que façam isso", disse Nicky ao irmão do Kaiser, Heinrich: eles poderiam ocupar a cidade, mas só por pouco tempo. "A ocupação de Constantinopla", explicou Sazónov, "poderia levar ao aparecimento de toda a nossa esquadra diante da capital turca."

Na costa do mar Egeu, a Sérvia e Montenegro estavam engolindo a nova entidade da Albânia. Temendo que um porto sérvio se tornasse uma base russa,

---

★ Nicolau e Sazónov tentaram transformar seus irmãos eslavos, ingratos e briguentos, em aliados obedientes e responsáveis, mas todos queriam os mesmos territórios. A Sérvia, guiada por um poderoso embaixador russo e com ajuda militar russa, desejava uma Grande Sérvia que incluiria a moderna Albânia, a Bósnia e a Macedônia. Nikola de Montenegro, promovendo-se a rei, desejava a mesma Grande Sérvia, mas governada por ele. O tsar enviou Nikolacha e as Corvas à coroação de Nikola e deu-lhe 600 mil rublos anuais em troca do comando de seu exército pelos russos. Ferdinando "Raposa" desejava o Império Búlgaro medieval que incluísse a Macedônia e a Trácia. Na esperança de conquistar influência, Nicolau pagou as dívidas do "Raposa", que ascendiam a 2 milhões de francos.

os generais austríacos ameaçaram com uma guerra contra a Sérvia, o que estimulou a febre bélica em Petersburgo. Enquanto Sazónov apoiava a preservação da Albânia, Nicolau, ainda em Spała com o enfermo Alexei, tinha agora a companhia de Nikolacha, marido de uma princesa montenegrina e paladino dos eslavos balcânicos, que o encorajou a apoiar os sérvios. Os austríacos concentraram seus exércitos nas fronteiras da Sérvia. A Europa cambaleava na beira do precipício.

Sukhomlínov e o tsar concordaram em manter 350 mil recrutas nas fileiras, para o caso de serem necessários. Em seguida o ministro da Guerra sugeriu mobilizar os exércitos na fronteira austríaca, mas não na alemã, muito embora a Áustria e a Alemanha estivessem comprometidas em ajuda mútua. Despreocupado, Sukhomlínov tencionava lançar essa mobilização parcial, e logo depois sair de férias na Riviera com a mulher. O tsar concordou.

Enquanto isso, a trinta quilômetros de Constantinopla, Ferdinando "Raposa" estava antecipando sua coroação como césar, encomendando sua carruagem oficial e mantos reais bizantinos que ele mesmo desenhara.

No começo de outubro de 1912, o ministro da Marinha, almirante Ivan Grigórovitch, propusera proteger Constantinopla ou ocupar os estreitos. Constantinopla, disse Sazónov, daria à Rússia "a recompensa natural por seus esforços e sacrifícios no decurso de mais de dois séculos", conferindo à monarquia tamanho prestígio que "traria saúde a nossa vida interna" e "uniria o governo e a sociedade". A Rússia planejava mandar 5 mil soldados para proteger os cristãos de Constantinopla, seguidos por toda a esquadra — mas era duvidoso que a Marinha pudesse sequer lançar tal operação.

Em 10 de novembro, Sukhomlínov convocou Kokóvtsov ao gabinete do tsar em Tsárskoie Seló. "Abrindo um mapa sobre a mesa, o tsar começou a explicar com calma e clareza […] que fora tomada a decisão de mobilizar" Kíev e as fronteiras austríacas, acrescentando: "Quero ressaltar que não temos a menor intenção de tomar providências contra a Alemanha". A Rússia havia chegado perto de uma guerra sem notificar seu próprio primeiro-ministro.

O primeiro-ministro advertiu que a mobilização causaria uma guerra na Europa.

"Eu não admito a ideia de uma guerra iminente", respondeu o tsar, que ainda acreditava que sua vontade criava realidades. "Nós não estamos prontos." O Claudicante, que dera início a todo o plano, agora claudicou, declarando que se sentia "esmagado pela catástrofe que se avizinhava". O tsar cancelou a mobilização, dizendo amavelmente a Kokóvtsov: "Estou ainda mais satisfeito que o senhor". Contudo, o tsar e Sukhomlínov continuaram a discutir esses planos durante mais um mês. Por fim, Sukhomlínov recebeu permissão para levar a cavalaria à fronteira austríaca, mas sem mobilização parcial.

Vieram então boas notícias: os otomanos tinham rechaçado os búlgaros, porém os outros irmãos incontroláveis da Rússia, a Sérvia e Montenegro, haviam ocupado o norte da Albânia e seus portos adriáticos. Dessa vez a Áustria emitiu um ultimato, ameaçando com a guerra se eles não se retirassem.

"Lutarei até a última cabra e o último cartucho", ameaçou o rei de Montenegro, que embora tivesse muitas cabras, dispunha de poucos cartuchos. Sazónov não quis apoiar os montenegrinos, que por fim se retiraram. O verdadeiro vencedor da guerra foi Ferdinando "Raposa", cuja Bulgária se viu com um território quase duas vezes maior, para fúria de seus aliados anteriores e da Rússia. O tsar voltou-se para uma protegida mais confiável, que, segundo ele presumia, não empurraria a Rússia para uma guerra europeia: a Sérvia.[51]

Alexei estava se recuperando, porém sua doença desencadeou outra crise. Micha, irmão de Nicolau, apelidado de Soneca, por sua tendência a dormir quando dirigia, estava apaixonado por Natacha Wulfert, a esposa "esguia, séria, sinuosa e suavemente graciosa", duas vezes divorciada, de outro oficial, que com ela tinha um filho. Mas ele prometera ao tsar que nunca se casaria com ela. Ora, se Alexei morresse, ele voltaria a ser o herdeiro do trono e nunca teria permissão para casar-se com Natacha. Para evitar a Okhrana, que o vinha vigiando, ele e Natacha fugiram, atravessando a Europa, e se casaram em Viena. O tsar indignou-se com o fato de seu irmão usar a doença de Alexei como desculpa e numa época em que "só se fala de guerra". "Entre ele e mim", disse o tsar, "tudo, infelizmente, chegou ao fim", justamente quando estava prestes a comemorar o tricentenário da dinastia.[52]

Em 21 de fevereiro de 1913, uma salva de 21 tiros inaugurou o jubileu: quando Nicolau e Alexandra deixavam o Palácio de Inverno para comparecer a um te--déum na catedral de Kazan, Rodzianko, presidente da Duma, encontrou Raspútin instalado em seus assentos reservados. "Fui convidado para estar aqui por pessoas de posição mais importante que a do senhor", disse Raspútin, que se pôs de joelhos, rezando.

"Chega desse disparate", retrucou Rodzianko. "Se você não se retirar, hei de arrastá-lo pela barba."*

Primeiro o tsar e sua família desceram pelo Volga até Kostromá, onde Miguel Románov fora aclamado tsar. Raspútin também estava lá, sentado na primeira fila da catedral.

"Em toda parte fiquei impressionado com a falta de entusiasmo e a pequenez das multidões", observou Kokóvtsov, até chegarem a Moscou, onde, em 24 de maio, enfim o jubileu ganhou força. Enormes multidões (e, é claro, Raspútin) saudavam os monarcas.

"Agora você pode perceber como os ministros são covardes", disse Alexandra a Zizi Naríchkina. "Eles constantemente assustam o imperador com ameaças e prenúncios de revolução, mas aqui, como você vê, só precisamos nos apresentar e, imediatamente, eles nos cobrem de afeto." Para um observador externo, recordava-se Lênin, "o tsarismo estava vitorioso, e todos os partidos revolucionários se achavam destroçados. Desânimo, desmoralização, cismas, discórdia, deserção e pornografia ocupavam o lugar da política". Seus bolcheviques se encontravam crivados de agentes da polícia. A economia ia de vento em popa. Nicolau, como seu primo Willy na Alemanha, tinha restaurado algumas de suas prerrogativas, mas se esforçava por preencher o vácuo no centro. Seu veterano assessor secreto, o príncipe Meschérski, aconselhou-o a demitir Kokóvtsov, e o mesmo fez seu ministro mais influente, Alexandre Krivochein, operador sagaz e ex-aliado de Stolípin, cujo trabalho como ministro da Agricultura, incumbido das políticas camponesas, fazia dele um conselheiro-chave. Como primeiro passo, Nicolau escolheu um governador jovem e vigoroso, que era também um reacionário agressivo, Nikolai Maklakov, como seu novo ministro do Interior. No entanto, a monarquia russa era um bolo de casamento de cobertura requintada — mas sem nada no interior. Era uma autocracia sem um autocrata.

Um ano antes, a repressão, a tiros de fuzil, de 150 trabalhadores em greve nas áreas auríferas do rio Lena, no nordeste da Sibéria, atiçara esperanças revolucioná-

---

* Em 9 de maio, antes das festividades principais, o tsar, acompanhado de Orlov Gordo e de Benckendorff, compareceu ao casamento da filha do Kaiser, Vitória Luísa, com Ernst August de Hanôver. Em Berlim, ele foi recebido com "especial cordialidade" pelos dois primos, Guilherme II, da Alemanha, e Jorge V, da Inglaterra. Na carruagem, o Kaiser mencionou seu plano de enviar um general alemão a Constantinopla; o tsar não objetou. Esse foi o último encontro dos três imperadores.

rias. Nada menos que 300 mil trabalhadores entraram em greve. "Os tiros no Lena quebraram o gelo do silêncio", escreveu um exultante Stálin, recém-eleito para o Comitê Central dos Bolcheviques pela primeira vez. "O gelo foi quebrado. Começou." Entretanto, nada tinha começado. Maklakov pôs a Okhrana em ação. O poeta Aleksandr Blok, da Era de Prata, que mais tarde pesquisou os arquivos da polícia de segurança, declarou que ela era "a única instituição que funcionava bem" na Rússia tsarista. A Okhrana dizimou os bolcheviques. "É uma total bacanal de prisões, revistas e ataques", observou Stálin. Na Cracóvia austríaca, Lênin se desesperava. A revolução, ele pensava, "talvez não ocorra durante a nossa vida".

Em Moscou, as multidões pareciam confirmar o sucesso de Nicolau, mas ele era efêmero. Numa cena gravada em filme, Nicolau e Alexandra atravessam a praça Vermelha, cercados por grão-duques e cortesãos, todos em trajes de gala, dragonas e faixas, seguidos por Alexei, de uniforme. Ainda sem poder andar, por causa da doença, ele era carregado por um cossaco da corte. "Ouvi claramente exclamações de pesar", lembrou o primeiro-ministro, "por parte de pessoas que se apiedavam daquela pobre criança impotente." A multidão fazia sinais da cruz dirigidos ao menino. Um duro pressentimento pesava na atmosfera. Os poetas, playboys, diletantes e estetas da Era de Prata — Blok os chamou de "os filhos dos anos terríveis da Rússia" — divisavam o apocalipse que se aproximava e reagiam com um festival de hedonismo descuidado, mas mórbido, buscando a essência da salvação, da arte e da liberdade no ópio, no satanismo e em orgasmos transformadores. O poeta e romancista Andrei Biéli advertiu que "profunda será a discórdia, uma discórdia como nunca se viu outra igual neste mundo. Hordas amarelas de asiáticos [...] avermelharão os campos da Europa com oceanos de sangue", enquanto Petersburgo "submergirá". À medida que greves se espalhavam e nuvens de guerra toldavam o céu, Blok sentia os ribombos de um vulcão:

E sobre a Rússia vejo uma impassível
Fogueira difusa tudo consumir.[53]

Cena 5
Catástrofe

Elenco

NICOLAU II, imperador, 1894-1917, "Nicky"
Alexandra Fiódorovna (nascida princesa Alexandra de Hesse-Darmstadt), imperatriz, "Alix", "Sunny"
Olga, filha mais velha
Tatiana, segunda filha
Maria, terceira filha
Anastássia, filha mais nova
Alexei, cesarévitch, tsarévitch, filho, "Tiny", "Baby"

OS ROMÁNOV

Maria Fiódorovna, imperatriz-viúva, viúva de Alexandre III, "Minny"
Tio Paulo, "Pitz", casado com Olga Pistolkors, princesa Paley
Nikolai Nikoláievitch, comandante em chefe, vice-rei do Cáucaso, "Nikola-cha, o Terrível", casado com Stana, filha do rei Nikola de Montenegro, uma das "Mulheres Negras", "as Corvas"
Pedro Nikoláievitch, seu irmão, casado com Militsa, filha do rei Nikola de Montenegro, uma das "Mulheres Negras", "as Corvas"

Nikolai Mikháilovitch, "Bimbo", "Corvo Branco"

Alexandre Mikháilovitch, "Sandro", seu irmão, casado com Ksênia, irmã do tsar

Dmítri Pávlovitch, filho de tio Paulo, primo em primeiro grau e companheiro do imperador, assassino de Raspútin, amigo de Iussúpov

Maria, rainha da Romênia, casada com o rei Ferdinando, prima em primeiro grau de Nicky, "Missy"

Príncipe Félix Iussúpov, casado com Irina, filha de Sandro e Ksênia, assassino de Raspútin

CORTESÃOS: ministros etc.

Barão Vladímir Frederiks, ministro da corte, depois conde

Príncipe Vladímir Orlov, chefe da chancelaria militar do tsar, "Orlov Gordo"

General Alexandre Spirodóvitch, comandante da segurança do tsar

Vladímir Kokóvtsov, primeiro-ministro, conde, "Gramofone"

Nikolai Maklakov, ministro do Interior

General Vladímir Sukhomlínov, ministro da Guerra

Ivan Goremíkin, primeiro-ministro, "Casaco de Peles Velho"

Alexandre Krivochein, ministro da Agricultura

General Nikolai Ianuchkévitch, chefe do Estado-Maior

Serguei Sazónov, ministro do Exterior, "Claudicante"

General Mikhail Alexéiev, chefe do Estado-Maior

Príncipe Mikhail Andrónnikov, traficante de influência, "ajudante de campo do Todo-Poderoso"

Alexei Khvostov, ministro do Interior, "Cauda"

Boris Stürmer, ministro do Interior, ministro do Exterior, primeiro-ministro

Alexandre Trépov, ministro das Comunicações, depois primeiro-ministro

Alexandre Protopópov, último ministro do Interior

Alexandre Gutchkov, presidente da Terceira Duma

Mikhail Rodzianko, presidente da Quarta Duma, "Gorducho"

Anna Vírubova (nascida Tanéieva), amiga de Alexandra, "Ania", "Criatura Apaixonada", "Vaca"

Condessa Isabel Kurákina-Naríchkina, dama da câmara privada, "Zizi"

O HIEROFANTE

Grigóri Raspútin, religioso siberiano, "Nosso Amigo"

"A doença do tsarévitch e a exaltação religiosa da imperatriz não afetavam a vida normal", escreveu Spirodóvitch, especialmente para o tsar e suas filhas. Depois de Moscou, a família partiu em 9 de agosto de 1913 para a Crimeia. As meninas agora desabrochavam. "Extremamente bonita, com olhos azuis brilhantes e uma tez encantadora", parecida com Nicolau, Olga era "a mais inteligente", com "vontade forte". Tatiana, alta e esguia, com "maneiras inglesas", era conscienciosamente organizada como a mãe, mas, ao contrário dela, "gostava da vida social e adorava ter amigos". Extrovertida e brincalhona, Maria era a mais bonita, de lábios cheios e cabelos loiros com "olhos esplêndidos e faces rosadas", ao passo que Anastássia era uma moleca travessa e estouvada, "muito traquinas nas brincadeiras", a diversão da família.

Alexandra "temia, em relação às filhas, a companhia de mocinhas muito sofisticadas ou 'precoces' da 'sociedade decadente'", e assim elas só frequentavam os oficiais do *Chtandart* e da Guarda Cossaca. Olga estava apaixonada pelo tenente Pável Vóronov, do *Chtandart*: "Amo-o tanto, tanto", escreveu ela, chamando-o de "Docinho".

Quanto a Alexei, ainda sob a proteção de seus dois guarda-costas marinheiros, estava proibido de se envolver em qualquer brincadeira mais agitada. "Não posso ter uma bicicleta?", pedia aos pais.

"Alexei, você sabe que não."

"Por que os outros meninos podem ter tudo e eu não posso ter nada?" Na tradição Románov, ele adorava treinar com os amigos da Escola Militar. Como todo herdeiro, tinha uma profunda consciência de sua importância pessoal, reforçada por sua doença secreta. Os pais não conseguiam discipliná-lo. KR reclamava de suas maneiras terrivelmente rudes à mesa: "Não se sentava direito, comia demais, lambia o prato e amolava os outros; o imperador muitas vezes se afastava enquanto a imperatriz censurava a filha mais velha, Olga, por não controlar o irmão". O menino era muito cioso de sua posição, repreendendo em voz bem alta um cortesão que não se apresentasse a rigor, e ele aparece na cena de um filme empurrando uma mulher que lhe dera as costas por um instante. O tsar o chamava de "Alexei, o Terrível". "Céus, ele realmente gosta de esbravejar", disse Nicky em seu inglês antiquado a um oficial britânico.

Em 28 de setembro, quando estava em Livadia, o imperador acompanhou de perto o julgamento por "libelo de sangue" do inocente Beilis, que definhara durante dois anos na prisão enquanto a promotoria montava sua frágil acusação de assassinato ritual contra o oleiro judeu. Mesmo percebendo que Beilis era provavelmente inocente, o ministro da Justiça Scheglovítov não cancelou um julgamento que se destinava a fortalecer a união entre tsar e povo. Pelo contrário, ele se garantiu dividindo o indiciamento em duas acusações. Primeiro: Beilis era culpado de assassinato? Segundo: a vítima fora morta num assassinato ritual?

Uma sucessão de "especialistas" científicos, muitos deles professores de renome, atestou num tribunal de Kíev que o derramamento de sangue de crianças cristãs era uma tradição judaica e que o sangue do corpo fora cuidadosamente drenado por treze ferimentos, sendo treze um número mágico para os judeus. Mas uma brilhante equipe de defesa demoliu a acusação. Em 28 de outubro, Beilis foi julgado inocente, mas o júri considerou "comprovado" que a vítima fora de fato assassinada ritualmente. "Fico feliz que Beilis tenha sido absolvido", disse Nicolau a Spirodóvitch ao saber da notícia em Livadia, "porque era inocente", mas "é certo que foi um caso de assassinato ritual." No entanto, ele dera sua aprovação a um processo fraudulento contra um inocente e ao fomento de uma balela medieval.[1]

704

De volta a Petersburgo, Nicolau monitorava ansiosamente a situação de grande nervosismo nos Bálcãs. A Bulgária emergira tão triunfante da Primeira Guerra Balcânica que suas rivais, a Sérvia, a Grécia e a Romênia, se uniram para se apoderar de suas conquistas. Naquele verão, quando se iniciou a Segunda Guerra Balcânica, os búlgaros foram derrotados em todas as frentes, e seus despojos repartidos entre os outros. Até mesmo os otomanos participaram. Nicolau dizia que os Estados balcânicos eram "rapazes bem-comportados que tinham se transformado em vândalos turrões", mas agora ele dava apoio ao vândalo mais perigoso do bloco. O premiê Nikola Pašić, da Sérvia, foi a Petersburgo para confirmar a aliança entre eles — para quando chegasse a guerra austríaca.[2]

Em novembro, o tsar soube que um general alemão, Otto Liman von Sanders, fora nomeado para comandar as forças otomanas de guarda nos estreitos. Uma junta de "três paxás", encabeçada pelo jovem oficial Ismail Enver, acabara de tomar o poder em Constantinopla. Somente uma sólida mescla de guerra tonificante com nacionalismo turco poderia salvar o império. Antes, a Turquia tivera a proteção da Inglaterra contra a Rússia, mas, desde Bismarck, os alemães já haviam começado a se oferecer como novos protetores. O imperador Guilherme visitara duas vezes o sultão. Depois da aliança anglo-russa, Enver recorreu à Alemanha e começou a se rearmar, encomendando novos navios de guerra para dominar o mar Negro. A Rússia não podia correr o risco de ter 50% de suas exportações obstruídas nos estreitos. Sua esperança era adiar qualquer ação até estar plenamente rearmada, mas o tempo estava se esgotando. Os dois navios de guerra de Enver logo chegariam. Quanto a Liman, os alemães recuaram, compondo um acordo que não constrangesse ninguém.

Essas crises ocupavam o espírito de todos os envolvidos. Se a Alemanha ameaçasse a França, uma fagulha balcânica seria talvez a única maneira de atrair a Rússia contra a Alemanha. A partir do outono de 1912, a França, na pessoa de Raymond Poincaré, então presidente, confirmou que apoiaria a Rússia numa crise balcânica. Ao mesmo tempo, a escala e o êxito do Grande Programa de rearmamento da Rússia causava alarme em Berlim e Viena. Se quisessem deter o rolo compressor russo, talvez o tempo estivesse se esgotando também para eles.

Em 30 de janeiro de 1914, o tsar demitiu o cauteloso e sensato Kokóvtsov. O substituto mais óbvio seria Krivochein, que forçara essa mudança, mas ele sugeriu astutamente que se nomeasse o velho Goremíkin, "um cadáver ambulante", como premiê.* "Que sucesso posso esperar?", perguntou o "cadáver". "Sou como um casaco de peles velho. Depois de passar meses guardado entre bolas de naftalina, estou sendo retirado apenas para a ocasião. Depois serei guardado outra vez, até a próxima." Com Goremíkin no cargo, Nicolau havia reafirmado seu poder, mas isso só aumentou a insatisfação na vida pública, a frustração por não se terem cumprido as promessas de 1905, os entraves entre o governo e a Duma. O ministro do Interior, Maklakov, sugeriu um golpe para acabar com a Constituição. "Fiquei agradavelmente surpreso com o conteúdo de sua carta... que fará o sr. Rodzianko e seus amigos trabalharem com mais afinco", escreveu Nicky, que preferia transformar a Duma num corpo consultivo. Quando ele discutiu esse plano com os outros ministros, todos foram contrários.[3]

Em fevereiro, a imperatriz-viúva ofereceu um baile de debutantes para Olga e Tatiana no Palácio Anítchkov. "Um estrangeiro em visita a Petersburgo em 1914", escreveu Sandro, "sentia um desejo irreprimível de se estabelecer na capital deslumbrante, que reunia uma beleza clássica e uma ardente vitalidade subjacente, cosmopolita mas totalmente russa em sua despreocupação." No baile de Minny, o tsar se sentiu um estranho entre a sociedade. "Não conheço ninguém aqui", murmurou enquanto as filhas só podiam dançar com oficiais da Guarda Cossaca: não conheciam mais ninguém. Mas Olga, agora com quase dezoito anos, precisava se casar. A primeira escolha do tsar foi o grão-duque Dmítri Pávlovitch.[4]

"Dmítri era extremamente atraente, alto, elegante, bem-educado, com olhar profundo e reflexivo", relembrou seu amigo Félix Iussúpov. "Tinha todos os impulsos, românticos e místicos", e estava "sempre pronto para as escapadas mais desvairadas." Era primo em primeiro grau de Nicky, mas parecia quase um filho adotivo — gostavam de bilhar, tênis e farras. Dmítri participou da prova equestre na Olim-

---

* O tsar pensou em nomear o astucioso Durnovó como primeiro-ministro, mas mudou de ideia, muito provavelmente porque desaprovava sua política externa. Um mês depois, Durnovó enviou a Nicolau sua profética advertência contra a guerra com a Alemanha, quando a *entente* da Rússia com a Inglaterra e a França havia se convertido de certa maneira numa obrigação militar, embora não houvesse nenhum interesse russo em jogo: "Em caso de derrota, será inevitável uma revolução social em sua forma mais extrema". Não era apenas ele a pensar assim. As alianças com a França e a Sérvia não eram a única alternativa para a Rússia. Muitos julgavam que a Alemanha e a Áustria eram aliadas naturais. O idoso príncipe Meschérski também desaconselhou uma guerra em favor da França e da Sérvia.

706

píada de Estocolmo de 1912. Herdando as fortunas de seus dois tios, Alexis e Serguei, ele morava no rosado Palácio Belossélski-Belozérski deste último. Ninguém era tão irreverente sobre a vida íntima: quem mais faria piadas com o imperador, dizendo que se masturbava pensando na imperatriz? "Como vai a saúde de sua majestade? Diga-lhe que penso tantas vezes nela que, inundado de lágrimas de vã paixão impotente, abraço meu travesseiro pensando nela." E muitas vezes se despedia nas cartas: "Cubro o braço de minha tia com beijos voluptuosos".

Ele e o tsar troçavam de Dmítri seduzindo as velhas cortesãs em Livadia: "Gostaria de estar aí com você. Está dançando nos serões? Seria para mim uma grande oportunidade de [...] dar uns apertões atrevidos na baronesa Frederiks [...]. Hehehe!". Assinava: "Mando um abraço para minha mãe ilegal (pena que sou filho ilegítimo). Abraço úmido à meninada [...]. Seu de coração, alma e corpo (menos o cu), Dmítri". Ao se desculpar por uma longa carta, ele sugeriu: "Leve esta carta quando for cagar. O momento será agradável, ideal e, em casos extremos, pode limpar o cu com ela (misturando negócios e prazer)".[5]

"Quase todas as noites", Dmítri e Félix Iussúpov iam a Petersburgo para "se divertir em restaurantes, cabarés e com as ciganas." Ao saber de suas aventuras, Alexandra concluiu que Dmítri não era um par adequado para Olga; nesse meio-tempo, o próprio grão-duque se apaixonara por outro bom partido Románov, Irina, sobrinha do tsar.

O príncipe Iussúpov, travesti bissexual que era herdeiro de uma família de imensa fortuna,* usara os vestidos da mãe Zinaida para flertar com os oficiais no elegante restaurante Bear. Depois de estudar em Oxford, onde ingressara no Bullingdon Club, Felix costumava jogar tênis em Livadia, lugar em que o tsar, em 11 de novembro de 1913, disse que ele era "o melhor tenista da Rússia. Realmente tem algo a ensinar". Quando ele e seu amigo Dmítri se apaixonaram pela grão-duquesa Irina, filha de Sandro e Ksênia, ela escolheu Iussúpov. "Estava com dezoito anos, era

---

* A família era próxima dos tsares desde que seu ancestral, um príncipe nogai chamado Iússuf, se convertera à ortodoxia. Agora possuíam quatro palácios em Petersburgo e três em Moscou, além de 37 propriedades rurais e alguns campos de petróleo em Baku. O pai de Félix era governador de Moscou. Seu irmão mais velho, Nikolai, morrera num duelo com o marido ciumento de sua amante, deixando Félix como herdeiro.

muito bonita e muito ingênua", diz sua sobrinha, a princesa Olga Romanoff. "Não sabia sequer o que era um homossexual. Mas o casamento foi muito feliz. O caráter dela era muito forte. Na família Románov, as mulheres são frequentemente mais fortes que os homens." Para o casamento deles em 9 de fevereiro de 1914, o tsar emprestou ao casal uma carruagem oficial e conduziu Irina dentro da igreja.

Agora Nicky e Alix precisavam enfrentar o problema do casamento de Olga, que discutiram com Sazónov, o ministro do Exterior. "Penso com terror que se aproxima o momento de me separar de minhas filhas", disse-lhe a tsarina. "O que eu mais poderia desejar é que elas ficassem na Rússia, mas... claro que é impossível."

Em 15 de março, o pretendente de Olga, o primo Carlos da Romênia, chegou com seus pais, a fascinante Missy e o desajeitado Ferdinando, herdeiro do trono romeno. Alexandra "conseguia interpor uma distância intransponível entre o mundo dela e o seu [...]. O sorriso superior, forçado e de má vontade, era uma das impressões mais desanimadoras", segundo Missy. "Quando ela falava, era quase num sussurro, mal movendo os lábios, como se fosse trabalhoso demais." As mães concordaram que os filhos "deviam decidir por si" e Missy "preferia a companhia das jovens à da mãe [...] consideravam-me uma boa companhia e me levavam para passear". Carlos não conseguiu encantar Olga. "Sou russa e quero continuar a ser", disse a Gilliard, o preceptor de seu irmão. "Não quero sair da Rússia [e] papai prometeu não me obrigar a isso" — belo sentimento paterno, só que um casamento estrangeiro teria salvado a vida de Olga. Depois que os romenos partiram, a família foi para Livadia.[6]

"Tivemos dois meses muito felizes", refletiu o tsar depois de um de seus passeios pela Crimeia — mas havia nisso um motivo amoroso muito forte.

Como a imperatriz vivia adoentada, sua amiga Anna, que tinha cara de lua, passava mais tempo com o tsar, o qual, vangloriou-se ela mais tarde, "desenvolveu um desejo incomum pela minha companhia, talvez pelo simples fato de eu ser uma mulher totalmente saudável e normal".

Se Anna achava que o tsar estava apaixonado por ela, Alexandra tinha razão em achar que era Anna que estava apaixonada por ele, mostrando ares enlevados e tocando-o com o pé sob a mesa. "Era impossível não perceber a maneira descarada como tentava flertar com o imperador", relembrou Zizi Naríchkina. Nicky ficava constrangido e a "imperatriz sentia um ciúme mortal e desconfiava de qualquer movimento do marido e meu", escreveu Anna, e "dizia algumas coisas muito maldosas e cruéis a meu respeito".

"Meu coração pesa e dói — o amor e a bondade precisam ser sempre retribuídos dessa maneira? A Família Negra [as irmãs de Montenegro] e agora ela?", Alexandra perguntou a Nicky. "Demos a ela nosso coração, nosso lar, até nossa vida particular — e foi isso que recebemos em troca. É difícil não se amargurar." Gostava quando Nicky se afastava de "brigas e cenas de amor" e "namoricos". Agora se referia a Anna como "a Criatura Apaixonada" ou simplesmente "a Vaca", e disse: "Acho a barriga e as pernas dela colossais (e sem atrativos)".

Pouco antes de voltar, a família foi à Romênia retribuir a visita, em parte pensando num casamento, em parte para ter o apoio do país em caso de guerra, navegando até Constantia para encontrar o idoso rei Carlos, seu herdeiro Ferdinando e Missy. As jovens estavam "muito alegres e extremamente bronzeadas pelo sol da Crimeia", Alexei estava "bonito, mas um tanto mimado" e, quanto a Nicky, Missy comentou "como era encantador", mas, depois que os Románov foram embora, "nem imaginava que nunca mais nos veríamos outra vez".

No final de seu idílio livadiano, Nicolau disse a um cortesão: "Vamos combinar de nos reencontrar todos aqui em outubro". Então, após uma pausa, disse: "Afinal, nesta vida, nunca sabemos o que virá pela frente".[7]

Em 15 de junho (28 de junho no novo calendário), dez dias depois do retorno dos Románov a Tsárskoie, o arquiduque Francisco Ferdinando, da Áustria, foi assassinado em Sarajevo.

O assassino era Gavrilo Princip, jovem integrante da organização nacionalista sérvia União ou Morte, também conhecida como Mão Negra, o qual fora treinado sob a égide do coronel Dragutin Dimitrijević, codinome Ápis, chefe da inteligência militar sérvia. Muito embora o primeiro-ministro sérvio, Pašić, tivesse apenas vagas notícias da conspiração, não demorou muito para que os austríacos descobrissem a ligação oficial.

O chefe do Estado-Maior austríaco (que argumentara em favor de uma guerra contra a Sérvia nada menos que 25 vezes apenas no ano de 1913) sustentou que essa atrocidade oferecia a melhor e talvez última oportunidade de destruir o inimigo e salvar o império. Dessa vez, o velho imperador Francisco José e seus ministros concordaram. Mas, como isso provocaria a Rússia, a Áustria precisava da cobertura alemã. Em Berlim, no dia 22 de junho, o Kaiser deu "carta branca" para apoiar a Áustria, decisão fundamental que levou à guerra — sem saber que a França prometera apoio à Rússia caso a Áustria invadisse a Sérvia e que a Inglaterra prometera secretamente apoiar a França. Os alemães aconselharam os austríacos a vencer logo a guerra, antes que a Rússia pudesse reagir. Mas havia um problema. Em 7 de julho, o presidente francês Poincaré estava em visita a Petersburgo, e assim o ultimato só poderia ser enviado quando ele estivesse de volta a seu país.

O imperador e Sazónov agora eram os principais responsáveis pela tomada de decisão: os dois consideravam a guerra improvável, mas concordaram que a Rússia não podia admitir a destruição da Sérvia. Em 29 de junho, Alexandra consultou Raspútin, que estava em sua casa na Sibéria, enviando-lhe um telegrama: "É um momento grave, estão ameaçando guerra". Logo depois de lê-lo, Raspútin saiu de casa e foi esfaqueado no estômago por uma mulher deformada ("Sem nariz; em lugar dele, um orifício irregular", dizia o relatório policial), provavelmente enviada pelo monge Iliodor. Enquanto Raspútin lutava para sobreviver, Nicky e Alix lhe enviaram um médico de Petersburgo — "Estamos profundamente abalados", escreveu-lhe a imperatriz, "nossa dor é indescritível" —, mandaram que a polícia reforçasse a segurança de Raspútin e depois saíram para um breve cruzeiro em família no *Chtandart*. Mas, ao contrário do que reza o grande mito da influência de Alexandra e Raspútin, Nicolau mal chegou a expor sua difícil situação à esposa, e muito menos a Raspútin, durante toda a crise sérvia. Não tinham nada a ver com isso.

Em 3 de julho, Nicolau soube que a Áustria planejava anunciar um ultimato à Sérvia. "A meu ver", disse ele, "nenhum país pode apresentar exigências a outro, a menos que tenha decidido entrar em guerra."

Alix telegrafou a Raspútin: "Momentos horríveis. Reze por nós!".

Quatro dias depois, a família foi para Peterhof, para receber Poincaré. "Uma aliança integral entre nossos governos se mostra mais necessária do que nunca", disse Nicolau ao presidente francês, que estava hospedado no Grande Palácio. Naquela noite, houve um banquete no palácio, refulgindo com "o esplendor dos uniformes, trajes magníficos, librés requintadas, a panóplia completa da pompa e do poder", com uma "exibição deslumbrante de diamantes nos ombros das mulheres", observou o refinado embaixador francês Paléologue. Mas todos fizeram a mesma pergunta a Poincaré: "O que a Áustria reserva para nós?".

Em 9 de julho, o imperador e o presidente passaram em revista 60 mil soldados em Krásnoie Seló. No banquete de Nikolacha, as duas Corvas montenegrinas alertaram Sazónov contra qualquer hesitação e disseram ao francês que o pai delas, o rei de Montenegro, lhes avisara: "Haverá guerra [...]. Não restará nada da Áustria [...]. Vocês recuperarão a Alsácia e a Lorena [...]. A Alemanha será destruída". O imperador desferiu um olhar para Stana, que disse: "Devo me conter. O imperador está de olho em mim".

Na última noite, 10 de julho, ao som das bandas tocando no convés do *La France*, Poincaré disse a Nicolau: "Desta vez, precisamos resistir firmes". Enquanto Poincaré partia, a Áustria apresentava na capital sérvia seu ultimato, concebido em termos propositalmente inaceitáveis. Nicolau voltou a Peterhof. Tinha "aversão a telefones" e nenhum de seus escritórios fora equipado com eles, "mas agora dispunha de telégrafos e instrumentos instalados e passava muito tempo em conversa com os ministros". Agora seu ministro do Exterior lhe telefonou pela primeira vez nesse novo aparelho para informar que o ultimato era brutal, "não poderia ser acatado pela Sérvia" e era uma maquinação alemã. "Isso significa que a guerra europeia", disse Sazónov, era "inevitável".

Enquanto Sazónov saía para almoçar com os embaixadores da França e da Inglaterra em Petersburgo, Nicolau em Peterhof desligou o telefone e recebeu o ministro das Finanças, Pedro Bark, para sua audiência semanal. O tsar, de maneira pouco usual, comentou com Bark que não confiava em Sazónov, que tinha tendência a exagerar. O imperador não podia acreditar que o Kaiser iria dar carta branca aos beligerantes austríacos para iniciar um conflito, visto que não se aproveitara do colapso total da Rússia em 1905 e desde então tinham conseguido administrar todas as crises. Bark concordou — mas muitos eram da opinião de Sazónov. Nesse ínterim, os sérvios rejeitaram o ultimato.

No dia seguinte, Sazónov alertou o embaixador austríaco: "Vocês estão ateando fogo à Europa", e disse aos enviados da França e Inglaterra que "a Rússia precisaria se mobilizar". Às onze da manhã, conversou com o chefe do Estado-Maior Nikolai Ianuchkévitch; às três da tarde, compareceu ao Conselho Ministerial. Se a Rússia "não cumprisse sua missão histórica", disse Sazónov, o primeiro a tomar a palavra, iria se tornar "um Estado decadente". Ninguém devia ter a menor dúvida de que era a Alemanha que estava por trás da Áustria. Krivochein, o ministro principal, tentou apoiá-lo, alertando que "fazer concessões não era nenhuma garantia de paz", embora "ninguém quisesse a guerra". Concordaram em recomendar uma "mobilização parcial" contra a Áustria.

No dia seguinte, 12 de julho, às onze da manhã, o tsar convocou os ministros e Ianuchkévitch para uma reunião em Krásnoie Seló, o local das manobras de verão a que o tsar assistia diariamente de Peterhof, bem próximo. Lá, no palácio de Nikolacha, o mundo se aproximava da guerra. Nicolau entrou na sala com Nikolacha e sentou entre o grão-duque e o premiê Goremíkin. "Sorrindo, mas sem mostrar nenhuma emoção", o tsar se virou para Sazónov, que propôs sua "mobilização parcial" secreta, apenas contra a Áustria, e uma fase preliminar designada como "o Período Preparatório para a Guerra". O tsar ficou quieto; Nikolacha não disse nada. Nicolau aprovou a mobilização parcial — caso a Áustria declarasse guerra à Sérvia. Depois disso, o tsar e Nikolacha foram assistir ao balé e voltaram para Peterhof.

A decisão de Nicolau de se manter recolhido em Peterhof é estranha. Mesmo com seus novos telefones, ele ainda estava distante demais. No grande teste de sua autocracia duramente conquistada, o autocrata mal se fez presente, deixando a iniciativa a Sazónov e aos generais. Quando os generais que realmente movimentavam a máquina de guerra descobriram que o diletante ministro da Guerra, Sukhomlínov, e Ianuchkévitch haviam proposto a mobilização parcial, explicaram que isso era um absurdo administrativo. Caso a mobilização contra a Áustria fosse parcial, como iriam depois, se necessário, mobilizar-se totalmente contra a Alemanha? Havia apenas um plano adequado: o Plano 19A, e era a mobilização total.

Mais tarde, muitos desses participantes medíocres jogaram a culpa uns nos outros por fomentar a guerra, mas os generais russos, sabendo que sua mobilização seria mais lenta que a da Alemanha e posterior à da Áustria, ficaram temerosos de que — se não se apressassem — a França (e a Sérvia) seria destruída e a guerra estaria perdida. E tinham razão em sentir medo, porque o Plano Schliefen alemão pretendia esmagar primeiro a França, passando pela Bélgica, e depois voltar e eliminar a Rússia do mapa.

Nicolau pensava em maneiras de impedir a guerra. Em 14 de julho, o tsar escreveu a Sazónov:

> Vou recebê-lo amanhã às seis. Tenho uma ideia em mente para não perder o momento precioso — vou lhe contar. Deveríamos tentar, com a anuência da França e da Inglaterra e depois da Alemanha e da Itália, propor à Áustria que encaminhe sua disputa com a Sérvia ao Tribunal de Haia. Assim, para não perder um só instante

antes de fatos já inevitáveis, procure fazer isso hoje mesmo [...]. Minhas esperanças em relação ao mundo ainda não se extinguiram.

Passando "muitas horas por dia em seu gabinete com o grão-duque Nikola-cha e Sazónov", Nicolau estava "meio entorpecido". Os dias no campo transcorriam languidamente em Peterhof — dominó, tênis e natação.

Quando Sukhomlínov o viu em Peterhof em 15 de julho (28 de julho no novo calendário), o tsar parecia "sereno, se não indiferente, aos assuntos correntes, como se nada ameaçasse a vida pacífica". Foi o dia em que a Áustria declarou guerra à Sérvia. Nicolau telegrafou ao Kaiser para intermediar e impedir o aliado "de ir longe demais [...]. A indignação na Rússia compartilhada por mim é enorme". Mas às seis da tarde ele recebeu Sazónov, que lhe pediu a aprovação de dois decretos, um de mobilização parcial, outro de mobilização geral. Ele aprovou a mobilização dos quatro distritos militares na fronteira com a Áustria.

No dia seguinte, o embaixador alemão advertiu Sazónov de que se a Rússia não suspendesse suas medidas, a Alemanha também iria se mobilizar: o cronograma Schlieffen era incrivelmente apertado. Em Peterhof, Alexandra telegrafou a Raspútin: "Tempos terríveis. Reze por ele". O conselho de Raspútin foi claro, mas descabido. Mais tarde, Alix escreveu a Nicky: "Nosso Amigo sempre foi contra essa guerra, dizendo que não valia a pena o mundo lutar pelos Bálcãs".

Na Datcha Inferior, Nicky recebeu Goremíkin, que ainda era contra a mobilização total. O imperador "jogava tênis", comentou ele. "O tempo estava magnífico." A linha direta imperial entre Nicky e Willy zunia numa troca de telegramas paralelos e confusos que muitas vezes contradiziam os dos ministros e generais. "Seu devotado Willy" concordou em se empenhar ao máximo para deter os austríacos. Às oito e meia da noite, Nicky, confuso com a diferença de posição entre o Kaiser e seu embaixador, telegrafou a Willy: "Obrigado por telegrama amistoso e conciliador, enquanto mensagem oficial de seu embaixador transmitida em tom muito diferente. Peço explicar divergência. Seu afetuoso Nicky".

Na cidade, às sete horas daquela noite, Sazónov se reuniu com os generais no Ministério do Exterior. Ianuchkévitch percebeu que a mobilização parcial era insuficiente e Sazónov por fim se persuadiu. A Rússia precisava mobilizar-se totalmente. Os austríacos estavam bombardeando Belgrado. Então Sazónov telefonou ao tsar para explicar que a mobilização total seria a resposta correta à ameaça alemã. O tsar concordou. O tsar e os ministros assinaram a ordem que seria despachada meia hora depois, às nove e meia da noite. Mas, poucos minutos antes disso, chegou a Peterhof um telegrama do Kaiser alegando que "medidas militares russas [...] precipitariam uma calamidade" enquanto ele tentava fazer a mediação entre Viena e Petersburgo. Nicolau devia cancelar a mobilização.

O tsar pegou seu telefone de última geração e ligou para Sukhomlínov.

"Não serei responsável por um massacre monstruoso", disse o tsar. "Podemos suspendê-lo por algum tempo?"

"A mobilização não é um processo mecânico que se pode deter à vontade", explicou Sukhomlínov. Mas Nicolau passou por cima dele. Ligou para Ianuchkévitch, que telefonou para o encarregado da mobilização, que por sua vez enviou um mensageiro à agência de telégrafo para suspender o processo. O tsar ordenou a Ianuchkévitch que voltasse à mobilização "parcial", ordem que foi enviada por volta da meia-noite.

Ainda acordado à uma e vinte da madrugada em Peterhof, Nicky, tentando preservar a paz, cometeu a indiscrição de telegrafar ao Kaiser dizendo que "medidas militares que agora entraram em vigor foram decididas há cinco dias".

"É quase uma semana à nossa frente", disse Willy. "O tsar esteve se mobilizando às minhas costas. O tsar telegrafou pedindo mediação" enquanto "na verdade esteve mentindo para mim [...]. Considero minha mediação um equívoco. Isso significa que preciso igualmente me mobilizar!"

Também em Petersburgo, as luzes estavam acesas até tarde enquanto Sazónov dizia ao embaixador alemão que "não era mais possível reverter a mobilização" — muito embora o tsar tivesse acabado de revertê-la em parte.

Na manhã seguinte, 17 de julho, "fazia calor", escreveu Nicky em seu diário. "Tomei um banho de mar delicioso." Queixando-se das vacilações do tsar, os generais se reuniram com Sazónov e Krivochein no Quartel-General do Estado-Maior. Recrutaram Rodzianko, presidente da Duma, para respaldá-los. Então Sukhomlínov e Ianuchkévitch telefonaram ao tsar para dizer que "era indispensável passar para a mobilização geral [...] preparar-se para uma guerra séria".

"A conversa chegou ao fim", disse o imperador. Persuadiram Sazónov a ligar. A voz hesitante do tsar, "desacostumado ao telefone, queria saber com quem estava falando. Respondi ao tsar que eu estava falando do gabinete do chefe do Estado-Maior".

"O que você quer?", perguntou Nicolau.

"Pedi enfaticamente para vê-lo naquela tarde", anotou seu ministro do Exterior.

Era outro atraso ainda maior.

"Vou recebê-lo às três."

A essa altura, a pressão sobre Nicolau cobrava seu preço. "Fiquei chocado com sua aparência muito esgotada", escreveu Pierre Gilliard, o preceptor suíço de seu filho, que o viu naquela ocasião. Mas ele resistia sozinho contra todo o seu comando militar, seu governo civil, a posição do parlamento e a opinião pública, que precisava ter como respaldo. Em vista de nossa concepção ocidental preestabelecida de que a guerra foi certamente provocada por autocratas e aristocratas, vale lembrar que os parlamentares russos, de Gutchkov a Rodzianko, eram de longa data os fomentadores mais vociferantes da guerra, defendendo uma intervenção em favor dos sérvios.

Nicolau poderia ter recusado a mobilização? Era algo praticamente impossível para ele. Terminar com as alianças francesa e inglesa e de repente se unir à Alemanha significaria uma inversão total da política externa, não só desde 1905, mas desde 1892. (Stálin, que tinha mais poder e menos opinião pública com que se preocupar, fez algo parecido em 1939 com Hitler — o que tampouco evitou a guerra.) Isso enfureceria todos os setores da sociedade e levaria à deposição ou a algo ainda pior — o destino de Pedro III e Paulo, que inverteram a política exterior contra a opinião geral. Para tanto, Nicolau precisaria ter começado a reorientar a Rússia anos ou décadas antes. Era tarde demais. Nessa fase, somente a pressão alemã sobre a Áustria para aceitar a mediação britânica poderia ter detido a guerra.

Sazónov vestiu seu uniforme de corte e pegou o trem. Enquanto isso, o último telegrama do Kaiser repetia a ameaça do dia anterior, denunciando a mediação como tentativa de manobra do tsar.

Às três da tarde, o imperador "cansado e ansioso" recebeu Sazónov em seu gabinete, acompanhado pelo conde Iliá Tatíschev, seu oficial de ligação com o Kaiser Guilherme, que planejava enviar a Berlim numa missão desesperada.

"É tarde demais?"

Sazónov respondeu que sim. Nicolau lhe mostrou o telegrama de Willy: "Ele pede o impossível [...]. Se eu concordasse, ficaríamos desarmados contra a Áustria. Seria loucura".

Sazónov concordou. O tsar ficou em silêncio, e então: "Isso significa enviar centenas de milhares de russos para a morte. Como não hesitar?".

"É difícil decidir", disse Tatíschev.

"Vou decidir." O rosto de Nicolau "traía uma tremenda luta interior". Por fim, "falando como se sentisse dificuldade", ele declarou: "Você tem razão. Não nos resta senão nos prepararmos para um ataque. Transmita minhas ordens de mobilização". Sazónov ligou para o chefe do Estado-Maior: "Emita suas ordens, general". Ianuchkévitch respondeu que, a partir dali, "seu telefone ficaria sem linha", para impedir que o tsar mudasse outra vez de posição.

"Quebre o telefone", disse Sazónov.

A agência central do telégrafo emitiu a primeira mobilização geral da Grande Guerra, desencadeando o movimento de legiões quase inimagináveis: a Rússia já dispunha do maior exército, com 1,2 milhão de homens. Mais 5 milhões seriam recrutados nos meses finais de 1914; 15 milhões na guerra vindoura; 2 milhões morreriam.

Enquanto isso, Raspútin, incentivado por Alix, telegrafou a Nicky: "Uma terrível tempestade paira sobre a Rússia. Calamidade, dor, densa escuridão e nenhuma luz [...]. "Vossa Majestade é o Tsar-Pai do povo, não permita que os loucos triunfem e destruam a si mesmos e ao povo. Sim, vencerão a Alemanha, mas e a Rússia? Nunca, em tempo algum, uma terra sofreu como a Rússia, afogada em seu próprio sangue. Grande será a ruína, uma dor sem fim." Essa carta profética foi uma das mais espantosas que um súdito enviou a um monarca à beira da guerra. Mais tarde, Raspútin alegou que, se estivesse em Petersburgo, teria impedido a Grande Guerra — uma alegação e tanto —, mas, seja como for, Nicolau tinha grande estima por essa notável carta, tanto que a levou para o exílio e conseguiu que chegasse clandestinamente a simpatizantes que garantiriam sua preservação. E, quando Raspútin voltou, Nicolau teve pressa em vê-lo.

Surpreendentemente, o tsar não mencionou a mobilização a Alexandra. Quando Anna soube dos preparativos militares, foi correndo avisar a imperatriz, cujo "assombro foi imenso — não conseguia entender, não conseguia imaginar sob qual influência o imperador agiria".

Em 18 de julho (31 de julho no novo calendário), em Berlim, o Kaiser mobilizou e desencadeou o Plano Schliefen para derrubar a França através da neutra Bélgica, enquanto uma força simbólica continha os russos na Prússia Oriental.

Sukhomlínov era o candidato óbvio para o comando supremo, mas, calculando que seria uma guerra curta, preferiu manter-se no Ministério da Guerra e sugeriu que Nicolau ocupasse o cargo. O tsar queria muito ser o comandante, mas, em vez disso, convocou Nikolacha no dia seguinte: "Informei a ele sua nomeação como comandante em chefe até que eu me juntasse ao Exército". Nikolacha, tomado por "um sentimento indescritível, indelével e transbordante", aceitou a "vontade sagrada" do tsar, mas acrescentou que não sabia nada de planos operacionais. Então pediu ao primo que prometesse que, "não importa o que acontecesse, a perda de Petersburgo, de Moscou e mesmo da Sibéria não firmasse a paz". Nicolau concordou e foi para as vésperas. Em Petersburgo, às seis da tarde, enquanto Nicky rezava, o embaixador alemão, em lágrimas, pediu três vezes a Sazónov que detivesse a mobilização, e então lhe estendeu uma declaração de guerra. Os dois se abraçaram. Então Sazónov telefonou para o ministro da corte, conde Frederiks, em Peterhof.

Com o rosto mostrando sinais de exaustão, bolsas sob os olhos, Nicolau voltou com a família das vésperas; haviam acabado de sentar para jantar quando Frederiks chamou o tsar e os dois se retiraram para seu gabinete. "Minha consciência está tranquila", disse a Sazónov. "Fiz o máximo para evitar a guerra."

A família aguardava com nervosismo. O imperador voltou pálido. Alexandra e depois as quatro filhas irromperam em lágrimas. "Guerra! E eu não sabia de nada", disse Alexandra a Anna. "É o fim de tudo."

"Você não imagina como estou contente com o fim das incertezas", disse Nicolau a Gilliard na manhã seguinte. "Nunca passei um período tão terrível."

O tsar devia ter seguido a máxima dos "vinte anos de paz" de Stolípin, mas provavelmente seu regime não teria resistido ao clamor popular e à perda de prestígio por abandonar a Sérvia. Foi uma decisão de honra numa época de honra, tomada por um patriota profundamente imbuído de suas missões, que se sobrepunham: a autocracia Románov, o nacionalismo russo e a solidariedade eslavista. E havia também a questão da conveniência — podia ser a última oportunidade russa de tomar os estreitos.

Somente um vitorioso supertsar, um Pedro, o Grande, teria conseguido se manter — e um tsar desses estaria louco para lutar. A decisão de Nicolau o deixou totalmente exposto em 1914. Abominava a carnificina da guerra, mas, como a maioria dos aristocratas de sua época, considerava-a um rito nacional fortalecedor. Não havia diferença entre suas posições e as de Sazónov. Depois das humilhações de 1908 e 1912, a retirada agora significaria o fim da Rússia como grande potência, o que, para Nicolau, era sinônimo da monarquia Románov. Não defendê-la era, para ele, tão inconcebível quanto deixar de ser tsar. Estava lutando pela Sérvia, mas num nível mais profundo lutava para salvar a Rússia — na versão Románov. Virou moda repartir fartamente a culpa pela Primeira Guerra Mundial por toda a Europa. Se é para repartir a culpa, os principais culpados foram a Áustria e a Alemanha, seguidas por Sérvia, Rússia e Inglaterra.

Naquela tarde, o imperador em uniforme de marechal de campo e a imperatriz embarcaram para Petersburgo (que Nicolau agora renomeara como "Petrogrado", para ter menos ressonâncias germânicas). Celebraram um te-déum com 5 mil autoridades e nobres no Salão Nikoláievski do Palácio de Inverno. Os soberanos apareceram na sacada. Vinte e cinco mil pessoas se ajoelharam. Em 48 horas, "boa notícia", escreveu Nicolau, "a Inglaterra declarou guerra à Alemanha" e, no dia seguinte, "a Áustria à Rússia. Agora a situação está absolutamente clara". A Duma suspendeu a si mesma pela causa da solidariedade nacional e Nicolau se deleitou com a "irrupção do espírito nacional".[8]

A mobilização da Rússia teve um sucesso surpreendente. Enquanto 4 milhões de homens acorriam de trem para suas unidades na frente alemã e na frente austríaca, Nikolacha ordenou que dois exércitos entrassem na Prússia Oriental — que pouco se defendeu, pois a Alemanha concentrara todas as forças em seu ataque à França a oeste.

Originalmente, o plano era evacuar grande parte da Polônia e reunir o grosso das forças no centro, para poder atacar a Alemanha ou a Áustria. Mas, por razões políticas e em favor do aliado francês, Sukhomlínov concebera o Plano 19A, uma solução de compromisso que encarregava a Rússia de atacar a Áustria com quatro exércitos e a Prússia Oriental com dois.

Os franceses agora pediam socorro. Nikolacha, que era um francófilo, não hesitou em ordenar ambas as ofensivas em simultâneo, muito embora nenhuma das duas estivesse pronta, e a operação na Prússia Oriental exigisse uma força muito maior; em vez disso, ele a enfraqueceu ainda mais. "Deus e santa Joana estão conosco", disse Nikolacha ao embaixador francês. Em 29 de julho, os exércitos, sob o comando de Rennenkampf e Samsónov, avançaram sobre a Prússia Oriental para cercar as forças alemãs em torno dos lagos Masurianos, enquanto os exércitos do Sul invadiam a Galícia austríaca.

Em 7 de agosto, os russos venceram a primeira batalha, mas então Rennenkampf perdeu contato com os alemães. Um comando alemão recém-nomeado, tendo à frente o general Paul von Hindenburg e o chefe do Estado-Maior, Erich Ludendorff, notou a falta de coordenação. As comunicações eram lastimáveis — o quartel-general de Nikolacha mal conseguia manter contato com os exércitos, comunicando-se com eles por telegramas enviados à agência postal de

Varsóvia, que então eram transportados em fardos, de carro, até a frente de batalha. Em 16 de agosto, deixando um pequeno contingente para conter Rennenkampf, Hindenburg cercou o Segundo Exército de Samsónov, na Batalha de Tannenberg, capturando 100 mil prisioneiros. Samsónov se suicidou. Uma segunda ofensiva alemã nos lagos Masurianos expulsou os russos da Prússia Oriental, mas no Sul havia a ótima notícia de que os russos tinham esmagado a Galícia.[9]

O tsar, aguardando em Tsárskoie Seló, mal conseguia dormir. Antes de visitar o quartel-general, ele recebeu a bênção de Raspútin na casa de campo de Anna. "Nosso Amigo ficou muito feliz ao vê-lo ontem", escreveu Alexandra, mas ela já se ressentia do grande destaque de Nikolacha. Raspútin alertou o tsar de que "as Corvas querem que ele pegue o trono de Petrogrado ou [o novo principado] da Galícia. Grigóri o ama ciosamente e não suporta que Nikolacha participe". A imperatriz começava a interferir politicamente: "Agora estou a incomodá-lo com coisas que não me dizem respeito".

Em 19 de setembro, o imperador chegou de trem ao quartel-general de Nikolacha — a Stavka — em Baránovitch, um oásis de vagões de trem entre bosques de bétulas, onde os oficiais do Estado-Maior, representantes militares dos aliados e uma grande quantidade de grão-duques almoçavam, fofocavam, assistiam aos informes. Esse limbo estranhamente sereno era tão tranquilo que Nikolacha o chamava de "meu eremitério" e elogiava seu irmão ajudante Pedro, por ser "minha pílula sonífera". De fato, "é difícil crer que se está travando uma grande guerra não longe daqui", ponderou o tsar.

Nikolacha parecia um chefe militar Románov e se conduzia como tal, mas esse oficial da cavalaria, então com 57 anos, nunca havia comandado uma batalha e era surpreendentemente passivo — "evita falar sobre negócios e encaminha a pessoa para Ianuchkévitch", reclamou o comandante da guarda, Vladímir Bezobrázov —, deixando os generais discutindo a estratégia, "para não atrapalhar". O chefe do Estado-Maior, Ianuchkévitch, não era melhor: burocrata militar que recebera promoção exagerada de Sukhomlínov, o qual não queria nenhum rival em seu cargo. Essa figura de proa inadequada tentou várias vezes renunciar. Na prática, a Stavka era quase um quartel-general fantasma. Um único telégrafo Hughes e sessenta homens comandavam um exército de 6 milhões de soldados. As frentes agiam de modo mais ou menos independente, quase sem coordenação e atrasando ou ignorando sistematicamente as ordens da Stavka. O tsar condecorou um lacrimoso Nikolacha em sua carruagem e transmitiu o pedido de Alexandra para que Raspútin visitasse a Stavka. Mais tarde, Nikolacha disse a seu estado-maior que se Raspútin mostrasse a cara, ele o enforcaria, comentário que logo chegou ao boudoir malva.

Nikolacha estava confiante demais. Quando seu amigo Orlov Gordo visitou a Stavka algumas semanas depois, concluiu que "tudo vai bem, o moral está excelente e os soldados combatendo heroicamente". Nikolacha planejava uma investida da Polônia Oriental no coração da Alemanha.[10]

Em casa, as moças do tsar viviam o terrível poderio da guerra moderna. Enquanto o tsar percorria o país em seu trem, inspecionando as tropas, a imperatriz e suas filhas se tornaram enfermeiras no hospital militar montado no Palácio Catarina, em grande parte financiado por um rico banqueiro e filantropo judeu, Dimítri "Mitka" Rubenstein, que se tornou amigo de Raspútin. Lá, Alexandra, Olga e Tatiana, bem como Anna, que se juntara a elas, assistiam os feridos, vendo cenas indescritíveis.

Alix cuidava de um rapaz tristemente mutilado — "quase não é mais um homem, de tão dilacerado talvez precise amputar, situação muito ruim, mas tomara que se salve, horrível de se ver. Lavei, limpei e passei iodo", e ajudou a aplicar um cateter. As moças chegaram a presenciar a morte de um paciente, mas "todas se comportaram bem, ninguém perdeu a cabeça, e as meninas foram corajosas". Em 26 de novembro, Alexandra refletiu sobre esse novo tipo de guerra atroz. "Bom, todos nós sabíamos que esta guerra seria a mais sangrenta e pavorosa de todas e assim foi."

Todas se afeiçoaram ao rapaz ferido. Alix, enfermeira nata, ficou desolada quando seu moço favorito morreu: "A esposinha está triste demais", disse a Nicky. "Meu pobre amigo ferido se foi." Mas também havia diversão, guerra de travesseiros e amor nas enfermarias: Olga se apaixonou por um jovem soldado georgiano. Quanto a Anna, Alexandra reclamava de sua vaidade. "Seja bom e firme quando voltar", pediu ela ao tsar, "e não deixe que ela flerte com você."

Mas Alexandra recuperou o viço na guerra. "Doenças e fraquezas esquecidas", relembrou Anna, a imperatriz "estava em seu apogeu".[11]

Em setembro, Hindenburg e Ludendorff lançaram uma ofensiva no sul da Polônia, avançando ao norte para ameaçar Varsóvia. A batalha empatou, mas na frente sul os russos estavam obrigando os austríacos a recuar. Enquanto Nikolacha preparava a invasão da Alemanha, os alemães se anteciparam a ele e em 29 de outubro atacaram para os lados de Lódź, capturando 100 mil prisioneiros. Nikolacha ficou perplexo. Dispensou generais e ordenou uma retirada parcial.

Em 19 de novembro, em visita à Stavka, o tsar encontrou um Nikolacha mortificado: "Tem passado momentos terríveis". Explosivos, rifles, botas e cavalos já escasseavam: Sukhomlínov não fizera preparativos para essa guerra mais prolongada. Ninguém havia se programado para uma guerra de intensidade tão infernal que consumia com tal rapidez os estoques de armamentos. Rodzianko, o presidente da Duma, visitou Nikolacha para debater a crise. Os dois concordaram em contornar o incompetente Ministério da Guerra e obter suprimentos em organizações públicas e indústrias do setor privado. Rodzianko perguntou se Nikolacha realmente ameaçara enforcar Raspútin. "O grão-duque riu e disse: 'Bem, não exatamente'", antes de comentar seu desgosto com "a influência fatídica da imperatriz Alexandra. Era um obstáculo a tudo. O grão-duque julgava que a imperatriz o odiava e queria sua demissão".

Agora ele precisava lidar com uma terceira frente. Enver Pasha entrou com o Império Otomano na guerra, ao lado dos alemães. Em 16 de outubro, os navios de guerra otomanos (transferidos havia pouco da Marinha alemã) bombardearam Odessa, e em dezembro o vice-generalíssimo otomano lançou uma ofensiva colossal, mas imprudente, atravessando o Cáucaso. O comandante local entrou em pânico, ordenou a retirada e voltou às pressas para Tbilisi; o medo se alastrou, e o comando local informou freneticamente a Nikolacha que haviam iniciado a evacuação de Tbilisi, se não da "Transcaucásia inteira".

Na Stavka, Nikolacha pediu ao enviado britânico que atraísse as tropas otomanas para afastá-las do Cáucaso. A solicitação foi encaminhada ao secretário de Guerra, conde Kitchener, e ao chefe do Almirantado, Winston Churchill, que planejaram um ataque a Dardanelos. Mas o pânico do Cáucaso não durou muito. A ofensiva de Enver resultou numa catástrofe completa, com a perda de cerca de 40 mil homens, enquanto os russos continuavam a avançar na Galícia austríaca. Mas o planejamento da operação em Dardanelos prosseguiu em Londres.[12]

No final de 1914, na frente principal, os dois lados se encontravam quase no mesmo lugar onde estavam suas linhas no começo da guerra — mas os russos haviam perdido 1,8 milhão de homens naqueles cinco meses e as derrotas tinham revelado tal nível de incompetência e corrupção que Sukhomlínov e sua vistosa esposa caíram em descrédito. "É uma mulher comum e uma alma vulgar", disse Alix a Nicky. Sukhomlínov estava "desesperado".

Em 25 de janeiro de 1915, Nikolacha e Ianuchkévitch ordenaram uma "faxina" de todo o teatro de operações com a expulsão de "todos os judeus e indivíduos suspeitos". Nikolacha compartilhava o antissemitismo do tsar, tendo dito certa vez ao Conselho de Defesa do Estado que os judeus eram "um elemento indesejável [...] além de sua mentalidade moral desagradável, eles são fracos, covardes e sem senso de dever". Os judeus, que falavam o iídiche germânico, eram suspeitos de traição. Nikolacha tomou reféns judeus e executou suspeitos. Cerca de 500 mil judeus foram expulsos em cenas de miséria tão desesperada que o ministro do Interior, Maklakov, chegou a protestar: "Não sou judeófilo, mas desaprovo".*

O tsar admirava a conduta de Nikolacha sob pressão. "Devo dizer que, quando está sozinho e de ânimo sereno, ele é sensato — quero dizer, julga acertadamente", comentou com Alexandra em 26 de janeiro. Mas ela ficava indignada com a opinião de Nikolacha sobre Raspútin. Naquele mês, mais cedo, Anna quase morrera num acidente de trem que lhe fraturou a cabeça. Estava desenganada até que, escreveu Anna, "abri os olhos e vi parado, de pé ao lado da cama, o vulto alto e esquelético de Raspútin. Ele me olhou fixamente e disse em voz calma: 'Ela viverá, mas ficará aleijada para sempre'". O acidente restaurou a intimidade entre Alix e Anna e fortaleceu a fé de ambas em Raspútin.

Esses reveses militares, a escassez de materiais e os casos de inépcia governamental levaram Nikolacha a expandir os poderes quase ditatoriais da Stavka nas vastas áreas da retaguarda, num surto de mania de espionagem. "Prevejo que daqui a alguns dias não haverá nenhum explosivo" na frente nordeste, avisou Nikolacha, que procurava explicar os contratempos incentivando uma caça às bruxas, atrás de espiões alemães. Mas era também uma maneira de destruir seu inimigo, Sukhomlínov. Em 18 de fevereiro, ele prendeu o amigo corrupto do ministro, o coronel Serguei Miassoiédov. Nikolacha providenciou que o julgassem culpado e o mandassem

---

* Em 29 de janeiro, a imperatriz se queixou ao tsar das ordens temerárias de Nikolacha, "que só fazem agravar a situação", acrescentando: "Cuide para que a questão dos judeus seja encaminhada sem tumultos desnecessários". Até mesmo o tsar ficou comovido ao ver "multidões de judeus, trens cheios deles vindos da Curlândia — visão penosa com todas as suas bagagens e criancinhas". Alexandra pediu que Nicky autorizasse um soldado judeu ferido a permanecer em Petrogrado — "É difícil para um judeu que vive sempre tolhido por restrições legais", escreveu ela em 7 de abril de 1916. "Embora seja judeu, seria bom tratá-lo com justiça." Nicky concordou.

para a forca em cinco horas; três de seus associados, todos judeus, também foram enforcados. Quando outros quatro foram julgados inocentes, Nikolacha mandou que fossem julgados novamente e enforcados. Sukhomlínov saiu prejudicado. Nikolacha sem dúvida acreditava na culpa dos homens, mas é quase certo que eram totalmente inocentes — ele prejudicou o regime, jamais imaginando que o povo iria supor que os próprios Románov também eram agentes alemães.[13]

O imperador, de volta à Stavka, tinha grandes esperanças: "Toda a frente está muito bem". Em 6 de fevereiro, a Inglaterra e a França atacaram Dardanelos numa tentativa de romper o bloqueio da frente ocidental, eliminar a Turquia da guerra e desobstruir as linhas de abastecimento para a Rússia, enquanto Sazónov negociava ficar com Constantinopla após a guerra. Alexandra estava tão empolgada com as perspectivas que resolveu se enfronhar no assunto: "Estou relendo o que Nosso Amigo escreveu quando esteve em Constantinopla — oh, que grande dia quando se celebrar a missa em Santa Sofia".[14]

"Nesse exato momento", disse Nicky a Alix em 9 de março, "Nikolacha entrou correndo em minha carruagem, esbaforido e com lágrimas nos olhos, e anunciou a queda de Peremíchl [na Galícia austríaca]. Graças a Deus — um súbito raio de sol. Oh, Amor meu, que felicidade!" Para comemorar a captura de 130 mil austríacos, Nikolacha e Nicky tomaram champanhe juntos. O tsar logo fez planos de inspecionar essas novas conquistas. Mas Raspútin sensatamente indagou se não seria cedo demais: "Nosso Amigo acharia melhor se você fosse à região conquistada depois da guerra" — e Alexandra, agora cada vez mais desconfiada de Nikolacha, acrescentou: "Não é para N ir junto — deve ser você o superior. Você me considera uma velha tonta, sem dúvida, mas, se os outros não pensam nessas coisas, eu devo pensar". Agora Alexandra estava obcecada com Nikolacha, majestoso e benquisto, que eclipsava totalmente o tsar, em termos físicos e figurados. Se não era um grande comandante, fazia, como Lord Kitchener na Inglaterra, uma boa figura.

"Mostre que o senhor é você", disse Alexandra a Nicolau. "Perdoe-me, querido, mas você sabe que é bondoso e gentil demais — às vezes, uma voz grossa e um olhar severo conseguem operar maravilhas." Quanto a Nikolacha, "você está acima dele". Alexandra achava que precisava pressioná-lo: "Você me considera uma chata intrometida, mas uma mulher sente e vê as coisas". Ele, porém, nem sempre concordava com ela.

"Querida minha, não sou da mesma opinião... Pelo contrário, o comandante em chefe deve me acompanhar." Apesar de temer que o marido fosse assassinado por um "judeu malévolo e corrupto", ela compartilhava sua alegria com as conquistas — "Nicolau não gostaria que eu ficasse encantada?".

Em 9 de abril, o imperador entrou em Lvov em triunfo, cercado por fileiras da Guarda Cossaca. Então, escreveu: "Dormi na cama do velho Francisco José, saiba você!".[15]

Mas a glória foi efêmera. Berlim não podia permitir a queda da Áustria. Em 19 de abril de 1915, os alemães atacaram os arredores de Gorlice-Tarnów. Nikolacha recuou, sofrendo baixas de 100 mil mortos e 750 mil prisioneiros. Em 9 de junho, Lvov caiu, mas o pior estava por vir, quando os alemães destruíram a Polônia. O imperador tentou acalmar os generais na Stavka. Nikolacha, acrescentou ele, "chorou em minha cabine e perguntou se eu não estava pensando em substituí-lo por um homem mais capaz". A Rússia perdeu 300 mil homens num só mês, mas, admitiu Nicky, "a única coisa que causa preocupação é a falta de munição" — e 300 mil rifles. A maioria dos países tinha estoques de explosivos para uma guerra de curta duração, mas na Rússia a encomenda de novas munições e a adaptação a uma economia de guerra tinham sido especialmente morosas e impróprias, com relutância em arcar com as despesas necessárias. O que começou como uma questão de abastecimento tornou-se um escândalo público. A culpa por tudo recaía na falta de armamentos, o que acelerou uma crise de confiança no Exército e de autoridade do Estado. Eclodiram revoltas antigermânicas em Moscou. Apesar de tudo, Nicolau não conseguia enxergar a importância daquilo. "Vocês estão sempre escrevendo sobre a opinião pública", disse a um jornalista, "mas não temos opinião pública na Rússia."

A culpa recaiu sobre Sukhomlínov e o inspetor-geral da artilharia, o grão-duque Serguei Mikháilovitch, amante da bailarina Pequena K, a qual fizera tamanha fortuna que mandara construir recentemente uma mansão art déco em Petrogrado. Nikolacha e seus generais se uniram a políticos da Duma e à imprensa para destruir Sukhomlínov, que foi preso e provavelmente seria executado. Stavka iniciou uma caça às bruxas contra espiões e especuladores — e muitas de suas vítimas eram judeus, cuja lealdade era objeto de suspeita. O aliado de Raspútin, o banqueiro Mitka Rubenstein, financiara as atividades beneficentes de Alexandra, inclusive seu hospital em Tsarskoye Selo, bem como a nova força aérea russa, e em troca esperava ganhar medalhas e um cargo na corte. Agora ele também havia sido detido. Raspútin interveio junto a Alexandra, que recorreu a Nicolau, em combate. "É com o coração pesado que deixo você partir desta vez", escreveu Alix quando Nicky foi à Stavka. "Você carrega tudo sozinho e com tanta bravura — deixe-me ajudá-lo, meu Tesouro. Certamente há alguma maneira para uma mulher ser de auxílio e utilidade. Quero tanto facilitar as coisas para você, e os ministros todos brigando entre eles... fico com raiva." Os ministros "precisam aprender a tremer diante de você — lembre que o sr. Ph[ilippe] e Gr. [Raspútin] dizem a mesma coisa".

Para Alexandra, as derrotas de Nikolacha se deviam ao fato de rejeitar Raspútin: "Quisera Deus que Nikolacha fosse outro homem e não se voltasse contra um homem de Deus". O tsar redobrou a segurança em torno de Raspútin, o qual, de volta a Petrogrado, frágil e abalado após a facada quase fatal, defendia ardorosamente o casal imperial contra Nikolacha e a sociedade liberal. Em março de 1915, Alexandra, no desejo de promover sua fama religiosa, publicou as memórias rasputinianas de Jerusalém (que ele ditou e ela editou) e ordenou que ele rezasse nas igrejas do Krêmlin, visita que resultou não em santidade, mas em saturnália. Raspútin já estava sentindo a pressão: bebia muito e combinava encontros com prostitutas. Algumas delas se encontraram com ele em Moscou no final de março para uma orgia que se prolongou por alguns dias, e que foi origem de seu escândalo mais famoso. Logo corriam boatos de que, em 26 de março, Raspútin ficou cabriolando com um grupo de ciganos cantores no restaurante Yar, mostrando-se o que a polícia chamou de "psicopata sexual", bêbado, vangloriando-se de suas proezas sexuais com a imperatriz — "a Velha Dama... posso levá-la a fazer qualquer coisa". Quando alguns fregueses do restaurante lhe perguntaram se era o famoso Raspútin, ele demonstrou abaixando as calças e brandindo o pênis, acompanhado por "gritos de mulheres, a praga de um homem, copos quebrados e portas batendo". Em junho, logo após esse suposto episódio, o diretor da polícia, general Vladímir Djunkóvski, um nobre bem-relacionado e ex-oficial das Guardas, apresentou alegremente ao tsar um dossiê que os russos chamam hoje de *kompromat*, detalhando a conduta de Raspútin; o tsar recebeu o material com frieza e o guardou dentro da gaveta, determinando sigilo total. Alexandra, furiosa, denunciou o *kompromat* de Djunkóvski como uma invenção descabelada — e essa foi uma das raras ocasiões em que ela estava coberta de razão. Muitas das "testemunhas" nem sequer estavam presentes. Novas pesquisas revelam que Djunkóvski ordenara que inventassem o episódio todo para destruir Raspútin e salvar a monarquia. Como o casal não acreditou, Djunkóvski enviou uma cópia do dossiê a Nikolacha e outros inimigos de Alexandra; por muito tempo, foi tido como verdadeiro até mesmo por historiadores. Ao fim e ao cabo, a fraude de Djunkóvski ajudou a desgastar a monarquia que ele queria salvar. Alexandra o declarou "traidor" e exigiu que fosse demitido. A partir daí, ela deixaria de acreditar em qualquer denúncia contra Raspútin. A consciência de que a própria polícia tentava destruir Nosso Amigo encorajou Alexandra e Raspútin a encontrar um diretor de polícia e um ministro do Interior que os protegessem.

Na Stavka, conforme prosseguia a retirada, Nikolacha deu vazão a seu ódio por Alexandra, dizendo a seu capelão: "Coloque-a num mosteiro, e tudo mudará e o imperador mudará. Ela está levando todos à destruição". Orlov Gordo, devotado ao tsar, mas amigo de Nikolacha, conspirava freneticamente. "Estamos vivendo tempos perigosos", escreveu ele a Ianuchkévitch em 2 de junho. "Aproxima-se a nuvem terrível da revolução." O tsar devia demitir Sukhomlínov para "lhes atirar um osso", mas, "se não conseguirmos, teremos o grão-duque [Nikolacha] de reserva". Isso chegou aos ouvidos de Alexandra, que disse ao marido que Orlov Gordo estava planejando um golpe.

"Está tudo muito grave e agora especialmente penoso", escreveu Alix em 10 de junho. Nicky cedeu. Três dias depois, na Stavka, por sugestão de Nikolacha, o tsar demitiu Sukhomlínov e Maklakov e nomeou moderados no lugar deles. Em seu vagão ali próximo, Nikolacha ficou tão entusiasmado que "saltou depressa do lugar, correu até um ícone e o beijou. Então, igualmente depressa, ele se estendeu no chão e deu chutes no ar", rindo. "Tenho vontade de dar cambalhotas de alegria." Quanto maiores os desastres na frente de batalha, paradoxalmente mais popular se tornava Nikolacha. O tsar não foi capaz sequer de proteger seu ministro deposto. Sukhomlínov fora incompetente e corrupto — mas agora estava preso também por traição, submetido a uma Alta Comissão de Inquérito, podendo ser condenado à morte.

As exigências para a mobilização de uma economia de guerra moderna se somaram ao clamor por reformas liberais e ao auge da mania de espiões. Em 14 de junho, na Stavka, o tsar concordou com Nikolacha em reconvocar a Duma e criar um Conselho Especial de Defesa para fazer a coordenação entre ministérios,

726

organizações voluntárias e indústrias bélicas. Finalmente o governo começou a produzir os armamentos necessários, gastando prodigamente em contratos de defesa militar.* Estimulada por esses gastos enormes, a economia logo passou a crescer rapidamente — mas, com isso, uma série de gargalos no abastecimento gerou uma nova crise.

A Duma exigia um governo nacional. Nicky se recusou, e como resposta os parlamentares formaram um bloco de oposição progressista. Nicolau se dobrara à sociedade e a Nikolacha e agora estava amargamente ressentido. "Seja mais autocrático, meu muito querido", recomendou Alix, que odiava os novos ministros. "Não gosto que Nikolacha tenha algo a ver com essas grandes reuniões [de ministros]", escreveu ela em 17 de junho. "Ele se impõe aos ministros falando alto e gesticulando." Nicolau precisava dela: "O povo tem medo de minha influência, disse Grigóri, porque sabe que tenho vontade forte e logo enxergo dentro das pessoas e ajudo você a ter firmeza". Lembrou ao marido que "nosso primeiro Amigo [Monsieur Philippe] me deu aquela Imagem com o sino para alertar contra os que não se conduzem bem [...]. Deus quer que sua pobre mulherzinha lhe preste auxílio. Grigóri sempre diz isso e M. Philippe também". O tsar passava muito tempo na frente de batalha, de forma que agora os dois se escreviam várias vezes por dia, trocando cerca de 1600 cartas, que revelam a voz de Alix cada vez mais insana em seu inglês idiossincrático.

"Nunca esqueça que você é e deve se manter imperador autocrático. Não estamos preparados para um governo constitucional." Então ela foi ao cerne da questão: "Ninguém sabe quem é o imperador agora — você precisa comandar o quartel-general e reunir lá os ministros!". Como que para diminuir o impacto disso, ela acrescentou: "Minhas longas cartas resmungonas o importunam, meu pobrezinho!".

Em 22 de julho, Varsóvia caiu sob os alemães — e mais uma vez o Exército russo bateu em retirada. "Isso não pode continuar assim", disse Nicolau a Anna. Em 4 de agosto, quando Kovno se rendeu, encontraram Nikolacha chorando em seu vagão na Stavka: "O que mais se pode fazer? É horrível, horrível!". Mas o imperador sabia o que fazer. "Você não sabe como é difícil me conter para não assu-

---

* Fazia tempo que o Comitê de Indústrias Bélicas pressionava por uma distribuição mais ampla dos contratos de guerra. As assembleias provinciais e distritais eleitas também participaram, formando uma União das Zémstva voluntária, dirigida por um aristocrata liberal, o príncipe Gueórgui Lvov, que pretendia fornecer serviços hospitalares e incluir a iniciativa privada na indústria bélica. Uma opinião corrente julgava que essas organizações salvaram o esforço de guerra — mas isso é um mito. Na verdade, foi o governo que se voltou para a produção de guerra.

mir o comando de meu amado Exército", confidenciou ele à Criatura Apaixonada, Anna. Ele precisava assumir o comando. Mas esse comando exporia perigosamente o monarca. Quando souberam do plano, seus ministros lhe imploraram que não adotasse esse procedimento.

Alexandra convocou Raspútin a sua casa na Sibéria para encorajar o tsar. Chegando a Petrogrado em 31 de julho, Raspútin encontrou Nicolau duas vezes e voltou para casa, enviando telegramas ambíguos: "A firmeza é uma rocha, mas vacilar é a morte de todos".

Nicolau encontrou orientação divina: "Eu estava de pé diante da grande imagem de nosso Salvador na igreja grande", relembrou mais tarde, "quando uma voz interior pareceu me dizer que me decidisse e escrevesse minha decisão a Nikolacha, à parte do que nosso Amigo me falou".

Quando os ministros souberam que a decisão era iminente, ficaram indignados. Em 6 de agosto, o imperador escreveu oficialmente a Nikolacha: "Decidi assumir o comando supremo [...]. Nomeio-o vice-rei do Cáucaso". E prosseguiu: "Se houve algum erro, eu perdoo". No dia seguinte, os ministros imploraram a um tsar tenso, agarrado a um ícone abençoado por Raspútin que Anna lhe dera, que não assumisse o comando. "Ouvi o que vocês têm a dizer", respondeu ele, "mas mantenho minha decisão." Os ministros não confiavam em sua capacidade militar, embora ele tivesse escolhido um general competente, Mikhail Alexéiev, como chefe do Estado-Maior e a nova Stavka fosse realmente um grande avanço, em comparação ao caos organizacional de Nikolacha. Mas a tarefa do tsar era comandar o país.

A ideia de assumir o comando não era necessariamente absurda. Todos os países em guerra, inclusive a Inglaterra, enfrentavam uma crise de confiança parecida. A guerra total exigia sacrifícios que demandavam uma liderança legítima e carismática. O imperador podia assumir o comando na Stavka e nomear um ministro plenipotenciário, como Krivochein, para resolver a crise de abastecimento, ou nomear um governo parlamentar conduzido por Rodzianko ou um ditador militar, talvez Nikolacha. É fácil, retrospectivamente, repensar essas decisões, mas não havia nenhuma resposta pronta.* Em vez disso, ele tomou apenas metade das decisões essenciais e, quase por padrão, deixou Alexandra a cargo do resto.

---

* Uma ditadura militar popular não era uma panaceia. O exemplo da Alemanha, onde o Kaiser e seu chanceler civil de fato cederam à ditadura militar de Hindenburg e Ludendorff em 1916, mostra que não há nenhuma garantia de que fosse funcionar: eles levaram o país à derrota e à re-

Nicolau encerrou a reunião: "Senhores, em dois dias parto para a Stavka". Estava "úmido de suor".

Mais tarde, os treze ministros fizeram uma reunião secreta e, em 22 de agosto, dez deles assinaram uma carta ameaçando renunciar: foi o primeiro motim ministerial na história dos Románov. Alexandra ficou "chocada e horrorizada".[16]

Naquele mesmo dia, Nicolau assumiu o comando da nova Stavka em Moguiliov — com uma carta inspiradora de Alexandra oferecendo-se para assumir o comando da Rússia:

> Deus está mais próximo do que nunca de você. Nunca o viram antes com tal firmeza [...]. Amorzinho, estou aqui, não ria da mulherzinha velha e boa, mas ela veste "calças" invisíveis [...]. Diga-me o que fazer, use-me, num momento desses Deus me dará a força para ajudá-lo porque nossas almas lutam pelo bem contra o mal [...]. É o começo da glória de seu reinado. Ele [Raspútin] disse isso e acredito plenamente. E então você deslumbrará todos aqueles grandes estúpidos, covardes, seres falsos cegos estreitos e desonestos [...]. Só providencie para que a nomeação de Nikolacha saia mais depressa — sem perda de tempo [...]. Durma bem, meu Raio de Sol, salvador da Rússia.

Ele levou consigo o pente de Raspútin: "Lembre-se de pentear o cabelo antes de todas as conversas e decisões difíceis, o pentezinho dará sua ajuda". Talvez graças ao Pente Sagrado, no dia seguinte, 23 de agosto, Nikolacha aceitou a demissão em silêncio e partiu, acompanhado por Orlov Gordo, que Alexandra considerava um traidor.

"Graças a Deus, está tudo acabado", disse o imperador à imperatriz, "e aqui estou eu com essa nova grave responsabilidade em meus ombros. Mas será feita a vontade de Deus — sinto muita calma. Uma espécie de sensação após a Comunhão."

---

volução. E tampouco a Duma mostraria maior competência: quando os parlamentares formaram um governo em 1917 sob o príncipe Lvov, foi um desastre muito mal administrado. Na Inglaterra e na França, porém, em 1916 e 1917, Lloyd George e Clemenceau realmente trouxeram uma liderança renovada. Vale lembrar ainda que, em circunstâncias diferentes, no contexto das derrotas iniciais da invasão nazista de junho de 1941, Stálin, após uma crise pessoal, também assumiu o cargo de comandante supremo, decisão que podia ter sido catastrófica, mas que acabou lhe permitindo reivindicar o mérito da vitória.

Como comandante supremo, vivendo na rotina isolada da Stavka, Nicolau parecia alcançar uma espécie de apoteose. Sobre seu chefe do Estado-Maior, ele escreveu: "Nem tenho como lhe dizer o quanto estou satisfeito com o general Alexéiev", a que chamava de "meu amigo vesgo". "Ele é muito bom no que faz." Ficou encantado com o novo papel de Alexandra: "Que bom minha mulherzinha ajudando o maridinho quando ele está fora! Que pena que você não desempenhou o papel tempos atrás ou pelo menos agora durante a guerra!".

"Então, querido, por favor perdoe sua mulherzinha se o feri ou magoei de alguma forma e por ter incomodado tanto você nessas semanas difíceis", escreveu ela. "Estou muito comovida que você queira minha ajuda." Dias depois, ela e os amigos Anna e Raspútin estavam recebendo novos ministros em audiência, com o auxílio do bando mais infame de escroques que algum dia aconselhou um tsar. A imperatriz tinha "uma vontade de ferro ligada a pouca inteligência e nenhum conhecimento", escreveu Benckendorff, ao passo que Missy julgava Alix "profundamente ambiciosa e absolutamente convicta de ter um julgamento infalível". Ambos a conheciam bem. De fato, ela se vangloriava de ser a primeira imperatriz a receber ministros desde Catarina, a Grande.[17]

Alexandra passara vinte anos evitando "o miasma" de Petrogrado, e assim, quando precisou escolher ministros, não conhecia ninguém — exceto Raspútin, que era desprezado pela sociedade respeitável. Até então, Raspútin tinha sido um conselheiro influente cujo poder efetivo era exagerado. Sempre foi um cortesão habilidoso, e seus conselhos muitas vezes eram adulações para reforçar sua posição privilegiada junto ao casal imperial. Costumava mudar suas opiniões de acordo com os caprichos de Nicolau e de Alexandra: de início, desaprovara que Nicolau assumisse o comando, mas, ao ver que o tsar estava decidido, tornou-se o maior defensor do plano. Outras vezes, tal como no começo da guerra, opunha-se às posições do tsar e era franco defensor do povo simples. Em seus primeiros tempos, apoiara as Centúrias Negras, antissemitas, mas o Raspútin maduro passara a ser tolerante com estrangeiros, em particular com judeus que procurava proteger, inclusive prometendo a abolição da Zona de Assentamento.

Maria, a filha de Raspútin, lembra: "O imperador disse a meu pai que, se fosse viver como meu pai queria, o povo o mataria. Meu pai falou ao imperador que o povo nunca mataria o tsar, mas os intelectuais, sim". O tsar precisava de Raspútin tanto quanto Alexandra. "Em momentos de dúvida e turbilhão espiritual", disse ele a um cortesão próximo, "gosto muito de conversar com ele e, depois dessas conversas, minha alma fica sempre tranquila e leve". Raspútin entendia sua dupla clientela como ninguém: Nicolau "pode mudar a qualquer minuto; é um homem infeliz; falta-lhe força interior", ao passo que as ilusões da vaidosa Alexandra quanto a suas próprias capacidades faziam de Raspútin um favorito imperial na tradição de Biron, o amante da imperatriz Anna, ou de Kutaíssov, o barbeiro de Paulo. Mas esse reacionário setecentista estapafúrdio era agora um verdadeiro potentado com uma influência assombrosa no auge da crise russa do século XX.

A imperatriz e Raspútin recorreram, em agosto de 1915, ao príncipe Mikhail Andrónnikov, de 41 anos de idade, um traficante de influência com grande talento para cortejar os poderosos com sua lábia sofisticada — e que fez uma fortuna com esquemas de extorsão na guerra com a ajuda do ministro deposto Sukhomlínov. Metade georgiano, metade alemão do Báltico, Andrónnikov foi definido por Witte como "um cruzamento de espião *con amore* e um parasita com título de nobreza". Numa tirada espirituosa, dizia-se "o ajudante de campo do Todo-Poderoso", função na qual "tenho de saber de tudo o que se passa em Petrogrado — minha única maneira de mostrar meu amor por meu país".

Instalado num apartamento de ópera-bufa, com uma cama montada dentro de uma imitação de santuário cristão, encimada por uma coroa de espinhos, o príncipe (segundo seu criado) "levou mais de mil rapazes para lá durante meus dois anos de serviço". Andrónnikov dava preferência aos mensageiros ciclistas, portadores de correspondência oficial. Depois de embriagá-los e seduzi-los sob a coroa de espinhos, lia as mensagens. Se anunciavam uma promoção, ele ia correndo cumprimentar o destinatário antes que este soubesse oficialmente da notícia, e lhe dizia que aquela sua boa sorte se devia aos préstimos do ajudante de campo do Todo-Poderoso.

Tal era, num contraste que ultrapassava qualquer sátira, o sinistro salafrário ao qual uma imperatriz afetada e moralista recorreu para encontrar os ministros que governariam a Santa Rússia. Sabendo que o ministro do Interior e o chefe de polícia estavam prestes a ser demitidos, Andrónnikov abordou Alexei Khvostov, o governador obeso que Raspútin entrevistara para o ministério do Interior em 1911, agora membro da Duma. Se Nicolau estava para afastar seus atuais ministros, Khvostov parecia uma escolha plausível. Andrónnikov propôs um triunvirato: ele próprio faria a armação, Khvostov seria o ministro e Stepan Belétski, o chefe de polícia, cargo que já ocupara. Andrónnikov apresentou os candidatos a

Raspútin, que recebeu seus cumprimentos com o desdém do camponês pelo nobre rastejante. Então Raspútin apresentou Andrónnikov a Anna Vírubova em sua pequena casa de campo em Tsárskoie, onde ela concordou em receber Khvostov. Anna era agora a guardiã de Alexandra.

Khvostov encantou a Criatura Apaixonada. Ela e Raspútin o recomendaram à imperatriz para o cargo de ministro do Interior. Em 29 de agosto, Alix informou a Nicky que Anna encontrara Andrónnikov e Khvostov, os quais "lhe causaram excelente impressão. Ele é extremamente devotado a você, falou bem e afavelmente de Nosso Amigo". Anna então apresentou Khvostov à imperatriz, a quem ele bajulou em grande estilo. Khvostov "me parece o homem para salvar a situação", disse a tsarina ao tsar, "enquanto você está fora e ele quer abrir o coração para me expor suas ideias". Dando-lhe o nome em código de "Cauda" (*khvost*, em russo), ela insistiu que Nicolau o nomeasse: "Telegrafe-me 'Cauda tudo bem' e entenderei".

Alexandra via o primeiro-ministro, o Casaco de Peles Velho, todos os dias. A Duma estava descontrolada, vaiando Goremíkin a cada vez que ele aparecia lá. "Quero arrancar" a maioria dos ministros, disse ela, e nomear novos capazes de entender que quem perseguisse Raspútin "nos ataca diretamente", o que era "imperdoável e, numa época assim, até criminoso". Em 2 de setembro, Nicolau suspendeu a Duma. Um dos parlamentares liberais agora comparava a Rússia a um automóvel com um motorista louco dirigindo rápido demais, e que os passageiros não ousavam parar de medo que matasse a todos.

Logo, em 7 de setembro, Alexandra exigiu a demissão dos ministros. Quanto aos substitutos: "Bom, querido, aqui está uma lista de nomes [...]. Anna os obteve por meio de Andrónnikov", escreveu ela. "Por favor, pegue Khvostov." Mostrando sua ingenuidade, Alexandra acrescentou: "Se não for o homem certo, pode ser trocado — não há nenhum problema nisso em tempos assim". Definiu-se a Nicolau como "seu Anjo da Guarda e auxiliadora em tudo — alguns receiam que esteja me intrometendo em assuntos de Estado (os ministros) e outros me veem como a pessoa capaz de ajudá-lo (Andrónnikov, Khvostov)". O Cauda era "um homem, não um maricas, que não deixará nada nos atingir e fará tudo o que está a seu alcance para deter os ataques contra nosso Amigo".

Em 26 de setembro, o imperador nomeou Cauda Khvostov como ministro encarregado de toda a segurança da Rússia. Dois dias depois, os três escroques comemoravam seu sucesso na casa de Andrónnikov, onde presentearam Raspútin com vários envelopes de dinheiro vivo. O Cauda pretendia se tornar primeiro-ministro — e encomendar um assassinato.[18]

"Deixarei que você leve Baby", prometeu Alix a Nicky quando ele assumiu o comando supremo. A imagem do tsar e do tsarévitch na Stavka era uma propaganda encantadora, e Alexei, com onze anos de idade, por tanto tempo confinado ao leito e a quem eram proibidas brincadeiras agitadas, sonhava vestir um uniforme e ir para a guerra. A experiência seria um bom treino: "Durante toda a sua vida, o tsar sofreu com sua timidez natural e com o fato de ficar demais no segundo plano, de modo que se julgava mal preparado", explicou Alexandra ao preceptor Gilliard. "O tsar prometeu que evitaria cometer os mesmos erros com seu filho."

O garoto, soldado raso logo promovido a cabo, passou grande parte do ano seguinte na Stavka, dividindo um quarto com o tsar na modesta mansão do governador. Ao falar dos "dois Babys", Nicky contou a Alix que brincavam e rezavam juntos. Alexei reclamou dos peidos imperiais no dormitório Románov. "O Baby filho escreveu hoje", contou Alix ao marido em 7 de outubro: "Papai passou um tempão soltando muitos puns hoje de manhã. Que feio!".

A retirada diminuíra de ritmo, mas os alemães capturaram Vilna e avançaram na Ucrânia. Alexéiev planejava contra-atacar os austríacos, que eram mais fracos. "Você não pode comentar isso com ninguém — por favor, faça-me essa gentileza", escreveu Nicky em 18 de dezembro. Ele queria dizer que ela não devia contar a Raspútin.

Enquanto isso, o tsar passava muito tempo lendo as cartas de Alexandra e Anna* — e um romance inglês, *The Millionaire Girl*. Quando terminou o ano e o casal imperial continuava separado, os dois estavam morrendo de saudades um do outro. Em 30 de dezembro, ela lhe escreveu: "Abraço-o apertado junto ao meu

---

* Anna escrevia mensagens românticas para o imperador. "Estou lhe enviando uma carta bem gorda da Vaca", escreveu Alix em 6 de outubro de 1915; "a criatura apaixonada não pôde esperar mais, precisa dar vazão a seu amor, do contrário explode". Anna chamava o imperador de "Amorzinho" — para a grande exasperação de Alexandra. Com os inimigos, ela era implacável. Quando Montenegro foi destruída, ela escreveu a Nicky em 5 de janeiro de 1916: "Bom, agora o rei, filhos e filhas Negras aqui que tanto queriam essa guerra estão pagando seus pecados em relação a você e a Deus, quando foram contra Nosso Amigo. Deus se vinga. Só fico com pena do povo".

peito, com beijos em todos os lugares doces, pressiono de leve meus lábios nos seus e tento me esquecer de tudo fitando seus lindos olhos". Em 4 de janeiro de 1916, ele escreveu em resposta: "Minha querida, desejo você, seus beijos e carícias […]. Aqui, longe de ministros e visitantes, falaríamos de muitas coisas e passaríamos alguns horas aconchegantes juntos. Mas o que podemos fazer? Nossa separação é nosso sacrifício pessoal".

Ela estava pressionando o tsar para substituir o primeiro-ministro Goremíkin: "Por que, agora que você tem tempo, não prepara tudo para trocar o Velho? Mas quem entraria no lugar dele?".[19]

Somente os oportunistas mais subservientes queriam algum cargo nessa tragicomédia: Raspútin encontrou o novo primeiro-ministro na figura de um governador aposentado de má reputação, Boris Stürmer, de 67 anos de idade.

Em 20 de janeiro, Nicolau nomeou Stürmer como primeiro-ministro. Então Stürmer visitou Raspútin para receber sua bênção. Até Raspútin pensou: "Ele é velho, mas não interessa — vai servir". Stürmer, porém, secretamente desprezava o camponês. Quando ignorava os desejos de Raspútin, o camponês o criticava, gabando-se: "Stürmer faria melhor se ficasse em seu lugar. Do contrário, vai quebrar a cara. Uma só palavra minha e eles o põem na rua". Mas Raspútin deu um conselho sensato — uma visita imperial ao parlamento. "É preciso reunir a Duma mesmo para uma sessão curta", disse Alix a Nicky, "especialmente se você aparecer lá, sem que os outros saibam, será esplêndido […] como agora todos estão dispostos a trabalhar — é preciso lhes mostrar um pouco de confiança." Em 9 de fevereiro, Nicolau surpreendeu a todos aparecendo na Duma, mas a nomeação de Stürmer, o primeiro-ministro medíocre com sobrenome alemão, pareceu desprezo ou negligência. Ele foi objeto de chacota, e rumores desastrosos começaram a corroer o regime.

Panfletos com títulos como *Segredos dos Románov* e *A vida e as aventuras de Raspútin* pintavam uma pornocracia germânica traiçoeira, com Alexandra e Anna como lésbicas nuas na farra, fascinadas com o falo palpitante de Raspútin.* Num

---

* Em janeiro de 1916, a Okrana de Moscou descobriu que os editores de alguns jornais estavam publicando um poema pornográfico como uma versão inicial do *samizdat*. Os versos grotescos captam os danos que a influência de Raspútin trouxe à aura da monarquia: "Um marinheiro diz a um soldado/ Irmão, diga o que quiser,/ Mas hoje a Rússia é comandada pelo pinto/ O pinto no-

sistema em que tudo era decidido em sigilo e com inépcia, esses rumores se espalharam como metástase por todo o corpo político.[20]

A nomeação de Stürmer para o cargo de primeiro-ministro enfureceu Khvostov. Os três escroques brigaram entre si. Khvostov se voltou contra Andrónnikov, denunciando-o a Anna. Andrónnikov se vingou enviando uma foto de Anna e Raspútin à imperatriz -viúva. O Cauda tentou subornar Raspútin para que ele saísse de Petrogrado, mas, no final de janeiro de 1916, o ministro do Interior ofereceu a Komissárov, guarda-costas da Okhrana responsável pela segurança de Raspútin, a quantia de 200 mil rublos para estrangular o *stárets*, envená-lo e jogar o corpo sob o gelo de um rio congelado. Komissárov testou o veneno no gato de Raspútin. Raspútin achava que Andrónnikov queria intimidá-lo e fez com que prendessem e exilassem o ajudante de campo do Todo-Poderoso. O Cauda contratou outro matador, que foi preso pelo terceiro escroque, o chefe de polícia Belétski, que levou a público esse episódio do mais puro teatro de horror.

De início, Alexandra pensou que era um complô contra Raspútin, "tentando arrastar Khvostov com os judeus só para armar confusão diante da Duma". Enquanto o imperador comentava em 13 de fevereiro que estava lendo o romance inglês *The Room of Secrets* e aspirando a carta de Alix aspergida com seu perfume inglês, o White Rose da Atkinsons — "a fragrância me excita e me levou diretamente a você" —, ela enfrentava a realidade. "Estou muito desolada por ter recomendado Khvostov a você, por meio de Grigóri [Raspútin]", admitiu a Nicolau em 2 de março de 1916; "isso não me dá paz — você foi contra e eu me impus". Mas, quanto ao ministro dela, "o diabo que o carregue". Agora o Cauda também precisava ser demitido porque "sinceramente não me sinto tranquila em relação a Grigóri e Ania enquanto Khvostov estiver no poder e dispuser de dinheiro e da polícia". Nicolau tinha tanto autocontrole e um medo tão grande

meia ministros/ O pinto decide a política/ Distribui arcebispados/ E confere medalhas/ O pinto comanda as tropas... Depois de vender a Terra Mãe aos judeus/ O pinto sobe os preços/ Claro que não é um pinto comum/ Dizem que tem 35 centímetros... O pinto do religioso ganhou tanto poder/ Que podia ser marechal de campo/ Logo chegou ao palácio do tsar/ Onde fodeu as damas de companhia/ As filhas donzelas do tsar/ Mas fodeu, mais que todas, a tsarina".

de confrontos que recebeu educadamente esse velhaco repugnante, e só depois o demitiu por carta.*

"A história toda é abominável", disse o imperador a Alix em 5 de março. Mas ela ainda queria a demissão dos ministros, mesmo sem conseguir encontrar substitutos. Quanto a Gutchkov, membro da Duma: "Não há como enforcá-lo?". A missão da imperatriz era proteger Raspútin — e preparar o trono para Alexei. "Pelo Baby", escreveu ela em 17 de março, "devemos ser firmes; do contrário sua herança será terrível, pois com seu caráter ele não se dobrará aos outros mas será dono de si como se deve ser na Rússia enquanto o povo é tão inculto — M. Philippe e Grigóri também disseram isso." No entanto, o plano de matar Raspútin apenas confirmou as convicções de Alexandra. "Durante a Bíblia vespertina, pensei muito em Nosso Amigo", disse a Nicky na Páscoa em 5 de abril, "como os letrados e fariseus perseguem Cristo [...] sim de fato um profeta nunca é ouvido em sua terra."[21]

Enquanto a frente doméstica se desfazia em comédia negra, o exército, reabastecido com novos estoques de explosivos, rejuvenescera. A confiança aumentou. As forças caucasianas de Nikolacha irromperam na área central do Império Otomano, tomando Erzurum em fevereiro e Trebizonda em abril de 1916, ao mesmo tempo que um regimento de cavalaria russa expulsava as forças pró-germânicas da Pérsia e seguia a galope para Bagdá, no Iraque, para auxiliar os britânicos na área.**

No entanto, o Exército tinha dificuldades em arregimentar um número suficiente de novos recrutas, apesar do grande contingente de homens disponíveis. Mesmo recebendo novos suprimentos e dispondo de superioridade numérica, os comandantes russos não conseguiam mudar suas táticas primitivas de coordenar a infantaria e a artilharia para romper as linhas inimigas na frente principal.

---

* Raspútin avaliou os candidatos para a função com um fatalismo espirituoso: "Scheglovítov quer, mas é um safado; Krichanóvski insiste que eu jante com ele — mas é um trapaceiro. E Belétski quer. Se ainda não fui assassinado, certamente será ele a me matar".

** Isso permitiu que Sazónov negociasse em maio o tratado Sykes-Picot-Sazónov em Petrogrado, com a partilha do Oriente Próximo, ficando a Palestina e o Iraque para a Inglaterra, e a Síria e o Líbano para a França. Para a Rússia, foram prometidos não só trechos da Anatólia oriental, Armênia e Curdistão, mas também, numa mistura de cidades santas, uma parcela de Jerusalém e Constantinopla internacionalizadas.

Na Stavka, em março de 1916, eles planejaram uma ofensiva contra os alemães no lago Naroch, perto de Vilna, onde estavam ocupados a oeste na Batalha de Verdun. "Está tudo pronto para nossa ofensiva", disse Nicky a Alix em 3 de março. No dia 5, 350 mil russos e mil canhões arremeteram contra 50 mil alemães, que estavam preparados. A época do ano, com o solo enlameado, favorecia o desastre, o fogo de artilharia foi mal planejado e inútil e, como de hábito, a coordenação entre as Forças Armadas era péssima. Os russos perderam mais 100 mil homens. "Temos tão poucos bons generais", escreveu Nicky. Mas, dessa derrocada, aos poucos ia surgindo um novo exército; naquela primavera, o tsar e Alexéiev afastaram o comandante da frente sudoeste e nomearam o general Alexei Brussílov para substituí-lo. Enérgico, criativo e cauteloso, Brussílov concebeu um novo sistema de preparativos, reservas e concentração, para lançar uma ofensiva moderna. Quando todos os outros generais concluíam apaticamente que não conseguiriam mais lançar novas ofensivas, Brussílov acreditava que podia vencer.

Enquanto isso, vicejava o romance entre Nicky e Alix. Os dois estavam lendo um conto sentimental inglês, "Little Boy Blue", que levou Alix a refletir: "Toda mulher tem também dentro de si o sentimento de uma mãe em relação ao homem que ama, é a natureza, quando o amor é profundo". O imperador também se comoveu: "Gosto dele... Tive de usar meu lenço várias vezes", escreveu em 31 de março de 1916. O tsar relembrou como precisou lutar para desposá-la, "como o pequeno Boy Blue, mas com maior tenacidade". A partir daí, ela passou a chamá-lo de "doce Boy Blue". O ardor sexual de ambos não esmoreceu. "Meu doce amor, desejo tanto você!", escreveu ele em 8 de abril. "Por favor, não esteja com Madame Becker [a menstruação] quando eu for para casa." Ela respondeu num telegrama em 11 de abril: "Que pena que o engenheiro mecânico veio", mas, quando Nicky chegou, ela estava pronta. "Suas carícias e beijos ternos são um bálsamo e um prazer tão grandes — sempre anseio por eles", escreveu ela em 24 de abril, depois que ele voltou para a Stavka. "Nós, mulheres, ansiamos por ternura (embora eu não peça nem demonstre muito)."

Em 22 de maio, o general Brussílov, usando a nova tática de choque, rompeu as linhas austríacas, dirigindo-se aos Cárpatos. Em 12 de junho, já havia feito 190 mil prisioneiros. O imperador muitas vezes revelava os planos militares a Alexandra, acrescentando: "Peço que não conte a ninguém". Referia-se, como de costume, ao tagarela Raspútin, mas de qualquer forma ela sempre lhe contava praticamente tudo: Nosso Amigo "insiste que não devemos ainda avançar com força no norte porque se nossos sucessos continuarem bons no sul, eles mesmos recuarão sozinhos no norte", escreveu ela em 4 de junho. É inacreditável que ela estivesse enviando conselhos militares de Raspútin. Confidenciando que de fato não iam atacar o norte, ele enfatizou em 5 de junho: "Por favor, não mencione isso a ninguém, nem mesmo a Nosso Amigo. Ninguém pode saber".

O general Alexéiev estava preocupado. "Falei a Alexéiev", escreveu o tsar no dia 7, "o quanto você se interessa por questões militares e sobre aqueles detalhes que você me perguntou. Ele sorriu e ouviu em silêncio." Era uma situação estranha, em que o chefe do Estado-Maior não tinha confiança em seu próprio soberano e na esposa dele. Enquanto Brussílov continuava a avançar, o imperador suspirava por ela: "Que saudades de seus beijos suaves! Sim, Amada minha, como você sabe beijar! Oh, com que malícia! O meninão dá saltos só de lembrar". O desejo do tsar talvez tenha se realizado. Em 28 de julho, Alexandra e as meninas visitaram a Stavka, para o aniversário de Alexei. Enquanto a ofensiva de Brussílov se alastrava, a imperatriz doutrinava Alexéiev sobre Raspútin: "Homem tão santo e milagroso, injustamente caluniado... Creia-me, general, se ele pudesse vir à Stavka, traria grande felicidade a todos".

"Vossa Majestade Imperial", respondeu o general, "no instante em que ele aparecer na Stavka, renuncio imediatamente a meu cargo".

"Esta é sua última palavra, general?"

"Sem dúvida."

Depois que Alexandra saiu, foi pedir a Nicky que persuadisse o general. Quando Alexéiev, logo depois, sofreu um ataque cardíaco, Alexandra viu o fato como castigo divino.

Arrebanhando 425 mil prisioneiros, Brussílov quase eliminou a Áustria da guerra, numa das operações mais bem-sucedidas de todo o conflito. Os alemães, embora enfrentando a ofensiva de Somme na frente ocidental, salvaram o aliado enquanto os generais russos, tímidos ou pessimistas, não conseguiram dar respaldo a Brussílov. Sua última esperança eram as Guardas, a elite do exército tsarista: 60 mil homens comandados pelo general Vladímir Bezobrázov, que, como disse Alexandra, era "velho camarada" do tsar, de seus dias nas Guardas. Bezobrázov declarou que as Guardas, as quais "só deveriam ser comandadas por gente de categoria" (e por isso o tio Pitz do tsar, que retornara do exílio em 1914, recebeu um corpo para comandar), nunca recuavam. No final de julho, Bezobrázov "ordenou o avanço por pântanos sabidamente intransponíveis", contou Alix a Nicky, e "sua temeridade [...] fez com que as Guardas fossem massacradas". Trinta mil membros do corpo de Guardas morreram. Na verdade, as Guardas de Pedro, o Grande, quase deixaram de existir — e o imperador perdeu seus pretorianos mais leais no exato momento em que mais precisaria deles. Raspútin instou com o tsar que parasse com "sacrifícios inúteis, massacres inúteis". Em 27 de setembro, Nicolau suspendeu a operação — mas a guerra contra os turcos ia tão bem que ele planejou tomar Constantinopla, formando um Regimento Tsárgradski.[22]

No auge do triunfo de Brussílov, o imperador estava estranhamente distante: "Brussílov está firme e tranquilo. Ontem descobri duas acácias no jardim". A guerra tem um efeito especialmente corrosivo em seus líderes. "Ontem me senti tão cansado no trem", disse Nicky a Alix em 3 de março de 1916, "que fiquei deitado na cabine." Quando Alexei estava em casa, o soberano ficava sozinho. Na Stavka, os ministros "insistem em vir aqui quase todos os dias e ocupam todo o meu tempo; em geral vou me deitar depois de uma e meia da manhã, gastando todo o meu tempo numa correria constante [...] é simplesmente insuportável". Seu círculo notou que ele estava à beira de um "esgotamento nervoso geral". Benckendorff disse ao dr. Bótkin: "Ele não pode continuar assim por muito tempo mais [...]. Não se interessa mais a sério por nada. Tornou-se totalmente apático. Cumpre sua rotina diária como um autômato, mais interessado no horário de suas refeições ou de seu passeio pelo jardim".* Em caráter reservado, Alexéiev, o general mais alto de Nicolau, estava apavorado: "O que se pode fazer com aquele moleque! Está dançando à beira de um precipício... e com toda a calma. Uma louca está controlando o Estado e em volta dela há um monte de vermes".

Depois de dois anos de lutas e dificuldades, os russos haviam realizado a operação aliada mais bem-sucedida da guerra e a economia de guerra estava em recupe-

---

* Ele estava usando cocaína para seus resfriados, normalmente prescrita como medicamento naqueles dias, mas dizia-se que também tomava um elixir de meimendro e haxixe no chá, para acalmar os nervos, receitado pelo curandeiro buriata Badmáiev, o que só fazia aumentar sua apatia. Iussúpov comentou que Badmáiev tinha "essas ervas que agem progressivamente e reduzem um homem ao completo cretinismo". Quanto a Alexandra, estava agora "entupida" de Veronal e outros opiáceos do dr. Bótkin, sendo ele fraco demais para se negar a fornecê-los à imperatriz. Talvez ela fosse dependente, mas, de todo modo, seu consumo regular de barbitúricos, ópio, cocaína e morfina só podia exacerbar sua histeria.

ração: no final de 1917, havia um estoque de 18 milhões de explosivos. Mas o moral da frente em casa estava despencando, a inflação galopando, a escassez de alimentos se generalizando. Ironicamente, cereais não faltavam. As colheitas eram abundantes, mas os camponeses vendiam menos, embora as cidades estivessem inchadas, com 1 milhão a mais de trabalhadores. Os trens eram tão mal administrados que o cereal não era devidamente coletado nem entregue às cidades e às tropas. Raspútin, que via as filas nas ruas de Petrogrado para comprar alimentos, sugeriu algumas de suas ideias mais sensatas, embora simples, que Alix transmitiu ao imperador.

Nicky pensou em nomear um ditador como "senhor de toda a situação", mas "o eterno problema do abastecimento é o que mais me preocupa". O tsar percebeu que "o velho Stürmer não é capaz de vencer essas dificuldades [...]. O problema mais difícil que enfrentei na vida. Nunca fui comerciante e não entendo dessas questões de alimentos".

No entanto, contou um ministro, "quando tentei expor em detalhes à sua majestade a questão do abastecimento alimentar [...] o imperador ficou me interrompendo com perguntas sobre trivialidades do cotidiano [...] o clima [...] filhos e flores". Observando o tsar, Benckendorff alertou: "Não se pode governar um império ou comandar um exército dessa maneira. Se ele não perceber isso a tempo, fatalmente acontecerá algo catastrófico".[23]

No Palácio Alexandre, a imperatriz redistribuía os papéis às pressas. Não conseguiu encontrar um ministro do Interior, e assim Raspútin sugeriu Stürmer, que foi então nomeado. Ela determinou a demissão do eficiente ministro da Guerra por suas ligações com a Duma e sua antipatia por Raspútin, o qual raramente iniciava essas políticas, mas incentivava Alexandra a demitir ministros que já não tinham a confiança de Nicolau — e aí procurava encontrar substitutos. O tsar não confiava mais em Sazónov depois de seu papel no amotinamento ministerial e de uma proposta de autonomia para a Polônia. Alexandra chegou à Stavka em 6 de julho e no dia seguinte "o Panqueca" foi demitido. Mas ela e Raspútin não conseguiram encontrar o ministro certo para o Exterior, e então nomearam Stürmer. Agora essa nulidade ocupava os três principais ministérios.

A imperatriz adorava aquela agitação, mas vivia num estado de histeria neurótica. "Estou podre, pois fiquei com dodói na barriguinha à noite", comentou em janeiro de 1916 e teve de tocar a campainha chamando a criada para "encher minha bolsa de água quente e me dar ópio". Refletia sobre a vida e a morte. "Vive-se rápido demais", declarou ela numa de suas cartas mais sãs em 5 de março; "as impressões seguem em rápida sucessão — a máquina e o dinheiro comandam o mundo e esmagam toda arte — eu me pergunto o que será depois que terminar essa grande guerra". Temia pelo futuro. "Oh, querido, é difícil ser mais feliz do que temos sido [...]. Possam nossos filhos ser igualmente bem-aventurados [...]. A vida é um enigma, o futuro oculto por trás de uma cortina, e quando olho nossa Olga crescida meu coração se enche de emoções e fico imaginando o que a espera", escreveu Alix em 12 de novembro de 1915, no 21º aniversário do casamento deles.

Olga estava deprimida. "Ela anda muito pálida" e "precisa ficar mais deitada — as injeções de arsênico agirão mais rápido", informou Alix a Nicky em outubro de 1915. Agora OTMA toleravam menos suas opiniões excêntricas. "As crianças, com todo o seu amor, raramente entendem minha maneira de ver as coisas", escreveu em março de 1916, "mesmo a menor delas, e quando conto como fui criada elas acham maçante. Só quando converso calmamente com Tatiana, ela entende. Olga está cada vez mais hostil e, quando sou severa, fica emburrada comigo."*

Mas os humores de Olga não eram nada comparados à fúria dos Románov. Agora apenas o tio Pitz continuava próximo de Alexandra. A imperatriz-viúva sabia que Alix era simplesmente louca e comparava o reinado de Nicky aos últimos dias do imperador Paulo. Ela enfrentou mais uma vez o filho, numa suposta ameaça: "Raspútin ou eu", mas em maio ela se mudou para Kíev. Em Petrogrado, Bimbo — Nikolai Mikháilovitch — troçava de Alexandra, "a Abominável Hessiana" no Iate Clube Imperial, chamando-a de "a Mulher que Endireitou Jesus".

---

* Boris, o filho decadente do tio Vladimir e Miechen, pediu em casamento Olga, dezoito anos mais nova que ele. Alix ficou horrorizada com esse "rapaz blasé, muito rodado e meio acabado". Mas havia outro pretendente: a ofensiva de Brussílov convencera a Romênia a entrar na guerra ao lado dos Aliados, e voltou-se a pensar seriamente no casamento de Olga com o príncipe Carlos. Missy, agora rainha da Romênia, escreveu a Nicky para negociar o ganho de extensos territórios, ao que o tsar respondeu em inglês: "Devo reconhecer com franqueza que ficamos profundamente surpresos com as enormes exigências de seu país", mas, se a Romênia entrasse na guerra, a Rússia assinaria imediatamente um tratado. A Romênia, porém, se demonstrou um risco militar. Os alemães tomaram Bucareste. Missy escreveu a Nicky pedindo ajuda. Enquanto isso, Olga, a irmã do tsar, num casamento infeliz com Pedro de Oldenburg, mantinha um caso amoroso de longa data com o oficial das Guardas Nikolai Kulikóvski. Agora pedia autorização para se divorciar e se casar com Kulikóvski, o que despertou uma reprimenda de Alexandra: "O que seu pai diria?". O tsar aprovou o casamento.

Alexandra o chamava de "o Corvo Branco" — e disse a Nicolau: "Temos sido fracos e bonzinhos demais com a família".

Enquanto isso, Dmítri e Iussúpov avaliavam a solução definitiva para o problema Raspútin — bem quando Alexandra acabara de descobrir o homem ideal para protegê-lo. Na verdade, ela estava colocando um sifilítico maluco no comando da segurança imperial.[24]

Raspútin recomendou Alexandre Protopópov como ministro do Interior. Parecia o ministro ideal. Elegante, poliglota, pianista, o vice-presidente da Duma era um conservador liberal culto que fora inicialmente recomendado ao tsar pelo próprio Rodzianko. Até mesmo o rei Jorge V, que o conheceu numa visita a Londres, ficou bem impressionado.

Nicky lembrava que Raspútin fora o primeiro a mencioná-lo. "Agradou-me muito", escreveu Nicolau após o primeiro encontro, em 20 de julho de 1916; "é um ex-oficial da Cavalaria dos Granadeiros." Era também um magnata do setor têxtil — o homem ideal para resolver a crise de abastecimento. Em setembro, Raspútin elogiou Protopópov para Alexandra, que começou a pressionar freneticamente o imperador: "Não o conheço, mas acredito na sabedoria e na orientação de Nosso Amigo. Grigóri roga com insistência que você nomeie Protopópov. Você o conhece e teve uma boa impressão — por coincidência, é membro da Duma e saberá como lidar com eles".

"Preciso pensar bem nessa questão", respondeu Nicky em 9 de setembro. "As ideias de Nosso Amigo sobre os homens às vezes são esquisitas, como você sabe. É preciso ter cuidado, principalmente em nomeações de pessoas de alta posição [...]. Todas essas mudanças esgotam a mente. Creio que ocorrem com excessiva frequência." Era uma formulação muito branda: durante a gestão de Alexandra, houve quatro primeiros-ministros e cinco ministros do Interior — e as suspeitas de Nicolau eram justificadas.

Protopópov, de fato, era "esquisito". Havia algo "peculiar" na maneira como revirava os olhos, seus suores e tremores, a conversa aos trancos e as explosões de pragas. Meio maluco, provavelmente sifilítico, fora tratado de uma doença pelo médico de Petrogrado, Badmáiev, especialista em drogas para induzir sensações de bem-estar, "amigo do peito" de Raspútin, segundo Alix. Agora, dizia-se que era dependente dos "pós estimulantes" de Badmáiev — provavelmente cocaína.

Numa nova versão dos três escroques, Badmáiev propôs seu paciente para ocupar o cargo de ministro e seu parceiro de negócios, o general Kurlov, para o cargo de chefe da polícia. Era o mesmo Kurlov responsável pelo assassinato de Stolípin. Tentado pelo poder, Protopópov se tornou apóstolo de Raspútin e se converteu devoto da autocracia mística de Alexandra. Quando se conheceram, ela o considerou "muito inteligente, lisonjeiro, com belas maneiras".

"Por favor, admita Protopópov como ministro do Interior", escreveu ela a Nicolau.

"Assim será feito", respondeu ele.

"Deus abençoe sua nova escolha de Protopópov", comemorou ela. "Nosso Amigo diz que você agiu com muita sabedoria."

Esse foi o apogeu de Raspútin, que agora estava envolvido em tudo, desde os aviões da nova força aérea e o tratado anglo-francês até sua ideia de pôr Alexandra distribuindo pão pessoalmente nas ruas de Petrogrado. "O dano causado por Raspútin foi enorme", disse um general de alta patente, "mas ele procurava agir pelo bem da Rússia e da dinastia, e não para prejudicá-las". Raspútin agora tinha a proteção de três círculos de guarda-costas, mas pressentia o perigo — sua vida estava saindo de controle, queria fugir, mas não conseguia resistir à tentação de ficar.

Depois de encontrar Raspútin, a esposa e as filhas no chalé de Anna, Alexandra entregou a Nicolau uma lista de seis pontos para discutir com Protopópov, todos eles ditados por Raspútin. O último ponto era que o ministro deveria "ouvir Nosso Amigo e confiar em seus conselhos". Entre os outros pontos, estava a libertação do banqueiro Rubenstein e sua transferência para um local seguro, bem como a do general Sukhomlínov, cuja bela esposa, Iekaterina Butovitch, a cantora de teatro de variedades, apelara ao favorito. Raspútin se apaixonou loucamente por ela, visitando-a 69 vezes naquele verão. (Tenha-o recompensado com seus favores sexuais ou não, o fato é que certamente conseguiu o apoio de Raspútin em prol de seu marido.) Alexandra recomendou ao tsar: "Fique com a lista na sua frente. Nosso Amigo lhe pede que trate desses assuntos". Nicolau cumpriu o que lhe foi ordenado: os dois prisioneiros foram liberados — para o desgosto geral.

Alix estava orgulhosa de seu novo sentimento de confiança: "Não me sinto mais minimamente tímida ou temerosa dos ministros e falo em russo como uma cascata. Eles veem que sou dinâmica e informo tudo a você e que sou seu respaldo na retaguarda, e muito sólido. Posso ser de alguma utilidade para você".

O tsar elogiou o arranjo: "Sim, de fato, você deve ser meus olhos e meus ouvidos aí na capital enquanto estou preso aqui", disse-lhe em 23 de setembro de 1916. "Seu papel é exatamente manter os ministros caminhando juntos — você está prestando a mim e a nosso país um grande serviço. Oh, preciosa Sunny, estou tão feliz que você encontrou o trabalho certo para si."

Stürmer e Protopópov destruíram o pouco que restava do prestígio imperial. Stürmer era suspeito de buscar uma paz em separado com a Alemanha — rumores que podiam ser corretos, embora não exista nenhum indício de que Nicolau aprovasse a ideia. Sobre Alexandra, agora conhecida como "a alemã", pesavam muitas suspeitas de que estaria entabulando negociações secretas com os alemães. Ela certamente foi contatada por suas ligações alemãs, mas era devotada à Rússia. O balbuciante Protopópov se vangloriava de governar com a ajuda de Jesus Cristo. "Sinto que salvarei a Rússia", dizia ele; "somente eu posso salvá-la."

Na Duma, Pável Miliukov, líder do Partido Kadet liberal, denunciou a incapacidade de Stürmer — e a gestão de Alexandra — com a pergunta fatídica: "É burrice ou traição?".

"Ambos!", exclamaram muitos.

Em 9 de novembro, Nicolau demitiu Stürmer e nomeou como primeiro-ministro um organizador competente, o ex-ministro das Comunicações Alexandre Trépov. Mas Alexandra e Raspútin ficaram furiosos. "Nosso Amigo está muito aflito com sua nomeação, pois Ele sabe que [Trépov] é bastante contrário a ele", protestou Alexandra, "e está triste porque você não pediu seu conselho." Claro que Trépov aconselhou Nicolau a demitir Protopópov e a exilar Raspútin.

Aí estava uma boa oportunidade para o tsar e ele a agarrou, dizendo a Alexandra, em 10 de novembro, que estava dispensando Protopópov, que podia ser "um homem bom e honesto", mas "não normal", saltando "de uma ideia a outra" devido a "certa doença". E pediu: "Por favor, não ponha Nosso Amigo nisso! A responsabilidade é minha".

"Não vá trocar Protopópov agora, ele ficará bem", respondeu Alexandra. "Dê-lhe a chance de agarrar a questão do abastecimento alimentar e tudo sairá bem." Quanto à sua suposta insanidade, "ele não é louco!", e Trépov devia ir para a forca.

> Sou apenas uma mulher lutando por seu Senhor e Filho [...]. Querido, lembre, não é o homem Protopópov nem xyz, mas é a questão da monarquia e de seu prestígio [...]. Estou lutando por seu reinado e pelo futuro de Baby [...]. Não ouça homens

que não são de Deus, e sim covardes. Sua Mulherzinha para quem você é TUDO em TUDO. Fiel até a morte!

Alexandra contou os planos de Nicky a Raspútin e o *stárets* bombardeou o tsar com telegramas. Raspútin não agia por megalomania: estava lutando por sua própria vida. Bebendo muito, ele não tinha "nenhuma dúvida de que vão me matar. Matarão também Mamãe e Papai".*

Alexandra foi correndo para a Stavka. Numa rara briga, ela exigiu que o marido mantivesse Protopópov e Raspútin. Nicolau explodiu. "Esses dias foram realmente difíceis", desculpou-se Nicky. "Perdoe-me se fui grosseiro ou impaciente; às vezes o humor da pessoa precisa extravasar." Ele se rendeu.

Trépov tentou subornar Raspútin para que abandonasse a política. Os soberanos ficaram desgostosos com esse insulto à santidade de Raspútin. Todavia, a manutenção de Protopópov selou o destino de Raspútin.[25]

---

* Um dos que preparavam a comida de Raspútin durante a Grande Guerra era um cozinheiro do luxuoso Astoria Hotel de Petrogrado, que, após a Revolução, seviu a Lênin e Stálin. Era Spiridon Pútin, avô do presidente Vladímir Pútin.

Cena 6
Imperador Miguel II

Elenco

NICOLAU II, imperador, 1894-1917, "Nicky"
Alexandra Fiódorovna (nascida princesa Alexandra de Hesse-Darmstadt), imperatriz, "Alix", "Sunny"
Olga, filha mais velha
Tatiana, segunda filha
Maria, terceira filha
Anastássia, filha mais nova
Alexei, cesarévitch, tsarévitch, filho, "Tiny", "Baby"

OS ROMÁNOV

Maria Fiódorovna, imperatriz, viúva de Alexandre III, "Minny"
MIGUEL II, imperador em 1917 (por um dia), inspetor-geral da cavalaria, "Micha", "Soneca", casado com Natacha, condessa Brássova
Miechen, viúva do tio Vladímir
Ella, viúva do tio Serguei, irmã da tsarina, abadessa
Tio Paulo, "Pitz", casado com Olga Pistolkors, princesa Paley
Dmítri Pávlovitch, filho do tio Paulo, assassino de Raspútin, amigo de Iussúpov

Nikolai Nikoláievitch, vice-rei do Cáucaso, "Nikolacha, o Terrível", casado com Stana, filha do rei Nikola de Montenegro, uma das "Mulheres Negras", "as Corvas"

Nikolai Mikháilovitch, "Bimbo"

Alexandre Mikháilovitch, seu irmão, "Sandro", casado com Ksênia, irmã do tsar

Príncipe Félix Iussúpov, casado com Irina, filha de Sandro e Ksênia, assassino de Raspútin

Maria, rainha da Romênia, casada com o rei Ferdinando, prima em primeiro grau de Nicky, "Missy"

CORTESÃOS: MINISTROS ETC.

Conde Vladímir Frederiks, ministro da corte

Anatóli Mordvínov, ajudante de campo de Nicolau II

Anna Vírubova (nascida Tanéieva), amiga de Alexandra, "Ania", "Criatura Apaixonada", "Vaca"

General Mikhail Alexéiev, chefe do Estado-Maior

Alexandre Trépov, primeiro-ministro

Alexandre Protopópov, último ministro do Interior

Príncipe Nikolai Golítsin, último primeiro-ministro da Rússia imperial

Mikhail Rodzianko, presidente da Duma, "o Gorducho"

General Serguei Khabálov, governador militar de Petrogrado

General Nikolai Rúzski, comandante da frente norte

Vladímir Purichkévitch, membro da Duma, assassino de Raspútin

Príncipe Gueórgui Lvov, primeiro-ministro do Governo Provisório

Alexandre Kérenski, membro da Duma soviética, ministro da Justiça no Governo Provisório, posterior primeiro-ministro

Alexandre Gutchkov, membro da Duma, ministro da Guerra no Governo Provisório

O HIEROFANTE

Grigóri Raspútin, religioso siberiano, "Nosso Amigo"

Membros da família Románov, generais e parlamentares* estavam todos conspirando simultaneamente contra o soberano. Em 7 de novembro de 1916, Nikolacha, usando uma *tcherkeska*, casaco caucasiano, chegou à Stavka e disse ao tsar: "Seria menos penoso se você me xingasse, me expulsasse daqui em vez de não dizer nada. Não vê que perderá sua coroa? Instale um ministério responsável". Então continuou: "Você não se envergonha de ter acreditado que eu queria derrubá-lo?". Quando ele apontou Alexei e disse "Tenha pena dele", o tsar o beijou.

Então Bimbo chegou e entregou duas cartas ao tsar, atacando diretamente Alexandra, Raspútin e o governo deles. Nicolau as remeteu à tsarina. Com a fala quase ininteligível de tanta raiva, ela se disse "profundamente enojada",

---

* Gutchkov conspirou com os generais para capturar o trem imperial e coroar Alexei com a regência de Micha e a direção de um governo responsável. Mesmo o general Alexéiev e o príncipe Lvov debateram a prisão de Alexandra e a derrubada de Nicolau, que seria substituído por Nikolacha. Em novembro, Alexéiev e Lvov pediram ao prefeito de Tbilisi, Alexandre Khatissov, que apresentasse a proposta a Nikolacha, o qual rejeitou o plano. O golpe não avançou — mas em Kíev a imperatriz-viúva Minny (acompanhada por seu cortesão georgiano e amante desde a morte de Alexandre III, o príncipe Gueórgui Chervachidze) incentivou a família a confrontar Nicolau. Quando Sandro lhe disse para encerrar seu isolamento político, o tsar deu friamente uma resposta reveladora: "Acredito apenas em minha esposa".

conforme escreveu em 4 de novembro. "Se você o tivesse detido [...] e dito que se uma única vez ele tocasse nesse assunto ou em mim, você o enviaria para a Sibéria, pois isso é quase alta traição. Ele sempre me odiou faz 22 anos [...]. Ele é a encarnação de todo o mal que existe [...] neto de um judeu!" É difícil discordar de Missy, a qual declarou que Alexandra "permitiu que o ódio entrasse em seu coração [...] comportando-se como os tiranos de antigamente". Mas Nikolacha e Bimbo não conseguiram remover Alexandra. Teria de ser uma solução mais dura. A princesa Zinaida Iussúpova, "cuja figura alta e esbelta, olhos azuis, pele azeitonada e cabelos escuros faziam dela a mulher mais bela da corte", criticou Raspútin a Alexandra, que a pôs para fora: "Espero nunca mais voltar a vê-la".[1] Iussúpova e seu filho Félix estavam de acordo: Raspútin devia morrer.

O príncipe Félix Iussúpov procurara Raspútin em 1909, quando tinha 22 anos e acabava de voltar de Oxford. Raspútin ficou encantado com o aristocrata efeminado, que o consultou sobre sua ambiguidade sexual. Raspútin tentou seduzi-lo. Iussúpov sentiu repulsa. Achava que o *stárets* tinha "um poder que só se encontra uma vez a cada cem anos" e concluiu que apenas a morte poderia detê-lo.

No inverno de 1916, já não existia praticamente salão ou clube em Petrogrado que não ressoasse com tais intrigas. "Todas as classes comentam", como se o assassinato de Raspútin fosse "melhor do que a maior vitória russa em campo", informou o tenente-coronel Samuel Hoare, chefe do serviço secreto britânico em Petrogrado.

O príncipe decidiu recrutar apoios entre a dinastia, a Duma e os aliados da Rússia. Em 19 de novembro, compareceu a um debate da Duma e viu Vladímir Purichkévitch, um demagogo feroz da Bessarábia, clamar por ação contra as "Forças Sombrias". Purichkévitch entrou na conspiração junto com seu parceiro, o dr. Stanislas Lazovert, médico em treinamento.

O outro líder da conspiração era o afável grão-duque Dmítri Pávlovitch, que "não fazia segredo do fato de que [a ideia de] matar Raspútin o perseguira durante muitos meses". Concordaram com o assassinato, "monarquistas leais para a salvação da monarquia". O envolvimento de Dmítri era uma coisa útil, pois, como grão-duque, estava acima da lei. Somente o tsar poderia puni-lo. "Se não fosse por minha presença", Dmítri disse mais tarde a Iussúpov, "provavelmente você teria sido enforcado."*

Iussúpov consultou os britânicos, que estavam decididos a manter a Rússia na guerra. Raspútin sempre fora contrário à guerra e tinha uma influência que provavelmente poderia acelerar a revolução e uma paz em separado. Hoare foi informado da conspiração por Purichkévitch. Mas é provável que já soubesse, visto que três rapazes de sua equipe, Stephen Alley, John Scale e Oswald Rayner, eram próximos de Iussúpov. Rayner o conhecera em Oxford. O motorista da embaixada levou Rayner ao Palácio de Iussúpov seis vezes entre o final de outubro e meados de novembro, geralmente acompanhado por Scale. Talvez nunca se venha a saber o grau de envolvimento britânico, mas uma carta do capitão Alley a Scale, escrita nove dias após o assassinato de Raspútin, sugere que os britânicos podem ter participado do "plano" — sendo "nosso objetivo" o "fim das Forças Sombrias".

Em 20 de novembro, Iussúpov se encontrou com Raspútin e pediu ajuda para sua saúde. Quando Iussúpov chegou ao apartamento de Raspútin, viu-se sob o domínio de "seu enorme poder hipnótico. Fiquei entorpecido; meu corpo parecia paralisado. Os olhos de Raspútin brilhavam com uma luz fosforescente".

Iussúpov vacilou.

O imperador estava de volta a Tsárskoie Seló. Em 2 de dezembro de 1916, "passamos o serão na casa de Anna, conversando com Grigóri". Quando o tsar pediu a bênção de Raspútin, o *stárets* respondeu: "Desta vez, é você que precisa me abençoar, e não eu a você".

No dia seguinte, Ella foi visitar a irmã e Nicky, e "comentei que Raspútin estava levando a dinastia ao desastre. Eles responderam que Raspútin era um grande religioso e me pediram que não tocasse no assunto".

"Talvez fosse melhor que eu não tivesse vindo", disse Ella.

"Sim", respondeu Alexandra.

---

* Os conspiradores continuaram íntimos da família imperial. Dmítri estava em contato próximo com o tsar e a tsarina, que reclamava de suas visitas a Natacha, mulher de Micha, por quem o jovem grão-duque estava apaixonado. Ainda em agosto, Iussúpov e sua esposa Irina foram tomar chá com Alexandra, que comentou como estavam "agradáveis e naturais", "ela muito morena e ele muito magro".

"Ela me expulsou feito um cachorro", contou Ella à amiga Zinaida Iussúpova, que, "sufocando de ódio, não conseguiu mais se conter". Ambas, uma delas freira e futura santa, aprovaram o assassinato: "meios pacíficos", disse Zinaida ao filho, "não vão mudar nada".

Iussúpov escolheu a noite seguinte, quando Dmítri estaria em Petrogrado, e convidou Raspútin para conhecer sua esposa, Irina, sobrinha do tsar — à meia-noite de 16 de dezembro.[2]

Em 4 de dezembro, quando o imperador e Alexei voltaram à Stavka, Alexandra exultou: "Tenho a plena convicção de que se aproximam grandes e belos tempos". E perguntou com orgulho: "Por que as pessoas me odeiam? Porque sabem que tenho vontade forte e quando estou convencida de que algo é correto (e além disso abençoado por Grigóri) não mudo de ideia e isso não podem tolerar".

"Você é tão forte e resistente — admiro-a mais do que consigo dizer", escreveu Nicolau do trem. Ele também tinha a mesma convicção: "O grande apuro terminou".

Enquanto Iussúpov se preparava para matar Raspútin, o *stárets* estava com a imperatriz, aconselhando-a contra o plano do primeiro-ministro Trépov para um governo responsável. "Meu anjo, jantamos na casa de Ann com nosso Amigo", escreveu ela em 13 de dezembro. "Ele lhe recomenda que seja firme, seja o Senhor e nem sempre ceda a Trépov [...]. Seja firme [...]. A Rússia gosta de sentir o chicote — é a natureza dela — amor com ternura e então a mão de ferro." No dia seguinte, ela se entregou a uma cantilena ao estilo de Lady Macbeth: "Seja Pedro, o Grande, Ivan, o Terrível, imperador Paulo — esmague todos eles — e não ria, seu traquinas".

"Um agradecimento com muito amor pela forte repreenda de sua carta", respondeu Nicky em 14 de dezembro. "Leio sorrindo porque você fala como se fosse com uma criança." Quanto ao primeiro-ministro, "é horrível ter um homem como Trépov, do qual não se gosta e em quem não se confia". Mas o imperador tinha um plano astucioso: "Em primeiro lugar, é preciso escolher um novo sucessor e chutá-lo depois que ele fizer o serviço sujo — fechar a Duma. Toda a responsabilidade cairá sobre seus ombros". E assinou: "Seu maridinho sem vontade nenhuma".

Em 16 de dezembro, o dia marcado para o assassinato de Raspútin, o tsar almoçou na Stavka com "montes de estrangeiros" e no final da tarde presidiu ao relatório diário. Em Petrogrado, sua filha Olga atendeu a um comitê beneficente no Palácio de Inverno, mas agora até mesmo os membros mais amistosos do comitê "evitaram seus olhos e não sorriram uma única vez", informou Alexandra. "Você vê, nossas meninas aprenderam a observar as pessoas e suas expressões faciais — desenvolveram-se muito interiormente durante todo esse sofrimento [...]. Ficam felizes em ser às vezes grandes damas, mas têm a percepção de seres muito mais sábios. Como diz nosso Amigo, elas vêm tendo um grande aprendizado." As meninas e Raspútin estavam "fartos dos horrores de Petrogrado e com raiva de que ninguém me defenda".

No boudoir malva, a imperatriz ansiava pela vingança após a guerra: "Muitos serão eliminados das futuras listas da corte, vão aprender [...] o que significa não ter se levantado em defesa do soberano em tempo de guerra". E estava furiosa com o conde caduco Frederiks: "Por que temos um trapo velho como ministro da corte? Só meu Nicky deveria realmente me defender um pouco".

À tarde, enquanto Iussúpov e dois criados arrumavam uma despensa no subsolo do Palácio Iussúpov, a imperatriz enviou Anna Vírubova ao apartamento de Nosso Amigo. Ele se gabou de que iria ver Irina Iussúpova à meia-noite, hora escolhida para que os pais de Félix não soubessem de sua visita por intermédio dos criados. No momento em que Anna saía, ele perguntou: "O que mais você quer? Já não recebeu tudo?".

Pouco depois, às oito da noite, o ministro do Interior, Protopópov, passou na casa de Raspútin para avisá-lo: "Eles vão matá-lo. Seus inimigos estão decididos a isso". O ministro sifilítico "me fez prometer não sair nos próximos dias", Raspútin disse depois a Iussúpov.

Anna se apressou em ir contar tudo isso a Alexandra. "Mas Irina está na Crimeia, e nenhum dos Iussúpov mais velhos está na cidade", disse Alix. "Deve ser algum engano."

No Palácio Iussúpov, os conspiradores, supervisionados pelo dr. Lazovert, polvilharam cianureto por cima dos bolos de creme e dentro do vinho. Envergando uniforme, Iussúpov entrou numa limusine, estando Lazovert ao volante disfarçado de motorista, e foi para a casa de Raspútin.

Às onze da noite, Raspútin se lavou com rara meticulosidade e, observado pelo olhar ansioso das filhas Maria e Varvara, vestiu uma blusa de seda azul-clara com bordado de centáureas, um cinto de corda, calça de veludo azul-escuro e botas de couro, acrescentando uma corrente de ouro com crucifixo e um bracelete gravado com a águia de duas cabeças dos Románov. As filhas, nervosas, esconderam suas galochas para impedir que ele saísse antes da meia-noite, quando os policiais ainda não tinham encerrado seu turno. Iussúpov tocou a campainha da entrada dos fundos. Brincando que as filhas "não querem que eu saia" e que Protopópov o alertara sobre o perigo, Raspútin disse: "Então vamos" e, depois que Iussúpov o ajudou a vestir o casaco de peles, saíram para a noite. Depois Iussúpov viria a dizer: "Fui tomado por um sentimento de grande piedade pelo homem".

Enquanto Dmítri, Purichkévitch e os demais aguardavam nervosamente no andar de cima, Iussúpov levou Raspútin a um subsolo abobadado, onde havia uma mesa de jantar, montada para dar a impressão de que acabavam de dar uma festa. O gramofone tocava "Yankee Doodle". Raspútin ficou aguardando Irina — e comeu os bolos envenenados. Mas não passou mal; pelo contrário, pediu que Iussúpov tocasse algumas músicas no violão. Depois de duas horas, Iussúpov se retirou para ir consultar os outros conspiradores, que concordaram que seria preciso atirar em Raspútin. Iussúpov voltou com a pistola Browning de Dmítri.

"Estou com a cabeça pesada e um ardor no estômago", queixou-se Raspútin. "Me dê outro copo de vinho." Raspútin sugeriu que fossem visitar os ciganos e admirou um crucifixo de cristal num belo armário de ébano.

"Grigóri Efimóvitch", disse Iussúpov, "é melhor fitar aquele crucifixo e rezar uma oração." Puxando a Browning de trás das costas, disparou no peito de Raspútin. Este gritou. A bala, atravessando o estômago e o fígado e saindo pelas costas, não o matou de imediato, segundo o patologista, mas provavelmente o mataria em vinte minutos. Enquanto ele caía "como um boneco quebrado", os conspiradores irromperam e olharam o corpo no chão, com o sangue se espalhando pela blusa. Iussúpov enviou dois dos conspiradores, um vestido como motorista, o outro como "Raspútin", para simular que o *stárets* voltava para casa. Checando nervosamente a vítima no palácio agora silencioso, Iussúpov disse que sacudiu o corpo, que então se moveu de repente. Um olho se abriu, "esverdeado e parecido com o de uma cobra". Depois o outro. Espumando pela boca, rosnando furiosamente e vertendo sangue, Raspútin se levantou e agarrou Iussúpov, arrancando-lhe uma dragona na "luta renhida [...] aquele demônio que estava morrendo envenenado, que tinha uma bala no coração, devia ter se erguido dentre os mortos pelos poderes do mal. Havia algo aterrador em sua recusa diabólica em morrer". Raspútin caiu outra vez, então tentou se reerguer enquanto o príncipe corria escada acima, gritando: "Purichkévitch, atire, atire, ele está vivo! Está saindo!".

Raspútin saiu cambaleando no pátio coberto de neve, rugindo: "Félix! Félix! Vou contar tudo à tsarina!".

Purichkévitch, que estava bêbado, sacou de sua pistola Sauvage, desceu as escadas correndo e foi atrás de Raspútin no pátio. Mirou, deu dois tiros, errou, disparou outra vez e atingiu sua presa. Essa bala, penetrando na base das costas, do lado direito, atravessando o rim direito, não foi instantaneamente fatal, mas ela também deveria matá-lo em vinte minutos.

Raspútin caiu na neve, alvejado de modo amador, uma vez por Iussúpov e outra vez por Purichkévitch, mas ainda vivo. Alguém, talvez Purichkévitch, talvez Dmítri ou outro com um pouco mais de profissionalismo e sangue-frio, algum agente secreto britânico como Rayner, deu o tiro de misericórdia no meio da testa de Raspútin, tão perto que queimou a pele. Dessa vez, a morte foi instantânea. Purichkévitch deu um chute na cabeça, mas os disparos tinham atraído alguns soldados na rua. "Matei Grichka Raspútin", ele gritou. "Inimigo da Rússia e do tsar."

"Glória a Deus!", exclamaram os soldados, beijando-o e então o ajudando a carregar o corpo de volta para o palácio.

Um policial também fora alertado pelos disparos. Purichkévitch o fez jurar segredo e se gabou de sua proeza patriótica (mas o policial foi na mesma hora informar o que ouvira). Iussúpov atacou histericamente o cadáver com uma barra de ferro e então desmaiou. Alguém disparou num cachorro para explicar o sangue no chão. Purichkévitch, Dmítri e Lazovert embrulharam Raspútin numa cortina e colocaram o fardo no carro do grão-duque. "Dmítri", relembrou Purichkévitch, "estava com um ânimo quase despreocupado." O grão-duque levou o carro para a Grande Ponte Petróvski. Lá, por volta das seis da manhã, enquanto Dmítri ficava de guarda, jogaram o corpo num buraco do gelo que cobria o Pequeno Nievá, depois lançando uma de suas galochas.[3]

Em seu palácio, um estuporado Iussúpov era agora atendido pelo agente secreto britânico Oswald Rayner, que talvez estivesse no palácio aquele tempo todo. Para se afastar da cena do crime, Iussúpov foi para a residência dos sogros, Sandro e Ksênia, acompanhado por Rayner: "Ele entende tudo o que aconteceu e está muito preocupado por mim".

A filha de Raspútin ligou para Anna Vírubova e depois para a polícia. Anna se apressou em contatar a imperatriz. Protopópov ligou. Raspútin ainda continuava desaparecido. O policial informou que alguns rufiões bêbados estavam alardeando o assassinato. A família aguardou.

Dmítri e Iussúpov telefonaram a Alexandra solicitando uma audiência, mas Anna, que estava cuidando das ligações, recusou: "Se Félix tem algo a dizer, que escreva para mim". Seu relato continuava: "Totalmente desperta, a imperatriz ordenou que Protopópov investigasse". Quando a polícia encontrou Iussúpov, acompanhado por Rayner, no palácio de Sandro, ele alegou que as manchas de sangue no pátio pertenciam a um cachorro morto, mas acrescentou que "minha esposa é sobrinha do imperador", o único que podia ordenar uma investigação. A polícia encontrou o cachorro morto.

Naquela noite, Protopópov ligou para Alexandra: Iussúpov e Rayner estavam embarcando num trem para a Crimeia. A imperatriz determinou a prisão domiciliar do príncipe.

"Estamos conversando — você consegue imaginar nossos sentimentos?", escreveu ela ao imperador. "Nosso Amigo desapareceu" depois de "um grande escândalo na casa de Iussúpov, Dmítri, Purichkévitch bêbado, a polícia ouviu tiros, Purichkévitch saiu gritando que Nosso Amigo tinha sido morto. A polícia está procurando". Iussúpov tinha armado "uma cilada e tanto". "Não posso e não quero acreditar que Ele foi morto. Deus tenha misericórdia. Angústia profunda (estou calma e não consigo acreditar). Beijos. Sunny."

"Que coisa pavorosa!", Nicky telegrafou em resposta na manhã seguinte.

"Acabei de tomar a comunhão na capela de casa", telegrafou ela às 11h42 do dia seguinte, 18 de dezembro. "Buscas continuam", mas agora ela temia um golpe. "Há o perigo de que os dois rapazes [Dmítri e Iussúpov] estejam organizando algo ainda pior [...]. Preciso tremendamente de sua presença."

"Saindo daqui às 4h30", escreveu Nicky.

"Proibi em seu nome que Dmítri saia de casa. Ele é o principal envolvido", avisou ela às três da tarde. "Corpo não encontrado."

Na Stavka em Moguiliov, "saímos em nosso passeio da tarde, falamos de várias coisas", relembrava o ajudante de campo do imperador, Anatóli Mordvínov, que estava com ele. Nicky parecia despreocupado, mas ele não lera o principal telegrama. "Só agora li sua carta", escreveu Nicky a Alix. "Angustiado e horrorizado. Chego amanhã às quatro." Enquanto processava a notícia, o distraído imperador tinha que aguentar uma reunião deprimente para planejar a guerra em 1917.

Então levantou-se de repente: "Cavalheiros, há momentos na vida de todos os homens em que as circunstâncias de sua vida pessoal têm prioridade... Preciso deixá-los agora e partir".

A polícia encontrou a galocha no gelo, mas o frio atrasou o trabalho dos mergulhadores. Na manhã de 19 de dezembro, "encontraram o corpo na água", telegrafou Alexandra à Stavka. "Pensamentos, orações juntos." Os filhos estavam chocados, mas apenas Olga, a mais velha, entendeu, perguntando: "Sei que ele fez muito mal, mas por que o trataram com tanta crueldade?".

Raspútin tinha congelado. Primeiro, o corpo foi levado ao hospital para descongelar. Então o dr. Dmítri Kosorótov identificou os três ferimentos de bala, mas não encontrou nenhum sinal de que Raspútin ainda estivesse vivo e respirando quando foi jogado ao rio. Pelo contrário, o tiro na testa causou morte instantânea.

Naquele tarde, o autocrata, acompanhado pelo tio Pitz, chegou de volta a Tsárskoie. "Estou envergonhado que as mãos de meus parentes estejam manchadas com o sangue de um simples camponês", disse ele enquanto a dinastia, o público e a sociedade comemoravam o assassinato de Raspútin.

"Não! Não!", exclamou a imperatriz-viúva. Segundo ela, "Deus seja louvado por levar Raspútin, mas estamos com um problema muito maior". Ella telegrafou a Zinaida Iussúpova: "Deus abençoe seu querido filho pela ação patriótica que fez". Sua mensagem foi interceptada pela polícia secreta, que a copiou para Nicky e Alix. Devem ter também informado sobre o envolvimento britânico, porque uma das primeiras coisas que o imperador fez foi convocar o embaixador Sir George Buchanan e pedir explicações sobre o papel dos "oficiais britânicos".

"Não há uma palavra de verdade", respondeu Buchanan, afora a amizade entre Iussúpov e Rayner. Mas, uma semana depois, o capitão Alley informou a Scale: "Caro Scale [...]. Embora as coisas aqui não tenham seguido inteiramente o planejado, nosso objetivo foi sem dúvida atingido. A reação à morte das 'Forças Sombrias' tem sido favorável, ainda que já tenham feito algumas perguntas incômodas sobre um envolvimento mais amplo. Rayner está cuidando das pontas soltas".

O assassinato de Raspútin fora uma operação amadora, executada, escreveu Trótski, "como um roteiro concebido para pessoas de mau gosto". Mas as versões de Iussúpov e Purichkévitch, citadas acima, são incompletas e melodramáticas. O exame post mortem não encontrou indícios de envenenamento por cianureto — talvez tenha deteriorado, talvez tenha sido neutralizado pelo vinho —, mas nenhuma das memórias menciona o tiro à queima-roupa na testa de Raspútin. Estariam com vergonha de ter executado a sangue-frio um camponês inconsciente — ou terá sido outra pessoa a dar o tiro de misericórdia? Não existem provas da presença nem da participação de agentes britânicos no assassinato, enquanto a carta de Alley, ainda que seja autêntica como parece ser, é ambígua e prova apenas que os britânicos foram informados posteriormente. Mas Rayner, seja em caráter oficial ou a título de amizade, estaria muito acessível; assim, ao que parece, os britânicos tiveram algum tipo de envolvimento.

Às oito da manhã de 21 de dezembro de 1916, uma viatura policial levou o caixão de zinco de Raspútin à igreja quase concluída de São Serafim de Sarov, em Tsárskoie Seló. O imperador e a imperatriz, junto com as filhas (porém não com Alexei, que não estava bem), chegaram de limusine, e Anna, a deficiente, de trenó — mas Alexandra não convidou as filhas de Raspútin, que ficaram magoadas com essa exclusão insensível. A imperatriz levava um ramalhete branco nas mãos e soluçou ao ver o caixão. "Minha família e eu presenciamos uma triste cena", escreveu Nicolau. "O enterro do inesquecível Grigóri, assassinado por monstros na casa de Iussúpov." Mais tarde, Alexandra convidou Anna a se mudar para o Palácio Alexandre para sua própria segurança, enquanto as filhas de Raspútin eram levadas a Tsárskoie. Lá, Nicolau II "foi muito afetivo e terno conosco", prometendo que "tentarei substituir o pai de vocês". Alexandra deu a elas 40 mil rublos e visitava frequentemente a sepultura do *stárets*. As filhas do tsar ficaram tristes e assustadas, o que não era de admirar, e pediram a Mordvínov, o ajudante de campo do pai, para ficar junto com elas no quarto, onde estavam no sofá, agarradas uma na outra. "Papai e mamãe aceitam tudo. Oh, Deus, como se esforçam e como isso é difícil para eles", escreveu Olga, a primogênita, em seu diário, mas dois meses depois ponderou: "Talvez ele tivesse de ser morto, mas não de maneira tão violenta... É uma vergonha admitir que foram nossos parentes". Alexandra escreveu um poema de seis versos a seu "herói com um olhar sereno e uma íntegra alma ingênua e pueril... perseguido pela turba vulgar e selvagem, pelos sabujos cobiçosos rastejando ao redor do trono". Os sabujos Románov ainda estavam perseguindo sua caça. Os grão-duques Bimbo e Dmítri, entre outros, estavam pensando num golpe palaciano para matar Alexandra.

O assassinato não mudou muito a situação, porque Nicolau e Alexandra, e não Raspútin, eram os verdadeiros responsáveis por seus apuros políticos. Raspútin normalmente apenas confirmava e abençoava os preconceitos de ambos. Longe de salvar a monarquia, o crime a enfraqueceu. Em 21 de dezembro, um grupo de Románov em conluio, que incluía o tio Pitz (pai de Dmítri), Sandro (sogro de Iussúpov) e Miechen, se reuniu para proteger os assassinos. Enviaram Sandro para pedir ao tsar que não instaurasse nenhuma ação judicial.

"Belo discurso, Sandro", respondeu Nicky à sua solicitação. "Você está ciente de que ninguém tem o direito de matar, seja grão-duque ou camponês?" Sandro foi ficando nervoso. "Numa voz que se ouvia claramente no corredor do lado de fora", escreveu Anna, "ele gritava que, se o imperador recusasse, o próprio trono cairia."

A mãe de Nicolau lhe pediu que encerrasse a ação contra Dmítri. "Processo prontamente sustado. Abraço. Nicky." Por outro lado, o tsar baniu Iussúpov para uma propriedade em Kursk, e Dmítri foi integrar o exército na Pérsia. O assassinato separou os assassinos definitivamente. "Sempre haverá uma mancha negra em minha consciência... Assassinato será sempre assassinato. Nunca falo a respeito", mais tarde Dmítri escreveu a Iussúpov. "Você comenta. Praticamente se vangloria de tê-lo feito com as próprias mãos", porém "não há nobreza nenhuma naquela ação." Mas mesmo Alexei ficou estarrecido que o pai não tivesse realmente punido os assassinos: "Papai, será possível que você não vai puni-los? Os assassinos de Stolípin foram enforcados".

Em 29 de dezembro, dezesseis Románov, liderados por Miechen e Bimbo, se reuniram no Palácio Vladímir na rua Milliónaia para assinar uma carta apelando ao tsar que não enviasse Dmítri à Pérsia, infestada de doenças, o que seria "o mesmo que a morte". O tsar considerou a iniciativa como uma revolta familiar.

"Ninguém tem o direito de cometer assassinato", escreveu o tsar em resposta. "Sei que muitos estão com peso na consciência, e Dmítri não é o único implicado nisso. Fico surpreso com a solicitação de vocês." Ele baniu os filhos de Bimbo e Miechen para suas propriedades.

Os soberanos devem ter se lembrado da advertência de Raspútin: "Se eu morrer ou vocês me abandonarem, perderão seu filho e sua coroa em seis meses".[4]

No dia da "revolta" dos Románov, o tsar demitiu Trépov, premiê durante 47 dias, e o substituiu pelo príncipe Nikolai Golítsin, um velho medíocre que participara do comitê beneficente de Alexandra — era "um bobo", escreveu Sandro, "não entendia nada". Protopópov, que tinha sessões de consulta com Raspútin, continuou como o homem forte. Sandro alertou Nicky de que, "por estranho que possa parecer, o governo é hoje o órgão que está preparando a revolução". Mas os outros Románov eram menos contidos.

Miechen convocou Rodzianko ao Palácio Vladímir: "As coisas precisam ser mudadas, removidas, destruídas…".

"Removidas?", perguntou Rodzianko.

"Ela precisa ser aniquilada."

"Quem?"

"A imperatriz."

"Alteza, permita-me tratar esta conversa como se nunca tivesse existido." Agora até a mãe do tsar queria que Alexandra fosse "banida. Do contrário, pode enlouquecer de vez. Deixe que vá para um convento ou simplesmente desapareça".

Sir George Buchanan alertou o tsar de que o Exército agora não era confiável e que ele precisava reconquistar a confiança do povo.

"Você me diz que *eu* preciso reconquistar a confiança do povo. Não é antes meu povo que tem de reconquistar *minha* confiança?" Buchanan começou a defender a abdicação de Nicolau. Rodzianko deu o mesmo conselho ao tsar. "Será possível que por 22 anos eu tenha tentado agir pelo melhor e por 22 anos tenha sido um equívoco completo?", perguntou o tsar.

"Sim, vossa majestade por 22 anos tomou o curso errado."

O assassinato de Raspútin deu a Nicolau o pretexto político para afastar Alexandra da política e escolher um primeiro-ministro unificador. A culpa pelo passado podia ser atribuída ao *stárets*. Mas ele não adotou esse curso. Seu cortesão Mossólov tentou alertá-lo. "Como mesmo você, Mossólov, é capaz de me falar do perigo para a dinastia que, neste momento, todos insistem em me repetir? Você, que esteve comigo durante minhas revistas das tropas, é capaz também de mostrar medo?"

Sandro fez um último apelo ao casal no Palácio Alexandre, enquanto Alexandra estava deitada na cama e Nicky, usando uma *tcherkeska*, fumava. "Por favor, Alix, deixe os assuntos de Estado a seu marido", disse ele.

Alix "enrubesceu. Olhou para Nicky. Ele não disse nada e continuou a fumar". Sandro se virou para ela.

"Eu nunca lhe disse uma palavra sobre o andamento vergonhoso de nosso governo, melhor dizendo, de *seu* governo. Vejo que você está disposta a morrer e seu marido sente a mesma coisa. Mas e nós? Temos de sofrer com sua cega obstinação?"

"Eu me recuso a continuar nesta discussão", disse ela com frieza. "Você está exagerando o perigo. Algum dia, quando estiver menos exaltado, admitirá que eu tinha razão."

No dia seguinte, Sandro voltou com Micha para ver o tsar, que mais uma vez fumava sonhadoramente enquanto o irmão insistia para que fizesse reformas antes que fosse tarde demais. Micha e sua esposa, Natacha, queriam um governo constitucional. Micha, agora inspetor-geral da cavalaria, fora redimido pela guerra, comandando com bravura a Divisão Selvagem das tropas caucasianas, servindo sob o general Brussílov, que louvava aquele "homem absolutamente honrado e íntegro, que não tomava partido e não se prestava a intrigas; como soldado, era um líder excelente". Antes que Micha fosse para Petrogrado, Brussílov lhe pedira que "explicasse ao tsar a necessidade de reformas drásticas imediatas".

"Não tenho nenhuma influência", respondeu Micha. Mas logo iria descobrir que tinha influência, sim.

Nicolau convocou o primeiro-ministro Golítsin e avisou que iria nomear um novo ministério. Mas, no dia seguinte, mudou de posição — embora tenha permitido a reabertura da Duma.

Em 21 de fevereiro de 1917, Anna observou que "todos os seus instintos o alertavam para não sair de Tsárskoie Seló naquele momento". No dia seguinte, enquanto Alexandra "rezava e Nosso Amigo querido também reza no além" e insistia com Nicolau que devia "fazê-los sentir seu pulso constantemente", o imperador, acompanhado pelo velho Frederiks e seu negro americano de confiança Jim Hercules, voltou à enganosa calma da Stavka.[5]

"Meu cérebro aqui se sente em paz, sem ministros nem problemas incômodos", comentou ele. "[É] tão tranquilo nesta casa, sem barulheira, sem gritaria! Se ficar livre aqui, creio que voltarei ao dominó", respondeu à esposa, cansado de suas reclamações. "O que você escreve sobre ter firmeza — ser o senhor — é absolutamente verdade... mas não preciso ficar gritando a torto e a direito com as pessoas. Muitas vezes, uma observação serena e incisiva é suficiente para pôr a pessoa em seu lugar." As nevascas tinham interrompido o abastecimento das tropas. "Terrivelmente angustiante."

No dia seguinte, 24 de fevereiro, quando Olga e Alexei e então Anna caíam de cama com sarampo, "houve tumultos porque os pobres atacaram as padarias" em Petrogrado, informou Alexandra a Nicolau. "Os cossacos foram chamados para contê-los... mas está nas mãos de Khabálov", o governador militar de Petrogrado. A calma do tsar não era mera alucinação: Protopópov prendera todos os líderes socialistas. Embora houvesse apenas 6 mil policiais em Petrogrado, as Guardas Navais "confiáveis" reforçavam a guarnição de 160 mil homens. Organizaram-se planos para reprimir qualquer revolta. No Dia Internacional da Mulher, operárias têxteis fizeram uma manifestação, gritando "Deem-nos pão". Certamente Khabálov conseguiria lidar com umas poucas mulheres, não? Em Moguiliov, Nicolau disse ao governador local: "Sei que a situação é muito alarmante", mas militarmente "estamos mais fortes do que nunca. Em breve, na primavera, virá a ofensiva, e creio que Deus nos dará a vitória e então os ânimos mudarão".

Em 25 de fevereiro, Micha, que agora atuava orquestrando muitas conspirações, notou "distúrbios hoje na avenida Niévski. Operários passavam com bandeiras vermelhas e atiravam granadas e garrafas contra a polícia, e os soldados tiveram de abrir fogo". Na praça Známenskaia, um cossaco, guardião tradicional dos Románov, matou um gendarme. Protopópov informou a Alexandra que as desordens estavam se espalhando enquanto praticamente todas as fábricas entravam em greve. "É um movimento de vândalos, rapazes e moças correndo e gritando que não têm pão, apenas para tumultuar, e operários impedindo que os outros sigam para o trabalho", disse ela a Nicolau. Se pelo menos voltasse o frio — a temperatura já subira acima de zero grau —, as multidões ficariam em casa. "Mas tudo isso vai passar e se aquietar [...]. Tiroteios não são necessários, apenas ordem, e não deixar que eles atravessem as pontes. Essa questão da comida é enlouquecedora."

Às nove horas daquela noite, Nicolau telegrafou a Khabálov: "Ordeno que amanhã você detenha as desordens na capital".

Mesmo lidando com uma casa cheia de filhos doentes, Alexandra recebera vários estrangeiros no dia 25, mas no dia seguinte ficou recolhida. Agora havia 200 mil pessoas nas ruas de Petrogrado, com os motoristas de bondes e táxis em greve. De um dia para outro, Protopópov e os ministros se reuniram com generais e membros da Duma no Palácio Mariínski, "para tomar medidas severas". "Espero que Khabálov saiba como deter rapidamente esses tumultos de rua", respondeu Nicky a Alix em 26 de fevereiro; "Protopópov deve dar instruções claras. É só aquele velho Golítsin [o primeiro-ministro] não perder a cabeça!". Mas ele estava sentindo a tensão: "Tive uma dor excruciante no meio do peito [...] e minha testa se cobriu de gotas de suor" enquanto rezava.

As tropas de Khabálov atiraram contra os manifestantes. Os protestos diminuíram, mas logo se reacenderam. Micha, observando as ruas, viu que "os distúrbios ganharam ímpeto. Duzentos mortos".

Em Tsárskoie, naquele belo dia ensolarado, Alexandra com seu uniforme de enfermeira da Cruz Vermelha e Maria rezaram no túmulo de Raspútin — "ele morreu para nos salvar" —, mas assegurou a Nicky que "não é como em 1905. Todos adoram você e só querem pão".

Todavia, em Petrogrado as ruas tinham saído de controle e o presidente da Duma, Rodzianko, redigia um telegrama explosivo ao imperador, informando que "levantes populares estão tomando dimensões incontroláveis e perigosas [...]. Majestade, salve a Rússia [...]. Convoque com urgência uma pessoa em quem todo o país possa ter fé e lhe confie a formação de um governo [...]. Qualquer demora equivale à morte".

"Rodzianko, o Gorducho, me escreveu outra vez um monte de bobagens às quais nem vou responder", disse Nicolau ao conde Frederiks. Ordenou a dissolução da Duma — mas decidiu voltar a Petrogrado.

No dia seguinte, a Guarda Pavlóvski, seguida por muitas outras unidades, se amotinou. A Preobrajénski assassinou seu coronel. Em 27 de fevereiro, as ruas se encheram outra vez de trabalhadores. Multidões investiram contra o Arsenal. Agora carregavam armas. "O Exército estava se solidarizando com a revolta", observou Paléologue, o embaixador francês. Houve mortes de policiais. Atearam fogo ao quartel da polícia. Houve saques a lojas. Caminhões e limusines foram requisitados, saindo então em louca disparada pelas ruas. A cidade, exceto o Palácio de Inverno bem defendido, foi tomada pela revolução: "o começo da anarquia", comentou Micha. Khabálov apelou à Stavka: "Enviem depressa tropas confiáveis da frente de batalha". Quando seu ajudante de campo entrou para lhe trazer os últimos telegramas de Petrogrado, o tsar foi brusco: "O que foi, Mordvínov?". Nicolau ficou olhando as notícias "terríveis" por muito tempo, numa pausa "dolorosa, excruciante".

"Estou muito feliz com a ideia de encontrá-la daqui a dois dias", escreveu Nicolau a Alix. "Depois das notícias de ontem sobre a cidade, vi aqui muitas pessoas com ar assustado. Alexéiev está calmo, mas acha que é preciso nomear um homem enérgico para pôr os ministros para trabalhar. Está certo, claro." Então, finalmente naquela noite, aconselhado pelo general, o tsar estava preparado para nomear o ministério, mas primeiro teria de esmagar a revolução. Ordenou ao general Nikolai Ivánov, comandante de Petrogrado nomeado em caráter de emergência, que fosse depressa para a capital com um trem de forças leais.

No Palácio Táurida em Petrogrado, o príncipe Golítsin tentou dissolver a Duma, mas os parlamentares se recusaram a sair, criando um "comitê provisório" encabeçado por Rodzianko. Quando chegou ao Palácio Mariínski, Khabálov reconheceu que haviam perdido a cidade. Golítsin obrigou Protopópov a renunciar e então enviou sua própria renúncia por telegrama ao tsar, o qual não a aceitou.

"O que devo fazer?", perguntava-se Rodzianko no Palácio Táurida. "Não tenho nenhum desejo de me aliar à revolta [...] por outro lado, não há governo." Apelou ao tsar — e aos generais: "Senhor, não demore [...]. Amanhã pode ser tarde demais". Então chamou Micha de Gátchina.

Às cinco da tarde, Micha chegou em seu trem particular e foi às pressas encontrar o primeiro-ministro e Rodzianko no Palácio Mariínski. "Às nove da noite, já haviam se iniciado os tiroteios nas ruas", relembrou ele, "e o velho regime deixou de existir." Rodzianko insistiu que Micha devia "assumir a ditadura da cidade", reunindo as últimas tropas leais da guarnição. Micha se negou — mas, às 10h30 da noite, atravessou a praça e foi até a residência do ministro da Guerra para se comunicar com o tsar por meio do telégrafo Hughes de Alexéiev. Sugeriu como primeiro-ministro o respeitado príncipe Lvov. "Vossa majestade imperial talvez queira me autorizar a anunciar isso."

"Informarei imediatamente sua majestade imperial sobre o telegrama de vossa alteza imperial", respondeu o chefe de Estado-Maior, Alexéiev.

"Talvez seja aconselhável adiar a ida de sua majestade, o imperador, a Tsárskoie Seló por vários dias... Cada hora é preciosa."

Nicolau rejeitou todos os conselhos de Micha. Não faria "mudanças em sua equipe pessoal até sua chegada a Tsárskoie Seló". Às 11h25 da noite, o imperador telegrafou a Golítsin: "Concedo-lhe pessoalmente todos os poderes necessários para o governo civil". Mas todos os poderes já haviam se esvaído muito tempo antes. Golítsin e os ministros simplesmente voltaram para casa.

Às três da madrugada, Micha foi conduzido com escolta militar até o Palácio de Inverno, escapando por pouco dos revolucionários e só porque o motorista acelerou o carro. No palácio, ele encontrou o general Khabálov e mil soldados leais, mas ordenou que não defendessem o palácio. Quando Khabálov se retirou para o Almirantado, Micha e seu secretário atravessaram o Hermitage, saindo na rua Milliónnaia. Micha bateu à porta do número 14, apartamento de seu amigo, príncipe Pável Putiátin. "Acordei num sobressalto ouvindo batidas violentas à porta de meu quarto", relembrou Olga Putiátina, cujo marido estava na frente de batalha. "Imaginei que meu apartamento tinha sido invadido por soldados armados", mas era Micha, "muito cansado e muito nervoso".

"Não tem medo, princesa, de receber uma visita tão perigosa?", gracejou ele.

Enquanto isso, na Stavka, o imperador se sentia isolado. "É uma sensação revoltante estar tão distante e receber apenas fragmentos de más notícias", escreveu ele. "Decidi voltar a Tsárskoie o mais cedo possível."

Às cinco da manhã, quase ao mesmo tempo que Micha bebericava um café na casa da princesa Putiátina, o tsar saiu de Moguiliov em seu trem, tomando um trajeto indireto para o leste, via Viazma, a fim de manter a linha principal desimpedida para a passagem das forças leais de Ivánov — mas isso aumentou o percurso em 320 quilômetros e nove horas a mais de viagem. Às três da tarde, Nicolau chegou a Viazma e telegrafou a Alexandra: "Pensamentos sempre juntos. Tempo maravilhoso. Muitas tropas vindas da frente".

Dando uma pausa no atendimento aos filhos, a imperatriz, com um casaco de peles sobre o uniforme de enfermeira, e a adolescente Maria, de dezessete anos de idade, percorreram o parque, cumprimentando os soldados. "São todos amigos nossos", disse ela. "Devotados a nós."[6]

Na linha Moscou-Petrogrado, o trem de Nicolau estava a menos de cem quilômetros da chegada, mas às quatro da manhã de 1º de março ele foi detido em Málaia Víchera. A linha estava bloqueada por revolucionários — pelo menos foi essa a desculpa para deterem o tsar. "Vergonha e desonra", escreveu Nicolau. "Impossível chegar a Tsárskoie. Como isso deve ser difícil para a pobre Alix." Após uma discussão agitada, o tsar inverteu a rota e seguiu a oeste, para Pskov.

Nas quinze horas seguintes do dia 1º de março, enquanto o tsar estava incomunicável, Petrogrado caiu sob a revolução. Após tiroteios, os monarquistas no Almirantado se renderam. No Palácio Táurida surgia um novo mundo caótico: um milhar de revolucionários, rufiões e desertores do Soviete de Trabalhadores e Soldados, sujos e turbulentos, disputavam o governo da Rússia com cavalheiros enfarpelados do Comitê Provisório da Duma. O único elo entre eles era o advogado socialista Alexandre Kérenski, de 35 anos de idade, associado aos dois lados. Cirilo, o filho excêntrico de Vladímir e Miechen, retirou os soldados que guardavam Tsárskoie Seló e, agitando uma bandeira vermelha, entrou no Palácio Táurida, onde Rodzianko redigia um manifesto em favor da monarquia constitucional — sob a regência de Micha.

Às sete da noite, em Pskov, o imperador finalmente saiu das vastidões nevadas, inconsciente do novo mundo que nascera durante sua ausência.[7]

Viu-se sob a rude cobrança do general Nikolai Rúzski, de 63 anos de idade, comandante da frente norte. Nicolau estava acompanhado apenas por seus cortesãos devotados,* e Rúzski lhe bradou: "Veja o que você fez... toda a sua camarilha Raspútin. No que você meteu a Rússia agora?".

O imperador e o general se sentaram pouco à vontade no salão do trem imperial.

"Sou responsável perante Deus e a Rússia por tudo o que está acontecendo", declarou Nicolau, ainda preso por seu juramento de coroação, "a despeito de os ministros serem responsáveis perante a Duma ou o Conselho de Estado".

"É preciso aceitar a fórmula 'o monarca reina, mas o governo comanda'", explicou Rúzski.

O imperador replicou que isso lhe era incompreensível e precisaria ter outra educação, nascer de novo. Não tomaria decisões contra sua consciência. Rúzski discutiu rispidamente com o imperador noite adentro, segundo Nicolau se queixou depois, "não lhe deixando um instante de reflexão". Então chegou um telegrama do general Alexéiev, expondo o alastramento da revolução e propondo um governo comandado por Rodzianko. Nicolau, sob uma pressão insuportável, telefonou ao general Ivánov e deu ordens de "não tomar nenhuma medida antes de minha chegada" a Petrogrado. Às duas da manhã, agora já em 2 de março, Nicolau concordou em nomear Rodzianko como primeiro-ministro, com poder autocrático. Então foi se deitar. Rúzski informou Rodzianko, que respondeu às três e meia da manhã: "É evidente que nem sua majestade nem você entendem o que está se passando aqui... Não há volta ao passado... As ameaças exigindo uma abdicação em favor do filho com Miguel Alexándrovitch

---

* Acompanhavam-no o conde Frederiks, ministro da corte, agora com 79 anos, senil, mas devotado; o genro do conde, general Vladímir Voeikov, o polido comandante do palácio; o príncipe Vassíli "Vália" Dolgorúki, grande marechal da corte (genro do grande marechal da corte Benckendorff e filho do anterior a ele); e, claro, o afro-americano Jim Hercules.

como regente estão se tornando muito claras". No decorrer daquela noite, os finos cavalheiros de suíças da Duma, que desejavam preservar a monarquia, e os marxistas com seus bonés de couro do Soviete de Petrogrado, que queriam uma república, haviam chegado a um acordo de formar um Governo Provisório — e obter a abdicação de Nicolau em favor de Alexei. O novo premiê era o príncipe Lvov, com Kérenski no Ministério da Justiça. Agora, ao saber que Nicolau estava em Pskov, a Duma enviou dois membros, Gutchkov e Vassíli Chulguin, para obter sua renúncia. Partiram imediatamente.

O poder dos Románov residia no Exército. Os generais eram monarquistas, mas queriam evitar uma guerra civil a fim de combater os alemães. "Minha convicção", telegrafou Alexéiev ao imperador às nove da manhã, "é que não há alternativa e deve ocorrer a abdicação." Houve um "terrível momento de silêncio" quando Nicolau leu o telegrama. Ficou fumando e andando de um lado para outro na estação.

Às 10h15 da manhã, Alexéiev consultou Nikolacha, Brussílov e outros comandantes via telégrafo. No trem imperial em Pskov, o almoço foi uma tortura. Às 2h15 da tarde, o chefe do Estado-Maior anunciou a decisão unânime dos generais, inclusive de Nikolacha: a abdicação em favor de Alexei. "Não há outra maneira", escreveu Nikolacha.

Nicolau, vestindo seu casaco circassiano cinzento favorito, ficou de pé junto à janela do trem, olhando para fora e pensando: "Minha abdicação é necessária", conforme registrou em seu diário. Então se voltou para Rúzski: "Decidi. Renunciarei ao trono". Persignou-se, e Rúzski também.

"De acordo", escreveu ele, assinando os telegramas a Rodzianko e Alexéiev, com sua abdicação em favor de Alexei e do regente Micha. O general pegou os telegramas, enquanto o conde Frederiks saía cambaleante e avisava aos ajudantes no vagão seguinte: "*Savez-vous, l'empereur a abdiqué*" [Saibam que o imperador abdicou]. Aos gritos angustiados dos ajudantes, ele ergueu os ombros, desesperançado, e, para ocultar as lágrimas, trancou-se em seu vagão.

Nicolau mandou chamar o médico da corte, professor Serguei Fiódorov, que atendera muitas vezes Alexei.

"Vossa majestade", perguntou o médico, "crê que Alexei ficará consigo?"

"E por que não?", replicou Nicky. "Ele ainda é um menino e deve ficar com a família... Até lá Miguel é o regente."

"Não, vossa majestade, dificilmente isso será possível."

"Diga-me com franqueza, Serguei Petróvitch", disse Nicolau, "a doença de Alexei é incurável?"

"A ciência nos ensina, senhor, que é uma enfermidade incurável. Porém os portadores às vezes podem alcançar a velhice."

"Foi exatamente o que a tsarina me falou." Nicolau inclinou a cabeça. "Bom, se é este o caso e Alexei pode nunca vir a servir seu país como eu gostaria que ele fizesse, temos o direito de mantê-lo conosco." Ordenou ao general Alexéiev que modificasse os termos da abdicação.[8]

Às 9h45 da noite, Fredericks conduziu os dois parlamentares, Gutchkov e Chulguin, ao salão. Lá, o autocrata se juntou a eles, com ar "absolutamente calmo e impenetrável" — mas Nicolau odiava Gutchkov desde longa data. "Curvamo--nos, o imperador nos cumprimentou e nos apertou a mão", escreveu Chulguin. "O gesto foi bastante amigável." Sentaram a uma mesa. Gutchkov começou a expor a missão que os levava ali, até que o general Rúzski entrou, fez uma saudação, ouviu e então interrompeu: "O assunto já foi decidido".

"Tomei a decisão de abdicar", disse Nicolau — mas não deixaria o trono a Alexei. "Cheguei à conclusão de que, à luz de sua doença, devo abdicar em meu nome e, ao mesmo tempo, no dele, pois não posso me separar dele."

"Mas contávamos com a figura do pequeno Alexei Nikoláievitch para atenuar o efeito da transferência de poder", argumentou Gutchkov. O imperador hesitou e então acrescentou de maneira comovente: "Espero que você entenda os sentimentos de um pai". Seu sucessor era Micha. Gutchkov e Rúzski consultaram um ao outro. Isso contrariava as Leis Fundamentais do imperador Paulo. Micha era casado com a condessa Brássova: um imperador podia ter uma esposa morganática? Sim — Alexandre II não desposara Dolgorúkaia? Aceitaram o plano de Nicolau. Às 11h40 da noite, retirando-se para seu vagão particular, o ex-imperador assinou a proclamação, tendo Frederiks como testemunha — o velho "em desespero", as mãos tremendo — e antecipando o horário da assinatura para as três da tarde:

> Não querendo ser afastados de Nosso Filho Amado, Nós entregamos a sucessão a Nosso Irmão o Grão-Duque Miguel Alexándrovitch e o abençoamos em sua ascensão.*

---

* Houve duas outras pequenas tramoias: Nicolau assinou as nomeações de Lvov como primeiro-ministro e de Nikolacha como comandante em chefe antecipando o horário para as duas da tarde.

De volta ao salão, Frederiks entregou o documento de abdicação a Gutchkov e Rúzski. Nicolau estava tão calmo que "cheguei a me perguntar se estávamos lidando com uma pessoa normal", relembrou Gutchkov. "Era de se esperar algum traço de emoção, mas nada do gênero." Na verdade, Nicky estava muito agitado: "Deus me dá forças para perdoar todos os meus inimigos, mas... não consigo perdoar o general Rúzski". Quando o ex-tsar, polido até o último instante, acompanhou a saída de Gutchkov e Chulguin, sua Guarda Cossaca lhe bateu continência.

"É hora de vocês retirarem minhas iniciais de suas dragonas", disse a eles.

"Por favor, vossa majestade imperial", pediu um cossaco, "permita-nos matá-los!"

Nicolau sorriu. "É tarde demais para isso", disse, pesaroso.

Nicolau "renunciou ao trono", comentou um ajudante, "como se estivesse transferindo o comando de um esquadrão de cavalaria". Depois, enquanto os criados de libré serviam chá, "o tsar se sentou calmo e pacífico", escreveu seu ajudante de campo Mordvínov. "Manteve a conversa e apenas seus olhos, que estavam tristes, pensativos e fitando à distância, e seus movimentos nervosos ao pegar um cigarro traíam sua perturbação interna." Foi uma agonia para os cortesãos. "Quando isso vai terminar?", perguntava-se Mordvínov. Por dentro, o ex-tsar estava furioso: "Tudo em torno é traição, covardia e engodo!". Naquele momento, Micha se tornava o imperador Miguel II.[9]

Enquanto os soldados da linha de frente prestavam juramento a Miguel II, o novo tsar dormitava na ignorância dos fatos em seu apartamento da rua Milliónnaia, às 5h55 da manhã. Kérenski telefonou avisando que uma delegação iria visitá-lo mais tarde. Micha ainda não sabia que era tsar. Às nove a campainha tocou e seu primo Bimbo lhe deu um abraço.

"Estou muito feliz em reconhecê-lo como soberano", disse Bimbo, "visto que já é tsar. Força e coragem."

Às 9h30, logo depois que Bimbo saiu, chegou o príncipe Lvov, primeiro-ministro, acompanhado de seus ministros, incluindo Kérenski, Rodzianko e Gutchkov (recém-chegado de Pskov e agora ministro da Guerra). Fazia muitas noites que mal dormiam, oscilando entre o terror da morte iminente e a emoção de viver um grande momento histórico. À exceção de Kérenski, todos tinham pavor do Soviete e, na maioria, acreditavam que a ascensão de Micha ao torno levaria a uma "carnificina gigantesca". Erguéram-se quando Miguel II entrou.[10]

Em Tsárskoie Seló, a notícia da abdicação de Nicolau chegara às três da manhã. Receosos de contar à imperatriz, os cortesãos preferiram contar ao tio Pitz, que foi ver a imperatriz naquela manhã. Alexandra sabia que Nicky fora obrigado a nomear um ministério parlamentar. "E você que está sozinho, sem nenhum exército por trás, foi apanhado como um rato numa ratoeira, o que pode fazer? Esse é o ardil mais baixo, mais mesquinho, sem igual na história."

Incapaz de dizer palavra, o tio Pitz ficou de pé, beijando-lhe a mão por um bom tempo. "Ele estava de coração partido. A imperatriz em seu uniforme de simples enfermeira o impressionou pela serenidade", escreveu a esposa de Pitz.

"Querida Alix, eu queria estar com você…", disse ele.

"O que está acontecendo com Nicky?"

"Nicky está bem, mas você precisa ter coragem: hoje, à uma da manhã, ele assinou a abdicação dele mesmo e de Alexei."

A ex-imperatriz estremeceu e disse: "Se Nicky fez isso é porque deve ter sido necessário". Lágrimas lhe corriam pelas faces. "Posso não ser mais imperatriz", prosseguiu ela, "mas continuo ainda uma irmã de caridade. Como agora Micha será imperador, vou cuidar das crianças, do hospital, iremos à Crimeia…"

Alix foi cambaleante até sua amiga Lili Dehn. "*Abdiqué!*", soluçou ela. "Pobre querido — sozinho lá e sofrendo. Meu Deus, o quanto ele deve ter sofrido." Tentou enviar telegramas a Nicky, mas foram devolvidos: "Endereço do destinatário desconhecido". Então escreveu: "Entendo plenamente sua ação, meu herói… Sei que você não poderia assinar contra o que jurou em sua coroação. Conhecemo-nos totalmente — palavras são desnecessárias." Até então, os cinco filhos não sabiam de nada. Com a ajuda de Anna, Alexandra queimou a correspondência, mas "nunca se recuperou da dor de destruir suas cartas de amor da juventude que valiam para ela mais do que as mais valiosas joias", escreveu sua filha Olga.

Quando Lênin e sua esposa Krúpskaia souberam da notícia em Zurique, ela hesitou: "Talvez seja outra invenção".

"É desconcertante", concordou Lênin. "É tão incrivelmente inesperado."

O ex-tsar voltou para a Stavka, sentado sozinho na penumbra, iluminada apenas pela lamparina de um ícone no canto. "Depois de todos os acontecimentos desse triste dia, o imperador, que sempre se distinguiu por um enorme auto-controle, não teve mais forças para se conter", relembrou Voeikov. "Ele me abraçou e chorou." A seguir, "tive um sono longo e profundo", escreveu Nicolau. "Conversei com meu pessoal ontem. Li muito sobre Júlio César." Então se lembrou de Micha: "À vossa majestade imperador Miguel. Fatos recentes me levaram à decisão irrevogável de dar esse passo extremo. Perdoe-me se isso o fere e também por não ter avisado — não houve tempo".[11]

No apartamento da rua Milliónnaia, os ministros tentavam intimidar Miguel e convencê-lo a abdicar. Ele perguntou se podiam garantir sua segurança. "Tive de responder pela negativa", disse Rodzianko, mas Pável Miliukov, ministro do Exterior, argumentou que esse "barco frágil" — o Governo Provisório — soçobraria no "oceano da desordem nacional" sem a jangada da monarquia. Kérenski, o único que podia falar pelo Soviete, discordou, invocando o risco de um caos: "Não posso responder pela vida de vossa alteza".

A princesa Putiátina convidou todos para o almoço, sentando-se entre o imperador e o primeiro-ministro. Após um dia de negociações, Miguel assinou sua abdicação: "Tomei a firme decisão de assumir o poder supremo somente se for essa a vontade de nosso grande povo por sufrágio universal através de seus representantes na Assembleia Constituinte". No dia seguinte, ele enviou um bilhete à esposa Natacha: "Muito ocupado e extremamente exausto. Contarei a você muitas coisas interessantes". Entre essas coisas interessantes estava o fato de ter sido imperador da Rússia por um dia — e, após 304 anos, os Románov terem caído.[12]

Cena 7
Vida após a morte

Elenco

NICOLAU II, ex-imperador, "Nicky"

Alexandra Fiódorovna (nascida princesa Alix de Hesse), ex-imperatriz, "Alix", "Sunny"

Olga, filha mais velha

Tatiana, segunda filha

Maria, terceira filha

Anastássia, filha mais nova

Alexei, filho, "Tiny", "Baby"

OS ROMÁNOV

Maria Fiódorovna, imperatriz, viúva de Alexandre III, "Minny"

MIGUEL II, ex-imperador, "Micha", "Soneca", casado com a condessa Brássova

Miechen, viúva do tio Vladímir

Ella, viúva do tio Serguei, irmã da tsarina, abadessa

Tio Paulo, "Pitz", casado com a princesa Paley

Nikolai Nikoláievitch, "Nikolacha, o Terrível", casado com Stana de Montenegro

Pedro Nikoláievitch, seu irmão, casado com Militsa de Montenegro
Nikolai Mikháilovitch, "Bimbo"
Alexandre Mikháilovitch, seu irmão, "Sandro", casado com Ksênia, irmã do tsar
Serguei Mikháilovitch, irmão de ambos, amante da Pequena K, ex-inspetor-
-geral da artilharia

CORTESÃOS: ministros etc.

Príncipe Vassíli Dolgorúki, marechal da corte, "Vália"
Conde Iliá Tatíschev, ajudante general do tsar
Anna Vírubova (nascida Tanéiva), amiga de Alexandra, "Criatura Apaixona-
da", "Vaca"
Condessa Isabel Kurákina-Naríchkina, dama da câmara privada, "Zizi"
Anatóli Mordvínov, ajudante de campo de Nicolau II
General Mikhail Alexéiev, chefe do Estado-Maior
Príncipe Gueórgui Lvov, primeiro-ministro
Alexandre Kérenski, ministro da Justiça e depois primeiro-ministro

REVOLUCIONÁRIOS

Filipp Goloschiókin, comissário militar do Comitê Executivo do Soviete dos
Urais
Vassíli Iákovlev, comissário designado para escoltar a família imperial
Iákov Iuróvski, membro do Soviete dos Urais, assassino da família imperial
Grigóri Nikúlin, vice de Iuróvski, assassino da família imperial
Pedro Iermakov, tchekista, assassino da família imperial
Pedro Vóikov, membro do Soviete dos Urais, comissário de abastecimento,
"Intelectual"

Em 3 de março de 1917, na estação de Moguiliov, o general Alexéiev avisou a Nicolau que a dinastia terminara. O ex-tsar ficou estarrecido que a proclamação de Micha contivesse "algo sobre eleições. Sabe Deus quem o aconselhou a assinar algo tão abjeto". Nicolau convocou a mãe, mas ela chegou com Sandro, cuja presença lhe era "intolerável".

"Pobre Nicky", escreveu Minny, "magnificamente calmo, controlado e grandioso nessa posição humilhante terrível. Foi como se eu levasse uma pancada na cabeça!" Depois do jantar, "[o] pobre Nicky abriu seu pobre coração ferido e choramos juntos".

Quando Sandro se reuniu a eles, Minny "soluçava alto" enquanto Nicky "se mantinha imóvel, olhando os pés e, claro, fumando".

Vagueando por ali num silêncio constrangido, com Mordvínov, o ajudante de campo tentou consolá-lo com a ideia de que essa era a "vontade do povo" e o povo então que visse se conseguiria fazer melhor.

"Bela coisa a vontade do povo!", exclamou Nicolau "com súbita aflição e seguiu em frente para ocultar sua angústia." Então disse a Mordvínov que gostaria de se retirar para a Crimeia "como cidadão" ou mesmo para "Kostromá, nosso antigo feudo" — onde tudo tivera início com Miguel Románov.

"Vossa majestade", respondeu Mordvínov, "vá para o exterior o mais depressa possível."

"Não, nunca", disse ele. "Nunca deixarei a Rússia, amo-a demais."

Em 7 de março, o Governo Provisório ordenou que Nicolau fosse posto sob vigilância e enviado a Tsárskoie; assim, no dia seguinte, às 10h30 ele discursou para seu Estado-Maior no salão da Stavka. Falando em "frases curtas de tipo militar, sua modéstia causou enorme impressão", escreveu Sandro. Perante sua "emoção sincera, dois ou três desmaiaram, muitos choraram", como relembrou Mordvínov, atônito. "Não me lembro do que ele disse. Só ouvi o som de sua voz, e o imperador não terminou, mas, transtornado, saiu do aposento e eu o acompanhei." Na Casa do Governador, entre "uma barafunda de caixas e tapetes enrolados, subi sem pensar até o alto da escada e, pela porta aberta do gabinete, vi… o tsar estava sozinho, perto da escrivaninha, recolhendo suas coisas devagar e calmamente".

Na estação, ele se despediu da mãe, cobrindo-lhe o rosto de beijos, e então subiu no trem. "Um dos dias mais pavorosos de minha vida", escreveu Minny, "separada de meu amado Nicky!" Às cinco da tarde, o trem partiu. Nicky postou-se à janela sorrindo com "uma expressão de tristeza infinita", enquanto Minny se persignava e rogava: "Que Deus o proteja". Nunca mais o viu.*

"Meu coração estava quase se partindo", escreveu Nicky.[1]

Quando Nicky foi para Tsárskoie, Miliukov, ministro do Exterior, sugeriu ao embaixador britânico Buchanan que "o rei e o governo britânico oferecessem asilo a sua majestade imperial aqui neste país", registrou Lord Stamfordham, secretário particular de Jorge V, no Palácio de Buckingham. O Governo Provisório aprovava "a necessidade de transportar […] membros da antiga família imperial […] além das fronteiras do Estado russo".

A Inglaterra era o destino mais lógico. Jorge V ficara horrorizado com a abdicação. "Receio que Alicky seja a causa de tudo e Nicky tenha sido fraco. Estou

---

* Um Románov continuava a ocupar um cargo de alta posição: Nikolacha era outra vez comandante em chefe, e tão respeitado no Exército que o general Alexéiev pediu ao premiê que o mantivesse no cargo. Mas os Románov eram odiados em Petrogrado. Em 6 de março, Lvov demitiu Nikolacha. A imperatriz-viúva voltou a Kíev, e depois foi para a Crimeia com as filhas, Olga e Ksênia, com Sandro e com os Iussúpov. A eles se juntaram Nikolacha e seu irmão Pedro, junto com as Corvas, e esses Románov permaneceram em suas propriedades na Crimeia.

desesperado", escreveu em seu diário no dia 2 de março, enviando um telegrama ao ex-tsar: "Penso constantemente em você e continuo sempre seu leal e devotado amigo". Quando Stamfordham anunciou o plano a David Lloyd George, primeiro-ministro, e a seu vice Andrew Bonar Law, "era consenso que a proposta [...] não seria recusada". No dia seguinte, chegou a Tsárskoie um general com ordem de prisão para Nicky e Alix, mas acrescentou que eles seriam enviados a Murmansk, onde um navio de guerra britânico os levaria ao exílio. Dois dias depois, em 11 de março, Jorge v comentava com Mikhail Mikháilovitch, o primo do ex-tsar já exilado desde longa data, que "o pobre Nicky [estava] vindo para a Inglaterra". A família real já decidira que os Románov, que desembarcariam em Scapa Flow, seguiriam diretamente para Balmoral, o palácio escocês que estava desocupado no inverno.

Em Tsárskoie, os filhos ainda não sabiam o que acontecera. Alix chamou Pierre Gilliard, o preceptor suíço de Alexei. "O tsar volta amanhã", disse ela. "Alexei precisa ser informado de tudo. Você conta a ele? Eu vou contar pessoalmente às meninas." As filhas desataram em soluços. "Mamãe chorou demais", disse Tatiana. "Eu também chorei, mas somente o que não consegui evitar, por causa de mamãe."

Gilliard contou a Alexei: "Seu pai não quer mais ser comandante em chefe". Alexei ficou em silêncio.

"Sabe, seu pai não quer mais ser tsar."

"O quê?", exclamou o garoto, atônito. "Por quê?"

"Ele está muito cansado e tem tido muitos problemas."

"Mas depois papai não voltará a ser tsar?"

Gilliard explicou que Micha havia abdicado.

"Mas quem vai ser o tsar, então?"

"Talvez ninguém."

Gilliard ficou impressionado com a modéstia de Alexei: "Nenhuma palavra sobre si mesmo", mas ficou "muito vermelho e agitado".

"Mas, se não há um tsar", perguntou ele, "quem vai governar a Rússia?" Ninguém sabia a resposta.

Em 9 de março, o ex-tsar chegou de volta ao lar.* "Meu Deus, que diferença",

---

* Posteriormente, o americano Hercules e seus colegas núbios quase desapareceram da história, retidos na Petersburgo revolucionária. O embaixador francês Paléologue relembrou que,

escreveu o coronel Nicolau Románov, como agora os guardas o chamavam. "Subi ao andar de cima e vi a querida Alix e as queridas crianças." Nicky saiu para uma caminhada, sob a guarda de seis soldados. "Depois do chá", escreveu ele, "desempacotei minhas coisas."[2]

No dia seguinte, no parque de Tsárskoie Seló, um grupo de soldados desenterrou e mutilou o corpo de Raspútin. "O rosto estava totalmente negro", informou uma testemunha, "e havia grumos de terra congelada na barba e nos cabelos compridos escuros." Os soldados tiraram as medidas do pênis de Raspútin com um tijolo e quase certamente o deceparam como troféu. O corpo ficou exposto no salão municipal de Tsárskoie.*

Nicky caminhava e trabalhava nos jardins, as crianças retomaram as aulas e agora seus pais começaram a estudar com elas também. Alexandra dava aulas de religião e alemão. Nicky ensinava história. Nicky e Alexei, ainda usando seus uniformes militares, quebravam o gelo na frente do palácio. Volta e meia apareciam grupos de soldados que queriam olhar Alexei. Derevenko, o marinheiro guarda-costas troncudo que por tanto tempo carregara Alexei durante suas enfermidades, agora "gritava com insolência ao menino" e o obrigava a fazer tarefas servis. Mas seu outro marinheiro, Nagórni, conservou uma comovente lealdade. Nicky lia as histórias de Sherlock Homes em voz alta nos serões. O isolamento deles parecia bastante familiar ao ex-tsar: "Pois não tenho sido um prisioneiro durante toda a minha vida?", perguntou a Benckendorff.

Esperavam partir logo — para a Inglaterra ou Crimeia — mas, em 9 de março, o Soviete vetou o plano de enviá-los para o exterior. Dias depois, Lord Stamfordham

---

"andando nos Jardins de Verão" na primavera de 1917, "encontrei um dos etíopes que tantas vezes me deixaram entrar no gabinete do imperador. Parece triste. Caminhamos uns vinte passos juntos: ele tinha lágrimas nos olhos. Digo palavras de consolo e lhe aperto a mão". Anos depois, na década de 1920, um visitante americano em Moscou divisou um negro alto vagueando pelas ruas, ainda usando um traje surrado da corte imperial.

* Durante décadas, afirmou-se que o corpo fora queimado com gasolina, mas novas pesquisas mostram que, na verdade, o príncipe Lvov mandou um especialista em cremação destruir o corpo num novo crematório experimental no Instituto Politécnico de Petrogrado, em Lesnoi. O suposto pênis de Raspútin teve vida mais longa. Foram comprados e vendidos muitos pênis de Raspútin, nenhum deles autêntico (o caso mais recente foi um objeto entregue a uma respeitável casa de leilões de Londres, que no fim não passava de uma holotúria ou um pepino-do-mar em conserva).

escreveu a Arthur Balfour, secretário do Exterior, dizendo que Jorge v "tem pensado muito sobre a proposta do governo". "O rei tem uma grande amizade pessoal com o imperador e ficaria feliz em fazer de tudo para ajudá-lo [...]. Porém sua majestade não deixa de refletir se é aconselhável, não só por causa dos riscos da viagem, mas por razões gerais de conveniência, que a família imperial estabeleça residência neste país." A posição evasiva de Jorge não causou muita impressão em Lloyd George e Balfour. Responderam que "não pensam, a menos que a situação mude, que agora seja possível retirar o convite, e portanto confiam que o rei consentirá em manter o convite original". Mas "a cada dia o rei está mais e mais preocupado", por receber muitas cartas, inclusive de operários, contrários à proposta. "Como você sabe", disse Stamfordham a Balfour, "desde o início o rei considerou que a presença da família imperial (principalmente da imperatriz) seria [...] embaraçosa para nossa Família Real", e pediu ao governo que "concebesse algum outro plano". Mais tarde, ainda no mesmo dia, o rei ordenou que Balfour avisasse aos russos que "deve nos ser permitido retirar" o convite. Quatro dias depois, "o primeiro-ministro admitiu que o assunto era, sem dúvida, mais sério do que ele pensava".

Jorge v tem sido, corretamente, responsabilizado por essa mudança, mas sua pusilanimidade fez pouca diferença. O sarampo das meninas impedira uma pronta partida; aquele prazo era muito curto. Kérenski, o único socialista no governo, alardeava que o ex-tsar "está em minhas mãos", mas tornou-se o protetor deles. Em 21 de março, Kérenski chegou a Tsárskoie, encontrou o tsar e prendeu Anna Víburova, difamada pela imprensa como amante de Raspútin. Com a chegada do verão, a família plantava verduras e tomava banhos de sol. Depois do sarampo, o cabelo das meninas caiu. Em julho, rasparam a cabeça e Alexei também raspou a sua, em solidariedade. Foram ao parque usando lenço na cabeça e de repente o removeram e, rindo, tiraram fotos.[3]

Em 10 de julho, Kérenski, agora primeiro-ministro, disse a Nicky que a família logo seria transferida da "capital desconfortável", ironicamente para sua proteção. "Os bolcheviques estão atrás de mim", explicou Kérenski, "e depois virão atrás de vocês." Nicky percebeu que "essa pessoa desempenha um papel positivo. Quanto mais poder tiver, melhor as coisas ficarão". Kérenski se decidiu por Tobolsk, na Sibéria. Fizeram as malas, escondendo um verdadeiro tesouro em joias em baús cheios de cartas e diários e, para protegê-los, puseram também aquele talismã dos Románov, o ícone da Mãe de Deus de Fiódorov.

Em 1º de agosto, Kérenski supervisionou a saída do Palácio Alexandre, levando o irmão de Nicky, Micha, para se despedir. Kérenski se sentou a um canto, tampou os ouvidos com as mãos e disse: "Podem falar!", porém os irmãos ficaram reticentes. "Encontro agradável", escreveu Nicky, "mas difícil falar na frente de estranhos." Estavam "tão comovidos e constrangidos", observou Benckendorff, "que não encontravam quase o que dizer. O grão-duque saiu em lágrimas". Enquanto isso, multidões hostis atrasavam a partida. As meninas choravam; Alexei, agora com treze anos, estava sentado em cima de uma caixa, segurando seu *spaniel* Joy; Nicky andava de um lado para outro, fumando. "Tiveram de esperar até as seis da manhã, sentados em cima das malas", escreveu Zizi Naríchkina. "Que provação e humilhação! E aceitam isso com a determinação e a humildade dos santos."

Kérenski notou Alexandra soluçando num canto e, pela primeira vez, viu-a "simplesmente como uma mãe, preocupada e em prantos". Mas ela escreveu a Anna, que acabara de ser liberada da prisão, dizendo que a ida para Tobolsk fora aplainada por "nosso Amigo" que "lá nos chama". A ex-imperatriz estava "contente em ir para as terras do Amigo deles", escreveu Naríchkina. "Ela continua com a mesma mentalidade."

Às 5h15 da manhã, eles partiram.* Quando estavam em segurança no trem, com o letreiro "Missão da Cruz Vermelha", Kérenski gritou: "Podem ir!".[4]

Depois de cinco dias de viagem de trem atravessando os Urais, a família e 39 acompanhantes embarcaram num vapor em Tiumen, passando pela casa de Raspútin em Pokróvskoie. "A família se reuniu no convés para observar a casa do *stárets.*" As meninas ainda usavam medalhões com o retrato de Raspútin. Ao chegar a Tobolsk na noite seguinte, permaneceram a bordo enquanto se faziam

---

* Muitos do séquito, agora reduzido, decidiram acompanhá-los, inclusive o marechal da corte, o príncipe Vassíli Dolgorúki, e o ajudante general, conde Iliá Tatíschev, os médicos Bótkin e Derevenko, o preceptor suíço Gilliard e Nagórni, o devotado marinheiro de Alexei, além das damas de companhia de Alix, condessa Anastássia Hendrikov e baronesa Isa Buxhoeveden. O preceptor inglês Charles Sydney Gibbes prometeu se reunir a eles. Frederiks, Benckendorff e Naríchkina ("Adeus, querida amiga maternal", escreveu-lhe Alix, "meu coração está pesado demais para continuar a escrever") estavam idosos ou doentes demais. E a família, claro, levou seus cães.

os preparativos na mansão de dois andares do governador. Instalando-se na Casa da Liberdade, como agora se chamava, a família ocupou o primeiro andar, com um quarto de canto para as meninas, um quarto, gabinete, salão e banheiro para os pais, e um quarto pequeno para Alexei e Nagórni.

Lá o tempo transcorria com penosa lentidão. Nicky andava no pátio ("furioso por não ter permissão para caminhar nos bosques com aquele tempo", escreveu ele em 22 de agosto, acrescentando que "os passeios no jardim vêm se tornando cada vez mais tediosos"). "Terão realmente medo de que eu possa fugir?", perguntou Nick, que sentia falta do exercício, ao comissário encarregado. "Nunca deixarei minha família." Entretinham-se interminavelmente com besigue e dominó, e os preceptores Gilliard e Gibbes continuavam com suas aulas.

Em Petrogrado, Kérenski governava instalado nos aposentos de Alexandre II no Palácio de Inverno, mas seu poder estava se enfraquecendo devido às derrotas militares e à paralisia política.

Nicky se correspondia com a mãe e as irmãs na Crimeia. "Estou rachando um monte de lenha", contou à mãe. "A comida aqui é excelente e abundante, de modo que estamos todos bem instalados em Tobolsk e engordamos uns quatro ou cinco quilos." Alexandra e Anna começaram a trocar pacotes: Anna mandava roupas e Alexandra mandava alimentos, pois em Petrogrado a situação beirava a fome, enquanto na Sibéria não faltavam alimentos.

Em Petrogrado, no dia 25 de outubro de 1917, os bolcheviques tomaram o poder. "Uma segunda revolução", escreveu Alexandra três dias depois. Quando os alemães avançaram na Rússia, o líder bolchevique Lênin decidiu imediatamente se retirar da guerra, o que deixou Nicky indignado: "Como esses bolcheviques salafrários têm o descaramento de pôr em prática seu sonho oculto de propor paz ao inimigo?". Isso confirmou sua crença numa conspiração judaica internacional. "Comecei a ler em voz alta o livro de Nílus sobre o Anticristo, ao qual se somaram os Protocolos dos Judeus e Maçons (*Protocolos dos sábios do Sião*) — leitura muito oportuna." Nicolau ainda culpava os judeus malévolos por sua queda e pela queda da Rússia: estava lendo essa maldosa fraude antissemita para a família. Escrevendo à irmã Ksênia em 5 de novembro, ele compilou uma lista de revolucionários com seus verdadeiros sobrenomes judaicos, alegando que, na verdade, Lênin era um Tsederblium, e Trótski, um Bronshtein. Embora estivesse certo em relação a Trótski, Lênin nascera como Uliánov. "É pior e mais vergonhoso", pensava Nicolau, "do que os Tempos Turbulentos."[5]

"Até agora não tivemos nenhuma alteração significativa em nossa vida", escreveu Anastássia a uma amiga. "Lamento muito que minhas cartas sejam tão bobas e maçantes, mas aqui não acontece nada de interessante." As meninas se entediavam. "Muitas vezes nos sentamos às janelas, olhando as pessoas passarem", escreveu Anastássia a Anna, "e isso nos distrai." Gibbes sugeriu que encenassem peças. "Excelente distração", disse Alexandra a Anna. "Deus está muito próximo de nós, muitas vezes nos admiramos como conseguimos suportar fatos e separações que antes talvez nos fizessem morrer." Elogiava Nicolau: "Ele é simplesmente maravilhoso. Tanta humildade e o tempo todo sofrendo profundamente por seu país. Um verdadeiro prodígio".

Quando Anna enviou algumas roupas e perfume, o aroma devolveu a família aos dias felizes. "Seu perfume nos conquistou inteiramente", escreveu Alix. "Dava a volta em nossa mesa de chá e todos nós vimos com clareza sua presença à nossa frente."

"Minha querida... seu perfume nos faz lembrar tanto de você", disse Alexei a Anna, enquanto Alexandra refletia: "Todo o passado é um sonho. Guardamos apenas lágrimas e gratas lembranças. Uma a uma, todas as coisas terrenas se vão".

As meninas começaram a ficar mais próximas de seus guardas. No Natal, decoraram uma árvore para a família e outra para os soldados. "As grão-duquesas, com aquela simplicidade que constituía seu encanto, gostavam muito de conversar com esses homens", escreveu Gilliard; "indagavam sobre suas famílias, aldeias, batalhas de que haviam participado."

Tatiana organizava a casa, Olga lia em silêncio, enquanto Maria, "bondosa, animada e simpática", era a favorita dos guardas. "O temperamento alegre e impetuoso" de Anastássia "conseguia dissipar a tristeza de qualquer um". Ela fez o papel do protagonista Mister Chugwater, na farsa inglesa *Packing Up*, de Harry Grattan. Quando suas anáguas esvoaçaram, mostrando as pernas com as ceroulas Jaeger de Nicky, "todo mundo caiu numa gargalhada incontrolável", até mesmo Alexandra, comentou Gibbes. "A última risada sincera e incontida que a imperatriz deu na vida."[6]

Em fevereiro de 1918, a insensibilidade dos bolcheviques alcançou a família. Os guardas amistosos foram substituídos por "um bando de rapazes de aparência vulgar". O frágil regime de Lênin lutava para sobreviver. Enquanto o comissário do Exterior, Liev Trótski, negociava a paz, o exército do Kaiser avançava no coração da Rússia. "A pátria socialista está em perigo", alertou Lênin, e precisava ser defendida até "a última gota de sangue". Os inimigos deviam ser "liquidados na hora". Quanto maior a crise do regime, maior o perigo para os Románov.

Enquanto Nicky e Alix se correspondiam com amigos como Anna em Petrogrado e com a família na Crimeia, facções bolcheviques propunham que se atacasse a Casa da Liberdade para matá-los, ao passo que oficiais tsaristas criavam planos para salvá-los. Isso alarmou Lênin.

Em 20 de fevereiro, o Conselho do Comissariado do Povo, conhecido pela sigla Sovnarkom, presidido por Lênin, ordenou que Nicolau fosse a julgamento em lugar a ser definido. Mas Filipp Goloschiókin, ex-dentista agora comissário militar do Comitê Executivo do Soviete do Ural, sugeriu que os Románov fossem transferidos para Iekaterinburg, nos Urais.

Os Románov perceberam o novo perigo. "A vida aqui não é nada, a eternidade é tudo", disse Alix a Anna em 2 de março, "e o que estamos fazendo é preparar nossas almas para o Reino dos Céus. Assim, afinal nada é terrível. Podem tirar tudo de nós, mas não podem tirar nossas almas." Todos ficaram encantados com as últimas roupas de Vírubova. "As meninas estão com suas lindas blusas. O casaco cor-de-rosa é vivo demais para uma velha como eu, mas o chapéu fica bem com meu cabelo grisalho." Alexandra tinha apenas 45 anos.

Em 1º de abril, Iákov Sverdlov, presidente do Comitê Executivo Central e secretário do Partido, principal seguidor de Lênin, franzino, moreno, com cabelo preto armado, óculos redondos e voz grave, conhecido como O Trompete, reforçou a guarda em Tobolsk e decidiu levar a família para Moscou — os bolcheviques haviam acabado de transferir o governo de volta para o Krêmlin. Lênin planejava um julgamento público de Nicolau, e Trótski se ofereceu como promotor. Dias depois, Sverdlov enviou Vassíli Iákovlev, filho de um camponês e revolucionário calejado, junto com o chamado Destacamento para Fins Especiais de 150 Guardas Vermelhos, para transferir "Nicolau para os Urais. Nossa opinião é que você deve por ora instalá-lo em Iekaterinburg". Os bolcheviques do Ural, tais como a liderança em Moscou, estavam divididos sobre o que fazer com o ex-tsar, mas Sverdlov, sabendo que havia elementos que queriam matá-lo imediatamente, foi bem claro: "A tarefa de Iákovlev é entregar Nicolau em Iekaterinburg vivo", em mãos de Goloschiókin, de 42 anos, membro de confiança do Comitê Central nomeado por Lênin e Sverdlov para governar os Urais — conhecido como "o olho do Krêmlin". As intenções de fundo do Comitê Central não são claras. O mais provável era que quisessem levar Nicolau para Moscou, mas, em vista da crise, os Románov ficariam no bastião bolchevique de Iekaterinburg "por ora" e, em caso de dúvida, podiam ser mortos. Lênin e Sverdlov não tinham receio de derramar sangue. O niilista Netcháeiv havia dito: "Que membro da dinastia dominante deve ser exterminado? A casa dominante inteira". Lênin gostou: "É a simplicidade ao nível da genialidade". Ele acreditava que "a revolução não faz sentido sem pelotões de fuzilamento" e defendera num ensaio de 1911 que, "se num país tão civilizado como a Inglaterra, é necessário decapitar um criminoso de coroa [...] então na Rússia é preciso decapitar pelo menos cem Románov".

"A atmosfera ao nosso redor está muito tensa", escreveu Alix a Anna em 21 de março. Alexei sofreu uma grave hemorragia ao descer a escada de trenó e bater a virilha. "Quero morrer, mamãe", gemia ele, com dores terríveis. Alexandra escreveu a Anna: "Embora a tempestade esteja cada vez mais próxima, nossas almas estão em paz. Qualquer coisa que aconteça será por vontade de Deus".

Foi sua última carta. "Vim para cá sabendo muito bem que não escaparia com vida", disse o conde Tatíschev ao dr. Bótkin. "A única coisa que peço é poder morrer com meu imperador."

Em 23 de abril, Iákovlev inspecionou a Casa da Liberdade.

"Está satisfeito com a guarda?", perguntou Iákovlev.

"'Muito'", respondeu Nicolau, "esfregando as mãos e sorrindo como um tolo", segundo o relatório de Iákovlev.

Ele examinou o ex-tsarévitch. "Alexei realmente parecia muito doente", informou. "O menino pálido e exausto parecia estar morrendo." Iákovlev decidiu que o ex-tsar devia partir imediatamente. Os outros seguiriam depois.

"Cidadão Románov", disse ele a Nicolau. "Fui encarregado pelo Sovnarkom de removê-lo de Tobolsk."

"Para onde?", perguntou Nicolau. "Não irei."

"O que você está fazendo com ele?", gritou Alix em voz aguda. "Ele está com o filho doente. Não pode ir. É crueldade demais! Não acredito que você fará uma coisa dessas!"

Lênin e Trótski tinham assinado o tratado de paz com a Alemanha em Brest-Litovsk, cedendo a Ucrânia e o Báltico a regimes fantoches, controlados pelo Kaiser triunfante. "Imagino que eles querem me forçar a assinar o Tratado de

Brest-Litovsk", disse Nicolau. "Mas prefiro cortar minha mão."* Alexandra temia que, "se ele for levado sozinho, fará alguma tolice como fez antes. Sem mim, podem obrigá-lo a fazer qualquer coisa que quiserem".

Era um dilema terrível. "É um momento extremamente difícil para mim", disse Alix. "Você sabe o que meu filho significa para mim. E agora tenho de escolher entre filho e marido. Mas fiz minha escolha e tenho de ser forte. Preciso deixar meu filho e partilhar minha vida ou morte com meu marido." Porém decidiram fazer uma divisão do trabalho: Olga, Tatiana e Anastássia ficariam em Tobolsk — respectivamente para cuidar de Alexei, administrar a casa e "animar a todos". Maria iria com os pais. "Passamos o serão com grande pesar", escreveu Nicolau. "Sofrimento horrível", anotou Alix em seu diário.

No chá antes de se recolherem ao leito, todos "se empenharam ao máximo para disfarçar seus sentimentos", relembrava Gilliard, sabendo que, "se um cedesse, todos desmoronariam". Alexandra conseguiu se despedir calmamente de Alexei, mas com o rosto banhado em lágrimas. O próprio Nicky admitiu que "deixar as outras meninas e Alexei — doente como estava — era mais que difícil. Ninguém dormiu naquela noite".

Ao amanhecer de 26 de abril, Nicky, Alix e Maria, abrigados em casacos de pelo de carneiro, subiram em carruagens, seguidos pelo príncipe Dolgorúki e pelo dr. Bótkin, e partiram. Em Tiumen, "a Bagagem" — o frio codinome bolchevique para os Románov — tomou o Trem Especial número 8. "Viajando com conforto", telegrafou Alexandra à Casa da Liberdade. "Como está o menino? Fiquem com Deus."

Sem que os prisioneiros soubessem, o Destacamento para Fins Especiais ti-

---

* A imperatriz-viúva e muitos parentes da família ficaram na Crimeia. Quando os bolcheviques assinaram o Tratado de Brest-Litovsk, o exército alemão ocupou a Crimeia. O Kaiser ordenou que resgatassem Minny e os demais Románov. No pânico, o Soviete de Ialta ordenou a execução de todos os Románov na Crimeia, para não caírem nas mãos dos alemães. Mas foram salvos por um comissário amistoso que transferiu todos eles e mais os criados, 45 pessoas, para o Palácio Dulber do grão-duque Pedro, uma fantástica construção de inspiração árabe, com cúpula e ameias, no alto de uma montanha, que então se tornou uma confortável prisão dos Románov. Quando os soldados soviéticos investiram para matá-los, os Románov se prepararam para defender Dulber. Seguiu-se um tiroteio, mas os alemães os salvaram. Agora estavam livres. Minny foi morar em Harax, o palácio do grão-duque Gueórgui Mikháilovitch, que estava preso em Vologda. Ela morou ali durante onze meses, recusando as propostas de asilo do Kaiser e insistindo em ficar na Rússia. Sandro voltou para sua propriedade de Ai-Todor. Nikolacha e seu irmão ficaram em Dulber.

nha acabado de desbaratar uma tentativa das unidades bolcheviques de Iekaterinburg de assassinar a Bagagem. Iákovlev informou Moscou e se negou a entregar a Bagagem ao chefe dos Urais, Goloschiókin: "Seus destacamentos têm apenas o desejo de destruir a Bagagem... Você garante a preservação da Bagagem?".

Iákovlev desconfiava de um complô uraliano e, chegando a Tiumen, pediu e obteve autorização de Sverdlov para seguir até Omsk, enquanto Sverdlov negociava com os uralianos. "Entregue toda a Bagagem em Tiumen ao presidente do comitê regional dos Urais; isso é essencial." Nicolau observava as estações passando: percebeu que estavam refazendo o trecho. "Está definitivamente estabelecido que ficaremos em Iekaterinburg? Eu iria para qualquer lugar exceto os Urais. A julgar pelos papéis, os trabalhadores de lá são profundamente hostis a mim."

Às 8h40 da manhã de 30 de abril, chegaram à estação de Iekaterinburg, onde havia uma turba aos gritos — "Enforquem já!" — esperando para linchar o tsar. Apontando metralhadoras, Iákovlev se recusou a entregá-los. Depois de três horas de espera, Goloschiókin, encabeçando uma comitiva de automóveis, levou a Bagagem para seu novo lar, requisitado a um engenheiro local, Nikolai Ipátiev, que agora recebera o nome de Casa para Fins Especiais. Já haviam construído uma cerca alta em redor dela. À chegada, tinham sido submetidos a uma revista minuciosa em todos os seus baús. "Fiquei louco de raiva com isso", escreveu Nicolau. Percebendo que ingressavam numa nova fase perigosa, Alexandra colocou seu talismã, a suástica, no parapeito da janela, para dar sorte. Iria precisar. Na estação, o príncipe Vália Dolgorúki foi separado do grupo e depois preso, portando mapas e dinheiro vivo, visivelmente planejando a fuga da família.

As três meninas e Alexei aguardavam ansiosos em Tobolsk. Somente em 3 de maio souberam que os pais e a irmã haviam chegado não a Moscou, e sim a Iekaterinburg, a 570 quilômetros a sudoeste de Tobolsk.

"Aqui há surpresas desagradáveis todos os dias", contou Maria às irmãs. Nicolau acrescentou um ps para Anastássia: "Estou com saudades, minha querida. Sinto falta de suas caretas engraçadas à mesa". A primeira surpresa foi "uma espécie de grande alvoroço", em que um novo destacamento bastante variado, com muitos operários letões ou prisioneiros de guerra húngaros das fábricas locais, ficou incumbido da guarda, com rigorosa proibição de qualquer confraternização com os Románov. O passeio de Nicolau ficou restrito a uma hora por dia. Quando ele contestou a medida, os guardas explicaram que era "semelhante a um regime de prisão". No dia seguinte, chegou um pintor para revestir de cal todas as janelas.

"Sofremos muito em nossas almas por vocês, meus queridos", escreveu Tatiana aos pais. Percebendo que o cativeiro em Iekaterinburg ia ser duro, as três irmãs estavam costurando freneticamente suas joias nos espartilhos, corpetes, cintos e chapéus — atividade a que a família deu o nome de "arrumar os remédios". Os vestidos de verão ganharam diamantes no lugar dos botões, e costuraram joias não só nas roupas íntimas de Alexei, mas também em seu quepe do Exército. Quando as três garotas vestiram essas roupas íntimas com diamantes, o peso ultrapassava dois quilos.

"É difícil escrever algo agradável", respondeu Maria de Iekaterinburg. "Há pouco disso aqui. Mas por outro lado Deus não nos abandona, o sol brilha e os pássaros cantam... A única coisa que importa é estarmos logo juntos outra vez."[7]

Em 20 de maio, as três meninas e Alexei partiram para Iekaterinburg, indo de vapor e de trem. Durante a viagem apavorante, os guardas se embebedaram e tentaram molestar as mocinhas ao som de seus "gritos aterrorizados". Olga estava abalada, emagrecendo e ficando cada vez mais triste. Finalmente, quando chegaram a Iekaterinburg, Gilliard, Gibbes, as damas de companhia e outros mais tiveram de ficar na plataforma, impedidos de acompanhar a família. Essa decisão salvou a vida dos preceptores, que então foram liberados. Gilliard e Gibbes permaneceram corajosamente na cidade, muitas vezes passando pela frente da casa.

A família ficou muito feliz de se reunir outra vez na Casa Ipátiev. A casa era abafada no calor, e somente após longas e complexas negociações abriram uma janelinha pequena, embora tivesse de ser guarnecida de antemão com uma grade de metal. Os serões eram áridos, dedicados a partidas de besigue; Alexei adoecera outra vez, e agora Nicky sofria de hemorroidas tão dolorosas que tinha de ficar na cama, mas lendo *Guerra e paz* em voz alta para a família e uma biografia do imperador Paulo. Olga estava deprimida, porém saía para andar de braços dados com o pai; Tatiana cuidava de todos, ministrando as injeções de morfina do dr. Bótkin. A alimentação e as caminhadas eram racionadas. Os pertences da família eram surrupiados.

No entanto, o comandante se mostrava cada vez mais atencioso com a família — e não impedia os guardas de confraternizar com as garotas. Alguns deles começaram a simpatizar com o cordato ex-tsar e lhe levavam cartas, livros e alimentos às escondidas. Os próprios guardas, em sua maioria, eram adolescentes. "Elas eram como qualquer mocinha", relembrava um dos guardas, "muito animadas e simpáticas conosco." Anastássia era "muito simpática e divertida", lembrou outro guarda, enquanto um terceiro a considerava "um diabrete encantador […] travessa […] espirituosa e gostava de fazer mímicas cômicas com os cães". A mais bonita, Maria, com seus olhos grandes — "os pires de Maria" —, era a favorita deles: "Uma mocinha que adorava se divertir", disse o guarda Alexandre Strekotin. Com o passar do tempo, "todos relaxaram mais e começaram a falar e rir […]. Gostávamos principalmente de conversar com as filhas, exceto Olga". As conversas sempre começavam com as garotas exclamando coisas como "estamos tão entediadas… Já sei! Adivinhe o nome desse cachorro!". Logo passaram "a cochichar, mostrando interesse por nós, dando risadinhas ao se afastar".

"A personalidade delas nos era fascinante, assunto de conversa entre dois ou três de nós que passávamos as noites acordados", relembrou um guarda. "Havia algo especialmente meigo nelas. Sempre eram boas comigo." Outro, Ivan Kleschev, de 21 anos, disse que se casaria com uma das garotas e, se os pais dela fossem contrários, iriam fugir. "No fundo", disse Strekotin, "achávamos que não nos importaríamos muito se conseguissem escapar."

Um guarda chamado Ivan Skorokhódov começou a ficar mais íntimo de Maria. Alix e Olga desaprovaram. Alix lhe passou uma repreensão "em murmúrios severos" por flertar, e Olga, notou Strekotin, "se recusava a acompanhar as irmãs mais novas". Em 14 de junho, "nossa Maria", escreveu Nicolau, "fez dezenove anos". Depois do almoço, quando a família comemorava a data no calor escaldante, Skorokhódov apareceu com um bolo de aniversário que trouxera escondido para Maria. Os dois flertaram um pouco e sumiram juntos.

Por seu lado, Goloschiókin estava preocupado com a segurança. A República Soviética nascente parecia se desintegrar. Uma unidade de prisioneiros de guerra ex-austro-húngaros, treinados para formar um Corpo Tcheco, se amotinou contra os bolcheviques e avançou ao longo da Ferrovia Transiberiana. Em junho, entre as principais cidades entre o Pacífico e o Volga, apenas Perm e Iekaterinburg continuavam nas mãos dos bolcheviques. Proliferavam os complôs em torno da Casa Ipátiev. A família começou a receber mensagens francesas secretas de "um oficial do Exército russo", propondo a fuga. Eram provocações escritas por um bolchevique do Soviete dos Urais, Pedro Vóikov, um mulherengo vaidoso que gostava de usar sombra nos olhos e, tendo estudado em Paris, sabia escrever em francês. Seus camaradas lhe deram o apelido de "O Intelectual". Seria muito conveniente atirar na família caso tentassem fugir, mas os Románov não caíram na esparrela. "Não queremos nem podemos fugir. Só podemos ser levados à força", respondeu outro membro da família, provavelmente Olga, em francês.

Em 13 de maio, Nicolau viu um "senhor de pele morena que tomamos por médico", que examinava Alexei com o dr. Derevenko (o qual, mantido na cidade, tinha permissão de fazer visitas ocasionais à casa). Na verdade, esse visitante era Iákov Iuróvski, dirigente da Tcheka local* e membro do Soviete dos Urais. Ele identificou a causa das falhas de segurança: notou que Anastássia era "muito atraente, de faces rosadas, um rosto realmente encantador", ao passo que Maria "não se comportava de forma nenhuma como as irmãs mais velhas. Seu caráter realmente modesto era muito atraente para os homens e ela passava a maior parte do tempo dando atenção a seus carcereiros". Iuróvski avisou que os guardas logo estariam ajudando as jovens a fugir.

No próprio dia do aniversário de Maria, enquanto ela e Skorokhódov comemoravam alegremente em algum lugar da casa, Goloschiókin chegou numa inspeção de surpresa e deve ter descoberto Maria sozinha com Skorokhódov. O rapaz foi preso. Alexandra e Olga ficaram furiosas com Maria, de quem "a maioria da família parecia se afastar". Depois do flerte, Alix e Olga "a tratavam como uma pária".[8]

Nicky e família não eram os únicos Románov por ali. O Soviete dos Urais estava juntando membros Románov. É improvável que fosse coincidência. Lênin e Sverdlov haviam começado a recolher os Románov em março. Em maio, mais seis Románov também estavam detidos no Palais Royale Hotel de Iekaterinburg: Ella, irmã de Alix, com sua amiga freira irmã Varvara Iákovlev; Serguei Mikháilovitch, irmão de Sandro; três filhos de KR e um filho de Paulo. Em 20 de maio, foram transferidos para uma escola em Alapáievsk, a nordeste de Iekaterinburg.

Enquanto isso, Micha, o último imperador, também estava nos Urais. Em 7 de março de 1918, fora preso com seu secretário anglo-russo, Nicholas Johnson, e levado para o quartel-general bolchevique no Instituto Smólni, onde, numa ocorrência surpreendente, sua esposa Natacha tanto insistiu que conseguiu ver Lênin em pessoa. "Dizendo que não dependia só dele", Lênin deixou a sala. Naquela

---

* A Tcheka era a polícia secreta de Lênin, sigla de Comissão Extraordinária de Combate à Contrarrevolução e à Sabotagem.

noite, durante a reunião do governo, concordaram em exilar "o ex-grão-duque M. A. Románov" nos Urais.

Micha foi posto sob prisão domiciliar no Korolev Hotel em Perm, onde Natacha tinha autorização de aparecer para o jantar. Mas agora ele estava no domínio do Soviete dos Urais, que já decidira juntar e exterminar os Románov. Enquanto a Legião Tcheca ameaçava Perm, um membro da Tcheka local, Gavril Miasnikov, de 29 anos, em parceria com Goloschiókin e os camaradas de Iekaterinburg, recrutou quatro brutamontes que, nas palavras de Miasnikov, "estavam dispostos a cravar os dentes na goela de alguém". Em 12 de junho, à meia-noite, Micha e seu secretário Johnson foram raptados do hotel pelos tchekistas, levados em carruagem a um bosque fora da cidade e assassinados com tiros na cabeça. Depois de furtarem o relógio de prata de Micha, queimaram os corpos usando querosene. Miasnikov anunciou que Micha fugira e desaparecera; mas, informados após o fato consumado, Lênin e Sverdlov aprovaram. Micha foi o primeiro Románov a ser morto.[9]

Em Iekaterinburg, a Tcheka pegou os acompanhantes do ex-tsar. O conde Iliá Tatíschev se somou a Dolgorúki na prisão de Iekaterinburg. O marinheiro Nagórni, que sempre carregava Alexei, foi removido. Gilliard e Gibbes viram quando o levaram embora — antes de receberem eles mesmos a ordem de deixar a cidade. Dessa vez obedeceram. Nagórni foi morto a tiros.

A Legião Tcheca estava se aproximando de Iekaterinburg. Dois dias após a inspeção de surpresa de Goloschiókin na Casa para Fins Especiais, ele, Alexandre Beloboródov, presidente do Presidium do Soviete dos Urais, e Pedro "O Intelectual" Vóikov se reuniram no quarto 3 do Amerika Hotel pavimentado de mármore com Iuróvski e Miasnikov, que acabavam de matar Micha. Esse comitê de assassinos decidiu o seguinte:

> O Soviete Regional do Ural se recusa categoricamente a assumir a responsabilidade pela transferência de Nicolau Románov para Moscou e considera necessário liquidá-lo. Há o grave risco de que o cidadão Románov caia nas mãos de tchecoslovacos e outros contrarrevolucionários [...]. Não podemos nos afastar de nosso dever com a Revolução. A família Románov [...] também deve ser liquidada.

Da mesma forma Ella e primos. Enquanto Goloschiókin seguia às pressas até Moscou para obter a aprovação de Lênin, tropas britânicas, francesas e americanas desembarcavam em Múrmansk, início da intervenção ocidental numa feroz guerra civil entre os Vermelhos — os bolcheviques — e seus inimigos, os Brancos. Em 5-6 de julho, os SRS [Partido Socialista Revolucionário], que tinham sido parceiros menores no governo de Lênin, se sublevaram. Lênin esmagou os rebeldes, mas a República Soviética estava num tremendo apuro: considerava-se plenamente justificado um reinado de terror implacável.

No Krêmlin, Lênin temia que a execução dos filhos Románov pudesse causar uma péssima impressão internacional: a Revolução Francesa, modelo dos bolcheviques, guilhotinara o rei e a rainha, mas poupara os filhos. Quando Goloschiókin chegou, Sverdlov determinou a designação de um comandante para liquidar a família, se fosse necessário. Em 4 de julho, o secretário do Partido no Ural informou ao "presidente Sverdlov por Goloschiókin" que "o assunto" fora "organizado de acordo com as instruções do Centro". O Comitê Central estatizou as propriedades dos Románov. Ficou acordado que se os Románov fossem cair em mãos inimigas, deveriam ser executados. "Decidimos aqui", Sverdlov contou mais tarde a Trótski. "Ilítch [Lênin] considerou que não podíamos deixá-los como uma bandeira viva, principalmente nas difíceis circunstâncias atuais." O comandante de Goloschiókin era aquele que observara os flertes de Maria e Anastássia: Iákov Iuróvski.[10]

"Atendi a meu dever sabendo que teria de tomar posição na questão de liquidar os Románov", escreveu Iuróvski, de quarenta anos, bolchevique ascético de barba e basta cabeleira negra.* Começou "desinfetando" os guardas: uma nova equipe foi instalada na Casa por ordens específicas do Centro; os arredores agora eram vigiados por um destacamento de operários bolcheviques, e a guarda interna era formada por tchekistas locais, uma mistura de lituanos, húngaros, alemães, austríacos e russos.

---

* Foi Iuróvski que, quando menino em 1891, vira o cesarévitch Nicolau passando por Tomsk ao voltar de sua viagem pelo mundo. Era um dos dez filhos de um vidraceiro judeu, que fora exilado e assim ele tinha "nascido na prisão". Tendo se tornado relojoeiro e fotógrafo, foi ordenança médico na guerra. Outrora, adorava o tsar. Inteligente e capaz, agora detestava os "parasitas" Románov. Cumprira pena na prisão por homicídio, mas agora, casado, era pai de três filhos, morando num pequeno apartamento com a mãe viúva.

"Hoje houve troca dos comandantes", escreveu Nicolau. "Nomeado Iuróvski, aquele que pensamos que era médico." Iuróvski era assistente hospitalar experiente, mas tinha ido matá-los, não curá-los. Nicky esperava que ele detivesse os pequenos furtos; para restaurar a moral proletária, o virtuoso comissário catalogou os pertences dos Románov. Iuróvski sem dúvida se orgulhava de sua missão: "Coube a mim, filho de um trabalhador, acertar as contas da Revolução com a Casa Imperial por séculos de sofrimento".

A família percebeu a hostilidade contida de Iuróvski. Alexandra o chamava de "o Comandante Boi", enquanto Nicky observava os guardas lituanos hostis. "Gostamos cada vez menos desse tipo", escreveu ele. Dois dias depois, em 30 de junho, ele acrescentou: "Alexei tomou seu primeiro banho desde Tobolsk; seu joelho está melhorando, mas ainda não consegue estendê-lo totalmente. O tempo está quente e agradável. Não temos nenhuma notícia de fora". Foi esse o último registro que fez em seu diário.

Os adultos sentiam que a morte os espreitava. O sumiço de Dolgorúki, Tatíschev e Nagórni era agourento. "Meu confinamento voluntário aqui é restringido menos pelo tempo que por minha existência terrena", escreveu o dr. Bótkin numa carta que nunca enviou. "Em essência, estou morto mas ainda insepulto, ou sepultado vivo." Em 10 de julho, Dolgorúki e Tatíschev foram conduzidos à floresta e mortos a tiros por Grigóri Nikúlin, de 23 anos, vice-comandante de Iuróvski.

No dia seguinte, um tchekista psicopata de cabeleira comprida, Pedro Iermakov, que uma vez serrara a cabeça de um homem durante o roubo a um banco, visitou a floresta de Koptiaki, próxima dali, e escolheu a mina de ferro Quatro Irmãos, desativada, para deixar os corpos.

Em 12 de julho, no quarto 3 do Hotel Amerika, Goloschiókin disse ao Comitê que Moscou aprovara a execução — porém com algumas reservas. Lênin ainda pensava na ideia de um julgamento, mas reconhecendo que agora seria inviável. Fica claro pelas ordens de Iuróvski, recebidas enquanto Goloschiókin estava em Moscou, que Lênin aprovara a execução de toda a família nas conversas com Sverdlov no Krêmlin. O momento adequado ficou a cargo dos comissários dos Urais, pois dependia da segurança de Iekaterinburg. Os Románov não poderiam ser transferidos em segurança se a cidade estava prestes a cair, e o Soviete dos Urais foi autorizado a executar a ordem com a qual Goloschiókin voltara para Iekaterinburg. Concordaram que os uralianos usariam codinomes: "o julgamento" significava o massacre, e a operação efetiva de Iuróvski recebeu o prosaico codinome de "limpeza da chaminé".* Iekaterinburg estava prestes a cair, e assim "decidimos a questão por conta própria", relembrava Vóikov.

"Comecei a fazer meus preparativos no dia 15", contou Iuróvski, "pois tudo precisava ser feito o mais rápido possível. Decidi usar homens no mesmo número das pessoas a ser executadas, reunindo-os... explicando a tarefa. Cabe dizer que não é fácil organizar uma execução, ao contrário do que alguns pensam." Já fora escolhido o batalhão operário de letões e húngaros, por se entender que eles ajudariam a matar o tsar. Agora, ele precisava decidir o local dentro da Casa, escolhendo um aposento no subsolo, de sete por oito metros, iluminado por uma única lâmpada, parcialmente encavado na encosta da colina.

A família podia sentir que a frente se aproximava: "Ouvimos constantemente a artilharia passando... Também soldados marchando com música", observou Alexandra. Explodiam Howitzers. Em 14 de julho, um sacerdote local, padre Ivan Storojev, teve autorização de visitar a casa e celebrar uma missa. Viu que toda a família — as meninas com saia preta e blusa branca, o cabelo agora batendo na altura do ombro — estava ajoelhada para rezar. Ficou comovido com aquela cena de sofrimento: eram fiéis devotos, e sua fé ardente os ajudara a sobreviver. Seja qual for a opinião sobre o ex-tsar e a família, só se pode admirar sua elegância, paciência, senso de humor e dignidade perante a humilhação, a tensão e o medo, enquanto o céu escurecia e o garrote apertava. Depois da missa, numa demonstração de devoção sincera e de maneiras impecáveis, as jovens murmuraram "obrigada".[11]

Em 16 de julho, "uma manhã cinzenta, mais tarde um belo sol", Alexei teve "um leve resfriado", escreveu Alexandra, mas "todos saíram por meia hora". En-

---

* Sabendo que seria uma ação atentamente analisada pela história, Lênin e Sverdlov tiveram o cuidado de não pôr por escrito a ordem de execução, e o próprio Lênin ficou protegido, estando totalmente ausente da correspondência. Sverdlov era um excelente administrador; Lênin determinava a linha política e os dois decidiam tudo juntos. Mesmo durante a guerra civil, Lênin tinha mania de controle e deixava o mínimo possível a cargo dos camaradas locais, e é inconcebível que tivesse entregado uma decisão tão importante ao pessoal das províncias. A decisão de dissimular e ocultar essas ordens foi deliberada e, com quase toda a certeza, orquestrada por Lênin. Depois de sua morte, era imperioso que esse virtuoso patriarca não fosse manchado com o sangue de inocentes assassinados.

tão "Olga e eu arrumamos nossos remédios" — o código que usavam para designar suas joias, sugerindo que estavam prontas para uma mudança repentina. "O Comandante Boi [Iuróvski] vem a nossos aposentos, finalmente trouxe ovos outra vez para Baby."

Depois, Iuróvski ordenou que um caminhão Fiat da Garagem Militar transportasse os corpos. Às 5h50 da tarde, Filipp Goloschiókin telegrafou a Lênin e Sverdlov em Moscou, por intermédio de Grigóri Zinoviev, líder do Soviete de Petrogrado (pois as comunicações por telégrafo eram cada vez menos confiáveis): "Informo Moscou por razões militares julgamento combinado com Filipp (Goloschiókin) não pode ser adiado; não podemos esperar. Se for de outra opinião, avise imediatamente. Goloschiókin". "Julgamento" era o termo para execução; os destinatários do telegrama provavam que o assassinato fora discutido no escalão mais alto, e seu tom revela que Moscou dera a Iekaterinburg a opção de tomar a decisão final. Iuróvski relembrou que veio um telegrama de assentimento do Centro — mas nunca foi encontrado. Goloschiókin e Beloboródov chamaram o assustador Iermakov e lhe disseram: "Você é um homem de sorte. Foi escolhido para executá-los e enterrá-los de uma maneira que nunca ninguém encontre os corpos".

Enquanto os Románov ceavam às oito da noite, o comandante disse a seus guardas mais graduados: "Hoje à noite teremos de atirar em todos eles". Em seu escritório, reuniram o arsenal de catorze armas — seis pistolas e oito revólveres, inclusive duas Mauser. Eram onze vítimas, e Iuróvski convocou seu esquadrão da morte, mas "no último minuto dois dos letões recuaram", negando-se a matar as meninas. "Não merecem isso." Ele ficou com dez ou talvez oito matadores — ele mesmo, seu vice Nikúlin, Iermakov que chegou bêbado, mais dois guardas e uns quatro ou cinco outros, inclusive um de dezessete anos.* Goloschiókin se reuniu a eles.

---

* Antissemitas, sobretudo certo tipo de nacionalista russo, difundiram o boato de que o assassinato foi obra de judeus, versão muito conveniente para os bolcheviques, que queriam garantir que a culpa não recaísse sobre Lênin. Na verdade, o esquadrão da morte, à exceção do judeu Iuróvski, era quase inteiramente composto de etnias russas, embora fosse provável a presença de dois letões ou austro-húngaros. Sverdlov, Goloschiókin e Iuróvski eram de fato judeus de nascimento, mas ateus fanáticos, o que reflete o fato de que as minorias — judeus, georgianos, poloneses, letões — tinham uma representação desproporcional entre os bolcheviques. Dividem a culpa com a maioria esmagadora de russos no Soviete dos Urais, os guardas de Ipátiev e o pelotão de execução. Mas a responsabilidade final cabe a Lênin.

Depois da ceia, Iuróvski saiu de seu escritório e dispensou o garoto da cozinha Lenka Sedniev, que era amigo da família, dizendo que devia ir ver seu tio. "Pergunto-me se é verdade", anotou Alexandra, "e se voltaremos a ver o garoto." Ela escreveu no diário, antes de se deitar: "Besigue com N. 10h30 para a cama, 15 graus".

Iuróvski esperou o caminhão chegar. As luzes nos quartos dos Románov estavam apagadas. À 1h30 da madrugada de 17 de julho, o caminhão chegou. Iuróvski bateu à porta do dr. Bótkin, explicando que "todos deviam ser acordados e precisavam se vestir depressa. Havia tumulto na cidade e temos de levá-los para um lugar mais seguro", mas sem "lhes causar aflição desnecessária, tinham muito tempo para se vestir". Bótkin acordou a família. Os filhos vestiram cuidadosamente as roupas de baixo, pesadas de joias.

Voltando rápido para seu escritório, Iuróvski designou as vítimas para cada matador, então distribuiu as armas, ficando com um Colt e uma Mauser para si, enquanto Iermakov, "zanzando bêbado", armou-se com três Nagant, uma Mauser e uma baioneta: era o único a ficar com duas vítimas a seu cargo — Alexandra e Bótkin. A ordem de Iuróvski era "atirar direto no coração para evitar excesso de sangue e acabar depressa".

Por volta das 2h15 da madrugada, Nicolau apareceu carregando Alexei nos braços, os dois vestindo uniforme militar com quepe de viseira secretamente forrados de joias, seguidos por Alexandra e pelas meninas, de saia escura e blusa branca, e então o dr. Bótkin (bem alinhado, de terno e gravata) e três criados. Os três cães ficaram no andar de cima. Ao descer, a família se persignou ao passar pelo urso empalhado no patamar da escada, por respeito aos mortos. "Bom, vamos sair deste lugar", disse Nicky. Iuróvski os conduziu pelo pátio até o porão, passando pelo aposento onde os matadores aguardavam e atravessando as portas duplas que davam para a adega.

"Por que não há nenhuma cadeira aqui?", perguntou Alexandra, agora magra, grisalha, despenteada. "É proibido sentar?"

Iuróvski mandou que trouxessem duas cadeiras. Alexandra se sentou numa e Nicolau "pousou delicadamente o filho na segunda cadeira, no meio do aposento" e então "ficou de pé na frente, para protegê-lo". Bótkin se posicionou de pé atrás do menino, enquanto a imperturbável Tatiana ficou logo atrás da cadeira da mãe, e Anastássia atrás dela. Olga e Maria se apoiaram à parede mais ao fundo. O aposento, pensou Iuróvski, "de repente parecia muito pequeno". Anunciando que ia buscar o caminhão, deixou-os. "Os Románov estavam absolutamente calmos. Nenhuma suspeita."

Do lado de fora, Iermakov disse ao motorista para entrar de ré no pátio e ligar o motor para abafar o som dos disparos. Enquanto o caminhão acelerava, Iuróvski levou os algozes ao aposento.

Iuróvski mandou que os prisioneiros ficassem de pé. Então leu um papel: "Em vista do fato de que seus parentes continuaram sua ofensiva contra a Rússia soviética, o Comitê Executivo do Soviete Regional dos Urais decidiu condená-los à morte".

"Meu Senhor, oh, meu Deus!", exclamou Nicolau. "Oh, meu Deus, o que é isso?"

"Oh, meu Deus! Não!", ergueu-se um coro de vozes.

"Então não vamos ser levados a nenhum lugar?", perguntou Bótkin.

"Não consigo entender", disse Nicolau a Iuróvski. "Leia outra vez, por favor." Iuróvski releu. "O quê? O quê?", gaguejava Nicolau.

"Isto!" Iuróvski sacou sua pistola e atirou diretamente no peito de Nicolau. Os dez matadores miraram o ex-tsar, disparando várias vezes em seu peito, que explodia em sangue. "Atirei em Nicolau e todos os outros atiraram nele também." Estremecendo a cada disparo, com os olhos vazios, "Nicolau tombou para a frente e caiu no chão". O fogo atingiu Bótkin e os criados que caíram, mas praticamente ninguém atirou nas demais vítimas que, paralisadas de terror, apenas gritavam. Foi um pandemônio. Iuróvski gritava ordens, mas o tiroteio ficava "cada vez mais desordenado", os estampidos tão ensurdecedores, a fumaça e o pó tão densos que ninguém conseguia ver nem ouvir nada. "Voavam balas pelo aposento." Um dos atiradores foi ferido na mão. "Um projétil de alguém do grupo atrás de mim passou bem ao lado de minha cabeça", lembrava Iuróvski, enquanto os da frente eram atingidos.

Alexandra se persignava. Sempre acreditara, como escreveu muito antes, quando era recém-casada, que ela e Nicky estariam "unidos, ligados por toda a vida e, quando a vida terminar, nos reencontraremos no outro mundo para ficarmos juntos por toda a eternidade". Quando estava com a mão levantada fazendo o sinal da cruz, Iermakov, com sua Mauser, deu-lhe um tiro frontal na cabeça, dilacerando o cérebro e explodindo em sangue. Maria correu para a porta dupla no fundo e Iermakov sacou uma Nagant da cintura, disparando e acertando-a na coxa, mas a fumaça e as nuvens de poeira da argamassa eram tão densas que Iuróvski mandou que parassem e abriu a porta para que os atiradores, tossindo e se engasgando, pudessem descansar um pouco enquanto ouviam "gemidos, gritos e soluços baixinhos" que vinham lá de dentro. Somente Nicolau, Alexandra e dois dos criados estavam mortos. Conduzindo os assassinos de volta para o aposento, Iuróvski viu Bótkin se levantando e, colocando sua Mauser na cabeça do médico, puxou o gatilho. Divisando Alexei ainda imóvel na cadeira, o rosto pálido respingado com o sangue do pai, Iuróvski e seu vice Nikúlin dispararam várias vezes contra o menino de treze anos, que caiu, mas ficou gemendo no chão até que o comandante chamou Iermakov, que sacou sua baioneta.

Enquanto Iermakov o atingia freneticamente, o sangue jorrando em arco, o pobre Alexei ainda continuava vivo, protegido por sua blusa blindada de diamantes, até que Iuróvski, puxando seu Colt, afastou Iermakov e disparou na cabeça do garoto. Olga, Tatiana e Anastássia continuavam ilesas, uma agarrada na outra, gritando. "Passamos a liquidá-las." Enquanto Iuróvski e Iermakov pisavam por cima dos corpos para chegar até elas, as mocinhas se amontoaram, se agacharam e cobriram a cabeça com as mãos. Iuróvski acertou Tatiana por trás, na cabeça, e Olga foi atingida por um "jorro de sangue e miolos"; a seguir, Iermakov, encharcado de sangue, derrubou-a com um pontapé e lhe atirou na mandíbula. Mas Maria, ferida na perna, e Anastássia ainda estavam vivas, gritando por socorro. Iermakov deu a volta para acutilar Maria no peito, porém, mais uma vez, "a baioneta não atravessou seu corpete". Ele lhe deu um tiro. Anastássia era a última da família que ainda se movia. Brandindo a baioneta no ar, Iermakov acuou Anastássia, mas, golpeando loucamente seu corpete cravejado de diamantes, ele errou e atingiu a parede. Ela ficou "gritando e lutando", até que ele sacou outra pistola e lhe acertou a cabeça. Agora ébrio de volúpia pelo sangue, Iermakov voltou a Nicolau e Alexandra, desferindo golpes ensandecidos primeiro num, e depois na outra, com tanta violência que sua baioneta quebrou os ossos e os cravou nas tábuas do assoalho. Uma das criadas, Anna Demídova, de repente se moveu: "Graças a Deus! Deus me salvou!". Iermakov lhe trespassou a baioneta até silenciá-la.

Depois desses dez minutos de frenesi, Iuróvski verificou que todas as vítimas estavam mortas e então deu "ordens para os homens começarem a removê-las". Enquanto empilhavam os corpos no Fiat, Órtino, o buldogue de Tatiana, desceu correndo as escadas e foi morto pela baioneta de um dos soldados.* Iuróvski foi

---

* O cãozinho Jemmy também foi trespassado por uma baioneta, mas Joy, o adorado *King Charles spaniel* de Alexei, fugiu durante a matança. Voltou para aguardar o dono, foi adotado por um

cambaleando para seu escritório e ficou deitado no sofá com um pano gelado na cabeça enquanto Vóikov chegava para inspecionar a adega: "Jaziam corpos numa pavorosa desordem, olhos cheios de horror fitando o vazio, roupas banhadas de sangue. O chão estava liso e escorregadio como um rinque de patinação com sangue, miolos e coágulos". Quando removiam duas das garotas, provavelmente Maria e Anastássia, elas começaram a balbuciar e chorar, ainda vivas. Iermakov, pegando um rifle com baioneta, golpeou-as outras vezes enquanto alguns dos assassinos vomitavam e fugiam; outros saqueavam relógios, anéis e a cigarreira cravejada de diamantes de Nicolau. Iuróvski reapareceu, chamou os matadores a seu escritório e exigiu que os saqueadores devolvessem os bens ou seriam fuzilados.

Às três da madrugada, o Fiat tomou a estrada e seguiu bambeando até a mina Quatro Irmãos. Na floresta, Iuróvski encontrou o grupo de bêbados que Iermakov arranjara, excitadíssimos para matar pessoalmente a família. "Para que você os trouxe já mortos?", reclamaram. Mas o caminhão quebrou e, quando os corpos tiveram de ser transferidos para carroças, os homens descobriram as joias: "Deu para ver diamantes. Os olhos dos homens se acenderam visivelmente". Todos usavam amuletos com retratinhos de Raspútin. Mais uma vez, Iuróvski teve de sacar a pistola para restaurar a ordem, dispensando os homens a mais. Eram quase sete da manhã. Os corpos foram despidos e as roupas queimadas. Foram recolhidos quase oito quilos de joias, a ser entregues a Moscou. Atiraram os corpos num poço de mina, mas descobriram que era raso demais. Iuróvski começou a entrar em pânico. Deixando um homem de guarda e correndo de volta para a cidade, Iuróvski fez seu relatório ao Comitê Executivo no Amerika Hotel, mas admitiu que ele e Iermakov não haviam conseguido se livrar dos cadáveres. Goloschiókin ficou furioso com a conduta de Iermakov, porém mandou Iuróvski arranjar outra maneira de exterminar os corpos. Ele foi e voltou duas vezes durante a noite, finalmente decidindo queimar alguns e usar ácido para destruir os outros, de forma que "ninguém jamais saberá o que aconteceu". Pediu a Vóikov, comissário de abastecimento, que fornecesse quinze galões de ácido sulfúrico e uma grande quantidade de gasolina.

"Informo Sverdlov toda a família teve mesmo destino do chefe", telegrafou

---

guarda, depois por um integrante das forças de intervenção dos Aliados e levado para a Inglaterra, onde viveu o resto da vida perto do Castelo de Windsor.

Beloboródov ao Krêmlin. No dia seguinte, o Comitê Executivo Central "reconheceu como correta a decisão do Soviete Regional do Ural".[12]

Na mesma sessão no Amerika Hotel, o Soviete determinou a morte dos outros Románov.*

Às onze da noite de 17 de julho, na Escola Napólnaia em Alapáievsk, um grupo de tchekistas despertou a grão-duquesa Ella e os demais, dizendo-lhes que o avanço do exército dos Brancos significava que teriam de ser transferidos com urgência. Ella, com seu hábito de freira, sua companheira irmã Varvara, três dos filhos de KR e o príncipe Vladímir Paley, filho do tio Pitz, foram amarrados e vendados. Serguei Mikháilovitch "foi o único a se opor a nós", lembrava um dos matadores, Vassíli Riábov. "Ele era mais forte do que o resto. Tivemos de agarrá-lo à força. Falou que não ia a lugar nenhum, pois sabia que todos seriam mortos. Entrincheirou-se atrás de um armário", até que "finalmente perdi a paciência e atirei" em seu braço. "Ele parou de resistir."

Então se juntou aos outros, que estavam sendo levados a algumas carroças puxadas a cavalo, ali à espera, e partiram para a mata. Ao contrário de Nicky e Alix, eles sabiam que iam morrer. "Digam-me por quê", pediu Serguei. "Nunca me envolvi em política. Gostava de esportes, jogava bilhar, me interessava por numismática."

"Tranquilizei-o da melhor maneira que pude", disse Riábov, mas "eu mesmo estava muito agitado com tudo o que passei naquela noite".

---

* Muitos dos responsáveis pelos assassinatos foram, eles mesmos, destruídos pela Revolução. Em 1927, Goloschiókin consultou Stálin em nome de Iuróvski, pedindo permissão para escrever suas memórias. "Nenhuma palavra sobre os Románov", respondeu Stálin. Goloschiókin ascendeu ao cargo de primeiro secretário do Cazaquistão, onde comandou a coletivização forçada e a morte por inanição de milhões de cazaques. Mas Stálin o detestava desde a época em que se conheceram no exílio siberiano e mandou executá-lo em 1941. Beloboródov, que apoiava Trótski, foi morto em 1938. Iuróvski trabalhou como funcionário do Tesouro soviético, dando entrevistas e fazendo ocasionais discursos sobre os assassinatos, e morreu de causas naturais em 1938. Iermakov dava aulas em escolas e fábricas, e morreu em 1952. O assassino de Micha, Miasnikov, foi para a oposição e o exílio, mas em 1945 a polícia secreta soviética o levou de volta para a Rússia, onde foi executado. Sverdlov morreu de gripe em março de 1919. Iekaterinburg foi renomeada Sverdlovsk. Lênin jaz com honras em seu mausoléu; Sverdlov está enterrado na Muralha do Krêmlin. Vóikov se tornou embaixador soviético em Varsóvia, onde foi assassinado em 1927.

À uma da madrugada, tiveram de caminhar até uma mina de ferro inundada. Quando Serguei resistiu outra vez, recebeu um tiro na cabeça. Então Ella levou algumas coronhadas e foi jogada inconsciente no poço da mina, seguida pela irmã Varvara, na esperança de que morressem afogadas. Mas "ouvimos um espadanar na água e então as vozes das duas mulheres", relembrou Riábov, que começou a entrar em pânico, sem saber o que fazer. "Não tendo alternativa", decidiram "jogar também todos os homens", mas "ninguém se afogou na água e podíamos ouvir a voz de todos. Então lancei uma granada. Ela explodiu e tudo ficou quieto". Mas aí "ouvimos conversas. Atirei outra granada. E sabe de uma coisa? Lá debaixo do solo ouvimos cantos. Fiquei tomado de horror. Estavam cantando a prece 'Senhor, salva Teu povo'". Os assassinos encheram o poço com lenha e atearam fogo. "Os hinos se ergueram entre a fumaça espessa" — até se fazer silêncio.[13]

Em Iekaterinburg, Iuróvski, que passara duas noites inteiras sem dormir, carregou querosene e ácido sulfúrico num caminhão e retornou à mina Quatro Irmãos para recuperar os corpos congelados. Ficaram fitando e apalpando os corpos nus. Às 4h30 da manhã de 19 de julho, ele queimou dois deles, Alexei e Maria, enterrou seus restos e foi para uma clareira na floresta, a 65 metros de distância, onde cavou uma vala, despejou ácido nos corpos e os enterrou. Depois de alisar a terra por cima da cova, Iuróvski reuniu seus homens e deu ordens de "nunca falar sobre o que havia ocorrido". Deviam "esquecer tudo o que tinham visto".

No dia seguinte, na prisão de Vologda, Bimbo e seus dois colegas grão-duques ouviram que o Sovnarkom anunciara a execução do tsar, alegando que a família fora "evacuada". Os três foram enviados para a Fortaleza de Pedro e Paulo em Petrogrado, e a eles se juntou o último filho de Alexandre II, Pitz, com 58 anos de idade.

Na noite de 27 de janeiro de 1919,* Bimbo, seu irmão Gueórgui e o primo Dmítri, filho de KR, foram despertados no meio da noite, com ordens de se des-

---

* Em Moscou, o escritor Maksim Górki apelou a Lênin para poupar a vida de Bimbo, "o historiador grão-duque Nikolai Mikháilovitch". Lênin respondeu: "A Revolução não precisa de historiadores", mas Górki afirma que ele concordou em poupar a vida deles. Górki foi correndo até a estação para pegar um trem, quando viu as manchetes dos jornais: OS ROMÁNOV FUZILADOS. Mas a versão de Górki é suspeita. Lênin poderia tê-los salvado com um telegrama. Devia saber que já estavam mortos.

pirem até a cintura, e conduzidos ao pátio na frente da catedral. Paulo estava doente demais para ficar de pé, e assim foi transportado numa maca. Numa vala diante da catedral havia treze cadáveres. Bimbo e os outros receberam ordens de se postar na frente da vala e foram fuzilados. Paulo foi morto na maca e todos foram atirados na sepultura coletiva. Dezoito Románov haviam sido mortos pelos bolcheviques.* Mas a imperatriz-viúva, esposa e mãe de imperadores, ainda estava na Rússia.[14]

Minny e seus parentes estavam nas propriedades da família na Crimeia, sob a proteção do Kaiser — até que, em novembro de 1918, a Alemanha ruiu e Guilherme abdicou. Enquanto as tropas alemãs se retiravam da Crimeia, a guerra civil se intensificava. Em dezembro, Sandro partiu num navio de guerra britânico, mas Minny e os demais se atormentavam sem saber o que fazer. Finalmente, em abril de 1919, os britânicos se ofereceram para resgatar todos eles. A imperatriz-viúva, acompanhada pela filha Ksênia, Nikolacha, Pedro, as Corvas e os Iussúpov, num séquito de cinquenta pessoas ao todo, embarcaram no HMS *Marlborough* rumo ao exílio. Todos passaram o resto da vida no Ocidente,** onde seus numerosos descendentes estão espalhados por toda a Europa e Estados Unidos.

* Apenas um Románov foi indultado pelos bolcheviques. Em fevereiro de 1917, o grão-duque Nikola, ainda prosperando em seu pequeno império em Tachkent, foi, ironicamente, o único Románov a ser liberado pela Revolução. Nikola congratulou Kérenski. Em outubro de 1917, os bolcheviques confiscaram seus negócios, deixando apenas o cinema, e mandaram que deixasse o país — mas ele estava doente demais. Pediu aos bolcheviques que dessem autorização à sua esposa para ser a diretora do museu de seu palácio, onde ela continuou a trabalhar até os anos 1930. Em 1918, enquanto os bolcheviques executavam seus primos, esse radical quixotesco, pesquisador científico, construtor prolífico, colecionador de obras de arte, empresário cinematográfico e romântico priápico morreu de pneumonia aos 67 anos de idade, recebendo uma cerimônia fúnebre oficial, à qual compareceram milhares de populares em Tachkent.
** A imperatriz Maria Fiódorovna, conhecida como Minny, nascida princesa Dagmar da Dinamarca, voltou para Copenhague, onde morreu em 1928, aos oitenta anos. Nikolacha se instalou no sul da França, onde morreu em 1929, seguido por seu irmão Pedro em 1931 e pela esposa, Stana, em 1935. Militsa alcançou outra época histórica. Reunindo-se à irmã, rainha Elena da Itália, ela se estabeleceu na Toscana até a invasão nazista em 1943, quando recebeu asilo no Vaticano. Com a chegada dos americanos, ela se reuniu novamente à rainha Elena, até o final da monarquia italiana em 1946, quando então foi junto com a irmã e o sobrinho, rei Umberto, para o Egito. Militsa morreu em 1951. Por fim, a bailarina Matilda Kchessínskaia, amante de um tsar e de dois grão-duques,

Enquanto os grão-duques restantes disputavam a herança, procuravam refúgio com parentes da realeza e vendiam joias e autobiografias para manter seu estilo de vida que se esgarçava,* o Románov sobrevivente mais idoso, o instável Cirilo, filho de Vladímir e Miechen, se declarava tsar.[15]

Os corpos dos Románov executados tiveram sua própria trajetória. Menos de uma semana após os assassinatos, Iekaterinburg caiu nas mãos dos Brancos, que iniciaram imediatamente as investigações. Depois nomearam um juiz, Nikolai Sokolov, que concluiu que os Románov haviam sido executados, embora não tenha conseguido encontrar os corpos.

Em setembro de 1918, Alapáievsk também foi tomada pelos Brancos, que descobriram os corpos de Ella e os demais no poço da mina. Os caixões das vítimas foram postos na Catedral de Alapáievsk, onde ficaram até julho de 1919, quando os bolcheviques retomaram seu avanço e um padre os transferiu para Irkutsk; então, quando os Vermelhos se aproximaram novamente, os ataúdes foram para Harbin na Manchúria e a seguir para Pequim. Quando Victoria Mountbatten, marquesa de Milford Haven, irmã mais velha de Ella e Alexandra, descobriu que o corpo da freira estava na China, providenciou para que ela e a irmã Varvara fossem transportadas para Jerusalém. Em Port Said, os Milford Haven foram receber e acompanhar os corpos até a Palestina. Em janeiro de 1921, "dois caixões simples foram retirados do trem", escreveu Lord Milford Haven, que ajudou a carregá-los. "A pequena comitiva subiu triste e discreta pelo cami-

---

desposou seu amante grão-duque Andrei Vladímirovich, cujo irmão Cirilo lhe deu o título de princesa Románovski-Krassínski. Ela fundou uma escola de balé e morreu em 1971.

* Os assassinos de Raspútin gozaram de uma sinistra notoriedade. Dmítri fugiu para Londres e Paris, onde se tornou amante de Coco Chanel e depois se casou com uma herdeira americana, Audrey Ernery Kyril. Dmítri morreu em 1932; mais tarde, seu filho, príncipe Paulo Románovsky-Ilínsky, se tornou prefeito de Palm Beach. Felix Iussúpov e sua esposa, Irina, sobrinha do tsar, partiram com dois Rembrandt e um lote escondido de joias. Instalando-se em Paris, abriram uma casa de modas. As memórias de Felix se tornaram um best-seller internacional, mas ele perdeu grande parte de sua fortuna na quebra da Bolsa de Nova York em 1929. Morreu em 1967, e Irina continuou em Paris. "Ela sempre fumava cigarros franceses com uma longa piteira", lembra sua sobrinha, a princesa Olga Romanoff, "sempre recendia agradavelmente a Chanel nº 5, tinha um senso de humor incrível, voz profunda e era muito elegante — sempre com suas belas pérolas nas orelhas e no pescoço!"

nho sinuoso até o monte das Oliveiras. Camponesas russas, peregrinas desamparadas, soluçando e gemendo, estavam quase brigando para pegar uma parte do caixão." Ella e irmã Varvara foram depostas em sarcófagos brancos com tampo de vidro na Igreja de Maria Madalena, de tradição eslava, com cúpula de ouro, que fora inaugurada por Serguei e Ella em 1888. Ella foi canonizada em 1992.[16]

Em 1977, Iúri Andrópov, o diretor da KGB, propôs que a Casa Ipátiev, a qual poderia se tornar "o objeto de séria atenção" de "círculos antissoviéticos no Ocidente", fosse demolida. Por ordens do Politburo, Boris Iéltsin, primeiro secretário do Partido Comunista de Sverdlovsk, derrubou a Casa Ipátiev e terraplenou a área.

Em maio de 1979, dois historiadores amadores, depois de analisar fotos tiradas por Iuróvski no local do túmulo secreto do tsar, começaram escavações nas matas de Koptiaki, nos arredores de Sverdlovsk. Encontraram crânios e ossos, mas aquela época era o auge da estagnação reestalinizada de Leonid Bréjnev, e a descoberta era prematura demais em termos políticos. Eles reenterraram os ossos. A KGB sempre tivera conhecimento do local, pois dispunha em seus arquivos do relatório original de Iuróvski. Mas, em 1991, a queda da União Soviética deu fim ao regime comunista. Em 11 de julho, uma expedição oficial da Federação Russa exumou os ossos, que foram divididos em nove esqueletos. O príncipe Philip, duque de Edimburgo e consorte de Elizabeth II, que era filho de Alice, a qual era filha de Vitória, irmã de Alexandra, forneceu seu DNA, que comprovou a identidade da imperatriz, ao passo que o DNA de três parentes identificou o tsar. Mas, após muitos exames, concluiu-se que faltavam os corpos de Alexei e Maria.

Em 17 de julho de 1998, no octagésimo aniversário dos assassinatos, o presidente Boris Iéltsin compareceu ao funeral do imperador, de sua família, de seu médico e dos três criados, na Catedral de Pedro e Paulo em Petersburgo, junto com trinta descendentes Románov. "Foi uma cena profundamente emotiva", relembra o príncipe Michael de Kent, descendente de uma filha do grão-duque Vladímir. "Muito tocante. Uma ocasião muito digna, com um sentido de conclusão."

"É um dia histórico para a Rússia", declarou Iéltsin. "Mantivemos por muito tempo silêncio sobre esse crime monstruoso [...]. O massacre de Iekaterinburg se tornou um dos episódios mais vergonhosos em nossa história. Precisamos expiar os pecados de nossos antepassados. Todos nós somos culpados [...]. Muitas páginas gloriosas da história russa estão ligadas aos Románov. Mas esse nome está ligado a uma das lições mais dolorosas." Então ele extraiu a grande moral do terrível século xx: "Qualquer tentativa de transformar a vida pela violência está condenada ao fracasso. Esta é nossa oportunidade histórica". Depois da missa, os caixões foram sepultados na tumba dos Románov. No terreno da Casa Ipátiev foi erguida a Catedral de Sangue, e capelas menores na área dos túmulos. Em 2000, Nicolau e sua família foram canonizados. "Foi o encerramento de um capítulo", segundo o príncipe Miguel. "Mas não o fim da história."

Longe disso. O patriarca se recusou a participar, em parte porque a decisão de Iéltsin era extremamente política, mas também por causa da linha incompleta da família e da ansiedade em identificar alguns dos corpos das meninas.

Em 2007, os restos parciais de dois esqueletos, danificados pelo fogo e pelo ácido, foram descobertos no local da fogueira mencionada nas memórias de Iuróvski. Os especialistas, em sua maioria, concordaram que eram os corpos de Alexei e Maria, e mais uma vez a Igreja ortodoxa, interessada em afirmar seu poder na Rússia moderna, não se mostrou convencida e os ossos passaram oito anos guardados em caixas nos Arquivos do Estado. Em 2015, o Comitê de Inquérito do Ministério do Interior reabriu a investigação, permitindo à Igreja uma verificação final da identidade de toda a família, usando o DNA fornecido por Nicolau e Alexandra (que foram exumados por um curto prazo), por Ella (que jaz em Jerusalém), por Alexandre II (utilizando sua túnica ensanguentada no Hermitage) e por Alexandre III. Finalmente, os Románov podem tornar a se unir.

Epílogo
Tsares vermelhos / tsares brancos

Quando foi informado de que seu pai tinha abdicado, o tsarévitch Alexei perguntou: "E agora, quem vai governar a Rússia?". Marx escreveu que "a história se repete, primeiro como tragédia, depois como farsa". Uma observação espirituosa, porém distante da verdade. A história nunca se repete, mas toma emprestado, rouba, ecoa e comanda o passado e o presente para criar um híbrido, algo único a partir de ingredientes do passado e do presente. Nenhum tsar iria governar a Rússia depois de 1917, mas todos os sucessores de Nicolau que governaram o mesmo império, com muitos dos mesmos desafios em circunstâncias inteiramente diferentes, emularam, adaptaram e misturaram o prestígio dos Románov ao *Zeitgeist* de seu tempo.

Lênin perdeu a Ucrânia, o Cáucaso e boa parte de Brest-Litóvsk — e, sem a Ucrânia, a Rússia deixaria de ser uma grande potência. Mas Lênin conseguiu sabiamente reagrupar o império dos Románov, perdendo apenas a Finlândia e o Báltico.*

---

* Em 1922, Lênin imaginou uma estrutura federal de repúblicas étnicas igualitárias e quase independentes, em vez de obrigá-las a ingressar na federação da Rússia. Sua genialidade foi conservar o império Románov centralizado e autoritário por trás da fachada de uma união voluntária de povos socialistas independentes. Stálin delineou os detalhes e criou as quinze repúblicas que formaram a União Soviética.

Mesmo superando seus rivais para suceder Lênin,* Stálin acreditava em particular que a Rússia precisava de um "tsar": em abril de 1926, ele refletiu que, embora o Partido governasse, "o povo entende pouco disso. Durante séculos o povo da Rússia viveu sob um tsar. O povo russo é tsarista [...] acostumado a ter uma pessoa na direção. E agora também deve haver uma". Ele estudou Ivan, o Terrível, e Pedro, o Grande, em especial. "O povo precisa de um tsar", declarou nos anos 1930, "que possa venerar e pelo qual possa viver e trabalhar." Stálin moldou cuidadosamente a própria imagem para criar um novo modelo de tsar, paternal e misterioso, industrial e urbano, líder de uma missão internacional, mas ainda o monarca dos russos. Quando os alemães avançaram em 1941, ele estudou 1812 e, em 1942-3, restaurou patentes, fitas douradas e dragonas — e promoveu os heróis tsaristas Kutúzov e Suvórov. O Terror de Stálin permitiu a realização de uma inversão total de política, como seu pacto com Hitler, para sobreviver a colossais desastres autoinfligidos e impor sacrifícios espantosos aos russos. Sua autoridade pessoal e brutalidade homicida, sua propaganda marxista-nacionalista e a industrialização a todo vapor com uma economia controlada possibilitaram que ele utilizasse recursos inimagináveis para Nicolau. Stálin era um tirano assassino, a experiência soviética foi uma tragédia distópica para os russos, mas ele se saiu melhor que os tsares, derrotando a Alemanha, deixando a Rússia com o controle da Europa Oriental e transformando o país em uma superpotência nuclear. Stálin sempre se mediu pelos Románov. Em 1945, quando o embaixador dos Estados Unidos, Averell Harriman, o cumprimentou por ter tomado Berlim, Stálin replicou: "Sim, mas Alexandre I chegou até Paris".

Em 1991, o colapso da União Soviética foi também a desintegração do império Románov a que Lênin e Stálin haviam se apegado com força e astúcia. A própria artimanha da federação de quinze repúblicas soviéticas repercutiu naqueles marxistas imperialistas, pois as repúblicas não foram estabelecidas para se tornar independentes. Mas Boris Iéltsin, o novo líder da Federação Russa, usou as ambições das repúblicas para livrar-se do presidente soviético Mikhail Gorbatchov e

---

* Depois da sua morte, seus camaradas queriam tratá-lo como um tsar. "Os tsares eram embalsamados só porque eram tsares", argumentou Félix Dzerjínski, o criador da polícia secreta soviética. "Se a ciência pode preservar um corpo humano por muito tempo, por que não fazer isso?" Os Románov eram embalsamados e postos em exposição, mas não eram mostrados como santos ortodoxos incorruptíveis. Stálin, o seminarista, criou um híbrido de tsar e santo em Lênin, que até hoje se encontra exposto na praça Vermelha.

desmantelar a União Soviética. De repente, milhões de russos se encontravam em novos países, enquanto os sagrados territórios eslavos — Ucrânia e Crimeia — foram perdidos pela pátria. O decadente e liberal Ocidente teve a coragem de impor sua influência nas novas repúblicas, na Ucrânia, na Geórgia, na Estônia, chegando às fronteiras da Rússia.

Iéltsin criou o que foi a primeira democracia russa — sem considerar a Assembleia Constituinte eleita em 1918 —, com uma imprensa livre e liberdade de mercado. Assim como os tsares anteriores a Paulo, ele escolheu seu sucessor, Vladímir Pútin, coronel da ex-KGB transformado em político, para proteger sua família e seu legado.

A missão imediata de Pútin era restaurar o poder da Rússia, em casa e no exterior. Em 2000, a Guerra da Tchetchênia garantiu que a Federação Russa se mantivesse coesa. Em 2008, uma guerra com a Geórgia, uma das repúblicas mais ocidentalizadas, reassegurou a hegemonia sobre o Cáucaso. Em 2014, a tentativa do Ocidente de recrutar a Ucrânia para seu sistema econômico levou Pútin a lançar uma guerra oportunista que possibilitou seu apoio a uma guerra de secessão no leste da Ucrânia e a anexação da Crimeia, que ele via como "nosso Monte do Templo". Sua intervenção na Síria em 2015 restaura as aspirações da Rússia no Oriente Médio, presente desde Catarina, a Grande, à Guerra Fria.

Ele chamou sua ideologia de "democracia soberana", com uma clara ênfase na soberania — o putinismo misturou o autoritarismo dos Románov à sacralização ortodoxa, o nacionalismo russo ao capitalismo camarada, e a burocracia soviética com acessórios da democracia, como eleições e parlamentos. Se fosse uma ideologia, seria de desprezo e ressentimento pelos Estados Unidos, de nostalgia pela União Soviética e pelo império Románov. Mas seu espírito resultou em um culto da autoridade e no direito de enriquecer a serviço do Estado. A missão eslavônica da nação ortodoxa, superior ao Ocidente e de caráter excepcional, foi substituída pelo internacionalismo marxista. Enquanto o patriarca ortodoxo Kirill chama Pútin de um "milagre de Deus" para a Rússia, o presidente vê "o povo russo no cerne de uma civilização ímpar". Pedro, o Grande, e Stálin foram tratados como governantes russos triunfantes.* A Rússia atual é herdeira de ambos, uma fusão de stalinismo

---

* Quando ele apresentou novos livros didáticos de história oficiais, tsares e bolcheviques se misturaram. Nicolau I combinou "modernização econômica com métodos autoritários"; Alexandre II aumentou o poder e o território da Rússia; Alexandre III conseguiu uma "estabilidade politi-

imperial e autoritarismo digital do século XXI, distorcida e atrofiada por seu próprio capricho pessoal, por sua ilegalidade ultrapassada, sua esclerose econômica e sua corrupção brobdingnagianas, mas ornada pelo manto da modernidade. Olhando para os quatro séculos de história russa abordados nesse livro, é curioso que todos os momentos de crise do país — 1610-3, 1917-8 e 1991-9 — acabaram numa nova versão da velha autocracia, aliviada pelos hábitos e tradições de seus predecessores depostos e justificada pela necessidade urgente de restaurar a ordem, modernizar radicalmente o país e reconquistar seu lugar como grande potência. Pútin governa segundo a fórmula dos Románov: autocracia e governo de pequeno grupo em troca de prosperidade em casa e glória no exterior. O ministro de Alexandre II, conde Valuie, ironizava que "existe algo erótico" em aventuras em fronteiras exóticas, e isso certamente é verdade em relação às espetaculares e televisivas proezas da Rússia no Oriente Médio. Mas, como perceberam os últimos tsares, esse jogo depende do sucesso econômico. O que diferencia Pútin, no entanto, é contar com suas armas nucleares como último recurso.

Em sua crença no excepcionalismo russo, seu orgulho imperialista, seu conservadorismo interno, seu comando pessoal e sua exitosa agressão internacional, Pútin se assemelha muito ao tsar Nicolau I, com suas políticas de Autocracia, Ortodoxia e Nacionalidade. Durante os 25 anos de seu reinado, Nicolau também manobrou melhor e dominou as potências ocidentais. Apenas a derrota na Guerra da Crimeia o deteve. Mas é com Alexandre III, pai de Nicolau II, que Pútin mais se identifica. Os mecanismos secretos do poder em torno de um único homem no Krêmlin do século XXI são certamente similares aos dos imperadores Románov. Não há dúvida de que Pútin é um governante habilidoso e oportunista, que recolocou a Rússia no centro dos assuntos internacionais sem ceder a reformas. Mas sua autocracia lhe permite tomar naturalmente aqueles tipos de decisões rápidas que agora são impossíveis nas democracias divididas e tenteantes do Ocidente. Essa afetação de valentia lhe valeu a admiração daqueles que se sentem frustrados no Ocidente com as fraquezas da democracia: Donald Trump, que venceu as eleições presidenciais de 2016 apresentando-se como uma espécie de tsar americano, manifestou seu respeito pelos inquestionáveis sucessos de Pú-

---

camente conservadora", enquanto a modernização conduzida por Stálin, "um dos maiores líderes soviéticos", cujo Terror mal é mencionado, remete às "reformas de Pedro, o Grande".

tin como líder mundial e autocrata implacável. Ambos se orgulham de ser realistas, mas as realidades do poder podem pôr à prova esse mútuo apreço.

A equipe de Pútin o chama de "o tsar", porém não são os grandes Románov que perturbam as noites de sono de Pútin, mas sim as lembranças de Nicolau II. Certa noite, no Palácio de Novo-Ogariovo, sua principal residência perto de Moscou, Pútin perguntou a seus cortesãos quem eram os "maiores traidores" da Rússia. Antes que pudessem responder, ele se adiantou: "Os grandes criminosos da nossa história foram aqueles fracotes que jogaram o poder no chão — Nicolau II e Mikhail Gorbatchov —, que permitiram que o poder fosse recolhido por loucos e histéricos". Pútin prometeu: "Eu nunca abdicaria". Os Románov pertencem ao passado, mas as vicissitudes da autocracia russa continuam vivas.[1]

Notas

INTRODUÇÃO [pp. 19-30]

1. Marx sobre zoologia; Bismarck sobre Coburg como fazenda de garanhões da Europa, ambas citadas em A. N. Wilson, *Victoria: A Life* (doravante Wilson), p. 19.

PRÓLOGO — DOIS RAPAZES NOS TEMPOS TURBULENTOS [pp. 38-42]

1. Relato baseado em GARF 601.2.27, anotações de Iákov Iuróvski 1920 e 1º fev. 1934 mais anotações não publicadas (cinco no total); diário da imperatriz Alexandra, jun.-jul. 1918, arquivado em GARF 640.1 e publicado em *Last Diary of Tsaritsa Alexander*, V. Kozlov e V. Khrustalev (Orgs.) (doravante "diário de Alexandra"). Diário de Nicolau II, abr.-jun. 1918, GARF 601.1217-66 (doravante "DN"). Estas fontes são citadas também em Mark D. Steinberg e Vladimir M. Khrustalëv, *The Fall of the Romanovs* (doravante *Fall*), pp. 320-66. Também Greg King e Penny Wilson, *The Fate of the Romanovs* (doravante *Fate*), pp. 282-317 e Helen Rappaport, *Ekaterinburg: The Last Days of the Romanovs*, pp. 184-202.

2. Oferta do trono a Miguel Románov baseada em: RGADA 135.111.1.2.1-5, Gramota tsariu Mikhailu Fedorovichu, poslannaia v Kostromu s arkhimandritom Feodoritom i boiarinim F. I. Sheremetevym 2 Marta 1613 (A carta do Sobor de Zémski ao tsar Mikhail Fiódorovitch sobre sua eleição ao trono, 2 de março de 1613) RGADA 135.111.1.2.28-44, março de 1613, Gramota arkhiepiskopa Feodorita i F. I. Sheremeteva k Zemskomu Soboru (Relatório formal dos delegados de Kostromá ao Sobor de Zemski sobre o consentimento ao tsar Mikhail para ser tsar). Serguei Soloviov, *History of Russia* (doravante Soloviov), v. 16, pp. 1-15. George Vernadsky, *History of Russia* (doravante Ver-

814

nadsky), v. 5, pp. 1278-83. Robert Crummey, *Aristocrats and Servitors: The Boyar Elite 1613-89* (doravante Crummey), pp. 1-28. Michael: Olearius, *Travels of Olearius* (doravante Olearius), pp. 62, 191, 262. G. E. Orchard (trad. e org.), I. Massa, *A Short History of the Beginnings and Origins of These Present Wars in Moscow: Under the Reign of Various Sovereigns Down to the Year 1610* (doravante Orchard), pp. 30-4. Presença dos irmãos de Saltikov como conselheiros: Russell E. Martin, *A Bride for the Tsar: Brideshows and Marriage Politics in Early Modern Russia* (doravante Martin), pp. 180-2.

ATO I: A ASCENSÃO

CENA I: OS DESFILES DE NOIVAS [pp. 47-83]

1. RGADA 135.111.1.2.28-44, mar. 1613, Gramota arkhiepiskopa Feodorita i F. I. Sheremeteva k Zemskomu Soboru (Relatório formal dos delegados de Kostromá ao Sobor de Zémski sobre o consentimento ao tsar Mikhail para ser tsar). Soloviov, v. 16, pp. 1-12. Vernadsky, v. 5, pp. 1278-83.

2. Isabel de Madariaga, *Ivan the Terrible* (doravante Madariaga), mongóis, pp. 5-6; título de tsar, p. 17. Ivan, o Terrível, Anastássia, desfiles de noivas, pp. 50-9. Sergei Bogatyrev, "Ivan IV 1533-84", em Maureen Perrie (Org.), *The Cambridge History of Russia*, v. 1: *From Early Rus' to 1689*. Tempo de Dificuldades: Chester Dunning, *Russia's First Civil War* (doravante Dunning), pp. 33-72. Falsos Dmítris: baseado em Maureen Perrie, *Pretenders and Popular Monarchism in Early Modern Russia*. Catherine Merridale, *Red Fortress: The Secret Heart of Russia's History* (doravante Merridale), pp. 75-102. Martin, pp. 112-21; ascendência dos Románov, pp. 114-5.

3. P. Grebelsky; A. Mirvis, "Dom Romanovykh", pp. 1-12. G. K. Shchutskaya, *Palaty boyar Romanovykh*. W. Bruce Lincoln, *The Romanovs* (doravante Lincoln), p. 26; Lindsey Hughes, *The Romanovs* (doravante Hughes), pp. 1-10. Sobre Miguel: Orchard, pp. 30-4.

4. Madariaga, pp. 140-5, 295, 342, 357; efeito sobre Ivan, p. 371. Príncipes circassianos / Tcherkásski: Paul Bushkovitch, "Princes Cherkasskii or Circassian Murzas: The Kabardians in the Russian boyar elite 1560-1700", *Cahiers du Monde Russe*, 2004, v. 45.1, pp. 29-30. Filaret: J. L. H. Keep, "Regime of Filaret", SEER, 1959-60, v. 38, pp. 334-43 (doravante Keep). Miguel: Orchard, pp. 30-4. Personalidade de Miguel: Vernadsky, v. 5.1, pp. 308-11. RGADA 135.111.1.2., pp. 28-44, mar. 1613, Gramota arkhiepiskopa Feodorita i F. I. Sheremeteva k Zemskomu Soboru (Relatório formal dos delegados de Kostromá ao Sobor de Zémski sobre o consentimento ao tsar Mikhail para ser tsar).

5. Keep, pp. 334-43. Vernadsky, v. 5.1, pp. 205-20. Dunning, pp. 50-9; servidão, pp. 60-73. Ian Grey, *Boris Godunov*, pp. 13-4, 134-9, 159-62. Soloviov, v. 16, p. 44. Dunning, pp. 94-100.

6. Soloviov, v. 15, p. 27. Vernadsky, v. 5, pp. 1225-51. Dunning sobre levante, pp. 415-39. Miguel no Krêmlin: Soloviov, v. 15, p. 283. Filaret: Soloviov, v. 15, pp. 160-231; Pojárski e Mínin, pp. 275-86. Matança no Krêmlin: Merridale, pp. 130-3. Hughes, pp. 8-12. Keep, pp. 334-43.

7. Soloviov, v.15, pp. 240-89, v. 16, pp. 1-15; reação de Filaret, v. 16, pp. 44-5. Vernadsky, v. 5.1, pp. 275-83. Dunning, pp. 415-48. Hughes, pp. 12-4, 31. Richard Wortman, *Scenarios of Power* (doravante Wortman), pp. 9-13. Susánin: Soloviov, v. 16, pp. 243-50. Hughes, pp. 12-3.

8. Madariaga, pp. 1-22. Dunning, pp. 28-44. Merridale, pp. 13-100.

9. Coroação: L. E. Morózova, in: T. B. Kniazévskaia (Org.), *Kultura slavyan I Rus*; Morózova, L.

E., *Dve redaktsii China venchaniia na tsarstvo Alexeia Mikhailovicha*, pp. 457-72. Madariaga, pp. 49-52. Wortman, pp. 10-6. Lincoln, pp. 30-3. Hughes, pp. 12-3.

10. Olearius, pp. 62, 191, 262. Orchard, pp. 30-4. Soloviov, v. 17, p. 92. Relógios: Merridale, pp. 140, 146. Diversões: J. T. Fuhrman, *Alexis: His Reign and his Russia* (doravante Fuhrman), pp. 4-6. Paul Bushkovitch, *Peter the Great* (doravante Bushkovitch), pp. 14-6 e 28-9.

11. Soloviov, v. 16, pp. 16-44, 96-114. Dunning, pp. 448-59. Vernadsky, v. 5, pp. 1283-93. Saltikov: Martin, p. 180.

12. Crummey, pp. 1-28, 56, 70-82, 143, 141-2; lista de boiardos ricos, p. 108. Ver também: Sergei Bogatyrev, *The Sovereign and his Counsellers: Ritualised Consultations in Muscovite Political Culture, 1350s to 1570s*. Soloviov, v. 17, pp. 85-92. Bushkovitch, pp. 14-6, 28-9. Hughes, pp. 38-9. Lincoln, pp. 82-5. Desfiles: Wortman, pp. 15-8. Palavras e feitos: C. A. Ruud e S. A. Stepanov, *Fontanka*, n. 16 (doravante Ruud), pp. 5-7. Cultura do Terem: Fuhrman, pp. 38, 75-6. Farmácia: Soloviov, v. 25, p. 11.

13. Martin, pp. 9-11, 20-1, 57-94, 170-1,174, 180.

14. Martin, pp. 169-85. Madariaga, pp. 50-9. Soloviov, v. 16, pp. 165-6, 313. Lincoln, p. 34.

15. Soloviov, v. 16, pp. 129-50, 174-200, v. 17, p. 105.

16. Filaret: *Pisma russkikh gosudarei* (doravante PRG), v. 1, pp. 10-4. Soloviov, v. 16, pp. 156-65, v. 17, pp. 90-3. Vaidade de Filaret: Vernadsky, v. 5, pp. 1308-11. Líkov e Filaret: Soloviov, v. 16, pp. 222-4. Dunning, pp. 459-80. Filaret exila boiardos: Bushkovitch, pp. 49-51. Paul Bushkovitch, "Shvedskie istochniki o Rossii 1624-26", *Arkhiv russkoi istorii*, 2007, pp. 8359-81. Precedência: Soloviov, v. 17, pp. 93-102; Crummey, pp. 136-40.

17. Strechniova: Soloviov, v. 16, p. 166. Fuhrman, pp. 1-10. Martin, pp. 186-9. Dolgorúki: Bushkovitch, p. 32. Bushkovitch, "Shvedskie istochniki o Rossii", pp. 8359-81.

18. Soloviov, v. 16, pp. 211-25, v. 17, pp. 92-5. Vernadsky, v. 5, pp. 1345-61. Fuhrman, pp. 106-7. Bushkevich, pp. 50-1. Comandantes boiardos: Crummey, pp. 46-9; Fuhrman, pp. 106-7. Hughes, pp. 38-40. Philip Longworth, *Alexis, Tsar of All the Russias* (doravante Longworth), p. 21.

19. Soloviov, v. 17, pp. 83-4. Longworth, pp. 5-23. *Domostroi*/ Terem: Fuhrman, p. 83. Bushkovitch, p. 33. Dando à luz: Lindsey Hughes, *Sophia* (doravante, *Sophia*), p. 25.

20. Vernadsky, v. 5, pp. 1383-5. Fuhrman, pp. 7-11. Longworth, pp. 17-26. Waldemar/pretendentes: Soloviov, v. 17, pp. 55-75. Morte de Miguel: Soloviev 17, pp. 83-4. Fuhrman, pp. 1-4. Longworth, pp. 17-21.

CENA 2: O JOVEM MONGE [pp. 85-108]

1. Ascensão/Zelotes: Vernadsky, v. 5, pp. 1382-91. Fuhrman, pp. 9-15, 46-7. Jovem Alexei: Hughes, *Sophia*, pp. 5, 25. Longworth, pp. 5-11, 19-28; zelotes, pp. 55-67; negro Saveli, p. 186. Funerais: Wortman, p. 38. Religião e cerimônias: Crummey, p. 141. Matvéiev: Fuhrman, p. 193. Coroação: *Chin postavleniia na tsarstvo tsarya i velikogo knyazya Alexeia Mikhailovicha*, p. 38. Falcoaria, p. 119; interesses tecnológicos, p. 120.

2. Gentileza, tato: Longworth, pp. 69, 72, 88, 135-9; Ivan, pp. 69 e 259; acessos de raiva, pp. 69-72; leniência, pp. 113-4. Hughes, *Sophia*, p. 28. Religião: Fuhrman, pp. 32-3; Crummey, p. 141. Farmácia: Soloviov, v. 25, p. 11. Ordem de Alexei para compras no exterior: RGADA 27.118, pp. 119-20. Carta delicada a Odoiévski: V. Lamansky, *Zapiski otdeleniia Russkoi i Slavyanskoi Arkheologii*, 1861, pp. 2702-6. Cartas ao administrador: *Zori*, pp. 2786-8.

3. Desfile de noivas organizado: Martin, pp. 190-2. Samuel Collins, *Present State of Russia*, pp. 10-2, 111-3.

4. Casamento: Fuhrman, pp. 13-5, 208-10; Martin, pp. 192-6. Hughes, p. 302. *Sophia*, p. 20. Boiardos ricos: Crummey, pp. 113-4; sobre o potássio de Morózov, pp. 130-3. Fuhrman, pp. 116-34. Longworth, pp. 22-38; pai adotivo, p. 45. Morózov: Fuhrman, pp. 16-8. Collins, pp. 10-2, 111-3.

5. Tumultos de 1648 e o Código: Olearius, pp. 203-17. Crummey, pp. 83-7. Fuhrman, pp. 16-29. Hughes, *Sophia*, p. 34. Longworth, pp. 39-46. Código de leis, John P. LeDonne, *Absolutism and Ruling Class* (doravante LeDonne), pp. 4, 16, 212-5.

6. Fuhrman, pp. 46-7, 131-45, 155-76. Crummey, pp. 97-100. *Sophia*, pp. 35-7. Merridale, pp. 156-8.

7. Sergii Plokhy, *The Gates of Europe: A History of Ukraine* (doravante Plokhy), pp. 97-118. Vernadsky, v. 5, pp. 1463-79. Longworth, p. 65.

8. Guerra com a Polônia: RGADA 27.85; cadernos RGADA 27.82; 27.86. *PRG*, v. 5, pp. 10-2. Longworth, pp. 68-91, 161. Fuhrman, pp. 57-74, 105-16; Gabinete Secreto, pp. 104-5. Generais: Crummey, pp. 46-9.

9. Fuhrman, pp. 155-79; Crummey, p. 102. Longworth, pp. 164-73. *Sophia*, pp. 35-7.

10. RGADA 27.337; RGADA 27.85. Bushkovitch, pp. 24-7, 225. Gabinete Secreto: Longworth, pp. 129-39 e 155. Fuhrman, pp. 81-105, 166. Crummey, pp. 28-32; 141; favoritos, p. 97; riqueza, pp. 146, 113-4; generais, 46-9; chefes da política externa, pp. 56-9. Naschókin: Fuhrman, pp. 189-92 e Crummey, p. 97. Novos homens: Bushkovitch, pp. 49-65. Longworth, pp. 71-2. Sexo, boiardos: Longworth, p. 154. Farmácia: Soloviov, v. 12, pp. 5-11. Odoiévski/Khitrovó/Dolgorúki: Bushkovitch, pp. 21-3, 51. Miloslávski/sexo: Fuhrman, pp. 87-8. Longworth, p. 161. Collins, pp. 110-7.

11. Revolta do Cobre: Fuhrman, pp. 145-53. Longworth, pp. 138-53.

12. *Sophia*, pp. 38-45. Longworth, pp. 164-73, 187. Fuhrman, pp. 210-4. Crummey, p. 97. Longworth, pp. 125-36. LeDonne, p. 298 sobre o tsar como único vigário de Cristo santificando a ordem social. Bushkovitch, pp. 51-5.

13. Crummey, p. 102. Fuhrman, pp. 188-95. Bushkovitch, pp. 61-78. Martin, pp. 196-202; *Artaxerxes*, p. 204.

14. Ruud, p. 7. Bushkovitch, pp. 49-65. *Sophia*, pp. 37-46 (descrição de Natália, prazeres, palácios, anões de Reutenfel). Fuhrman, pp. 195-9. Longworth, pp. 200-3. Palácios: Crummey, p. 61. Teatros: Bushkovitch, pp. 43-8; Matvéiev, pp. 70-9. Fuhrman, pp. 195-6. Longworth, pp. 207-8; Pedro e Natália, p. 224. Farmácia: Soloviov, v. 25, pp. 11-20.

15. Soloviov, v. 25, pp. 11-7; Bushkovitch, pp. 80-7. Fuhrman, pp. 176-81, 218-9. Longworth, p. 214.

CENA 3: OS MOSQUETEIROS [pp. 109-26]

1. Tokmakov (Org.), *Istoricheskoe opisanie vsekh koronatsii rossiiskikh tsarei, imperatorov i imperatrits* (doravante Tokmakov), pp. 52-3. Soloviov, v. 25, pp. 9-36; morte, pp. 94-6. Bushkovitch, pp. 86--123. *Sophia*, pp. 45-8, 182. Fuhrman, pp. 219-23. Casamentos: Martin, pp. 211-6; 216-9.

2. 15-26 maio 1682 — as fontes deste relato são: A. A. Matvéiev, *Zapiski grafa Andreya Matveeva*, in: N. Sakharov (Org.), *Zapiski russkikh lyudei. Sobytiia vremen Petra Velikogo*, pp. 6-43. Conde MacDonnell (Org.), Johann Georg Korb, *Diary of an Austrian Secretary of Legation at the Court of Czar Peter the Great* (doravante Korb), v. 2, pp. 114-5, 250-4. *Sophia*, pp. 53-88. Bushkovitch, pp. 125-37.

3. *Sophia*, pp. 73-88; Saco de Vento, p. 101. Golítsin, p. 177. Bushkovitch, pp. 131-8.

4. *Sophia*, pp. 182-98. Bushkovitch, 139. General Gordon: Dmitry Fedosov, "Cock of the East: A Gordon Blade Abroad" (doravante "Cock"), in: Mark Erickson; Ljubica Erickson (Orgs.), *Russia: War, Peace and Diplomacy: Essays in Honour of John*. Erickson, pp. 3-11.

5. *Sophia*, pp. 221-33. Bushkovitch, pp. 142-59. Romodanóvski, Lefort, Gordon: L. Hughes, *Russia in the Age of Peter the Great* (doravante Hughes, *Russia*), pp. 378-9, 433. LeDonne, pp. 122-3. Korb, v. 1, p. 196. Friedrich Christian Weber, *The Present State of Russia* (doravante Weber), v. 1, pp. 5, 137. Sigizmund Librovich, "Peter Velikiy i zhenshchiny", *Smena*, 1993, v. 6, pp. 80-97 (doravante Librovich). Anotações datadas de diário citadas do diário de Patrick Gordon: RGVIA 846.15.1-7, publicado como: Patrick Gordon, *Passages from the Diary of General Patrick Gordon of Auchleuchries* ("Gordon"). "Cock", pp. 3-11. Regimentos de recreação: Hughes, *Russia*, pp. 16-8; aparência e convulsões de Pedro, pp. 357-8; casamento com Eudóxia, p. 394; Lefort, p. 422. Casamentos: Martin, pp. 219-28. Strechniov: John LeDonne, "Ruling Families in the Russian Political Order, 1689-1825: I. The Petrine leadership, 1689-1725; II. The Ruling Families, 1725-1825", *Cahiers du Monde Russe et Soviétique* (doravante LeDonne, "Families"), v. 28, p. 236.

6. *Sophia*, pp. 198-215; Chaklovíti, pp. 102, 223-41, 160-9. Martin, 216-23.

CENA 4: O SÍNODO DOS BÊBADOS [pp. 127-53]

1. Baseado na correspondência de Pedro, o Grande, em *Pisma i Bumagi Imperatora Petra Velikogo* (doravante *PiB*); Hughes, *Russia*, pp. 248-97; Ernst Zitser, *The Transfigured Kingdom* (doravante Zitser), pp. 157-70. Ménchikov esmurrado por Pedro: Korb, v. 2, p. 6. Sínodos zombeteiros: Korb, v. 1, pp. 100, 252-3. *PiB*, v. 4, p. 184, v. 7, pp. 90-1, v. 6, p. 301, v. 11, pp. 141 e 167. Pedro a Zótov cit. em Hughes, *Russia*, pp. 252, 98-9. Casamento de Zótov: Weber, v. 1, pp. 89-90. Anna Mons: Librovich, pp. 83-7. Títulos reais "que eu detesto": Hughes, *Russia*, p. 363. Tempo como morte: *PiB*, v. 1, p. 444, v. 11, p. 281. Morte da mãe: *PiB*, v. 4, p. 379, 22 set. 1694. "Cock", pp. 3-11. Strechniov/Músin-Púchkin: LeDonne, pp. 236-9.

2. Hughes, *Russia*, pp. 18-9. Gordon, pp. 18-25. "Cock", pp. 3-11.

3. Hughes, *Russia*, pp. 23-6; fascínio pela necromancia, p. 370. John Evelyn, *The Diary of John Evelyn*, v. 3, pp. 334-5. Hughes, *Peter the Great*, pp. 101-17.

4. Barbas: Korb, v. 1, pp. 255-60. Decreto sobre barbas: *Polnoe sobranie zakonov* (doravante *PSZ*), v. 4, p. 282. Crueldade *streltsi*: Korb, v. 1, pp. 178, 187, 202, 243. Hughes, *Russia*, p. 327. Execuções posteriores: F. W. Bergholz, *Dnevnik* (doravante Bergholz), pp. 10-2. Preobrajénskoie Prikaz: LeDonne, pp. 122-3; oposição a Lopukhin, 159.

5. Hughes, *Russia*, pp. 26-32. Peter Englund, *The Battle that Shook Europe* (doravante Englund).

6. Hughes, *Russia*, pp. 31, 210-2.

7. Cartas de Ménchikov a Dária Arsénieva: *RA*, 1877, v. 2, pp. 239-45. Hughes, *Russia*, pp. 394--8. Cartas de Pedro a Catarina: N. I. Pavlenko, *Catherine I* (doravante Pavlenko), pp. 168-9. Librovich, pp. 83-90. Força: Bergholz 1722, pp. 126-7. Príncipe da Sujeira: LeDonne, "Families", p. 241.

8. LeDonne, pp. 68-70. Mazeppa: Plokhy, pp. 119-30. Hughes, *Russia*, pp. 32-7; também "estúpido animal", p. 444. O. Subtelny, "Mazeppa, Peter I and the Question of Treason", *Harvard Ukrainian Studies*, 1978, v. 2, pp. 158-84.

9. Governantes: LeDonne, "Families", pp. 240-2. LeDonne, pp. 68-74. Soloviov, v. 28, pp. 82-102. Pavlenko, pp. 172-3; ressurreição da Rússia, 27 jun. 1719, p. 230. Políticas faccionárias: Bushkovitch, pp. 255-70. Relato da batalha baseado em Englund: Hughes, *Russia*, pp. 38-45. Comemoração: *PiB*, v. 8, pp. 446-7, 473-5. *SIRIO*, v. 50, p. 291.

ATO II: O APOGEU

CENA I: O IMPERADOR [pp. 159-92]

1. Weber, v. 1, pp. 285-9. Anões: *PSZ*, 1710, 23. *PiB*, v. 10, pp. 270-1. Alexei: Pavlenko, pp. 179--80. Senado: *PSZ*, 5.2758/5.3-7/1.102. Hughes, *Russia*, pp. 102-5. Corte de Praskóvia: Hughes, *Russia*, p. 192; bebidas, p. 419.

2. Soloviov, v. 28, pp. 158-80. Bushkovitch, p. 306. Hughes, *Russia*, pp. 45-50; Chafirov, pp. 429-30. Senado: LeDonne, pp. 68-74.

3. *PiB*, v. 7, p. 451 e v. 8, p. 20, mar.-jul. 1708, Alexei para Pedro, Pedro para Alexei. Hughes, *Russia*, pp. 402-7.

4. *PSZ*, 1712, pp. 1-6. Pedro para Ménchikov: *PiB*, v. 11, pp. 230, 496. 12 maio 1711, *SIRIO*, v. 61, pp. 142-4. Despacho de Charles Whitworth, 20 fev. 1712, *PiB*, v. 12, pp. 86, 361. Hughes, *Russia*, p. 261. Promoção: Pavlenko, pp. 188-9; pena e espada, Pedro a Catarina, 2 ago. 1712, p. 180. Hughes, *Russia*, pp. 50-6; Iagujínski, p. 426. V. V. Dolgorúki: Bushkovitch, pp. 292-335. Núbios/Gannibal: I. V. Zimin, *Povsednevnaia zhizn rossiiskogo imperatorskogo dvora: Detskii mir imperatorskikh rezidentsii. Byt monarkhov i ikh okruzhenie* (doravante Zimin, negros), pp. 410-8.

5. Alexei, cartas de Pedro: Nikolai Ustriálov, *Istoriia Tsarstvovaniia Petra Velikogo* (doravante Ustriálov), v. 6, pp. 345-9. Segunda viagem de Pedro à Europa incluindo cartas a Catarina em Paris, Amsterdam, Spa: Pavlenko, pp. 197-216. Casamento de Zótov: Weber, v. 1, pp. 89-90. Hughes, *Russia*, p. 253; Zitser, cap. 4. Crise de Alexei: Bushkovitch, pp. 339-82. *Collegia*/senadores "megeras": LeDonne, pp. 75-80.

6. Ustriálov, v. 6, pp. 224-6, 240, 307, 346-50, 388-444. J. Crokatt, *The Tryal of the Czarewitz Alexis Petrowitz who was Condemn'd at Petersbourg on 25 June 1718 for a Design of Rebellion and Treason.* Weber, v. 1, pp. 229-30. Bushkovitch, pp. 383-424. *Collegia*: *PSZ* 5.3126, 11 dez. 1717. Zitser, pp. 160-3 Pedro para I. F. Romodánovski em Hughes, *Russia*, p. 373; Zótov, morte/eleição, p. 254; Rjévskaia, pp. 252-4. Hiperatividade ameaçadora — frase de Lindsey Hughes — Hughes, *Russia*, p. 459. Polícia secreta: LeDonne, p. 160.

7. Hughes, *Russia*, pp. 378-9. Tempo como morte: *PiB*, v. 1, p. 444, v. 11, p. 281. Assembleias: *PSZ* 5.3241.597. Etiqueta, *O honorável espelho da juventude*: Hughes, *Russia*, p. 265; Devier, p. 430. Bebidas: *SIRIO*, v. 40, pp. 168-9, v. 49, p. 344, v. 60, p. 191, Despachos de Campredon. Bergholtz, 1721, pp. 50-61. Petersburgo. Defecação: *PSZ* 6.3937, cit. em Evgenii Anisimov, *The Reforms of Peter the Great: Progress through Coercion in Russia*, p. 150. Trabalho forçado, *kátorga*/Código Militar 1716: LeDonne, pp. 212-4.

8. Compulsão: *PSZ* 7.4348.152, 8 nov. 1723. "Nosso povo é como uma criança": *PSZ* 7.4345.150, 5 nov. 1723. Governante selvagem: Hughes, *Russia*, pp. 129-32; 384; o Estado/bem comum: p. 387. Execuções: Bergholz, 1724, pp. 9-11 e 75-6. Código Militar: LeDonne, pp. 212-4.

9. Evgenii Anisimov, *Five Empresses* (doravante Anisimov), pp. 35-9, incluindo "homem mais bonito". Amantes: Librovich, pp. 87-97. Amante Eudóxia Rjévskaia, S. Bonnet (Org.), conde Fiódor Golóvkin, *La Cour et le règne de Paul Ier* (doravante Golóvkin), p. 9. Matriona Balk/Princesa Anastássia Golítsina: "uivos", *SIRIO*, v. 1, p. 19. Hughes, *Russia*, p. 253. "Hora de ir para casa, meu velho": Bergholz, 1724, p. 67. Elizaveta: P. Bartenev (Org.), "Duke of Liria, Pisma o Rossii v Ispaniiu", in: *Osmnadtsatyi vek* (doravante "Liria, Pisma o Rossii").

10. Librovich, pp. 94-7. M. I. Semevsky, Kamer-Freilina Maria Davilovna Hamilton, *Slovo i Delo*, 1884, pp. 185-268. Execução: J. B. Scherer, *Anecdotes Intéressantes et Secrètes de la Court de Russia*, 2:272. Nyastad/Procurador: *PSZ*, 6.3979, 27 abr. 1722. Lei de sucessão incluindo novo título "cesarévitch": *PSZ*, 6.3893. Hughes, *Russia*, pp. 97, 104-5, 273, 410-1; Iagujínski, p. 426. Propriedade de servos: LeDonne, pp. 4-6. Osterman casado com Strechniova por Pedro, o Grande: LeDonne, "Families", p. 298.

11. Soloviov, v. 32, pp. 57-98. Bushkovitch, pp. 428-31; 376. Pedro, "Cabeças vão voar...", Anisimov, p. 60. Hughes, *Russia*, pp. 57-9; exposição do corpo, p. 153.

12. *PRG* 4.2-54. Praskóvia, Anna, Catarina: Anisimov, pp. 68-70; Soloviov, v. 32, pp. 13-7; Mina Curtiss, *A Forgotten Empress: Anna Ivanovna and her Era* (doravante Curtiss), pp. 37-45. Aberrações de Praskóvia: Bergholz, v. 2, p. 30. Pedro e Mecklenburg: *PRG*, 2.3562. Anisimov, pp. 131-3. "Enfia-o-Pinto": Zitser, 167.

13. *Koronatsionnye torzhestva. Albom svyashchennogo koronovaniia ikh imperatorskikh velichestv gosudarya imperatora Nikolaia Alexandrovicha i gosudaryni imperatritsy Alexandry Fedorovny* (doravante *Koronatsionnye torzhestva*), p. 6. Bergholz, 1724, pp. 30-44. Soloviov, v. 34, p. 155. Wortman, pp. 34-9. Doença de Pedro/problemas urinários: Pedro a Catarina, 4 jun. 1724, Pavlenko, p. 260. Bergholz,1724, 67.

CENA 2: AS IMPERATRIZES [pp. 193-232]

1. Anisimov, pp. 35-9, poema de Mons. Hughes, *Russia*, p. 130. Librovich, pp. 95-7. *SIRIO*, v. 52, pp. 358-9 Campredon, 9 dez. 1724. Bering, Soloviov, v. 32, p. 149. Sucessão, Anna, Holstein: Anisimov, p. 39. Cadáver de Mons: Bergholz, 1724, pp. 9-11 e 75-6.

2. Bassewitz, H. F., *Zapiski grafa Bassevicha, sluzhashchie k poiasneniiu nekotorykh sobytiiiz vremi tsarstvovaniia Petra Velikogo*, RA 3, 1865, pp. 93-274, esp. pp. 173, 259. *SIRIO*, v. 52, pp. 425-37 Campredon. VD: *SIRIO*, v. 3, pp. 400, 454-91. Soloviov, v. 34, p. 155. *PZh*, 1725, 3. Teófanes Prokopóvitch, *Kratkaia povest o smerti Petra Velikogo* (doravante Prokopóvitch), pp. 3-4. Hughes, *Russia*, pp. 445-7; funeral, pp. 262-3. Anisimov, pp. 39-40.

3. Catarina eleita: Anisimov, pp. 3-8. *SIRIO*, v. 52, p. 436, v. 58, p. 23. Ustriálov, v. 4, pp. 135-40.

4. Wortman, pp. 38-9. Anisimov, pp. 40-2. Hugh Barnes, *Gannibal: the Moor of Petersburg* (Gannibal), p. 173.

5. Bergholz, 1725, p. 102. Ódio, negligência, cobiça: Grigorii Esipov, "Zhizneopisanie A. D. Menshikova", *RA*, 1875, pp. 7-12 ("Esipov"), 247. Festas: Bergholz, 1725, pp. 90-4. Soloviov, v. 10, pp. 70-5. Ménchikov: Christof Herman von Manstein, *Contemporary Memoirs of Russia from 1727 to 1744* (doravante Manstein), pp. 1-3. Anisimov, pp. 39-51. Regras de Catarina I para beber: Mrs. William Vigor (Mrs. Rondeau), *Letters from a Lady Who Resided Some Years in Russia, to her Friend in England* (doravante Vigor). Zimin, *Negroes*, pp. 410-8. Hughes, *Russia*, pp. 397, 548; casamento de Holstein, p. 414; administrador de Ménchikov, pp. 432.

6. Anna, Curlândia: Anna para Ménchikov, *PRG*, v. 4, pp. 141-2. Curtiss, pp. 48-52.

7. Manstein, pp. 4-5. Soloviov, v. 10, pp. 70-5. LeDonne, pp. 122-4. Philip Longworth, *The Three Empresses* (doravante Longworth, *Empresses*), pp. 68-72; morte, p. 75. Anisimov, pp. 51-3.

8. Vigor, p. 26. Pedro II, Ménchikov: Manstein, pp. 24, 7. Ménchikov para Pedro II: RGADA 11.63.3v. Anisimov, pp. 72-3. Curtiss, pp. 51-4. Elizaveta: "Liria, Pisma o Rossii", v. 2, pp. 32-4, 115.

9. RGADA 11.63.3v. Manstein, pp. 4-11. Esipov, p. 247. Exemplo de ingratidão — Prokopóvitch para tsarina Anna Petróvna: Aleksandr Golombievsky, *Sotrudniki Petra Velikogo*, p. 114. Queda de Golias: Igor Pashkov, cit. em Soloviov, v. 10, pp. 119-21. "Liria, Pisma o Rossii", v. 2, pp. 34, 115.

10. Soloviov, v. 10, p. 141. "Liria, Pisma o Rossii", v. 2, 30-6. Manstein, pp. 12-5. Anisimov, pp. 55-7.

11. "Liria, Pisma o Rossii", v. 2, p. 181. Manstein, p. 22. Vigor, pp. 23-5; Bênção das Águas, p. 29; morte e varíola, pp. 30-1; Iekaterina Dolgorúkaia, pp. 34-5. Anisimov, pp. 55-60.

12. Manstein, pp. 24-37; sobre Biron, pp. 41-8; candidatos ao trono: D. A. Kórsakov, *Votsarenie Imperatritsy Anny Ioannovny*, pp. 2-5, 67-70, 146-245, 265-75. M. T. Florinsky, *Russia: A History and an Interpretation*, v. 1, pp. 440-2. Marc Raeff (Org.), *Plans for Political Reform in Imperial Russia 1730-1905*, pp. 40-53. Anisimov, pp. 55-61.

13. Coroação de Anna: *Opisanie koronatsii ee velichestva i samoderzhitsy vserossiiskoi Anny Ioannovny*, pp. 9-10.

14. *RA*, 1916, 3.257, Chákhovski a Biron sobre cavalos; *RA*, 1916, 4.381, Biron para Chakhóvski; gigantes 388. Homem morto por Biron: *Osmnadtsatyi vek*, 1869, 3.158 — carta 25 jul. 1725. Vigor, pp. 149-53; Osterman (apelido Oráculo), pp. 154-7; Tcherkásski, pp. 158-61. "Falava com homens como se fossem cavalos": Manstein, pp. 41-5. Osterman: Manstein, p. 45; sujeira, pp. 333-6; caráter de Münnich, pp. 54-6 e 331-2. Münnich: Vigor, pp. 118-21. Osterman: LeDonne, "Families", p. 298. Comte Ernest de Münnich, *Mémoires sur la Russie de Pierre le Grand à Elizabeth I, 1720-1742* (doravante Münnich), pp. 125-7; bufões, p. 126; boa índole de Anna, p. 124; temperamento de Anna e Biron, pp. 126-7. Sucessão: Anisimov, pp. 61, 75-84; sobre Biron, pp. 74-5. Anna Leopóldovna, Anton de Brunswick Brevern, Biron, "Obstoiatelstva, prigotovivshie opalu Ernsta–Ioanna Birona, gertsoga Kurlyandskogo", *Vremya*, 1861, 10.522-622.

15. RGADA, 197.1.9.35.1, Anna para S. A. Saltikov, 20 fev. 1733 sobre tolice, envio de Miliútin, Golítsin e esposa de Bákhirev — "Golítsin é o melhor". RGADA Gosarkhiv 5.21, Anna para Saltikov, envio de músico de bandurra; 89a, investigação do depósito do príncipe Odóievski; 91, mandar garotas; 25, acerto de casamento; 28, mandar garota conversadeira. RGADA Gosarkhiv 18.19, mandar alguém para substituir Tatiana. RGADA Gosarkhiv 12.12a. *Kniga zapisnaia imennym pismam i ukazam imperatrits Anny Ioannovny i Elizavety Petrovny Semyonu Andreevichu Saltykovu 1732-1742* (doravante *Kniga zapisnaia*): sobre tirar ouro de Alexei Dolgorúki, 24 jan. 1732, 2; pegar retrato de Apráxin, 25 jan. 1732, 3; pegar cartas de Vólkov, 22 jun. 1732, 35; mandar macacos, 20 maio 1735; mandar turcos altos, 10 ago. 1738; mandar carta falsa para Apráxina e observar como ela a abre, 4 jan. 1739, 222; mandar o estorninho, 1º mar. de 1739, 224. *Osmnadtsatyi vek*,1869, 3, Anna para o representante do governador Pachkov, jun. 1730, sobre a conversa com o bispo; Anna para Osterman sobre a guerra com os turcos, p.155; descrever a criança como um monstro. Gabinete de três com poderes de decretar ordens imperiais: LeDonne, pp. 82-4. Vigor, pp. 70-2. Oginski, "cama dividida": Manstein, pp. 253-7; anões, pp. 258-60; sucessão, p. 51. Zimin, *Negroes*, pp. 410-8. Osterman-LeDonne, "Families", p. 298. Segurança, anões: Anisimov, pp. 86-100; triunvirato, pp. 100-8. Polícia secreta: LeDonne, pp. 122-4.

16. E. V. Anisimov, *Empress Elizabeth* (doravante Anisimov, *Elizabeth*), pp. 9-22. Vigor, pp. 106-7. Elizaveta apela à imperatriz Anna *AKV*, 1870, 1.4-5, Elizaveta para Anna, 16 nov. 1736. Sucessão: Manstein, p. 51. Herdeira: Anna Leopoldóvna de Mecklenburg e noivo Ernst Biron, "Obstoiatelstva", p. 10.

17. *Osmnadtsatyi vek*, 1869, p. 155, imperatriz Anna a Osterman reclamando da conduta de generais. Manstein, pp. 67-88; guerra de 1735-6 contra os turcos, pp. 91-134; feudos de Münnich, p.134; campanha de 1737, p. 148. Münnich, pp. 73-97. Anisimov, pp. 108-11. Guardas de Elizaveta no Natal: "Liria, Pisma o Rossii", pp. 118-9. Mavra Chépeleva descrições de homens atraentes: *ChOIDR*, 1864, 2:66-72, "Pisma k gosydaryne tsesarevne Elizavete Petrovne Mavry Shepelevoi". Casos contra Elizaveta: *RA*, 1865, 1.328-30. *SIRIO*, v. 92, pp. 231-2, marquês de la Chétardie. Anisimov, *Elizabeth*, pp. 9-22. Vigor, pp. 106-7. Manstein, pp. 50-1.

18. Imperatriz Anna a Osterman sobre a correspondência de D'Aderkass com Lynar: *Osmnadtsatyi vek*, 1869, v. 3, p. 156. Anna Leopóldovna: Vigor, pp. 106-8. D'Aderkass/Lynar: Manstein, p. 89. Biron, "Obstoiatelstva", p. 10. Curtiss, p. 95.

19. Casamento de Anna Leopóldovna: Vigor, pp. 185-207. Manstein, pp. 253-4. Münnich, p. 98. Biron sobre a estupidez de Anton: *SIRIO*, v. 6, p. 100. Anna para Biron: Biron, "Obstoiatelstva", p. 100.

20. Os Dolgorúki: Anisimov, pp. 117-21; vaidade e impopularidade de Münnich, pp. 100-4. Volínski: Manstein, p. 267; caso de Dolgorúki, p. 40; eleição de Biron, pp. 196-7; sorte e paz de Münnich, pp. 225-47; medo de guerra com a Suécia/aliança entre Suécia e Turquia e sequestro/assassinato de Sinclair, pp. 249-50. Anna expulsa Libman/Sanches: Curtiss, pp. 85-7. Biron, "Obstoiatelstva", p. 10.

21. Casamento no gelo: Anisimov, pp. 120-4. Manstein, pp. 260-2. Curtiss, pp. 258-68.

22. Queda de Volínski: Manstein, pp. 266-7. Münnich, pp. 111-4. Anisimov, p. 1215.

23. Manstein, pp. 269-71. Münnich, pp. 114-22. Anisimov, *Elizabeth*, pp. 1-5.

24. Manstein, pp. 275-91. Münnich, pp. 132-43, 154-6. Biron sobre a conspiração de Anton: *SIRIO*, v. 6, p. 100. Anisimov, p. 146.

25. "Doneseniia Ed. Fincha lordu Garringtonu", *SIRIO*, v. 85, pp. 243-6 (doravante Finch). RGADA, 5.1.69.2, Anna Leopóldovna para Lynar, 13 out. 1741. RGADA, 5.1.69.3, Anna Leopóldovna para Lynar, 17 out. 1741. Münnich, pp. 139-40. Julie von Mengden e regente Anna: Manstein, pp. 295-7. *SIRIO*, v. 96, pp. 629-30 Chétardie. Comentários de Biron: *SIRIO*, v. 6, p. 100, Petzold. Osterman: Münnich, pp. 154-6. Queda de Münnich: Manstein, pp. 282-8; rivalidades entre ministros, p. 297; bom coração de Anton, p. 328. Anna Leopóldovna como regente: Anisimov, pp. 147-53; plano para coroar Anna Leopóldovna, p. 153. Manstein, pp. 327-8.

26. RGADA 5.1.69.2, Anna Leopóldovna para Lynar, 13 out. 1741. RGADA 5.1.69.3, Anna Leopóldovna para Lynar, 17 out. 1741. Manstein, pp. 324-5; guerra com a Suécia, pp. 298-314; de regente a imperatriz, p. 315; trama e Anna enfrenta Elizaveta pp. 317-9.

CENA 3: VÊNUS RUSSA [pp. 233-72]

1. Finch, *SIRIO*, v. 85, pp. 243-6. Chétardie: *SIRIO*, v. 92, pp. 231-2. Reuniões em noites escuras, princesa Joanna: *SIRIO*, v. 92, pp. 231-3. Elizaveta e Anna Leopóldovna: *SIRIO*, v. 96, pp. 627-30. Golpe: Anisimov, pp. 171-9. Apoio da Guarda: Anisimov, *Elizabeth*, pp. 21-8. Perseguição de Anna

Leopóldovna: Anisimov, *Elizabeth*, pp. 143-70, e Anisimov, pp. 156-70. Elizaveta dá ordens a M. Korf sobre os Brunswick, ameaças: M. A. Korf, *Braunshveigskoe semeistvo*, pp. 108-200 e 380-3. "O velho amigo sempre mais confiável"/"confio em você como em mim mesma": *AKV*, 1870, v. 1, pp. 6-8, Elizaveta a M. Vorontsov, 3 e 21 jan. 1739.

2. *Pisma i zapiski imperatritsy Elizavety Petrovny, 1741-1761*, pp. 1-3, Elizaveta para Pedro, 10 jan. 1742. Coroação Tokmakov, pp. 86-7. *AKV*, 1870, v. 1, p. 8, Elizaveta para Vorontsov, 30 jan. 1739. Política externa: *SIRIO*, v. 52, p. 100. Ordens para Bestújev inspecionar cartas da princesa Joanna: *AKV*, 1870, v. 1, p. 10, Elizaveta para M. Vorontsov, 20 jun. 1745. Frederico, o Grande — Tim Blanning, *Frederick the Great: King of Prussia* (doravante "Blanning"), p. 90, Orgasmo/homoerótico, pp. 64-9, política russa, pp. 189-207; desprezo pelo poder feminino e Elizaveta, p. 191. Vorontsov, bons modos: F. A. Vychkov (Org.), Zapiski Favie, *Istoricheskii vestnik*, 1887, v. 29, p. 389 (doravante Favier). Vorontsov: Manstein, p. 342. Anisimov, *Elizabeth*: Vorontsov, "pobre homem", eclipse e retorno: pp. 211-7. Gannibal, p. 219. Queda de Osterman: Manstein, p. 330; caráter de Lestocq, pp. 318-9. Bestújev: Mark Cruse e Hilde Hoogenboom (Orgs.), *Catherine II, The Memoirs of Catherine the Great* (doravante *Catherine*), p. 8; Lestocq executivo, p. 16, coração negro, p. 8. Os Vorontsov e os Chuválov: LeDonne, "Families", pp. 299-301; Nikita Trubetskoi como ministro em casa, pp. 298-300 e LeDonne, pp. 90-1. Coroação: Manstein, p. 337. Wortman, p. 44. Tramas prussianas/francesas: Anisimov, *Elizabeth*, pp. 93-109. Queda de Chétardie: *AKV*, 1871, v. 2, pp. 4-6, Bestújev a Vorontsov, 6 jun. 1744. Pobreza de canil: *AKV*, 1871, v. 2, p. 12, Bestújev a Vorontsov, 2 ago. 1744; pp. 33-7, Bestújev a Vorontsov, 18 ago. 1744.

3. Caso de Lopukhiná: Anisimov, *Elizabeth*, pp. 152-4. Manstein, pp. 401-2.

4. Os Brunswick: Anisimov, *Elizabeth*, pp. 160-70.

5. Intrigas da princesa Joanna: *RA*, 1904, v. 2, p. 465. *AKV*, 1870, v. 1. Elizaveta para Vorontsov, investigação de Joanna ou Catarina, 20 jun. 1745. John T. Alexander, *Catherine the Great: Life and Legend* (doravante Alexander), pp. 23-43. A vida de Catarina até o golpe tem como base *Catherine*. Anisimov, *Elizabeth*, pp. 230-45, Isabel de Madariaga, *Russia in the Age of Catherine the Great* (doravante Madariaga, *Russia*), pp. 1-30; Simon Dixon, *Catherine the Great* (doravante Dixon) e Alexander, pp. 17-60. Desejo de agradar: *Catherine*, p. xlv; chegada, educação, imperatriz, pp. 8-17; popularidade, p. 26; intrigas da mãe, pp. 30-1; varíola de Pedro, p. 23; casamento, p. 32; Bestújev, pp. 64-5. Blanning, pp. 187-200.

6. Os Brunswick: *Catherine*, pp. 81, 87. Anisimov, *Elizabeth*, pp. 155-6, 160-70. Incidente de espiar pelo buraco: *Catherine*, pp. 35-9; Elizaveta irritada, p. 198.

7. *AKV*, 1870, v. 1, p. 10, Elizaveta para Bestújev, 20 jun. 1745. Política externa, *SIRIO*, v. 52, p. 100. Ascensão de Razumóvski, boa índole: A. A. Vasilchikov, *Semeistvo Razumovskikh*, v. 1, pp. 45-50. Petzold em *SIRIO*, v. 6, p. 616. Bestújev e Vorontsov usam Razumóvski para implorar à imperatriz: *AKV*, 1871, v. 2, p. 170, Bestújev a Vorontsov, 21 dez. 1752. Anisimov, *Elizabeth*, pp. 200-4. Beleza da imperatriz: "Liria, Pisma o Rossii", pp. 34, 115. *Catherine*, p. 93.Vaidade: Favier, pp. 189-90, 385-95. 15 mil vestidos: Jacob von Stäehlin, "Zapiski o Petre Tretiem", *ChOIDR*, 1866, v. 4, p. 100. Perda de 4 mil vestidos: *Catherine*, p. 123. Compras de Elizaveta de lojas francesas: *RA*, 1778, v. 16.1, pp.10-5. Vida cara: M. Vorontsov para Elizaveta, *AKV*, 1871, v. 2, p. 617. Pobreza de Vorontsov: Anisimov, *Elizabeth*, pp. 216-7. Dívidas de Catarina: *Catherine*, p. 16. Descrição de baile: Maurice de la Messelière, *RA*, 1874, v. 12, pp. 970-2. Hábitos notívagos: "Pauzie jewellery", *RS*, 1870, v. 1, p. 76. *Catherine*, p. 202. Moral: *Catherine*, pp. 96-7; aposta na infidelidade, p. 189; falta de mobiliário, p. 104; incêndios, p.

123. Anisimov, *Elizabeth*, pp. 167-81. Desabamento da casa de Razumóvski: *Catherine*, pp. 58-9. Dixon, pp. 65-90. Religião: Anisimov, *Elizabeth*, p. 53. Soloviov, v. 42, pp. 106-7.

8. Catarina/ Pedro, *Catherine*, p. 39; Elizaveta chama Pedro de monstro, de irritante, p. 198; Pedro como marido, pp. 35-43, 199; os Tchernichov, p. 43; acareação de Pedro, p. 47; prisão dos Tchernichov, p. 49; mastins no quarto, pp. 53-4 e 70; Tchoglokova, pp. 40-7; plano de Pedro para Batúrin, p. 76; rato enforcado, p. 121; Madame Talento, p. 146; cavalgadas desenfreadas, p. 91; sobrinho monstro: Elizaveta caçoa de Pedro, p. 126.

9. Servos e senhores sob Elizaveta: LeDonne, pp. 84-91; servos exilados por insolência 1760, repelidos 1802, pp. 212-4. Elizaveta e os judeus: *AKV*, 1871, v. 2, p. 138, Bestújev a Vorontsov, 21 dez. 1745.

10. Envelhecimento de Elizaveta: Favier, pp. 189-90, 385-95; ascensão dos Chuválov, Ivan Chuválov com mais poder que ministros, p. 392; Pedro Chuválov como o Mongol, p. 394. Ivan Chuválov, boa aparência, livro, sua oportunidade: *Catherine*, p. 75; Béketov desafiado por Razumóvski, p. 95. Anisimov, pp. 216-8. J. T. Alexander, "Ivan Chuválov and Russian Court Politics 1749-63", in: A. G. Cross e G. S. Smith (Orgs.), *Literature, Lives and Legality in Catherine's Russia* ("Alexander Chuválov"), pp. 1-13. Longworth, *Empresses*, pp. 207-8. Ivan Chuválov, bondade personificada, e velhos amigos de Catarina, a Grande: Varvara Golovin, *Memoirs of Countess Varvara Golovin*, p. 44. Terror de Alexandre Chuválov, esgar e cacoete: *Catherine*, pp. 130-1.

11. *Catherine*, p. 72; valor do cnute, p. 174; amantes de Pedro, cartas, pp. 81-3, 153; Catarina pode ter amado, p. 199; Naríchkin, p. 103; Tchernichov, p. 105; Saltikov, pp. 109-12; conversa sobre sexo, pp. 112-4; Saltikov ou Naríchkin, p. 117; Bestújev encoraja, p. 115; grávida de Paulo, Chuválov, pp. 130-1; nascimento de Paulo, p. 133; tentação, p. 200.

12. *Catherine*, pp. 147-50; Bestújev vs. Chuválov/Vorontsov, pp. 151-2; plano de Bestújev, p. 191; Pedro, amante, p. 153; Bestújev desacreditado, p. 159; Pedro odeia a Rússia, p. 165; maldito sobrinho, p. 198. Este relato da Guerra dos Sete Anos se baseia em Blanning, *Frederick the Great*, pp. 208-81; ópio, p. 234; Kunersdorf, p. 239; unidade de comando, p. 266. Desmaio de Elizaveta, Bestújev alarmado: *AKV*, 1871, v. 2, p. 211, Bestújev a Vorontsov, 9 set. 1757. Apráxin recua: *AKV*, v. 1, pp. 368-9, Vorontsov a Bestújev, 12 set. e 14 out. 1757. Anisimov, *Elizabeth*, pp. 113-43; Ivan Chuválov, pp. 220-1. Guerra conduzida por Ivan Chuválov: Soloviov, v. 42, p. 56. Chuválov: Alexander, pp. 7-13. Conde de Ilchester e sra. Langford Brook (Orgs.), *Correspondence of Catherine the Great when Grand Duchess with Sir Charles Hanbury-Williams and Letters from Count Poniatowski*, pp. 59-90,165- -70, 235-45. Ivan VI: Anisimov, *Elizabeth*, pp. 261-2. Alexander Brickner, *Imperator Ioann Antonovich i ego rodstvenniki*, pp. 520-34.

13. Queda de Bestújev, Vorontsov chanceler: Favier, p. 389. Anisimov, *Elizabeth*, pp. 215-7, 242-6. Catarina em perigo: *Catherine*, p. 173; Catarina conquista amigos, p. 179; desmaio de Elizaveta, p. 181; como a esposa ficou grávida?, pp. 182-3; prisão de Bestújev, p. 189; conciliando natureza e aparência, p. 200; confronto com a imperatriz, pp. 202-11. *AKV*, 1870, v. 1, pp. 6-8, Elizaveta para M. Vorontsov, 3 e 21 jan. 1739. *AKV*, 1871, v. 2., p. 211, Bestújev para Vorontsov, 9 set. 1757.

14. Soloviov, v. 42, p. 21. Pedro e a Rússia: *Catherine*, p. 165.

15. Blanning, pp. 236-81. Anisimov, *Elizabeth*, pp. 113-43; fim de jogo, pp. 246-8. Carta a Buturlin: Longworth, p. 227. Os prussianos nunca vencem os russos, diz Pedro: Soloviov, v. 42, p. 21. *Catherine*, p. 165; decadência de Elizaveta, os conspiradores, grávida, Dáchkova, pp. 45-50, 74-107. Elizaveta: Favier, pp. 189-90, 385-95. Esmaecimento do poder de Ivan Chuválov: *RA*, 1870, v. 7, p. 1396,

Ivan Chuválov para M. Vorontsov, 29 nov. 1761. Inchado, convalescendo, furúnculos: Anisimov, pp. 235-7. Expurgo de Trubetskoi: LeDonne, pp. 21, 86, 90.

16. Soloviov, v. 42, pp. 1-12; Ivan Chuválov a Pánin sobre sucessão, v. 42, p. 77; proposta de golpe de Dáchkova, v. 42, p. 82. Catarina, a Grande (CtG), *Memoirs*, 1955, "Last Thoughts of HIM Elisabeth Petrovna", pp. 329-38. Morte de Elizaveta: Anisimov, *Elizabeth*, pp. 245-8. Longworth, *Empresses*, pp. 228-9.

17. Cartas de Pedro III para/de Frederico: *RA*, 1898, 1º dez. 1760-mar. 1762 (herói, 15 mar., Pedro a Frederico), p. 7. Soloviov, v. 42, pp. 1-12 e 22-8. *PSZ*, v. 15.11, p. 445, 21 fev. 1762; *PSZ*, v. 15.11, p. 444, 18 fev. 1762; *PSZ*, v. 15.11, p. 481, 21 mar. 1762; *PSZ*, v. 15.11, p. 538, 18 maio 1762. Blanning, pp. 253-7 — Citação de Frederico "uma mulher morre e a nação renasce [...]. São os caprichos do destino". O reino: Soloviov, v. 42, pp. 79-87; Gudóvitch como hetmã, Pedro alerta Dáchkova, v. 42, pp. 78-82; janízaros/guardas dispensados, v. 42, pp. 60-8; comportamento, v. 42, pp. 64-8; Breteuil cit. em v. 42, p. 75. Anisimov, *Elizabeth*, p. 211. Os Orlov o chamam de monstrengo feio, cartas de Rópcha a Alexei Orlov: Dixon, pp. 124-5.

18. Cartas de Goltz, Schwerin a Frederico, alertas de Frederico a Pedro III: *RA*, 1898, v. 1, pp. 7-16, Pedro III a Frederico II, 15 maio 1762, "Eu ando pelas ruas". Soloviov, v. 42, pp. 28-32, 60-70. Blanning, pp. 254-6. Polícia secreta e Ivan VI: Soloviov, v. 42, pp. 73-4. Ruud, p. 11. Oferta de Chuválov: Soloviov, v. 42, pp. 59-61. Corpo de cadetes: Andrei Tchernichov ri de Ivan Chuválov, "Pisma Chuvalovu", *RA*, v. 11, 1869, 1844. Chuválov: Anisimov, *Elizabeth*, p. 222. Vorontsov a Pedro III: Soloviov, v. 42, pp. 55-63.

19. Ameaça de Pedro, 9 jun.: Soloviov, v. 42, pp. 76-8. Gannibal, pp. 1, 228. *Elizabeth*, pp. 230-45. Madariaga, *Russia*, pp. 1-30. Alexander, pp. 17-60.

20. Este relato sobre a ascensão e o reinado de Catarina se baseia em pesquisa original publicada na íntegra em Simon Sebag Montefiore, *Prince of Princes: The Life of Potiômkin* (também publicada como *Catherine the Great and Potiômkin*) (doravante "Montefiore") bem como em biografias de Catarina por J. T. Alexander, Isabel de Madariaga e Simon Dixon; mas referências a cartas-chave são fornecidas. Alexander, pp. 1-16. Madariaga, *Russia*, pp. 21-37. E. R. Dashkova, *Memoirs of Princess Dashkova*, pp. 45-6; 74-80. Montefiore, pp. 39-47. Catarina a Stanisławuw Poniatowski, 2 ago. 1762; A. N. Pypin (Org.) Catarina, a Grande, *Sochineniya imperatritsy Ekaterina II* 12.547. Stanislas Auguste Poniatowski, *Mémoires, secrets et inédits*, v. 1, p. 377. *RA*, 1898, v. 1, pp. 14-5.

21. *Sochineniia imperatritsy Ekaterina II* (doravante *Sochineniia*), v. 12, p. 547. *SIRIO*, 1873, v. 12, pp. 2-4, Robert Keith a sr. Grenville, 1º-12 jul. 1762. Madariaga, *Russia*, pp. 21-37. Alexander, pp. 5-16. Montefiore, pp. 40-4. Dáchkova, pp. 74-80. Vivas a Catarina: *RA*, 1867, v. 4, pp. 482-6, Guarda Cavalariana em jun. 1762. Cavalo de Potiômkin: Reginald Pole-Carew, Histórias russas no Arquivo Antony, CO/R/3/92, não publicadas. Pedro III suplica: *RA*, 1911, v. 5, pp. 22-3, Pedro III a Catarina II, 29 e 30 jun. 1762. Montefiore, pp. 44-5.

22. Dixon, pp. 122-39. Montefiore, pp. 48-62. *SIRIO*, v. 7, pp. 108-20. *SIRIO*, v. 42, pp. 475, 480. Anisimov, *Elizabeth*, p. 245.

23. *SIRIO*, v. 7, pp. 120-50, v. 1, p. 216, v. 42, pp. 470-5. Soloviov, v. 42, pp. 103-7, incluindo Frederico, o Grande, ao conde de Ségur. Judeus, Soloviov, v. 42, p. 106. Casamento de Orlov? Dixon, pp. 124-5. "Nosso monstrengo feio" e cartas de Alexei Orlov sobre o assassinato de Pedro: O. A. Ivanov, "Zagadka pisem Alexeia Orlova iz Ropshi", *Moskovskii zhurnal*, 1995, v. 9, p. 15. Rópcha: Alexandre Spirodovich, *Les Dernières Années de la cour de Tsarskoïé-Sélo* (doravante Spirodovich), v. 1, p. 231.

CENA 4: A ERA DE OURO [pp. 273-326]

1. Dixon, pp. 3-22. Askalon Truvorov, "Koronatsiia imperatritsi Ekaterini Vtoroi", *Russkaia starina*, 1893, v. 80, cap.12, pp. 490-5.

2. Polônia: Montefiore, pp. 46-9. Adam Zamoyski, *Last King of Poland*, pp. 61-100. *SIRIO*, v. 7, pp. 373-4. "Sistema do Norte": Madariaga, *Russia*, pp. 33-7, 187-204. Alexander, pp. 61-76. David L. Ransel, *The Politics of Catherinian Russia: The Panin Party* (doravante Ransel), pp. 104-11. Aliança com a Prússia: Blanning, pp. 283-4.

3. Montefiore pp. 49-51. Dixon, pp. 122-55. Ransel, pp. 116-27.

4. Grande Comissão: Montefiore, pp. 57-9. Dixon, pp. 170-83. Alexander, pp. 103-20; Madariaga, *Russia*, pp. 139-50.

5. Montefiore, pp. 76-93. Dixon, pp. 184-213. Voltaire, *Oeuvres complètes*, v. 58, p. 39, Catarina II (CII) a Voltaire, 4-15 ago. 1769. Christopher Duffy, *Russia's Military Way to the West*, pp. 130-6. Le-Donne, *Ruling Russia*, pp. 363-4. Orlov, Chesme e as aventuras árabes, ocupação de Beirute: *Journal of Royal Central Asian Society*, v. 42, pp. 3-4, 275-86, William Persen, ocupações russas de Beirute 1772-4.

6. Montefiore, pp. 60-95. Dixon, pp. 215-30. Confissão: CtG, *Sochineniia*, v. 12, pp. 697-9, CtG para Potiômkin/GARF, 728.1.425, pp. 1-5. Alexander, pp. 135-7, 160-1. Madariaga, *Russia*, pp. 211-3 e 258-9. Rompimento com Orlov: *SIRIO*, v. 13, pp. 270-2, v. 19, p. 325.

7. Ascensão de Potiômkin: Montefiore, pp. 94-161. Dixon, pp. 229-40. Pugatchov baseado em: *História de Pugatchov*, de A. S. Púchkin, e em seu romance *A filha do capitão* e dois livros de J. T. Alexander sobre o tema — *Emperor of the Cossacks: Pugachev and the Frontier Jacquerie of 1773-75* e *Autocratic Politics in a National Crisis: The Imperial Russian Government and Pugachev's Revolt 1773-1775*, pp. 1-10. Madariaga, *Russia*, pp. 239-55.

8. Roderick McGrew, *Paul I of Russia* (doravante McGrew), pp. 55-85.

9. Montefiore, pp. 92-105. "É uma coisa terrível quando o pinto e a boceta decidem os interesses da Europa": cit. em Robert B. Asprey, *Frederick the Great* 600. G. A. Potiômkin ("GAP") convocado por Catarina ("CII"); RGADA 5.85.1.119, L 7, CII para GAP, 4 dez. 1773. GARF 728.1.425, pp. 1-5. CtG, *Sochineniia*, v. 12, pp. 697-9, CtG a Potiômkin, mar. 1774. "Meu querido, o tempo que passei com você foi muito feliz...": RGADA, 1.1/1.1.213, L 14. Conversa com Orlov sobre a *bánia*: RGADA 5.85.1.213, L 14. "Temo que você possa estar zangado comigo...": RGADA, 5.85.1.292, L 56, CII para GAP, ud. "Eu me afastei de certo personagem de boa índole...": CII para Grimm, *SIRIO*, v. 27, p. 52.

10. Montefiore, pp. 109-35. "Uma mulher é sempre uma mulher": Asprey, *Frederick the Great*, pp. 601-2. "Nosso dever é melhorar com base nos acontecimentos": James Harris, *Diaries and Correspondence of James Harris, 1st Earl of Malmesbury* (doravante Harris), p. 239, Harris a Stormont, pp. 15-26 fev. 1780. Cartas fundamentais entre GAP e CII: RGADA, 1.1/1.1.213, L 14. "As portas estarão abertas": L 242. "Acordei às cinco [...]. Dei uma ordem estrita": RGADA, 1.1/1.54.42, L 18. "Para se aquecer: vá para a *bánia*": RGADA 5.85.1.253, L 44. "Meu lindo, meu querido, que não se parece com nada": RGADA, 1.1/1.54.12, L 23. "Tenho montes de coisas que preciso lhe contar": RGADA 1.85.1.209, L 10. "Dar mais poder a Rumiántsev e assim a paz será alcançada": A. V. Khrapovitsky, *Dnevnik* (doravante Khrapovitsky), 30 maio 1786. "Meu querido, como você me pediu para mandá-lo ao Conselho hoje": RGADA, 1.1/1.54.64, L 27. "General me ama?": RGADA, 5.85.1.299, L 30.

11. Montefiore, pp. 122-35. Alexander, pp. 176-8. Madariaga, *Russia*, pp. 249-51.

12. Montefiore, pp. 136-84. Dixon, pp. 241-69. Rumiántsev ganhou o sobrenome/título "Zadunaiski": RGADA, 1.1/1.54.137, L 76. *SIRIO*, v. 23, p. 4, CII para Grimm, 3 ago. 1774, São Petersburgo. "Eu lhe darei meu retrato": Catarina e Potiômkin renegociam/casamento? RGADA, 5.85.1.362, L 72. "Serei sua humilde empregada": RGADA, 1.1/1.54.27, L 32. "É impossível eu mudar em relação a você": RGADA, 5.85.1.255, L 17. "Tártaro cruel": RGADA, 1.1/1.54.14, L 93. "Eu o amarei para sempre apesar de você", "Batinka...": RGADA 5.85.1.160, L 53. "Uma sincera confissão": GARF, 728.1.425.1-5/ CtG, *Sochineniia*, v. 12, pp. 697-9, CII para GAP. "Meu querido marido": RGADA, 5.85.1.254, L 34. "Sua esposa": RGADA, 5.85.1.267, L 94. Cartas curtas entre Potiômkin e Catarina: RGADA 5.85.2.305, L 95. "A essência do nosso desentendimento": RGADA, 5.85.1.364, L 92, CII para GAP. Zavadovsky ("150 beijos eu lhe dou alegremente"): *Russkiy istoricheskiy zhurnal*, 1918, v. 5, pp. 244-57, cit. em Alexander, pp. 342-52. "Pisma imp. Ekateriny II k gr. P. V. Zavadovskomu 1775-1777", org. I. A. Barskov (Zavadóvski), cartas 7, 22, 30, 33, 35, 39, CII para P. V. Zavadóvski. "Meu Senhor e *cher époux*, por que você quer chorar?": RGADA, 85.1.267, L 94, CII para GAP. Príncipe: RGADA, 5.85.3.87, L 96, CII para GAP.

13. McGrew, pp. 70-87; regras para a esposa, pp. 102-3; caso Kurákin, pp. 111-38. Paulo a Kurákin sobre o sonho de Pedro: Conde de Montbrison (Org.), *Memoirs of the Baroness d'Oberkirch*, p. 25. Golóvkin, pp. 105-7. Marie Pierre Rey, *Alexander I: The Tsar Who Defeated Napoleon* (doravante Rey), pp. 13-26; educação de Alexandre, macacão infantil, pp. 24-8. Catarina a Grimm sobre cartas de Alexandre em *SIRIO*, v. 23. Paulo e Maria: *RA*, 1876, v. 1, pp. 89-92, Fiódor Rostopchin para S. R. Vorontsov, 8 jul. 1792. Maria: N. A. Sablukov, "Reminiscences of Court and Times of Emperor, Paul I, of Russia up to the Period of his Death", *Fraser's Magazine for Town and Country*, 1865 (doravante Sablukov), v. 1, p. 223.

14. Favoritos de Catarina: Montefiore, pp. 165-84. "O tempo não me pertence, e sim ao império": O. I. Yeliseeva, *Perepiska Ekateriny II i G. A. Potemkina perioda vtoroy russkoturetskoy voyny 1787-91*, p. 23. CtG para Zavadóvski, cartas 7, 22, 30, 33, 35, 39, CII para Zavadóvski. RGADA, 5.85.1.296, L 114; RGADA 1.1/1.54.96, L 114, CII para GAP. "Entregue as cartas anexadas a Seniucha": GARF 728.1.416.51, L 115. Rímski-Kórsakov: *KFZ*, 8 maio 1778. RGADA, 5.85.1.141, L 124. "Graças a você e ao rei de Épiro": RGADA 5.85.1.59, L 125, CII para GAP, ud. "Obrigada por me amar!": *RA*, 1881, v. 3, pp. 402-3, CII para Ivan Rímski-Kórsakov. "Quando vou vê-lo?": RGADA 5.85.1.59, L 125, CII para GAP. *KFZ*, 1º jun., 28 jun. 1778. *RA*, 1881, v. 3, pp. 402-3, CII para Kórsakov. *RP*, 5.1.119.

15. Montefiore, pp. 215-35. Dixon, pp. 270-2. "Observação sobre questões políticas": *AKV*, v. 13, pp. 223-8, A. A. Bezboródko a P. V. Zavadóvski, 17 nov. 1791, Iasi. O. I. Yeliseeva, *G. A. Potemkin's Geopolitical Projects, Associates of Catherine the Great*, pp. 26-31. O. P. Markova, "O proiskhozhdenii tak nazyvayemogo Grecheskogo Proekta", in: Hugh Ragsdale (Org.), *Imperial Russian Foreign Policy*, pp. 75-103. *SIRIO*, v. 23, p. 440, CII ao barão F. M. Grimm, 19 abr. 1788. Encontro em Moguiliov: A. A. Bezboródko, *Pisma A. A. Bezborodka*, p. 57, Bezboródko para P. A. Rumiántsev–Zadunaiski, 4 fev. 1780. *SIRIO*, 1878, v. 23, p. 185, CII para Grimm, 7 set. 1780.

16. Montefiore, pp. 223-35. "O esquema com a corte austríaca": RGADA, 5.85.1.557, L 256, CII para GAP, 23 nov. 1787. *SIRIO*, v. 23, pp. 145, 157-9, CII para Paulo, 25 abr. e 7 jun. 1782. "A Bagagem Pesada": *SIRIO*, v. 23, p. 621, CII para Grimm, 6 abr. 1795.

17. Golóvkin, pp. 138-9; brincadeiras, pp. 113-6. McGrew sobre Maria, Nelídova e a corte: pp. 169-79. Catarina sobre a educação de Alexandre: Rey, pp. 26-7. Aliança de Nelídova com Maria: Varvara Golovina, *The Memoirs of Countess Golovine* (doravante Golovina), pp. 138-40. *RA*, 1876, v. 1, pp. 89-92, Fiódor Rostopchin para S. R. Vorontsov, 8 jul. 1792. *RA*, 1876, v. 1, pp. 113-8, Fiódor Ros-

topchin para S. R. Vorontsov, 28 maio 1794. *Osmnadtsatyi vek*, v. 3, pp. 436-46, Paulo para Catarina sobre a pureza de Nelídova, "uma amizade sólida e gentil, mas pura e inocente". Sablukov, v. 1, p. 223; Gátchina como cidade alemã, 224.

18. Crimeia, Nova Rússia: Montefiore, pp. 247-60, 263-84. "Imagine a Crimeia sendo nossa": AVPRI, 5.5/1.591.1.106, L 154, GAP para CII. "Nós poderíamos decidir tudo isso em meia hora": RGADA, 5.85.1.121, L 150, CII para GAP, 3 jun. 1782. "Mantenha sua decisão, Matuchka": RGADA, 5.85.1.440, L 162, CII para GAP. RGADA, 1.1.43.61, L 163, GAP para CII, 22 abr. 1783. "Nem eu nem ninguém sabemos onde você está": RGADA, 5.85.1.461, CII para GAP. RGADA, 5.85.1.504. Potiômkin na Crimeia, "Daqui a três dias eu vou congratulá-la com a Crimeia": RGADA 11.1/1.43, pp. 86-7, L 175, GAP para CII, 10 jul. 1783. RGADA, 1.1/1.43, p. 67-8, L 176, GAP para CII, 16 jul. 1783. RGADA, 1.1/1.43, pp. 69-71, L 179, GAP para CII, 29 jul. 1783. RGADA, 1.1/1.43, pp. 74-5, L 179, GAP para CII, 29 jul. 1783. "O negócio da Geórgia está concluído": RGADA, 1.1/1.43.64, L 180, GAP para CII. "Deixe que eles brinquem enquanto fazemos negócios": RGADA, 5.85.1.508. *SIRIO*, 27, pp. 276-80, CII para GAP. "O melhor ancoradouro do mundo": RGADA 1.1/1.43, pp. 80-3, L 172, GAP para CII, jun. 1783.

19. Montefiore, pp. 312-27. *SIRIO*, v. 23, pp. 316-7, CII para Grimm, 25 jun. 1784. A volta de Potiômkin: *SIRIO*, v. 23, p. 344. Potiômkin ficou ao lado dela dia e noite: *AKV*, p. 21: carta 6, p. 464, E. Poliáski a Semion Vorontsov, 18 ago. 1784. *SIRIO*, v. 23, pp. 317-8, CII para Grimm, 9-18 set. 1784. *AKV* 31, Alexandre Vorontsov a Semion Vorontsov, 21 jul. 1784, Riga. "Sem você me sinto como se não tivesse mãos": RGADA, 5.85.4.1.524, L 186, CII para GAP. Dmítriev-Mamónov: Khrapovitsky 13. "O sr. Casaco Vermelho": RGADA 11.902, conde A. D. Mamónov para GAP, ud.

20. Montefiore, pp. 351-87. Madariaga, *Russia*, pp. 393-5. Alexander, pp. 256-7.

21. Montefiore, pp. 388-429. Madariaga, *Russia*, pp. 394-7. Alexander, pp. 262-5. "Não tenha mais unhas nos dedos": RGADA 1.1/1.47, pp. 5-9, L 223, CII para GAP, 24 ago. 1787. "Não aguento mais": AVPRI, 5.585.317, L 229, GAP para CII, 16 set. 1787. RGADA, 5.85.2, pp. 43-8, L 233, CII para GAP, 24 set. 1787. RGADA, 5.85.2.49, L 235, 25 set. 1787. RGADA 5.85.2, pp. 52-4, L 238, 2 out. 1787. "Petersburgo tem a aparência de um acampamento armado [...] então, meu amigo, eu também tenho cheirado a pólvora": *SIRIO*, v. 27, pp. 512-3. "Não há nada no mundo que eu mais deseje": RGADA, 5.85.2, pp. 152-3, CII para GAP, 7 nov. 1788. "Um grande ódio se ergueu contra nós": RGADA, 5.85.2, pp. 150-1, L 327, CII para GAP, 27 nov. 1788. Mamónov: CtG, *Sochineniia*, v. 12, 2º meio volume, pp. 699-701, L 355-7, jun. 1789. Khrapovitsky, pp. 255, 260, 11 abr. 1789.

22. Montefiore, pp. 422-30. Mamónov, "Você poderia ter me curado dizendo a verdade", "Eu insinuei, senti pena de você": CtG, *Sochineniia*, v. 12, 2º meio volume, pp. 699-701, L 355, CII para GAP, jun. 1789. RGADA, 5.85.2, pp. 166-7, CII para GAP, 14 jul. 1789; *RS*, 1876, v. 16, p. 400, Garnovsky a Popov, 21 jun. 1789. RGADA 5.85.2.3-4, GAP para CII, 18 jul. 1789, Olviopol. "Um lugar sagrado": *AKV*, v. 12, p. 63, P. V. Zavadóvski para S. R. Vorontsov, jun. 1789, São Petersburgo. Catarina sobre Zúbov, "a Criança": RGADA, 5.85.2.177, L 365, CII para GAP, 12 ago. 1789.

23. Montefiore, pp. 424-59. Catarina se apaixonou: RGADA, 5.85.2.163, L 358, CII para GAP, 6 jul. 1789. "Estou gorda e feliz": RGADA 5.85.2.173, L 363, CII para GAP, 5 ago. 1789, Tsárskoie Seló; "Ao educar homens jovens": *RS*, 1876, v. 16, pp. 406-7, Garnovsky a Popov. Catarina apaixonada, Potiômkin aprova: RGADA 5.85.2.7, L 357, GAP para CII, ud; RGADA 5.85.2, pp. 166-7, L 319, CII para GAP, 14 jul. 1789; RGADA, 5.85.2.163, L 358, CII para GAP, 6 jul. 1789; RGADA, 1.1.43.42, L 362, GAP para CII, 30 jul. 1789. Vitórias sobre os turcos: Philip Longworth, *The Art of Victory*, pp. 156-7. "Sua grandeza de caráter": RGADA, 5.85.2.204, L 383, CII para GAP, 15 nov. 1789. "Agora estamos numa crise": Khrapovits-

ky, 24 dez. 1789. "Tiramos uma pata da lama": RGADA, 5.85.2, pp. 245-6, L 425, CII para GAP, 9 ago. 1790. Alexander, pp. 257-92 e Madariaga, *Russia*, pp. 413-26. Robert H. Lord, *The Second Partition of Poland* (doravante Lord), pp. 180-5. Khrapovitsky, p. 359, 15, 17, 22 mar. 1791 e pp. 359-61, 7 e 9 abr. 1791; *RS*, 1892, abr. 1791, Memoirs of Fyodor Secretarev.

24. Montefiore, pp. 467-86 e 1-10. *SIRIO*, 1878, v. 23, pp. 517-9, CII para Grimm, 29 abr. 1791. Zúbov vs. Potiômkin: *RS*, 1876, set. 43, *Knyaz* Platon Alexándrovitch Zúbov. "Até logo, meu amigo, eu o beijo": RGADA 5.85.2.291, L 461, CII para GAP, 25 jul. 1791. "Sua doença me preocupa demais": RGADA 5.85.2.304, L 470, CtG para GAP. "A única salvação é sair desta cidade": RGVIA 52.2.22.191, L 470, CtG para GAP, out. 1791; *SIRIO*, v. 23, p. 561, CII a Grimm.

25. Golovina, p. 42. *RA*, 1876, v. 1, pp. 89-92, Fiódor Rostopchin a S. R. Vorontsov, 8 jul. 1792, e *RA*, 1876, v. 1, pp. 92-7, Rostopchin a R. Vorontsov, 14 abr. 1793. A. Gielgud (Org.), Adam Czartoryski, *Memoirs of Prince Adam Czartoryski and his Correspondence with Alexander I* (doravante Czartoryski), v. 1, pp. 66-106, esp. Zúbov em poder e arrogância; penteado, pp. 75-7; Valerian Zúbov, pp. 72-5.

26. *RA*, 1876, v. 1, pp. 92-7, Rostopchin a Vorontsov, 14 abr. 1793. Segunda Partilha da Polônia, Catarina servindo à mesa: Golovina, p. 120; casamento de Alexandre, personalidade de Alexandre, p. 41; Saltikov e Alexandre, p. 42; beleza de Isabel, p. 53. Dois anjos: *SIRIO*, v. 23, p. 583, CII para Grimm, 14 maio 1793. Golovina e Isabel: Golovina, pp. 54, 76, 86-7, 104-5. Grão-duque Nikolai Mikháilovitch, *L'Impératrice Elisabeth, épouse d'Alexandre Ier* (doravante NM, *Elisabeth*), v. 1, pp. 407-26, inc. Falsa gravidez de Isabel, p. 424; Alexandre dá permissão, 12 dez. 1794; Rostopchin a Vorontsov, ex. 20 jul. 1794; Zúbov apaixonado, 8 dez. 1795. Velhice de Catarina: Czartoryski, v. 1, p. 85.

27. Golovina, pp. 47-8; 54, 76, 86-7,104-5. NM, *Elisabeth* 1.407-26. Catarina a Grimm sobre cartas de Alexandre em *SIRIO*, v. 23. *RA*, 1876, v. 1, pp. 92-7, Fiódor Rostopchin a S. R. Vorontsov, 14 abr. 1793. *RA*, 1876, v. 1, pp. 113-8. Kutaíssov: Sablukov, v. 1. p. 233. Alexandre e Constantino, orgulho em Gátchina e Paulo: Czartoryski, v. 1, pp. 122-3; Zúbov apaixonado, p. 88; Constantino maldoso/noite do casamento, p. 104.

28. Deserdar Paulo: *SIRIO*, v. 27, pp. 300-3, v. 23, p. 555. Tsarévitch Alexei/Pedro, o Grande: *RS*, 1901, v. 108, p. 79. Rey, pp. 61-5. Loucura: Golóvkin, pp. 119-21. *AKV*, v. 8, pp. 76, 93-4 Rostopchin a S. Vorontsov, 6 jul. 1793. *RA*, 1876, v. 1, pp. 92-7, Fiódor Rostopchin a S. R. Vorontsov, 14 abr. 1793. *RA*, 1876, v. 1, pp. 113-8, Rostopchin a Vorontsov, 28 maio 1794. Catarina a Grimm sobre cartas de Alexandre em *SIRIO*, v. 23, esp. Alexandre para ser coroado, v. 23, p. 574, Catarina a Grimm, 14 ago. 1792. McGrew, pp. 148-69; Zúbov graceja 1793, plano de Nassau-Siegen, Choiseul-Gouffier sobre o novo Tibério, pp. 184-7.

29. Dixon, pp. 305-15. Catarina aborda Maria: rainha Anna da Holanda citada em Rey, p. 63. Alexandre recusa a proposta de Catarina: achado nos papéis de Zúbov cit.em N. K. Shilder, *Imperator Alexandr I* (doravante Shilder), v. 1, p. 279. Renúncia ao trono: Alexandre a Laharpe, 21 fev. 1796, e Alexandre a Víktor Kotchubei, 10 maio 1796, ambos cit. em Rey, pp. 64-6. Constantino, brutalidade: *RA*, 1876, v. 1, p. 118, Rostopchin a Vorontsov, 28 maio 1794. Escolha de esposa: Wilson, p. 21. Lincoln cita Custine a respeito de piercing no pé e Davidov sobre feiura, cabelos: Lincoln, pp. 26-7. Ratos disparados de canhões, tambores, doença venérea, crueldade com hussardo relatada a Catarina II por Charlotte Lieven: Golovina, pp. 98, 184-5. 1801; planos para recusar a coroa: Sablukov, p. 325. S. W. Jackman (Org.), *Romanov Relations: The Private Correspondence of Tsars Alexander I, Nicholas I and Grand Dukes Constantine and Michael with their Sister Queen Anna Pavlovna* (doravante Jackman), p. 8;

primeiros amores e brutalidade de Constantino, p. 26. NM, *Elisabeth*, p. 66. Rey, pp. 309, 364, 417. Art Beech, *The Grand Dukes* (doravante Beech), v. 1, p. 21.

30. Golovin, pp. 109-21. McGrew, pp. 184-7. Brutalidade de Constantino: *RA*, 1876, v. 1, p. 118, Rostopchin a Vorontsov, 28 maio 1794. Casamento sueco: *RA*, 1876, v. 1, pp. 408-9, Rostopchin a Vorontsov, 11 set. 1796. Michael Jenkins, *Arakcheev: Grand Vizier of the Russian Empire* (doravante *Arakcheev*), pp. 39-55.

CENA 5: A CONSPIRAÇÃO [pp. 327-61]

1. Fiódor Rostopchin, *Le Dernier Jour de la vie de l'impératrice Catherine II et le premier jour du règne de l'empereur Paul I.* in: *Oeuvres inédites du comte Rostopchine*, pp. 3-38 (doravante Rostopchin). Grão-duquesa Isabel para a mãe, 29 jan. 1797, NM, *Elisabeth*, pp. 239-40. Czartoryski, v. 1, pp. 140-73. Golovina, pp. 124-33. McGrew, pp. 192-243.

2. McGrew, pp. 192-243. Paulo sobre Pedro III: *PSZ*, 24.17537, 9 nov. 1796; sobre os militares, *PSZ*, 1.24.17531, 7 nov. 1796. Rostopchin, pp. 3-38. Golóvkin, pp. 123-31. Golovina, pp. 124-33.

3. McGrew, pp. 192-242. Golpe de Paulo contra famílias governantes e concentração de poder no séquito de sua majestade, ajudantes dobram: LeDonne, p. 99. Ordens a empregada bonita: Golovina, p. 166. Grão-duquesa Isabel à mãe, 29 jan. 1797, NM, *Elisabeth*, pp. 239-40. Golóvkin, pp. 123-31; Paulo a Repnin sobre o poder de fazer marechais e o homem mais importante do império, p. 133; paixão pela cerimônia, p. 134. McGrew, pp. 192-243. Novas ordens de vestuário, Alexandre como prussiano, chegada da Guarda de Gátchina: Sablukov, v. 1, pp. 226-8; Petersburgo como cidade alemã, v. 1, p. 230. Os aspectos positivos de Paulo, v. 1, pp. 236-7; cavalheirismo, humor, v. 2, pp. 302-3; bate em oficiais com a bengala, v. 2, p. 306. Paradas como centro de toda a vida, natureza ambivalente de Paulo: Czartoryski, v. 1, pp. 140-73. Golovina: facção de Nelídova-Maria, pp. 138-44. Kutaíssov: Czartoryski, v. 1, pp. 181-7. Kutaíssov como Fígaro: Sablukov, v. 2, p. 306. Exoneração e exílio de Suvórov por Araktchéiev ordenado por Paulo, 6 fev.1797: grão-duque Nikolai Mikháilovitch, *L'Empereur Alexandre Ier* (doravante NM, *Alexandre*), p. 249. *Arakcheev*, pp. 53-61.

4. *Koronatsionnye torzhestva*, p. 8. Golovkin, p. 139; Alexandre e a coroa pesada, p. 162. Golovina, pp. 138-59, risada e medo; flores impróprias. NM, *Elisabeth*, v. 1, p. 246. McGrew, pp. 233-40. Wortman, pp. 87-8. Rey, p. 76. Lei da Família Románov: *PSZ*, 1.24.17908, 5 abr. 1797. Lei de Sucessão: *PSZ*, 1.24.17906, 5 abr. 1797 e *PSZ*, 1.24.17907, datada de 1788. Cesarévitch: *PSZ*, 1.24.6, nov. 1796-7, n. 17910, pp. 577-9. Lopukhiná: Sablukov 1.222-41 e 2:302-27. *Arakcheev*, p. 64.

5. *Osmnadtsatyi vek*, v. 3, p. 428, Nelídova a Paulo, 12 dez. 1796; aproxima Paulo de Maria, 14 maio 1797, pp. 430 e 432; rabugento, p. 433, irmã, p. 436; aconselha moderação, pp. 439, 449; Maria e Paulo a Nelídova, ago. 1797, p. 456. Discussão com Nelídova, dança, humor: Sablukov, v. 2, p. 303. Vida familiar de Paulo e Maria com os filhos: GARF, 728.1.1394, pp. 4-31, Observações de Nicolau I sobre brincar com Paulo e diversão/medo.

6. McGrew, pp. 244-71. Golovina, pp. 171-85. Golóvkin, pp. 169-85; governo de três mulheres, pp. 185-7; promoção de Rostopchin, p. 188. NM, *Elisabeth*, v. 2, p. 155, 28 abr. 1805. Casamento de Lopukhiná: McGrew, pp. 269-70. Suvórov e Lopukhiná: Golovina, p. 184. Rey, pp. 79-83. Kutaíssov: Lothario, foge com Paulo, nunca fez mal a ninguém: Sablukov, v. 1, p. 234; combate individual de Paulo com Napoleão, v. 2, p. 306; promoção de Lopukhiná, generosidade, "não cabia em si", promo-

ve Lopukhin a príncipe, casa para Gagárina, faz visitas com Kutaíssov, pp. 306-10. Ascensão de Kutaíssov, trama Lopukhiná/ papel principal de Rostopchin: Czartoryski, pp. 181-4. Vida em família: GARF, 728.1.1394, pp. 4-31, observações de Nicolau I.

7. Política externa de Paulo — aliança com a Áustria/GB, guerra com a França: Longworth, *Art of Victory*, pp. 236-98. Malta e aliança: McGrew, pp. 271-300. Sobre Napoleão: Andrew Roberts, *Napoleon the Great* (doravante Roberts), pp. 185, 285-6. Cavaleiros de Malta, casamento de Litta/ Scavrónskaia: Golóvkin, p. 179.

8. McGrew, pp. 289-300. Roberts sobre Napoleão/planos de Paulo para invasão, p. 286. Paulo e a Geórgia: Donald Rayfield, *Edge of Empires: A History of Georgia* (doravante Rayfield), pp. 256-7.

9. McGrew, pp. 282-312. Exoneração de Lopukhin: *RA*, 1876, v, 2, p. 90, Rostopchin a Vorontsov, 22 dez.1798, e *RA*, 1876, v. 3, pp. 76-92, 12 jun. 1799 e 10 jul. 1799. Indicação de Oboliáninov, sem desconfiança: Sablukov, v. 1, p. 234; Araktchéiev, "o Macaco" 1235; Alexandre e Constantino aterrorizados, tremendo, v. 1, p. 234. Exoneração de Araktchéiev e relação com Alexandre: *Arakcheev*, pp. 61-8. Alexandre, Isabel e Constantino, Alexandre infeliz, sentimentos liberais, dá ordens para Czartoryski redigir manifesto de reforma e abdicação: Czartoryski, v. 1, pp. 161-8. Paulo tranca Demidora em quarto com Alexandre: Golovina, p. 186.

10. Mudanças de alianças e início da conspiração de Pánin: McGrew, pp. 312-41.

11. Este relato da conspiração e assassinato se baseia em conde de Langeron, *Mémoire sur la mort de Paul I, par le comte de Langeron*, Richelieu Collection, Mémoires de Documents, MS 99, Bibliothèque de la Sorbonne, Paris, o memorando não publicado de Langeron, que entrevistou Pahlen e a maioria dos conspiradores. McGrew, pp. 341-55. Shilder, v. 1, p. 291, Paulo a Pahlen, 26 fev. 1797; Paulo desconfiado, v. 1, p. 302, Paulo a N. I. Saltikov, 29 jan. 1801. Nunca se soube que Kutaíssov tenha feito mal a alguém, v. 1, p. 233; Oboliáninov procurador: Sablukov, v. 1, p. 234; três oficiais agredidos por bengaladas de Paulo, e Paulo pagou caro por isso, v. 2, p. 306; Gagárina no Palácio de Mikháilovski, v. 2, p. 311; Pahlen "O homem corajoso age", exílio de Rostopchin/Araktchéiev, Alexandre e Constantino detidos, refazer o juramento, Sablukov descartou o assassinato, v. 2, pp. 311-20. Leo Lowenson, "The Death of Paul I and the Memoirs of Count Bennigsen", *SEER*, 1950, v. 29, pp. 212-32. Golovina, pp. 227-38; Pahlen fala com Paulo sobre a conspiração de Maria e os filhos, p. 227. Aliança com Napoleão: Roberts, pp. 286-7. Czartoryski, v. 1, p. 187; ponto de vista de Alexandre, arrependimentos e planos para Paulo após a deposição; Bennigsen, ponto de vista de Constantino, Nikolai Zúbov Colosso informa Alexandre, Maria, "Eu sou sua imperatriz", v. 1, pp. 222-46. Sobre o príncipe general Vladímir Iachvíli agredido pela bengalada: S. L. Seeger (Org.), Alexander Izvolsky, *Recollections of a Foreign Minister: Memoirs of Alexander Izvolsky* (doravante Izvolsky), pp. 39-40. NM, *Elisabeth*, p. 273, imperatriz Isabel para a mãe, 13 mar. 1801, Maria histérica, Alexandre prejudicado, alegria louca. Púchkin vê Skariátin em bailes em 1834: Tim Binyon, *Pushkin* (doravante Binyon), p. 440. Filha ilegítima de Paulo, Músin-Iúriev: NM, *Elisabeth*, v. 2, p. 111, imperatriz Isabel para a mãe, 10-22 out. 1803, v. 2, p. 336, imperatriz Isabel para a mãe, 3-15 ago. 1809; morte da princesa Gagárina, amante de Paulo, v. 2, p. 155, para a mãe, 28 abr.-10 maio 1805. NM, *Alexandre* sobre trama, pp. 7-8, inc. descrição de Alexandre em 12 mar. pelo tenente Sanglin. A noite da conspiração, Miguel, "Eu enterro meu pai" etc. GARF 728.1.1394, pp. 4-31; observações de Nicolau I. Araktchéiev — exonerado duas vezes e convocado: pp. 69-80.

12. Pahlen traiçoeiro, Alexandre I e grão-duquesa Catarina: *Scenes of Russian Court Life, being the Correspondence of Alexander I with his sister Catherine*, grão-duque Nikolai Mikháilovitch (Org.)

(doravante Catiche), pp. 112-8, Alexandre para a grão-duquesa Catarina, 18 set. 1812. Czartoryski, v. 1, pp. 223-55, Alexandre convoca Czartoryski, visão de Alexandre da conspiração, livrar-se de uma mosca (Pahlen), perdão de Valerian Zúbov, planos para Paulo fazer jardinagem, pp. 267-8; "corte de simplicidade exagerada", p. 327. NM, *Alexandre*, pp. 10-5; capacidade de esconder sentimentos por barão Korff, p. 21. GARF 728.1.1394, pp. 4-31, observações de Nicolau I. Fúria de Napoleão com a morte de Paulo: Roberts, p. 295.

CENA 6: O DUELO [pp. 363-429]

1. Personalidade de Alexandre: Roberts, p. 295. Caulaincourt cit. em Price, p. 37. Festival: NM, *Elisabeth*, v. 2, pp. 43-50, Isabel para mãe, 6-18 set., 9-21 set.; 24 set.-6 out. 1801. Liberalismo: Rey, pp. 87-130. Czartoryski, v. 1, pp. 257-70; mudança na política externa, pp. 271-9; coroação aumentou a tristeza, p. 278; encontro com o rei da Prússia, 1802, p. 283; Kámenni Óstrov, p. 290; ministros, pp. 297-304; universidades, p. 307. Reunião com prussianos em Memel, 29 maio 1802: NM, *Alexandre*, pp. 25-6; reformas e Comitê Secreto, pp. 26-32. Servidão: LeDonne, pp. 84-91; servos exilados por insolência 1760, revogação 1802, pp. 212-4. Visão liberal de Alexandre do libelo de sangue russo: John Klier, "Krovavyi navet v Russkoi provoslavnoi traditsii", in: M. Dmítriev (Org.), *Evrei I khristiane v pravoslavnykh obshchestvakh vostochnoi evropy* (doravante Klier), pp. 191-2. Abolição da Expedição Secreta e sua substituição pelo Ministério do Interior sob Kotchubei e depois sob governadores-gerais de Petersburgo mais ministros do Interior, da Guerra e da Justiça: LeDonne, pp. 125-7; Araktchéiev retorna como inspetor de artilharia, pp. 102-3; novos ministros, Conselho de Estado, desconfiança de Alexandre da nobreza, pp. 105-12. Araktchéiev, pp. 84-109.

2. Maria Naríchkina: NM, *Elisabeth*, v. 2, p. 131, 10 jun. 1804; morte da filha de Naríchkina, v. 2, p. 145, Isabel para a mãe, 21 nov.-3 dez. 1804; comportamento de Catiche, p. 253, Isabel para a mãe, 29 ago.-10 set. 1807; morte de Lisinka Alexándrovna, p. 278, 2-14 maio 1808. Catiche, pp. 27-31: cartas apaixonadas de Alexandre para ela, pp. 15, 19, 20, 24 set. 1805; minha pequena família, p. 84, Alexandre a Catiche, 18 jan. 1812; minha felicidade em minha casinha, p. 82, 24 dez. 1811; interessado em meus filhos, p. 67, 25 abr. 1811; agradeço a generosidade da minha pequena família, p. 72, 5 jul. 1811. Binyon, p. 560: citação de Vigel. Vestido de Naríchkina: Choiseul-Gouffier cit. em Golovina, p. 55; Naríchkin, p. 191. B. Arutunova (Org.), *Lives in Letters: Fifteen Letters from Tsar Alexander I to Princess Z. A. Volkonskaya* (doravante *Lives in Letters*), p. 97. Sentimentos de Alexandre em relação ao eclipse de Napoleão: Czartoryski, v. 1, pp. 331-5. Catiche, 83: Napoleão como "gênio infernal", 24 dez. 1811; Napoleão como "talento transcendente", pp. 112-8, 18 set. 1812.

3. NM, *Alexander*, pp. 34-9. NM, *Elisabeth*, v. 2, p. 175; Alexandre em Austerlitz, Isabel para a mãe, 11-23 dez. 1805. Dominic Lieven, *Russia against Napoleão* (doravante Lieven), pp. 43-7. Rey, pp. 158-74. Napoleão/Austerlitz: Roberts, pp. 357-90, inc. citações de Napoleão sobre a arrogância de Dolgorúki; carta a Josefina sobre a destruição da Rússia; sobre Alexandre como volúvel e fraco, p. 359; Francisco faz amor com uma mulher, p. 392. Czartoryski como ministro russo, p. 268; Alexandre eclipsado por Napoleão, hostilidade de Dolgorúki a Czartoryski, Alexandre zomba do chanceler Vorontsov, pp. 331-5.

4. Roberts, p. 390; Eylau, pp. 442-5; Friedland, pp. 449-55. Lieven, pp. 43-7. Rey, pp. 174-8. NM, *Alexandre*, pp. 41-5. NM, *Elisabeth*, v. 2, p. 240, Isabel para a mãe, 16 mar. 1807.

5. Tilsit: Roberts, pp. 456-63, inc. pp. 459-60 Napoleão tagarelando; Alexandre I sobre os olhos cinzentos de Napoleão a Sophie de Tisenhaus, depois condessa de Choiseul-Gouffier, cit. por Roberts, p. 635; duplicidade de Alexandre, p. 29. Rey, pp. 178-86. Lieven, pp. 46-56. NM, *Alexandre*, inescrutabilidade, Korff, p. 21; Napoleão sobre faltar alguma coisa em Alexandre; guerra com a Finlândia, belezas de Petersburgo, p. 65. NM, *Elisabeth* sobre a deslealdade da família, imperatriz-viúva e Constantino e Catiche, Isabel para a mãe, 29 ago.-10 set. 1807. Catiche a Alexandre sobre Napoleão e casamento com príncipes tolos e inteligentes, cartas com piadas ruins de 26 abr., 5 maio, 13 maio, sobre Tilsit, 25 jun. 1807, pp. 33-42; Alexandre a Catiche sobre rir melhor, 1808, p. 43; sobre possível casamento de Catiche com o imperador Francisco, Napoleão, Oldenburg, p. 292, imperatriz Maria a Alexandre, 11 maio 1807, e rumores de Napoleão sobre Catiche e Catiche se oferecendo para ser noiva de Napoleão se o Estado exigisse, p. 297, Maria a Catiche, 23 dez. 1809, e recusa ao traje de Napoleão, Catiche para Maria, 26 dez. 1809.

6. Lieven, pp. 70-85. Conferência de Erfurt: Roberts, pp. 488-93, inc. cartas de Napoleão. Rey, pp. 186-211. *Arakcheev*, pp. 110-38. Araktchéiev, o Vampiro: NM, *Alexandre*, p. 266. LeDonne, pp. 102--5, 112. Speránski: NM, *Alexandre*, pp. 58-63, inc. citação de Araktchéiev; Conselho de Estado e ciúmes gerais, pp. 68-71; observações de Batenkov sobre contrastes entre Speránski e Araktchéiev, pp. 71-2. Isabel constrangida por Savary e aliança com a França: NM, *Elisabeth*, v. 2, p. 199, Isabel para a mãe, 23 ago. 1807. Talleyrand: Rosalynd Pflaum, *By Influence and Desire* (doravante Pflaum), pp. 61--101. Guerra com a Suécia: Michael Josselson e Diana Josselson, *The Commander: A Life of Barclay de Tolly* (doravante *Barclay*), pp. 46-72; reformas como ministro da Guerra, pp. 73-90. Alexandre escorregadio: Roberts, p. 295; Price, p. 37.

7. Guerra com a Suécia: *Barclay*, pp. 46-72. *Arakcheev*, pp. 114-26. Paz; nomeação de Rumiántsev: NM, *Elisabeth*, v. 2, p. 344, Isabel para a mãe, 7-19 set. 1809.

8. Roberts, pp. 295, 517, 537-41. Catiche, p. 48: casamento de Napoleão com Anna, Alexandre a Catiche, 23 dez. 1809; casamento de Napoleão, p. 297, Maria para Catiche, 23 dez. 1809.

9. Grúzino e Mínkina: *Arakcheev*, pp. 84-110. Descrição de Araktchéiev e do corpo de granadeiro de Mínkina: A. K. Gribbe, Graf Alexei Andréievitch Araktchéiev, v 1822-1826, *RS*, 1875, v. 12, pp. 84-124. Catiche, p. 52, Alexandre sobre Grúzino, 7 jun. 1810. Reformas de Barclay como ministro da Guerra: *Barclay*, pp. 73-90. LeDonne, pp. 101-5. Fim da relação com Maria Naríchkina: NM, *Alexandre*, p. 71. A. N. Krilov-Tolstikevitch, *Imperator Alexandr II imperatritsa Elizaveta* (doravante Krilov--Tolstikevitch), p. 163.

10. Rey, pp. 212-32. *Arakcheev*, pp. 138-50. Afrouxamento da aliança entre a Rússia e a França: Lieven, pp. 60-101; preparativos de Araktchéiev e de Barclay, pp. 100-37; coleta de informações de Tchernichov e Nesselrode, pp. 79-85; Sistema Continental, pp. 78-80; planos ofensivos de Alexandre, pp. 92-3; sondagens na Polônia, pp. 123-32; reformas e preparativos da Rússia, pp. 102-36. Roberts sobre planos ofensivos de Alexandre; Sistema Continental, pp. 548-50; preparativos da Rússia, pp. 562-7; cartas de Napoleão-Alexandre, pp. 563-4. Criação do Ministério da Polícia por Alexandre: LeDonne, pp. 127-30. NM, *Alexandre*, pp. 83-91. Alexandre e a reformulação do exercício de Barclay, pp. 91-146. S"Vai correr sangue": Catiche, p. 54, 26 dez. 1810; minha família está aos seus pés, p. 57, 19 jan. 1811; p. 67, 25 abr. 1811; O que se pode esperar de Napoleão? Reforma de Speránski, p. 72, 5 jul. 1811; "uma vida de cão", p. 78, 10 nov. 1811. Sobre a tensão e preparativos: Adam Zamoyski, 1812, *Napoleon's Fatal March on Moscow* (doravante Zamoyski, 1812). Sobre Tchernichov: Bruce Menning, "A. I. Tchernichov: A Russian Lycurgus", *Canadian Slavonic Papers*, 1988. v. 30, p. 2 (dora-

vante Menning), pp. 190-219. Alertas a Napoleão: Caulaincourt se reporta a Champagny, duque de Cadore, ministro do Exterior, 19 set. 1810, cit. em Price, p. 37.

11. Baseado em Lieven, Roberts, Zamoyski, *1812*, e Rey; decisões pessoais baseadas na correspondência de Alexandre com Catiche e príncipe Golítsin. As mais importantes correspondências de Alexandre e Rostopchin com Kutúzov constam em L. G. Beskrovnyi (Org.), *M. I. Kutuzov. Sbornik dokumentov* 4. Queda de Speránski, ascensão de Rostopchin: NM, *Alexandre*, pp. 91-119; revelações religiosas e relação com o príncipe Alexandre Golítsin, pp. 160-7, e Koshelov, pp. 175-6. Oligarquia de nobres/famílias limita o tsar, *"Eles* levaram embora Speránski, que era minha mão direita": LeDonne, pp. 105-12. Lieven, pp. 85-90; manobras diplomáticas com a Áustria, pp. 91-4; Kutúzov e a guerra com os otomanos, p. 95. Rey, pp. 233-57. Catiche, p. 81: deveres de sentinela, sem beija-pés, 21 nov. 1811; ser infernal, p. 83, 24 dez. 1811; horizonte escurecendo, p. 84, 18 jan. 1812. Relações se deterioram, Roberts, pp. 557-64, Napoleão, tamanho do exército, sai de Paris, pede apoio dos otomanos: Roberts, pp. 564-79. Geórgia: Rayfield, pp. 259-71.

12. Lieven, pp. 138-73. Roberts, p. 567: alertas de Caulaincourt e resposta de Napoleão; estratégia e disposição de tropas de Napoleão, pp. 569-70; sai de Paris, p. 575; números do Grande Exército, pp. 576-9, "a maior força invasora"; atravessa o Niemen, p. 580; divisões no comando russo, p. 581.

13. Retirada: Lieven, pp. 138-73. Roberts, pp. 580-99, *bon mot* de Balachov e cartas de Napoleão a Alexandre I, p. 586; Napoleão segue Barclay, p. 594; citação de Smolensk, "Finalmente os peguei", pp. 596-7. Recriminações no alto comando e o misticismo de Alexandre: Bagration a Araktchéiev e Iermólov, de Vilna a Moscou: NM, *Alexandre*, pp. 91-119; revelações religiosas e relação com o príncipe Alexandre Golítsin, pp. 160-7, e Koshelov, pp. 175-6. Kutúzov, imposto a Alexandre por oligarcas, famílias: LeDonne, p. 108. Catiche, p. 98: Constantino desesperançado, por que você tinha de se afastar do Exército, jun. 1812; Alexandre para Catiche, minha vinda a Moscou não foi em vão, me fez chorar como uma criança, p. 102 ,12 jul. 1812; a culpa é sua, p. 104, 5 ago.1812; príncipe Georg de Oldenburg sobre possíveis comandantes, p. 308, 5 ago. 1812; Alexandre a Catiche, p. 105, 8 ago. 1812, escolha de Kutúzov; pp. 112-8 explicação de Alexandre, 18 set. 1812. Alexandre nomeia Kutúzov, GARF 679.1.6, pp. 2-3, 8 ago. 1812. RGVIA, 1/L 1.3574.III.56, Kutúzov a Rostopchin, 17 ago. 1812.

14. Borodinó e depois: Lieven, pp. 174-214. Ninguém sabe ao certo o tamanho exato dos exércitos: são números de Lieven; Roberts calcula 103 mil com Napoleão, 120 mil com Kutúzov. Roberts, pp. 600-6: batalha mais sangrenta só superada em Marne, número de baixas, pp. 604, 607. RGIA, 1409.1.710.1.234, Kutúzov apresenta relatório sobre Borodinó a Alexandre, a batalha mais sangrenta, retirada, 29 ago. 1812. RGVIA, 1/L. 1.1.3574.IV.22, Kutúzov abandona Moscou para Rostopchin, 1º set. 1812. RGIA, 1409.1.710.1.230, Kutúzov diz a Alexandre que não é a queda da Rússia. RGVIA, fundo VUA.453.19, Alexandre para Kutúzov, choque 7 set. 1812. GARF, 679.1.8.1, Alexandre para Kutúzov, 17 set. 1812. RGVIA, VUA.453.20-2, Alexandre para Kutúzov, 2 out. 1812. Conversas do coronel Michaud com Alexandre cit. em Shilder, v. 3, pp. 124, 509-10.

15. Lieven, pp. 215-41. Roberts, 609-19. Catiche, p. 108, Catiche para Alexandre, 3 set. 1812; "Você é acusado explicitamente", p. 108, 6 set. 1812; Alexandre a Catiche, minha determinação, p. 109; Catiche para Alexandre, "Bagration morreu ontem", p. 109, 13 set. 1812; "Esses seis quilômetros fatais envenenaram todo o deleite que tive na vitória", pp. 112-8, 18 set. 1812; Catiche para Alexandre, 23 set. 1812; Alexandre para Catiche, documento de Bagration "minha missão está cumprida", p. 123, 24 set. 1812. Incêndio de Moscou e Rostopchin: ver Alexander Mikaberidze, *The Burning of Moscow: Napoleon's Trial by Fire 1812.*

16. Lieven, pp. 241-84. Catiche, p. 129, Alexandre para Catiche, "Deus fez tudo", 2 nov. 1812; Catiche para Alexandre, "O deleite é geral", p. 136, 25 nov. 1812; morte do príncipe Georg, Catiche para Alexandre, p. 142, 15 dez. 1812. Depois de Borodinó, *Barclay*, pp. 145-6. Retirada: Roberts, pp. 634-5 e cit. de Alexandre I a Tisenhaus, depois condessa Choiseul-Gouffier sobre Napoleão, "Que carreira foi arruinada".

17. Baseado em: Lieven cap. 9-14. Price, cap. 3-7; Rey, pp. 258-70. Roberts, pp. 642-60. Cartas de Alexandre em NM, *Alexandre*, cartas de Isabel em NM, *Elisabeth. Arakcheev*, pp. 158-70. Barclay, pp. 166-204. Price: perfil de Metternich, cit. de Stendhal, pp. 40-1; Lützen e Bautzen, pp. 61-75; negociações de Reichenbach, pp. 79-88; Congresso de Praga, pp. 101-9; Schwarzenberg, p. 115; corte do tsar, p. 116, carta para a esposa; derrota em Dresden, pp. 119-27; Kulm, pp. 127-34. Volkónskaia: *Lives in Letters*, pp. 92-132. Maria Fairweather, *Pilgrim Princess* (doravante Fairweather), pp. 57-71. Alexandre I para o confidente Alexandre Golítsin, Alexandre a Golítsin e negociações com os aliados, descrição por Golítsin, NM *Alexandre*, pp. 119-43. Catiche, p. 164, Alexandre em Kalisch com aliança com a Prússia, 23 fev. 1813; Catiche em Praga e Teplitz, pp. 174-85, 28 abr. 1813; Alexandre, Lützen, Bautzen e depois, p. 185, 14 maio 1813; trégua, p. 190, 28 maio 1813; Catiche suborna Metternich, p. 193, 20 jul. 1813. Sobre Nesselrode, pano de fundo: W. Bruce Lincoln, "The Ministers of Nicholas I: A Brief Inquiry into their Backgrounds and Service Careers", *Russian Review*, jul. 1975, v. 34, pp. 308--23 (doravante Lincoln, "Nicholas I Ministers"), p. 314.

18. Rey, pp. 261-77. Roberts sobre Leipzig, pp. 660-86; invasão da França, pp. 687-99. Price sobre a Batalha das Nações, Alexandre ameaçado pela cavalaria, pp. 135-52; Frankfurt, p. 161; plano de Alexandre para uma república francesa, p. 117 (general Moreau); entrando na França, pp. 168-70; Congresso de Châtillon, Castlereagh, pp. 187-90; Schwarzenberg sobre a bufonaria de Alexandre, p. 190; Alexandre vs. os Bourbon, p. 191; república ou reino, p. 198; Blücher grávido de um elefante, avanço, p. 217. Na estrada para Paris com ministros: Adam Zamoyski, *Rites of Peace: The Fall of Napoleon and Congress of Vienna* (doravante Zamoyski, *Rites*), cit. de Metternich, p. 108; Metternich repreende Alexandre, pp. 116-7; chegada de amante classe média de Catiche, p. 123; noites com Alexandre, p. 132. Catiche, p. 196: "vida de cão" de Alexandre em Teplitz, 5 out. 1813; aflito na Suíça, p. 198, 15 dez. 1813. Castlereagh com Alexandre: John Bew, *Castlereagh* (doravante Bew), pp. 335-51. *Arakcheev*, pp. 166-70. *Barclay*, pp. 166-86.

19. A entrada em Paris: Price, pp. 224-8. *Arakcheev*, pp. 166-7. *Barclay*, pp. 200-1.

20. Talleyrand, "ouro misturado com merda": Price, p. 161; notas para Maria Luísa, p. 217; Talleyrand quer regência de Maria Luísa, pp. 222-6; Alexandre na casa de Talleyrand, Senado depõe os Bonaparte, pp. 227-36; missão de Caulaincourt, Elba, pp. 237-44. Roberts, pp. 700-16. *Arakcheev*, pp. 167-70. *Barclay*, pp. 194-204. Zamoyski, *Rites*, pp. 180-5. Catiche, p. 224, 8 abr. 1814; Alexandre sobre a abdicação de Napoleão, p. 228, 20 abr. 1814.

21. Catiche, pp. 217-30. Charmley, pp. 7, 10, 18-34. Rey, pp. 277-8.

22. Zamoyski, *Rites*, Nesselrode, p. 68; Wilhelmina, p. 79; Madame Schwartz, p. 302; Constantino como Hiena Zangada, o tsar flerta com Auersperg, chamado de bobo, p. 313; ameaça à Saxônia, p. 325; chantageia Metternich por meio de Sagan, pp. 330-1; Constantino agride Windischgrätz, p. 340; flerte de Alexandre, *bon mot* da condessa Szechenyi, o grande traseiro do tsar, pp. 350-2; Czartoryski e Isabel, p. 353; Beethoven, p. 376; incêndio no palácio de Razumóvski, p. 384; acordo com a Saxônia, Alexandre rude com a esposa, p. 410; ditador da aliança, p. 461; Tchernichov agencia meretrizes, amante de Volkónski e carta de Bethmann, p. 476; Czartoryski de coração partido, p. 483. NM,

Alexandre, pp. 143-55, sobre Naríchkina, Santa Aliança, Alexandre a Koshelev, p. 175; e Alexandre a Golítsin, 8-15 fev. 1821, inc. conspiração revolucionária anticristianismo e ideia de Santa Aliança vindo de Alexandre em Viena, só evitada pela volta de Napoleão, pp. 221-31; mudança de governo, ascensão de Araktchéiev e Golítsin em Petersburgo, pp. 165-6. Isabel em Viena: NM, *Elisabeth*, v. 2, pp. 584-6, Isabel para a mãe, 2 out. e 11 de nov. 1814. *Arakcheev*, pp. 166-73. Fairweather, pp. 101-18. Bew, pp. 373-89. Irmãs da Curlândia: Pflaum, pp. 208-60, Zamoyski, *Rites*, pp. 510-2. Ascensão de Krüdener: Rey, pp. 278-86. Paris depois dos Cem Dias/promoção a príncipe: *Barclay*, pp. 200-3.

23. Zamoyski, *Rites*, pp. 510-2. Krüdener: Rey, pp. 278-86. *Barclay*, pp. 200-3. Alexandre a Catiche sobre Virginia, 3 jun. 1815. NM, *Alexander* — Krüdener, Stourdza, Golítsin e Koshelev, pp. 155--71; Santa Aliança e a descrição de Alexandre em carta ao conde Lieven, 16 mar. 1816, cit. pp. 169-77.

24. NM, *Alexandre* sobre a vidente mística Tatariov e Araktchéiev vs. Golítsin, pp. 180-7; planos de reformas para Polônia e Rússia, pp. 188-90 e 205-8; decretos de Speránski, pp. 193 e 207. Rey, pp. 310-20. Conversa com Borstell: GARF, 728.1.633. Colônias militares e diferentes atitudes dos russos e de outros camponeses: NM, *Alexandre*, pp. 208-17; Metternich cita as mudanças de Alexandre, p. 209; revolução e motim de Semiónovski, Alexandre a Golítsin, 8-15 fev. 1821, inc. conspiração revolucionária anticristianismo. Imperatriz Alexandra (Mouffy) sobre as colônias militares: Una Pope-Hennessy, *A Czarina's Story: Being an Account of the Early Married Life of Emperor Nicholas I of Russia Written by his Wife* (doravante Pope), pp. 9-20. *Arakcheev*, pp. 171-203. Viagens de Alexandre: Rey, pp. 347-50. Congressos, Aix, plano de Alexandre para a Espanha e Santa Aliança: Adam Zamoyski, *Phantom Terror: Political Paranoia and the Creation of the Modern State 1789-1848* (doravante Zamoyski, *Phantom*), pp. 183-91.

25. *Arakcheev*, pp. 188-96; sociedades secretas e o motim de Semiónovski, pp. 210-2. Zamoyski, *Phantom*, pp. 326-30. Rey, pp. 327-42; Cáucaso, pp. 328-9; colônias, pp. 321-6. Visão britânica do Sistema de Congresso: Rory Muir, *Wellington: Waterloo and the Fortunes of Peace 1814-1852* (doravante Muir), pp. 172-4. Alexandre e Borstell: GARF, 728.1.633. Congresso de Aix: Charmley, pp. 40-5 sobre a condessa Lieven, Metternich; sobre Nesselrode, pp. 56-7; Troppau e Laibach, pp. 65-79. Bew, pp. 505-6. Polícia secreta: Ruud, 16. Abolição do Ministério da Polícia 1819, substituído por três agências administradas por Araktchéiev, governador-geral de Petersburgo Milorádovitch e ministro do Interior: LeDonne, pp. 128-30. Objeções às colônias militares de Barclay, p. 206. Púchkin e o déspota de gordas nádegas: Binyon, pp. 55, 100-4.

26. Constantino *RA*, 1876, 1.118, Rostopchin a Vorontsov, 28 maio 1794. Wilson, p. 21. Custine sobre furo no pé e Davídov sobre feiura: Lincoln, pp. 26-7. Golovina, pp. 98 e 184-5. Planos para recusar a coroa: Sablukov, p. 325. Jackman, pp. 8, 26; Maria não aprova amante e depois apoia casamento, Maria para Anna, 17 jul. 1820, e p. 59, 7 fev. 1821; Petersburgo como prisão, Constantino para Anna, p. 136, 12 jun. 1827. Amante amável de Lieven: Charmley, pp. 10-1. NM, *Elisabeth*, p. 66. Rey, pp. 309, 364, 417. Beech, v. 1, p. 21.

27. Nicolau: GARF, 728.1.1394, pp. 4-31, Observações de Nicolau I. NM, *Elisabeth*, v. 2, p. 647, casamento de Nicolau com Alexandra, Isabel para a mãe, 27 jun.-9 jul. 1817. Juventude: W. Bruce Lincoln, *Nicholas I* (doravante Lincoln, *Nicholas*), pp. 48-50; casamento, pp. 48-72. Romance/casamento com Nicolau: Pope, pp. 9-47. Beech, v. 1, p. 47. Nicolau virgem no casamento, visita a sifilíticos: M. A. Korf, "Materialy i cherty k biografii i Imperatora Niklaia I", in: N. F. Dubrovin, *Materialy i cherty k biografi i imperatora Nikolaia I i k istorii tsarstvovaniia*, pp. 98-100. Ódio a poloneses e judeus: Dubrovin, "Materialy i cherty k biografii imperatora Nikolaia I i k istorii ego tsarstvovaniia", *SIRIO*,

1896, v. 98, pp. 10-4. M. Polievktov, *Nikolai I. Biografi a i obzor tsarstvovania*, p. 3, Rey, pp. 308-10. GARF, 728.1.1210, Constantino a Alexandre, 14 jan. 1822; GARF, 728.1.1167, Alexandre a Constantino, 2 fev. 1822; sucessão manifesta por Alexandre, 16 ago. 1823. GARF, 679.1.68.

28. Rey, pp. 342-6; sociedades secretas, pp. 357-63. "Sinagogas de Satã", Alexandre reclama do Comitê Central e armadilha para Constantino, Zamoyski, *Phantom*, pp. 267-75; rodeado de assassinos, p. 330; Verona, pp. 302-6; Wellington e sexo nas ruas cit. por Chateaubriand. Muir, pp. 193-7. Sociedades: Lincoln, *Nicholas*, pp. 32–4. Polícia secreta: Ruud, p. 16. Congresso de Verona: Charmley, pp. 81-93; Questão da Grécia, pp. 124-6.

29. NM, *Alexandre*, pp. 241-328. *Arakcheev*, pp. 204-38; assassinato de Mínkina, pp. 239-62; queda de Golítsin, Volkónski, sem direito de ser severo, pp. 222-36; Sherwood, p. 252. Araktchéievchina/ queda de Golítsin: Rey, pp. 352-7 e 363-6.

30. Rey, relato da condessa Choiseul-Gouffier, pp. 351-3; Michaud para falar com Pope, p. 367. Sófia e pecado: Golítsin a Alexandre, GARF, 728.1.120. Taganrog: Alexandre a Isabel, GARF, 658.1.96, 5 set.1825. Alexandre ordena investigações e prisões a Dibich e Tchernichov; morte: GARF, 728.1.1394, pp. 4-31, Observações de Nicolau I. Taganrog, cartas de Alexandre a Isabel, cartas de Isabel à mãe em idílio de lua de mel e depois decadência e morte de Alexandre, narrados em carta para a mãe: NM, *Alexandre*, pp. 241-328. Alexandre visita Vorontsov, Crimeia e Alúpka: Anthony L. H. Rhinelander, *Prince Michael Vorontsov: Viceroy to the Tsar* (doravante Rhinelander), pp. 77-9. Partida para Taganrog e morte: Rey, pp. 366-85; aposentadoria de Volkónski como bibliotecário, p. 376; mito e relatórios médicos de Kuzmich, pp. 381-5. Fairweather, pp. 159-62; último encontro e cartas de Alexandre, p. 177; morte e cortejo fúnebre, o cocheiro Iliá, pp. 181-4.

ATO III: O DECLÍNIO

CENA I: JÚPITER [pp. 435-88]

1. GARF, 728.1.1394, pp. 4-31, Notas de Nicolau I. Impulso de Nicolau para assumir o trono: S. V. Mironenko, *Stranitsy tainoi istorii samoderzhaviia*, pp. 89-90. S. W. Jackman (Org.), *Chère Annette: Letters from Russia 1820-1828: The Correspondence of the Empress Maria Feodorovna of Russia to Her Daughter the Grand Duchess Anna Pavlovna, the Princess of Orange* (doravante Annette), pp. 100-1; Maria Fiódorovna sobre o imperador Constantino, situação terrível, ouve tiros de canhão: Maria para Annette, 1ª, 2, 5 e 15 dez. 1825. Lincoln, *Nicholas*, pp. 18-47, 70-85. Jackman, pp. 115-6, Anna de Orange para Constantino, 27 dez. 1825. Wortman, pp. 131-3.

2. Wortman, pp. 130-1. Elizabeth Longford, *Wellington: Pillar of State* (doravante Longford), pp. 162-3. Muir, pp. 233-7. Annette, pp. 112-3, Maria para Annette, 18, 19 fev. e 19 mar.1826. Questão Oriental e Nicolau como seu próprio ministro de Relações Exteriores: Lincoln, *Nicholas*, pp. 110-2, 117-9.

3. OR RNB 380.479.1, Nicolau para A. N. Golítsin, 13 jul. 1826. Instruções de Nicolau sobre as execuções: OR RNB 738.37.15, Nicolau para o conde P. V. Goleníschev-Kutúzov, 1826. "Não tenho menos razão para reclamar": RAS 198.13.2.18, Nicolau para a amante de Paulo, Nelídova, 4 abr. 1826. "Sistema" de Nicolau: Lincoln, *Nicholas*, pp. 308-23; Exército, tudo está em ordem, Nicolau para Mouffy cit., p. 312. Tchernichov: Menning, pp. 190-219. Jonathan W. Daly, *Autocracy under Siege: Se-*

curity Police and Opposition in Russia 1866-1905 (Daly 1), pp. 12-7. Denúncia e vigilância: Binyon, pp. 449-5. Imperatriz Alexandra sobre Benckendorff: Pope, p. 46. Benckendorff e atriz: Lieven, pp. 248--9. Lincoln, *Nicholas*, pp. 89-90. Ruud, pp. 18-21. Inspeções com Benckendorff "para confundir Moscou", diários de Benckendorff cit. em Lincoln, *Nicholas*, p. 171; comissões de reforma, p. 99; novos ministros, p. 99. Iermólov contaminado, interrogatório de Griboiédov: Laurence Kelly, *Diplomacy and Murder in Tehran: Alexander Griboyedov and Imperial Russia's Mission to the Shah of Persia* ("Kelly"), pp. 131-40.

4. Wortman, pp. 135-9. Annette, p. 116, Maria para Annette, 13, 25 jul. 1826. Binyon, pp. 240-5; Benckendorff, pp. 244-51. Jovem tsarévitch Alexandre: E. Radzinsky, *Alexander II: The Last Great Tsar* (Radzinsky), p. 53.

5. Pérsia: Lincoln, *Nicholas*, pp. 110, 113-5. Nicolau suspeita de Iermólov: *RS*, 1880, v. 29, pp. 619-25, Nicolau para Dibich, 10 e 27 mar. 1827. Rayfield, pp. 277-80. Kelly, pp. 128-43; ascensão de Paskévitch, p. 143; ar, pp. 143-62; embaixada, pp. 179-94.

6. Otomanos: Lincoln, *Nicholas*, pp. 115-30. Nicolau para o grão-duque Miguel sobre o cerco de Brailov, 8 jun. 1828 cit. em A. S. Tsamutali, *Nikolai I*, p. 346; Nicolau para Miguel sobre a morte de Maria, "estamos órfãos", 24 out. 1828. Varna/Ménchikov ferido: Lyubov Ruseva, "Oklevetannyi molvoi", *Smena*, 2007, v. 2, pp. 96-107. Morte de Maria: Annette, p. 162, Alexandra para Annette, 24 out. 1828. Morte de Griboiédov: Kelly, pp. 195-204.

7. Lincoln, *Nicholas*, pp. 130-48. RGIA 706.1.71, Nicolau para Miguel sobre o "canalha" Metternich, 24 abr. 1843. Medo de assassinato: *RA*, 1897, v. 1, p. 16, Nicolau para Paskévitch, 30 jun. 1835.

8. Wortman, p. 145. Lincoln, *Nicholas*, p. 275. "Sorriso de um Júpiter condescendente": Anna Tiútcheva, *Vospominaniia*, p. 44. Vida caseira, cronograma e conselheiros: Lincoln, *Nicholas*, pp. 154--66. Mouffy "em uma gaiola dourada": Anna Tiútcheva, *Vospominaniia*, Moscou, 2004, pp. 51, 55. Mouffy: Lincoln, *Nicholas*, pp. 60, 115 e 364. Imagem completa: Wortman, pp. 126-7. Mouffy: Binyon, p. 443. Dançando e ouvindo sobre conspirações políticas: Pope, pp. 41-3; Nicolau sobre a felicidade familiar, p. 31, Nicolau para Annette, 28 fev. 1846; nosso tranquilo chalé, Peterhof, 28 jul. 1837, p. 222; "nosso lugar favorito", p. 190.

9. Filhos: Jackman, p. 185, filhos "mais caros do que qualquer conquista", Nicolau para Annette, 19 set. 1829; p. 145 meus meninos, alma "angelical" do jovem Alexandre, 16 fev. 1828; p. 83, "pequeno é um soldado", Nicolau para Annette, 16 jul.1820; p. 98, menino distraído. Nicolau exercita a família, grão-duques NN e MN: Beech, v. 1, pp. 79-80. "Regimentos de recreação": Wortman, p. 148. Jovem Alexandre: choroso, emotivo, instintos militares: Zapiski K. K. Merder, *Novyi zhurnal*, 1995, v. 3. Zapiski K. K. Merder, *RS*, 1885, v. 45, pp. 347-8, 538-9; v. 46, pp. 488-90; v. 47, pp. 227-8 (doravante Zapiski K. K. Merder). "Desejo de garantir que meu filho pense como eu": *RA*, 1897, v. 1, p. 6, Nicolau para Paskévitch, 22 maio 1832. Falta de entusiasmo pela vida militar/soldado em sua alma: Alfred Rieber (Org.), *The Politics of Autocracy: Letters of Alexander II to Prince A. I. Bariatinskii 1857--1864* (doravante Rieber), p. 22, Nicolau para Merdera; natureza reservada, relatórios de Merdera, p. 32; gostaria de não ter nascido tsarévitch, p. 19. Vida na corte: Wortman, pp. 148, 151. "Gosto que as pessoas se divirtam": Jackman, p. 190. Núbios 1810, primeiros americanos, vestes, pele negra e situação regular, redução dos custos dos núbios 1851, apenas oito negros: Zimin, negros, pp. 410-8.

10. Vida sexual de Nicolau: Annette, p. 24, sobre a libido e abstinência de Nicolau, Maria Fiódorovna para Annette, 7 jul. 1820. Liev Tolstói, *Hadji Murat*, in: *Great Short Works of Leo Tolstoi*, p. 616 [Ed. bras.: *Khadji-Murát*. São Paulo: Cosac Naify, 2010]. Varenka Nelídova, reserva: M. P. Frede-

riks, *Iz Vospominanii. Portret na fone imperii* (doravante M. P. Frederiks), pp. 54-5. Sobre a amizade de dezessete anos de Nicolau com Nelídova: grão-duquesa Olga Nikoláievna, *Son Iunosti. Vospominaniia velikoi knyazhny Olgi Nikolaevny 1825-1846*, in: N. Azarova (Org.), *Nikolai I. Muzh. Otets. Imperator* (doravante grão-duquesa Olga Nikoláievna, *Son Iunosti*), pp. 248-9; sobre Amalia Krüdener, pp. 235-6. Krüdener e Buturlina sobre Nicolau I como um homem estranho: S. V. Jitomirskaia (Org.), S. A. Smirnova-Rosset, *Dnevnik. Vospominaniia*, pp. 8-9, 10 mar. 1845; sobre as horas das visitas a Nelídova 7, 5 mar. 1845. Binyon, p. 381; sobre flertes com Púchkina e harém de atrizes, p. 529; Krüdener e Buturlina, p. 567; sobre "andar" atrás de Natália Púchkina, passar perto da janela, p. 566.

11. Binyon, pp. 244-62, 437-9, 442, 449-52. Uvárov e nacionalismo: Lincoln, pp. 237-52. Binyon, pp. 480-5 sobre Uvárov contra Púchkin, Nicolau sobre resenhas, pp. 316-7. Púchkin e Elise Vorontsova: Rhinelander, pp. 75-7.

12. Binyon, pp. 524-99; casamento de D'Anthes com Iekaterina, pp. 609-10; duelo e morte, pp. 611-27; 639-50; nov. 1836, Nicolau aconselha Natália a prestar atenção na virtude; Nesselrode, p. 149; funeral, p. 296; Jukóvski reclama do assédio a Benckendorff, p. 311.

13. O relato se baseia em Moshe Gammer, *Muslim Resistance to the Tsar: Shamil and the Conquest of the Chechnia and Dagestan*; John F. Baddeley, *The Russian Conquest of the Caucasus*; Rayfield, *Edge of Empires*; Lesley Blanch, *The Sabres of Paradise. RA*, 1897, v. 1, p. 22, Nicolau a Paskévitch, 21 out. 1837.

14. Zapiski K. K. Merder; "Queria nunca ter nascido tsarévitch", *RS*, v. 45, p. 528; Nicolau a Alexandre II, posso perdoar tudo exceto uma falta de senso de dever, *RS*, v. 47, p. 41; Nicolau percebe pouco zelo pela ciência militar, *RS*, v. 48, p. 514; natureza reservada, *RS*, v. 47, p. 430. Educação e juventude de Alexandre: "Sobstvennoruchnoe chernovoe pismo V. A. Zhukovskogo ee Imperatorskomu Vel. Gos. Imp. Marii Fyodorovne 1828", *SIRIO*, 1881, v. 30, p. 39. Wortman, pp. 169-80; casamento, pp. 180-5. Rieber, p. 32; natureza reservada, relatórios Merder, p. 32; Nicolau como mais que um pai, pp. 19-22. Cossacos: Menning, pp. 190-219. Devaneios de Alexandre, Kalinovskaya, uma viagem: GARF 672.1.340.10, Nicolau ao general Toll, 8 ago. 1838. Alexandre desfila, out. 1839: I. A. Bitchkov (Org.), V. A. Jukóvski, *Dnevniki V. A. Zhukovskogo*, p. 509. Tsamutali, Nicolau questiona sobre relacionamento com Marie e depois encantado com Marie: Nicolau a Toll, 12 out. 1839 e 21 abr. 1840. Visita a hospital de sífilis: Korff, "Materialy", pp. 98-100. Viagem: Lincoln, p. 215. Visita holandesa a Annette: Jackman, p. 281, Annette a Nicolau, 1º mar. 1839. Londres: A. C. Benson; Visconde Esher (Orgs.), *The Letters of Queen Victoria: A Selection from Her Majesty's Correspondence between the Years 1837 and 1861* (doravante *Queen Victoria's Letters*), anotações do diário de maio 1839. Bariatínski leva mensagem a Marie: Rieber, pp. 60-1. Correspondência de Nicolau com o jovem Alexandre sobre a vida e o casamento com Marie: L. G. Zakharova; L. I. Tyutyunnik (Orgs.), *Venchanie s Rossiei: Perepiska velikogo knyazya Alexandra Nikolaevicha s imperatotom Nikolaem I. 1837*, Nicolau a Alexandre, 24 jun. de 1837, p.143; Alexandre a Nicolau, 3 jul. 1837, p. 81. Jackman, p. 300, Alexandre para Darmstadt para fazer pedido de casamento, Nicolau para Annette, 7 jan. 1840. Nascimento de filhos, Nikolai Alexandrovich: Jackman, p. 313, Nicolau para Annette, 3 out. de 1843.

15. Rhinelander, pp. 123-59; desconfiança inicial de Nicolau em relação a Vorontsov, pp. 101-6; vida amorosa e estilo de vida, pp. 160-7; pompa de Nicolau no agradecimento, pp. 142-3; Cáucaso nos anos 1830 e nomeação de Vorontsov, pp. 280-92. Palácio de Inverno incendiado: *RA*,1897, v. 1, p. 22, Nicolau a Paskévitch, 3 jan. 1838.

16. S. Tatíschev, "Imperator Nikolai I v Londone v 1844 godu", *Istoricheskii vestnik*, fev. 1886,

23.3, pp. 602-4. *Queen Victoria's Letters*, v. 2, pp. 16-7. Orlando Figes, *Crimea* (doravante Figes), pp. 61-70. Lincoln, pp. 221-4; J. H. Gleason, *The Genesis of Russophobia in Great Britain* (doravante Gleason), pp. 35-45. Eles querem me matar: *RA*, 1897, v. 1, p. 16, Nicolau para Paskévitch, 30 jun. 1835.

17. Lincoln, pp. 180-95. Geoffrey Hosking, *Russia: People and Empire*, pp. 144-9, inc. cit. sobre o mal da servidão, e pp. 367-97; Samárin e Nicolau, p. 382. Uvárov: Binyon, pp. 480-5. Lincoln, pp. 237-52. Sobre as contradições do nacionalismo e do império: Dominic Lieven, *Towards the Flame* (doravante Lieven, *Flame*), pp. 46-57.

18. Caso do "libelo de sangue" de Vélij: Klier, pp. 192-5. Vorontsov sobre perseguições ridículas: Rhinelander, pp. 87-8, 108. L. Loewe (Org.), *Moses Montefiore, Diaries of Sir Moses and Lady Montefiore*, pp. 329-35. Abigail Green, *Moses Montefiore: Jewish Liberator, Imperial Hero*, pp. 181-94; sobre a situação dos judeus na Rússia, pp. 174-80. Edmund Levin, *A Child of Christian Blood: Murder and Conspiracy in Tsarist Russia: The Beilis Blood Libel* (doravante Levin), p. 39. Ódio a poloneses e judeus: Dubróvin, pp. 10-4. Também: Polievktov, p. 3. Ver: N. Riasanovsky, *Nicholas I and Official Nationality in Russia, 1825-1855*.

19. Lincoln, pp. 156-9. Morte de Alexandra (Adini) em jul. 1844: Jackman, p. 312, Nicolau para Annette, 2 set. 1844. Nicolau e os casamentos das filhas, "Seu velho amigo, papai", in: Ollie, Tarasov, v. 1, p. 178, Nicolau para Olga, 26 dez. 1845. Casamento de Olga: Jackman, p. 314, Nicolau para Annette, 26 set. 1846. Benckendorff e Amalia Krüdener, reação de Nicolau e adoção de bebê / casamento com N. Adlerberg: grão-duquesa Olga Nikoláievna, *Son Iunosti*, pp. 235-6. Morte de Benckendorff: *RA*, 1897, v. 1, p. 32, Nicolau para Paskévitch, 18 set. 1844.

20. Sem piedade: *RA*, 1897, v. 1, p. 32, Nicolau para Paskévitch, 18 set. 1844. Lincoln, pp. 269--90; discurso a nobres sobre o perigo de servos domésticos, 21 mar. 1848; discurso aos guardas de Preobrajénski sobre o aniversário dos dezembristas em 1850; a família pertence a você como você pertence a mim, p. 251; medo de rumores sobre governo alemão entre as massas, p. 91. Morte de Miguel: Jackman, p. 331, Annette para Nicolau i, 15 set. 1849. Tom messiânico em visita a Moscou: Wortman, p. 162, Nicolau i, 14 mar. 1848, manifesto em visita para consagrar o novo Grande Palácio do Krêmlin de Ton.

21. Lincoln, pp. 303-11. Joseph Frank, *Dostoevsky: A Writer in his Time*, pp. 163-83. Radzinsky, pp. 89-94.

22. Lincoln, *Nicholas I*, ministros, pp. 321-3. Nenhuma mudança é necessária, aconselha Tchernichov: W. Bruce Lincoln, *The Great Reforms: Autocracy, Bureaucracy, and the Politics of Change in Imperial Russia* (doravante Lincoln, *Reforms*), p. 149. Vorontsov pede ferrovias e vapores movidos a carvão para o mar Negro: Rhinelander, pp. 115-8. Kóstia pede vapores para a Marinha: Radzinsky, p. 73; idade média dos ministros, p. 65. Afastamento da vida da corte: Jackman, p. 334, Nicolau i para Annette, 23 dez. 1851. Caminho para a Guerra da Crimeia: o relato se baseia em Figes, pp. 90-164. V. Vinogradov, "The Personal Responsibility of Emperor Nicholas i for the Coming of the Crimean War: An Episode in the Diplomatic Struggle in the Eastern Question", in: H. Ragsdale (Org.), *Imperial Russian Foreign Policy*, pp. 159-70. Varna / Ménchikov ferido: Ruseva, pp. 96-107. Ascensão de Napoleão iii: Serena Vitale, *Pushkin's Button*, p. 324; Nicolau recebe o barão George d'Anthes / Heeckeren como enviado de Napoleão, 10 maio 1852. Declínio de Nicolau: L. Thouvenel, *Nicolas I et Napoléon III, préliminaires de la guerre de Crimée, 1852-1854, d'après les papiers inédits de M. Thouvenel*, pp. 217-9, 250-1, 331-3, marquês de Castelbajac para M. Thouvenal. Pompa: Rhinelander, p. 143. Anna Tiútcheva, *Vospominaniia* (doravante Tiútcheva), p. 174, arrogante, expressão cruel, 22 jul.

1854. Pressão sobre Nicolau: a guerra é iminente, p. 337, Nicolau I para Annette, 20 maio 1853; "guerra, eu não a procuro, mas não fujo dela", p. 340, Nicolau para Annette, 7 out. 1853. Rhinelander sobre Vorontsov se opor à guerra, pp. 191-2; seu sobrinho secretário britânico para a guerra, pp. 191-2.

23. O relato se baseia em N. F. Dubróvin, *Istoriia Krymskoi voiny i oborony Sevastopolya* (doravante Dubróvin, *Istoriia*), Figes; Lincoln, *Nicholas*; A. Zaionchkóvski, *Vostochnaia voina 1853-1856*; E. V. Tarle, *Krymskaia voina*; Jackman. Rhinelander, pp. 191-2. Vocação sagrada, sobrecarregado de cuidados: Jackman, p. 341, Nicolau I para Annette, 3 fev. 1854; Deus e 1812, p. 341, Nicolau I para Annette, 3 fev. 1854; Nicolau, sem inclinação para entretenimentos, p. 342, grão-duquesa Elena Pávlovna para Annette, 16 fev. 1854; tsarévitch Alexandre pronto para dar boas-vindas à Marinha Real e visível do Chalé, p. 344, Alexandre para Annette, 29 abr.1854 e 2 jul. 1854; a ingratidão do imperador da Áustria irá nos atacar, p. 346, Nicolau para Annette, 13 jul. 1854. Correspondência de Nicolau com Ménchikov e Gorchakov: Dubróvin, *Istoriia*, v. 2, p. 31, Nicolau I para Ménchikov, 30 set. 1854, "Não desista", 1812; relatos verdadeiros, p. 4, Nicolau I para Ménchikov, 3 out. 1854; indecente, p. 5, Nicolau para Ménchikov, 10 out. 1854; manter a honra, p. 114, Nicolau para Ménchikov, 16 out. 1854; "Anime-se", p. 256, Nicolau para Ménchikov, 31 out. 1854; não somos ainda os mesmos russos, p. 31, Nicolau para o príncipe M. Gorchakov, 30 set. 1854; Ménchikov deprimido, pp. 253-6, Nicolau para Gorchakov, 1º nov. 1854. Declínio de Nicolau na corte: Tiútcheva, p. 182, de partir o coração, chorando, 19 out. 1854; carvalho escuro de Gátchina que não sabe se curvar, tsar de meias, p. 188, 24 nov. 1854; alimentando neta, p. 192, 7 dez. 1854. Chamil e rapto das princesas georgianas, jun. 1854, entrevista de Djemal com Nicolau e troca por Djemal-Edin, mar. 1855, troca no dia do funeral de Nicolau: Blanch, pp. 316-21, 359-88.

24. O relato se baseia na carta inédita da grão-duquesa Alexandra Ióssifovna, esposa de Constantino Nikoláievitch, à duquesa de Berry, 7-19 abr. 1855 (da coleção privada da condessa Stefania Calice). Morte: Tiútcheva, pp. 194-203, 10-19 fev. 1855. Nicolau participa do casamento de Alexandra Kleinmikhel: M. P. Frederiks, p. 87. RGVIA, 846.16.5450; RGVIA, 846.16.5452; "Dr Mandt o poslednikh nedelyakh imperatora Nikolaia Pavlovicha", *RA*, 1905, v. 2, p. 480; "Nekotorye pobrobnosti o konchine imperatora Nikolaia Pavlovicha", *RA*, 1906, 3.9, pp. 143-5; "Noch c 17-18 fevralia 1855: rasskaz doktora Mandta", *RA*, 1884, v. 1. p. 194. D. N. Bludov, *Poslednie minuty i konchina v boze pochivshego imperatora, nezabvennogo i vechnoi slavy dostoinogo Nikolaia I*, pp. 4-6; Figes, pp. 321-3; Lincoln, pp. 348-50; Radzinsky, pp. 97-9. Alexandre assume o comando, "soberano não se sente bem, pede-me que lhes dê as seguintes ordens", ordens ao general M. Gorchakov: *RS*, 1881, v. 32, pp. 9-12, Alexandre II a Gorchakov, 14 fev. 1855.

CENA 2: LIBERTADOR [pp. 489-572]

1. *RS*, 1883, v. 37, pp. 1-3, Alexandre II para M. Gortchakov, sobre receios da intervenção austríaca, negociações em Viena, bombardeio de Sebastópol; 4 jun. 1855, nem tudo está perdido; 11 ago. 1855, perda de soldados gloriosos; 3 set. 1855, "não esmoreçam. Sebastópol não é Moscou". Rieber, pp. 18-9. François Charles Roux, *Alexandre II, Gortchakoff et Napoleon III* (doravante Roux), pp. 1-40. W. E. Mosse, *The Rise and Fall of the Crimean System* (doravante Mosse), pp. 12-25. Figes, pp. 324-410.

841

2. Roux, pp. 41-108; sobre a missão de Morny, pp. 109-207. Mosse, pp. 12-52. Figes, pp. 411-65. Sobre Morny: Rosalyn Pflaum, *The Emperor's Talisman: The Life of the Duc de Morny* (doravante Pflaum, *Morny*). W. Bruce Lincoln, "The Ministers of Alexander II: A Survey of their Backgrounds and Service Careers", *Cahiers du Monde Russe et Soviétique*, 1976, v. 17, pp. 467-83 (doravante Lincoln, "Alexander II Ministers"). Aleksandr Bazárov, *Svetleishii knyaz* Alexandr Gorchakov. "Iz vospomin o nem ego dukhovnika", *RA*, 1896, v. 1, pp. 328-31. G. L. Kesselbrenner, *Svetleishii knyaz*. Sobre a diplomacia de Gortchakov: Rieber, p. 73. Missão de Gortchakov e aliança francesa, Rússia "se recuperando": Mosse, pp. 55-104. Diplomacia francesa de Kóstia: L. G. Zakhárova; L. I. Tiutiunnik (Orgs.), *Perepiska imperatora Alexandra II s velikim knyazem Konstantinom Nikolaevichem. Dnevnik velikogo knyazya Konstantina Nikolaevicha. 1857-1861* (doravante Zakharova), Alexandre para Kóstia, p. 17, 20 jan. 1857, carta de Napoleão sugerindo amizade; alerta Kóstia sobre encontro com Napoleão — tome cuidado em suas conversas, esp. com o próprio Napoleão, "ouvir, não se comprometer, não impor suas próprias ideias", 22-29 mar. 1857; Kóstia para Alexandre, p. 46, 4 maio 1857, Napoleão nunca mente mas nunca diz toda a verdade; Alexandre para Kóstia, p. 63, 15 set. 1857, encontrei Napoleão, maravilhoso, franco, mas ver o que acontece na prática.

3. Rieber, p. 73; Gortchakov sobre a repressão na Ásia, Alexandre II para Bariátinski (doravante A para B), 2 maio 1857, p. 103; sobre a guerra no Cáucaso, pp. 60-70; "te abraço", A para B, 2 maio 1857, p. 103; A para B, 7 maio 1861, deseja poder falar com Bariátinski, e 25 abr. 1861, precisa de Bariátinski aqui, pp. 142-4; motim indiano, chance de lucrar, A para B, 28 set. 1857, sobre o memorando de Gortchakov, 28 abr. 1858, sondagem na Ásia Central, pp. 72-82; papel de Bariátinski e Nikolai Ignátiev — oportunidade de comércio e de ameaçar a Grã-Bretanha, pp. 79-82; Bariátinski vê chance de destruir o Exército britânico na Ásia Central, p. 73. Vida amorosa e coragem de Bariátinski: Blanch, *Sabres of Paradise*, pp. 392-5.

4. Coroação: *Vozhidanii koronatsii. Venchanie russkikh samoderzhtsev. Tserkovnyi obryad koronovaniia i podrobnoe opisanie tryokh koronatsii nyneshnego stoletiia*, p. 129. Roux sobre Morny, p. 150. Pflaum, *Morny*, pp. 172-5. Wortman, pp. 196-209.

5. O relato se baseia na correspondência de Alexandre II com Kóstia e Bariátinski; sobre W. Bruce Lincoln, *The Great Reforms: Autocracy, Bureaucracy and the Politics of Change in Imperial Russia* (doravante Lincoln, *Reforms*): Kóstia, pp. 44-6; caráter de Rostóvtsev, pp. 76-8; trabalho do Comitê de Edição, pp. 80-5. W. Bruce Lincoln, *Nikolai Miliutin: An Enlightened Russian Bureaucrat of the 19th Century* (doravante Lincoln, *Miliutin*); sobre lutas internas na burocracia, apoio de Elena, disputa com Rostóvtsev e com o Comitê de Edição, pp. 48-62. Ben Eklof et al. (Orgs.), *Russia's Great Reforms 1855-1881* (doravante Eklof): Larissa Zakhárova, "Autocracy and the Reforms of 1861-74 in Russia", pp. 19-38; sobre Alexandre, pp. 21-2; sobre Rostóvtsev, p. 27. Caráter de Kóstia, os irmãos se correspondem sobre a questão da servidão: Zakhárova, p. 65, Alexandre tocado por multidões (e beldades), Alexandre para Kóstia, 16 ago. 1858; Kóstia incentiva Alexandre, p. 66, Kóstia para Alexandre, 19 ago. 1858; grande empolgação, p. 88, Alexandre para Kóstia, 1º fev. 1859; a solução é terra com garantias do governo, p. 98, Kóstia para Alexandre, 11 mar. 1859; encontro do comitê para revisão final, debate acalorado, p. 122, Kóstia para Alexandre, 10 out. 1860. GARF, 722.1.684, Alexandre para Kóstia, 19 out. 1863, eu te admiro. Zakhárova, pp. 270-309: diário de Kóstia sobre a batalha contra os retrógrados, sobre nomeação para presidir principais comitês e discussões acaloradas, 29 set. 1860 a 5 mar. 1861. Papéis de Elena Pávlovna e Bariátinski: Rieber, pp. 48-9; sobre a relação entre reforma militar e reforma da servidão, o caminho para a emancipação, pp. 28-54; cartas para Bariátinski so-

bre servidão, p. 108, A para B, 2 nov. 1857, grande empolgação com a libertação dos camponeses; transcrição de Nazimov, p. 110, A para B, 22 nov. 1857. Elena, quintas divertidas: R. Fillip-Miller (Org.), *Elizabeth Naryshkin-Kurakin, Under Three Tsars* (doravante *Naryshkin*), p. 34.

6. 1858, êxito contra Chamil: Rieber, pp. 106-26, A para B, 14 jan. 1858, verdadeira alegria; 19 maio, novos e brilhantes resultados; 30 ago. 1858, Chamil, que homem famoso, e dois grandes sucessos no Extremo Oriente em Amur por N. N. Muraviov-Amúrski; 18 set. 1858, sucesso brilhante. Rieber, pp. 126-33, 20 abr. 1859, o mais belo presente; 28 jul. 1859, tomando Dargo; 10 ago. 1859, coração cheio de alegria; 11 set. 1859, Chamil capturado; 7 dez. 1859, Bariátinski marechal.

7. Chamil capturado: Rieber, pp. 126-33, A para B, 20 abr. 1859, o mais belo presente; 28 jul. 1859, tomando Dargo; 10 ago. 1859, coração cheio de alegria; 11 set. 1859, Chamil capturado; 7 dez. 1859, Bariátinski marechal; p. 49 sobre carreira posterior de Bariátinski — renunciar ou não como vice-rei, nomeação e Mikhail como sucessor e questão privada delicada, 26 nov. 1862. Sobre a tragédia dos circassianos ver Oliver Bullough, *Let Our Fame Be Great*. Encontra Kátia Dolgorúkaia: GARF, 678.2.389.1-2, memórias da princesa Iúrievskaia.

8. Zakhárova, p. 98, Kóstia para Alexandre, 11 mar. 1859, solução; Kóstia para Alexandre, revisão final, p. 122. GARF, 722.1.684, Alexandre para Kóstia, 19 out. 1863, pp. 270-309, Kóstia vs retrógrados, 29 set. 1860 a 5 mar. 1861; 1º jan. 1861, mais importante era da existência milenar da Rússia; discurso do tsar ao Conselho de Estado, 28 jan. 1861; dia da assinatura, 19 fev. 1861; anúncio, 5 mar. 1861. Rieber, 7 mar. 1861, assinado. Lincoln, *Reforms*: assinatura do decreto, p. 86; reformas jurídicas e governo local, pp. 99-143. Eklof, pp. 19-38: ver ensaio Zakhárova, "Autocracy and the Reforms of 1861-74 in Russia"; sobre Alexandre, pp. 21-2; autocracia de Alexandre a Bismarck, p. 35.

9. Tiútcheva, pp. 26-7; Alexandra Dolgoríkaia "Tigresa", pp. 40-2; diversão, 27 jun. 1854, p. 170; desmaio, 20 nov. 1855, p. 304. Marie se recusa a tirar a roupa: C. Melnik (Org.), Tatiana Botkine, *Au Temps des Tsars*, pp. 31-2. Notícias de Nixa: GARF, 641.1.16, Alexandre II para Marie, 19 ago. 1863. Código secreto entre AII e Marie: GARF, 677.1.4.5-6, A. Adlerberg a Alexandre Alexándrovitch, 15 ago. 1880. Amantes de Alexandre, Dolgorúkaia, Labunskaia, Makova, Makárova, Korazzi: L. Liáschenko, *Alexandr II*, pp. 131-2. Bismarck favorecido pelos Románov e camarotes cheios de belas mulheres: Jonathan Steinberg, *Bismarck: A Life* (doravante Steinberg), pp. 150-7; no balé, p. 156. Sessões espíritas de Daniel Home, 10 jul. 1858; 5 nov. 1858; 5 jan. 1859 in: Tiútcheva, pp. 396-7, 433-5 e 443-5. Ver também John Casey, *Afterlives: A Guide to Heaven, Hell and Purgatory*, pp. 373-4. A caminhada diária, olhar intenso: Fanny Lear, *Romance of an American in Russia*, p. 58. "Tsar administrativo": Eklof, pp. 75-8 — ver ensaio Alfred J. Rieber, "Interest Group Politics in the Era of the Great Reforms", pp. 58-84. Caráter de Alexandre: K. K. Merder — reservado *RS*, v. 47, p. 430. Rieber, p. 126, em minha situação uma boa dose de calma e de filosofia, A para B, 14 dez. 1858; cada ministro responde a mim por sua área, 20 maio 1857, p. 104; o chamado progresso e suspeição em relação a jornalistas/escritores, A para B, 6 mar. 1858, p. 117; ligação autocrática entre o soberano e Deus nos dá forças, A para B, 7 jul. 1858, p. 120. GARF, 678.2.283.15, "obrigações da minha posição, que me impõe deveres que não posso negligenciar", 17 maio 1872. GARF, 678.2.283.20, Alexandre explica a Kátia Dolgorúkaia como governa como autocrata em colegiado, 23 fev. 1874. Robert R. Franklin, "Tsar Alexander II and President Abraham Lincoln: Unlikely Bedfellows?" *University of Hawaii at Hilo, HOHONU History*, 2012, v. 10, pp. 74-84.

10. Rieber, p. 117, A para B, 6 maio 1858, severa vigilância, nunca um fã de *littérateurs*. Revoltas polonesa/italiana: Rieber, pp. 84-6, e A para B sobre revoluções italianas, 23 jul. 1860; intrigas

de Napoleão na Itália, 12 set. 1860; fraqueza de Gortchakov e necessidade de falar com Bariátinski, 7 mar. 1861; revolta polonesa e necessidade de suas ideias, 25 abr. 1861; busca por um novo vice-rei, 5 jul.1861; imagine chegar a um acordo com um governo como este, Napoleão, A para B, 12 set. 1860. Diplomacia, crise italiana e revolta polonesa: Mosse, pp. 116-30. França, Itália, Polônia: Roux, pp. 266-325.

11. GARF, 641.1.15, cartas sobre a viagem de Nixa: Alexandre para Marie, 19 ago.-6 set. 1863, e Nixa para a imperatriz Marie, jun. 1862. Pobedonóstsev: Robert F. Byrnes, *Pobedonostsev: His Life and Thought* (doravante Byrnes), p. 33. Burro demais/guerra de travesseiros: Tiútcheva, p. 223, 7 mar. 1856.

12. O retrato de Bismarck se baseia em Steinberg, pp. 4-6, e em seu tempo como embaixador em Petersburgo, pp. 147-53; sobre amizade íntima com Mouffy, pp. 151-2; esboça plano completo para Disraeli, p. 174; crise de Schleswig-Holstein, pp. 210-27.

13. Minny a seu pai e carta da rainha Luísa para a rainha Vitória cit. em Coryne Hall, *Little Mother of Russia: A Biography of the Empress Marie Feodorovna, 1847-1928* (doravante Hall), pp. 17-26. GARF, 641.1.16, Alexandre II para Marie, 19 ago. 1863.

14. Alexandre Alexándrovitch e casamento com a princesa Dagmar, grão-duquesa Maria Fiódorovna (doravante chamado Alexandre III ou Sacha e Minny nas Notas): carta da imperatriz Marie, 17 set. 1867, cit. em Greg King, *Livadia in the Reign of Alexander II*. Alexandre III: Wortman, pp. 250-7, sobre Alexandre III para o professor, mudança de cortesãos. Importância de Nixa na vida de Alexandre III e novas responsabilidades: AIII para Maria Fiódorovna, 22 maio 1884 e 11 abr. 1892. Alexandre II e Meschérskaia: Hall, pp. 27-9.

15. Assassinato: Ruud, p. 31. Anjo da guarda, 4 abr. 1866: GARF, 678.2.129, Alexandre II (A) para Dolgorúkaia (D ou Kátia nas Notas), 4 abr. 1880. Primeiros encontros de Kátia com Alexandre e conversa no dia do assassinato: GARF, 678.2.289.1-5, princesa Iúrievskaia (Kátia Dolgorúkaia), memórias inéditas (doravante memórias de Kátia). Aparência de Alexandre em 1865: Théophile Gautier cit. em E. M. Almedingen, *The Emperor Alexander II*, p. 205.

16. Tentativa de assassinato, 1865: Ruud, p. 31. Domínio de Chuválov, GARF, 678.2.277.20, Alexandre II, *Dnevnik*, 24 ago. 1871. Ruud, pp. 31-9. L. G. Zakhárova (Org.), Dmítri Miliútin, *Dnevnik, 1873-1875* (doravante "Miliútin"), p. 75, 31 dez. 1873, e queda 1º jan. 1875. Lincoln, *Reforms*, pp. 76-8. Rieber, pp. 50-1. Resistência de Chuválov à reforma da servidão. Chuválov no poder, ambição de ser Bismarck, educação clássica de Tolstói, controle administrativo, Pahlen combate judiciário independente: Eklof, pp. 75-8 — ver ensaio Rieber, "Interest Group Politics in the Era of the Great Reforms". Chuválov Terceira Seção e Gendarmeria: Ruud, pp. 29-31. Trépov criou guarda de quarenta homens para o tsar; e primeiro escritório de segurança Okhránnoie otdelénie, dispensa de Chuválov, você prefere Londres, não é?: Daly, 1, pp. 17-23. Meschérski sobre o caráter de Chuválov: *Kniaz* Vladímir Petróvitch Meschérski, *Moi vospominaniia* (doravante Meschérski), pp. 119-336.

17. Casamento, problemas com Minny, bebida, nascimento de Nicolau II: Hall, pp. 41, 53-7. Wortman, pp. 250-7. Beech, v. 1, p. 101

18. Joseph Frank, *Dostoevsky*, pp. 244-82, 372-405, 601-16. Rosamund Bartlett, *Tolstoi: A Russian Life*, pp. 118-79. Geoffrey Hocking, *Russia and Russians*, pp. 306-52. Orlando Figes, *Natasha's Dance*, sobre Dostoiévski a respeito dos camponeses, p. 221; sobre a alma, p. 331; sobre a nação eslava, pp. 335, 338; visão da Europa corrupta, p. 65. Policiamento: Daly 1, pp. 20-2. Ruud, pp. 27-31.

19. Kátia Dolgorúkaia, anotação de 1º jul. 1866: GARF, 6782.283.30, A para D, 1º, 2 e 3 jul.1877.

Alexandre e Marie, aniversários tristes: GARF, 641.1.32, Alexandre II para Marie, 20 out. 1879. *"Binger-les"*, dia mais feliz: GARF 678.2.283, A para D, 1º jan. 1871. Coleção privada, prazer como uma coisa louca: D para A, 13 nov. 1871; prazer imenso, 11 nov. 1871. "Primeiro tête-à-tête": GARF 678.2.289.3-5, memórias de Kátia.

20. Paris: GARF, 678.2.283.32, A para D, 7 jul. 1879. Loucos um pelo outro, nada mais existia: GARF, 678.2.120, A para D, 23 fev. 1878. Assassinato, anjo da guarda: GARF, 678.2.129, A para D, 4 abr. 1880. Tsarévitch Alexandre para Meschérski, 7 jun. 1867 e 10 set. 1868. Napoleão III causou a morte de Nicolau I: GARF, 678.2.289.23, diário de Alexandre sobre a morte de Napoleão III, 28 dez. 1872. Relato de Chuválov sobre a escapada parisiense, contada a Tolstoia: N. I. Azárova (Org.), Alexandra Tolstoia, *Zapiski freiliny: Pechalnyi epizod iz moei zhizni pri dvore* (doravante Tolstoia), pp. 97-100. Felicidade e oração em Paris: coleção privada, A para D, 29 jan. 1868. Paris organizada para encontrar/ um nos braços dos outros/ fugindo para os Estados Unidos: GARF, 678.2.289.8-10, memórias de Kátia.

21. GARF, 678.2.289.23, diário de Alexandre sobre a morte de Napoleão III, 28 dez. 1872. Prússia anos 1870, a Prússia jamais esquecerá/novo uniforme prussiano/pedra me oprimindo: GARF, 678.2.277.4, diário de Alexandre, 26 fev., 27 fev., 2 mar. 1871. Vizinho poderoso: GARF, 678.2.278.18, diário de Alexandre, 2 set. 1872. Tio Guilherme e as bailarinas, melhor amigo da Prússia: GARF 678.2.279.5, diário de Alexandre, 15-25 abr. 1873. Guerra franco-prussiana e renúncia ao Tratado de Paris: Steinberg, pp. 286-311. Rússia reverte o Tratado de Paris: Mosse, pp. 158-83. Roux, pp. 465-98. Porcos prussianos: Igor Vinogradoff (Org.), "Some Russian Imperial Letters to Prince V. P. Meshchersky (1839-1914)", *Oxford Slavonic Papers*, 1862, v. 10, pp. 110-8 (doravante cartas de Meschérski), Alexandre III para Meschérski, 9 ago. 1870. Reforma militar: Lincoln, *Reforms*, pp. 143-58. Reformas militares e rivalidade entre Miliútin e Bariátinski: Eklof, pp. 139-58; John S. Buchnell, "Miliutin and the Balkan War: Military Reform vs Military Performance". GARF, 722.1.104.55, diário de Kóstia sobre reforma militar, 21 abr. 1873, batalhas "me dão dor de cabeça"; 17 dez. 1873, discurso de Pobedonóstsev contra a igualdade dos judeus, 21 abr. Miliútin, *Dnevnik*, pp. 21-9, 8 abr. 1873 a 2 maio 1873, e pp. 58-80 processo de reforma, 3 dez. 1873 a 1º jan. 1874. Scott P. Anderson, *The Administrative and Social Reforms of Russia's Military, 1861-74: Dmitri Miliutin against the Esconced Power Elite*, tese (doutoramento), 2010.

22. Cartas de Alexandre II (A) para a princesa Iekaterina Dolgorúkaia (D ou Kátia) e a não ser quando se disser o contrário GARF 678/citando datas: GARF, 678.2. 283.8, "fizemos quatro vezes, você é muito passional e totalmente irracional, preciso de um descanso", 9 fev. 1871. Odeio interromper nosso *bingerle*: Coleção Privada (CP), A para D, 6 jan. 1868. Te amo apaixonadamente, quero *bingerle*, CP, 1º fev. 1868, onze da manhã. Te quero minha atrevida, anjo, 30 jan. 1868, 9h30 da manhã. Tremendo de ansiedade pensando em hoje à noite e em *bingerle*, 29 jan. 1868, 10h30. Que prazer nosso *bingerle*/você compartilhou alegria frenética, 1º fev. 1868, 16h. D para A, marido dos sonhos, recebo prazer em frenesi, tomada de imenso prazer recebi, mal posso esperar por mais, 11 nov. 1871. D para A, imerso, encantado, tomado por um sentimento [...]. *Bingerle* foi mágico [...]. Pressionei meu corpo contra o seu e tive um prazer louco [...]. Encharcado por você, comi com grande apetite, quero estar nos seus braços, não consigo esperar até as duas, 13 nov.1871. D para A, nós nos cansamos, tudo em mim treme, não consigo esperar até as 16h45 para te ver, 14 nov. 1871. D para A, aquela bela hora foi embriagante e tive um prazer louco, essa querida déspota especial, 14 nov. 1871. A para D: quero admirar o tesouro e desejo estar dentro de tua *coquille*, ah, não sinto vergonha, é natural, 1º jan. 1870. Garotinha atrevida, caímos um sobre o outro como gatos selvagens e vamos ao

delírio, 2 jan. 1870. Encantado de mergulhar de novo em você, querida *bobinka*, 5 jan. 1870. Estou impregnado de *bingerles* na cama onde você se move sobre mim e se cola em mim e depois no sofá quando é minha vez, adoro te ver sem cuecas, 1º dez. 1870. Nós nos agarramos como gatos sem ter tempo nem de tirar a roupa e depois colocamos nossa roupa favorita [nus] até o delírio, 12 jan. 1870. Você se colou em mim e sentou em mim e entrei em tua *coquille*, nós nos tornamos um só, rejuvenescidos. Sexo quatro vezes, muito passional e muito irracional, 9 fev. 1871. Que febre teu marido entrou na tua *coquille* em todas as posições possíveis, entrei naquela coisinha querida enquanto ela mantinha as pernas no ar, 9 abr. 1871. Sexo no sofá, na mesa e na cama, 5 maio 1871. Não consigo pensar sem rir da roupa que usei quando Vava entrou, oh que horror, 16 set. 1872. Sexo até a loucura, 17 maio 1871. Sexo três vezes, como somos loucos, 8 maio 1873. Não consigo resistir à sua adorável *coquille*, 7 nov. 1871. Adorei os *bingerles* até o delírio e senti com alegria tua fonte me encharcar várias vezes, o que duplicou meu prazer, 9 maio 1874. Todas as posições possíveis, 11 ago. 1875. Livadia, Crimeia, sexo foi delicioso, 15 set. 1875. Teu corpo é tão apetitoso, Vava suga o *bingerle* como uma sanguessuga, 14 maio 1876. Meu *bingerle* manda cumprimentos para Vava e ficou totalmente armado, 17 jun. 1877. Memórias da primeira vez em que fizeram sexo e de tirar as cuecas, 1º jul., 1877. Memórias de Kátia sobre a vida deles juntos: GARF, 678.2.289.11, a família mesquinha dele e sua dignidade; GARF, 678.2.289.12, eu o seguia a toda parte, não via ninguém; GARF, 678.2.289.13, doença, médicos sugerem filhos, eu tremia por ele, ninguém mais pensava nele, nasce o bebê Gueórgui; GARF, 678.2.289.14, cama macia, novos uniformes, enganando-o. Desenho feito por Alexandre II de Kátia nua: B. M. Nósik, *Russkie tainy Parizha*, p. 58. Kóstia: Beech, v. 1, pp. 51-63; Nikolai, v. 1, pp. 69-73; Mikhail, v. 2, p. 171. Mossólov, p. 74. Sobre Mikhail Nikoláievitch: grão-duque Alexandre Mikháilovich (Sandro), *Once a Grand Duke* (doravante "Sandro"), p. 37.

23. Alexis: cartas das viagens de Alexis em GARF, 641.1.18. Beech, v. 1, pp. 123-5.

24. O relato se baseia nas memórias de Fanny in: Eva e Daniel McDonald, *Fanny Lear: Love and Scandal in Tsarist Russia* (doravante McDonald, *Fanny*), pp. 34-127.

25. Este relato das guerras de Khivá e da Ásia Central se baseia em: Seymour Becker, *Russia's Protectorates in Central Asia*; Dietrich Geyer, *Russian Imperialism: The Interaction of Domestic and Foreign Policy 1860-1914* (doravante Geyer), pp. 86-9; e Peter Morris, "The Russians in Central Asia, 1870-1887", *SEER*, 1975, 53, pp. 521-38. Khivá: GARF, 678.2.278.24, diário de Alexandre, 11 fev. 1873. Cartas para Nikola (Nikolai Konstantínovitch), Fanny, pp. 127-59. Rieber, pp. 72-82; oportunidade do motim indiano, A para B, 28 set. 1857. Memorando de Gortchakov, 28 abr. 1858, sondagem na Ásia Central; pp. 79-82, oportunidade de Bariátinski e Nikolai Ignátiev; p. 73, destruir o exército britânico? Miliútin, *Dnevnik*, pp. 36-8, inc. conquista de Khivá relato de Kaufman, 16 jun. 1873. Erotismo das aventuras imperiais: Pedro Valuiev, *Dnevnik P. A. Valuieva, ministra vnutrennikh del (1861--1876)* (doravante Valuiev, *Dnevnik*), v. 2, p. 60, 20 jul. 1865.

26. GARF, 772.1.106.53-60, diário de Kóstia, 10-19 abr. 1874; diário de Miliútin, 17 e 18 abr. 1874. Fanny, pp. 188-269; diplomatas americanos citados em McDonald, *Fanny Lear*, pp. 271-99. Maria e Alfredo, Vitória, velha tola: GARF, 678.2.279.9, diário de Alexandre, 5 jul. 1873. Coração pesado: GARF, 678.2.279.8, diário de Alexandre, 29 jun. 1873. *Queen Victoria's Letters*, v. 2, pp. 328-39. Fanny, pp. 181-4. Companhia desagradável/a verdade sempre aparece: Wilson, pp. 358-61. Maria como ajudante do tsar e duquesa de Edimburgo: Hannak Pakula, *The Last Romantic: A Biography of Queen Marie of Roumania* (doravante "Pakula"), pp. 25-34. Vida na Clarence House: Marie rainha da Romênia, *Story of My Life* ("Marie Roumania"), pp. 3-88.

27. Chuválov vs Miliútin, "corro até você a cavalo" para sexo: GARF, 678.2.283.17, A para D, 27 out. 1873. Querido Gogo: GARF, 678.2.283.18, A para D, 14 dez. 1873. Naródniki: Ruud, pp. 38-40. Daly 1, pp. 22-5. Frank, *Dostoevsky*, pp. 687-93. Figes, *Natasha's Dance*, pp. 220-36. Queda de Chuválov: Miliútin, *Dnevnik*, p. 75, 31 dez. 1873, e queda, 1º jan. 1875. Você prefere Londres, não é?: Daly, v. 1, p. 23. Eklof, pp. 75-8: ver ensaio Rieber, "Interest Group Politics in the Era of the Great Reforms"; queda de Chuválov, p. 78.

28. Wortman, p. 229; Sacha para Minny, cit., p. 257. Geyer, pp. 68-776. Miliútin, *Dnevnik*, 19 jan. 1876 e 8 fev. 1876; as coisas vão mal para os sérvios, 31 mar. 1876; 14 jun., Alexandre conta com a Liga dos Três Imperadores; 15 jul., Alexandre sobre reprovação a nossa posição passiva, ele parece calmo, turbilhão por dentro; 27 jul., permite que oficiais vão à Sérvia; 30 jul., o tsar lembra trinta anos antes / plano para a educação de Nicolau; 1º out., encontros com Alexandre, Miliútin e Ignátiev, como sair da armadilha; 11 out., Alexandre pensa em Nikolai ou Totleben para comandante em chefe; 16 nov., Sérvia em apuros; 8 fev. 1877, necessidade de confiar nos militares. Sacha e Pobedonóstsev criticam Alexandre: Byrnes, pp. 142-4. Medo e tensão de Kátia: GARF, 678.2.105, A para D, 14, 20, 23 ago. 1876 (para Livadia, cavalga para vê-la, Turquia sem aliados, Prússia, Áustria podem se unir a nós), GARF, 678.2.106 / 107, A para D, 23 set.; GARF, 678.2.107, A para D, 6, 11 out. 1876. Nicky sobre a calma de Alexandre II: Charlotte Zeepvat, *Romanov Autumn*, p. 16.

29. Este relato se baseia em Eklof, pp. 139-58, John S. Buchnell, "Miliutin and the Balkan War: Military Reform vs Military Performance"; B. H. Sumner, *Russia and the Balkans*; e diários / cartas de Alexandre. GARF, 678.2.279.17, diário de Alexandre, 1º jan. 1877, Deus me ajude. *Bingerle* armado: GARF, 678.2.283.29, A para D, 17 jun. 1877. GARF, 678.2.279.8, diário de Alexandre, Bismarck e prevenção à coalizão anti-Rússia, 20 jan. 1877. GARF, 678.2.280.2, diário de Alexandre, infame Inglaterra, 16 mar. 1877. GARF, 678.2.280.7, diário de Alexandre, nosso aliado Carlos, da Romênia, 20 maio 1877. GARF, 678.2.280.11, diário de Alexandre, 14 e 15 jun. 1877, panorama magnífico. GARF, 678.2.280.12, diário de Alexandre, 17 jun. 1877, Disraeli. GARF, 678.2.280.15.16, diário de Alexandre, 25 jun.1877, pensa no pai. GARF, 678.2.280.16, diário de Alexandre, 28 jun. 1877, Mikhail recua. Memórias de Kátia: GARF, 678.2.289.17-19, estupidez de Nikolai, furioso com o derrotismo imperdoável, cansado. Miliútin, 4 jul. 1877; Adlerberg aconselha a voltar para casa, 8 jul.; 10 jul., Nikolai sóbrio; 12 jul., más notícias em Pléven; 14 jul., Nikolai não percebe o problema. GARF, 678.2.280.21, diário de Alexandre, 9 jul. 1877, primeira vez Pléven. GARF, 678.2.280.25, diário de Alexandre, 19 jul. 1877, mais Pléven.

30. GARF, 678.2.280.30, diário de Alexandre, 29 jul. 1877, coração dói. Miliútin, *Dnevnik*, 6 ago. 1877, desmaia / pouco impressionado com os comandantes. GARF, 678.2.280.32, diário de Alexandre, 2 ago. 1877, vida com cortesãos, más notícias de Pléven. GARF, 678.2.280.35, 7 ago. 1877, Nikolai, mais ataques em Pléven. GARF, 678.2.280.46, diário de Alexandre, 26, 29, 31 ago. 1877, tsar vê ataque a Pléven / baixas. Miliútin intervém, 29-31 ago. 1877; natureza feliz do tsar, 3 set. 1877. Mortes, GARF, 678.2.280.50, diário de Alexandre, 5 set. 1877. GARF, 678.2.280.54, diário de Alexandre, 15 set. 1877, Vitória "vadia", doida. GARF, 678.2.280.63, diário de Alexandre, 27 set. 1877, carta de Sacha. GARF, 678.2.280.67, diário de Alexandre, 6 out. 1877, Nikolai e a bailarina perdem confiança. Visão de Sacha sobre o "estúpido" comandante Nikolai: RGIA, 919.2454.61, Alexandre Alexándrovitch, 21 dez.1877. Tsar fala sobre Pléven para Kátia: *bingerle* manda cumprimentos: GARF, 678.2.283.29, A para Kátia, 17 jun. 1877. GARF, 678.2.114-15, A para D, 13, 18, 20, 21 jul. 1877, triste, Nikolai ignora superioridade, convoca guardas. GARF, 678.2.114-5, A para D, 13, 14, 18, 24, 30 jul. 1877. Esperando pela queda de Pléven: GARF, 678.2.117, A para D, 4, 27 out. 1877, sonhos sexuais, táticas de Totleben,

mobiliza guardas, Nikolai perde confiança, casamento, a única coisa que falta. GARF, 678.2.117-8, A para D, 16, 18, 20, 24, 28, 29 nov. 1877. Alexandre mina Nikolai: Miliútin, 8 out. 1877; captura de Kars, 6 nov.; 15 nov., depressão; tsar "mais jovem", agradece a Miliútin. GARF, 678.2.280.99, diário de Alexandre, 28 nov. 1877, queda de Pléven. Grão-duques — Nikolai comandante: Miliútin, *Dnevnik*, 11 out. 1877, Totleben ou Nikolai? Alexis para a guerra: GARF, 678.2.280, diário de Alexandre, 9 jun. 1877. Mikhail na guerra: Loris em Peter Zaionchkovsky, *Russian Autocracy under Alexander III* (doravante Zaionchkovsky 2), p. 22. Sandro, pp. 27-47. Radzinsky, pp. 258-73. Nikolai: Beech, v. 1, pp. 74-5. Alexandre chora ao ver a lista de guardas mortos: Lincoln, *Reforms*, p. 155.

31. GARF, 678.2.119, A para D, 11 dez. 1877, doce sexo; filhos felizes de ver Papacha, A para D, 29 dez. 1877, compartilhar a vitória, crianças ternas. GARF, 678.2.119, A para D, 7 e 9 jan. 1878, alegria das vitórias, valor da paz, notícias de Adrianópolis, quando estivermos juntos, chegada da frota britânica. GARF, 678.2.119, A para D, 13 e 14 jan. 1878, esperando notícias de Berlim, cavalaria para Constantinopla, ah, como gostei de *bingerle*. GARF, 678.2.119, A para D, 21 jan. 1878, prazer do armistício, más notícias de Viena e de Londres. GARF, 678.2.119, A para D, 27 jan. 1878, maravilhoso *bingerle* antes do jantar, frota inglesa para Constantinopla. GARF, 678.2.119, A para D, 1º fev. 1878, adoro me levantar com você. GARF, 678.2.119, A para D, 3 fev. 1878, nada de meu irmão ainda; as notícias me agitam, velha e tola rainha. GARF, 678.2.119, A para D, 6 fev. 1878, mais calmo se soubesse que ocupamos Constantinopla. GARF, 678.2.119, A para D, 21 fev. 1878, *bingerle*, queria isso e gritava "Sim, sim". GARF, 678.2.119, A para D, 11 mar. 1878, angústia, noite ruim. GARF, 678.2.120, A para D, 18 mar. 1878, as crianças me fazem feliz em meio às atribulações. GARF, 678.2.120, A para D, 20 mar. 1878, turcos com mais medo dos britânicos do que nós; vou te encontrar às 15h30. Dilema do príncipe Alfredo, duque de Edimburgo no HMS *Sultan*, trono bizantino, mostra cartas para Maria e carta da imperatriz Marie para o príncipe Alexandre de Hesse sobre a desbocada Vitória: Wilson, pp. 376-85. Diários de Alexandre: GARF, 678.2.7.93, retorno a Petersburgo, 8 dez. 1877; conde Ignátiev, 12 dez. 1877; 24 dez., Sófia tomada. GARF, 678.2.7.2, Nikolai sem confiança, 11 jan. 1878; GARF, 678.2.7.3, Nikolai, ocupação inevitável/Ignátiev negocia/perto da cidade, 12 jan. 1878. GARF, 678.2.7.4, Nikolai perto da cidade, sucesso sobe à cabeça, 13 jan. 1878. GARF, 678.2.7.7, guerra, cinco dias, uma eternidade, 19 jan. 1878. GARF 678.2.7.7, Bismarck vai rir de nós/história me condena, 20 jan. 1878. GARF, 678.2.7.9, guerra contra a Grã-Bretanha/inimigo Beaconsfield, 26 jan. 1878. GARF, 678.2.7.11, ameaça ocupar a cidade, 29 e 30 jan. 1878. GARF, 678.2.7.11, ordena tomar a cidade, 30 jan. e 1º fev. 1878. GARF, 678.2.7.23, esquecemos o conselho de Bismarck/Constantinopla perdida para sempre, 29 mar. 1878. GARF, 678.2.7.25, Nikolai destituído do posto, 15 abr. 1878. GARF, 678.2.8.5, se eu tivesse um Bismarck, 5 mar. 1879. GARF, 678.2.8.4, Três Imperadores não existem, 6 fev. 1879. Avanço tão rápido ultrapassou nossos sonhos mais selvagens: Miliútin, 12 jan. 1878; 28 jan. 1878, empolgado, tsar ordena a ocupação da cidade; 11 fev. 1878, agora Nikolai hesita sensatamente, nos salvando da catástrofe; 19 fev. 1878, paz, júbilo.

32. Relato do Congresso baseado em Sumner, *Russia and the Balkans*; Geyer, pp. 78-80; Steinberg, pp. 368-73; Steinberg cita Disraeli sobre Gortchakov e o cão, p. 367. Gortchakov vs Disraeli: Salo Baron, *The Jews under Tsars and Soviets*, p. 48. GARF 678.2.120, A para D, 30 abr. 1878, feliz com promoção a marechal; 16 mar. 1878, sexo; 26 maio, ela lê despachos para ele. Berlim: GARF, 678.2.122, A para D, 3 jun. 1878, temo que o Congresso acabe em guerra; 12 jun., dormi bem depois de *bingerles*; 17 jun., uma coalizão real contra nós em Berlim; 20 jun., *bingerles*, Batumi essencial; 22 jun., lutaríamos por Batumi; 27 jun., toda a Europa sob o gênio Bismarck. GARF, 641.1.32, Alexandre para

Marie, 10 ago. 1878: Bismarck trama contra Rússia com Áustria. Miliútin, 2 jun. a 22 jul. 1878, negociações em Berlim e opinião pública hostil ao governo, imperador humilhado; situação de Gortchakov além de poderes, 3 abr. 1876; totalmente senil, 6 nov. 1877; tsar perde a cabeça com Gortchakov, 11 out. 1877. Bulgária: tamanho medieval em San Stefano; versão menor em Berlim; novo príncipe Battenberg: Stephen Constant, *Foxy Ferdinand, Tsar of Bulgaria* (doravante *Ferdinand*), pp. 18-25.

33. Zaionchkovsky, pp. 32-91. Daly 1, pp. 24-5. Tentativa de assassinato de Mezentsov: GARF, 678.2.122, A para D, 22 maio 1878, Deus abençoe sua gravidez. GARF, 678.2, p. 122, A para D, 4 jul. 1878, vergonha da partilha da Bulgária. GARF, 678.2.122, A para D, 13 jul. 1878, deliciosa Mouchka. GARF, 678.2.122, A para D, 4 ago. 1878, Mezentsov assassinado, "século encantador". Crimeia: GARF, 678.2.122, A para D, 27 ago. 1878, nervoso com a polícia; 4 set. 1878, o preço de te deixar; 3 set. 1878, nascimento do bebê Iekaterina. Para Petersburgo: GARF, 678.2.122, A para D, 25 set. 1878, *bingerles*; 26 set. 1878, sangrando de sexo?; 8 out. 1878, precisa não engravidar; 28 out. 1878, necessidade de estar dentro de você. Diário de Alexandre: GARF, 678.2.7.8, julgamento de 193 *naródniki* e Trépov baleado, 24 e 25 jan. 1878. GARF, 678.2.7. Mezentsov assassinado, 4 ago. 1878; mão invisível, 26 set. 1878. GARF, 678.2.7.41, dá 10 mil rublos para D, 25 out. 1878. GARF, 678.2.7.47, minha serenidade de caráter não foi perdida, 22 dez. 1878. GARF, 678.2.8.5, Kropótkin assassinado, 22 fev. 1879. GARF, 678.126, A para D, 1º jan. 1878, feliz ano-novo. Cabul 1878: GARF 641.1.32, Alexandre para Marie, 26 ago. 1878. Ruud, pp. 39-42. Daly, v. 1, pp. 24-6.

34. GARF, 678.2.8.6-8, diário de Alexandre, miraculosamente salvo/governadores-gerais, 2-5 abr. 1879. GARF, 678.2.289, p. 22, Kátia informada sobre tentativa de abr. 1879, ele chora, fui salvo para você. Assassinato; Valuiev sugere governadores-gerais: Zaionchkovsky, pp. 52-60, inc. Loris-Mélikov, plano contra sedição, pp. 56-7; Valuiev "soberano semiarruinado"; pp. 78-91 Alexandre discute reforma com Valuiev, Kóstia; p. 89, Sacha se opõe, 23 jan. 1880. Tsar caçado como lebre: Tolstoia, p. 26. Saúde de Marie: GARF, 641.1.31, Serguei para Marie, 29 abr. 1879. GARF, 641.1.31, Alexandre para Marie, lamento que você não esteja bem, 6 maio 1879. GARF, 641.1.29, Alexandre para Marie, aniversário de casamento e logo reunidos. GARF, 641.1.32, Alexandre para Marie, 1º, 2 e 4 ago. 1879, novas fontes de saúde, em manobras, feliz por sua saúde estar melhor. GARF 641.1.32, Alexandre para Marie, 8 set. 1879, memórias de Nixa. GARF, 641.1.32, Alexandre para Marie, 10 ago. 1878, três execuções, Bismarck trama contra nós com a Áustria. GARF, 641.1.32, Alexandre para Marie, 18 ago. 1879, marechal Manteuff chega com carta do Kaiser Guilherme ditada por Bismarck listando o que a Alemanha fez por nós e pagou suas dívidas. Muda-se para o Palácio de Inverno: Miliútin, 13 maio 1881, relata a versão de Adlerberg. Alexandre e Dolgorúkaia: GARF, 678.2.129, A para D, 11 mar. 1880, gostou duplamente dos *bingerles*; 19 mar. 1880, você compartilhou prazer louco, nosso culto sagrado. GARF, 678.2, p. 130, A para D, 10 e 23 abr. 1880, bom gritar, nossos quartos bons, minha verdadeira vida concentrada nos bons momentos juntos. Constrangimento de Kátia escondida dos filhos, esp. Serguei e Paul, e grão-duquesa Maria: Beech, v. 1, p. 120. GARF, 678.2.7.26, cria título Iúrievski para filho, 24 abr. 1878. Diário de Alexandre: GARF, 678.2.8.10, 10 maio 1879, como um romance. GARF, 678.2.8.22, 30 ago. 1879, como um lobo caçado.

35. GARF, 678.2.8.26, bomba no trem, 20 nov. 1879. Miliútin, *Dnevnik*, 20 nov. 1879. GARF 678.2.8.27-8, diário de Alexandre, carta ameaçadora na mesa, 3 dez. 1879, e notícias sobre plano no Palácio de Inverno por terroristas, 4 dez. 1879. Bomba no Palácio, Khaltúrin: Tolstoia, pp. 34-5. Medos e suspeitas de Kátia sobre trama com explosivos: GARF, 678.2.289.25-9. Negligência e no Palácio de Inverno tsar muito pálido, Sacha em pânico, imperatriz Marie não ouve nada, ela chorou:

Tolstoia, pp. 29-41. Reforma: Zaionchkovsky, pp. 80-91. Diário de Alexandre: GARF, 678.2.8.29, reforma e Valuiev/Marie não viverá muito, 1º jan. 1880; exila Héndrikova, 14 jan. 1880. Valuiev, *Dnevnik*, p. 47, 9 jan. 1880, Alexandre discutiu seu plano de 1863. Mostrar à Rússia um sinal de sua confiança — Alexandre encontra Kóstia, 13 jan. 1880, cit. do diário de E. A. Peretts cit. em Zaionchkevsky, p. 84. Bomba no Palácio de Inverno: GARF, 678.2.9.6, diário de Alexandre, bomba no palácio, 5 fev. 1880. Miliútin, *Dnevnik*, 5 fev. 1880. Diário de Sacha, 5 fev. 1880, GARF, 677.1.307, pp. 319-20. Diário do príncipe Alexandre de Hesse/notas cit. em Líaschenko, *Alexandr II*, p. 288. Naríchkin, pp. 62-3. Relato de Kátia: GARF, 678.2.289.30-3.

36. Zaionchkovsky, pp. 92-3, cita Kóstia. Sandro, pp. 57-60. GARF, 678.2.9.7, diário de Alexandre, Sacha propõe comissão, rejeitada, depois o tsar nomeia Loris, 8, 9, 10 fev. 1880; ameaça aos filhos, que pesadelo, 16 fev. 1880. GARF, 678.2.9.9, tentativa de Loris, 20 fev. 1880. GARF, 678.2.9.10, Gogo e execução, 21 fev. 1880. GARF, 678.2.9.10, "pobre liberdade", 23 fev. 1880. GARF, 678.2.9.13, Kátia preocupada com o futuro de Gogo, 9 mar. 1880. GARF, 678.2.9.13, Kátia: "enforque terroristas", 16 mar. 1880. GARF, 678.2.9.14, Loris unifica a polícia, demite Drenteln, Loris tem mesmos poderes que eu, 22 mar. e 24 mar. 1880. Memorando sobre judeus de Tcherevin: Zaionchevsky, p. 338. Relações de Sacha e Loris: GARF, 677.1.307-8. Rieber, p. 104. Zaionchkovsky, pp. 92-116, Kóstia sobre pânico em Petersburgo, Valuiev calma e arrogância de "Miguel I", carisma de Saltikov-Schedrin; p. 330, Loris trabalha com Sacha; pp. 7-14, Loris assume o controle, "comando unificado"; Loris e Sacha, p. 340, Pobedonóstsev para E. F. Tiútcheva sobre os dois patrões de Loris e terceiro apoiador em uma certa mulher; memorando de 11 abr., pp. 129-44; nomeação de Pobedonóstsev, p. 146. Meschérski diz que Loris é ágil e inteligente, pp. 420-37; demissão de Tolstói e Drenteln, pp. 439-44. Mente oriental de Loris, olhos astutos, "o Malabarista": Naríchkin, p. 63. O Grande Ditador: Sandro, pp. 65-6. Miliútin sobre o ditador Loris: Miliútin, *Dnevnik*, 10 fev. 1880. Organização da polícia: Ruud, pp. 48-55. Daly, v. 1, pp. 26-31. GARF, 678.2.9.18, diário de Alexandre, Marie morre, vida dupla acaba, Kátia exige casamento, Adlerberg alerta, 22, 23, 24 maio 1880. GARF, 678.2.9.19, diário de Alexandre, coroação, Constituição, depois aposentadoria, 25, 26, 27 maio 1880. GARF, 678.2.9.19, conversa de Sacha e Alexandre, 30 maio 1880. GARF, 678.2.9.22-3, arcipreste Bajénov se recusa, Kátia aconselha a confiar em Sacha, casamento, 28 jun., 3, 4 e 6 de jul. 1880. Visão de Sacha da morte da mãe, novo casamento de Alexandre, a escória, sagrada influência de sua mãe/Nixa: GARF, 642.1.709.13-16, Alexandre III (Sacha) para Minny, 22 maio 1884. Memórias de Kátia: GARF, 678.2.289.34, se não fosse a ameaça de assassinato, nunca teríamos casado durante luto; o casamento, GARF, 678.2.289.35-6. Adlerberg alerta contra casamento: Miliútin, *Dnevnik* 4, pp. 78-9, 18 ago. 1879. Adlerberg diz que o tsar está nas mãos de Dolgorúkaia, influência aumenta, Dolgorúkaia atrevida, estúpida e imatura: Miliútin, *Dnevnik*, 4, p. 337, 13 maio 1881.

37. Byrnes, pp. 140-5, Alexandre sobre Pobedonóstsev, fariseu, fanático; pp. 147-9, Pobedonóstsev diz que eu sou um crente contrário a ídolos; visão de Alexandre II em 143 cartas para Sacha criticando decisões em 1877-8; em cartas para E. Tiútcheva, pp. 143-4; e Dostoiévski, pp. 93-109. Pobedonóstsev sobre Loris: Byrnes, p. 140. Frank, *Dostoevsky*, trabalha com Meschérski, pp. 617-9, 671, 679 (Meschérski, príncipe, ponto final); amizade com Pobedonóstsev, reverencia a autocracia, pp. 678-9 e 801-7; despreza os judeus, p. 745; ódio a judeus, p. 836; encontra os Románov Serguei, Paul, Konstantin Konstantínovitch, p. 767, jantar com Serguei, p. 781; recebido por Sacha, p. 914.

38. Loris e Kátia: Zaionchkovsky, pp. 145-7; Kátia acha Loris excepcional; p. 340, Pobedonóstsev para E. F. Tiútcheva sobre os dois patrões de Loris de depois da morte da imperatriz, terceira

850

apoiadora em Iúrievskaya. Diário de Alexandre, Loris ministro do Interior: GARF, 678.2.9.24, Loris — ordem restabelecida, 6 ago. 1880. Livadia: GARF, 678.2.9.25, Kátia, 16 ago. 1880. GARF, 678.2.9.26, carta para Sacha, dinheiro para Kátia, 11 set. 1880. GARF, 678.2.9.29, nome Iúrievski próximo a Románov, 4 dez. 1880. Miliútin, 22 ago. 1880; apresentado a Kátia em Livadia, 26 ago. 1880; aparição de Kátia, 4 out. 1880; tensão com Sacha, 11 out. 1880. Alexandre II sobre Sacha: diário, 24 jan. 1881.

39. GARF, 678.2.8.5, discute nossos Estados-Gerais/Sacha agressivo/somos homens muito diferentes, 24 jan. 1880. Tolstoia, pp. 119-21, sobre pedido de demissão de Dária Tiútcheva, reação de Alexandre II, e maldição de Kátia/crime. Crimeia, Kátia compartilha vida e morte, despeito das noras, graciosa e Loris/aliança de Kátia: memórias de Kátia, GARF, 678.2.28.36-42. Zaionchkovsky, pp. 174--89, inc. p. 176, Pobedonóstsev para E. F. Tiútcheva sobre plano de educação insípido, absurdo monstruoso do plano, encontro revoltante; diário de Polovstev sobre a raiva do herdeiro com Loris; e p. 340 Pobedonóstsev para E. F. Tiútcheva sobre os dois patrões de Loris e uma terceira apoiadora em certa mulher/me enoja olhar para ele. Confrontos com Minny e Sacha, Minny enganada: Naríchkin, pp. 64-71. Memórias de Kátia sobre monstros da família, Sacha incapaz de governar, se eu tivesse alguém para me suceder, jantar em família na volta, como me conduzi, ele elogia sua beleza e a inveja feminina, os Dolgorúki mais antigos que os Románov, Sanny (grão-duquesa de Konstantin) pergunta se Kátia é imperatriz, nenhum desejo de ser imperatriz, ele diz a Gogo que o ama, GARF, 678.2.289.43--8. I. V. Plótnikova (Org.), *Velikii knyaz Serguei Alexandrovich Románov: Biografi cheskie materialy* (doravante Plótnikova), 3.189, pp. 245-6, Serguei para Alexandre Alexándrovitch, 19 jul. 1880, e Alexandre Alexándrovitch para Serguei, 6 dez. 1880; Serguei/Paulo descobrem as novas sobre o casamento de Alexandre II: p. 201, Serguei para Maria Fiódorovna, 5 jan. 1881. Conflito com a família por Kátia, Alexandre aos 64 como se tivesse dezoito, os Románov encontram Kátia: Sandro, pp. 60-6. Ressentimento de Loris e Kátia; Você não tem coração, tsar para Minny: Naríchkin, pp. 69-71. Ministros conhecem Kátia: Byrnes, Pobedonóstsev enojado com "meretriz" Kátia, p. 144.

40. Diário de Alexandre: GARF, 678.2.9.31, discute Constituição diferente da Europa com Loris e planos da Comitê de Edição, 4 jan. 1881; Skóbelev toma Geok Tep, 13 jan. 1881. GARF, 678.2.8.2, segunda carta alerta sobre loja na rua Málaia Sadóvaia, 25 jan. 1881. GARF 678.2.8.4, comissão especial para debater reforma; Sacha se opõe à reforma mas agradece a Loris, Nabókov e Kóstia aceitos; assinei; a ser lida no Conselho de Ministros em 2 mar., 17 fev. 1881. GARF, 678.2.8.4, dia mais feliz da minha vida, aniversário da libertação dos servos, 19 fev. 1881. GARF, 678.2.8.4, prisão e busca de revolucionários inc. Peróvskaia, 20 fev. 1881; Loris pergunta se guardas são leais, 22 fev. 1881. GARF, 678.2.8.5, alerta dado ao irmão de Kátia príncipe A. Dolgorúki, 23 fev. 1881. GARF 678.2.8.5, Miliútin apoia reformas para salvar dinastia, 25 fev. 1881. GARF, 678.2.8.6, Loris decide publicar *ukaz* sobre coroação e Constituição no mesmo dia, 26 fev. 1881; Jeliábov preso; 27 fev. 1881; Valuiev aconselha a evitar Málaia Sadóvaia, 28 fev. 1881. Daly, v. 1, p. 31. Abazá, trono não pode repousar sobre um milhão de baionetas, citado em Orlando Figes, *People's Tragedy* (doravante Figes, *PT*), p. 41. Retirar--se para os Estados Unidos: GARF 678.289.10, Kátia. Zaionchkovsky, pp. 174-89; 28 jan. 1881, memorando de Loris, pp. 179-81; visão de Lênin, p. 182. Reuniões sobre Constituição, Loris exclui Pobedonóstsev: Byrnes, pp. 147-50. GARF, 678.2.8.2, diário de Alexandre, alguém próximo a mim (Sacha, por exemplo) conta os dias que restam para viver, 24 jan. 1881.

41. GARF, 678.2.8.8, tsar escreve diário às oito da manhã sobre otimismo de Loris, reformas, coroação e depois aposentadoria, decisão de ignorar todos os alertas, inc. o de Kátia. Últimos *bingerles* com Kátia: dr. Bótkin para A. S. Suvórin, *Dnevnik A.S. Suvorina*, p. 66, anotação no diário de 14 set.

1893. Sandro, pp. 70-4. Adrian Dvorjitski, 1 Marta 1881, *Istorichesskii vestnik*, 1913, 1. Detalhes da conspiração: *1 Marta 1881 goda. Po neizdannym materialam; Delo 1 Marta: protsess Zheliabova, Perovskoi I dr pravitelsvennyi otchet.* Tsar de muito bom humor, em Manège, no leito de morte, Sacha e Kátia seguram a cabeça: Miliútin, *Dnevnik* 1º-2 mar. 1881, pp. 272-5. Andrei Maylunas; Serguei Mironenko (Orgs.), *A Lifelong Passion: Nicholas and Alexandra: Their Own Story* (doravante *LP*), Indiciamento, 1º mar. 1881, pp. 1-4. Visão de Sacha sobre a morte da mãe, novo casamento de Alexandre, "a escória explodiu", levando ao 1º de março: GARF, 642.1.709.13-16, Alexandre III (Sacha) para Minny, 22 maio 1884. Medo de bombas no caminho nos desfiles de domingo, Loris alerta sobre ataques: memórias de Kátia, GARF, 678.2.289.54. Tolstoia, pp. 191-7: Nelídova corre para contar a Tolstoia a cena no leito de morte, Sacha soluçando no peito do pai e depois abraça Iúrievskaia, túnica ensanguentada, filhos entram com Chebeko.

42. Zaionchkovsky, pp. 203-38; sobre Baránov, p. 349; sobre a segurança de Gátchina, p. 197; Conselho, 8 mar., pp. 206-7; pp. 211-5, memorando de Ignátiev, 12 mar.; p. 217, tsar perdido em indecisão, Pobedonóstsev; p. 222, "vivendo com loucos e eles acham que eu sou um idiota do século XVI, que não sou do século XIX", Pobedonóstsev para Tiútcheva, 10 abr. 1881; pp. 227-39, o Conselho de 21 abr. e o manifesto de Alexandre, inc. p. 235, AIII para Pobedonóstsev aprovando o Manifesto, 27 abr. 1881. Cartas de Pobedonóstsev para Alexandre III e Tiútcheva in: Byrnes, pp. 150-64. Fuga para Gátchina, gambás e primeiros dias no poder: Sandro, pp. 75-9. Fortaleza de Gátchina e Baránov: Miliútin, *Dnevnik* 4, pp. 45-51. A correspondência entre Pobedonóstsev e Alexandre III publicada em *Pisma Pobedonóstseva k Alexandru III*, v. 1. Comédia: Valuiev, *Dnevnik 1877-1884*, 23 mar. 1881. Conselho de 8 mar.: diários de Miliútin, Valuiev e Perretts. Reunião do Conselho de 27 abr. e encontro de 28-29 abr. na casa de Loris e choque com o Manifesto: diário de Miliútin. Vorontsov-Dáchkov (VD) alerta sobre ataques: GARF, 677.1.741.96, VD para AIII, 3 mar. 1881. Alexandre III feliz com a demissão de Loris: Plótnikova, v. 3, p. 248, AIII para Serguei Alexándrovitch. Sobre a atmosfera na posse: I. A. Chestakov, *Polveka obyknovennoi zhizni* (doravante Shestakov, *Polveka*), pp. 738-40, posse de Alexandre III, dispensa de Kóstia, nomeação de Alexis depois de o imperador constantemente "repetir que os grão-duques não deviam gerir departamentos [...] impulso súbito", uma saturnália da autocracia, pessoas honestas demitidas, minha alma dói. Incapacidade de Alexandre III nas memórias de Kátia: GARF, 678.2.289.43. Tsar faz acordo com Kátia Iúrievskaia via Loris e Adlerberg: GARF, 677.1.4.43, Adlerberg para AIII, 10 abr. 1881. GARF, 677.1.519, Loris para AIII, 10 abr. 1881. Grão-duque Serguei visita Kátia Iúrievskaia, revoltado: Plótnikova, v. 3, p. 214, Serguei para Konstantin Konstantínovich (KR), 17 set. 1881. Destituição de Kóstia: Beech, v. 1, pp. 62-4. Demissão de Nikolai Nikoláievitch e mania sexual: Paul Robinson, *Grand Duke Nikolai Nikolaevich: Supreme Commander of the Russian Army* (doravante Robinson), p. 36. Beech, v. 1, p. 77. Nikolai implora a Alexandre III por nobreza e títulos para filhos ilegítimos: RGIA 919.2.2454.88, AIII para 22 de novembro de 1882. Zaionchkovsky 2, pp. 21-3.

CENA 3: COLOSSO [pp. 573-608]

1. Influência religiosa da mãe e do irmão Nixa sobre AIII: GARF, 642.1.709.1316, Alexandre III (Sacha) para Minny, 22 maio 1884. Doce Minny, sinto sua falta: GARF, 642.1.709.19-22, AIII a Maria Fiódorovna (Minny), 9 maio e 12 maio 1884. Jantar com Nicky e Georgy, GARF, 642.1.608.11-7, AIII a

Minny, 13 maio 1884. GARF 642.1.709, Minny a AIII, 21 maio 1884, feliz por sentir minha falta. Como não se comportar, escândalo de jogo de Bertie, príncipe de Gales: GARF 642.1.709.117, AIII a Minny, 2 jun. 1891. Zaionchkovsky 2, pp. 14-9. Violência russa necessária num tsar russo: A. A. Mossolov, *At the Court of the Last Tsar* (Mossolov), pp. 3-5. Witte, pp. 28-30: o modo direto de falar de Alexandre III, não inteligente, preocupado com o peso; educação limitada, dotado de uma grande compreensão solidária que num governante é mais importante que o brilho racional; ensopava Micha com a mangueira e Micha o molhava de volta. Edward W. Wcislo, *Tales of Imperial Russia: The Life and Times of Serguei Witte* ("Wcislo") sobre Alexandre III: autoritário, jeito de urso, corpulento, grandalhão, com aspecto de "um perfeito brutamontes, um verdadeiro camponês russo" mas imenso caráter, suas palavras nunca divergiam de seus atos, pp. 130-3. AIII antissocial, esconde-se nos bailes, a imperatriz dança: diário de Chestakov, 2 fev. 1887, cit. em Zoia Beliakova, *Velikii Knyaz Alexei Alexandrovich. Za i protiv* (doravante Beliakova), p. 153. Estilo e sociabilidade de Minny: Hall, pp. 117-31. Filhos em Gátchina: John Van der Kiste; Coryne Hall, *Once a Grand Duchess: Xenia, Sister of Nicholas II* (doravante *Xenia*), pp. 10-2, inc. Minny não gosta de Gátchina e Sacha feliz. Paul Kulikovsky et al. (Orgs.), *25 Chapters of my Life: The Memoirs of Grand Duchess Olga Alexandrovna* (doravante Olga), pp. 31-44. Jogos de família: Edward J. Bing (Org.), *Letters of Tsar Nicholas and the Empress Marie* (doravante Bing), p. 28, Nicky a Minny, 15 maio 1884. Olhos divertidos de Sacha: Sandro, p. 139. Papai apontou a mangueira: diário de Nicolau II em GARF, 601.1.217-66 (doravante ND com data) — ND 7 jun. 1884. Papai sempre querido e bom para mim: LP, Nicky a Alexandra de Hesse, 8 maio 1894. Sandro, p. 161, sobre Nicky e dois irmãos: Georgy era o mais esperto dos três, a simplicidade dos modos de Micha, favorito. Hall, pp. 117-31 Melhor amigo de Tcherevin, caráter de Tcherevin misto de cortesão refinado com selvagem primitivo, vê o mundo em duas partes, despreza Vladímir, os Románov acusam Tcherevin de bêbado, AIII quando passa "como um urso preto", AIII apoiava Tcherevin, AIII mentindo sobre voltar a beber, médicos em 1880 proíbem a bebida, vigiado por Minny, Tcherevin e AIII escondem bebida nas botas, Mãe da Invenção: P. N. Lébedev, "Tcherevin i Alexandr III", *Golos minuvshego*, 1917, 5-6, pp. 96-101. Zaionchkovsky 2, p. 338 cit. Mossolov; grande ego, bêbado, Witte cit., p. 225.

2. Alexis como almirante: Chestakov, Polveka, pp. 738-40, ascensão de Alexandre III, dispensa de Kóstia; indicação de Alexis. I. A. Chestakov, diário: RGA VMF, 26.1, pp. 1-7, Alexis indiferente a tudo, 24 abr. 1882; que preguiça, meu grão-duque, 2 maio 1882; não pensa sobre coisas certas, 26 dez. 1883; me enfurece, 27 jun. 1884. Alexis e Zina: Marie, rainha da Romênia, *Story of My Life* (doravante "Marie da Romênia"), v. 1, p. 92. Indolência de Alexis: Beliakova, pp. 161-7, Sandro sobre Alexis "Beau" Brummel de boa aparência, interessado apenas em "fazer amor, comer e beber", mulheres rápidas, navios lentos, pp. 188-9 e a hedonista Zina, pp. 171-2. Sobre os grão-duques na política: Zaionchkovsky 2, pp. 21-3. Mudança nas leis da família: Hall, p. 119, deixa de brincar de tsar, p. 116.

3. Zaionchkovsky, pp. 263-6; comentário de Alexandre sobre o Evangelho, p. 364. O ódio de Alexandre aos judeus e sobre a política de Tolstói, Serguei e Durnovó: Zaionchkovsky 2, pp. 72-7. Antissemitismo de Alexandre e Serguei, pp. 328 e 377. Ódio especial de Alexandre pelos judeus: diário de Pólovtsov, 18 abr.1890. "Judeu podre": Bruce Lincoln, *In War's Dark Shadow*, p. 30. Baron, pp. 45-50 e 356. Pobedonóstsev — um terço dos judeus deve desaparecer: Hall, p. 142. Antissemitismo de AIII e seu séquito: Tcherevin memorando judeu: Zaionchkovsky, p. 338. Marie Kleinmichel, *Memories of a Shipwrecked World*, p. 129. Antissemitismo de Pobedonóstsev: Byrnes, p. 205, carta a Dostoiévski sobre os judeus como uma úlcera. Frank, Dostoiévski, romancista tem a mesma opi-

nião de Pobedonóstsev sobre os judeus, reverencia tsarismo, pp. 678-9 e 801-7; despreza os Yids, p. 745; ódio aos judeus, p. 836. GARF, 677.1.741.104-9, Vorontsov-Dáchkov a AIII, 2 maio 1882, avisos contra as medidas antissemitas. Nova segurança: Daly, v. 1, pp. 32-41. Emigração de judeus para a América: estatísticas de Shmuel Ettinger, "Jewish Emigration in the 19th Century: Migration — Within and from Europe — as a Decisive Factor in Jewish Life. Disponível em: <www.myje-wishlearning.com/arti- cle/jewish-emigration-in-the-19th-century/2/>.

4. Zaionchkovsky, pp. 241-303; Zémski Sobor, pp. 287-98. Medidas antissemitas: Zaionch-kovsky 2, pp. 72-7. Sobre esquemas de Ignátiev para vender judeus: Baron, p. 356. Naríchkin, p. 86: Ignátiev Mentir Pasha. GARF, 677.1.741.104-9, Vorontsov-Dáchkov a AIII, 2 maio 1882, mentiras de Ignátiev. Ignátiev mencionou a ideia de Zémski Sobor quando falou com Alexandre Alexándrovitch em Livadia em 1870; memórias de Ignátiev, GARF, 730.1.161.5. Alexandre III sobre literatura: Byrnes, visão de Pobedonóstsev sobre Liev Tolstói como um maluco perigoso, pp. 256-7. Rosamund Bartlett, Tolstói, tsar o vê como um "niilista sem deus", pp. 252; Tolstói pede misericórdia para os assassinos de Alexandre II — "Teu Cristo não é nosso Cristo", respondeu Pobedonóstsev; AIII recebe Sófia Tolstói e permite a publicação de *Sonata a Kreutzer*, p. 331. Zaionchkovsky 2: p. 176, Alexandre III censura Tolstói.

5. Zaionchkovsky, pp. 252-5; aposta de Tcherevin para controlar o Departamento de Polícia e gendarmes derrotada por Ignátiev, p. 253. Daly, v. 1, pp. 32-48: Comitiva Sagrada, leis de emergência, novas forças de segurança sob comando de Ignátiev e Tolstói, Sudéikin, Ratchkóvski, Degáiev. P. N. Durnovó: Abraham Ascher, *P. A. Stolipin: The Search for Stability in Late Imperial Russia* (doravante *Stolipin*), p. 48. Descoberta da Comitiva Sagrada: Serguei Witte, *The Memoirs of Count Witte* (dora-vante Witte) 22-5.

6. Zaionchkovsky 2, p. 276: AIII embriagado de poder — Lamsdorf; Pedro sem o porrete — Vannóvski. AIII obliteração burocrática: Figes, PT, p. 7. AIII, longo relacionamento com VD: GARF, 677.741.1, VD para o tsarévitch Alexandre Alexándrovitch, 28 jul. 1866; conselho sobre indicação de militares durante a guerra de 1877, GARF, 677.1.741.6, VD para Alexandre Alexándrovitch, 9 dez. 1877; anuncia mudança para o Palácio de Inverno por motivo de segurança, GARF, 677.1.741.96, VD para AIII, 3 mar. 1881; sobre a fome, corte de bailes e banquetes como contribuição à comissão de alimentos, daria boa impressão, GARF, 677.1.741.138, VD para AIII, 27 ago. 1891. Artigo de Spała e re-núncia de Vorontsov-Dáchkov e resposta de AIII: AIII para VD (fim de set./começo de out. 1890): RGIA, 919.2.1166.2; VD para AIII sobre sua renúncia (4 out. 1890): GARF, 677.1.741.117; AIII para VD, em que o tsar rejeita a renúncia, chama VD de amigo e assistente (5 out. 1890): RGIA, 919.2.1214.253-4; o arti-go sobre AIII em *Spała: Pravitelstvenny vestnik* em 1890, n. 212, 214 e 215. Sobre resenha de memoran-dos, sobre o triunvirato Vorontsov, Richter e Tcherevin: N. A. Iepantchin, *Na sluzhbe tyrokh impera-torov*, pp. 165-7. Relações com ministros: Sandro, pp. 75-86. AIII e Pobedonóstsev: Zaionchkovsky 2, pp. 23-9; AIII e Dmítri Tolstói, pp. 29-31.

7. Coroação: GARF, 642.1.608.25, AIII para Minny, 16 maio 1884. Sandro, pp. 86-91. Wortman, pp. 270-9. Hall, pp. 101-6. Alexandre III supervisiona pessoalmente o campo de Khodinka: Sandro p. 192.

8. Política externa. Liga dos Três Imperadores: Steinberg, pp. 384-7, 423-4. Afeganistão e quase guerra com a Grã-Bretanha: Geyer, pp. 113-5; Bulgária e os três imperadores, Montenegro: pp. 115-21. Tensões com a Áustria sobre a Bulgária, opinião de AIII sobre Ferdinando de Coburg: *Ferdinand*, pp. 52-5, 103-14. Brinde a Montenegro: Sandro, p. 80. Casamentos montenegrinos e o rei Nikola: Elizabeth Roberts, *Realm of the Black Mountain: A History of Montenegro* (Montenegro), pp.

261-7. Christopher Clark, *The Sleepwalkers: How Europe Went to War in 1914* (doravante Clark), pp. 91-2. Aɪɪɪ sobre a opinião pública para Giers: Dominic Lieven, *Nicholas II* (doravante Lieven, *NII*), p. 92. Árbitros da opinião pública Katkov e Meschérski, Dmítri Tolstói: Zaionchkovsky 2, pp. 29-31; sobre Katkov, pp. 31-7; sobre Meschérski, pp. 37-41. Meschérski, pp. 420-45. Frank, Dostoiévski, trabalha com Meschérski, pp. 617-9, 671, 679 (Meschérski, príncipe Ponto Final). Katkov sobre política externa: Geyer, p. 111.

9. Barulho seguido de um tranco, *Olga*, p. 22. Relato de Nicky: Plótnikova 3, p. 211, Nicolau Alexándrovitch para Serguei, 17 dez. 1889. Acontecimento terrível: Bing, p. 40, Nicky para Minny, 20 out. 1889. Hall, p. 137. Witte, pp. 28-36: encontra Alexandre ɪɪɪ, ferrovia de judeus, aquele sujeito franco, indicação para o governo. Wcislo, pp. 133-4: Aɪɪɪ, "minha viagem está proibida porque é uma ferrovia de Yids"; caráter de Witte, p. 135, uma certa "falta de contenção e despudor no falar que fazem parte de meu caráter". Ascensão de Witte: Geyer, pp. 130-45. Sobre Vladímir: Beech, v. 1, p. 113, Vladímir, co os Guardas, artes e Diáguilev; Sandro, pp. 156-7. Nacionalidades: censo de 1897 cit. em Stephen Kotkin, *Stalin*, v. 1: *Paradoxes of Power, 1878-1928* (doravante Kotkin), p. 56. Estatísticas sobre nacionalidades: Figes, *PT*, pp. 79-81; Lênin pior quanto mais bem citado, p. 129; sʀs fundadas, p. 163. David Shimmelpenninck van der Oye, *Toward the Rising Sun: Russian Ideologies of Empire and the Path to War with Japan* (doravante Oye), pp. 61-81: Witte, caráter, visão de crescimento econômico e ferrovia para o Extremo Oriente. Witte sobre as possibilidades da Ásia para Alexandre ɪɪɪ, citado em Geoffrey Hosking, *Russia and the Russians*, p. 329. Sobre Stálin e seminário, ver Simon Sebag Montefiore, *Young Stalin*. Kotkin, pp. 11-2. Fome: GARF, 677.1.741.138, vᴅ para Aɪɪɪ, 27 ago. 1891.

10. Sandro, pp. 158-60: "ostentava suas muitas peculiaridades"; Ella, "extremamente bela, rara inteligência, divertido senso de humor". Marie da Romênia sobre Serguei, Ella 1, pp. 93-7. Grão-duques na política: Zaionchkovsky 2, pp. 21-3. Serguei, governo de Moscou: Zaionchkovsky 2, pp. 22-3, 38, 72-6, 97. Wortman, pp. 311-2. Witte, p. 380: Serguei e Durnovó, antissemitismo para agradar, "isca para judeu na corte muito predominante". Serguei dormindo com o capelão: John Röhl, *Wilhelm II: the Kaiser's Personal Monarchy* ("Röhl 1"), p. 123. Serguei triste por deixar o regimento e chora, brinca com a tristeza, o trabalho não me assusta, me interessa muitíssimo: Plótnikova 3, p. 356, Serguei para Nicky, 30 maio 1891. Emigração judaica — 111 mil em 1892, 137 mil em 1892: estatísticas de Ettinger, *Jewish Emigration in the 19th Century*. Sobre casamento e caráter: Beech v. 1, pp. 136--44. Casamento de Serguei e Ella: Christopher Warwick, *Ella: Princess, Saint and Martyr* (doravante *Ella*), pp. 82-4; caráter de Serguei, pp. 85-93; Jerusalém, pp. 93-7; guardas, p. 98; chegada de Ella, pp. 101-4; sexo, pp. 130-3; Ella e epifania em Jerusalém, pp. 144-6; casamento do grão-duque Paulo com a princesa Alexandra da Grécia (grã-duquesa Alexandra Gueórguievna), p. 151; pogrom em Moscou, p. 165. Serguei e Ella: *LP*, pp. 256-7 cit. as memórias de Maria Pávlovna; p. 265, Ella para Nicky, 26 fev. 1904, "ele amava a ordem".

11. Alemanha e França: Alexandre para Giers, ago. 1885: *American Historical Journal*, 25.3 (abr. 1920), pp. 394; 391-40, L. B. Packard, "Russia and the Dual Alliance". Geyer, pp. 157-60, 172-7. Steinberg, pp. 436-7; sobre a decisão de interromper o tratado de neutralidade, pp. 450, 460. Röhl 1, pp. 31-7: Willy, "visita a Petersburgo em 1888 e ao tsar" opinião de Willy; visita à Alemanha 1889, pp. 218-25; sobre a saúde e a sanidade de Willy, pp. 298-9 e 334; Tratado de Resseguro, pp. 335-47; franceses em Kronstadt, pp. 364-5; relações com Willy, pp. 473-8. Aɪɪɪ nauseado com o macaquinho infantil Guilherme: Lébedev, pp. 96-101.

12. Nicky nunca ria, raramente chorava, adorava o Exército: Sandro, pp. 186-7. Witte, p. 179:

inexperiente mas bem inteligente, de bons modos, boa educação, dissimulava deficiências; via ingleses como judeus, p. 189. Wcislo, p. 139, Alexandre III para Witte — Nicky infantil e desinteressado dos assuntos de Estado. Tcherevin, Georgy como filho favorito de AIII/não impressionado com NII: Lébedev, pp. 96-101. Distância de Nicky, névoa imperial — Marie da Romênia, v. 2, p. 65, e v. 2, p. 326. Zaionchkovsky 2, pp. 19-21, inc. Lamsdorf cit. meio menino meio homem; festas de arromba na Guarda; influência de Pobedonóstsev e Meschérsky; casos engraçados de judeus, Nicky para Minny, 5 set. 1884, p. 29. Pólovtsov, *Dnevnik*, 26 jan. 1892. *LP*, p. 67: "Não sabe como posso ser esperto", Nicky para Alix, 2 jun. 1894. Sandro, p. 186 — educação superficial mas excelente inglês. Lieven, *NII*, p. 106, diz Pobedonóstsev, "Sempre concordo com todos e depois faço as coisas do meu modo". Lieven, *NII*, pp. 28-43, inc. cit. de Olga, sobre ser infantil, cit. de Vladímir Ollongren sobre Alexandre chamando Nicky de "menininha"; influência de Heath, hábito de leitura, autocontrole, inteligência, preparação para governar. Sobre a opinião de Nicky acerca dos jornais como lugar de judeus: Röhl 1, p. 758, Nicolau para Helmuth von Moltke, 1895. Horizontes limitados, roupas de marinheiro: Hirsch, p. 161. Comerciantes de cavalos judeus, Hirsh em Sandringham: Bing, p. 84, Nicky para Minny, jun. 1894. Alexandre Orlov, único amigo de Nicky: Spirodóvitch 1, pp. 285-6. Visão ancestral do tsarismo censo de 1897: "Khozyain Zemli Russkoy/Khozyayka Zemli Russkoy": GARF, 601.1. 2. 2, 28 jan. 1897. Figes, *PT*, pp. 6-7. Robinson sobre o medo que Nicky tinha de Nikolacha, p. 35. Correspondência entre Nicky e Serguei: Plotnikova 3. Primeiro encontro com Kchessínskaia: Coryne Hall, *Imperial Dancer: Mathilde Kschessinska and the Romanovs* (doravante *Dancer*), pp. 13-5; recomendações de Tcherevin e Pobedonóstsev para Nicky, p. 18; primeiros encontros, pp. 20-1. Nicky na cidade o tempo todo, Alexandre sozinho em Gátchina: GARF, 642.1.710.54-7, Alexandre III (Sacha) para Minny, 16 abr. 1892. Treino para tsar: infantilidade: *ND*, 24 jan. 1894, esconde-esconde como crianças. Preparação para governar: Nicky ajuda nas cartas em inglês para a rainha Vitória: GARF, 642.1.709.19-22, AIII para Minny, 12 maio 1884. *ND*, 17 dez. 1893: ida ao Conselho de Estado, manipulação do Comitê de Ministros; 17 jan. 1894, visita ao regimento e ao Conselho de Estado; a pedido de papai, lê relatório do ministro da Defesa; 24 jan. 1894 lê papéis do Comitê Siberiano. Alegria da criação de Nicky com seu pai, brincadeiras com burros: Bing, p. 28, Nicky para Minny, 15 maio 1884. A calma de Alexandre II: Zeepvat, *Romanov Autumn*, p. 16. Encontro com Alix: *ND*, 27 maio 1884; 19 nov. 1884.

13. Alix. Cabelo dourado/aparência: Anna Vyrubova, *Memories of the Russian Court* (doravante Vyrubova), p. 3. Rainha Vitória, da filha amadíssima, grata e obediente: *LP*, p. 28, Alix para Vitória 26 dez. 1893; minha doce Alicky, cuide dela, os nervos de Alix, 22 abr. 1894, p. 52; nervos de Alix, tratamento, morte do pai, angústia pelo irmão, para Nicky, 25 maio 1894, p. 64. Benckendorff sobre Alexandra, "nem inteligente nem muito instruída, tinha uma vontade de ferro", Lieven, *NII*, p. 227. Pierre Gilliard, *Thirteen Years at the Russian Court* (doravante Gilliard), p. 16. Alexandra — Ernest de Hesse sobre sua força, necessidade de uma vontade superior que lhe ponha rédeas, tsar um anjo mas não sabe como tratá-la: Naríchkin, p. 204. Encontra Nicky, menções em *ND*: 27 maio 1884; 19 nov. 1884; 31 jan. 1889 a 27 fev. 1889 sobre a visita de Alix, 1889.

14. Volta ao mundo: Oye, pp. 15-23. O conselho de Minny e a angústia pela doença de Georgy, comportamento de Nicky, tentativa de assassinato: Bing, p. 43, Minny para Nicky sobre a saúde de Georgy; Minny para Nicky, 16 jan. 1891, p. 46; "Papai e eu no limite de nossas forças; segunda vez que Deus te salva, como em Bórki", Minny para Nicky, 6 maio 1891, p. 59. Hall, pp. 144-7. *NII*. San-

dro, p. 189. Volta ao mundo: Oye, p. 219. Opiniões de Willy sobre sexo na viagem, joias escondidas: Röhl, 1, p. 125.

15. ND: falou de casamento com papai, "meu sonho de casar com Alix"; único obstáculo é religião; afastamento de Eddy, 21 dez. 1891; Minny sugere Hélène, filha do conde de Paris, 29 jan. 1892; dois amores coexistem, Alix e K, 29 jan. 1892; um dia amou a princesa Olga Dolgorúkaia, ND, 1º abr. 1892; permissão para começar a sondar Alix, 10 jan. 1893. Ella para Nicky sobre orações em Jerusalém: *LP*, Ella para Nicky, 19 jun. 1889. Papel de Ella no namoro: *Ella*, pp. 150-3, 174-6. Minny sobre o namoro de Nicky e Alix: Hall, pp. 150-3. Nicky e a Pequena K: *Dancer*, pp. 23-44. Pequena K: ND, chocada ao ver minha MK, 29 jan. 1893; casamento em Londres sem mulheres atraentes, 18 jun. 1893; passar bola nas pernas, rainha Vitória, 19 jun.; todos veem uma grande semelhança entre mim e Georgy, 20 jun. Alix não pode negar sua fé: *LP*, p. 24, Alix para Ksênia, 8 nov. 1893; p. 25, Alix para Nicky, não posso fazer isso contra a minha consciência. Serguei e Ella como intermediários: o diário de Serguei, GARF, 648.1.29:286, 9 out. 1893; p. 290, 13 out. 1893; repreensão total de Serguei a Nicky, GARF, 601.1.1340.81-2, 14 out. 1893; Alix convida Nicky — grão-duquesa Ella para Nicky — GARF, 601.1.1253.42, 18 out. 1893. Tudo acabou: ND, 18 nov. 1893. *LP*, p. 26, Nicky para Alix, 17 dez. 1893, a profundidade de nossa religião. Visões: Vyrubova, p. 3. Vida social de Nicky na Guarda, quatro dias de bebedeira: ND, 26 nov. 1893; festas dos Vorontsov, Trubetskoi, jogos de cartas, jogatina com tio Alexei; 12 jan. 1894, tio Vladímir e noitada, meio embriagado; 24 jan., esconde-esconde como crianças; 26 jan., melhores moças na festa de Montebello; 27 fev., dançando durante nove horas com Sandro; 8 mar., festa em casa de tia Miechen, setenta ciganos, diversão e conversa com Pototsky; 25 mar., para ciganos com Sandro e Konstantin Konstantínovitch (KR). Esconde-esconde: Polovstov, *Dnevnik*, 26 jan. 1894. Vida de Nicky na Guarda: Zaionchkovsky 2, p. 20. Gosto de Nicky pela vida na Guarda: *LP*, p. 13, Nicky para Alix, 23 maio 1889. Infantilidade: ND, 24 jan. 1894. Frequenta ministros: ND, 17 dez. 1893; 17 jan. 1894, quinto regimento e Conselho de Estado; 24 jan. 1894, Comitê Siberiano. Primeira doença de Alexandre: ND, 17 jan. 1894. Partida para Coburg: ND, 2 abr. 1894. *LP*, p. 36, diário de KR, 3 abr. 1894 — Minny aconselha consultar a rainha Vitória. Coburg: ND, 5 abr. 1894, Alix triste, chegada pomposa, conversaram durante horas; 6 abr., chega Willy; 7 abr., casamento; 8 abr., magnífico dia, meu noivado; 9-15 abr., reações, animação, chá com Vitória. *LP*, p. 40, Nicky para Minny, 10 abr. 1894; p. 42, Minny para Nicky, 10 abr.; Minny para Nicky, 14 abr.; AIII para Nicky, 14 abr.; p. 50, toda a minha vida pertencia a você, Nicky para Alix, 20 de abr.; p. 52, minha doce Alicky, cuide dela com preocupação, os nervos de Alix, "Como não tem pais, sou a única pessoa com que ela pode realmente contar, sua dedicada avó, 22 abr.; p. 61, velha barriguda, Nicky para Georgy, 9 maio; p. 61, Alix em Harrogate/público/cadeira de rodas, Alix para Nicky e Nicky para Alix, 10, 13, 16 maio; p. 64, nervos de Alix, tratamento, morte do pai, angústia por causa do irmão etc., rainha Vitória para Nicky, 25 maio; p. 65, Alix em "nova posição", Alix para Vitória, 28 maio. Bing, p. 73: prazer de Minny, 10 abr. 1894; relato do noivado de Nicky, Nicky para Minny, 10 abr. Nicky na Inglaterra, trancado no banheiro: ND, 14 jun. 1894; Sandringham, ND, 17, 26 jun. com Bertie, Francisco Ferdinando, imperatriz Eugênia. Parte da família inglesa, muito quente, de fraque: *LP*, p. 72, Nicky para Georgy, 29 jun. 1894. Comerciantes de cavalos judeus, Hirsch em Sandringham: Bing, p. 84, Nicky para Minny, jun. 1894. *LP*, p. 75, Alix para Nicky, 10 jul. 1894, paixão ardente; p. 81, Nicky para Alix, 22 jul., você me conquistou totalmente. Pequena K e cartas anônimas a Alix: *Dancer*, pp. 44-5; e novos protetores de K, Serguei Mikháilovitch e Andrei Vladímirovich, pp. 66-83. Confissão de Nicky e perdão de Alix: ND, 8 jul. 1894. Casamento de Ksênia e Sandro: *Olga*, pp. 45-6. *LP*, p. 61,

Nicky para Georgy, 9 maio 1894, beijos impróprios; Georgy para Nicky, 9 jun., ginástica sexual de Ksênia e Sandro. Casamento de Sandro: Sandro, pp. 150-4. Hall, pp. 150-3.

16. Bing, p. 86, papai cansado e insônia no cruzeiro no iate *Tsarevna*, Minny para Nicky, 27 jun. 1894; depois do início da doença, bebendo com Tcherevin: Zaionchkovsky 2, p. 19. Doença: ND, 11 ago. e 15 set. 1894. *LP*, pp. 84-9, Nicky para Alix, 11 ago. 1894; 11 set., encantadora, virei gelatina; 15 set., para Livadia. Comentário de Alix e morte de Alexandre: ND, 10-20 out. 1894. *Olga*, pp. 47-8, inc. Nicky descontente com o peso; casando com Alix, p. 48. Sandro, p. 190. Charlotte Zeepvat, *Romanov Autumn*, pp. 146-7. Ella na cena de morte para a rainha Vitória: *Ella*, p. 178. Desfalecimento de Minny: Hall, pp. 155-64. Ascensão de Nicolau II: ND, 20-30 out. 1894. *Olga*, pp. 47-8. Morte do Colosso e crise de Nicky: Sandro, pp. 190-1. Preparativos para o funeral, papel do príncipe de Gales: Hall, pp. 164-7.

17. ND 20 out.-1º nov. Sobre Iánichev perguntando a AIII sobre o preparo do herdeiro: KR, 7 dez. 1894. Greg King, *The Court of the Last Tsar: Pomp, Power and Pageantry in the Reign of Nicholas II* (doravante King), pp. 325-42; cit. de Olga Alexándrovna.

CENA 4: O SENHOR DAS TERRAS RUSSAS [pp. 609-96]

1. ND, 1º, 2, 3 nov. 1894. Lado negro de AIII: KR, 3 nov. 1894. O relato do funeral se baseia em King, pp. 325-42. Alix tão pouco: ND, 1º, 2, 3, 6, 7 nov. 1894. KR sobre o funeral: 7 nov.

2. ND, 8, 9, 14, 15, 17 nov. 1894. *LP*, p. 104, duque de York para a rainha Vitória, 16 nov. 1894; p. 100, Georgy para Nicky, 9 nov., falta ao casamento; p. 108, Nicky para Georgy, 19 nov., força, não esmorecer. KR, 15 nov. 1894. King, pp. 343-57.

3. Nova vida: Nicky para Gueórgui, 19 nov. – *LP*, p. 114. KR, 10 nov. 1894, sobre ser melhor sacrificar um tio; 14 nov. 1894, sobre tios tentando influenciar; Minny enlutada; 15 nov. 1894, casamento e sacrifício; N sobrecarregado de trabalho; em seu gabinete, 18 nov. Nicky "amável, apequenado por tios gigantes": Maria da Romênia, v. 2, p. 65. Tios: Sandro, pp. 155-60 e 194-5. Nenhum secretariado/chancelaria real: Lieven, NII, pp. 11-121. Selando envelopes/desconfiança de secretários: Mossólov, pp. 10-2.

4. ND, 17 jan. 1895, sonhos insensatos. "Seu pai jamais mencionara as responsabilidades que o aguardavam" e comentário de AIII para Iánichov: KR, 7 dez. 1894. Serguei vs Vorontsov na coroação e ameaça de renúncia: Naríchkina, p. 146.

5. Vida cotidiana de Nicky, microgestão, cavalo e carruagem para Alix: GARF, 553.1.6.5, NII para Benckendorff, 1896; ovos de Páscoa, GARF, 553.1.6.47, NII para Benckendorff, 20 mar. 1915. Vida amorosa, assobio: Vírubova, p. 4; Alexandra para a condessa Rantzau, cit., p. 12; incapaz de pedir doces, p. 27; Corte, guardas núbios negros: o relato se baseia na pesquisa de Penny Wilson. Disponível em: <http://forum.alexanderpalace.org/index.php?top-ic=348.0;wap2>. Joseph T. Fuhrman (Org.), *The Complete Wartime Correspondence of Tsar Nicholas II and the Empress Alexandra* (doravante F): estamos unidos, F, p. 41, Alexandra (A) para Nicolau (N), 17 nov. 1914; obrigada pela felicidade/vida como enigma, F, p. 300, A para N, 12 nov. 1915; apelidos Periquito etc., F, p. 55, A para N, 26 nov. 1914; quero você também, Madame B, F, p. 447, N para A, 8 abr. 1916; Oh, Gatinha, F, p. 450, A para N, 10 abr. 1916; F, p. 424, Beijo com ternura/sua timidez, A para N, 26 mar. 1916; "diga ao meninão que a dama", F, p. 374, A para N, 1º fev. 1916; seus doces lábios, F, p. 373, A para N, 13 jan. 1916;

F, p. 380, beijos de menina, A para N, 4 fev. 1916; F, p. 366, "ardo de impaciência para vê-lo", A para N, 13 jan. 1916; não teria suportado a carga, acanhamento, F, p. 339, N para A, 31 dez. 1915; sempre fazendo isso, F, p. 324, A para N, 12 dez. 1915; F, p. 506, o meninão dá saltos, 16 jun. 1916. Decoração interna: GARF, 553.1.6.4, Nii para Benckendorf, 1895. Alix grávida?, KR, 11 dez. 1894.

6. ND, 25, 26, 27 nov. 1894; 28 set. 1895, no sofá malva; 1º jan. 1896, cerimoniais; 28 mar. 1896, beijo de Páscoa, p. 1600. KR, 14 nov. 1896, sobre Vladímir vs Minny. Preparativos para a coroação: GARF, 644.1.204.97-8, Serguei para Pável, 15 abr. 1894. Serguei vs Vorontsov sobre a coroação e ameaça de renúncia: Naríchkin, p. 146. Mergulhada em preparativos, discussão com Nicolau sobre detalhes da cerimônia de coroação: GARF, 601.1.1340.114, Nicolau a Serguei, s.d. LP, p. 108, Nicky para Georgy, 19 nov. 1894; p. 120, Willy para Nicky, 14 set. e 13 out. 1894; p. 124, Nicky para Georgy, 18 dez. 1895; p. 130, Ella para Nicky, 20 abr. 1896. Sandro, p. 195, sobre os tios.

7. *Koronatsionnye torzhestva*, p. 89. KR, 8, 9, 14, corrente quebrada, maio 1895; 18 maio, corpos vistos por Dmítri, irmão de KR; 29 maio, culpa Serguei, fotógrafo; 29 maio, indicação de Pahlen e ameaça de Serguei. LP, pp. 138-9, diário de Ksênia, 18, 19 maio; memórias de Olga; pp. 144-5, Nicky para Georgy, 29 jul. 1896; Georgy para Nicky, 5 ago. 1896. ND, 9, 17, 18 maio 1896. Sandro, pp. 191-4: coroação, aviso sobre Khodinka, o baile de Montebello. Joias caídas na cerimônia, 3 mil mortos, descobertas de Pahlen: S. L. Seeger (Org.), Alexander Izvolsky, *Recollections of a Foreign Minister: The Memoirs of Alexander Izvolsky* (doravante Izvolsky), pp. 69-70. Alix triste: Maria da Romênia, v. 2, pp. 65-79. Coroação, Zizi torna-se dama de companhia, Khodinka, Serguei vs Vorontsov sobre a coroação e ameaça de renúncia, carroças de corpos: Naríchkin, pp. 146-50. Hall, pp. 181-2. King, pp. 357--88. Opinião de Nicky sobre o tsar e Deus, perigoso parar a meio caminho / minha terrível responsabilidade ante meu Criador: Bing, p. 166, Nicky para Minny, 20 out. 1902. Oficiais da corte / estatísticas: King, pp. 97-109.

8. Nicky sobre família vs diplomacia nacional: LP, p. 145, Nicky para Vitória, 10 out. 1896. Crise otomana: Geyer, p. 192. Byrnes, p. 131. Witte, pp. 186-7. Sean McMeekin, *The Russian Origins of the First World War* (doravante McMeekin), p. 144. Política para o Extremo Oriente 1894-1900: Geyer, pp. 187-205. Oye, pp. 5-15; volta ao mundo, pp. 15-23; visão de Nicky, pp. 49-53; *pénétration pacifique* de Witte, pp. 61-81. Alemanha: Röhl, v. 1, pp. 749-60, 929-31; Kiaochow, pp. 954-61. Visita do Kaiser: Bing, pp. 128-9, Nicky para Minny, 23 jul. e 1º ago. 1897. Ferrovia, Estrada de Ferro Oriental Chinesa e anexação de Port Arthur: Witte, pp. 82-104. Política para o Oriente: Lobánov-Rostóvski, amante francesa, livros judaicos: Dominic Lieven, *Russia's Rulers under the Old Regime* (doravante Lieven, *RR*), pp. 198-9. Personalidade de Alexandra: correspondência com a rainha Vitória cit. em Figes, *PT*, pp. 26-8. Maria da Romênia, v. 2, p. 67. Morte de Lobánov no trem: Naríchkin, p. 152. Alix pedante e *Hamlet*: Beech, v. 2, p. 119. Era de Prata: Bruce Lincoln, *In War's Dark Shadow*, pp. 349-88.

9. Oye sobre Kuropátkin, pp. 86-91; Kaiser e o Extremo Oriente, pp. 146-58. Izvolsky, p. 70, sobre servilismo de Muraviov. Bing, p. 137, Nicky para Minny, 18 mar. 1898. Witte para Alexandre III sobre dominação da Ásia pelos russos: Geoffrey Hosking, *Russia and the Russians*, p. 329.

10. Oye sobre Úkhtomski, pp. 42-59; sobre Kuropátkin e aviso a Nicolau, pp. 86-97. Alexei Kuropátkin, *Dnevnik generala A. N. Kuropátkina* (doravante Kuropátkin), 7 abr. 1898 e 22 set. 1899.

11. LP, p. 172, Georgy para Nicky, 15 jun. 1899; funeral de Georgy, p. 176 — diário de Ksênia, 14 jul. 1899. ND, 14 jun. 1899. KR, 14 jun. 1899.

12. Oye sobre Boxers, pp. 159-71; Manchúria, pp. 172-86; Lamsdorf, p. 167; Manchúria, Coreia, comentários com o príncipe Heinrich da Prússia, pp. 182-5. Bing, pp. 137-4, Nicky para Minny

sobre Port Arthur, 18 mar. 1898; Beijing, 11 ago. 1900; Guerra dos Bôeres, 9 nov. 1900; tomada de Mukden, 23 set. 1900. Witte, pp. 107-14 sobre a sede de conquista de Nicolau, Kuropátkin tomando a Manchúria, volubilidade de Kuropátkin, cortesão encanta imperatriz. Acredite em mim: Cartas de Meschérski, Nicky para Meschérski, 28 fev. 1903. Geyer, pp. 206-12. Cem por cento bizantino, Witte cit. em Figes, *PT*, p. 21.

13. Doença em Livadia: Witte, pp. 194-5. LP, diário de Ksênia, 26 out. a 13 nov. 1900. Inabilidade de Alix para a política: Mossolov, v. 1, pp. 32-4. Nascimento de Anastássia: ND, 5 jun. 1900. KR, 6 jun. 1900. *LP* 189; morte da rainha Vitória e Nicky para Eduardo VII, 22 maio 1901. Encanto de Moscou: *LP*, p. 181, Nicky para Ksênia, 5 abr. 1900. Encontros com "Nosso Amigo" Philippe: ND, 10, 11, 13, 17, 19, 20, 21 jul. *LP*, p. 193, Alix sobre sr. P, "para mim o único apoio", 27 ago. 1900; p. 194, relatório policial do Ministério do Interior sobre Philippe. Bing, p. 144: tal êxtase, Nicky para Minny, 5 abr. 1900. Vírubova: definição de comunhão com Deus e os profetas mas desapreço pela invocação de espíritos e pelo espiritualismo, pp. 67-9. Witte, pp. 195-204: obsessão com o ocultismo, montenegrinas cuidam de Alix, ascensão de Philippe. Fé sobrenatural de Nikolai Nikoláievitch (Nikolacha) cit. por seu capelão padre Gueórgui Chavelskii em Robinson, p. 14, e conhecido como Tio Terrível (Diádia Grózni), p. 3. Êxtase religioso e ligação das montenegrinas com Alexandra: Naríchkina, p. 163; profecia do dr. Philippe sobre o Extremo Oriente, p. 174.

14. B. A. Románov, *Ocherki diplomaticheskoi istorii Russko-Iaponskoi voiny 1895-1907*, pp. 111-2. Oye sobre Bezobrázov, pp. 187-95 e cit. sobre baionetas e tratados, p. 199. Fanfarrão, aventureiro meio louco, Nicky gostava de esquemas fantásticos: Izvolsky, p. 71. Sobre as ambições de Nicolau no Oriente: Kuropátkin, 16 fev. 1903; sobre Bezobrázov, 24 jul. 1903; Nicolau sobre Bezobrázov como inspiração e correção política, 19 ago. 1903. Geyer, pp. 206-19. Política do dr. Philippe para o Extremo Oriente: Naríchkin, p. 174.

15. Nicolau sobre a Rússia como Senhor das Terras Russas no censo de 1897: "Khozyain Zemli Russkoy/Khozyayka Zemli Russkoy": GARF, 601.1.2.2, 28 jan. 1897. Spiáguin: Wortman, pp. 350-4; os bailes, pp. 353-4. Spiáguin e o tsar Alexei, banquetes, frivolidade: Izvolsky, p. 70. Spiáguin, "ferida profunda em meu coração", Nicky sentindo-se forte: Cartas de Meschérski, 2 e 5 abr. 1902, Nicky para Meschérski. *LP*, p. 200, sobre o assassinato de Spiáguin, Ella para Nicky, 3 abr. 1902. Limitações da polícia e propostas de Zubátov, Daly, v. 1, pp. 124-7. KR, 20, 22, 25 ago. 1902. Classe operária de Baku/citações de Stálin e Trótski em Montefiore, *Young Stalin*, pp. 66, 196. Classe trabalhadora, as mais altas taxas de mortalidade em Petersburgo, excremento, cólera: Figes, *PT*, pp. 108--13. Novos métodos policiais de Zubátov: Daly, v. 1, pp. 72-123.

16. GARF, 586.1.950.2, NII para Plehve, 7 abr. 1902; "Não gosto muito dele [...] patife presunçoso e arrogante", GARF, 586.1.950.9, NII para Plehve, 8 jul. 1902; colapso repentino e forte, GARF, 586.1.950.11, NII para Plehve, 1º jan. 1904. Sandro, p. 199: Pobedonóstsev recomenda o patife Plehve. Plehve e os pogroms: Ruud, pp. 235-6; Azev e Plehve, pp. 125-51; inteligente demais, pp. 152-8. Witte, pp. 380-1: Plehve liderando a política antissemita. Plehve sobre a periculosidade dos judeus para Kiréiv cit. em Lieven, *RR*, p. 343. Crenças volúveis de Plehve: Alexandre III cit. em Zaionchkovsky, pp. 85-6. Plehve promove Zubátov para Petersburgo: Daly, v. 1, pp. 124-38; pp. 138--9, pogrom. Lênin e Tchernitchévski, cit. em Figes, *PT*, p. 131.

17. *LP*, pp. 202-10: afastamento de Philippe, Alix para Nicky, 23 jul. 1902, sobre o aviso de Ella e mentira sobre remédio; carta de Ksênia, 19 ago. 1902, sobre os avisos de Minny a Nicky e 20 ago. 1902, sobre gravidez, e 31 ago. 1902, sobre poder de sugestão; p. 209, Nicky para Alix, 1º set. 1902,

malicioso; Alix para Nicky, 3 set., 1902, olhos doces; p. 211, Nicky para Minny, 20 out. 1902; Minny para Nicky, 23 out. 1902, sobre o casamento do grão-duque Paulo. Naríchkin, pp. 170-1. Bing, pp. 168-70, Nicky para Minny, 20 out. 1902 (LP, p. 211). Sobre Micha: LP, p. 227.

18. Sandro, "último espetacular baile do império", pp. 235-6. King, pp. 405-18.

19. Daly, v. 1, pp. 140-8. John Röhl, *Wilhelm II: Into the Abyss of War and Exile, 1900-1941* (doravante Röhl 2), pp. 176-85: encontro de Reval. Guerra útil, Kuropátkin, p. 206: guerra para evitar revolução, 11 dez. 1903; p. 85, Nicolau desconfia de ministros, 28 nov. 1903; p. 115, o tsar tem razão, entende melhor a glória que os ministros, 16 fev. 1903; p. 141, tsar confiaria mais em mim se não fosse ministro, é verdade, 4 ago. 1903.

20. São Serafim: *LP*, p. 203, Alexandra para Nicolau, 23 jul. 1902, sobre a ordem de Alexandra a Pobedonóstsev para canonizar Serafim. ND, 17, 18, 19 jul. 1903. Japão: Oye, pp. 172-95: Geyer, pp. 187-205. KR, 5 set. 1903. Sandro, p. 201: Nicolau demite Witte, que diz a Sandro: "cem por cento bizantino"; Kuropátkin, "piada colossal", pp. 237-8. Helen Rappaport, *Four Sisters: The Lost Lives of the Romanov Grand Duchesses* (doravante Rappaport): atitude dos filhos imperiais com os japoneses, p. 72. As greves de Odessa, de Plehve, multiplicação da oposição, queda de Zubátov: Daly, v. 1, pp. 140-8. Kuropátkin sobre os métodos de Plehve e banho de sangue e insatisfação iminentes, 24 jul. 1903. Guerra: Sandro, aviso a N, pp. 239-40. Kaiser encoraja a guerra contra o Japão: Röhl v. 2, pp. 188-9; reunião de Wiesbaden, pp. 264-70.

21. Colapso, GARF, 586.1.950.11, NII para Plehve, 1º jan. 1904. Revolução se armando, guerra chegando: Sandro, p. 237. NII como governante: Lieven, *NII*, p. 106, "concordo com todo mundo", Pobedonóstsev; p.109, Plehve sobre a natureza da autocracia para Kuropátkin; p. 136, princesa Sviatopolk-Mírski sobre NII: o homem mais falso do mundo. Witte: sangue totalmente bizantino — Sandro, p. 201. Witte, pp. 179, 189. Zaionchkovsky 2, pp. 19-21, meio menino, meio homem. Polovstov, *Dnevnik*, 26 jan. 1892. *LP*, p. 67: "Você não faz ideia do quanto eu posso ser astuto", Nicky para Alix, 2 jun. 1894. Lieven, *NII*, pp. 28-43 Maria da Romênia, névoa imperial, v. 2, p. 327.

22. GARF, 568.1.661.16, Nicolau para Alexéiev, 3 jan. 1904, possibilidade de ruptura. *Sbornik dogovorov i diplomaticheskikh dokumentov po delam Dalnego Vostoka 1895-1905*, pp. 40-50, Nicolau para Alexéiev, 14, 16, 28 jan., permitindo aos japoneses aportar na Coreia do Sul. *LP*, p. 230, diário de Ksênia, 31 mar. 1904. Constantine Pleshakov, *The Tsar's Last Armada* (doravante Pleshakov), pp. 3-6, 32-3. Richard Connaughton, *Rising Sun and Tumbling Bear* (doravante Connaughton). Kaiser: Röhl, v. 2, pp. 264-83. Alexei e amante vaiados no teatro: L. A. Tikhomírov cit. em Zaionchkovsky, p. 271. Beech v. 1, p. 129.

23. Pecados de KR, 19 set. 1903; "melhor homem da Rússia", 19 nov.; guerra com minha consciência, 15 dez.; maus pensamentos na igreja, 21 dez.; vício secreto, 28 dez.; depravado, 9 jan. 1904; de volta à casa de banhos na rua Moika, 20 jan.; bela esposa, 14 jan.; predileção por homens simples, 19 abr.; dominado pelo pecado, 21 maio; Serguei e irmão, 23 jun.; esperando o nascimento do bebê de Nicolau e Alexandra, 24 jul.; de volta à casa de banhos como um esquilo numa roda, 26 jul. KR nascimento de Alexei, 30 jul.; visita ao bebê em Peterhof, 2 ago. 1904.

24. Indicação do liberal Mírski: Daly, v. 1, pp. 148-51. Minny implora em lágrimas: Paul Benckendorff cit. em Lieven, *NII*, p. 134. Sobre a polícia política, perigo de retorno: perigoso parar a meio caminho/minha terrível responsabilidade ante meu Criador: Bing, p. 166, Nicky para Minny, 20 out. 1902. Cartas de Nicky para Militsa cit. em Zimin, *Negroes*, pp. 28-31. Alexei: LP, pp. 243-6. ND, 30 jul. 1904. KR, nascimento de Alexei, 30 jul.; visita ao bebê em Peterhof, 2 ago. 1904. Hemofilia: relato de

Roman, filho de Pedro e Militsa, cit. em Rappaport, pp. 77-81. Mau inglês: *LP*, p. 228, grão-duquesa Ksênia, 13 fev. 1904; p. 239, Alix para Nicky, 15 set. 1904. ND, 30 jul. 1904, 8 set. 1904. KR, 2 ago. 1904: Micha feliz. Sobre perspectivas de Olga: Carolyn Harris, "Succession Prospects of Grand Duchess Olga Nikolaevna", *Canadian Slavonic Papers*, 2012, v. 54, pp. 61-84. Origem da hemofilia; Leopoldo, filho da rainha Vitória sofrendo da doença: Wilson, pp. 30-1, 272, 320.

25. Figes, *People's Tragedy*, pp. 168-73. Lieven, NII, pp. 104-40. Andrew Verner, *The Crisis of Russian Autocracy*, pp. 100-37. Sandro, pp. 243-8. Falta de vontade: KR, 18 nov. 1903, Plechakóv, pp. 60-89. Ajuda alemã à frota: Röhl, v. 2, pp. 285-93.

26. Dez. 1904, a intranquilidade avança: KR, 18 nov., pp. 4, 21, 28, 30 dez. 1904. Verner, pp. 100-37.

27. Daly, v. 1, pp. 150-2. Verner, *Crisis of Russian Autocracy*, pp. 137-67. Lieven, NII, pp. 139-40. ND, 8 jan. 1905.

28. Ruud, pp. 158-9. Daly, v. 1, pp. 154-6. Lieven, NII, pp. 140-1. Figes, PT, pp. 173-81. ND, 8 jan. 1905. KR, 9 jan. e 11 jan. 1905. Alexandra para a princesa Vitória de Battenberg, 11 jan. 1905: Sophie Buxhoeveden, *The Life and Tragedy of Alexandra Feodorovna, Empress of Russia* (doravante Buxhoeveden), pp. 108-10. Robert Massie, *Nicholas and Alexandra*, pp. 97-100.

29. Daly, v. 1, pp. 156-7. *LP*, pp. 245-64. Boris Savinkov, *Memoirs of a Terrorist*; Marie Pavlovna, *Education of a Princess: A Memoir*; depoimento de Ivan Kaliáiev (inclui afirmação de Ella sobre medo de assassinato de Serguei); grã-duquesa Ksênia, 4 fev. 1905: todas cit. em LR, pp. 250-64. KR, 4, 5, 6, 9 fev. 1905. ND, 4 fev. 1905. Revolta camponesa: Figes, *PT*, pp. 188-91. Revolução no Cáucaso, Stálin em Tchiatura: Montefiore, *Young Stalin*, pp. 132-8.

30. Tsushima: Plechakóv, pp. 261-79; queda de Alexis, pp. 311-5. ND, 1º nov. 1908. A revolução se dissemina; concessão de assembleia, pp. 184-8. Lieven, NII, pp. 144-6. Sandro: Rússia em chamas, p. 249; 14 maio 1905, piquenique em Gátchina, notícia da chegada de Tsushima, N "não disse nada. Como sempre", p. 248. KR, 20 jun. 1905. ND, 17 ago., 14 set. 1905. Witte para a América: Witte, pp. 135-61; encontro no *Chtandart*, 14 set. 1905. Opiniões e indicações de Nikolacha: Robinson, pp. 62-3. ND, 17 ago., 14 set. 1905. Björkö: Röhl, v. 2, pp. 368-71, 379-80.

31. Björkö: Röhl, v. 2, pp. 368-71, 379-80.

32. ND, 12, 17 out. 1905. GARF, 543.1.232.1-4, Trépov para Nicolau, 16 out. 1905; GARF, 595.45.6--7, Nicolau para Trépov, 16 out. Sobre Nikolacha como Tio Terrível, burrice (Minny), mau gênio e histeria, matando o cachorro borzoi, misticismo, visão do tsar como divino: Robinson, pp. 4, 14-6; amantes, misticismo e Stana, pp. 51-5; Nikolacha chamado; histórias de Kiréiev e Mossólov das ameaças de Nikolacha, erro de Nikolacha, pp. 67-70; Nikolacha feliz de pular pela janela (relato de 1916 do general V. M. Bezobrázov), p. 290. Despudor de Cirilo: *LP*, pp. 277-8, Nicky para Minny, 5 out. 1905. Bing, pp. 185-8, Nicolau para Minny, 19 out. 1905; p. 192, Minny para Nicky, 1º nov., em apoio de Witte, admirável conduta de Trépov e Nikolacha no fundo um bom soldado. Baseado também em Verner, pp. 225-45. Abraham Ascher, *The Revolution of 1905: Authority Restored* (doravante Ascher, *1905*), pp. 10-5. Witte, pp. 237-50. Cáucaso: Montefiore, *Young Stalin*, pp. 138-53. Atitude de Nicky em relação a Witte, dias perversos, caminho errado: Naríchkin, p. 189.

33. Witte sob pressão; repressão de Durnovó: Verner, pp. 260-80; repressão de Witte, pp. 274--80. Repressão em Moscou, prisão do soviete: Witte, pp. 273-84; violência de fracos, pp. 286-92; sabotagem de Trépov, p. 315; previne Nicolau como navio na tempestade, p. 317; Durnovó liberal, enérgico, competente, casos amorosos e cartas de amor a embaixador espanhol, pp. 321-3; temperamento de Trépov, pp. 326-31; pogroms e Trépov, p. 327; e campanha antissemita de Kommisárov e Ratchkóvski,

p. 331; informa tsar sobre conspiração, mas ele não pretende punir o capitão, p. 332. Nicolau sobre chicotes dos cossacos: *Stolypin*, p. 71. Repressão de Durnovó, 15 mil mortos e feridos: Figes, *PT*, pp. 200-2. Alex Marshall, *Russian General Staff 1860-1917*, sobre Alikhanov-Avarski/Griaznov, p. 64. Violência de Bezobrázov, Orlov e Richter: Ascher, 1905, pp. 333-4. Aprovação da violência por Orlov em cartas a Minny: Bing, p. 194, Nicky para Minny, 10 nov. 1905, Conselho de Ministros fala muito, Witte desacreditado; p. 195, Nicky para Minny, 17 nov., distúrbios camponeses, não há soldados suficientes; p. 196, Nicky para Minny, 1º dez., Witte lida com energia com movimento revolucionário; pp. 200-2, Nicky para Minny, 8 dez., velhos liberais despreocupados agora exigem ação decisiva, Exército gosta de Nikolacha e confia nele; p. 202, Nicky para Minny, 15 dez., regimento de Semiónovski para Moscou ontem, Dubássov em Moscou, Orlov para a Livônia; p. 205, Nicky para Minny, 22 dez., rebelião armada em Moscou esmagada, Vorontsov doente; p. 207, Nicky para Minny, 29 dez., Dubássov em Moscou; Orlov e nações bálticas, bom trabalho de Richter, terror tem de ser enfrentado com terror; p. 210, Nicky para Minny, 12 jan. 1906, esplêndido trabalho de Orlov, excelente ideia de Nikolacha, Meller-Zakomélski, Sibéria; Durnovó esplêndido, Trépov indispensável. Nikolacha planeja repressão e ordena a seus intendentes insistir na severidade de Orlov (1170 mortos): Robinson, pp. 70-5. "Me encanta": Lincoln, *In War's Dark Shadow*, p. 310. Nicolau adia execução por recomendação de ADC: Spirodóvitch, v. 1, pp. 72-3. Raspútin: Nikolacha conhece Raspútin primeiro, relato do príncipe Roman Petróvitch (filho de Militsa) cit. em Robinson, p. 70. Primeiro encontro Nicky/Alix: ND, 1º nov. 1905.

34. Piadas de judeus e atitude de Nicolau com judeus (e mais tarde no caso Beilis): Spirodóvitch, v. 1, pp. 393-4, v. 2, pp. 142, 446-7. Alexandra sobre judeus: F, p. 115, A para N, 13 abr. 1915; F, p. 242, A para N, 17 set. 1915. Röhl, v. 1, p. 758, Nicolau para Helmuth von Moltke, 1895. *Protocolos dos sábios do Sião*: Ruud, pp. 204-18. Daly, v. 2, pp. 123-30. Sobre as Centúrias Negras e encontro com Dubróvin: Witte, p. 192; Mossólov, p. 143. Imitações de judeus: Bing, p. 30, N para Minny, 5 set. 1884. Atitudes de judeus, "Inglês é Yid": Witte, p. 190. Demitido por ódio de judeus: Nicolau para KR — Beech, v. 2, p. 120. Sobre as Centúrias Negras: Kotkin, *Stalin*, pp. 99-101. Figes, *PT*, p. 197. Reconquista do Cáucaso: Montefiore, *Young Stalin*, pp. 152-4.

35. Witte, Nicolau o odeia: Naríchkin, p. 197. Stolípin, formação: *Stolypin*, pp. 1-33; desarma revolucionários, p. 60; nervos, p. 60; MVD, pp. 88-9; lei e Duma, pp. 100-5. Goremíkin: H. H. Fisher (Org.), V. N. Kokóvtsov, *Out of my Past: The Memoirs of Count Kokovtsov* (doravante Kokóvtsov), pp. 123-9. Sobre Goremíkin: Gerássimov cit. em Ascher, *Revolution of 1905*, pp. 63-70. Witte e camarilha judaica: Bing, p. 221, Nicky para Minny, nov. 1906.

36. Abertura da Duma, *LP*, p. 286, diário de Ksênia, 27 abr. 1906. KR, 27 abr. 1906. Spirodóvitch, v. 1, pp. 59-64. Nikolacha propõe Stolípin para primeiro-ministro: Robinson, p. 89. Stolípin, MVD e primeiro-ministro; bombardeio e primeira dissolução da Duma: *Stolypin*, pp. 97-182. Bing, pp. 215-7, Nicky para Minny, 16 e 30 ago. 1905. Criança bate em babá, 16 mil militares mortos — cit. em Kotkin, *Stalin*, p. 104; declínio dos partidos, p. 118. Figes, *PT*, pp. 233-4. Tsar exige execuções imediatas, implanta a lei marcial, sua ordem passada pelo ministro da Guerra, A. F. Rediger, para o ministro do Interior, Stolípin, 1º jul. 1906: RGIA, 1276.1.92.11, Rediger para Stolípin. Alex Marshall, *Russian General Staff 1860-1917*, sobre Alikhanov-Avarski/Griaznov, p. 64. Opressão tsarista: Ascher, *1905*, pp. 333-4. Segurança imperial: King, pp. 110-1; Spirodóvitch, v. 1, pp. 271 e 284-7.

37. Raspútin: Douglas Smith, *Raspútin: Faith, Power, and the Twilight of the Romanovs* (doravante, Smith), sobre as concepções de Raspútin e citações de suas frases, pp. 207-15; sobre mulheres, sexo e citações de Praskóvia, Smith, pp. 381-92. James T. Fuhrman, *Rasputin: The Untold Story* (dora-

vante *Rasputin*): formação e personalidade, pp. 15-30; chegada, pp. 40-8. Um camponês russo: Olga Alexándrovna cit. em Massie, *Nicholas and Alexandra*, p. 189. Tamanho do pênis, orgasmo feminino: Figes, *PT*, p. 32. Raspútin conhece Nikolacha e depois as Corvas: príncipe Roman Petróvitch cit. em Robinson, p. 71; Vírubova, pp. 67-70.

38. King, p. 107; Raspútin, pp. 46-8; Vírubova, pp. 1-67. Orlov: Naríchkin, p. 188.

39. Alix na cama o dia inteiro: Vírubova, p. 20; qualquer coisa para ela ficar bem, p. 24; dirigindo rápido, p. 21; um amigo, p. 33; criação das OTMA, Duas Pequenas etc., pp. 36-7; tsar encomenda cinema: GARF, 553.16.32, NII para Benckendorff, 13 fev. 1913. Gilliard, p. 28, sobre Vírubova, mística sentimental, única amizade que tinha influência sobre Alix. Amizade de Vírubova com Alix, mania e superstição mística: Naríchkin, p. 186. Nicolau só sobreviveu devido a suas preces: Sófia Tiútcheva cit. em Rappaport, p. 162. *Rasputin*, pp. 39-48; cartas de Alix e filhas a Raspútin, pp. 94-5. Cartas de Raspútin às meninas e Olga/ Aléxei: Smith, pp. 159-60. ND, 18 jul., 12 out., 9 dez. 1906; Stolípin, 27 maio 1907; 6 nov., 27 dez. 1908, sobre visitas a Anna para ver Raspútin; 4, 29 fev., 29 mar., 26 abr., 15 ago. 1909. KR, 6 e 10 nov. 1906, sobre Nikolacha e Stana. Divórcio de Nikolacha: Robinson, pp. 97-101. Vírubova, p. 69. *LP*, p. 290, Nicky para Stolípin, 16 out. 1906; p. 297, Alix para Nicky, 17 jul. 1907; p. 304, diário de Ksênia, 7 set. 1908; p. 306, memórias de Olga; pp. 308-10, Alix para Olga, 1º e 11 jan. 1909 sobre "meninas" e Nosso Amigo; Tatiana para Alix, 17 jan. 1909. Olga Alexándrovna, *25 Chapters of My Life*, pp. 98-101. Bing, p. 227, Nicky para Minny, 22 mar. 1907, sobre casamento de Nikolacha. Hercules: Zimin, *Negroes*, pp. 409-10 e 415-8, citando Vírubova e Maurice Paléologue. Hercules e guardas: o relato se baseia na pesquisa de Penny Wilson — ver <http://forum.alexanderpalace.org/ index.php?topic=348.0;wap2>. Veronal e outros opiáceos: Rappaport, *Iekaterinburg*, pp. 55, 60; luxos das meninas, pp. 74-5.

40. *Stolypin*, pp. 115-49; reforma judaica, pp. 169-2; segunda Duma, pp. 174-6; golpe e terceira Duma, pp. 202-15; Vorontsov, Cáucaso, pp. 237-9. Reforma judaica: *Krasnyi arkhiv*, 1925, v. 5, p. 13, Nicolau II para Stolípin, 10 dez. 1906. Ódio de judeus: *LP*, p. 340, Nicky para KR, 14 set. 1912. Bing, p. 220, Nicky para Minny, 11 out. 1906, gosto e respeito por Stolípin; p. 228, 29 mar. 1907, sobre a Duma, "E aí, sim! E eles somem". Figes, *PT*, pp. 225-8.

41. Reformas militares: Lieven, *Flame*, pp. 146-8. Norman Stone, *Eastern Front* (doravante Stone), pp. 24-6. Robinson: pp. 88-104. Reformas de Stolípin; sobre judeus e outras reformas 1906-7: *Stolypin*, pp. 150-206. Filiação a SD: Kotkin, *Stalin*, p. 118. Izvólski: Lieven, *Flame*, pp. 192-7.

42. *Stolypin*, pp. 251-60; p. 279, encontro com Eduardo VII em Reval. Lieven, *Flame*, pp. 148-50, 197-203; 208-24. Geyer, pp. 277-80. Clark, pp. 185-90. Geyer, pp. 276-8. Margaret MacMillan, *The War that Ended Peace: The Road to 1914* (doravante MacMillan), pp. 391-422. Stone, pp. 24-6. 11 ago. 1907, calma interna, Izvólski, triunfo britânico, *Stolypin*, p. 253; crise de 1908, pp. 257-9; guerra fatal para dinastia, p. 259. Figes, *PT*, pp. 225-9. Robinson, pp. 88-129. Eduardo VII em Reval: *Stolypin*, p. 279. Reval/Cowes: Mossólov, pp. 210-2; Spirodóvitch, v. 1, pp. 170-5. Miranda Carter, *The Three Emperors*, pp. 352-4; Cowes, pp. 374-6. Jane Ridley, *Bertie: The Life of Edward VII*, pp. 398-422. Rappaport, pp. 124-8. King, pp. 426-32, crise de 1908, reunião ministerial-chave: AVPRI, 340.787.7.162-6. Retrato de Izvólski: Harold Nicolson, *Lord Carnock*, p. 216. Bulgária, Ferdinando como tsar, Izvólski chama Aehrenthal de *"ce sale juif"*, NII diz que é ato de megalomania mas aceita Ferdinando como rei em visita a Petersburgo: *Ferdinand*, pp. 214-34. Minny indignada com Ferdinando: Bing, Minny para Nicky 12 mar. 1909. Montenegro pede guerra: *Montenegro*, p. 264. Amizade e morte do general A. A. Orlov, 4 out. 1908, no Cairo: Spirodóvitch, v. 1, pp. 271, 285-6. Papel singular de Alexandre Orlov: Naríchkin, p. 188.

43. *Stolypin*, pp. 327-62. Kokóvtsov, pp. 263-70; "Eu não conto?", p. 282. Rappaport, pp. 149-52: Sófia Tiútcheva sobre as meninas no assassinato e visita de Raspútin. Stolípin sobre guerra e revolução: Serguei Sazónov, *Fateful Years, 1909-1916* (doravante Sazónov), p. 232. Stolípin em declínio: Figes, *PT*, pp. 226-31. Guerra e política bélica, demolição de fortaleza e criação das reformas de Sukhomlínov, Programa Grande e Programa Pequeno, dados econômicos: Stone, pp. 19-33. Lieven, *Flame*, pp. 225-6. Sukhomlínov: V. A. Sukhomlínov, *Vospominaniia* (doravante Sukhomlínov), objetivo de eliminar grão-duques, p. 191; e criar exército equivalente ao da Alemanha, p. 210; para o tsar eu era principalmente um servidor, p. 214, ou técnico, p. 233; 25 jul., tsar absolutamente calmo com Nikolacha, megalomania de Nikolacha, todo-poderoso, p. 243; Nikolacha parecia Ivan, o Terrível, com seus acessos de raiva, p. 244. Sukhomlínov visita Livadia 1909, bela esposa que ama roupas bonitas, desprezada pela sociedade: Spirodóvitch, v. 1, p. 1385. Incrível frivolidade: Kokóvtsov, pp. 310-35. Ri de aviões: Sandro, p. 264. Geyer, pp. 288-92. MacMillan, pp. 353-5. William C. Fuller Jr., *Strategy and Power in Russia*, pp. 425-33. William C. Fuller Jr., *The Foe Within*, pp. 45-8. Maurice Paléologue, *An Ambassador's Memoirs*, v. 1, p. 83. Queda de Nikolacha, fracasso de suas reformas: Robinson, pp. 104-8; as Corvas censuram Raspútin (memórias do príncipe Roman Petróvitch: Roman Petróvitch Románov, *Am Hof des Letzten Zaren*), p. 108; Alexandra sobre Nikolacha vs homem de Deus e arrependimento de Nikolacha (memórias de sua Primeira Guerra Mundial, capelão G. Chavelskii), pp. 108-9. Morte de Tolstói: Bing, p. 260, N para Minny, 11 nov. 1910; Bartlett, *Tolstoi*, pp. 386-7, 412-9.

44. Raspútin vs Stolípin e líderes religiosos: *Rasputin*, pp. 49-85. Stolípin à filha Maria Bok: Smith, p. 151. Quem o elogiasse prestava: Naríchkin, pp. 196-7. Sukhomlínov, pp. 191-3, manobras, mau e fraco. Stolípin, últimas crises, leis militares navais, crise de reforma: *Stolypin*, pp. 250-326. Tsar rejeita renúncia de Stolípin, veto a lei naval: GARF 601.1.1125.4-5, Nicolau II para Stolípin, 24 abr. 1909.

45. Assassinato de Stolípin: *Stolypin*, pp. 363-88. Fim de Stolípin, nenhum partido: Figes, *PT*, pp. 230-1. Stolípin depressivo, programação do tsar, disparos, indicado para primeiro-ministro: Kokóvtsov, pp. 271-8; *Rasputin*, pp. 87-91. Bing, pp. 264-7, Nicky para Minny, 1º set. 1911. Rappaport, pp. 149-51, cit. Sófia Tiútcheva. Ruud, pp. 173-200. *LP*, p. 331, M. P. Bok, filha de Stolípin. Naríchkin, p. 199. Erro de brigas de família: Maria da Romênia, v. 2, p. 223.

46. Beilis, Kokóvtsov, perda de Stolípin: *Stolypin*, pp. 363-88. Kokóvtsov, pp. 271-8; não Khvostov, pp. 276 e 292; nova conversa de PM com Alexandra sobre Stolípin e destino, p. 283. *Rasputin*, pp. 87-91. Bing, pp. 264-7, Nicky para Minny, 1º set. 1911. Rappaport, pp. 149-51, cit. Sófia Tiútcheva. Ruud, pp. 173-200. *LP*, p. 331, M. P. Bok, filha de Stolípin. Naríchkin, p. 199. Caso de Mendel Beilis, relatório de Tchaplinski em Kíev, lei antijudaica de comércio da Sibéria: Levin, pp. 116-24.

47. Baile de Olga: Rappaport, pp. 156-7. Vírubova, p. 22.

48. Kokóvtsov, pp. 291-300. Crise de Raspútin: M. V. Rodzianko, *The Reign of Rasputin* (doravante Rodzianko), pp. 36-9, audiência com Minny; pp. 40-57, audiência com o tsar e relatório de Iussúpova sobre o desejo de Alexandra de enforcar. *LP*, p. 337, memórias de Rodzianko; diário de Ksênia, 25 jan., 16 fev., 16 mar. 1912, sobre conversas de Minny, Ksênia, Iussúpova. ND, 15 fev. 1912. Vírubova, p. 30: Tiútcheva severamente repreendida. Melhor um Raspútin que dez crises histéricas: Nicolau cit. em Figes, *PT*, p. 33. Borodinó: *LP*, p. 340, Nicky para KR, 14 set. 1912. King, pp. 316-7. Wortman, pp. 379-82.

49. Doença de Alexei nas palavras de Nicolau: Bing, p. 276, Nicky para Minny, 20 out. 1912. Doença de Alexei: Vírubova, pp. 42-3, construam uma lápide, Nicky sai correndo, mensagem de Raspútin. *LP*, pp. 342, 343-8, Nicky para Minny, 20 out. 1912. ND, pp. 5-13 out. 1912. Gilliard, pp. 8-12.

50. Kokóvtsov, pp. 313-429. Sukhomlínov, pp. 191-3, manobras, mau e fraco. Robinson, pp. 108-29: ascensão de Sukhomlínov, rivalidade com Nikolacha, reabilitação de Nikolacha, cancela manobras do ministro da Guerra. Sukhomlínov em Livadia: Spirodóvitch, v. 1, p. 1385. Tentativa de dispensar Sukhomlínov: Kokóvtsov, pp. 310-35. Sazónov: MacMillan, pp. 458-61; Sazónov, jeito de mulher, p. 461. "Triste Claudicante", cit. em *Ferdinand*, p. 257. Panqueca: F, p. 226, 11 set. 1915; p. 421, 17 mar. 1916; p. 537, 17 jul. 1916. Sazónov, pp. 90-7. Clark, pp. 340-2, sobre a crise e planos de 1912. Geyer, pp. 288-92. MacMillan, pp. 353-5. *Ferdinand*, pp. 242-7, inc. 2 milhões de francos para Ferdinando de NII. Coroação em Montenegro: *Montenegro*, pp. 276-8. Política militar: Fuller, *Strategy and Power in Russia*, pp. 425-33. Fuller, *The Foe Within*, pp. 45-8. Paléologue, *Ambassador's Memoirs*, v. 1, p. 83.

51. Guerras balcânicas: Lieven, *Flame*, retrato de Sazónov, pp. 232-4; a Primeira Guerra Balcânica, pp. 241-72, inc. tsar se inclina para os sérvios, p. 258, contra a Albânia autônoma; revisão da versão de Kokóvtsov, pp. 267-9. MacMillan, pp. 448-80. Sazónov, pp. 90-7. Clark, pp. 281-90, 340-2. McMeekin, pp. 20-7. Papel da Alemanha e da Áustria: Röhl, v. 2, pp. 880-6, 917-32. Bulgária na Primeira Guerra Balcânica, avanço sobre Bizâncio, posição de Sazónov e Nicolau II sobre a Liga Balcânica e a vitória da Bulgária, incoerência de Sazónov, *Ferdinand*, pp. 245-74. *Montenegro*, pp. 279-301. Sazónov, pp. 68-78. Caçar acalma os nervos: *LP*, p. 346, Nicky para Minny, 20 out. 1912. Doutrina militar que eu ordeno: D. A. Rich, *The Tsar's Colonels: Professionalism, Strategy, and Subversion in Late Imperial Russia*, p. 221. Sukhomlínov, p. 152: culpa Sazónov por políticas de guerra eslavófilas; Nicolau 1911 queria mandar o Exército, p. 191. Stana e Militsa como defensoras de Montenegro, neutralidade de Nikolacha: Robinson, p. 128. Kokóvtsov sobre Sukhomlínov, Alix: pp. 301-19; orçamento militar extra, pp. 342-4; crise de mobilização parcial, pp. 344-51; Militsa protege Kokóvtsov, p. 357. Sazónov para Kokóvtsov, 12 nov. 1912, cit. em Ronald P. Bobroff, *Roads to Glory*, p. 55. V. I. Bovikin, *Iz istorii vozniknoveniia pervoi mirovoi voiny*, pp. 125-7; Nicolau, 23 nov. 1912. Plano naval: KA, 6.51-2, Grigórievitch para Nicolau, 25-26 out. 1912. Memorando de Sazónov para Kokóvtsov citado em McMeekin, p. 25.

52. Rosemary e Donald Crawford, *Michael and Natasha: The Life and Love of the Last Tsar of Russia* (doravante *Michael*). Beech, v. 1, pp. 194-5. *LP*, pp. 349-51, Minny para Nicky, 4 nov. 1912; Nicky para Minny, 7 nov.; relatório de agente da Okhrana, 17 dez.

53. Tricentenário: Kokóvtsov, pp. 360-2. Spirodóvitch, v. 2, pp. 337-45; casamento em Berlim, p. 321. Rodzianko, pp. 74-7. Sobre os ministros: Naríchkin, p. 206. Wortman, pp. 383-94. King, pp. 389-401. Sexo, Blok, Biéli e Era de Prata: Lincoln, *In War's Dark Shadow* 349-88. Aleksandr Blok citado em Figes, *PT*, p. 14. Lena e Stálin: ver Montefiore, *Young Stalin* 256-7. Kotkin, *Stalin* sobre citação de Blok sobre a Okhrana, p. 130; sobre marxismo e nacionalidades, p. 133; sobre a cit. de Lênin "tsarismo vitorioso", p. 135. Pior melhor: Figes, *PT*, p. 129. Meschérski, Maklakov, Krivochein: Lieven, *Flame*, pp. 293-5.

CENA 5: CATÁSTROFE [pp. 697-742]

1. Spirodóvitch, vol. 2, pp. 360-402; sobre o veredicto de Beilis, v. 2, p. 447. Julgamento de Beilis: Levin, pp. 205-91. Figes, *PT*, pp. 240-3. Sobre Alexei: KR, 18 mar. 1912. Sobre Alexei e o caráter

das meninas: Vírubova, pp. 37-9. Gilliard, pp. 24-5. Rappaport, pp. 165-70. Rappaport, *Iekaterinburg*, p. 90 (Alexei) e pp. 73-85 (meninas).

2. Dissolução da Liga Balcânica, rompimento da Bulgária com a Rússia em *Ferdinand*, pp. 270-9; Segunda Guerra Balcânica, pp. 279-87. *Montenegro*, pp. 279-301. MacMillan, pp. 458-61. Clark, pp. 340-2. Sazónov, pp. 90-7. McMeekin, p. 25. Montenegro, fim da proximidade russa: *Montenegro*, pp. 279-301.

3. Segunda Guerra Balcânica: Lieven, *Flame*, pp. 272-90; Poincaré dá carta branca ao apoio à Rússia, p. 240; crise de Liman, pp. 284-7. Sazónov, pp. 97-103. Nicolau cit. por Sazónov em Clark, p. 275. Kokóvtsov, pp. 313-429; sobre turcos e Liman, pp. 389-93. Goremíkin: Sandro, p. 252, cadáver. Liman: Sazónov, pp. 117-25; p. 117 Nicky conta a Sazónov sobre a conversa do Kaiser em Berlim; conferência de fev. 1914, p. 126, ofensiva contra Constantinopla inevitável na guerra europeia. Declínio e posterior demissão de Kokóvtsov no poder, Goremíkin como "casaco de peles velho": Kokóvtsov, p. 439. Queda de Kokóvtsov, nomeação de Maklakov, discussão sobre o fechamento da Duma ou conversão em câmara meramente consultiva, influência de Krivochein e Meschérski: Lieven, *Flame*, pp. 294-7. Possível indicação de Durnovó para premiê: Dominic Lieven, "Bureaucratic Authoritarianism in Late Imperial Russia: The Personality, Career, and Opinions of P.N. Durnovo", *Historical Journal*, 1983, 26.2.391-402. Lieven, *NII*, p. 17; memorando de Durnovó, pp. 195-7. Geyer, pp. 285-7, 310-21. MacMillan, pp. 29-37. Nicolau planeja com Maklakov abolição ou redução dos poderes da Duma: GARF, 601.1.1119.1-2, NII, a N. Maklakov, 18 out. 1913. Malinóvski, cit. de Lênin e Stálin: Montefiore, *Young Stalin*, pp. 280-325. Sobre Poincaré, visitas de generais franceses e compromisso francês para incluir possibilidade de crise nos Bálcãs: Clark, pp. 294-308; Liman von Sanders e crise, p. 335; encontro no casamento prussiano, p. 339; conferências jan.-fev., pp. 341-8; machismo, p. 360. Liman, crise e conferência especial: McMeekin, pp. 30-5. Hall, pp. 248-9.

4. Filhas OTMA apaixonadas: baseado em Rappaport, pp. 191-206.

5. V. I. Niévski, *Nikolai II i velikie knyaza*, Leningrado, 1925: p. 45 como vai, "braço da tia com beijos voluptuosos". Dmítri Pavlovi (DP) a Nicolau II, 29 set. 1911; p. 46, "coração, alma e corpo (menos o cu)", DP a NII, 16 out. 1911; p. 48, oportunidade de dançar com Zizi ou baronesa Frederiks, DP a NII, 17 nov. 1911; p. 50, "limpe o cu", "abraço meu travesseiro pensando nela", DP a NII, 19 mar. 1914.

6. Última temporada e meninas apaixonadas: Rappaport, pp. 207-22; pretendentes de Olga, p. 212. Possibilidade de casamento romeno para Olga, descrição das meninas OTMA e visita: Maria da Romênia, v. 2, pp. 327-31. Casamento de Olga — Gilliard, p. 32, Olga diz papai promete não me obrigar a deixar a Rússia. Sou russa. Sobre o baile de Anitchkov: Helene Iswolsky, *No Time to Grieve*, pp. 83-5. Iussúpov: ND, 8 out., 11 nov. 1913. *LP*, p. 372, diário de Ksênia, 8 out. 1913; p. 380, diário de Ksênia, 9 fev. 1914. ND, 9 fev. 1914. Entrevista do autor com a sobrinha da grão-duquesa Irina, princesa Olga Romanoff.

7. Pašić em Petersburgo cit. em Clark, p. 280. Crimeia, traição de Anna: F, pp. 73-6, Alix a Nicky, 28 abril 1914, 26 jan. 1914, 26-27 out., 19 nov. 1914, 27 jan. 1915; 3 nov. 1915. Crimeia: Spirodóvitch, v. 2, pp. 450-60; Anna apaixonada por Nicolau, pp. 450-2. Vírubova, p. 158, *Naryshkhina*, p. 206. Visita romena, meninas bronzeadas, Nicky adorável: Maria da Romênia, v. 2, pp. 336-8. Última viagem à Crimeia, visitas romenas, Olga permanece na Rússia: Rappaport, pp. 214-21, cit. p. 217, Nicolau a Agnes de Stoeckl. Permanência de Olga na Rússia: Gilliard, p. 32. Possível casamento na Romênia, Sazónov, pp. 103-15; conversa com Alexandra sobre o medo de se separar das filhas, p. 110.

8. Crise de jul.-ago., visita de Poincaré e rota para a guerra: Sazónov, pp. 150-60, 177-216; crise de cancelamento da mobilização, pp. 193-205; declaração de guerra, p. 212; Stolípin insubstituível,

p. 232. Sukhomlínov, 20-30 jul. 1914: culpa Nikolacha, pp. 221-8; culpa Sazónov pelas políticas de guerra, p. 152; Nicolau sempre disse que queria comandar o Exército, p. 191; Rússia nunca tão preparada como em 1914, mobilização como algo sistemático, p. 245. Rodzianko, pp. 106-8. Mediação de Haia: OPI GIM, 180.88280, Nicolau II a Sazónov, 14 jul. 1914. Raspútin contra essa guerra: F, p. 283, A a N, 1º nov. 1915. Nikolacha comovido pelo oferecimento do comando supremo e te-déum no Palácio de Inverno: Robinson, p. 134. Sukhomlínov rejeita comando: Stone, pp. 51-2. Te-déum no Palácio de Inverno, Nicolau em lágrimas: Rodzianko, pp. 110-1. Lieven, *Flame*, pp. 313-42. Versão de Nicolau da ligação de Sazónov e probabilidade de guerra, 24 jul. 1914, e reunião de ministros naquela tarde: Peter Bark, *Memoirs*, v. 7, pp. 1-4, 7-26. Gilliard, pp. 36-40: declaração de guerra. Nicky perplexo, reuniões, novos telefones, Alix não informada: Vírubova, p. 479. Geyer, pp. 312-20. Telegramas Nicky-Willy: Röhl v. 2, pp. 1065-70. McMeekin, pp. 53-75. MacMillan, pp. 551-602. Sean McMeekin, *July 1914*, pp. 260-305. Lieven, *NII*, pp. 197-204. Kotkin, *Stalin*, p. 156: estatísticas de mobilização e recrutamento. Intervenções de Raspútin: Smith, pp. 359-64, inclusive o destino da carta.

9. Ago.-set., as primeiras batalhas: Stone, pp. 45-69. Robinson, pp. 157-69.

10. Stavka e Nikolacha: Robinson, pp. 142-90; Nikolacha, "meu eremitério", p. 202. Stone, pp. 51-3.

11. Soldado ferido morre: F, p. 86, A a N, 2 mar. 1915; F, p. 83, 28 fev. 1915. Alexandra precisa ser refreada: Ernest de Hesse cit. in Naryshkin 204. Melhora de Alexandra cuidando de feridos: Vírubova, p. 9; revigorada, p. 49; acidente de trem, p. 55. Rappaport, pp. 227-54.

12. Stone, pp. 70-91. Robinson, pp. 170-206. 13 set. 1916, Rodzianko, visita à Stavka, conversa com Nikolacha sobre enforcamento de Raspútin, pp. 118-9. Ofensiva e derrota de Enver: Sean McMeekin, *Ottoman Endgame*, pp. 146-53.

13. Nikolacha domina ministros: F, p. 153, A a N, 17 jun. 1915. Mania de espiões, repressão aos judeus, F, p. 125, A a N, 4 maio 1915; F, p. 128, N a A, 8 maio 1915. Robinson, pp. 100 e 207-9. Deportações de judeus: Eric Lohr, "The Russian Army and the Jews: Mass Deportation, Hostages, and Violence during World War I", *Russian Review*, 2001, 60, p. 404-19. Inocência do caso Miassoiédov: Fuller, *The Foe Within*, p. 132. Mania de espiões de Nikolacha: Robinson, pp. 216-8; p. 217, "Prevejo... nenhum explosivo", Nikolacha a N, 24 fev. 1915.

14. F, p. 89, N a A, 2 mar. 1915; F, p. 102, A a N, 5 abr. 1915. Robinson, p. 221, sobre Nikolacha e Dardanelos. McMeekin, *Ottoman Endgame*, pp. 163-221.

15. F, p. 99, N a A, 9 mar. 1915; F, p. 100, A a N, 4 abr.; F, p. 104, A a N, 6 abr.; F, p. 107, N a A, 7 abr.; judeu, F, p. 115, A a N, 13 abr.

16. Stone, pp. 122-43; escassez de explosivos, pp. 144-64; retirada, pp. 165-93; as seções sobre os materiais de guerra e a crise econômica se baseiam em Stone, pp. 194-221. Robinson, pp. 231-44; Nikolacha reclama com NII da falta de munição, p. 240; carta de Orlov a Ianuchkévitch, 2 jun. 1915, p. 245; demissão de Sukhomlínov, Maklakov, apogeu de Nikolacha, chuta o ar (Chavélski), Nikolacha chora, planeja confinar Alexandra (Chavélski), nervos estraçalhados (Polivánov), Alexander e Nicolau demitem Nikolacha, pp. 245-59. Rodzianko, pp. 128-47. Julgamento de Sukhomlínov: F, p. 397, A a N, 4 mar. 1916. Soukhomlínov e Rubenstein detidos: Smith, pp. 539-45. Raspútin e o escândalo do restaurante: baseia-se em Smith, pp. 370-80 – a nova pesquisa de Douglas mostra como Djunkovski forjou o fato; o diplomata britânico Robert Bruce Lockhart, citado várias vezes, nem estava em Moscou naquele dia.

17. Stone, pp. 187-93. Robinson, pp. 240-60. Raspútin e Bark: F, p. 131, A a N, 11 maio 1915.

Pânico, N chora: F, p. 131, N a A, 11 maio 1915. Raspútin enviado por Deus: F, pp. 135-7, A a N, 10, 11 jun. 1915. Nikolacha vs Homem de Deus: F, p. 138, A a N, 12 jun. 1915. Mais autocrático/espião no QG: F, p. 145, 14 jun. 1915. Descrença em Nikolacha/o sino/o instinto feminino: F, p. 147, A a N, 16 jun. 1915. Goremíkin/período/Khvostov: F, p. 156, A a N, 18 jun. 1915; F, p. 160, A a N, 22 jun., relatório de Djunkóvski sobre Raspútin. Envolvimento de Serguei Mikháilovitch e Kchessínskaia: F, p. 169, A a N, 25 jun. 1915. Dispensa de Nikolacha, as calças da mulherzinha, sem demora: F, p. 171, A a N, 22 ago. 1915. Saída de Orlov: F, p. 174, A a N, 23 ago. 1915. Carta dos ministros, reunião chamada por Sazónov: F, p. 177, A a N, 24 ago. 1915. Robinson, p. 191: Nikolacha — pôr Alix num mosteiro, cit. de Chavélski, seu capelão. Vírubova, pp. 57-9: briga com a imperatriz-viúva, Nicolau chocado com Varsóvia, difícil não comandar, ganha ícone, avisa ministros, transpirando. Lieven, *NII*, p. 227. Minny sobre erro de Nicolau: diário cit. em Hall, pp. 264-5. Inexistência de opinião pública: Stanley Washburn, *On the Russian Front in World War I: Memoirs of an American War Correspondent*, cit. em Joshua A. Sanborn, *Imperial Apocalypse: The Great War and the Destruction of the Russian Empire* (doravante Sanborn), p. 101. Educação de Alexei no quartel-general: Gilliard, p. 62. Alix ambiciosa e infalível: Maria da Romênia, v. 3, pp. 351-2.

18. Smith, pp. 436-43, inclusive citações de Maria Raspútin e do general Dedulin, comandante do palácio – "minha alma calma e leve"; sobre judeus e a Zona de Assentamento: Smith, pp. 535-46. *Raspútin*, pp. 155-66. Raspútin aconselha nomeações na Igreja: F, pp. 160-2, A a N, 22 jun. 1915. Assinou nomeações militares: F, p. 179, N a A, 24 ago. 1915. Precisam de pulso firme no QG: F, p. 180, A a N, 25 ago. 1915. Graças a Deus acabou/Esposinha ajudando Maridinho: F, pp. 181-2, N a A, 25 ago. 1915; manter autocracia/Khvostov, F, pp. 171-3, A a N, 22 ago.; denuncia Sazónov e Polivánov/cheira a carta, F, p. 177, A a N, 24 ago.; Andrónnikov consultado, F, p. 191, A a N, 29 ago. 1915; livrar-se de Gutchkov, F, p. 193, A a N, 30 ago.; enforcar Gutchkov?, F, p. 200, A a N, 2 set.; demitir Sazónov e Khrivochein, não ver Rodzianko, nomes para substituir Samárin, Andrónnikov elogia Khvostov com Raspútin etc., F, p. 212, A a N, 7 set., Sazónov "Panqueca", nomear Khvostov, Andrónnikov recomenda, Goremíkin se debatendo, tudo por Baby, F, pp. 225-8, A a N, 11 set.; planos de Khvostov, F, p. 242, A a N, 17 set., Khvostov/Cauda, homem, não maricas, F, p. 247, A a N, 17 set.; vê Raspútin para discutir Cauda, F, p. 261, A a N, 4 out. Benckendorff sobre Alexandra, Lieven, *NII*, p. 227.

19. Stone, pp. 208-14. Crise ferroviária: F, p. 197, N a A, 31 ago. 1915. Alexei em Moguiliov: F, pp. 265-8, N a A, 6, 7 out. 1915; F, p. 281, N a A, 31 out., e A a N, 1º nov. Andrónnikov e Raspútin insistem em mudanças: F, pp. 284-9, A a N, 2-3 nov. 1915.

20. Goremíkin, vaiado na Duma: F, p. 292, A a N, 6 nov. 1915; sonho de Raspútin sobre Constantinopla, F, p. 295, A a N, 8 nov.; Raspútin com Goremíkin, F, pp. 316-7, A a N, 29 nov.; recebe Khvostov/lê *Millionaire Girl*, F, p. 339, N a A, 31 dez.; novos candidatos a PM, consulta Khvostov sobre Stürmer, F, p. 349, N a A, 5 jan. 1916; nomear Stürmer PM, Khvostov queria ser PM, F, p. 352, A a N, 7 jan.; avanço em Erzurum, F, p. 354, N a A, 7 jan.; demitir Djunkóvski e Drenteln e Orlov que planejavam "mosteiro para mim", F, p. 356, A a N, 8 jan. Poema grotesco sobre o pinto de Raspútin: Smith, pp. 491-2.

21. *Rasputin*, pp. 164-6. F, pp. 384-402: p. 384, A a N, 10 fev. 1916-6 mar. 1916; F, p. 388, A a N, 13 fev. 1916, A rejeita planos de Boris e Dmítri para casamento de Olga; demite ministro da Guerra Polivánov e sucessor, F, p. 409, N a A, 10 mar.; maçãs de Raspútin para N, F, p. 413, A a N, 13 mar.

22. Ofensivas de Naroch, Brussílov, Stone, pp. 232-63; descrição de V. Bezobrázov 225, esp. 261 expressão de Stone, "machismo de pantomima", N nomeia Brussílov, F, p. 415, A a N, 14 mar. 1916; beijo todos os lugares doces, F, p. 419, A a N, 15 mar.; Philippe e Raspútin aconselham posição firme, F,

p. 421, A a N, 17 mar.; Boy Blue, F, p. 429, N a A, 13 mar.; maldade dos fariseus contra Raspútin, F, p. 437, A a N, 5 abr.; frota ocupa Trebizonda, F, p. 439, N a A, 5 abr., e desembarques, F, p. 473, N a A, 23 maio; meu Boy Blue, F, p. 447, A a N, 8 abr., e F, p. 463, 1º maio; problemas com o ministro do Interior, F, p. 459. A a N, 28 abr.: não mencione planos de ofensiva a ninguém/ofensiva de Brussílov, F, p. 491, N a A, 5 jun.; lembra Walton sobre o Tâmisa, F, p. 495, N a A, 8 jun.; Stürmer honesto e crise de abastecimento, F, p. 500, N a A, 11 jun. (Solicitação anterior de N para manter os segredos militares: F, p. 196, N a A, 31 ago. 1915.) Muitos prisioneiros de guerra capturados: F, p. 537, N a A, 17 jul. 1916; Alix na Stavka, F, p. 547, A a N, 3 ago., e N sente falta de sua calma, 3 ago., desespero com Bezobrázov que "ordenou avanço por pântanos sabidamente intransponíveis [...] fez com que as Guardas fossem massacradas", F, p. 548, A a N, 4 ago.; N demite Bezobrazov, F, p. 564, N a A, 16 ago. Raspútin recomenda evitar perdas, F, p. 553, A a N, 8 ago. 1916; menstruação de A estraga tudo — aborrecimento, F, p. 568, A a N, 20 ago.; fé na sabedoria de Raspútin para o país, F, p. 569, A a N, 4 set.; A vê Stürmer e depois Raspútin, F, p. 573, A a N, 7 set. Sanborn, pp. 108-29; rebelião cazaque, pp. 177-8; F, p. 495 e F, p. 593 Raspútin: conselho para abastecimento de alimentos, 9 jun. e 20 set. 1916. Brussílov e estoque de explosivos: Kotkin, *Stalin*, pp. 162-4. Avanço russo na Anatólia e expedições na Pérsia e Iraque: Robinson, pp. 263-87. Expedição de Tsargrado: F, p. 582, N a A, 13 set. 1916. Avanço russo em Erzurum, Trebizonda e expedições à Pérsia e ao Iraque: McMeekin, *Ottoman Endgame*, pp. 270-84; abr. 1916, Sazónov negocia enormes ganhos territoriais para a Rússia com Sykes-Picot em Petrogrado, pp. 284-6; fev.-abr. 1916, expedições de Barátov à Pérsia e a Bagdá no Iraque, pp. 289-90; Regimento Tsárgradski, pp. 312-21. Alexandra na Stavska, conversa com o general Alexéiev sobre Raspútin: Smith, p. 550.

23. Nicolau moleque, Alexandra louca — general Alexéiev ao padre Chavelsky: pp. 550-1. Exaustão de Nicky: Alexandre Náumov, ministro da Agricultura, Benckendorff, Fabritsky cit. in Lieven, *NII*, pp. 220-7. Benckendorff cit. in Gleb Bótkin, *The Real Romanovs*, p. 125. Paléologue sobre elixir de Badmáiev: *Ambassador's Memoirs*, 6 nov. 1916. N solitário: F, p. 205, N a A, 4 set. 1915. Alexandra usa ópio: F, p. 366, A a N, 14 jan. 1916; N usa cocaína, F, p. 303, N a A, 12 nov. 1915. *LP*, p. 541, Iussúpov a Bimbo, 14 jan. 1917. Crise cerealista e ferroviária: o relato se baseia em Stone, pp. 283--301. Crise de abastecimento: F, p. 505, N a A, 15 jun. 1916; conselho de Raspútin sobre os preços, F, p. 505, A a N, 16 jun.; nariz comprido de Sazónov, F, p. 537, A a N, 17 jul. Ideia de ditadura militar sugerida por Krivochein/problemas com Stürmer: F, p. 560, N a A, 14 ago. 1916; Alexéiev defende que autoridades militares substituam Stürmer, A a N, 14 ago. Stürmer não consegue vencer essa dificuldade/abastecimento/problema mais difícil que enfrentei na vida: F, p. 593, N a A, 20 set. 1916. Drogas de N e A: Rappaport, *Iekaterinburg*, pp. 55 e 60.

24. Conspirações dos Románov: Dmítri e Boris: F, p. 387, A a N, 13 fev. e 10 mar. 1916; F, p. 429, A a N, 26 mar., sobre família e Olga/Kulikóvski; o Clube e Nikolai Mikháilovitch, F, p. 655, A a N, 4 dez. Nikolai Mikháilovitch, sujeito ruim, neto de judeu, meus maiores inimigos na família: F, p. 641, A a N, 4 nov. 1916; F, p. 300, A a N, 12 nov. 1915. Ruína de Dmítri com aquela mulher, Brássova: F, p. 556, A a N, 11 ago. 1916. Complôs de Gutchkov e Alexéiev: F, p. 591, A a N, 19 set. 1916. Sobre Dmítri e Brássova: Beech, v. 2, p. 52. Sandro em Kíev: pp. 297-302. Dmítri faz mexericos: Vírubova, p. 66.

25. N menciona Protopópov, recomendado por Raspútin: F, p. 520, N a A, 25 jun. 1916. Alexandra insiste com Protopópov: F, pp. 574-80, 7, 22, 23, 27 set. 1916; N elogia papel político de A, 23 set. Nomeia Protopópov: F, p. 596, A a N, 21 set. 1916. Protopópov insiste na libertação de Sukhomlínov, nomeação de Kurlov: F, p. 606, A a N, 26 set. 1916; lista para N discutir com Protopópov sugerida por Raspútin, Badmáiev trata Protopópov, Raspútin é "amigo do peito" de Badmáiev

e Protopópov é curado por ele, F, p. 609, A a N, 27 set. 1916; F, p. 623, A a N, 16 out. A conta a Raspútin sobre a crise de Protopópov/insiste que Stürmer entregue abastecimento alimentar a Protopópov e N concorda: F, p. 631, A a N, 30 out. 1916, e N a A, 30 out. Protopópov não normal, "peculiar", revira os olhos: Rodzianko, pp. 218-9. Stürmer e Protopópov, inc. governando com Cristo e uniforme policial: Figes, *PT*, pp. 285-7. Stürmer ditador; Protopópov salvarei a Rússia: Rodzianko, p. 219. Conversas secretas com alemães: Kotkin, *Stalin*, p. 199. Anatóli Ignátiev, *Russko-angliiskie otnosheniia nakanune Oktyabrskoi revolutsii (Fevral-oktyabr 1917 g.)*, pp. 41-52. Raspútin e a relação com madame Sukhomlínov; exigências de libertação do general e de Rubenstein; dimensão do poder de Raspútin; envolvimento em todos os projetos e questões: Smith, pp. 539-46 e pp. 553-60, inclusive citação do general Gurkó sobre as boas mas desastrosas intenções de Raspútin.

CENA 6: IMPERADOR MIGUEL II [pp. 743-69]

1. Alguns Románov confrontam o tsar: cartas de Nikolai Mikháilovitch (Bimbo) e meus inimigos na família, má pessoa, judeu: F, p. 642, A a N, 4 nov. 1916, e cartas F, pp. 642-5, N a A, 4 nov. 1916: pedido de desculpas de N por não as ler, 5 nov. Sandro confronta Nicky: Sandro, p. 305; não acredito em ninguém, exceto na esposa, p. 305. Robinson, pp. 288-90 cit. o grão-duque Andrei Vladímirovich e relatos de Chavélski das conversas de Nikolacha com o tsar; o golpe Lvov-Khatissov, pp. 288-9. *Armenian Review*, v. 3, 1950, pp. 112-3. Sandro sobre Zinaida Iussúpova, p. 236. Trépov PM e crise quase demitindo Protopópov: F, pp. 648-57, A a N, 10 nov. 1916; não troque Protopópov, A a N, 10, 13 nov., 4, 5 dez.; demissão de Trépov, não de Protopópov, F, p. 664, A a N, 9 dez.; Raspútin vive pela Rússia e por você/insta para ser firme/não um gabinete responsável/horrível Trépov/país forte para Baby, F, p. 671, A a N, 13 dez., "Seja Pedro, o Grande, Ivan, o Terrível, imperador Paulo — esmague todos eles — e não ria, seu traquinas", F, p. 674, A a N, 14 dez. Ódio de Alexandra: Maria da Romênia, v. 3, p. 152.

2. Conspiração de Iussúpov: Irina e Félix Iussúpov e chá com Alexandre, F, p. 560, 14 ago. 1916: "agradáveis e naturais, ela muito morena e ele muito magro". Zinaida e Ella confrontam Alix. *Rasputin*, pp. 197-205. Smith, pp. 569-85.

3. Morte de Raspútin: *Rasputin*, pp. 197-213, 225-31. Smith, pp. 586-601. Os relatos de Félix Iussúpov incluindo Félix Iussúpov, *Rasputin*, pp. 155-63, e V. M. Purichkévitch, *Murder of Rasputin* em esp. pp. 69-95. Possibilidade de conspiração inglesa: ver Andrew Cook, *To Kill Rasputin*, em esp. carta de Stephen Alley, p. 217. Vírubova, pp. 80-2.

4. Smith, pp. 602-14; comentários de Nicolau na Stavka, pp. 605; comentários de Olga, pp. 612--13; poema de Alexandra, p. 613; sobre o papel britânico, pp. 624-34. A queda — sequência de cartas entre A e N: ver F, p. 680, A a N, 16 dez. 1916, N a A, 16 dez.; localização do corpo de Raspútin, F, p. 686, A a N, 19 dez. Nicky sobre o dia do desaparecimento de Raspútin: A. A. Mordvínov, *Iz perezhitogo: Vospominaniia fligel-adyutanta imperatora Nikolaia II* (doravante Mordvínov), 2, pp. 530-1; reação dos filhos, p. 532. Reação à morte de Raspútin: *Rasputin*, pp. 215-24, 233-8. Ella a Zinaida sobre a morte de Raspútin: *Ella*, p. 286; Dmítri a Iussúpov, mancha negra, p. 287. O "não!" de Minny, Sandro, pp. 308-9. Alexei, papai não vai puni-los: Vírubova, p. 39. F, pp. 686-7, 19 dez. 1916-22 fev. 1917.

5. Demissão de Trépov, *Rasputin*, p. 182; conspiração da família, pp. 221-3. Imperatriz a ser aniquilada, conversa com Maria Pávlovna (Miechen): Rodzianko, p. 246; recepção com o tsar, quer discutir Protopópov, pp. 252-4. Conversa de Sandro com Nicky e Alix — "ninguém tem o direito de

matar", pp. 309-10; novo premiê Golítsin, "bobo [...] não entendia nada, não sabia nada", p. 311; de volta ao Palácio Alexandre com Micha e sem Micha: pp. 312-6. Nicky a Mossolov — não há risco para a dinastia, Lieven NII, pp. 230-1. Vírubova sobre a visita de Sandro, p. 88; visita de Micha, p. 90; Nicolau sabe que o centro de intrigas é a embaixada britânica, p. 91; N transtornado e A acha perigoso voltar à Stavka, p. 91. Nicolau para a Stavka e incentivo de A para ser forte: necessário ter grande firmeza, está com ar cansado, sinta meus lábios ternamente nos seus, F, p. 686, A a N, 22 fev. 1917; sarampo, F, p. 688, A a N, 23 fev. 1917; "minha solidão, O que você escreve sobre ser firme, o senhor, é verdade", F, p. 687, N a A, 23 fev. 1917. Jim Hercules: Zimin, *Negroes*, pp. 409-11, 415-8. Penny Wilson, disponível em: <http://forum.alexanderpalace.org/index.php?topic=348.o;wap2>.

6. Revolução: F, pp. 686-95. A a N, 22 fev. 1917; desordens na cidade, A a N, 26 fev., e N a A, 23 e 24 fev. Mark D. Steinberg e Vladimir M. Khrusalev, *The Fall of the Romanovs* (doravante *Fall*), pp. 46-56; p. 76 texto do telegrama de Rodzianko, 26 fev. 1917; p. 81, "totalmente calmo", ministro da Guerra Mikhail Beliáiev a Alexéiev, 27 fev.; p. 81, governo civil, NII a Nikolai Golítsin, 27 fev. Números da guarnição: Kotkin, *Stalin*, p. 168; cit. do diário de Miguel (Micha) e papel em Petrogrado, pp. 256-78. Vírubova, pp. 91-3. Figes, *PT*, pp. 307-16. Presença de Jim Hercules na Stavka e última visão de Moscou/Paléologue vê o negro da corte chorando, cit. em Zimin, *Negroes*, pp. 417-8. Penny Wilson, disponível em: <http://forum.alexanderpalace.org/index.php?topic=348.o;wap2>. ND, 27 fev.-3 mar.1917. *Michael*, pp. 255-65.

7. *Fall*, pp. 57-9; p. 88, manifesto grão-ducal. Mordvínov sobre telegramas: 27 fev. 1917, Mordvínov 1, pp. 53-6. *Michael*, pp. 265-75. F, pp. 696-701, cartas e telegramas de N e A, 28 fev.-2 mar. 1917. ND, 27 fev.-3 mar. 1917.

8. Resolução com Rúzski: F, pp. 696-701, cartas e telegramas de N e A, 28 fev.-2 mar. 1917. *Fall*, pp. 58-63, 88-93: sobre o ministério de Rodzianko, Alexéiev a NII, 1º mar. 1917, e telegramas de Nikolacha e Brussílov e outros comandantes. Mordvínov 1, pp. 56-95, inc. Frederiks anuncia abdicação, conversa com professor Fiódorov. ND 1-3 mar. 1917. Figes, *PT*, pp. 316-8. Lieven, NII, pp. 232-3 — N "responsável perante Deus e a Rússia por tudo".

9. *LP*, p. 573, Benckendorff, 9 mar. 1917. Missão de Gutchkov: *Fall*, pp. 96-100, registro de conversas entre Gutchkov, Chulguin e NII, 2 mar. 1917. Figes, *PT*, pp. 339-43. *Michael*, pp. 288-91. Tsar tranquilo, mas secretamente angustiado/não consigo perdoar Rúzski: A. A. Mordvínov, "Otryvki iz vospominanii", *Russkaia letopis*, 1923, v. 5, pp. 112-3; ver também Mordvínov 1, pp. 95--139. ND, 1º-8 mar. 1917. Matá-los, pedem os Cossacos; tarde demais, diz N: Vírubova, p. 96.

10. *Michael*, pp. 295-301.

11. ND, 3-7 mar. 1917. *LP*, p. 561, Olga Paley sobre grão-duque Paulo informa Alexandra, 3 mar. 1917. *Michael*, pp. 295-301, 308, NII a Micha. Lágrimas, reação das filhas, Alix queima cartas de amor, Vírubova, pp. 93-5. Carta de Olga a Anna.

12. *Michael*, pp. 302-15.

CENA 7: VIDA APÓS A MORTE [pp. 771-804]

1. Caminhada com Nicolau — ida para Kostromá ou para o exterior; Mordvínov 1, pp. 145-6; último discurso e recolha de coisas sem pressa em 8 mar. 1917, pp. 192-3. Hall, pp. 282-5, inc. diário

de Minny. ND 3, 4 mar. 1917; 8 mar., último dia em Moguiliov, doloroso. Sandro, pp. 319-24. Vista de Sandro insuportável para Nicky — Vírubova, pp. 96-7.

2. Gilliard, pp. 80-2. Vírubova pp. 94-7. *LP*, p. 658, Jorge v a Nii, 6 mar. 1917; pp. 569-72, memórias de Benckendorff, 8 mar., visita de Kornílov. ND, 7 mar. 1917, plano Balmoral: entrevista do autor com o príncipe Michael de Kent.

3. Tsárskoie: Vírubova, pp. 95-9. Rappaport, pp. 306-21; carta de Anastássia, 20 maio 1917; p. 313, Anastássia, 4 jul. 1917; p. 315, Olga Nikoláievna para Olga Alexándrovna, 21 jun. 1917. Verdadeira história da cremação de Raspútin revelada por Douglas Smith: Smith, pp. 652-4. *Rasputin*, pp. 238-40. Membro de Raspútin: Lars Tharp, *Antiques Roadshow: How to Spot, a Fake*, p. 12. Nicolau como prisioneiro perpétuo: Rappaport, *Iekaterinburg*, 27.

4. ND, 9 mar. 1917, primeira caminhada com Dolgorúki; 21 mar., visita de Kérenski; 23 mar., caminhadas com Olga e Tatiana; 2-3 abr., quebrando gelo/espectadores; 8 abr., guardas do Soviete; 18 abr., leitura; 23 abr., família nos jardins; 14 maio, jardinagem; 3 jun., Kérenski/crise com a arma de Alexei; 9 jun., sentados ali como prisioneiros; 26 jun., Montecristo; 5 jul., dias de julho, raiz de todos os males em Petrogrado e não na Rússia em si; 8 jul., Kérenski PM — "quanto mais poder ele tem, melhor"; 28 jul., Conan Doyle/Livadia ou onde?; 31 jul., último dia em Tsárskoie/encontro com Micha. *Fall*, p. 153, Olga a P. Petrov, 19 jun. 1917; p. 154, Olga a Olga Alexándrovna, 21 jun.; p. 166, Alix a Anna, 1º ago.; p. 168, Isabel Naríchkina, 1º ago. Partida para o leste: Rappaport, pp. 318-25; Alix a Naríchkina, p. 320; Anastássia a Gibbes, p. 321. Vírubova, pp. 96-100. Gilliard, pp. 210-30. ND, 9, 21 mar. 1917, sobre a prisão de Anna por Kérenski. *LP*, p. 575, nota de Lord Stamfordham, 9 mar. 1917; p. 578 diário de Jorge v, 11 mar.; p. 578, Stamfordham a A. J. Balfour, 21, 24 mar. (duas cartas); p. 588 nota de Stamfordham, 28 mar. (Lloyd George, mais grave do que pensava). A partida e Micha: *LP*, pp. 600-4, joias de Benckendorff: Greg King e Penny Wilson, *The Fate of the Romanovs* (doravante *Fate*), p. 70.

5. ND, 29 set., 6, 20 de out. (aniversário de Aiii), pior do que Tempo de Dificuldades, 17 nov. 1917; sobre *Sábios de Sião*, 27 mar. 1917. *LP*, p. 611, Olga a P. Petrov, 10 out. 1917. Vírubova, pp. 133-5, cartas de Alexandra. *Fall*, pp. 201-2, Nicky a Ksênia, 5 nov. 1917.

6. Tobolsk: as meninas, Rappaport, pp. 339-55. Correspondência: Vírubova, pp. 130-45 incluindo A a V, 14 e 21 out. 1917; Alexei a V 24 nov. 1917; 8 dez. 1917, A a V, sei que todo o passado se foi; Tatiana a V, 9 dez. 1917; Alexei a V, 10 dez. 1917; Anastássia a V, sentamos às janelas vendo as pessoas; A a V, seu perfume nos conquistou, dava a volta... Nicolau, um verdadeiro prodígio; todo o passado é um sonho; A a V, 2 mar. 1918, a eternidade é tudo. Gilliard, pp. 235-62.

7. ND, 12 abr. 1918, Iákovlev para me levar/mais do que difícil; ninguém dormiu. Vírubova, pp. 154-6, A a V, um novo comissário chegou, Iákovlev... Raio de Sol está doente; 21 mar., sentimos uma tempestade se aproximar; final de março, A a V, tempestade se aproximando, almas em paz. ND, 17-30 abr.-30 jun.-13 jul.1918, chegada a Iekaterinburg, tensão entre locais e nossos comissários, ida a Ipátiev, não permitida a entrada de Dolgorúki, Ukraíntsev, regime de prisão, caiação. *Fate*, pp. 79-102, 112-23; política do Centro, transferência para Iekaterinburg, crise na estação de Tiumen, chegada a Ipátiev; diamantes escondidos em espartilhos cit. Alexandra Tegleva, p. 136. *Fall*, p. 239, diário de Alexandra, 23-25 abr. 1918, sobre visita de Iákovlev, doença de Alexei, seu "terrível sofrimento" na escolha; p. 245, Iákovlev a Goloschiókin, 27 abr.; Sverdlov a Iákovlev, 27 abr.; p. 251, Sverdlov a Iákovlev, 29 abr., entrega em Iekaterinburg; p. 255, entrevista com Iákovlev em *Izvestia*, 16 maio; p. 278, prisão de Dolgorúki. Rappaport, pp. 364-6: cartas de Olga, Anastássia e Tatiana aos pais, maio 1917. Fatalismo de Tatíschev: Bótkin, p. 192. Gilliard dispensado e liberado, caminhada pela frente de

Ipátiev, pp. 269-72. Lênin sobre os Románov: V. I. Lênin, *Sochineniia*, 20.166-7, 21.16-17. Caráter de Goloschiókin, Sverdlov: *Fate*, pp. 253-95. Sobre relações de Goloschiókin e Sverdlov com Stálin no exílio, ver Montefiore, *Young Stalin*, pp. 259-60. Rappaport, *Iekaterinburg*, pp. 128-34; novo regime/joias/codinome/Alexei, pp. 171-83, 191.

8. GARF, 601.2.27, notas de Iákov Iuróvski de 1920 e 1º fev. 1934, e notas inéditas (cinco ao todo), inclusive a mais detalhada, nota de 1922 em APRF 3.58.280, cit. em *Fate of the Romanovs*; nota de Pável Medviédev, pp. 21-2 de fev. 1919, Sokolov Archive, Houghton Library, Harvard University, Kilgour Collection, 35.2.86; e entrevista de Pedro Vóikov em Gregory Bessedowsky, *Im Dienste der Sowjets* (Leipzig, 1930). Diário de Alexandra, jun.-jul. 1918, GARF, 640.1; *Last Diary of Tsaritsa Alexander* (Orgs. V. Koslov e V. Khrustalev). ND, abr.-jun. 1918: GARF, 601.1.217-266, *Fall*, pp. 277-85; Iuróvski, p. 285; as decisões de matar, revisão de material apontando decisão do Soviete dos Urais, pp. 287-94; Lênin e Sovnarkom aprovam transferência da família para Iekaterinburg, 2 maio 1918; p. 310, plano de fuga de oficial do Exército, 19 jun., e resposta, 21-23 jun. 1918; vida em Iekaterinburg, depoimento de Medviédev, pp. 346-8, ND, 17-30 abr.-30 jun.-13 jul. 1918, Iekaterinburg, tensão entre locais e nossos comissários, ida para Ipátiev, entrada de Dolgorúki não permitida, inimigo embasbacado, regime de prisão. *Fate*, pp. 140-2, 146-7: molestamento das meninas na viagem até Iekaterinburg e traição de Buxhoeveden, chegada e separação de Gilliard e Gibbes; simpatia dos guardas pelos prisioneiros e flerte com as mocinhas, esp. Alexandre Strekotin. Nomeação e inspeções de Iúri Iuróvski, Pedro Iermakov, pp. 233-45; Goloschiókin, pp. 245-7.

9. *LP*, pp. 665-6, depoimento do assassino A. V. Markov. *Fate*, pp. 200-11. *Michael*, pp. 349-63.

10. Lênin e Goloschiókin em Moscou: *Fall*, pp. 290-345. *Fate*, pp. 282-95. Pedro Vóikov, Bessedowsky, pp. 203-5. Rappaport, *Iekaterinburg*, pp. 129-43.

11. Preparativos de Iuróvski. *Fate*: pp. 297-302. *Fall*, pp. 346-64. Rappaport, *Iekaterinburg*, pp. 28-43; decisão, pp. 129-443. Caráter de Goloschiókin/Iermakov e outros: *Fate*, pp. 268-80; Goloschiókin em Moscou, pp. 113-5. *LP*, p. 674-7, A. G. Belodoródov a N. P. Gorbunov, Sovnarkom, 4 jul. 1918; Protocolo do Comitê Executivo Central, 5 jul.; protocolo do Sovnarkom, 5 jul.

12. ND, 12-26 maio-30 jun.-13 jul. 1918. ND, 27 nov. 1894, escrito por Alexandra. O relato se baseia nas várias memórias publicadas de Iuróvski, Medviédev e o relato completo inédito de Iuróvski em AVPRI e também Strekotin, ambos cit. em *Fate. Fall*, pp. 346-64. *Fall*, p. 333: Goloschiókin a Sverdlov e Lênin, 16 jul. 1918. *Fate*, pp. 268-80, letões e esquadrão da morte; pp. 297-331, matança e enterro. Diário de Alexandra, 11-16 jul. 1918. Chegada de Vóikov e meninas ainda vivas: Bessedowsky, pp. 208-11. Rappaport, *Iekaterinburg*, pp. 184-202; enterro, pp. 203-6; cão, pp. 207, 214. Após as execuções, vida de Goloschiókin, Iuróvski etc.: *Fate*, pp. 509-14.

13. Morte de Ella e do grão-duque Serguei Mikháilovitch: *Ella*, pp. 299-307. Beech, v. 2, pp. 218-9.

14. Enterro: *Fate*, pp. 316-31, Rappaport, *Iekaterinburg*, pp. 203-6. James Cockfield, *The White Crow: The Life and Times of the Grand Duke Nicholas Mikhailovitch Romanov, 1859-1919*, p. 242. Beech, v. 1, p. 165, v. 2, pp. 200-2, 181-3.

15. Crimeia e depois: Hall, pp. 288-352. Para a fuga deles: Frances Welch, *The Russian Court at Sea: The Last Days of A Great Dynasty: The Romanov's Voyage into Exile* (Londres, 2010). Sobre a vida posterior dos Románov: ver Arturo Beech, *Grand Dukes* e *The Other Grand Dukes*.

16. Enterro de Ella: *Ella*, pp. 306-12. Simon Sebag Montefiore, *Jerusalem: The Biography*, p. 444.

EPÍLOGO: TSARES VERMELHOS/TSARES BRANCOS [pp. 805-8]

1. Embalsamento de Lênin: Dzerjíinski cit. em Kotkin, *Stalin*, p .543; "O povo russo é tsarista", Leningrado, abr. 1926, cit. p. 586; criação da União Soviética, pp. 475-81, 485-6. Stálin a Maria Svanidze sobre o tsar, professor de Ivan, o Terrível, cit. em Simon Sebag Montefiore, *Stalin: The Court of the Red Tsar*, pp. 182-3; novo império 524. Quando Pútin apresentou novos livros didáticos de história, tsares e bolcheviques se misturaram entre si. Nicolau I combinou "modernização econômica e medidas autoritárias"; Alexandre II ampliou o poder e o território russos; Alexandre III obteve uma "estabilidade politicamente conservadora", enquanto a modernização executada por Stálin, "um dos maiores líderes soviéticos", cujo Terror é pouco mencionado, remete às "reformas de Pedro, o Grande". Pútin, a história de seu avô, pp. 118 e 300. Ver Vladímir Pútin, *First Person* (Nova York, 2000). Sobre Pútin e a história: Vladimir Shapentokh, Anna Arutunyan, *Freedom, Repression and Private Property in Russia*, pp. 51-5, inc. cit. do patriarca Kirill sobre milagre de Deus. Livros didáticos: Alexandre Filippov (Org.), *Noveishaia istoriia Rossii 1945-2006*, pp. 87-8. Rússia no cerne da civilização: *Nezavisimaia gazeta*, 23 jan. 2012, entrevista com V. Pútin. Esse relato do estilo pessoal de Pútin, inc. história de traidores/fracotes como Nicolau II, é baseado em: *Newsweek*, 1º ago. de 2014, "The President", por Ben Judah, inc. a afirmação de Pútin: "Eu nunca abdicaria". Agradecimentos a Ben Judah por compartilhar detalhes não publicados dessa matéria. A melhor análise das ambições imperiais de Pútin: Stephen Kotkin, "Russia's Perpetual Geopolitics", *Foreign Affairs*, mai./jun. 2016). Sobre o estilo tsarista de governo de Pútin: Gleb Pavlovski, "Russian Politics Under Putin: The System Will Outlast the Master", *Foreign Affairs*, mai./jun. 2016.

Bibliografia

ARQUIVOS

APRF Arquivo do Presidente da Federação Russa
CUBA Columbia University Bakhmeteff Archive, Nova York
GARF Arquivos Nacionais da Federação Russa
OPI GIM Departamento de Manuscritos do Museu Histórico do Estado
OR RNB Departamento de Manuscritos da Biblioteca Nacional da Rússia
RAS Arquivo do Instituto de História de São Petersburgo da Academia de Ciência da Rússia
RGADA Arquivo Nacional da Rússia de Documentos Antigos
RGIA Arquivos Históricos Nacionais da Rússia
RGVIA Arquivos Históricos de Guerra Nacionais da Rússia

PUBLICAÇÕES

Ab Imperio
AKV (Arkhiv knyazya Vorontsova)
American Historical Review
Arkhiv russkoi istorii
Armenian Review
Cahiers du Monde Russe [*et Soviétique* antes de 1994]
Canadian Slavic Studies
Canadian Slavonic Papers

ChOIDR (Chteniia v Imperatorskom obshchestve istorii i drevnostei rossiiskikh)

European Royal History Journal

Harvard Ukrainian Studies

Historical Journal

History Today

HOHONU History, Universidade do Hawai em Hilo

Istoricheskii vestnik

Journal of the Royal Asiatic Society

KFZ (Kamer-furyerskie zhurnaly)

Moskovskii zhurnal

New York Times

Newsweek

PSZ (Polnoe sobranie zakonov)

RA (Russkii arkhiv)

RS (Russkaia starina)

Russian Review

SEER (Slavonic and East European Review)

SIRIO (Sbornik imperatorskogo russkogo obshchestva istorii)

Slovo i Delo

Smena

Voenno-istoricheskii zhurnal

Vremya

ZORI (Zapiski otdeleniia Russkoi i Slavyanskoi Arkheologii)

ARTIGOS

ALEXANDER, J. T. "Ivan Shuvalov and Russian Court Politics 1749-63". In: CROSS, A. G.; SMITH, G. S. (Orgs.). *Literature, Lives and Legality in Catherine's Russia*. Nottingham: 1994.

BAZÁROV, Aleksandr. "Svetleishii knyaz Alexandr Gorchakov. Iz vospominanii o nem ego dukhovnika". *RA*, v. 1, pp. 328-50, 1896.

BIRON. "Obstoiatelstva, prigotovivshie opalu Ernsta-Ioanna Birona, gertsoga Kurlyandskogo". *Vremya*, v. 10, pp. 522-622, 1861.

BOGATYREV, S. "Ivan IV 1533-84". In: PERRIE, M. (Org.). *The Cambridge History of Russia*, v. 1: *From Early Rus to 1689*. Cambridge: 2006.

BUCHKOVITCH, P. "Shvedskie istochniki o Rossii, 1624-1626". *Arkhiv russkoy istorii*, v. 8, pp. 359-81, 2007.

_____. "Princes Cherkasskii or Circassian Murzas: The Kabardians in the Russian Boyar Elite 1560-1700". *Cahiers du Monde Russe*, v. 45, pp. 1-2, 9-30, 2004.

BUSHNELL, J. S. "Miliutin and the Balkan War: Military Reform vs Military Performance". In: EKLOF, B.; BUSHNELL, J.; ZAKHAROVA, L. (Orgs.). *Russia's Great Reforms, 1855-1881*. Bloomington, Indiana: 1994. pp. 139-60.

CHRISTIE, I. R. "Samuel Bentham and the Russian Dnieper Flotilla". *SEER*, v. 50, p. 119, 1972.

_____. "Samuel Bentham and the Western Colony at Krichev 1784-7". *SEER*, v. 48, p. 111, 1970.

CONLIN, J. "The Strange Case of the Chevalier d'Eon". *History Today*, v. 60, n. 4, p. 45, 2010.

DUBRÓVIN, N. F. (Org.). "Materialy i cherty k biografi i imperatora Nikolaia I i k istorii ego tsarstvovaniia". *SIRIO*, v. 98, pp. 10-4, 1896.

DVORJHITSKI, A. "1 Marta 1881". *Istoricheskii vestnik*, n. 1, 1913.

ENTREVISTA com SAR príncipe Michael de Kent. *New York Times*, 18 jul. 1998.

ESIPOV, G. V. "Zhizneopisanie A. D. Menshikova", *RA*, n. 7, 9, 10, 12, 1875.

ETTINGER, Shmuel. "Jewish Emigration in the 19th Century: Migration — Within and from Europe — as a Decisive Factor in Jewish Life". Disponível em: <www.myjewishlearning.com/article/jewish-e-migration-in-the-19th-century/2/>.

FEDOSOV, D. "Cock of the East: A Gordon Blade Abroad". In: ERICKSON, M.; ERICKSON, L. (Orgs.). *Russia: War, Peace and Diplomacy: Essays in Honour of John Erickson*. Londres: 2005. pp. 1-10.

FRANKLIN, R. R. "Tsar Alexander II and President Abraham Lincoln: Unlikely Bedfellows?". Universidade do Havaí em Hilo, *HOHONU History*, v. 10, pp. 74-84, 2012.

GRIBBE, A. K. "Graf Alexei Andreevich Arakcheev, 1822-1826". *RS*, v. 12, pp. 84-124, 1875.

GRIFFITHS, D. M. "The Rise and Fall of the Northern System: Court Politics in the First Half of Catherine's Reign". *Canadian Slavic Studies*, v. 4, n. 3, pp. 547-69, 1970.

HARRIS, C. "Succession Prospects of Grand Duchess Olga Nikolaevna". *Canadian Slavonic Papers*, v. 54, pp. 61-84, 2012.

IVÁNOV, O. A. "Zagadka pisem Alexeia Orlova iz Ropshi". *Moskovskii zhurnal*, v. 9, 1995.

JUDAH, B. "The President". *Newsweek*, 1º ago. 2014.

KEEP, J. L. H. "The Regime of Filaret, 16191633". *SEER*, v. 8, pp. 334-43, 1959-60.

KLIER, J. "Krovavyi navet v Russkoi Pravoslavnoi traditsii". In: DMÍTRIEV, M. V. (Org.). *Evrei I khristiane v pravoslavnykh obshchestvakh Vostochnoi Evropy*. Moscou: 2011.

KOTKIN, Stephen. "Russia's Perpetual Geopolitics: Putin Returns to the Historical Pattern". *Foreign Affairs*, mai./jun. 2016.

_____. "The Resistible Rise of Vladimir Putin: Russia's Nightmare Dressed Like a Daydream". *Foreign Affairs*, mai./jun. 2015.

LAMANSKY, V. (Org.). *Zapiski otdeleniia Russkoi i Slavyanskoi Arkheologii*, v. 2, São Petersburgo: 1861.

LEDONNE, J. P. "Ruling Families in the Russian Political Order 1689-1825". *Cahiers du Monde Russe et Soviétique*, v. 28, pp. 233-322, 1987.

LIBROVITCH, S. "Zhenskii krug Petra Velikogo". *Smena*, v. 6, pp. 80-97, 1993.

LIEVEN, D. C. B. "Bureaucratic Authoritarianism in Late Imperial Russia: The Personality, Career, and Opinions of P. N. Durnovo". *Historical Journal*, v. 26, n. 2, pp. 391-402, 1983.

LINCOLN, W. B. "The Ministers of Alexander II: A Survey of their Backgrounds and Service Careers". *Cahiers du Monde Russe et Soviétique*, v. 17, pp. 467-83, 1976.

_____. "The Ministers of Nicholas I: A Brief Inquiry into their Backgrounds and their Service Careers". *Russian Review*, v. 34, pp. 308-23, 1975.

LOHR, E. "The Russian Army and the Jews: Mass Deportation, Hostages, and Violence during World War I". *Russian Review*, v. 60, pp. 404-19, 2001.

LOWENSON, L. "The Death of Paul I and the Memoirs of Count Bennigsen". *SEER*, v. 29, pp. 212-32, 1950.

MARKOVA, O. P. "O proiskhozhdenii tak nazyvayemogo Grecheskogo Proekta". In: RAGSDALE, H. (Org.). *Imperial Russian Foreign Policy*. Cambridge: 1993. pp. 75-103.

MENNING, B. A. "I. Chernyshev: A Russian Lycurgus". *Canadian Slavonic Papers*, v. 30, n. 2, pp. 190-219, 1988.

MORÓZOVA, L. E. "Dveredaktsii china venchaniia na tsarstvo Alexeia Mikhailovicha". In: _____. *Knyazevskaia, T. B., Kultura slavyan i Rus.* Moscou: 1998. pp. 457-71.

MORRIS, P. "The Russians in Central Asia, 1870-1887". *SEER*, v. 53, pp. 521-38, 1975.

PACKARD, L. B. "Russia and the Dual Alliance". *American Historical Review*, v. 25, n. 3, pp. 391-410, abr. 1920.

PAVLOVSKI, Gleb. "Russian Politics Under Putin: The System Will Outlast the Master", *Foreign Affairs*, mai./jun. 2016.

PERSEN, W. "The Russian Occupations of Beirut 1772-4". *Journal of the Royal Asiatic Society*, v. 42, n. 3-4, pp. 275-86, 1955.

PODBOLOTOV, S. "Tsar i narod: populistskii natsionalizm imperatora Nikolaia II". *Ab Imperio*, v. 3, pp. 199-223, 2003.

RIEBER, A. F. "Interest Group Politics in the Era of the Great Reforms". In: EKLOF, B.; BUSHNELL, J.; ZAKHAROVA, L. (Orgs.). *Russia's Great Reforms, 1855-1881*. Bloomington, Indiana: 1994. pp. 58-84.

RÚSSEVA, L. "Oklevetannyi molvoi". *Smena*, v. 2, pp. 96-107, 2007.

SEMÉVSKI, M. I. "Grigory Alexandrovich Potemkin-Tavrichesky". *RS*, v. 3, pp. 481-523, 1875.

_____. "Kamer-freilina Maria D. Hamilton". *Slovo i Delo*, pp. 185-1268, 1884.

SUBTELNY, O. "Mazepa, Peter I and the Question of Treason". *Harvard Ukrainian Studies*, v. 2, pp. 158-84, 1978.

TATÍSCHEV, S. S. "Imperator Nikolai I v Londrese v 1844 godu". *Istoricheskii Vestnik* , v. 23, pp. 602-21, 1886.

TRUVOROV, A. "Koronatsiia imperatritsy Ekateriny Vtoroi". *RS*, v. 80, p. 12, 1893.

USTINOV, V. I. "Moguchiy velikoross". *Voenno-istoricheskii zhurnal*, v. 12, pp. 158-79, 1991.

VINOGRADOV, V. N. "The Personal Responsibility of Emperor Nicholas I for the Coming of the Crimean War: An Episode in the Diplomatic Struggle in the Eastern Question". In: RAGSDALE, H. (Org.). *Imperial Russian Foreign Policy*. Cambridge: 1993. pp. 159-72.

WILSON, P. "Nubian Guards". Disponível em: <http://forum.alexanderpalace.org/index.php?topic=348.o;wap2>.

ZAKHAROVA, L. G. "Autocracy and the Reforms of 1861-1874 in Russia". In: EKLOF, B.; BUSHNELL, J.; ZAKHAROVA, L. (Orgs.). *Russia's Great Reforms, 1855-1881*. Bloomington, Indiana: 1994. pp. 19-38.

NÃO PUBLICADOS

ANDERSON, Scott P. *The Administrative and Social Reforms of Russia's Military, 1861-74: Dmitrii Miliutin against the Ensconced Power Elite*. Eugene: Universidade de Oregon, Departamento de História, 2010. Tese de Ph.D.

KLEBNIKOV, Paul G. *Agricultural Development in Russia 1906-17: Land Reform, Social Agronomy and Cooperation*. Londres: Universidade de Londres, LSE, jan. 1991. Tese de Ph.D.

FONTES PRIMÁRIAS

Coleções de documentos, memórias, coleções de cartas e diários ocidentais: sempre que possível, constam sob o nome do autor, não do organizador.

1 MARTA 1881. Po neizdannym materialam. Petrogrado: 1918.

ALEXANDRA FIÓDOROVNA. *A Czarina's Story: Being an Account of the Early Married Life of the Emperor Nicholas I of Russia Written by his Wife.* Org. de U. Pope-Hennessy. Londres: 1948.

_____. *The Last Diary of Tsaritsa Alexandra.* Org. V. Kozlov e V. Khrustalev. New Haven: 1997.

ALEXANDRE I ; GRÃO-DUQUESA CATARINA. *Scenes of Russian Court Life, Being the Correspondence of Alexander I and his Sister Catherine.* Org. de Nikolai Mikháilovitch. Londres: 1917.

ALEXANDRE I; NICOLAU I ET AL. *Romanov Relations: The Private Correspondence of Tsars Alexander I, Nicholas I and the Grand Dukes Constantine and Michael with their Sister Queen Anna Pavlovna, 1817-1855.* Org. de S. W. Jackman.Londres: 1969

ALEXANDRE II. *Venchanie s Rossiei: Perepiska velikogo knyazya Alexandra Nikolaevicha s imperatorom Nikolaem I. 1837.* Org. de L. G. Zakharova e L. I. Tyutyunnik. Moscou: 1999.

ALEXANDRE II; BARIÁTINSKI, A. I . *The Politics of Autocracy: Letters of Alexander II to Prince A. I. Bariatinskii, 1857–1864.* Org. de A. I. Rieber. Paris: 1966.

ALEXANDRE MIKHÁILOVITCH. *Once a Grand Duke.* Nova York: 1932.

ANNA; ELIZAVETA. *Kniga zapisnaia imennym pismam i ukazam imperatrits Anny Ioannovny i Elizavety Petrovny Semyonu Andreevichu Saltykovu, 1732-1742.* Moscou: 1878.

ANÔNIMO. *The Memoirs of the Life of Prince Potemkin, comprehending original anecdotes of Catherine II and of the Russian court, translated from the German.* Londres: 1812 e 1813.

ARKHIV knyazya Vorontsova. V. 1-40. São Petersburgo: 1870-95.

ASSEBURG, A. F. von der. *Denkwürdigkeiten.* Berlim, 1842.

BARK, Peter. *Memoirs.* CUBA, Nova York.

BARTÉNIOV, P. (Org.). *Osmnadtsatyi vek,* v. 2-3. Moscou: 1869.

BASSEWITZ, H-F. "Zapiski grafa Bassevicha, sluzhashchie k poiasneniiu nekotorykh sobytii iz vremi tsarstvovaniia Petra Velikogo", *RA,* v. 3, pp. 93-274, 1865.

BERGHOLZ, F. W. *Dnevnik.* Moscou: 1902.

BESKROVNYI, L. G. (Org.). *M. I. Kutuzov. Sbornik dokumentov,* v. 4. Moscou: 1954.

BLUDOV, D. N. *Poslednie minuty I konchina v boze pochivshego imperatora, nezabvennogo i vechnoi slavy dostoinogo Nikolaia I.* São Petersburgo: 1855.

BOTKIN, G. *The Real Romanovs.* Nova York: 1931.

BOTKINE, Tatiana. *Au Temps des Tsars.* Org. de C. Melnik. Paris: 1980.

BUXHOEVEDEN, baronesa Sophie. *The Life and Tragedy of Alexandra Feodorovna, Empress of Russia.* Londres: 1928.

CATARINA, A GRANDE. *Correspondence of Catherine the Great when Grand Duchess with Sir Charles Hanbury-Williams and Letters from Count Poniatowski.* Org. do conde de Ilchester e sra. Langford Brooke. Londres: 1928.

CATARINA II. *The Memoirs of Catherine the Great.* Org de M. Cruse. e H. Hoogenboom. Nova York: 2006.

_____. *The Memoirs of Catherine the Great.* Org. de D. Maroger. Londres: 1955.

_____. *Sochineniya imperatritsy Ekaterina II na osnovanii podlinnykh rukopsye c obyasnitelnmi primechaniyamai.* Org. de A. N. Pípin. São Petersburgo: 1901-7.

_____; POTIÔMKIN, G. A. *Ekaterina II i G. A. Potemkin, lichnaya perepiska 1769-1791.* Org. de V. S. Lopatin. Moscou: 1997.

_____. *Perepiska Ekaterina II i G. A. Potemkina v period vtoroy russko-turetskoy voiny (1787–1791): istochnkovedcheskiye issledovaniya.* Org. de O. I. Ieliseieva. Moscou: 1997.

CATARINA II. ZAVADÓVSKI, P. V. "Pisma imp. Ekateriny II k gr. P. V. Zavadovskomu 1775-1777". Org. de I. A. Barskov. *Russkiy istoricheskiy zhurnal*, 1918.

CHAVÉLSKI, G. I. *Memoirs of the Last Protopresbyter of the Russian Army and Navy*. Nova York: 1954.

CHESTAKOV, I. V. *Polveka obyknovennoi zhizni*. São Petersburgo: 2006.

CHIN postavleniia na tsarstvo tsarya i velikogo knyazya Alexeia Mikhailovicha. São Petersburgo: 1882.

COLLINS, S. *The Present State of Russia*. Londres: 1671.

CORBERON, M.-D. B. Chevalier de. *Un Diplomate français à la cour de Catherine II 1775-1780, journal intime*. Paris: 1904.

CROKATT, J. *The Tryal of the Czarewitz, Alexis Petrowitz, who was Condemn'd at Petersbourg, on the 25th of June, 1718, for a Design of Rebellion and Treason*. Londres: 1725.

CZARTORYSKI, Adam. *Memoirs of Prince Adam Czartoryski and his Correspondence with Alexander I*. Org. de A. Gielgud. Londres: 1888.

DASHKOVA, E. R., *Memoirs of Princess Dashkov*. Londres: 1958.

DELO 1 marta: protsess Zheliabova, Perovskoi i drugikh. Pravitelstvennyi otchet. São Petersburgo: 1906.

DERJÁVIN, G. R. *Sobranie sochinenii*. São Petersburgo: 1864-72.

DUBRÓVIN, N. F. (Org.). *Materialy i cherty k biografi i imperatora Nikolaia I i k istorii tsarstvovaniia*. São Petersburgo: 1896.

ELIZAVETA. *Pisma i zapiski imperatritsy Elizavety Petrovny, 1741-1761*. São Petersburgo: 1867.

_____; CHÉPELEVA, Mavra. "Pisma k gosudaryne tsesarevne Elizavete Petrovne Mavry Shepelevoi". *ChOIDR*, v. 2, pp. 66-72, 1864.

EPANTCHIN, N. A. *Na sluzhbe tryokh imperatorov: Vospominaniia*. Moscou: 1996.

EVELYN, J. *The Diary of John Evelyn*. Londres: 1906.

FAVIER, Jean-Louis. "Zapiski Favie". Org. de F. A. Vitchkov. *Istoricheskii vestnik*, v. 29, 1887.

FREDERIKS, M. P. *Iz vospominanii*. In: CHOKAREV (Org.). *Nikolai I. Portret na fone imperii*. Moscou: 2001.

GILLIARD, P. *Thirteen Years at the Russian Court*. Nova York: 1921.

GOLOVINÁ, Varvara. *Memoirs of Countess Golovine*. Londres: 1910.

GOLÓVKIN, Fiódor. *La Cour et le règne de Paul Ier*. Org. de S. Bonnet. Paris: 1905.

GORDON, P. *Passages from the Diary of General Patrick Gordon of Auchleuchries*. Aberdeen: 1659.

HARRIS, James. *Diaries and Correspondence of James Harris, 1st Earl of Malmesbury*. Londres: 1844.

ISWOLSKY, Helene. *No Time to Grieve: An Autobiographical Journey*. Nova York: 1986.

IUSSÚPOV, Félix. *Lost Splendour*. Londres: 1953.

_____. *Rasputin*. Nova York: 1927.

IZVÓLSKI, A. P. *Recollections of Foreign Minister: The Memoirs of Alexander Izvolsky*. Org. de S. L. Seeger. Londres: 1920.

JUNOT, L. (Org.). *Memoirs of the Duchess d'Abrantes*. Londres: 1833-5.

KAMER-furyerskie zhurnaly, 1696-1816. São Petersburgo: 1853-1917.

KHRAPOVÍTSKY, A. V. *Dnevnik, 1782-1793*. Moscou: 1874.

KLEINMICHEL, condessa Marie. *Memoirs of a Shipwrecked World*. Londres: 1923.

KOKÓVTSOV, V. N. *Out of my Past: The Memoirs of Count Kokovtsov*. Org. de H. H. Fisher. Stanford: 1935.

KORB, J., *Diary of an Austrian Secretary of Legation at the Court of Czar Peter the Great*. Org. do conde MacDonnell. Londres: 1963.

KORF, M. A. "Materialy i cherty k biografi i Imperatora Niklaia I". In: DUBROVIN, N. F. *Materialy i cherty k biografi i imperatora Nikolaia I I k istorii tsarstvovaniia*. São Petersburgo: 1896.

KORONATSIONNYE torzhestva. Albom svyashchennogo koronovaniia ikh Imperatorskikh velichestv gosudarya imperatora Nikolaia Alexandrovicha i gosudaryni imperatritsy Alexandry Fedorovny. Moscou: 1896.

KUROPÁTKIN, A. *Dnevnik generala A. N. Kuropatkina*. Moscou: 2010.

LANGERON, Alexandre, conde de. *Mémoire sur la mort de Paul I, par le comte de Langeron*. Richelieu Collection, Mémoires de documents, MS 99, Bibliothèque de la Sorbonne, Paris. *Não* publicado.

_____. *Journal de campagnes faites au service de Russie par le comte de Langeron: résumé de campagnes de 1787, 1788, 1789 des russes contre les turcs en Bessarabie, en Moldavie and dans le Kouban*. Paris: Archives des Affaires etrangères, Quai d'Orsay.

LEAR, F. *The Romance of an American in Russia*. Bruxelas: 1875.

LÊNIN, V. I. *Sochineniia*, v. 20-1. Moscou: 1968-73.

LIGNE, C. J. E., príncipe de. *Letters and Reflections of the Austrian Field Marshal*. Filadélfia: 1809.

_____. *Les Lettres de Catherine II au prince de Ligne, 1780-96*. Bruxelas; Paris: 1924.

_____. *Lettres du prince de Ligne à la marquise de Coigny pendant l'année 1787*. Paris: 1886.

_____. *Lettres et pensées*. Londres: 1808.

_____. *Mélanges militaires, littéraires et sentimentaires*. Dresden: 1795-1811.

_____. *Mémoires et mélanges historiques et littéraires*. Paris: 1827-9.

LIRIA, duque de. "Pisma o Rossii v Ispaniiu". In: *Osmnadtsatyi vek*. Org. de P. Barténiov. Moscou: 1869.

MANSTEIN, C. H. von. *Contemporary Memoirs of Russia from 1727 to 1744*. Londres: 1856.

MARIA FIÓDOROVNA; ANNA PÁVLOVNA. *Chère Annette: Letters from Russia 1820-1828: The Correspondence of the Empress Maria Feodorovna of Russia to her Daughter the Grand Duchess Anna Pavlovna, the Princess of Orange*. Org. de S. W. Jackman. Dover: 1994.

MARIA PÁVLOVNA. *Education of a Princess: A Memoir*. Org. R. Lord. Nova York: 1931.

MARIA, RAINHA DA ROMÊNIA. *Story of My Life*. Londres: 1934.

MASSA, I. *A Short History of the Beginnings and Origins of These Present Wars in Moscow: Under the Reign of Various Sovereigns Down to the Year 1610*. Trad. e org. G. E. Orchard. Toronto: 1982.

MASSON, C. F. P. *Secret Memoirs of the Court of Petersburg*. Londres: 1800.

MATVÉIEV, A. A. *Zapiski Grafa Andreya Matveeva*. In: SÁKHAROV, N. *Zapiski Russkikh Lyudei. Sobytiia vremen Petra Velikogo*. São Petersburgo: 1841.

MESCHÉRSKI, V. P. *Moi vospominaniia*. Moscou: 2001.

_____. "Some Russian Imperial Letters to Prince V. P. Meshchersky (1839–1914)". In: VINOGRADOFF, I. (Org.). *Oxford Slavonic Papers*, v. 10, pp. 105-58, 1862.

MIRANDA, Francisco de. *Archivo del General Miranda, 1785-7*. Caracas: 1929.

MILIÚTIN, Dmítri. *Dnevnik, 1879-1881*. Org. de L. G. Zakhárova. Moscou: 2010.

_____. *Dnevnik, 1873-1875*. Org. de L. G. Zakhárova. Moscou: 2008.

MONTEFIORE, Moses. *Diaries of Sir Moses and Lady Montefiore*. Org. de L. Loewe. Londres: 1890.

MORDVÍNOV, A. A. "Otryvki iz vospominanii". *Russkaia letopis*, v. 5, 1923.

_____. *Iz perezhitogo: Vospominaniia fligel-adyutanta imperatora Nikolaia II*. Org. de O. I. Barkovets. Moscou: 2014.

MOSSÓLOV, A. A. *At the Court of the Last Tsar*. Londres: 1935.

MÜNNICH, E. *Mémoires sur la Russie de Pierre le Grand à Elisabeth I, 1720-1742*. Paris: 1997.

NARÍCHKINA-KURÁKINA, Isabel. *Under Three Tsars: The Memoirs of the Lady-in-Waiting Elizabeth Narishkin-Kurakin*. Org. de Fillip-Miller. Nova York: 1931.

NICOLAU I. *Letters of Tsar Nicholas and the Empress Marie*. Org. de E. J. Bing. Londres: 1937.

NICOLAU II; ALEXANDRA. *A Lifelong Passion: Nicholas and Alexandra: Their Own Story*. Org. de A. Maylunas e S. Mironenko. Nova York: 1997.

_____. *The Complete Wartime Correspondence of Tsar Nicholas II and the Empress Alexandra: April 1914--March 1917*. Org. de J. T. Fuhrman. Westport, Conn.: 1999.

NIKOLAI II i velikie knyazia. Org. de V. I. Niévski. Leningrado: 1925.

OBERKIRCH, baronesa d'. *Memoirs of the Baroness d'Oberkirch*. Org. de conde de Montbrison. Londres: 1852.

OLEARIUS, Adam. *Travels of Olearius*. Stanford, Califórnia: 1967.

OLGA ALEXÁNDROVNA. *25 Chapters of My Life: Memoirs of Grand Duchess Olga Alexandrovna*. Org. de Paul Kulikovsky. New Haven: 2010.

OLGA NIKOLÁEIVNA. *Son Iunosti. Vospominaniia velikoi knyazhny Olgi Nikolaevny, 1825-1846*. In: AZÁROVA, N. (Org.), *Nikolai I. Muzh. Otets. Imperator*. Moscou: 2000.

OPISANIE koronatsii ee velichestva i samoderzhitsy vserossiiskoi Anny Ioannovny. Moscou: 1730.

PALÉOLOGUE, Maurice. *An Ambassador's Memoirs*. Londres: 1923-5.

PAVLENKO, N. I. (Org.). *Catherine I*. Moscou: 2004.

PEDRO, O GRANDE. *Pisma i Bumagi Imperatora Petra Velikogo*, v. 1-13. São Petersburgo: 1887-2003.

PISMA russkikh gosudarei, v. 1, 4, 5. Moscou: 1848, 1862, 1896.

POBEDONÓSTSEV, K. P. *Pisma Pobedonostseva k Alexandru III*, v. 1. Moscou: 1925.

POLE-CAREW, R. "Russian Anecdotes in the Antony Archive". CO/R/3/42, não publicado.

POLNOE sobranie zakonov Rossiiskoi Imperii. São Petersburgo: 1830-1916.

POLNOE sobranie zakonov, v. 1-46. São Petersburgo: 1830.

PÓLOVTSOV, A. A. *Dnevnik gosudarstvennogo sekretarya*. Moscou: 2005.

PONIATOWSKI, S. A. *Mémoires secrets et inédits*. Leipzig: 1862.

PROKOPÓVITCH, F. *Kratkaia povest o smerti Petra Velikogo*. São Petersburgo: 1831.

PURICHKÉVITCH, V. M. *The Murder of Rasputin*. Ann Arbor: 1985.

RICHELIEU, Armand du Plessis, duque de. "Journal de mon voyage en Allemagne". *SIRIO*, v. 54, pp. 111-98, 1886.

RODZIANKO, M. V. *The Reign of Rasputin*. Londres: 1927.

ROSTOPTCHIN, F. *Le Dernier Jour de la vie de l'impératrice Catherine II et le premier jour du règne de l'empereur Paul*. In: *Oeuvres inédites du comte Rostoptchine*. Paris: 1894.

SABLUKOV, N. A. "Reminiscences of the Court and Times of the Emperor, Paul I, up to the Period of his Death". *Fraser's Magazine for Town and Country*, v. 72, pp. 222-41, 302-27, 1865.

SAMÓILOV, A. N. "Zhizn i deiania Generala Feldmarshala Knyazya Grigoriia Alexandrovicha Potemkina-Tavricheskogo". *RA*, v. 4, 5, 6, 7, 1967.

SÁVINKOV, B. *Memoirs of a Terrorist*. Nova York: 1931.

SAZÓNOV, S. *Fateful Years, 1909-1916*. Londres: 1928.

SBORNIK dogovorov i diplomaticheskikh dokumentov po delam Dalnego Vostoka 1895-1905. São Petersburgo: 1906.

SCHERER, J. B. *Anecdotes Interessantes et Secrets de la Cour de Russia*. Londres: 1792.

SERGUEI ALEXÁNDROVICH. *Velikii knyaz Sergei Alexandrovich Romanov: biografi cheskie materialy* I. Org. de V. Plótnikova. Moscou: 2006-11.

SMIRNOVA-ROSSET, S. A. *Dnevnik. Vospomimamiia*. Org. de S. V. Zhitómirskaia. Moscou: 1989.

SPIRIDÓVITCH, A. *Les Dernières Années de la cour de Tzarskoïé-Sélo*. Paris: 1928.

STÄEHLIN, Jacob von. "Zapiski o Petre Tretiem". *ChOIDR*, v. 4, 1866.

SUKHOMLÍNOV, V. A. *Vospominaniia*. Moscou: 1926.

SUVÓRIN, A. S. *Dnevnik A. S. Suvorina*. Org. de M. Kritchévski. Moscou/Petrogrado: 1923.

SUVÓROV, A. V. *Pisma*. Org. de V. S. Lopátin. Moscou: 1986.

_____. *Pisma i bumagi A. V. Suvorova, G. A. Potemkina, i P. A. Rumiantseva 1787-1789, kinburn ocha-kovskaya operatsiya, SBVIM*. Org. de D. F. Maslovski. São Petersburgo: 1893.

TIÚTCHEVA, Anna. *Vospominaniia*. Org. de L. V. Gladkova. Moscou: 2004.

TOKMAKOV, I. (Org.). *Istoricheskoe opicanie vsekh koronatsii rossiiskikh tsarei, imperatorov I imperatrits*. Moscou: 1896.

TOLSTÓI, L. N. *Hadji Murat*. In: *Great Short Works of Leo Tolstoy*. Londres: 2004. [Ed. bras.: *Khadji-Murát*. São Paulo: Cosac Naify, 2010.]

TOLSTOIA, Alexandra. *Zapiski freiliny: Pechalnyi epizod iz moei zhizni pri dvore*. Org. de N. I. Azárova. Moscou: 1996.

VALUIÉV, P. *Dnevnik (1877-1884)*. Petrogrado: 1919.

_____. *Dnevnik P. A. Valueva, ministra vnutrennikh del (1861-1876)*. Moscou: 1961.

VENCHANIE russkikh gosudarei na tsarstvo, nachinaia s tsarya Mikhaila Fedorovicha do imperatora Alexandra III. São Petersburgo: 1883.

VIGOR, sra. William (sra. Rondeau). *Letters from a Lady who Resided Some Years in Russia, to her Friend in England*. Londres: 1777.

VÍRUBOVA, A. *Memories of the Russian Court*. Nova York: 1923.

VITÓRIA, rainha. *The Letters of Queen Victoria: A Selection from Her Majesty's Correspondence between the Years 1837 and 1861*. Org. de A. C. Benson e visconde Esher. Londres: 1907.

VOLKÓNSKAIA, Zinaida. *Lives in Letters: Princess Zinaida Volkonskaya and her Correspondence*. Org. de B. Arutunova. Columbus, Ohio: 1994.

VOLTAIRE. *Oeuvres complètes de Voltaire: Correspondance avec l'impératrice de Russie*, v. 58. Paris: 1821.

VOZHIDANII koronatsii. Venchanie russkikh samoderzhtsev. Tserkovnyi obryad koronovaniia i podrobnoe opisanie tryokh koronatsii nyneshnego stoletiia. São Petersburgo: 1883.

WASHBURN, S. *On the Russian Front in World War I: Memoirs of an American War Correspondent*. Nova York: 1982.

WEBER, F. C. *The Present State of Russia*. Londres: 1968.

WIEGEL (Vigel), F. F. *Zapiski Filipa Filipovich Vigela, Moscow 1873, 1891 and 1928; Vospominaniya F. F. Vigela*. Moscou: 1864-6 e 1891.

WITTE, S. *The Memoirs of Count Witte*. Nova York: 1990.

ZAKHÁROVA, L. G.; TIUTIUNNIK, L. I. (Orgs.). *Perepiska imperatora Alexandra II s velikim knyazem Konstantinom Nikolaevichem. Dnevnik velikogo knyazya Konstantina Nikolaevicha. 1857-1861*. Moscou: 1994.

ZHUKÓVSKI, V. A. *Dnevniki V. A. Zhukovskogo*. Org. de I. A. Bychkov. São Petersburgo: 1901.

_____. "Sobstvennoruchnoe chernovoe pismo V. A. Zhukovskogo ee Imperatorskomu Vel. Gos. Imp. Marii Fyodorovne". *SIRIO*, v. 30, p. 39, 1881.

FONTES SECUNDÁRIAS

ALEXANDER, J. T. *Autocratic Politics in a National Crisis: The Imperial Russian Government and Pugachev's Revolt 1773-1775*. Bloomington, Indiana: 1969.

_____. *Catherine the Great: Life and Legend*. Londres/Nova York: 1989.

_____. *Emperor of the Cossacks: Pugachev and the Frontier Jacquerie of 1773-75*. Lawrence, Kansas: 1973.

ALMEDINGEN, E. M. *The Emperor Alexander II: A Study*. Londres: 1962.

ANISIMOV, E. V. *Empress Elizabeth: Her Reign and her Russia, 1741-1761*. Gulf Breeze, Fla.: 1995.

_____. *Five Empresses: Court Life in Eighteenth-Century Russia*. Nova York: 2004.

_____. *The Reforms of Peter the Great: Progress through Coercion in Russia*. Nova York: 1993.

ARAGON, L. A. C., marquês d'. *Un Paladin au XVIII siècle. Le Prince Charles de Nassau-Siegen*. Paris: 1893.

ASCHER, A. P. A. *Stolypin: The Search for Stability in Late Imperial Russia*. Stanford, Califórnia: 2001.

_____. *The Revolution of 1905: Authority Restored*. Stanford, Califórnia: 1994.

_____. *The Revolution of 1905: Russia in Disarray*. Stanford, Califórnia: 1994.

ASPREY, R. B. *Frederick the Great: The Magnificent Enigma*. Nova York: 1986.

BADDELEY, J. F. *The Russian Conquest of the Caucasus*. Londres: 1999.

BARON, Salo. *The Jews under Tsars and Soviets*. Nova York: 1988.

BARTLETT, Rosamund. *Tolstoy: A Russian Life*. Londres: 2010.

BATALDEN, S. K. *Catherine II's Greek Prelate: Eugenios Voulgaris in Russia 1771-1806*. Nova York: 1982.

BEALES, D. *Joseph II: In the Shadow of Maria Theresa 1741-80*. Cambridge: 1987.

BECKER, S. *Russia's Protectorates in Central Asia: Bukhara and Khiva, 1865-1924*. Londres/Nova York: 2004.

BEECH, Arturo. *The Grand Dukes*. East Richmond Heights, Califórnia: 2013.

_____. *The Other Grand Dukes*. East Richmond Heights, Califórnia: 2013.

BEER, Daniel. *The House of the Dead: Siberian Exile Under the Tsars*. Londres: 2016.

BELIAKOVA, Z. *The Romanov Legacy: The Palaces of St Petersburg*. Londres: 1994.

_____. *Velikii Knyaz Alexei Alexandrovich. Za I protiv*. São Petersburgo: 2004.

BEW, John. *Castlereagh: Enlightenment, War and Tyranny*. Londres: 2011.

BÍBIKOV, A. A. *Zapiski o zhizni i sluzhbe Alexandra Ilyicha Bibikova*. São Petersburgo: 1817.

BINYON, T. J. *Pushkin: A Biography*. Londres: 2002.

BLANCH, L. *The Sabres of Paradise: Conquest and Vengeance in the Caucasus*. Londres: 2004.

BLANNING, Tim. *Joseph II and Enlightened Despotism*. Londres: 1970.

_____. *Joseph II: Profiles in Power*. Londres: 1994.

_____. *Frederick the Great, King of Prussia*. Londres: 2015.

BOBROFF, R. P. *Roads to Glory: Late Imperial Russia and the Turkish Straits*. Londres: 2006.

BOGATYREV, Sergei. "Ivan IV (1533-1584)". In: PERRIE, M. (Org.). *The Cambridge History of Russia*, v. 1: *From Early Rus' to 1689*. Cambridge: 2006. pp. 240-63.

_____. *The Sovereign and his Counsellors: Ritualised Consultations in Muscovite Political Culture, 1350s-1570s*. Helsinque: 2000.

BOLOTINA, N. Y. *Ties of Relationship between Prince G. A. Potemkin and the Family of the Princes Golitsyn*. Conferência do Golitsyn Studies. Bolchiie Viazemi. Moscou: 1997.

BOVIKIN, V. I. *Iz istorii vozniknoveniia pervoi mirovoi voiny*. Moscou: 1961.

BRICKNER, A. G. *Imperator Ioann Antonovich i ego rodstvenniki*. Moscou: 1874.

BULLOUGH, Oliver. *Let Our Fame Be Great: Journeys among the Defiant People of the Caucasus*. Londres: 2010.

BUSHKOVITCH, P. *A Concise History of Russia*. Cambridge: 2012.

_____. *Peter the Great*. Cambridge: 2002, 2007.

BYRNES, R. F. *Pobedonostsev: His Life and Thought*. Bloomington, Indiana: 1968.

CARTER, Miranda. *The Three Emperors*. Londres: 2009.

CASEY, John. *Afterlives: A Guide to Heaven, Hell and Purgatory*. Oxford: 2010.

CASTÉRA, J.-H. *The Life of Catherine II, Empress of Russia*. Londres: 1799.

CHARLES-ROUX, F. *Alexandre II, Gortchakoff, et Napoleon III*. Paris: 1913.

CHARMLEY, J. *The Princess and the Politicians: Sex, Intrigue and Diplomacy, 1812-40*. Nova York: 2005.

CHRISTIE, I. R. *The Benthams in Russia*. Oxford/Providence, RI: 1993.

CLARK, C. *The Sleepwalkers: How Europe Went to War in 1914*. Nova York: 2013.

COCKFIELD, J. H. *White Crow: The Life and Times of the Grand Duke Nicholas Mikhailovich Romanov, 1859-1919*. Westport, Connecticut: 2002.

CONNAUGHTON, R. *Rising Sun and Tumbling Bear: Russia's War with Japan*. Londres: 2007.

COOK, A. *To Kill Rasputin*. Londres: 2005.

CRANKSHAW, E. *Maria Theresa*. Londres: 1969.

CRAWFORD, R.; CRAWFORD, D. *Michael and Natasha: The Life and Love of the Last Tsar of Russia*. Londres/Nova York: 1997.

CROSS, A. C. *By the Banks of the Neva: Chapters from the Lives and Careers of the British in Eighteenth-Century Russia*. Cambridge: 1997.

CRUMMEY, R. O. *Aristocrats and Servitors: The Boyar Elite, 1613-89*. Princeton: 1983.

CURTISS, M. *A Forgotten Empress: Anna Ivanovna and her Era*. Nova York: 1974.

DALY, Jonathan W. *Autocracy under Siege: Security Police and Opposition in Russia 1866-1905*. DeKalb: 1998.

_____. *The Watchful State 1906-17: Security Police and Opposition in Russia*. DeKalb: 2004.

DIATCHENKO, L. I. *Tavricheski Dvorets*. São Petersburgo: 1997.

DIXON, S. *Catherine the Great*. Londres: 2010.

DMÍTRIEV, M. V. (Org.). *Evrei i khristiane v pravoslavnykh obshchestvakh Vostochnoi Evropy*. Moscou: 2011.

DUBRÓVIN, N. F. *Istoriia Krymskoi voiny i oborony Sevastopolya*. São Petersburgo: 1900.

_____. *Istoriia voyny i vladychestva russkih na Kavkaze*. São Petersburgo: 1886.

_____. *Pugachev i ego soobshchniki*. São Petersburgo: 1884.

DUFFY, C. *Frederick the Great: A Military Life*. Londres: 1985.

_____. *Russia's Military Way to the West: Origins and Nature of Russian Military Power 1700-1800*. Londres: 1981.

DUNNING, C. S. L. *Russia's First Civil War*. University Park, Pensilvânia: 2001.

EHRMAN, J. *The Younger Pitt*, v. 2: *The Reluctant Transition*. Londres: 1983.

EKLOF, B.; BUSHNELL, J.; ZAKHAROVA, L. (Orgs.). *Russia's Great Reforms, 1855-1881*. Bloomington, Indiana: 1994.

ENGLUND, P. *The Battle that Shook Europe: Poltava and the Birth of the Russian Empire*. Londres: 2012.

ERICKSON, M.; ERICKSON L. (Orgs.). *Russia: War, Peace and Diplomacy: Essays in Honour of John Erickson*. Londres: 2005.

FAIRWEATHER, M. *Pilgrim Princess: A Life of Princess Zinaida Volkonsky*. Londres: 1999.

FIGES, O. *Crimea*. Londres: 2010.

_____. *Natasha's Dance: A Cultural History of Russia*. Londres: 2002.

_____. *A People's Tragedy: The Russian Revolution 1891-1924*. Nova York: 1996.

FLORINSKY, M. T. *Russia: A History and an Interpretation*. Nova York: 1967.

FOTHERGILL, B. *Sir William Hamilton, Envoy Extraordinary*. Londres: 1969.

FRANK, J. *Dostoevsky: A Writer in his Time*. Princeton: 2009.

FUHRMAN, J. T. *Rasputin: The Untold Story*. Hoboken, NJ: 2012.

_____. *Tsar Alexis: His Reign and his Russia*. DeKalb, Illinois: 1981.

FULLER, Jr., W. C. *The Foe Within: Fantasies of Treason and the End of Imperial Russia*. Ithaca, NY: 2006.

_____. *Strategy and Power in Russia, 1600-1914*. Nova York: 1992.

GAMMER, M. *Muslim Resistance to the Tsar: Shamil and the Conquest of Chechnia and Daghestan*. Londres: 1994.

GEYER, D. *Russian Imperialism: The Interaction of Domestic and Foreign Policy 1860-1914*. Nova York: 1987.

GLEASON, J. H. *The Genesis of Russophobia in Great Britain: A Study in the Interaction of Policy and Opinion*. Cambridge, Massachusetts: 1950.

GOLOMBIEVSKI, A. A. *Sotrudniki Petra Velikogo*. Moscou: 1903.

GREBELSKY, P.; MIRVIS, A. *Dom Romanovykh*. São Petersburgo: 1992.

GREEN, A. *Moses Montefiore: Jewish Liberator, Imperial Hero*. Cambridge, Massachusetts: 2010.

GREY, I. *Boris Godunov: The Tragic Tsar*. Londres: 1973.

HALL, C. *Imperial Dancer: Mathilde Kschessinska and the Romanovs*. Stroud: 2005.

_____. *Little Mother of Russia: A Biography of the Empress Marie Feodorovna, 1847-1928*. Londres: 2006.

HASTINGS, M. *Catastrophe 1914: Europe Goes to War*. Nova York: 2013.

HATTON, R. M. *Charles XII of Sweden*. Londres: 1968.

HOSKING, G. *Russia and the Russians: A History*. Londres: 2001.

_____. *Russia: People and Empire, 1552-1917*. Cambridge: 1997.

_____. *The Russian Constitutional Experiment: Government and Duma 1907-14*. Cambridge: 1973.

HUGHES, L. *The Romanovs*. Nova York/Londres: 2008.

_____. *Russia in the Age of Peter the Great*. New Haven: 1998.

_____. *Sophia, Regent of Russia 1654-1704*. New Haven: 1990.

IGNÁTIEV, A. V. *Russko-angliiskie otnosheniia nakanune Oktyabrskoi revolutsii (Fevral–oktyabr 1917 g.)*. Moscou: 1966.

JENKINS, M. *Arakcheev: Grand Vizier of the Russian Empire*. Nova York: 1969.

JOSSELSON, M.; JOSSELSON, D. *The Commander: A Life of Barclay de Tolly*. Oxford: 1980.

KATES, G. *Monsieur d'Eon is a Woman: A Tale of Political Intrigue and Sexual Masquerade*, Nova York: 1995, 2001. [Ed. bras.: *Monsieur d'Eon é mulher*. São Paulo: Companhia das Letras, 1996.]

KELLY, L. *Diplomacy and Murder in Tehran: Alexander Griboyedov and Imperial Russia's Mission to the Shah of Persia*. Nova York: 2006.

KESSELBRENNER, G. L. *Svetleishii knyaz*. Moscou: 1998.

KING, G. *The Court of the Last Tsar: Pomp, Power and Pageantry in the Reign of Nicholas II*. Hoboken, NJ: 2006.

KING, G. *Livadia in the Reign of Alexander II*. Disponível em: ≤http://www.kingandwilson.com/AtlantisArticles/LivadiaAII.htm>.

_____; WILSON, P. *The Fate of the Romanovs*. Nova York: 2005.

KORF, M. A. *Braunshveigskoe semeistvo*. Moscou: 1993.

KÓRSAKOV, D. A. *Votsarenie Imperatritsy Anny Ioannovny*. Kazan: 1880.

KOTKIN, S. *Stalin*, v. 1: *Paradoxes of Power, 1878-1928*. Nova York: 2014.

KRILOV-TOLSTIKEVITCH, A. N. *Imperator Alexandr I i imperatritsa Elizaveta*. Moscou: 2005.

LEDONNE, John P. *Absolutism and Ruling Class: The Formation of the Russian Political Order, 1700-1825*. Oxford: 1991.

_____. *Ruling Russia: Politics and Administration in the Age of Absolutism 1762-96*. Princeton: 1984.

_____. *The Russian Empire and the World 1700-1917: The Geopolitics of Expansion and Containment*. Oxford: 1997.

LEVIN, E. *A Child of Christian Blood: Murder and Conspiracy in Tsarist Russia: The Beilis Blood Libel*. Nova York: 2014.

LIÁSCHENKO, L. M. *Alexandr II*. Moscou: 2002.

LIEVEN, D. *Nicholas II: Emperor of All the Russias*. Londres: 1993.

_____. *Russia against Napoleon: The True Story of the Campaigns of War and Peace*. Nova York: 2010.

_____. *Russia's Rulers under the Old Regime*. New Haven: 1989.

_____. *Towards the Flame: Empire, War and the End of Tsarist Russia*. Londres: 2015.

LINCOLN, W. B. *Between Heaven and Hell: The Story of a Thousand Years of Artistic Life in Russia*. Nova York: 1998.

_____. *The Great Reforms: Autocracy, Bureaucracy, and the Politics of Change in Imperial Russia*. DeKalb, Illinois: 1990.

_____. *In the Vanguard of Reform: Russia's Enlightened Bureaucrats*. DeKalb, Illinois: 1982.

_____. *In War's Dark Shadow: The Russians before the Great War*. Nova York: 1983.

_____. *Nicholas I: Emperor and Autocrat of All the Russias*. Londres: 1978.

_____. *Nikolai Miliutin: An Enlightened Russian Bureaucrat of the 19th Century*. Newtonville, Massachusetts: 1977.

_____. *Passage through Armageddon: The Russians in War and Revolution*. Nova York: 1986.

_____. *Red Victory: A History of the Russian Civil War*. Londres: 1989.

_____. *The Romanovs: Autocrats of All the Russias*. Nova York: 1981.

_____. *Sunlight at Midnight: St. Petersburg and the Rise of Modern Russia*. Oxford: 2001.

LONGFORD, E. *Wellington: Pillar of State*. Londres: 1975.

LONGWORTH, P. *Alexis, Tsar of All the Russias*. Londres: 1984.

_____. *The Art of Victory: The Life and Achievements of Field Marshal Suvorov, 1729-1800*. Nova York: 1965.

_____. *The Three Empresses: Catherine I, Anne, and Elizabeth of Russia*. Londres: 1972.

LOPÁTIN, V. S. *Potemkin i Suvorov*. Moscou: 1992.

MACMILLAN, M. *The War that Ended Peace: The Road to 1914*. Nova York: 2013.

MADARIAGA, I. de. *Ivan the Terrible*. New Haven: 2006.

_____. *Russia in the Age of Catherine the Great*. New Haven: 1981.

MARSHALL, Alex. *Russian General Staff 1860-1917*. Londres: 2006.

MARTIN, R. E. *A Bride for the Tsar: Brideshows and Marriage Politics in Early Modern Russia*. DeKalb, Illinois: 2012.

MCDONALD, E.; MCDONALD, D. *Fanny Lear: Love and Scandal in Tsarist Russia*. Bloomington, Indiana: 2011.

MCGREW, R. E. *Paul I of Russia, 1754-1801*. Oxford: 1992.

MCMEEKIN, S. *July 1914: Countdown to War*. Londres: 2014.

MCMEEKIN, S. *The Ottoman Endgame: War, Revolution and the Making of the Modern Middle East*. Londres: 2015.

_____. *The Russian Origins of the First World War*. Cambridge, Massachusetts: 2011.

MENNING, B. *Bayonets before Bullets: The Imperial Russian Army, 1861-1914*. Bloomington, Indiana: 1992.

MERRIDALE, C. *Red Fortress: The Secret Heart of Russia's History*. Londres: 2013.

MIKABERIDZE, Alexander. *The Battle of Borodino: Napoleon vs Kutuzov*. Londres: 2010.

_____. *The Burning of Moscow: Napoleon's Trial by Fire 1812*. Londres: 2014.

MIRONENKO, S. *Stranitsy tainoi istorii samoderzhaviia*. Moscou: 1990.

MONTEFIORE, Simon Sebag. *Prince of Princes: The Life of Potemkin* (agora publicado como *Catherine the Great and Potemkin*). Londres: 2000.

_____. *The Court of the Red Tsar*. Londres: 2004. [Ed. bras.: *Stálin: A corte do czar vermelho*. São Paulo: Companhia das Letras, 2006.]

_____. *Young Stalin*. Londres/Nova York: 2008. [Ed. bras.: *O jovem Stálin*. São Paulo: Companhia das Letras, 2008.]

MOSSE, W. E. *The Rise and Fall of the Crimean System 1855-71: The Story of a Peace Settlement*. Londres: 1963.

MUIR, R. Wellington. *Waterloo and the Fortunes of Peace 1814-1852*. Londres: 2015.

NIKOLAI MIKHÁILOVITCH. *L'Impératrice Elisabeth, épouse d'Alexandre Ier*, v. 1. São Petersburgo: 1909.

_____. *L'Empereur Alexandre Ier*, v. 1. São Petersburgo: 1912.

NOSIK, B. M. *Russkie tainy Parizha*. São Petersburgo: 1998.

PAKULA, Hannah. *Last Romantic: A Biography of Queen Marie of Romania*. Londres: 1984.

PERRIE, Maureen. *Pretenders and Popular Monarchism in Early Modern Russia: The False Tsars of the Time of Troubles*. Cambridge: 2002.

PETRUCHEVSKI, A. *Generalissimus Knyazi Suvorov*. São Petersburgo: 1884.

PFLAUM, R. *By Influence and Desire: The True Story of Three Extraordinary Women — The Grand Duchess of Courland and her Daughters*. Nova York: 1984.

_____. *The Emperor's Talisman: The Life of the Duc de Morny*. Nova York: 1968.

PLESHAKOV, C. *The Tsar's Last Armada: The Epic Journey to the Battle of Tsushima*, Nova York: 2008.

PLOKHY, Sergii. *The Gates of Europe: A History of Ukraine*. Nova York: 2015.

POLIEVKTOV, M. *Nikolai I. Biografi ia i obzor tsarstvovaniia*. Moscou: 1918.

POZNANSKY, Alexander. *Tchaikovsky: The Quest for the Inner Man*. Londres: 1994.

PRICE, M. *Napoleon: The End of Glory*. Nova York: 2014.

PÚCHKIN, A. S. "The Captain's Daughter". In: *The Queen of Spades and Other Stories*. Londres: 1958.

_____. *Complete Prose Fiction*. Stanford, Califórnia: 1983.

_____. *Istoriia Pugacheva*. In: *Polnoe sobraniye sochinenii*, v. 12, Moscou/Leningrado: 1937-49.

_____. *Notes on Russian History of the Eighteenth Century*. Istoricheskiye Zametki, Leningrado: 1984.

RADZINSKY, E. *Alexander II: The Last Great Tsar*. Nova York: 2005.

_____. *The Last Tsar: The Life and Death of Nicholas II*. Nova York: 1993.

RAEFF, M. *Michael Speransky, Statesman of Imperial Russia 1772-1839*. Englewood Hills, NJ: 1957.

_____ (Org.). *Plans for Political Reform in Imperial Russia 1730-1905*. Englewood Cliffs, NJ: 1966.

RANSEL, D. L. *The Politics of Catherinian Russia: The Panin Party*. New Haven: 1975.

RAPPAPORT, H. *Ekaterinburg: The Last Days of the Romanovs*. Londres: 2008.

_____. *Four Sisters: The Lost Lives of the Romanov Grand Duchesses*. Londres: 2015. [Ed. bras.: *As irmãs Romanov*. Rio de Janeiro: Objetiva, 2016.]

RAYFIELD, D. *Edge of Empires: A History of Georgia*. Londres: 2012.

REY, M.-P. *Alexander I: The Tsar Who Defeated Napoleon*. DeKalb, Illinois: 2012.

RHINELANDER, A. L. H. *Prince Michael Vorontsov: Viceroy to the Tsar*. Montreal: 1990.

RIASANOVSKY, N. V. *Nicholas I and Official Nationality in Russia, 1825-1855*. Berkeley/Los Angeles: 1959.

RICH, D. A. *The Tsar's Colonels: Professionalism, Strategy, and Subversion in Late Imperial Russia*. Cambridge, Massachusetts: 1998.

RIDLEY, Jane. *Bertie: A Life of Edward VII*. Londres: 2012.

ROBERTS, A. *Napoleon the Great*. Nova York: 2014.

ROBERTS, Elizabeth. *Realm of the Black Mountain: A History of Montenegro*. Londres: 2007.

ROBINSON, P. *Grand Duke Nikolai Nikolaevich: Supreme Commander of the Russian Army*. DeKalb, Illinois: 2014.

RÖHL, J. C. G. *Wilhelm II: Into the Abyss of War and Exile, 1900-1941*. Cambridge: 2014.

_____. *Wilhelm II: The Kaiser's Personal Monarchy, 1888-1900*. Cambridge: 2004.

ROMÁNOV, B. A. *Ocherki diplomaticheskoi istorii Russko-Iaponskoi voiny 1895-1907*. Moscou/Leningrado: 1955.

ROUNDING, Virginia. *Catherine the Great: Love, Sex and Power*. Londres: 2007.

_____. *Nicky and Alix*. Londres: 2012.

RUSSKIY biographicheskiy slovar (incluindo biografias de Varvara Golítsina, v. 5, 1916; Iekaterina Skavrónskaia, v. 18, 1904; A. P. Gannibal v. 4, 1914; P. S. e M. S. Potiômkin, v. 14, 1904), v. 1-25. São Petersburgo: 1896-1916.

RUUD, C. A.; STEPÁNOV, S. A. *Fontanka 16*. Londres: 1999.

SANBORN, J. A. *Imperial Apocalypse: The Great War and the Destruction of the Russian Empire*. Oxford: 2014.

SCHUTSKAIA, G. K. *Palaty boyar Romanovykh*. Moscou: 2000.

SERVICE, R. *A History of Modern Russia, from Nicholas II to Putin*. Londres: 1998.

_____. *A History of Twentieth-Century Russia*. Londres: 1997.

_____. *The Penguin History of Modern Russia: From Tsarism to the Twenty-first Century*. Londres: 2009.

_____. *The Russian Revolution, 1900-27*. Londres: 1999.

SHILDER, N. K. *Imperator Alexandr I. Ego zhizn i tsarstvovanie*. São Petersburgo: 1897.

_____. *Imperator Pavel I*. São Petersburgo: 1901.

SMITH, Douglas. *Raspútin: Faith, Power, and the Twilight of the Romanovs*. Londres: 2016.

SOLOVIOV, S. V. *History of Russia*, v. 4-15. DeKalb, Illinois: 1989, 1991.

STEINBERG, M. D.; KHRUSTALĔV, V. M. *The Fall of the Romanovs*. New Haven: 1997.

STONE, N. *Eastern Front, 1914-17*. Londres: 1975.

SUMNER, B. H. *Russia and the Balkans 1870-1880*. Hamden, Connecticut: 1962.

TARÁSSOV, B. N. (Org.). *Nikolai I i ego vremya*. Moscou: 2001.

TARLE, E. V. *Krymskaia voina*. Moscou: 2005.

THOUVENEL, L. *Nicolas I et Napoléon III, préliminaires de la guerre de Crimée, 1852-1854, d'après les papiers inédits de M. Thouvenel*. Paris: 1891.

TROYAT, H. *Catherine the Great*. Londres: 1977.

TSAMUTALI, A. S. *Nikolai I*. Moscou: 2007.

USTRIÁLOV, Nikolai. *Istoriia Tsarstvovaniia Petra Velikogo*. São Petersburgo: 1858.

VAN DER KISTE, J.; HALL, C. *Once a Grand Duchess: Xenia, Sister of Nicholas II*. Londres: 2013.

VAN DER OYE, D. S. *Toward the Rising Sun: Russian Ideologies of Empire and the Path to War with Japan*. DeKalb, Illinois: 2001.

VASSÍLTCHIKOV, A. A. *Semeistvo Razumovskikh*, v. 1. São Petersburgo: 1880.

VERNADSKY, G. *History of Russia*. New Haven: 1973.

VERNER, A. M. *The Crisis of Russian Autocracy: Nicholas II and the 1905 Revolution*. Princeton: 1990.

VITALE, S. *Pushkin's Button*. Nova York: 1999.

WALISZEWSKI, K. *Autour d'un Trône*. Paris: 1894.

WARWICK, C. *Ella: Princess, Saint and Martyr*. Chichester: 2006.

WCISLO, F. *Tales of Imperial Russia: The Life and Times of Sergei Witte, 1849-1915*. Oxford: 2011.

WELCH, Frances. *The Russian Court at Sea*. Londres: 2010.

WHEATCROFT, A. *The Habsburgs*. Londres: 1995.

WILSON, A. N. *Tolstoy*. Londres: 1988

_____. *Victoria: A Life*. Londres: 2015.

WORTMAN, R. S. *Scenarios of Power: Myth and Ceremony in Russian Monarchy*. Princeton: 2006, 2013.

YELISEEVA, O. I. *G. A. Potemkin's Geopolitical Projects, Associates of Catherine the Great*. Conferência em Moscou, 22-23 set.1997. Moscou: 1997.

ZAIONTCHKÓVSK, A. M. *Vostochnaia voina, 1853-1856*. São Petersburgo: 2002.

ZAIONTCHKÓVSKI, P. A. *The Russian Autocracy in Crisis 1878-1882*. Gulf Breeze: Flórida: 1979.

_____. *The Russian Autocracy under Alexander III*. Gulf Breeze, Flórida: 1976.

ZAMOYSKI, A. *1812: Napoleon's Fatal March on Moscow*. Londres: 2012.

_____. *The Last King of Poland*. Londres: 1992.

_____. *Phantom Terror: Political Paranoia and the Creation of the Modern State 1789-1848*. Londres: 2015.

_____. *Rites of Peace: The Fall of Napoleon and the Congress of Vienna*. Londres: 2007.

ZEEPVAT, C. *Romanov Autumn: Stories from the Last Century of Imperial Russia*. Stroud: 2000.

ZIMIN, I. V. *Povsednevnaia zhizn rossiiskogo imperatorskogo Dvora Detskii mir imperatorskikh rezidentsii. Byt monarkhov i ikh okruzhenie*. São Petersburgo: 2010.

ZITSER, E. A. *The Transfigured Kingdom: Sacred Parody and Charismatic Authority at the Court of Peter the Great*. Ithaca: 2004.

Índice remissivo

Abazá, Alexandra, 534n

Abazá, Alexandre, 561

Abbas Mirza, príncipe herdeiro, 452

Abdul Hamid I, sultão otomano, 311

Abdul Hamid II, sultão otomano, 538, 544

Abdul Mecid I, sultão otomano, 475n, 480, 482

Aberdeen, George Hamilton-Gordon, quarto conde de, 454

Abkházia, 388n, 496n

Adlerberg, conde Nikolai, 476n

Adlerberg, conde Sacha, 540n, 549, 551, 556, 564

Adlerberg, conde Vladímir, 443, 466, 514, 522

Adrianópolis, Tratado de, 168n

Aehrenthal, barão Alois von, 677

Afeganistão, 530-1, 545n, 677

Ahmed III, sultão otomano, 165

Akharov, general Nikita, 333, 335, 340

Alasca, 350n, 516n

Albânia, 692n

Albert, príncipe de Saxe-Coburg, príncipe consorte, 325n, 471-2

Alexandra Alexándrovna, grão-duquesa (Lina), 505

Alexandra Fiódorovna (nascida Alexandra de Hesse e Renano, Alix, Sunny), 594, 597-8, 600-8, 615-20, 623-6, 631, 633, 637, 641, 645, 649, 672, 674, 681-2, 685-6, 694, 710, 733-4; e abdicação, 772; assassinato, 797-800; na Primeira Guerra Mundial, 713, 716, 720, 725, 727, 729-33, 738, 740-5, 752, 754; prisão, 784-92, 796-7; e Raspútin, 687, 689, 710, 713, 716, 719, 722, 726-31, 734-7, 739-40, 742, 744, 754-60; revolução, 761-2

Alexandra Fiódorovna (nascida Carlota da Prússia, Mouffy), 422-4, 426, 449, 456, 459, 468, 479, 483-4, 487, 505n

Alexandra Ióssifovna, grão-duquesa, princesa de Saxe-Altenburg (Sanny), 477n, 486, 502, 505n, 533

Alexandra Nikoláievna, grão-duquesa (Adini), 459, 476

Alexandra Petróvna, grão-duquesa, princesa de Oldenburg, 538n

Alexandre I (Alexandre Pávlovitch), 24, 300, 307, 319, 321-3, 331-3, 341, 345-6, 348-9, 351-2, 357-9, 361, 369-429; ascensão, 357-9,

361; casamento, 319-20; Comitê Particular, 370; Congresso de Viena, 410-1, 413; conspirações contra, 419, 421, 427-8; doença e morte, 376, 428; funeral, 446-7; Guerras Napoleônicas, 389-405; misticismo, 393, 397, 403, 405, 415-6; na Inglaterra, 407, 409; reformas, 369-70, 416-7; Santa Aliança, 414, 416, 418n, 419

Alexandre II (Alexandre Nikoláievitch), 29, 58n, 423, 445, 450, 457-8, 467-8, 485-6, 493-563, 811n; amantes, 504, 516, 520, 522, 525-7, 535, 537, 539-40, 542, 544, 546, 548; casamento, 556-7; coroação, 497; doenças, 541n, 546; Guerra da Crimeia, 493; Guerra Russo--Turca, 536-44; e os populistas, 535; reformas, 497-503, 535, 550, 556, 561-2; tentativas de assassinato, 515, 523, 546-7, 549, 550, 552, 564-5, 567; terrorismo, 546, 548-51, 553-4, 561, 563

Alexandre III (Alexandre Alexándrovitch, Sacha), 28, 511-2, 518, 522-4, 535-6, 551-2, 554, 556-7, 559-60, 562, 566-70, 578-606, 811-2n; acidente de trem, 590; antissemitismo, 582; ascensão, 568; coroação, 583, 586; doença e morte, 605-7; tentativas de assassinato, 552-3

Alexandre Mikháilovitch, grão-duque (Sandro), 553, 562, 566-8, 581, 593, 596, 601, 605, 607, 617, 622, 638, 647, 751n, 761-2, 779, 780n, 805

Alexandre, príncipe de Hesse, 552

Alexei Alexéievitch, tsarévich, 103-4

Alexei I, tsar (Jovem Monge), 82-3, 89-108

Alexei Nikoláievich, tsarévich, 38-9, 41-2, 672, 688, 703, 733, 760-1, 763, 781-4, 804, 807; abdicação, 769-70; assassinato, 799, 801-2; hemofilia, 646, 665, 668, 690, 694, 788; prisão, 784-91, 796

Alexei Petróvitch, tsarévich, 126, 168-9, 171, 173, 176; amante finlandesa, 172, 174, 177-8, 180; casamento, 168-9, 172; fuga, 174-5, 177; morte, 181; ultimato do pai, 172-4; volta a Moscou, 178

Alexéiev, almirante Ievguêni, 640, 642-3

Alexéiev, general Mikhail, 728, 730, 733, 737, 751n, 765, 768, 779, 780n

Alexis Alexándrovitch, grão-duque (Beau), 518, 529, 571n, 581, 617, 623, 647, 651-2

Alikhanov-Avarski, general Maksud, 663n

Alley, Stephen, 753, 759-60

Anastássia Nikoláievna, grão-duquesa, 40, 631, 703; assassinato, 797-800, 802; prisão, 781-2, 789-92

Anastássia, grão-duquesa, princesa de Montenegro, Stana (esposa de Gueórgui, duque de Leutchenberg, depois grão-duque Nikolai Nikoláievitch), 589, 632, 670, 711, 805n

Andrei Vladímirovitch, grão-duque, 604n, 806n

Andrónnikov, príncipe Mikhail, 731, 735

Andrópov, Iúri, 807

Anna Fiódorovna, grão-duquesa, (nascida Juliane de Saxe-Coburg-Saalfeld), 325n, 333

Anna Ivánovna, imperatriz, 163-4, 191, 205, 210-25, 731

Anna Leopóldovna, regente (nascida Isabel de Mecklenburg), 173n, 219-32, 239, 242, 244; como regente, 228-9, 231, 238

Anna Pávlovna, grão-duquesa (Annette), 382-3, 422, 441

Anna Petróvna, grão-duquesa (Annuchka), 191, 198, 200, 202, 204, 209n

anões, 70, 82, 91, 107, 114, 117, 132, 153, 163-4, 217

Anthes, barão Georges d', 463-4, 466n, 480n

antissemitismo, ver judeus

Anton Ulrich de Brunswick, príncipe, 219-21, 225-6, 239, 244n

Apráxin, conde Alexei, 215

Apráxin, conde Fiódor, 146n, 166, 171, 180, 192n, 201-2

Apráxin, conde Stepan, 256-7

Apráxina, Marfa, tsarina, 115, 117, 119

Araktchéiev, conde Alexei, 332, 334, 337, 338n, 346, 348, 352, 354, 371, 380-1, 383-4, 386, 390, 403, 409n, 417-8, 426

Arendt, Nikolai, 465

Argamakov, general P. V., 354

Artois, conde d' (depois rei Carlos x), 416, 454

árvores genealógicas, 16-7, 44-5, 156-7, 432-3

Augusto II (o Forte), rei da Polônia, Sacro Império Romano da Saxônia, 139, 143, 152

Augusto III, rei da Polônia, Sacro Império Romano da Saxônia, 279

Austerlitz, Batalha de, 375-6

Avvákum, líder dos Velhos Crentes, 103, 119

Azef, Ievno Fíchelevitch, 636, 645

Azov, sítio de, 136

Badmáiev, Pedro, 628, 742

Bagration, general príncipe Pedro, 382n, 383, 389, 391, 397n

Bagration, princesa Iekaterina (Kátia, nascida Scavrónskaia), 410-3, 415n

Balachov, general Alexandre, 387-90, 395

Balaclava, Batalha de, 484

Bálcãs, 536, 677, 691-2, 694, 705

Baletta, Eliza, 652

Balfour, Arthur, 783

Balk, Matriona, 185, 198

Baltadji, Mehmed Paxá, grão-vizir, 167-8

Balzac, Honoré de, 415n

Baránov, Nikolai, 569

Barclay de Tolly, marechal príncipe Mikhail, 383, 385-6, 388-91, 400, 402, 406

Bariátinski, marechal príncipe Alexandre, 469, 496, 500, 530, 535n

Bariátinski, príncipe Fiódor, 266-7, 271, 333n, 334

Bark, Pedro, 711

Battenberg, Alexandre de, príncipe da Bulgária, 545-6, 588

Beaconsfield, conde de, ver Disraeli, Benjamin

Beethoven, Ludwig van, 414

Beilis, Mendel, 686, 704

Béketov, Nikita, 250

Békovitch-Tcherkásski, príncipe Alexandre, 176n

Belétski, general Stepan, 731, 735, 736n

Beliáieva, Ovdótia, 105

Beloboródov, Alexandre, 794, 798, 803

Benckendorff, conde Alexandre, 421, 442-5, 449-50, 454, 461, 465, 471n, 477, 739-40, 784n

Benckendorff, conde Paulo, 624n, 671n

Bennigsen, general conde Levin, 349, 353, 355-6, 358, 360, 377, 392

Bering, Vitus, 199

Bernadotte, marechal Jean-Baptiste (depois Carlos XIV da Suécia), 385n, 393, 401, 403

Berry, Charles Ferdinand, duque de, 419

Bestújeva, Anna, 241n

Bestújev-Riúmin, conde Alexei, 238-40, 242-4, 248n, 254-6

Bestújev-Riúmin, Pedro, 191, 205, 213

Bethmann, Madame, 404, 412

Bezboródko, príncipe Alexandre, 298, 304, 309, 317, 319, 332, 335, 338n, 341

Bezobrázov, Alexandre, 633, 639-40

Bezobrázov, general Vladímir, 659, 719, 738

Bíbikov, Nikolai, 354, 356

Biéli, Andrei, 696

Biron, Ernst, duque da Curlândia, 212-3, 215, 219-21, 223, 226, 230, 261n, 280n, 731

Biron, Pedro, duque da Curlândia, 280n

Bismarck, príncipe Otto von, 21, 25, 502-4, 509-10, 523-4, 538, 544-5, 589

Blok, Aleksandr, 696

Blücher, príncipe Gebhard Leberecht von, 405

Bóbrinski, conde Alexei, 265, 334n

Bogrov, Dmítri, 684-6

bolcheviques, 657n, 675, 695, 785-6, 789, 792, 805n

Boris Vladímirovitch, grão-duque, 741n

Borodinó, Batalha de, 393

Borzdina, Natália, 468

Bótkin, dr. Ievguéni, 671, 685, 784n, 789, 791, 796, 799-800

Bótkin, dr. Serguei, 505, 555, 564, 567-8

Botta, marquês de, embaixador da Áustria, 232

Boucher, François, 247n

Bové, Óssip, 418

Branicki, conde Ksawery, grão-hétmã, 305n

Branitska, condessa Alexandra (nascida Sachenka Engelhardt), 303, 305n, 316-7

Brássova, condessa Natacha (Wulfert), 694, 793

Braunstein, Johann Friedrich, 184n

Brest-Litóvsk, Tratado de, 788-9

Breteuil, Louis, barão de, 259, 263

Bruce, conde James (Iákov), 187n, 192n, 201n

Bruce, condessa Praskóvia (nascida Rumiántseva), 280, 290, 302

Brühl, conde Heinrich von, 278n

Brussílov, general Alexei, 737-8, 763

bruxaria, 59, 73, 91, 105, 114

Bucareste, Tratado de, 388

Buchanan, Sir George, 759, 762

Bulgária, 692

Butachévitch-Petrachévski, Mikhail, 479

Buturlin, general Ivan, 123, 132, 200

Buturlin, marechal conde Alexandre, 208, 259

Buturlin, Pedro, príncipe-papa (Pedro Pinto), 181n, 188

Buturlina, condessa Isabel, 460

Buxhoeveden, baronesa Sophie von (Isa), 784n

Cameron, Charles, 286n, 300

Campredon, Jean-Jacques, 197, 201

Capo d'Istria, conde Ioannis, 370n, 409, 411n, 425

Caprivi, general conde Georg Leo von, 594

Carlos I da Romênia (Karl von Hohenzollern-Sigmaringen), 539n, 540n

Carlos VI, Sacro Império Romano, 174, 177, 225n

Carlos XII, rei da Suécia (Último dos Vikings, Cabeça de Ferro), 139, 142-3, 146, 148-9, 168, 170, 187

Carlos, príncipe da Romênia (depois rei Carlos II), 708, 741n

Carlota, princesa de Gales, 408

Caroline, princesa de Brunswick, princesa de Gales, 408

Castelbajac, marquês de, Barthelemy, 481

Castlereagh, Robert Stewart, visconde (depois marquês de Londonderry), 404, 414, 415n, 416, 418n

Catarina Antónovna, princesa de Brunswick, 244n

Catarina I, imperatriz (nascida Marfa Scavrónskaia), 145-6, 152, 165-6, 168-9, 171-3, 175-6, 184, 189, 197, 199-200, 202-4

Catarina II, imperatriz (a Grande, nascida Sophie de Anhalt-Zerbst), 24-5, 205n, 242-72, 277-326; amantes, 253-4, 259, 269, 279-82, 286-7, 289-93, 296, 298-302, 309-10, 312-3; casamento, 243, 245, 252, 255, 257, 262-3; Comissão Legislativa, 283-4; e conspiração contra Pedro, 260, 266-8; conspirações contra, 249, 277; coroação, 277; doenças e morte, 309, 333; enterro, 334; gestações, 253, 257, 259, 265; e a Paz de Kuchuk-Kainardji, 295; reformas no governo local, 298-9

Catarina Pávlovna, grão-duquesa (Catiche), 372, 379, 382n, 386-7, 411n, 413, 415, 424; e as Guerras Napoleônicas, 390-1, 395-6, 399; na Inglaterra, 407-8

Caulaincourt, Armand de, marquês de, duque de Vicenza, 381, 383, 386, 406

Cavaleiros de Malta (anteriormente Cavaleiros de São João de Jerusalém), 343

Centúrias Negras, 660, 685

Chafirov, barão Pedro, 168, 178, 190

Chaklovíti, Fiódor, 124-6

Chamil, Djemal-Edin, 470, 485n, 500

Chamil, Gazi Mohammed, 483n

Chamil, imã, 466-7, 470-1, 483n, 496, 499, 501

Charlotte, princesa de Brunswick-Wolfenbüttel, 169, 171

Chavchavadze, princesa Anna, 483n

Chebeko, Vera, 515, 521, 527n

Chéin, Mikhail, 81

Chépeleva, Mavra (depois Chuválova), 218, 238n

Cheremétev, marechal conde Boris: guerra com a Suécia, 143, 145, 147-8, 150, 152-3

Cheremétiev, Fiódor, 64, 67, 75, 77-8, 82, 91

895

Cheremétiev, marechal conde Boris, 140, 165, 167

Chervachidze, Gueórgui, príncipe de Abkházia, 388n

Chervachidze, príncipe Gueórgui, 751n

Chervachidze, príncipe Mikhail, 496n

Chestakov, almirante Ivan, 578, 581

Chestakova, Nastássia, 216

Chétardie, Jacques-Joachim de Trotti, marquês de la, 230, 232, 238, 240, 243

Chevalier, Madame, 342, 347

Chichkov, almirante Alexandre, 390, 409n

China, 22, 499n, 624, 628-30, 634, 638, 640, 649

Chúbin, Alexei, 218

Chúiski, Vassíli, tsar, ver Vassíli IV

Chulgin, Vassíli, 769, 770-1

Churchill, Winston, 721

Chuvalov, conde Alexandre (Terror), 238, 252, 254, 257-8, 264n, 265

Chuválov, conde Pável, 407

Chuválov, conde Pedro, 517, 519-20, 522, 533-5, 545, 548

Chuválov, conde Pedro (Mongol), 238, 249, 251n, 255n

Chuválov, Ivan, 23, 249-50, 256-7, 260-1, 264n, 310

Chuválova, condessa Elizaveta, 583n

Cirilo Vladímirovitch, grão-duque, 581, 616, 654n, 767, 806

Clam-Martinitz, conde Karl, 410n

Clemenceau, Georges, 729n

Codrington, almirante Sir Edward, 453

Collins, Samuel, 101, 103

comédia de Artaxerxes, A, 107

Comité Central, Paris, 420, 425

Comitiva Sagrada, 569, 583n, 584

Companhia da Alegria ver Sínodo dos Bêbados

Companhia Russo-Americana, 350n, 516n

comunismo, 635

Congresso de Viena, 403n, 410, 411, 413

Conselho do Comissariado do Povo, ver Sovnarkom

Constantino I (Constantino Pávlovitch), 303, 320, 325, 331, 333, 344n, 346, 351, 353, 356, 358-9, 377, 380, 406, 411n, 413, 418n, 421, 424; ascensão, 440; conspirações contra, 454

Coreia, 625, 628, 630, 633, 640, 642

cossacos, 53, 56, 59-61, 63-5, 97

Costa, Jan da, bufão judeu, 187n, 215

crise bósnia, 678-9

Cross, Laetitia, 139

Croy, Charles-Eugène, duque de, 142

Cruys, almirante Cornelius, 170

Curlândia, 165, 191, 203, 280n

Curlândia, Ernst Biron, duque da, ver Biron, Ernst, duque da Curlândia

Curlândia, Friedrich Wilhelm, duque da, 163-4

Curzon, George, marquês, 639n

Custine, Astolphe, marquês de, 460, 471n

Czartoryski, príncipe Adam, 318, 321, 325, 332, 335, 337, 342, 344, 346-7, 349, 360-1, 369-71, 373-6, 410n, 411n, 412

Czetvertinsky, príncipe Boris, 355n

Dáchkova, princesa Iekaterina, 260, 263, 265, 267, 270

Dadiani, família, príncipes da Mingrélia, 388n, 496n

Danílovitch, general Grigóri, 595

Degáiev, Serguei (cognome, Alexandre Pell), 585

Delsal, general Pedro, 551

Demídova, Anna, 801

Derevenko, Andrei, marinheiro, 782

Derevenko, dr. Vladímir, 784n

desfiles de noivas, 73-4, 79, 91, 105, 114, 124

Deulino, Trégua de, 76

Devier, Anton (Antônio de Vieira), 182-3, 204

Dezembristas, Revolta dos, 442-6

Dibich-Zabalkansky, marechal conde Hans-Karl, 426-8, 452n, 454

Diderot, Denis, 286

Dimitrijevi, coronel Dragutin, 709

Dinamarca, 142, 264

Dino, Dorothea von Biron, duquesa de, 410n

Díon Cássio, 23

Disraeli, Benjamin (depois conde de Beaconsfield), 531n, 536-7, 539, 543-5

Djugachvili, Ióssif, *ver* Stálin, Ióssif

Djunkóvski, general Vladímir, 726

Dmítri Ivánovitch (Dmítri de Uglich), tsarévitch, 58-9

Dmítri Pávlovitch, grão-duque, 706, 742, 756-8, 760-1, 806n

Dmítriev-Mamónov, conde Alexandre, 309, 312

Dogger, incidente no banco de areia, 648

Dolgorúkaia, princesa Alexandra, 504, 505n

Dolgorúkaia, princesa Iekaterina Alexéievna, 210, 218, 222

Dolgorúkaia, princesa Iekaterina Mikhailovna (Kátia, Odalisca, depois princesa Iúrievskaia), 514-6, 520-2, 525, 527, 535, 537, 540n, 541-57, 571n; casamento, 556-7, 559-60, 568

Dolgorúkaia, princesa Maria, 78

Dolgorúki, marechal príncipe Vassíli Vladímirovitch, 152, 166, 171, 173, 178-9, 192n, 207, 209-10, 222, 238n, 240n

Dolgorúki, príncipe Alexei Lukitch, 209-10, 218

Dolgorúki, príncipe Iákov, 122, 135

Dolgorúki, príncipe Iúri, 113, 115, 117

Dolgorúki, príncipe Ivan Alexéievitch, 205-9, 218, 222

Dolgorúki, príncipe Mikhail, 116

Dolgorúki, príncipe Pedro, 374-5, 464n

Dolgorúki, príncipe Vassíli (Vália), marechal da corte de Nicolau II, 768n, 784n, 789-90, 794, 796

Dolgorúki, príncipe Vassíli Andréievitch, ministro de Nicolau I, 443n, 495n, 517n

Dolgorúki, príncipe Vassíli Lukitch, 211

Domingo Sangrento, 650

Dorjíev, Agvan, 629n

Dosifei, bispo de Rostov, 179

Dostoiévski, Fiódor, 479, 519-20, 555, 558n

Drenteln, general Alexandre, 547, 553

Dreyer, Nadéjda von, 534n, 618n

Dubássov, almirante Fiódor, 658, 663n

Dubróvin, dr. Alexandre, 660

Duma, 656, 661n, 662, 674-5, 681, 688, 706, 718, 726, 729n, 731, 734, 744, 764, 766

Durand de Distroff, François-Michel, 286

Durnovó, Ivan, 592, 643

Durnovó, Pedro, 656, 658-9, 661, 706n

Dvorjitski, coronel Adrian, 564-5

Dzerjínski, Félix, 810n

Edimburgo, príncipe Alfredo, duque de (depois duque de Saxe-Coburg e Gotha), 532, 533n, 536, 543n

Edimburgo, príncipe Philip, duque de, 807

Eduardo VII, rei da Inglaterra (Bertie, príncipe de Gales), 509, 529, 532, 579n, 604, 606, 608, 677n

Efrem, metropolita, 69

Elena Pávlovna (nascida princesa Carlota de Württemberg, intelectual da família), 424n, 485n, 487, 498, 500-1, 505n, 513

Elizaveta Petróvna, imperatriz, (Vênus Russa), 184, 204, 208-9, 218, 226, 230-1, 237-61; amantes, 260; bailes de travestis, 246-7, 255n; conspirações contra, 242, 260; coroação em Moscou, 240; doenças e morte, 249, 257, 260; funeral, 262; e Pedro Alexéievitch, 204, 206, 208; regresso a Petersburgo, 241; roupas/guarda-roupa, 247-8

Engelhardt, dr., 103

Enghien, Louis de Bourbon-Condé, duque d'Enver, 373

envenenamento, 55-6, 73n, 78, 91, 108, 114-5, 117

Enver Pasha, Ismail, 705, 721

Erakles, rei de Kartli-Kakhetia *ver* Hércules

Estevão, o Pequeno, rei de Montenegro, 295n

Estônia, 142

Estrada de Ferro Oriental Chinesa, 625

Eugênia, imperatriz da França, 505n, 523, 528n

Fabergé, Peter-Carl, 577

Falso Simão, 107

Falsos Dmítris, 60, 61, 63

Faure, Félix, 626

Favier, Jean-Louis, 251n, 252

Federação Russa, 807, 809n, 810

Feira Mundial, Paris, 522

Ferdinando I, imperador da Áustria, 477

Ferdinando I, príncipe de Saxe-Coburg-Gotha, tsar da Bulgária (Raposa), 589, 678n, 692-3

Filaret, patriarca e soberano (Fiódor Románov), 39, 59-62, 64-6, 69, 71, 76-7, 80, 82

Finch, Edward, 224, 229

Fiódor I Ivánovitch, tsar, 56-8

Fiódor II Boríssovitch, tsar, 60

Fiódor III Alexéievitch, tsar, 103-4, 108, 113-5

Fiódorit, metropolita de Riazan, 41, 65, 67

Fiódorov, professor Serguei Petróvitch, 769

Fiódorova, Iefrosínia, 172-3, 177-8, 180, 181n

Fócio, arquimandrita, 426

Fock, general Maxim von, 449

Fontana, Giovanni, 163n

Fox, Charles James, 315

Francisco Ferdinando, arquiduque da Áustria, 709

Francisco II, imperador da Áustria, 375, 379, 383, 400-1, 403, 410, 418n, 419

Francisco José I, imperador da Áustria, 478, 482, 500, 524, 709

Frederico Guilherme III, rei da Prússia, 370, 374, 376, 378, 403, 406, 418n, 419

Frederico II (o Grande), rei da Prússia, 226n, 239-40, 243-4, 280, 292, 299; guerra com a Rússia, 255-6, 259-61; Pedro III e, 256, 261, 264

Frederico IV, rei da Dinamarca, 186

Frederiks, baronesa Maria, 461, 468

Frederiks, conde Vladímir, 624, 656, 684, 717, 755, 768n, 769-70, 784n

Frota do Mar Negro, 311n

Gabriel, Alexander, 459n

Gabriel, arcebispo de Nóvgorod (Pedro Petróvitch Petrov-Chápochnikov), 338

Gagárin, príncipe Matvei, 190

Gagárin, príncipe Pável, 342

Gagárina, princesa Anna (nascida Lopukhiná), 339, 341-3, 350-1, 355n

Galloway, Christopher, 77n

Gannibal, general Abram Petróvitch, 148, 175, 238n, 266n

Gapon, Gueórgui Apollónovitch, 649

Gediminas, grão-duque da Lituânia, 55n, 119

Gentz, Friedrich, 412

George de Oldenburg, príncipe, 382n, 399n

Gibbes, Charles Sydney, 785-6, 791, 794

Giers, Nikolai de, 585

Gilliard, Pierre, 715, 781, 785, 789, 791, 794

Ginzburg, barão Joseph, 503

Giray, cã Devlet, 167

Gladstone, William Ewart, 537, 588n

Glébov, Alexandre, 261n

Glébov, Stepan, 179

Glinka, Mikhail, 65n

Godunov, tsar Boris, 58-60, 95n

Gógol, Nikolai Vassílievitch, 479

Golítsin, marechal príncipe Alexandre, 284

Golítsin, marechal príncipe Vassíli, 114, 119-20, 123-6

Golítsin, Mikhail, 215

Golítsin, príncipe Alexandre, ministro de Alexandre I, 393, 409, 426, 440-1

Golítsin, príncipe Boris, 126, 135, 137, 141

Golítsin, príncipe Dmítri, 200, 202, 207, 210, 222

Golítsin, príncipe Nikolai, último primeiro-ministro de Nicolau II, 761, 763-4, 766

Golítsin, príncipe Serguei, 305n

Golítsin, príncipe Vassíli, 64n

Golítsina, princesa Anastássia, 179, 185, 202

Goloschiókin, Filipp, 787, 790, 792-4, 796, 802, 803n

Golovin, general-almirante conde Fiódor, 137, 139, 142n, 146

Golovina, condessa Varvara, 303, 305n, 319-21, 325, 334, 339, 341, 346

Golóvkin, conde Fiódor, 335, 338-9, 342

Golóvkin, conde Gavrili, 146n, 148n, 152, 178n, 180, 188, 192n, 202, 217

Goltz, conde Wilhelm von der, 262, 264, 268

Gontcharova, Iekaterina, 464

898

Gorbatchov, Mikhail, 810, 813

Gordon, Alexandre, 146

Gordon, general Patrick (Galo do Oriente), 120, 123, 126, 133, 136, 141

Goremíkin, Ivan, 661, 663, 705, 712-3, 732, 734

Górki, Maksim, 800n

gorro de Monomakh, 19, 69, 118

Gortchakov, príncipe Alexandre, 495, 522, 537, 545

Gortchakov, príncipe Mikhail, 486, 493, 497, 506, 516n, 524, 530

Governo Provisório, 764, 769, 776

Greig, almirante Samuel, 285, 312

Griaznov, general Fiódor, 663n

Griboiédov, Aleksandr, 447n, 452, 455n

Grigórovitch, almirante Ivan, 693

Grinevítski, Ignáti, 565

Gruchétskaia, Agáfia, tsarina, 114

Gudóvitch, general Andrei, 261, 265-6, 269, 333n

Gueórgui Alexándrovitch, grão-duque (Georgy), 578, 599, 604, 615-6, 624, 626, 629

Gueórgui XII, rei de Kartli-Kakhetia, 350n

Guerra da Crimeia, 482-5, 493, 510

Guerra da Tchetchênia, 811

Guerra de Independência dos Estados Unidos, 303

Guerra de Sucessão Espanhola, 143

Guerra de Sucessão Polonesa, 219

Guerra dos Bôeres, 631n, 679

Guerra dos Sete Anos, 255

Guerra franco-prussiana, 523

Guerra Russo-Japonesa, 642-5, 647-9, 651, 653

Guerra Russo-Turca, 536-44

Guerras Balcânicas, 691-2, 694, 705

Guerras Napoleônicas, 389-405

Guilherme I, rei da Prússia, Kaiser da Alemanha, 509, 511, 523, 525

Guilherme I, rei de Württemberg, 413

Guilherme II, rei da Prússia, Kaiser da Alemanha, 593-4, 599, 603, 618, 625-7, 642, 647, 652, 695n, 705, 710, 713-6, 805

Guilherme III, rei da Inglaterra, 138-9

Gurkó, general Ióssif, 539, 542, 548n, 553, 582

Gustavo II Adolfo, rei da Suécia, 62, 71

Gustavo IV Adolfo, rei da Suécia, 325

Gutchkov, Alexandre, 679, 736, 751n, 769-71

Hager, barão Franz von, 411

Hamilton, Mary, 105, 185, 186

Hanbury-Williams, sir Charles, 254-5

Harriman, Averell, 810

Heath, Charles, 595

Heeckeren, barão Jakob van, 463, 466n

Hendrikov, condessa Anastássia, 784n

Herbert, Sidney, 483n

Hercules, Jim, 673, 763, 768n, 781n

Hércules, rei de Kartli-Kakhetia, 308

Hermógenes, patriarca, 62, 683

Herzen, Alexandre, 500

Hesse e Renano, Ernst (Ernie), grão-duque de, 598

Hindenburg, marechal de campo Paul von, 718, 720, 728n

Hirsch, barão Maurice von, 604

Hitler, Adolf, 262n

Hoare, sir Samuel, 752

Holstein, príncipe Georg de, 261n, 266n

Holstein-Beck, príncipe August Friedrich de, 261n

Holstein-Gottorp, duque de, Karl Friedrich, 190, 192n, 199-200

Home, Daniel Dunglas, 505n

Howden, primeiro barão (John Cradock), 415n

Iachvíli, príncipe Vladímir Mikháikovitch, 356, 360

Iagujínski, conde Pável, 170, 189-90

Iákovlev, irmã Varvara, 793, 803-4, 806

Iákovlev, Vassíli, 787, 790

Iánichev, padre Ioann, 606, 608

Ianuchkévitch, general Nikolai, 711, 713-4, 716, 719, 722

Iazíkov, Ivan, 114, 118

Ibrahim, o Louco, sultão otomano, 81n

899

Iekaterina Ivánovna, tsarina (duquesa de Mecklenburg, Duquesa Selvagem), 173n, 191, 210
Ieláguin, Ivan, 292
Iéltsin, Boris, presidente da Rússia, 807, 810
Iemeliánov, Ivan, 566
Iermakov, Pedro, 796, 798-800
Iermólov, Alexandre, 309
Iérmolov, general Alexei, 445n, 447n, 452n
Ignátiev, conde Nikolai Pávlovitch, 537, 543, 570, 582-3
Iliodor, padre, 689, 710
Imerécia, 350n, 388n
Império Otomano, 107, 114, 120, 153, 165, 167, 222; guerras contra, 219-20, 222, 284, 287, 294, 311, 314, 388; paz com, 316-7; Primeira Guerra Mundial, 721
imposto do sal, 92-3, 555
Inferno, facção revolucionária, 515
Ioann de Kronstadt, padre, 607
Ipátiev, Nikolai, 790
Irina Alexándrovna, grão-duquesa, 707, 806n
Irina Mikháilovna, tsarevna, 80, 105, 113
Isabel Alexéievna, imperatriz (nascida princesa Louise de Baden), 319-21, 332, 334, 336, 338, 346-7, 358, 371, 373, 380, 391, 411n, 412, 424, 428, 446n
Isabel Fiódorovna, grão-duquesa (nascida princesa de Hesse, Ella), 426, 593-4, 601-2, 623, 650, 753, 759, 793, 803-4, 806
Isabel Tarakánova, falsa princesa, 295
Itália, 691
Iuchkov, Vassíli, 124
Iúrievskaia, princesa Catarina, 547, 571n
Iúrievskaia, princesa Iekaterina ver Dolgorúkaia, princesa Iekaterina Mikhailovna
Iúrievskaia, princesa Olga, 542, 571n
Iúrievski, príncipe Gueórgui (Gogo), 527, 535, 541n, 555, 562, 568, 571n
Iuróvski, Iákov, 40, 42, 600, 793-96, 798-802, 804, 807
Iuschinski, Andrei, 685
Iussúpov, príncipe Félix, 667, 706-7, 742, 752-59, 780n

Iussúpov, príncipe Nikolai, 305n
Iussúpova, princesa Tatiana, 305n
Iussúpova, princesa Zinaida, 689, 752, 754, 780n, 805
Iváchka, o Judeu, 114
Ivan Dmítrievitch (Bebê Bandoleiro), 63, 70
Ivan III, tsar (Ivan Vassílievitch, o Grande), 54, 68
Ivan IV, tsar (Ivan Vassílievitch, Ivan, o Terrível), 54-8, 61
Ivan V, tsar (Ivan Alexéievitch), 105, 116, 118, 120, 124-6, 135
Ivan VI, imperador (Ivan Antónovitch), 224-5, 238-9, 241-2, 255n, 265, 269, 282
Ivan Ivánovitch, tsarévitch, 57-8
Ivánov, general Nikolai, 765
Izmáilov, Artêmi, 81
Izmáilov, Pedro, 333n
Izvólski, conde Alexandre, 677, 691

Japão, 600, 625, 628, 630, 638, 640
Jeliábov, Andrei, 549, 551, 563, 570
Jerebtsova, Olga, 344, 349
Jewell, marechal, 534
Jigant, Nikolai, 132n, 187
Joanna, princesa de Anhalt-Zerbst, 242-3
Johnson, Andrew, presidente dos Estados Unidos, 516n
Johnson, Nicholas, 793
Jones, almirante John Paul, 311n
Jorge da Grécia, 599
Jorge I, rei da Inglaterra, 203
Jorge V, rei da Inglaterra, 695n, 742, 780, 783
José II, Sacro Império Romano, 304, 310, 314
judeus, 97, 117, 168, 222n, 250n, 474-5, 507, 535, 558, 582-3, 636, 676; expulsão de Moscou, 592; libelo de sangue, 475n, 685, 704; pogroms, 582, 637, 659-60; Primeira Guerra Mundial, 722, 724; na Romênia, 545
Jukóvskaia, Alexandra, 528-9
Jukóvski, Vassíli, 420-1, 457, 465, 468
Junot, Laure, duquesa d'Abrantès, 386n

Kalinovskaya, condessa Olga, 468-9

Karakózov, Dmítri, 515

Karamzin, Nikolai, 387, 421, 441, 448

Karl August de Holstein, príncipe-bispo de Lübeck, 205n

Karl-Filip da Suécia, príncipe, 64

Kartli-Kakhetia, 350n, 388n

Katkov, Mikhail, 519, 558n, 587n

Kaufman, general Konstantin von, 531

Kchessínskaia, Matilda, 599-603, 622, 805n

Kérenski, Alexandre, 767, 769, 771, 773, 783-5, 805n

Khabálov, general Serguei, 764, 766

Khaltúrin, Stepan, 550-1

Khatissov, Alexandre, 751n

Khitrovó, Bogdan (Favorito Sussurrante), 100-1, 104, 106, 108

Khlemnítskaia, Valéria, 618n

Khlópov, Gavril, 75

Khlópova, Maria, 75, 78

Khmelnítski, hétmã Bogdan, 97

Khovánski, príncipe Ivan (Saco de Vento), 101, 116, 120

Khvostov, Alexei (Cauda), 683, 731-2, 735

Kíkin, Alexandre, 171, 173-4, 178-9

Kirill, patriarca, 811

Kisseliov, conde Paulo, 473

Kitchener, Horatio Herbert, primeiro conde de, 721

Kleinmikhel, general Peter, 461, 467n

Kleschev, Ivan, 792

Kobila, Andrei, 55

Kokh, capitão, 547, 564

Kokóvtsov, conde Vladímir, 685, 687-8, 691, 693, 695, 705

Koliaba, Mitka, 632, 683

Komissárov, coronel Mikhail, 735

Komissárov, Óssip, 515-6

Konstantin Konstantínovitch, grão-duque (KR), 602, 616, 618, 620, 624, 627, 629, 631-2, 648, 660, 670; homossexualidade, 644-5, 649

Konstantin Nikoláievitch, grão-duque (Kóstia), 458, 477, 493-4, 502, 504, 516n, 517, 528, 530,

533-4, 551, 571n; e os retrógrados, 497, 499; tentativas de assassinato, 506, 553

Korb, Johann-Georg, 141

Korff, barão Mikhail, 377, 466n

Kosorótov, dr. Dmítri, 759

Kotchubei, príncipe Víktor, 369n, 420

Krivochein, Alexandre, 695, 705, 711, 728

Kropótkin, príncipe Dmítri, 547

Krüdener, baronesa Amália, 460, 476n

Krüdener, baronesa Juliana, 415-7, 422

Krúpskaia, Nadejda Konstantínovna, 772

Kruschóv, Nikita, 98n

Ksênia Alexándrovna, grão-duquesa, 602, 605, 621, 623, 646, 662, 671, 780n, 805

Kuchuk-Kainardji, Paz de, 295

Kuliabko, coronel N. N., 684

Kulikóvski, Nikolai, 741n

Kurákin, príncipe Alexandre, 305, 335, 340, 379

Kurákin, príncipe Alexei, 335

Kurákina, princesa Elena, 259

Kurlov, general Pável, 684, 743

Kuropátkin, general Alexei, 628, 630, 639-40, 644, 649, 651

Kutaíssov, conde Ivan, 23, 337, 338n, 339-40, 342, 348, 351, 353, 355n, 731

Kutúzov-Smolénski, marechal príncipe Mikhail, 352, 374-5, 388, 392-4, 397-8, 400

Kuzmitch, Fiódor, 429n

Kuznetsova, Anna, 528n

Lacey, marechal conde Peter, 220

Laharpe, Frédéric-César, 307, 323, 369n, 402

Lamsdorf, conde Vladímir, 586, 633n, 653

Lamsdorf, general conde M., 422, 595

Langeron, Alexandre, conde de, 374, 382n, 411, 416n

Lanskoi, general Alexandre, 302, 304, 309

Law, Andrew Bonar, 781

Lázarev, general Ivan, 388n

Lazovert, dr. Stanislas, 752, 755, 757

Lear, Fanny (Harriet Blackford), 529, 531, 533-4

LeBlond, Alexandre, 183n, 184n

Lefort, general-almirante Franz, 123, 133-42

Legião Tcheca, 794

Lena, minas de ouro, 695

Lênin, Vladímir Ilítch (nascido Uliánov), 22, 29, 561n, 590n, 635, 657, 674, 695, 772, 785-7, 793, 795, 803n, 809

Leopoldo II, Sacro Império Romano, 314

Leopoldo, príncipe de Saxe-Coburg (depois rei dos belgas), 325n, 408

Leslie, coronel, 80

Lestocq, conde Jean Armand de, 230, 232, 237, 239-40, 243

Leuchtenberg, Eugene Románovski, duque de, 581

Leuchtenberg, Gueórgui Románovski, duque de, 589

Leuchtenberg, Serge Románovski, duque de, 541n

Levachov, conde Nikolai, 534

Leyden, professor Ernst, 606

Libman, Isaac, 222n

Lieven, princesa Charlotte, 325, 333, 357, 451

Lieven, princesa Dorothea, 408, 418n

Lieven, príncipe Christopher, 408

Liga Balcânica, 692

liga dos Três Imperadores, 524, 546, 588

Ligne, Charles-Joseph, príncipe de, 278, 304, 310, 412, 415n

Likhatchov, Mikhail, 114, 118

Likov-Obolénski, príncipe Boris, 77

Liliefeld, Sófia, 241n

Liman von Sanders, general Otto, 705

Lincoln, Abraham, presidente dos Estados Unidos, 503n, 511n

Líria, James Fitz-James Stuart, duque de, 208

Litta, conde Giulio, 343n

Livônia, 71, 138, 143, 417

Lloyd George, David, 729n, 781, 783

Lobánov-Rostóvski, príncipe Alexei, 625-6

Lobánov-Rostóvski, príncipe Dmítri, 377, 379

Londonderry, Frances, marquesa de, 425n

Lopukhin, Avraam, 179

Lopukhin, coronel Ivan, 241

Lopukhin, príncipe Pedro, 342, 440, 442

Lopukhiná, condessa Natália, 241, 261n

Lopukhiná, Eudóxia, tsarina, 124-6, 140, 179, 181n, 210, 213

Lopukhiná, princesa Anna, ver Gagárina, princesa Anna

Loris-Mélikov, conde Mikhail, 542n, 548n, 553, 557-9, 561, 563, 569-70, 572

Löwenhaupt, general Adam, 147, 149

Löwenwolde, conde Karl Gustav von, 211

Löwenwolde, conde Reinhold von, 203

Łowicza, princesa (nascida condessa Joanna Grudzińska), 421

Ludendorff, general Erich, 718, 720, 728n

Luís Filipe I, rei dos franceses, 454, 477

Luís XV, rei da França, 175, 255n

Luís XVI, rei da França, 255n, 313

Luís XVIII, rei da França, 406, 416n

Luísa, rainha da Prússia, 370, 385

Lvov, príncipe Gueórgui, 727n, 729n, 751n, 766, 769, 771, 780n, 782n

Lynar, conde Maurice, 220, 228-9

Lyon, Jane, 422, 474

Macartney, Sir George, 278

Macdonald, Jacques, 406

Mahmud II, sultão otomano, 446, 453

Makárov, Alexandre, 689

Maklakov, Nikolai, 695, 706, 722, 726

Maloiaroslávets, Batalha de, 398

Manchúria, 625, 628, 630, 633, 638, 640, 642-3, 649

Mandt, dr. Martin, 486, 488

Manstein, Hermann von, 226-7, 229

Mão Negra, 709

Marco Aurélio, imperador romano, 27, 29

Marfa, monja (esposa de Filaret, nascida Ksênia Chestova), 39, 59, 61, 66, 75, 78, 82

Maria Alexándrovna, grão-duquesa (filha de Alexandre II, depois duquesa de Edimburgo e depois de Saxe-Coburg-Gotha), 531, 532n, 560n

Maria Alexándrovna, imperatriz (nascida princesa Marie de Hesse e Renano), 469, 477,

487, 493, 499, 504-5, 513, 518, 527, 537, 548, 551, 553, 555

Maria Fiódorovna, imperatriz (nascida princesa Dagmar da Dinamarca, Minny), 509, 511, 513, 518, 524, 535, 557, 559-60, 577, 599, 601, 606, 615, 618, 629, 655, 688, 741, 761, 779, 805

Maria Fiódorovna, imperatriz (nascida Sophia Dorothea de Württemberg), 299-300, 303, 306, 323-4, 331-2, 336, 340, 357-8, 380, 383, 399, 439, 454; coroação, 338-9

Maria Luísa, imperatriz da França, 383, 404-5, 407

Maria Nikoláievna, grão-duquesa, 40, 476n, 629, 672, 703, 807; assassinato, 799-801, 804; prisão, 786, 789-92

Maria Pávlovna, grão-duquesa (nascida princesa Marie de MecklenburgSchwerin, Miechen), 590n, 654n, 761

Maria Teresa, Sacro Império Romano, rainha da Hungria, 225n, 304

Maria, princesa herdeira, depois rainha da Romênia (nascida Maria de Edimburgo, Missy), 581, 593, 596, 621, 626, 642, 682, 709, 730, 741n, 752

Mariam, rainha viúva da Geórgia, 388n

Markus, dr., 567

Marmont, duque de Ragusa, marechal Auguste de, 405-6

Mártov, Julius (nascido Tsederbaum), 635, 657n, 674

Marx, Karl, 635, 809

Masséna, marechal príncipe d'Essling, André, 346

Mattarnovi, Georg Johann, 182n, 184

Matvéiev, Artamon, 82, 105-6, 113, 115-6

Matvéieva, Maria, 185n

Mazeppa, hétmã Ivan, 147

MecklenburgSchwerin, Karl Leopold, duque de, 173n, 191

Mehmed Ali, quediva do Egito, 453, 455, 475n

Melissimo, conde, 209

Melita de Edimburgo (grão-duquesa de Hesse e

Renano, depois grão-duquesa Cirilo, Ducky), 602, 654n

mencheviques, 657n, 675

Ménchikov, príncipe Alexandre Danílovitch (Alechka), 133, 135-7, 141, 163n, 166, 169, 171, 173, 178n, 180-1, 190, 192n, 199, 201-7; guerra com a Suécia, 143-53

Ménchikov, príncipe Alexandre Serguéievitch, 453n, 481, 483-6, 496-7

Ménchikova, princesa Dária (nascida Arsénieva), 145, 152

Ménchikova, princesa Maria, 204-5, 207

Mengden, baronesa Julie von (Julka), 221, 227-8, 238-9, 244n, 261n

Merder, general Karl, 457

Merenburg, Sophie von, 580n

Meschérskaia, princesa Maria Efimovna, 513

Meschérski, príncipe Dmítri, 100

Meschérski, príncipe Emmanuel, 540n, 541n

Meschérski, príncipe Vladímir (príncipe de Sodoma), 558n, 587-8, 596, 635, 639, 695, 706n

Metternich, príncipe Clemens von, 400-1, 403-4, 406, 410-3, 417, 418n, 419, 425, 477

Mezentsov, general Nikolai, 546

Miasnikov, Gavril, 794, 803n

Miassoiédov, coronel Serguei, 722

Michael de Kent, príncipe, 807

Michaud, Alexandre, 396

Miguel I, tsar (Miguel Fiódorovich Románov, Micha), 38-41, 53, 58-83, 89

Miguel II, imperador (Miguel Alexandrovich, Micha, Soneca), 578, 615, 621, 694, 763-6, 779, 784, 793; abdicação, 773; ascensão, 769-73

Miguel Mikháilovitch, grão-duque (Miche-Miche), 580n

Miguel Pávlovitch, grão-duque, 340, 352, 422, 424n, 441-2, 444, 479

Mikhail Nikoláievitch, grão-duque, 528, 542n, 556, 562, 566, 571n

Milford Haven, Louis Alexandre Mountbatten, primeiro marquês de, 806

Milford Haven, Victoria, marquesa de (nascida princesa Victoria de Hesse e Renano), 806

Militsa, grão-duquesa, princesa de Montenegro, 589, 632, 646, 680, 780n, 805

Miliukov, Pável, 744, 773, 780

Miliútin, marechal conde Dmítri, 216n, 498n, 503, 507, 518, 534-5, 537, 540n, 541-2, 544, 553, 559, 564, 571, 621

Miliútin, Nikolai, 498, 500, 502, 507

Miliútin, o bufão, 215-6

Milorádovitch, general conde Mikhail, 420, 440-2

Miloslávskaia, Anna, esposa de Boris Morózov, 92-3

Miloslávskaia, Maria, tsarina, 92-3

Miloslávski, Iliá, 92, 95, 98, 101-2, 105, 113

Miloslávski, Ivan (Escorpião), 114-5, 124, 139

Mingrélia, 388n, 496n

Mingrelski, príncipes ver Dadiani, família

Mínin, Kuzmá, 63

Mínkina, Anastássia, 385, 427

Miróvitch, Vassíli, 282

Mniszech, Marina (Marinka, a Bruxa), 61, 63, 70

Mohammed Rahmin II, cã de Khivá, 531

Moldávia, 222, 446, 478, 482

Moltke, marechal de campo Helmuth von, 24

Mons, Anna, 133, 140, 145, 185

Mons, Willem, 185, 197-8

Montefiore, Sir Moses, 475

Montenegro, 295n, 544, 546, 589, 692, 694, 733n

Mordvínov, Anatóli, 758, 760, 765, 771, 779

Morny, Auguste, duque de, 495, 497

Morózov, Boris, 82-3, 91-2, 94, 98

Morózov, Ivan, 93

Morózova, Feodósia, 104

mosqueteiros, 72, 94, 113-26, 137, 139-40

Mossólov, general Alexandre, 624n, 631, 762

Mstislávski, príncipe Dmítri, 64, 69

Mukden, Batalha de, 651

Münnich, conde Ernst, 228

Münnich, marechal conde Burkhard Christoph von, 214-5, 218-9, 222, 224, 226-7, 229, 240n, 261n, 268

Murad IV, sultão otomano, 81

Muraviov, conde Mikhail, 628, 633n

Muraviov-Amúrski, conde Nikolai, 499n

Muraviov-Vilensky, general Mikhail (O Carrasco), 508, 517n

Mússin-Púchkin, Ivan, 104, 131

Mustafá III, sultão otomano, 284

Nadir Xá, xá da Pérsia, 231

Nagaia, Maria, 58

Nagórni, Klementi, 782, 785, 794

Napoleão I, imperador da França (Napoleão Bonaparte), 343, 345, 370, 373-88, 414; Guerras Napoleônicas, 389-405; Sistema Continental, 382

Napoleão III, imperador da França (Luís Napoleão Bonaparte), 480, 493-5, 497, 505n, 511, 522-3, 564

Naríchkin, Dmítri, 372

Naríchkin, Emmanuel, 387n

Naríchkin, Ivan, 116-7, 131, 137, 141

Naríchkin, Liev, 253, 265, 281

Naríchkina, Maria, 372, 409, 411n

Naríchkina, Natália, tsarina, 105, 114, 116-7, 119, 124

Naríchkina, Sófia, 387, 426

Naríchkina-Kurákin, condessa Isabel (Zizi), 595, 638, 656, 671, 682, 684, 708, 784

Nassau-Siegen, príncipe Karl de, 311n, 315

Natália Alexéievna, grão-duquesa (nascida princesa Wilhelmina de Hesse e Renano), 289, 299

Nazímov, general V. I., 498

Nelídova, Iekaterina, 306, 323, 336-7, 338n, 339-40, 448, 487

Nelídova, Varvara (Varenka), 460, 567

Nesselrode, conde Karl von, 386n, 405, 409, 411n, 442, 453, 479, 494

Netcháeiv, Serguei, 519-20, 788

Ney, Michel, marechal príncipe da Moscóvia, 406

Nicholson, Sir Harold, 677

Nicolau I, imperador (Nicolau Pávlovitch), 65n, 324, 352, 358, 419, 421-4, 439-83, 811n, 812;

amantes, 459, 461; antissemitismo, 475-6; doenças e morte, 454, 479, 485-7; Guerra da Crimeia, 482-5; Questão Oriental, 446, 453-5; reformas, 452, 472-3; revolta Dezembrista, 442-7

Nicolau II, imperador (Nikolai Alexándrovitch, Nicky), 28-9, 39, 41-2, 519, 537n, 562, 567, 571n, 578, 590, 593-607, 615-95, 703-45, 751-72, 779, 781, 813; abdicação, 769; antissemitismo, 660-1; assassinato, 797-800, 804; constituição, 655; coroação, 621-2; doenças, 630, 764-5, 791; Domingo Sangrento, 650; Grande Programa, 680, 690, 705; Guerra Russo-Japonesa, 642-5, 647-9, 651, 653; Primeira Guerra Mundial, 710-45; prisão, 783-85, 787-92, 796; e Raspútin, 658, 665-6, 668-9, 671, 674, 680-3, 689, 730-1, 760; revoluções, 651, 654-60, 763-5, 767-8; tratado russo-germânico, 653

niilistas, 507, 519, 520

Nikola, rei de Montenegro, 678n, 692

Nikolai Alexándrovitch, grão-duque (Nixa), 477, 502, 508-12

Nikolai Konstantínovitch, grão-duque (Nikola), 502, 528n, 529, 531, 533-4, 580n, 618n, 805n

Nikolai Mikháilovitch, grão-duque (Bimbo), 580n, 623, 741, 751, 760-1, 771, 804

Nikolai Nikoláievitch, grão-duque (Nikolacha), 655-6, 658, 670, 679, 716, 718-9, 721-3, 725-6, 728, 751, 769, 780n, 805

Nikolai Nikoláievitch, grão-duque (Nizi), 528, 538-40, 543, 571n

Nikólski, padre Ksenofont, 557

Níkon, patriarca (Nikita Mínin), 96, 98-100, 103

Nikúlin, Grigóri, 796

Nota de Viena, 482

Nova Rússia, 104n, 294, 301, 303

Nóvikov, Nikolai, 315n

Novossíltsev, Nikolai, 369n, 376, 439

Nystad, tratado de, 187

Obolénski (Braço Longo) príncipe Ivan, 79n

Oboliáninov, Pedro, 348, 350, 352-3

Odóievski, príncipe Nikita, 90, 94

Okhótnikov, Alexis, 380

Okhránnie Otdeliénia (Okhrana), 584, 634, 636, 664n, 686, 694

Olearius, Adam, 91

Olga Alexándrovna, grão-duquesa, 578, 590, 596, 602, 606, 608, 622, 672, 741n, 780n

Olga Fiódorovna, grão-duquesa (nascida princesa Cecilie de Baden), 562, 582

Olga Nikoláievna, grão-duquesa, 40, 621, 672, 684, 687, 689, 703, 706, 720, 741, 755, 759-60, 763, 772; assassinato, 799, 801; prisão, 786, 789, 791-2, 798

Olga Nikoláievna, grão-duquesa, depois rainha de Württemberg (Ollie), 460, 476n, 477, 557

oprítchniki, 57-8

Orbeliani, princesa Sônia, 670

Orbeliani, princesa Varvara, 483n

Ordem de Santo André, 140, 143

Ordin-Naschókin, Afanássi, 101-2, 104, 106n

Orléans, Philippe, duque d', 175

Orlov, conde Fiódor, 267, 286

Orlov, general Alexandre, 658, 662, 671, 678n

Orlov, hétmã Vassíli, 350

Orlov, Ivan (ajudante de Pedro, o Grande), 186

Orlov, Mikhail, 405, 445n

Orlov, príncipe Alexei, 443, 451, 479, 494

Orlov, príncipe Grigóri, 141n, 258, 260, 265-6, 269-70, 277, 279, 282-3, 286-7, 289-90, 300, 306

Orlov, príncipe Vladímir (Orlov Gordo), 624n, 656, 720, 726, 729

Orlov-Tchésmenski, conde Alexei (Cicatriz), 259, 267, 269, 271, 285-6, 291, 295, 332-3

Osman Pasha, 539, 542

Osterman, conde Andrei (Oráculo), 187n, 192n, 202, 204-5, 207, 209, 212-3, 217, 219-20, 225-6, 228, 230-1, 240n

Outubristas (Partido de Dezessete de Outubro), 675

Pahlen, conde Peter von der, 345, 348-53, 357-8, 360

Paisos, patriarca, 96

Paleóloga, Sofia, 54

Paléologue, Maurice, 680n, 710, 765, 781n

Paley, príncipe Vladímir, 803

Palmerston, terceiro visconde (John Henry Temple), 483, 494, 510

Pánin, conde Nikita, 260, 265, 267, 269-70, 277, 280, 282, 294, 303, 305, 345

Pánin, conde Vladímir, 502

Pánin, general Pedro, 294-5

Partido Social-Democrata dos Trabalhadores Russos, 635

Partido Socialista Revolucionário (SR), 635, 663, 795

Pašić, Nikola, 705, 709

Paskévitch, Ivan, marechal príncipe de Varsóvia, 452, 454, 477-8, 483

Passek, Pedro, 267

Paulo Alexándrovitch, grão-duque (Pitz), 505, 560n, 570n, 638n, 738, 741, 759, 761, 772, 803

Paulo, imperador, 254, 260, 265, 268, 277, 280, 288-9, 304-6, 311, 332-46, 516n, 731; ascensão, 331, 333; casamentos, 289, 299-300, 306; conspirações contra, 345-57; instabilidade, 323

Paz Perpétua, 81

Pedro I, imperador (o Grande), 23-5, 106, 114-6, 120-2, 124, 131-52, 163-86, 197-9; amantes, 185-6; em Amsterdam, 174-5; casamentos, 124, 140, 145, 151, 166, 169-71, 176, 179, 184-5, 189, 191, 198; Código Militar, 184; doença e morte, 192, 199-200; guerra com a Suécia, 142-52, 170, 174, 187; guerra com os otomanos, 165, 167-8; *O honorável espelho da juventude*, 183; reformas administrativas, 165, 177, 182, 188; regimentos de recreação, 121, 124-6; sítio de Azov, 136; e a tecnologia, 122, 137; trama dos mosqueteiros contra, 137-42; trono duplo, 118, 120, 126; viagem para o Ocidente, 137, 139

Pedro II, imperador (Pedro Alexéievitch), 172, 199-200, 203, 205, 208-9, 264

Pedro III (Pedro Fiódorovitch, duque de Hols-tein, Diabinho Holstein), 209n, 240, 242, 245-6, 248-9, 256, 259-70, 334; casamento com Catarina, 244-5, 252, 256, 258, 262-3, 266; doença e morte, 271-2; impostores, 288, 294-5

Pedro Nikoláievtch, grão-duque, 589, 632, 780n, 805

Pedro Petróvitch, tsarévitch (Petruchka), 172, 177-8, 185, 187

Peel, Sir Robert, 472, 475

Pell, Alexandre *ver* Degáiev, Serguei

Peróvskaia, Sófia, 549, 563-4, 570

Philippe, Nizier Anthelme, 632-3, 637-8, 641, 646, 727, 736

Piper, conde Carl, 149, 151, 153

Pirogov, dr. Nikolai, 485n

Pistolkors, Olga (depois princesa Paley), 638n

Pitt, William, 315

Plano de Schliefen, 712, 716

Plehve, Viatcheslav, 636-7, 639, 640, 642, 645

Pleschéiev, Leonid, 93, 94

Pobedonóstsev, Konstantin (Torquemada), 509, 537, 554, 557, 563, 569, 571, 584n, 588, 595, 641

Poincaré, Raymond, 705, 710

Pojárski, príncipe Dmítri, 63-4, 67

Pólovtsov, Alexandre, 581-2, 602

Poniatowski, Stanisław, depois Estanislau Augusto, rei da Polônia, 254, 257-8, 279, 360n

Populistas (*naródniki*), 535-6, 546

Potápov, general Alexandre, 536

Potiômkin-Tavritcheski, príncipe Grigóri, 23-5, 266-7, 269, 277, 281, 283, 286, 288, 290-309, 333n; doença e morte, 316-7; e a Nova Rússia, 294, 301, 303; e os principados do Danúbio, 313, 315; Projeto Grego, 303, 308, 310-2

Pozzo di Borgo, conde Carlo, 411n

Pragmática Sanção, 226n

Primeira Guerra Balcânica, 692

Primeira Guerra Mundial, 709-45, 786

Princip, Gavrilo, 709

Projeto Grego, 303, 308, 310-2

Prokopóvitch, arcebispo Teófanes, 188, 199-201, 213

Protocolos dos Sábios do Sião, 660

Protopópov, Alexandre, 742, 744-5, 755-6, 758, 761, 764, 766

Prut, Tratado de, 220

Púchkin, Aleksandr Serguéievitch, 20, 335, 370n, 420, 425n, 447n, 451, 452n, 455n, 456, 461-5

Púchkina, Natália (nascida Gontcharova), 461, 463-4

Pugatchov, Iemelian, 288-9, 294-5

Purichkévitch, Vladímir, 660, 752, 756-7

Putiátin, príncipe Pável, 766

Putiátina, princesa Olga, 766, 773

Pútin, Spiridon, 745n

Pútin, Vladímir, 478n, 745n, 811-2

Questão Oriental, 446, 481

Radíschev, Alexandre, 315, 334n

Raspútin, Grigóri Iefimovitch, 655, 658, 665-74, 680-82, 687-9, 694, 719, 722, 725-6, 730, 740, 753, 782; ataques a, 710, 732; funeral, 760; planos de assassinato, 735-6, 742, 752, 754, 756-7, 759; e a Primeira Guerra Mundial, 713, 716, 723, 728, 732, 734, 737, 739-40, 742, 744-5, 753

Raspútina, Maria Grigórievna, 755, 757, 760

Raspútina, Varvara Grigórievna, 755, 760

Rastrelli, Bartolomeo, 246n

Rastrelli, Carlo, 184n, 214

Ratchkóvski, Pedro, 637

Rayner, Oswald, 753, 757, 759

Rázin, Stenka, 106

Razumóvski, conde Alexei, 218, 238, 245, 248, 250, 264n

Razumóvski, hetmã, marechal conde Kiril, 246, 247n, 253, 260, 265, 267, 270, 301

Razumóvski, príncipe Andrei Kirílovitch, 299, 411n, 414

Rediger, general Alexandre, 664, 678

Regulamentos Temporários para os judeus, 583

Rehnskiöld, marechal de campo Carl Gustav, 149-51

Rennenkampf, general Pável Karlóvitch, 718

Repnin, marechal príncipe Nikita, 200

República Septinsular, 370n

Resseguro, Tratado de, 589

retrógrados, 497, 499-500, 502, 507, 535

Revolta do Cobre, 103

Revolta dos Boxers, 630

Revolta dos Dezembristas, 447

Revolução Francesa, 312, 318

Riábov, Vassíli, 803

Ribas, almirante José, 345

Richelieu, duque de (Armand du Plessis), 416n, 418n

Richter, comandante Otto Ottavich, 659

Richter, general Otto, 585, 586

Rímski-Kórsakov, Ivan (rei de Épiro), 302

Risakov, Nikolai, 565

Riúrik, príncipe de Kíev, 54, 55n

Rjévskaia, princesa Avdótia (depois Tchernichova), 185n, 186

Rjévskaya, princesa Dária, arquiabadessa, 181n, 185

Rodzianko, Mikhail, 688, 694, 721, 762, 765-6, 768, 771, 773

Rogerson, dr. John, 309, 331, 333

Rojdéstvenski, almirante Zinóvi, 647, 651

Romanoff, princesa Olga, 708, 806n

Románov, Fiódor (Kochka, Gato), 55

Románov, Fiódor ver Filaret

Románov, Ivan Nikitítch, 62, 64, 68-9, 77

Románov, Nikita Ivánovitch, 83, 89, 93-4

Románovski-Ilíinski, príncipe Paulo, 806n

Romodánovski, príncipe Fiódor, 122-3, 131, 139, 141, 181n

Romodánovski, príncipe Grigóri, 102

Romodánovski, príncipe Ivan, 181n

Romodánovsky, príncipe Iúri, 100

Rondeau, Jane, 215, 219-20, 222

Roosevelt, Theodore, presidente dos Estados Unidos, 652

Rostopchin, conde Fiódor, 306n, 317-20, 323,

325, 331-2, 335, 341, 345, 348, 350, 352, 387-8, 395, 409

Rostóvtsev, general Iákov, 442, 500-1

Rubinstein, Anton, 498n

Rubinstein, Nikolai, 550n

Rumiántsev, conde Nikolai, 380n, 409n

Rumiántsev, general conde Alexandre, 176, 185n

Rumiántsev-Zadunáiski marechal conde Pedro, 284-5, 287, 294, 296

Rúzski, general Nikolai, 768-9, 771

Sáblin, capitão N. P., 671n

Sablukov, coronel Nikolai, 306, 334, 336-7, 340, 342, 346, 350, 353, 356, 359

Sagan, Wilhelmina, duquesa de (nascida Biron), 401, 410-3, 415n

Saldern, barão Caspar von, 289

Salisbury, terceiro marquês de (Robert Gascoyne-Cecil), 531n

Salomão II, rei da Imerécia, 350n, 388n

Saltikov, general Pedro, 259

Saltikov, general Semion, 207, 215, 218

Saltikov, marechal príncipe Nikolai, 307, 313, 318, 320, 399

Saltikov, Mikhail, 75, 78

Saltikov, Serguei, 253-4

Saltikova, Dária, 283

Saltikova, Praskóvia, tsarina, 115, 124, 136, 164, 191

Samárin, Iúri, 474

Samsónov, general Alexandre Vassílievitch, 718

San Stefano, Tratado de, 544

Sanches, dr. António, 222n, 243, 250n

Sanderson, coronel, 80

Sapieha, príncipe Pedro, 204

Savary, duque de Rovigo, general René, 374, 381

Savínov, capelão, 108

Sazónov, Serguei, 680, 692-3, 711-2, 714-6, 723, 740

Scale, John, 753

Scavrónskaia, condessa Iekaterina (nascida Engelhardt, Katinka, a Gatinha, Anjo, Vênus), 303-4, 305n, 343n, 374

Scavrónski, conde Paulo, 305n

Scheglovítov, Ivan, 686, 704, 736n

Scherbátova, princesa Dária, 312

Schratt, Katharina, 578

Schulenberg, conde Karl, 415n

Schuyler, Eugene, 534

Schwartz, Madame, 412

Schwarzenberg, marechal de campo príncipe Karl von, 402-4, 406

Schwerin, conde Kurt von, 258

Sedan, Batalha de, 524

Sedniev, Lenka, 799

Sefer Bey, ver Chervachidze, Gueórgui

Segunda Guerra Balcânica, 705

Ségur, Louis Philippe, conde de, 310

Selim III, sultão otomano, 312

Sêneca, 19

Serafim de Sarov, 641

Serguei Alexándrovitch, grão-duque (Guega), 536n, 560n, 570n, 580, 592-3, 597, 601, 618, 621-2, 650

Serguei Mikháilovitch, grão-duque, 604n, 724, 793, 803

Sérvia, 536-7, 692, 705, 709-10, 712

servidão, 95, 189, 217, 251, 283, 417, 473, 493, 498, 500-2

Seward, William, 516n

Shakespeare, William, 479, 627

Sherwood, John, 427

Sigismundo III, rei da Polônia, 62, 80

Simão Alexéievitch, tsarévitch, 104

Sínodo das Mulheres Bêbadas, 185

Sínodo dos Bêbados (Sínodo de Tolos e Bobos da Corte Totalmente Fanfarrões e Totalmente Bêbados), 123, 132-4, 137, 179

Skariátin, capitão Iákov, 356, 360

Skóbeliev, general Mikhail Dmítrievitch, 540, 562n

Skóbelieva, Zina, duquesa de Beauharnais, esposa de Eugene, duque de Leuchtenberg, 581

Skorokhódov, Ivan, 792-3

Sobieski, João, rei da Polônia, 120

social-democratas, 657n, 675

Sociedade Arzamas, 420

Sociedade Patriótica Secreta Polonesa, 428

Sófia Alexéievna, dama soberana, 106, 115, 117-20, 123-6

Sofia, do Sacro Império Romano de Hanover, 138

Sokolov, Nikolai, 806

Soviete Regional dos Urais, 787, 793-4

Sovnarkom (Conselho do Comissariado do Povo), 787-8, 804

Speránski, conde Mikhail, 380, 384, 386, 388-9, 418n, 441, 445n, 458, 473

Spiáguin, Dmítri, 634-5

Spirodóvitch, general Alexandre, 662, 664n, 703

Staël, Madame de, 21

Stálin, Ióssif (nascido Djugachvili), 24-5, 65n, 98n, 107n, 188n, 324, 382, 392, 478n, 635, 664, 676n, 696, 715, 729n, 803n, 810, 812n

Stamfordham, Arthur Bigge, barão, 780, 782-3

Stana, grão-duquesa, *ver* Anastássia, grão-duquesa

Stendhal (Marie-Henri Beyle), 400, 415n

Steuben, capitão, 264

Stoeckl, barão von, 516n

Stolbovo, Tratado de, 71

Stolípin, Pedro, 661-4, 669, 674-6, 678-81, 683-6

Storojev, padre Ivan, 797

Strechnev, Simon, 100

Strechniov, Tikhon, 121, 123, 131

Strechniova, Eudóxia, tsarina, 79, 83, 89

Strechniova, Marfa, 187n

Strekotin, Alexandre, 792

Stróganov, conde Pável, 369n

Stróganov, conde Serguei, 558

Stürmer, Boris, 734, 740, 744

Sudéikin, Grigóri, 584

Sukhomlínov, general Vladímir, 679, 690, 693, 712-4, 716, 718-9, 721-2, 724, 726, 731, 743

Sulechov, príncipe Iúri, 73

Susánin, Ivan, 65

Suvórin, Alexei, 555

Suvórov-Italíski, marechal príncipe Alexandre Vassílievitch, 25, 314-5, 324, 337, 343-4

Suvórov-Italísky, príncipe Alexandre, 517n, 540n

Sverdlov, Iákov, 787, 793, 795, 802

Sviatopolk-Mírski, príncipe Pedro, 647-8, 649

Sykes-Picot-Sazónov, Tratado de, 735n

Szechenyi, condessa, 412

Tabela de Graduações, 188

Talízin, coronel, 353

Talleyrand, príncipe Charles Maurice de, 375, 379, 382, 405-6, 410n, 411, 414

Tanéiev, Alexandre, 624n

Tannenberg, Batalha de, 719

Tatárinov, tenente Ivan, 356, 360

Tatiana Nikoláievna, grão-duquesa, 40, 626, 672, 684-5, 689, 703, 720, 741, 781; assassinato, 799, 801; prisão, 786, 789, 791

Tatíschev, conde Iliá, 715, 784n, 788, 794, 796

Tchaadáiev, Piotr, 462n

Tchaikóvski, Piotr Ilitch, 498, 550n, 584n, 588n, 621

Tchaplínski, Grigóri, 686

Tcheka (Comissão Extraordinária de Combate à Contrarrevolução e à Sabotagem), 793-4

Tchékhov, Anton, 627

Tcherevin, general Pedro, 555, 559, 563, 578-9, 583-4, 594, 597, 599, 602

Tcherkásski, príncipe Alexei, 212, 217, 228

Tcherkásski, príncipe Dmítri, 64, 82

Tcherkásski, príncipe Iákov, 92, 94

Tcherkásski, príncipe Ivan, 77-8, 82

Tcherkásski, príncipe Mikhail, 203

Tcherniáiev, general Mikhail, 530, 536

Tchernichov, general Grigóri, 185n

Tchernichov, marechal conde Zakhar, 245, 253, 270, 287, 294

Tchernichov, príncipe Alexandre, 386n, 397, 412, 451, 479

Tchernitchévski, Nikolai, 507n, 515, 519

Tchetchênia, 447n, 452n, 470, 496, 499

Tchislova, Iekaterina, 538n
Tchitchagov, almirante Pável, 398
Tchoglokova, Maria, 249, 252-3
Teófanes, patriarca de Jerusalém, 76
terem, 67, 79
Terra e Liberdade, grupo terrorista, 546, 549
terroristas suicidas, 663
Tibete, 628, 639
Tilsit, Tratado de, 379
Timmerman, Franz, 122
Tisenhaus, Sophie de (depois duquesa de Choiseul-Gouffier), 399
Tiútcheva, Anna, 455, 481, 483-5, 487, 493, 497, 504-5
Tiútcheva, Dária, 558
Tiútcheva, Sófia, 685, 689
Tocqueville, Alexis de, 507
Togo, almirante, 642
Tolstói, conde Dmítri, 517, 555, 584, 587n, 592
Tolstói, conde Ivan Matvéievitch, 458
Tolstói, conde Liev, 392, 460n, 519, 520, 584n, 680n
Tolstói, conde Pedro, 116, 177-8, 180, 192n, 199, 202-4
Tolstoia, condessa Alexandra, 460n, 505, 551, 567
Ton, Konstantin, 478
Totleben, general conde Eduard, 541, 545, 548n
Trakhaniótov, Pedro, 93-4
Transiberiana, Ferrovia, 592, 643, 659
Trépov, Alexandre, 744-5, 754, 761
Trépov, general Dmítri, 650, 653, 655, 657
Trépov, general Fiódor, 533, 538n, 546
Trezzini, Domenico, 163n, 182n
Tríplice Aliança, 589
Trótski, Liev, 29, 607n, 657-8, 759, 785-6
Trubetskoi, princesa Sófia, 497n
Trubetskoi, Príncipe Alexandre, 460n, 463
Trubetskoi, príncipe Dmítri, 63-4, 67-9
Trubetskoi, príncipe Nikita, 98, 225, 239, 257, 260
Trubetskoi, príncipe Serguei, 442-3, 445, 447n
Trump, Donald, 812

Turguêniev, Ivan, 507
Turguêniev, Jacob, 140

Uchakov, conde Andrei, 178, 198, 205, 216, 224, 241
Úkhtomski, príncipe Esper, 599, 628
Uliánov, Alexandre, 590n
Ungern-Sternberg, barão Karl von, 261, 265
União das Zémstva, 727n
União de Salvação, 420
União do Povo Russo, 660
União Soviética, 792, 795, 809n, 810
Universidade de Moscou, 251, 370n
Urússova, princesa Eudóxia, 104
Uvárov, conde Serguei Semiónovitch, 462, 465, 474

Valáquia, 222, 313, 376, 379, 382, 388, 446, 478, 482
Valuiev, conde Pedro, 531, 548, 553-4, 562, 569
Vannóvski, general Pedro, 586
Vassíli III Ivánovitch, 55
Vassíli IV Chuíski, tsar, 61-2
Vassíltchikov, Alexandre (Sopa Gelada), 287-8, 290-1
Vassíltchikov, príncipe Ilarion, 420, 444
Velhos Crentes, 97, 103, 108, 118-9, 250n
Versalhes, Tratado de, 255
Viázemski, príncipe Alexandre, 270
Vigel, Filipp, 372, 423
Vingança do Povo, organização, 520
Vírubov, Alexandre, 670
Vírubova, Anna (nascida Tanéieva), 670, 682, 708, 716, 720, 722, 730, 732, 733n, 755, 757, 760, 763, 772, 783, 785, 787
Vitória, rainha da Inglaterra, 325n, 468, 471-2, 532, 536, 543, 598-9, 602-3, 625-6, 631n, 647
Vladímir Alexándrovitch, grão-duque, 513, 522-3, 552, 569, 571n, 590, 616, 621, 626, 654n
Vladímir de Staritsa, príncipe, 56
Vladislau IV, rei da Polônia, 62, 76
Voeikov, general Vladímir, 764n, 768
Vóikov, Pedro, 792, 794, 797, 802, 803n

Volínski, Artamon, 221, 223

Volkónskaia, princesa Zinaida, 399, 401, 411n, 425n

Volkónski, príncipe Nikita, 401

Volkónski, príncipe Pedro, 399, 403n, 418, 426-7, 449n

Volkónski, Serguei, 445n, 447n

Vólkov, Dmítri, 261n, 264-5

Vólkov, Iakim, 148, 164

Vontade do Povo, grupo terrorista, 549-51, 553, 585, 590n

Vorontsov, conde Alexandre, 369n

Vorontsov, conde Mikhail, 232, 237, 239, 243, 248n, 257, 261, 264, 268

Vorontsov, príncipe Miguel, 427, 451n, 453n, 470-1, 475, 483n, 494

Vorontsova, Isabel, 260, 263, 269, 271

Vorontsova, princesa Elisa (nascida Branitska), 583n

Vorontsov-Dáchkov, conde Ilarion Ivánovitch, 583-5, 621-3

Vsévolojskaia, Efêmia, 91

Vsévolojski, Ivan, 584n

Walpole, Sir Robert, 278n

Waterloo, Batalha de, 415

Weber, Max, 24

Wellington, Arthur Wellesley, primeiro duque de, 416, 418n, 425n, 446

Whitworth, Charles, 344-5

William, príncipe de Orange, 441

Windischgrätz, príncipe Alfred, 412, 413n

Witte, conde Serguei, 590-1, 593, 597, 625, 628, 631, 635, 639-40, 643, 652-7, 661, 731

Wittgenstein, marechal príncipe Pedro, 398, 400

Wylie, Sir James, 359, 376, 418, 427-8

Younghusband, coronel Sir Francis, 639n

Ypsilantis, príncipe Alexandre, 425

Zakharin, dr., 605

Zakhárina-Iúrieva, Anastássia Románovna, 55-6

Zakhárin-Iúriev, Nikita Románovitch, 56-7

Zassúlitch, Vera, 546

Zavadóvski, conde Pedro, 298, 300-1, 313, 370n

Zeitlin, Joshua, 308n

Zelotes da Piedade, 91-2

zémstva, 503, 584, 618, 680

Zóritch, Semion (Selvagem), 301

Zótov, conde Nikita, 121, 132, 134, 141, 181n

Zubátov, Serguei, 634, 636n, 640

Zúbov, conde Nikolai, 331, 354-6

Zúbov, conde Valerian, 313-4, 324, 334n, 372

Zúbov, príncipe Platon, 313, 316-8, 320, 322-3, 324-5, 331-2, 333n, 354-5

1ª EDIÇÃO [2016] 7 reimpressões

ESTA OBRA FOI COMPOSTA PELA SPRESS EM DANTE E IMPRESSA
EM OFSETE PELA LIS GRÁFICA SOBRE PAPEL PÓLEN NATURAL DA
SUZANO S.A. PARA A EDITORA SCHWARCZ EM JUNHO DE 2023

A marca FSC® é a garantia de que a madeira utilizada na fabricação do papel deste livro provém de florestas que foram gerenciadas de maneira ambientalmente correta, socialmente justa e economicamente viável, além de outras fontes de origem controlada.